워런 버핏의 버크셔 해서웨이 투자 원칙

한 권으로 끝내는 버크셔 해서웨이 투자사의 결정판

THE COMPLETE FINANCIAL HISTORY OF

BERKSHIRE HATHAWAY

워런 버핏의 버크셔 해서웨이 투자 원칙

버크셔 해서웨이의 연대기적 분석을 통한 워런 버핏의 경영과 투자 철학의 집대성

애덤 J. 미드 지음 | 이혜경·방영호 옮김

서울문화사

교사로 헌신하며 평생 배우고 익혔던
셸리, 애비게일, 줄리아를 위하여

알아 두기

수많은 도움, 지원, 격려, 행운이 없었다면 이 책을 출간할 수 없었을 것이다. 무엇보다 먼저 워런 버핏Warren Buffett과 찰리 멍거Charlie Munger에게 감사드린다. 두 사람은 투자 사상teaching에 관련된 매우 뛰어난 기량과 열정으로 최고의 사업체를 일구어 낸 분들이다. 버크셔의 각 부분을 현재 모습으로 정성껏 구축한 여러 설립자, 관리자, 직원, 그리고 그 유산을 이어 갈 분들에게도 감사를 표한다.

나는 운 좋게도 뛰어난 몇몇 버크셔 연구자들의 발자취를 좇을 수 있었다. 그들 중 특히 로렌스 커닝햄Lawrence Cunningham은 의회 도서관에 있는 재무 서류를 찾아서 챙겨 준 것은 물론이고, 내가 쓴 원고 초안도 꼼꼼히 읽어 주었다. 보스턴 공공 도서관 직원들은 버크셔의 초기 역사를 연구할 때 무척 큰 도움을 주었다. 그중에서도 토드 휠러Todd Wheeler에게 특히 감사의 인사를 전한다. 그는 저자 필 뷰스Phil Beuth의 친필 사인이 들어간 책《물 위에서 느리게 움직이다Limping on Water》를 빌려주었고, 자신이 캐피털 시티즈와 ABC에서 경험한 일도 들려주었다. 이는 톰 머피Tom Murphy와 댄 버크Dan Burke의 경영 철학에 대한 귀중한 통찰력을 제공했다. 작업 초반에 도움을 준 캐럴 루미스Carol Loomis에게도 감사드린다.

　좋은 친구 앤드루 와그너Andrew Wagner와 카터 존슨Carter Johnson은 버크셔의 역사를 정리하는 내내 아이디어를 제공하고 지원해 주었으며, 집필 방향도 제시했다. 가이 스파이어Guy Spier의 우정과 지지에도 감사한다. 그는 버크셔의 문화가 얼마나 특별한지 상기시켜 주었다. 크리스 블룸스트란Chris Bloomstran은 아주 가치 있는 제안을 해 주었으며, 내가 버크셔의 오랜 역사를 전달하기에 가장 좋은 목소리를 찾을 수 있게 도와주었다. 조너선 브랜트Jonathan Brandt는 원고의 주요 부분을 수정하자는 의견을 제시했다. 마시Marcy, 마거릿Margaret, 세라 홀리Sarah Hawley는 존 배스킨John Baskin과 함께 훌륭한 아이디어를 제공했으며, 내가 출판계를 더욱 잘 이해할 수 있게 해 주었다. 제시 랜코트Jessie Rancourt는 원고 초안을 열심히 읽고 훌륭한 의견을 전해 주었다. 제프 애널로Jeff Annello의 상세한 비평은 책의 완성도를 높였을 뿐만 아니라 독자층을 명확히 할 수 있도록 도와주었다. 고탬 베이드Gautam Baid는《복리의 즐거움The Joys of Compounding》을 저술하고 출간한 경험을 나누어 주고 나만의 원고를 쓸 수 있게 격려해 주었다. 아울러 론 라자로Ron Lazaro의 격려와 후반부 원고 초안에 대한 예리한 시각에도 고마움을 전한다.

댄 페코트Dan Pecaut와 오스틴 피어스Austin Pierce가 아니었다면 이 책을 출간한 출판사 해리먼 하우스에서 새로운 친구들을 만나지 못했을 것이다. 해리먼의 크레이그 피어스Craig Pearce는 함께 즐겁게 일하면서 버크셔 해서웨이에 관련된 이야기를 최적의 상태에서 전할 수 있게끔 열정을 나누었다. 크리스 파커Chris Parker는 간결한 장면으로 버크셔를 묘사하는 근사한 책 표지를 만들었다. 조판을 담당한 크리스 와일드Chris Wild의 관심과 헌신은 모든 페이지에 깃들어 있다.

메트로크리에이트의 에릭 윙Eric Wing과 리카나 리Leakana Ly는 근사한 관련 웹사이트인 더 오라클 클래스룸(www.theoraclesclassroom.com)을 제작했다. 그들은 나의 까다로운 아이디어를 구현하는 방안을 찾아냈는데, 그것은 쉽지 않은 일이었다.

담당 편집자 에리카 앨리슨 코언Erika Alison Cohen은 이 긴 여정을 통해 신뢰할 수 있는 파트너이자 친구가 되었다. 초벌 원고와 비교했을 때 그녀의 편집을 거친 결과물은 충분히 인정받을 만하다. 그녀는 훌륭한 편집자일 뿐만 아니라 참을성 있는 교사임을 증명했다.

이번 작업에 직접 참여하지는 않았지만 크게 공헌한 두 사람도 주목받을 만하다. 한 명은 핀커튼 아카데미의 고등학교 용접 교사, 코프_{Copp}씨다. 그는 학생들에게 '용접은 세상에서 가장 훌륭하고 튼튼할 수 있지만, 대충 한 것처럼 보이면 고마워할 사람은 아무도 없다'고 가르쳐 주었다. 수업을 들은 후 나는 이 교훈을 삶의 모든 부분에서 비유적으로 사용했다. 또 게리 바이너척_{Gary Vaynerchuk}[미국의 유명 마케팅 전문가. 유튜버, 베스트셀러 작가, 벤처 투자자이기도 하며 차세대 저커버그(페이스북 창업자)로 불리는 인물 – 옮긴이]에게도 고마움을 전하고 싶다. 그는 이 사실을 모르고 있는데, 나는 아무리 청중이 적어도 공감과 에너지를 품고 열정을 추구한다는 그의 메시지 덕분에 원고 집필을 마칠 수 있었다.

마지막으로 무엇보다 중요한 점인데, 아내 셸리_{Shelly}에게 감사 인사를 하고 싶다. 무언가에 노력을 기울이는 것을 지지해 주는 사랑하는 배우자를 둔 나는 정말 운이 좋다. 그 노력은 당초 생각했던 것보다 규모가 훨씬 더 크고 긴 시간이 소요되었다. 내가 집필에 혼신의 힘을 쏟아붓는 동안 세상의 나머지 부분을 유지할, 믿을 수 있는 배우자가 없었다면 이렇게 엄청난 규모의 작업을 절대 완성할 수 없었을 것이다.

이 모든 도움에도 수많은 실수와 누락은 남아 있다. 디지털 매체에 익숙한 사람에게, 이러한 결함을 그대로 담고 있는 인쇄 매체란 무서운 결함 덩어리가 될 가능성이 크다. 그건 모두 내 탓이다.

추천사

박정림(KB증권 대표이사)

투자를 하지 않는 사람도 '워런 버핏'이라는 인물을 한 번쯤은 들어봤을 것입니다.

'가치투자', '오마하의 현인', '투자의 귀재', '포브스 세계 부자 순위 7위', '버크셔 해서웨이 회장' 등 버핏을 수식하는 단어는 그의 위대함만큼이나 많습니다.

2022년 6월 워런 버핏과의 점심 식사권 경매가 있었는데(2000년부터 시작된 자선 점심 식사 행사는 2022년이 마지막인 것으로 알려져 있다), 1,900만 달러(한화 약 250억 원)에 낙찰되었다고 합니다. 물론 경매 수익금은 전액 기부되지만 점심 식사 한 번에 수백 억 원을 지불할 가치가 있는 사람, 그가 바로 워런 버핏입니다.

이 책에 소개된 2007년에 버핏이 작성한 주주 서한을 보면 그는 기업들을 위대한 기업과 좋은 기업, 피해야 할 끔찍한 기업으로 분류했습니다.

탁월한 투하자본이익률을 지켜내는 경제적 해자를 보유한 기업이 위대한 기업, 주주에게 훌륭한 이득을 제공하지만 성장을 이끌어내기 위해 상당분의 이익을 재투자해야 하는 기업이 좋은 기업이라고 했습니다. 마지막으로 고속으로 성장하되 성장을 이끌어내려면 상당한 자본이 필요하지만 이익은 거의 창출하지 못하는 기업을 끔찍한 기업이라고 분류했습니다.

아이러니하게도 이러한 분류에 따르면 과거의 직물 사업을 영위하던 버크셔 해서웨이가 바로 끔찍한 기업이었습니다. 버핏이 경영권을 확보한 1965년의 버크셔 해서웨이는 경쟁 우위가 없고 높은 자본비용이 필요한 폐업할 운명의 방직 회사였습니다.

《워런 버핏의 버크셔 해서웨이 투자 원칙》이라는 책은 한마디로 끔찍했던 버크셔 해서웨이를 위대한 기업으로 탈바꿈시킨 버핏의 위대한 투자 여정을 그린 연대기입니다. 이 책을 통해 코카콜라, 아메리칸 익스프레스, 질레트, 〈워싱턴 포스트〉 등 우량 기업에 대한 장기 투자라고만 피상적으로 알고 있던 워런 버핏의 가치투자가 얼마나 치열했던 것인지 엿볼 수 있습니다. 그리고 버크셔 해서웨이가 끔찍한 기업에서 좋은 기업으로, 좋은 기업에서 위대한 기업으로 진화하는 역동적인 모습을 배울 수 있습니다.

　버핏의 55년 발자취를 따라가다 보면, 앞으로 다시 없을 위대한 투자자의 그림자 속에서 위대한 기업이 비추는 한 줄기 빛을 찾을 힌트를 얻을 수 있을 것이라고 생각합니다.

홍춘욱(프리즘 투자자문 대표)

전설적인 투자자 워런 버핏에 대해서는 여러 권의 책이 나와 있습니다. 최근 제가 추천사를 썼던《워런 버핏의 주주 서한(4판)》도 있고, 또 그가 회장으로 있는 회사인 버크셔 해서웨이BRK.A(이하 '버크셔') 주주 총회에서 주주들의 질문에 답한 내용을 묶은《워런 버핏 라이브》도 있습니다. 서점에서 '워런 버핏'이라고 검색하면 수백 권의 책이 검색됩니다. 어린이를 위한 학습 만화에도 워런 버핏이 등장할 정도입니다.

그런데 왜 이 책《워런 버핏의 버크셔 해서웨이 투자 원칙》에 주목하는가? 워런 버핏이 경영하고 있는 지주회사 버크셔의 역사를 본격적으로 다루고 있기 때문입니다. 1965년 워런 버핏이 오랜 역사를 지닌 섬유 회사 버크셔 해서웨이를 인수한 다음 얼마나 악전고투했는지, 그리고 아시아 국가와의 경쟁에서 밀린 방직 부문을 폐쇄했던 이야기들이 역사책의 한 대목처럼 흥미롭게 펼쳐집니다. 책의 한 대목을 인용해 보겠습니다.

"버핏은 버크셔 경영권 인수가 엄청난 실수였다고 판단했다. 이 결정으로 워런 버핏은 … 버크셔 인수로 훨씬 더 좋은 기업들의 지분을 포기하게 되었다. 아울러 방직업계가 쇠퇴하며 소멸되어 가는 것을 지켜본 지난 20년 동안의 좌절에 대해서는 더 말할 것도 없었다(344쪽)."

이 사례가 보여 주는 것처럼, 워런 버핏도 많은 실수를 했습니다. 그러나 방직 부문 정리에 대해 고민하면서부터 투자 철학의 변화가 본격화됩니다. 기존에는 저평가된 기업을 매수하는 식의 전형적인 가치투자자로서의 길을 걸었다면, 이후로는 주당 순자산가치BPS 이외에 기업이 가지고 있는 유무형의 가치에 본격적으로 눈을 돌리게 되었죠.

투자 철학의 전환을 보여 주는 가장 대표적인 사례가 1988년의 코카콜라 매수입니다. (시장경제에 포함되는) 세계 인구 증가와 1인당 소득 증가의 수혜를 입으며, 지속적으로 성장할 수 있는 기업을 매입한 것입니다. 워런 버핏은 이에 대해 "우리가 장기적으로 강한 확신을 가지고 있는 소수 기업의 하나"라고 칭송합니다. (410쪽)

코카콜라 매수에서 나타난 투자 철학의 변화는 1982년 버크셔 주주총회에서 이미 드러난 바 있습니다. 당시 워런 버핏은 다음과 같은 인수 후보 기준을 밝힙니다.

"우리는 다음을 선호합니다.

1. 대규모 지분 취득이 가능한 기업(세후 이익은 최소한 500만 달러)

2. 꾸준한 이익 창출 능력이 입증된 기업(향후 전망이나 '실적 반등turn-around'하는 상황에는 별로 관심 없음)

3. 부채가 거의 없거나 전혀 없으면서 자기자본이익률이 좋은 기업

4. (인수 후에도) 기존 경영진이 계속 경영하는 기업(우리 쪽 경영진 파견 불가)

5. 사업이 단순한 기업(기술이 많이 들어가면 이해하기 어려움)

6. 희망 매도 가격 제시 요망(시간 낭비를 원치 않음. 혹은 가격을 잘 몰라서 거래에 대해 사전에 매도자와 논의하는 데 시간을 소모하기를 원치 않음)(272쪽)"

많은 이들에게 도움이 될 기준이 아닌가 생각합니다. 이 덕분에 다음 그림처럼 버크셔는 어마어마한 성과를 올렸습니다. 물론, 버크셔도 2000년 이후 이전만큼 성과를 내지 못하고 있죠. 시장에서 값싸게 거래되는 우량 기업들의 씨가 말라 버린 탓도 있을 것이고, 버크셔의

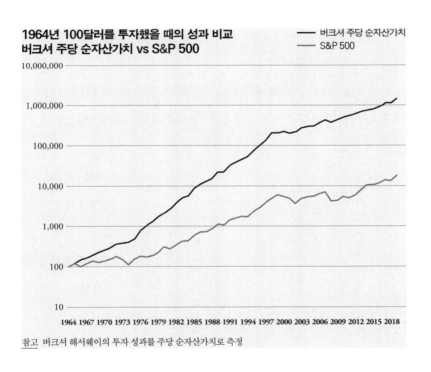

**1964년 100달러를 투자했을 때의 성과 비교
버크셔 주당 순자산가치 vs S&P 500**

—— 버크셔 주당 순자산가치
—— S&P 500

<u>참고</u> 버크셔 해서웨이의 투자 성과를 주당 순자산가치로 측정

사이즈가 시장의 톱 레벨로 올라감에 따라 웬만한 종목에 투자해서는
티도 안 나게 된 것도 영향을 미쳤을 것입니다. 버크셔의 포트폴리오에

서 애플이 가장 큰 비중을 차지하는 이유는 그의 투자 철학 변화뿐만 아니라, 투자 환경의 변화도 큰 영향을 미쳤으리라 생각됩니다.

시대의 흐름에 맞게 변화무쌍한 변신에 성공한 버크셔의 역사를 살펴봄으로써, 한국의 투자자들도 많은 인사이트를 얻을 수 있으리라 생각합니다.

크리스토퍼 P. 블룸스트란(셈페르 아우구스투스 투자 그룹 사장 겸 최고투자책임자)

의회 도서관에는 버크셔 해서웨이와 이 책 표지 속 두 신사가 기증한 장서가 200권 이상 비치되어 있다. 지난 30년간, 어쩌면 그 이상의 기간에 신문 및 잡지 기사, 리서치 보고서, 주주 서한, 소셜 미디어 메시지, 버크셔 연례 주주총회용 재무 보고서 및 기록물 등을 포함해, 버크셔와 두 사람에 대해 다른 어떤 기업보다 많은 문헌이 저술되었다고 할 수 있다. 그렇다면 '이들을 다룬 새로운 책을 왜 또 읽어야 하지?'라는 궁금증이 생길 수밖에 없다.

나는 워런 버핏과 찰리 멍거가 나의 멘토라고 이야기하곤 하는데, 이렇게 이야기하는 사람이 셀 수 없이 많다는 사실을 잘 알고 있다. 하지만 뻔한 소리가 아니다. 투자자이자 한 사람의 시민으로서 나는 이들에게 매우 긍정적인 영향을 받았기 때문이다.

믿기 어려운 이야기지만 버핏이 버크셔 해서웨이 경영권을 획득한 1965년 이후 25년 동안, 버핏과 버크셔는 세상 사람들의 시선에 고스란히 노출되어 있었다. 그 사이 버크셔의 주당 장부 가치는 24%, 주가는 28%의 연 복리 수익률을 기록했는데, 같은 기간 S&P 500 지수 상승률은 단 10%에 불과했다. 1980년대 후반 및 1990년대 초반에도 버크셔, 버핏, 멍거 등은 실명 그대로였다. 이는 현재도 마찬가지다. 버핏과 멍거는 세계적인 인기 스타이며 버크셔 해서웨이도 이젠 일반 기업이 아닌 숭배의 대상이다. 당시 내가 재무학을 공부하고 있을 때는 이들의 이름을 듣지 못했다. 컬럼비아 대학교 경영학 석사MBA 과정, 괴짜 교수들이 있는 몇몇 대학교, 초창기의 일부 버크셔 추종자 등을 제외하면, 대학가에는 버핏과 멍거를 아는 사람이 없었다. 나는 대학을 졸업한 후 미국 중서부의 한 대형 은행에서 신탁 투자 업무를 담당했다. 우리는 버크셔 주식을 보유하지도 않았고, 관심 있게 지켜보지도 않았다. 경험이 풍부한 은행 인사들은 버크셔를 '레버리지를 일으킨 뮤추얼 펀드를 활용하는 수준의 일개 보험사'로 여겼다. 내가 버크셔를 처음 알게 된 것은 1990년대 초반에 공인재무분석사CFA 자격증을 따려고 공부하면서였다. 효율적 시장 가설과 이례적이면서도 운이 좋은 사례로 버크셔와 버핏을 거론하는 명성 높은 재무학자에 대해 공부할 때였다.

그가 언급한 이례적인 사례는 1996년에 일반 투자자를 대상으로 버크셔 B 주식을 발행한 것이었다. 나는 예비 주주들에게 보내는 주식 공개서 첫 페이지에서 다음과 같은 내용을 고지하는 희한한 기업에 대해 배워 나갔다.

- 해당 주식은 저평가된 상태가 아닙니다.
- 앞으로는 과거만큼 빠르게 성장하지 못할 전망입니다.
- 해당 주식은 최근 몇 년 사이에 내재 가치 이상으로 급격히 상승해 향후 상승률은 부진할 것으로 예상됩니다.
- 해당 주식 공급 규모는 기대 수요를 충족시키는 정도이므로 빠른 수익화를 기대하기 어렵습니다(주식 유통 물량이 충분하지 않아 매도를 원할 때 바로 팔기 어려울 수 있다는 뜻 – 옮긴이).

대체 누가 이런 내용을 넣은 걸까? 나는 (책 표지에 버핏이 '지금껏 발간된 것 가운데 최고의 투자서'라고 극찬한) 벤저민 그레이엄Benjamin Graham의《현명한 투자자The Intelligent Investor》개정 4판 재판본을 구입했다.

그렇다. 그 판본에는 보너스 자료, 새 추천사, 부록이 들어 있었는데, 모두 버핏이 제공한 것이었다. 부록은 벤저민 그레이엄과 데이비드 도드의 《증권분석Security Analysis》 발간 50주년을 기념해 1984년 컬럼비아 대학교에서 연 강연을 편집한 것이었다. 강연 주제는 '그레이엄-도드 마을의 위대한 투자자들The Superinvestors of Graham-and-Doddsville'이었다. 현재의 시각으로 보자면 '짧은 순간에 나온 고전'일 것이다. 상당히 많은 투자자에게 그날의 강연이 그랬겠지만, 사실 그랬다. 나는 그날 밤 그 책을 전부 읽고 다음 날 밤에 다시 읽었는데, 눈이 번쩍 뜨이는 것 같았다. 이러한 그레이엄과 버핏의 방식을 처음 접한 사람에게 흔히 벌어지는 일이었다.

그레이엄이 창안한 이 방식은 버크셔 해서웨이에도 적용되어 있다. 내가 다니던 은행은 농구장만큼 넓은 연구 자료 도서관을 보유하고 있었지만 버핏이 이끄는 이 기업에 대한 연례 보고서는 없었다. 그 시절에는 보고서를 받으려면 기업에 전화로 요청해야 했다. 내가 요청한 1993~1995년 연례 보고서 세 권에는 가장 특이한 회장의 주주 서한이 기재되어 있었다. 이 서한은 정보를 담고 있을 뿐만 아니라 벤저민 그레이엄의 가르침을 제공하기도 했다.

버핏은 자신의 멘토에게 배운 것을 토대로 자기만의 방식을 만들어 이를 가르치는 일도 직접 하는 듯했는데, 이처럼 배운 것을 다른 이에게 전해 주는 그의 행위는 대다수 사람들의 경우와는 상반되는 것이었다. 투자계처럼 경쟁이 치열한 분야에서 코카콜라 제조 비법 격인 투자 비법을 거저 알려 주는 이유는 무엇일까? 만일 당신이 당시 오마하에 있는 버크셔 사무실로 편지를 보냈다면 1977년까지 거슬러 오르는 회장의 서한 세 권을 우편으로 받았을 것이다. 나는 이 서한을 셀 수 없이 여러 번 읽었다. 거기에는 젊고 의욕 넘치는 투자자를 위한 황금 같은 가르침이 들어 있었다. 그 덕분에 가치 투자Value Investing에 완전히 새로운 의미가 있다는 사실을 알게 되었다. (좋거나 나쁜) 회계 상태, 가치 평가, 주식 기반 보상, 기업 지배 구조, 인플레이션과 세금의 변동, 대량 살상 무기 같은 파생상품 등을 이 서한처럼 논리적으로 가르쳐 주는 교육기관은 어디에도 없었다.

나는 2000년 2월에 버크셔 해서웨이 주식을 처음 매입했다. 주가가 1998년에 비해 절반 정도 하락해서 당시 주가는 내재 가치를 지니고 있는 수준으로 보였다. 그렇지만 세월이 흐를수록 실질 가치가 엄청나게 커졌다(그리고 매수 포지션(가격 상승을 기대하고 주식이나 통화 또는 선물이나 옵션 등을 매수해 보유하고 있는 상태나 매수한 수량이 매도한 수량을 초과한 상태-옮긴이) 규모와 버크셔의 모든 것에 대한 나의 애정 역시 엄청나게 커졌다…). 그때까지 연례 주주총회를 단순한 '일'이라 여기던 내가 그해 4월 29일 오마하에서 열린 주주총회에 주주로서 처음 참석한 것은 그런 이유 때문이었다. 그 후 내가 버크셔 주주총회에 불참한 것은 딱 한 번뿐이었다. 이듬해 주주총회가 열리기 며칠 전 첫째 아이가 태어나서였다. 연단 위 현자들이 이타적인 마음으로 베푸는 지혜를 받아들인 덕에 나의 지식은 해마다 차곡차곡 쌓여 갔다. 어떤 분들은 주주총회에서 논의된 모든 발언을 부지런히 받아 적어 전해 주곤 했다. 감사하게도 그렇게 해 주신 분들에게 매우 큰 신세를 졌는데, 지금은 그분들과 좋은 친구가 되었다. 이제 감사하게도 CNBC에서 주주총회의 비디오

녹화본을 제공하는데, 훌륭하게 처리된 1994년까지의 전체 주주총회 기록을 멋진 온라인 기록 저장 공간에서 무료로 이용할 수 있다. (주식 시장이) 대단히 위태로울 때라든가 불확실한 상황 혹은 공황 상태에 빠졌을 때, 버핏은 불안해하는 투자자들을 다독이거나 새로운 전망을 제시하는 글을 〈포천Fortune〉에 기고하곤 했다. 멍거는 패서디나와 로스앤젤레스에서 웨스코 파이낸셜Wesco Financial의 연례 주주총회를 주최했는데, 최근에는 〈데일리 저널〉의 주주총회도 주최했다(찰리 멍거는 캘리포니아 법률 전문 매체인 〈데일리 저널〉과 버크셔의 자회사인 투자회사 웨스트 파이낸셜의 회장을 지냈다-옮긴이). 버크셔의 장기 기록 보관소에는 문서 기록물과 영상 기록물이 가득하다.

그럼 '왜 버크셔를 다룬 또 다른 책을 읽어야 하나?'라는 질문으로 다시 돌아와 보자. 애덤 J. 미드가 쓴 이 기념비적 노력의 결과물을 읽어 보면 그 답이 분명해질 것이다. 버크셔의 모든 연례 보고서, 주주 서한, 책, 온갖 인터뷰, 연례 주주총회를 시간 순서대로 정리한 사람은 아무도 없었다. 우리 같은 투자자, 자본 배분을 배우는 사람들, 그리고 역사에는 버크셔 해서웨이의 완전한 연대기가 필요했다. 오늘날의 버크셔가 되기 전 방직 사업이 번창했던 버핏 시대 전까지는 연대기적 기록이 이루어졌지만, 버핏 시대 이후로는 그렇지 못했다. 애덤은 버핏의 격려에 힘입어 인수, 투자, 경기순환을 하나도 빠짐없이 기록하면서 버크셔의 사업과 투자 이력에 대한 책을 저술했다. 그는 연례 보고서, 주주총회 대화록, 그 밖의 셀 수 없이 많은 정보를 소화해 훌륭하고 읽기 쉬운 작품으로 압축했다. 전기(傳記) 형식이 흥미롭고 재미는 있겠으나, 세계 최고의 기업과 '역대 최고' 투자자들에 대한 상세한 역사도 필요하다.

독자들이 특히 관심을 가져야 할 것은 버핏과 버크셔가 진화한 과정이다. 시간이 지남에 따라 이 기업은 극적인 변화를 겪었다. 버크셔의 뉴잉글랜드 방직 사업에서 보험업에 이르기까지, 그리고 이후 버크셔 주식에 대한 투자에서 시의적절한 변화를 거쳐 완전하게 경영권을 인수한 것에 이르기까지 자본을 배분하는 데에도 대단히 뛰어났다. 이 책은 버크셔가 대중보다 앞서 미래를 내다보면서도 변함없는 천재성과 능력을 진화시켜 나가는 모습을 포착했다. 버크셔는 마치 《증권분석》

을 소개한 다음의 경구가 실제 형태로 구현된 모습인 듯하다.

"많은 이들이 지금은 추락하더라도 회복할 것이요, 지금은 영예로울지라도 추락하게 되리라."(호라티우스의《시학》중)

이 책은 정리가 잘되어 있어 정보와 세부 사항을 찾아서 참고하기가 쉬울 것이다. 또 끝까지 잘 읽고 나면, 버크셔에 대해 잘 모르는 사람과 열렬한 버크셔 추종자 모두가 매우 큰 효용과 만족을 얻을 것이다. 25년 동안 버크셔의 열렬한 팬을 자처해 왔지만, 이 원고를 먼저 읽을 수 있는 특권 덕분에 버크셔와 그 역사에 대해 새롭고 중요한 사실을 많이 배웠다. 이 보배 같은 책을 즐겁게 읽어 보라고 권할 수 있어서 기쁘다. 나의 투자 경력과 투자 판단 근거 중 상당 부분은 워런 버핏과 찰리 멍거의 가르침에서 비롯되었다. 반드시 필요한 버크셔에 대한 책을 써 준 애덤 미드에게 우리 모두 진심으로 감사해야 한다.

잘했어요, 애덤!

차례

프롤로그

2012년 5월 5일 토요일 네브래스카주 오마하. 새벽 5시 30분. 나는 버크셔 해서웨이 연례 주주총회장에 들어가기 위해 줄을 서서 기다리고 있었다. 처음 참석하는 것이었다. 오하이오주 신시내티에서 온 한 무리의 사내들이 워런 버핏과 찰리 멍거와 가까운 곳에 자리 잡기 위해 절차를 거치던 중 나에게 반가움을 표시했다. 우리는 정장 차림의 점잖은 사내에서 콘서트장에 가 비틀스를 처음 보고 흥분한 10대 소녀로 돌변했다. 나는 버크셔에 대한 애정을 공유하는 4만 명의 친구를 찾은 셈이었다.

그날 나는 내가 언젠가 버크셔 해서웨이에 대한 책을 쓰는 대담함chutzpah(찰리 멍거가 썼던 용어다)을 경험할 것이라고는 전혀 상상하지 못했다. 하지만 첫 주주총회 참석이 여러분이 지금 손에 들고 있는 책으로 향한 여정의 출발점이 되었다. 나는 몇 시간 동안 오마하의 현인과 재치 있는 멍거의 이야기를 열심히 들었고 축하, 재회, 무역 쇼, 쇼핑 대잔치를 아우른 20만 ft²(약 1만 8,580m²) 규모의 전시장도 직접 체험했다. 그날 저녁에는 신시내티에서 온 새로운 동료들과 고라트Gorat(오마하의 스테이크 전문점. 워런 버핏의 단골 식당 중 하나-옮긴이)에서 식사하며 지금까지 이어지고 있는 우정을 다졌다. 나는 코로나19 때문에 가상공간에서 열린 2020년 주주총회는 물론 매년 연례 주주총회에 참석해 왔다. 아울러 전 세계 수많은 멋진 사람들과 우정을 맺었다.

지난 몇 년 동안 나는 운 좋게도 연례 주주총회가 열리는 주 주말에 동료 버크셔 주주, 운영 담당자, 몇몇 이사를 만날 수 있었다. 그중 하이라이트라고 할 수 있는 두 번의 경험이 있었는데, 하나는 보셰임스(버크셔가 운영하는 주얼리 전문 업체-옮긴이)에서 '크레이지 워런Crazy Warren'이라는 명찰을 달고 임시 판매원으로 나선 버핏과 악수한 것, 그리고 다른 하나는 위대한 투자자 존 보글John Bogle(인덱스 펀드 창시자로 유명한 뱅가드 그룹 창업자-옮긴이)과 악수한 것이었다. 버핏이나 보글 같은 대단한 이름은 비즈니스계를 넘어 언론계 인사 또한 끌어모은다. 론 올슨Ron Olson, 어브 블럼킨Irv Blumkin, 토니 나이슬리Tony Nicely, 토드 콤스Todd Combs, 테드 웨슬러Ted Weschler 같은 사람들은 버크셔와 투자계에서도 명성이 자자하다. 존스 맨빌의 캐시 소렌슨Kathy Sorensen, 미텍의 그레그 레너Gregg

Renner, 버크셔 본사에 근무하는 많은 사람이 유명하지는 않아도 버크셔 문화를 구성하는 뼈대를 이룬다는 점에서는 똑같이 중요하다.

연례 주주총회 입장권, 버크셔에 관련된 도서, 새로운 친구들이 늘어남에 따라 버크셔에 대한 나의 끊임없는 호기심과 갈증은 점점 커졌다. 버크셔를 다룬 수많은 책을 보유하고 있었지만 훨씬 더 많은 것을 갈망했다. 워런 회장의 서한 이상으로 더욱 깊숙이 파고 들어가 여러 사업과 버크셔의 미래에 대해 그를 아주 신나게 만든 수치를 확인하고 싶었다. 나는 어떤 인수가 왜 이루어졌는지 그에 관계된 회계 내역과 이유를 알고 싶었다. 나는 그 회사가 고군분투하던 방직업체에서 존경받는 〈포천〉 선정 500대 기업이 되기까지 진화한 과정을 알고 싶었다. 나는 연대기순으로 저술한 한 권의 책으로 그 진화를 따라가고 싶었다. 하지만 어디에서도 그런 책을 찾을 수 없어서 버크셔에 대한 지식, 그리고 전직 상업 대출commercial loan(상품 구입·판촉 등을 위한 기업 운전자금으로 대출되는 은행 융자. 대체로 만기 3개월짜리가 많음-옮긴이) 담당자이자 현직 투자 매니저라는 나의 기량을 활용해 직접 책을 쓰기로 했다. 나는 수년이 걸리는 프로젝트를 진행하고 싶다는 생각을 오랫동안 품고만 있었다. 그리고 이 프로젝트는 그동안 느끼지 못했던 만족감을 충족시키기 위해 내 한계를 시험할 과제였다. 원래 계획은 5년은 아니었는데, 그렇게 되었다….

나는 2016년부터 탐색 작업에 본격 돌입했다. 그리고 그 작업은 나를 1920년대 초기의 예전 버크셔에 대한 무디스의 기업 설명서, (900쪽 넘는 회장의 주주 서한을 비롯해 총 4,000쪽이 넘는) 1955~2019년 버크셔 해서웨이 연례 보고서, 버크셔의 연간 사업 보고서10Ks와 분기 보고서 10Qs 등 1만 쪽 이상의 서면 자료를 소화하는 여정으로 이끌었다. 나는 1994~2020년 연례 주주총회 대화록(140시간 이상의 영상물, 3,000쪽 이상의 서면 자료)을 듣고 읽었으며, 자회사에서 받은 재무 서류 및 연례 보고서를 분석했다. 또 자회사를 다룬 신문 및 잡지 기사, 책을 읽었으며, 수십 년에 걸쳐 이룩된 버크셔에 관련된 수많은 다른 작품 또한 읽었다.

이 책의 구조는 논리와 질서를 추구하는 확고한 내 성향을 바탕으로 이루어져 있다. 그리고 연례 보고서(특히 버핏 시절에 작성된 보고서다)와 회장의 주주 서한에 토대를 두고 있다. 버핏이 매년 분석한 내용에 무언가를 추가해 그를 능가하는 것이 아니라, 더 깊숙이 들어가 왜, 어떻게 했는지 파악하는 것을 목표로 삼았다. 10년마다 주요 기업 인수 및 주목할 만한 이벤트 등을 한눈에 보여 주는 짤막한 한 장짜리 재무 정보snapshot를 제공하고 핵심 이벤트, 주요 교훈, 상세한 재무 관련 부록을 검토하며 마무리한다. 이 책은 이런 방식으로 장기간의 정보를 질서 정연하게 배치하고 재검토하면서, 55년간의 이력을 다룬 안내서다. 또한 사람의 생각을 거쳐 걸러 낸 많은 자료를 종합한 것이다. 이는 불완전하고 편견이 반영되었을 수 있다. 수년간 기록된 수많은 사실, 수치, 계산을 다룬 만큼 분명 오류가 있을 것이다(실수한 부분을 알려 주면 감사하겠다. brkbook@gmail.com으로 이메일을 보내 주길 바란다).

버크셔의 오랜 주주나 버크셔를 잘 아는 학생에게는 부족한 부분이 더욱 잘 보일 것이다. 복합기업이 50년 이상 되면 완벽한 이력에서 생략해야 할 부분이 생긴다. 무엇을 남기거나 삭제해야 할지 고르기란 쉬운 일이 아니다. 표에 나오는 계산 결과는 정보 불충분으로 인해 의문이 들 수 있다. 나는 이 책이 버크셔 해서웨이에 관련된 경이로운 세부 정보를 제공하는 소방 호스가 되어 갈증을 해소하고 싶어 하는 사람들을 만족시킬 수 있었으면 한다. 아마도 재판을 찍을 때는 중요하다고 여겨지는 정보를 추가할 것이다. 버크셔의 열성 팬은 가능한 한 많은 원본 자료를 살펴볼 수 있을 것이다(그리고 살펴볼 수 있어야 한다).

나는 두 가지 유형의 광범위한 독자층을 마음속으로 그려 본다. 한쪽은 매년 일어나는 버크셔의 역사를 (책으로) 경험해 보고 싶어 하는, 버크셔에 대해 공부하는 학생 또는 투자자다. 이들은 어려움을 겪던 방직 회사를 오늘날의 버크셔로 탈바꿈시킨 과정과 결정에 매우 좋은 인상을 받을 것이다. 그들은 사업을 생각하는 방법을 더욱 잘 이해하게 되어, 훨씬 더 잘 투자할 것이다[아울러 멍거리즘Mungerism (찰리 멍거처럼 생각하는 방식을 뜻하는 말 – 옮긴이)을 활용하려면 어떻게 해야 하는가?].

다른 독자층은 버크셔에 대해 오래 공부해 온 학생 또는 주주다. 이런 독자들에게 이 책은 전체 재무 수치와 비교하면 빠르게 이해할 수 있는 특정 연도 또는 몇 개 연도를 상기시키는 참고용 안내서 역할을 해 줄 것이다. 이 책에서는 수치 정보를 연대순으로 배열해 특정 연도 또는 10년 구간을 쉽게 공부할 수 있도록 분류했다.

처음에는 각 장의 배치가 이상해 보이겠지만, 거기에는 이유가 있다. 1965년 버핏이 버크셔와 처음 접촉한 시기를 기준점으로 삼아, 1955년 에서 1964년까지 회사의 상황을 알아보기 위해 우선 10년 전으로 거슬러 올라갔다. 워런에게 제1장을 보냈을 때, 그는 다시 경기 침체가 시작되기 전인 제2차 세계대전 기간에 전임자가 경영하던 회사가 올린 수익률이 잠시 주춤했던 상황을 파악할 수 있도록 한참 더 먼 과거를 언급하자고 제안했다. 시간을 거슬러 올라갈수록 나는 전임자 시절 회사가 어디에서 비롯되었는지 알고 싶어 견딜 수 없었다. 그런 이유로 이 책은 18세기에서 시작해 방직 산업의 발전사를 따라간다.

제1장에서는 쇠퇴해 가던 포경 산업에서 조성된 기초 자본seed capital과 영국에서 도입한 독점적 직물 제조 기술이 결합하면서 이루어진 뉴잉글랜드 방직 산업의 기원을 들여다본다. 기술이 산업의 경제성을 변화

시킴에 따라 방직 산업이 미국 남부로 지배력을 확장하는 과정도 살펴본다. 1930년대와 1940년대를 통해서는 전임자 시절의 버크셔를 따라가며 1930년대라는 시험대를 거치면서 방직업계 대표 주자가 몰락하고 난 뒤 생존한 기업들에 떼돈을 벌어다 준 제2차 세계대전 당시의 상황을 살펴볼 것이다. 그러고는 외국과 벌인 치열한 경쟁으로 한때 강성했던 산업이 서서히 약화되면서 악전고투를 반복하는 것을 지켜본다.

1955년은 맞춤한 시점에 버크셔 파인 스피닝 어소시에이츠Berkshire Fine Spinning Associates와 해서웨이 매뉴팩처링 Hathaway Manufacturing을 합병해 버크셔 해서웨이로 출범한 연도다. 무엇보다 놀라운 점은 버핏의 전임자들이 내린 자본 배분 결정이다. 버크셔 해서웨이는 쇠락하는 기업인 데다 경영자들도 완고했지만, 그들은 사업을 축소하고 주주들에게 자본을 반환하는 등 합리적으로 행동했다. 이러한 조치는 주가가 한 단계 아래로 하락하는 것을 방어하기에는 역부족이었다. 그러나 이 주가 하락은 주가 대비 기업 가치의 차이를 활용할 수 있다고 본 어느 투자 매니저를 매료시켰다.

본격적인 이야기는 1965년부터 시작된다. 그해 버핏은 버크셔의 경영권을 획득했으나 방직업으로 돈을 벌기가 얼마나 어려운지 깨달았다. 자본과 물리적인 공장이 작업을 수행해야 했다. 그저 주가와 관련한 해당 자산에 대한 시장의 재평가 수준이 아니었다. 방직업은 버크셔의 영업 실적을 끌어내렸으며 20년 동안이나 골머리를 앓게 했다. 그러나 이러한 도전 과제는 중대한 두 가지 교훈을 주었다.

하나는 아무리 유능한 경영 팀이라 해도 경제성이 좋지 않은 사업을 살릴 수는 없다는 것이다.

또 다른 교훈은 자본 배분이 기업의 부(富)를 빠른 속도로, 더 크게 불릴 수 있다는 것이다. 그러한 교훈을 준 자본 배분은 해당 10년의 시기에 이뤄진 대형 인수 두 건으로 내셔널 인뎀니티National Indemnity(1967년)와 일리노이 내셔널 뱅크 & 트러스트 오브 록포드Illinois National Bank and Trust of Rockford(1969년) 인수였다. 이 과감한 조치는 매입 당시 각각 버크셔 평균 자기자본의 28%와 44%에 해당했다. 1974년 무렵, 버크셔는 성공적으로 진로를 바꿔 가고 있었다.

1975년과 1984년 사이에 버크셔는 인수와 투자를 통해 기하급수적으로 성장했는데, 특히 블루칩 스탬프Blue Chip Stamps에 대한 투자 증가 및 최종 합병 건이 주목할 만했다. 버핏과 멍거는 블루칩을 장악하는 가운데 1972년에 시즈 캔디See's Candies를 매입했고, 1973년부터는 웨스코Wesco 매수에 들어갔으며 1977년에는 〈버펄로 뉴스The Buffalo News〉를 인수했다. 버크셔는 1978년 디버시파이드 리테일링Diversified Retailing과 합병했다. 이 10년 동안에는 버크셔의 보험업 추진과 재보험업(보험사가 인수한 계약 내용 중 일부를 다른 보험사가 인수해 위험을 분산하는 것 - 옮긴이) 진입이 돋보인다.

버크셔는 1985년부터 1994년까지 10년 구간의 본궤도에 올라섰다. 아지트 자인Ajit Jain이 버크셔에 합류해 곧바로 수익성에 중점을 둔 강한 보험회사 구축에 나선다. 이 10년 구간에는 책임준비금float(보험사가 계약자에게 추후 보험금을 지급하기 위해 보험료의 일정액을 적립하는 자금. 보험사가 자유롭게 운용할 수 있다 - 옮긴이) 규모가 확대되었고 투자 수익이 보험계약 인수underwriting에서 낸 손실보다 훨씬 높았다. 버크셔는 당시 차입 매수 열풍에 힘입어 스콧 페처 Scott Fetzer 와 페치하이머 Fechheimer 를 인수했다. 아울러 차입 매수를 활용해 ABC 방송사가 매물로 내놓은 캐피털 시티즈에 입찰하는 기회도 잡는다. 버크셔는 이 10년 구간에 코카콜라에 지금도 그대로 유지하고 있는 취득원가 13억 달러를 투자한다. 또 여러 도전에 나선 것도 특징이다. 가장 중요한 것은 살로몬 트레저리 Salomon Treasury 사례로, 버핏이 무려 9개월이라는 시간을 투입했다. 버핏은 그 시기에 버크셔의 7억 달러 규모 투자와 자신의 명성을 지키기 위해 일했다. 버크셔가 유에스에어 USAir 에 한 투자는 거의 붕괴 상태였으며 신발 산업 투자도 빠르게 손실을 보고 있었다.

1995년부터 2004년까지 10년 구간에는 버크셔가 향후 체제를 구축하는 모습을 살펴본다. 버크셔는 확보하지 못했던 가이코 GEICO 의 나머지 절반을 인수하면서 기본 보험업의 존재감을 다진다. 그리고 제너럴 리인슈어런스 General Reinsurance 인수는 초반에는 골칫거리였으나 강한 재보험사로 키워 내는 계기가 되었다. 두 가지 조치 모두 버핏과 멍거가 배분할 수 있는 막대한 규모의 자본을 추가해 준다. 또 다른 자본 공급처는 유틸리티(수도, 가스, 전기 등의 산업 - 옮긴이) 섹터다. 유틸리티 섹터는 예측 가능한 수익과 대규모 자금을 투자할 만한 능력을 제공하지만 주가 상승 가능성은 제한적이다. 닷컴 열풍의 거품과 이후 이어진 닷컴 붕괴는 버크셔에 기회를 제공한다. 이는 현금을 창출하지만 버림받았던 기업을 버크셔의 보호용 우산 속으로 맞이할 기회였다.

(버핏의 관할 아래 있던 다섯 번째 10년 구간인) 2005년부터 2014년까지 10년 구간은 주요 다국적기업 등 대형 비보험업체를 추가 인수하는 모습을 들여다본다. 해당 10년 구간 중반에 일어난 대공황은 버크셔에 단기간 대규모 자본을 투입할 기회를 제공한다. 버크셔는 또한 벌링턴 노던 산타 페Burlington Northern Santa Fe 인수 준비에 들어간다. 이는 이전 10년간 인수한 유틸리티 기업을 토대 삼아 영역을 넓히는 차원이었는데, 대기업을 하나 더 인수하며 버크셔는 투자 수익과 대형 투자처 물색에 속도를 조절하게 된다. 역대 최대 규모의 재보험사 인수 거래는 기회가 생기면 기꺼이 자본력을 활용한다는 버크셔의 의지를 잘 보여준다.

마지막으로 2015년부터 2019년까지 5년 구간은 버크셔의 놀라운 과거 기록이 미래 수익에 큰 부담으로 작용할 것이라는 버핏의 주장을 증명한다. 1965년부터 2019년 사이 주주 지분 변동의 40% 이상이 이 5년 구간에 일어났으며, 복리의 힘도 입증했다. 그러나 버크셔의 수익률은 근래 역대 최저 수준으로 떨어진다. 이는 버크셔가 세운 자체 기록과 비교해도 저조한 성적이다. 아울러 어엿한 대기업 규모라는 것, 미국 국채를 대량 보유한 보수적인 대차대조표를 감안해도 부진한 편이다. 버크셔는 이 기간 하인즈Heinz와 크래프트 푸드Kraft Foods의 경영권을 확보하는 파트너십 등 몇 가지 대규모 투자를 단행한다. 애플Apple에 350억 달러를 투자한 것은 버크셔의 일관된 집중 투자 패턴을 드러낸다. 그러나 과거 기준 시점과 비교해 비상장 거래 및 상장 주식시장 가치가 매우 높아진 경제 상황에서 현금은 지속적으로 축적되고 있다. 이에 따라 버크셔는 해당 10년의 나머지 구간에는 패턴이라 할 수 있는 일련의 자사주 매입으로 주주들에게 점점 더 많은 자본을 돌려준다. 그렉 에이블Greg Abel과 아지트 자인이 부회장으로 승진하면서, 버크셔의 후계가 이어지는 모습도 엿보인다. 그러나 2019년 말 각각 89세와 95세인 워런 버핏과 찰리 멍거는 주춤하는 모습을 전혀 보이지 않는다.

한 걸음 뒤로 물러서서, 우리는 버크셔 해서웨이를 인간이 남긴 가장 위대한 업적 중 하나로 본다. 버크셔의 재무적 성과는 사업적 정통성의 결과물로, 인간의 잠재력을 육성하는 시스템의 완결판이기도 하다. 미국 건국의 아버지들이 도입한 자본주의 체제와 20세기 중반에 불어온 놀라운 순풍은 워런 버핏과 찰리 멍거의 천재성이 꽃을 피울 수 있도록 풍부한 토양을 제공했다. 버크셔 해서웨이에 관련된 이야기는 사업과 인생에서 시대를 초월하는 빼어난 기법을 가르쳐 준다는 점에서 알아둘 만한 가치가 있다.

이 책이 존재하는 한, 나는 시간이 흘러도 버크셔 해서웨이를 더욱 쉽게 이해하도록 돕는 내용을 추가해 나가고 싶다. 이를 위해 부록 속 재무제표를 담은 엑셀 파일, 대화형 버크셔 타임라인, 버크셔와 자회사의 재무 기록 저장 공간, 추천 도서, 블로그 등이 포함된 더 오라클 클래스룸이라는 웹사이트를 만들었다. 우리 모두 이 비범한 기업과 창시자들의 학생으로서 여정을 계속해 나가는 가운데 독자, 주주, 학생 여러분이 의견을 제시해 주길 손꼽아 기다린다.

뉴햄프셔주 데리에서

애덤 J. 미드

제1장

방직 기업

1965년 워런 버핏이 경영권을 취득하기 이전 버크셔 해서웨이의 기업사만으로도 이 책을 전부 채울 수 있었다. 오늘날 버크셔 해서웨이라는 복합기업을 생각할 때, 우리는 여러 산업에 걸쳐 사업이 두루 분산된 기업을 떠올린다. 1965년형 버크셔는 각 회사 고유의 사연을 지닌 수많은 회사로 이루어진 대형 방직 기업이었다.

산업의 흥망성쇠

–

그런 방직 기업들과 산업의 탄생은 그 자체가 대단히 흥미로우면서도 유익한 것이었다. 그러므로 우리는 그 시초에서부터 시작해야 한다.* 새뮤얼 슬레이터Samuel Slater가 1789년 처음으로 수력을 동력으로 삼는 방직공장을 미국에 도입했다. 슬레이터는 영국에서 실용적인 수력 방직공장 건설 노하우를 몰래 익혀** 로드아일랜드주 포터킷에서 재무적 후원자들과 손잡고 공장을 세웠다.[1] 1809년경 뉴잉글랜드에는 슬레이터 타입의 공장이 스물일곱 곳 있었다.[2]

그다음 이루어진 주요 혁신은 재무 및 운영이었다. 보스턴의 부유한 상인 프랜시스 캐벗 로웰Francis Cabot Lowell은 공동출자하는 주식회사를 활용해 1813년 보스턴 매뉴팩처링 컴퍼니the Boston Manufacturing Company를 설립했다. 그는 우선 자신의 공장들을 합쳤는데, 그중 첫 번째 공장은 매사추세츠주 월섬에 있었다. 그곳에서는 가공하지 않은 면화를 천으로 만드는 데 필요한 모든 작업을 할 수 있었다.[3] 그들은 사업을 시작하자마자 이익을 냈다. 따라서 로웰은 면화 공장에서 규모의 경제를 창출하기 위해 규모와 통합에서 최적의 조합을 찾아냈다. 이러한 혁신은 자연스럽게 급속도로 확산되었다.

월섬의 찰스강Charles River에서 그들이 뽑아낼 수 있는 모든 능력을 쥐어짠 후, (때로 보스턴 어소시에이츠라고도 하는) 보스턴 매뉴팩처링 컴퍼니 투자자들은 새로운 곳으로 시선을 돌렸다. 그들은 매사추세츠주 이스트 첼름스퍼드의 메리맥강에 있는 부지를 선정해 메리맥 매뉴팩처링 컴퍼니the Merrimack Manufacturing Company를 설립했다.*** 로웰이라는 마을에서 그 회사는 단순한 공장 이상의 존재였다. 그곳은 1840년대에 8,000명이 넘는 종업원을 고용한 기업형 도시였다.[4] 그들은 공장 운영에 필요한 많은 노동자를 위해 주변 농지를 활용해 기숙사, 교회, 회사 상점, 그 외 기반 시설을 건설했다. 노동자 중 다수는 여성이었다.

그다음에 이루어진 개선은 1830년대 후반 메리맥강을 따라 뉴햄프셔주 맨체스터에 설립한 아모스케그 매뉴팩처링 컴퍼니the Amoskeag Manufacturing Company에서 비롯되었다. 로웰 타입 공장들은 소유자가 제각각이었던 반면, 아모스케그 공장들은 한 회사 아래에서 운영되었다. 이는 대량 구매, 판매 및 기타 규모의 경제를 가능하게 했다.[5]

---

* 맨 처음은 손으로 짠 직물이었다. 노동자들이 양털이나 솜의 섬유를 꼬아 실을 만들고, 손으로 천을 직조해 옷을 짓곤 했다. 이 책은 주로 미국의 대규모 산업용 직물 제조업에 대해 다룬다.

** 영국은 1825년까지는 숙련공의 이민을, 1843년까지는 기계 수출을 금지해 교역상 기밀 유출을 막으려고 했다.

*** 그 후 1817년 프랜시스 캐벗 로웰이 사망한 다음, 기념하는 뜻으로 그 마을에는 그의 이름을 붙였다.

왜 북부인가?

—

미국의 초기 공장들은 목화밭에서 수천 킬로미터 떨어진 곳에 있었는데, 이 사실은 다음과 같은 궁금증을 불러일으킨다. 즉 방직 산업이 왜 북부에서 발전했느냐는 것이다. 요약하자면 남부에서는 당장 방직업에 나서는 것이 경제적이라고 생각하지 않았다. 하지만 북부에서는 적어도 초기에 뚜렷한 이점이 있었다. 북부가 누린 두 가지 초기 이점은 자본과 저렴한 전력 공급원이었다.

방직 산업이 북동부 지역에서 처음 자리 잡은 결정적 요인은 자본을 조달하기 수월했을 거라는 점이다. 프랜시스 캐벗 로웰이 보스턴 매뉴팩처링 컴퍼니를 설립했을 때, 그는 이미 성공한 사업가였다. 그와 그의 보스턴 어소시에이츠는 포경업에서 조성된 자본에 접근할 수 있었다.[6] 1800년대 중반 무렵, 고래잡이가 쇠퇴하고 방직업이 성장함에 따라 고래잡이 호황기에 축적된 대규모 자본이 대거 흘러들었다.[7]

북부의 또 다른 초기 이점은 지리적인 것이었다. 뉴잉글랜드에는 물살이 세찬 강물이 바다로 내려올 때 엄청난 규모의 수력을 분출하는 강이 많았다.[8] 이런 강들은 공장을 드나드는 상품을 운반하는 편리한 수단이 되기도 했다.[9] 둘째로, 북부가 패션 중심지로 이름난 뉴욕시와 가깝다는 것 역시 한몫했을 것이다. 어떤 제품이 가장 인기 있는지 동북부에서 더 빨리 인지할 수 있었을 테니 말이다(어쨌든 그 시절에는 정보가 훨씬 더 느리게 전달되었다).[10]

〈면직물 도시의 쇠퇴 : 뉴베드퍼드에 관한 연구The Decline of a Cotton Textile City: A Study of New Bedford〉에 따르면, '미국 내 가동 상태인 방적기 스핀들

spindle(실을 뽑는 등의 작업을 할 때 쓰는 기계의 회전축-옮긴이)의 70%가 그곳에 위치하다 보니 뉴잉글랜드 지역은 직물에서 사실상 독점권을 취득했다'고 한다. 1880년 무렵 뉴잉글랜드는 가동 상태인 방적기 스핀들의 80% 이상을 보유했다.[11] 이는 뉴잉글랜드 직물 제조업이 최고 전성기에 이르렀음을 보여 준다. 이제는 내려가는 일만 남은 것이었다. 또한 이 시기에는 당시 번영했던 산업에 진출하려는 신규 방직 회사들이 잔뜩 생겨나며 경쟁이 치열해졌다. 급속한 생산능력 확장은 호황기 방직 산업의 특징이 된다. 그리고 이는 궁극적으로 가격 하락으로 이어진다.

1880년대에서 1920년대 후반까지 북부는 직물 제조에서 서서히 우위를 잃었다. 경제 지형이 달라지면서 초기 우위는 북부의 산업 쇠퇴를 가속화하는 족쇄로 변했다. 가장 중요한 요인은 느린 데다가 끝없이 이어지는 기술 노후화였다. 남부는 처음에는 북부 공장에 공급할 원료를 재배하는 것이 유리하다고 생각했다.[12] 하지만 남부는 이 산업에 후발 주자로 진입하다 보니 자동 방직기 및 고리 탑재형 스핀들 같은 새롭고 효율적인 기계를 만들 수 있었다. 북부의 공장 소유주들은 자기들 공장의 한계 수익성을 감안하면 새로운 비용을 감당하기 어렵다는 사실을 알게 되었다. 시간이 지날수록 남부와 북부의 격차는 더욱 벌어졌고, 우위는 빠르게 남부 쪽으로 넘어갔다.[13]

수력발전에서 벗어난 것 또한 북부에 피해를 입혔다. 초기에는 북부의 물살 세찬 강들이 남부와 비교해 이점이었지만, 그 강들은 엄청난 수력을 제공할 뿐이었다. 이와 대조적으로 남부는 석탄에 대한 접근성에 힘입어 이내 공장에 증기기관을 결합했다. 또한 전기가 공장을 가동할 수 있는 실질적인 전력 자원이 되면서 남부는 약간 우위에 서게 되었다. 북부에는 대규모 발전소가 덜 보급된 상태였기 때문이다.

남부가 북부보다 유리한 또 다른 결정적 요인은 북부에 비해 저렴한 인건비(노동조합 결성 효과 등)와 낮은 세금이었다.[14] 나중에 에어컨이 등장하자 견디기 힘든 남부의 무더위와 비교해 북부에 유리했던 기후적 장점마저 상쇄되었다.[15] 이 격차의 배경에는 미시시피강 서쪽에서 장섬유 면화long-fiber cotton에 대한 수요가 증가했다는 점도 포함되었다. 그리고 이는 북부가 남부에 비해 운송상의 이점이 전혀 없다는 의미이기도 했다.*

이런 장기적 추세는 쉽게 드러나지 않았다. 아마도 북부의 이점이 감소하는 현상이 천천히 나타나서 그랬을 것이다. 자연재해나 전쟁 때문에 면화 부족 현상이 생기듯, 번영의 시기도 가끔 나타나는 현상이었다. 그리고 당구공, 타이어, 컨베이어 벨트, 타자기 리본처럼 직물을 이용하는 새로운 수요가 등장하면,[16] 북부 공장은 그 산업을 재빨리 장악했다. 그러나 이전에도 그랬다시피 좋은 시절은 이내 치열한 경쟁으로 이어졌다. 1929년 버크셔 해서웨이의 몇몇 예전 기업들이 합병하던 당시, 이 산업은 대부분 역풍을 맞고 있었다. 북부는 수십 년 동안 그 지역을 대표했던 산업에서 점하던 지배력을 되찾으려고 애썼지만 실패하고 말았다. 첫 단계에서는 경쟁 업체 수를 줄이는 일련의 인수 및 합병이 이루어졌다.

버크셔 파인 스피닝 어소시에이츠
-

오늘날의 버크셔 해서웨이와 직접적으로 이어진다고 볼 수 있는 가장 오래된 예전 기업은 밸리 폴스 컴퍼니Valley Falls Company다. 로드아일랜드주 운소킷 역사에 따르면[17], 밸리 폴스 컴퍼니는 1839년에 올리버 체이스Oliver Chace가 설립했다. 체이스 가문은 방직 제국을 세워 로드아일랜드주의 컴벌랜드와 센트럴 폴스라는 마을에 번영을 안겨 주었다.

이때부터 아래에 요약한 것처럼 뉴잉글랜드 전역에 걸쳐 일련의 기업을 통해 역사가 펼쳐진다.

- 1929년 : 밸리 폴스 컴퍼니 등 5개 기업이 합병해 버크셔 파인 스피닝 어소시에이츠를 설립했다. 나머지 4개 기업은 다음과 같다.
- 코번트리 주식회사Coventry Co.(1864년 로드아일랜드주 코번트리에서 설립)
- 그레이록 밀스Greylock Mills(1880년 매사추세츠주 피츠버그에서 설립)
- 포트 더머 밀스Fort Dummer Mills(1910년 버몬트주 브래틀버로에서 설립)[18]
- 버크셔 코튼 매뉴팩처링 컴퍼니Berkshire Cotton Manufacturing Company(1889년 매사추세츠주 애덤스에서 설립)

버크셔 코튼 매뉴팩처링이 5개 기업 가운데 가장 규모가 컸기에 새로운 기업은 버크셔 파인 스피닝 어소시에이츠Berkshire Fine Spinning Associates, Inc.로 명명되었다.**

---

* 질 좋은 완제품 직물에는 장섬유 면화가 필수였는데, 처음에는 북부에서만 생산되었다. 이 면화는 미시시피 서쪽에서 재배되었다. 울프바인Wolfbein에 따르면, 남부와 동북부 간의 운송비 차이는 무시해도 될 만한 수준이었다.
** 1930년 버크셔 파인 스피닝 어소시에이츠에 대한 무디스 기업 설명서에 따르면, 1928년 9월 30일 기준 이 회사의 대차대조표(합병이 1929년 이후에 이뤄졌으므로 이는 임시로 작성된 회계 수치임)상 총 자본금은 1,300만 달러(우선주, 보통주, 자본잉여금 등)였다. 같은 날짜 기준으로 버크셔 코튼 매뉴팩처링에 대한 무디스의 별도 회계 수치에 따르면, 이 회사의 총 자본금은 690만 달러였다.

- 1930년 : 킹 필립 밀스King Philip Mills(1871년 매사추세츠주 폴강 인근에서 설립)
  와 파커 밀스Parker Mills(1895년 매사추세츠주 폴강 인근에서 설립)는 버크셔 파
  인 스피닝Berkshire Fine Spinning으로 합병되었다(파커 밀스는 1921년 하그레이브
  스 밀스Hargraves Mills와 합병했다. 파커와 하그레이브스가 모두 재정난에 빠진
  후의 일이다[19]).
- 1955년 : 무수히 많은 방직공장 그룹과 기업이 해서웨이 매뉴팩처링 컴퍼니
  Hathaway Manufacturing Company와 합병해 버크셔 해서웨이가 되었다.

해서웨이 매뉴팩처링 컴퍼니

—

버크셔 해서웨이에서 해서웨이 쪽의 역사는 훨씬 단순하다. 이 회사는
뉴잉글랜드에서 직물 제조업이 한창이던 1888년에 생겼는데, 1889년
매사추세츠주 뉴베드퍼드에서 법인화되었다. 그리고 1955년 버크셔
파인 스피닝과 합병할 때까지 독립적으로 운영됐다. 매사추세츠주 정
부 문서에 따르면, 해서웨이는 뉴베드퍼드의 향유고래잡이 산업이 쇠
퇴한 뒤 호레이쇼 해서웨이*와 다음 사업거리를 찾는 몇몇 고래잡이
산업 파트너가 조성한 초기 자본 40만 달러로 창립되었다. 파트너들 중
한 명은 부유한 상속녀 헤티 그린Hetty Green이었는데, 그녀는 뉴베드퍼드
에서 운송업으로 축적한 자산을 물려받은 인물이었다.[20]

---

* 호레이쇼 해서웨이는 매사추세츠주 뉴베드퍼드에서 초기에 아쿠시네트 밀Acushnet Mill을 설립했다(《스노
  볼The Snowball》, 267쪽)

1930년대

−

버크셔 해서웨이의 예전 회사 두 곳인 버크셔 파인 스피닝과 해서웨이 매뉴팩처링은 1930년대 내내 별도의 기업으로 운영되었다. 이들은 대체로 뉴잉글랜드에 본사를 둔 직물 제조업체들과 마찬가지로, 끊임없는 남부의 진격 및 해외 경쟁자들의 성장 등 악전고투 상황에 직면했다.

1930년대의 대공황은 뉴잉글랜드 직물 제조업체들에게 매우 큰 영향을 끼쳤다. 그때까지 살아남은 공장들은 대부분 조악한 제품 생산에서 벗어나 남부가 아직 익히지 못한 고급 직물로 전환해 생존하게 되었다. 대공황으로 이런 값비싼 고급 임의 선택재에 대한 수요가 사그라들었다. 많은 공장이 조악한 제품의 생산량은 1% 미만 감소한 반면, 그런 고급 제품 생산은 50% 이상 줄어들었다.[21]

버크셔 해서웨이의 예전 회사 등 뉴잉글랜드 공장들 역시 1930년대에는 일부 제품을 견직물silk이나 인조 견직물rayon로 바꾸었다. 이 두 가지 면화 대체재는 적어도 초반에는 고급 면화와 유사해 북부에서 제조하는 것으로 자연스럽게 자리 잡혔다. 해서웨이 매뉴팩처링은 일찍이 이런 대체품으로 바꾸었으며, 같은 조치를 취한 뉴베드퍼드의 또 다른 공장 고스놀드 밀Gosnold Mill을 이 지역에서 가장 수익성 좋은 공장으로 만들었다.[22]

면화와 그 대체품의 재료비가 대체로 시장 상황에 좌우되자, 공장주들은 그다음으로 비용이 높은 임금으로 눈을 돌렸다. 노동자들은 방직업계 전체가 파업에 참여하며 모든 산업에 영향을 끼쳤던 1934년 총파업 등 파업으로 대응했다. 남부와 북부 모두가 이에 영향을 받았던 시

기에 파업은 남부에서 더욱 집중적으로 일어났다.[23]

1934년 총파업 당시 50만 명의 노동자가 파업에 참여했다. 북부는 북부 입장에서 남부의 노동조건에 반대하는 정치 로비를 벌였다. 남부는 임금이 낮았으며, 북부가 도입한 아동 노동 및 노동시간, 즉 노동조건에 대해 북부와 동일한 규제가 없었다. 1938년 공정 근로기준법이 시행됨에 따라 미국 전역에 적용되는 일률적인 표준임금이 남부와 북부의 노동 격차를 줄여 갔다. 북부 측은 기쁘긴 했으나 입법이 너무 늦어져 마냥 좋지만은 않았다. 〈면직물 도시의 쇠퇴 : 뉴베드퍼드에 관한 연구〉에서 이를 서술한 바에 따르면, 새 법안은 "기계가 경매로 팔려 나가고 건물도 철거된, 이미 청산된 공장을 되살릴 수 없었다."[24] 그 법안은 해외 경쟁사들이 영향력을 키우는 것도 전혀 막아 내지 못했다.

생산량이 남부로 넘어가는 현상을 막기 위한 약간의 노력은 성공했지만 북부에 대항하는 세력도 강했다. 업계 생산능력의 척도인 스핀들에 관련된 데이터는 그 변화를 보여 준다. 〈그림 1-1〉은 1914년과 1938년 사이에 산업의 전반적 쇠퇴와 그 기간 면화를 재배한 남부 주 전체가 얻은 막대한 이익을 나타낸다.

뉴잉글랜드의 미국 스핀들 점유율은 1914년 54%에서 1938년 26%로 하락했다. 이는 1914년 점유율의 절반도 되지 않는다. 한편 면화를 재배하는 남부의 주는 전체 스핀들 점유율이 1914년 34%에서 71%로 상승했다. 뉴잉글랜드가 빼앗긴 점유율보다 1%p 더 얻었다. 직물 생산이 절정기이던 1925년에는 남부 46%, 북부 48%로 생산량이 거의 균등하게 나뉘었다는 것이 흥미롭다.

1930년대 버크셔 파인 스피닝 어소시에이츠 및 해서웨이 매뉴팩처

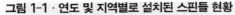

그림 1-1 · 연도 및 지역별로 설치된 스핀들 현황
자료 ·《방직 도시의 쇠퇴The Decline Of A Cotton Textile City》(울프바인, 161쪽)

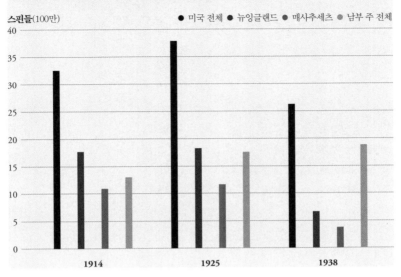

링의 데이터는 업계 동향과 궤를 같이한다. 1930년대 초반 데이터는 찾기 어렵지만, 버크셔 해서웨이의 예전 기업들도 해당 산업 및 지역 업체와 비슷했을 것으로 추정할 수 있다. 1934년부터 두 예전 기업에 대한 데이터가 파악되는데, 그때부터 차이가 나타나기 시작한다.

가장 분명한 차이점은 경영 규모다. 버크셔가 해서웨이에 비해 스핀들은 10배, 방직기는 6배 이상 많이 보유했다. 그럼에도 이러한 생산능력이 수익성으로 이어지지 않았다. 짧지만 눈부신 1930년대 후반은 해서웨이가 어떻게 괄목할 만한 자기자본이익률return on equity을 올렸는지, 반면 버크셔는 왜 전혀 그렇지 못했는지 알려 준다. 여기서 자연스럽게 따라오는 질문은 왜 그랬느냐다. 두 공장 모두 고급 면화라는 같은 제품을 생산했으며 견직물과 인조 견직물 제품도 계속 만들었다.

표 1-1 · 버크셔 파인 스피닝 어소시에이츠 및 해서웨이 매뉴팩처링 경영 데이터

비교 | 자료·1934~1940년 무디스 산업 설명서 Moody's Industrial Manuals 및 저자의 계산

	버크셔 파인 스피닝	해서웨이 매뉴팩처링
1934		
순매출액(100만 달러)	16.3	3.9
자기자본(100만 달러)	13.8	2.1
#스핀들	900,000	79,000
#방직기	20,000	3,200
1939		
순매출액(100만 달러)	18.4	7.3
자기자본(100만 달러)	13.1	2.2
#스핀들	748,000	62,000
#방직기	15,000	2,800
1935~1939(평균)		
자기자본이익률	0%	6.10%
이익률	1.40%	2.10%
매출액/평균 자기자본[1]	$1.34	$3.15

주석 1. 1935년 해서웨이 매뉴팩처링의 '이익/평균 자기자본' 수치는 데이터가 없어서 1936~1939년 수치로 대체함.
참고 1939년 버크셔 파인 스피닝 스핀들 및 방직기 데이터가 없어서 1938년과 1940년 수치로 대체함.

(단기간에 많은 요인이 작용하다 보니) 5년은 이런 유형 분석 시 대입하는 가장 짧은 기간인데, 답은 두 가지 요소에서 기인하는 것 같다. 해서웨이의 공장은 모두 매사추세츠주 뉴베드퍼드에 위치했으므로 해상 운송 접근성이 좋다는 상대적 이점이 있었다. 버크셔의 공장 중 몇 군데는 바다에 가까웠지만, 해서웨이는 매사추세츠주 서부와 버몬트주에까지 공장이 있었다. 그렇게 여러 지역에 공장을 두었다는 운송상의 단점은 버크셔가 공장 간 네트워크를 관리하는 문제와 수익성 압박 같은 것으로 이어졌을 것이다.*

1940년대

－

1930년대 북부 방직공장의 어려운 경영 여건은 제2차 세계대전이라는
대형 사건이 아니었다면 1940년대 내내 지속되었을 것이다. 제2차 세계
대전은 전체 직물 산업에 일시적 호황을 불러왔고 북부에 남아 있던 공
장에 짧은 순간 최고의 수익을 안겨 주었다. 비록 잠깐이었지만 1940년
대까지 북부 공장은 계속 이익을 냈다. 미국 경제가 소비자의 능력과
소비 의지에 힘입어 대공황에서 벗어난 덕분이었다. 수익을 올리는 아
주 짧은 순간은 이후에도 주기적으로 나타나지만, 1940년대는 북부 공
장이 환호성을 터뜨릴 수 있는 마지막 시기였음이 증명될 것이었다.

지난 10년 동안 계속된 극심한 업계 부진이 공장 폐쇄와 경쟁 완화로
이어지지 않았다면, 1940년대 전시(戰時) 호황에도 개별 업체는 이익을
올리지 못했을 수도 있다. 매사추세츠주 뉴베드퍼드에서는 1930년부
터 1939년까지 스무 곳의 공장이 문을 닫았다.[25]

살아남은 업체는 어마어마한 이익을 올릴 수 있는 상황임을 깨달았
다. 전쟁을 치르려면 약을 담는 가방, 위장복, 판초(머리를 내놓는 구멍만
뚫려 있는 외투-옮긴이), 모기장 등 엄청난 양의 군용 직물 제품이 필요했
다. 전시에는 낙하산이 대거 사용되어, 가볍고 튼튼한 신규 직물인 나
일론이 필요했다. 방직공장들은 처음에는 대규모 생산 계약을 망설였
다. 버크셔 파인 스피닝이 대규모 계약을 체결한 후에야 다른 공장도

＊ 해서웨이가 누린 입지적 장점은 자본 효율이 높다는 점에서 주목된다. 1936년에서 1939년까지, 해서웨
이의 평균 자기자본 대비 달러당 이익은 3.15달러였다. 반면 버크셔는 단 1.34달러를 기록했다. 이것은
해서웨이의 평균 이익률을 2.1%나 더 확대시켰다.

줄줄이 계약을 맺었다. 버크셔 파인 스피닝 한 곳에서만 전쟁 물자용 나일론 천을 500만 야드(약 4,572km)나 생산했다. 이 회사 및 다른 공장들은 활기를 잃어가던 수많은 스핀들과 방직기의 새로운 사용처를 발견했다.[26]

〈그림 1-3〉에서 볼 수 있듯, 북부 공장들의 수익성에 미친 영향은 명백했다. 1939년으로 끝나는 5년 구간에는 약간 적자 상태였던 버크셔의 이익률은 1944년으로 끝나는 5년 구간에는 4.9%로 증가했다.

수익성 면에서는 해서웨이 매뉴팩처링이 훨씬 많이 개선됐다. 1940~1944년 해서웨이가 거둔 평균 순이익은 2.8%로, 직전 4년 평균보다 0.7%p 높았다. 그러나 해서웨이의 자본 효율이 더 좋았기 때문에 (1940~1944년 자기자본 1달러당 매출액은 평균 4.04달러였다. 같은 기

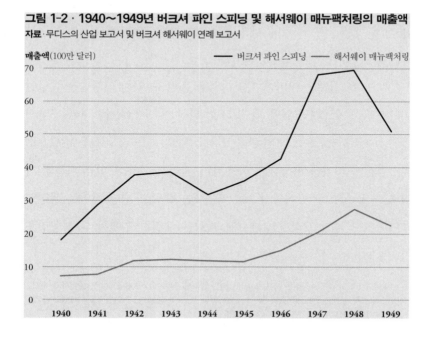

그림 1-2 · 1940~1949년 버크셔 파인 스피닝 및 해서웨이 매뉴팩처링의 매출액
자료·무디스의 산업 보고서 및 버크셔 해서웨이 연례 보고서

그림 1-3 · 1940~1949년 버크셔 파인 스피닝 및 해서웨이 매뉴팩처링의 순이익률

자료·무디스의 산업 보고서 및 버크셔 해서웨이 연례 보고서

그림 1-4 · 1940~1949년 버크셔 파인 스피닝 및 해서웨이 매뉴팩처링의 자기자본이익률 | **자료**·무디스의 산업 보고서 및 버크셔 해서웨이 연례 보고서

간 버크셔의 자기자본 1달러당 매출액은 2.20달러였다) 해당 기간 해서웨이의 평균 자기자본이익률은 11.2%로, 버크셔의 10.9%와 비교된다 (기억해 두자. 1935~1939년 버크셔의 자기자본이익률은 0이었다).

1940년대 후반에는 직물 수익성이 전쟁 기간보다 더 높았다. 제2차 세계대전 이후 평화 시기에 미국 경제는 호황을 누렸다. 1인당 실질 처분가능소득(소비자가 지출할 수 있는 금액 범위)은 1929년 7,361달러에서 1935년 6,468달러로 감소했다. 그 후 1944년에는 1만 754달러로 증가하다가 미국이 또다시 경기 침체에 빠짐에 따라 1949년에는 9,927달러로 약간 감소했다.*

1940년대에 수입이 지난 10년 동안보다 약 3분의 1이나 증가한 미국 사람들은 자유롭게 소비에 나섰다. 북부 방직공장에서 생산한 고급 직물 제품처럼 이전에는 필수품이 아니어서 소비를 자제하던 상품의 수요는 다시금 늘어났다.

이는 버크셔 해서웨이의 예전 회사들에 진정한 호황이었다. 1940년대 후반에 기록한 높은 판매량은 더 큰 이익으로 이어졌다. 두 회사의 이익률은 폭발적으로 늘어났다. 1945~1949년 평균 이익률의 경우, 버크셔는 12.9%, 해서웨이는 7%나 되었다. 높은 매출액과 높은 순이익의 결합은 주주의 자기자본이익률이 극적으로 증가하는 결과로 이어졌다. 버크셔의 1945~1949년 연평균 자기자본이익률은 28%였다. 해서웨이의 같은 기간 연평균 자기자본이익률은 27%로 약간 낮았다(그래도 실망스러운 수준은 아니었다).

---

* 미국 세인트루이스 연방준비은행FRB이 집계한 2012년 달러 통화량 데이터

1950~1954년

―

이 기간 버크셔 파인 스피닝에 관련된 데이터는 별로 없다. 따라서 다음
5년 기간의 분석은 1955년 처음 결합된 버크셔 해서웨이 연차 보고서에
나온 통합 재무 정보 추정치를 사용한다. 1940년대에 겪었던 호황은 엄
밀히 말해서 1950년대에 붕괴된 것은 아니었다. 그보다는 거품이 꺼졌
다. 제2차 세계대전의 강력한 수요와 전쟁 이후 소비 활성화에서 비롯된
일시적인 수익성은 그 배경을 따라 점점 힘을 잃어 갔다. 북부 직물 생산
이 지니고 있는 근본적으로 불리한 점이 분명해지고 있었기 때문이다.

1950년부터 버크셔 해서웨이의 예전 회사들은 〈그림 1-5〉에서 보
듯 매출액과 이익률의 급격한 감소를 겪었다. 1948년 9,700만 달러라
는 최고 매출액을 기록한 후, 1951년 매출액 9,200만 달러로 약간 반등

그림 1-5 · 1950~1955년 버크셔 해서웨이의 순이익률 및 자기자본이익률 추정치
자료·무디스의 산업 보고서 및 버크셔 해서웨이 연차 보고서

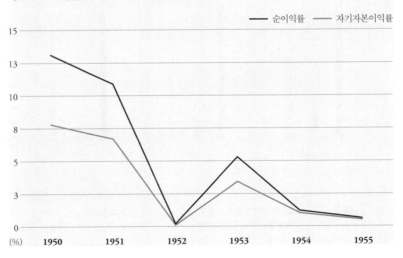

했지만 완전히 회복하지 못했다. 또한 이 회사들은 빠른 속도로 상당한 규모의 이익을 잃었다.

북부의 직물 생산 감소는 〈그림 1-6〉에 나타난 활성 스핀들* 통계에서도 확인할 수 있다. 이 그래프는 산업 전반의 쇠퇴를 보여 주는데, 남부는 제자리걸음 상태인 반면 북부는 지속적으로 감소세를 나타낸다.

전체 활성 스핀들 점유율의 경우, 뉴잉글랜드의 주는 1940년 22%에서 1955년 12%로 하락한 반면, 남부는 1940년 75%에서 1955년 88%로 상승했다. 흥미롭게도 1950~1955년에 미국 전체적으로는 활성 스핀들 수치가 줄어들고 있음에도 남부가 이를 늘리며 시장을 잠식했다는 점은 주목할 만하다. 물론 이는 북부가 잃은 점유율을 가져간 것이다.

그림 1-6 · 1940~1955년 지역별 활성 스핀들 수

자료·《미국 직물 산업의 변화Changes in American Textile Industry》, 기술 회보 1,210호, 72쪽, 미 농림부, 1959년 11월 발행, 구글 북스로 접속

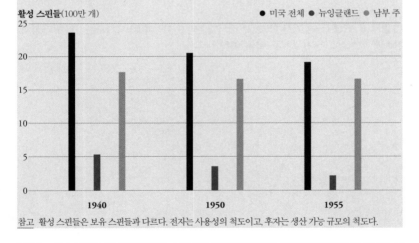

활성 스핀들(100만 개)   ● 미국 전체 ● 뉴잉글랜드 ● 남부 주

참고 활성 스핀들은 보유 스핀들과 다르다. 전자는 사용성의 척도이고, 후자는 생산 가능 규모의 척도다.

---

* 활성 스핀들active spindles이라는 용어는 보유 스핀들spindles in place과 약간 다른 척도임에 유의하자. 전자는 사용성의 척도이고, 후자는 생산 가능 규모의 척도다. 더욱 정교하게 파악되는 사용성 척도로 활성 스핀들 가동 시간active spindle hours을 참고하기도 한다.

버크셔 해서웨이

—

지금의 기업 명칭으로 이어지게 한 최종 합병은 1955년 버크셔 파인 스피닝이 해서웨이 매뉴팩처링과 합병하면서 이루어졌다. 두 회사의 합병은 무엇보다 방직업이 절박한 상황을 지속적으로 맞닥뜨린 데 따른 것이었다. 그러나 보다 직접적인 원인은 매사추세츠주 뉴베드퍼드의 코브가에 있던 해서웨이 밀이 물에 잠긴 사건이었다. 1954년 9월 허리케인 캐럴로 심각한 피해를 입었던 것이다. 해서웨이의 리더인 시버리 스탠턴Seabury Stanton은 사업을 계속 유지하기 위해 버크셔 파인 스피닝과의 합병을 추진했다. 이 합병은 1955년 3월 14일 마무리되었다.

새로 출범한 기업의 경영진은 회장 존 H. 맥마흔John H. McMahon, 부회장 시버리 스탠턴, 사장 맬컴 G. 체이스 주니어Malcolm G. Chace, Jr.였다. 이 경영진은 1955년 첫 번째 연례 보고서에 다음과 같이 적으며 낙관적인 시각을 보였다.

> "양사 합병의 목적은 각 사의 운영비 절감, 제품 다각화 효과를 높이기 위한 것이었습니다. 새로운 회사는 이제 단순히 빗질 처리한 고급 면화 제품은 물론이고, 방직기로 짠 화려한 색상의 사각형 원단과 레이온, 나일론, 데이크론 등 기타 합성 원단도 시장에 공급할 수 있게 되었습니다."

유감스럽게도 보고서에는 불길한 경고도 담겨 있었다. 합병 직후인 그해 7월에 파업으로 13주간 휴업이 발생했다. 다음 달에는 허리케인 다이앤 때문에 로드아일랜드의 몇몇 공장이 심각한 피해를 입었다. 이

러한 초기 사건은 향후 10년 동안 직면할 많은 문제와 어려운 결정의
서막을 예고하고 있었다.

결론

–

(오늘날 우리가 알고 있는) 버크셔 해서웨이가 창립되기 전에 일어난
많은 합병은 방직 업종에서 대기업을 만들었다. 이 회사는 뉴잉글랜
드 전역에 걸쳐 있었으며 1955년에 총 6,500만 달러가 넘는 매출액을
기록하는 등 규모가 상당히 컸다. 합병 이듬해인 1956년, 버크셔 해서
웨이는 당대 최대 규모의 방직 기업과는 거리가 멀었지만 〈포천〉 선정
500대 기업 가운데 431위에 올랐다.＊27)

　합병하기 전 각자 생존 노력을 기울였던 계열 기업들도 1955년 합병
으로 이어지는 역풍에 대거 직면했다. 남부가 더 새롭고 효율적인 공장
을 건설하는 동안, 19세기에는 북부의 초기 장점이었던 것이 20세기에
는 단점으로 바뀌었다. 남부에서 인건비와 에너지 비용을 절감하면서
북부는 더욱 뒤처졌다. 1940년대에는 제2차 세계대전 동안 대공황이
발생한 뒤로 (일시적이긴 했지만) 이익이 생기는 중요한 전환점을 맞
기도 했다. 그런 경제 상황 아래 전쟁이 불씨를 제공해 타올랐던 불길

＊ 1956년 〈포천〉 선정 500대 기업으로 버크셔 해서웨이 앞에는 다른 기업이 많았다. 예를 들어 벌링턴 인
　더스트리스는 매출액 5억 1,500만 달러로 70위, 캐넌 밀스는 184위(매출액 1억 9,400만 달러), 텍스트
　론은 187위(매출액 1억 8,900만 달러), 콘 밀스는 208위(매출액 1억 6,400만 달러), 리겔 텍스타일은
　344위(매출액 8,600만 달러), 페퍼렐 매뉴팩처링은 352위(매출액 8,500만 달러)였다.

은 전쟁이 끝나자 이내 사그라들고 말았다. 1950년대에 낮은 투입 원가라는 남부의 이점이 다시 나타나면서, 북부에서는 되살아났던 산업 쇠퇴와 합병이라는 과정으로 이어진다.

〈그림 1-7〉에서 볼 수 있듯, 미국 활성 스핀들 데이터는 세계적인 사건 및 산업 변화와 관련된 방직업의 쇠퇴를 드러낸다.

〈그림 1-7〉은 주문량이 산업 생산능력만을 충분히 뒷받침하던 시기에는 기업이 번성했음을 보여 준다. 그러나 공급이 수요를 초과하면 과잉생산 능력은 이윤을 떨어뜨렸고, 종종 가장 약한 회사를 불안정하게 만들어 생산량을 감축하거나 완전히 폐업하게끔 했다.

지리적 차이도 알 수 있다. 남부는 여러 교대 조를 운영하고 때로는 24시간 가동함으로써 스핀들 가동률이 122.6%에 이르렀다. 반면 북부는 스핀들 가동률이 78.6%에 불과했으며 매사추세츠주의 경우 70.4%로 가장 낮았다.[28]

이런 유형의 통계는 남부가 북부에 비해 지녔던 장점을 보여 주면서,

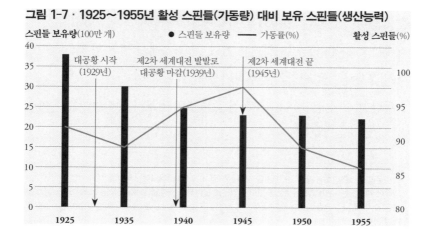

그림 1-7 · 1925~1955년 활성 스핀들(가동량) 대비 보유 스핀들(생산능력)

남부가 어떻게 이를 활용해 이익을 확대했는지 알려 준다. 낮은 인건비와 더 나은 기술력이라는 작은 장점과 높은 공장 가동률이라는 커다란 장점의 결합은 북부에 비해 뚜렷한 경쟁력 우위라는 결과로 이어졌다.

흥미롭게도, 방직공장의 회계 관행 또한 장기적 측면에서 이들이 사라지게 하는 요인으로 작용하기도 했다. (여러 곳에 있던) 많은 공장이 유형자산의 감가상각을 회계상으로 부적절하게 처리했다. 이는 공장이 이익을 내고 있을 때도 재무적으로는 손실 상태인 것처럼 보이게끔 했을 것이다. 그것은 또한 공장 유지 및 현대화에 재투자되어야 했을 자본을 다른 쪽으로 돌리는 효과로 연결되었을 것이다.[29] 물론 적절한 회계가 그런 경제적 현상을 막지는 못했을 것이다. 다만 적절한 회계가 이루어졌다면 공장주 입장에서 더 합리적인 판단을 할 수 있었을 수는 있다. 그랬으면 그들은 자금력을 잃어 가는 공장 운영을 머지않아 중단할 수 있었을 것이다.

남부의 분명한 이점에도 북부와 특히 뉴잉글랜드에서 방직업은 완전히 사라지지는 않았다. 버크셔 해서웨이는 1985년까지도 모든 운영을 중단하지 않았다. 벌링턴 인더스트리스라는 계열사는 쉽지 않은 여건에서도 2000년을 맞이하기도 했다. 그 과정에서 해외 업체들과 치열하게 경쟁하는 등 힘겹게 분투하면서 말이다.[*30]

워런 버핏이 장악하기 10년 전 존재했던 버크셔 해서웨이는 녹아내

---

* 벌링턴 인더스트리스는 결국 2001년 말 파산 신청을 하고 만다. 버크셔는 실제로 해당 기업 매각을 위한 입찰에 참여했는데, 이 입찰은 무산되었고 사업부는 분리되어 매각됐다. 벌링턴 인더스트리스는 2003년 파산 후 이 회사 자산을 사들인 인터내셔널 텍스타일 그룹International Textile Group의 일부로 오늘날에도 최소한 명목상으로는 남아 있다.

리는 중이라 물기 가득한 다른 눈(雪)을 맹렬하게 덧붙여 본체의 규모를 유지하려고 하는 녹는 눈덩이였다. 1955년 버크셔 해서웨이 경영진은 더위를 인지하고 피난처를 찾거나 진로를 바꾸는 대신, 다른 결과를 기대하면서 동일한 진로를 유지했다. 일부 경영진은 구조적인 산업 변화가 일어나고 있음을 인식했으나 대다수가 방직이라는 단 한 가지 산업에만 몰두했다. 흔들리는 기업을 세계에서 가장 존경받는 기업 중 하나로 바꿔 놓기 위해서는 한 사람과 역사 속 우연이 필요할 것이다.

1954년까지 방직업에서 배우는 교훈

-

1 지식은 기업에 일시적으로만 이점을 부여한다. 모든 업계 참여자는 결국 최선의 사례에 접근할 수 있다. 아무리 정부가 보호한다 해도 가치 있는 정보의 확산을 막을 수 없다.

2 때로는 후발 주자가 선발 주자보다 유리하다. 남부는 처음 공장을 세울 때 최신 기법을 활용해 북부에 비해 유리한 위치를 차지했다.

3 기업합병은 근본적으로 불리한 경제적 지위나 추세를 바꿀 수 없다. 버크셔 해서웨이가 출범하면서 최고조에 이르렀던 방직 업종의 다수 합병은 산업 위축의 결과였으며 불가피했던 것을 지연할 수는 있었지만 막을 수는 없었다.

그림 1-8 · 오늘날 버크셔 해서웨이의 시작

자료·무디스의 기업 설명 보고서 및 매사추세츠주 법인 기록 문서. 보스턴 공공 도서관을 통해 접속

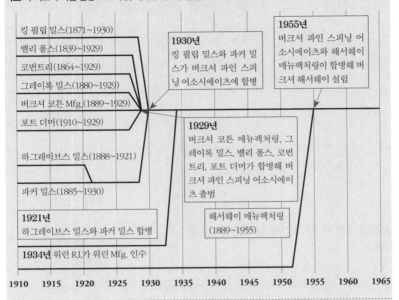

참고 사항

1934~1945년의 자료 출처는 머전트 온라인Mergent Online으로 접속한 무디스의 산업 설명서임. 1946~1955년의 자료 출처는 버크셔 해서웨이 첫 번째 연례 보고서에 나오는 전체 합병 내역임. 순이익과 자본 수치의 경우, 합병 기업 수치 및 개별 기업 수치가 모두 존재하는 연도의 부문별 수치 합계와 정확히 일치하지는 않음.

표 1-2 · 1945~1955년 버크셔 파인 스피닝 어소시에이츠 및 해서웨이 매뉴팩처링의 선별 자료

버크셔 파인 스피닝 어소시에이츠

	1945	1946	1947	1948	1949	1950	1951	1952	1953	1954	1955
매출액(1,000달러)	36,043	42,861	68,445	69,890	50,912	63,466	60,987				
순이익(1,000달러)	1,814	5,690	12,842	14,358	3,570	4,099	3,141				
자기자본(1,000달러)	15,294	19,187	32,444	42,530	41,691	44,262	45,193				
주요 비율											
매출액 성장률(%)	13.7	18.9	59.7	2.1	(27.2)	24.7	(3.9)				
매출액/평균 자기자본(%)	2.40	2.49	3.07	2.23	1.31	1.48	1.40				
순이익률(%)	5.0	13.3	18.8	20.5	7.0	6.5	5.2				
평균 자기자본이익률(%)	12.1	33.0	49.7	38.3	8.5	9.5	7.0				

해서웨이 매뉴팩처링

	1945	1946	1947	1948	1949	1950	1951	1952	1953	1954	1955
매출액(1,000달러)	11,622	14,997	20,538	27,288	22,446	26,158	30,862	19,749	27,463	21,227	
순이익(1,000달러)	328	952	1,949	2,858	1,312	1,702	1,836	(80)	482	(373)	
자기자본(1,000달러)	3,166	3,867	5,597	7,892	8,629	9,732	10,968	11,608	11,490	11,012	
주요 비율											
매출액 성장률(%)	(3.5)	29.0	36.9	32.9	(17.7)	16.5	18.0	(36.0)	39.1	(22.7)	
매출액/평균 자기자본(%)	3.67	4.27	4.34	4.05	2.72	2.85	2.98	1.75	2.38	1.89	
순이익률(%)	2.8	6.3	9.5	10.5	5.8	6.5	6.0	(0.4)	1.8	(1.8)	
평균 자기자본이익률(%)	10.7	27.1	41.2	42.4	15.9	18.5	17.7	(0.7)	4.2	(3.3)	

표 1-3 · 1934~1944년 버크셔 파인 스피닝 어소시에이츠 및 해서웨이 매뉴팩처링의 선별 자료

버크셔 파인 스피닝 어소시에이츠	1944	1943	1942	1941	1940	1939	1938	1937	1936	1935	1934
매출액(1,000달러)	31,696	38,679	37,772	28,747	18,163	18,442	14,351	19,389	18,951	16,031	16,335
순이익(1,000달러)	1,602	1,724	1,907	1,852	592	284	(517)	1,418	73	(1,228)	209
자기자본(1,000달러)	14,766	14,638	14,311	14,035	13,173	13,098	13,094	13,611	13,629	12,635	13,825
주요 비율											
매출액 성장률(%)	(18.1)	2.4	31.4	58.3	(1.5)	28.5	(26.0)	2.3	18.2	(1.9)	
매출액/평균 자기자본(%)	2.16	2.67	2.67	2.11	1.38	1.41	1.07	1.42	1.44	1.21	
순이익률(%)	5.1	4.5	5.0	6.4	3.3	1.5	(3.6)	7.3	0.4	(7.7)	
평균 자기자본이익률(%)	10.9	11.9	13.5	13.6	4.5	2.2	(3.9)	10.4	0.6	(9.3)	

해서웨이 매뉴팩처링	1944	1943	1942	1941	1940	1939	1938	1937	1936	1935	1934
매출액(1,000달러)	12,045	12,409	11,949	7,796	7,329	7,307	3,889	8,470	6,985	일수없음	3,937
순이익(1,000달러)	278	250	378	259	246	230	(19)	177	253	(0)	54
자기자본(1,000달러)	2,988	2,766	2,572	2,356	2,350	2,219	2,059	2,193	2,118	1,953	2,072
주요 비율											
매출액 성장률(%)	(2.9)	3.8	53.3	6.4	0.3	87.9	(54.1)	21.3			
매출액/평균 자기자본(%)	4.19	4.65	4.85	3.31	3.21	3.42	1.83	3.93	3.43		
순이익률(%)	2.3	2.0	3.2	3.3	3.4	3.1	(0.5)	2.1	3.6		
평균 자기자본이익률(%)	9.7	9.4	15.4	11.0	10.8	10.8	(0.9)	8.2	12.4	0.0	

표 1-4 · 1945~1955년 버크셔 파인 스피닝 어소시에이츠 및 해서웨이 매뉴팩처링의 합병 후 추정 자료

	1955	1954	1953	1952	1951	1950	1949	1948	1947	1946	1945
매출액(1,000달러)	65,498	66,929	86,414	68,293	91,849	89,625	73,358	97,177	88,982	57,858	47,665
순이익(1,000달러)	301	660	2,921	99	6,175	7,008	5,031	17,722	16,193	6,868	2,142
자기자본(1,000달러)	51,400	53,354	55,153	54,990	57,524	55,359	51,670	51,756	38,868	24,878	18,459
주요 비율											
매출액 성장률(%)	(2.1)	(22.5)	26.5	(25.6)	2.5	22.2	(24.5)	9.2	53.8	21.4	9.0
매출액/평균 자기자본(%)	1.27	1.25	1.57	1.24	1.60	1.62	1.42	1.88	2.29	2.33	2.58
순이익률(%)	0.5	1.0	3.4	0.1	6.7	7.8	6.9	18.2	18.2	11.9	4.5
평균 자기자본이익률(%)	0.6	1.2	5.3	0.2	10.9	13.1	9.7	39.1	50.8	31.7	11.8

표 1-5 · 1934~1944년 버크셔 파인 스피닝 어소시에이츠 및 해서웨이 매뉴팩처링의 합병 후 추정 자료

	1944	1943	1942	1941	1940	1939	1938	1937	1936	1935	1934
매출액(1,000달러)	43,740	51,088	49,721	36,543	25,492	25,749	18,240	27,859	25,936		20,272
순이익(1,000달러)	1,880	1,974	2,286	2,111	838	514	(536)	1,595	326	(1,229)	263
자기자본(1,000달러)	17,754	17,404	16,883	16,390	15,523	15,317	15,153	15,804	15,747	14,588	15,897
주요 비율											
매출액 성장률(%)	(14.4)	2.7	36.1	43.4	(1.0)	41.2	(34.5)	7.4			
매출액/평균 자기자본(%)	2.46	2.94	2.94	2.23	1.64	1.68	1.20	1.76			
순이익률(%)	4.3	3.9	4.6	5.8	3.3	2.0	(2.9)	5.7			
평균 자기자본이익률(%)	10.7	11.5	13.7	13.2	5.4	3.4	(3.5)	10.1	2.2	(8.1)	

제2장

1955~1964년

표 2-1 · 한눈에 보는 버핏 이전의 10년 구간

	1954*	1964
기업명	텍스타일 매뉴팩처링	텍스타일 매뉴팩처링
주요 경영진	회장 : 존 H. 맥마흔	회장 : 맬컴 G. 체이스 주니어
	부회장 : 시버리 스탠턴	사장 : 시버리 스탠턴
	사장 : 맬컴 G. 체이스 주니어	
연간 매출액	6,690만 달러	5,000만 달러
자기자본	5,340만 달러	2,210만 달러
주당 장부가치	23.25달러	19.46달러

* 버크셔 파인 스피닝 어소시에이츠와 해서웨이 매뉴팩처링 컴퍼니가 1955년 3월 14일 버크셔 해서웨이로 합병한 이후의 추정치임.

주요 자본 배분 결정

1. 본 밀스의 주식을 340만 달러(1956년)에 매입
2. 지속적인 손실에 대응해 수익성 없는 부서 및 공장 폐쇄
3. 운전자본에서 투자액 1,980만 달러 감소(-58%)
4. 공장 및 설비 등 유형자산 순투자 970만 달러 감소(-57%)
5. 배당 및 자사주 취득 형태로 주주에게 2,230만 달러 반환

주목할 만한 사건

1. 1962년 버핏 투자 조합으로 워런 버핏이 주식을 매수하기 시작

서문

—

버크셔 해서웨이의 1955년과 1964년 연례 보고서를 비교해 본 애널리스트나 주주는 두 가지 결론에 이르렀을 것이다. 첫째, 수익성이 저하되었다. 1964년 존속회사는 1955년에 올린 수익의 절반 정도를 벌어들였다. 둘째, 회사의 재무 상태가 꼭 나쁜 것만은 아니지만 현저하게 달라졌다. 1954년 말에는 현금과 초과 유동 자원이 넘치는 회사였는데, 매우 적은 수준의 현금과 매도가능증권(실물 자산 투자의 절반 정도), 약간의 부채를 보유한 회사가 되었다. 무엇이 버크셔 해서웨이를 이전의 절반 규모로 만들었을까?

버크셔 해서웨이는 1967년에 12월 결산 회계연도를 채택하기 전까지 과거 회계연도 기준으로 보고했다.*

표 2-2 · 1955~1964년 선별된 정보
자료 · 1955~1964년 버크셔 해서웨이 연례 보고서 및 미국 세인트루이스 연방준비은행 **단위** · %

	1955	1956	1957	1958	1959	1960	1961	1962	1963	1964
버크셔 주당 장부가치 변동률	(3.6)	0.1	(4.9)	(11.1)	6.0	16.3	(3.7)	(10.3)	(6.7)	3.3
미국 GDP 성장률(실질)	7.1	2.1	2.1	(0.7)	6.9	2.6	2.6	6.1	4.4	5.8
미국 국채 10년물 금리 (연말 기준)	3.0	3.6	3.2	3.9	4.7	3.8	4.1	3.9	4.1	4.2
미국 물가상승률	(0.3)	1.5	3.4	2.7	0.9	1.5	1.1	1.2	1.3	1.3
미국 실업률	4.4	4.1	4.3	6.8	5.5	5.5	6.7	5.6	5.6	5.2

1954년

–

먼저 대차대조표를 보면서 1954년 말 존속회사의 재무 상태를 평가해 보자. 1955년 3월까지 버크셔 파인 스피닝 어소시에이츠와 해서웨이 매뉴팩처링 컴퍼니의 합병이 이루어지지 않았기 때문에, 이는 사실 그 회사들이 1년 전 개별 기업으로 운영되었으면 어땠을지 회계적으로 살펴보는 데 의의가 있다. 1955년 합병된 버크셔 해서웨이 보고서는 〈표 2-3〉에서 볼 수 있듯, 비교를 위해 찾아본 내용을 담고 있다.

회사 자산을 전체적으로 단기 자산과 장기 자산이라는 두 가지 요소

---

* 기존 방식은 1967년 9월 마지막 주까지 해당하는 것으로 보인다. 이 때문에 1958년 9월 27일(토요일)과 1959년 10월 3일(토요일)과 같은 희한한 상황이 생겼다.

표 2-3 · 1954년 버크셔 해서웨이 대차대조표

자료· 1955년 버크셔 해서웨이 연례 보고서 **단위**· 1,000달러

	1954년 9월 30일 기준	
유동자산		
현금	4,977	9%
매도가능증권	2,963	5%
순 매출채권	3,200	5%
재고	27,669	48%
기타 유동자산	394	1%
유동자산 총계	39,202	67%
순유형자산(공장&설비)	17,249	30%
기타 자산	1,778	3%
자산 총계	58,230	100%
유동부채		
미지급 어음	878	2%
매입채무	2,296	4%
이자&기타	1,702	3%
경상부채 총계	4,875	8%
장기부채	0	0%
발행주식(1,000주)	2,295	
자기자본 총계	53,354	92%
부채 및 자기자본 총계	58,230	100%

참고 반올림으로 계산해 숫자 합산액이 일치하지 않을 수 있음.

로 아주 단순하게 표시했다. 단기 자산은 크게 세 가지로 분류했다. 재고(버크셔의 경우 면화·실크·레이온 등 상품, 완제품으로 제작 중인 중간 단계 제품, 원단 등 완제품), 매출채권(외상 판매 제품에 대해 고객에게 받을 돈), 현금 등이다. 1954년 말, 이러한 유동자산은 버크셔 총 자산의 약 3분의 2를 차지했다.

장기 자산(대개 유형자산으로 분류됨)은 회사를 운영하는 데 필요한

토지, 건물, 설비다. 1955년 버크셔 해서웨이 연례 보고서는 장기 자산으로 분류된 토지, 건물, 설비가 자리 잡은 지역을 다음과 같이 나열했다.

- 로드아일랜드주 프로비던스에 있는 경영진 사무실
- 뉴욕에 있는 영업 사무소 두 곳
- 운영 중인 공장 아홉 곳 : 매사추세츠주에 있는 공장 다섯 곳(애덤스, 노스 애덤스, 홀리오크, 폴강, 뉴베드퍼드), 로드아일랜드주에 있는 공장 세 곳(앨비언, 앤서니, 워런), 버몬트주에 있는 공장 한 곳(브래틀버로)
- 로드아일랜드주 론스데일에 있는 표백 & 염색 공장
- 로드아일랜드주 워런 및 매사추세츠주 폴강에 있는 커튼 공장
- 로드아일랜드주 워런에 있는 한 실험실 및 기계 매장

〈표 2-3〉에서 볼 수 있듯, 장기 자산 수치인 1,720만 달러는 오늘날 그리 크지 않게 느껴질 수 있다. 하지만 인플레이션을 반영하면 2020년 기준 1억 5,000만 달러 이상과 맞먹을 것이다. 간단히 말해 버크셔 해서웨이는 20세기 초반 60년 동안 꽤 많은 자산을 보유했다.

대차대조표의 다른 쪽을 보면 그런 자산들이 어떻게 돈을 벌어들였는지 알 수 있다. 회사가 자금을 조달하는 곳을 크게 두 가지 범주로 나눌 수 있다는 뜻이다. 즉 주주(또는 자본으로 알려져 있음)와 비주주다. 비주주의 범주에는 차입금(채무)과 자발적 부채(대개 거래 상대방과 기타 전반적인 사업 과정에서 들어오는 단기자금)로 더 상세히 분류할 수 있다. 버크셔의 경우, 1954년 말까지 회사 주주들이 5,340만 달러의 투자를 기록했는데, 이 자금이 자산의 상당 부분을 채웠다. 대차대조표

의 나머지 8%는 (원자재 공급업자에게 지불할 것으로 보이는) 매입채무, 미지급 임금, 급여, 세금, 소액 단기 지급어음 등으로 이루어져 있다.*

1954년 말 버크셔에는 장기부채가 없었다. 간단히 말해서 이 회사의 재무 상태는 훌륭하다고 할 수 있다.

문제는 버크셔의 자산 기반이 창출한 수익률을 평가할 때 시작된다. 이 분석은 1955년 데이터로 시행할 예정이다.

1955년

–

1954년과 1955년의 데이터를 사용해 버크셔가 창출한 투하자본이익률을 평가해 보자. 대차대조표가 해당 10년 구간의 초반에는 양호한 상태였으나 수익성은 그리 좋지 않았다. 이는 대차대조표 악화로 이어졌다.

1955년 회계연도(1954년 9월 30일 시작)가 시작되었을 때, 버크셔 해서웨이 경영진은 5,300만 달러의 투자 자본을 보유하고 있었다.** 이

---

* 사업자에게 필요한 단기자금을 운전자본working capital이라고 한다. 애널리스트마다 이에 대한 정의가 다양하지만, 일반적으로 운전자본은 기업의 현재 자산과 부채의 차액이다. 자금이 들어가는 곳은 기업의 영업 주기를 살펴보면 확인된다. 공장과 설비가 정지해 있는 동안에도 운전자본은 들어왔다 나간다. 현금은 신용판매로 전환되는 재고자산 매입에 쓰일 수 있는데, 이는 현금으로 회수되는 매출채권으로 이어진다. 재고가 필요하거나 판매하지 못한 제품이 많을수록, 그리고 매출채권이 많을수록 투자 규모는 점점 커진다. 필요한 투자 감축은 매입채무 같은 자발적인 부채라고 볼 수 있는데, 이는 기업에 자금을 제공하는 효과가 있다.

** 여기에서는 1954년과 1955년의 평균 자본과 부채 자본(이번 장 마지막에 나오는 부록에 제시된 것과 동일한 수치)을 사용하고 있다. 또 다른 방법으로는 단기 자산 및 장기 자산의 평균을 구한 다음에 자발적 부채 평균치를 차감하면 동일한 수치를 얻게 된다. 이렇게 할 경우 잉여 유동자산을 제외하고 계산하게 되어 매출액 대비 자본 비율을 개선할 수 있다. 어느 쪽으로 계산해도 해당 사업은 자본 집약적이라는 것을 알 수 있다.

듬해, 버크셔는 6,550만 달러의 연간 매출액을 기록했다. 이는 상당히 많이 벌어들인 것처럼 보이는데, 맞는 말이지만 매출액은 다만 한쪽 측면일 뿐임을 명심해야 한다. 매출액을 올리는 데 투입되는 자본과 매출액 1달러당 벌어들이는 순이익의 중요성은 동일하다. 1955년에는 매출액 대비 자본 비율이 높았는데,*** 이는 버크셔가 자본 집약적 기업이었음을 의미한다. 기본적으로 제품을 많이 판매하기 위해서는 자금이 많이 들어갔다는 것이다.

버크셔가 그렇게 자본 집약적이었던 이유는 무엇일까? 직물 제조에는 넓은 토지 및 설비, 단계마다 재고가 쌓이는 수많은 생산 시설이 필요했다. 게다가 매출액 일부는 외상 거래였다. 이렇게 하려면 고객에게 현금을 회수할 때까지 기다리는 동안 매출채권에 투자해야 했다. 아울러 재료 공급업체와 종업원도 돈을 받지 않으면 오래갈 수 없었기에, 운전자본 필요 금액을 줄이기 위한 보완성 부채도 약간 있었다.

버크셔 해서웨이는 1955년 6,550만 달러의 매출액에 대해 30만 1,000달러의 순이익을 보고했다. 이에 따른 순이익률, 즉 매출액 대비 순이익 비율은 0.46%였다. 달러당 매출액에는 약 0.81달러의 투자가 필요했고, 따라서 100달러의 매출액을 올리기 위해서는 약 81달러의 투자가 필요했다. 81달러를 투자해 0.46달러를 버는 것은 자기자본이익률이 약 0.6%라는 의미다. 1950년대 중반처럼 장기금리가 약 3%이던 시기에 이것은 고무적인 성과가 아니었다.

*** 해당 매출액 대비 자본 비율은 1.24달러였다. 다시 말해서 1달러의 매출액을 올리기 위해서는 0.81달러의 자본이 필요했다.

매출액 대비 자본 비율이 높다는 자체가 꼭 나쁜 것만은 아니다. 물론 오늘날 버크셔 해서웨이 소유의 벌링턴 노던 산타 페 레일로드Burlington Northern Santa Fe Railroad 및 버크셔의 유틸리티 사업체(전기, 수도, 가스 등의 사업-옮긴이) 등과 같이 자본 집약적 모델을 사용하는 좋은 사업체도 많다. 그러나 이러한 현대 버크셔의 자회사들은 순이익도 더 높고 경쟁 상황에서도 어떤 형태로든 보호받고 있다. 방직업은 정부가 승인한 가격 보호라곤 전혀 없는 상태에서, 국내외에서 치열한 경쟁에 시달리는 상품 사업이었다. 제1장에서 보았듯, 버크셔 해서웨이에는 또한 많은 인건비와 전력 비용이 소요되는 뉴잉글랜드에 있다는 약점도 있었다. 당연히 이익률은 시원치 않았다. 한마디로 경쟁 우위가 전혀 없었다.

워런 버핏은 1955년에는 아직 버크셔 해서웨이와 관련이 없었지만, 버크셔가 처한 상황은 버핏이 미래에 개입하게 될 것임을 시사한다. 버크셔의 취약한 수익성은 궁극적으로는 버핏이 빠른 수익을 내기 위해 살펴보았던 '담배꽁초'* 주식으로 그의 관심을 끌게 된다. 나중에 그는 버크셔에 모든 힘을 쏟아부은 대가로, 경제성이 좋지 않았던 이 기업에서 고통스럽긴 했어도 중요한 가르침을 얻는다. 그는 원자재형 사업체 경영의 극심한 어려움과 기업의 투하자본이익률을 보호하는 지속 가능한 경쟁 우위에 대한 비유인 '해자moat(垓字 : 외적에 대비해 성벽이나 도시 둘레에 판 인공 연못-옮긴이)'를 보유한 기업을 찾은 경우의 이점을 배우게 된다.

어떤 기업이든 기복은 있게 마련이다. 불행히도 1955년 버크셔 해서

---

* 버핏은 운전자본보다 값이 싼 주식을 사서 매도하는 자신의 초창기 매수 방식을 길바닥에서 담배꽁초를 찾는 것과 비슷하다고 자주 언급했다. 담배꽁초는 훌륭하지 않지만 공짜로 마지막 한두 모금 정도 피울 수 있다.

웨이의 문제는 구조적인 데다가 주기적이기까지 했다. 마치 롤러코스터를 타고 있는 것처럼, 버크셔는 결국 하락이라는 한 방향으로 가는 급격한 수익성 변동을 겪었다. 기적 같은 행운이 일어나면서 수익성과 이익률의 실제적 증가를 잠시 맛보긴 했으나, 역시 일시적 상황에 불과했다. 보다 일반적인 상황을 보자면 어려운 산업 여건이 이어졌다. 반복적으로 생산 규모 조절, 재정비 노력에 나서서 산업 전반에 재고가 적어지면 수익성이 잠깐 개선되었다가, 기업들이 정상화된 듯한 상황에 편승해 다시 경쟁 가도에 뛰어들면 방직업 생산능력 과잉 현상이 나타났다. 이 모두가 해외 경쟁 확대라는 환경에 대한 저항이었다.

1955년 연례 보고서에는 이 회사의 미래 수익성에 대한 단서가 들어 있다. 존 H. 맥마흔 회장, 시버리 스탠턴 부회장, 맬컴 G. 체이스 사장이 공동 서명한 보고서에서, 경영진은 회사가 골머리를 앓고 있는 몇 가지 경영 및 경쟁 사안을 언급했다. 보고서를 읽어 보면 버크셔 해서웨이는 전쟁 한복판에 있는 상태나 다름없었는데, 승산이 없었다.

13주간의 파업으로 그해 중반에는 운영이 완전히 중단되었다. 해당 파업은 '우리 회사와 많은 경쟁사 간의 인건비 차이를 줄인 약간의 양보'로 해결되었다. 여기에 홍수로 3주간 추가로 영업을 중단했다.

좋은 소식마저도 좋지 않은 기색을 품고 있었다. 경영진은 미국의 신규 최저임금이 시간당 0.75달러에서 1달러로 상승하면 버크셔 해서웨이의 인건비와 남부 경쟁 업체 간의 인건비 격차를 좁히는 데 도움이 될 것으로 기대했다. 그러나 이 미국 국내 법안은 해외 경쟁사들과 맞서는 데는 그다지 도움이 되지 않았다. 경영진은 '미국에 엄청난 규모로 물밀듯이 쏟아져 들어오는 일본산 직물'을 거론하면서, 일본의 인건비가 시간당 15센트와 맞먹는다고 지적했다. 그들은 정부의 조치(즉 수입관세)가 도움을 주기를 희망했다.

우울한 어조로 마무리하지 않으려는 듯, 1955년 보고서는 새로 합병한 회사들의 '시너지'로 말미암아 미래 수익성이 개선될 거라는 기대감을 표시하면서 끝을 맺었다. 맥마흔, 스탠턴, 체이스는 다양화된 제품군, 새로 합병한 회사들의 비용 절감, 미국 나머지 주와의 상대적 인건비 차이 저하 등이 결합되면 수익성이 회복될 거라고 기대했다. 불행히도 그런 일은 일어나지 않았다.

1956년

–

1956년, 버크셔 해서웨이 경영진은 제품군을 다양화하기 위해 340만 달러에 로드아일랜드 티버턴의 본 밀스Bourne Mills를 인수했다. 본 밀스 공장도 직물 제조업체였지만, 버크셔의 주력 제품군과는 다른 빗질 처리한 새틴sateen(면사 등으로 만드는 광택 있고 매끄러운 직물의 일종-옮긴이)을 생산했다. 본 밀스를 인수하면서 캐나다까지 아우르는 광범위한 유통망을 갖춘 자회사까지 함께 인수하게 되었는데, 버크셔 경영진은 이 자회사가 버크셔의 다른 제품에도 유용할 것이라고 생각했다. 1956년 연말 실적은 경영진에게 위의 자본 배분 결정과 관련해 그해 92만 3,000달러를 벌어들이며 긍정적으로 화답했다. 그러나 투하자본이익률은 단 1.7%에 그쳤다. 방직업의 발전은 그들의 자신감을 북돋기도 했다. 경영진은 주주 연례 보고서에서 "최근 남부에 위치한 방직 업종의 임금이 인상된 결과, 우리의 경쟁상 입지가 상당히 개선됐습니다. 자신감을 갖고 미래를 내다봅니다"라는 내용으로 마무리 지었다.

그러나 모든 게 잘되지 않았다. 같은 해 핵심 사업에서 균열이 점점 확대되고 있었다. 노동력 부족으로 경영진은 매사추세츠주 애덤스/노스 애덤스 지역에 있는 공장 두 군데를 통합했다. 이는 기업 분할과 공장 가동 중단이 자회사 매각으로 이어지는 긴 여정의 시작이었다. 이는 성장하고 번영하는 사업과는 정반대되는 것이었다. 문제는 자각하지 못한 상태에서 미국의 방직업이 길고도 느린 쇠퇴기에 빠졌다는 점이었다. 거기에 이르기까지 시간이 좀 걸릴 뿐이었다.

1957년

–

방직 업종의 침체된 시장 여건에 대응해, 1957년 버크셔 해서웨이는 수익성을 유지하기 위한 조치를 취했다. 바로 노동자들이 분주하게 과잉 재고를 쌓아 두는 대신에 생산을 다소 감축하는 것이었다. 또한 버크셔는 사업을 통합하고, 비용이 많이 들어가는 공장을 없애고, 남은 공장의 공정을 현대화하기 위한 설비에 투자했다. 1957년 맬컴 체이스 주니어 회장과 시버리 스탠턴 사장은 주주에게 보낸 서한에서 "우리의 통합과 현대화 프로그램으로 인한 경영상의 절감 효과로 이 회사는 강한 경쟁력을 갖출 것이며 1958년 중 수익성 있는 사업을 재개할 것으로 기대합니다"라고 발언했다. 그것은 훌륭한 전망이 아니었다.

1958년

-

1958년에는 이익을 내기 어려웠다. 방직업이 심각한 불황을 겪었으며 이 때문에 수많은 공장을 폐쇄했다. 이 회사는 매사추세츠주 노스 애덤스의 그레이록 사업부, 매사추세츠주 애덤스의 버크셔 사업부, 매사추세츠주 홀리오크의 홀리오크 사업부, 버몬트주 브래틀버로의 포트 더머 사업부, 로드아일랜드주 워런의 커튼 공장, 수리 사업부, 창고 건물을 정리했다. 1958년 주주 연례 보고서는 남은 사업 부문은 앞으로 수익성이 있으리라 기대된다는 것을 분명히 했다.

표 2-4 · 해당 기간 데이터
자료 · 1958년 버크셔 해서웨이 연례 보고서

	1958년 9월 27일	1957년 1월 1일	증감률(%)
스핀들	480,980	874,332	(45)
방직기	12,610	19,214	(34)
공장	8	14	(43)

경영진은 이러한 구조 조정 과정에서 영업 손실을 예상했지만, 운전 자본 감축으로 확보한 현금이 구조 조정 비용과 영업 손실을 벌충하는 데 도움을 줄 것으로 기대했다. 그러나 구조 조정은 버크셔 해서웨이가 사용하지 않은 설비를 처분하는 데에는 아무 소용이 없었다. 설비를 사고 싶다는 이가 하나도 없었는데, 이는 구조적인 산업 위축 상황에서 규모를 줄일 때 나타나는 현상이다. 많은 기업이 수익성 없는 설비를 모두 매각하려 했지만 그러기는 매우 어려웠으며 어쩌면 불가능할지도 몰랐

다. 경영진은 1958년 연례 보고서에서 "지난 몇 년간 전국 각지에서 일어난 방직공장 청산을 통한 차입금 상환으로 중고 방직 기계 및 건물 시장이 과부하가 걸렸습니다"라면서 "우리 기계와 부동산을 매수해 갈 곳을 찾기가 너무나 어려웠습니다"라고 마무리했다.

그해는 적자투성이로 마감했다. 버크셔는 1958년에 500만 달러의 순손실을 냈다고 보고했다.

1959년
_

전체적인 경제 회복에 힘입어, 그다음 2년은 수익성 면에서 잠시 한숨을 돌릴 수 있었다. 수년 동안의 공장 자산 합리화 덕분에 경영 비용이 낮아졌고, 산업 전반의 재고가 감소해 직물 가격은 높아졌다. 순이익은 1958년 발생한 500만 달러라는 끔찍한 손실에서 1959년 130만 달러라는 이익으로 반등했다. 이것은 경영진에게 "모든 기술적 개선 사항을 최대한 활용할" 수 있는 사업에 대한 재투자 정책을 유지할 만한 자신감을 안겨 준 것 같다.

1960년
_

1960년 연례 보고서는 주주들에게 사업 전략의 변화를 일러 주었다. 경영진은 커튼과 손수건 원단을 제외한 회사의 모든 제품이 반제품(미완

성품) 상태로 판매될 것이라고 설명했다. 이것은 이후 경영 방침이 되었고 완제품 운송과 관련된 리스크를 낮추게 된다.

이 방침은 초반에는 성공적이었던 것 같았다. 매출액은 10% 가까이 감소했으나 이익은 460만 달러, 순이익률은 7.4%, 투하자본이익률은 12%로 늘어났다. 이 회사가 불과 5년 전에 0.6%의 순이익률을 기록했음을 떠올려 보자.

사기가 하늘을 찌를 듯했다. 버크셔 해서웨이는 여전히 빚이 없었다. 하지만 버핏도 나중에 알게 되지만, 이러한 높은 수치는 허상에 불과했다. 그 높은 수치는 그저 모든 임직원, 주주, 경영진이 그대로 하염없이 나아가게 했을 뿐이었다.

1960년 연례 보고서는 가격 약세와 함께 방직업 침체를 다루었다. 그러나 제조 단계에서 재고가 적어 향후 만족스러운 경영 실적을 기대하고 있었다. 그러나 이번에도 경영진은 실망했다. 산업 여건이 과잉생산과 낮은 가격이라는 상태로 되돌아가는 데는 그리 오래 걸리지 않았다.

1961년

-

1961년 연례 보고서에서 경영진은 해외 직물의 지속적인 수입으로 판매량이 크게 줄어들었고 가격도 상당히 하락했다고 설명했다. 매출액은 그해 거의 24% 감소하며 4,800만 달러를 기록했고, 회사는 39만 3,000달러의 손실을 냈다고 보고했다. 이는 매출액이 크게 줄어든 것을 고려하면 심한 부진은 아니었다. 하지만 앞으로 다가올 고난의 조짐이었다.

1962년

–

1962년에도 잔잔한 물결이라곤 없었으며 바다가 계속 출렁였다. 매출액이 12% 증가했는데도 비용은 계속 높은 상태였으며 회사는 220만 달러의 손실을 냈다. 그것은 최악이 아니었다. 회사는 또한 "매각 예정 부동산에 대한 추정 손실"로 140만 달러를 책정했다. 사실 그것은 곧 분할 매각될 공장 자산 가치를 손익계산서를 통해 손실로 처리하지 않고 자본에 포함해 손익계산서가 더 좋아 보이게끔 (실제로는 덜 나빠 보이게) 한 것이었다. 이에 따라 발생했을 360만 달러의 손실이 회계 조작으로 감소했다.* 이것은 표면 아래에 도사리고 있던 위험한 기류를 무시한 처사였다.

부정적인 산업 동향에 대한 경영진의 대응은 방직업 안에서라도 방향을 다시 바꾸는 것이었다. 3년간의 신규 현대화 프로그램은 1963년 회계연도 첫날인 1962년 10월 1일에 시작되었다. 반제품에 집중하는 쪽으로 돌아가되, 반제품 중 수익성 없는 제품**은 생산을 중단했다. 초기에는 커튼 및 손수건 완제품 판매가 성공적이어서 경영진은 해당 품목을 더 많이 판매하는 데 집중했다. 이 제품은 간단하게 생산할 수 있었기 때문에 인건비가 더 낮았다. 경쟁이 심하지 않아서 '반독점적 이권'이 있었던 이 신제품을 위해 경영진은 미국과 캐나다 전역에서 판

---

* 이는 당시 회계 규정에서는 허용된 것이었을 수도 있지만, 경영진은 주주들과 소통하는 과정에서 무슨 일이 일어나고 있었는지 설명했어야 했다. 불과 몇 년 후 버핏은 버크셔 해서웨이 주주들에게 훨씬 정직한 정보를 제공한다.
** 버크셔는 각각 로드아일랜드주 앤서니와 티버턴에 있던 코번트리 및 본 밀스 사업부를 정리했다. 로드아일랜드주 앨비언에 있던 밸리 폴스는 연말 직후 폐쇄했다.

매하는 홈 패브릭 사업부를 만들었다.

경쟁 상황에 대한 진정한 보호막 없이 그저 피할 수 없는 운명을 지연시키기만 하는 이 완제품은 진입 장벽이 비교적 낮다는 것을 우리는 사후적으로 알고 있다. 버핏은 1985년 발송한 주주 서한에서 버크셔가 방직 사업 부문을 영구적으로 정리하기로 결정한 그해에 대해 다음과 같이 말했다. "만일 당신이 탄 배가 고질적으로 물이 새고 있음을 알았다면, 물 새는 것을 막는 데 힘쓰기보다는 배를 갈아타는 데 전념하는 게 더 생산적일 것입니다."

역사적 의의가 있는 기록으로는 적당한 부분이다. 버핏은 1962년에 자신이 운영하던 버핏 투자 조합으로 버크셔 해서웨이 주식을 매입하기 시작했다. 맨 처음에 이 주식은 주당 7.5달러에 사들였는데(시가총액으로는 약 1,200만 달러어치), 장부 가치의 약 3분의 1에 불과하고 운전자본 규모보다도 싼 가격이었다.

1963년

-

경영진은 1963년을 반영해 회사가 68만 5,000달러의 손실을 기록했지만, 수익성이 높은 경영으로 가는 추세라고 보고했다. 회사는 지속적으로 새로운 홈 패브릭 사업부에 투자했는데, '만족스러운 이익'을 거두었다. 하지만 더 깊이 들어가 보면, 보고된 순손실에 비해 사업이 훨씬 더 악화되었다는 단서가 드러났다. 주주 서한에서는 회사가 밸리 폴스 사업부를 영구적으로 폐쇄했고, 매사추세츠주 폴강에 있는 버크셔 킹 필립 A 사업부도 영업을 중단했다고 설명했다. 이 서한에 언급되지 않은 것은 1962년에 했던 바와 같이 자본상 손실로 책정한 150만 달러였다. 만일 이것이 손익계산서에 기록되었다면 순손실은 220만 달러로 불어났을 것이다.

1964년

–

현재 살펴보고 있는 10년 구간의 마지막 해인 1964년에는 다시 엇갈린 성과가 나타났다. 표면적으로 이 회사는 수익성을 회복했다. 매사추세츠주 폴강에 있는 버크셔 킹 필립 A와 E 공장을 영구적으로 폐쇄했으며, 매사추세츠주 뉴베드퍼드에 있는 제조 공장 세 곳과 로드아일랜드주 워런에 있는 제조 공장 한 곳만 남겨 두었다. 17만 6,000달러라는 적은 이익을 낸 것으로 보고되었는데, 경영진은 주주들에게 "회사의 모든 부문이 마지막 분기 말에는 수익성 있는 기반 위에서 운영되었습니다"라고 전했다. 경영진은 또한 (수출을 장려하고 과잉생산을 완화하기 위해) 1956년부터 실행된, 해외의 미국 면화 구입을 지원하는 미국 정부 보조금 프로그램이 변경되어 미국 면화 제조업체도 동일한 할인을 받을 수 있었다고 설명했다. 만약 주주들이 이 시점에서도 더 깊이 파고드는 방법을 배우지 않았다면, 반드시 배웠어야 했다. 공장 자산에 대한 300만 달러 규모의 감가상각이 자본 쪽에 또 기록되었다. 마찬가지로 만약 이것이 실제 손실에 포함되었다면(가장 확실하게 기재했어야 할 시기였다), 그해에 보고된 소규모 이익은 사라졌을 것이다.

10년 구간 살펴보기

–

10년 구간이 마무리되었으니 다시 1964년 버크셔 해서웨이에 대해 평가해 보자. 그 이전 버크셔의 절반 정도 규모이면서 대차대조표는 훨씬 부진한 상태임을 알 수 있다.

1964년 말에 사무실과 공장 지역 수 감소는 이 회사가 지난 10년 동안 얼마만큼 축소되었는지 나타낸다. 공장 한 곳을 줄이면서, 사업지는 경영 사무소 및 실험실 등 매사추세츠주 뉴베드퍼드로 축소되었다. 회사에는 아직도 뉴욕의 영업소 두 곳, 토론토, 뉴욕, 로스앤젤레스에 홈 패브릭 매장 세 곳이 있었다. 보고서에는 공장 위치를 네 군데로 기재했지만 그중 세 곳(해서웨이 사각 직조 부문, 해서웨이 합성 직물 부문, 홈 패브릭 부문)이 매사추세츠주 뉴베드퍼드에 있었다. 네 번째는 로드아일랜드주 워런에 있는 킹 필립 D 부문이었다.

표 2-5 · 1955년 및 1964년의 선별 데이터
자료 · 1955년 및 1964년 버크셔 해서웨이 연례 보고서 **단위** · 1,000달러

	1964	**1955**	**증감액**	**증감률**(%)
매출액	49,983	65,498	(15,515)	(24)
현금	920	4,169	(3,249)	(78)
운전자본	14,502	33,022	(18,520)	(56)
유형자산	7,571	16,655	(9,084)	(55)
차입금	2,500	0	2,500	해당 없음
자기자본	22,139	51,400	(29,261)	(57)

그러면 이 10년 동안 무슨 일이 일어났을까? 1955~1964년 버크셔 해서웨이는 총 5억 9,500만 달러의 매출액을 올렸다. 하지만 그 사이 5년

동안 주주들은 실적이 좋았던 해에 올린 이익보다 규모가 더 큰 손실이라는 피해를 입었다. 1962~1964년에 취한 유형자산에 대한 감가상각 기록물을 포함할 경우 실적은 더 나빠지는데, 실제 경제적 성과는 훨씬 악화되었다.

표 2-6 · 1955~1964년 자기자본 조정
자료·1955~1964년 버크셔 해서웨이 연례 보고서
단위·1,000달러

	증감액	증감률(%)
1955년 설립 자본금	53,354	
순매출액	(4,118)	13
자산 감가상각	(5,900)	19
배당금	(9,174)	29
자사주 매입	(13,090)	42
본 밀스 취득	887	(3)
세금 조정	180	(1)
기간 중 자산 변동	(31,216)	100
1964년 말	22,139	

1956년 본 밀스 인수와는 별도로, 경영진은 계속 달성하기 힘든 시너지를 내보려는 희망으로 다른 공장을 계속 인수하기보다는 사업을 축소하며 합리적으로 행동했다. 1964년으로 끝나는 10년 구간에 주주들은 해당 구간 초부터 배당 및 자사주 매입 형태로 자기자본의 약 42%인 2,230만 달러를 받았다(약 110만 달러의 자본에 대한 실제 조정은 실제 세금 조정과 본 밀스 인수 시 매입 가격 이상으로 취득한 자산 초과와 관련해 10년간 기록이 처리되었다).

표 2-7 · 1954~1964년 유형자산

자료 · 1955~1964년 버크셔 해서웨이 연례 보고서
단위 · 1,000달러

1954년 말 평가액	17,249
감가상각	(17,809)
공장 감가상각	(5,900)
자본적 지출	14,031
1964년 말 평가액	7,571

또 다른 주요 자본 배분 결정(이라기보다는 연이은 여러 결정 중 하나)에도 유의해야 한다. 경영진은 지난 10년 구간에 회사의 부동산, 공장, 설비에 대한 투자를 감축했으나, 고정자산을 유지하고 최신 기술에 투자하는 데 계속 자금을 투입해야 했다. 그런 결정에는 비용이 많이 들었다. 아무리 운영 규모를 축소해 유형자산을 줄였다 해도 기존 설비를 유지하는 것만으로도 해당 기간 동안 1,400만 달러가 들어갔다.*

간단히 말하자면 경영진은 처음에는 신기술에 투자하고 다른 공장과 합병하는 식으로 방직업을 지속하려고 노력했다. 그 대신, 그러려면 기본적으로 규모를 절반쯤 줄이는 것만이 살아남는 방법임을 알게 되었다.

1964년 기존 버크셔 해서웨이는 수십 년 전에 존재하던 차별화 요소가 없는 엇비슷한 직물 제조업체였다. 사업에는 많은 자본과 다수의 노동력이 필요했지만 이윤은 낮았다. 요약하자면 이는 전성기가 지나간 보잘것없는 사업이었다.

---

* 버크셔가 방직업체이던 시기의 이력은 감가상각이 의미 있는 비용이라는 버핏의 주장을 잘 보여 준다.

버핏이 경영하기 이전 수십 년 동안 버크셔 해서웨이와 예전 경영자들은 장기적이면서도 점차적인 경영 실적 저하에 시달렸다. 퇴보의 원인은 치열한 경쟁과 더불어 방직업이 상품화되어 갔다는 점을 들 수 있다. 경비 절감과 효율성 높은 기계 투자 등 경쟁력을 유지하려고 시도했지만 그 노력은 아무 소용이 없었다. 게다가 미국의 다른 직물 제조업체와의 치열한 경쟁 외에도 해외 경쟁사까지 존재했다. 미국 남부의 직물 제조업체들이 해외와의 경쟁으로 고전할 운명이긴 했다. 하지만 국내외 경쟁 업체 모두가 버크셔 해서웨이보다는 유리한 상태를 유지했다.

1950년대와 1960년대 해외 직물 제조업체의 주요 강점은 저렴한 인건비였다. 전 세계 전문가들의 노하우와 더불어 글로벌 상거래 물류의 발전으로 미국이 직물을 수입하는 것이 경제성 측면에서 더 유리해졌다. 미국 직물 제조업체들은 고효율 기계 투자로 이러한 추세와 맞섰지만 아무 소용이 없었다.

이렇게 전반적으로 안 좋은 상황을 복잡하게 만든 것은 버크셔 해서웨이가 뉴잉글랜드에 기반을 둔 기업이라는 사실이었다. 북동부와 남부 간 전기 요금 차이는 버크셔가 추가로 불이익을 받고 있음을 의미했다. 나중에 찰리 멍거가 한 이야기처럼, 직물은 단순히 '정전 상태의 전기'였으므로 경쟁에서 이길 유일한 방법은 더 좋은 기술뿐이었다. 하지만 더 좋은 기술은 경쟁사 모두가 이용할 수 있었기에 경기는 막상막하였다. 버핏은 나중에 1985년 연례 보고서에서 환상에 불과한 자본 투자 이익에 대해 다음과 같이 언급한다.

"개별적으로 보면, 각 회사의 자본 투자 결정은 비용 효율적이고 합리적이었습니다. 하지만 전체적으로 보면, 그 결정은 서로를 무력하게 만들었으며 비합리적이 었습니다(마치 가두 행렬을 지켜보는 사람들이 저마다 까치발을 하면 조금 더 잘 보일 거라고 여길 때처럼). 투자가 이루어질 때마다 참여 기업 모두가 이 게임에 점점 더 많은 자금을 쏟았지만 수익률은 빈약했습니다."

요약하면 투자로 얻은 이익은 전부 더 낮은 가격이라는 형태로 고객 에게 흘러갔다. 없는 거나 마찬가지였던 이익은 나중에 찰리 멍거가 이 야기했듯 "주주의 뱃가죽이 등짝에 달라붙는 상황"이 되면서 결국 파 국에 이르렀다.

만약 버크셔 해서웨이가 1964년이 마지막인 10년 구간이 반복되는 것을 피하고자 했다면, 방직업 내에서 뭔가를 할 게 아니라 방향을 완 전히 바꿔야 했다. 1965년 버크셔 해서웨이 주주들에게는 다행스럽게 도, 워런 버핏은 그 상황에 막 개입하려던 참이었다. 이후 상황은 크게 달라진다.

1955~1964년의 교훈

–

1 질적 지표는 기업의 미래에 대한 단서를 제공할 수 있다.

2 모든 산업 참여자가 해당 기술을 이용할 수 있으며 상품화도 가능하다 면, 수익성 측면에서 최신 기술이 기업에 꼭 도움이 되지는 않는다.

3 주주는 언제나 재무제표를 더 깊이 파고들어야 한다. 1962년, 1963년, 1964년에 기록된 공장 감가상각 기록이 그 당시 회계원칙에 부합한다

해도, 그 수치는 미미한 규모가 아니었다. 경영진은 왜 3년 동안 유형자산에 대한 투자 가치가 590만 달러나 뚝 떨어졌는지 설명했어야 했다.

4 의미 있는 경쟁 우위로 보호받지 않으면 자본 집약적인 사업은 어려움을 겪을 수 있다. 매출액을 높이는 데 필요한 자본 규모가 크기 때문에 이익 감소는 더 심한 투하자본이익률 저하로 이어진다.

5 이익률은 중요하다. 하지만 절대적 수준은 비교적 중요하지 않다. 더 중요한 지표는 투하자본이익률이다. 이익률이 낮은 기업이라도 자본 수요가 낮으면 만족스러운 자본이익률을 올릴 수 있다. 반대로 많은 자본이 필요한 사업은 높은 이익률을 달성하면 만족스러운 수익을 낼 수 있다. 잉여 생산능력과 치열한 경쟁이라는 불이익을 안고 있는 산업에서 (이 10년 구간의 방직업처럼) 낮은 이익률로 대규모 자본 투자가 필요한 사업은 가망이 없다.

표 2-8 · 1954~1964년 버크셔 해서웨이 연결 대차대조표 | 자료 : 1954~1964년 버크셔 해서웨이 연례 보고서 단위 · 1,000달러

	10/03/64	09/28/63	09/29/62	09/30/61	10/01/60	10/03/59	09/27/58	09/30/57	09/30/56	09/30/55	09/30/54
유동자산											
현금	920	660	1,445	939	1,535	1,987	2,473	2,003	2,554	4,169	4,977
순매도가능증권	0	0	0	0	3,248	4,464	0	163	482	4,333	2,963
매출채권	7,451	7,670	7,052	6,852	7,645	7,070	7,184	8,051	7,136	4,343	3,200
재고	11,689	18,011	19,281	20,880	14,920	15,655	22,411	24,066	30,842	22,977	27,669
기타 유동자산	191	237	321	275	495	433	0	875	0	1,000	394
유동자산총계	20,250	26,579	28,099	28,947	27,843	29,608	32,068	35,157	41,015	36,822	39,202
순유형자산	7,571	12,825	15,913	16,232	14,389	12,842	15,021	16,806	17,131	16,655	17,249
기타 자산	65	43	77	100	162	211	939	1,696	1,812	1,722	1,778
자산 총계	27,887	39,448	44,089	45,279	42,394	42,661	48,028	53,659	59,958	55,200	58,230
유동부채											
미지급 어음	2,500	5,400	6,900	4,150	0	0	4,500	3,350	4,300	0	878
매입채무	2,097	2,415	3,316	3,371	2,583	2,424	2,267	3,836	2,185	2,334	2,296
이자&기타	1,152	1,353	1,409	1,582	1,830	1,325	1,333	1,569	3,104	1,466	1,702
유동부채총계	5,748	9,169	11,625	9,103	4,412	3,749	8,100	8,756	9,589	3,800	4,875
장기부채	0	0	0	0	0	0	0	0	0	0	0
발행주식 수(1,000주)	1,138	1,607	1,607	1,607	1,626	1,936	2,106	2,106	2,246	2,295	2,295
자기자본 총계	22,139	30,279	32,464	36,176	37,982	38,912	39,928	44,903	50,370	51,400	53,354
부채 및 자기자본총계	27,887	39,448	44,089	45,279	42,394	42,661	48,028	53,659	59,958	55,200	58,230

참고 : 반올림으로 계산해 숫자 합산액이 일치하지 않을 수 있음.

표 2-9 · 1954~1964년 버크셔 해서웨이 연결 순익계산서 | 자료: 1954~1964년 버크셔 해서웨이 연례 보고서 단위 · 1,000달러

	10/03/64	09/28/63	09/29/62	09/30/61	10/01/60	10/03/59	09/27/58	09/30/57	09/30/56	09/30/55	09/30/54
순매출액	49,983	50,591	53,259	47,722	62,609	69,512	61,956	66,098	68,043	65,498	66,929
비용(감가상각비 제외)	48,354	49,419	53,373	46,145	56,274	66,369	64,409	68,241	64,517	63,370	65,370
감가상각비	1,101	1,717	1,905	2,129	1,713	1,637	1,941	1,971	1,896	1,799	참고
영업이익/(영업 순실)	528	(545)	(2,019)	(551)	4,622	1,506	(4,394)	(4,114)	1,630	329	1,559
기타 이익/(기타 비용)	(352)	(140)	(132)	86	2	(184)	(582)	(14)	160	384	(172)
세전 이익	176	(685)	(2,151)	(465)	4,624	1,322	(4,975)	(4,128)	1,790	713	1,386
세금 충당금/(세금 환급)	0	0	0	(72)	0	0	0	(870)	867	412	726
순이익/(순손실)	176	(685)	(2,151)	(393)	4,624	1,322	(4,975)	(3,258)	923	301	660

참고 1. 반올림으로 계산해 숫자 합산에이 일치하지 않을 수 있음.
2. 1954년 : 감가상각비는 기운 비용 위의 비용에 포함됨.

표 2-10 · 1955~1964년 버크셔 해서웨이 연결 자기자본 조정 금액 | 자료: 1954~1964년 버크셔 해서웨이 연례 보고서 단위·1,000달러

	10/03/64	09/28/63	09/29/62	09/30/61	10/01/60	10/03/59	09/27/58	09/30/57	09/30/56	09/30/55
전기 말 자본	30,279	32,464	36,176	37,982	38,912	39,928	44,903	50,370	51,400	53,354
당기순이익(순손실)	176	(685)	(2,151)	(393)	4,624	1,322	(4,975)	(3,258)	923	301
당기 배당금	0	0	(161)	(1,206)	(1,715)	(464)	0	(1,108)	(2,276)	(2,245)
보통주 수량 변동	0	(3,436)	0	0	0	0	0	0	0	(3)
자본금 변동	0	(2,738)	0	0	0	0	0	2	887	(7)
자사주	(5,316)	7,766	0	0	(3,838)	(1,874)	0	(1,267)	(579)	0
세금 납부 후 순자산 조정	0	0	0	(208)	0	0	0	0	15	0
전년 과세 충당금 감면	0	0	0	0	0	0	0	165	0	0
매각 예정 부동산 추정 순실	(3,000)	(1,500)	(1,400)	0	0	0	0	0	0	0
자사주 소각	0	(1,592)	0	0	0	0	0	0	0	0
당기 말 자본	22,139	30,279	32,464	36,176	37,982	38,912	39,928	44,903	50,370	51,400

참고 반올림으로 계산해 숫자 합산에이 일치하지 않을 수 있음.

표 2-11 · 1954~1964년 버크셔 해서웨이 선별 데이터 및 비율

자료 : 1955~1964년 버크셔 해서웨이 연례 보고서 및 저자의 계산

	10/03/64	09/28/63	09/29/62	09/30/61	10/01/60	10/03/59	09/27/58	09/30/57	09/30/56	09/30/55	09/30/54
운전자본(1,000달러)	14,502	17,411	16,474	19,844	23,430	25,859	23,968	26,401	31,427	33,022	34,327
유동비율	3.52:1	2.90:1	2.42:1	3.18:1	6.31:1	7.90:1	3.96:1	4.02:1	4.28:1	9.69:1	8.04:1
영업이익(%)	1.06	(1.08)	(3.79)	(1.15)	7.38	2.17	(7.09)	(6.22)	2.39	0.50	
순이익(%)	0.35	(1.35)	(4.04)	(0.82)	7.39	1.90	(8.03)	(4.93)	1.36	0.46	
평균 투하자본 I(1,000달러)	30,159	37,521	39,845	39,154	38,447	41,670	46,341	51,462	53,035	52,816	
매출액 대비 평균 투하자본(1,000달러)	1.66	1.35	1.34	1.22	1.63	1.67	1.34	1.28	1.28	1.24	
평균 투하자본 대비 매출액(1,000달러)	0.60	0.74	0.75	0.82	0.61	0.60	0.75	0.78	0.78	0.81	
부채비율(%)	11.29	17.83	21.25	11.47	0.00	0.00	11.27	7.46	8.54	0.00	1.65
평균 투하자본이익률(%)	0.58	(1.83)	(5.40)	(1.00)	12.03	3.17	(10.74)	(6.33)	1.74	0.57	
평균 자기자본이익률(%)	0.67	(2.18)	(6.27)	(1.06)	12.03	3.35	(11.73)	(6.84)	1.81	0.59	
주당 장부가치(달러)	19.46	18.84	20.20	22.51	23.37	20.10	18.96	21.32	22.43	22.40	23.25

주석

1. 천선 : 당해 연도 자기자본과 부채의 합계를 바탕으로 계산한 평균 투하자본.

제3장

1965~1974년

표 3-1 · 한눈에 보는 1964~1974년 10년 구간

	1964	**1974**
사업	직물 제조	방직, 보험, 은행, 사탕, 출판
주요 경영진	회장 : 맬컴 G. 체이스 주니어	회장 & CEO : 워런 버핏
	사장 : 시버리 스탠턴	사장 : 케네스 V. 체이스
연간 매출액	5,000만 달러	1억 150만 달러
자기자본	2,210만 달러	8,820만 달러
주당 장부가치	19.46달러	90.02달러

주요 자본 배분 결정

1. 내셔널 인뎀니티 컴퍼니, 내셔널 파이어 & 머린 인슈어런스 컴퍼니(내셔널 인뎀니티와 한 묶음)를 860만 달러에 매입함(1967년).
2. 일리노이 내셔널 뱅크 & 트러스트 컴퍼니를 1,770만 달러에 매입함(1969년).
3. 성장 지원 용도로 보험 부문에 약 2,500만 달러의 추가 자본금을 투입함.
4. 기존 부채 상환, 보험 부문 자본 투입, 향후 기회를 위한 유동성 지속 목적으로 2,000만 달러의 장기 채무를 차입함.
5. 블루칩 스탬프의 지분 26%를 약 1,500만 달러(분산)에 매입함.
6. 매출액 관련해 적정 수준의 자본 투자를 유지하기 위해 방직 부문의 운전자본 및 고정자산을 감축함.
7. 보험 부문에 배분했던 자금이 저평가된 증권에 투입됨.
8. 배당금(10만 달러) 및 자사주 매입(250만 달러)의 형태로 주주에게 260만 달러를 돌려줌.

주목할 만한 사건

1. 1965년 5월 10일 : 워런 버핏이 버크셔 경영권을 취득해 회장으로 선임됨.
2. 닉슨 정부가 가격통제를 시작함(1970년).
3. 미국이 금본위제를 포기함(1971년).

서문

—

딱 12.5센트였다. 워런 버핏이 버크셔 해서웨이에 총력을 기울여 역사상 이 기업과 (그리고 그의) 입지를 확고하게 다지게끔 한 일련의 장기적인 이벤트를 시작하게 만든 것 말이다. 버핏은 수없이 실행했던 다음과 같은 전술을 이용해 그의 투자 조합인 버핏 파트너십 리미티드Buffett Partnership Limited로 처음 주식을 사들였다. 그 전술이란 주식이 청산 가치이하 가격으로 떨어진 기업을 찾아서, 일시적인 시장 조정을 기다렸다가 매도해 이익을 내는 것이었다. 버크셔에는 버핏이 보유 중인 주식의 수익성을 높이는 촉매제로 여겼던 자사주 매입 이력이 있었다. 그는 향후 자사주로 매입되기를 기대하며 시버리 스탠턴을 상대로 투자 조합이 들고 있는 버크셔 주식을 주당 11.5달러에 매각하는 거래에 나섰다. 공식적으로 제시받은 가격은 주당 11.375달러로, 12.5센트가 낮았다. 무시당했다는 느낌에 버핏은 버크셔에 대한 경영권 확보 작업에 들어갔다.[1]

버핏은 자신과 투자 조합을 대표해 주식을 더 사들였으며, 오티스 스탠턴(시버리의 동생)과 체이스 일가 등 기존 주주들의 지지도 확보했다. 1965년 5월 10일, 시버리와 그의 아들 잭이 사임했다. 이사회는 즉시 워런 버핏에게 경영권을 부여하고 켄 체이스_Ken Chace_를 운영 책임자로 선임했다. 이렇게 하여 버크셔는 버핏이 자본을 배분할 수 있는 또 다른 투자 수단이 되었다.

1969년 버핏이 버핏 파트너십 리미티드를 청산하면서 버크셔는 버핏의 주요 투자 수단이 되었다. 버핏은 심도 있는 가치 투자 방식으로 투자했는데, 1960년대 '니프티-피프티_nifty-fifty_'(직역하면 '멋진 50종목'이라는 뜻으로, 당시 미국 기관 투자자들이 선호한 50개 종목을 지칭함-옮긴이)와 값비싼 성장주의 상승세는 그의 투자 방식과 완전히 달랐다. 투자 조합을 청산하는 동안 버핏과 파트너 중 몇몇은 버크셔 주식을 나누어 인수했다. 다른 외부 투자와는 별개로(결국엔 그 외부 투자도 버크셔로 향하는 것을 보게 된다), 버크셔 해서웨이는 버핏 자본의 영구적 토대(향후 비즈니스 거래가 자리 잡는 기반)로 남는다.*

워런 버핏의 지휘 아래 보낸 버크셔 해서웨이의 첫 10년(1965~1974년)은 어떤 면에서 보면 가장 중요하다. 나비로 변신하는 애벌레처럼, 버크셔는 방직 기업에서 예전 모습을 거의 찾아볼 수 없는 복합 기업으로 변화하기 시작했다. 워런 버핏은 이 10년 동안 상품 사업의 어려움부터 좋은 사업과 더불어 이익이 나기까지 많은 교훈을 배울 것이다. 버핏은 비교적 짧은 기간에 신중하면서도 길잡이다운 손길로 솜

---

* 버핏은 나중에 버크셔를 자신의 투자 수단으로 삼은 것은 실수였다고 썼다. 그는 해당 투자 조합이 아닌 다른 곳(버크셔의 다른 주주)과 사실상 이익을 나누기보다는 사모 투자 조합을 통해 더 나은 기업을 매입했어야 했다고 말했다.

씨 좋게 자본을 배분함으로써 어떤 기업이든 최고의 잠재력을 발휘하게 할 수 있음을 입증했다. 또한 그는 자본이란 당초 투자된 기업이나 산업에 계속 남아 있는 게 아니라 다른 것으로 대체될 수 있는 상품이라는 것도 증명했다.

표 3-2 · 1965~1974년 선별된 정보
자료·2018년, 2019년 버크셔 해서웨이 연례 보고서 및 세인트루이스 연방준비은행

	1965	1966	1967	1968	1969	1970	1971	1972	1973	1974
버크셔 주당 장부가치 변동률(%)	23.8	20.3	11.0	19.0	16.2	12.0	16.4	21.7	4.7	5.5
버크셔 주당 시장가치 변동률(%)	49.5	(3.4)	13.3	77.8	19.4	(4.6)	80.5	8.1	(2.5)	(48.7)
S&P 500 전체 수익률(%)	10.0	(11.7)	30.9	11.0	(8.4)	3.9	14.6	18.9	(14.8)	(26.4)
미국 GDP 성장률(실질 %)	6.5	6.6	2.7	4.9	3.1	0.2	3.3	5.3	5.6	(0.5)
미 국채 10년물 금리(연말 %)	4.6	4.8	5.7	6.0	7.7	6.4	5.9	6.4	6.7	7.4
미국 인플레이션율(%)	1.6	3.0	2.8	4.2	5.4	5.9	4.2	3.3	6.3	11.0
미국 실업률(%)	4.5	3.8	3.8	3.6	3.5	5.0	6.0	5.6	4.9	5.6

1965년

–

1965년 버크셔 해서웨이의 주주 서한은 맬컴 체이스 회장과 케네스 체이스 사장(친척 아님)이 서명하긴 했으나, 워런 버핏이 작성한 것이다. 이 서한을 읽어 보면 주주들과의 소통부터 시작해 버핏의 미묘한 영향을 알 수 있다.

처음부터 버핏은 회사 재무를 투명하게 밝혔다. 즉 대개 특별손익 금액에 숨겨지는 세부적인 재무 정보를 공유해 손익계산서가 타격받는 것을 방어했다. 그는 또 훨씬 현실적이면서도 미화가 덜된 재무 상황에

대한 관점을 전할 주요 회계상 변동을 분명하게 설명했다.

바로 첫 번째 문단에서, 독자는 보고된 이익에 공장 두 곳을 폐쇄함으로써 발생한 일회성 손실이 전혀 포함되지 않았음을 알 수 있다. 서한의 두 번째 문단은 주주들에게 중요한 회계 변동에 대해 주의를 당부한다. 전년도에 발생한 손실 때문에 버크셔는 1965년에 430만 달러의 세전이익에 대한 연방법인세를 낼 필요가 없었다. 그러나 과세 전 버크셔 이익을 보고하면 주주들이 회사의 진짜 이익 창출 능력을 오해할 수 있었다. 이에 따라 손실을 이월하지 않는 경우 납부하게 되는 세금 추정치를 공제했다. "연방법인세에 해당하는" 200만 달러의 충당금이 반영되면서, 순이익은 230만 달러로 깎여서 보고되었다.

미묘하기는 하지만 경영자가 의도적으로 자기들이 할 수 있었던 것보다 약 50%나 적은 이익 보고를 택했다는 사실은 이 회사에 주목하는 사람들에게 상당히 큰 신호였다. 그것은 또한 이전 10년간의 회계 관행과 두드러진 대조를 보인 것으로, 이에 따라 특별손익 금액은 자본으로 처리되었다. 이런 회계 관행은 손익계산서에서 처분된 유형자산에 대한 손실 보고를 은폐해 주주들이 손실을 모르게 했다. 버핏은 그 반대를 택했다. 손실 이월로 인한 과세 충당금은 실제로 지급된 것은 아니어서, 계정 조정 과정에서 자본에 다시 더해졌다.

버크셔는 경영 면에서 1965년보다 더 좋은 실적을 올렸다. 세전이익은 230만 달러로 증가했지만 매출액은 4,930만 달러로, 1964년과 비교해 비슷한 수준이었다.* 주주들에게 보낸 서한에서 버핏은 간접비 대폭

---

* 위에서 언급한 세금 충당금 반영 전에는 430만 달러다. 버핏이 조정한 수치다.

삭감에 대해서도 언급했다. 회사는 비용을 절감하고 품질을 개선하기 위해 신기술 투자 프로그램을 계속 운영했다. 중요한 것은 한 해 동안의 경제 성과가 9.8%라는 훨씬 좋아진 자기자본이익률을 이끌어 냈다는 점이었다.*

재고 감소 덕분에 자유로워진 이익과 자본은 버크셔가 250만 달러의 은행 대출을 상환하고 회사 지분의 10%가 넘는 12만 231주의 자사주를 매입할 수 있게 해 주었다.**

자본을 배분하는 사람, 버핏이 온 것이었다.

1966년

–

표면적으로 1966년은 전년도와 매우 비슷해 보였다. 1965년과 비교해 매출액은 4,930만 달러에서 4,940만 달러로, 영업이익은 470만 달러에서 480만 달러로 약간 늘어났다. 하지만 어려움은 여전했다. 제품 구성부터 살펴보자. 매출액의 경우, 홈 패브릭 사업부는 증가했지만 합성 사업부는 감소했다. 킹 필립 D 사업부는 매출액이 저하된 반면 사각 원단 직조 사업부 매출액은 호전되었다. 이어 최악의 뉴스는 1966년 후반기가 "전체적으로 시장이 침체된 시기 중 하나"였다는 것이다. 전반적으로 침체된 매출액을 보이는 방직업계에는 좋은 상황이 아니었다.

---

* 230만 달러 이하 수치로 사용함.
** 엄밀히 따져 보면 이러한 자사주 매입은 스탠턴이 버핏을 화나게 하여 경영권 확보에 나서게 했던 입찰 제안의 결과라고 할 수 있다.

이 이야기는 불행하게도 익숙한 것이었다. 아세테이트 원단의 과잉생산과 나일론 수입은 공급 과잉을 불러왔다. 미래의 고통을 예상이라도 하듯이, 1966년 연례 보고서는 앞에서 이야기했던 합성 부문의 약점을 고려해 볼 때 경쟁 업체들이 면화 생산을 늘릴 가능성이 있다고 지적했다. 이것은 버크셔의 킹 필립 D 사업부에 피해를 입힌다. 회사는 계속 전력을 다하기보다는 1966년 10월 일주일 동안 생산을 감축하고 재고 증가를 피할 수 있도록 추가 가동 중단이 필요할 수도 있다고 언급했다.

그해에 눈부신 사업부였던 홈 패브릭 사업부의 지속적인 신규 제품 개발은 이러한 둔화에 대응했다는 의미였다. 그러나 성장에는 비용이 든다. 재고와 매출채권에 대한 추가 투자가 따라붙게 마련이다. 뻔한 옛날이야기이긴 한데, 반복할 만한 가치가 있는 게 하나 있다. 바로 돈을 들여야 돈을 벌 수 있다는 것이다. 얼마나 들여야 할까? 버핏은 700만 달러로 추정했다.

버핏은 철학적 이유와 방직업에 대한 도전으로 자급자족한다는 정책 아래 회사를 운영했다. 그는 버크셔의 외부 자금 조달이 사실상 불가능하다고 말했다. 그리고 이것은 재원을 조달하기 위해 버크셔가 현금과 매도가능증권 보유고를 유지하는 한 가지 이유였다. 그는 "전쟁, 세율, 기업 활동 수준 저하 등 현재의 불확실성 또한 전부 결합해 지속적으로 튼튼한 재무 여건이 필요하다는 점이 강조됩니다"라고 기재했다. 다각화로 회사의 전반적인 리스크가 감소하기는 했지만, 이 방법은 회사를 전혀 바꾸지도 못했고 불확실성도 없애지 못했음에 주목할 필요가 있다.

1966년 연례 보고서는 배당금이라는 제목이 달린 부분으로 마무리된다. 이 회사의 대차대조표 상태와 수익성이 존재한다는 사실 때문에,

버크셔는 주당 0.1달러의 배당을 발표했다. 1967년에 지급된 이 배당금은 회사가 버핏 경영 아래에서 지급한 마지막(이면서 앞으로도 계속 그럴 것 같은) 배당금이었다. 버핏은 나중에 자신의 생각을 하나의 원칙으로 문서로 남긴다.* 버핏은 버크셔가 이익잉여금 1달러당 시장가치를 1달러 이상 제공할 수 있다면 본인 관리 아래에 있는 자본의 가치가 가장 잘 유지되었다고 설명했다. 배당금 지급은 주주들에게 자금을 유지하고 복리의 도움을 받는 능력을 빼앗을 뿐만 아니라 세금 면에서도 비효율적이라고 말이다.**

1967년

–

전년도에 예견된 문제는 1967년에 현실로 나타났다. 판매량과 가격의 급격한 하락에 대응해, 버크셔는 재고가 쌓이는 것을 피하기 위해 생산량을 15% 감축했다. 그러나 생산량을 줄이자 또 다른 문제가 발생했다. 숙련된 노동력을 잃은 것이다. 좋은 시절이 돌아오기를 기다리는 동안(조금이나마 그 시절이 돌아오긴 한다면) 일이 없는 노동자에게 급여를 지급할 여유가 없었기 때문에 버크셔는 숙련된 노동자를 해고해야 했다. 나중에 생산량을 확대할 경우, 신규 노동자를 일정 수준 이상으

---

* 이것은 1996년 주주 설명서를 참고한 것이다. 그 이후로도 (거의 변경된 것은 없지만) 계속 업데이트되고 있다.

** 회사 내에서 이익에 대한 본인 지분율을 유지하고자 하는 주주는 먼저 세금을 납부하고 아마 더 비싼 가격에서 잔액을 재투자해야 할 것이다. 이것은 모든 주주에게 하나의 방침으로 제시되었다.

로 키우느라 많은 교육 비용이 발생할 것이었다.

직물 시장의 지속적인 약세로 1967년에는 또 다른 공장을 폐쇄해야 했다. 로드아일랜드주 워런에 있던 킹 필립 D 공장은 1966년에 재고 과잉 축적을 피하기 위해 일주일 동안 가동을 중단했다가 완전히 문을 닫았다. 그 공장은 미세 빗질 처리한 론_{lawn}(고운 면이나 아마사로 짠 원단 – 옮긴이)을 효율적으로 생산했지만, 면화 론 제품이 폴리에스테르 혼방 직물로 대체되면서 제품에 대한 수요가 없었다. 게다가 해당 설비는 새로운 용도로 쓸모가 없었다.

방직 사업에는 약간 잘되는 사업부가 있었다. 홈 패브릭 사업부는 더욱 다양한 원단으로 영역을 넓혔다. 아울러 버크셔는 여성 의류 시장에 완제품 원사 제품을 판매하는 의류 패브릭 사업부를 신설했다. 둘 다 수익성이 있긴 했지만, 제품 주문은 더 적은데 방직기는 더 많이 필요했기 때문에 제조 비용은 더 들어가고 이익은 줄어들었다. 버핏도 인정했지만 회사 경영진과 직원은 근면했으며 개개인은 창의적이었다.

보험업

버핏은 방직업 외 분야에서 자본 배분을 시작했다. 그렇게 해서 버크셔 해서웨이의 면모를 완전히 바꾸었다.*** 1967년에는 내셔널 인뎀니티 컴퍼니와 (내셔널 인뎀니티와 더불어 인수를 고려했던) 자매사 내셔

*** 이 과정은 버핏이 이미 버크셔의 매도가능증권 포트폴리오를 아메리칸 익스프레스_{American Express}, 디즈니 프로덕션_{Disney Productions}, 플로리다 라이트 & 가스_{Florida Light & Gas}, 인베스터스 디버시파이드 서비스 A_{Investors Diversified Services A}, 존 블레어 & Co._{John Blair & Co.}, 매스 인뎀니티 & 라이프 인슈어런스 Mass. Indemnity & Life Insurance Co., 스페리 & 허치슨_{Sperry & Hutchinson} 등 그가 가장 좋아하는 주식에 배분하면서 시작됐다.

널 파이어 & 머린 인슈어런스를 인수했다.* 내셔널 인뎀니티 매수는 아마도 버크셔 역사상 가장 중요한 사건일 것이다. 이것이 미래 성장을 위한 강력한 플랫폼을 제공하게 되어서다. 인수하자마자 이 회사는 버크셔의 방직업 위축으로 쓸 곳이 마땅치 않았던 현금에 사용처를 제공했다.

잭 링월트Jack Ringwalt와 그의 동생 아서Arthur는 1940년에 내셔널 인뎀니티를 설립했다. 이 회사는 특이한 보험회사였다. 제품이 이 회사를 색다르게 만든 게 아니었다. 보험업은 거의 무료 진입이 가능한 상품을 판매할 수 있는 사업이었다. 내셔널 인뎀니티가 남다른 이유는 다른 보험사들이 거부한 리스크를 보장한다는 철학 때문이었다. 이 회사는 택시용 보험으로 출발했다. (사업의 대부분을 차지한) 운전 실력이 부족한 운전자뿐만 아니라, 다른 보험사들이 완전히 기피하는 리스크를 보장했다. 그 철학은 "나쁜 리스크, 나쁜 요율 같은 것은 존재하지 않는다"고 했던 잭 링월트의 말을 잘 요약해 준다. 링월트는 적절한 가격을 고려해 거의 모든 리스크를 기꺼이 보장했다. 여기에는 서커스 공연자와 사자 조련사도 포함되었다.[2] 훨씬 더 전통적인 리스크로 균형을 추구해도, 보험업은 낙관주의와 비관주의 사이를 오가며 흔들리는 추와 같았다. 내셔널 인뎀니티는 다른 보험사들이 이탈하면 그 사업에 나서서 더 큰 리스크를 (더 높은 요율로) 기꺼이 인수했다. 그것은 규율을 바탕으로 한 전략이었고 비용을 최소화하기 위한 집요한 관심이었다.

---

* 엄밀히 말하자면 내셔널 인뎀니티가 둘 중 더 큰 회사이며 더 작은 계열사는 그 뒤에서 빛을 보지 못하고 있지만, 나는 두 업체를 통칭해 내셔널 인뎀니티라고 한다.

버핏이 깊은 인상을 받은 것은 너무나 당연한 일이었다.

버핏은 보험에 문외한이 아니었다. 그는 나중에 버크셔에서 주인공 역할을 하게 되는 가이코GEICO에 대해 더 배우기 위해 컬럼비아 대학교 학생으로서 워싱턴 D.C.에 가 본 것으로 잘 알려져 있다. 방문 후 버핏은 가이코가 등장하는 '내가 가장 좋아하는 증권The Security I Like Best'이라는 글을 썼다. 내셔널 인뎀니티는 가이코(차 사고를 잘 내지 않는 공무원 위주로 운영하는 보험사)와 비교해 색다른 리스크 풀risk pool에서 운용됐다. 그러나 그 회사에는 다음과 같은 모든 보험회사의 기본 특성이 있었다. 즉 버핏이 저평가된 기업에 배분할 수 있는 자본이 담긴 통bucket이라는 점이었다.

내셔널 인뎀니티는 버핏의 고향인 오마하에 본사가 있다는 점 때문에 버핏의 눈길을 끌었다. 버핏은 링월트를 알고 있었으며, 심지어 수년 전에 성공하지는 못했어도 그가 버핏 투자 조합에 투자하도록 설득해 본 적이 있었다. 이번에는 버핏이 매수를 원하는 쪽이었다. 그는 경영자로서의 링월트에 대한 평판에 호감이 있었고 그 사업도 잘 이해했다. 내셔널 인뎀니티를 사들일 기회가 생겼을 때 버핏은 바로 뛰어들었다. 그는 또한 링월트를 설득해서 그 회사를 계속 경영하게 했다(버핏을 유명하게 한 인수 전략이다). 아울러 링월트와 친분도 돈독히 쌓아 나갔다.

버핏은 내셔널 인뎀니티에 860만 달러를 지불하기로 합의했는데, 이는 이 회사의 실질 순자산 가치보다 190만 달러나 높은 프리미엄이 붙은 것이었다. 그 당시 대부분 순자산 가치보다 적은 금액으로 기업을 매입해 개인 자산을 불렸던 버핏이 왜 거의 30%나 되는 프리미엄을 지불했을까? 답은 보험업의 특성과 링월트에게 있었다.

보험은 자산이 거의 전부 증권으로 이루어져 있어서 대다수 다른 사업들과는 차이가 있다. 보험회사 대차대조표의 가장 기본적인 구조를 보면, 자산은 보험계약자가 낸 자금(보험회사가 수령한 보험료와 지급 대기 상태인 보험금)으로 조달되며 그 잔액은 자기자본이다. 버크셔 해서웨이에게 내셔널 인뎀니티 인수는 어떤 식으로든 버크셔가 사들일 증권에 자본을 배분할 수 있다는 것을 의미했다. 또 적당한 프리미엄을 주면 잘 운영되는 보험사업에 접근할 수 있다는 뜻이기도 했다. 만약 링월트(보험 전문 경영자)가 계속해서 보험계약 이익을 벌어들일 수 있다면, 그 이익이 먼저 지불한 프리미엄을 상쇄하게 된다. 버핏이 1,940만 달러의 투자 가능한 책임준비금을 운용해 얻을 수 있는 어떤 추가 이득도 횡재가 된다.[3]

시간이 지난 후여서 우리는 이것이 버크셔 역사상 가장 중요하고 매력적인 사업 인수 중 하나였음을 알고 있다. 그러나 심지어 버핏조차 내셔널 인뎀니티 인수가 얼마나 좋은 거래였는지 깨닫기까지 약간 시간이 걸렸음을 인정한다.

1967년 연례 보고서는 보험회사의 재무적 운영에 대해 거의 다루지 않았다.* 버크셔의 1967년 연결 재무제표는 다음과 같은 내셔널 인뎀니티의 세후 이익만 보고했다. 비연결 자회사들의 세후 이익이 79만 1,938달러라는 것이었다. 아울러 해당 보고서에는 내셔널 인뎀니티의 투자 포

---

* 1967년 연례 보고서 전체는 8쪽 분량으로, 그해 투자자들에게 제공되는 제한적 공시의 전형적인 형태였다.

트폴리오에 따른 세후 실현 투자 이익 10만 147달러도 나온다. 그럼에도 보험 관련 구절에서는 "보험 자회사들의 전체 이익을 유지해 추가 자본력을 다지고 있습니다"라는 문장이 눈길을 끌었다. 버핏의 전략은 성장성에 투자해 주주들에게 더 큰 가치를 제공하는 것이었기 때문에 1967년에 했던 배당이 되살아나지 않음을 일깨워 준 것이었다.

1967년에는 마지막으로 한 가지 주목해야 할 게 있다. 버크셔는 1967년 12월 30일부터 회계연도를 달력 연도에 맞게 바꾸었다. 그 결과, 1967년 연례 보고서는 15개월을 다루었다. 해당 보고서에서는 1967년 9월 30일로 마친 12개월과 1967년 12월 31일로 마감된 3개월간의 실적을 보고했다. 주주들에게 사업 운영에 대한 적절한 통찰을 지닐 수 있도록 비교 수치를 제공하는 노력이 이루어졌다.**

1968년
–

1968년 주주들에게 보낸 서한은 다음과 같은 문장으로 시작했다. "주주의 투자 관련 전체 영업이익은 여전히 만족스럽지 않습니다…" 버핏은 주주들에게 투자란 절대적인 이익 수준이 아니라 투자 금액과 비교해 이익이 적절하냐의 문제라고 주의를 환기시켰다. 그해 버크셔의 평균 자기자본이익률은 13.8%였다. 이것은 시원찮은 실적도 아니었으며

** 첨부한 재무 요약본을 보면, 새로운 회계와 기존 회계를 맞추기 위해 3개월 치 단기 이익을 1967년 12월 31일 자기자본에 포함해 조정한다.

버크셔가 그동안 기록했던 이익보다도 확실히 더 나았지만, 버핏이 만족스럽게 여기는 수준에는 여전히 도달한 게 아니었다.

방직업

1968년 실적은 방직업과 보험업에 대한 각각 2개짜리 문단과 아울러 매도가능증권 및 인수라는 부분 제목을 달고 있는 2개의 추가 문단으로 나뉘어 있다. 그해 방직은 놀랄 것도 없이 뒤죽박죽이었다. 매출액은 홈 패브릭과 남성복 안감의 주도로 4,600만 달러를 기록하며 14% 호전되었다. 보고서는 이 분야가 여태까지 일관되게 가장 높은 수익성을 보였다고 지적했다. 이 때문인지 버크셔는 내년을 위해 150인치짜리 새 방직기를 설치했다. 또 추가된 방직기로 무엇을 대량생산할지 선택해야 했다.

사각 원단 직조 부문은 그 성장에 동참하지 못했다. 보다 완성도 높은 버크셔의 다른 생산 라인들과 달리, 사각 원단 직조 사업부는 여태까지 과도한 경쟁 수입품과 미약한 가격 경쟁력으로 어려움을 겪었다. 버크셔는 이 지역에서 영업을 계속하는 대신, 미가공 직물 제품(염색이나 표백을 하지 않은 상태의 직조된 원단) 영업을 단계적으로 중단하기로 했다. 버크셔는 전략 변화로 방직업 분야의 전반적인 실적이 개선될 것으로 예상했지만, 이 사업부의 추가 손실이 예견되었다.

보험업

새로운 보험사업부 언급에 할애한 부분(섬유 사업부와 같은 두 단락)은 이 신규 사업부에 대한 버핏의 열정을 명료하게 요약해 주었다. 이

사업부는 실적이 좋았으므로 버크셔는 영업에 추가 자기자본을 투입하고 재보험사에 대한 리스크를 낮출 수 있었다(재보험사는 기본적으로 1차 보험사가 인수한 보험 물량의 일부를 인수해 1차 보험회사가 자기자본과 비교해 적절한 수준에서 보험을 계속 인수할 수 있게 해 준다). 버핏은 심지어 향후 재보험 분야 진출 가능성마저 제시했다.

버핏은 잭 링월트가 "훌륭한 경영 성과"를 냈다고 칭찬한 다음, 그룹의 경영 철학과 전략을 설명했다. 규모나 시장점유율이 아닌 영업이익에 초점을 맞춘 것이었다. 전체 업계와 마찬가지로 손실이 나는 보험계약을 인수하되 투자 수익으로 차액을 메우는 식으로 경영할 수도 있었지만, 버크셔의 보험 경영은 무엇보다도 보험계약 인수 이익을 추구하는 것이었다. 버크셔가 아직도 이 전략을 고수하고 있다는 점은 주목할 만하다.

1968년 서한에서 보험 부문에 대한 재무 공시는 확실히 필요했다. 해당 보험사의 99%를 소유하고 있었음에도 그 실적은 모회사 재무제표에 연결되지 않았다. 그 대신 대차대조표상 항목에 약 1,280만 달러의 '비연결 자회사 투자'가 기재되었다. 그리고 손익계산서에는 179만 달러(세후 영업이익)와 '비연결 보험회사에 대한 자본 이익'인 세후 투자 수익 70만 7,000달러에 대한 항목만 들어 있었다.

1968년 보험 부문에 대한 더 상세한 실적을 기재하지 않은 이유는 분명치 않다. 그러나 내셔널 인뎀니티에 대한 완전한 보고서는 1969년에 들어 있고, 1968년은 비교 대상으로 제시되어 있다. 1968년 연례 보고서를 읽은 주주들은 더 상세한 내용이라는 혜택을 누리지 못했지만, 다행히도 우리는 각 사업을 훨씬 철저하게 살펴볼 수 있다.

우리는 각 보험사업의 세세한 부분은 과감하게 건너뛰고, 마치 한 회사인 것처럼 두 자회사의 경영을 통합해서 들여다볼 것이다. 그렇지만 내셔널 파이어 & 머린이 내셔널 인뎀니티의 약 10분의 1 규모였음을 기억해 두자. 보험료의 경우 내셔널 인뎀니티는 2,300만 달러였지만 내셔널 파이어 & 머린은 230만 달러였다.

1968년 수입 보험료 합계는 2,260만 달러가 약간 넘었다. 평균 자기자본 대비 순 인수 보험료 비율은 221%였다. 보험 부문은 상당한 규모의 보험계약을 인수하고 있었다. 더 중요한 것은, 그것이 수익성 있게 인수되고 있다는 것이었다.

보험회사의 수익성을 측정하는 가장 중요한 척도 중 하나는 합산비율combined ratio이라는 것으로 나타난다. 합산비율은 손해율(보험계약자에게 손실을 보장하기 위해 지급하는 금액)과 사업비율(급여 및 임대료 등 보험료를 인수하는 데 들어가는 추가적인 운영 비용)로 이루어진다.

1968년 이 비율은 65.4%(손해율)와 32.1%(사업비율)로, 97.5%의 합산비율을 나타냈다. 직관에 어긋나는 것처럼 보일 수 있지만, 100% 미만의 비율은 일반적으로 상태가 양호하며 보험사가 보험계약 인수에서 거둔 이익으로 운영된다는 것을 의미한다. 이 경우 버크셔는 보험 가입자에게서 받은 보험료율 2.5%를 유지하고, 이 자금을 투자해 벌어들인 돈도 추가하게 된다.

공식 3-1

$$\text{합산비율} = \text{손해율} + \text{사업비율} \quad \text{또는} \quad \text{합산비율} = \frac{\text{손해 비용}}{\text{수입 보험료}} + \frac{\text{인수 비용}}{\text{인수 보험료}}$$

투자 수익이 만족할 만한 전체 실적을 기록하는 한에서는, 그때나 지금이나 보험사들이 보험계약 인수에서 손해를 보면서 영업하는 것이 이례적인 일은 아니었다. 이런 투자 운용은 보험 가입자들이 낸 돈으로 이루어지지만, 아직 청구 보험금으로 지급된 것은 아니다. 이런 자금 풀을 책임준비금이라고 하며, 책임준비금 투자로 발생하는 모든 이익은 보험사에 귀속되므로 보험사 경영에 어마어마한 가치를 제공하는 요인이 될 수 있다.* 보험사 경영자들이 수익이 안 나오는 계약을 인수할 수 있다고 생각하고, 이에 따라 더 많은 시장점유율을 확보하고 투자 운용으로 그 손해를 상쇄하는 것은 대개 자사에 도움이 된다.

이런 전략이 잘 먹힐 수 있긴 하지만, 대다수 보험사 임원들은 투자 분야에 대해 제대로 배우지 못해서 투자 전문가로는 어설프다.** 이러한 두 가지 경향이 결합해 수많은 보험사 주주들에게 수준 이하의 실적을 안겨 준다. 다행히 버크셔 해서웨이 주주들에게는 수익성 있는 보험계약을 인수하는 영업과 주주를 위해 일하는 세계적인 수준의 투자자가 있었다.

1968년 연례 보고서는 그해 마감 직후에 완료된 두 건의 인수에 대해 언급하면서 마무리했다. 1969년 초에 버크셔는 〈선 뉴스페이퍼Sun Newspapers〉와 관련 인쇄사 블래커 프린팅 컴퍼니Blacker Printing Company를 100% 인수했다. 두 회사 모두 버핏의 고향인 네브래스카주 오마하에 본사를 두고 있었다. 오늘날의 신문 산업은 수십 년 전과 비교하면 쇠

---

* 이는 모든 손실에 책임을 지고 있다는 점 때문이며, 보험이 상당히 강하게 규제받는 이유이기도 하다.
** 그들의 초점은 일반적으로 보험료를 이끌어 내기 위한 추가 영업 정책에 있다.

락한 상태다. 당시만 해도 유력한 신문은 투하자본이익률이 높아서 수
익성이 좋았다. 버핏은 버크셔 주주들이 많은 이익을 얻을 수 있도록
이 산업으로 처음 진입하게 된다.*

1969년

－

초기의 버크셔 해서웨이는 복합기업이라고 자처할 수 없었지만, 현재
의 회사는 복합기업이라고 할 수 있다. 버핏은 이러한 분류가 왜 중요
하고 왜 그래야 하는지 주주들이 이해하기를 원했다. 이에 1969년 주주
서한에서 사업 전략을 다룬 부분에서 이를 언급했다.

"4년 전 우리 회사의 경영진은 자본을 계속 방직업에만 단독 투자를
하든 하지 않든지 간에 가능한 한 더욱 규모가 크고 지속성 있는 수익
창출원을 개발하겠다고 약속했습니다." 이 문단은 버크셔가 2개의 중
요한 인수(보험 자회사 및 1969년 초에 인수한 은행 자회사)를 통해 약
10%의 평균 자기자본이익률을 올렸다고 계속 설명한다. 여기에는 5%
미만이던 방직 사업부 수익도 포함되어 있다. 이러한 이유에서 해당 서
한은 방직업계에서 방직업만 고수한 다른 방직 회사들과 사업을 확장
한 유일한 회사를 비교하면서 상대적으로 이 새로운 복합기업이 "상당
히 성공적"이라고 언급했다. 기본적으로 시사하는 바는 명확했다. 방직

---

* 〈더 선The Sun〉은 〈오마하 월드-헤럴드Omaha World-Herald〉보다 작았고 경제적으로도 그리 매력적인 것은
아니었다. 버핏은 신문을 좋아해서 확실히 신문업 진입 기회를 노리고 있었는데, 약 8%라는 첫 수익률을
기록한 이 회사 인수에 125만 달러를 지불했다(《스노볼The Snowball》, 325쪽).

업에서의 진정한 성공은 찾기 어렵거나 불가능하다는 것이었다.

방직업

이런 점에도 불구하고 방직업은 적어도 당분간은 버크셔의 주요 사업 영역으로 남아서 주주 서한의 첫 부분을 열었다. 주주들이 놀랄 일은 아니었지만 1969년의 방직 매출액은 4,040만 달러를 기록하며 12.1% 감소했다. 사각 원단 직조 사업부가 폐쇄되는 바람에 상당한 영업 손실이 났다. 방직업은 전반적인 수요 부족 때문에 수년 동안 나타났던 것보다 훨씬 심한 침체 상황에서 고전하고 있었다.

　방직 부문 경영진은 사각 원단 직조 사업부 폐쇄와 더불어 재고가 과잉 축적되는 것을 막기 위해 2주간의 휴업 기간을 두었다. 만일 기업이 비교적 짧은 시간에 수요가 회복될 거라고 생각한다면, 제품을 계속 생산해 나중에 판매하기 위해 보관할 수 있다. 이렇게 하면 직원들이 분주하게 일할 수 있지만 추가 자본을 투자해야 한다. 1969년 경기 침체의 심각성을 고려해 보면, 이는 현명하지 않은 행동이었다. 사각 원단 직조 사업의 손실에도 방직 부문 이익(세후)은 1968년 160만 달러에서 1년 후 150만 달러를 기록하며 소폭 줄어드는 데 그쳤다고 보고했다.

보험업

버핏은 주주 서한의 보험 경영 부분을 잭 링월트와 그의 팀에 대한 칭찬으로 시작했다(버핏은 이미 이름을 거론하면서 하는 칭찬과 부문별로 하는 평가라는 그의 모토를 따르고 있었을 가능성이 있다). 화재 및 손해보험 산업에서 보험계약 인수로 상당한 손실을 내는 것과 비교해,

링월트의 리더십 아래 있는 버크셔의 보험 경영은 보험계약 인수로 이익을 내고 있었다. 이것은 단순히 계약 물량만 보는 게 아니라 이익을 생각한 보험계약 인수라는 링월트 방침이 직접적으로 거둔 성과였다(1968년에 전략을 다룬 글을 떠올려 보자).

버핏의 보험계약 인수 이익에 대한 서술과 관련해 한 가지 흥미로운 점은 주주 서한에 이 수치가 조정된 금액이라고 기재되어 있다는 것이다. 이는 재무제표와는 대조적인데, 재무제표에는 전체 보험(내셔널 인뎀니티와 내셔널 파이어 & 머린 인슈어런스 컴퍼니)의 세전 보험계약 인수 손실이 약 15만 3,000달러라고 나오기 때문이다. 이는 자잘한 글씨를 읽어 봐야 알 수 있다. 보험회사에 대한 재무제표 주석에는 이런 상반되는 서술에 대해 적당한 답변이 들어 있다. 표시의 근거인 1번 주석에서는 금융 업종은 일반회계기준GAAP이 아닌 보험회계기준을 사용해 나타낸다고 서술하고 있다. 이러한 차이점이 어떻게 다른지에 대한 구체적인 내용이 많이 있지만, 주된 생략 사항은 보험 산업 보고 기준이 더 엄격하다는 것이다. 다시 말해 좀 더 보수적이라는 것이다.*

1번 주석에서 주목할 특정 항목은 다음과 같다. 즉 보험료 수입은 보험계약 기간에 비례해 기록되는 반면, 해당 계약 인수와 관련된 비용은 즉시 지출된다는 것이다. 버핏은 그해에 손실을 보고했음에도 보험 부문에서 인수한 계약이 보험계약 유지 기간 동안 이익을 창출할 수 있음을 알고 있었다. 더 많은 계약을 유치하기 위해 돈을 쓰는 것은 비용 증가를 불러왔는데, 계약 증대에 쓰는 돈과 기존 계약 수준을 유지하기 위해 지출한 돈을 분리하는 회계 관행은 존재하지 않았다. 버핏은 버크셔가 미래 이익을 기대하며 보험업에 투자하고 있음을 주주가 이해하기를 바라면서, 이익은 버크셔 경영진이 용인하는 범위에서 하락하는 거라고 보고했다. 합산비율이 100% 미만이었던 것을 보면 수익성이 좋은 해였음을 나타낸다.**

새로운 보증 사업부는 좋은 성과를 내고 있었다. 캘리포니아주 로스앤젤레스에 있는 한 사무소에서 노동자 보상 보험에 가입했다. 아울러 재보험사업부도 힘차게 출발했다. 후자에 대해 언급하면서, 버핏은 사업 특성상 현명한 의사 결정을 하기까지는 수년이 걸릴 것이라고 기재했다. 버크셔는 새로 홈 스테이트Home State 보험사업(규제상의 이유로 한 주(州) 내에서만 사업하는 보험회사)을 계획하고 "보험사업에서는 지속적으로 성장이 예상됩니다"라고 마무리했다.

1969년의 보험 실적은 버핏이 이 부문을 좋아하는 이유를 잘 보여준다. 보험료는 두 자릿수 성장률을 보였고, 합산비율이 100% 아래로 평가되며 사업 수익성도 양호했다.***

여기서 잠시 〈표 3-3〉의 두 가지 보험료 수치를 살펴볼 필요가 있다. 인수 보험료는 특정 연도에 인수한 보험계약 금액을 나타낸다. 이것은 보험회사 영업력의 결과물이다. 수입 보험료는 이와는 다르다. 향후 2년을 포괄하는 현재 보험 인수 계약은 현재 인수 실적에는 반영되지만, 그중 절반은 이듬해까지 이익으로 잡히지 않는다. 따라서 보험계약 인수 역량이 명료하게 드러나려면 수년이 걸린다. 어떤 보험회사든 보험계약

---

*   보험 감독 기관의 주된 목표가 보험회사 주주가 아닌 보험 가입자 보호라는 점을 감안하면 이는 타당하다.
**   이것은 합산비율 96.2%가 이익을 표시하면서, 재무제표는 손실을 나타내는 사례다. 이는 재무제표에는 수입 보험료만 나타나는 반면, 사업비율은 인수 보험료로 산정되기 때문이다.
*** 보고된 보험계약 인수 손실 금액 20만 달러와 합산비율 96.2% 사이의 차이에 주목해 보자. 이러한 비율은 약 100만 달러의 보험계약 인수 수익을 나타낸다.

표 3-3 · 1968~1969년 버크셔 해서웨이 보험회사 선별 데이터

자료 · 1969년 버크셔 해서웨이 연례 보고서 및 저자의 계산

	1969	1968	증감률
인수 보험료(100만 달러)	28.8	22.7	27%
수입 보험료(100만 달러)	25.3	22.6	12%
평균 자기자본 대비 인수 보험료(%)	215	197	18%p
손해율(%)	64.8	65.4	-0.7%p
사업비율(%)	31.4	32.1	-0.6%p
합산비율(%)	96.2	97.5	-1.3%p

을 인수할 수는 있지만, 미래의 리스크를 살피면서 현재 수익성 있는 보험계약을 인수하기 위해서는 현명한 경영자가 필요하다.

수입 보험료가 인수 보험료와 다를 수 있는 또 다른 중요한 이유는 재보험 때문이다. 재보험은 그야말로 인수한 보험계약 중 일부를 다른 보험사에 양도하는 행위다. 이를 통해 보험사는 자사가 인수하는 리스크의 일부를 공유하고 영업력을 극대화할 수 있다(일반적으로 영업 담당은 보험계약 인수를 좋아한다. 보험사가 장부상으로 지나치게 많은 보험계약을 보유한 상태에서도 보험계약 인수 중단을 바라지 않는다). 재보험 총액은 자본 수준을 분산하거나 유지하고자 하는 필요 또는 희망에 따라 상당한 금액 혹은 미미한 금액을 설정하거나 전혀 설정하지 않기까지 다양하게 잡을 수 있다. 버크셔는 자사가 인수한 보험계약을 유지할 뿐만 아니라, 자체 재보험사업을 통해 추가 리스크를 감수해 무리 없이 성장하게 되었다. 보험사업에 나선 첫해에 버크셔는 270만 달러 규모의 재보험계약을 인수했다.[4]

은행업

1969년의 주요 인수는 일리노이 내셔널 뱅크 & 트러스트 컴퍼니Illinois National Bank & Trust Company 매수였다. 은행 업무는 보험과 마찬가지로 가시화되는 데 시간이 걸리는 리스크를 신중하게 처리해야 한다. 은행의 장기 기록에는 주목할 만한 사연이 들어 있다. 버핏은 주주들에게 이 은행의 짤막한 이력을 알렸는데, 이 부분에서 다음과 같은 이력을 다시 이야기해 볼 만하다.

"이 은행은 유진 아베그가 설립했는데, 외부 자본 도입 없이 1931년 순자산 25만 달러 및 예금 40만 달러에서 1969년 순자산 1,700만 달러 및 예금 1억 달러로 성장했습니다. 아베그는 회장으로 계속 일했으며 1969년에는 약 200만 달러의 기록적인 영업이익을 올렸습니다. 예금이나 총자산 비율과 마찬가지로 이러한 이익은 주로 신탁 부서 영업을 하지 않는 미국 내 대형 상업은행 가운데 선두에 가깝습니다."

이전 38년 동안 이러한 성장률을 달성하기 위해서는 자기자본이익률 12%, 예금 기준 연간 성장률 15.6%가 필요했을 것이다. 견실하고 수익성도 좋았던 오랜 영업 이력을 감안할 때, 버핏은 링월트 때와 마찬가지로 아베그가 무슨 일을 했는지 알았을 거라고 당연히 결론을 내릴 수 있었다.

은행 매수 가격이 상세하게 나오지는 않았지만, 연례 보고서에 포함된 재무 정보를 사용해 살펴볼 수 있다(〈표 3-4〉 참고). 이 정보는 버크셔가 이 은행에 장부가치의 약 1.05배를 지불했음을 나타낸다. 이는 이 은행의 우량한 재무 상태를 고려하면 상당히 매력적인 가격이다.* 이

가격은 1,770만 달러였다.

**표 3-4 · 록포드의 일리노이 내셔널 뱅크 &
트러스트 오브 록포드 인수 분석**
자료· 1969년 버크셔 해서웨이 연례 보고서 및 저자의 계산
단위· 100만 달러

1969년 말 장부가치	18.9
1969년 이익 대비 차익	1.2
버크셔 인수 가격	17.7
1968년 은행 장부가치	16.8
인수 가격 적용 배수	1.05

　　버핏은 버크셔의 강화된 대차대조표를 활용해 해당 은행 인수 자금을 조달했다. 매도가능증권을 거의 다 매각해 약 1,100만 달러를 만들었다.** 방직 사업 축소로 노동 자본 및 물리적 공장 투자가 줄어들면서 약 460만 달러가 확보되었다. 버크셔는 아울러 475만 달러를 더 빌려서 자금을 늘렸다.***

　　버크셔는 워런 버핏의 리더십 아래에서 완전히 다른 회사가 되었다.

---

* 　1969년 평균 총자산수익률ROA은 1.68%(세후, 증권 수익률 적용 전)였다.
** 　버크셔의 매도가능증권 포트폴리오는 1968년 연말 대차대조표에서는 540만 달러였다가 30만 달러 미만으로 줄어들었다. 순이익은 훨씬 더 많았다. 당시 회계 규정으로 매도가능증권의 가치는 매입 가격으로 기재되었는데, 합하면 1,100만 달러 이상이었을 가능성이 크다. 1968년 연말에는 그 가치가 1,180만 달러였는데, 당시 가치와 청산 가치 이내에서 얼마나 변동했는지 확실히는 알 수 없다.
*** 　625만 달러의 기간 대출을 200만 달러 은행 대출로 갈아탔다. 잔액 337만 5,000달러는 1972년 6월 30일 만기가 될 때까지 분기마다 원금 37만 5,000달러씩 갚을 예정이었다. 이 금리는 퍼스트 내셔널 뱅크 오브 보스턴(지점)의 90일 상업 대출 우대금리보다 0.5%p 높았다.

1970년

―

버크셔의 사업별 조합은 1970년에 고른 실적을 올렸다. 새로 인수한 은행은 성과가 아주 좋았고, 보험은 좋은 실적과 그렇지 않은 실적이 혼재했으며, 방직은 놀랄 것도 없이 보통 수준이었다.

방직업

그럼에도 불구하고 방직 부문 경영진은 칭찬받을 만했다. 버핏은 켄 체이스를 거론하며 체이스와 그의 사업부가 "거센 조류를 거슬러 오르면서" 사업부 실적을 반등시키려고 기울인 노력을 높이 평가했다. 그 조류란 뉴잉글랜드의 방직업 경제성을 지속할 수 없게 만드는 상대적으로 비싼 노동력과 전기 요금, 치열한 해외 경쟁 등이 복합된 요소였다.

남성복과 홈 패브릭의 수요가 부진하자 방직 사업부는 생산을 감축했다. 이는 재고가 현재의 매출액 수준과 너무 동떨어지게 늘어나지 않도록 한다는 의미였다. 지난 5년 동안 재고는 평균 매출액의 25%나 차지했다. 1970년에는 매출액이 39% 줄어든 2,460만 달러였는데, 재고율은 34%로 확대되었다. 매출액 변동은 사업에서 이례적인 사안은 아니다. 하지만 경영자가 높은 매출액 수준으로 돌아설 거라고 예상했다면 이전과 동일한 재고 수준으로 유지되었을 것이다. 그러나 완제품이 스타일 동향에 따라 제작 비용이 많이 들고 시간이 갈수록 수요가 감소하는 직물의 경우에는 마냥 기다리는 것은 선택 사항이 아니었다.

매출액이 크게 감소했음에도 방직 사업부는 10만 7,000달러의 이익을 냈다. 매출액이 급감한 것을 감안하면 좋은 실적이고 손실보다야 확실히 낫지만, 이 사업부에 묶여 있는 자본과 비교해 보면 만족할 만한 실적이 아니었다. 평균 비현금 운전자본이 1,110만 달러, 평균 유형자산이 280만 달러나 되었다.

보험업

보험 부문은 1970년에 전반적으로 만족스러운 실적을 내기는 했지만 (좋고 나쁜 것이) 혼재된 양상이었다. 버핏은 인수 보험료는 4,500만 달러, 수입 보험료는 3,900만 달러로 55% 이상 상승하며 성장세가 두드러졌다고 말했다. 여기에는 재보험 부문의 인수 보험료 700만 달러 (전년 대비 2.5배 이상 증가)도 포함됐다. 하지만 그는 곧이어 보험료 증가는 "다소 부실한 보험계약 인수 상황에 따른 것"이라고 지적했다. 이는 보험 부문이 33만 달러의 보험계약 인수 손실로 이어진다는 것이므로, 투자로 이익을 올려야 한다는 의미였다.

분명한 것은 높은 손해율에도 보험에 대한 버핏의 열의가 여전히 강했다는 것이다. 이 사업이 어떻게 작용하는지 이해했기 때문이다. 내셔널 인뎀니티의 운영 철학은 이익이 나면 해당 사업의 변동성을 완화한다는 것이었다. 그해 '파도처럼 잔뜩 밀려온 보험계약 물량'은 시장이 (일정 규모 이하로) 제약된 결과였다(다른 보험사들은 적자를 내고 물러났다는 뜻).

1970년 링월트가 홈 스테이트 보험사업을 키운 과정은 버핏과 버크셔의 향후 경영 모토를 잘 보여 준다. 첫 번째 사업체는 네브래스카에 있는 콘허스커 캐주얼티 컴퍼니Cornhusker Casualty Company였는데, 내셔널 인뎀니티가 100% 지분을 보유한 자회사였다. 이 회사는 그해 24만 9,000달러의 보험계약을 인수했다. 버핏은 그 회사의 "대기업 같은 역량과 중소기업 같은 접근성"에 주목했는데, 분권형 경영의 장점을 잘 보여 줬다. 오늘날 분권형 경영은 모든 버크셔의 운영 철학이다. 나중에 버크셔 연례 보고서에서 언급했듯, 버크셔의 사업은 "경영권을 포기할 정도의 권한 위임"을 통해 운영된다.

만일 이러한 경영 및 링월트에 대한 버핏의 열의를 (주주 서한의) 독자들이 아직 확신하지 못한 경우에는, 링월트가 이 개념을 실현했고 홈 스테이트라는 간판 아래에 더 많은 회사를 설립할 계획이 있다는 것을 버핏이 독자들에게 먼저 이해시켰다.

은행업

버크셔의 새로운 은행 사업으로 넘어오면, 버핏은 일리노이 내셔널 뱅크를 극찬했다. 그는 이 은행의 영업이익률이 "은행 사업이 특히 잘 경영되고 있다"는 신호라고 언급했다. 이 은행은 1970년에 1.9%의 높은 평균 자산수익률ROA*을 기록했다.**

(그 당시 기본 저축 계좌와 비교해도 훨씬 낮은) 1.9%라는 수익률은 절대적 기준으로는 매우 낮아 보일 수 있지만, 사실 그 정도면 경영 성과가 괜찮은 은행의 지표가 될 만큼 은행업의 경제성은 상당히 저조하다는

---

* 보다 전문적인 독자를 위해 여기서는 평균 자산수익률ROAA을 사용하지만, 나는 ROAA보다는 총자산수익률ROA을 즐겨 쓴다.
** 주주 서한에서 버핏이 언급한 것은 이 은행의 예금 수익률에 대한 것이었다. 이것은 다소 구식 지표다. 버핏은 나중에 총자산수익률을 사용하기 시작했다.

점을 알아 둘 필요가 있다. 은행들은 레버리지(자기자본보다 훨씬 더 많은 예금을 보유한다는 뜻)를 활용할 수 있다는 장점 덕에, 1.9%의 총자산수익률은 12.5%의 평균 자기자본이익률ROE로 전환되었다.

이 개념은 레버리지를 고려한 이 책의 다른 곳에서 쓰인 자본수익률 계산법과 비슷하다. 아래 방정식을 참고하라.

공식 3-2

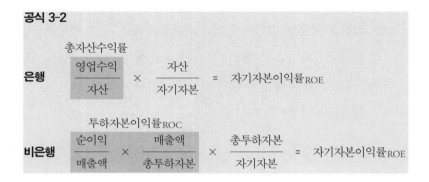

일리노이 내셔널 뱅크의 수치를 이용하면, 우리는 이 은행의 총자산수익률이 얼마나 양호한 경제성을 나타내며 만족스러운 자기자본이익률로 바뀌는지 알 수 있다. 이 은행은 자기자본의 약 7배에 달하는 자산을 보유하고 있기 때문에, 해당 총자산수익률은 동일한 비율만큼 (은행 가치에 대해) 배수가 적용되거나 레버리지로 쓰일 수 있다. 이 은행의 레버리지 사용은 다른 기업들에 비해 높아 보일 수 있지만, 은행 입장에서는 보수적으로 잡은 편이다. 오늘날의 은행은 일반적으로 10배 또는 12배의 레버리지를 사용한다. 이것은 더 높은 자기자본이익률을 창출하되 추가 리스크를 발생시키며, 은행이 상당히 엄격한 규제를 받는 한 이유다.

표 3-5 · 1970년 일리노이 내셔널 뱅크의 총자산수익률 및 자기자본이익률 계산

자료 · 1970년 버크셔 해서웨이 연례 보고서 및 저자의 계산 단위 · 1,000 달러

영업수익(세후)	2,221
평균 자산	119,758
총자산수익률(%)	1.9
평균 자기자본	17,704
평균 자산/평균 자기자본	6.8
자기자본이익률(%)	12.5

일리노이 내셔널 뱅크의 실적은 높은 수준의 유동성을 유지하면서 이루어졌다. 평균 예금 대비 대출 비율은 49%에 그쳤다. 오늘날의 은행은 통상적으로 예금의 80%까지 대출한다. 일리노이 내셔널 뱅크의 나머지 자산은 투자 포트폴리오나 현금 상태이며 약간의 점포 및 장비, 기타 자산도 포함된다.

간단히 말해 일리노이 내셔널 뱅크는 비용을 특히 잘 관리한 보수적으로 운영되는 은행으로, 결과적으로 수익성이 대단히 높았다. 이는 유진 아베그와 관리 팀의 실력을 입증하는 것이었다.

일리노이 내셔널 뱅크를 막 인수했을 때, 버크셔는 이 은행을 매각해야 한다는 것을 알았다. 1970년 말 미국 의회는 은행 지주회사를 포함해 1956년에 제정된 은행지주회사법을 개정했다. 해당 법안은 은행 지주회사에서 은행이 아닌 회사를 소유하는 것을 금지했다. 이는 버크셔가 막 사들인 은행을 매각해야 할 뿐만 아니라, 연방준비제도이사회FRB의 감독을 받고 인수 활동에도 제한받게 된다는 것을 의미했다. 하지만 버크셔에는 약간 여유 시간이 있었다. 해당 법안에 따르면 버크셔에는 일리노이 내셔널 뱅크를 매각, 분사하거나 그 외 방식으로 처분할 수

있는 시간이 10년 있었다. 우리가 아는 바와 같이, 그동안 버크셔는 일리노이 내셔널 뱅크를 소유하는 데 따른 결실을 누렸고, 다른 방식으로 은행 사업에 진입했다.

1971년

–

1971년 연례 보고서 첫 단락에서 버핏은 자신의 경영 목표를 상기시키는 내용을 담았다. 그 목표란 "총자본이익률 및 투하자본이익률 개선"이었다. 버핏은 버크셔의 그해 자기자본이익률이 14%로, 이는 미국 기업의 평균치를 상회했다고 언급했다. 그는 버크셔가 대차대조표를 활용한 초과 차입으로 높은 자기자본이익률을 달성하지는 않을 것임을 상기시키면서, 총자본수익률(총자본=장기부채+자기자본 합계) 개선이라는 목표를 강조했다. 비록 버크셔가 이따금 모기업 수준에서는 차입을 하더라도(1971년에는 그랬다), 그 금액은 상당히 보수적이었다. 특히 1971년의 14%라는 만족스러운 자기자본이익률에는 방직 사업부의 부진이라는 장애물이 포함되어 있었다. 이는 신규 분야에 자본을 재배치한 전략이 성공했음을 보여 준다.

방직업

비용 절감을 위한 상당한 노력에도 방직 사업부는 총수익 저조로 고전했다. 이듬해 생산 규모와 사업 구성은 더 양호할 것으로 보고 있어서 방직업의 완만한 회복이 머지않은 것으로 여겨졌다.

방직 사업부의 수익 부진은 그해 재무 실적에서 분명히 드러난다. 미미한 영업이익은 겨우 세전이익률 1.9%로 나타났다(〈표 3-6〉 참고). 버핏이 서둘러 움직인 것은 당연했다.

표 3-6 · 1971년 방직 사업부 선별 데이터
자료 · 1970년 및 1972년 버크셔 해서웨이 연례 보고서
단위 · 100만 달러

	1971	1970
매출액	26.0	24.6
영업이익	0.233	0.107
투입 자본	12.1	14.5
총자본수익률(세전)(%)	1.9	0.7

보험업

방직업에서 겪은 산업 역풍과 대조적으로, 1971년에 보험 부문은 적지 않은 순풍을 만났다. 상당한 행운의 결과로, (현재 보험 부문으로 함께 보고된 회계상의) 보험 산업은 자동차 사고 발생 횟수가 줄어들었고, 보험료율은 올라갔으며, 대형 재해도 없었다. 버크셔에서 이러한 호재는 47% 증가한 6,600만 달러의 인수 보험료, 그리고 140만 달러에 이르는 수입 보험료에 따른 95%의 견고한 합산비율로 나타났다.

액면 그대로 받아들인다면 이는 전부 좋은 소식이었다. 하지만 폭풍 전의 고요로 본다면, 여기에는 경고가 내포되어 있었다. 버핏은 이를 인식하고 재빨리 지적했다. 그는 "비록 부정적인 의미가 없는 것은 아니지만 우리는 이러한 이득을 (업계와) 공유했습니다"라고 썼다. 이렇게 눈에 띄는 실적은 더 많은 경쟁 업체를 시장으로 끌어들인다. 그 업체들은 보험료를 수익성을 거둘 수 없는 지점까지 몰아간다. 경쟁 업체

들은 손해에 직면하면 요율을 인상하거나 보험계약 인수 사업을 철수할 것이다. 혹은 둘 다 하거나. 그런 일이 일어날 때까지 버크셔의 보험 경영자들은 보험계약 인수 수익성에 중점을 두었다. 가능한 한 높은 수준으로 말이다.

버크셔는 장기적인 시각을 유지하면서 지속적으로 홈 스테이트 사업을 확장했다. 1971년에는 미네소타주에 레이클랜드 파이어 & 캐주얼티 컴퍼니Lakeland Fire & Casualty Company, 텍사스주에 텍사스 유나이티드 인슈어런스Texas United Insurance를 설립했다. 홈 스테이트 사업은 보험료 규모로는 150만 달러에 불과했지만, 1972년에는 이러한 신규 회사 추가 설립으로 2배 성장할 것으로 예상되었다.

1971년에 보험 중 성장을 이룬 또 다른 영역은 9월 30일 시카고의 홈 & 오토모빌 인슈어런스 컴퍼니Home & Automobile Insurance Company를 인수한 것이었다.* 연간 750만 달러 규모의 성장과 더불어, 버핏은 이 회사 창업자인 빅터 라브Victor Raab와 버크셔의 스타 경영자 잭 링월트 및 유진 아베그의 유사점을 강조했다. 내셔널 인뎀니티는 (일회성으로 산정하는 보험증서가 필요한) 많은 사람에게 대부분의 리스크를 인수하는 반면, 라브는 시카고의 도시 지역 내에서 통계를 바탕으로 하는 유형의 보장에 중점을 두었다. 버핏은 이번 신규 인수에서 꽤 상당한 잠재력을 확인하고 이 회사에 자본을 추가 투입했다. 라브가 성장을 저해하는 자본의 한계에 계속 부딪혔기 때문이다.

---

* 우리가 해당 인수 재무제표에서 얻을 수 있는 유일한 정보는 이 회사의 순자산에 대해 36만 4,000달러의 프리미엄을 지불했다는 것이다.

버크셔의 다른 보험사업과 홈 & 오토의 회계 내역이 연결되는 바람에 홈 & 오토에서 더해진 정확한 금액을 알 수는 없지만, 보험 부문에는 850만 달러의 추가 자본이 투입되며 급증하는 보험료를 뒷받침했다.** 이 금액은 900만 달러를 새로 차입해 그중 일부로 지원되었다***(이 대출금의 일부로는 예전에 발행했던 어음의 미지급 잔금을 상환했다).

버핏은 1971년 주주 서한 후반부에서 이 차입금 조달에 대해 언급하면서, 버크셔가 대차대조표에 지나친 부담을 주지는 않을 것이라고 강조했다. 버크셔의 보험 및 은행 자회사는 대중을 상대로 하는 특별한 수탁자라는 관계성이 있었고, 이에 따라 버크셔는 항상 아주 탄탄한 자금 조달력을 유지해야 했다. 이것은 모기업과 자회사 수준 모두에서, 버크셔는 항상 "의문의 여지없이 책임을 이행할 것"임을 의미했다. 1971년 연말의 연결 대차대조표에서 버크셔는 자기자본 5,620만 달러 대비 총 960만 달러의 부채를 보유했다. 자산 대비 총부채 비율은 15%에 불과했다.

은행업

1971년 버크셔의 은행 부문은 만만치 않은 한 해를 맞이했다. 금리가 하락했는데, 이는 은행의 이자 수익 감소를 유발했다. 수익 측면에서 어려움을 가중시킨 것은 일리노이 내셔널 뱅크의 예금 기반 특성이었

** 보험 부문의 평균 자기자본 대비 순 인수 보험료는 1970년의 272%에서 1971년에는 241%로 어느 정도 줄어들었다.

*** 이 차입금은 1973년 6월 30일부터 시작해 1976년 6월 30일까지 잔액 300만 달러를 분기마다 상환하는 조건이었다. 해당 대출금리는 더 퍼스트 내셔널 뱅크 오브 보스턴(지점)의 90일 상업 대출 우대금리보다 0.5%p 높았다.

다. 이 은행의 예금은 수요 기반demand-based이 아닌 시간 기반time-based에 점점 가까워지고 있었다. 시간 기반 자금 조달(예 : 정기예금)은 일반적으로 이자를 거의 또는 전혀 지불하지 않는 요구불예금(당좌예금)보다 은행에 훨씬 비용이 많이 들어간다. 그럼에도 불구하고 아베그와 그의 팀은 해당 비용 수준을 계속 유지하고, 이 은행의 우량 대출이라는 보수적인 투자 전략을 이어 갔다.

1972년

－

버핏은 19.8%라는 초기 주주 자기자본이익률을 거둔 1972년을 대체로 매우 만족스러운 해라고 서술했다. 보험 부문에서 비용이 많이 들어가긴 했지만, 부분적으로 1971년에 서술한 "비정상적인 호재의 집중"* 덕분에 각 사업부가 전체 성공에 기여했다.

　버핏은 각 사업부에 대한 세부적인 검토에 들어가기에 앞서, 자신이 버크셔를 직접 경영한 지난 8년에 대해 언급했다. 1965년 5월 그가 경영권을 취득한 이후 영업이익은 상당히 높아졌으며, 방직업 외의 분야로 자본을 분산하고 재배치해 주주들에게 "정상적인 수익력으로 이루어진 대단히 탄탄한 기반"을 구축했다. 유통 주식은 자사주 매입을 통해 14%로 감소했으며, 1964년 연말에 주당 19.46달러였던 장부가치는 1972년에는 주당 69.72달러로 마감되며 연간 16.5% 상승했다. 버핏은

---

* 자동차 사고 횟수가 적었고, 중대한 사고는 보통이었으며, 주요 재해도 발생하지 않았다.

자신의 공이라고 주장해 비난받지 않도록 내셔널 인뎀니티 컴퍼니, 내셔널 파이어 & 머린 컴퍼니, 일리노이 내셔널 뱅크, 홈 & 오토 인슈어런스를 각각 경영하는 잭 링월트, 유진 아베그, 빅터 라브를 칭찬했다.

방직업

1972년에는 잠시 멈춰서 방직 사업부와 관련된 몇 가지 수치를 검토할 가치가 있다. 재고는 두 자릿수 증가율을 보였으나 매출액 증가율은 훨씬 부진했다. 게다가 매출채권 감소와 매입채무 증가가 함께 나타나면서, 방직 사업부에 묶여 있던 자본을 사용할 수 있게 되었다. 자본 수요는 신중한 재고관리를 통해 통제되었고 1973년을 긍정적으로 전망할 수 있으리라는 점을 시사했다.

주목해야 할 또 다른 항목은 매입채무의 증가다. 매입채무는 공급업체에 지불할 자금이기 때문에, 방직 사업부가 운영자금을 조달하기 위해 협력사에서 사실상 빌려 온 돈이다. 이것은 이 사업부에 묶여 있던 자본을 풀려나게 해 버핏이 이를 다른 곳에 재배치할 수 있게 해 주었다. 최종적으로는 납품업체가 돈을 받아야 하므로 이런 행위가 영원히 지속될 수 없지만, 꽤 흔한 일이다. 예를 들어 월마트는 대규모 구매력을 활용해 공급업체와의 장기간 거래를 이끌어 내면서 이러한 재무관리 전략을 극단적으로 시행한다. 이는 공급업체들이 거대 소매 유통업체와 거래하는 대가로 월마트의 대차대조표에 자금을 제공하고 있다는 것을 의미한다.

종합해 보면 순운전자본, 고정자산, 사업부 운영에 필요한 현금 추정치를 합산해 방직 사업부에 들어가는 총자본은 150만 달러로 줄어들었다. 이러한 필요 자본의 감소와 영업 실적의 개선은 16%의 총자본수익률(〈표 3-7〉 참고)로 변환되었다. 이는 수년 만에 단연코 가장 높은 수치이며 긍정적인 일탈이었다.

표 3-7 · 방직 사업부 선별 데이터
자료 · 1972년 버크셔 해서웨이 연례 보고서 및 저자의 계산
단위 · 100만 달러

	1972	1971
매출액	27.7	26.0
영업이익	1.697	0.233
투입 자본	10.5	12.1
총자본수익률(세전)(%)	16.1	1.9
재고	6.8	6.0
매출액 대비 재고율(%)	25	23
매출채권(AR)	4.1	5.1
매출액 대비 AR 비율(%)	15	20

보험업

방직업에 꽤 괜찮은 한 해이긴 했지만 보험업과 비교하면 대단하지는 않았다. 전체 보험료 금액은 감소했지만 이익성 손해 이력 덕분에 이익이 크게 늘었다. 이는 다음과 같다.

- 내셔널 인뎀니티의 특화 사업 인수 보험료 3,500만 달러(26% 감소)

- 재보험의 인수 보험료 1,100만 달러(24% 감소)

- 홈 스테이트 부문의 인수 보험료 430만 달러(2.5배 이상 증가)

- 홈 & 오토는 인수 보험료로 690만 달러를 기록했다. 이 금액은 버크셔에서 전년도에 인수된 200만 달러보다 상당히 높다. 하지만 당해 연간으로 인수된 770

만 달러보다는 줄어든 것이었다(홈 & 오토는 1971년 9월 30일에 인수되었음을 기억하자). (홈 & 오토가 버크셔에 인수되기 전인 1971년 1~9월 실적과 인수된 후의 실적을 합산한 전년도 연간 인수 보험료가 총 770만 달러임 - 옮긴이)

합산비율이 100% 미만이면 양호하다는 것을 떠올려 보자. 1972년의 합산비율은 93.7%였다. 이는 버크셔의 보험 부문이 고객과의 거래로 6% 이상의 수익을 남겼다는 것을 의미했다. 이는 손해에 대한 청구가 들어올 때까지 고객이 낸 보험료를 보유함으로써 따라오는 책임준비금을 투자해 벌어들인 돈으로 이룬 것이었다. 1972년 말의 책임준비금은 7,000만 달러에 이르렀다. 높은 금리는 버크셔가 이러한 자금 보유로 어마어마한 경제적 이득을 누렸다는 것을 의미했다.* 게다가 버크셔의 채권 포트폴리오는 특이하게도 괜찮은 콜 옵션(특정한 기초 자산을 미리 정한 행사 가격으로 살 수 있는 권리 - 옮긴이)을 보유하고 있어서 위와 같은 투자에 대해 높은 수익률을 보장해 주었다.

1972년에 누린 높은 수익성은 즉시 경쟁을 불러일으켰다. 1972년부터 규모가 줄어들면서 가까운 장래에 보험료가 하락하리라는 전망이 제기되었다. 수입 보험료는 2% 하락에 그쳤지만 인수 보험료는 13% 줄어들었다. 버크셔는 계속 적정한 가액으로 보험료를 인수했다. 하지만 시장 금리가 너무 낮으면 인수 물량을 줄이곤 했다. 장기적인 전망을 바탕

---

* 1972년 보험 부문의 각주에는 블루칩 스탬프Blue Chip Stamps에 대한 버크셔의 초기 투자 내역이 처음 공개되어 있음을 알아 둘 만하다. 더 나아가 시즈 캔디See's Candies에 대한 내역도 있었다. 버핏은 향후 시즈 캔디에 대해 할 말이 훨씬 더 많을 것이다. 일단 주주들이 알 수 있는 것은 버크셔의 보험 자회사를 통해 보유한 블루칩 스탬프의 지분율이 전년도의 6%에서 17%로 증가했다는 것뿐이다(블루칩 스탬프는 그 당시에 그저 수많은 매도가능증권 중 하나였으므로 추가 내용을 알리지 않았다).

표 3-8 · 보험 부문 선별 데이터
자료·1972년 버크셔 해서웨이 연례 보고서 및 저자의 계산
단위·100만 달러

	1972	1971
인수 보험료	58.0	66.5
수입 보험료	59.6	60.9
보험료 인수 이익(세전)(%)	4.3	1.4
순투자 이익(세전)(%)	6.6	5.0
평균 자기자본이익률(%)	22.2	21.6
손해율(%)	62.0	67.0
사업비율(%)	31.7	28.1
합산비율(%)	93.7	95.1

으로 산정한 보험료율, 그리고 단기적으로 정하는 보험계약 인수 규모 감축은 장기적으로 평균 이상의 실적을 올리는 최고의 경로였다.

버크셔가 단기적으로 보험 인수 사업에서 물러서는 경우, 이는 확실히 수용 능력을 확보해 보험을 인수하려는 차원에서 발을 빼는 것은 아니었다. 버크셔는 로스앤젤레스와 플로리다주 데이드 카운티의 신규 영업과 더불어, 홈 & 오토모빌 인슈어런스 오브 시카고Home and Automobile Insurance of Chicago를 인수한다는 계획을 세웠다. 홈 스테이트 사업은 미네소타주와 텍사스주의 신규 법인 출범으로 확장세였다. 이 모든 움직임은 가격이 적당한 기업 매물이 등장하면 사업체를 더 늘리기 위한 관점에서 이루어졌다.

은행업

버크셔의 보험 부문과 마찬가지로, 일리노이 내셔널 뱅크의 유진 아베그와 그의 팀은 리스크와 관련해서 보면 뛰어난 보험 경영자와 같아서,

매년 버핏의 칭찬을 받을 자격이 충분했다. 상각, 즉 회수 불능으로 간주되는 대출은 다른 상업은행에서 이루어지는 상각의 20분의 1에 불과했다. 1972년에 이 은행은 단 4,669달러(0이 생략된 게 아님)를 탕감했는데, 이는 거의 대출금 6,000만 달러 중 0.0078%에 해당하는 금액으로 은행업에서는 어떤 시대에도 이례적인 기록이었다.

1973년

-

1973년의 주주 서한에는 주주를 위한 정보가 곳곳에 널려 있었다. 그러나 우선 버핏은 관례대로 버크셔의 초기 주주 자기자본이익률 수치를 공개하며 도입부를 열었다. 이해의 실적은 17.4%의 수익률을 기록해, 전년도의 19.8%보다 하락했다. 하지만 버핏은 실제 시장가치가 아니라 장부가치상의 상승률이라고 얼른 지적했다. 실제로 주당순이익EPS은 11.43달러에서 12.18달러로 늘어났다. 버핏은 "경영진의 목표는 건전한 회계와 보험사업에서 나오는 차입금을 활용하면서, 미국 산업 전반보다 다소 높은 평균 투하자본이익률을 장기적으로 달성하는 것입니다"라고 거듭 강조했다. 역사의 관점에서 보자면, 우리는 이 목표가 커다란 격차로 달성되었음을 알고 있다.

방직업
방직 부문은 1973년에 높은 실적을 보고했다. 규모가 큰 수요 덕에 버크셔 방직 부문이 평균 이상의 추세선으로 나타났지만, 절대적인 의미에서 판단해 보면 여전히 평균에 불과했다.*

표 3-9 · 방직 부문 선별 데이터
자료 · 1973년 버크셔 해서웨이 연례 보고서 및 저자의 계산
단위 · 100만 달러

	1973	1972	변동률(%)
매출액	33.4	27.7	21
영업이익	2.8	1.7	65

　방직 부문의 실적을 일부 억제하는 것은 닉슨 정부 생활비위원회Cost of Living Council의 가격통제였다.** 버핏은 이것이 "우리에게 피할 수 없는 골valleys을 남겨주고 언덕hills은 약간 깎아 먹는 역할을 했습니다"라고 말했다. 방직업은 경기의 영향을 대단히 많이 받는 산업이다. (방직업 업황에는) 하한선은 없고 상한선만 있었는데, 이게 소비자에게는 좋았을지 몰라도 사업주에게는 몹시 괴로웠다.

　원자재에 대한 인플레이션 압력에 대응해, 방직 부문은 회계 처리 방식을 FIFOFirst-In-First-Out(선입선출)에서 LIFOLast-In-First-Out(후입선출)로 바꾸었다.*** LIFO는 현재 매출액과 비교해 재고를 가장 최근 원가로 생산한 것으로 처리하는 회계 방식이다. 이는 FIFO에서 변경된 것인데, FIFO는 현재 매출액과 비교해 먼저 들어간 원가 순서대로 재고도 순차 생산된 것으로 처리한다. 만약 버크셔가 FIFO 회계 처리를 지속했다면 제품을 판매했을 때 물가상승 환경 때문에 원가 비용이 낮아져 더 높은 세금을 냈을 것이다. 다른 경영자들은 FIFO가 창출한 보고 이익 증가를 즐겼을 수도 있었겠지만(저비용=고수익, 고비용=저수익이다), 버핏은 보고 이익이 줄어들더라도 더 유리하고 채산이 좋은 실적을 선호했다.

보험업

어려움이 없는 건 아니었지만 보험 실적은 대체로 상당히 양호했다. (최고경영자CEO 자리는 유지하되) 33년 만에 사장직에서 물러난 잭 링월트가 그에게 어울리는 최고의 성과를 올린 내셔널 인뎀니티와 자매사 내셔널 파이어 & 머린이 유난히 좋은 한 해를 보냈다고 버핏은 말했다. 내셔널 인뎀니티는 3,000만 달러의 수입 보험료에 대해 440만 달러의 보험계약 인수 이익을 발표했다. 이는 수입 보험료가 전년에 비해 21% 줄어든 것을 감안해 보면 인상적이다. 버핏은 그의 후계자 필 리슈Phil Liesche가 링월트와 동일한 자질을 갖추고 있다고 칭찬했다.

재보험 부문은 그해에 이와 유사한 만족스러운 실적을 냈다. 불행하게도 과거의 좋은 실적에 따라붙은 경쟁이 유입되면서 재보험은 규모가 약간 줄었다. 1,200만 달러의 수입 보험료에 대한 보험계약 인수 이익은 35만 3,000달러나 되었다.

전체적으로 보험 부문은 전년과 비교해 인수 보험료 규모가 13% 줄었고 수입 보험료는 11% 감소했다. 수익성은 그대로 유지되었고, 합산비율이 약간 높아지긴 했지만 95.3%를 기록하며 여전히 매우 만족스러웠다. 이것은 330만 달러의 보험계약 인수 이익에 도움이 되었다(내셔널 인뎀니티의 이익은 홈 & 오토 및 홈 스테이트의 보험계약 인수 손

---

* 버크셔의 연결 재무제표에서 많은 수치가 집계되어 사용된 자본의 정확한 가치를 쉽게 계산하지 못했다. 1973년 실적은 1972년에 달성했던 세전 투입 자본수익률 16%보다 더 나았을 가능성이 크다. 버핏은 1973년의 방직 부문 실적이 "우리의 자본 투자 내역에 알맞게 나타났습니다"라고 서술했다.

** 인플레이션을 늦추기 위해 노력하고자 출범한 위원회. 제대로 작동하지는 못했다.

*** 재고의 회계 처리는 기업의 진짜 비용, 즉 진짜 이익이 뭔지를 알려 주기 때문에 중요하다. 인플레이션 환경에서 회계 처리 방식은 동일한 경제활동에 대해서도 발표되는 이익에 차이를 일으킨다.

해를 지원했다).

보험 부문의 추가 과제는 경영상 문제에서 발생했다. 홈 스테이트 회사들은 아이오와로 확장했을 때와 마찬가지로 네브래스카와 미네소타에서 좋은 실적을 냈다. 이는 다른 성공과 더불어 긍정적인 실적으로 이어졌다. 그러나 텍사스는 처음부터 다시 시작하다시피 해야 한다는 게 문제였다.

또 다른 약세 지역은 홈 & 오토의 시카고 영업 부문이었다. 자금을 차입해 해당 사업체의 보험계약 인수 수용력을 높였지만,* 보험계약 인수는 매우 저조한 실적을 냈다. 원인은 바로 부적절한 요율이었다. 인플레이션은 의료 및 수리 비용을 급격히 증가시키는 요인이었다. 그런 비용은 보험사로 넘어왔는데, 보험계약자가 낸 보험료로 보장 범위에 지불해야 할 의무가 있었다. 심지어 받은 보험료가 부족한 경우에도 부담해야 했다. 보험 수익성에 대한 또 다른 위협은 보험사들이 보험계약자에게 지급하는 높아진 심사 보상이었다. 이런 심사는 청구인에게 매우 호의적인 경향이 있다. 보험사들은 이러한 비용에 대한 추정치를 보험료율에 포함할 수도, 포함하지 않을 수도 있다. 하지만 만약 한 해동안 비용이 극적으로 증가할 경우, 그 차이는 평균 이하의 수익성을 초래할 수 있다.

이런 인플레이션 비용을 상쇄하는 것은 계속되는 석유 위기였다. 석유 위기로 휘발유 가격이 상승하자 소비자는 장거리 자동차 이동을 자

---

* 1973년 3월, 버크셔는 보험 부문의 성장을 뒷받침할 수 있는 추가 재원을 제공하기 위해 은행 스무 곳이 참여한 컨소시엄에서 8% 금리로 2,000만 달러를 차입했다.

제하게 되었다. 이는 결과적으로 사고 발생 횟수를 떨어뜨렸다. 버핏은 주주들에게 자신은 일부 경쟁사처럼 사고 발생 횟수 저하가 수리비와 심사 비용으로 접하는 인플레이션을 상쇄할 것으로 낙관하지 않는다고 말했다.

홈 & 오토의 회계 시스템상 약점은 데이터 품질이 보험 수익성에 미치는 영향을 부각했다. 어떤 면에서는 정보가 적시에 경영진의 주의를 끌지 못했고, 보험계약은 사업 수행 비용을 적절히 반영하지 못한 요율로 인수되고 있었다. 버핏은 주주들에게 이 상황에 잘 대처하고 있다고 확언했다. 홈 & 오토는 계획한 대로 플로리다와 캘리포니아로 확장했지만, 1973년까지 거둔 실적에 대한 평가는 너무나 연습 경기 같아서 그 효과를 제대로 판단하기는 어려웠다.

투자

버크셔의 투자 포트폴리오 상당 부분은 보험 부문의 장부에 들어 있었다. (경기 침체와 더불어) 1973년에 시작된 약세장은 버크셔의 투자에 부정적인 영향을 미쳤다. 1973년에 발생한 미실현 손실 중 1,200만 달러 이상은 고통스럽게도 보험 부문의 평균 6,700만 달러 규모 주식 포트폴리오 내에서 커다란 비중을 차지했다. 그런 큰 손실이 났어도 버핏은 다음과 같이 포트폴리오에 대한 자신감을 표명했다.

> "그렇지만 비용 면에서 보면 주식 포트폴리오가 본질적인 기업 가치라는 점에서 좋은 가치를 나타낸다고 생각합니다. 연말 기준 미실현 손실이 크긴 하지만 장기적으로는 포트폴리오에서 만족할 만한 성과를 예상합니다."

(불안감을 자극할 수 있다는 우려로) 어쩌면 일부러 주주 서한에서는 언급하지 않았을 수도 있는데, 버크셔는 1973년에 상당한 금액을 투자했다. 보험 부문의 재무 보고서에 따르면 보통주에 3,200만 달러 이상, 블루칩 스탬프에 150만 달러 이상을 투자하기 위해 1,500만 달러 이상의 채권과 우선주를 처분했다. 1973년에 이루어진 주목할 만한 투자 중 하나는 연말 기준 790만 달러로 하락한 〈워싱턴 포스트The Washington Post〉 주식 46만 7,150주에 투자한 1,060만 달러였다.* 버크셔는 그런 투자를 할 수 있었다. 이 회사는 그렇게 할 만한 자원과 충분한 능력이 있기 때문이었다.**

디버시파이드 리테일링

버크셔의 은행 자회사에 대한 일상적인 칭찬을 다룬 짤막한 두 단락을 마치자, 버핏은 디버시파이드 리테일링Diversified Retailing과의 합병안 쪽으로 시선을 돌렸다. 만일 누가 주주들에게 버핏이 쓴 지난 9년 동안의 보고서를 그냥 읽어 주었다면, 디버시파이드 리테일링에 대해서는 전혀 들어 본 적이 없을 수 있다. 이 회사는 여성 의류 매장 체인을 운영했는데, 재보험사업도 했다.*** 이 특이한 재보험사업 라인은 디버시파이

---

* 주목할 만한 투자가 두 건 더 있는데, 하나는 300만 달러에 사들인 내셔널 프레스토National Presto 주식으로, 1973년 연말 이 회사의 주식 가치는 260만 달러였다. 다른 하나는 440만 달러에 매입한 보네이도Vornado, Inc. 주식으로, 1973년 연말 이 회사의 주식 가치는 130만 달러였다.

** 1973년의 보험 규모는 평균 자기자본의 89%에 불과했다(전년도와 일관성을 위해 GAAP 기준으로 계산됨). 법정 자본 비율로는 121%다.

*** 1973년 디버시파이드 리테일링의 연례 보고서를 보면 재보험 부문에 컬럼비아 인슈어런스 컴퍼니Columbia Insurance Company가 나온다. 컬럼비아의 유일한 사업은 내셔널 인뎀니티와의 재보험 거래였는데, 이 거래 덕분에 내셔널 인뎀니티는 훨씬 더 많은 기업에서 보험계약을 인수할 수 있었다.

드의 지배주주인 버핏의 솜씨였다. 버핏과 찰리 멍거는 사업 라인과 소유를 복잡한 망으로 엮어서 나중에 미국 증권거래위원회SEC에서 사기 혐의로 조사를 받는다(물론 대부분의 금융 사기에는 잘못을 은폐하기 위한 복잡한 회계 조작이 수반되지만, 이들의 거래는 투명했다). 합병은 처음에 그들을 곤경에 처하게 했던 상호 소유cross-ownership의 많은 부분을 단순화해 주었다.

버크셔의 이사들이 승인한 해당 합병안은 버크셔 주식 19만 5,000주를 발행해 자금을 조달하는 것이었다. 디버시파이드가 버크셔 주식 10만 9,551주를 보유하고 있었기 때문에 (감독 당국이 어떻게 무엇이 문제라고 의심하기 시작했는지 알 수 있다) 버크셔에서 희석되는 물량은 8만 6,000주 이하였다. 그 당시 버크셔 주식 발행 수량인 98만 주의 희석 규모는 10% 미만이었다. 짐작하건대 버크셔는 적어도 여기서 포기한 만큼 사업 가치로 돌려받았을 것이다.

버핏은 주주들에게 "이 회사(디버시파이드)의 가장 중요한 자산은 블루칩 스탬프 지분 16%입니다"라고 이야기했다. 버크셔도 일부 블루칩 스탬프 주식을 직접 소유하고 있었다. 합병 후 블루칩에 대한 버크셔의 보유 지분율은 22.5%에서 38%로 증가했다.

디버시파이드 리테일링과 합병을 하든 안 하든 간에 20%라는 보유율 기준을 넘어서자 버크셔는 블루칩 지분율에 비례하는 이익을 재무제표에 공개해야 했다. 버크셔 회계연도와 달리 블루칩의 회계연도는 2월에 마감되었다.**** 버크셔는 어느 기간에 맞출지 결정해야 했다.

**** 상세히 말하자면 2월 28일에 가장 가까운 토요일이었는데, 이로 인해 때로는 회계연도 마감일이 3월 초로 넘어가기도 했다.

버크셔의 회계감사인에게는 다행이었던 한 가지 방안은 블루칩의 전년도 감사 당시 이익과 지분율 수준을 활용하는 것이었다. 이는 1973년 12월 31일에 마감된 버크셔의 12개월 치 실적에 1973년 2월에 마감된 (블루칩의) 12개월 치 실적*을 더한다는 것을 의미한다. 버핏은 10개월간의 시차를 고려하면 "그런 방법은 현실과 잘 안 맞는 것 같았습니다"라고 말했다. 그는 1973년 11월에 마감된 감사를 거치지 않은 블루칩의 12개월 치 실적을 사용하기로 했다. 비록 버크셔 회계감사인들이 공식적으로 이런 방법에 찬성한 것은 아니었지만, 이에 따라 버크셔 실적에 포함되지 않는 블루칩의 실적은 10개월 치가 아니라 1개월 치에 그치게 되었다.

버핏은 블루칩이 "웨스코 파이낸셜뿐만 아니라 웨스코 자회사인 시즈 캔디 숍을 주요 수익원으로 보유했습니다"라고 언급했다. 웨스코는 블루칩에서 54%의 지분을 보유한 자회사로, 예금과 대출 사업을 했다. 찰리 멍거는 2011년 거래에서 버크셔의 우산 아래 들어갈 때까지 여러 해 동안 웨스코의 회장으로 일했다(웨스코와 그 자회사는 뒷부분에서 다룰 것이다).

1973년 주주 서한에는 퓰리처상을 수상한 〈선 뉴스페이퍼〉에 대한 언급이 있었다. 이 사업부는 1969년 연례 보고서에서 버핏이 끝부분에서 언급했지만, 짧게 다루었기 때문에 눈길을 거의 끌지 못했다. 그럼에도 이 신문은 신문의 최고 영예인 퓰리처상을 수상했다. 돈이 많았는데도 사정이 어려운 척했던 오마하의 지역 자선단체 보이즈 타운Boys

---

* 정확히는 1973년 3월 3일이다.

그림 3-1 · 블루칩과 버크셔의 회계 통합

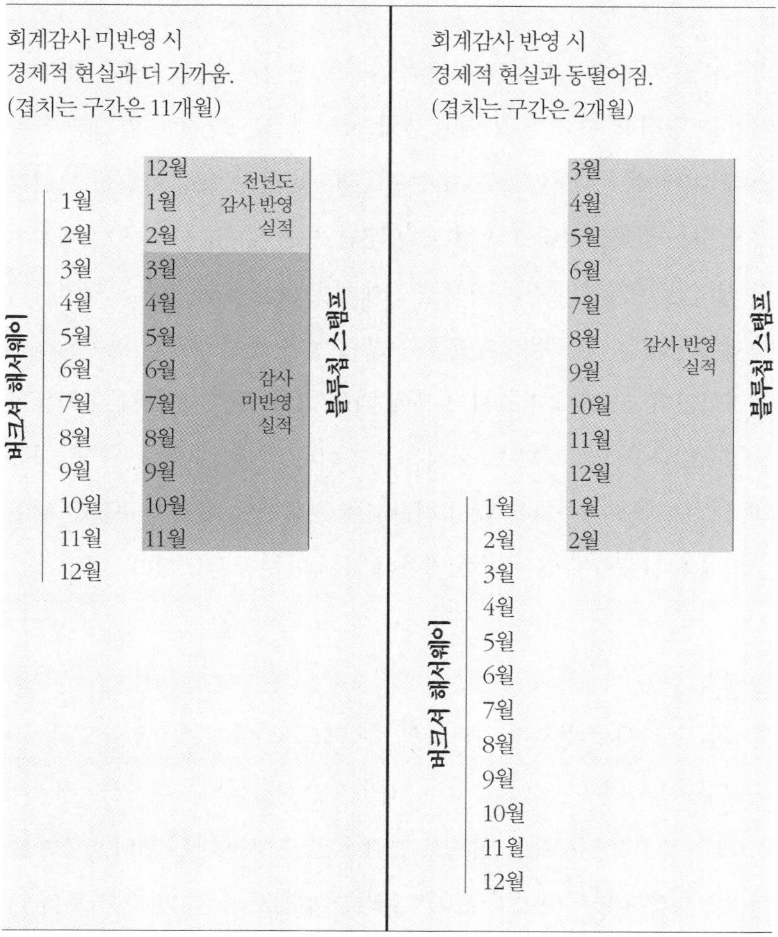

회계감사 미반영 시
경제적 현실과 더 가까움.
(겹치는 구간은 11개월)

회계감사 반영 시
경제적 현실과 동떨어짐.
(겹치는 구간은 2개월)

버크셔 해서웨이 / 블루칩 스탬프

1월 2월 3월 4월 5월 6월 7월 8월 9월 10월 11월 12월

12월 1월 2월 3월 4월 5월 6월 7월 8월 9월 10월 11월

전년도 감사 반영 실적

감사 미반영 실적

버크셔 해서웨이 / 블루칩 스탬프

3월 4월 5월 6월 7월 8월 9월 10월 11월 12월 1월 2월

1월 2월 3월 4월 5월 6월 7월 8월 9월 10월 11월 12월

감사 반영 실적

Town에 대한 기막힌 사기 행위 폭로 덕분이었다. 버핏은 이 신문사의 경영진, 기자, 편집진의 업적에 대해 찬사를 보내면서 (버핏이) 아홉 번째로 보낸 주주 서한을 마무리 지었다.

1974년

—

버핏은 1974년에 기록했던 비교적 부진한 실적의 주요 요인을 찾는 데 시간을 낭비할 필요가 없었다. 놀랍게도 그것은 방직 사업부가 아니었다. 이번에는 보험이었다. 주주 서한의 첫 문장에서, 버핏은 보험계약 인수가 형편없었다고 전했다. 1973년 주주 서한에서 약점이 예상되긴 했지만 1974년의 전환 규모는 그에게 놀라움을 안겼다. 보험에서의 약세를 상쇄한 것은 방직 부문과 은행 모두가 올린 상당히 만족스러운 실적이었다. 그 결과 버크셔 전체에 대한 초기 주주 자기자본이익률은 10.3%로 나타났다. 1974년 실적은 버핏이 그의 자본 배분 능력을 이용해 회사를 변화시키기에 앞서 버크셔에 부족했던 이익인 수많은 영업이익의 원천을 보유하는 것이 얼마나 가치 있는지 강조했다.

방직업

방직업은 약세의 징후가 나타나기 전인 1974년에 일시적인 수익을 기록했다. 이 사업부는 생산능력의 3분의 1만 가동되었는데, 이는 매출액이 계속 부진할 경우에는 앞으로 연간 영업 손실이 나게 된다는 것이었다. 이 사업부의 영업이익 270만 달러는 전년도의 280만 달러보다 다소 감소했지만 그럼에도 불구하고 축하할 일이었다.

　1974년 당시 이 사업부는 커튼을 주로 생산했는데, 이 제품은 필수품이 아니다 보니 경제 상황에 많이 좌우되었다. 계속되는 경기 불황으로 소비자는 이런 비필수적 상품의 구매를 미루었다. 게다가 주택 건설도 침체되었는데, 이는 커튼이 필요한 창문의 수가 줄어든다는 것을 의미했다. 커튼이 부족한 경우에도 소매상들은 재고를 줄이면서 버크셔에서는 제품을 덜 구입하고 있었다.*

보험업

경쟁사들의 합류, 매월 약 1%씩 오르는 물가상승세,** 그리고 1974년에 드러난 몇 가지 실수가 보험계약 인수 실적을 상당히 악화시켰다. 보험계약자에게 지급해야 할 보험금의 원가 상승과 싸우면서도 보험료 인상은 매우 경계하는 치열한 경쟁 가운데, 버크셔는 수익성이 없다고 판단한 보험계약 인수를 철회했다. 보험의 각 부문에서 보험계약 인수 손실이 났다고 보고했다. 이 사업에 뛰어든 후로 100% 미만 비율을 유지했던 합산비율은 111%로 껑충 뛰었다. 690만 달러의 보험계약 인수 손실이 발생하면서 버크셔가 보험사업을 벌인 7년 동안 벌어들인 누적 보험계약 인수 이익은 4분의 3 규모로 감소했다.

인수 보험료는 21%, 수입 보험료는 14% 증가해 6,100만 달러였다. 하지만 버크셔의 보험 부문은 인수할 수도 있었던 보험계약보다 훨씬 적게 인수하고 있었다. 1970년 이후로 평균 자기자본 대비 순보험료 비율은 272%로 최고점을 찍은 다음, 1974년경 88%를 기록하며 지속적으로 감소했다.*** 보험료 규모를 유지하려는 욕구 때문이든, 단순히

---

* 경기 불황은 1973년에 시작해 1975년 초까지 이어졌다. 1974년 말 실업률은 7%였으며 1975년 초에 9%로 최고치를 기록했다.

** 이것은 일반적인 인플레이션 비율이 아니라 보험의 원가였다. 버핏은 자동차 수리비, 의료비 지급액, 보상 혜택 등을 대표적인 예로 들었다.

*** 일관성을 위해 일반회계기준GAAP 수치를 사용한다. 1974년 법정 자본을 바탕으로 계산한 비율은 164%였다.

유지만 하려고 한 것이든 간에* 보험업계는 수익성 없는 보험계약을 지속적으로 인수했다. 버크셔는 현명하게 그런 분위기에 계속 동참하지 않았다. 버크셔에는 수익성을 장기적으로 유지하기 위해 단기적으로 계약 규모를 줄일 능력과 의지가 있었다.

한 해 동안 전반적인 산업 여건과 격렬한 경쟁 탓에 실적에 해를 입었지만, 자초한 손실보다 더 심한 건 아니었다. 버핏은 주주들에게 플로리다 시장으로 확장하려는 계획을 알린 후, 이제 다른 주주들에게 홈 & 오토의 영업을 그 주로 확장하기로 한 결정에 대해 "손해가 막심했습니다"라고 전했다. 버핏은 그 실수의 재무적 비용을 200만 달러로 계산했는데, 대부분은 1974년에 반영되었다.** 그는 이 실수를 다음과 같은 한 문장으로 요약했다. "돌이켜 보니 우리 경영진에게는 그냥 그 지역에서 영업하는 데 꼭 필요했던 보험계약 인수 정보 및 가격 산정 지식이 없었던 게 분명합니다."

그럼에도 불구하고 낙관론에는 이유가 있었다. 홈 스테이트 부문은 비용을 처리해 가면서 지속적으로 보험료를 성장시켰고(9% 증가), 텍사스에서 재개한 영업도 제대로 돌아가고 있었다. 장기적인 성공도 일시적으로는 차질이 있게 마련이다. 버크셔에는 폭풍을 이겨 낼 인내심, 그리고 어쩌면 더 중요할 수도 있는 자본력이 있었다.

버크셔의 강점은 (대체로 계획된 것이지만) 우량한 자산에 투자한

---

* 아무리 수익성 없는 계약이라도 계약 첫날에 현금이 들어온다.
** 플로리다의 인수 보험료는 1974년에 170만 달러로, 홈 & 오토 전체 인수 보험료 총액의 약 25%였다. 버핏이 계산한 200만 달러 중 일부에는 보험계약 인수 비용이 포함되어 있으나, 인수 가격 산정이 상당히 적절하지 못했던 것으로 보인다.

대규모 기초 자본이었다. 앞에서 언급했듯 버크셔는 매년 보험료 물량을 기초 자본의 일부로만 인수했는데, 이는 현명하게도 경쟁 업체들의 비율에 크게 못 미치는 수준이었다. 수익성은 떨어졌지만 보험 부문은 순투자 이익이 보험계약 인수 손실을 상쇄하고도 남을 정도의 연간 순영업이익을 올렸다.***

그해의 영업 실적이 긍정적이지 않았지만, 적어도 미약한 수준에서는 벗어난 것이었다. 연결 기준으로 버크셔는 1년 동안 법인세 부과 대상이 아니었는데, 실제로는 장부에 세액공제를 받은 것으로 기재했다. 방직 및 은행업이 강세를 보여 과세 대상이 되는 이익을 올렸는데, 이 이익은 과세 대상이 되는 버크셔의 전체 부문과 함께 보고되었다. 보험 부문의 결손금 tax loss (경제학적으로는 대개 손실 또는 적자라고 하는 상태로, 회계학에서는 해당 금액을 결손금이라고 함. 유보이익의 상대적 개념 – 옮긴이)은 다른 사업 부문의 이익을 보호하는 용도로 이용할 수 있었다.

보험 부문 전체적으로는 이익을 보고했지만, 그 이익의 구성 요소는 다르게 과세되었다. 예를 들어 특별 면세 사안이 있는 경우에는 배당금에 더 낮은 세율로 과세되었다. 이것은 버크셔 내 다른 부문의 과세 대상 이익을 보호하는 데 보험계약 인수 손실을 활용할 수 있다는 것을 의미했다. 나중에 버크셔는 복합기업 구조의 모든 이점을 극대화하며, 동일한 모기업의 지배 아래에 있는 유틸리티 사업체를 보유해 이와 유사한 막대한 세금 혜택을 얻게 된다.

*** 보험 부문의 1억 3,600만 달러 투자 포트폴리오는 790만 달러의 세전 이익을 벌어들였는데, 이것은 690만 달러의 세전 보험계약 인수 손실을 상쇄했다.

은행업

은행의 별도 회계*에는 버크셔의 자회사로 받은 세제 혜택이 반영되었다. 당초 세전 420만 달러였던 은행 부문의 증권 보유 이익은 약 5%의 세율이 부과되어 22만 달러에 그쳤는데, 이는 연방 법정 세율인 48%에 한참 못 미친다. 이것은 보험 부문에서 받은 세액공제가 직접적으로 거둔 성과였다. 분명히 이렇게 낮은 수준의 과세는 흔한 일이 아니었는데, 당시 버크셔 해서웨이가 아니었다면 은행 부문은 훨씬 더 많은 세금을 냈을 것이다. 은행 부문 및 버크셔의 이익은 엄청났다.

회계

복합기업 소유는 확실히 세금 문제를 일으켰다. 시간이 흐르면서 세율이 달라지는 것을 방어하기 위해서였는지 버핏은 사업 실적을 분석하기 전에 세전 수익성을 자주 언급하고 사용했다. 1974년 연례 보고서 끝부분에는 '경영진의 경영 요약에 대한 논의 및 분석 Management's Discussion and Analysis of the Summary of Operations'이라는 제목의 새로운 섹션이 있었다. 이 신규 섹션은 현재는 회계기준상 의무로,[5] 재무제표 독자를 위한 추가 세부 사항을 담았다. 한 하위 섹션에는 5년 전 데이터로 이루어진 '순이익 출처'라는 제목의 차트가 들어 있었다. 이 도표는 부록으로 재작성되어 각 수익원에서 기업 관리 및 이자 비용, 실현 투자 손익, 소득세를 분리했다.

다른 곳에서 독자들은 보험료의 세부 내역을 정확하게 분류해 볼 수

---

* 은행과 보험 부문에 대한 회계감사 내역은 버크셔 해서웨이 연례 보고서 끝부분에 기재되어 있다.

있었다. 이 섹션은 버핏이 독자들에게 줄곧 제공했던 데이터를 대부분 다시 보여 주는 것이었다. 버핏이 회계기준을 앞서간 것이 이번이 처음은 아닐 것이다.

새로운 추가 보고서에는 보험 부문에 대한 법정 회계와 일반회계기준GAAP 회계의 차이를 설명하는 섹션도 있었다.

보험 당국은 별도의 회계 체계를 이용해 보험사의 실제 보험금 지급 능력에 초점을 두고 보험사를 분석한다. 보험 당국의 목적은 수익성을 보고받으려는 게 아니라 보수적으로 관리하려는 것이다. 이러한 보수적 관리는 보험사가 보험계약을 얼마나 많이 인수할 수 있는지, 그리고 자산을 얼마나 투자할 수 있는지 한계를 설정하기 때문에 중요한 것으로 여겨졌다.

이러한 조정 중 하나는 이연된 보험계약 인수 비용에 대한 것이었다. 여기에는 신규 고객 인수 비용, 중개인 수수료 및 마케팅 비용 등이 포함됐다. 수익 관점에서는, 이러한 비용은 그들이 이익을 추구했던 보험계약에 나눠 배정되었다. 이런 식으로 GAAP 회계는 대차대조표에서 일부 비용을 자산으로 처리했는데, 이것은 보험회사가 보험계약을 인수하고 시간이 지나면 줄어들었다. 그러나 법정 보험 회계상 용도에서는 그런 비용이 자산에 포함되지 않았다. 그 돈은 이미 사용되었으며 보험계약자에게 지급하게 되어 있는 경우에는 그 재원을 이용할 수 없었기 때문이다.

1974년 GAAP에 따른 버크셔의 법정 회계 잉여금 조정은 두 회계기준 사이의 커다란 차이를 대거 강조한다. 여기에는 다음과 같은 내용이 들어 있었다.

- 지분 증권의 미실현이익

- 자회사의 초과 장부가치

- 영업권

- 이연된 보험계약 인수 비용(위에서 언급)

- 법정 책임 손실 충당금 초과

- 특정 보험 매출채권

- 기타 미공인 자산

- 기타 특정 과세 효과 및 조정(예 : 감가상각 및 부채 탕감과 관련된 것)

표 3-10 · 1974년 자기자본에 대한 법정 잉여금 조정
자료 · 1974년 버크셔 해서웨이 연례 보고서
주 · GAAP 기준 **단위** · 1,000달러

보험계약자 법정 잉여금	37,202
지분 증권 미실현이익(블루칩 스탬프 제외)	16,450
블루칩 스탬프의 초과 장부가치	9,176
이연된 보험계약 인수 비용	4,400
법정 책임 손실 충당금 초과액	1,851
미승인된 재보험의 순 복구 가능액	1,788
기타 비공인 자산	1,043
소득세 효과 및 조정	(1,678)
발행주식 및 잉여금 – GAAP	70,231

디버시파이드 리테일링

실망스럽게도 전년도에 각 회사 이사들의 승인을 받아 주주 표결을 거친 '디버시파이드 리테일링'과의 합병안은 미국 증권거래위원회SEC의 승인을 받지 못해 종료된 상태였다.*6) 그 거래가 최종적으로 끝나려면 주주들은 1977년까지 기다려야 했다. 이것은 버크셔가 연말에 블루칩 스탬프의 지분율을 25%로 확대하는 것을 막지 못했다.

1974년 연례 보고서 끝부분에는 버크셔의 이사진과 경영진 이름이 기재되었다. 여기에서는 소수의 개인이 부각되었다. 버크셔의 회장 겸 CEO인 버핏, 버크셔의 사장 겸 방직 부문 COO인 켄 체이스, 퇴임한 전 버크셔 회장 맬컴 체이스 주니어, 부사장 겸 비서이자 회계 담당 이사 J. 번 매켄지J. Verne McKenzie였다. 자산이 2억 달러 이상이고 연간 매출액이 1억 달러를 넘는 기업치고는 날렵한 팀이었다. 버핏은 그런 방식을 선호했다.

10년 구간 살펴보기

—

아마도 버크셔 해서웨이가 이 시기보다 더 많은 변화를 경험한 적은 없었을 것이다. 버크셔는 방직업이 격렬한 경기순환을 거치기도 전에 극적인 기복을 겪었다. 그러나 1974년을 끝으로 하는 10년 동안 겪은 변화는 사업 전략과 자본 배분의 변화라는 점에서 주목할 만하다. 버핏의 지휘 아래 있던 버크셔는 방직 분야에서만 사업을 전개하기보다는 새로운 산업으로 자본을 재배치하고 있었다. 버핏은 버크셔를 최고의 방직 회사가 아닌 최고의 회사로 만들고 있었다. 바로 그 시기에 말이다.

워런 버핏의 리더십 아래에 있던 지난 10년 동안 버크셔가 겪은 변화

---

* 이것은 시작에 불과했다. 버핏과 멍거가 SEC의 조사를 받은 것은 그들이 지배하는 여러 회사 사이의 복잡한 소유관계를 통해 의도적으로 불법적 행위를 은폐하려는 것처럼 보였기 때문이다.

의 정도는 아무리 강조해도 지나치지 않다. 한때 쇠퇴하던 방직 사업체였던 버크셔는 현재 많은 수익원을 보유하고 있었다. 버크셔의 주주들은 차례로 보험사, 은행, 신문사, 그리고 블루칩 스탬프를 통해 우표 거래 사업, 또 다른 은행, 사탕 회사를 소유했다.

1964년 말로 끝나는 10년 구간이 시작될 때 버크셔는 2,200만 달러의 자기자본을 갖추고 위축된 수익력을 보이는 방직 기업이었다. 이러한 유감스러운 상황은 1964년에 주당 19.46달러라는 장부가치가 뒷받침되어 있음에도 주가(주당 8.5~13.5달러로 거래)에 영향을 미쳤다.[7] 버핏은 10년 동안 빠르게 나아가 버크셔의 연결 자기자본은 거의 4배나 증가했다. 주가는 1974년 4분기에 최저 40달러에서 최고 49달러(약세장이 타격을 받기 전이던 1973년 1분기에 최고 93달러까지 올랐다가 하락)로 이어졌다.

이 10년 구간 말기의 버크셔 주가 및 밸류에이션(기업 가치 대비 주가 수준 - 옮긴이)에는 1973년과 1974년 약세장의 전반적인 비관론이 반영되었다. 보험계약 인수 사업에서 상당한 수준의 가치 구축이 이루어졌음에도 버크셔 주식은 버핏의 임기 초반보다 더 낮은 주가순자산비율 PBR로 거래됐다(〈그림 3-2〉 및 〈그림 3-3〉 참고).

1965년과 1974년 사이에 이루어진 자본 배분 결정은 상당한 수익으로 이어졌는데, 그중 일부는 배당금 및 자사주 매입 형태로 주주들에게 반환되었다. 1965년과 1966년에 이루어진 자기자본 조정,* 그리고 기

---

* 비록 규모가 작긴 했지만 재무적 실제에 더욱 가깝게 이익을 보고하고자 하는 버핏의 희망 때문에 이루어졌다. 버크셔는 사실상 세금이 부과되지 않았기 때문에, 그 금액은 자기자본 조정 섹션에서 다시 자기자본으로 추가됐다.

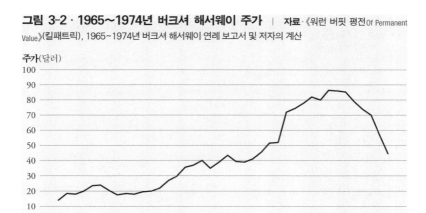

그림 3-2 · 1965~1974년 버크셔 해서웨이 주가 | 자료·《워런 버핏 평전Of Permanent Value》(킬패트릭), 1965~1974년 버크셔 해서웨이 연례 보고서 및 저자의 계산

주가(달러)

1965 1966 1967 1968 1969 1970 1971 1972 1973 1974

그림 3-3 · 1965~1974년 버크셔 해서웨이 주가순자산비율PBR
자료·《워런 버핏 평전》(킬패트릭), 1965~1974년 버크셔 해서웨이 연례 보고서 및 저자의 계산

(배)

1965 1966 1967 1968 1969 1970 1971 1972 1973 1974

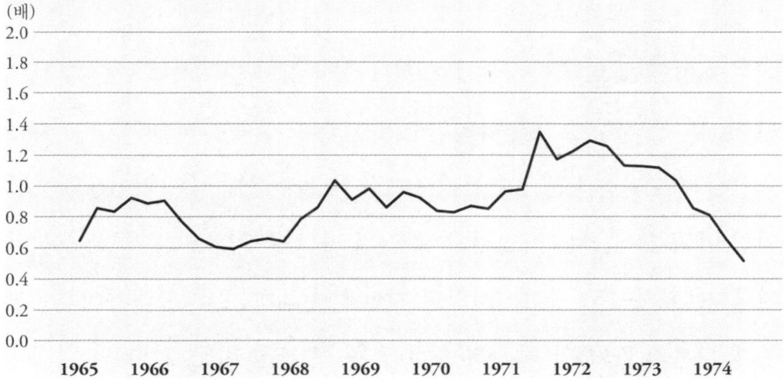

타 소액 조정으로 차이를 메웠다. 버크셔가 변화되었다는 표현으로는 부족하다. 버크셔는 완전히 탈바꿈했다.

버크셔의 대차대조표를 좀 더 자세히 살펴보면 몇 가지 중요한 변화를 알 수 있다. 1964년과 1974년을 비교해 보면 보험 부문의 자산과 부채가 버크셔의 연결 대차대조표에 기재되었음을 알 수 있다(〈표 3-15〉

표 3-11 · 1965~1974년 자기자본 조정

자료·1965~1974년 버크셔 해서웨이 연례 보고서 및 저자의
계산 **단위**·100만 달러

	금액	변동률
순 영업이익	57	86%
순 실현이익	7	11%
미실현 투자가치 상승	0	0%
합병/분할	0	0%
배당금/자사주	(3)	(4%)
기타/잡이익	4	7%
회기 중 자기자본 변동	66	100%
회기 초 자기자본	22	
회기 말 자기자본	88	

참고). 그 규모 때문에 보험 부문은 연결 기준으로 발표된다. 기본적으로 모든 것이 분리되어 방직 부문과 함께 제시되었는데, 이는 일리노이 내셔널 뱅크 & 트러스트 오브 록포드, 블루칩 스탬프처럼 단순히 별도로 제시되는 지분 요소가 아니라는 것이었다.

우선 매도가능증권 포트폴리오가 눈에 들어온다. 총 1억 3,600만 달러인 이 주요 자산은 버크셔의 총 연결 자산 중 약 3분의 2(63%)를 차지했다(〈표 3-15〉 참고). 이러한 자산을 상쇄하는 것은 대차대조표상 부채 부분의 7,300만 달러의 손실 및 손실 조정 비용, 2,200만 달러의 미수입 보험료 등을 포함한 상당한 금액이었다. 이 두 가지 항목(핵심적인 전체 책임준비금의 주요 구성 요소)은 부채였다(현재도 그렇다). 그러나 이것들은 특정 만기일이 없는 부채여서 보험계약자가 상환 청구를 할 수 없다.

이러한 책임준비금은 보험 부문을 설립하고 확장한 데 따른 성과였다. 버핏은 내셔널 인뎀니티의 성공을 보았고, 그런 성공이 확장되기를

표 3-12 · 1969~1974년 보험 부문 선별 데이터

자료 · 1973년 및 1974년 버크셔 해서웨이 연례 보고서 단위 · 1,000달러

	1974	1973	1972	1971	1970	1969	1968
인수 보험료							
특수 차량 및 일반 책임	36,738	28,617	35,354	47,794	37,820	26,034	22,620
재보험	12,204	10,184	11,436	14,953	7,017	2,742	
어반 오토1	6,613	6,571	6,874	2,040			
홈 스테이트 보험회사	5,442	5,000	4,286	1,668	249		
인수 보험료 합계	60,997	50,372	57,950	66,455	45,086	28,776	22,620
보험계약 인수 이익(손실)							
특수 차량 및 일반 책임	(1,939)	4,409	4,329				
재보험	(2,068)	353	561				
어반 오토	(2,183)	(878)	62				
홈 스테이트 보험회사	(702)	(565)	(667)				
보험계약 인수 이익(손실) 합계	(6,892)	3,319	4,285	1,409	(330)	(153)	568
합산비율(법정)(%)	111.1	95.3	93.7	95.1	96.6	96.2	97.5

주석
1. 어반 오토는 1971년 9월 30일에 인수했다. 이 회사의 전체 회기 실적은 7,669달러였다.

희망했다. 재보험은 첫 번째 타당한 조치였다. 홈 스테이트 보험사들이 시카고 홈 & 오토의 기반을 넘어 다른 도시지역으로 확장하려는 희망을 품었던 것처럼 또 하나의 타당한 확장이었다. 두 확장은 모두 도전과 손실투성이였다. 그 사업들은 버핏의 기업가적 열정과 계산된 리스크를 감수하려는 의지를 강조했다. 그 기간에 배운 교훈은 전체 보험 조직에 중요한 학습 사항이었다고 버핏은 말했다. 아울러 그는 주주들과의 연례 소통 시 자신과 회사의 실패를 공개하는 것을 부끄러워하지 않았다.

1974년 연결 대차대조표의 다른 중요한 자산은 은행 자회사(일리노이 내셔널 뱅크)에 투자한 2,200만 달러 그리고 1,690만 달러 규모의

블루칩 스탬프 주식이었다.

방직 부문은 어땠을까? 대차대조표에 공개된 정보와 연례 보고서에 제시된 세부 사항을 바탕으로 이 부문에 투입된 자본을 대략 추정할 수 있다. 〈표 3-13〉의 1964년과 1974년의 데이터를 비교해 보면, 이 사업에 들어간 자본은 1,400만 달러, 즉 57%나 감소했음을 알 수 있다. 아마도 더 중요한 점은 이 사업부가 자본 투자가 감소한 가운데 생산 물량을 더욱 많이 확보하면서 자본 효율성이 52% 이상 증가했다는 사실일 것이다.

표 3-13 · 방직 사업부 선별 데이터
자료 · 1964년, 1974년 버크셔 해서웨이 연례 보고서 및 저자의 계산
단위 · 100만 달러

	1974	1964
현금1	0.8	0.9
매출채권	4.4	7.5
유형자산	2.3	7.6
재고	6.0	11.7
유동부채(감소)2	(3.1)	(3.2)
방직 부문 투입 자본	10.4	24.4
방직 매출액	32.6	50.0
매출액/자본	3.13	2.05

주석
1. 1974년 현금은 매출액의 2.5%로 추정
2. 1974년 유동부채는 연결 재무제표에서 보험 부문을 차감해 추정

버크셔의 기업사에 정통한 독자들은 왜 이번 장에서 시즈 캔디See's Candies의 중요성에 대해 길게 다루지 않았는지 의아해할 수 있다. 버핏이 향후 주주 서한에서 시즈에 대해 다루는 시기로 이 내용을 미루어 두었다. 이런 식으로 연대순에 맞춰 따라가면 주주들과 동일한 정보를

얻을 것이다. 각주의 사소한 세부 사항 이상의 다른 공시는 하지 않았다는 점을 감안하면, 당시 주주들이 알고 있는 한에서는, 시즈는 수많은 투자 가운데 하나일 뿐이었다.

1965~1974년의 교훈
-

1 자본 배분은 지속적으로 이루어지는 과정이다. 기존 사업에서 기회를 검토해야 할 뿐만 아니라, 완전히 다른 산업에서도 기회 찾기를 고려해야 한다. 만일 추가로 투자할 기회가 없다면 경영진은 자사주 매입과 배당을 실시하거나, 둘 중 한 가지라도 시행해 주주에 대한 자본 반환을 고려해야 한다.

2 주주는 사업으로 벌어들인 이익금이 아니라 이익률에 초점을 맞춰야 한다. 더 높은 이익, 즉 더 높은 주당순이익은 이익률이 낮을 때 달성할 수 있는데, 이것은 장기적으로 투자자들에게 그다지 도움이 되지 않는다.

3 과도한 리스크나 레버리지 없이도 만족스러운 사업 실적을 달성할 수 있다(일리노이 내셔널 뱅크가 그랬다).

4 자본 배분 실수(예를 들면 플로리다 및 텍사스의 버크셔 보험 부문에서 발생한 손실)는 생기게 마련이다. 핵심은 부실 투자가 더 큰 사업을 리스크에 빠뜨리지 않게 하면서, 그런 실수에서 교훈을 배우고, 주주들과 솔직하게 소통하는 것이다.

표 3-14 · 1974년 버크셔 해서웨이 연례 보고서의 순이익 표 자료

자료 · 1974년 버크셔 해서웨이 연례 보고서 단위 · 1,000달러

	1974	1973	1972	1971	1970
보험	892	10,249	10,701	6,372	2,639
방직	2,660	2,837	1,697	233	104
비연결 은행 자회사	4,093	2,782	2,700	2,192	2,973
블루칩 스탬프	1,164	1,124	142	68	0
이자 및 회사 운영비	(2,324)	(1,966)	(770)	(648)	(581)
세전 영업이익	6,485	15,026	14,470	8,217	5,135
실현 투자 이익(손실)	(1,908)	1,331	1,359	1,028	(301)
특별 항목	0	0	0	0	282
총 세전 이익	4,577	16,357	15,829	9,245	5,116
총 세후 이익(매출채권)-감소	(2,466)	3,497	3,703	1,559	551
순이익	7,043	12,860	12,126	7,686	4,565

참고
1. 공시의 일관성을 위해 회계연도를 재조정함.
2. 영업이익 라인을 추가함.

참고

1967년에 시작하는 버크셔의 회계연도 마감일이 12월 31일에 가장 가까운 토요일로 변경되었음을 알아 두자. 이에 따라 1970년에는 2개의 회계 기간이 존재한다. 하나는 1월 3일에 끝나는 회기(1969년 실적), 다른 하나는 12월 31일에 끝나는 회기(1970년 실적)다.

표 3-15 · 1964~1974년 버크셔 해서웨이 연결 대차대조표 | 자료 : 1964~1974년 버크셔 해서웨이 연례 보고서 단위 · 1,000달러

유동자산	12/28/74	12/29/73	12/30/72	12/31/71	12/31/70	01/03/70	12/28/68	12/30/67	10/01/66	10/02/65	10/03/64
현금	4,231	2,886	4,998	962	1,352	1,793	1,606	835	629	776	920
채권	82,639	74,474	88,148								
우선주	2,855	2,298	2,942								
보통주	50,670	49,757	17,412								
매도가능증권 총계	136,164	126,530	108,503	0	0	294	5,421	3,825	5,446	2,900	0
순 매출채권(받지)	4,378	5,148	4,055	5,100	3,916	6,397	7,563	7,572	8,114	7,423	7,451
순 매출채권(기타)	13,513	8,908	8,799	0	0	0	0	0	0	0	0
재고(받지)	6,000	7,137	6,827	6,031	8,472	9,270	12,333	11,586	12,239	10,277	11,689
순유형자산 : 공장 & 설비(받지)	2,333	2,063	1,966	2,209	2,494	3,014	3,863	5,640	6,307	6,617	7,571
순유형자산(비받지)	1,581	1,605	1,674								
은행 자회사에 대한 투자	22,417	21,003	20,473	20,117	19,878	18,868					
보험 자회사에 대한 투자				33,502	19,065	15,315	12,755	10,259			
블루칩 스탬프 보통주	16,924	13,717	11,287								
기타 자회사에 대한 투자	1,187	1,334	1,259	1,259	1,261	1,261	0	0	0	0	0
이연 보험료 인수 원가	4,400	5,240	5,624								
기타 자산	3,087	561	645	110	200	345	200	224	162	230	256
자산 총계	216,214	196,132	176,110	69,290	56,637	56,557	43,740	39,941	32,896	28,222	27,887

→다음 페이지에 계속

→ 전 페이지에서 이어짐

	12/28/74	12/29/73	12/30/72	12/31/71	12/31/70	01/03/70	12/28/68	12/30/67	10/01/66	10/02/65	10/03/64
유동부채											
손익 조정비	72,761	61,676	60,275								
매수입 보험료	21,705	21,282	23,839								
재보험 약정에 따른 보유 자금	2,857	1,318	958								
증권 매수 예정 자금	294	460	674								
매입채무 & 매출채권	4,435	4,727	4,384	3,305	2,015	3,804	4,257	5,434	2,979	3,260	2,883
당기 법인세	164	262	3,576	174	248	1,443	637	323	423	442	365
이연 법인세	3,044	3,297	3,214								
유동성 장기부채	0	0	0	0	1,500	1,500	0	0	0	0	0
채권(만기 1987년, 이자율 7.5%)	556	599	641	641	641	641	641	641	0	0	0
은행에 대한 지급어음	0	0	9,000	9,000	3,750	5,250	2,000	2,000	0	0	2,500
선순위 채권(만기 1993년, 이자율 8%)	20,000	20,000	0	0	0	0	0	0	0	0	0
약속어음(만기 1988년, 이자율 8%)	1,274	0	0	0	0	0	0	0	0	0	0
금융 부채 총계	21,830	20,599	9,641	9,641	5,891	7,391	2,641	2,641	0	0	2,500
기타	924	1,356	1,253	0	0	0	0	0	0	0	0
부채 총계	128,015	114,976	107,815	13,121	8,154	12,638	7,535	8,398	3,401	3,702	5,748
발행주식 수(1,000주)	980	980	980	980	980	980	985	985	1,018	1,018	1,138
자기자본 총계	88,199	81,155	68,295	56,169	48,483	43,918	36,205	31,543	29,495	24,520	22,139
부채 및 자기자본 총계	216,214	196,132	176,110	69,290	56,637	56,557	43,740	39,941	32,896	28,222	27,887

표 3-16 · 1964~1974년 버크셔 해서웨이 연결 손익계산서 | 자료 · 1964~1974년 버크셔 해서웨이 연례 보고서 단위: 1,000달러

	12/28/74	12/29/73	12/30/72	12/31/71	12/31/70	01/03/70	12/28/68	09/30/67	10/01/66	10/02/65	10/03/64
수입 보험료	60,574	52,929	59,627								
보험 손실 및 손실 조정비	47,120	32,836	36,987								
보험계약 인수 비용	20,346	16,774	18,356								
순 보험계약 인수 이익(손실)	(6,892)	3,319	4,284								
보험 투자 이익(손익 제외)	7,880	7,283	6,644								
방직 매출액	32,592	33,411	27,742	26,011	24,569	40,427	46,002	39,056	49,372	49,301	49,983
방직 영업이익(손실)	2,660	2,837	1,697	233	107	1,455	1,567	56	4,849	4,687	528
순 세후 실현 투자 이익	(1,340)	930	929	745	58	3,718	2,174	100	0	0	0
보험 자회사에 대한 지분법 이익				5,222	2,052	2,278	1,789	792	0	0	0
은행 자회사에 대한 지분법 이익	4,093	2,782	2,700	2,167	2,614	1,537	0	0	0	0	0
블루칩 스탬프에 대한 지분법 이익	1,052	1,008	111								
순이자, 세금 및 기타 비용	(409)	(5,298)	(4,239)	(681)	(266)	(1,035)	(868)	160	(2,086)	(2,407)	(352)
순이익	7,043	12,860	12,126	7,686	4,565	7,953	4,662	1,107	2,763	2,279	176

표 3-17 · 1964~1974년 버크셔 해서웨이 연결 조정 자기자본 | 자료·1964~1974년 버크셔 해서웨이 연례 보고서 단위·1,000달러

	12/28/74	12/29/73	12/30/72	12/31/71	12/31/70	01/03/70	12/28/68	12/30/67	10/01/66	10/02/65	10/03/64
전기 자기자본	81,155	68,295	56,169	48,483	43,918	36,205	31,543	29,495	24,520	22,139	30,279
당기순이익(손실)	7,043	12,860	12,126	7,686	4,565	7,953	4,662	1,107	2,763	2,279	176
당기 배당금	0	0	0	0	0	0	0	(102)	0	0	0
보통주 변동	0	(190)	0	0	0	0	0	0	(601)	(2,348)	0
납입자본금 변동	0	0	0	0	0	0	0	0	0	0	0
자사주	0	817	0	0	(0)	(240)	0	(577)	1,638	3,678	(5,316)
전기 과세 충당금 감면	0	0	0	0	0	0	0	226	0	0	0
매각 예정 부동산(순실)	0	0	0	0	0	0	0	0	0	(300)	(3,000)
자사주 소각	0	0	0	0	0	0	0	0	(1,037)	(2,968)	0
연방법인세 상당 부과금 공제	0	0	0	0	0	0	0	0	2,212	2,040	0
순이익(3개월분 1967년 12월 30일 마감)	0	0	0	0	0	0	0	1,393	0	0	0
자사주 예상가 대비 초과 비용	0	(627)	0	0	0	0	0	0	0	0	0
당기 말 자기자본	88,199	81,155	68,295	56,169	48,483	43,918	36,205	31,543	29,495	24,520	22,139

표 3-18 · 1964~1974년 버크셔 해서웨이 선별 데이터 및 비율 | 자료: 1964~1974년 버크셔 해서웨이 연례 보고서

	12/28/74	12/29/73	12/30/72	12/31/71	12/31/70	01/03/70	12/28/68	12/30/67	10/01/66	10/02/65	10/03/64
평균 자기자본이익률(%)	8.32	17.21	19.49	14.69	9.88	19.85	13.76	3.63	10.23	9.77	0.79
영업이익(1,000달러)	8,384	11,931	11,198	6,941	4,508	4,235	2,488	1,007	2,763	2,279	176
주당 자기자본(달러)	90.04	82.85	69.72	57.34	49.49	44.83	36.74	32.01	28.99	24.10	19.46
방직 매출액 변동치(%)	(2.5)	20.4	6.7	5.9	(39.2)	(12.1)	17.8	(20.9)	0.1	(1.4)	0.0
방직 영업이익 변동치(%)	(6.2)	67.2	627.3	117.5	(92.6)	(7.1)	2,722.2	(98.9)	3.5	788.2	수치 없음
방직 매출액 대비 매출채권(%)	13.4	15.4	14.6	19.6	15.9	15.8	16.4	19.4	16.4	15.1	14.9
방직 매출액 대비 재고(%)	18.4	21.4	24.6	23.2	34.5	22.9	26.8	29.7	24.8	20.8	23.4
방직 운전자본1(1,000달러)			7,646	7,825	10,373	11,862	15,640	13,724	17,375	14,440	16,257
방직 매출액 대비 '핵심' 운전자본(%)			27.6	30.1	42.2	29.3	34.0	35.1	35.2	29.3	32.5

표 3-19 · 1967~1974년 버크셔 해서웨이 보험 부문 대차대조표

자료 : 1968~1974년 및 1992년(책임준비금 데이터) 버크셔 해서웨이 연례 보고서 단위 : 1,000달러

	12/28/74	12/29/73	12/30/72	12/31/71	12/31/70	01/03/70	12/28/68	12/30/67
현금	10,652	2,866	3,044	4,563	812	788	598	
보험상환 채권	71,531	74,474	88,148	84,079	51,609	31,835	30,201	
우선주	2,855	2,298	2,942	999	1,041	1,647	33	
보통주	50,670	49,757	17,412	11,676	10,254	8,607	9,151	
현금 및 투자 총계	135,708	129,395	111,547	101,317	63,717	42,876	39,982	
블루칩 스탬프에 대한 투자	14,371	13,717	11,287	4,128	0			
순 유형자산	1,581	1,605	1,674	1,313	1,191	1,191		
기타 자산	20,679	13,121	14,976	16,556	9,338	6,344		
자산 총계	172,338	157,839	139,484	123,314	74,246	50,412	44,692	
손익 조정비	72,761	61,676	60,275	52,991	29,759			
미수입 보험료	21,705	21,282	23,839	25,516	17,483			
기타 부채	7,641	7,179	9,789	9,564	7,170			
부채 총계	102,107	90,137	93,903	88,071	54,412			
자기자본	70,231	67,702	45,581	35,243	19,834	13,338	13,453	9,524
부채 및 자기자본 총계	172,338	157,839	139,484	123,314	74,246	50,412	44,692	
평균 책임준비금(반올림)	79,100	73,300	69,500	52,500	32,400	23,400	19,900	17,300

표 3-20 · 1968~1974년 버크셔 해서웨이 보험 부문 순익계산서

자료: 1969~1974년 버크셔 해서웨이 연례 보고서 단위·1,000달러

	12/28/74	12/29/73	12/30/72	12/31/71	12/31/70	01/03/70	12/28/68
순 인수 보험료	60,997	50,372	57,950	66,456	45,086	28,776	22,620
수입 보험료	60,574	52,929	59,627	60,867	39,173	25,258	22,617
발생 비용 순익	47,120	32,836	36,987	40,783	26,858	16,361	14,798
보험계약 인수 비용	20,346	16,774	18,356	18,675	12,645	9,050	7,251
손해 및 비용 총계	67,466	49,610	55,343	59,458	39,503	25,411	22,049
세전 보험계약 인수 이익(순실)	(6,892)	3,319	4,284	1,409	(330)	(153)	568
세전 순투자 이익	7,880	7,283	6,644	4,974	2,870	2,025	1,612
세후 순실현 투자 이익(순실)	(1,340)	930	929	719	(301)	282	707
블루칩 스탬프에 대한 지분법 이익	792	1,008	111	0	0	0	0
순이익	2,529	9,871	8,984	5,944	1,806	2,115	2,497

표 3-21 · 1967~1974년 버크셔 해서웨이 보험 부문 조정 자기자본

자료: 1969~1974년 버크셔 해서웨이 연례 보고서 단위: 1,000달러

	12/28/74	12/29/73	12/30/72	12/31/71	12/31/70	01/03/70	12/28/68	12/30/67
기초 자기자본	67,702	45,581	35,243	19,834	13,338	13,453	9,524	
모회사에서 들어온 지원금	0	9,750	1,500	0	0	0	0	
발행주식 자본 액면가치 초과 이익	0	1,000	500	6,000	1,500	0	0	
순이익	2,529	9,871	8,984	5,944	1,806	2,115	2,497	
보통주 변동(내셔널 인뎀니티 컴퍼니)	0	1,500	0	1,500	500	0	0	
보통주 변동(내셔널 파이어 & 머린)	0	0	500	1,000	0	500	0	
주식 매입가 대비 조세 시장가치	0	0	(1,146)	965	1,373	(2,538)	1,833	
초기 미지급 잉여금 대비 증가	0	0	0	0	1,317	0	0	
비슷인 재보험의 책임 감소	0	0	0	0	0	32	13	
초과 수익 변동	0	0	0	0	0	331	200	
비인정 자산 증가	0	0	0	0	0	(55)	(13)	
주식 배당	0	0	0	0	0	(500)	(600)	
기말 자기자본	70,231	67,702	45,581	35,243	19,834	13,338	13,453	9,524

표 3-22 · 1968~1974년 버크서 해서웨이 보험 부문 주요 비율 및 수치

자료 : 1969~1974년 버크서 해서웨이 연례 보고서 단위 : %

	12/28/74	12/29/73	12/30/72	12/31/71	12/31/70	01/03/70	12/28/68
평균 자기자본 대비 순인수 보험료	88	89	143	241	272	215	197
순해율	77.8	62.0	62.0	67.0	68.6	64.8	65.4
사업비율	33.4	33.3	31.7	28.1	28.0	31.4	32.1
합산비율	111.1	95.3	93.7	95.1	96.6	96.2	97.5
평균 자기자본이익률	3.7	17.4	22.2	21.6	10.9	15.8	
순인수 보험료 성장률	21.1	(13.1)	(12.8)	47.4	56.7	27.2	
수입 보험료 성장률	14.4	(11.2)	(2.0)	55.4	55.1	11.7	

표 3-23 · 1968~1974년 일리노이 내셔널 뱅크 & 트러스트 오브 록포드 대차대조표

자료: 1969~1974년 버크셔 해서웨이 연례 보고서 단위: 1,000달러

	1974	1973	1972	1971	1970	1969
현금 및 만기 여유가 있는 은행 대출금	21,544	26,684	22,111	17,833	15,157	19,918
미국 국채	10,615	11,355	10,615	12,633	15,129	11,228
주 정부 및 지방정부 채권	45,858	47,713	50,163	42,884	36,627	36,005
기타 증권	3,846	3,358	7,779	5,865	210	210
투자 소계	60,319	62,426	68,556	61,382	51,966	47,443
연방준비은행 준비금 환매	5,000					
대출금	70,854	66,022	59,618	54,032	50,841	47,963
은행 부지 및 설비	1,009	1,117	1,361	1,523	1,624	1,825
미지급 이자 미수금 및 기타 자산	2,857	2,156	1,750	1,252	1,739	1,040
자산 총계	161,581	158,404	153,397	136,021	121,326	118,189
요구불예금	53,178	55,716	55,130	51,208	52,478	58,237
정기예금	85,519	81,450	77,558	64,640	49,095	41,317
예금 총계	138,697	137,166	132,688	115,848	101,573	99,555
납세 예정 세금 및 기타 비용	1,005	835	887	814	679	638
부채 총계	139,702	138,002	133,575	116,662	102,252	100,193
대손충당금	1,251	1,164	1,025	855	860	800
자본계정 총계	20,628	19,239	18,797	18,505	18,213	17,196
부채 및 자본 총계	161,581	158,404	153,397	136,021	121,326	118,189

표 3-24 · 1968~1974년 일리노이 내셔널 뱅크 & 트러스트 오브 록포드 순익계산서

자료 · 1969~1974년 버크셔 해서웨이 연례 보고서 단위 : 1,000달러

	1974	1973	1972	1971	1970	1969
매출이자 및 수수료	6,608	5,316	4,134	4,006	4,130	3,820
연방준비은행 준비금 환매 수익	361	237	110	109	317	392
이자 및 배당						
미국 국채	942	632	598	708	569	1,003
주 정부 및 지방정부 채권	2,798	2,796	2,677	2,094	1,717	1,155
기타 증권	284	343	524	228	13	0
신탁 부문	434	451	385	336	280	343
예금계좌 서비스 수수료	139	130	127	137	152	220
기타	560	500	411	307	354	248
영업수익 총계	12,126	10,403	8,968	7,925	7,531	7,181
운영비						
급여	1,552	1,503	1,367	1,352	1,298	1,159
연금, 이익 분배금 및 기타 직원 수당	247	263	239	138	151	114
예금이자	4,954	4,295	3,419	2,733	2,029	1,695
연방준비은행 준비금 신고 이자	14	55	3	2	4	13
은행 부지 순 사용료	257	418	314	359	358	302
장비 대여, 감가상각 및 유지 보수	248	253	264	289	272	260
대손충당금	19	16	37	36	52	62
기타	592	767	645	681	661	558
운영비 총계	7,884	7,570	6,288	5,588	4,826	4,161

→다음 페이지에 계속

→전 페이지에서 이어짐

	1974	1973	1972	1971	1970	1969
세전 이익 및 유가증권 순익	4,242	2,833	2,680	2,337	2,705	3,020
적용 소득세						
현행			1	121	454	1,061
이연			(2)	(12)	30	(22)
적용 소득세 총계	220	61	(0)	109	484	1,039
유가증권 순익 반영 전 수익	4,022	2,772	2,680	2,228	2,221	1,981
유가증권 순익	175	67	156	35	367	(789)
적용 소득세	(7)	(34)	(72)	(9)	(179)	417
세후 순 유가증권 순익	168	33	84	26	189	(372)
세후 순 부동산 매도 이익	0	43				
순이익	4,190	2,848	2,764	2,254	2,410	1,608

표 3-25 · 1969~1974년 일리노이 내셔널 뱅크&트러스트 오브 록포드 주요 비율 및 수치

자료: 1969~1974년 버크셔 해서웨이 연례 보고서

	1974	1973	1972	1971	1970	1969
평균 매출(1,000달러)	68,438	62,820	56,825	52,436	49,402	47,479
평균 자산(1,000달러)	159,993	155,901	144,709	128,674	119,758	117,749
평균 예금 총계(1,000달러)	137,932	134,927	124,268	108,711	100,564	99,320
평균 자기자본(1,000달러)	19,933	19,018	18,651	18,359	17,704	17,018
평균 자산 대비 평균 매출(%)	42.8	40.3	39.3	40.8	41.3	40.3
평균 자기자본 대비 평균 자산(%)	8.03	8.20	7.76	7.01	6.76	6.92
평균 자본 비율(%)	12.5	12.2	12.9	14.3	14.8	14.5
평균 자산 대비 세전 영업이익률(%)	2.51	1.78	1.85	1.73	1.85	1.68
평균 예금 대비 세전 영업이익률(%)	2.92	2.05	2.16	2.05	2.21	1.99
세전 영업수익/평균 자기자본(%)	21.3	14.9	14.4	12.7	15.3	17.7
세후 영업수익/평균 자기자본(%)	20.2	14.6	14.4	12.1	12.5	11.6
효율성 비율(%)	41	53	52	55	51	45
이자 수익/평균 자산(%)	6.87	5.98	5.56	5.55	5.63	5.41
이자 비용/평균 예금(%)	3.60	3.22	2.75	2.52	2.02	1.72
순이자 마진(%)	3.27	2.76	2.80	3.04	3.61	3.69
평균 예금 대비 평균 매출(%)	49.6	46.6	45.7	48.2	49.1	47.8
대손충당금/평균 매출(%)	0.03	0.03	0.06	0.07	0.10	0.13

제4장

1975~1984년

표 4-1 · 한눈에 보는 1974~1984년 10년 구간

	1974	**1984**
사업	방직, 보험, 은행, 사탕, 출판	보험, 신문, 가구 소매, 사탕, 은행, 방직
주요 경영진	회장 & CEO : 워런 E. 버핏 사장 : 케네스 V. 체이스	회장 & CEO : 워런 E. 버핏 부회장 : 찰스 T. 멍거
연간 매출액	1억 150만 달러	7억 2,900만 달러
자기자본	8,820만 달러	12억 7,000만 달러
주당 장부가치	90.02달러	1,108.77달러
책임준비금(평균)	7,900만 달러	2억 5,300만 달러

주요 자본 배분 결정

1. 뉴햄프셔주 맨체스터 소재 와움벡 밀스Waumbec Mills를 170만 달러에 인수함(1975년).
2. 〈버펄로 뉴스The Buffalo News〉를 3,550만 달러에 매입함(1977년).
3. 버크셔와 디버시파이드 리테일링 합병(1978년)
4. 일리노이 내셔널 뱅크 & 트러스트를 매각함(1980년).
5. 버크셔와 블루칩 스탬프 합병(1983년)
6. 네브래스카 퍼니처 마트Nebraska Furniture Mart를 6,000만 달러에 인수함.
7. 13억 달러 규모인 자기자본 포트폴리오의 75%를 가이코, 제너럴 푸드, 엑슨Exxon, 〈워싱턴 포스트〉 주식에 할당함.

주목할 만한 사건

1. 물가상승률은 연평균 7.8%로 1980년에는 12.4%로 최고치 기록

표 4-2 · 버크셔 해서웨이 이익[1] | 자료: 1978~1984년 버크셔 해서웨이 연례 보고서 단위: 1,000달러

	1984	1983	1982	1981	1980	1979	1978	1977	1976	1975	1974
보험 부문											
보험계약 인수	(48,060)	(33,872)	(21,558)	1,478	6,737	3,741	3,000	5,802			
순투자이익	68,903	43,810	41,620	38,823	30,927	24,216	19,691	12,804			
버펄로 뉴스	27,328	16,547	(724)	(725)	(1,655)	(2,744)	(1,637)	389			
내브래스카 퍼니처 마트2	11,609	3,049									
시즈 캔디	26,644	24,526	14,235	12,493	9,223	7,598	7,013	6,598			
어소시에이티드 리테일 스토어	(1,072)	697	914	1,763	2,440	2,775	2,757	2,775			
블루칩 스탬프-모회사3	(1,843)	(1,876)	2,492	2,171	4,588	1,425	1,198	566			
뮤추얼 세이빙스 & 론	1,166	(467)	(2)	766	2,775	4,751	4,638	2,747	주석 6번 참고		
프리시전 스틸	3,278	2,102	493	1,648	1,352	1,480	2,916	(620)			
방직	418	(100)	(1,545)	(2,669)	(508)	1,723	777	813			
웨스코 파이낸셜-모회사	7,831	4,844	2,937	2,145	1,392	1,098	4,710	3,706			
일리노이 내셔널 뱅크4					5,200	5,614					
사업권 상각5	(1,434)	(563)	90								
차입금 이자	(14,097)	(13,844)	(12,977)	(12,649)	(9,390)	(5,860)	(4,546)	(4,255)			
주주 지정 기부금	(3,179)	(3,066)	(891)								
기타	4,529	9,623	2,658	1,992	1,308	996	438	102			
세전 영업이익	**82,021**	**51,410**	**27,742**	**47,236**	**54,389**	**46,813**	**40,955**	**31,427**			
가이코 특별배당		19,575									
제너럴 푸드 특별배당	7,896										
증권 매각 및 특별 자산 매각	101,376	65,089	21,875	33,150	15,757	9,614	13,395	10,807			
이익 총계 - 전체 법인(세전)	191,293	136,074	49,617	80,386	70,146	56,427	54,350	42,234			
법인세 및 소수액 이자	(42,397)	(23,908)	(3,243)	(17,782)	(17,024)	(13,610)	(15,108)	(11,841)			
법인세 - 전체 법인(세후)											
이익 총계 - 전체 법인(세후)7	148,896	112,166	46,374	62,604	53,122	42,817	39,242	30,393	24,966	6,121	8,163

주석
1. 이 표는 버크셔 해서웨이의 각 기업 소유 지분에 따라 조정된 이익 비율을 나타냄.
2. 1983년 수치는 10월부터 12월까지의 수치임.
3. 1982년과 1983년은 비교하지 않음. 1983년 중반에 블루칩 스탬프의 합병으로 주요 자산이 이전되었음.
4. 일리노이 내셔널 뱅크는 1980년 12월 31일 자로 매각됨.
5. 시어권 상각은 1982년 이전 수년간 '기타'에 포함됨.
6. 바펫은 1978년 주주 서한에 '수익원'이라는 표를 넣기 시작했는데, 이 표에는 1977년과 비교한 수치가 들어 있음. 해당 몇 년 동안 비교가 가능한 자료가 없어서, 이 부분은 빈칸으로 남김.
7. 1974~1976년 수치는 1978년 보고서에서 산출했는데, 이 수치는 이번 연도에 보고된 수치와 약간 다름.

서문

-

워런 버핏은 1965년 경영권을 인수했을 때보다 4배나 성장한 회사가 된 버크셔 해서웨이의 두 번째 10년 구간의 경영을 시작했다. 그러나 재무적 가치가 유일한 차별화 요소는 아니었다. 실패한 방직 사업 대신에 주주들은 이윤과 초과 현금(책임준비금)을 제공하는 보험회사를 거느린 성공적인 대형 복합기업을 보유하고 매도가능증권, 은행, 신문에 투자했다. 아울러 블루칩 스탬프에 대한 투자로 버크셔는 사탕 회사에 대한 지분을 갖게 되어 (두 회사가 합병했을 때 버크셔의 전체 이익에 수렴될) 가치에 투자할 더 많은 책임준비금을 보유했다. 이것은 버핏의 자본 배분 기법과 그 당시 그가 사용할 수 있는 자원과 기회를 이용해 구상해 본 이미지가 버크셔라는 형태로 구현된 것이었다. 이 두 번째 10년 구간의 작업에서 구현될 버크셔 해서웨이는 이러한 이미지를 반영하긴 하지만, 그 절대적 규모로 인한 그늘도 훨씬 커진다(〈표 4-1〉 참고).

1975년부터 시작하는 10년 구간에 버크셔는 기존 (수익성 있는) 사업을 확장하고, 다른 사업체를 사들이기도 했으며, 투자 포트폴리오를 통해 어떤 사업체의 일부 지분을 취득했다. 버크셔는 리스크를 줄이기 위해 보유 중이던 은행을 매각하고, 나머지 은행 사업은 의도적으로 축소해야 했다. 다양한 사업체들이 버크셔의 성장을 다른 방식으로 지원했다. 버크셔가 수익성이 더 좋은 사업으로 다각화하기 위해 방직 사업부를 축소하는 동안, 보험 부문은 유기적 성장 및 인수를 통한 확장에 필요한 플랫폼이 되었다.

해당 10년 구간에는 기업 관계에서도 주목할 만한 변화가 생긴다. 가장 큰 투자처 두 곳인 디버시파이드 리테일링과 블루칩 스탬프는 버크셔와 합병되어 중요하면서도 가치 있는 계열사로 합류한다. 블루칩은 (자사의 쇠퇴하는 경품권 사업을 전부 관리하면서) 100% 출자형 사업 포트폴리오를 구축하는 별도의 플랫폼이 된다. 버크셔는 블루칩을 통해 또 다른 은행, 뮤추얼 세이빙스 & 론 어소시에이션Mutual Savings and Loan Association, 철강 회사, 또 다른 신문사, 시즈 캔디를 거느리게 된다. 사탕 사업은 도중에 약간의 어려움이 있었지만 해당 10년 구간 내내 밝게 빛난다. 버핏의 두 번째 10년 구간에 버크셔는 10억 달러 넘는 자본을 성공적으로 배분한 결과물이 될 것이다. 이 결과물은 당시 여러 가지 과정을 거치면서 엄청난 인내심과 불굴의 의지로 얻게 된다. 그 과정이란, 1970년대 중반의 경제 불황, 대체로 강했던 보험업을 강타했던 해당 10년 구간 후반기의 대규모 위기, 기록적인 금리, 〈버펄로 뉴스〉의 문제 및 기타 도전 과제 등이었다.

표 4-3 · 1975~1984년 선별 데이터

자료·2018년, 2019년 버크셔 해서웨이 연례 보고서 및 세인트루이스 연방준비은행 단위·%

	1975	1976	1977	1978	1979	1980	1981	1982	1983	1984
버크셔 주당 장부가치(변동률)	21.9	59.3	31.9	24.0	35.7	19.3	31.4	40.0	32.3	13.6
버크셔 주당 시장가치(변동률)	2.5	129.3	46.8	14.5	102.5	32.8	31.8	38.4	69.0	(2.7)
S&P 500 총수익률	37.2	23.6	(7.4)	6.4	18.2	32.3	(5.0)	21.4	22.4	6.1
미국 GDP 성장률(실질)	(0.2)	5.4	4.6	5.5	3.2	(0.3)	2.5	(1.8)	4.6	7.2
미국 국채 10년물 금리(연말)	8.0	6.9	7.7	9.0	10.4	12.8	13.7	10.5	11.8	11.5
미국 물가상승률	9.1	5.8	6.5	7.6	11.3	13.5	10.4	6.2	3.2	4.4
미국 실업률	8.5	7.7	7.1	6.1	5.9	7.2	7.6	9.7	9.6	7.5

1975년

–

버핏이 버크셔 해서웨이를 경영한 두 번째 10년 구간의 초반은 만만치 않았다. 전년도에 버핏은 주주들에게 1975년 전망이 전혀 희망적이지 않다고 말했다. 막상 1975년이 되자 그는 자신의 예측이 "괴로울 정도로 정확했습니다"라고 보고했다. 버크셔의 자기자본이익률은 1967년 이래 가장 낮았다. 7.6%라는 우울한 수치였다. 더 나쁜 것은, 이익에 연방법인세 환급에 따른 일회성 혜택이 포함되었다는 점이다. 실제로 진행 중인 영업 실적은 부진했다.

나쁜 소식이 전해지는 가운데, 나날이 좋아지는 부분도 있었다. 방직업은 1975년에는 어느 정도 합리적으로 돌아갔다. 산업 참여자들이 이전의 산업 침체 때처럼 대규모 영업 손실이 발생할 정도로 경쟁하기보다는 생산을 감축하고 있어서였다. 버크셔는 블루칩 스탬프에 대한 투자를 계속 늘려 나갔다. 가장 큰 변동 요인은 보험계약 인수였다. 보험계약 인수는 업계 참여자들의 조치와 미래 손해 청구에 대한 불확실성 때문에 예측하기가 어려웠다. 그런 사태는 어느 특정 연도에 일어날 수도 있고 일어나지 않을 수도 있었다. 그럼에도 불구하고 해당 연도에는 버크셔의 보험 역량 면에서 보험계약 인수가 개선될 가능성을 시사한 약간 호의적인 기미가 보였다.

방직업

해당 연도에 버크셔는 뉴햄프셔주 맨체스터에 있는 와움벡 밀스Waumbec Mills와 와움벡 다잉 & 피니싱Waumbec Dyeing and Finishing Co.을 인수했다. 1975년 4월 28일에 버크셔는 이 회사를 170만 달러에 사들였는데, 모회사 수준에서 버크셔가 115만 달러 규모의 약속어음을 발행해 일부 인수 자금을 조달했다. 이것은 버크셔가 생산을 감축하거나 특정 방직 제조 시설 매각을 실시한 지 10년 만의 일이었다. 그런데 왜 하필 와움벡을 사들였을까?

죽어 가는 업종의 기업을 인수한다는 것은 겉으로 보기에는 말도 안 되는 일이지만, 그 결정에 몇 가지 요인이 영향을 미친 것 같다. 첫째, 와움벡은 홈 패브릭 부문과 비슷한 회사로, 주로 커튼지와 의류 등 수익성 높은 직물 완제품에 초점을 두고 있었다. 버핏은 이것이 버크셔의 기존 사업을 보완할 수 있다고 생각했다.

다음으로 이 인수는 저렴한 매수에 매력을 느끼는 버핏의 본능에 부응하는 것이었다. 와움벡 인수 가격은 장부가치보다 낮았는데, 이는 이 회사의 경제적 위상이 위축되었다는 증거였다. 버크셔가 적어도 서류상으로 장부에 기록된 순자산 가치보다 적은 금액을 지불했다는 뜻이기도 하다. 1975년 버크셔 연례 보고서의 재무제표에 대한 주석에 이런 내용이 공시되었다. 이 회사에 대한 인수 가격과 장부가치의 균형을 맞추기 위해 순유형자산은 연결 재무로 처리하지 않았다. 연결한다 해도 감가상각비는 발생하지 않았을 것이다. 이것은 오늘날의 회계기준으로는 이상하게 보이지만 그 당시 회계 처리 방식과는 부합했다.*

게다가 1975년은 방직 업종에 큰 장이 선 해였다. 1974년에는 경기 침체가 방직업을 어렵게 만들었지만, 1975년 후반에는 경기가 어마어마하게 확장되었다. 많은 제조업체가 주 2~3일 영업에서 일일 3교대로 5~6일 영업을 하고 있다고 밝혔다.

장부가치 이하의 인수는 와움벡의 영업 실적이 부진했기 때문이었다. 와움벡은 가용 능력의 50%로 보유 직조기의 55%만 가동하고 있었다. 1975년 후반에는 사업이 개선되었지만 버크셔의 인수로 이어지는 기간에 대규모 적자가 발생했다. 실제로 인수 당시에 이러한 손실은 흔치 않았던 260만 달러의 순영업 손실 이월로 이어졌는데, 이는 와움벡의 미래 수익과 상쇄될 수 있는 세액공제의 요건이었다.

재무제표에 기재된 방직 매출액의 윗부분 수치는 괜찮은 것처럼 보였지만, 더 깊이 파고들어 보면 약간 다른 분위기의 사연이 있었다. 버크셔는 1975년에 직물 판매가 증가했다고 보고했다. 그러나 해당 연도에는 (전년도에 버크셔 소유가 아니었던) 와움벡의 실적이 포함되

---

* 회계원칙심의회Accounting Principles Board 제16조

었기 때문에 판매 실적은 처음 본 수치에 비해 훨씬 좋지 않았다(〈표 4-4〉 참고). 만약 버크셔가 1974년에 와움벡을 거느렸다면 매출액은 22% 감소로 반영되었을 것이다. 매출액이 크게 감소하기는 했지만, 4분기의 큰 이익은 해당 연도의 실적을 흑자로 돌려놓았다. 이는 매출액과 이익이 항상 상관관계가 있는 것은 아니며 때로는 상당히 커다란 차이를 나타낼 수도 있음을 보여 준다.

표 4-4 · 방직 사업부 선별 데이터
자료 · 1975년 버크셔 해서웨이 연례 보고서
단위 · 100만 달러

	1975	1974	변동률
매출액	32.8	32.6	1%
매출액(와움·벡 포함)	36.0	45.9	(22%)

　버핏은 켄 체이스와 그의 팀을 칭찬하고 방직 부문의 최근 동향 설명을 마무리하며 이 팀과 버크셔가 과도한 투자 없이 사업을 성장시킬 방법을 찾을 것이라고 말했다. "역대급으로 비교적 저조한 수익률을 올린" 탓에 버핏은 방직업에 신규 고정자산을 대규모 투자하는 것이 현명하지 못한 일이라고 여겼지만, 낮은 인수 가격이 와움·벡 인수를 매력적으로 만들었음을 확신하는 듯한 언급이었다.

보험업

"1975년에 손해보험업은 사상 최악의 해를 보냈습니다. 우리는 우리의 몫을 해냈습니다." 버핏은 주주들에게 보낸 보고서의 보험 부문을 이렇게 시작했다. 버크셔의 보험회사들은 자동차와 장기보험 상품long-tail lines[*]의 부진에 따른 불균형으로 고전했다. 보험계약 인수 실적은 인플레이션이라는 하나의 전반적 동향이 다양한 양상으로 나타난 탓에 어려움을 겪었다. 그중에서도 다음과 같은 세 가지 양상이 특히 영향을 미쳤다.

- 치솟는 전체 인플레이션. 이로 인해 약정에 따른 비용(예 : 건물 수리 및 의료비 지급)이 보험계약 시점에 예상했던 보험료 수준 이상으로 치솟았다.

- 사회적 인플레이션은 점점 확대되는 골칫거리였다. 보험 심사 위원은 청구인에게 이전에 경험했던 것보다 훨씬 더 높은 요율로 거액의 보상금을 지급하도록 처리하고 있었다. 여러 사안이 뒤섞이면서, 이러한 거액의 보상은 더 많은 소송과 보상금으로 이어졌다. 버핏은 이를 다음과 같이 멋지게 요약했다. 보험 심사 위원이 "사실상 고객이 받을 금액 이상의 보험금을 고객에게 얹어 주었습니다"라고. 보험회사들은 보상금과 그 수준에 맞춘 미래의 보험금을 지급해야 했다.

- 보험료를 적게 산정했거나 적립금이 부족한 다른 (약한) 보험회사들은 사업을 접었다. 그들의 손해는 보증기금Guaranty Funds을 통해 다른 보험회사들이 효과적으로 지원했다. 보증기금은 오늘날 은행을 대상으로 하는 연방예금보험공사 FDIC : Federal Deposit Insurance Corporation와 비슷하다. 산업별 참여자(은행 및 보험회사)는 기본적으로 FDIC와 보증기금에 보험료를 내서 폐업할 경우를 대비한다.

난제들을 빼놓고 볼 경우, 보험이 전부 비관적인 것만은 아니었다.

---

[*] 롱테일 라인은 오랫동안 가입 기간을 유지하는 보험계약 상품이다. 1년짜리 보험은 해당 12개월 이내에 파악되는 손해를 부담한다. 이에 반해, 10년을 아우르는 재보험계약은 수익성을 파악하기까지 훨씬 더 오랜 기간이 걸린다.

홈 & 오토 사업부는 홈 스테이트의 여러 라인 아래에서 홈 스테이트 회사로 포함되었다. 플로리다에서 형편없는 확장이 이루어진 후, 해당 사업부는 근거지인 시카고로 철수했다. 버핏은 초기 비용을 조정한 텍사스 유나이티드 인슈어런스 컴퍼니Texas United Insurance Company가 뛰어난 진전을 보였다고 서술했다. 홈 스테이트 사업부 중 가장 오래되었고 규모도 큰 콘허스커 캐주얼티Cornhusker Casualty는 보험료 인상과 함께 (더 중요한 사항인) 100% 미만의 합산비율을 기록했다.

1976년의 기대 보험료 증가는 보험계약 수가 증가했다기보다는 늘어난 비용에 맞춰 예상 보험료를 재조정했음을 알려 주었다. 버핏은 "정상적인 상황이라면 이런 물량 증가가 환영받겠지만, 현재 우리의 감정은 복잡합니다"라고 설명했다.

전체적으로 보험 부문은 117.8%의 합산비율을 보고했다(〈표 4-5〉 참고). 보험 부문의 손해율은 1973년 62%에서 1974년 78%로 증가했다가 1975년에는 81%까지 치솟았다. (앞서 언급한 일부 초기 비용과 더 높은 상대적 고정비를 더 저렴한 보험료 물량에 반영할 가능성이 있었던) 36.9%의 사업비율과 더불어, 실적은 실로 끔찍했다. 1976년에는 합산비율이 100% 이상을 유지할 것으로 추정되었다.

보험계약 인수와 보험 자산 투자는 떼려야 뗄 수 없는 긴밀한 관계지만, 그럼에도 분리되어 있다. 버핏은 자본 배분을 의미하는 투자를 본인이 맡아 처리하면서 일상적인 보험계약 인수는 다른 사람들에게 위임했다. 보험사업을 운영하고 투자 성과를 평가하는 이 두 가지 유형의 분류 방식은 오늘날 버크셔에서 여전히 사용되고 있다.

버크셔는 해마다 이루어지는 실현 손익과 미실현 손익에 그다지 비

표 4-5 · 보험 부문 선별 데이터

자료·1979년 버크셔 해서웨이 연례 보고서
단위·1,000달러

	1975
인수 보험료(순)	58,975
수입 보험료	
특수 차량 및 일반 책임보험	38,513
노동자 보상 보험	3,632
재보험	12,407
홈 스테이트 상품군	6,670
	61,222
보험계약 인수 손익(세전)	
특수 차량 및 일반 책임보험	(7,450)
노동자 보상 보험 [1]	(342)
재보험	(2,651)
홈 스테이트 상품군	(907)
	(11,350)
합산비율(법정)	117.8%

주석
1. 홈 스테이트가 인수한 보험계약의 노동자 보상 보험 지급 범
   위는 재무제표의 주석에는 나오지 않음.

참고
이 표의 데이터는 연례 보고서의 각 부문별 실적에서 산출했다.
일부의 경우, 예전 보고 기간에 올라온 수치와 차이가 있다. 1979
년 보고서의 데이터가 더 일관적이어서 해당 수치를 골라 사용
했다.
예전 비교 데이터를 사용할 수는 있으나, 일치하지 않으므로 여
기서는 생략하는 게 최선이라고 판단했다.

중을 두지 않았다. 버핏은 버크셔의 자회사들과 비슷한, 다음과 같이
성과를 내는 사업체를 찾고 있었다.

"우리의 자기자본 투자는 개인 주주 입장의 가치 기준으로 살펴봤을 때 양호한 경

제성, 유능하고 정직한 경영, 매력적인 매수 가격을 바탕으로 선별한 몇몇 기업에 주로 중점을 두고 있습니다."

보험 전반에 적용하는 두 가지 유형의 분류 방식과 마찬가지로, 이 일반적인 투자 기준은 변함없이 유지되었다.

은행업

유진 아베그와 일리노이 내셔널 뱅크는 지속적으로 깊은 인상을 남겼다. 1975년에 이 은행은 평균 6,500만 달러의 대출을 실행했는데, 대출 관련 손실은 겨우 2만 4,000달러(전체 대출의 0.04%)에 불과했다. 그 기록은 당시에도 그랬지만 지금에도 대단히 뛰어난 것이다. 한 해에만 유독 실적이 좋았을지도 모르지만 장기적인 실적은 은행의 실력임을 알려 주었다. 1975년에 이 은행은 자산으로 2% 이상의 수익을 올렸는데, 이는 미국에서 상위 30대 은행 중 네 번째 은행(상위 0.5%)과 맞먹는 기록이었다.

역사(특히 기업사) 애호가이기도 한 버핏은 주주들에게 일리노이 내셔널 뱅크의 초기 모습을 살짝 알려 주었다. 유진 아베그는 1931년에 자본금 25만 달러로 이 은행을 설립하고 온전한 회계연도 첫해인 1932년에 8,782달러의 이익을 올렸다. 44년이 지난 후 이 은행의 연간 이익은 350만 달러에 자본금은 2,200만 달러에 육박했다. 이는 연 복리 수익률 10.7%에 해당하는데, 은행이 주주들에게 같은 기간 해마다 정기적으로 배당금을 지급했을 경우보다 훨씬 더 좋은 수치다.

1975년 주주 서한은 다음과 같이 버크셔의 운영 철학을 상기시키면서 마무리되었다. "보수적으로 자금을 조달하며 유동성이 매우 높은 (은행 및 보험 산업에 내재된 수탁 의무를 부담하면서도 대차대조표의 힘으로 추가 이익을 내는) 이 사업은 미국 전체 산업에서 장기적인 초과 자기자본이익률을 창출할 것입니다." 버핏의 경영 아래 이 자기자본이익률은 연 복리 수익률로 15%씩 증가했는데, 이는 5년마다 2배씩 커진다는 뜻이다.

1976년
–

대단히 힘겨웠던 1975년이 지나고 새해에는 기분 좋은 놀라운 일이 일어났다. 내셔널 인뎀니티 부문의 필 리슈Phil Liesche가 이끌던 보험계약 인수 사업은 가장 낙관적인 전망치를 뛰어넘는 실적을 올렸다. 버크셔의 전체 영업이익 1,600만 달러에는 자기자본이익률 17.3%가 반영되었는데, 이는 버핏 경영기의 장기 평균 자기자본이익률인 15%보다 높은 수치였다.

버크셔는 1976년에 자사주를 사들였다(〈표 4-6〉 참고). 자사주 매입 규모는 버크셔 전체 발행주식의 1%도 되지 않았지만, 버크셔 주식의 매력도에 대한 버핏의 시각을 드러냈다. 즉 버크셔 주가가 계속 매력적인 가격대를 형성하고 있다는 것이었다.

표 4-6 · 1976년 버크셔 해서웨이 자사주 매입

자료 · 1976년 버크셔 해서웨이 연례 보고서 및 저자의 계산

매입 비용	$432,055
매입한 자사주 수	6,647
평균 주당 매입 비용	$65.00
평균 발행주식 수	976,246
내재 가치	$63,455,990
평균 장부가치	$104,091,663
가격/장부가치	0.61

방직업

좋은 소식 가운데에는 오점이 있었는데, 물론 방직 부문에서였다. 매출액이익률 및 투하자본이익률은 다시 예전 추세로 되돌아가 부진함을 보였다.* 딱 1년 전에 인수한 와움벡 밀스는 자기 역할을 제대로 하지 못했다. 이 사업부 전체가 경제성을 찾아볼 수 없는 상태에서 장기간의 하락세를 이어 가고 있었다. 하지만 버핏은 "합리적인 평균 수익률은 가능합니다"라고 여겼다. 그는 주주들에게 방직 사업부가 매사추세츠주 뉴베드퍼드와 뉴햄프셔주 맨체스터의 중요한 일자리 제공 기업이었다고 말했다. 그의 발언은 생계를 위해 공장에 기대 살아가는 사람들을 고려하지 않은 엄격한 경제적 잣대를 따를 경우 일어날 사회적 파장을 염두에 둔 것이었다. 버크셔는 (그 당시에도) 회사의 평판을 잘 지켜 내고 있었다.

---

* 버핏은 그해의 실적을 이렇게 요약했다. 세전 이익은 1975년 130만 달러에서 1976년 110만 달러로 줄어들었다.

방직 사업부가 위축됨에 따라 재무제표의 방직 부문 세부 내역도 축소되었다. 물론 이는 부분적으로 버크셔가 다른 많은 사업 부문으로 규모와 범위가 상당히 확대되었기 때문이다. 직물 재고에 대한 약간의 세부 정보가 있었지만, 이제는 매출액을 "제조 상품의 순 판매액"으로 분류해 놓았다. 이것은 아마도 캘리포니아의 소규모 자동차용 화학 회사*인 K&W 프로덕트K&W Products를 인수했기 때문인 듯했다. 이 회사는 재무 보고 관점에서 볼 때 방직 사업부와 함께 재무 수치를 보고하는 게 타당했다.

보험업

복합기업의 실적을 평가할 때는 반드시 부문별로 분석해야 한다. 각 부문은 대개 다른 경제적 특징과 실적을 나타낸다. 버크셔 자회사들의 경우가 그러했다. 방직 부문이 주춤하는 동안에도 보험 부문은 번창했다. 〈표 4-7〉에서 볼 수 있듯, 버크셔 보험 부문을 아우른 보험사업은 성과가 개선되었다.

주목할 만한 점은 합산비율이 100% 이하로 떨어졌다는 것이다.** 보험계약자는 수입 보험료의 17.8%에 해당하는 책임준비금 또는 자본 비용을 보유하는 대신, 기본적으로 현금 보유라는 옵션에 5.4%를 지불했다. 일부 보험사는 책임준비금(보험사가 보유하면서 투자하는 자금)이 그 차이를 메울 것으로 추정하면서 그때나 지금이나 합산비율

---

* 버핏은 1975년에 보낸 주주 서한에서 K&W 인수에 주목했다. 그는 이 회사의 매출액 200만 달러가 비교적 적다면서도 꾸준한 이익을 내고 있다는 점을 지적했다.
** 이 비율이 100% 이상일 경우, 보험사는 보험료를 초과하는 비용을 부담하게 된다.

표 4-7 · 선별된 보험 부문 합산비율

자료· 1976년 버크셔 해서웨이 주주 서한 및 저자의 계산
단위·%

	1976	1975
자기자본 대비 손해/상해 부문	103.0	108.3
자기자본 대비 자동차보험 부문	107.4	113.5
버크셔 해서웨이	94.6	117.8

참고
버크셔 해서웨이 수치는 버핏이 주주 서한에서 제시한 수치
(1976년 : 98.7%, 1975년 : 115.4%)와 약간 다르다. 버핏은 이연
된 보험료 인수 비용을 즉시 지출하는 법정 수치를 사용했다.

100% 이상 수준에서 운영되는 상태에 만족한다.*** 버크셔는 언제나
우수한 보험계약 인수 실적을 올리기 위해 노력한다.

　자동차 및 일반 책임보험 상품군 등 원수보험(原受保險 : 재보험의 대상
이 되는 일반적인 1차 보험 - 옮긴이) 사업은 보험료 인상 덕분에 해당 연도
에 현저한 개선을 나타냈으나, 재보험사업은 약간 덜 좋은 실적을 올렸
다. 재보험사는 다른 보험사에 보험을 판매하기 때문에 원수보험을 인
수하는 보험사보다 실적이 뒤떨어진다. 버크셔의 재보험사업은 1976년
에도 계속해서 1975년 약세의 영향을 받았다. 이에 따라 버핏은 "우리
재보험사업의 단기 전망은 여전히 좋지 않습니다"라며 주주들에게 주
의를 당부했다.

　소규모 재보험사 인수는 재보험의 장기적 전망에 대한 상승세를 시
사했다. (앞에서 설명한) K&W 프로덕트에는 재보험사업에 종사하는
자매 보험사와 보험 중개 회사(대리점)도 있었다. 버크셔는 1월에 네브

*** 그 효과의 규모는 금리와 기회비용의 전반적인 수준에 좌우된다.

표 4-8 · 보험 부문 선별 데이터

자료· 1979년 버크셔 해서웨이 연례 보고서
단위· 1,000달러

	1976	1975
인수 보험료(순)	94,773	58,975
수입 보험료		
특수 차량 및 일반 책임보험	50,778	38,513
노동자 보상 보험	5,815	3,632
재보험	17,220	12,407
홈 스테이트 상품군	11,058	6,670
	84,871	61,222
보험계약 인수 손익(세전)		
특수 차량 및 일반 책임보험	4,768	(7,450)
노동자 보상 보험[1]	(1,093)	(342)
재보험	(2,879)	(2,651)
홈 스테이트 상품군	(548)	(907)
	248	(11,350)
합산비율(법정)	94.6%	117.8%

주석
1. 홈 스테이트가 인수한 보험계약의 노동자 보상 보험
   지급 범위는 재무제표의 주석에는 나오지 않음.

참고
이 표의 데이터는 연례 보고서의 각 부문별 실적에서 산
출했다. 일부의 경우, 전년도 보고 기간에 올라온 수치와
차이가 있다.

래스카주에 본사를 둔 커클링 리인슈어런스 코퍼레이션Kerkling Reinsurance
Corporation을 인수했다.* 커클링은 자사보다 규모가 큰 내셔널 인뎀니티
재보험 부문 사업을 인수했다(연간 약 100만 달러의 보험료 규모). 이
인수 가격 200만 달러는 장부가치와 맞먹었다.

홈 스테이트 부문도 유망했다. 보험료가 66% 인상됐으며 버크셔는 해

당 연도 내에 홈 스테이트 사업체를 하나 더 창립할 계획이었다. 시카고의 홈 & 오토 사업부는 보험료를 자주 조정할 수 있도록 보험을 6개월 단위로 전환했다(그리고 이는 저가에 계약된 보험료를 바로잡아 주었다).

경제 및 사회적 인플레이션 지속에 대한 우려는 여전했지만, 버크셔는 1977년에 전반적으로 더 나아질 것으로 예상했다. 아울러 해당 연도에 업계 수익성이 크게 회복된 것은 경쟁이 다시금 수익성을 악화시킬 수 있다는 경고음이기도 했다.

투자

이해 연례 보고서에는 300만 달러 이상 투입한 자기자본 투자(보통주 +우선주)를 자세히 기재한 새로운 표가 등장했다. 총 7,500만 달러(매입 가격**)의 포트폴리오를 종합한 결과, 가이코가 2,350만 달러(전환 우선주 1,900만 달러, 보통주 400만 달러)로 전체의 약 4분의 1을 차지했다. 버핏은 컬럼비아 경영 대학원에 다니던 시절, 가이코에 대해 처음 알았는데 이 회사를 특별하게 만드는 요인을 이해한 후에도 지속적으로 지켜보았다.*** 가이코는 손해율이 평균 이상으로 높은 운전자를 보험에 가입시키는 것을 핵심 사업으로 삼아 특이하게 운영해 왔다. 시장에서는 이 회사가 이를 감당하지 못해 실질 리스크가 있을 거라고 여

---

* 엄밀히 말하자면 인수 주체는 내셔널 파이어 & 머린 인슈어런스 컴퍼니였다.

** 그 당시 보험 회계는 증권을 매입 가격으로 평가했다. 우선주와 보통주 포트폴리오의 실제 시장가치는 4,500만 달러가 더 높았다.

*** 가이코의 장점은 소비자 직거래 모델Direct-to-Consumer에서 비롯되었다. 이 모델은 보험 판매 중개업체 모델 의존도가 높은 경쟁사보다 보험 인수 비용이 낮아서 비용이 절감되었다. 가이코에 대해서는 나중에 더 자세히 다룬다.

겼다. 버핏의 통찰력은 이 핵심 사업이 회사를 존속시킬 거라고 본 것이었다. 가이코에 대한 투자 규모는 이 회사가 향후 버크셔에서 궁극적으로 맡게 될 핵심 역할을 시사했다. 이 표에 기재된 또 다른 주목할 만한 투자는 1973년에 처음 매입한 〈워싱턴 포스트〉에 대한 1,060만 달러의 투자였다. 블루칩 스탬프에 대한 버크셔의 투자는 이 표에는 없었다.

블루칩 스탬프는 버크셔에서 약 33%의 지분을 보유하고 있어서 2,700만 달러의 투자는 대차대조표에 별도로 반영되었다.* 버크셔는 1971년에 처음으로 블루칩 스탬프에 투자했는데, 당시 이 회사 지분의 6%를 사들였다.

은행업

버핏은 평소 버크셔의 은행 부문이 잘하고 있다고 이야기했는데, 1976년도 예외는 아니었다. 해당 성과에 대한 재무 보고를 하면서 유진 아베그를 끊임없이 칭찬했다. 은행 부문은 높은 수준의 유동성을 유지하고 예금자에게 최고 이자율을 제공하면서 자산으로 2%의 수익률을 지속적으로 올렸다. 버핏이 은행 부문과 관련해 우려한 부정적 요소라고는 은행 매각 시기가 임박했다는 점뿐이었다. 새로운 은행업 규제로 버크셔는 1980년 말까지 이 눈부신 자산을 매각할 필요가 있었다.

---

* 이는 자기자본에 대한 회계 처리 방법이다. 버크셔의 자기자본 및 순이익에서 블루칩 스탬프가 차지하는 비율은 대차대조표와 손익계산서에 각각 기재됐다.

1977년

—

버핏은 1977년 주주 서한에서 자신이 자본 손익을 보는 관점에 대해 다음과 같이 언급했다. "단 한 해의 손익 수치에 관심을 지나치게 많이 기울여서는 안 되지만, 장기적으로 기록한 수치는 … 중요합니다." 그는 주주들이 회사의 주인처럼 생각해야 한다는 것을 다시 한번 알려 주고자 했다. 그것도 장기적인 시각으로 말이다.

　그는 또한 전망치를 낮추는 모습도 이어 갔다. 초기 자본금에서 24%가 늘어났기 때문에 버핏은 버크셔의 주당순이익 37% 증가에 대해서도 주주들에게 "처음 이 실적을 올렸을 때에 비하면 그다지 인상적이지 않습니다"라며 주의를 당부했다. 주당순이익이 아닌 주주 자기자본이익률로 관심을 돌리면서, 버핏은 오늘날까지 이어지는 백해무익한 관행을 지적했다. 그는 "전체 경영 실적에서 특별히 주목할 만한 것은 없습니다. 자기자본이 10% 증가하고 주당순이익이 5% 늘어난 정도입니다. 아무튼 완전히 휴면 상태인 예금통장에서도 복리 덕분에 해마다 꾸준히 이자 수익은 나오거든요"라고 서술했다. 그럼에도 불구하고 버크셔의 실적은 인상적이었다.

　방직 회사 버크셔의 1977년 실적이 훨씬 더 강한 인상을 남길수록 회사의 근원 사업인 방직업은 부담이 되었다. 한편 블루칩 스탬프와 보험 부문은 계속 빛을 발했다.

　버크셔의 자사주 매입은 다시 재무제표의 주석으로 밀려났다. 버핏은 비교적 적은 금액이다 보니 언급할 가치가 없다고 여긴 것 같다(〈표 4-9〉 참고). 매입 주가는 전년도 주가보다 높이 평가되었음을 시사했지만, 장부가치에는 여전히 미치지 못했다.

표 4-9 · 1977년 버크셔 해서웨이 자사주 매입
자료 · 1977년 버크셔 해서웨이 연례 보고서 및 저자의 계산

전체 매입가	$229,162
매입한 자사주 수	2,244
주당 평균 매입가	$102.12
평균 발행주식 수	971,800
내재 가치	$99,242,260
평균 장부가치	$128,540,768
주가/장부가치	0.77

방직업

버크셔는 축소된 규모와 암울한 전망에도 불구하고 방직 사업을 진행했다. 1977년 말 현재 파악되는 3억 7,900만 달러의 자산 가운데 방직 부문의 자산은 단 2,200만 달러에 불과했다. 그럼에도 버핏은 소액주주 입장에서 다음과 같이 자문해 보았다. 왜 버크셔는 문제투성이인 방직 부문을 계속 운영하고 있는가? 방직 부문 자본을 명확하게 이전해 둘 만한 기회가 있는 곳은 어디인가? 그런 후 그는 다음과 같은 답을 내놓았다.

"이유는 여러 가지입니다. (1) 뉴베드퍼드와 맨체스터에 있는 우리 공장들은 각 지역에서 가장 큰 고용 기업 중 하나이며, 상대적으로 양도 불가능한 기술을 보유한 평균연령대가 높은 노동력을 활용하고 있습니다. 우리 노동자와 노조는 성공적으로 이 사업을 유지할 수 있는 비용 구조와 제품 구성을 취할 수 있도록 경영진과 협력하는 데 이례적인 이해와 노력을 보여 주고 있습니다. (2) 또한 경영진

은 열정적이면서도 우직하게 방직업 문제를 처리해 오고 있습니다. 특히 1965년에 회사의 경영권이 바뀐 후 켄 체이스는 수익성 좋은 보험사업부의 인수 및 확장에 필요한 자본을 방직 사업부에서 창출해 냈습니다. (3) 제조 및 마케팅 구성에 대한 노력과 약간의 상상력을 더할 경우, 방직 사업부는 앞으로 미미하게라도 이익을 낼 수 있을 듯합니다."

방직업의 말로가 다가오고 있긴 했지만, 향후 몇 년 동안은 아니었다.

보험업

버크셔는 1967년에 연간 2,200만 달러의 보험료 수입을 올리던 내셔널 인뎀니티와 내셔널 파이어 & 머린을 860만 달러에 인수했다. 10년 후, 보험 부문은 전체 보험료가 1억 5,900만 달러 규모로 성장했다.* 더 인상적인 것은 이것이 버크셔 주식의 추가 발행 없이 이루어졌다는 점이다(사실 이 기간에는 자사주를 매입했다).

버크셔는 지난 10년 구간에 다음과 같이 몇 곳의 보험사를 설립하거나 현금으로 인수했다.

- 1970년 : 콘허스커 캐주얼티 컴퍼니 Cornhusker Casualty Company
- 1971년 : 레이클랜드 파이어 & 캐주얼티 컴퍼니 Lakeland Fire & Casualty Company
- 1972년 : 텍사스 유나이티드 인슈어런스 컴퍼니 Texas United Insurance Company

---

* 버핏이 1977년 주주 서한에서 인용했던 원래 수치는 1억 5,100만 달러였다. 이 금액은 1978년 디버시파이드 리테일링 합병 이후 수정되었다.

- 1973년 : 더 인슈어런스 컴퍼니 오브 아이오와The Insurance Company of Iowa
- 1977년 : 캔자스 파이어 & 캐주얼티 컴퍼니Kansas Fire and Casualty Company

버크셔의 보험회사 부문으로 가장 최근에 합류한 곳은 사이프러스 인슈어런스 컴퍼니Cypress Insurance Company로, 1977년 말에 사들였다. 캘리포니아주 사우스 패서디나에 있는 사이프러스는 매년 노동자 보상 보험을 약 1,250만 달러 규모로 인수하고 있었다. 내셔널 인뎀니티도 자체 노동자 보상 보험사업을 해 왔으나, 사이프러스와 내셔널 인뎀니티는 서로 다른 마케팅 전략을 활용해 독립적으로 운영했다. 버핏은 최고 수준으로 운영된다고 생각하는 사업에 변화를 주는 사람은 아니었다.

최고 수준이 완벽을 뜻하지는 않았다. 버핏은 지금까지 버크셔의 기존 보험사업부가 저지른 같은 네 가지 실수를 지적했다.

- 1969년에 시도했던 보증 사업
- 손실을 냈던 항공 보험사업
- 홈 & 오토의 플로리다 확장 시도 실패
- (이제 다시 활동에 들어가 본격화된) 캘리포니아의 노동자 보상 보험 구축 시도

하지만 그는 이 사업들을 계속 질질 끌지 않았다. "위안이 되는 점은 분명히 몇 가지 실수가 있긴 했어도 전반적으로는 이루어 낸 성과가 상당히 만족스러운 사업이라는 것입니다. 어떤 의미에서 보면, 보험사업은 방직 사업과는 정반대입니다."

버핏은 전반적으로 보험 부문의 실적을 높이 평가하면서도 뛰어난

실적을 강조하기보다는 실적을 설명하고 전망하는 데 더 관심을 보였다. "바람이 우리 뒤에서 보험 쪽을 향해 직통으로 불어왔습니다. 시장을 떠난 경쟁사와 보험 인수 수용 규모는 재난 상황 같았던 1974~1975년에서 벗어나고 있으며, 현재 금리는 상승세로 인플레이션(현재 월 1% 상승*)을 상쇄하고 있습니다."

또한 버핏은 다른 보험사들이 높은 가격 때문에 시장에 진입함에 따라 앞으로 치열한 경쟁 상황으로 되돌아갈 것이라고 내다보았다. "시장이 좋아지고 요율이 부적절해지면, 우리는 냉철하게 감소한 물량만 인수하는 도전에 직면할 것입니다." 버크셔의 보험사업은 비밀리에 운영되는 게 아니었다. 실제로 진입 장벽이 없었으므로 경쟁 상황에 따라 시장이 출렁거렸다. 장기적으로 경쟁력을 유지하기 위해 버크셔에는 계약 규모가 아닌 수익성에 초점을 두는 '이례적인 경영 규율'이 필요했다.

1975년에 재보험 부문은 불과 1,000만 달러 미만의 보험료를 인수했다. 1977년으로 훌쩍 넘어가도 그 규모는 2,400만 달러에 그쳤다. 비록 보험계약 인수 수익성이 만족스럽지 못했어도 (그리고 이전 3년 동안 보험계약 인수 손실도 있긴 했으나), 재보험 부문은 여전히 투자에 이용할 수 있는 거액을 창출했다.

재보험은 리스크를 분담하거나 덜어 준다. 기본적으로 보험사들은 보험 가입자에게 받은 보험료의 일부를 재보험사에 지급하는데, 그 대

---

* 분명히 해야 할 것은, 버핏이 파악한 전반적인 인플레이션뿐만 아니라 소송 건수 증가로 인한 대규모 보상금 지급 또한 또 하나의 사회적 인플레이션 요인이었다는 것이다.

표 4-10 · 보험 부문 선별 데이터
자료 · 1979년 버크셔 해서웨이 연례 보고서 **단위** · 1,000달러

	1977	1976	1975
인수 보험료(순)	158,704	94,773	58,975
수입 보험료			
특수 차량 및 일반 책임보험	80,690	50,778	38,513
노동자 보상 보험	18,916	5,815	3,632
재보험	24,100	17,220	12,407
홈 스테이트 상품군	19,382	11,058	6,670
	143,088	84,871	61,222
보험계약 인수 손익(세전)			
특수 차량 및 일반 책임보험	7,800	4,768	(7,450)
노동자 보상 보험[1]	(1,644)	(1,093)	(342)
재보험	(1,251)	(2,879)	(2,651)
홈 스테이트 상품군	896	(548)	(907)
	5,801	248	(11,350)
합산비율(법정)	93.2%	94.6%	117.8%

주석
1. 홈 스테이트가 인수한 보험계약의 노동자 보상 보험 지급 범위는 재무제
표의 주석에는 나오지 않음.

참고
이 표의 데이터는 연례 보고서의 각 부문별 실적에서 산출했다. 일부의 경
우, 예전 보고 기간에 올라온 수치와 차이가 있다.

가로 재보험사는 손실 분담 및 일정 한도 초과 손실을 함께 보장하거나,
손실 분담 또는 일정 한도 초과 손실 보상 중 하나를 보장하기로 합의한
다. 이런 종류의 사업은 급성장했고 꽤 큰 규모로 나타나기도 했다. 인
수된 보장 책임은 만기가 종종 더 길었다.* 이것은 6개월 또는 12개월
단위로 인수되어 상당히 짧은 기간 내 보험금이 지급되는 자동차보험
에 비해, 버크셔가 더 긴 기간 책임준비금을 투자할 수 있다는 것을 의
미했다.**

투자

지난 2년 동안 보험 투자는 1억 3,500만 달러에서 2억 5,300만 달러로 늘어났다. 이러한 성장의 동력은 보험료 규모 급증 및 그에 따른 책임준비금 확대와 더불어, 투자와 보험 인수 순이익에 대한 자본 수익이었다. 이런 책임준비금 창출원 가운데 가장 중요한 것이 재보험이었다.

주주 서한에는 시장가치 500만 달러 이상인 각 보험 부문 보유 자본이 상세하게 나타나 있다. 가이코 보통주와 전환우선주에 대한 버크셔 투자액을 합한 가치는 여전히 1억 8,100만 달러 규모인 주식 포트폴리오 중 4분의 1이나 되었다(〈표 4-11〉 참고). 포트폴리오의 나머지는 알루미늄 회사, 광고 대행사, 통신/방송 등 이해하기 쉬운 단순한 기업으로 이루어졌다.

주식 공개를 통해 버크셔의 일부 보유 주식을 매매할 수 있는 방안에 대해 자신이 어떻게 생각하는지 주주들에게 자세히 설명하기 위해 버핏은 캐피털 시티즈***를 활용했다. 1977년에 버크셔는 캐피털 시티즈 지분을 1,090만 달러에 사들였다. 이 22만 주에 대한 이익은 약 130만 달러나 되었다. 그러나 버크셔의 최종 결산 내역에는 이 가운데 4만 달러(캐피털 시티즈가 지급한 배당금)만 이익으로 반영되었다.

---

* 경제성 면에서 보면, (보통) 장기간에 걸쳐 발생한 손실을 보상하는 선불 보험료 같은 것이 1회 지불된다. 손실은 보통 현재에 더 비중이 크다. 예를 들어 재보험사는 처음 3년 동안 매년 20%씩 지불하고 이후 3년 동안에는 10%씩 지불하는데 잔여기간은 10년 이상 지속되기도 한다. 재보험계약은 상당히 다양하다(이것은 그저 사례일 뿐이다). 재보험계약은 가격 산정이 어려울 수 있어서 리스크 부담이 있다.
** 숏테일 보험short-tail insurance(단기 보험, 혹은 만기가 짧은 보험 - 옮긴이)은 꾸준히 팔리기만 하면 꽤 유용한데, 이렇게 되면 숏테일 보험이 회전식 자금revolving fund(보험금의 일부만 먼저 지급하고 나머지는 지급 시기를 나중으로 미룰 수 있는 자금)으로 변화하기 때문이다.
*** 버핏이 이사회에 합류하면서 캐피털 시티즈는 버크셔의 중요한 투자처가 되었다. 캐피털 시티즈의 스타 경영자 톰 머피는 나중에 버크셔 이사회에 합류한다.

표 4-11 · 1977년 버크셔 해서웨이 주식 포트폴리오(보험 부문)

자료· 1977년 버크셔 해서웨이 주주 서한 및 저자의 계산

주식 수	기업	시장가치	비중
		(1,000달러)	(%)
934,300	워싱턴 포스트 컴퍼니 B주	33,401	18
1,986,953	가이코 - 전환우선주	33,033	18
592,650	인터퍼블릭 그룹 오브 컴퍼니즈	17,187	9
220,000	캐피털 시티즈 커뮤니케이션즈	13,228	7
1,294,308	가이코 - 보통주	10,516	6
324,580	카이저 알루미늄&케미컬 코퍼레이션	9,981	6
226,900	나이트 - 라이더 뉴스페이퍼스	8,736	5
170,800	오길비&매더 인터내셔널	6,960	4
1,305,800	카이저 인더스트리스	6,039	3
	기타	41,992	23
	주식 총액	181,073	100

참고
백분율은 반올림되었으며 100%로 정확하게 수렴되지 않음.

회계 처리 방식 탓에, 버크셔는 실제 경제적 이익(130만 달러)의 극히 일부분(배당금)만 수입으로 처리했다. 회계가 경제적 현실을 제대로 표시하지 못하고 있었다. 캐피털 시티즈 보통주에만 투자할 때보다 비용이 최소한 2배는 더 들어갈 텐데, 버크셔는 왜 캐피털 시티즈처럼 100% 보유할 기업 찾기를 선호하느냐는 질문에 대해, 버핏은 이렇게 답했다. "통제하기보다는 통제하지 않을 때 더 나은 경영 성과를 얻을 수 있습니다. 이것이 보편적인 시각은 아닙니다만, 우리는 타당하다고 생각합니다." 그는 이어 "기업의 뛰어난 사업 성과는 장기적으로 주요 주주는 물론이고 소액주주에게도 상대적으로 우수한 시장가치와 배당 성과로 이어질 것입니다"라고 덧붙였다.

버크셔는 지속적으로 주주들에게 경제성을 기준으로 삼아 기존 회

계의 부족한 점을 설명하곤 했다.

은행업

버핏은 당시 80세인 유진 아베그와 일리노이 내셔널 뱅크에 꾸준히 찬사를 보냈다. 이번에는 몇 가지 사실과 숫자로 이를 강조했다. 1969년 버크셔가 인수한 후, 이 은행은 버크셔에 2,000만 달러의 배당금을 지급했다. 버크셔는 이 은행을 1,770만 달러에 사들였는데, 이는 이 은행에 투자해 더 많은 배당금을 회수했음을 의미한다. 아울러 여전히 괜찮은 수익을 창출하는 자산을 보유하고 있다는 의미이기도 했다.

아베그는 그해에 후임자를 보내 달라고 요청했다. 피터 제프리Peter Jeffrey(오마하에 본사를 둔 아메리칸 내셔널 뱅크 출신)가 은행장 겸 CEO로 선임되었다. 아베그는 계속 이사회 의장직을 유지했다.

디버시파이드 리테일링과의 합병

이미 지난 일을 나중에 접한다는 이점 덕분에, 우리는 동일한 경제적 성과를 표시하는 다양한 회계 방식의 효과를 확인할 수 있다. 1978년 12월 30일까지 디버시파이드 리테일링과의 합병이 완료되지 않았기 때문에, 1977년 버크셔 해서웨이 재무제표에 대한 다음과 같은 두 가지 관점을 볼 수 있다. 하나는 1977년 원래 보고서에 나온 것이고, 다른 하나는 1977년과 비교되는 내용을 담은 1978년 합병 후 보고서에 나온 것이다. 이 합병에 대한 자세한 내용은 다음 부분에서 다룬다. 1977년에 적용되는 변경 사항 중 몇 가지는 주목할 만하다.

이번 합병으로 블루칩 스탬프는 버크셔와 재무적으로 완전히 결합되었다. 대차대조표에 자산으로 한 줄, 마찬가지로 손익계산서에 손익으로 한 줄 표시되는 게 아니었다. 사실상 수정된 재무 보고서는 버크셔 주주 버핏의 수익 창출에 대한 생각을 나타냈다(그냥 이익으로만 적지 않고 매출액, 비용, 기타 항목에 대해 훨씬 더 상세히 설명했다). 〈표 4-12〉는 1977년 버크셔 재무제표의 몇 가지 주요 수치와 이듬해에 재작성된 수치를 보여 준다.

표 4-12 · 버크셔 해서웨이 선별 재무 정보
자료 · 1977년, 1978년 버크셔 해서웨이 연례 보고서 및 저자의 계산 **단위** · 100만 달러

	1977 원본	1977 수정본	변동치
총자산	379	572	193
총부채	237	370	133
소액주주 지분	0	48	48
자기자본	141.8	154.6	12.8
매출액	198	363	165
총비용	182	333	151
소액주주 지분	0.0	1.9	1.9
순이익	26.7	30.4	3.7

1978년 재무제표를 보면, 1977년 초에는 디버시파이드 리테일링은 2,710만 달러의 자기자본을 보유했다. 1977년에 370만 달러를 벌어들였으므로* 버크셔의 자기자본은 3,080만 달러 증가(초기 자기자본+이익잉여금)를 반영할 것으로 예상된다. 하지만 단 1,280만 달러 증가에 그쳤다. 왜였을까?

---

* 이익에 대한 버크셔의 자기자본 조정에 따라 디버시파이드 리테일링이 보고한 이익에 포함되었다.

그 이유 중 하나는 디버시파이드 리테일링이 버크셔와 합병하기 전에 자사주를 사들였다는 점이었다. 자사주 매입 금액은 120만 달러에 달했는데, 이는 버크셔의 연간 자사주 매입 금액을 넘어서는 수준이었다.

하지만 가장 중요한 이유는 각 회사가 상대편 회사의 지분을 일부 보유했다는 것이다. 두 회사를 합병할 때 상호 보유 지분은 조정 후 정리되어야 했다.** 회계는 (대개) 논리적이지만 뒤죽박죽일 때도 있다.

1978년

–

1978년 말, 버크셔는 마침내 디버시파이드 리테일링과의 합병을 완료하고 두 회사와 주요 주주 사이에 복잡했던 지분 관계의 일부를 간소화했다. 실로 오랜 시간이 걸렸다. 이 합병은 당초 1973년에 말이 나왔다가 SEC 조사로 말미암아 처음에는 취소되었다. 결국 1978년 12월 30일, 버크셔 해서웨이와 디버시파이드 리테일링 컴퍼니가 한 회사로 통합되었다.

디버시파이드 리테일링은 1960년대 중반과 1970년대에 걸쳐 버크셔와 유사한 과정을 겪으며 운영되었다. 디버시파이드 리테일링은 1966년 1월 31일 워런 버핏, 찰리 멍거 및 그들의 친구이자 미래의 버크셔 이사인 데이비드 고츠먼David Gottesman이 설립한 지주회사였다. 버

** 버크셔가 보유했던 디버시파이드 리테일링 주식은 약 1,680만 달러의 세전 장부가치가 유지되었다. 자사주 매입 120만 달러를 포함한 해당 수치 조정 시, 두 회사의 합병에 따른 1,280만 달러의 자본증가가 반영된다.

핏의 투자 조합인 버핏 파트너십 리미티드Buffett Partnership Limited가 80%, 멍거와 고츠먼이 각각 10%를 보유했다. 이들은 이 회사를 소매 유통업체를 인수하는 데 활용할 작정이었다. 첫 번째 인수는 볼티모어의 하위권 백화점인 호크실드 콘Hochschild Kohn으로, 1966년 초반에 600만 달러를 차입해 1,200만 달러에 사들였다. 버핏과 그의 파트너들은 백화점 소매업의 수많은 난제와 위험을 신속하게 알아차렸다. 호크실드 콘은 1969년 12월 1,100만 달러에 매각되었다.* 제한 조항과 세금 고려 사항을 조건부로 하는 채권을 미지급 상태로 발행해 디버시파이드 리테일링 내에 매각 대금을 남겨 두었다.

이 자금은 궁극적으로 블루칩 스탬프에 투자되었다. 또 1970년에는 리인슈어런스 코퍼레이션 오브 네브래스카(나중에 컬럼비아 인슈어런스 컴퍼니로 회사명 변경) 창립에도 투입되었는데, 그 결과 내셔널 인뎀니티의 장부에서 재보험사업이 사라지게 되었다.** 디버시파이드는 1974년에 컬럼비아를 통해 서던 캐주얼티 컴퍼니 역시 인수했다. 이 회사는 루이지애나에 있는 노동자 보상 보험 인수 보험사였다. 디버시파이드와 버크셔 합병 당시 주요 운영 사업체는 또 다른 백화점이었다.

디버시파이드 리테일링은 1967년 4월에 어소시에이티드 리테일 스토어Associated Retail Stores, Inc.를 600만 달러에 사들였다. 버크셔는 현재 다양한 명칭으로 운영되는 75개의 여성 의류 매장 체인인 어소시에이티드

---

* 버핏 파트너십의 서한에는 수익금이 현금 504만 5,205달러 및 만기 1년 6개월짜리 채권 654만 달러라고 자세히 설명되어 있다. 버핏은 이 채권의 현재 가치가 약 600만 달러라고 했는데, 따라서 1,100만 달러어치였다.
** 합병 당시 이미 버크셔와 디버시파이드 리테일링이 얼마나 가까운 관계였는지 보여 주는 것은, 디버시파이드 리테일링의 보험 자회사에 대한 모든 부기와 관리 업무를 내셔널 인뎀니티가 맡았다는 점이었다.

리테일링의 지분을 100% 보유하고 있다.

언제나 비즈니스 역사의 애호가인 버핏은 다음과 같이 간략한 배경을 설명했다. "어소시에이티드는 1931년 3월 7일 시카고에서 벤 로스너Ben Rosner와 리오 사이먼Leo Simon이라는 두 명의 특별한 파트너가 3,200달러짜리 매장 하나로 시작했습니다." 사이먼이 사망한 후 로스너는 혼자 회사를 운영했으며 이 회사는 소매업이 안고 있는 많은 난제에 직면했다. 버핏은 "벤의 묶음 상품 마케팅, 부동산 및 원가 억제 기술은 투하자본이익률과 함께 뛰어난 수익성을 창출했습니다. … 종종 20% 세후 부근에서 말입니다"라고 설명했다. 어소시에이티드는 버크셔의 연결 영업이익의 일부만 차지했다. 하지만 버핏은 75세에도 여전히 건재한 로스너와의 관계를 소중하게 여겼다.

버크셔와 디버시파이드의 합병은 사업상의 결혼이었으나 전통적인 결혼과 비슷했는데, 주주들에게 유익하긴 했지만 복잡한 문제가 없지는 않았다. 결혼한 부부라면 알고 있겠지만, 결혼 서약을 언제 했든지 간에 (1월 1일이나 12월 31일이 될 수 있음) 국세청은 이 부부가 1년 내내 결혼 상태인 것으로 간주한다. 회계원칙은 일반적으로 동일한 방식으로 작동한다. 예외 한 가지만 제외하고 말이다. 1년을 되돌아보지 않고, 그 대신 당시 회계 관행은 두 회사가 창립 이래로 하나의 회사였다고 가정할 것을 요구했다.***

버핏은 회계의 복잡한 내용에 낯설어하는 주주들을 위해 몇몇 변화를 설명하기 위해 최선을 다했다. 한 예로 1977년 연례 보고서를 1978년 보

*** 지분 풀링법pooling of interests method으로 알려진 이 방식은 2001년에 폐지되었다.

고서의 수치와 비교하는 주주들은 매출액, 비용, 자산, 부채, 기타 항목에서 상당히 다른 수치를 볼 것이다(선별 수치는 아래 〈표 4-13〉에 나온다. 전체 내용은 1977년 끝부분 표 참고).

표 4-13 · 버크셔 해서웨이 모기업 단계 선별 정보
자료· 1977년 및 1978년 버크셔 해서웨이 연례 보고서
단위· 100만 달러

	1977 원본	1977 수정본
현금	4.9	14.0
투자	252.8	332.0
총자산	379.2	572.1
총부채	237.5	417.6
자기자본	141.8	154.6
전체 매출액	197.9	363.6
순이익	26.7	30.4

둘째로, 블루칩에 대한 버크셔의 지분율은 58%가 되었는데, 이는 블루칩의 회계장부가 완전히 연결되었음을 의미한다. 디버시파이드 리테일링과 합병하기 전에는 대차대조표와 손익계산서에 이 내용이 한 줄씩만 들어 있었다.

이 모든 회계 조치의 순 효과는 재무제표의 혼란이었다. 해당 합병은 다수의 회사를 연결시켰는데, 일부 회사는 100% 보유였지만 일부 회사는 부분 보유였다. 버핏은 이러한 조합이 "경제적 실체를 명확하게 하는 게 아니라 이해하기 어렵게 만드는 경향이 있습니다. 실제로 우리는 1년 동안 내부에서 사용할 준비를 하지 않으며 어떤 경영 활동에서도 전혀 가치가 없는 보고 형식입니다"라고 말했다(추가 강조 사항).*

이러한 이유로 버핏은 주주들과 경영자 모두에게 유용하도록 다양한 사업 부문에 별도 재무 공시를 포함했다. 이것이 바로 주주의 입장이 되어 생각해 보고 본인이 주주라면 바랄 만한 정보를 제공하는 버핏의 태도였다. 해당 자료는 주주 서한에 공개했으며 손익계산서에 중점을 두었다. 대차대조표 정보는 제공되지 않았다.** 이 표의 제목은 '수익원Sources of Earnings'으로, 1978년 보고서부터 시작되었다. 이런 방식으로 제시된 정보는 다양한 운영 사업체를 평가하는 데 상당히 유용했다. 수익원 표(〈표 4-2〉)는 180쪽에 수록돼 있다.

중요한 것은 표에서 잡음을 상당 부분 또는 전부 제거했다는 점이다. 자본 손익, 세금, 사업권 상각 등은 별도 항목으로 표시했다. 버핏이 현실 왜곡이라고 여기는 회계 관행으로도 이 표에는 각 사업의 경제적 성과가 대체로 뚜렷하게 드러났다. 오늘날까지도 버크셔는 비슷한 방식으로 경영 성과를 제시한다. 증가하는 사업체 목록을 담기 위해 카테고리 명칭을 바꾸고 공간을 넓히긴 했지만 말이다.

보험업

보험 부문은 전체 합산비율이 100% 미만이라고 다시금 기재했다. 이 비율이 100% 미만이면 책임준비금 투자로 얻은 이익 외에 경영에서도

---

* 이러한 이유로 나는 이번 장 마지막에 전체 연결 회계장부를 공개하기를 망설였다. 회계상 요구 사항이었지만 버핏은 그게 아무 가치가 없다고 여겼기에, 이번 10년 구간에서 이 책에 그것을 재현하는 것은 말이 되지 않았다(그것들은 진짜로 매우 뒤죽박죽이다). 대신 그다음 장에서 나는 주주만큼이나 매년 보고 싶었던 많은 세부 내용을 제시하려고 노력했다. 별도 재무제표는 적당하거나 필요할 경우에 제시한다.

** 중요하지 않은 것은 아니었으나, 대차대조표는 적어도 세분화한 실적이라는 면에서는 이익 내역 자료보다 유용성이 덜했다. 버크셔는 부채를 거의 쓰지 않기를 선호했으며 대체로 부채는 모회사 수준에서 보유했다. 1978년 말 금융 부채는 주주 지분의 22%에 불과했으며 총자산의 7.5%에 그쳤다. 대차대조표상 부채의 대부분은 손실, 조정 비용, 미지급 보험료로 보험 부문에서 보유했다.

이익을 얻게 된다는 사실을 떠올려 보자. 1978년 보험 부문에서 이 비율은 보험계약 인수 이익 300만 달러로 환산되었다. 그것은 거의 2,000만 달러인 순투자 이익에서는 제외되며 매각한 투자 수익은 무시한 것이다. 버핏은 1975년부터 1978년까지 3년을 양호한 보험료 성장과 낮은 손실률로 업계에서는 운수 대통인 시기였다고 불렀다. 사실, 이것은 버크셔에 엄청난 대박이었다. 그 시기에 인수 보험료와 수입 보험료가 2배로 증가했기 때문이다.

표 4-14 · 보험 부문 선별 데이터

자료·1979년 버크셔 해서웨이 연례 보고서 **단위**·1,000달러

	1978	1977	1976
인수 보험료(순)	198,313	158,704	94,773
수입 보험료			
특수 차량 & 일반 책임보험	96,126	80,690	50,778
노동자 보상 보험	29,893	18,916	5,815
재보험	30,160	24,100	17,220
홈 스테이트 상품군	29,894	19,382	11,058
	186,073	143,088	84,871
보험계약 인수 손익(세전)			
특수 차량 & 일반 책임보험	11,543	7,800	4,768
노동자 보상 보험[1]	(3,944)	(1,644)	(1,093)
재보험	(2,443)	(1,251)	(2,879)
홈 스테이트 상품군	(2,155)	896	(548)
	3,001	5,801	248
합산비율(법정)	96.7%	93.2%	94.6%

주석
1. 홈 스테이트가 인수한 보험계약의 노동자 보상 보험 지급 범위는 재무제표의 주석에는 나오지 않음.

참고
이 표의 데이터는 연례 보고서의 각 부문별 실적에서 산출했다. 일부의 경우, 예전 보고 기간에 올라온 수치와 차이가 있다.

하지만 마음껏 축하할 수 없는 이유가 몇 가지 있었다. 우선 홈 스테이트 운영이 다른 지역의 수익성과 대조적으로 훨씬 악화되어 실망스러운 한 해를 보냈다. 그 손실은 어느 정도는 중서부 지역을 강타한 폭풍과 평균 이하의 보험계약 인수에서 비롯되었다. 노동자 보상 보험군은 꽉 채운 보험료 인상으로 감당할 수 없는 대규모 보험 심사 보상금과 관련된 비용 증가가 이어지면서 어려운 한 해를 보냈다. 재보험도 손실을 보고했지만, 장기 보험사업(겸 만기가 긴 책임준비금)이라는 특성 덕분에 원수보험사보다는 손실이 덜 고통스러웠다.

버핏의 눈과 펜은 미래를 가리켰다. 지난 3년 동안 업계가 거둔 좋은 실적은 다음과 같은 한 가지 사실을 말해 주었다. 경쟁 업체들이 시장에 진입하면서 수익성이 낮아지고 금리가 떨어지는 현상이 반복될 것이라는 점이었다. 그럼에도 불구하고 그는 보험에 대한 장기적 전망을 긍정적으로 보았다. 버크셔에는 규모와 무관하게 수익성 있는 보험계약을 인수할 능력과 의지를 지닌 뛰어난 경영자들이 있었다. 버크셔는 보험회사를 끊임없이 사들이고 창립할 것이었다. "이 분야에서는 성공에 대한 보상이 클 수 있기 때문"이었다. 저들은 틀림없이 그랬을 것이다.

투자

버크셔는 100% 지분을 보유한 보험회사들에 상당한 투자를 했을 뿐 아니라, 자사 주식 포트폴리오를 통해 다른 보험회사에도 대규모로 투자했다. 세이프코SAFECO(1978년 말 2억 2,100만 달러였던 버크셔 보험 주식 포트폴리오의 거의 12% 차지)는 가이코(17%)와 〈워싱턴 포스트〉(20%) 다음으로 버크셔에서 세 번째로 규모가 큰 개별 종목 투자였다.

버핏은 세이프코에 대해 "아마도 미국 최고의 손해보험사일 것이며… 우리 보험사보다 훨씬 훌륭한 보험회사"라고 극찬했다. 버크셔의 투자액은 장부가치 이하에서 이루어졌는데, 이는 비슷한 회사를 창립하는 데 필요한 비용보다 적은 금액으로 주식을 취득했다는 의미였다. 버핏에 따르면, 영업 실적이 별로 좋지 않은 다른 보험회사들도 제값보다 훨씬 비싼 가격으로 인수되었다. 버핏은 (보험회사 운영 능력이 대단히 뛰어난 것으로 입증된) 세이프코 경영진이 계속 회사를 운영하도록 했다. 그는 본인이 완벽하지 않다고 생각했으므로 좋은 경영자를 찾아내면 그들을 그대로 기용했다. "대체로 여러분의 회장(버핏)이 시작했던 확장 노력의 일부는 어설펐고, 나머지 사업은 값비싼 실패였습니다." 버핏이 투자하면서 고집을 덜 내세웠다면 버크셔는 경제적으로 훨씬 더 좋았을 것이다.

방직업

방직업종 경기와 연관성이 큰 방직업 부문에 대해서는 할 말이 별로 없다. 잔혹한 경제적 여건이 여전히 작용하고 있었다. 이 사업부는 과거 기록과 비교해 쇠퇴하고 있었는데, 현재는 버크셔의 통제 아래에 있는 다양하고 성장세를 보이는 사업의 안정성과 훨씬 더 관련이 있었다. 그럼에도 주주 서한을 읽는 주주들에게 버핏의 발언은 그의 생각 형성 과정에 대한 단서를 제공했다.

버핏은 방직 부문에서 7.6%라는 저조한 수익률을 언급하면서 이야기를 시작했다. 방직업은 이 부문에 투입된 1,700만 달러의 자본으로 130만 달러의 세후 이익을 창출했다. 하지만 이 계산도 후한 것이었다.

방직 부문의 유형자산은 계속 가동되고 있었지만 장부에서 대폭 상각되었다. 설비 교체에 훨씬 더 큰 비용이 들어간다는 뜻으로, 따라서 방직 부문의 대차대조표는 해당 고정자산을 '헐값'이라고 표시했다. 경제성은 얼핏 보기에도 훨씬 악화되었다.

이처럼 경제적 비용보다 가치가 낮은 상태에서 자본 생산성(자본 대비 매출액)이 매우 낮았는데, 이는 "매출액과 비교해 볼 때 높은 매출채권 및 재고투자 수준이 요구됨을 반영"했다. 매출액 대비 이익률이 낮지만 않았다면 이것 자체로는 문제가 없었을 것이다. 결국 매출액을 자본으로 나눈 비율에 이익을 매출액으로 나눈 비율을 곱한 것이 자기자본이익률이다((이익÷자본)=[(매출액÷자본)×(이익÷매출액)]－옮긴이). 이 비율은 한쪽에서 더 높은 비율로 상쇄되면 수치가 낮아질 수 있지만, 양쪽이 모두 낮으면 중간 수준이 된다['매출액÷자본' 또는 '이익÷매출액' 중 한쪽의 수치가 작으면(분자가 되는 매출액과 이익 중 한 가지만 높은 상태) 두 계산식을 곱한 숫자가 작아지는데, 매출액과 이익이 모두 작으면 중간 수준의 숫자가 나온다는 뜻－옮긴이].

버핏은 이후 상황을 개선하기 위해 "제품의 차별화, 보다 효율적인 설비 또는 인력 활용을 통한 제조 비용 절감, 보다 강력한 시장 트렌드를 누리고 있는 직물로 운영 방향 조정 등" 몇 가지 해결책을 제시했다. 문제는 업계의 많은 사람은 물론이고 버크셔의 방직업 경영진도 이와 동일한 것을 시도하고 있었다는 점이다. 그래서 방직 회사 중에는 경쟁 우위를 점한 곳이 없었다. 오히려 경쟁 열위만 갖추고 있었다. 버핏은 무자비하게 작용하는 경제성을 다음과 같이 요약했다. "생산능력 과잉 상태가 지속되는 한, 가격은 투입된 자본보다 직접 운영 비용을 반영하는 경향이 있습니다."

나는 버핏이 자신의 모든 사업 경험에 매우 단순화된 사고 체계를 적용한다고 생각한다. 물론 이것은 그저 분석의 시작일 뿐이다. 사업에 필요한 자본은 얼마나 되는가? 이윤은 얼마나 되는가? 그런 다음 투자자는 본인이 뛰어들 수익률을 결정하는 '가치÷투입 자본' 비율에 맞춰 자금을 투입한다. 그런 후 버핏은 진입 장벽과 경쟁 우위에 대한 잣대를 통해 미래에 자본 수준이 어떻게 변할지, 그리고 이윤 폭이 얼마나 될지도 생각해 본다. 방직업은 일이 얼마나 어려워질 수 있는지 알려주는 교훈이었다.

블루칩 스탬프

이제 블루칩 스탬프와 엮어서 버크셔 기업사를 살펴보기 적당한 시기가 되었다. 디버시파이드 리테일링과 버크셔 해서웨이의 합병으로 블루칩 스탬프가 버크셔의 재무와 연결되면서 상세한 내역이 표시되지 않을 것이기 때문이다.* 버크셔의 지분율은 1971년 400만 달러 규모의 6%라는 낮은 수치에서 1977년 3,600만 달러 규모의 36.5%라는 상당한 수준으로 증가했다(〈표 4-15〉 참고). 디버시파이드 리테일링과 합병 후에는 블루칩 스탬프 지분율은 58%가 되었다.**

8년이라는 세월 동안 블루칩은 버크셔 주주들에게 점점 더 중요한 자산이 되었다. 합병 당시 블루칩의 계열사들은 버크셔 이익의 35%를

---

* 버크셔 주주들은 여전히 SEC에서 블루칩 스탬프의 개별 실적을 볼 수 있을 것이다. 하지만 정보화 시대 이전에 이렇게 하기는 매우 어려웠다.
** 1977년 블루칩 스탬프 연간 사업보고서에 따르면, 버핏은 수익이 난 상태에서 블루칩 스탬프 지분을 13% 보유했다. 이것은 그가 개인 명의로 보유한 55만 90주, 수전 버핏(워런 버핏의 첫 번째 아내 – 옮긴이) 명의의 12만 5,455주, 버크셔 해서웨이와 디버시파이드 리테일링을 통해 보유한 지분으로 이루어졌다.

표 4-15 · 블루칩 스탬프와 함께 보는 버크셔 해서웨이의 이력

자료·1971~1978년 버크셔 해서웨이 연례 보고서

1971년	연말에 버크셔가 블루칩 지분 6% 보유
1972년	버크셔의 블루칩 지분율 약 17% 증가
1973년	블루칩이 주주 서한에 처음 언급됨. 버크셔 부분의 주석에 추가 내용 제시
1974년	버크셔의 블루칩 지분이 25.5%로 증가. 주주 서한에 블루칩에 대한 별도 섹션 추가
1975년	주주 서한 도입 부분에서 블루칩 언급. 지분율이 31.5%로 증가
1976년	지분율이 33%로 증가
1977년	지분율이 36.5%로 증가
1978년	디버시파이드 리테일링과의 합병으로 블루칩 지분율이 58%로 늘어남. 블루칩이 버크셔의 재무와 완전히 연결됨.

표 4-16 · 블루칩 스탬프 선별 재무 정보

자료·1971년, 1975년, 1978년 블루칩 스탬프 연간 사업 보고서
단위·1,000달러

	회계연도 말:	
	12/30/1978	**02/27/1971**
대차대조표 항목		
현금	3,357	531
매도가능증권 & 단기 투자	76,494	113,168
고정자산(순)	40,603	4,213
웨스코 파이낸셜 투자	49,370	0
자산 총계	216,872	142,138
미지급 경품권 부채	66,832	87,429
장기부채	18,247	10,840
자기자본	114,325	43,296
손익계산서 항목		
경품권 서비스 수익	16,531	118,374
제품 판촉 사업부	3,791	1,719
사탕 매출액	73,653	0
신문	44,674	0
매출 총계	143,586	127,567
순이익	14,280	8,584

차지했다.* 합병된 회사들은 경영상 많은 유사점이 있었다. 버크셔 해서웨이와 마찬가지로 블루칩은 사업을 전환하고 있었다. 선별 데이터를 살펴보면 (〈표 4-16〉 참고) 블루칩이 비교적 짧은 기간 어떻게 변화했는지 알 수 있다. 블루칩은 당초 거래용 우표 사업부에서 벌어들이던 수익을 쇠퇴하고 있는 우표 사업과 무관한 인수 수익으로 대체했다. 그것은 동일한 자본 배분 담당자가 시행한 버크셔 해서웨이의 전술이었다.

1971년 당시 블루칩은 항상 해 오던 경품권 거래라는 사업을 이어가고 있었다. 이 회사는 애리조나주, 캘리포니아주, 네바다주, 오리건주 전역에 걸쳐 2만 3,000개 소매점에 거래용 경품권을 판매했는데, 경품권은 고객에게 홍보용으로 제공되었다. 고객은 여든아홉 곳의 블루칩 매장에서 경품권을 제품이나 현금으로 교환할 수 있었다.[1] 이 사업은 상품이 배송되기 전에 먼저 현금을 받는 보험과 상당히 비슷했다. 보험사와 마찬가지로, 경품권 거래 회사는 자사 제품 판매뿐 아니라 그 사이(경품권 판매 후 실제 제품이나 현금을 내주기까지의 기간 - 옮긴이)에 보유하던 현금 투자로도 돈을 벌 수 있었다.

1971년 말에는 대다수 자산을 매도가능증권에 투자했다. 이런 자산은 대차대조표에 부채로 기재된 미지급 경품권에 딸려 오는 책임준비금float(본래 책임준비금은 보험업 용어지만, 블루칩 스탬프 사업에서도 이 용어가 유사한 의미임을 고려해 float의 우리말 표현을 '책임준비금'으로 통일해 옮김 - 옮긴이)으로 조달했다. 나머지 자산은 장기부채와 자본으로 조달했다. 1978년 말로 빠르게 넘어가 보면 블루칩의 재무 상황은 상당히 달라져 있었다.

---

* 세전 영업이익은 1978년 주주 서한에 나온 수익원 표를 바탕으로 계산되었다.

손익계산서를 보면 지난 10년 구간의 절반을 지나는 동안 경품권 수입이 급격하게 줄어들었으며 이에 상응해 다른 신규 자회사들의 성장이 드러났다. 8년 동안 이와 같은 변혁을 이루기 위해 어떤 자본 배분 결정을 내린 것일까?

블루칩의 대차대조표는 버크셔의 우량한 보험회사들과 특징이 유사했지만, 블루칩의 운영은 방직업과 비슷한 문제에 직면해 있었다. 경품권 서비스 매출액은 1970년에는 1억 2,600만 달러에 달했는데, 이 금액이 최고 기록이었다. 블루칩은 다른 경품권 및 판촉업체뿐 아니라 할인 상품을 도입한 소매 유통업체들과의 경쟁에도 직면한 상태였다. 1978년 블루칩 스탬프의 연례 보고서는 1973년 휘발유 부족 사태를 거론했는데, 이 사태로 말미암아 수많은 고속도로 휴게소들이 경품권을 완전히 취급하지 않게 되었다. 버핏과 멍거는 블루칩에 대한 관심이 나날이 커지면서, 이 회사의 자본 배분 결정을 통제했다. 그들은 경품권 사업이 하향세임을 알아차리자 블루칩의 상당한 자산과 유동성을 수익률이 보다 높은 사업에 재분배하는 작업에 나섰다.

시즈 캔디

첫 번째 재분배는 시즈 캔디 숍See's Candy Shops, Inc 인수였다. 1972년 1월 3일과 1972년 3월 4일 사이에 블루칩은 시즈의 지분 93%를 사들였다. 1973년 3월 3일에는 지분율이 99%로 증가했다. 매입 가격은 3,470만 달러였지만 대차대조표의 잉여 현금이 실질 매입 가격을 낮춰 주었다.*

시즈는 버핏이 기업 가치보다 높은 밸류에이션 배수를 적용한 첫 번째 사례로, 버핏은 찰리 멍거의 통찰력 덕분에 이루어진 결정이라고 이야기한다. 멍거는 근본 사업이 상당히 훌륭했기 때문에 시즈에 높은 배수를 매길 가치가 있다고 버핏에게 확신을 주었다. 시즈는 실물 자본으로 50% 이상의 세전 이익률을 기록했다. 이 회사에 기본 자본의 3배를 투입한 후에도 블루칩은 만족스러운 수익률을 올렸다. 만약 시즈 사업이 더 확대될 수 있다면, (비록 느리더라도) 그리고 사업 확대가 이루어진다면 수익 증가세가 인수 초기의 수익성을 향상시킬 것이었다.

보너스로, 이 고수익 사업은 인플레이션의 영향을 받지 않았다. 1972년 블루칩이 시즈를 매입한 후, 추가 투자를 거의 하지 않은 상태에서 세전 이익은 420만 달러에서 1,260만 달러로 늘어났다.

버핏이 시즈의 잠재력(및 내재된 위험)을 인지하기까지 그리 오랜 시간이 걸리지는 않았다. 1972년 12월 CEO 척 허긴스에게 보낸 서신에서[2] 버핏은 허긴스에게 시즈의 이미지를 보호하기 위해 브랜드와 관련된 이야기를 만들어 볼 것을 촉구했다. 그는 "우리 사탕을 제공하는 환경은 품질에 대한 잠재 고객의 심리적 인상에 영향을 미칩니다(심지어 맛에 대한 인상까지도요)"라고 썼다. 버핏은 시즈를 쿠어스 맥주(당시에는 콜로라도에서만 구할 수 있는 특전이 있었음)와 비교하면서 다음과 같이 말했다. "우리는 '세계적으로' 이름난 곳이 된 캘리포니아의 아담한 부엌에 대해 꽤 많은 사연을 이야기할 수 있을 겁니다." 그는 시즈가 마케팅과 유통의 모든 측면을 철저히 관리하면서, 수준 낮은 상품들과 나란히 전시하기보다는 신선한 재료에 대한 설명을 강조해야 한

---

* 시즈 매수 가격은 2,500만 달러로 인용되는 경우가 많다. 이는 시즈에서 대차대조표상 잉여 현금을 보유하고 있었기 때문으로, 그 금액만큼 실질 가격을 줄여 주었다(1991년 버크셔 해서웨이 연례 보고서에서, 버핏은 잉여 현금 수치가 1,000만 달러라고 인용했다).

표 4-17 · 시즈 캔디 선별 데이터
자료 · 1973년 블루칩 스탬프 연례 보고서, 1991년 버크셔 해서웨이 주주 서한 및 저자의 계산
단위 · 100만 달러

	1972
매출액	29.0
세전 이익	4.2
기본 유형자본	8.0
매출액/자본	3.63
세전 이익률	14.5%
자기자본이익률(세전)	52.5%
인수 가격	34.7
잉여 현금	(10.0)
유효 인수 가격	24.7
인수 가격 / 유형자본	3.1배
블루칩 스탬프 수익률[1]	17.0%

주석
1. 블루칩 스탬프의 수익률은 시즈 유형자본에 투입한 블루칩 배수로 시즈의 세전 자기자본이익률을 나눈 값임.
(이를 계산하는 다른 방법은 세전 이익을 블루칩 스탬프가 인수한 가격으로 나누는 것임.)

다고 생각했다. "제품을 구하기 어렵게 하고 주기적으로만 구입할 수 있게 해야 합니다. 그런 다음 소비자에게 제한된 수량만 남기는 거죠."

시간이 지나면 버핏은 시즈가 사업뿐만 아니라, 이 회사를 통해 본인이 배운 것 덕분에 우량한 사업에 내재된 가치(와 한계)를 인정하게 되었음을 감사할 것이다. 시즈에서 배운 교훈이 버크셔 해서웨이의 미래를 만들었다고 해도 과언은 아닐 것이다. 버핏은 보호받는 경제적 지위에 오른 기업을 더 높은 배수로 인수하는 것을 더욱 편안하게 여기게 된다. 그는 나중에 코카콜라(다음 10년 구간에 시행한 중요한 투자)의 가치를 알아보게 된 것은 시즈 사업 경험 덕분이라고 이야기한다. 시즈는 버핏에게 훈련장이 될 것이다. 시즈가 누린 높은 자기자본이익률은 자연스럽게 사업 확장 욕구로 이어졌다. 수년간 시즈가 보호받았던 미

국 서부 해안 지역의 틈새시장을 벗어나 확장하려 했던 수많은 시도와 엇갈린 성공은 버크셔의 자본 배분 담당자들에게 경제적 해자economic moats의 경계선에 대한 직접적인 증거를 제공할 것이다. 이러한 교육적인 측면과 버핏의 투자 철학에 나타난 전환점을 고려해 보면, 시즈는 버핏의 최고 투자처 중 하나였을 것이다.

웨스코 파이낸셜 코퍼레이션

블루칩의 다음 주요 자회사는 웨스코 파이낸셜 코퍼레이션이었다. 블루칩은 1973년에 주식을 매수하기 시작했으며 해당 회계연도 말에는 이 회사 지분의 21.9%를 보유했다. 이후 25% 이상의 지분 증가를 위한 승인을 받고 블루칩은 5년간 웨스코 지분 80.1%를 사들였다. 지분을 사 모으는 일이 쉽지만은 않았다. 버핏과 멍거는 웨스코의 지배주주인 엘리자베스 캐스퍼 피터스(웨스코 창업자의 딸)를 설득해 다른 은행에 매각하기로 했던 거래를 취소하고 대신 자기들에게 매각하게 했다.*

웨스코는 은행 및 뮤추얼 세이빙스 & 론 어소시에이션Mutual Savings and Loan Association(국내에서 상호저축대부조합이라고 알려진 금융사. 이하 뮤추얼 세이빙스-옮긴이)의 지주회사였다. 1973년 당시 뮤추얼 세이빙스는 캘리포니아 4개 카운티에 걸쳐 10개 지점을 운영했으며 주로 개인에게 부동산 대출을 제공했다. 이 금융사는 대차대조표상으로는 3억 9,000만 달러의 대출 포트폴리오를 포함해 4억 5,200만 달러를 주로 저축예금으로 조달했다.3)

1978년까지 웨스코는 남부 캘리포니아에 6개의 신규 지점을 개설했다. 1978년 말 자산 기준은 6억 4,600만 달러(4억 6,500만 달러의 대출 포함)로, 저축예금으로 4억 8,800만 달러를 조달했다. 이 기간 동안 웨스코는 패서디나에 본사 사옥(다른 임차업체 포함)도 마련했다.[4]

웨스코가 매력적인 투자처인 이유는 무엇이었을까? 웨스코는 만족스러운 수익률을 기록하면서 잘 운영되는 기업인 듯했다. 아마도 캘리포니아 패서디나에서도 찰리 멍거가 뒷마당이라고 비유한 곳에 본사가 있었다는 게 도움이 되었을 것이다. 웨스코 지분 21.9%에 대한 블루칩의 최초 매입 가격을 기준으로 하면, 웨스코는 매입 당시 기본 장부 가치의 0.56배에 불과했다** (〈표 4-18〉 참고). 1978년에 이 회사는 세전 1,170만 달러의 이익을 올렸는데, 이는 블루칩의 총 투자이익률 30%에 해당했다.

표 4-18 · 웨스코 파이낸셜 코퍼레이션 선별 데이터 | 자료·1973년 블루칩 스탬프 연례 보고서, 1970년 및 1973년 웨스코 연례 보고서 **단위·1,000달러**

블루칩 1973년 투자액	8,099
회사 지분율	21.9%
잠정 시장가치	36,982
웨스코 1973년 평균 자기자본	65,785
가격/장부가치	0.56배
1972년 세전 이익	8,436
블루칩 계속사업 이익률	22.8%
자산이익률(세전, 평균 5년)	1.64%

* 버핏과 멍거가 웨스코 주식을 시세보다 높은 가격에 사겠다는 의지는 블루칩 스탬프에 대한 SEC 조사에도 영향을 미쳤다.
** 웨스코의 자산에는 디트로이트 인터내셔널 브리지 컴퍼니Detroit International Bridge Company의 지분 21.5%가 포함되었는데, 이 회사는 캐나다에 같은 이름의 다리를 보유하고 있었다. 흥미로운 것은 버핏과 멍거가 여러 계열사의 사용 가능한 현금을 이용해 자산을 매입하는 마트료시카 인형(인형 안에 계속 더 작은 인형이 겹쳐서 들어 있는 러시아의 목각 인형-옮긴이) 같은 지분 구조에 주목했다는 점이다.

표 4-19 · 웨스코 파이낸셜 이익에 대한 블루칩 스탬프의 투자 및 자본 | 자료 · 1973~1978년 블루칩 스탬프 연례 보고서

| | 회계연도 말: | | | | | | |
	12/30/1978	12/31/1977	01/01/1977	02/28/1976	03/01/1975	03/02/1974	03/03/1973
보유 규모(#주식)							
기초 잔여 주식 수	5,703,087	1,840,863	1,527,299	1,527,299	1,058,042	518,860	0
매입 주식 수	0	180,498	313,564	0	469,257	539,182	518,860
3:1 주식 액면분할	0	3,681,726	0	0	0	0	0
기말 잔여 주식 수	5,703,087	5,703,087	1,840,863	1,527,299	1,527,299	1,058,042	518,860
지분율(%)	80.1	80.1	77.6	64.4	64.4	44.6	21.9
보유 규모(1,000달러)							
기초 잔액	43,892	38,661	28,588	26,307	17,446	8,099	0
매입 금액	0	1,208	6,306	0	7,025	8,125	8,099
잠정 기간 조정1	0	0	185	0	0	0	0
이익 내 자본2	7,417	5,715	4,459	3,092	2,189	1,455	0
기타3	0	0	116	76	457	218	0
배당	(1,939)	(1,692)	(993)	(887)	(810)	(451)	0
기말 잔액	49,370	43,892	38,661	28,588	26,307	17,446	8,099

주석
1. 블루칩 스탬프는 회계연도를 매년 2월 28일에서 12월 31일로 변경함.
2. 배당받지 않은 비율에 대한 추후 금액
3. 매입가 초과 순자산은 상각함.

버펄로 이브닝 뉴스

세 번째 주요 인수는 〈버펄로 이브닝 뉴스The Buffalo Evening News〉였다.*
1977년 4월 15일, 블루칩은 현금(및 연금 부채도 합산)으로 이 신문사
를 사들였다.** 이를 위해 3,000만 달러의 은행 대출로 일부 자금을 조
달해 1977년 말에 1,350만 달러를 상환했다.

나중에 알려진 이야기지만, 〈버펄로 뉴스〉는 뉴욕주 버펄로에서 평
일 신문을 발행했다. 당시 그곳에는 신문이 2개였는데 〈버펄로 뉴스〉와
경쟁지인 〈커리어 익스프레스The Courier-Express〉였다. 〈버펄로 뉴스〉는 뉴
욕 북부에서 가장 높은 판매 부수를 기록했는데 세 가구 중 두 곳을 구
독자로 두고 있었다.5) 이 신문은 주 6일 발행되었다. 〈커리어 익스프레
스〉는 일요일자 신문 발행에서 우세였다. 버핏의 투자 논지는 간단했
다. 신문이 둘뿐인 이 동네는 곧 신문이 하나밖에 없는 마을이 될 운명
이었는데, 〈버펄로 뉴스〉가 재무적으로 탄탄해지면 살아남을 가능성이
더 높다는 것이었다. 버펄로에 이와 같은 승자 독식 상황이 일어난다면
장부가격으로 인수할 경우 블루칩, 버크셔, 버핏과 멍거가 큰 성공을
거둘 수 있다는 의미였다.

버핏은 일찌감치 자신의 예상이 실현될 조짐을 느꼈다. 〈버펄로 뉴
스〉는 인수 후 얼마 지나지 않은 1977년 11월 일요판에 대한 계획을 수
립했다. 이내 신문사 한 곳이 폐간될 때까지 지속적으로 소송이 이어졌

---

* 이 신문은 〈워싱턴 포스트〉에 먼저 인수를 제안했으나 거절당했다(《스노볼》, 463쪽).
** 이 인수는 엄밀히 말하자면 자산 매입으로 이루어졌는데, 블루칩 스탬프는 기본적으로 동일한 명칭(The
Buffalo Evening News, Inc.)의 신규 자회사를 설립해 기존 신문의 자산을 사들이고 일부 부채도 떠안
았다.

다. 궁극적으로 〈버펄로 뉴스〉에 유리하게 일이 풀리긴 했으나, 그 당시에는 상황이 불안정했고 확실한 것도 전혀 없었다.* 블루칩은 신문사를 인수하고 초반 8개월 동안(1977년 4월부터 12월까지) 겨우 75만 1,000달러를 벌어들였다. 1978년에는 290만 달러의 손실을 기록했다. 적자가 한동안 이어질 예정이었다.

표 4-20 · 〈버펄로 이브닝 뉴스〉 인수 분석
자료·1977년 블루칩 스탬프 연례 보고서 **단위**·1,000달러

현금 지급액	34,000
연금 부채 인수액	1,433
총매입 가격	35,433
기본 순자산	34,679
매입 가격 초과액	754
가격/장부가치	1.02배

　버크셔 해서웨이와 디버시파이드 리테일링의 합병 후, 블루칩의 자회사들은 버크셔의 성공에서 중요성이 더욱 커졌다. 개별 자회사 단계별로 지분율 수준이 달랐기 때문에 (그리고 자회사도 많아서) 버크셔의 경제적 성공에 대한 개별 회사의 영향을 판단하는 일은 훨씬 어려워졌다. 1978년 주주 서한에 새로운 표가 등장한 것은 그 때문이다. 이 표는 개별 자회사의 영업이익을 버크셔의 지분율에 따라 조정한 것으로, 개별 자회사의 모회사와는 관련이 없다.** 이러한 방식으로 버크셔 주

＊ 〈버펄로 뉴스〉에는 노동조합이 있었다. 노동조합은 중요한 어떤 시기에 파업을 한다면 버핏과 멍거가 사업을 중단시킬 수 있음을 알고 있었다. 두 사람은 노동조합에 이렇게 이야기하고 파업을 피할 수 있었다.
＊＊ 자회사들의 경제적 성과를 회계상에서 분리하기 위한 조정도 이루어졌다. 예를 들어 사업권 상각과 부채에 대한 이자는 따로 선을 그어 삭제되었는데, 이것은 일반회계기준GAAP 이익으로 조정되었다.

주들은 개별 수익원에 얼마만큼 주목하고 관심을 두어야 할지 가늠할 수 있었다. 버핏과 멍거가 블루칩을 사업 확장 플랫폼으로 활용하고 있었으므로 버크셔에 미치는 영향을 이해하는 것이 중요했다. 버핏은 다시 한번 주주 입장에 서 보았다.***

버크셔와 마찬가지로, 블루칩은 쇠퇴해 가는 한 가지 사업만 하던 기업에서 여러 수익원과 가치 있는 자산을 보유한 다양한 기업으로 변화했다. 버핏과 멍거는 블루칩을 버크셔 같은 모습으로 만드는 데 자신들의 자본 배분 기술을 사용했다.

1979년

–

1979년의 회계 규정 변경은 회계에 대한 또 다른 교훈을 주었다. 전년도에는 디버시파이드 리테일링과의 합병을 둘러싼 복잡한 문제 탓에 최신 회계 정보를 알아야 했다. 이번에 약간의 설명이 필요한 것은 보험 부문 회계였다. 구체적으로는 매도가능증권에 대한 회계 규정이 총비용 또는 시장가치 중 낮은 값이 아니라 시장가치로 변경되었다. 결과는 보고된 주식 가치의 상당한 증가였다.

대차대조표에서 볼 수 있듯, 그 결과 보험 부문의 1978년 주식 가치는 6,100만 달러가 증가한 2억 400만 달러였다. 경제적 관점에서는 실

*** Buffett was once again putting himself in the shareholders' shoes. 이것은 버핏과 멍거 두 사람 모두가 서면 소통을 할 때 많이 쓰던 문구다.

제로 달라진 것이 전혀 없었다. 회계 변경을 더욱 혼란스럽게 만든 것은 보험회사에만 적용되었다는 점이었다. 이것은 버크셔와 완전히 연결된 블루칩 스탬프의 경우, 총비용 또는 시장가치보다 낮은 기존 방식으로 보유 주식을 보고했다는 의미였다. 이에 따라 버크셔의 보험사와 블루칩이 보유한 같은 종목은 두 가지 다른 가치로 보고되곤 했다. 그리하여 버크셔의 어느 계열사가 해당 종목을 보유하고 있는지와 무관하게, 주주들은 재무제표 주석으로 유가증권의 총비용과 시장가치에 대한 정보를 얻었다.

버핏은 자신이 버크셔의 장·단기 영업 실적을 어떻게 살펴보는지 주주들에게 상기시켰다. 그는 어떤 계산에서든 주식 손익 반영 전 영업이익이 정확한 분자라고 보았다. 이때의 분모는 시장가치가 아닌 매입 가격으로 평가된 전년 말 보유 주식 가치를 사용했다. 해당 공식은 다음과 같다.

공식 4-1

$$\text{영업 실적} = \frac{\text{영업이익(주식 손익 반영 전)}}{\text{전년 말 보유 주식 가치(매입 가격으로 평가된 주식 가치)}}$$

그 이유는 경영 성과를 가장 정확하게 나타내기 위한 것이었다. 시장에서 평가된 주식 가치가 하락하면 분모를 지나치게 감소시켜 다음 연도 실적을 부자연스럽게 높아 보이게 만들었기 때문이다. 반대로 자본수익이 잘 나왔던 해에는 더 큰 분모 때문에 실제로 기록한 성과 이상으로 더 양호한 영업 실적이 덜 훌륭하게 보이곤 했다.

장기적으로 볼 경우, 버핏은 전체 자본 손익, 일회성 (즉 반복해서 생겨나지 않는) 항목 등을 전부 들여다보았다. 그는 또한 이 계산에 시장가치로 평가된 주식을 사용하게 된다. 버핏은 주당순이익EPS으로 실적을 판단해선 안 된다고 주의를 당부했다. 그는 "경영 실적의 주요 시험대는 (지나친 레버리지 사용, 회계 조작 등을 하지 않고) 투입된 자기자본으로 높은 이익률을 달성하는 것이지, 주당순이익으로 지속적인 수익을 올리는 게 아닙니다"라고 썼다. 몇몇 실제 수치는 1964년 이후의 성과를 압축해 보여 주었다. 이를테면 1964년 9월 30일(당시 회기 말) 버크셔의 장부가치는 주당 19.46달러였다. 1979년 말의 버크셔 장부가치(즉 보유 주식의 시장가치)는 주당 335.85달러로, 이는 연 복리 수익률로 20.5%였다.

비록 좋은 실적이긴 했으나 물가상승률이 두 자릿수대이면서 세금도 현재 수준을 유지한다면, 20.5%라는 버크셔의 수익률은 기업 인수 능력으로 실제 수익을 창출하는 데 충분한 것은 아니었다. 질문을 해 보자. 그럼 대안은 무엇이었을까? 20%라는 수익률이 충분하지 않다면, 물가 상승세가 강했던 시대에 인수 능력을 유지 또는 확대할 수 있는 다른 투자는 어떤 것이었을까? 버핏에게는 기회비용을 지침으로 활용하는 것 외에는 이 문제에 대한 해결책이 없었다.

수익원

주주 서한에 표시된 새로운 표는 주주들에게 해당 연도의 버크셔 영업 실적에 대한 직접적이면서도 의미 있는 풍부한 정보를 제공했다. 버핏은 다시 한번 입장을 달리해 자신이 주주라면 원할 정보를 주주들에게 전해 주었다. 정말 놀라운 이야기다*(180쪽의 〈표 4-2〉 참고).

한때 버크셔의 유일한 수익원이었던 방직 부문 이익은 세금 및 유가 증권 수익 반영 전 수치로 약 4,700만 달러인 이익의 4%도 되지 않았다. 가장 큰 수익원은 보험 부문에 있었다. 시즈 캔디, 일리노이 내셔널 뱅크 & 트러스트, 뮤추얼 세이빙스는 보험 이후로 유일하게 이익이 버크셔 세전 이익에 10% 이상 기여하는 자회사였다.

표 4-21 · 1979년 10% 이상 영업이익을 기록한 버크셔 해서웨이 자회사 요약
자료 · 1979년 버크셔 해서웨이 주주 서한 및 저자의 계산 단위 · %

보험계약 인수	8.0
보험 순투자 이익	51.7
전체 보험	59.7
시즈 캔디	16.2
일리노이 내셔널 뱅크	12.0
뮤추얼 세이빙스 & 론	10.1
나머지 전체 합산	14.4
차입금 금리	(12.5)
합계	100.0

참고
반올림으로 계산해 숫자 합산액이 일치하지 않을 수 있음.

눈썰미 좋은 독자들은 1979년의 이 표에서 신규 사업이 보고된 것을 눈치챘을 것이다. 블루칩 스탬프가 80% 지분을 보유한 자회사인 프리시전 스틸 웨어하우스Precision Steel Warehouse, Inc.**는 1979년 버크셔 이익에 거의 150만 달러나 기여했다. 버크셔 연례 보고서에 부록으로 담은 블루칩 주주들에게 보낸 서한에서, 찰리 멍거 의장은 1979년 2월에 블루칩이 이 철강 회사 지분을 1,500만 달러에 사들였다고 보고했다.*** 멍거는 블루칩 주주들에게 다음과 같이 썼다.

"철강 서비스 센터 사업은 사탕 회사에 추가되기에는 이상한 회사라고 일부 주주들이 문제를 제기할 수도 있습니다. 심지어 한 회사는 이미 예금 및 대출 사업도 합니다. 그러나 프리시전 스틸은 시즈와 매우 중요하고도 우수한 특징을 공유하고 있습니다. 바로 고객 이익과 공정거래에 대해 지속적으로 관심을 기울이는 전사적 문화입니다."

멍거와 버핏은 제품 자체가 아니라, 자기들이 그 회사를 제대로 이해했는지, 그 회사가 경제성이 좋은 사업을 하는지를 중요하게 여겼다. 사탕인지 철강인지는 아무 상관이 없었다.

요약 표는 버크셔 채권자들이 걱정할 게 거의 없다는 것을 알려 주었다. 이익은 거의 9배 이상의 이자를 감당할 수 있었고, 이자 지급 전 이익인 5,260만 달러는 버크셔의 직접금융 부채를 전부 상환하고 남을 정도였다. 명확하게 말하자면, 이 이익 수치는 버크셔의 지분율에 맞춰 조정된 모든 기본 이익에서 버크셔의 몫을 보여 주는 환산된 수치look-through number였다. 원문 대차대조표에는 이런 환산 수치가 없었다. 버크

---

*   별다른 언급이 없을 경우, 이는 버크셔의 규모를 이야기하는 것이다. 이런 식으로 하면 왜곡된 세금 영향을 배제한 채 매년 수치를 비교할 수 있다.

**   프리시전 스틸은 엄밀히 말하자면 웨스코 파이낸셜의 자회사로, 웨스코 파이낸셜은 뮤추얼 세이빙스도 거느리고 있었다. 웨스코는 블루칩의 자회사가 된다. 경제적 관점으로 보면 지주사 구조가 중요하지는 않다.

*** 1979년 주주 서한 표에는 프리시전 스틸이 해당 연도에 세전 기준으로 325만 달러의 이익을 올린 것으로 나타났다. 이는 1,500만 달러의 인수 금액으로 21.6%의 세전 이익률(이익의 4.6배)을 얻은 셈이 된다. 철강 사업은 경기순환형이었는데, 이것이 인수 금액에 어느 정도나 반영되었는지는 확실하지 않다.

셔의 비연결 지배 지분에는 약간의 부채도 포함되었는데, 적절한 분석 하에 처리되었다. 요점은 버크셔의 채권자들이 대단히 안전했다는 것이다. 그들의 채무자(버크셔)는 보수적으로 처리한 대차대조표상에서 규모가 상당하면서도 성장세인 이익 흐름을 보이고 있었기 때문이다.

방직업 및 소매 유통업

방직업의 암울한 현실을 감안해 보면, 방직 부문과 소매 유통 부문을 같은 카테고리로 연결한다는 사실이 경영자에게 편리하지만은 않았을 것이다. 그러나 버핏은 "모자에서 토끼를 계속 꺼내는(그것도 조그마한 모자에서 커다란 토끼를 꺼내는)" 벤 로스너 어소시에이티드 리테일 스토어 대표를 칭찬했다. 이 칭찬은 주주들로 하여금 이익에 대한 버핏의 생각을 엿볼 수 있게끔 했다. 현금이 최고라는 것이었다. 어소시에이티드 리테일이 벌어들인 이익은 "현금으로 이룬 것이고 다른 여러 소매 사업에서처럼 매출채권 및 재고자산 증가로 이룩한 게 아니었다"는 것이었다.

보험업

보험계약 인수가 다시 순이익 상태로 돌아섰는데, 이는 버크셔의 책임준비금이 마이너스 원가 상태였음을 의미한다.* 그러나 버크셔는 남달랐다. 보험업은 해당 연도에 보험계약 인수 손실을 보고했다. 책임준비

---

* 주주 서한에서 버핏은 합산비율이 98.2%에서 97.1%로 낮아졌다고 언급했다. 〈표 4-22〉와 일치하지 않는 것은 버핏이 이연보험계약취득원가DPAC를 포함하지 않아서인 것 같다. DPAC는 저자가 계산한 연례 보고서의 요약 수치에는 자세하게 나오지 않는다.

금의 마이너스 원가는 매우 좋은 상태라는 것을 떠올려 보자. 이는 버크셔에 어떤 투자 수익보다도 보험계약자들의 보험료가 더 많이 납입되고 있다는 것을 의미하기 때문이다. 하지만 버크셔는 그 자체의 성과에서도 약간 차이가 있었다.

버핏에 따르면 "정말 특출난 실적은 내셔널 인뎀니티가 제출한 것"이었다. 상세 내역을 보면 그의 말은 과장이 아니었다. 버핏은 필 리슈가 운영하는 내셔널 인뎀니티 부문의 이익률에 주목했다. 해당 부문은 수입 보험료 8,200만 달러에 840만 달러의 보험계약 인수 이익을 기록했으며, 합산비율도 90% 이하에 그쳤다.** 노동자 보상 보험료 수입이 35% 감소하긴 했으나 수익성은 급증했다. 버핏은 "1979년 초에 우리가 예상했던 것에 비해 훨씬 더 좋은 성과를 올렸다"고 전했다. 이는 상당 부분 캘리포니아에서 좋은 실적을 올린 데서 비롯된 것으로, 수년간의 분투 끝에 캘리포니아 사업이 마침내 제 역할을 하기 시작한 덕분이었다.

버크셔의 다른 보험 분야에서는 수치가 썩 좋지 않았다. 홈 스테이트는 1979년에 실망스러운 실적을 발표했다. 이 문제는 얼마간 콘허스커 캐주얼티 컴퍼니 탓이었다. 잭 링월트의 관심이 필요한 여러 문제 가운데 가장 중요한 것으로, 보험계약 인수 실적이 시원치 않았기 때문이었다. 그럼에도 버핏이 장기적으로 건실한 사업이라고 여긴 홈 스테이트 보험사업의 확장 활동은 계속해서 콜로라도 자회사 설립으로 이어졌다.

손실은 보험업의 전체 동향에 따라 재보험에서도 보고되었다. (부분

** 내셔널 인뎀니티 부문은 주로 차량 및 일반 책임보험군으로 보지만, 기타로 분류된 사업도 포괄했다.

표 4-22 · 보험 부문 선별 데이터 | 자료·1979년 버크셔 해서웨이 연례 보고서 단위·1,000달러

	1979	1978	1977
인수 보험료(순)	186,185	198,313	158,704
수입 보험료			
특수 차량 및 일반 책임보험	90,646	96,126	80,690
노동자 보상 보험	19,350	29,893	18,916
재보험	30,864	30,160	24,100
홈 스테이트 상품군	41,089	29,894	19,382
	181,949	186,073	143,088
보험 인수 손익(세전)			
특수 차량 및 일반 책임보험	7,845	11,543	7,800
노동자 보상 보험[1]	5,130	(3,944)	(1,644)
재보험	(4,338)	(2,443)	(1,251)
홈 스테이트 상품군	(4,895)	(2,155)	896
	3,742	3,001	5,801
합산비율(법정)(%)	97.2	96.7	93.2

주석
1. 홈 스테이트가 인수한 보험계약의 노동자 보상 보험 지급 범위는 재무제표의 주석에는 나오지 않음.

참고
이 표의 데이터는 연례 보고서의 각 부문별 실적에서 산출했다. 일부의 경우, 전년도 보고 기간에 올라온 수치와 차이가 있다.

적이긴 하지만) 손실을 완화하는 것은 버크셔에 제공된 의미 있는 재보험 책임준비금 자원이었다.

버핏은 보험업 전체 합산비율 105%로 볼 때 5년 동안은 쉽지 않은 시기가 될 것으로 예상했지만, 보험사업에 대해서는 계속 낙관적으로 전망했다. 그는 금리가 이 문제의 일부라고 설명했다. 보험사 경영자들은 고금리 때문에 수익성이 낮은 사업을 감수했는데, 책임준비금으로 들어오는 자금은 아무리 미미해도 (약 100% 초과) 다른 곳에서 구할 수 있는 것보다는 더 저렴한 재원이었기 때문이다. 낙관적으로 보는 요인에는 기름 값이 비싸다는 점도 있었다. 사람들이 운전을 덜하면서 교통사고 발생 횟수가 감소했기 때문이다.*

투자

버크셔가 주식을 더 선호하긴 했지만, 채권은 투자 포트폴리오의 중요한 부분이었다. 1979년 말 보험 대차대조표에서 채권(분할상환 원가 기준)은 1억 8,600만 달러 규모였는데, 이와 비교해 주식은 3억 3,700만 달러(시장가치 기준) 규모에 이르렀다.

버핏은 보험회사들이 채권에서 "이례적인 규모로" 손실을 입은 주요 인으로 회계 관행을 지목했다. 해당 관행은 분할상환 원가 기준으로 가치를 평가했기 때문에 (금리 변동에 따른) 시장가치 변화가 반영되지 않았다(회계적 의미든 지성적 의미든, 어떤 경영자들은 채권에서 그렇게 많은 가치 손실이 날 수 있다는 것을 전혀 몰랐다). 어떤 보험사들은 고금리가 채권 투자의 실질 수익 가치를 갉아먹는 요인이라는 사실을 인식하지도 못했다(금융 기사에서 흔히 볼 수 있듯, 채권 가격은 이자율과 반비례한다). 만약 경영자들에게 분할상환 원가가 아닌 시장가치로 채권 가치를 인식하게 했더라면, 경영자들이 "초창기 채권 계약의 위험성에 대해 훨씬 더 일찍감치 주목했을 것"이라는 게 버핏의 추정이었다.

비유의 달인인 버핏은 보험사 경영자의 비일관성을 설명하기 위해 예시를 들곤 했다. 경영자들은 보험료 인상에 따른 가격 상승으로 6개

---

* 사고 감소는 (나머지 조건이 전부 동일할 경우) 보험금 청구 건수가 줄어들고 이익이 높아졌다는 의미로, 이에 보험사들은 보험료율을 낮추게 되었다.

월짜리 보험이 더 안전할 것으로 판단하고 1년짜리 보험계약을 줄이고 있었다. 그러나 이 경영자들은 보험료를 받아서 30~40년 동안 고정된 값으로 "그 자금을 (투자 자금 같은 것으로) 내놓았다." 버핏이 흥미롭게 생각한 것은, 다른 상품이나 서비스를 고정된 값으로 계약하려는 매수자는 웃음거리가 될 수 있지만, 같은 시기에 자금을 구하는 매수자는 한 세대 이상 고정 금리를 유지할 수 있다는 점이었다.

버핏은 다른 사람들만 비판한 게 아니었다. 사실 그는 채권에서 저지른 실수 때문에 본인에게 더 엄격했다. "남들이 자는 동안이라도 잠이 덜 깬 상태에서는 스스로를 제대로 보호하지 못합니다. 15년 만기 채권 매입은 실수였지만, 우리가 저지른 일이었습니다." 채권으로 곤란해진 상황에 머물 게 아니라 실수를 깨닫고 손실을 보더라도 매도했어야 했다는 것이다. 이는 버핏이 주주 서한 독자들에게 이야기한 교훈이었다. 그는 방직 사업에서 배웠어야 했다며 "대세가 우리에게 불리하게 돌아가고 있는 분야에서는 … 현명해지려는 노력이 전혀 쓸모없다는 것을 깨달았어야 했다"고 언급했다.

은행업

1969년의 은행지주회사법에 따라, 버크셔는 일리노이 내셔널 뱅크 & 트러스트를 처분하는 마지막 기일을 1980년 12월 31일로 잡았다. 버핏은 주주들에게 설립자이자 경영자인 유진 아베그가 이룬 업적에 대해 기립 박수를 보내 달라고 청했다. 그와 이 은행은 그런 대우를 받을 만했다. 1979년은 이 은행이 버크셔 해서웨이 산하에 있는 마지막 해였을 뿐만 아니라, 평균 자산이익률 2.3%로 주요 은행 평균치의 3배나 되는 기록적인 성과를 낸 최고의 해였다.

버크셔는 이 법을 준수하기 위해 "이 은행 주식의 80~100% 매각 가능성을 살펴보고" 있었다. 버핏은 주주들에게 매각이 가격만으로는 정해지지 않을 것이라고 전했다. 그는 버크셔를 떠난 후 일리노이 내셔널 뱅크의 지배 구조에 진심으로 신경 썼고, 처음에 이 은행을 선택할 때만큼이나 매각에도 주의를 기울였다. 그는 주주들에게 "그렇게 우량한 자산은 쉽게 대체할 수 없을 것"이라며 다음과 같이 당부했다. "이 은행을 매각하면 주가수익비율PER이 몇 배 더 좋을 듯한 우량한 회사를 매수할 수 없습니다." 일리노이 내셔널 뱅크에 대한 자세한 내용은 1980년 요약 부분에서 다룰 것이다.

재무 보고 및 전망

버핏은 '재무 보고Financial Reporting'라는 제목의 섹션에서 주주들에게 버크셔가 현재 나스닥에서 거래되고 있다고 전했다. 모든 주주는 버크셔가 이익을 보고할 때 금융 뉴스의 주요 관심사인 다우 존스 지수에 대해서도 들을 수 있을 것이다. 버핏은 주주들에게 분기별 보고에서는 간단한 내용을 다루겠지만, 그의 연례 소통은 사업 부문별 주주에게 종합형이자 맞춤형으로 제공될 것이라고 말했다. "사(私)기업 소유주와 마찬가지로 (소액)주주도 사업 진행 상황과 평가 방식에 대해 CEO에게 직접 들을 권리가 있다고 여러분의 회장은 굳게 믿습니다."

버핏은 주주 서한에서 보여 준 투명성에서도 파격적이었다. 주주들 역시 파격적이었다. 버핏은 발행주식의 98%는 연초에 보유했던 사람들이 연말에도 보유하고 있다고 지적했다. 금융시장에서는 주식이 매일 거래되고 회전율이 높은 경우가 빈번하다는 점에서 이러한 충성도는 주목할 만하다.*

1979년 '전망Prospects'이라는 제목의 섹션으로 주주 서한을 마치면서, 버핏은 이듬해에 대한 실적 예상치를 낮추었다. 그는 영업이익이 상승할 것으로 예상했으나 성장률은 떨어질 것으로 내다보았다. 그는 일리노이 내셔널 뱅크를 매각하는 시기에 따라 실적 수치가 낮아질 수 있다고 유의를 당부했다. 그럼에도 불구하고 그는 버크셔 산하 기업들에 대해 장기적인 낙관론을 펼쳤다.

자본 배분은 중앙에서 통제하되, 사업은 각 회사에 위임하는 버크셔의 정책은 성공의 공식이었다. 확장성이 높았기 때문이다. 이 시스템은 향후 수년 동안 바뀌지 않으며 훨씬 더 큰 성공으로 이어진다. 1979년에 이런 시스템은 아직 초창기였다.

1980년

-

영업이익 4,190만 달러는 전년도에 보고한 3,600만 달러를 넉넉하게 웃돌았으나, (매입가로 평가한 유가증권의) 장부가치 상승률은 18.6%에서 17.8%로 낮아졌다. 버크셔는 1980년에 연말 기준 자산이 10억 달러를 돌파하는 등 (임의로 세운 것이긴 하지만) 중요한 분기점을 넘어섰다.

---

* 회전율은 특정 기간의 거래 횟수를 측정한 것이다. 회전율이 100%를 넘는 경우는 드물지 않다. 이것은 (이론적으로) 해당 기업이 한 해부터 다음 해까지 주주가 완전히 새로 바뀐다는 뜻이다.

주주들은 3년 연속으로 회계 관련 교육을 받았다. 이 교육은 기업별 버크셔의 지배 지분율에 대한 재무적 성과가 버크셔 주주들에게 보고된 방법을 다루는 것이었다. 버크셔 지분율이 100%인지, 50~100%인지, 20~50%인지, 20% 미만인지에 따라 회계 처리가 달라졌다. 모든 경우 버핏에게 중요한 점은 오직 지분율에 비례한 경제적 성과였다. 버크셔가 어떤 사업을 100% 지배하는지, 1주만 가지고 있는지와는 전혀 상관없었다. 회계 처리는 또 다른 문제였는데, 버핏은 버크셔의 주주들이 버크셔가 재무 상태에 변형을 가하는 방식을 이해하기를 원했다.

지분율 100% ｜ 이 경우는 완전히 소유한 자회사로, 가장 간단한 사례다. 재무적 성과는 모회사와 전적으로 연결된다. 대차대조표 항목(현금, 매출채권, 재고, 고정자산, 부채 등)과 손익계산서 항목(매출액, 비용 등)은 모회사의 재무와 함께 보고된다. 이러한 회계 처리는 신생 또는 기존 자회사의 실적을 상세하게 따로 기재하더라도 모회사의 일부이므로 합당하다. 이는 매사추세츠주 뉴베드퍼드에 있는 버크셔의 기존 방직 부문과 뉴햄프셔주 맨체스터에 있는 와움벡 부문이 대표적이다.

이런 회계 처리가 안고 있는 문제는 모회사가 여러 수많은 회사를 지배할 때 나타난다. 1978년 '버크셔-디버시파이드 리테일링' 합병 건을 떠올려 보자. 회계 처리가 실제 실적을 이해하기 어렵게 만들어서 합병에 따른 통합 실적이 완전히 무의미해지거나 거의 가치가 없어져 버렸다. 이에 버크셔는 주주들이 그런 잡음을 이해할 수 있도록 별도로 표를 제공하기 시작했다.

지분율 50~99% ｜ 기업이 다른 회사를 50% 이상 100% 미만으로 지배하는 경우, (49% 이하로 보유한) 소액주주를 고려해야 한다. 이런 경우에는 회계 처리 시 '1a' 항목(1번에 추가로 붙인 a 항목이라는 뜻-옮긴이)을 추가해 전부 연결할 수 있다. 해결책은 위 사례와 마찬가지로 (주요 주주의 계정과 함께) 계정을 연결하되, 재무제표에 소액주주 지분에 대한 항목을 추가하는 것이다. 금융 계정은 모회사와 함께 묶이며, 모회사 지분과 나머지 주주에게 귀속되는 이익의 지분은 모두 하나의 항목에서 회계 처리된다.*

지분율 20~49% | 이 정도 지분율에서는 회계 처리가 위의 소액주주 지분율 회계와 비슷하다. 이런 상황에서는 모회사만 소액주주 지분율 회계로 처리한다. 버크셔의 특정 예시를 들자면, 디버시파이드 리테일링 합병으로 버크셔의 투자 지분율이 50% 문턱을 넘어서기 전까지 블루칩 스탬프가 이런 방식으로 회계 처리되었다. 그 이전에는 블루칩에서 비롯된 유일한 항목이 블루칩에 대한 버크셔의 비례 수익을 나타내는 '블루칩 스탬프에 대한 수익equity in Blue Chip Stamps'이었으며, 손익계산서에도 '블루칩 스탬프 이익에 대한 수익equity in earnings of Blue Chip Stamps'이라는 비슷한 항목이 있었다.

지분율 20% 미만 | 여기서는 재무와 회계가 처리 방식이 다르다. 이 분류에 해당할 경우, 회계 규정에서는 투자 대상 기업에서 받은 배당금만 수익으로 잡을 수 있다고 규정한다. 아주 단순화한 예시를 들자면, 버크셔가 19.99%의 지분을 보유한 기업이 100달러의 세후 순이익을 올렸고 배당금은 없는 경우, 버크셔는 이 투자에 따른 이익을 회계상 이익으로 잡을 수 없다. 이와 달리 회사 지분을 20% 보유한 경우라면

---

* 다음 범주인 20~49% 지분율의 역순

이 20달러를 'OOO사 이익에 대한 투자 수익'으로 기록할 수 있다. 같은 재무 상황이지만 회계 처리가 확연히 다르다.

버크셔의 보험회사들은 상당한 규모의 주식을 보유하고 있었는데, 많은 종목이 위의 마지막 범주에 해당했다. 그리고 그 종목 중에서 다수는 대부분 이익을 사내에 유보하고 있었으므로(즉 이익을 배당으로 거의 지급하지 않아서), 이 수익은 버크셔 재무제표에 나타나지 않았다. 실제로 이 투자 대상 기업들의 수익에서 ('환산된 수치'라고 불렸던) 버크셔의 몫은 회사가 보고한 전체 영업이익보다 많았다. 마음속으로 이 상황을 그려 볼 수 있도록, 버핏은 물 밑에 대부분이 잠겨 있는 커다란 빙산에 비유했다. 자산이 있다고 해도, 더 자세히 들여다보아야 알 수 있다는 것이었다.

버핏은 주주들에게 자신의 견해가 통념과는 다르다며 유의할 것을 당부했다. 그는 회계가 아니라 재무 상태에 초점을 두었음을 주주들이 이해하기를 바랐다. 버핏은 버크셔의 보고 실적을 부풀릴 수 있음을 알려 주었지만, 그러한 행동에 "우리는 전혀 현혹되지 않습니다"라고 말했다. 그가 할 일은 버크셔의 주식 포트폴리오를 매도하고 그 수익으로 장기 비과세 채권을 매수하는 것뿐이었다. 그러한 행위로 회계상 이익을 3,000만 달러 이상 확대하곤 했다(세후 보고 이익으로는 50% 이상). 그러나 버크셔의 주식 포트폴리오에 포함된 기업들의 기저 이익에 대한 지분은 가치가 더 크기 때문에 버크셔의 경제적 포지션 역시 평가절하되었다.** 버핏은 버크셔의 지배주주로서 회계상 허용되는 명백하

** 위에서 나왔던 빙산 관련 비유를 쓰면, 채권 수익은 표면에 드러나지만 숨어 있는 (하지만 덩치는 더 커다란) 빙산에 대한 지분보다 가치가 떨어진다. 채권으로 전환할 경우에는 자본이득세 납부도 따라붙는다.

게 큰 수치에 홀리는 것보다는 온전히 경제성 측면에서 가장 합리적인 경로를 따라갔다.

알려진 바와 같이 인플레이션은 1980년에 13.5%로 최고치를 기록했다. 버핏은 인플레이션을 자본에 내재된 세금으로 비유했다. 명시적 소득세와 합산할 경우, 기업(매우 훌륭한 기업)의 주주는 매수력을 잃을 수 있다. 버핏이 들었던 사례는 물가상승률이 12%인 시절에 20%의 자기자본이익률을 올리는 기업이었다. 50%의 세율 부과 구간에 해당하는 사람이 수익을 모두 배당금으로 받는 경우, 결국 세후 10%가 되면서 연간 2%p의 매수력을 잃게 된다. 버크셔에는 인플레이션에 대한 면역이 없었기 때문에 버핏은 이 문제에 대한 해결책은 없더라도 주주들이 그것의 치명적인 효과를 알고 있기를 원했다.

수익원

버크셔의 세전 영업이익은 5,400만 달러로 16% 증가했다(180쪽의 〈표 4-2〉 참고). 주요 증가 요인은 보험 실적 개선(하단에 자세히 나옴)이며 시즈 및 블루칩 스탬프 실적 호전도 이어졌다. 버크셔 주주들에게 유의미한 투자 정보를 가능한 한 많이 제공하기 위해, 버핏은 몇 년 동안 주요 투자 대상 기업인 블루칩 스탬프와 웨스코 주주들에게 보내는 서한을 버크셔 보고서 끝부분에 함께 수록했다. 해당 서한은 찰리 멍거 회장과 루이 빈센티Louis Vincenti 회장이 각자 작성했다. 1980년에는 두 회사 모두 웨스코에서 뮤추얼 세이빙스 지점망 대다수(열다섯 곳)를 처분한 이야기를 전했다.*

이 매각은 은행처럼 단기 대출 영업에 대한 인플레이션 영향을 낮추기 위한 바람에 따른 것이었다. 은행 본점 건물과 지점 하나만 남기고 이루어진 지점망 매각은 "금융기관 측면으로는 여전히 적당하다고 여기지만, 토목공학상 내재된 안전 마진을 고려한 것이 계기가 되었습니다"라고 설명되어 있었는데, 멍거가 블루칩 주주들에게 보낸 서한에 따르면 "지진 리스크"를 낮추기 위한 것이었다.

지점망 인수자는 그 지역의 다른 저축 대부 조합인 브렌트우드 세이빙스Brentwood Savings였다. 매각은 예금계좌 부채 3억 700만 달러, 동일한 금액의 주택담보대출, 지점의 실물 자산에 대한 이전으로 이루어졌다. 이는 웨스코에 590만 달러의 세전 순이익(버크셔에 대한 세전 순이익 280만 달러)으로 이어졌다. 이 거래는 웨스코 자산에 대한 평균 수익률을 9.3%에서 7.7%로 떨어뜨리긴 했지만 레버리지를 대폭 감소시켰고, 중요한 것은 인플레이션의 파괴적인 영향에서 웨스코를 보호하는 데 도움이 된다는 것이었다. 버크셔 보고서에 제시된 수익원 표는 매각 차익과 웨스코의 영업 실적을 힘들게 나누었다.

비지배 기업(20% 미만)에 대한 버크셔의 투자 현황을 보면, 전체 시장가치가 5억 3,000만 달러, 매입가는 3억 2,500만 달러였다. 알루미늄 컴퍼니 오브 아메리카ALCOA : Aluminum Company of America(이하 '알코아')와 카이저 알루미늄 & 케미컬Kaiser Aluminum and Chemical Corp에 대한 버크셔 지분에 따른 이익을 합하면 1,300만 달러로, 버크셔의 전체 지배 자회사 대부분보다 많았다. 이러한 투자는 연말에 버크셔 주식 포트폴리오(시

---

* 블루칩 스탬프는 웨스코의 주식을 보유했으며, 웨스코는 뮤추얼 세이빙스를 거느렸다. 따라서 두 사람 모두 각 회사 주주들에게 제출한 보고서에서 각 회사의 중요한 자산인 뮤추얼 세이빙스에 대해 (물론 상당한 중복이 있긴 했지만) 다루었다.

가 기준)의 10%를 차지했지만, 기존 회계 규정 탓에 전체 경제적 이익이 재무제표에는 나타나지 않았다.

규모가 훨씬 큰 또 하나의 비지배 투자 대상 기업은 가이코였다. 버크셔가 보유한 주식 720만 주에서 이 보험회사 주식의 비율은 33%에 달했으며,* 가이코에서 비롯된 버크셔의 이익이 1년에 2,000만 달러에 이르렀다. 버크셔는 1976년에 이 종목을 4,700만 달러에 매수했는데, 4년 후 가치는 1억 500만 달러(포트폴리오 내 비중 20%)였다. 버핏은 가이코를 활용해 주식시장이 비상장 시장가치보다 싼 가격으로 훌륭한 기업을 살 수 있는 기회를 얼마나 자주 부여하는지 알려 주었다. 버핏은 2,000만 달러의 이익을 기록하는 비슷한 수준의 기업 지분을 매수하려면 최소한 10배의 비용이 들 것이라고 말했다. 그러나 버크셔는 가이코 지분을 저렴한 가격에 취득할 수 있었고, 배당정책 선택을 포함해 경영진이 회사를 알아서 경영하게끔 했다.

버크셔의 가이코 투자와 관련해 한 가지 특이 사항에 주목해야 한다. 일반적으로 33%의 지분율에는 투자 대상 기업에 대한 회계 처리가 필요하며, 손익계산서에는 버크셔의 비례 지분율이 보고된다. 그러나 버크셔가 다른 보험사를 지배하고 있는 것 때문에 가이코 주식의 의결권은 별도로 처분했다. 이는 워싱턴 D. C. 및 뉴욕 보험 당국의 특별 명령에 따른 것으로, 그렇게 하지 않으면 버크셔가 가이코 지분을 더 보유하고 있을 수 없어서 (배당금 수익만 보고하는) 비지배 기업과 유사한 회계 처리가 필요했다.

---

* 버크셔는 주식 보유량을 늘렸으며 가이코 또한 자사주 매입을 시작했다.

보험업

보험 산업은 1년 만에 버핏의 예상과 비슷하게 바뀌었다. 1980년의 보험업 합산비율은 103.5%로, 이는 책임준비금(보유 중이지만 궁극적으로는 보험계약자 등에게 귀속되는 자금) 조달 금리가 3.5%라는 의미였다. 당시 금리가 두 자릿수였음을 감안하면 이는 나쁘지 않은 성과였다. 실제로 버크셔에 속하지 않은 일부 보험 경영자들은 이런 이유로 합산비율 100% 이상에서의 보험계약 인수도 괜찮은 것이라고 여겼다. 그런 동일한 금리 환경은 일부 보험사의 투자 포트폴리오에서 이루어진 다른 비합리적 행위의 원인이 되기도 했다.

금리가 상승하는 환경은 일반적으로 채권 가격에 부정적인 영향을 미친다. 낮은 채권 값(분모)에는 똑같이 낮은 이자 지급(분자)이 따라와야 이율이 높아지기 때문이다. 주식 포트폴리오에서는 이러한 시장 가격 하락이 장부가치 하락으로 반영된다. 채권의 경우, 비용이 분할상환으로 장부에서 이월되었으며, 서류상 시장 변동에서 효과적으로 보호되었다. 보험사는 자본손실 없이 이자율이 낮은 채권을 매도할 수 없었다. 기껏해야 일부가 손익계산서에 손실이 날 수 있는 난처한 상황을 회피하려고 채권을 계속 보유하고 있었다. 다른 보험회사들은 투자를 유지할 수밖에 없었다. 손실 탓에 이미 미약한 자기자본 계정 금액이 감소했을 것임을 인식했기 때문이다.** 대다수 보험회사의 채권 포트폴리오는 대체로 자기자본의 배수로 이루어졌으며 일반적으로 보험계약자의 보험료로 자금을 조달했다. 따라서 보험회사는 책임준비금을

** 실제로 이러한 자본손실과 감소가 이미 일어난 상태였다.

유지하기 위해 어떤 비용을 써서라도 인센티브를 주고 보험계약을 인수했다. 보험계약 인수 손실을 보고하는 합리적인 방식은 자본손실을 실현하고 과세 채권으로 전환해 세후 수익률을 높이는 것이다.

버크셔도 이 시나리오의 영향을 받았다. 버핏은 매력적이지 않은 채권 보유분을 손실을 감수하더라도 매도하려고 일찌감치 행동하지 않은 것에 대해 자책하기도 했다. 버크셔는 두 가지 경로로 보호받았다. 첫째, 투자 포트폴리오는 주식 집중도가 높고 채권 집중도가 낮았다. 둘째, 버크셔의 보험회사들은 다른 보험회사들보다 자기자본과 관련해 훨씬 적은 규모의 보험계약을 인수했다. 버크셔의 인수 보험료 1억 8,500만 달러는 업계 평균 연말 기준 자본 3억 3,100만 달러의 56%에 불과했다.* 게다가 채권 포트폴리오는 연말 기준 다른 보험사가 자기자본의 300%(또는 3배)인 데 비해 버크셔는 50% 미만이었다. 이는 채권 손실이 버크셔의 자본에 끼치는 영향이 적다는 뜻이었다. 그럼에도 불구하고 버핏이 지적했듯 "업계의 문제는 버크셔에도 문제라는 의미"였다.

버핏은 버크셔의 보험사들에 대해 솔직하게 평가했다. 내셔널 인뎀니티는 낮은 보험료 때문에 보험료 규모를 스스로 감축한 상황에서도 계속 좋은 실적을 올렸다. 내셔널 인뎀니티의 재보험사업은 원수보험시장의 지속적인 약점을 반영하고 있으며 향후에도 큰 성장이 기대되는 것은 아니었다. 버핏은 재보험이 주춤하는 것이 안타깝게도 "재보험시장이 초보자들이 겨루는 시장으로 바뀐" 업계 상황에 따른 것이라고 말했다. 보험업은 진출하기가 수월하고, 선불로 들어오는 현금이 많으

---

* 이는 GAAP 기준 자본이다. 법정 자본 활용 비율은 더 높았지만, 동종 업계 대비로는 여전히 낮았을 것이다.

표 4-23 · 보험 부문 선별 데이터

자료·1979년 및 1982년 버크셔 해서웨이 연례 보고서 **단위**·1,000달러

	1980	1979	1978
인수 보험료(순)	184,864	186,185	198,313
수입 보험료			
특수 차량 및 일반 책임보험	88,404	90,646	96,126
노동자 보상 보험	19,890	19,350	29,893
재보험	33,804	30,864	30,160
홈 스테이트 상품군	43,089	41,089	29,894
	185,187	181,949	186,073
보험계약 인수 손익(세전)			
특수 차량 및 일반 책임보험	7,395	7,845	11,543
노동자 보상 보험[1]	4,870	5,130	(3,944)
재보험	(233)	(4,338)	(2,443)
홈 스테이트 상품군	(5,294)	(4,895)	(2,155)
	6,738	3,742	3,001
합산비율(법정)(%)	96.4	97.2	96.7

주석
1. 홈 스테이트가 인수한 보험계약의 노동자 보상 보험 지급 범위는 재무제
   표의 주석에는 나오지 않음.

참고
이 표의 데이터는 연례 보고서의 각 부문별 실적에서 산출했다. 일부의 경
우, 예전 보고 기간에 올라온 수치와 차이가 있다.

면서, 비용은 나중에 지불한다는 점이 사람들을 끌어들였다는 것이다.
이는 수익성이 훨씬 더 심각하게 변동되는 배경이 되었으며 수년 동안
상당한 규모의 규율이 요구되었다. 그렇긴 했어도 1980년 재보험의 미
미한 보험 인수 손실은 관련 책임준비금을 감안하면 매우 양호한 편이
었다(장부상 회사에 적절히 유보된 것으로 가정함).

홈 스테이트 보험 영업은 캔자스주에서 거둔 양호한 실적 이외에는
부진했다. 아이오와에서의 실적이 너무나 부진해 1973년에 창립된 인

슈어런스 컴퍼니 오브 아이오와the Insurance Company of Iowa는 폐업 후 콘허스커 캐주얼티와 합병되었다.

부정적인 보험업계 소식이 늘어나면서, 버핏은 버크셔의 보험회사들이 단체로 멋진 한 해로 전환했음을 언급하는 걸 깜박한 듯했다. 합산비율이 개선되면서 버크셔의 보험회사들은 기록적인 보험계약 인수 이익을 달성했다. 이는 약 3,100만 달러의 투자 수익이라는 사상 최고 기록이었다. 그럼에도 버핏은 다시 다음 해를 전망하며 글을 마무리했다. 그는 1981년에 규모도 감소하고 보험계약 인수 실적도 저조할 것으로 내다보았다. 하지만 버크셔의 실적은 업계 평균 이상이 되었다.

방직업 및 소매 유통업

1980년에는 버크셔의 방직업과 어소시에이티드 리테일 사업에 대한 보고문이 주주 서한의 도입부에서 멀어졌다. 이는 방직 사업 범위가 감축되었기 때문이다. 버핏은 주주들에게 뉴베드퍼드 공장 방적기의 생산능력이 3분의 1로 감소했으며, 뉴햄프셔주 맨체스터의 와움벡에서는 영업을 중단했다고 전했다. 나머지 사업부는 독립적인 제조 및 판매 부문으로 분사되었다. 방직 부문은 "최근 중고 130인치 사우어Sauer 브랜드의 직조기를 사들여 가장 수익성이 좋은 방직 부문에 2배 이상의 생산능력을 확보"했다고 밝혔지만, 해당 부문에서 투입된 자본은 감소하고 있었다.

비틀거리는 방직 사업과 같은 부문에 포함되어 있었지만, 버핏은 어소시에이티드 리테일을 칭찬했다. 1981년에 그는 벤 로스너의 리더십 아래에서 어소시에이티드 리테일이 창립 50주년을 축하하게 되었다고 언급했다.

일리노이 내셔널 뱅크 & 트러스트 오브 록포드

버크셔의 은행 자회사 일리노이 내셔널 뱅크의 소식은 2배로 애석했다. 첫째, 버크셔는 연방 법을 준수하기 위해 영업도 잘하고 수익성도 높은 은행을 1980년 12월 31일에 완전히 처분해야 했다. 당시 이 은행의 설립자 유진 아베그가 1980년 7월 2일에 82세 나이로 사망했다. 버핏은 아베그에 대해 매우 큰 찬사를 보냈고 11년간의 사업 관계를 애정 어린 마음으로 회상했다.

버핏은 "그는 친구 겸 은행가이자 시민으로서 타의 추종을 불허했다"고 말했다. 그리고 아베그가 빈말을 하지 않았다는 점과 전망치 이상으로 실적을 내는 사업 수완, 그의 강인한 성격에 존경을 표시했다. 버핏은 "(M&A 협상 시) 매도자는 매수자를 잘못된 쪽으로 유도할 기회가 수십 번은 있다…"면서도, "(아베그는) 협상할 때 부정적인 요소도 있는 그대로 이야기했다"고 전했다. 하지만 아베그는 버크셔가 은행을 인수한 후 그들이 정기적으로 만났을 때 은행의 긍정적인 요소에 대해 떠벌리지 않았다(혹은 언급하는 것을 잊었거나).

버핏의 칭찬은 (비록 그 은행이 문을 닫은 건 아니었지만) 은행의 부고문처럼 읽혔으며 고인에 대한 추도사와 합쳐졌다. 아베그는 1930년대에 그 당시 부유한 기업인이던 조지 미드George Mead(저자와는 인연이 없음*)의 요청으로 이 은행을 설립했다. 그는 거의 50년 동안 은행을

---

* 아마추어 계보 학자로서, 여기서 언급된 조지 미드와 우리 집안을 연결해 줄 수 있는 사람이라면 누구든 정말 감사드리겠다.

경영하며 기록적인 사업 성과를 올렸다. 1933년 일주일 동안 이어진 은행 휴업 기간 이후, 다른 은행들은 파산하거나 예금주에게 어떻게 지불할지 고민하던 시절, 아베그는 모든 예금주에게 전액을 지불하기에 충분한 현금을 보유하고 있었다. "수탁자로서 그의 태도는 늘 탁월했다"는 게 버핏의 이야기였다. 실로 대단한 찬사다.

재무적으로 이 은행이 매각되는 과정이 복잡하긴 했지만, 버크셔와 은행 주주들에게는 최고의 이익을 안겨 주기 위한 설계였다. 이 매각은 재무적으로는 전혀 하고 싶지 않은 거래였을 것이다. 버핏은 아베그에게 이 은행을 인수하고 운영하면서 받은 공정한 대우에 마찬가지로 공정한 매각으로 화답하고 싶었다. 메커니즘은 다소 복잡했지만, 그 과정은 '내가 나누고 상대방에게 먼저 선택권 주기I-cut-you-choose(두 사람이 케이크 같은 것을 나눠 가질 경우, A가 분할하면 B에게 분할 대상에 대한 선택권을 먼저 주는 방식. 상황상 공정하게 나누어질 가능성이 큼 - 옮긴이)' 분할 유형에 해당했다. 버핏은 이 은행과 버크셔의 지배주주로서 양 회사의 주식 교환 비율을 산정했다. 그가 설계했기 때문에 자신이 가장 마지막에 선택하는 것으로 했다.

버크셔의 주주 1,300명은 다음 세 가지 옵션을 선택할 수 있었다.

- 비례 옵션 : 버크셔와 은행의 대등한 지분율을 유지한다. 단, 유일한 차이는 은행 매각 후 2개의 주식 증서를 보유한다는 것. 선택한 주주 : 24명
- 은행을 더 선호하는 주식 교환 : 은행 지분율을 늘리되 이에 비례해 버크셔 지분율을 낮추는 것. 선택한 주주 : 39명
- 버크셔를 더 선호하는 주식 교환 : 두 번째 옵션과 정반대로, 버크셔 지분율을

늘리되 은행 지분율을 낮추고 총액까지 감소. 선택한 주주 : 1,237명

은행 주주가 되기를 선택한 주주는 모두 65명이었다. 기존 버크셔 주주와 거래를 통해 매각이 이루어졌기 때문에 버크셔 장부 내 은행 자본은 주주 간 주식거래로 사라졌으며, 이로 인해 버크셔는 4만 1,086주의 자사주를 약 2,900만 달러에 취득한 것으로 나타났다.

재무

1980년에 버크셔는 만기가 2005년 8월 1일인 6,000만 달러 규모의 채권 12.75%를 매도했다. 이 채권에는 1991년부터 시행될 감채기금sinking fund(減債基金) 정리 건도 포함되어 있었다. 감채기금이란 부채를 정기적으로 상환하기 위해 적립한 자금을 뜻하는 전문용어다. 이것은 매월 원금과 이자를 상환하는 주택담보대출과 꽤 비슷하다. 그러나 기존 주택 담보대출과 달리 기업의 부채에는 특수 충당금이 조건으로 딸린 경우가 많다. 버크셔는 이 경우로 1980년부터 1991년까지 6,000만 달러를 사용했는데, 이 기간에는 이자만 지급했다. 1991년에는 대출금 상각이 시작될 예정이었는데, 이는 원금 상환이 시작된다는 의미다. 그런 충당금은 대출 제공자에게 리스크를 낮춰 준다. 기존 대출은 만기에 신규 대출을 받아서 전액을 상환하기보다는 일정 기간에 걸쳐 상환한다. 버크셔는 그 자금을 즉시 사용하려고 생각하지 않았으나 기회가 올 것을 예상하고 조달해 둔 것이었다. 버핏은 미래를 생각했던 것으로, 돈은 당장 필요 없어도 미리 준비해야 나중에 필요할 때 바로 쓸 수 있음을 잘 알고 있었기 때문이다.

1981년

–

1981년에 버크셔의 세후 영업이익 3,970만 달러는 초기 자본(매입 가격) 기준으로 15.2%의 수익률을 낸 것이었다. 이런 수익률을 유지하기 위해서는 주식시장을 통해 더 많은 기업을 전체 혹은 아니면 일부를 사들일 유리한 기회가 필요하다. 이를 감안해 버핏은 버크셔의 인수 전략을 구상했다.

버크셔는 기업의 전체 지분이나 일부 지분(매도가능증권 형태)이면 좋다고 여겼다. 그는 버크셔의 비지배 투자(주식) 중 상당수는 때때로 시장이 제시하는 잘못된 가격 부여에 따른 기회 때문에 지배 기업보다 더 낫다고 이야기하기도 했다. 두 경우 모두 수익의 회계 처리는 관심사가 아니었다. 주식으로 거둔 버크셔의 수익이 재무제표에는 나타나지 않았어도 그 수익은 매번 성공적이었다. 이렇게 보고되지 않는 실질 수익을 합산하면 이미 보고된 버크셔의 수익을 초과했으며, 이는 버핏이 무슨 일이 일어나고 있는지 설명하려고 노력한 이유이기도 했다.

가이코, 제너럴 푸드, R. J. 레이놀즈 인더스트리, 〈워싱턴 포스트〉 등 버크셔의 투자 대상 기업 네 곳은 좋은 예시로, 이들 때문에 창출된 버크셔 귀속 합산 유보이익은 총 3,500만 달러나 되었다. 이는 1981년 버크셔의 이자 지급 전 이익의 절반 이상이다.* 배당률이 낮다 보니 버크셔의 회계에 드러난 자금은 거의 없었지만, 수면 아래에 있는 회사들의

---

* 나는 버크셔가 인수 금액의 일부를 차입금으로 조달했다는 사실과 무관하게, 버크셔 자회사의 기본 수익 창출력을 비교하기 위해 이자 지급 전 이익을 활용한다.

누적 가치를 시장이 인지하면 궁극적으로는 자본 수익으로 나타난다. 단기적으로는 회계 처리가 연간 자기자본이익률 수치를 떨어뜨릴 수 있지만, 시간이 지나면서 버크셔 주주들의 장부에 표시된다.**

버핏은 경제성보다 회계를 선호하는 기업을 딱하게 생각했지만, 경영자들이 왜 그런 선택을 했는지는 이해했다. 그들은 A형 성격으로 "대체로 혈기 왕성하고 종종 활동과 도전을 늘리기를 좋아"했다(한국은 A형을 소심한 성격으로 분류하지만 영미권에서는 성미가 급하고 승부욕이 강한 유형으로 분류함 - 옮긴이). 이런 경영자들은 〈포천〉 선정 매출액 기준 500대 기업에서 자사가 몇 위인지 정확히 알고 있다고 버핏은 말했다. 하지만 수익성 기준 순위를 아는 사람은 얼마나 될까? 거의 없을 거라고 그는 예상했다. 이런 경영자들은 그들이 키스해 주면 슈퍼스타가 될 거라고 생각하는 유명한 두꺼비를 매입하곤 했다. (하지만) 소수의 경영자들은 상당한 경영 수완을 발휘했는데, 버핏은 그들이 노스웨스트 인더스트리스의 벤 하인먼, 텔레다인의 헨리 싱글턴, 내셔널 서비스 인더스트리스의 어윈 자반, 그리고 특히 캐피털 시티즈 커뮤니케이션즈의 톰 머피였다고 이름을 거론했다. 머피에게는 인수와 경영 모두 기량이 뛰어나다며 별도로 칭찬했다. 주목할 부분은, 이런 경영자 칭찬을 할 경우 버핏은 본인을 확실히 제외하고 이야기했다는 것이다.

물가상승률이 계속 두 자릿수 가까이에서 움직임에 따라 인플레이션 우려가 꾸준히 제기되었다. 버핏은 인플레이션이 "거대한 기업 촌

** 우리는 이것을 정량화할 수 있다. 위의 영업이익은 4,000만 달러다. 만약 투자 대상 기업의 유보이익 3,500만 달러 중 400만 달러가 반영된다면 버크셔의 이익은 10% 증가한다. 버크셔의 보고된 자기자본이익률은 1.5%p 증가한다.

충"처럼 움직이면서 숙주의 건강과 상관없이 자금을 갉아먹는다고 말했다. 사업이 잘 안 될수록 자금이 갉아먹히는 부분이 더 커졌다. 세금과 인플레이션이 결합하면 시간이 갈수록 개인 투자자의 실질 구매력을 떨어뜨릴 뿐만 아니라, 기업 이익이 제자리걸음을 할 수밖에 없게 만든다. 기업은 일정 기간 이상의 단위 규모를 유지하려면 매출채권, 재고자산, 고정자산 같은 자본에 지속적인 재투자가 필요하다. 인플레이션의 가장 나쁜 영향 중 하나는 경영진의 의사 결정 시 왜곡된 판단을 내리도록 한다는 것이었다. 진짜 쟁점은 구매력 감소와 강제 재투자였다. 문제는 일부 경영자와 주주가 인플레이션과 금리 변동을 감안해서 의사를 결정하지 않는 것 같다는 점이었다.

수익원 보고

주주 서한(180쪽의 〈표 4-2〉 참고)에서 이제는 익숙해진 표를 보면, 1981년에 버크셔라는 신생 복합기업이 어떻게 운영되었는지 대략 알 수 있다. 조치는 보험과 사탕, 두 가지 영역에 집중됐다. 보험은 1981년 세

표 4-24 · 1981년 버크셔 해서웨이의 10% 이상 영업이익 출처 요약

자료 · 1981년 버크셔 해서웨이 주주 서한 및 저자의 계산 단위 · %

인수 보험료	3.1
보험 순투자 이익	82.2
전체 보험	85.3
시즈 캔디	26.4
기타 합산	15.0
부채 이자	(26.8)
합계	100.0

참고 반올림으로 계산해 숫자 합산액이 일치하지 않을 수 있음.

전 영업이익의 85%를 차지했다. 투자 수익과 구분해서 살펴보고 관리하던 보험계약 인수는 위축됐지만 여전히 수익성이 있었다. 순투자 이익의 증가와 함께 보험계약 인수 이익은 전년도보다 보험 부문 세전 영업이익에 대한 전체 기여분을 늘리기에 충분했다. 버크셔는 지난해 보험 부문의 자기자본에 추가하기 위해 조달한 수익금 60만 달러 중 2,875만 달러를 사용했기 때문에, 이러한 비교는 약간의 오해를 불러일으키고 있다.

표 4-25 · 시즈 캔디 선별 데이터 | 자료·1981년 블루칩 스탬프 주주 서한 및 저자의 계산

	1981	1972	변동률	연평균 변동률
파운드(판매 중량)(100만 파운드)	24	17	41%	3.9%
매출액(100만 달러)	113	31	260%	15.3%
세후 이익(100만 달러)	11	2	450%	20.9%

시즈 캔디의 세전 이익 1,250만 달러(버크셔의 지배 지분)*는 전체 세전 이익 중 4분의 1 이상을 차지하며 기여분 순위 2위로 껑충 뛰었다. 찰리 멍거는 블루칩 주주에게 보낸 서한에서 시즈에 대해 좀 더 자세히 설명했다. 〈표 4-25〉의 수치는 파운드화의 완만한 연간 증가율을 보여주었다. 그러나 시즈의 물가상승 전가 능력은 해당 기간 동안 두 자릿수 매출액 증가와 더 높은 이익 증가로 이어졌다.

1981년 시즈의 이익은 41% 증가했다.** 멍거는 해당 업계가 기본적

---

* 1981년 시즈 캔디의 이익에 대한 버크셔 지배 지분의 보고 수치는 1,300만 달러였다. 이는 다음 연도의 연례 보고서에서 원래 연도와 이미 지난 연도의 가벼운 불일치를 보여 주는 사례다. 나는 1981년 실적을 쓸 때 1982년 수치를 사용한다. 이런 경우에는 시간상 이점을 지닌 숫자가 더 정확하기 때문이다.

** 여기서 언급된 41%는 멍거 서한의 표에 나온 44% 증가율보다 낮다. 멍거는 개별 기업의 수치를 사용했다. 나는 일관성을 위해 버크셔 회장의 주주 서한에 기재된 수치를 사용한다. 이 차이는 블루칩 스탬프가 납부하는 주(州) 법인세 때문에 발생한다.

으로 침체 상태임을 감안하면, 이러한 증가세는 훨씬 인상적이라고 말했다.

이유가 뭐였을까? 언제나 (좋든 나쁘든) 어떤 결과의 이면에 숨겨진 이유를 찾길 좋아하는 멍거는 시즈의 성과가 몇 가지 요인에 따른 것이라고 설명했다. 첫째, 고객이 경쟁사보다 시즈 캔디 제품의 맛과 식감을 선호했다. 이는 "값비싼 자연산 품질관리 및 쾌적한 소비자 매장 서비스에 대한 고집"의 결과일 가능성이 컸다. 둘째, 시즈는 사탕 유통을 매우 조심스럽게 관리했는데, 모든 매장을 직접 운영하면서 유통을 통제했다. 따라서 시즈는 "제곱미터당 이례적인 판매량을 기록했는데 … 종종 경쟁사보다 2~3배 더 높았다"는 게 멍거의 이야기였다. 이렇게 우수한 사업 속성을 지닌 시즈는 블루칩의 장부 가치 3,830만 달러를 훨씬 넘어섰다.

1981년 버크셔의 나머지 이익 창출원은 전체의 15%를 차지하는 데 그쳤는데, 어떤 이들에게는 이 부분이 관심거리였다. 1980년 지점망을 정리한 후, 뮤추얼 세이빙스는 예상했던 실적을 내면서 세전 이익이 280만 달러에서 80만 달러로 떨어졌다. 블루칩 스탬프의 자회사인 〈버펄로 이브닝 뉴스〉는 경쟁사에서 제기한 소송으로 고전하면서 버크셔 주주들에게 70만 달러의 손실을 입혔다. 주주들은 또한 이자 비용 증가를 인식하게 되었다. 1980년에 6,000만 달러의 대출을 받은 데서 비롯된 결과로, 이자 비용은 1981년에 940만 달러에서 1,270만 달러로 껑충 뛰었다.

보험업

1981년 보험업계 참여자의 비합리적인 가격 산정은 1년 내내 이어졌고 버핏은 주주 서한(1982년 초 작성)에서 "1982년은 보험계약 인수 사상 최악의 해가 될 것"이라는 확신을 안겨 주었다. 보험업 데이터(〈표 4-26〉 참고)는 인수 보험료의 연간 변동률과 그 이듬해 수익성이 받는 영향의 상관관계를 나타낸다. 인플레이션 시기에 보험회사들이 보험료 인상으로 비용을 충당하지 못했음을 뜻하는데, 합산비율 100% 이상으로 표시되는 수익성은 잘못된 경로로 흘러가고 있었다.

표 4-26 · 보험 부문 선별 데이터
자료·1981년 버크셔 해서웨이 연례 보고서에 나온 베스트 어그리게이츠 & 애버리지 자료 재인용 **단위**·%

	1981	1980	1979
인수 보험료 성장률	3.6	6.0	10.3
수입 보험료 성장률	4.1	7.8	10.4
합산비율	105.7	103.1	100.6

지난 3년간 보험업계의 보험료 성장률은 한 자릿수로 떨어졌다. 그 결과 합산비율이 악화되었다. 급속도로 악화되고 있던 분기별 데이터 추세를 감안하면 상황은 훨씬 심하게 악화될 전망이었다. 보험 업종의 개방성 때문에 보험료율은 일반적으로 가장 비합리적인 경쟁사의 행동에 좌우되었다. 즉 그런 보험사가 대다수 보험회사를 끌어들이면 나머지 보험회사도 따라갈 필요성을 느끼는 것이다. 손실이 명백한 상황에서는 보험계약을 인수하지 않는 버크셔는 1981년에는 전년도에 비해 거의 20% 적은 규모로 보험계약을 인수했다(1980년에는 아이오와 홈 스테이트의 영업 중단으로 일부 실적이 저하되었다).

표 4-27 · 보험 부문 선별 데이터

자료·1979년 및 1982년 버크셔 해서웨이 연례 보고서 **단위**·1,000달러

	1981	1980	1979
인수 보험료(순)	148,000	184,864	186,185
수입 보험료			
특수 차량 및 일반 책임보험	73,177	88,404	90,646
노동자 보상 보험	18,193	19,890	19,350
재보험	29,446	33,804	30,864
홈 스테이트 상품군	38,197	43,089	41,089
	159,013	185,187	181,949
보험계약 인수 손익(세전)			
특수 차량 및 일반 책임보험	3,020	7,395	7,845
노동자 보상 보험[1]	2,822	4,870	5,130
재보험	(3,720)	(233)	(4,338)
홈 스테이트 상품군	(644)	(5,294)	(4,895)
	1,478	6,738	3,742
합산비율[2](법정)	101.6%	96.4%	97.2%

주석
1. 홈 스테이트가 인수한 보험계약의 노동자 보상 보험 지급 범위는 재무제
   표의 주석에는 나오지 않음.
2. 1981년 합산비율은 법정 비율과 GAAP 합산비율 사이에 차이가 있음. 보
   험계약 인수액이 손익분기점에 근접한 경우, 법정 합산비율을 사용하면
   명백한 불일치가 발생할 수 있음.

참고
이 표의 데이터는 연례 보고서의 각 부문별 실적에서 산출했다. 일부의 경
우, 예전 보고 기간에 올라온 수치와 차이가 있다.

주주 지정 기부금

버크셔의 새로운 자선 기부 프로그램은 버크셔의 부회장 찰리 멍거의
아이디어였다. 버크셔 주주들은 자신이 보유한 주식 수(주당 금액은 버
크셔가 결정)에 따라 기부 대상을 지정할 수 있는 선택권을 얻었다. 이
선택권은 장부상 명의로 주식을 보유한 주주(즉 중개업체를 거치지 않

고 직접 등록된 주주)만 제한적으로 받았다. 첫해에 주주의 90%(버핏의 지분을 포함하면 95.6%)가 참여를 선택했다. 총 180만 달러가 675곳의 자선단체에 기부되었다. 버크셔는 주주들이 가장 선호하는 자선단체에 즉시 송금하는 방식으로 주주들에게 사실상 비과세 배당금을 지급한 것이었다.

1982년

–

보험계약 인수가 부진할 것이라는 버핏의 예상은 현실이 되었다. 이것은 두 가지 다른 요인과 함께, 그의 초기 자기자본 대비 기준 수익률을 9.8%로 만드는 계기가 되었다. 이 저조한 수치는 1982년 주주 서한의 첫 문장으로 보고되었다. 부진을 유발한 다른 두 가지 요인은 자기자본 기반 증가와 비지배 회사에 대한 높은 수준의 투자였다.

버크셔의 자본으로 매년 높은 성장률을 유지하는 것은 훨씬 어려웠다. 모든 이익을 유보하는 버크셔의 관행은 배당금을 지급하거나 정기적으로 자사주를 매입하는 다른 기업들과 비교해 자본이 훨씬 빠르게 축적되는 결과를 불러왔다. 버크셔가 증시를 통해 비지배 회사에 대규모로 투자하는 것(일부는 이것 때문임)과 더불어, 버크셔의 보고된 이익은 실제 재무상 이익을 완전히 반영하지 못했다. 버핏이 이전 서한에서 이야기했던 빙산은 성장하고 있었지만, 대체로 수면 아래에서 이루어지고 있었다.

이런 이유로 버핏은 자신이 선호하던 평가 기준의 교체를 제안했다.

그는 (주식을 매입가로 평가하는) 초기 자기자본 대비 영업이익률 살펴보기 대신에, 연간 순자산 가치 변동률 또는 (주식을 시장가치로 평가하는) 장부가치 변동률을 제시했다.* 이 기준은 비록 매년 주가가 내재 가치에 따라 변하더라도 비지배 회사의 유보이익이 그 가치를 보여 준다.

버핏은 평가 기준 교체의 근거를 뒷받침하기 위해 몇 가지 예시를 들었다. 예전 보고서에서 언급했던 4개 기업(가이코, 제너럴 푸드, 워싱턴 포스트, R. J. 레이놀즈 인더스트리)은 1982년에 버크셔에 귀속되는 5,400만 달러의 이익을 기록했다. 그러나 버크셔의 손익계산서에는 배당금만 표시되어 1,400만 달러만 포함되었다. 가이코는 버크셔의 회계상 이익에 세후 350만 달러를 기여하는 것에 그쳤는데, 가이코의 유보이익 중 2,300만 달러는 수면 아래에 있었다. 버크셔가 9억 2,100만 달러의 지분 포트폴리오에서 다른 많은 비지배 회사에서 얻는 경제적 이익의 상당한 부분이 비슷하게 숨겨져 있었다.

버핏이 제안한 이 새로운 평가 기준은 수익률을 "단숨에 9.8%"로 40%나 끌어올렸다. 순자산 가치 수익이 2억 800만 달러나 되어서였는데, 회계상 영업이익 3,150만 달러 대비 무려 6.6배에 이르는 수치였다. 버핏은 본인이 주주였으면 어떻게 생각했을지 바로 이야기했다. "여러분은 그런 주장을 의심해야 합니다. 평가 기준은 좋은 성적을 내는 동안에는 좀처럼 버림을 받지 않습니다"라고 말이다. "우리는 일반적으로 미리 설치된 오래되고 조그마한 과녁을 믿고 있습니다"라며 "기업 실적이라는 화살을 빈 과녁에 발사한 다음에 조심스럽게 꽂힌 지점을

---

* 이 계산에는 차익 실현 시 납부할 세금에 대한 조정이 포함된다.

표시하는 것"이 아니었다는 것이다. 버핏의 논리는 합당했다. 또한 버크서에도 재무회계의 변동성을 보완하기 위해 실적 평가 기준을 재조정하는 것은 타당했다.

수익원 보고

부어오른 엄지손가락처럼 볼록 튀어나온 보험 부문의 2,160만 달러 세전 보험계약 인수 손실은 속이 상할 만했다. 예상하긴 했어도 손실 전환은 여전히 이해하기 어려웠다. (다음에서 더 자세히 설명하겠지만) 1982년 보험의 긍정적인 요인 중 하나는 (또는 최소한 대규모 보험계약 인수 손실에 대한 경감 요소이기도 한 것으로) 4,160만 달러의 세전 순투자 이익이었다. 보험업이 전체적으로는 수익성이 있다는 것을 알고 나서는 다소 위안이 되었을 것이다.

표 4-28 · 1982년 버크셔 해서웨이의 10% 이상 영업이익에 기여한 출처 요약

자료·1982년 버크셔 해서웨이 주주 서한 및 저자의 계산 **단위**·%

보험계약 인수	(77.7)
보험 순투자 이익	150.0
전체 보험	72.3
시즈 캔디	51.3
웨스코 파이낸셜(모회사)	10.6
기타 합계[1]	12.6
차입금 이자	(46.8)
합계	100.0

주석
1. 블루칩 스탬프(모회사)가 9.0%로 나타남.

〈버펄로 뉴스〉가 〈선데이〉 독자층을 끌어오는 데 성공했지만, 영업 손실(그해 버크셔에 귀속되는 세전 금액으로 70만 달러)은 여전했다고 보고되었다. 〈더 뉴스〉는 일요일판 발행 부수가 36만 7,000부까지 늘어났다. 6년 전에는 일요일판이 없었음을 생각하면 놀라운 성과였다. 게다가 일요일판은 경쟁 매체인 〈커리어 익스프레스〉가 독점하고 있을 때도 발행 부수가 27만 2,000부에 불과했다. 구독 가구 성장률이 매우 낮은 시장에서, 이 수치는 신문에서 구독자라는 가치를 찾아냈음을 가리키는 것이었다. 이번 주주 서한에서는 헨리 어번, 스탠 립시, 머레이 라이트, 클라이드 핀슨, 데이브 페로나, 딕 페더 등의 경영자 이름이 언급되었다.

동일한 수익원 표*에 있는 또 다른 항목이 눈에 띄었을 것이다. 현재 뮤추얼 세이빙스(블루칩의 웨스코 자회사를 통해 본점과 지점 한 곳만 두고 있음)는 세전 손실(버크셔의 지배 지분 이익은 2,000달러. 숫자 0이 생략된 것이 아님)을 기록했으나 세후 이익은 150만 달러 이상이었다. 무슨 일이 있었던 것일까?

찰리 멍거는 보고서에서 블루칩 주주들에게 이에 대해 설명했다. 그는 주주들에게 이례적인 세전 손실과 세후 이익이라는 결과는 과세 효과가 블루칩과 연결되면서 이루어진 절세 덕분이었다며 "실적이 좋았던 것은 아니었다"고 말했다.** 멍거는 또 다른 특이 사항을 지적했다. 뮤추얼 세이빙스의 영업이익은 세금 증가에도 초기 자기자본 4,620만

---

* 버핏의 서한에서는 버크셔의 세후 지배 지분 이익 외에도 버크셔의 지배 지분에 대한 개별 기업 차원의 세전 이익도 다루었다. 〈표 4-2〉에는 버크셔 주식에 대한 세전 이익만 들어 있다.
** 뮤추얼 세이빙스는 주택 담보부 증권의 판매에서 손실을 냈다. 이것이 절세 혜택을 안겨 주었다.

달러 대비 7.1%의 수익률을 기록했다. 블루칩은 뮤추얼 세이빙스의 지분을 저렴하게 사들인 덕택에 18.1%의 수익을 올렸다.***

뮤추얼 세이빙스는 2년 전 버크셔가 매각해야 했던 일리노이 내셔널 뱅크와 비슷하게 운영되었다. 뮤추얼 세이빙스는 이자가 붙는 예금과 연계한 높은 수준의 자본 보유, 고비율의 단기 현금 및 현금성 자산 보유, 일반 뮤추얼 세이빙스의 주택담보대출 포트폴리오보다 수익을 잘 내는 평균 이상의 비과세 자산 보유라는 방침을 지니고 있었다. 1981년의 은행과 저축은행에 대한 규제 완화는 멍거가 허리케인 같았다고 비유했던 변화와 치열한 경쟁을 불러일으켰다. 뮤추얼 세이빙스는 1980년에 지점을 처분한 데다 보수적인 운영 철학으로 큰 피해를 입지 않았다.

블루칩의 다른 두 주요 자회사인 시즈 캔디와 프리시전 스틸은 서로 다른 해를 보냈다. 시즈는 실적이 좋았으나 프리시전 스틸은 부진했다. 멍거는 "시즈는 지금까지 우리가 인수한 기업 중 단연 최고의 기업"이라고 썼다. 1982년에 시즈의 이익은 13.4% 증가한 1,420만 달러로, 1981년에 설명한 바 있던 마니아층의 덕을 계속 보고 있었다. 여전히 이익을 보고하긴 했지만, 프리시전 스틸은 65만 달러의 세후 비용으로 마감된 수익성 없는 정밀 측정 공구 상품군과 더불어 심각한 철강 업종 침체까지 겹쳐 고전했다.

(여전히 150만 달러 이상의 세전 손실을 입긴 했지만) 방직업 실적은 1981년보다는 호전되었다. 방직 부문은 계속 위축되었다. 매출액은

*** 블루칩은 웨스코의 장부가치를 1,820만 달러로 기재했다. 저렴한 매입 가격에 따른 수익으로 긍정적인 상각 효과도 약간 얻었다.

2,180만 달러, 총자산은 1,290만 달러에 불과했는데, 440만 달러의 재고를 포함한 것이었다(매출채권은 따로 기재되지 않음). 이 부문은 문자 그대로 주석_{footnote} 수준으로 사라져 가고 있었다.

보험업

모든 사업 영역의 규모가 감소했는데, 노동자 보상 보험 1개 부문을 제외한 전 부문 보험계약 인수 손실로 전환되었다. 주요 당사자 두 곳은 내셔널 인뎀니티의 특수 차량 및 일반 책임보험, 그리고 재보험 부문이었다. 1982년 버크셔의 보험계약 인수는 보험 업종 전체보다 훨씬 악화되었다. 버핏은 이 사실에 대해 자신의 스타일대로 사탕발림을 하지 않고 꾸밈없이 이야기했다.

재보험 부문에서는 두 가지 이유로 보험계약 인수 손실이 급증했다. 첫째, 1982년 초 미국 남서부 지역에서 발생한 폭풍이 즉각적인 보험금 청구로 이어졌다. 두 번째는 부정적인 손해 확대였다.

재보험의 특징은 청구가 수년에 걸쳐 이어진다는 것이다. 하지만 경영진은 (먼 미래에 발생할 것으로 예상되는 비용이 얼마든 상관없이) 모든 미래 비용을 처음부터 바로 추산해야 한다. 1982년 버크셔의 재보험사업에서처럼 전년도 손실 추정치가 변경될 경우에는 조정이 일어난 연도에 손실 증가 비용이 기록된다. 비용의 최초 추정치가 너무 낮은 것으로 나타나면 부정적인 손실 증가가 발생한다.* 긴 시계_{time}

---

* 긍정적인 손실 증가가 발생할 수도 있지만, 추정치에는 낙관론이 만연해 있다 보니 가장 자주 나타나는 것은 부정적인 증가다.

표 4-29 · 보험 부문 선별 데이터

자료·1979년 및 1982년 버크셔 해서웨이 연례 보고서 **단위**·1,000달러

	1982	1981	1980
인수 보험료(순)	149,091	148,000	184,864
수입 보험료			
특수 차량 및 일반 책임보험	69,026	73,177	88,404
노동자 보상 보험	15,951	18,193	19,890
재보험	27,408	29,446	33,804
홈 스테이트 상품군	37,552	38,197	43,089
구조화 합의 및 포트폴리오 재보험	3,008		
	152,945	159,013	185,187
보험계약 인수 손익(세전)			
특수 차량 및 일반 책임보험	(12,647)	3,020	7,395
노동자 보상 보험[1]	2,658	2,822	4,870
재보험	(7,524)	(3,720)	(233)
홈 스테이트 상품군	(3,949)	(644)	(5,294)
구조화 합의 및 포트폴리오 재보험	(96)		
	(21,558)	1,478	6,738
합산비율(법정)[2]	115.0%	101.6%	96.4%

주석
1. 홈 스테이트가 인수한 보험계약의 노동자 보상 보험 지급 범위는 재무제
표의 주석에는 나오지 않음.
2. 1981년 합산비율은 법정 비율과 GAAP 합산비율 사이에 차이가 있음. 보
험계약 인수액이 손익분기점에 근접한 경우, 법정 합산비율을 사용하면
명백한 불일치가 발생할 수 있음.

참고
이 표의 데이터는 연례 보고서의 각 부문별 실적에서 산출했다. 일부의 경
우, 예전 보고 기간에 올라온 수치와 차이가 있다.

horizon(視界)는 장기적인 책임준비금을 창출한다는 관점에서는 좋지만,
경영진의 추정치는 잘한다 해도 낙관론의 영향을 받기 쉽고 최악의 경
우 완전히 예상이 빗나가면 종종 준비금 부족으로 이어진다.

치열한 경쟁에 따른 압박 때문에 보험업계 전반에서는 요율이 낮아

졌을 뿐만 아니라 리스크도 증가했다. 내셔널 인뎀니티의 특수 차량 및 일반 책임보험 부문은 보험계약 인수 수익성이 상당히 출렁였다. 버크셔는 이 사업에 대해 일부 문제는 용인한 것이었다고 고백했다. 추세가 불리하게 돌아가는데도 불구하고 제대로 파악하지도 않고 뛰어들었던 것으로, 돌이켜 봐도 입이 10개라도 할 말이 없는데 "계획을 잘못한 데다 실행도 부실"했다.

홈 스테이트 부문은 수익성 때문에 계속 고전했다. 미네소타에서는 보험계약 인수가 매우 부진해서 버크셔는 레이클랜드 파이어 & 캐주얼티 컴퍼니Lakeland Fire and Casuality Company를 폐업했다. 이 회사는 1971년에 설립되어 미네소타에서 사업을 해 왔다. 노동자 보상 보험 부문만이 한 줄기 햇살이었다. 이 부문은 4년 연속으로 이익을 기록했다.

1982년 버크셔의 합산비율 115%는 당연히 부진한 것이었는데, 버핏이 보험업 전체 합산비율로 추정했던 109.5%보다 훨씬 좋지 않았다. 그리고 만일 그런 추세가 지속된다면 단 몇 년 내로 대규모 해고를 단행할 수밖에 없었다. 버핏은 보험업계 평균 추정치가 가장 좋은 사례라고 여겼다. 미래 손실 추정 시에는 경영자가 재량껏 손댈 여지가 상당했던 탓에 많은 해악이 발생할 수 있었다.

버핏은 회사명을 밝히지 않았지만, 1982년에 다른 몇몇 보험사들이 업계에 충격을 주는 심각한 손해라는 타격을 줄이기 위해 의심스러운 회계 처리를 했다고 말했다. 버핏은 단도직입적으로 이렇게 말했다. "다른 곳과 마찬가지긴 하지만, 보험에서도 사업 부진에 대한 서툰 경영진의 대응은 종종 허술한 회계 처리로 나타납니다." 버핏의 비꼬기는 다음과 같은 유명한 경구로 이어졌다. "빈 자루는 똑바로 서기 어렵습니다."*

다른 보험 주기와 마찬가지로, 사람들은 보험 단가 산정의 문제점이 완화되면 수익성이 개선될 것이라고 생각했다. 하지만 버핏은 그렇게 생각하지 않았다. 그는 1983년과 1984년에도 지속적으로 손실이 날 것으로 내다봤다. 보험은 진입하기 쉬운 원자재형 사업이었다. 수익성 인식이 지연된다는 보험계약 인수 사업의 바로 그 특성 때문에 인수 가능 규모를 초과해 보험계약을 인수하는 경우가 그렇지 않은 경우보다 훨씬 많았다. 또 정부가 강제한 보험 단가도 존재하지 않았다. 보험회사는 하고 싶은 대로 보험 단가를 책정할 수 있었다.

그런 제약 없는 경쟁이 항상 통하는 것은 아니었다. 1950~1970년 같은 과거 10년 구간에는 보험업 평균 합산비율이 99%였다. 버핏은 당시 업계는 경쟁이 치열하지 않아서 "보험 감독 당국이 조성한 법정 준-관리 가격제"로 움직였다고 말했다. 수익성이 없어지면 보험회사 모두가 신사적인 방식으로 이를 바로잡기 위해 나서곤 했다. 보험회사들은 사실 법적으로 서로 보험계약 단가를 인하하는 게 금지돼 있었다. 그런 시절은 지났으며 이 힘든 상황을 바로잡는 유일한 방법은 보험 인수 가용 규모(즉 공급)를 낮추는 것이었다.

주식 발행

'주식 발행'이라는 제목의 섹션에서는 다음과 같은 첫 문장이 미래를 알려 주었다. "버크셔와 블루칩은 1983년에 합병을 고려하고 있습니다." 이는 주주 서한 독자들이 자세를 고쳐 앉고서 꼼꼼히 살펴보게 만

---

* 버핏의 이 표현은 벤저민 프랭클린이 한 말을 인용한 것이다.

들었다. 버핏은 합병 자체에 대해서는 자세히 설명하지 않았다. 그 대신 일반적으로 주식 기반 M&A(인수 및 합병)와 그 M&A에 따른 지나치게 잦은 가치 파괴 관행에 대해 설명했다.

합병이란 사업상 결혼이라는 비유를 기억하는가? 현명한 사람이라면 충분히 생각하지 않은 채로는 결혼하지 않을 것이다. 합병에 대한 버핏의 장황한 설명은 지식을 공유하는 그만의 방식이었다. 버크셔의 주식 발행 정책에 대해 그는 이렇게 말했다. "우리의 주식 발행은 다음과 같은 단순한 기본 원칙을 따릅니다. 우리가 상대편에 부여하는 만큼의 기업 내재 가치를 제공하지 않는다면 주식을 발행하지 않을 것입니다." 다른 경영자도 다 이렇게 합리적으로 행동하지 않는가? 그렇지 않다. 경영자의 거래에 대한 간절함이나 합병에 대한 양측의 평가가 관련 당사자 중 한쪽의 가치를 파괴하는 행동을 유발한다고 버핏은 상당히 자주 설명했다. 대개는 가치 파괴 행동(일반적으로 저평가된 주식을 발행하거나 대상에 대해 과도한 대금을 지불하는 것)을 하는 사람은 인수자인데, 거래 상대방이 가치를 파괴할 수도 있다.

버핏은 한 가족 농장을 예로 제시했다. 만약 주위에 있는 60에이커 넓이의 농장과 120에이커 넓이의 농장을 합병한다면 180에이커 넓이의 농장이 생긴다. 이 합병은 두 농부 사이에 동등한 크기의 파트너십을 부여한다. 그러나 이 계산은 둘 중 더 큰 농장 소유자의 지분율을 25%(30에이커) 떨어뜨렸다(120에이커 농장이었을 때는 100%였던 지분율이 180에이커 농장에서는 50%가 됨. 즉 각각 90에이커씩 보유). 이런 일은 기업이 합병할 때 항상 발생한다.

두 농장의 넓이가 똑같은 경우라도 상대적 평가가 가치 파괴 결과를 유발할 수 있다. 예를 들어 두 농장 중 하나가 제 가치의 절반 가격에 매각되었다면, 그 결과는 버핏이 앞에서 설명한 시나리오와 같을 것이다. 저평가된 쪽은 자기들이 얻은 것 이상의 더 큰 것을 포기하게 되어서다. 버핏은 경영자와 이사들이 회사를 일부 매각할 때 고려했던 것과 동일한 가치로 그 사업부 가치의 100%를 매각하게 될지 자문해 보아야 한다고 생각했다. 이러한 사고의 수순은 버핏이 상장사 혹은 비상장사를 100% 미만으로 사들일 때 활용하는 방식이다. 전체에 대한 가치 평가로 시작한 다음, 여러 부문으로 쪼개어 지불할 부문의 주당 가격을 판단한다.

이 문제의 핵심은 CEO가 주주와 다른 인센티브를 받는다는 것이었다. 부채나 현금보다는 주식을 이용함으로써 그(당시에는 대다수 CEO가 남자였음)는 결국 주주들의 희생으로 더 큰 지분을 갖게 되었다. 이러한 M&A는 미래 사업 가치가 실현되거나 성장을 위한 성장이 필요할 때, 혹은 인식된 세금 문제를 기반으로 (경영자가 시행하다 보니 주식에 대한 사항도 일부 감안해) 종종 이루어졌다.

버핏은 계획했던 블루칩 합병에 대해 주주들에게 미리 이야기하면서 그가 주주들에게 최선의 이익을 제공할 수 있도록 행동하겠다고 알린 것이었다. 그는 버크셔에서 자신이 처리했던 다른 유일한 합병 사례인 1978년 디버시파이드 리테일링과의 합병 때 주식 발행이 이루어졌던 것을 상기시켰다.* 블루칩 합병이 임박했을 때 버핏은 "주주 자산

---

* 엄밀히 말해서 사실이긴 하지만, 1980년 말 일리노이 내셔널 뱅크 & 트러스트의 분사에서는 버핏이 버크셔와 이 은행의 가격(교환 비율)을 산정했기 때문에 이 주장이 100% 정확한 것은 아니다. 그리고 사실 그 매각 건은 자사주 거래로 회계 처리되었다.

증가 또는 기업 규모에 대해 (대주주와 소액주주 간에) 권리를 다르게 적용하겠다"고 약속했다. 버핏은 버크셔의 최대 주주였으므로 모든 자본 배분 결정 시 지분율에 영향을 받는 만큼 소액주주는 버핏이 버크셔를 이끌고 있다는 점에 대해 안심해도 좋았다.

기업을 찾습니다!

1982년 주주 서한에는 짤막한 광고가 들어 있었다. 이는 제품이 아니라 인수 후보 기업을 찾는 광고를 처음 올린 것으로, 찾고 있는 기업의 규모를 정리한 것이었다. 이 기준은 이후 여러 10년 구간에서도 기본적으로 변하지 않았다. 1982년에 제시되었던 버핏의 기준은 다음과 같다.

우리는 다음을 선호합니다.

1. 대규모 지분 취득이 가능한 기업(세후 이익은 최소한 500만 달러)

2. 꾸준한 이익 창출 능력이 입증된 기업(향후 전망이나 '실적 반등turn-around'하는 상황에는 별로 관심 없음)

3. 부채가 거의 없거나 전혀 없으면서 자기자본이익률이 좋은 기업

4. (인수 후에도) 기존 경영진이 계속 경영하는 기업(우리 쪽 경영진 파견 불가)

5. 사업이 단순한 기업(기술이 많이 들어가면 이해하기 어려움)

6. 희망 매도 가격 제시 요망(시간 낭비를 원치 않음. 혹은 가격을 잘 몰라서 거래에 대해 사전에 매도자와 논의하는 데 시간을 소모하기를 원치 않음)

우리는 적대적으로 거래하지 않습니다. 가능한 지분에 대해 완벽한 비밀 유지와 빠른 답변을 약속합니다. 통상 5분 이내에 답변해 드립니

다. 현금 거래를 선호하지만 이전 섹션에서 설명한 기준에 따라 처리하면서 주식 발행을 고려하겠습니다." 버크셔는 시간이 흐른 뒤 이런 식으로 여러 기업을 찾아냈다.

1983년

—

1983년에 버크셔 해서웨이 주주들에게 보낸 서한은 거의 지나가는 이야기처럼 버크셔가 소규모 복합기업 블루칩 스탬프(기존 버크셔의 지분율 60%)와 합병했다는 보고로 서문을 열었다. 버핏은 1,900명의 주주에서 이제 2,900명의 주주에게 보고하게 되었는데, 이에 버크셔가 준수해 온 경영자-주주 관계에 따르는 주요 사업 원칙을 요약해 정리했다. 이 원칙은 나중에 버크셔의 주주 매뉴얼로 공식 문서화된다. 1983년 주주 서한에 명시된 열세 가지 원칙은 다음과 같다(요약본).

1. "우리는 기업이긴 하지만 파트너십을 추구합니다." 버핏과 멍거는 "회사를 주주들이 내내 자산을 보유하는 통로로" 여겼다.

2. 이사는 모두 주요 주주이며, 5명 중 4명은 버크셔 계열사의 순자산을 50% 이상 보유하고 있었다. "우리는 우리가 만든 요리만 먹습니다."

3. 장기적인 목표는 버크셔의 전체 규모가 아닌, 주당 내재 가치 증가였다.

4. 기업 지분의 100% 보유를 선호했다. 하지만 또한 기업 일부만 소유하며 "현금을 벌어들이면서 지속적으로 평균 이상의 자본 수익률을 올리는" 경우도 선호했다.

5. 버핏과 멍거는 회계원칙상 수치가 아닌 실제 재무적 수치를 살펴보았다. 두 사람은 "(버크셔의) 연결 수치를 사실상 무시"했다. 그럼에도 그들은 자기들이 소액주주였다면 원했을 정보를 제공하겠다고 약속했다.

6. 앞에서 살펴보았듯 그들은 회계상 실적은 신경 쓰지 않고 주주들이 일부 재무적 이익이 드러나지 않는다는 것을 알고 있기를 원했다(비지배 투자 대상 기업의 미분배 이익 참고).

7. 그들은 "대출을 거의 쓰지 않으며 … 흥미로운 기회여도 대차대조표상 레버리지를 과도하게 이용해야 한다면 포기"했다.

8. "우리는 우리 자금으로 했어야 할 일을 여러분의 자금으로 하는 것입니다."

9. 그들은 5년 이상 계속 보유할 경우 1달러당 적어도 1달러의 시장가치를 제공하는 것으로 성과를 측정했다.

10. 버크셔는 "우리가 부여한 수준의 기업 가치를 받을 수 있을 때"에만 주식을 발행하기로 했다.

11. 버핏은 본인이 일명 "진 러미gin rummy(카드 게임의 일종 – 옮긴이) 자본주의"와는 무관하다는 점을 기존 주주와 신규 주주가 알아 두기를 원했다. 버핏과 멍거는 가격과 상관없이 좋은 기업은 매각하지 않았고, 만약 기업이 약속했던 약간의 현금을 벌어들이고 경영진과 관계도 좋은 경우에는 실적이 저조하더라도 계속 기다려 주었다.

12. 버핏과 멍거는 자신들이 일반 주주라 생각하고 회사와 관련된 사실을 있는 그대로 공개하겠다고 약속했다.

13. 경쟁상의 이유로, 그들의 솔직함은 그들이 매수 중이거나, 매수를 생각하고 있거나, 주식시장에서 매입했던 기업으로 확장되지는 않았다.

네브래스카 퍼니처 마트

1983년 버핏이 스스로에게 준 생일 선물은 한 기업이었다. 버핏은 네브래스카 퍼니처 마트와 그 설립자 블럼킨 일가Blumkin Family를 오랫동안 좋게 생각해 오다가, 1983년 8월 30일 마침내 이 회사의 지분 90%를 인수하는 계약을 체결했다. 이 회사는 그의 고향인 네브래스카 오마하에 있었다.

이 가문을 이끄는 로즈 블럼킨Rose Blumkin(B 여사라고도 함)에 대한 설명은 거의 부고처럼 읽혔다. 그러나 그녀는 1983년에 90세였음에도 여전히 정정했고 회사 일에도 활발하게 임했다. 이 회사는 그녀의 인생이었으며 그녀는 일주일 내내 매장에서 보냈다. 그녀는 러시아를 탈출해 미국에 가문을 정착시키려고 노력하면서 500달러를 모았다. 그녀는 이 종잣돈으로 오마하에서 가구 판매점을 열었다. 그 후 몇 년 동안 열심히 일했던 B 여사는 경쟁자들과 부딪히게 되었다. 경쟁자들이 그녀가 책정한 저렴한 가격을 따라올 수 없어서였다. 한 다툼은 판사가 그녀에게서 카펫을 구입하면서 절정에 달한 법정 싸움으로 번졌다.

버핏은 B 여사가 직접 터득한 사업 감각(문맹인 점을 감안하면 더욱 인상적이었다)에 감탄했는데, 그녀는 방향을 바꾸어 아들 루이, 루이의 세 아들 론, 어브, 스티브에게도 사업 감각을 물려주었다. 버크셔가 경영권을 취득했을 때, 네브래스카 퍼니처 마트는 20만 제곱피트인 매장 한 곳에서 연간 1억 달러 이상의 매출액을 올렸다. 이는 미국 내 그 어떤 가정용 가구 매장보다 큰 금액이었으며, 오마하의 경쟁사 매출액을 전부 합산한 것보다도 많았다.

(1.5쪽 분량의 계약서로 이루어진) 네브래스카 퍼니처 마트 인수에

서 버크셔는 그 회사의 수익성 있는 지분 80%를 매입할 필요가 있었다. 이 계산은 앞서 언급한 90%의 다수 지분율과 대조되는데, 이는 주요 경영진이 해당 기업을 매입할 수 있게 해 주는 10% 옵션을 별도로 두고 있었기 때문이다. 80%라는 수치는 이 옵션이 작용한다고 가정한 것이다.* 나머지는 블럼킨 가문에 남아 있을 것이다. 버핏은 네브래스카 퍼니처 마트에서 무엇을 본 것일까? 우선, 이 회사는 그의 고향에 있었다. 또 그는 이 매장이 갈수록 성장했고 가격 책정에 대한 B 여사의 태도가 경쟁사들이 살아남기 어렵게 만들었던 것을 파악했다.

네브래스카 퍼니처 마트는 전형적인 규모의 경제 수혜자였다. 더 많이 판매할수록 고정비 성격의 판관비가 매출액에서 차지하는 비율이 감소했다. 비용이 상대적으로 낮아질수록 판매 가격을 낮췄고, 효과가 나타나면 또 이를 더욱 강화했다. 다양한 상품도 추가했다. 이처럼 네브래스카 퍼니처 마트에는 고객에게는 돈을 절약하게 해 주고 주주에게는 뛰어난 수익을 제공하는 비결이 있었다. 그리고 일단 확고하게 자

표 4-30 · 1983년 네브래스카 퍼니처 마트 선별 데이터 및 밸류에이션
자료 · 1983년, 2013년 버크셔 해서웨이 연례 보고서 및 2014년 연례 주주총회 Q&A

인수 가격(100만 달러)	55.4
보유 지분율	90%
밸류에이션(100만 달러)	61.5
1983년 매출액[1](100만 달러)	100
1983년 세전 이익률[1]	7%
유형자산(100만 달러)	35.0
세전 자기자본이익률	20.0%
버크셔 가격/유형자산	1.75배
버크셔 귀속 세전 이익률	11.4%

주석
1. 이것은 버핏이 2014년 연례 주주총회에서 받았던 질문에 대해 대답한 대략적인 가치임.

리 잡고 나자 경쟁사의 맹공격에서 자사를 보호하는 사실상 난공불락의 해자를 지니게 되었다.**

사업권과 사업권 상각 : 규정과 현실

버크셔의 장부가치는 해당 연도에 주당 975.83달러로 32% 늘어났다. 1965년 버핏이 경영을 맡은 후 19년 동안 세운 기록은 연 22.6%였다. 버핏은 주주들이 미래에도 비슷한 성과를 기대하면 안 된다는 것을 분명하게 알기를 원했다. "그렇지 않다고 생각하는 분은 영업직을 하십시오. 하지만 수학을 다루는 직업은 피해야 합니다." 버핏은 장부가치를 보고한 것은 그것이 기업 내부 가치 성장을 보여 주는 적절한 지표로, 즉 "중요한 측정값"이기 때문이라고 말했다. 그는 또한 장부가치는 기업에 투입되는 게 무엇인지 알려 주고, 기업 내재 가치는 기업에서 얻을 수 있는 게 무엇인지 알려 준다며, 이런 것들이 더 중요한 이유라는 설명도 전했다.

버핏이 이를 설명한 것은 버크셔의 내재 가치가 이제 장부가치를 넘어섰다고 생각했기 때문이다. 이는 버크셔가 (일부 가치가 시장에 보고되지 않은) 매도가능증권에 과감히 투자를 감행해, (무형 계정에 포함

---

* 이 계약은 루이 블럼킨과 그의 가족이 10%를 유지한 채 회사 지분의 90%를 취득하는 것으로 설계되었다. 버크셔는 또한 경영진의 주요 구성원이 이 기업을 매수할 수 있도록 10%를 옵션으로 제공했다. 여기에서 정확한 수치는 다소 모호하다. 〈표 4-30〉은 계약 금액과 지분 규모를 바탕으로 그 값을 계산한 것이다. 나중에 작성한 1984년 버크셔 해서웨이 연례 보고서에서도 지분율은 90%로 기재되어 있지만 수익성 있는 지분율은 80%라고 되어 있다. 화폐의 시간가치를 무시하고 10% 옵션이 1983년에 즉시 행사됐다고 가정하면, 버크셔의 80% 지분에는 4,920만 달러가 들어갔을 것이다. 이 수치는 버핏이 2014년 연례 주주총회 질의응답에서 100% 기준으로 6,000만 달러라고 답했던 것과도 가깝다.

** 1988년 주주 서한에서 버핏은 대형 백화점인 딜라드Dillard's가 네브래스카 오마하 시장에 진출했지만 가구 판매는 아예 하지도 않았다며, 네브래스카 퍼니처 마트와 경쟁조차 시도하지 않은 이유를 언급했다.

해야 할) 장부가치 이상의 우량한 기업을 인수한 결과였다. 회계 처리상으로는 장부가치가 하락했어도 현재 회사는 더욱 우량해진 상태였는데, 버크셔의 주가는 장부가치 이상으로 거래되는 경우가 별로 없었다. 버핏은 이 잔인한 회계상 세부 사항을 잘 모르는 사람들은 논외로한 채, 그저 사업권 차원에서 부록으로 넌지시 시사했을 뿐이었다. 더 깊이 들어가 보자.

4쪽에 걸친 사업권에 대한 부록에는 기업에 대한 귀중한 가르침을 익히며 시간을 보낼 만한 내용이 담겨 있었다. 그는 자신이 언급했던 것은 재무 및 회계상의 사업권이지 회사 제품이나 서비스에 대한 고객의 감정을 지칭하는 게 아니라고 재빨리 지적했다.

버핏은 사업권은 기업의 인수 가격과 회계 처리상 기업 자산 가치의 차이 때문에 생긴다고 설명했다. 일반적으로 인수 가격은 기저 자산보다 비싸기 때문에 대차대조표의 자산 쪽에 기재해 거래가 균형을 맞추어야 한다.* 수업을 좀 더 구체적으로 하기 위해 버핏은 시즈 캔디를 예로 들었다. 블루칩은 1972년에 시즈를 2,500만 달러에 인수했는데, 시즈는 약 800만 달러**의 순유형자산***을 보유한 상태에서 세후 약 200만 달러(순유형자산 가치의 25%)의 이익을 기록했다. 2,500만 달러와 800만 달러 간의 차액은 대차대조표에 1,700만 달러의 사업권으

---

* 인수 가격이 기저 자산 가치보다 낮은 경우가 있다. 블루칩 스탬프가 뮤추얼 세이빙스 지분을 인수한 경우가 그런 사례다. 이러한 할인가 인수 초과분은 수익으로 상각한다(여기서 설명한 것은 전형적인 경우와 상반됨).

** 이 800만 달러라는 수치는 1991년의 주주 서한 수치와 일치하지 않는다. 그는 주주 서한에서는 시즈가 700만 달러의 순유형자산을 보유했다고 설명했다.

*** 버핏은 여기서 장부에 기재된 매출채권을 "기업 애널리스트들이 제대로 정의한" 유형자산으로 여겼다고 지적한다.

로 기재됐다. 1970년 11월 이전에는 이러한 사업권이 대차대조표에 그냥 남아 있을 것이다. 1970년 이후로는 잔액을 0으로 상각하기 위해 (세금용이 아닌) 일반회계기준GAAP 처리용 수수료가 필요했다. 버크셔를 포함한 경영진 대다수는 최대 40년 동안 이런 작업을 시행하기로 했다.

버핏은 비용에 포함되어 이익을 떨어뜨리는 상각 부채를 인위적인 구조물이라고 판단했다. 그는 비슷한 자원을 지닌 다른 기업들보다 순 유형자산 대비 훨씬 수익률이 높은 시즈 같은 유형 기업의 재무적 실체를 애널리스트들이 인식해야 한다고 생각했으며, 이에 회계 처리를 바로잡는 것이 필요하다고 여겼다. 매년 버크셔가 처리하는 GAAP 기준 42만 5,000달러의 이익은 실제가 아니므로 무시해도 무방했다.

인수 가격이 기저 유형자산 가치보다 비싼 모든 거래는 사업권 인식 및 사업권 관련 상각이 필요했다. 하지만 그런 기업이 전부 훌륭한 것은 아니었다. 거래에 정신이 팔린 경영진이 기업을 비싸게 사들여 주주들의 자금을 물 쓰듯 써 버릴 수도 있었다. 애널리스트들이 그런 대우를 받을 자격이 있다고 인정하는 기업은 경제적 사업권, 즉 "소비자가 제품 생산원가가 아닌 제품 가치를 판매 가격의 주요 결정 요소로 여기게 하는 … 소비자 프랜차이즈franchise(단어의 뜻 자체는 '독점적 사업권'이지만, 여기에서는 충성 고객층을 보유한 강력한 브랜드 파워 혹은 규제 때문에 부여받는 독점 등을 의미하는 경제적 해자의 일종으로 볼 수 있음-옮긴이)"를 보유한 기업 뿐이었다. 실제로 경제성 있는 독점적 사업권을 보유한 다른 소비자 프랜차이즈로는 TV 방송국처럼 정부가 부여하는 혜택 또는 독점 권한이 있는 기업이나, 가이코처럼 산업 내 저비용 생산자인 기업 등이 있다.

일이 더 복잡해진 것은, 1983년 버크셔와 블루칩 스탬프의 합병으로 사업권을 통합하는 작업에 시즈의 사업권을 추가하는 작업까지 발생했기 때문이다. 버크셔는 합병 전에는 블루칩 지분 60%만 보유하고 있었으므로 (블루칩 지분율 확대를 통해) 나머지 40%를 매입하고 자체 상각 일정에 따라 2,840만 달러의 사업권을 대차대조표에 추가했다. 시즈의 사업권 상각은 향후 28년간 매년 100만 달러까지 늘려 나가다 상각의 두 부분이 회계 처리가 끝나는 지점에 도달하면 이후 12년간 70만 달러로 줄어들게 된다. 동일한 사업의 두 부문에 두 건의 개별 상각 일정을 두는 것은 쉽게 해결되지 않는 이상한 회계 처리였다.

사업권에 대한 이런 여담에는 교훈이 하나 더 있었는데, 그것은 인플레이션과 관련이 있었다. 버핏은 유형자산을 인플레이션에서 보호하는 방법이라는 "전통적인 지혜는 지혜로 보기에는 케케묵고 부실하다"며 반대 입장을 제시했다. 그는 다시 시즈를 예로 들고, 가상으로 시즈 인수 가격이 2배인 경우 순유형자산에 필요한 투자 효과를 가정해 보았다. 총 800만 달러의 순유형자산(매출채권, 재고, 고정자산 등)을 들고 있는 상태에서, 가격이 2배가 되면 시즈의 주주는 동일한 단위 규모를 유지하기 위해 추가로 800만 달러의 자본조달이 필요하다. 이익은 동일하지만 1,800만 달러의 자본이 필요한 기업(즉 자기자본이익률이 더 낮은 기업)의 주주는 그저 현재 상태를 유지하기 위해 1,800만 달러가 더 필요하다. 확실히 주주에게는 필요 자본이 더 적은 기업이 더욱 가치 있을 것이다.

버핏은 버크셔의 주주들이 실제 경제성 있는 사업권의 가치를 알아차리기를 바랐다. 버크셔가 이와 비슷하게 대해야 할 다른 기업을 인수하는 쪽으로 나아갈 가능성이 높았기 때문이다. 1983년 연말에 버크셔 장부에 기재된 사업권 자산의 가치는 총 7,900만 달러가 넘었고 계속 증가할 듯했다. 주식시장을 통한 비지배 기업의 회계 처리와 마찬가지로, 사업권 회계 처리도 기저 재무 상황과 상당히 다른 내용을 제시했다. 그래서 버크셔가 가장 신경 쓴 것은 재무 상황이었다. 버크셔는 시즈 같은 기업을 더 찾아내지 못할 것이다. 시즈는 2,000만 달러의 순유형자산 대비 세후 1,300만 달러를 벌어들였다. 하지만 이와 비슷한 기업은 대가를 지불할 가치가 있다.

버핏은 거래 시 주식을 대금으로 사용한 것과 관련해 지불한 가치 대비 수령한 가치에 대한 논의에서 버크셔의 밸류에이션을 시사했다. 그는 "합병 과정에서 제공한 버크셔 주식의 시장가치가 블루칩의 기업 내재 가치보다 낮았기" 때문에, 블루칩과 합병 시 실제 매입 가격은 약간 높았다고 언급했다.

우리는 버크셔·블루칩 스탬프 합병 시 적용된 밸류에이션을 추정할 수 있다. 1983년 3분기(합병이 이루어진 시기) 중 버크셔 주식의 최고가와 최저가를 대입하면, 버크셔는 9억 달러에서 12억 달러 사이의 가치가 있다(〈표 4-31〉 참고). 이에 따른 평균 장부 가치는 1.35배였다.

표 4-31 · 블루칩 스탬프와 합병 후 버크셔 해서웨이의 내재 가치

자료 · 1983년 버크셔 해서웨이 연례 보고서 및 저자의 계산

발행주식(1982년 말 기준)	986,509
1983년 3분기 버크셔 주가(최고가)	$1,245
1983년 3분기 버크셔 주가(최저가)	$905
내재 시장가치(최고가)	$1,228,203,705
내재 시장가치(최저가)	$892,790,645
1983년 중반 장부가치(추정치)	$784,000,000
주가/장부가치(최고가)	1.57배
주가/장부가치(최저가)	1.14배
평균 주가/장부가치	1.35배

수익원 보고

1983년 중반 블루칩과의 합병 때문에 주주 서한의 이익 요약표를 읽을 때는 각별한 주의가 필요했다. 블루칩에 대한 지분율이 60%에서 100%로 증가했기 때문에, 그 변화만으로도 버크셔의 지분 이익에서 블루칩(및 자회사)이 차지하는 비중이 높아졌는데 다른 것도 전부 마찬가지였다. 버크셔의 지배 지분으로 귀속되는 몫 대신, 개별 기업 차원의 실적을 살펴보면 이 문제가 해결된다.*

〈표 4-32〉에는 인수 보험료부터 나오는데, 보험 업종이 부진해 손실이 커진 상태였다. 버크셔의 실적은 다시 업계 평균보다 악화되었다. 보험 부문은 순투자 이익에 힘입어 전체적으로는 이익을 거두고 있었다. 보험 부문에 대해서는 아래에서 더 자세히 설명하겠다. 1983년 발표된 이 표에는 이 밖에도 〈버펄로 뉴스〉, 시즈 캔디, 블루칩 스탬프, 프리시전 스틸, 가이코의 특별배당 등이 들어 있다.

경쟁사인 〈커리어 익스프레스〉와 장기간 분쟁을 겪었던 〈버펄로 뉴스〉는 오랜 싸움에서 승리하며 이익 급증으로 보상을 받았다. 경쟁사 제거가 물론 도움이 되긴 했으나 〈버펄로 뉴스〉의 성공에는 다른 요인도 있었다. 첫째, 버펄로 지역의 안정적인 인구는 시민들이 시사 문제에 높은 관심을 갖게 했다. 둘째, 〈버펄로 뉴스〉는 편집 품질로 명성을 얻었다. 셋째, 디자인 면에서 다른 신문보다 훨씬 많은 뉴스를 제공했

---

* 이 표에는 해당 기업 차원의 세전 실적, 버크셔 몫에 대한 세전 실적, 버크셔 몫에 대한 세후 실적 등 세 가지 열이 제시되었다. 지속성이 분석의 핵심이다. 그 가치는 주주들에게 기업이 실적을 얼마나 올렸는지를 정확하게 알려 준다. 개별 기업 차원의 세전 실적은 다양한 세율과 지분율 수준에서 발생하는 왜곡을 제거했다. 연도가 달라지는 시기에 개별 기업 차원의 수치를 제시하면서, 분기별로 가장 적절하게 비교하려 했다.

표 4-32 · 버크셔 해서웨이 자회사들의 개별 이익

자료·1983년 버크셔 해서웨이 연례 보고서 **단위**·1,000달러

	1983	1982
보험 부문		
인수 보험료	(33,872)	(21,558)
순투자 이익	43,810	41,620
버펄로 이브닝 뉴스	19,352	(1,215)
네브래스카 퍼니처 마트1	3,812	
시즈 캔디	27,411	23,884
어소시에이티드 리테일 스토어	697	914
블루칩 스탬프-모기업2	(1,422)	4,182
뮤추얼 세이빙스 & 론	(798)	(6)
프리시전 스틸	3,241	1,035
방직	(100)	(1,545)
웨스코 파이낸셜 – 모기업	7,493	6,156
사업권 상각3	(532)	151
차입금 이자	(15,104)	(14,996)
주주 지정 기부금	(3,066)	(891)
기타	10,121	3,371
영업이익(세전)	61,043	41,102
가이코 특별배당	21,000	
유가증권 매각 및 일회성 자산 매각	67,260	36,651
총이익 – 전체 항목(세전)	149,303	77,753

주석
1. 1983년 수치는 10월부터 12월까지임.
2. 1982년과 1983년은 비교 불가. 1983년 중반에 블루칩 스탬프 합병으로 주요 자산이 이전됨.
3. 사업권 상각은 1982년 전에는 수년 동안 기타 항목에 포함됨.

참고
이 표는 각 회사의 이익을 개별 기업 단위로 나타냄. 이는 각 회사에 대한 버크셔의 지배 지분율을 반영한 다른 표와는 차이가 있음.

다. 경쟁사들이 뉴스를 지면의 30% 정도 실은 것과 비교해 이 신문은 평균적으로 약 50%를 실었다. 이런 점 때문에 일요일판 발행 부수는 31만 4,000부에서 37만 6,000부로 증가했다. 인구 증가가 거의 없는 상

황에서 이는 한층 돋보였다.

좋은 소식을 즐기고만 있을 사람이 아닌 버핏은 그해 〈버펄로 뉴스〉의 수익성이 급증한 두 가지 특별 요인을 지적했다. 전년도에 발생한 상당한 손실 때문에 이 신문은 "보통 수준 이하로 매겨진" 주(州) 법인세 규모의 덕을 보았다. 게다가 중요한 비용인 신문 인쇄 비용이 크게 줄어들었다.

〈표 4-32〉를 1983년부터 계속 살펴보면, 블루칩 스탬프가 전년도의 상당한 이익과 대비되는 손실을 보고했음을 알 수 있다. 합병 과정에서 주요 자산이 이전되었기 때문에 해당 2개 연도는 비교하기 어렵다. 합병이 이루어지면서 블루칩 자회사들은 버크셔의 직속 자회사가 됐고, 그다지 관련 없는 회계도 이전했을 것이다. 블루칩이 왜 보고 자료에 올라 있는지, 왜 연간 200만 달러 규모의 손실을 이어 갔는지는 분명치 않다(주석에서도 언급하지 않았다). 이러한 수익성의 큰 변동이 눈길을 끌지만, 상황을 감안하면 지나치게 우려할 정도는 아니었다.

프리시전 스틸은 1982년의 부진한 업황 요소와 신통치 않은 측정 공구업 관련한 일련의 벤처 사업으로 수익성이 저조했다. 1983년의 수익은 그렇게 저조했던 전년도 실적 대비 3배나 증가했다. 찰리 멍거는 웨스코와 버크셔의 주주들에게 이 같은 실책에 대해 전했다(멍거는 루이 빈센티가 건강상의 이유로 물러날 때까지 그를 회장직에 있게 했다). 전반적으로 멍거는 1984년에는 프리시전 스틸이 괜찮을 것이라고 생각했다.

시즈 캔디

블루칩과 합병한 이후 버크셔는 시즈의 지분을 100% 보유했다. 뛰어난 기업이긴 했지만 시즈는 두 가지 난제에 직면해 있었다. 하나는 원자재 비용이 인플레이션보다 빠르게 상승하고 있다는 점, 그리고 단위 물량이 증가하기 어렵다는 점이었다. 그 시점에는 원자재 비용이 문제인 것은 아니었지만, 품질에 대한 시즈의 (멍거의 표현에 의하면) "광적인" 고집스러움을 감안하면 문제가 될 수 있었다. 버핏은 주주들에게 시즈가 가격에 상관없이 최상급 재료만 구입할 것이라고 말했다. "우리는 제품의 품질을 신성시합니다"라는 게 그의 이야기였다.

두 번째 문제인 점포당 판매량(파운드_{pound} 기준. 1파운드=0.454kg)은 1인당 초콜릿 소비가 서서히 감소한 데 따른 것으로, 업계의 전반적인 현상이었다. 시즈의 가격 인상, 경기 침체, 이미 높아진 시장점유율 등도 모두 한몫을 했다. 판매량 증가는 일어나기가 어려웠다. 1983년의 판매량은 동일한 매장 기준으로 0.8% 줄어들었다. 1979년 이래로 누적해서 보면 8%나 감소했다. (인플레이션이 최고조인 상황에서 이와 관련한) 가격 인상과 신규 점포 효과가 결합하면서 매출액이 증가했지만, 핵심은 확실히 점포당 판매량에 있었다. 버핏은 거두절미하고 시즈를 비롯한 소매업체들의 핵심 경제 변수를 거론하며 "소매업 동향의 가장 중요한 척도는 수익 규모가 아니라 점포당 판매량 단위라고 생각합니다"라고 주주들에게 말했다. 더 많은 내용은 시즈의 매출액, 영업이익, 판매량, 점포 수 등을 기록한 1984년 실적에 대한 논의에서 다룬다.

보험업

암울한 전망과 불합리한 경쟁은 버크셔의 보험회사들과 업계를 끈질기게 괴롭혔다. 1982년의 보험업계 합산비율 수정치는 109.7%였다. 1983년 추정치는 111%였다. 1983년 버크셔의 합산비율은 무려 122.8%였다(〈표 4-33〉 참고). 버핏은 더디게 움직이는 보험 부문의 특성을 언급하긴 했지만, 모든 건 자신의 탓이라고 했다. 버핏은 1983년 마침내 실수를 저지르고 말았는데, 이후 마이크 골드버그를 보험 부문 경영자로 영입한 것이다. 그 실수에는 사업에 대한 직·간접적 그릇된 판단은 물론, 잘못된 인물을 주요 경영 직위에 배치한 것도 포함되었다.

버핏은 경영자들에게 찬사를 보냈는데, 그는 경영자들이 그해 거친 보험업계 추세와 맞서 훌륭하게 경영했다고 말했다. 그는 경쟁사들이 상반된 실적을 낸 것과 대조적으로 개선된 실적을 올린 경영자로 내셔널 인뎀니티의 롤랜드 밀러를 콕 집어 거론했다. 그는 또한 콜로라도의 홈 스테이트 보험업체 콘티넨털 디바이드 인슈어런스Continental Divide Insurance를 경영하기 위해 톰 롤리가 1년 전 버크셔에 합류했다고 밝혔다.

버핏은 전체 버크셔 보험 부문의 실적 부진과 보험계약 인수 손실 등을 감안하고서도 재보험 부문은 긍정적으로 보았다. 1975년으로 거슬러 올라가 보면 재보험 부문은 매년 손실을 보고했다. 그럼에도 불구하고 재보험은 대규모 책임준비금을 창출할 능력이 있었으며, 더 중요한 것은 버크셔의 재정 운용의 보수성을 수익으로 연결하는 방안을 지니고 있었다는 것이었다. 재보험에 가입하는 시기와 재보험이 필요한 시기 사이의 긴 기간은 회수 시기가 되었을 때 재보험사의 가입 고객이 그 재보험사가 존재할지 알고 싶어 한다는 것을 의미했다. 버크셔는 이

표 4-33 · 보험 부문 선별 데이터

자료· 1982년 및 1984년 버크셔 해서웨이 연례 보고서 **단위**· 1,000달러

	1983	1982	1981
인수 보험료(순)	149,849	149,091	148,000
수입 보험료			
특수 차량 및 일반 책임보험	68,148	69,026	73,177
노동자 보상 보험	18,849	15,951	18,193
재보험	26,889	27,408	29,446
홈 스테이트 상품군	35,328	37,552	38,197
구조화 합의 및 포트폴리오 재보험	3,266	3,008	
	152,480	152,945	159,013
보험계약 인수 손익(세전)			
특수 차량 및 일반 책임보험	(14,880)	(12,647)	3,020
노동자 보상 보험[1]	(1,091)	2,658	2,822
재보험	(8,387)	(7,524)	(3,720)
홈 스테이트 상품군	(8,834)	(3,949)	(644)
구조화 합의 및 포트폴리오 재보험	(680)	(96)	
	(33,872)	(21,558)	1,478
합산비율(법정)[2]	122.8%	115.0%	101.6%

주석
1. 홈 스테이트가 인수한 보험계약의 노동자 보상 보험 지급 범위는 재무제
   표의 주석에는 나오지 않음.
2. 1981년 합산비율은 법정 비율과 GAAP 합산비율 사이에 차이가 있음. 보
   험계약 인수액이 손익분기점에 근접한 경우, 법정 합산비율을 사용하면
   명백한 불일치가 발생할 수 있음.

참고
이 표의 데이터는 연례 보고서의 각 부문별 실적에서 산출했다. 일부의 경
우, 예전 보고 기간에 올라온 수치와 차이가 있다.

틀에 딱 들어맞는다. 재정 운용 면에서 최고라는 버크셔의 강점은 차별
화 요소로 마케팅될 수 있었다.

버크셔는 이러한 비교할 수 없는 재정 운용 능력을 활용해 구조화 합
의 사업에 진출했다. 합의금 총액을 현금 흐름으로 전환한 선불 보험료

(보험회사가 투자용으로 쓸 수 있는 자금)로 바꾸어, 이 장기보험은 수년에 걸쳐 보험금을 지급했다. 평생 금융 보험금 수령에 의존하는 일부 청구인에게는 보험회사가 보험금을 지급할 가능성은 아주 중요하다.

보험-가이코

버크셔가 보유한 가이코 지분 중 3분의 1은 버크셔의 다른 보험 지분을 합산한 것보다 비교적 컸다. 객관적으로 말하자면, 이 또한 더 잘한 것이었다. 지분을 기준으로 비교해 나눌 경우, 1983년 가이코 보험료 규모에서 버크셔의 몫은 2억 7,000만 달러가 되었을 것이다. 96%라는 가이코의 합산비율은 회계장부 전체에서 최고였다. 이러한 재무 실적은 회사의 시장가치에 반영되었다. 버크셔의 가이코 지분 매입가는 4,700만 달러였는데 1983년 말 시장가치는 3억 9,800만 달러였다. 버핏은 경영을 책임지고 있는 3인방인 잭 번Jack Byrne, 빌 스나이더Bill Snyder, 그리고 가이코의 투자 매니저 루 심프슨Lou Simpson에게 찬사를 보낼 수밖에 없었다.

이익 요약표에는 가이코 특별배당 2,100만 달러 항목이 들어 있다. 이는 가이코에서 받은 사실상의 배당으로, 버크셔의 보유 지분 공개 매입을 통해 이루어졌다. 매각이 아닌 배당으로 처리되었기 때문에 버크셔는 6.9%의 실효 법인세 납부에 그쳤다. 시세 차익으로 인식되었다면 세율이 28%가 되었을 상황과 비교된다.

주식분할 및 주식 활동

버크셔 주가가 사상 처음으로 1,000달러를 돌파하자 버크셔 주식에 대한 분할 요구가 늘어났다. 버핏은 버크셔의 주식분할이 올바르지 않다고 생각했다. 버크셔의 소통 관행은 근본 사업의 전망을 현명하게 고려하고 이에 따라 주가를 산정하는 합리적인 주주 기반을 구축하기 위해 고안되었다. 그는 끊임없이 변동하는 주가가 아닌, 기업 실적에 관심을 두는 주주를 선호했다. 높은 주가는 빈번한 거래를 막았다. 간단한 예로, 버핏은 다소 과장을 섞어 1,300달러(당시 매매가격)로 평가된 버크셔 1주를 보유한 주주가 이를 100주로 쪼개 동일한 가치를 지닌 더 많은 수의 주식을 보유하는 게 더 나은지 물었다. 버핏은 "가치보다 문서를 더 좋아하는" 사람보다는 합리적인 주주를 선호했다.

버핏이 싫어한 것은 단지 그런 인위적인 주식분할의 착시 현상만은 아니었다. 그것은 또한 주주들에게 비용을 부담시켰다. 주주 전체로 볼 경우, 기업의 주주들은 기업의 시장가치 대비 2% 이상을 샀다 팔았다 하는 행위에 대한 옵션으로 부담하는 것이었다. 학계에 따르면 회전율로 이익을 보는 이들(증권사, 거래소 등)이 그런 유동성을 높이 평가했다. 버핏은 그렇게 생각하지 않았다. 더 많은 수의 주식은 더 많은 거래 수수료와 마찬가지였다. 그런 수수료는 종종 거래되는 주식 수를 바탕으로 산정되기 때문이다. "주식분할은 비용을 증가시키고 전체 주주의 질을 저하해, 시장 주가와 내재 사업 가치의 연관성을 떨어뜨릴 것입니다. 보완되는 이점도 전혀 없다고 봅니다." 이러한 버핏의 주장이 논리적이고 분할에는 명백한 불이익이 있었지만, 버크셔 주식에 대한 분할 요구는 계속된다.

1984년

—

1984년 주주 서한을 주주들에게 공개하면서 악재를 다루는 것으로 서두를 연 버핏은 이어서 1년 동안 약 1억 5,300만 달러의 순자산 증가가 그저 그런 수준이었다고 말했다. 그 정도 금액이면 (지금도) 상당히 큰 규모였지만, 문제는 전년도 장부가치 대비 13.6% 증가에 불과했다는 것이다. 이는 지난 20년간 연 복리 수익률 22.1%에 크게 못 미치는 수치였다. "경제적 수익은 그것을 창출하는 자본과 비교해 평가되어야 합니다"라는 게 버핏의 이야기였다.

　1983년 버크셔 해서웨이의 자기자본은 10억 달러 선을 넘어섰다. 이는 부분적으로는 블루칩 스탬프와의 합병에 따른 것이었다. 그 정도 자본에 대해 높은 수익률을 유지하는 것은 해마다 더욱 어려워질 것이다. 연간 15%의 이익률을 달성하려면 향후 10년간 39억 달러의 장부가치가 증가해야 한다. 배당금이 지급되지 않았다고 가정할 경우에 그렇다. 이러한 이익률은 미미해 보였어도 5년마다 2배씩 증가했다. 이는 버크셔 정도의 규모는 말할 것도 없고, 어떤 기업에도 쉬운 성과가 아니다.

　버크셔의 자기자본을 바탕으로 높은 성장률을 달성하기 위해서는 "몇 가지 대형 아이디어가 필요하다. 소소한 아이디어 정도로는 안 된다." 버핏은 상세한 행동 계획을 세우지 않고 지속적으로 아이디어를 찾으면서 적당한 것이 나타나기를 기다렸다. 문제는 시기였다. "경험상 그런 아이디어는 이따금 갑작스럽게 튀어나오곤 했습니다"라는 게 그의 말이었다. "전략적 계획이 어떻게 되느냐고요?" 버핏은 퉁명스러운 게 아니라 그저 현실적이었다. 아이디어를 짜내려다 실수할 여지를 두지 않고, 인내가 행동의 기본 방향이 되었다. 나중에 작성한 주주 서한에서 버크셔의 주식 포트폴리오를 다룰 때 버핏은 "아무것도 하지 않는 게 가장 어려운 일임을 알게 되었습니다"라고 언급했다.

수익원 보고

버크셔의 영업 실적은 전년도 블루칩 스탬프와의 합병을 고려하면 개별 기업 수준의 세전 기준으로 최고 성과를 거둔 것으로 평가되었다. 또 이러한 관점에서 회계기준이 요구하는 사업권 상각 부담을 반영하지 않고 한 줄에 기재했다.

앞부분과 중간은 인수 보험료(자세한 내용은 뒤에서 다룸)로, 다시 시원찮은 실적을 기록했다. 취약한 업계 상황과 업계가 자초한 손해 탓에 버크셔의 인수 보험료에는 적자가 계속 나타나고 있었다. 보험 부문은 당시 순투자 이익 덕분에 다시금 적자를 면할 수 있었다.

보험과 관련해 1983년에 보고된 가이코 특별배당은 1984년에도 다시 눈길을 끌었다. 엄밀히 말하자면 이 배당은 자사주 매입을 통해 이뤄졌지만 버크셔의 지분율에는 변동이 없어서 배당처럼 작용했다. 이는 버크셔가 이 건을 처리한 방식이었는데, 회계감사 기관인 피트, 마윅, 미첼 & 코Peat, Marwick, Mitchell & Co의 오마하 사무소에서도 이를 받아들였다. 그러나 1984년 이 회계감사 기관의 뉴욕 사무소가 방침을 바꿨다. 버크셔 장부에 해당 주식의 장부가치에 대한 일부 수익이 기재되어 있으므로 이번 거래는 자사주 매입으로 봐야 한다고 밝혔다. 세금도 발생하지 않았고 수익성도 달라진 게 없었지만 회계 처리만 달라졌다. 버크셔는 회계감사 기관의 결론에 확실히 동의한 것은 아니었지만, 재무

표 4-34 · 버크셔 해서웨이 자회사들의 개별 기업 이익

자료· 1984년 버크셔 해서웨이 연례 보고서 **단위**· 1,000달러

	1984	1983
보험 부문		
인수 보험료	(48,060)	(33,872)
순투자 이익	68,903	43,810
버펄로 뉴스	27,328	19,352
네브래스카 퍼니처 마트[1]	14,511	3,812
시즈 캔디	26,644	27,411
어소시에이티드 리테일 스토어	(1,072)	697
블루칩 스탬프-모기업[2]	(1,843)	(1,422)
뮤추얼 세이빙스&론	1,456	(798)
프리시전 스틸	4,092	3,241
방직	418	(100)
웨스코 파이낸셜-모기업	9,777	7,493
사업권 상각[3]	(1,434)	(532)
차입금 이자	(14,734)	(15,104)
주주-지정 기부금	(3,179)	(3,066)
기타	4,932	10,121
영업이익(세전)	87,739	61,043
가이코 특별배당[4]		19,575
제너럴 푸드 특별배당	8,111	
유가증권 매각 및 특별 자산 매각	104,699	67,260
총이익-전체 항목(세전)	200,549	147,878

주석
1. 1983년 수치는 10월부터 12월까지임.
2. 1982년과 1983년은 비교 불가. 1983년 중반 블루칩 스탬프 합병으로 주
   요 자산이 이전됨.
3. 사업권 상각은 1982년 이전에는 수년간 기타 항목에 포함됨.
4. 가이코 특별배당의 회계 처리는 1984년에 변경됨.

참고
이 표는 각 회사의 이익을 개별 기업 단위로 나타냄. 이는 각 회사에 대한 버
크셔의 지분율을 반영한 다른 표와는 차이가 있음.

제표에 '한정' 의견을 받지 않고자 이에 동의했다.

1984년에 제너럴 푸드와의 매우 유사한 거래가 없었다면 가이코 특별배당은 수정하지 않았을 수도 있다. 제너럴 푸드의 경우 시간이 지나면서 자사주를 매입한 것이었는데, 반면 가이코의 경우는 일회성 사안이었다. 제너럴 푸드에서 받은 총액은 2,180만 달러였으며 버크셔의 지분율은 정확히 8.75%였다. 보고된 810만 달러와 전체 수령액의 차이는 시세 차익으로 기재됐다.

버핏은 가이코, 제너럴 푸드 등이 자사주를 매입할 당시 이 방식을 지지했다. 해당 주식이 내재 가치보다 낮은 가격에 팔리고 있어서였다. 내재 가치보다 낮은 가격으로 자사주를 사들이는 것은 장기 주주에게 주식의 내재 가치를 높여 주지만, 동시에 경영자가 운영하는 기업 규모를 위축시켰다. 주주에게 초점을 맞추지 않는 경영자는 그러한 거래를 거의 하지 않거나, 밸류에이션을 고려하지 않고 맹목적으로 자사주를 매입할 것이다. 이런 경영자는 근시안적이라는 게 버핏의 생각이었다. 가치를 높이는 자사주 매입 행위의 확실한 보상은 장기 주주를 위한 주당 내재 가치 이익이었다. 덜 명확하긴 해도 장기적인 보상은 기업의 건전한 경영을 반영한 주가였다. 버핏은 "주주를 의식하는 경영자"와 협력하기를 선호했다.

네브래스카 퍼니처 마트

네브래스카 퍼니처 마트는 여전히 주주들에게 뛰어난 자기자본이익률을 올려 주고 있었는데, 더 저렴한 가격의 고품질 제품을 통해 고객에게 그만큼의 가치를 훨씬 더 많이 제공했다.

이것은 어떻게 한 것일까? 간단히 말하자면, 한 지역에서 많은 상품을 판매하면서 비용을 가차 없이 통제한 것이었다. 네브래스카 퍼니처 마트는 20%대 중반의 매출 총이익률gross profit margin*을 기록했다. 당시 업계 선두 주자였던 레비츠 퍼니처Levitz Furniture는 이와 비교해 44.4%의 매출 총이익률을 기록했다. 레비츠의 운영비(매장을 운영하는 데 들어가는 급여, 광고, 건물 유지비 등 기타 전체 비용)는 35.6%에 달했는데, 이에 비해 네브래스카 퍼니처 마트의 운영비는 16.5%였다. 버핏은 네브래스카 퍼니처 마트가 군살 없는 경영 체제 덕분에 고객이 매년 3,000만 달러 이상을 절약할 수 있게 해 준 것으로 추정했다. 이 모든 것은 버핏이 레비츠가 잘 경영되었다고 생각한 이후여서 더욱 주목할 만하다.

비결은 뭐였을까? 버핏은 블럼킨 일가를 벤저민 프랭클린(근면 성실한 태도로 성공한 미국의 대표적인 위인 - 옮긴이)과 허레이쇼 앨저(미국의 아동문학가로, 가난하지만 성실한 소년의 성공담을 다수 발표함 - 옮긴이)에 비유하며, 그들이 열과 성을 다해 사업에 임했고, 능력을 벗어나는 행위를 하지 않으면서 항상 정직하게 행동했다고 말했다. 버핏은 블럼킨 일가에게서 자신과 버크셔의 최고 모습을 보았다.

시즈 캔디

네브래스카 퍼니처 마트가 버핏의 극찬을 받은 경우였다면, 시즈 캔디는 실로 버핏의 피를 끓게 했을 것이다. 1984년 연례 보고서에 따르면,

---

* 제품 판매 대금을 결제한 뒤 기타 운영비를 반영하기 전의 매출 잔액

표 4-35 · 시즈 캔디 선별 데이터 | 자료 · 1984년 버크셔 해서웨이 연례 보고서 및 저자의 계산

연도	매출액	이익[1]	판매량	매장 수	파운드당 가격	파운드당 이익
	(1,000달러)	(1,000달러)	(1,000파운드)	(개)	(1,000달러)	(1,000달러)
1984	135,946	13,380	24,759	214	5.49	0.54
1983	133,531	13,699	24,651	207	5.42	0.56
1982	123,662	11,875	24,216	202	5.11	0.49
1981	112,578	10,779	24,052	199	4.68	0.45
1980	97,715	7,547	24,065	191	4.06	0.31
1979	87,314	6,330	23,985	188	3.64	0.26
1978	73,653	6,178	22,407	182	3.29	0.28
1977	62,886	6,154	20,921	179	3.01	0.29
1976	56,333	5,569	20,553	173	2.74	0.27
1975	50,492	5,132	19,134	172	2.64	0.27
1974	41,248	3,021	17,883	170	2.31	0.17
1973	35,050	1,940	17,813	169	1.97	0.11
1972	31,337	2,083	16,954	167	1.85	0.12
				총수익률 :	197%	340%
				연 복리 수익률 :	9.5%	13.1%

주석
1. 세후 영업이익

시즈는 인식 가능한 자산이 평균 6,300만 달러였고 세후 이익은 1,340만 달러, 이익률은 21%였다. 유형자산 2,820만 달러 대비로는 이익률이 47%로 훨씬 높았다. 이 회사의 모든 측면이 회계에 반영된 게 아니라는 점을 고려하면 시즈의 실제 경제적 수익률은 더 좋았다. 보고서에는 유형자산만 나열되어 있었는데, 매입채무 등 사업 행위와 관련된 우발 채무는 다루지 않았다. 다른 이들이 사업 운영 자본의 일부를 제공했으므로 이 회사는 자금을 조달할 필요가 없었다. 이러한 가정과 단기 재고를 조달하기 위한 계절성 신용 대출 이용을 고려할 경우, 이 캔디 회사의 순유형자산이익률, 즉 자기자본이익률은 100%를 훨씬 웃돌 가능

성이 높았다.

그럼에도 이 회사가 완벽한 것은 아니었다. 상자 포장형 초콜릿 산업은 한계 수익성과 느린 성장으로 고전하고 있었다. 후자의 현상은 시즈도 힘들어하는 것이었다. 1984년에는 점포 성장으로 총 판매량이 0.6% 늘었지만, 동일 점포 매출액은 1.1% 감소했다. 실제 매장 수 증가를 통해서만 판매량이 증가한다면, 파운드당 판매원가는 당연히 증가하며 이는 영원히 지속될 수 없는 결과였다.

이러한 문제가 있긴 했으나 시즈에는 확실한 가격 결정 능력이 있었다. (블루칩을 통해서) 버크셔가 시즈를 거느렸던 13년 동안 시즈는 파운드당 판매가를 매년 9.5% 인상했으며 파운드당 13%의 이익률을 낼 수 있었다. 같은 기간 가격 수준은 평균적으로 연간 7.9% 상승했다.

취약한 업계 상황에 맞서서 이룬 성공이라는 점을 고려해 보면 당연히 이게 어떻게 가능했을까, 하는 의문이 든다. 버핏은 시즈가 끈질기게 품질에 중점을 둔 덕분이라고 말했다. 그는 주주 서한에서 "경쟁 업체들은 생산 주기의 굴곡을 없애고 단가를 낮추기 위해 방부제를 첨가하거나 완제품을 냉동하곤 했습니다. 그러나 우리는 그러한 기술을 거부합니다…"라고 밝혔다. 시즈는 가장 신선한 재료만 사용해 휴가철 동안 짧은 시간 내에 제품을 생산하고 배송하려고 노력하면서 이에 딸려오는 문제를 기꺼이 감수했다.

성탄절 전월(11월)은 전체 물량의 40%, 1년 이익의 75%를 차지했다. 부활절과 밸런타인데이 또한 판매가 잘되었지만 그 외 기간에는 제자리걸음을 했다. 시즈의 성공은 장기적으로 생각하고 움직이면서 단기적인 고통을 장기적인 수익성과 맞교환하기로 한 회사의 의지에서 비롯된 것 같다. 시즈는 고객을 중점에 두고 사업을 구축했다. 회계적 관점에서 먼저 운영을 원활히 하고 사업을 관리하려 한 게 아니었다. 시즈는 지속적으로 성장하는 버크셔라는 대기업에 반영될 수 있도록 꾸준히 이익을 제공해 준 뛰어난 캐시 카우cash cow(자금 창출원)였다.

버펄로 뉴스

1984년에 〈버펄로 뉴스〉는 버크셔에 2,730만 달러의 세전 이익을 제공했다. 1983년에 기록했던 이익에 비해* 이는 약 800만 달러, 즉 41%가 늘어난 수치다. 경쟁 매체, 즉 〈커리어 익스프레스〉가 폐간된 데 따른 경쟁의 부재는 〈버펄로 뉴스〉가 성공하는 데 중요한 역할을 했다. 예상외로 얼핏 보면 시즈의 정책과 꽤 비슷한 고객 중심 정책도 마찬가지였다.

승자 독식 경쟁에서 1위에 오른 것이 큰 도움이 되긴 했으나 이 신문은 성공할 만했다. 시즈와 마찬가지로 이 신문은 경쟁사에 비해 고객에게 더 많은 가치를 배송(언어유희 아님)했다. 버핏은 이 신문의 전략을 다음과 같이 요약했다. "높은 기준은 시장이 부과한 것이 아니므로 경영진이 스스로 결정한 게 분명합니다." 이것은 시즈에서 자체적으로 정한 품질 기준과 다르지 않았는데, 시즈는 비용을 신경 쓰지 않고 최고 품질의 원재료에 자금을 투입했다.

이 신문의 기사 지면news hole(인쇄된 전체 지면 대비 뉴스 비율을 의미함 - 옮

---

* 개별 기업 차원의 세전 이익. 〈버펄로 뉴스〉는 블루칩 스탬프를 통해 거느렸기 때문에, 이 신문에 대한 버크셔의 지분율 비교는 적절하지 않을 것이다.

긴이)은 1984년 50.9%였다. 이는 비슷한 신문들에서는 35%에서 40% 사이가 일반적인 수준인 것과 비교된다. 편집국 직원도 경쟁사보다 많았을 뿐만 아니라, 신문 인쇄에 드는 추가 비용도 기꺼이 부담했다. 이는 더 많은 독자층으로 되돌아왔으며, 이어 광고주들도 높이 평가했다.

다른 두 가지 관련 요소가 이 신문의 성공에 중요한 역할을 했다. 한 가지는 독자가 뉴욕 버펄로 지역에 집중되어 있었다는 점이다. 이는 광고주들에게 높은 가치로 인식되었다. 예를 들어 100마일 떨어진 곳에 있는 독자를 대상으로 하는 식품 매장의 유료 광고는 낭비가 될 것이다. 사실, 그런 경우에 사용되는 용어가 소모적인 배송이다.

보급률도 성공 요인이었다. 〈버펄로 뉴스〉 구독자는 버펄로 주민의 비율이 매우 높았기 때문에 광고주들이 구독자에게 다가가기가 수월했다. 이 신문의 보급률 및 독자층과 잠재적인 광고주와의 관련성은 시각적으로 겹치는 2개의 원으로 생각할 수 있다. 원이 넓을수록 보급률이 높아지며, 두 원이 더 많이 겹칠수록 신문과 유료 광고주 간의 고객 공유율이 높아진다.

보험업

1984년 버크셔의 보험계약 인수 손실은 버핏이 말했던 136%*의 초라한 합산비율로 귀결되었다(〈표 4-36〉 참고). 이와 비교해 보험업계는 117.7%의 비율로 보험을 인수했으며, 보험료 산정 비용 증가를 보전할

---

* 이 비율은 보고된 재무제표에서 직접 계산된 것이다. 버핏은 구조화 합의 및 손실 충당금을 제외한 상태에서 134%의 비율로 계산한다. 두 수치는 꽤 비슷한데, 둘 다 좋지 않은 보험계약 인수 실력을 나타낸다.

표 4-36 · 보험 부문 선별 데이터

자료· 1982년 및 1984년 버크셔 해서웨이 연례 보고서 **단위**· 1,000달러

	1984	1983	1982
인수 보험료(순)	133,558	149,849	149,091
수입 보험료			
특수 차량 및 일반 책임보험	64,003	68,148	69,026
노동자 보상 보험	22,665	18,849	15,951
재보험	16,066	26,889	27,408
홈 스테이트 상품군	32,598	35,328	37,552
구조화 합의 및 포트폴리오 재보험	4,910	3,266	3,008
	140,242	152,480	152,945
보험계약 인수 손익(세전)			
특수 차량 및 일반 책임보험	(16,049)	(14,880)	(12,647)
노동자 보상 보험1	(12,560)	(1,091)	2,658
재보험	(12,703)	(8,387)	(7,524)
홈 스테이트 상품군	(4,101)	(8,834)	(3,949)
구조화 합의 및 포트폴리오 재보험	(2,647)	(680)	(96)
	(48,060)	(33,872)	(21,558)
합산비율(법정)	135.9%	122.8%	115.0%

주석
1. 홈 스테이트가 인수한 보험계약의 노동자 보상 보험 지급 범위는 재무제
표의 주석에는 나오지 않음.

참고
이 표의 데이터는 연례 보고서의 각 부문별 실적에서 산출했다. 일부의 경
우, 전년도 보고 기간에 올라온 수치와 차이가 있다.

수 있을 만큼 보험료를 빠르게 인상하지 못했다. 이는 3년 연속으로 버
크셔의 실력이 업계보다 부진했다는 것이다.

부진한 보험업계 실적과 더 부진한 버크셔 실적도 버핏을 말리지는
못했다. 그해 버크셔는 구조화 합의 사업을 계속 성장시키기 위해 재보
험사인 컬럼비아 인슈어런스 컴퍼니Columbia Insurance Company의 자본금을
늘렸다. 그는 치열한 경쟁을 예상했지만 만족스러운 성과를 올렸다. 버

크셔는 계속 재정 운용 능력을 유리하게 사용하면서 합당한 보험계약만 인수하곤 했다.

버크셔의 연결 재무에서는 재정 운용 능력을 정확히 알기가 어려웠다. 1981년 이전의 경우 버크셔는 투자 포트폴리오, 유형자산, 손실 충당금, 미수입 보험료 및 기타 등의 대차대조표 항목에 대한 추가 세부 사항을 알려 주는 부문별 별도 요약 재무제표를 제공했다. 이 자료로 정확히 얼마나 많은 자기자본이 보험 부문에 귀속되는지가 명확히 드러났다. 손익계산서 항목의 세부 사항은 후속 보고서에는 거의 들어 있었지만, 전체 대차대조표에서는 제공되지 않았다. 구체적인 세부 사항은 없었으나 버크셔는 보험에 대한 비중이 매우 높은 게 분명했다.*

약간의 추정을 해 보면,** 1984년 버크셔의 보험계약 인수 규모는 자기자본의 17%에 그쳤을 것으로 짐작할 수 있다. 이는 보험회사의 인수 가능 규모***에 훨씬 못 미치는 비율이자, 보험료 산정하기가 만만치 않았던 시기에 버핏과 경영자들이 영업에 얼마나 제동을 걸었는지를 나타내는 지표다.

가이코는 버크셔 보험 부문에서 압도적인 실적을 올렸다. 가이코 보험료에 대한 버크셔의 몫(그 당시 가이코에 대한 버크셔의 지분율 36%)을 살펴보면, 1984년 가이코의 보험료 중 버크셔에 귀속되는 금

---

* 더 자세한 정보가 없긴 하지만, 1984년 연례 보고서에서 얻을 수 있는 것은 해당 연말 인식 가능한 자산 20억 달러 중 16억 달러는 보험 부문을 나타낸다는 것이다. 구체적인 액수는 알 수 없으나 13억 달러 규모의 버크셔 연결 주식 중 상당수가 보험회사에서 비롯된 것은 분명하다.

** 1980년에 알려진 비율을 바탕으로 총자산의 50%를 자본으로 가정할 경우, 1984년 연말에 버크셔 보험회사들의 자본은 대략 8억 달러쯤 되었을 것이다.

*** 나중에 나온 버크셔 해서웨이 연례 보고서에 따르면 100% 이상의 비율이 드물지 않았다.

액은 3억 2,000만 달러였다. 버핏은 그 정도 이익은 거의 볼 수 없었던 업계에서 "중요하면서도 지속 가능한 경쟁 우위"를 창출해 이어 가고 있다며, 버크셔의 보험사 경영자인 잭 번, 빌 스나이더, 루 심프슨을 칭찬했다. 그는 특히 "걸출한 장기 투자 실적을 올리는 기질과 지적인 성격이 드물게 결합된 인물"이라며 심프슨에 대해 칭찬을 쏟아 냈다.

가이코는 훌륭하긴 했지만[그리고 매우 훌륭했던 (지금도 훌륭한) 기업이지만], 이 회사의 강점은 핵심 사업에서 그쳤다. 성공을 기반으로 경영진이 인접 영역으로 확장하는 것은 당연했다. 그러나 그러한 시도는 거의 실패하고 말았으며, 이것은 가이코의 경영을 다시 핵심 사업인 자동차보험사업에 집중시켰다.

손실 충당금 오류

1984년의 비즈니스 수업에서는 버크셔의 가장 비중이 크고 중요한 부문인 보험을 핵심 주제로 다루었다. 그것은 또한 지난 몇 년간의 대규모 보험계약 인수 손실을 낸 원인과 경영진이 즉시 적자를 막지 못한 이유도 밝혀냈다. 보험사업의 핵심은 미래 손실 추정이다. 이것은 그저 추정에 불과하기 때문에 아무리 잘해도 오차가 생길 수 있다. 최악의 경우 이는 거짓말과 사기로 이어질 수도 있다.

일반적인 사업에서 손익은 상당히 빠르게 파악된다. 생산과 판매에 4달러의 비용을 들여서 5달러에 판매한 초콜릿 한 상자는 분명히 1달러의 이익을 창출한다. 반면 보험회사는 (이익이 남든 남지 않든 간에) 먼저 수익을 취하고 보험계약 기간 동안 미래원가가 얼마나 될지를 미리 추정해야 한다. 그게 얼마가 될지 모를 뿐만 아니라, 그 비용이 언제 투입될지조차 모를 수 있다.

자동차보험과 마찬가지로, 단기 보험 상품도 6개월에서 1년간 보험 계약이 인수되며 이에 따라 보험금도 지급된다. 보험금 청구가 발생한 시점과 보고되는 시점은 약간의 시차가 있을 수 있는데(이를 '발생했지만 보고되지 않은 손실, 즉 IBNRIncurred But Not Reported losses이라고 함), 일반적으로 보험사는 상당히 빠르게 파악한다.

버크셔의 재보험이나 특수 부문 같은 장기 보험사업부에서는 보험금 청구가 이루어지기까지 수년 또는 수십 년이 걸릴 수도 있다. 보험회사가 기간에 따라 비용을 반영하는 수준으로 보험료를 설정한다면 궁극적으로 이익을 보고하겠지만, 실적이란 해마다 달라지게 마련이다.

보험회사는 손실 진행표에 기재된 해당 사업의 미래 수익성에 대한 추정치를 추적한다.* 시간이 흘러 청구된 보험금이 지급되면 진짜 수익성이 드러난다. 이것은 시간이 좀 걸릴 수도 있고 과정이 평탄하지 않을 수도 있다. 1984년 주주 서한에는 보험 인수 실적이 표시된 1984년으로 끝나는 5년 치 표가 들어 있었는데, 이 표에는 최초 보고 내용과

표 4-37 · 보험계약 인수 손익

자료 · 1984년 버크셔 해서웨이 주주 서한
단위 · 1,000달러

	원래 수치	1년 후 수정치
1984	(45,413)	?
1983	(33,192)	(50,974)
1982	(21,462)	(25,066)
1981	1,478	(1,118)
1980	6,738	14,887

참고
구조화 합의 및 손실 충당금 가정 부분은 제외함.

* 버크셔의 연간 사업보고서에는 2001년 보고 기간부터 손실 진행표가 첨부되기 시작했다. 하지만 이 당시까지 주주들은 재무제표의 주석에 표시된 총 손실 진행 수치에서만 정보만 구할 수 있었다.

1년 후 수정본이 모두 기재되어 있었다. 이 표에는 양호한 손실 진행 1년 차(1980년)에 이어 악화된 3년 차 실적이 표시되어 있었다. 표에 적힌 물음표는 1984년의 손실이 누군가 예상한 것이었음을 시사한다. 버크셔는 보험계약 인수 때 보수적으로 임하려고 노력했지만 실적은 악화될 것으로 예상되었다.

버크셔는 현재 업계 부진으로 고전했을 뿐만 아니라, 수년 동안 보험계약을 인수했던 보험 부문도 부진으로 시달리고 있었다. 회계 및 보험 보고 규정은 전년도의 손실 추정치가 악화될 경우, 당해 연도의 보험계약 인수 실적에 수정치를 반영하도록 규정하고 있다. 예를 들어 인수 보험료 100달러의 1년 차 기대 이익이 5달러인 경우를 생각해 보자. 이제 2년 차에 해당 이익이 5달러 손해로 수정되었다고 치자. (보험회사가 해당 이익을 재수정하지 않을 경우) 1년 차에는 5달러의 이익을 유지하겠지만 2년 차에는 10달러 손해라고 장부에 기재하게 된다. 이는 그저 보험 부문의 특성이자 회계 규정일 뿐이었지만, 진행 과정에서 상당한 부침을 초래했다. 엎친 데 덮친 격으로 이익을 과도하게 추정한 낙관적 보험회사는 그렇게 하지 않았더라면 내지 않아도 될 세금을 더 많이 납부했다. 이러한 과잉 납세액은 최종적으로는 자사에서 바로잡을 수 있긴 하지만, 과잉 납세액에서는 수령할 수 있는 이자가 없다.

버핏은 추정 실수를 훨씬 민망스러워했다. 그는 주주 서한에서 본인이 주주들을 실망시켰다는 느낌이 들었다고 밝혔다.

그는 보고하면서 자신이 실수했다는 점이 "특히 속상했습니다"라며 "왜냐하면 (1) 저는 여러분이 제 이야기를 믿을 수 있기를 바라고 (2) 우리의 보험 경영자들과 저는 우리가 전체 손해 규모를 파악하기 전까지 느긋하게 움직였기 때문"이라고 서술했다.

전년도 대비 1984년의 수정치는 총 1,780만 달러, 즉 당해 연도 수입 보험료의 12.7%였다. 이러한 수정은 주로 재보험 부문에서 비롯되었으며, 재보험 부문 자체는 그들이 인수한 재보험계약의 원수보험사가 제공한 추정치에 좌우되었다. 손실 충당금 변동을 초래하는 나머지 대다수는 최종 이익 실현까지 꽤 시간이 걸리는 또 다른 장기보험 유형인 근로자 보상 보험이었다.

보험업에는 신뢰와 실적을 중요하게 만드는 또 다른 특성이 있었다. 앞에 언급한 수정 유형 시나리오는 보험업의 일부일 뿐이다. 1년 또는 수년은 부진할 수 있기 때문에, 지나치게 낙관적으로 충당금을 잡은 장기적 이력이 있는 보험회사는 사업을 접을 수도 있다. 이러한 경우, 경영진은 손해를 볼 게 뻔한 요율이라 해도 새로운 보험계약을 계속 인수해 보험금 지급일이 닥치기 전에 미리 조치를 할 수 있다. 보험료는 나중에 보험금을 지급하기 위해 현금을 선불로 받기 때문에, 비양심적인 경영진은 배를 끌어 올려놨다가 곧바로 절벽 끝으로 떨어뜨릴 수 있다. 버핏이 이야기했듯 "보험의 다른 점은 여러분이 망하는데 열까지 받을 수 있다는 것"이다.

버핏은 이런 "좀비" 같은 보험회사들의 효과와 그것이 버크셔에 미치는 영향에 대해 솔직하게 우려감을 표시했다. 그런 보험회사들이 보험료율을 인하하면 버크셔는 일단 경쟁사로서 어려움을 겪을 뿐만 아니라, 실패한 보험회사의 보험계약자를 구제하는 정부 보장형 계약으로 또다시 어려움을 겪게 된다. 그는 규제 당국이 이러한 사건으로 입을 피해를 완화할 수 있도록 보험업계를 더욱 엄격하게 감독할 것을 촉구했다.

워싱턴 퍼블릭 파워 서플라이 시스템

1983년 말부터 1984년 중반까지 버크셔 보험 부문은 워싱턴 퍼블릭 파워 서플라이 시스템wppss의 채권을 대량 매입했다. 구체적으로 보면 버크셔의 1억 3,900만 달러의 투자는 1차, 2차, 3차 프로젝트였다. 4차 프로젝트와 5차 프로젝트가 폐기되며 22억 달러의 관련 채권이 채무불이행 상태였기 때문에 이러한 구분은 중요했다. 채무불이행은 버크셔에 어떤 기회를 제시해 주었다.

투자가 만족스럽지 못한 것으로 판명될 수 있는 알려진 리스크는 존재했지만, 버핏과 찰리 멍거 모두 해당 리스크가 감내할 만한 수준이라고 판단했다. 4차 및 5차 프로젝트의 채무불이행 결과는 1차, 2차, 3차 프로젝트 투자에 그 당시 투자 가능한 다른 채권보다 더 저렴한 가격(따라서 수익률이 더 높음)으로 투자할 수 있다는 것을 의미했다. 이 프로젝트들은 또한 신용 우량도에서도 중요한 차이가 있었다. 버크셔의 1억 3,900만 달러 투자는 세후 2,270만 달러를 벌어들였는데 이는 차입금 없이 올린 16.3%의 이익률에 해당했다. 그는 비슷한 이익률을 내는 기업을 인수하려면 2억 5,000만 달러에서 3억 달러 정도는 들어갈 것이라고 말했다.

이 투자에 대한 설명은 주식 투자 설명과 비슷하게 읽혔지만, WPPSS 투자는 WPPSS 채권에 투자한다는 중요한 차이가 있었다. 버핏은 "기업으로 보는 채권bond as a business"이라는 접근 방식이 "좀 유별나다는 인상을 줄 수 있습니다. 다만 기업인 관점으로 채권 투자를 바라본다면, 투자자들이 수많은 심각한 오류를 피할 수 있을 것이라고 생각합니다"라고 썼다. 기초 자산이 되는 기업(채권자에게 이자를 지급하는 최종 재원 및 주주에게 쌓이는 잔여 이익)에 대한 집중은 더욱 합리적인 사고로 이어졌다.

기업으로 보는 채권 투자는 규모가 컸다. 버크셔는 주식 투자를 할 때와 마찬가지로, 매력적인 채권에 투자할 때 미미한 수준으로 투자하지 않았다. 1억 3,900만 달러 규모의 해당 투자는 1984년 버크셔 평균 자본의 약 12%, 평균 자산의 7%에 해당했다. 만약 이 WPPSS 채권이 4차 및 5차 프로젝트처럼 채무불이행을 선언한다면 버크셔는 상당한 타격을 입는다. 버핏과 멍거는 가능성 면에서 자기들이 유리하다고 생각했기 때문에 기꺼이 "똑똑하지만 바보처럼 보일 가능성이 있는" 투자에 나섰다. 두 사람이 버크셔 주식의 47%를 좌우하고 있다는 점도 도움이 됐다.

버크셔가 탁월한 수익률을 추구하며 계산된 리스크를 감수할 수 있게 된 데는 재정 운용 능력이 작용했다. 상황이 좋지 않을 때는 평소에 비해 보험계약을 훨씬 적게 인수하다 보니, 그럴 때의 재정 운용 능력은 종종 버크셔의 실적에 불리하게 작용했다. WPPSS와 같은 경우에도, 버크셔는 자본 포지션 면에서 상당한 안전 마진margin of safety(내재 가치와 시장가치의 차이를 뜻하는 투자 용어 - 옮긴이)을 지니고 있었기 때문에 보험 감독 당국의 반발을 크게 신경 쓰지 않으면서 투자할 수 있었다. 다른 보험회사들은 종종 대차대조표상 허용되는 한도까지 보험계약을 잔뜩 인수했다. 그 보험회사들의 자본 포지션이 "확률을 바탕으로 분석했을 때 아무리 매력적인 투자 기회가 나타나더라도 대형 실책을 견뎌 낼 만큼 탄탄하지 못했기 때문에", 이것은 장애물로 작용했다. 이에 따라 그런 보험회사들은 훨씬 보수적으로 투자해야 했고, 장기 투자 실적도 타격을 입었다.

WPPSS 채권은 일반적으로 버크셔가 흥미 없어 하는 자산 등급이었지만 매력적인 증권이었다. 인플레이션은 상당히 완화되긴 했지만 언제나 가까운 곳에서 어슬렁거리고 있었다. 기업 주주는 인플레이션 탓에 확실히 타격을 입게 되는데, 채권자는 유리한 자본 포지션이 소멸될 수 있는 훨씬 더 좋지 않은 포지션에 설 가능성이 있다.

뮤추얼 세이빙스

웨스코 주주들에게 보낸 찰리 멍거 의장의 서한(버크셔 연례 보고서에 다시 첨부됨)은 독자들에게 은행에 대해 가르쳐 주었다. 저축은행(예금 및 대출) 업종에 대한 언급 부분에서 뮤추얼 세이빙스의 보수적인 운영 관행과 경쟁사들이 점점 더 큰 리스크를 안고 있던 업계를 대조해 보여 주었다.

지금은 매각한 일리노이 내셔널 뱅크 투자를 통해 은행업에 익숙해진 버크셔의 주주들에게 뮤추얼 세이빙스는 낯설지 않았을 것이다. 멍거에 따르면, 뮤추얼 세이빙스에는 세 가지 중요한 특징이 있었다. 그것은 다음과 같았다.

1. 총자산과 예금계정 부채에 비해 높은 수준의 자기자본 유지
2. 부채를 상계하기 위한 고비율의 현금 및 매도가능증권 보유
3. 1980년에 지점을 처분한 결과, 수익률 낮은 주택담보대출 포트폴리오 보유

주택담보대출 포트폴리오의 평균 수익은 예금주에게 지급되는 은

행 자금 조달 비용보다 저조했으나, 규모가 상당한 매도가능증권 포트폴리오 때문에 매년 수익성이 유지되었다. 버크셔의 보험 부문과 마찬가지로, 뮤추얼 세이빙스는 추가 사업에 나설 만한 적당한 때가 오기를 기다리고 있었다.

버크셔 연례 보고서에 나온 뮤추얼 세이빙스에 대한 요약 데이터는 이 은행의 보수성을 나타냈다. 이 은행의 자산은 안정적인 재원을 통해 조달되었고 많은 양의 자기자본과 유동 재원으로 뒷받침되었다.*

표 4-38 · 1984년 뮤추얼 세이빙스 & 론의 선별 데이터 | 자료 · 1984년 버크셔 해서웨이 연례 보고서 및 저자의 계산 **단위** · 100만 달러

현금 및 매도가능증권	89
대출 포트폴리오	95
자산 총계	295
예금계정 부채	228
자기자본	62
대출 포트폴리오(자산 총계 내 비율)	32%
대출 포트폴리오(예금 내 비율)	42%
자기자본(자산 총계 내 비율)	21%

거의 당연한 이야기지만 그때나 지금이나 은행 업무란 단기 대출 및 장기 대출이었다. 은행은 대부분 예금자의 (언제든 인출할 수 있는) 자금을 받아 그 자금을 주택 구입, 금융 사업, 기타 용도로 쓰고자 하는 대출 수요자에게 빌려주었다. 일반적으로 예금자에게 지급하는 낮은 단기이자율과 대출자에게 받는 높은 이자율의 차이(스프레드)가 은행이

---

* 자산의 80%가 대출이고, 예금이 100% 이상인 은행은 흔치 않다.

돈을 버는 방법이다. 그러한 약정에는 금리 급등 및 자금 조달 비용의 대출 이자율 초과라는 약간의 리스크가 수반되었다.

뮤추얼 세이빙스 같은 예금 및 대출 기관(저축은행이라고도 함)은 기존 은행에 비해 어느 정도 정부의 보호를 받았다. 이러한 보호 조치 덕분에 저축은행은 기존 은행보다 약간 우위에 있었고 경쟁도 감소했다. 예금에 대한 자유경쟁(즉 지급 이자율 제한 없음)을 허용하는 것으로 규제가 변경되었을 때, 일부 은행(및 더 치열하게 움직인 일부 저축은행)이 대출로 벌어들인 이자율보다 더 높은 이자율을 예금자에게 적용한다는 것이 알려졌는데, 이는 처참한 퇴행적 실적으로 이어졌다.

뮤추얼 세이빙스는 허술한 대출 관행과는 멀찍이 거리를 두고 있었다. 한 은행은 자금 조달 비용(예금자에게 지급되는 이자) 외에 부실채권 손실 비용까지 부담했다. 보험업과 마찬가지로 이러한 손실도 실현되기까지 때로는 수년씩 걸릴 수 있다. 멍거는 일부 은행이 증가하는 이자 비용을 충당하기 위해 점점 더 리스크가 높은 대출자에게 대출을 하기 시작했다며, "나쁜 대출 관행이 좋은 관행을 몰아낸다"는 "그레셤의 법칙(나쁜 자금이 좋은 자금을 몰아낸다는 법칙 – 옮긴이)의 일종"이라고 설명했다.

멍거는 일이 터지는 것은 시간문제일 뿐이라고 여겼다. 그는 경쟁사들의 행동이 단지 뮤추얼 세이빙스에 해를 끼쳐서만이 아니라, 정부의 신용을 이용해 이익을 올리고 있기 때문이라고 비난했다. 예금주들은 은행이 파산하면 정부 보증을 통해 예금을 보전받기 때문에 자기들의 예금이 어떻게 쓰이는지에는 관심이 없었다. 저축은행업의 경우, 은행 자기자본 이상의 손실은 결국 예금주의 예금을 보장한 정부 기관인 연방

저축대부보험공사FSLIC : Federal Savings and Loan Insurance Corporation에 쌓이게 된다.

멍거는 뮤추얼 세이빙스의 포지션을 설명하기 위해 다음과 같은 자동차보험 사례를 거론했다. 즉 뮤추얼 세이빙스는 겨우 몇 킬로미터를 운전한, 음주 운전을 하지 않는 신중한 운전자 같은 경우였으나 다수 운전자군의 리스크 특성을 바탕으로 산정한 보험료를 내야 했다. 다른 운전자들은 상당한 거리를 운전하면서 음주 운전을 일삼았다. 뮤추얼 세이빙스는 예금보험용으로 납부한 보험료를 통해 업계의 나머지 은행에 보조금을 지원하는 셈이었다. 멍거는 에드윈 R. 그레이 연방주택대부은행이사회Federal Home Loan Bank Board 의장이 덜 보수적인 이 업계 은행들의 리스크 감수 행위 억제라는 골치 아픈 일을 떠맡았다며 찬사를 보냈다.

뮤추얼 세이빙스가 리스크를 무릅쓰는 대출 관행에 동참하지 않으려 하다 보니 사업이 축소되기는 했으나 좋은 소식도 있었다. 회계 측면에서 뮤추얼 세이빙스의 대출 포트폴리오는 9,500만 달러로 11% 감소했다. 그러나 그해 1,900만 달러 규모로 인수 시 15%의 수익률을 제공하는 3,000만 달러 규모의 정부 보증 주택담보대출 물량을 인수하기로 합의했다.* 그 이후 이러한 수익률 높은 주택담보대출이 취급 상품군의 일부가 됨에 따라, 뮤추얼 세이빙스의 대출 포트폴리오 수익으로 자금 조달 비용을 충당할 수 있었다. 향후 이러한 주택담보대출을 인수한다는 약정은 1984년 중에 대출을 취급하는 것과 맞먹는 경제성이 있었다. 멍거는 주택담보대출 포트폴리오가 사실상 7% 증가했다고 웨스코 주주들에게 밝혔다.

---

* 높은 실효 수익률은 해당 주택담보대출의 액면가에 비례해 적용되는 할인율 덕분이었다. 이는 할인된 가격으로 채권을 매입하는 것과 같다.

배당정책

버핏은 주주들에게 자신이 배당을 싫어하는 이유를 여러 번 이야기했다. 그는 그 이유를 상세히 설명하기 위해 1984년 주주 서한의 상당한 부분을 할애했다. 버핏은 자본 배분을 중요하게 여겼으며 "경영자와 주주는 이익을 유지하고 배당해야 할 상황에 대해 숙고해야 합니다"라고 생각했다. 그는 다른 경영진이 그 자본의 또 다른 쓰임새를 전혀 생각하지 않고 맹목적으로 목표로 삼은 고정 이익 배당률을 그다지 좋아하지 않았다. 그 대신 기회비용을 우선시하고 경제적 실체에 관심을 쏟아야 한다고 보았다.

핵심은 경영자들이 주주처럼 생각하면서 모든 투자 기회를 비교하게 하는 것이었다. 경영자들이 자사 사업 영역에서 벗어나더라도 말이다. 일부 경영자는 모순된 행동을 보였다. 어떤 면에서 그들은 모기업에 이익을 제공한다고 할 수 있는데, 그 이익은 (합리적인 내부 판단에 따라) 수익성 높은 사업에 재투자되었다. 문제는 그 경영자들이 당시에 실적이 반등해도 모기업 수준에서 이익을 유지한다는 것이었다. 다른 분야에서 더 높은 수익률을 올릴 기회가 있었는데도 그러했다.

배당정책과 관련된 나머지 고려 사항은 인플레이션이었다. 인플레이션 환경에서 자본 집약적인 기업이 단위 물량을 유지하기 위해서는 재투자가 필요했다. 기업이 최종 이익을 산출해도 경제적 현실은 그 이익률의 일부가, 심지어 이익률의 100%가 실제 경제성 있는 이익률이 아닐 수도 있다.** 경제적 이익보다 배당금을 더 많이 지급한 기업은

** 버핏이 사용한 용어는 임시로 제한적으로만 적용됐다.

경쟁력과 재정 운용 능력이 모두 약화되거나 둘 중 하나가 약화되면서 세상에서 잊히는 상황에 직면한다. 예를 들어 이 책 앞부분에 나오는 방직 회사들을 떠올려 보라. 인플레이션 때문에 비용이 더 높아졌지만 이를 감당할 자본이 없는 기업은 20세기 초 방직 회사들이 감가상각된 설비를 보완하기 위해 자금을 투입해야 했을 시기에 배당금을 지급했던 것과 다를 게 없었다.* 그 방직 회사들은 궁극적으로 상당히 고전했으며, 인플레이션 환경 속에서 운영되는 자본 집약적 기업의 주주 역시 그렇게 될 것이다.

버핏은 버크셔의 주주 배당정책은 모든 이익을 보유하는 것이라고 말했다. 버크셔는 보유한 1달러당 1달러의 시장가치를 창출하는 시험대를 통과했으며 배당 도입은 주주들에게 손해를 입혔을 것이다. 그는 향후 전망을 하면서 이익잉여금이 어떻게 쓰일지 예고했다. 보험 업종이 1985년에는 반등할 것이라며 버크셔같이 재정 운용 실력이 좋은 보험사는 투자 가능 현금으로 잘 버틸 수 있을 것이라고 보았다.

1984년 주주 서한은 두 가지 광고로 마무리되었다. 하나는 예전 서한과 마찬가지로 인수 후보 기업을 찾는 기업 수배 광고였다. 다른 하나는 네브래스카 퍼니처 마트에서 구매 시 "여행 비용 이상으로 절약할 수 있다"며 오마하에서 열리는 연례 주주총회에 주주들을 초대하는 것

---

* 다른 사례를 생각해 보자. 매년 한 가지 제품을 판매하는 기업이 있다고 하자. 당신이 그 기업에 9만 달러를 투자했다면, 이는 그 제품에 들어간 전체 비용을 나타낸다. 그 제품을 10만 달러에 판매해 1만 달러의 순이익을 올린다. 인플레이션으로 다음 연도에는 그 제품의 비용이 10만 달러로 증가한다. 다음 연도에 판매할 제품을 구입하려면 전년도 이익 1만 달러와 원래 자본 9만 달러를 모두 더한 금액을 투입해야 한다. 다음 연도 판매 수익이 같은 금액만큼 증가하더라도, 수익(또는 차입금 또는 추가 자본)으로 벌어들여야 하는 사업에는 꼭 필요한 투자를 영구적으로 계속해야 한다.

이었다. 버핏 리더십 아래 있던 20년 동안 버크셔는 훨씬 다양하고 수익성 높은 기업이 되었으며, (감히 말하지만) 주주들도 재미있는 기업이 되었다.

10년 구간 살펴보기

–

워런 버핏이 버크셔 해서웨이를 이끈 두 번째 10년 구간에 일어난 변화는 규모와 범위라는 두 단어로 요약할 수 있다. 이 회사의 자기자본은 8,820만 달러에서 거의 13억 달러로 증가하며 14배 이상 늘어났다. 보험사업은 유기적인 면에서나 다수의 홈 스테이트 사업, 근로자 보상 보험, 재보험 투자 면에서나 모두 성장했다. 버크셔는 철강 제품과 신문 같은 다양한 산업으로, 그리고 블루칩 스탬프와 매도가능증권 포트폴리오를 통해 수많은 기업으로 확장하며 거느린 기업들을 전반적으로 성장시켰다.

추가 자본이 전부 어디에서 발생했는지에 대한 사안은 다음 몇 가지 범주로 요약될 수 있다.

〈표 4-40〉은 버크셔의 투자 포트폴리오가 성장의 원동력이 된 정도를 나타낸다. 버크셔는 기업 인수 기회를 적극 활용했지만 상장종목 투자로 좋은 기업에 대한 매수 기회를 더 많이 찾아냈다. 주주와 소통하며 두 사안을 조정하는 데 진통이 있었으나, 경제적 현실에 유리하다 보니 회계적 고려는 뒷전으로 미루어졌다. 버크셔의 가장 큰 사업 부문인 보험조차 투자 포트폴리오에 가려져 있다는 것을 알 수 있다(엄밀

표 4-39 · 1965~1984년 자기자본 조정

자료 · 버크셔 해서웨이 연례 보고서 및 저자의 계산 단위 · 100만 달러

	1965~1974	1975~1984	1965~1984
기초 자기자본	22	88	22
순 영업이익	57	366	423
순 실현이익	7	199	207
미실현 투자 평가액	0	486	486
합병/분할	0	133	133
배당금/자사주	(3)	0	(3)
기타	4	0	4
기말 자기자본	88	1,272	1,272
해당 기간 자기자본 변동치	66	1,184	1,250

표 4-40 · 해당 기간 자본 변동에 대한 기여도

자료 · 버크셔 해서웨이 연례 보고서 및 저자의 계산 단위 · %

	1965~1974	1975~1984	1965~1984
순 영업이익	86	31	34
순 실현이익	11	17	17
미실현 투자 평가액	0	41	39
합병/분할	0	11	11
배당금/자사주	(4)	0	(0)
기타	7	0	0
합계	100	100	100

참고
반올림으로 계산해 숫자 합산액이 일치하지 않을 수 있음.

히 말하자면 상당 부분 자금을 조달해 주었다). 해당 10년 구간 동안 가이코 보험료 물량 내의 버크셔 몫은 보험사업 부문 내 가이코의 비중을 능가했다. 위 표의 합병/분할 줄에는 다음의 세 가지 중요한 거래가 종합적으로 나타난다.

1. 1977년에 버크셔는 디버시파이드 리테일링과 합병해 약 900만 달러의 순자산

이 버크셔의 자기자본에 추가되었다.*

2. 1980년 말, 버크셔는 일리노이 내셔널 뱅크 & 트러스트를 매각했다. 버크셔의
   자본은 (자사주 거래를 통해 효과적으로 이루어진) 이 거래로 약 2,900만 달러
   가 감소했다.

3. 1983년, 버크셔는 블루칩 스탬프와 합병해 버크셔 자본에 순 금액 기준으로 약
   1억 5,400만 달러를 추가했다.

주주 몫의 실적은 주당 장부가치가 1974년 말 90.02달러에서 1984년
말 1,108.77달러로 증가한 것으로, 이는 연 복리 수익률 28.5%에 해당
한다. 중요한 것은 이 실적이 주당 기준이라는 점이다. 지난 10년간 발
행한 주식이 98만 주에서 114만 7,000주(매년 1.6%)로 늘어나면서 주
주 지분이 다소 희석된 측면이 있었지만, 대체로 버핏은 주주의 희생으
로 자신의 경영계를 확장하는 일은 하지 않았다. 반대로 디버시파이드
리테일링, 일리노이 내셔널 뱅크, 블루칩 스탬프 거래에서 그는 주주
파트너들에게 공정성을 보장하기 위해 최선을 다했다.

강력한 순풍에 힘입어 버크셔 주가는 해당 10년 구간에 상승세로 방
향을 틀었다. 시장은 (장부가치 변화로 대체된) 기본 내재 가치의 높은
성장률을 점점 더 높은 장부가치로 보상해 주었다. 10년 구간 내내 버
크셔를 보유했던 꾸준한 투자자들은 연간 40%의 수익률이라는 보상을
받았다.

---

* 이 수치에는 합병으로 그해 추가된 370만 달러의 순이익은 포함되지 않았다. 이것은 순 영업이익 줄에 포
  함되어 있다.

그림 4-1 · 1975~1984년 버크셔 해서웨이 주가

자료 ·《투자의 신 Of Permanent Value》, 킬패트릭, 1975~1984년 버크셔 해서웨이 연례 보고서 및 저자의 계산

그림 4-2 · 1975~1984년 버크셔 해서웨이 주가 대비 장부가치 비율

자료 ·《투자의 신 Of Permanent Value》, 킬패트릭, 1975~1984년 버크셔 해서웨이 연례 보고서 및 저자의 계산

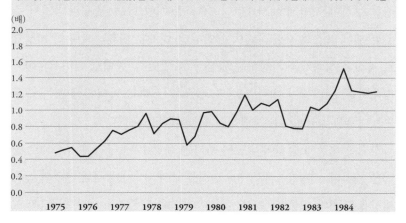

이 놀라운 성장의 원동력은 대체로 버크셔의 보험 부문이었다. 보험 업종 약세 탓에 지난 10년 구간의 성장은 해당 구간 말기에 접어든 뒤 에도 인상적이었다. 그러나 평가 기준상 가이코에 대한 36% 지분 투자 는 3억 3,600만 달러의 보험료를 감안하면서 재무적으로는 버크셔의

표 4-41 · 버크셔 해서웨이 선별 데이터

자료 · 1974년, 1984년 버크셔 해서웨이 연례 보고서

단위 · 달러

	1984	1974
인수 보험료	134	61
수입 보험료	140	61
책임준비금(평균)	253	79
현금 및 투자 금액	1,714	140
투자 수익	84	8

보험에 대한 대규모 투자가 실제보다 적은 것으로 평가되었다.*

버크셔의 투자 포트폴리오는 책임준비금, 이익잉여금으로 창출한 자금을 통해, 그리고 보험회사에서 벌어들인 자본의 기여로 지속적으로 늘어났다. 이번 10년 구간의 초반과 후반의 포트폴리오 구성은 장기간 지주사들을 보유하는 버핏의 성향과 점점 더 많은 투자 대상에 집중하는 경향을 강조한다. 1984년 말 13억 달러의 주식 포트폴리오 중 거의 3분의 1은 가이코였다. 1984년에는 상위 4개 포지션(가이코, 제너럴 푸드, 엑손, 〈워싱턴 포스트〉)이 전체 포트폴리오의 75%를 차지했다. 1974년에는 상위 4개 포지션이 포트폴리오의 48%를 이루었다. 1974년에 포트폴리오의 4분의 1을 차지했던 〈워싱턴 포스트〉는 이번 10년 구간에 유일하게 상위 4종목 안에 든 투자 대상이었지만 순위는 4위로 떨어졌다. 버크셔는 이번 10년 구간 초기에 비해 말기에 집중 성향이 훨씬 강해졌다.

버핏은 확신이 있었으며 버크셔의 재정 운용 능력으로 처리할 수 있

---

* 평가 분석은 개별 기업의 수치를 대상으로 하는데, 이 경우에는 보험료지만 대부분이 이익이며 지분율 수준에 따라 조정된다.

표 4-42 · 버크셔 해서웨이 주식 포트폴리오의 세부 선별 데이터

자료·1974년 버크셔 해서웨이 연간 사업보고서, 1984년 버크셔 해서웨이 연례 보고서 및 저자의 계산

	1984	비중	1974	비중
	(1,000달러)	(%)	(1,000달러)	(%)
어필리에이티드 퍼블리케이션	32,908	2.6	1,023	2.9
아메리칸 브로드캐스팅 컴퍼니(ABC)	46,738	3.7		
캘리포니아 워터 서비스			3,151	9.1
엑손 코퍼레이션	175,307	13.8		
가이코 코퍼레이션	397,300	31.3		
제너럴 푸드 코퍼레이션	226,137	17.8		
핸디 & 하먼	38,662	3.0	1,337	3.8
인터퍼블릭 그룹	28,149	2.2	2,772	8.0
먼싱웨어			2,094	6.0
내셔널 프레소 인더스트리스			2,592	7.4
노스웨스트 인더스트리스	27,242	2.1		
오길비 & 매더 인터내셔널			1,550	4.5
오마하 내셔널 코퍼레이션			1,066	3.1
스페리 & 허치슨 컴퍼니			1,758	5.1
타임	109,162	8.6		
워싱턴 포스트 컴퍼니(B주)	149,955	11.8	8,000	23.0
기타	37,326	2.9	9,458	27.2
보통주 합계	1,268,886	100.0	34,802	100.0

참고
1. 반올림으로 계산해 숫자 합산액이 일치하지 않을 수 있음.
2. 1974년 및 1984년 : 시장가치
3. 1974년 : 100만 달러 이상의 투자에 대한 상세 내용임. 기타는 나머지 36개사를 의미함.
4. 1984년 : 버크셔 해서웨이 연례 보고서의 주주 서한에서 다룬 상세 내용임.

었기 때문에 이런 수준의 투자 집중이 편했다. 보험 부문이 창출한 책임준비금은 엄밀히 말하자면 추가 자산 인수용 자금을 조달하기 위한 부채로 가정한 것이었다. 그러나 이 부채는 만기가 없었고 대부분의 경우 추가 보험계약 인수로 관리할 수 있었다. 1984년 말 버크셔의 금융 부채는 낮은 수준인 1억 2,700만 달러로 자기자본의 단 10%에 그쳤다.

게다가 20년 이상 만기가 다양한 장기 채권으로 구성되어 있었다.

버크셔의 다양한 수익원 또한 투자 포트폴리오 집중 능력과 의지에 기여했다. 버크셔는 최근 인수한 네브래스카 퍼니처 마트, 이제 수익성이 높아진 〈버펄로 뉴스〉, 시즈 캔디, 그리고 웨스코 산하의 다양한 기업에서 현금이 들어올 것으로 예상할 수 있었다. 1984년 비보험사들의 이자 차감 후 세전 영업이익(사업권 상각 및 임의 주주 지정 기부금은 제외)은 6,600만 달러에 이르렀다. 이 수치는 또한 보험 부문에 크게 기여한 세전 순투자 이익 6,900만 달러를 초과한 금액이었다.

버핏이 연신 윤을 내고, 새로 칠하고, 개선하기를 했던 두 번째 10년 구간에서 벗어난 버크셔는 1965년에 물려받은 적자투성이 방직 기업에서 획기적으로 탈바꿈했다. 주주들은 버크셔를 통해 수많은 다양한 사업체에 투자(어떤 기업은 전부, 어떤 기업은 일부)하고 보유했다. 그들은 단지 문제가 아닌 기회를 보고하는 소통을 기대해도 좋았다. 버핏의 세 번째 경영 10년 구간에 접어든 버크셔는 가능성이 있었다.

1975~1984년의 교훈

-

1 아무리 좋은 기업이라도 어려움을 겪을 수 있다. 버핏과 멍거는 이번 10년 구간 동안 보험 부문에서 수많은 문제에 부딪혔으며 구간 말엽에는 대규모 보험계약 인수 손실을 살펴보았다. 모든 면에서 뛰어난 기업이었던 시즈 캔디조차 특정 투입 원가 처리 시 문제가 있었다.

2 경쟁은 인정사정없으며 때로는 비이성적일 수도 있다. 보험업계 경

쟁사들의 행동과 실제 장기 사업 비용에 대한 이해 부족은 보험업계가 낮은 보험료율을 적용하는 요인으로 작용했다. 이에 특정 경쟁사뿐 아니라 버크셔 등 다른 업체도 피해를 입었다. 전혀 다른 기업인 〈버펄로 뉴스〉는 경쟁 때문에 문을 닫을 뻔했다. (시장에는) 두 경쟁지가 공존할 만한 여유가 없었지만, 경쟁 업체는 오랜 법적 다툼이 없었다면 패하지 않았을 것이다.

3 인플레이션은 모든 기업, 특히 자본 요구량이 높은 기업에 큰 피해를 입힌다. 그것은 버핏의 말을 빌리자면, 일부 이익을 신기루가 되게 하거나 임시적 또는 제한적인 것으로 만든다. 인플레이션은 그냥 조용히 버티면서 단위 물량을 유지하기 위한 자본을 기업에 재투자하게 한다. 때때로 인플레이션은 사회적 인플레이션 상해보상처럼 단순히 금전적인 것이 아닐 수도 있다.

4 합병/분할은 적절히 가치를 평가해 실시하는 게 좋다. 주주들에게 진짜로 중요한 것은 기업의 규모가 아니라 주당 내재 가치의 성장이다. 경영자들이 저평가된 주식을 발행해 인수를 마무리하면 가치를 파괴할 수 있다.

5 경제성 대 회계. 주주들의 부는 장기적으로 경제적 실제에 중점을 두고 구축된다. 버핏에 따르면 회계는 분석의 출발점일 뿐이며, 종종 "이해하기 쉽게 만드는 게 아니라 모호하게" 만든다. 버크셔의 경우, 매도가능증권 포트폴리오를 통해 투자자들의 환산 이익이 상당히 가치가 있었기 때문에 이것은 심각한 골칫거리였다.

표 4-43 · 1974~1984년 버크셔 해서웨이 연결 대차대조표 | 자료: 1975~1984년 버크셔 해서웨이 연례 보고서 단위: 1,000달러

	1984	1983	수정 1982	원본 1982	1981	1980	1979	1978	수정 1977	원본 1977	1976	1975	1974
유동자산													
현금	3,682	6,161	7,762	7,392	7,232	9,993	14,924	13,001	13,996	4,921	3,437	6,045	4,231
채권(환할 상각비용)	303,928	208,245	189,330	189,330	206,078	187,802	185,564	157,651	132,929	145,960	104,705	94,936	82,639
매도가능증권(우선주 포함)	1,235,903	1,232,150	979,024	920,909	641,269	525,947	411,358	283,185	163,294				
우선주										23,232	22,287	2,558	2,855
보통주										83,657	53,108	39,341	50,670
투자 현금, 미국 국채 및 기타 단기 투자 (시장가치와 유사한 매입가)	170,039	75,343	58,765	51,814	63,529	50,546	18,172	61,056	35,730				
계열사 외 투자자 총계	1,709,870	1,515,738	1,227,119	1,162,053	910,876	764,295	615,094	501,892	331,953	252,849	180,100	136,836	136,164
계열사 투자													
일리노이 내셔널 뱅크 & 트러스트 오브 록포드							28,785	27,146	25,839				
웨스코 파이낸셜 코퍼레이션			23,758	75,858	68,874	63,040	56,750	49,370	43,892				
인베스트먼트 인 뮤추얼 세이빙스 & 론 어소시에이션	32,927	27,004											
기타 비연결 자회사						1,187	1,377	1,477	1,627				
계열사 투자 총계	32,927	27,004	23,758	75,858	68,874	64,227	86,912	77,993	71,358				
고객, 매더점 & 기타 매출채권	88,489	72,813	113,770	109,768	49,901	49,861	52,231	45,283	38,009				
재고	41,332	37,516	26,039	20,670	22,120	23,802	25,704	23,029	23,776				
매출채권(순)-방직										9,169	8,102	6,567	4,378
매출채권(순)-기타										22,035	15,628	13,143	13,513
재고-방직										9,766	8,976	8,136	6,000
재고-기타										242	326	0	

→다음 페이지에 계속

→전 페이지에서 이어짐

구분	1974	1975	1976	일본 1977	수정 1977	1978	1979	1980	1981	일본 1982	수정 1982	1983	1984
유형자산(순)													
방직	2,333	2,196											
제조업			3,415	3,417									
보험	1,581	1,526	1,636	2,164									
유형자산(순)					47,106	47,877	49,793	51,484	51,472	54,070	63,020	69,749	67,919
은행 자회사 투자	22,417	23,424	24,732	25,839									
블루칩 스탬프 보통주	16,924	18,777	27,304	35,774									
기타 자회사에 대한 투자	1,187	1,120	880	1,612									
사업권											13,823	79,327	77,269
이연 보험료 인수 원가	4,400	2,950	6,820	9,810	10,852	13,846	13,652	14,163	12,313	10,264			
기타 자산	3,087	5,021	1,685	1,645	35,093	34,691	33,955	32,756	35,123	45,549	57,993	48,084	13,715
자산 총계	216,214	225,741	283,041	379,241	572,143	757,612	892,265	1,010,581	1,157,911	1,485,624	1,533,284	1,856,392	2,035,203

구분	1974	1975	1976	일본 1977	수정 1977	1978	1979	1980	1981	일본 1982	수정 1982	1983	1984
유동부채													
손실 및 손실 조정	72,761	73,033	85,152	133,592	139,461	180,870	197,697	199,128	190,970	193,477	193,477	212,706	243,298
미수입 보험료	21,705	22,344	36,737	52,191	57,128	69,368	73,604	73,281	62,269	58,414	58,414	55,783	49,099
재보험계약에 따른 보유 금액	2,857	2,939	3,783										
유가증권 인수 예정 금액	294	680	839										
매입채무 및 미지급금	4,435	5,790	7,259										
미지급 경품권 부채					66,209	66,832	67,524	64,053	64,262	60,240	60,240	60,669	58,957

→다음 페이지에 계속

→ 전 페이지에서 이어짐

	1984	1983	1982 (수정)	1982 (원본)	1981	1980	1979	1978	1977 (수정)	1977 (원본)	1976	1975	1974
매입채무, 미지급 비용 및 기타	73,346	58,094	50,552	48,340	51,915	43,462	38,792	33,983	35,466	17,216			
법인세(경상)	11,432	8,511	22,007	21,868	13,759	7,919	10,411	10,768	6,492	1,524	3,346	179	164
법인세(이연)	177,907	194,462	149,987	149,987	87,089	63,329	52,079	36,034	7,793	6,588	4,677	2,519	3,044
은행 상환용 지급어음									2,000	2,000			
1987년 만기 사채(금리 7.5%)													
인수어음 및 사채										4,343	464	506	556
1993년 만기 선순위채권(금리 8%)										20,000	20,000	20,000	20,000
기타 분할 지급어음											4,522	3,602	1,274
은행 상환용 장기 매입채무								13,500	13,500				
선순위 지급어음								27,000	27,000				
기타 지급 채권								16,571	14,604				
장기 차입금	127,104	128,984	169,947	137,581	97,768	104,344	55,099						
급융 부채 총계	127,104	128,984	169,947	137,581	97,768	104,344	55,099	57,071	55,104	26,343	24,987	24,108	21,830
소액주주주 수(1,000주)	22,299	17,990	101,177	88,234	70,416	59,851	52,097	48,520	47,926	0	968	1,258	924
기타(1,000주)	0	0	0	0	0	0	0	0	0				
부채 총계	763,442	737,199	805,801	758,141	638,448	615,367	547,303	503,446	417,579	237,452	167,748	132,851	128,015
발행주식 수(1,000주)	1,375	1,375	1,214	1,214	1,214	1,214	1,214	1,214	1,214	980	980	980	980
소액:자사주(1,000주)	(228)	(228)	(228)	(228)	(228)	(228)	(187)	(187)	(184)	(9)	(7)	0	0
유통주식 수(1,000주)	1,147	1,147	987	987	987	986	1,027	1,027	1,031	971	973	980	980
자기자본 총계	1,271,761	1,119,193	727,483	727,483	519,463	395,214	344,962	254,166	154,564	141,788	115,293	92,890	88,199
부채 및 자기자본 총계	2,035,203	1,856,392	1,533,284	1,485,624	1,157,911	1,010,581	892,265	757,612	572,143	379,241	283,041	225,741	216,214

참고
1. 1977년은 디버시과이드 리테일링과의 합병으로 수정됨.
2. 1983년은 블루칩 스탬프와의 합병으로 수정됨.
3. 버크셔의 연결 재무제표 및 년 지를 제시하는 것으로 연결 재무제표 보고에 따른 버핏의 협의감은 더 강해짐.

표 4-44 · 버크셔 해서웨이 연결 손익계산서 | 자료: 1974~1984년 버크셔 해서웨이 연례 보고서 단위·1,000달러

	1984	1983	1982 (수정)	1982 (일본)	1981	1980	1979	1978	1977 (수정)	1977 (일본)	1976	1975	1974
수입 보험료	140,242	152,480	152,945	152,945	159,013	185,187	181,949	186,073	143,087	136,890	80,780	58,336	60,574
제조, 판매, 서비스에 대한 매출액 및 영업이익(순)	500,219	381,674	306,564	267,622	263,374	259,200	247,952	235,576	203,752				
방직 제품 매출액(순)										48,189	47,174	32,833	32,592
제조 제품 매출액(순)													
이자 및 배당 수익	84,161	85,903	58,003	52,416	49,189	38,966	30,440	24,293	16,796	12,549	10,820	8,918	8,030
부동산 수익										288	294	287	286
씨스코 파이낸셜 코퍼레이션의 이익				6,408	7,120	8,804	8,784	7,417					
실현이익을 제외한 자기자본 이익	4,557	3,669	3,960										
뮤추얼 세이빙스 & 론 어소시에이션의 실현투자 이익을 제외한 자기자본 이익													
매출액 총계	**729,179**	**623,726**	**521,472**	**479,391**	**478,696**	**492,157**	**469,125**	**453,359**	**363,635**	**197,917**	**139,068**	**100,375**	**101,482**
보험 손해 및 손해 조정 비용	141,550	134,109	121,996	121,996	103,417	118,230	120,337	132,263	96,869	91,585	55,376	47,238	47,120
제품 및 서비스 판매 비용	296,770	214,362	177,508	146,081	155,661	160,261	158,710	151,521	130,647				
방직 제품 판매 비용										43,736	41,573	28,234	27,429
제조 제품 판매 비용	46,752	52,243	52,508	52,508	54,119	60,219	57,870	50,810	40,417	39,122	24,694	21,745	20,346
기타 판매 관리 비용	138,875	122,023	110,021	104,109	93,756	84,188	79,839	71,172	60,698	5,869	4,949	4,192	3,641
이자 비용	14,734	15,104	14,995	11,828	11,486	9,185	5,729	5,058	4,789				
이자 및 융금 비용										2,075	2,028	1,845	1,718
비용 총계	**638,681**	**537,841**	**477,028**	**436,522**	**418,439**	**432,083**	**422,485**	**410,824**	**333,420**	**182,387**	**128,622**	**103,255**	**100,254**
소액주주 지분을 반영한 연결 영업이익	90,498	85,885	44,444	42,869	60,257	60,074	46,640	42,535	30,215	15,530	10,446	(2,880)	1,228
세전 이익, 비연결 종속 기업의 자본 이익 및 실현 투자 이익	16,420	10,353	2,524	2,386	12,091	13,943	9,796	10,735	9,487				
실현 투자 이익													
법인세 반영 전 보험 인수 및 제조 부문 순의													
위 순이익에 적용되는 법인세 비용													

→다음 페이지에 계속

→ 전 페이지에서 이어짐

	1984	1983	수정 1982	일본 1982	1981	1980	1979	1978	수정 1977	일본 1977	1976	1975	1974
영업손익에 작용되는 법인세 공제액(비용)										(2,914)	(1,489)	4,141	2,010
비연결 종속 기업의 자본 이익 및 실현 투자 이익 반영 전 소액주주 지분을 반영한 지속 영업이익	74,078	75,532	41,920	40,483	48,166	46,131	36,844	31,800	20,728				
위 이익에 대한 소액주주 지분	3,877	7,337	10,423	8,986	8,443	7,647	5,883	6,058	3,489				
비연결 종속 기업의 자본 이익 및 실현 투자 이익 반영 전 이익	70,201	68,195	31,497	31,497	39,723	38,484	30,961	25,742	17,239				
타사의 순이익 및 실현 투자 순이익 반영 전 자본 이익										12,615	8,957	1,261	3,239
은행 자회사의 자본 순이익									3,550	3,550	3,750	3,450	4,093
블루칩 스탬프 자본 이익(순)										5,739	3,366	2,003	1,052
웨스코 파이낸셜 자본 이익(순)									2,683				
실현 투자 순이익 반영 전 이익	70,201	68,195	31,497	31,497	39,723	38,484	30,961	25,742	23,472	21,904	16,073	6,714	8,384
실현 투자 순이익									13,310	6,870	9,962	(2,888)	(1,908)
법인세 공제액(비용)									(4,448)	(2,050)	(3,200)	866	568
소액주주 지분 반영 후 순이 실현 투자 순이익(순)									(1,941)				
1980년 12월 31일 현재 매각된 비연결 은행 종속 기업 자본 순실 반영 전 자본 이익						4,731	4,960	4,242	6,921	4,820	6,762	(2,022)	(1,340)
종속 기업 자본 순실 반영 전 자본 이익 실현 투자 이익 반영 전 이익	70,201	68,195	31,497	31,497	39,723	43,215	35,921	29,984					
계속 영업 실현 투자 이익	78,694	45,298	14,877	14,877	22,881	10,790	6,896	9,258					
비연결 은행 종속 기업의 자본 대비 자본 순실						(883)							
순이익	148,895	113,493	46,374	46,374	62,604	53,122	42,817	39,242	30,393	26,724	22,835	4,692	7,043

참고

1. 1977년은 디버시파이드 리테일링과의 합병으로 수정됨.
2. 1983년은 블루칩 스탬프와의 합병으로 수정됨.
3. 버크셔의 연결 재무제표 및 더 자세를 제시하는 것인으로도 연결 재무제표 보고에 대한 버핏의 혐오감은 더 강해짐.

표 4-45 · 1974~1984년 버크셔 해서웨이 자기자본에 대한 연결 조정 | 자료 · 1974~1984년 버크셔 해서웨이 연례 보고서 단위 · 1,000달러

	1984	1983	수정 1982	원본 1982	1981	1980	1979	1978	수정 1977	원본 1977	1976	1975	1974
전년도 자기자본	1,119,193	727,483	519,463	519,463	395,214	344,962	254,166	154,564	115,293	115,293	92,890	88,199	81,155
당기순익	148,895	113,493	46,374	46,374	62,604	53,122	42,817	39,242	30,393	26,724	22,835	4,692	7,043
보통주 변동치		805							1,173				
납입자본 변동치		153,860							3,517				
자사주		(280)			180	(28,967)		(574)	(1,476)	(229)	(432)		
디베시파이드 리테일링과의 수지 조정에 따른 자사주 변동치									(9,389)				
디베시파이드 리테일링과의 수지 조정에 따른 이익잉여금 변동치									15,053				
회계 변동 및 매도가능증권 가치에 따른 자기자본 변동								60,934					
세후 미실현 유가증권 가치 변동치	3,673	123,832	161,646	161,646	61,465	26,097	47,979						
기말 자기자본	1,271,761	1,119,193	727,483	727,483	519,463	395,214	344,962	254,166	154,564	141,788	115,293	92,890	88,199

표 4-46 · 1974~1984년 버크셔 해서웨이 보험 부문 대차대조표 | 자료 : 1974~1984년 버크셔 해서웨이 연례 보고서(책임준비금은 1992년 자료) 단위 : 1,000달러

	1984	1983	1982	1981	1980	1979	1978 수정	1978	1977 수정	1977	1976	1975	1974
현금 및 국채										23,167	17,585	15,914	10,652
현금·국채 및 기타 단기 투자 금액					30,950	12,182	45,638	45,638	26,695				
채권(분할상환 비용)					187,802	185,564	157,651	157,651	132,929	127,324	89,216	78,761	71,531
매도가능주식(매입가 기준)								133,766	108,107	108,107			
매도가능주식(시가 기준)	793,569	793,569	793,569	536,748	424,530	336,680	220,929						
우선주										23,232	22,287	2,558	2,855
보통주										86,657	53,108	39,341	50,670
현금 및 투자에 총계					643,282	534,426	424,218	337,055	267,731	260,381	182,196	136,574	135,708
블루칩 스탬프에 대한 투자 금액					32,272	35,355	31,442	31,442	26,862	21,679	17,740	15,401	14,371
유형자산(순)					3,388	3,383	2,757	2,757	2,164	2,164	1,636	1,526	1,581
기타 자산					50,731	50,257	46,011	46,011	36,487	29,008	22,812	20,558	20,679
자산 총계					729,673	623,421	504,428	417,265	333,244	313,231	224,384	174,059	172,338
기발 인식 자산(주식 참고)	1,615,274	1,322,160	1,059,670	825,635	693,859	585,103	470,023	470,023	377,954	377,954	261,752	164,443	
손해 및 손해 조정 비용					199,128	197,698	180,870	180,870	139,461	133,592	85,152	73,033	72,761
미수입 보험료					73,281	73,604	69,368	69,368	57,128	52,191	36,737	22,344	21,705
기타 부채					78,951	69,272	50,025	23,876	18,157	17,579	14,033	7,734	7,641
부채 총계					351,360	340,574	300,263	274,114	214,746	203,361	135,922	103,111	102,107
자기자본					378,313	282,847	204,165	143,151	118,498	109,870	88,463	70,947	70,231
평균 책임준비금(반올림)	253,200	231,300	220,600	228,400	237,000	227,300	190,400	190,400	139,000	139,000	102,600	87,600	79,100

표 4-47 · 1974~1984년 버크셔 해서웨이 보험 부문 순익계산서 | 자료: 1974~1984년 버크셔 해서웨이 연례 보고서 단위: 1,000달러

	1974	1975	1976	1977	수정 1977	1978	수정 1978	1979	1980	1981	1982	1983	1984
인수 보험료(순)	60,997	58,975	94,773	151,083	158,704	198,313	198,313	186,185	184,864	148,000	149,091	149,849	133,558
수입 보험료	60,574	58,336	80,780	136,890	143,088	186,073	186,073	181,950	185,187	159,013	152,945	152,480	140,242
손해 및 발생 손해 비용	47,120	47,238	55,376	91,585	96,869	132,263	132,263	120,338	118,230	103,416	121,996	134,109	141,550
보험 인수 비용	20,346	21,745	24,694	39,122	40,418	50,809	50,809	57,870	60,219	54,119	52,508	52,243	46,752
손해 및 비용 총계	67,466	68,983	80,071	130,707	137,287	183,072	183,072	178,208	178,449	157,535	174,504	186,352	188,302
세전 보험 인수 손익	(6,892)	(10,647)	709	6,184	5,801	3,001	3,001	3,742	6,738	1,478	(21,559)	(33,872)	(48,060)
세전 투자 이익(순)	7,880	8,441	10,438	12,282	12,804	19,705	19,705	24,224	30,939	38,823	41,620	43,810	68,903
계속사업 대비 세전 영업이익	988	(2,206)	11,147	18,465	18,605	22,706	22,706	27,966	37,677	40,301	20,061	9,938	20,843
(순)채후 실현 투자 순손익	(1,340)	(2,022)	7,043	4,820	4,917	8,873	8,873	6,241	10,588				
블루칩 스탬프 자본 이익	792	1,141	1,637	3,134	3,852	3,230	3,230	3,960	4,488				
순이익	2,529	716	18,515	23,407	24,614	30,128	30,128	32,763	47,899				

표 4-48 · 1974~1984년 버크셔 해서웨이 보험 부문 선별 비율 | 자료 · 1974~1984년 버크셔 해서웨이 연례 보고서 및 저자의 계산 단위 · %

	1984	1983	1982	1981	1980	1979	수정 1978	1978	수정 1977	1977	1976	1975	1974
평균 자본 대비 인수 보험료(순)					55.9	76.5	122.9	151.6	153.4	152.4	118.9	83.5	86.9
손해율	100.9	88.0	79.8	65.0	63.8	66.1	71.1	71.1	67.7	66.9	68.6	81.0	77.8
비용률	35.0	34.9	35.2	36.6	32.6	31.1	25.6	25.6	25.5	25.9	26.1	36.9	33.4
합산비율	**135.9**	**122.8**	**115.0**	**101.6**	**96.4**	**97.2**	**96.7**	**96.7**	**93.2**	**92.8**	**94.6**	**117.8**	**111.1**
평균 자기자본이익률					14.5	13.5	18.7	23.0	21.6	23.6	23.2	1.0	3.6
인수 보험료 성장률(순)	(10.9)	0.5	0.7	(19.9)	(0.7)	(6.1)	25.0	25.0	67.5	59.4	60.7	(3.3)	21.1
수입 보험료 성장률	(8.0)	(0.3)	(3.8)	(14.1)	1.8	(2.2)	30.0	30.0	77.1	69.5	38.5	(3.7)	14.4

표 4-49 · 1974~1984년 보험 부문 선별 데이터 | 자료 · 1979년, 1982년, 1984년 버크셔 해서웨이 연례 보고서 단위 · 1,000달러

	1984	1983	1982	1981	1980	1979	1978	1977	1976	1975
인수 보험료(순)	133,558	149,849	149,091	148,000	184,864	186,185	198,313	158,704	94,773	58,975
수입 보험료										
특수 차량 및 일반 책임보험	64,003	68,148	69,026	73,177	88,404	90,646	96,126	80,690	50,778	38,513
노동자 보상 보험	22,665	18,849	15,951	18,193	19,890	19,350	29,893	18,916	5,815	3,632
재보험	16,066	26,889	27,408	29,446	33,804	30,864	30,160	24,100	17,220	12,407
홈 스테이트 상품군	32,598	35,328	37,552	38,197	43,089	41,089	29,894	19,382	11,058	6,670
구조화 합의 및 포트폴리오 재보험	4,910	3,266	3,008							
	140,242	152,480	152,945	159,013	185,187	181,949	186,073	143,088	84,871	61,222
투자 이익	69,291	44,249	41,791	39,019	31,111	24,407	19,944	13,061	10,975	8,806
보험 부문 매출액	209,533	196,729	194,736	198,032	216,298	206,356	206,017	156,149	95,846	70,028
보험 인수 손익(세전)										
특수 차량 및 일반 책임보험	(16,049)	(14,880)	(12,647)	3,020	7,395	7,845	11,543	7,800	4,768	(7,450)
노동자 보상 보험	(12,560)	(1,091)	2,658	2,822	4,870	5,130	(3,944)	(1,644)	(1,093)	(342)
재보험	(12,703)	(8,387)	(7,524)	(3,720)	(233)	(4,338)	(2,443)	(1,251)	(2,879)	(2,651)
홈 스테이트 상품군	(4,101)	(8,834)	(3,949)	(644)	(5,294)	(4,895)	(2,155)	896	(548)	(907)
구조화 합의 및 포트폴리오 재보험	(2,647)	(680)	(96)							
	(48,060)	(33,872)	(21,558)	1,478	6,738	3,742	3,001	5,801	248	(11,350)
순투자 이익	68,903	43,810	41,620	38,823	30,939	24,224	19,705	12,805	10,841	8,723
보험 부문 세전 영업순익	20,843	9,938	20,062	40,301	37,677	27,966	22,706	18,606	11,089	(2,627)
합산비율(법정)	135.9%	122.8%	115.0%	101.6%	96.4%	97.2%	96.7%	93.2%	94.6%	117.8%

참고

1. 홈 스테이트가 인수한 보험계약이 노동자 보상 보험 지급 범위는 재무제표의 주석에는 나오지 않음.

2. 이 표의 데이터는 연례 보고서의 각 부문별 실적에서 산출했다. 일부의 경우, 예전 보고 기간에 올라온 수치온 차이가 있다.

표 4-50 · 1968~1979년 일리노이 내셔널 뱅크&트러스트 오브 록포드의 연결 대차대조표 | 자료: 1968·1979년 버크셔 해서웨이 연례 보고서 단위: 1,000달러

	1979	1978	1977	1976	1975	1974	1973	1972	1971	1970	1969	1968
현금 및 은행의 미지급금	27,602	20,232	20,973	10,868	18,797	21,544	26,684	22,111	17,833	15,157	19,918	23,244
미국 국채		42,938	42,120	30,499	39,758	10,615	11,355	10,615	12,633	15,129	11,228	26,922
주 정부 및 지방자치단체 채권		63,577	58,696	54,002	46,959	45,858	47,713	50,163	42,884	36,627	36,005	17,803
기타 증권		5,394	6,054	6,629	4,053	3,846	3,358	7,779	5,865	210	210	210
연방준비은행 주식		300	300	300	300							
연방 펀드 매도액		3,000	7,000	32,000		5,000						
투자	104,103	115,209	114,169	123,430	91,071	65,319	62,426	68,556	61,382	51,966	47,443	44,936
매출(총액)	84,377	76,122	62,268	56,188	58,081	70,134	66,022	59,618	54,032	50,841	47,963	46,995
대손충당금							(1,164)	(1,025)	(855)	(860)	(800)	(599)
매출(순)	84,377	76,122	62,268	56,188	58,081	70,134	64,859	58,593	53,177	49,980	47,163	46,396
은행 사옥 및 설비	1,820	1,106	1,022	896	967	1,009	1,117	1,361	1,523	1,624	1,825	1,237
미수 이자 및 기타 자산	3,097	3,146	2,720	2,010	2,555	2,857	2,156	1,750	1,252	1,739	1,040	896
자산 총계	**220,999**	**215,815**	**201,152**	**193,393**	**171,471**	**160,861**	**157,241**	**152,372**	**135,167**	**120,466**	**117,389**	**116,709**
당좌예금		58,133	56,978	54,875	53,478	53,178	55,716	55,130	51,208	52,478	58,237	57,677
정기예금		127,002	117,890	113,462	93,501	85,519	81,450	77,558	64,640	49,095	41,317	41,408
예금 총계	187,223	185,134	174,868	168,337	146,979	138,697	137,166	132,688	115,848	101,573	99,555	99,085
차입금1	3,367	2,357			1,000							
미납 세금 및 기타 비용	2,821	2,413	1,717	1,628	1,411	1,223	835	887	814	679	638	783
부채 총계	**193,411**	**189,904**	**176,585**	**169,965**	**149,390**	**139,920**	**138,002**	**133,575**	**116,662**	**102,252**	**100,193**	**99,869**
자본계정 총계	27,588	25,910	24,567	23,428	22,081	20,942	19,239	18,797	18,505	18,213	17,196	16,841
부채 및 자본 총계	**220,999**	**215,815**	**201,152**	**193,393**	**171,471**	**160,861**	**157,241**	**152,372**	**135,167**	**120,466**	**117,389**	**116,709**

주석
1. 1975년의 해당 금액은 연방 기금으로 이루어짐.

참고
1974년 이전의 매출은 총액 기준 자산으로 표시했으며, 순실 충당금은 부채로 별도 표시함.
따라서 자산 총계 수치는 재무제표에 표시된 수치와는 다름.

표 4-51 · 1968~1979년 일리노이 내셔널 뱅크 & 트러스트 오브 록포드의 연결 순이익계산서 | 자료 · 1968~1979년 버크셔 해서웨이 연례 보고서 단위 1,000달러

	1979	1978	1977	1976	1975	1974	1973	1972	1971	1970	1969	1968
대출이자 및 수수료		6,480	5,480	5,093	5,712	6,608	5,316	4,134	4,006	4,130	3,820	3,431
연방 펀드 매도 이익		298	288	225	214	361	237	110	109	317	392	320
이자 및 배당												
미국 정부채 및 공채		3,270	2,271	2,491	1,615	942	632	598	708	569	1,003	1,420
주 정부 및 지방자치단체 채권		4,032	3,848	3,255	2,853	2,798	2,796	2,677	2,094	1,717	1,155	532
다른 은행에 가입한 정기예금					204							
연방준비은행 주식		18	18	18	18							
기타 증권		484	577	501	253	284	343	524	228	13		
이자 이익 총계	18,196	14,582	12,481	11,583	10,868	10,993	9,324	8,044	7,145	6,745	6,371	5,702
예금이자		7,387	6,600	5,880	5,191	4,954	4,295	3,419	2,733	2,029	1,695	1,493
연방 펀드 매입 자금 이자		2	2	4	4	14	55	3	2	4	13	3
차입금 이자		36										
이자 비용	9,605	7,425	6,602	5,884	5,195	4,968	4,351	3,422	2,734	2,032	1,707	1,496
순이자 이익	8,591	7,157	5,879	5,700	5,673	6,024	4,973	4,622	4,410	4,713	4,663	4,206
대손충당금	108	60	16	12	12	19	16	37	36	52	62	66
대손충당금 반영 후 순이자 이익	8,483	7,097	5,863	5,688	5,662	6,005	4,957	4,585	4,375	4,661	4,602	4,141
신탁부문		710	637	547	503	434	451	385	336	280	343	339
예금계좌 서비스 수수료		76	116	149	134	139	130	127	137	152	220	199
기타		376	577	635	583	560	500	411	307	354	248	250
기타 수익	1,208	1,162	1,330	1,331	1,220	1,133	1,080	924	780	786	811	789

→다음 페이지에 계속

	1979	1978	1977	1976	1975	1974	1973	1972	1971	1970	1969	1968
급여				1,676	1,643	1,552	1,503	1,367	1,352	1,298	1,159	1,073
연금, 이익 분배금 및 기타 직원 수당				349	293	247	263	239	138	151	114	137
급여 및 직원 수당	**2,174**	**2,174**	**2,097**	**2,025**	**1,936**	**1,798**	**1,766**	**1,605**	**1,489**	**1,450**	**1,273**	**1,210**
은행 사옥 사용료(순)		311	269	259	247	257	418	314	359	358	302	325
장비 매각, 감가상각 및 유지관리비		212	215	233	246	248	253	264	289	272	260	235
기타		739	812	838	766	592	767	645	681	661	558	497
무가차 비용 총계	**3,944**	**3,436**	**3,393**	**3,355**	**3,195**	**2,896**	**3,204**	**2,829**	**2,818**	**2,742**	**2,392**	**2,267**
법인세 및 유가증권	**5,747**	**4,822**	**3,800**	**3,663**	**3,686**	**4,242**	**2,833**	**2,680**	**2,337**	**2,705**	**3,020**	**2,662**
순이 반영 전 이익												
법인세	601	459	429	108	172	220	61	0	109	484	1,039	1,110
유가증권 순이 반영 전 이익	5,146	4,363	3,371	3,555	3,514	4,022	2,772	2,680	2,228	2,221	1,981	1,551
법인세 반영 후 증권 순순이익1	**(68)**	**(20)**	**269**	**292**	**52**	**168**	**34**	**84**	**26**	**189**	**(372)**	**110**
순이익2	**5,078**	**4,343**	**3,640**	**3,847**	**3,567**	**4,190**	**2,806**	**2,764**	**2,254**	**2,410**	**1,608**	**1,661**

주석

1. 1973년의 경우, 부동산 매매 차익 43달러가 포함됨(세후 순액).
2. 1970년의 경우, 순이익은 모기업으로부터의 세제 혜택 633달러 반영 전 기준으로 표시됨.

표 4-52 · 1968~1979년 일리노이 내셔널 뱅크 & 트러스트 오브 록포드의 선별 데이터 및 비율 | 자료: 1968~1979년 버크셔 해서웨이 연례 보고서 단위: 1,000달러

	1979	1978	1977	1976	1975	1974	1973	1972	1971	1970	1969
평균 매출	80,249	69,195	59,228	57,135	64,107	70,134	61,726	55,885	51,579	48,572	46,780
평균 자산	218,407	208,483	197,272	182,432	166,166	160,861	154,806	143,770	127,816	118,927	117,049
평균 예금 총의	186,179	180,001	171,603	157,658	142,838	138,697	134,927	124,268	108,711	100,564	99,320
평균 자기자본	26,749	25,239	23,998	22,754	21,511	20,942	19,018	18,651	18,359	17,704	17,018
평균 자산 대비 평균 매출	36.7%	33.2%	30.0%	31.3%	38.6%	43.6%	39.9%	38.9%	40.4%	40.8%	40.0%
평균 예금 대비 평균 매출	43.1%	38.4%	34.5%	36.2%	44.9%	50.6%	45.7%	45.0%	47.4%	48.3%	47.1%
평균 자본 비율	12.2%	12.1%	12.2%	12.5%	12.9%	13.0%	12.3%	13.0%	14.4%	14.9%	14.5%
평균 자산 대비 세전 영업이익률	2.63%	2.31%	1.93%	2.01%	2.22%	2.64%	1.83%	1.86%	1.83%	2.27%	2.58%
평균 예금 대비 세전 영업이익률	3.09%	2.68%	2.21%	2.32%	2.58%	3.06%	2.10%	2.16%	2.15%	2.69%	3.04%
세전 영업이익/평균 자기자본	21.5%	19.1%	15.8%	16.1%	17.1%	20.3%	14.9%	14.4%	12.7%	15.3%	17.7%
세후 영업이익/평균 자기자본	19.2%	17.3%	14.0%	15.6%	16.3%	19.2%	14.6%	14.4%	12.1%	12.5%	11.6%
효율성 비율1	40%	41%	47%	48%	46%	40%	53%	51%	54%	50%	44%
이자 이익/평균 자산	8.33%	6.99%	6.33%	6.35%	6.54%	6.83%	6.02%	5.59%	5.59%	5.67%	5.44%
이자 비용/평균 예금2	5.08%	4.10%	3.85%	3.72%	3.62%	3.58%	3.22%	2.75%	2.52%	2.02%	1.72%
순이자 마진	3.25%	2.90%	2.48%	2.63%	2.92%	3.25%	2.80%	2.84%	3.07%	3.65%	3.72%
대손충당금/평균 매출	0.13%	0.09%	0.03%	0.02%	0.02%	0.03%	0.03%	0.07%	0.07%	0.11%	0.13%
평균 자산 대비 세후 영업이익률	2.36%	2.09%	1.71%	1.95%	2.11%	2.50%	1.79%	1.86%	1.74%	1.87%	1.69%

주석
1. 효율성 비율은 비이자 비용을 순이자 이익과 비이자 이익으로 나눈 함용임.
2. 평균 예금에는 해당 연도의 차입 자금이 포함됨.

제5장

1985~1994년

표 5-1 · 한눈에 보는 1985~1994년 10년 구간

	1984	1994
사업	보험, 신문, 가구, 소매 유통, 사탕, 은행, 방직	보험, 신문, 가구, 소매 유통, 사탕, 보석, 백과사전, 가정용 청소기, 신발, 기타 제조, 여러 공기업에 대한 상당한 지분
주요 경영진	회장 & CEO : 워런 E. 버핏 부회장 : 찰스 T. 멍거	회장 & CEO : 워런 E. 버핏 부회장 : 찰스 T. 멍거
연간 매출액	7억 2,900만 달러	38억 달러
자기자본	12억 7,000만 달러	119억 달러
주당 장부가치	1,108.77달러	1만 83달러
책임준비금(평균)	2억 5,300만 달러	30억 6,000만 달러

주요 자본 배분 결정

1. 방직 공장을 정리함(1985년).

2. 보험 부문에 (다양한 방식으로) 추가 자본을 투입함.

3. 캐피털 시티즈/ABC에 5억 1,750만 달러를 투자함(1985년).

4. 스콧 페처를 4억 1,000만 달러에 인수함(1986년).

5. 페치하이머를 인수함(1986년).

6. 살로몬 브러더스 전환우선주를 7억 달러 규모 매입함(1987년).

7. 보셰임스를 인수함(1989년).

8. 코카콜라 주식을 13억 달러에 매수함(1988~1994년).

9. 질레트에서 6억 달러, US에어에서 3억 5,800만 달러, 챔피언 인터내셔널에서 3억 달러의 전환우선주를 각각 매입함(1989년).

10. 9억 달러 규모의 무이자 채권을 발행함(1989년).

11. H. H. 브라운 슈를 인수함(1991년).

12. 상당한 규모의 부채를 상환함(1991~1992년).

13. 로웰 슈를 인수함(1992년).

14. 덱스터 슈를 4억 3,300만 달러에 인수하며 2만 5,303주를 발행함(1993년).

15. 웨스코·뮤추얼 세이빙스 등의 예금 및 대출 사업을 정리함(1993년).

주목할 만한 사건

1. 버크셔가 어느 정도 대기업 반열에 오름(1990년).

2. 켄 체이스가 버크셔 이사회에서 물러나고, 수전 버핏이 이를 대신함(1990년).

3. 맬컴 G. 체이스 주니어가 버크셔 이사회에서 사임하고 아들인 맬컴 '킴' 체이스 3세가 이를 대신함.

4. 'B 여사' 로즈 블럼킨이 100세를 맞이함(1993년).

표 5-2 · 버크셔 해서웨이 이익 | 자료 1985~1994년 버크셔 해서웨이 연례 보고서 및 저자의 계산 단위·1,000달러

부문	1994	1993	1992	1991	1990	1989	1988	1987	1986	1985	1984
보험 부문											
인수 보험료	129,926	30,876	(108,961)	(119,593)	(26,647)	(24,400)	(11,081)	(55,429)	(55,844)	(44,230)	(48,060)
순투자 이익	419,422	375,946	355,067	331,846	327,048	243,599	231,250	125,483	107,143	95,217	68,903
버펄로 뉴스	54,238	50,962	47,863	37,113	43,954	46,047	42,429	39,410	34,736	29,921	27,328
페치하이머1	14,260	13,442	13,698	12,947	12,450	12,621	14,152	13,332	8,400		
금융 부문	21,568	22,695									
카비	42,349	39,147	35,653	35,726	27,445	26,114	26,891	22,408	20,218		
네브래스카 퍼니처 마트	17,356	21,540	17,110	14,384	17,248	17,070	18,439	16,837	17,685	12,686	14,511
스콧 페처(제조 부문)	39,435	38,196	31,954	26,123	30,378	33,165	28,542	30,591	25,358		
시즈 캔디	47,539	41,150	42,357	42,390	39,580	34,235	32,473	31,693	30,347	28,989	26,644
신발 부문2	85,503	44,025	27,883	13,616							
웨스코 - 보험을 제외한 나머지3	24,662	19,915	15,153	12,230	12,441	13,008	16,133	6,209	5,542	16,018	15,325
월드북			29,044	22,483	31,896	25,583	27,890	25,745	21,978		
매입가 회계 & 사업권 수수료	(22,595)	(17,033)	(12,087)	(10,134)	(9,427)	(9,127)	(9,148)	(8,408)	(12,588)	(1,475)	(1,434)
이자 비용4	(60,111)	(56,545)	(98,643)	(89,250)	(76,374)	(42,389)	(35,613)	(11,474)	(23,891)	(14,415)	(14,734)
주주 지정 기부금	(10,419)	(9,448)	(7,634)	(6,772)	(5,824)	(5,867)	(4,966)	(4,938)	(3,997)	(4,006)	(3,179)
기타5	36,232	28,428	72,223	77,399	58,309	23,755	41,059	22,460	20,770	6,744	2,435
영업이익(세전)	839,365	643,296	460,680	400,508	482,477	393,414	418,450	280,919	195,857	125,449	87,739
제너럴 푸드 특별배당금										4,127	
위싱턴 포스트 특별배당금										14,877	8,111
유가증권 매각 및 일회성 자산 매각	91,332	546,422	89,937	192,478	33,989	223,810	131,671	27,319	216,242	468,903	104,699
USGa 우선주 가치 저하	(268,500)										
이익 총계 - 전체(세전)	662,197	1,189,718	550,617	592,986	516,466	617,224	550,121	308,238	412,099	613,356	200,549
법인세 및 소액주주 지분 반영6	(167,399)	(501,597)	(143,332)	(153,078)	(122,373)	(169,747)	(150,851)	(73,686)	(129,738)	(177,541)	(51,653)
이익 총계 - 전체(세주)	494,798	688,121	407,285	439,908	394,093	447,477	399,270	234,552	282,361	435,815	148,896

주석

1. 캐치하이머는 1986년 6월 3일에 인수함.
2. H.H. 브라운은 1991년 7월 1일에 인수했으며 1993년부터 로웰과 덱스터도 포함됨. 덱스터는 1993년 11월 7일에 인수함.
3. 베스코(모기업), 뮤추얼 세이빙스 포리시전 스팀을 포함함.
4. 스콧페쳐 파이낸셜 그룹의 이자 비용은 제외됨. 중도 상환 위약금은 포함됨.
5. 소매 유통, 방직, 블루칩 스탬프(모기업) 등 나머지 부문.
6. 보고된 세전 이익 수치와 세후 이익 수치 간 차이에 따른 것임.

참고
이 표는 각 회사의 세전 영업이익을 나타냄. 이전 10년 구간 동안의 버크셔 몫에 해당하는 세전 이익을 반영해 표시함.
독자들이 이전 10년 구간에서 제시된 해당 표의 1984년 자료와 비교해 보면, 버크셔가 100% 지배하지 않은 기업들의 이익들의 이익과는 차이가 있다는 것에 유의 바람.

서문

–

워런 버핏이 버크셔 해서웨이를 맡은 지 세 번째 10년 구간 만에 우리
는 회사가 본궤도에 올라섰음을 알게 되었다. 1985년까지만 해도 버핏
과 그의 사업 파트너 찰리 멍거 버크셔 부회장은 회사의 전신인 방직 사
업부가 발목을 잡고 있었다. 그들은 이 무거운 닻을 매달고서도, 지난
10년 구간 동안 더 수익성 높은 기업에 자본을 재배치해 엄청난 규모로
성장했다. 1985년 버크셔는 방직 사업부를 폐쇄해 과거에서 해방되었
다. 이는 '버크셔'라는 배의 돛에 바람을 가득 채울 수 있게 해 주었다.

  1985년부터 1994년까지 10년 구간 동안 버크셔 해서웨이는 매우 큰
변화를 겪었다. 1984년에 7억 2,900만 달러이던 매출액은 1994년 말에는
38억 달러로 늘어났다. 주식 발행으로 자기자본은 다소 늘어나 약 10배
가까운 119억 달러로 증가했으며, 이에 따라 주당 장부가치도 이와 비
슷하게 상당히 큰 변화를 겪었다. 이러한 변화는 수많은 자본 배분 결
정의 결과였다. 그 변화는 크게 다음과 같은 두 가지 범주로 분류된다.

하나는 지분을 100% 보유한 신규 자회사로 자본을 배분하는 것, 다른 하나는 대단히 훌륭한 상장 기업의 지분을 부분적으로 취득하는 것이었다.

버크셔는 이 10년 구간에 단순하면서도 수익성이 높은 기업을 여럿 인수했다. 최대 사업 부문인 월드북 인사이클로피디아World Book Encyclopedias(세계 백과사전)와 대중에게 잘 알려진 커비Kirby 진공청소기 부문을 거느린 소규모 복합기업 스콧 페처 등이 주요 인수 기업이었다. 뜻밖이긴 하지만 버크셔는 신발 산업에도 큰 규모로 뛰어들었다.

버크셔는 자본 배분 전문가인 버핏과 멍거의 지휘 아래, 몇몇 이름난 상장 기업의 지분을 상당한 규모로 취득했으며, 해당 기업 이사회에 합류하기도 했다. 버크셔는 이 기간에 많은 양의 차입금을 조달했다가 상환했는데, 상당한 규모의 인수와 관련해 주식도 발행했다. 1985~1994년의 10년 구간은 버크셔 해서웨이가 우수한 사업 부문들에서 경영진의 생각을 빠르게 구현하기 위해 움직인 시기였다. 특히 보험 부문의 가치 창출 가능성을 놓고 그렇게 움직였다.

1985년

–

1985년은 지난 몇 년 동안 꽤 힘든 일을 겪은 버크셔 해서웨이에 양호한 해였다. 순자산 가치 48.2% 증가라는 기록적인 수치 때문만은 아니었다. 보험 부문은 여전히 보험계약 인수 손실로 어려움을 겪었지만 (보험업계와 마찬가지로) 올바른 방향으로 나아가고 있었다. 보험 부

표 5-3 · 1985~1994년 선별 데이터

자료·2018년, 2019년 버크셔 해서웨이 연례 보고서 및 세인트루이스 연방준비은행 **단위**·%

	1985	1986	1987	1988	1989	1990	1991	1992	1993	1994
버크셔 주당 장부가치(변동률)	48.2	26.1	19.5	20.1	44.4	7.4	39.6	20.3	14.3	13.9
버크셔 주당 시장가치(변동률)	93.7	14.2	4.6	59.3	84.6	(23.1)	35.6	29.8	38.9	25.0
S&P 500 총수익률	31.6	18.6	5.1	16.6	31.7	(3.1)	30.5	7.6	10.1	1.3
미국 GDP 성장률(실질)	4.2	3.5	3.5	4.2	3.7	1.9	(0.1)	3.5	2.8	4.0
10년 만기 미국 국채 수익률(연말 기준)	9.3	7.1	9.0	9.1	7.8	8.1	7.1	6.8	5.8	7.8
미국 물가상승률	3.5	1.9	3.6	4.1	4.8	5.4	4.2	3.0	3.0	2.6
미국 실업률	7.2	7.0	6.2	5.5	5.3	5.6	6.9	7.5	6.9	6.1

문은 주식 지분율에 따른 협의를 통해 확보한 신규 인수 물량의 지원도 받았다. 버크셔는 또한 LBOLeveraged Buyout(인수 대상 기업의 자산을 담보로 금융회사에서 자금을 빌려 기업을 인수하는 M&A 기법 - 옮긴이) 방식으로 인수했던 제너럴 푸드 투자에서 뜻밖의 큰 수익을 올리기도 했다.

충분히 영예를 누릴 만한데도 그렇게 하지 않는 버핏은 약간의 역사와 수학을 거론하며 성과를 과소평가했다. 버크셔가 다음 10년 구간에 순자산 가치를 매년 15%씩 성장시키려면 57억 달러의 이익을 올려야 했다. 지난 10년 동안 이러한 성과를 이룬 미국 기업은 불과 열다섯 곳에 불과했다. "(좋은 사업을 찾는) 우리의 시야는 역사, 체제, 혹은 개념 때문에 제한을 받지 않습니다. … 우리가 바라는 15%라는 평균 성장률을 기록하기 위해서는 훌륭한 자산이 충분히 준비되어야 할 것입니다."

전망치 낮추기는 버핏이 늘 하는 행동이었지만 1985년에는 특히 더 합당했다. 버크셔 주식은 평소 내재 가치에 비해 약간 할인된 가격에 거래되었는데 근래 들어서는 프리미엄이 붙은 가격에 거래되었다. 이는 기존 주주에게는 이익이 되어 즐거움을 주는 일이지만 신규 주주에게는 그렇지 않다. 그들의 투자 성과가 버크셔의 기본 성과와 일치하려면, 그 프리미엄은 유지되어야 한다. 과거 내재 가치 수준 이하로 가치가 떨어질 경우, 버크셔의 훌륭한 사업 성과는 신규 주주에게 만족스럽지 못한 결과로 이어질 수 있다. 버핏은 버크셔의 솔직한 공시를 통해 지속적으로 주가에 절묘하게 영향을 미치곤 했다.

방직 부문 폐업

과거를 돌이켜 본 끝에, 버핏은 버크셔 경영권 인수가 엄청난 실수였다고 판단했다. 이에 따라 (버핏 본인을 포함해) 당초 그와 한배를 탔던 투자자들은 다른 기업을 통해 인수하는 대신 버크셔를 통해 인수했던 훨씬 더 좋은 기업들의 지분을 일부 포기하게 되었다. 아울러 업계가 쇠퇴하며 소멸되어 가는 것을 지켜본 지난 20년 동안의 좌절에 대해서는 더 말할 것도 없었다. 버핏의 말마따나 버크셔의 과거 잔재를 처리하는 유쾌하지 않은 일은 대부분 1985년 7월에 마무리되었다. 그는 방직 사업과 관련된 경영진과 직원들을 안타깝게 생각했지만 결국 경제성이 승리하고 말았다. 버크셔는 부진한 수익으로 지속적인 자본 투자가 필요한 경쟁력 낮은 불리한 사업을 마냥 방치할 수 없었다.

수치는 명확했다. 버핏이 참여하기 전 9년 동안 버크셔 해서웨이는 완전한 방직 제조업체였다. 그 시기의 매출액은 총 5억 3,000만 달러, 손실은 1,000만 달러였다. 이와 비교해 시즈 캔디는 인수 첫해에 매출액은 3,100만 달러, 이익은 200만 달러였다. 방직 사업은 1960년대에는 얼마간 이익을 올리긴 했지만, 생산에 필요한 자본에 비해서는 충분하지 않았다. 게다가 날이 갈수록 이익이 감소했고, 치열한 경쟁 속 불이익이 누적되면서 살아남기 어렵다는 것이 명백해졌다.

버핏은 이 부문의 경영자 켄 체이스와 게리 모리슨이 방직 부문에서 수익을 올리기 위해 노력했다며 "재치 있고, 활기가 넘쳤으며, 상상력도 풍부했다"고 칭찬했다. 그는 그 경영자들을 시즈처럼 보물 같은 기업을 경영하는 사람들과 동일하게 대했다. 방직 사업은 그들 때문이 아니라, 그들이 기념비적인 노력을 기울였음에도 실패했다는 것이다. 그들은 그저 운이 나빴을 뿐이었다고 보았다. 버크셔의 직원들과 노동조합 또한 평균 이하의 급여를 받아들이고 고용주의 경제적 입장을 이해해 주었다며 칭찬했다. 버핏은 공장을 정리하기로 결정한 후에도 경영진과 직원 모두가 아주 훌륭한 성과를 올렸다고 말했다.

버핏은 공장을 부진한 상태에서도 오랫동안 운영해 온 자신의 입장을 다음과 같이 요약했다.

"저는 그저 우리 회사 수익률에 몇 포인트를 더하려고 수익성이 부진한 사업을 접으려는 것이 아닙니다. 하지만 저는 또한 수익성이 대단히 좋은 회사라도 일단 끝없이 손실을 낼 것으로 보이는 사업이라면 자금을 대는 것이 부적절하다고 생각합니다. 저의 첫 번째 생각에는 애덤 스미스가 동의하지 않을 것이고, 저의 두 번째 생각에는 카를 마르크스Karl Marx가 동의하지 않을 것입니다. 저에게는 그 중간의 어딘가가 적당한 것 같습니다."

그의 말은 연례 보고서 초반에 다룬 "진 러미 자본주의"에는 참여하지 않는다고 했던 주주 관련 사업 원칙을 반영했다. 버크셔는 계속 보유할 목적으로만 인수하고, 원칙적으로 수익률이 더 높은 자산에 자본을 재배치하기 위한 노력 차원에서 실적이 부진한 부문을 매각하지는 않았다. 버핏은 예전에도 주주들에게 버크셔의 방직 부문 노동자들이 나이가 많은 데다 직물 생산 이외에는 할 줄 아는 것이 거의 없다는 사실을 상기시키며 자신의 입장을 설명했다. 많은 노동자가 외국 태생이었으며 영어도 잘하지 못했고 공장이 문을 닫을 경우 심한 피해를 입었을 것이라고 말이다. 1985년 공장 폐업으로 많은 사람이 타격을 받았으나 버핏은 피해를 최소화할 수 있도록 노력을 기울였다.

문제는 특히 뉴잉글랜드의 방직 사업이 경제성이 없다는 점이었다. 공장 자산 청산은 다음과 같은 결과로 나타났다.

표 5-4 · 버크셔 해서웨이 방직 부문 선별 데이터
자료 · 1985년 버크셔 해서웨이 주주 서한

직원 수(명)	1,000
사용 면적(제곱 피트)	750,000
방직 설비에 대한 선별 데이터(1,000달러)	
원가	13,000
대차대조표상 가치	866
1985년 교체 비용	30,000~50,000
청산 금액	163

이전 몇 년 동안에는 매우 중요했던 설비가 치열한 경쟁 압박이라는 맹공격 탓에 경제적으로는 아무 쓸모가 없어졌다. 해당 장비는 결국 거의 공짜와 다름없는 값에 매각되었다.

버크셔의 방직 사업 같은 상품형 사업은 실체가 없는 투자 옵션에 직면했다. 비용 절감을 약속하는 신규 기계라는 투자상의 기회는 개별 기업 입장에서는 합리적이었다고 할 수 있다. 그러나 업계의 모든 기업이 똑같은 결정을 내리자 그 이점은 사라졌다. 버핏은 이를 까치발로 서서 행렬을 쳐다보는 사람들과 비슷하다고 간단히 설명했다. 이것은 다른 사람들이 모두 똑같이 까치발로 서기 전까지는 잠시나마 도움이 되지만 그다음에는 더 나을 게 없다. 다리도 아프고.

1985년 버크셔의 방직 사업 상황을 고려해 보면, 이 사업은 잘했더라도 어려운 산업임이 너무나 명확했다. 그러나 일부 방직 공장은 남아 있었다. 벌링턴 인더스트리스는 버핏이 버크셔를 인수했을 때부터 이 사업을 접을 때까지 미국 최대 방직 회사였다. 1964년 버크셔가 5,000만 달러의 매출액을 내던 것과 비교해 벌링턴은 12억 달러의 매출액을 기록했다. 이후 21년 동안 벌링턴에서는 30억 달러의 자본적 지출(설비 투자를 뜻함 - 옮긴이)이 이루어졌다. 1985년의 매출액은 단 28억 달러에 그쳤다. 벌링턴의 주가는 그 기간에 변함없이 60달러를 유지하는 놀라운 결과를 보였다. 당시 소비자물가지수가 3배 이상 상승했다는 점을 고려하면, 계속 이 주식을 보유했던 벌링턴 주주들의 실질 구매력은 그에 비례해 감소한 것이라고 볼 수 있다.*

워런 버핏의 참여와 그의 자본 배분 기술이 없었다면 버크셔 주주들은 똑같은 고통스러운 쇠락을 마주했을 것이다. 버크셔 주주들은 사라

---

* 벌링턴 인더스트리스는 결국 2001년 말에 파산 신청을 하게 되었다. 버크셔는 사실 그 경매에 입찰했으나 해당 거래가 무산되면서 이 회사는 분리되어 매각되었다. 벌링턴은 2003년 파산 후 회사 자산을 매입한 인터내셔널 텍스타일 그룹의 일부로, 오늘날에도 최소한 명목상으로는 남아 있다.

져 버리는 대신, 새로운 경영자가 방직 부문의 꺼져 가는 숨결을 활용해 다양한 수익원을 창출하며 수익성 있는 기업을 만들어 내는 것을 보았다. 체이스, 모리슨, 그리고 방직 부문 직원들의 협조로 버크셔는 방직업에 대한 투자를 서서히 줄여 나갔다. 유형자산을 매각하고 매출채권과 재고투자를 축소해 마련한 자금은 내셔널 인뎀니티 및 일리노이 내셔널 뱅크처럼 영업하는 기업과 매도가능증권 등 수익성이 더 좋은 곳에 투자했다.

1985년과 1986년에 이루어진 방직 사업 청산은 곧 한 시대의 종말이었다. 미국 최초의 방직 공장 운영자들과의 협력으로 출발해 거의 2세기 동안 다양한 형태로 지속해 왔지만, 결국 손해를 보는 떨이 판매로 끝나고 말았다. 비록 방직이라는 사업은 더 이상 유지하지 않지만, 버크셔 해서웨이를 만든 사람들의 이야기는 워런 버핏 덕분에 역사에 길이 남을 것이다.

대단히 빼어난 3대 기업 (및 인센티브 보상에 대한 몇 가지 의견)

방직 사업이 역사 속으로 사라지면서 탄생한 기업들이 번창해 나갔다. 버핏은 네브래스카 퍼니처 마트, 시즈 캔디, 〈버펄로 뉴스〉의 수치를 제시하며 인센티브에 대한 의견을 내놓았다. 이는 기업의 경제성, 사실과 수치를 통해 신중하게 생각하는 것이 얼마나 중요한지 알려 주는 교훈이기도 했다.

위의 세 기업은 1985년 세전 이익 7,200만 달러를 벌어들여 그해 버크셔 해서웨이의 (이자 비용을 반영하기 전) 세전 영업이익의 약 절반을 차지했다. 이 회사들은 버크셔가 인수하기 전인 15년 전에도 약 800

만 달러를 벌어들였다. 버핏은 그러한 실적 증가가 양호한 것이라고 받아들여서는 곤란하다고 주의를 당부했다. 그 기록은 좋기는 했으나 정보가 누락되어 있었다. 기업의 경제적 특성과 성장성이 양호한지 여부를 제대로 평가하기 위해서는, 그러한 이익을 창출하는 데 들어간 자본을 적절히 비교해야 한다.

버핏은 평소처럼 실제보다는 낮은 점수를 매기면서도 "〈버펄로 뉴스〉, 시즈, 네브래스카 퍼니처 마트의 경우, 투하자본이익률이 매우 만족스러웠다"고 언급했다. 간단한 계산만 해 봐도 해당 기업의 경제성이 뛰어나다는 사실을 파악할 수 있다. 이들의 세전 이익률은 160%나 되었다(〈표 5-5〉 참고). 이는 버크셔가 인수하려 했던 다른 기업들과 비교해보면 두드러진다. 버핏에 의하면 "평균적인 미국 기업은 연간 1달러의 추가 세전 이익을 벌어들이기 위해 약 5달러의 추가 자본이 필요"하다. 20%의 세전 이익률이 나쁜 성적은 아니었다. 물론 160%의 세전 이익률도 마찬가지였다.

표 5-5 · 버펄로 뉴스, 시즈 캔디, 네브래스카 퍼니처 마트의 자본이익률 증가 분석
자료·1985년 버크셔 해서웨이 주주 서한 **단위**·100만 달러

세전 이익(1985년)	72
세전 이익(1970년)	8
증가액	64
증가한 필요 자본	40
증가한 자기자본이익률	160%

(이를 문제라고 할 수 있다면) 문제가 딱 하나 있었는데, 이 기업들은 이익을 재투자하기 어려울 정도로 재투자 필요성이 낮았다는 것이다.

이 기업들은 15년 만에 4,000만 달러를 투자할 기회를 발견했다.* 지난 15년 동안 보아 온 160%의 누적 수익률에 가까운 투자 기회를 찾을 수 있었다면 버크셔는 4,000만 달러를 더 투자했을 것이다. 대신, 이 회사들은 여유 자금을 다른 투자처에 재배분하기 위해 오마하로 보냈다.

네브래스카 퍼니처 마트는 한 곳에서만 영업해 운영비가 적게 들었다. 이를 통해 경쟁사보다 가격을 낮게 책정했으며 주주에게 좋은 성과를 안겨 줄 수 있었다. 시즈는 여전히 우수한 기업이었지만 박스형 초콜릿의 1인당 소비 감소라는 업계 역풍을 지속적으로 마주하고 있었다. 판매량(파운드 기준) 하락은 파운드당 판매 원가 압력을 의미하는데, 이는 가격 인상으로 완전히 보전하기 어려웠다. 〈버펄로 뉴스〉는 80%에 육박하는 이례적인 구독률을 기록했으나 향후 성장 가능성이 거의 없었다. 사전 인쇄물(광고주가 제공하는 삽입물 vs 지면 광고)로 광고를 늘릴 수 있었지만, 이런 것들은 수익성이 낮았고 경쟁을 거쳐야 했다. 이 세 기업 모두의 공통점은 뛰어난 경영진이었다.

버핏은 평균 이상의 성과에 거액을 지급하는 데 반대하지 않았지만, 보통 수준의 성과에 대한 보상은 좋아하지 않았다. 그는 보통 수준의 성과를 내는 기업에 투자한 자본과 이익 증가 속도가 같은 기업의 경영자들은 칭찬받을 만한 수준이 아니라고 생각했다. 이러한 평균적인 경영자(그리고 그들에게 보상하는 경영자)들은 이익 규모 증가에 맹목적으로 초점을 맞췄다. 하지만 더 중요한 것은 증가율이었다.

보통 예금계좌는 아주 단순화된 예시를 보여 준다. 연간 수익률 8%

---

* 감가상각비보다 큰 금액

짜리 계좌는 18년 후 연간 수익의 4배가 된다. 그 계좌의 관리자는 가만히 앉아서 이자가 복리로 쌓이게 하는 것 외에는 아무것도 하지 않아도 된다. 하지만 평균 수준 이상의 관리자는 가치를 더 높일 방법을 찾는다. 가치 향상은 이윤을 증가시켜 자본이익률을 높이거나, 더 적은 자본으로 동일한 수준의 사업을 수행하는 형태로 이루어질 수 있다. 또 자본이익률을 높게 유지하면서 성장하기 어려운 기업을 확장하는 형태로도 나타날 수 있다.

아무것도 하지 않고 돈을 버는 또 다른 방법은 회사 주식에 대한 고정 가격 옵션을 사용하는 것이다. 그러한 옵션을 발행한 경영자는 주주에게 일부 또는 전부를 (배당으로) 지급하는 게 더 합당하더라도 이익을 사내유보하는 것으로 인센티브를 받도록 유도한다. 옵션 기간이 끝났을 때 파이가 클수록 지급액은 커진다. 이것은 버핏의 피를 끓게 했다.

버핏은 경영자들이 주주처럼 생각하고 행동하기를 원했다. 그는 주주들은 자본 관련 비용이 존재하며 수익률이 단순한 이익 증가 이상으로 중요하다는 점을 이해할 것이라고 말했다. 또한 그런 옵션은 기업의 전반적인 실적을 책임지는 사람에게만 적용해야 한다고 여겼다. 버크셔가 실제로 옵션을 발행한 것은 아니었으나, 버크셔 전체적으로 실적이 부진하더라도 실적 좋은 자회사의 경영자가 거액의 보너스를 받는 것은 전적으로 합당하다고 버핏은 생각했다. 반대로 개별 사업 부문의 실적이 좋지 않다면, 버크셔가 좋은 실적을 올렸다고 해도 큰 보너스를 받아서는 안 된다고 보았다. 그러나 다른 수많은 기업은 이러한 합리적 방법과 반대로 행동했다. 그런 기업의 주주들은 문자 그대로 자신들의 지분을 경영자들에게 양보해 그런 보너스를 주었다.

보험업

1985년은 보험업계에 또 다른 힘겨운 한 해였다. 보험료 물량이 20.9% 증가한 것으로 추정됐으나 합산비율은 여전히 상승세였다. 1985년 보험업의 합산비율 추정치는 118%였으며, 손해율이 높게 유지되는 바람에 버크셔 보험회사들의 전반적인 합산비율은 105%*를 기록했다. 골칫거리 가운데 일부는 판사와 배심원이 보험회사들이 산정한 보험금보다 훨씬 많이 보상하라고 결정한 지속적인 사회적 인플레이션이었다. 하지만 진짜 골칫거리는 추가적인 충당금이었는데, 이것은 전년도에 잘못 인수한 보험계약을 반영한 것이었다.

미래까지 확대될 수 있는 리스크를 감당할 수 있는 보험의 경우, 현시점에 전체 미래 비용을 추정해야 하는 보험업의 특성 탓에 영업 실적은 일반 기업에 비해 정밀도가 현저히 떨어질 수 있다. 보험회사는 전년도 추정 손실이 정확하지 않다고 판단되면(대체로 손실이 매우 낮을 것으로 추정함), 이를 당해 연도의 영업 실적에 대한 부채로 기록해야 한다. 순전히 충당금 증가라는 이름으로 이루어지는 이러한 조정은 진짜 큰 오류다. 그런 오류는 때로는 부도덕한 경영자에게 추정치를 손보도록 유혹하기도 하지만, 이 오류마저도 해당 업무의 일환이라고 봐야 한다.

1985년 버크셔의 경우, 보험 부문은 2억 4,330만 달러의 미래 보험금

---

* 이 수치는 법정 기준 계산으로, 활성화된 보험계약 인수에 대한 요약치를 기준으로 한다. 여기에는 구조화 합의 및 포트폴리오 재보험이 포함된다. 연례 보고서에서는 수입 보험료 대비 보험 인수 비용을 사용해(GAAP 기준 계산) 이 비율을 114%로 계산한다. 4억 9,740만 달러의 인수 보험료가 수입 보험료 3억 1,710만 달러보다 57%나 많게 나타나 큰 차이가 있다.

표 5-6 · 보험 부문 선별 데이터

자료 · 1985년, 1987년 버크셔 해서웨이 연례 보고서 및 저자의 계산 단위 · 100만 달러

	1985		1984	
	규모	비중	규모	비중
원수보험 부문				
인수 보험료	269.1		118.1	
수입 보험료	184.3	100.0%	119.3	100.0%
손해 및 손해 비용	140.0	76.0%	110.5	92.6%
보험 인수 비용	52.5	28.5%	41.6	34.9%
손해 및 비용 총계	192.5	104.4%	152.1	127.5%
보험 인수 손익(세전)	(8.1)		(32.9)	
손해 및 손해 비용에 포함된 불이익성(이익성) 손해 발생	0.1	0.0%	8.1	6.8%
법정 합산비율		95.5%		127.9%
재보험 부문				
인수 보험료	178.5		10.5	
수입 보험료	82.9	100.0%	16.1	100.0%
손해 및 손해 비용	85.7	103.4%	23.7	147.6%
보험 인수 비용	27.2	32.8%	4.9	30.5%
손해 및 비용 총계	112.9	136.2%	28.6	178.2%
보험 인수 손익(세전)	(30.0)		(12.6)	
손해 및 손해 비용에 포함된 불이익성(이익성) 손해 발생	19.4	23.5%	9.7	60.2%
법정 합산비율		118.6%		194.2%
구조화 합의 및 포트폴리오 재보험				
보험 인수 손익(세전)	(6.1)		(2.6)	
보험 부문 인수 손익(세전) 총계	**(44.2)**		**(48.1)**	
보험 부문 전체 법정 합산비율		104.7%		135.9%

참고
1. 반올림으로 계산해 숫자 합산액이 일치하지 않을 수 있음.
2. 손해율과 비용률은 GAAP 기반 연례 보고서에 보고된 내용에 맞춰 기재함. GAAP 기준 합산비율은 보험 인수 비용을 수입 보험료로 나누어 계산함. 이것은 인수 보험료를 적용하는 법정 기준 계산과 다름. GAAP 기준과 법정 기준 모두, 손해 및 손해 조정 비용은 수입 보험료로 나눔.

청구액(미지급 손해 및 손해 비용을 뜻함) 추정치로 당해 연도를 시작했다. 1985년에 버크셔는 늦게나마 1985년 이전에 인수했던 사업 손해를 2,290만 달러로 과소 추정했다고 판단했다. 이 금액은 당기 손익계산서의 손해 및 손해 조정 비용 항목에 기재되었다.

주석에서는 불이익성 손해 증가에 대한 몇 가지 중요한 정보를 제시했다. 원수보험 부문(버크셔의 원수보험군 또는 직영 부문)은 전년 대비 6만 3,000달러의 조정액을 기록했다. 해당 부문은 여전히 적자를 기록했지만 1985년에 전망했던 대로 적자는 모두 예상 경로 안에 있었다. 1985년 불이익성 손해 증가는 주로 재보험 부문에서 나타났으며, 재보험 부문 잔액의 41%에 해당하는 1,940만 달러가 부채로 장부에 기재되었다.

1985년에 재보험 부문*에서 보고한 손해의 약 3분의 2는 이전 연도에 인수한 보험에 대한 불이익성 손해 증가의 결과였다(나머지 3분의 1은 1985년에 인수한 보험에 대한 손해). 그 정도면 손해 규모가 큰 편이었지만 이례적인 수준은 아니었다. 재보험사업은 일반적으로 (실제 수익이 실현되려면 수년이 걸리는) 장기적이며 원수보험사의 추정치에 맞춰 전년도의 손해 추정치를 수정하는 것이 일반적이다. 언뜻 보기에 사업이 잘되는 것처럼 보일 때 신규 보험사 진입 수치에 영향을 미치는 요소이기도 하다. 손해 실현까지 수년이 걸리기 때문에 해당 보험의 손익 확인까지 기간도 길고 보험금 산정 오류가 파악되지 않은 채로 수년간 수정되지 않은 상태가 이어질 수 있다.

---

* 구조화 합의 및 포트폴리오 재보험은 미포함

일반적으로 보험 산업에는 재보험 문제를 악화시킬 수 있는 계약 가능 규모라는 특수성이 존재한다. 대부분의 일반 산업(실제 대다수 기업)은 수요와 가격, 또는 수요나 가격 중 한 가지에 반응하며 온라인상 가능 수용량을 추가하는 데 시간이 걸린다. 공장을 설계해 세우고 설비를 주문하고 인력도 고용해야 하기 때문이다. 이와 반대로 보험에서는 금융이라는 특성상 가능 수용량이 즉시 구현될 수 있다. 이런 특징은 또한 신속하게 다른 쪽으로 방향을 전환할 수 있게 한다. 대형 허리케인이나 지진 등으로 보험업에 손해를 초래하는 힘든 시기에는 보험회사와 재보험회사들이 손을 뗀다.

버크셔가 가장 빛을 발한 시기는 이러한 보험업 계약 가능 규모에 대해 방어적 태도를 취해야 했을 때였다. 1985년은 계약 가능 규모에 여유가 그다지 없는 해였다. 수년간의 손실로 고생했던 다른 보험회사들이 신규 보험계약을 인수할 능력이나 의지를 상실했기 때문이다. 반면에 버크셔는 그런 시기에 활발히 영업했다. 1985년 버크셔 보험 부문은 1984년 대비 인수 보험료가 372% 더 많았고, 수입 보험료는 226%를 더 벌어들였다. 마침내 순풍이 불어온 것이었다. 만일 버크셔가 역사를 길잡이 삼았다면 오래 버티지 못했을 것이다.

1985년 공급 부족에 따른 보험료 인상은 신규 진입 보험회사와 재진입 보험회사를 양산했다. 버핏에 따르면, 1985년에는 15개 보험회사가 더 높은 금액으로 산정해 보험료를 30억 달러 넘게 인상했다. 버핏은 이 새로운 자본이 보험료를 사업 비용 이하로 끌어내리는 것은 시간문제일 뿐이며, 그 주기가 다시 시작될 것임을 인지했다. 점점 어두워지는 구름 속에는 버핏이 색칠한 밝은 점이 있었는데, 그 점 하나가 버크셔와 묘하게 잘 어울렸다.

버크셔는 우수한 실적, 좋은 평판, 상당한 자본 기반을 결합해 이례적인 우위를 구축했다. 최근의 주기는 일부 보험 가입자에게 보험료란 그저 차용증에 대해 빚을 상환하는 것이며 보험회사나 재보험회사가 망하면 보험금 지급은 보장되지 않는다는 사실을 상기시켰다(대부분의 소비자형 보험계약은 보험업계에서 일부 보장해 주기도 하지만, 재보험계약 같은 나머지 다른 계약은 보장되지 않는다). 버크셔의 비할 데 없는 재정 운용 능력은 보험이나 재보험 가입자들이 보험금을 받아야 할 시점에 이를 보장해 주는 존재가 곁에 있으리라는 것을 알았음을 의미했다.

파이어맨스 펀드 지분 참여 계약

1985년에 가이코 최고경영자 잭 번이 다른 보험회사인 파이어맨스 펀드Fireman's Fund(소방관 기금)를 운영하러 갔을 때 보험 부문의 주요 신규 재원이 모습을 드러냈다. 버크셔는 4년 동안 파이어맨스 펀드의 거의 모든 보험 건*에 7% 규모로 참여하기로 했다. 곧바로 일부 자회사(신규 설립된 웨스코의 자회사 등)를 통해 버크셔는 즉시 보험료 수령과 보험금 지급을 실시했다. 마치 버크셔가 이익성 책임준비금(적당해 보이는 곳에 투자할 수 있는 자금으로, 직접 자본 투자와는 차이가 있음)과 노련한 번을 투입해 하룻밤 사이에 완벽한 신규 보험사를 만들어 낸 것과 같았다.

---

* 이 약정에는 파이어맨스 펀드가 독립 보험사에서 가입한 재보험이 포함되지 않았다.

파이어맨스 펀드에서 나온 보험 건은 버크셔의 내셔널 인뎀니티 컴퍼니와 새롭게 설립된 웨스코 파이낸셜 인슈어런스 컴퍼니_{Wesco Financial Insurance Company, Wes-FIC}에서 관리했다. 내셔널 인뎀니티는 이 보험 건의 7분의 5를 인수했고 Wes-FIC가 나머지 7분의 2를 가져갔다. 파이어맨스 펀드가 약 30억 달러 규모의 사업을 하고 있던 터여서, 이에 대한 버크셔의 몫 7%는 2억 달러 이상의 보험료 물량을 의미했다.

버크셔는 웨스코에 다수 지분을 보유하고 있어서 활동을 좌우할 수 있었지만, 파이어맨스 펀드와 함께 재보험사업에 진출할지 여부는 피터스와 캐스퍼 일가(소량의 지분을 계속 보유하고 있던 웨스코 창업자의 후손)에게 맡겼다. 이는 주요 주주로서 이례적인 존중이었지만, 버크셔가 재무적 파트너를 어떻게 대하는지 다른 사람들에게 드러내는 대단히 통찰력 있으면서도 조용한 홍보이기도 했다. 이러한 평판은 향후의 여러 다른 인수 상황에서 빛을 발한다.

투자

페이지를 넘겨 보면(339쪽의 〈표 5-2〉 참고) 1985년 유가증권 매도 금액은 4억 6,900만 달러가 증가했다. 버핏은 그 시점을 아무것도 가르치지 않고 갑자기 학위를 수여하는 대학 졸업식 날에 비유하면서 이에 대한 감격을 애써 억눌렀다. 대학 학위처럼, 1985년 버크셔의 대규모 유가증권 매도 금액 증가는 수년간 무대 뒤에서 쌓아 올린 노력의 성과였다.

그해 실현된 이익의 상당 부분은 제너럴 푸드 매각에 따른 세전 이익 3억 3,800만 달러 덕분이었다. 제너럴 푸드(1980년에 인수)는 경제성 있는 좋은 사업과 우량한 경영진이 결합됐다는 점에서, 버핏은 버크셔가 제너럴 푸드를 무한정 보유할 수 있게 되었다는 점을 만족스러워했다. 그러나 이 주식은 필립 모리스에 성공적으로 매각되어 버크셔는 대신 현금을 손에 쥐었다.

버크셔는 제너럴 푸드 주식 매각으로 실현한 대규모 자본 이익 외에도 (인수 이전에 발생한) 410만 달러의 특별배당도 인식했다. 또 〈워싱턴 포스트〉 컴퍼니에서 1,490만 달러의 특별배당도 받았다. 두 경우 모두 자사주 매입으로 처리했지만, 매각 전후의 지분율이 정확하게 동일했기 때문에 배당금으로 인식되었다(그리고 여기에 미국 국세청IRS이 세금을 매겼다). 이는 전년도에 이루어진 가이코 특별배당/자사주 매입 약정과 유사했다.

버크셔의 투자 포트폴리오는 지속적으로 (특정 종목에 대한) 높은 쏠림 현상을 보였다. 1985년 말 매입 가격이 2억 7,500만 달러였던 해당 포트폴리오의 시장가치는 12억 달러를 약간 밑돌았다. 지난 12개월 동안 이 포트폴리오의 가장 큰 변화는 엑손 코퍼레이션에서 1억 5,200만 달러(1984년 말 가치) 포지션을 처분한 것이었다.

포트폴리오 내에서 단연 비중이 가장 높았던 가이코는 보험사에 대한 버핏의 신뢰도를 반영했다. 가이코는 매입 가격이 4,600만 달러였는데 1985년 말 시장가치 기준으로 전체 포트폴리오의 50%나 차지했다. 버핏은 집중투자에 대한 본인의 신념대로 포트폴리오의 50%는 한 회사, 85%는 단 네 곳의 회사에 집중했다. 이는 훌륭한 투자 기회가 상대적으로 드물다는 뜻이기도 했다.

〈워싱턴 포스트〉는 투자자의 태도가 비관적이었다가 낙관적으로 바

뀌기도 한다는 좋은 사례를 남겼다. 〈워싱턴 포스트〉는 1973년 버크셔
가 처음 1,000만 달러의 지분을 취득한 시기에는 주식시장에서 1억 달
러 정도로 평가됐지만, 현재는 20배로 가치가 크게 뛰었다. 이러한 가
치 상승은 캐서린 '케이' 그레이엄Katherine 'Kay' Graham의 경영 능력과 (버
핏의 촉구에 따라) 주가가 부진할 때 자사주를 매입한다는 그레이엄의
의지를 반영한 것이었다. 이는 또한 주식 전반에 대한 낙관적 시각이
강해지고 있음을 시사하는 것이기도 했다.

채권 포트폴리오도 주목할 만하다. 특히 워싱턴 퍼블릭 파워 서플라
이 시스템WPPSS 채권이 그렇다. 보험 자회사에서 보유한 약 4억 달러 규

표 5-7 · 버크셔 해서웨이 보통주 포트폴리오 선별 세부 내역

자료 · 1984년, 1985년 버크셔 해서웨이 주주 서한 및 저자의 계산 단위 · 1,000달러

	1985	비중	1984	비중
어필리에이티드 퍼블리케이션즈	55,710	4.6%	32,908	2.6%
아메리칸 브로드캐스팅 컴퍼니	108,997	9.1%	46,738	3.7%
비어트리스 컴퍼니	108,142	9.0%		
엑손			175,307	13.8%
가이코 코퍼레이션	595,950	49.7%	397,300	31.3%
제너럴 푸드 코퍼레이션			226,137	17.8%
핸디 & 하먼	43,718	3.6%	38,662	3.0%
인터퍼블릭 그룹			28,149	2.2%
노스웨스트 인더스트리스			27,242	2.1%
타임	52,669	4.4%	109,162	8.6%
워싱턴 포스트 컴퍼니(B주)	205,172	17.1%	149,955	11.8%
기타 전부	27,963	2.3%	37,326	2.9%
보통주 합계	**1,198,321**	**100.0%**	**1,268,886**	**100.0%**
보고 기준가격	25,000		확인 불가	

참고
반올림으로 계산해 숫자 합산액이 일치하지 않을 수 있음.

모의 비과세 채권 가운데 약 절반인 1억 9,400만 달러(상각 후 원가 기준)는 WPPSS 채권이었다[상각 후 원가amortized cost : 금융자산이나 부채의 최초 인식 시점 금액에서 상환된 원금을 차감한 후, 유효이자율법을 적용해 계산한 할인 또는 할증 차금(최초 금액과 만기 금액의 차이)의 상각 누계액을 더하거나 뺀 금액 – 옮긴이]. WPPSS 채권만으로도 버크셔는 연간 3,000만 달러 정도의 비과세 이자를 받을 수 있었는데, 이는 9,500만 달러였던 해당 연도 투자 수익의 3분의 1에 이르렀다.*

캐피털 시티즈/ABC

버핏이 주주 서한을 통해 주주들에게 공개하기까지 기다릴 수 없었던 소식이란 바로 버크셔가 캐피털 시티즈/ABC, Inc.에 투자한 것이었다(두 건 모두 정확하게 공개되어야 했기 때문이지만, 너무나 흥미진진한 뉴스였기 때문이다). 버크셔는 1986년 초에 캐피털 시티즈 주식 300만 주를 사들였다. 5억 1,750만 달러 규모의 매입은 캐피털 시티즈가 ABC 인수에 쓸 35억 달러의 자금 조달을 지원하기 위한 것이었다. 이 거래는 캐피털 시티즈가 1980년대에 유행한 기업담보 차입 인수 leveraged buyout의 부정적인 경향을 피할 수 있도록 도움을 주는 백기사white knight(매각될 위기에 처한 기업을 구제하기 위한 개인이나 조직 – 옮긴이) 입장으로 이루어졌다. 이 거래로 버핏이 높이 평가했던 두 경영자 토머스 머피Thomas Murphy와 댄 버크Dan Burke가 버크셔에 합류했다. "저는 캐피털 시

---

* 재무제표 주석에는 1985년 비과세 이자 수익 총계가 3,660만 달러로 나와 있다. 주석에 의하면 비과세 상품이었던 덕분에 1,680만 달러의 세금이 절약되었다.

티즈 경영진이 상장된 미국 기업 가운데 최고라고 생각한다고 수년 동
안 언급해 왔습니다."

버크셔는 머피와 버크에게 이들에 대한 버핏의 신뢰를 대변하는 특
별한 계약을 제시했다. 머피나 버크가 최고경영자직을 맡을 경우, 캐피
털 시티즈는 10년간 버크셔의 지분 18.7%에 대한 최종 의결 위임권을
갖는다는 것이었다. 왜 이렇게 한 것일까? 버크셔의 의결권을 캐피털
시티즈에 넘긴 것은 경영진이 기업 경영에 집중할 수 있게 하면서, 새
로운 주주가 무엇을 할지 걱정하지 않게 해 주려는 것이었다. 이는 상
장 기업 경영진에게 비상장 기업의 이점, 즉 끊임없이 바뀌는 주주들을
설득하는 것이 아니라, 장기적으로 생각하고 행동할 능력을 제공하는
셈이었다.

기타 사항

늘어나는 자본 규모를 반영해, 버크셔는 꾸준히 진행해 온 투자 대상
기업 모집 공고의 문턱을 세전 이익 1,000만 달러로 끌어올렸다. 1985
년 말 자본 규모는 18억 달러가 넘었다. 버크셔와 그 자회사들은 적당
한 '턱인tuck-in' 인수**(소규모 기업을 인수해 기존 사업 부문으로 통합
하는 것)를 계속 추진하고 마무리하곤 했으나, 버핏은 대어급 기업에
중점을 두고자 했다.

1980년 말 버크셔가 (원치 않았지만 법규 때문에) 처분했던 일리노

** 나중에 이것은 '볼트온bolt-on(기계 등에 볼트를 끼워 넣는 상황처럼 작은 조직을 큰 조직에 간단히 통합하는 것을 의
미함-옮긴이)' 인수라는 용어가 되었다.

이 내셔널 뱅크는 1985년 아메리코프 파이낸셜Americorp Financial에 매각되었다. 본인이 케이크(버크셔가 보유하던 일리노이 내셔널 뱅크의 주식-옮긴이)를 자르고도 다른 주주들이 먼저 케이크 조각을 선택하게 했음에도, 버핏은 (주주들이 버크셔 주식으로 100% 전환, 일리노이 내셔널 뱅크 주식으로 100% 전환, 혹은 두 주식의 조합을 선택할 수 있었던) 케이크 조각이 합리적으로 잘 분배되었다는 것에 만족했다.

전반적으로 1985년은 버크셔에 좋은 해였다. 주요 사업 분야인 보험을 비롯해 기존 사업들이 순항하고 있었다. 버크셔는 또한 캐피털 시티즈에서 수익성 있는 새로운 투자 기회를 찾아냈으며, 1986년 초 버크셔 그룹에 합류할 자회사와 손자 회사를 거느리고 있는 마트료시카 인형 같은 회사인 스콧 페처에서 새로운 주요 자회사를 발견하기도 했다. 방직 사업 폐업은 시원섭섭했으나 피할 수 없는 일이었다. 버크셔는 확고하고도 신속하게 미래로 나아가고 있었다.

1986년

–

1986년 대부분의 사업부가 거둔 실적은 나쁘지 않았다. 1월에 스콧 페처를 인수한 데 이어 6월에는 페치하이머 브라더스를 인수하면서, 1년 전만 해도 10억 달러를 밑돌았던 연결 매출액은 20억 달러를 넘어섰다. 버크셔 최대 사업 부문인 보험 실적이 개선되었으며, 보험 부문의 주요 투자 대상 기업인 가이코가 계속 번창했다. 버크셔는 1986년에 얼마간 역풍을 맞기도 했다. 주가 상승은 버크셔의 투자 포트폴리오에 도움이 되긴 했지만, 기업들의 주가가 거의 제값 수준으로 오르면서 투자 기회도 줄어들었다. 1986년의 주요 세법 개정안은 버크셔 소속 기업과 투자 대상 기업에 (항상 긍정적이지만은 않은) 다른 방식으로 영향을 미쳤다.

버핏은 버크셔의 성장률(1986년에는 26.1% 상승하며 장부 가치가 4억 9,250만 달러 증가함)이 매우 높은 수준이라는 점을 어렵게 지적했다. 일부 기업은 신주를 발행해 사업을 성장시켰는데, 신주 발행은 경영진이 사업을 더 키울 수 있도록 하지만, 주당 실적 면에서 주주의 성적표를 악화시키는 효과를 불러왔다. 반면 버크셔는 버핏이 경영한 22년 동안 10,600%(연 복리 수익률 23.3%) 성장했으며 주주 지분 희석률은 연간 1% 미만에 그쳤다.

버핏은 이와 관련해, 자신과 찰리 멍거에게는 두 가지 업무가 주어졌다고 이야기했다. 하나는 다양한 자회사를 운영하는 경영자를 영입하고 동기부여를 하는 것이었다. 버핏이 경영자를 칭찬할 때 가장 선호하는 방법 중 하나는 주주 서한에서 다음과 같이 그들의 이름을 언급하는 것이었다. 1986년 주주 서한의 첫 페이지에는 네브래스카 퍼니처 마트의 블럼킨 일가, 보험 부문을 운영했던 마이크 골드버그, 시즈 캔디의 척 허긴스, 〈버펄로 뉴스〉의 스탠 립시, 그리고 새로 합류한 두 경영자인 페치하이머의 헬드먼스와 스콧 페처의 랠프 셰이 등이 거론되었다.

두 가지 업무 가운데 나머지 하나는 자본 배분이었다. 버크셔의 기업들은 상당히 훌륭했으며(이 회사들은 자본을 거의 사용하지 않으면서 더 많은 돈을 벌어들였다), 버크셔가 모든 이익을 사내에 유보시켰기 때문에 버핏의 업무는 "대다수 기업이 수행하는 것 이상의 훨씬 중요한 과제"였다. 주주들은 버핏이 번지르르한 이야기를 하지 않는다는 전제 아래 주주 서한을 읽곤 했다. 그것은 단순한 계산이었다. 버핏은 다음과 같이 설명했다. "매년 5%의 순자산 가치를 추가하는 기업에서는 자본 배분 결정이 중요한데, 그 결정은 회사의 경제적 여건을 더욱 천천히 변화시킵니다." 버크셔는 대단히 예민한 방향타를 갖춘 (아주 빠르게 움직이는) 배와 비슷했다. 한번 잘못 움직이면 즉시 바로잡는다 해도 배가 잘못된 방향으로 갈 수 있다.

그런 이유로 버핏은 적절한 기회를 끈기 있게 기다리기를 선호했다. 1986년에는 거의 알려지지 않았지만(스콧 페처는 1986년에 폐업했지만 실제로 이는 그 이전 연도에 결정되었다), 버크셔의 "1986년 주요 자본 배분 움직임은 부채를 상환하고 자금을 비축하는 것"이었다.

버크셔의 1986년 말 연결 대차대조표를 보면 얼마나 보수적으로 자금을 조달했는지 알 수 있다. 버크셔의 자산 44억 4,000만 달러 중 절반가량(55%)은 가장 영구적인 재원인 자기자본(소액 지분 포함)으로 조달했다. 버크셔의 보험 부문 탓에 부채 부분은 다소 모호했다. 20억 2,000만 달러의 부채가 있긴 했지만 그 성격이 특이했다. 버핏이 애지중지했던 보험 책임준비금은 보험회사의 미수입 보험료나 미지급 보험금에 대해 보험 가입자에게 빚진 부채로 이루어져 있었다. 이러한 부채는 만기가 없고 보험 부문이 보험계약을 추가 인수할 때마다 다시 생성되었기 때문에 매우 우량했다.

1986년 말에는 4억 1,400만 달러였던 이연 법인세 항목이 버크셔 자산의 9% 이상을 차지했다. 보험 책임준비금과 마찬가지로 이연 법인세 부채도 계약상 만기가 없었기 때문에 버크셔에 유리했다. 해당 부채는 기타 세금과 GAAP 간의 시차 외에도, 대체로 주요 투자 포트폴리오 가치 상승으로 발생했다. 미실현 투자가치 상승에 따른 세금의 경우, 유가증권이 매각됐을 때만 정부에 납부되었다. 이런 식으로 버크셔는 투자 대상을 매각해 매년 세금을 납부하지 않음으로써 더 많은 자금을 투자할 수 있었다. 버핏이 나중에 썼다시피, 이연 법인세는 "정부에서 받은 무이자 대출"이었으며, 잘 이해되지 않겠지만 앞으로 중요한 재원이 된다. 대부분의 회사와 마찬가지로 버크셔에도 자연스럽게 발생한 매입채무 및 이자 등 업무상 부채로 인한 무이자 재원이 있었지만, 이런 것은 사업을 하는 경우 흔히 나타났으며 대부분 통제할 수 없었다.

1986년 말 버크셔 대차대조표의 유일한 진짜 부채는 9,500만 달러의 장기 차입금이었다. 1980년부터 채무를 정리하기 위해 보험금을 지급한 후* 버크셔는 모기업 수준에서 약 1,700만 달러의 만기 부채만 보유한 상태였다. (이 회사 자산을 담보로 차입금을 빌려 버크셔가 사들인) 가장 최근에 인수한 스콧 페처를 포함해, 자회사들의 연말 부채 합계는 총 7,800만 달러였다. 이를 감안할 때 버크셔는 1986년 세후 영업이익 중 단 7개월 치만 사용하면 9,500만 달러 전부를 상환할 수 있었다.**

스콧 & 페처 컴퍼니

1986년 1월 6일, 버크셔 해서웨이는 오하이오주 클리블랜드에 본사를 둔 17개의 소규모 기업으로 이루어진 스콧 & 페처 컴퍼니Scott & Fetzer Company를 인수했다. 스콧 페처의 매출액 7억 달러 추가는 버크셔의 매출액 기

---

* 버크셔는 1980년 부채의 12.75%인 6,000만 달러를 처분하기 위해 540만 달러의 보험금을 지급했다.
** 상각비, 인수 가격에 대한 회계 수수료, 주주 지정 기부금까지 적절히 합산한 후의 금액

반을 거의 2배로 늘렸다.

스콧 페처는 약간 오락가락하다가 버크셔에 합류했다. 이 회사는 기업 사냥꾼에게 쫓기며 몇 년 동안 운영되었다. 직원들의 우리 사주 보유 계획을 통해 이 회사를 비상장 상태로 전환해 보려다가 실패한 버핏은 CEO 랠프 셰이Ralph Schey에게 회사 인수에 관심을 표하는 서한을 보냈다. 버핏과 멍거는 셰이와 시카고에서 저녁 식사를 했으며 버크셔는 일주일 후 인수 계약을 체결했다.

스콧 페처는 화려한 이력을 지닌 기업이었다. 이 회사 명칭이기도 한 설립자 조지 스콧과 칼 페처는 1914년 오하이오주 클리블랜드에서 기계공장으로 회사를 설립했다. 스콧과 페처는 곧 커비 진공청소기 발명가 짐 커비Jim Kirby와 함께 일하게 되었고, 그 후 몇 년 동안 여러 인수로 회사의 성장을 촉진했다.

1986년 스콧 페처의 자회사 중 가장 큰 회사는 월드북World Book, Inc이었다. 월드북은 스콧 페처 사업의 40%를 차지했으며 버크셔에 합류한 첫해에 2,200만 달러의 세전 이익을 기록했다. 월드북은 해당 업계의 지배적인 기업이었다. 월드북의 판매량은 바로 다음 경쟁사보다 2배 더 많았으며 상위 4개 경쟁사를 합친 규모보다도 더 많았다. 네브래스카 퍼니처 마트와 마찬가지로, 이러한 규모 덕분에 월드북은 경쟁사들보다 저렴한 가격에 제품을 판매하고 주주를 위해 계속 훌륭한 경제성을 유지할 수 있었다. 백과사전은 한 세트당 가격이 비싸긴 했지만 쪽당 가격은 단돈 5센트였다. 게다가 그 책들은 편집 상태가 양호했고 소비자 중심적이었다. 사전에 수록한 단어는 간단한 것으로 시작해서 점점 더 복잡한 용어를 다루도록 구성해 어린이들이 이해하기 쉽게 구성했다(월드북은 난이도에 따라 4만 4,000개 넘는 단어에 순위를 매겼다). 월드북 영업부에서는 절반 이상의 영업 사원을 교사나 전직 교사(범위를 더 좁히면 사서) 출신으로 채용했다.

독립 출판사 스콧 페처의 또 다른 핵심 자회사는 커비였다(1986년 세전 이익이 2,020만 달러에 이르렀던 월드북만큼이나 큰 회사였다). 커비는 가격이 비싸지만 오래가는 진공청소기를 판매했다. 1906년 짐 커비가 세운 이 회사는 설립 이래 같은 사업을 유지해 왔다. 커비의 자매회사인 월드북은 상당히 달랐지만 한 가지 중요한 공통점이 있었다. 커비와 월드북은 그 당시 방문판매라고 불리던 직접 판매 모델로 판매를 했다.

월드북이나 커비 정도의 규모든 그보다 규모가 작든, 스콧 페처가 거느린 다른 기업들에는 이와 비슷한 경제적 특징이 있었다. 공기압축기 업체 캠벨 하우스펠트Campbell Hausfeld, 버너 및 양수기업체 웨인Wayne 등 필수적이긴 하지만 대체로 재미없는 기업이라는 것이었다. 그런 계열사로는 어달릿Adalet, 프랑스France, 할렉스Halex, 메리엄Meriam, 노스랜드Northland도 있었다. 이 회사들은 산업용 부품이나 소비자에게 판매하는 완제품에 들어가는 소형 부품을 만들었다. 필수적이면서도 중요한 다수 제품의 특성은 완제품 가격에 비해 상대적으로 낮은 가격과 결합되어 해당 기업들이 높은 투하자본이익률을 올릴 수 있다는 것을 의미했다. 1986년에 이 회사들은 총 2,540만 달러를 벌어들였다.

스콧 페처에는 또한 소규모 금융 조직이 딸려 있었다.* 월드북과 커

---

* 버크셔는 여기서 나오는 이익을 기타 항목으로 보고했다.

비는 자회사를 통해 고객이 외상으로 구입할 수 있도록 지원했다. 이러한 매출채권과 할부 대출금은 기간별 부채로 차례차례 조금씩 처리되었다. 버핏은 그렇게 운영하는 데 적절한 보수적 부채 규모를 고려했는데, 이는 이자를 부담하는 계좌에서 이자를 지불하면서 고객에게 할부 대출금에 대해 부과한 이자와 (자사가 부담하는 이자 간의) 스프레드(예금 금리와 대출 금리의 차이 – 옮긴이)로 수익을 올리는 소형 은행과 비슷했다.

버핏은 이번 인수에 매우 감격하면서 스콧 페처를 "이해하기 쉽고, 규모가 크고, 관리가 잘되며, 수익을 잘 내는 기본 사업 모델"이라고 말했다. 재무적인 성과로 평가하자면, 스콧 페처는 정말로 수익 창출을 잘했다. 1984년(마지막 해당 연도)으로 끝나는 10년 구간에 스콧 페처는 평균 22.5%의 세전 자기자본이익률을 기록했다. 대차대조표의 초과 현금*을 조정하면 이 수치는 28.2%로 높아진다. 스콧 페처는 과거에 성공적으로 사업을 해 온 덕분에 현금과 자기자본의 50% 이상을 단기 투자용으로 사용했다. 인수 즉시 스콧 페처는 버크셔에 1억 2,500만 달러의 배당금을 지급했다. 이에 따라 버크셔가 인수에 들인 금액은 4억 1,000만 달러(추정 채무 9,000만 달러 포함)에서 2억 8,500만 달러로 낮아졌다. 스콧 페처의 기저 자본에 대해 약간의 배수를 지불한 후에도, 버크셔는 1986년의 투자로 25%의 세전 수익률을 얻는다.

---

* 나는 매출액의 5%를 초과하는 현금 및 단기 투자 금액을 초과 현금으로 간주한다. 스콧 페처가 월드북과 커비의 판매를 지원하는 금융 자회사 두 곳을 보유하고 있다는 점을 고려해 일반적인 2.5%보다 높은 비율을 사용했다.

표 5-8 · 스콧 & 페처의 주요 계량 분석 수치 및 인수 데이터

자료·1986년 버크셔 해서웨이 연례 보고서, 1980~1984년 스콧 페처 연례 보고서 및 저자의 계산
단위·1,000달러

	1986	1984	1983	1982	1981	1980	1979
매출액	677,240	695,382	615,396	544,859	592,589	570,191	697,401
매출액/평균 자기자본1	3.20	3.26	2.97	2.64	2.92	2.53	3.06
이자 및 세금 차감 전 영업이익률	11%	10%	8%	8%	8%	5%	9%
세전 자기자본이익률	34%	33%	25%	20%	25%	13%	28%
버크셔의 인수 배수2	1.35배						
버크셔로 귀속되는 세전수익률	25.1%						

각주
1. 1979년부터 1984년까지 사용된 평균 자본. 매출액의 5%를 초과하는 현금 및 투자에 대해 조정된 자본
2. 버크셔가 인수한 가격은 9,000만 달러의 부채를 포함해 4억 1,000만 달러였음. 나는 스콧 페처가 1986년에
   버크셔에 지급한 배당금 1억 2,500만 달러만큼 인수 가격을 하향 조정했는데, 이 금액은 인수 당시 대차대
   조표상의 초과 현금을 나타낸 것임.

참고
스콧 페처는 1985년 버크셔에 인수되어 공개 보고서를 제출하지 않았음.

페치하이머 브러더스 주식회사

1986년 버크셔가 두 번째로 인수한 회사는 페치하이머 브러더스Fechheimer Bros. Co.였다. 이 거래는 6월 3일에 마무리되었다. 이 회사는 버핏이 매년 주주 서한에 실었던 광고의 직접적인 결과물로 버크셔에 합류하게 되었다. 버핏의 설명에 따르면, 버핏은 1985년 초 신시내티의 밥 헬드먼 Bob Heldman에게 헬드먼이 회장으로 재직 중인 회사가 버핏의 테스트를 통과했다는 내용의 편지를 받았다.

페치하이머는 이 간단한 테스트에 우수한 성적으로 합격했다. 1842년에 설립된 이 회사는 유니폼을 제조하고 유통했다. 단순한 사업이었지만 페치하이머는 수익성이 매우 높았다. 이 기본 사업이 매년 자본금

대비 50% 이상을 벌어들이고 있었다.* 스콧 페처나 1980년대 당시 다른 여러 회사와 마찬가지로, 페치하이머도 단기적 이익을 추구하는 이들이 주주로 들어오는 유쾌하지 않은 경험을 겪었다. 1981년 이 회사는 밥 헬드먼과 그의 형 조지 등 경영진이 계속 사업에 관심을 유지하는 가운데 차입 매수 거래 대상이 되었다. 보통 5~7년 동안 보유하고 나면 벤처 투자자들은 (투자금을 회수해) 회사에서 발을 빼고 싶어 했다. 당초 1941년에 가족을 사업에 참여시켰던 헬드먼 형제의 아버지 워런은 페치하이머가 영구적으로 머물 보금자리를 찾고자 했다.

그들은 버크셔 해서웨이에서 보금자리를 찾아냈다.

차입 매수의 짧은 역사는 1986년까지 중요한 여건으로 작용한다. 사모 펀드의 호황과 불황이 주기적으로 나타난 1980년대에는 차입 매수 흐름이 적잖게 나타났다. 전형적인 인수 형태를 살펴보자면, 기업 사냥꾼은 지배력을 얻을 만큼 주식을 넉넉히 사들인다. 차입 매수 시 기업의 경영진도 종종 인수에 나서곤 한다. 이런 거래에는 종종 높은 금리로 자금을 조달하는데, 정크 본드junk bond(직역하면 '쓰레기 채권'이라는 뜻으로, 신용 등급이 낮은 기업이 발행하는 고위험 고수익 채권을 지칭 – 옮긴이)라는 리스크 있는 채권으로 자금을 조달한다. 이런 종류의 인수는 적대적 인수(상대 기업의 동의 없이 주식을 매집해 경영권을 취득하는 인수 – 옮긴이)다. 1986년에는 인수·합병M&A의 3분의 1이 이런 유형이었다.[1] 페치하이머는 그해 버크셔가 보유 또는 영향력을 미치는 수준으로 투자했던 유

---

* 페치하이머가 역사적으로 이러한 자본 수익률을 얻었다는 것은 1986년 데이터 분석과 버크셔에 인수된 후 페치하이머의 이익 분석을 바탕으로 추정한 것이다. 이러한 사실 및 입증된 수익 창출력에 대한 버핏의 선호를 고려하면, 1986년 이전에 이 회사는 이미 자리를 잘 잡은 상태였을 가능성이 높다.

일한 회사가 아니었다. 버크셔는 캐피털 시티즈와의 거래 덕분에 (페치하이머에 대한) 차입 매수를 피했으며, 제너럴 푸드를 차입 매수로 인수하면서 뜻밖의 횡재를 했다.

버크셔는 페치하이머로 공정한 가격에 훌륭한 사업을 취득했다. 페치하이머의 기본 사업이 자본 대비 50% 이상을 벌어들이면서 버크셔는 인수 시 적용한 배수 기준으로 26%의 세전 수익률을 기록했다. 네브래스카 퍼니처 마트와 마찬가지로 페치하이머도 여러 세대에 걸친 헌신적인 가족이 운영했다.

표 5-9 · 페치하이머 인수 분석
자료· 1986년 버크셔 해서웨이 연례 보고서 및 저자의 계산
단위· 1,000달러

	1986
인수 가격	46,000
지분율	84%
내재 가치	54,762
세전 이익(6월 3일~12월 31일)	8,400
연간 수치로 환산	14,400
보유 자본금	26,704
세전 투하자본이익률	54%
인수 시 버크셔가 적용한 배수	2.05배
버크셔로 귀속되는 세전 이익률	26%

수익원 보고

버크셔의 수익원 변화는 지금은 익숙해진 1986년 주주 서한 표(339쪽의 〈표 5-2〉 참고)에 명확하게 나타나 있다.

스콧 페처의 합류가 버크셔에 획기적인 일이었다고 말하는 것만으

로는 그 의미를 충분히 표현할 수 없을 것이다. 1986년 다른 버크셔 자회사의 영업이익이 개선된 것도 있긴 했지만, 스콧 페처는 연결 세전 영업이익을 1985년보다 56% 이상 증가한 약 1억 9,600만 달러로 끌어올렸다.

경쟁지인 〈커리어 익스프레스〉가 폐간된 데다 〈버펄로 뉴스〉를 인수한 지 10년이 지나면서, 버크셔의 신문 사업은 번창하고 있었다. 세전 이익이 1977년 인수 가격과 동일한 3,500만 달러에 이르렀다. 스탠 립시의 리더십 아래 〈버펄로 뉴스〉는 계속 독자들에게 50%의 기사 지면 news hole(인쇄된 전체 지면 대비 뉴스 비율)을 제공하면서도 비용을 통제하고 있었다. 아마도 평균 이상의 콘텐츠에 대한 이러한 헌신 덕분에 〈버펄로 뉴스〉의 일요일판 신문 보급률은 83%를 넘어섰다. 이는 〈커리어 익스프레스〉가 오랫동안 일요일판을 장악했던 시기에 달성한 63% 보다 훨씬 높은 수치다.

버핏은 네브래스카 퍼니처 마트에서 "계속해서 경이로운 사업을 해나가고 있는" 놀라운 블럼킨 일가에게 찬사를 보냈다. 네브래스카 퍼니처 마트는 (창고를 확장하긴 했지만) 단일 매장으로만 운영하면서 연간 1억 3,200만 달러의 매출액을 올리고 있었다. 오마하의 지역 인구는 자연 증가세가 거의 나타나지 않았으나 매일 최저가를 이용하려고 고객이 먼 곳에서 몰려오고 있었다.

시즈 캔디는 어려운 환경에서도 약 5% 늘어난 3,000만 달러의 이익을 기록했다. 버핏은 동일 점포당 판매 중량의 정체로 수익이 현재 수준에 머무른다고 생각했다. 시즈는 가격을 최소한으로만 인상해도 전체 판매 중량을 2% 늘릴 수 있었지만, 이번에는 매장 수를 늘리는 정도로만 이루어졌다. 시즈는 투하자본이익률이 높은 뛰어난 기업이었지만, 단위당 성장에 비용을 거의 또는 전혀 들이지 않으면서 탁월한 성장을 이루어 냈다.

보험업

보험 부문의 주요 소식인 5,580만 달러의 세전 보험 인수 손실은 1986년에 보험업 환경이 나아질 것으로 내다보았던 버핏의 예측과 어긋나는 것처럼 보였다. 그러나 원수보험 부문과 재보험 부문 간의 실적을 좀 더 자세히 살펴보자 약간 다른 내용이 드러났다.

원수보험 부문은 1981년 이후로는 처음으로 세전 보험 인수 이익을 보고했다. 이는 한층 만만치 않은 시장 상황을 반영한 특수 차량 및 일반 책임보험의 강점을 증명하는 실적이었다(보험료를 더 많이 받을 수 있었다는 뜻임). 근로자 보상 보험과 홈 스테이트가 다시 손실을 기록했지만, 이것이 보험 부문 전체 이익 350만 달러와 합산비율 93.9%의 걸림돌이 될 정도는 아니었다.

보험 업종은 1985년과 1986년 모두 보험료를 22% 넘게 인상했다. 그 결과, 보험업 합산비율은 1984년 약 118%로 최고점을 찍었다가 1986년 약 108.5%로 현저히 낮아졌다. 보험회사들이 투입한 보험 인수 비용을 뜻하는 비용률은 100%가 넘었으나 그 범위는 107~112% 선이었으며, 책임준비금으로 올린 이익을 고려하면 손익분기점에 다다를 정도였다.*

---

* 버크셔는 보험료 규모가 경쟁사에 비해 훨씬 작았기 때문에 투자 수익으로 보험계약 인수 손실을 손쉽게 메울 수 있었다.

표 5-10 · 보험 부문 선별 데이터

자료·1987년 버크셔 해서웨이 연례 보고서 및 저자의 계산 단위·100만 달러

	1986		1985	
	금액	비중	금액	비중
원수보험 부문				
인수 보험료	594.6		269.1	
수입 보험료	463.1	100.0%	184.3	100.0%
손해 및 손해 비용	347.5	75.0%	140.0	76.0%
보험 인수 비용	112.1	24.2%	52.5	28.5%
손해 및 비용 총계	459.6	99.2%	192.5	104.4%
보험계약 인수 손익(세전)	3.5		(8.1)	
손해 및 손해 비용에 포함된 불이익성(이익성) 손해 발생	16.0	3.5%	0.1	0.0%
법정 합산비율		93.9%		95.5%
재보험 부문				
인수 보험료	398.4		178.5	
수입 보험료	344.4	100.0%	82.9	100.0%
손해 및 손해 비용	282.6	82.0%	85.7	103.4%
보험 인수 비용	111.2	32.3%	27.2	32.8%
손해 및 비용 총계	393.7	114.3%	112.9	136.2%
보험계약 인수 손익(세전)	(49.4)		(30.0)	
손해 및 손해 비용에 포함된 불이익성(이익성) 손해 발생	21.0	6.1%	19.4	23.5%
법정 합산비율		110.0%		118.6%
구조화 합의 및 포트폴리오 재보험				
보험계약 인수 손익(세전)	(10.0)		(6.1)	
보험 부문 계약 인수 손익(세전) 총계	**(55.8)**		**(44.2)**	
보험 부문 전체 법정 합산비율		101.8%		104.7%

참고
1. 반올림으로 계산해 숫자 합산액이 일치하지 않을 수 있음.
2. 손해율과 비용률은 GAAP 기준 연례 보고서에 보고된 수치로 표시됨. GAAP 기준 비율은 인수 보험료를 수입 보험료로 나눈 값으로 계산함. 이는 비율 계산 시 인수 보험료로 적용하는 법정 기준과 다름. GAAP와 법정 계산 시, 손해 및 손해 조정 비용은 두 경우 모두 수입 보험료로 나누어 줌.

만만치 않은 업계 상황과 그에 따른 가격 인상으로 버크셔 원수보험 부문의 인수 보험료는 5억 9,500만 달러로 2배나 증가했다. 수입 보험료는 4억 6,300만 달러로 2.5배나 늘어났다. 원수보험 실적에서 단 한 가지 중요한 오점은 1986년 실적에 포함된 1,600만 달러의 부정적인 손해 증가였다. 초기 준비금의 7.5%를 나타내는 이 조정 수치는 연례 보고서가 목표 숫자로 인용한 "플러스마이너스(±) 5% 범위를 넘어서는 상당히 큰 숫자"였다. 버핏은 주주 서한에서 이 사실을 거론하면서 "만약 피노키오에게 적용되었던 심리 규칙이 나에게 적용된다면, 내 코는 구경꾼을 끌어모으게 될 것"이라고 말했다(거짓말을 하면 코가 길어지는 피노키오처럼, 주주들에게 목표치를 거짓으로 제시한 셈이 된 버핏도 코가 길어질 거라는 의미 – 옮긴이).

1986년 재보험 부문은 빠르게 성장하는 회사 장부상의 전체적으로 호전된 성과 중 하나였다. 인수 보험료는 222%, 수입 보험료는 415%나 뛰었다. 이것은 주로 파이어맨스 펀드와의 7% 지분 참여 계약으로 이룬 성과였다. 합산비율은 110%로 적정 수준이 아니었고 세전 보험 인수 손실도 4,940만 달러나 되었다. 그러나 이는 1985년에 기록했던 119%보다 개선되었고 1984년에 기록한 194%에 비하면 훨씬 호전된 것이었다. 재보험 부문은 1986년 실적과 비교해 훨씬 잘한 것은 아니었지만 합산비율은 비교적 높게 유지했다. 장기보험이라는 재보험의 특성은 청구된 보험금을 지급할 때까지 더 오래 보유할수록, 투자 수익을 올릴 수 있는 시간이 더 많다는 의미였음을 생각해 보자. 합산비율 110%는 보험계약 인수 실적에서 10%의 손해가 난다는 의미다. 투자로 이 이상의 무언가를 이루어 내기는 쉽지 않을 것이다.

버핏의 추정에 따르면, 버크셔는 1984년과 1986년 사이에 가장 빠르게 성장하는 대형 보험회사였다. 이는 지난 수년 동안 가장 성장이 더딘 보험회사였던 것과 극명하게 대조된다. 그 변화는 의도했던 것이 아니라 시장에 의한 것이었다. 적정가격이라는 측면으로 볼 경우, 버크셔는 업계에서 가장 변함없는 보험회사라는 게 버핏의 이야기였다. 가격도 적당하고, 리스크가 관리 가능하고 자본 기반에도 알맞은 수준이라면 버크셔는 거의 모든 보험계약을 기꺼이 인수하고자 했다. 1985년 이전의 경우, 버크셔는 시장이 비이성적이라는 것을 파악하고 보험계약을 적게 인수했다. 보험업 분위기가 더 힘들어졌을 때 버크셔는 보험계약을 더 많이 인수했다.

버크셔의 보험 자회사 중 한 곳의 직원에게는 이러한 변화가 고용 안정성에 대한 불안을 유발했을 수도 있다. 버크셔는 계열 보험회사에서 정리 해고하지 않는 정책을 시행했다. 수익성 있는 보험계약 인수에 대해 인센티브를 적절히 부여하기 위한 것이었다. 다른 보험회사들은 직원들이 무슨 일이 있어도 보험계약을 체결해야 한다고 여기도록 명시하거나 잘못된 인센티브를 주면서 보험 물량에 훨씬 더 많은 관심을 기울였다. 버크셔는 미래에 훨씬 나쁜 손해율을 기록하느니 지금 약간 더 높은 비용을 부담하는 게 낫다고 생각했다. 전체적으로 이러한 방식은 오직 장기적인 수익성에 관심을 집중시켰다.

가이코는 1986년에 괄목할 만한 한 해를 보냈다. 버크셔는 가이코 지분의 41%를 보유하고 있었기 때문에 그 성공을 함께 누렸다. 1986년 가이코의 보험료에서 버크셔의 몫은 5억 달러가 넘었는데, 이것은 버크셔 원수보험사들의 보험료 합계와 거의 맞먹었다. 가이코의 최저 운영비는 경쟁 업체들에서 가이코를 보호하는 해자moat를 생성했는데 버 핏은 해자를 아주 선호했다. 그는 가이코가 이룩한 것을 "가치 있고 대 단히 수요가 큰 비즈니스 성城"이라고 지칭했으며, 가이코의 기업 장부 는 "보험업계에서 최고의 장부 중 하나이며, 버크셔의 장부보다도 훨씬 훌륭하다"고 말했다.

가이코는 1986년 전년도에 비해 16%나 더 많은 보험계약을 인수했 다. 그러나 더욱 훌륭한 점은, 합산비율이 96.9%인 상태에서 그런 성과 를 냈다는 것이었다.* 그런 와중에 가이코는 자사주를 매입해 연초 대 비 5.5% 줄어든 주식 수로 1986년을 마감했다. 버크셔가 4,570만 달러 를 들여 장부에 올려놓았던 가이코 주식 685만 주는 1986년 연말에는 거의 6억 7,500만 달러의 시장가치를 지니고 있었다.

그러나 가이코의 장점은 저비용 운영으로 이루어진 뛰어난 경제성 만이 아니었다. 가이코에는 버핏이 칭찬할 만한 또 다른 자산으로 투자 책임자인 가이코 부회장 루 심프슨Lou Simpson이 있었다. 심프슨은 버핏 의 투자 실적과 견줄 만한 투자 기록을 보유하고 있었다. 버핏은 주주 서한에서 버크셔에 대한 지배적인 관심 때문에 자신은 심프슨의 성과 를 공유하는 것이 편하다는 농담을 하기도 했다.

투자

1986년 연말에 버크셔는 18억 7,000만 달러의 주식 포트폴리오와 12억

---

* 보험 가입자에게 배당한 후의 법정 비율(1986년 가이코 연례 보고서)

7,000만 달러의 채권 포트폴리오를 자랑스럽게 공개했다.* 주주의 사고방식과 발맞추어, 버크셔는 상당히 집중된 보통주 포트폴리오를 유지했다.

표 5-11 · 버크셔 해서웨이 보통주 포트폴리오 선별 세부 데이터
자료·1985년, 1986년 버크셔 해서웨이 주주 서한 **단위·1,000달러**

	1986	비중	1985	비중
어필리에이티드 퍼블리케이션즈			55,710	4.6%
아메리칸 브로드캐스팅 컴퍼니(ABC)			108,997	9.1%
비어트리스 컴퍼니			108,142	9.0%
캐피털 시티즈/ABC	801,694	42.8%		
가이코	674,725	36.0%	595,950	49.7%
핸디 & 하먼	46,989	2.5%	43,718	3.6%
리어 시글러	44,587	2.4%		
타임			52,669	4.4%
워싱턴 포스트 컴퍼니(B주)	269,531	14.4%	205,172	17.1%
기타 합계	36,507	1.9%	27,963	2.3%
보통주 총계	**1,874,033**	**100.0%**	**1,198,321**	**100.0%**
최초 보고 기준가격	25,000		25,000	

참고
반올림으로 계산해 숫자 합산액이 일치하지 않을 수 있음.

버핏은 주주들에게 버크셔의 3대 투자 종목을 영구적으로 보유할 생각이라며, 해당 종목은 가치 대비 비싸지더라도 매도하지 않을 것이라고 말했다. 그는 "죽음이 우리를 갈라놓을 때까지 유지할 정책"이 건전한 분위기를 조성해 해당 기업 경영자들이 대규모 경영권 변동에 대한

---

* 주식형 증권은 보험 자회사에서 시장가치로 평가되었으며 그 밖의 자회사에서는 매입원가 또는 시장가치보다 낮게 평가되었다. 1986년에는 매입원가와 시장가치의 차이가 미미했다. 채권 포트폴리오는 11억 2,000만 달러의 매입원가로 평가되었는데 연말 시장가치는 12억 7,000만 달러였다.

두려움 없이 경영할 수 있게 해 줄 거라고 생각했다. 버핏은 버크셔의 100% 보유 자회사를 벗어나 주요 투자 대상 기업들의 자회사에도 장기 보유 철학을 전파했다. 이는 사리 추구self-interest 차원의 행동이었다.**

채권 포트폴리오도 비슷한 집중도를 나타냈다. 워싱턴 퍼블릭 파워 서플라이 시스템 프로젝트 1, 2, 3 채권은 채권 포트폴리오의 24%인 3억 1,000만 달러어치였다. 이 채권에서 버크셔는 연간 3,170만 달러의 비과세 이자를 받았다. 1986년에 버크셔는 만기 범위가 8~12년인 7억 달러의 비과세 채권을 추가로 매입했다. 그러나 이 매입은 해당 채권의 우수한 투자 가능성보다는 가장 입맛에 맞는 옵션을 설정할 수 있다는 점 때문에 이루어졌다. 버핏은 1986년에는 주식이든 채권이든 전망치가 마음에 들지 않았지만, 버크셔는 계열 보험회사에서 어떤 종류든 매도가능증권을 보유하고 투자해야 했다(그는 채권을 "무난한 투자" 그리고 "반대할 만한 소지가 거의 없는 투자"라고 하기까지 했다). 1986년에 벌어들인 1억 1,800만 달러의 이자 및 배당 수익 중 거의 7,200만 달러는 비과세 연방 채권에서 나왔다.

NHP 주식회사

버핏은 주주 서한에서 표에 따로 거론하지 못한 소규모 주식 투자 건 가운데 하나인 NHP 주식회사NHP, Inc.를 부각하기로 마음먹었다. 1986년 말 버크셔는 NHP 주식을 2,370만 달러어치 보유하고 있었는데, 이는 이 회사 지분의 45%에 해당했다. 그는 이 소규모 투자를 강조하며 본

** 버핏은 리어 시글러 주식회사Lear Siegler, Inc. 투자가 차익 거래 포지션이라고 말했다.

인의 스토리텔링 애호 성향을 드러냈는데, 이는 또한 그 당시 훌륭한 투자 아이디어가 상대적으로 부족하다는 것을 보여 준다. NHP는 저소득층과 중산층 세입자를 위한 저렴한 주택을 개발하고 관리하기 위해 설립된 이례적인 기업이었다. 정치적으로 만들어진 기관으로, 해당 법안에서는 그 자회사 중 하나에 미국 대통령이 임명해 상원에서 승인한 이사 3명을 두도록 규정했다. 버크셔가 투자할 당시 NHP는 40개 주, 컬럼비아 특별구, 푸에르토리코에서 약 500개의 부동산을 관리했다. 전체 관리 대상 주택만 8만 호였다. NHP는 버크셔, 와이어하우저(지분율 22%) 그리고 NHP의 CEO 론 헬러가 이끄는 그룹이 주요 주주로 있었으며, 그 외 60여 개 주요 기업들이 2% 이하의 지분을 보유했다.

과세 제도

1986년 10월 22일, 레이건 대통령이 1986년 세제 개정안에 서명했다. 이 법은 미국의 세법을 크게 바꿔 놓았다. 긍정적인 면과 부정적인 면이 있었지만, 버크셔에는 순 효과가 다음과 같이 부정적이었다.

- 매도를 희망하는 버크셔 주식의 주주에게는 (그리고 사업 가치가 버크셔의 내재 가치를 따라 주가가 상승한다고 가정할 경우) 새로운 자본 수익률 28%는 이전의 20% 수익률보다 순이익이 더 줄어들었다.
- 법인 자본 소득세율은 28%에서 34%로 상승하며 1987년부터 적용될 예정이었다. 중요한 것은, GAAP 보고에서는 여전히 이전의 28% 세율을 적용한다는 점이었는데, 이는 재무회계가 새로운 세율 변화를 반영하면 버크셔의 순자산에서 7,300만 달러가 사라진다는 것을 의미했다.

- 보험회사가 받는 배당 및 이자 수입은 더 높은 유효 세율, 즉 상당한 규모의 부정적인 세율로 과세될 예정이었다. 전에는 미국 내 기업에서 받은 배당금에 15%만 세금이 부과되었지만 이제는 세율이 20%로 높아졌다. 게다가 손해/상해 보험 회사의 경우, 나머지 80%에도 15%의 세금이 부과될 것이었다. 마지막으로, 1986년 8월 7일 이후 손해/상해 보험회사들이 매입한 채권에 대한 이자는 85%만 비과세로 처리하게 되었다.

다음과 같은 몇 가지 긍정적인 점도 있었다.

- 기업 경상 소득에 대한 세율은 46%에서 34%로 낮아졌으며, 이는 버크셔와 대다수 투자 대상 기업에 긍정적이었다.
- 새로 도입된 조항은 보험에 영향을 미치는 일부 부정적인 요소를 상쇄시켰다. 이 조항은 사실상 세금 목적인 손실 충당금 공제의 변동분을 상쇄해 버크셔에 일회성 혜택으로 이중 공제를 받게 해 주었다.

세법은 손해/상해 보험회사에 심각한 영향을 미쳤으며, 버핏은 이 때문에 버크셔 보험 부문 수익 창출력이 적어도 10%는 줄어들 것으로 추정했다. 많은 보험회사가 (이전 손실 이월 또는 다른 회사의 사업 부문이었던 이유로) 과세 여건이 달랐기 때문에 보험회사마다 변화에 다르게 대응했다.

이 법은 또한 다른 방식으로 버크셔의 비보험 회사들에도 영향을 미쳤다. 버핏은 다음과 같은 질문을 던졌다. 세율이 바뀌면 실제로 어떤 일이 일어날 것인가? 즉 이것은 기업이 가격을 통해 소비자에게 세율 증감 효과를 전가하느냐, 아니면 수익성 증감에 따라 세율 효과를 기업에서 흡수하느냐는 의미였다. 버핏의 답은 사업 종류에 따라 달라진다는 것이었다. 그는 다음 세 가지를 제시했다.

1. 유틸리티형(전기, 수도, 가스 등의 공익성 기반 사업 – 옮긴이) 조직 : 규제 기관이 대다수 변경 사항을 이행하게 된다.
2. 가격경쟁력이 있는 기업 : 공개적으로 규제한 것은 아니지만, 규제와 무관하게 시장에서 세율 변화에 따라 가격을 조정하게 된다.
3. 이들을 보호하는 강력한 사업권(또는 해자)을 보유한 규제받지 않는 기업 : 시즈, 〈버펄로 뉴스〉 및 기타 버크셔의 (전체 또는 일부를 보유한) 여러 투자 대상 기업 같은 경우, 가격 결정력pricing power이 시장에 좌우되는 가격 조정에서 기업을 보호한다.

1986년 세법은 또한 공익사업 정책을 폐지했다. 해당 정책은 전에는 기업 청산 시 주주를 이중과세(기업 차원에서 한 번, 개인 차원에서 또 한 번)에서 보호했다. 버크셔는 이제는 청산을 고려할 시점에서 한참 벗어났기 때문에 직접적인 영향이 없었다. 하지만 석유, 가스, 일부 언론사, 부동산 회사 등 이번 세법 변경에 따라 영업 경제성이 크게 바뀌는 다른 기업들은 영향을 받게 되었다. 이는 향후 투자를 더욱 신중하게 판단해야 한다는 것을 의미했다.

기타 사항

버핏은 이다음 섹션에서 버크셔가 1986년에 회사 제트기를 샀다고 주주들에게 알리면서, 농담이라도 하듯 이를 아주 깨알같이 조그마한 글씨로 적어 놓았다. 그는 자기 입으로 고백하며 본인이 이전에는 불필요한 사치라고 유감스럽게 여기다가 마음이 바뀌었음을 인정했는데, 그는 뜻밖에도 반대되는 새로운 사실을 경험했다고 말했다. 그 제트기는 여행을 훨씬 수월하게 해 주었지만 더 많은 비용이 들어갔다. 버핏은 감가상각이 항공기와 자동차에 연식에 비례해 영향을 미친다며 중고 제트기를 구입했다는 것을 강조했다. 나중에 "변명의 여지가 없는 사람"이라는 별명이 붙은 버핏은 스콧 페처가 보유했던 비행기여서 그런 식으로 수월하게 구매한 것 같다.[2]

주주 이익

버핏은 주주들이 원할 경우, 회계 업데이트 자료를 읽지 않을 수 있도록 이 자료를 주주 서한 부록에서 삭제했다. 〈매입 가격 회계 조정 및 '현금 흐름' 오류〉라는 제목의 이 보고서는 (버크셔가 인수하기 전후의) 스콧 페처의 재무제표를 사용해 주주 이익에 대한 개념을 설명했다. O(old)와 N(new)이라는 2개의 열 아래에서 그는 "어느 회사가 더 가치 있을까요?"라는 가상의 질문을 던졌다. O는 이익이 더 높고 N은 이익이 더 낮은 것으로 나타난다. 정답은 물론 둘 다 똑같은 스콧 페처이고, 버크셔가 이 회사를 인수하면서 필요했던 회계상 변경에 대해서만 손질을 가한 정도였다.

스콧 페처의 수치 자체는 중요하지 않다. 하지만 한 회사가 다른 회사를 인수할 때 생기는 변화를 이해하면 경제성이 회계와 어떻게 다른지 알 수 있다. 이와 같은 인수가 이루어지면 자산과 부채는 현재 시장

가치로 평가된다. 만약 재고가 장부에 낮은 가격으로 기재되어 있으면, 그것은 인수 시점에 원가로 표시된다. 부동산에서도 비슷한 수정 사항이 발생한다. (대부분은 매우 정확하지만) 부채 역시 현재 가치가 반영되어 있지 않으면 수정된다. 인수 가격과 순자산 가치에 차액이 있을 경우에는 대차대조표에 사업권 가치로 표시된다.

이러한 회계상 수정의 순 효과는 종종 자산이 고평가된다는 것이다. 이것은 다음과 같은 세 가지 방식으로 미래 회계에 영향을 미친다.

1. 재고 원가가 높다는 것은 보고된 이익이 낮다는 의미다.
2. (감가상각되지 않는 토지를 제외한) 부동산 가치가 높다는 것은 감가상각비 증가를 유발한다.
3. (세금 및 GAAP 목적으로 모두 상각된 시점의) 사업권 상각은 비용으로 처리되어 이익을 감소시킨다.

해당 순 효과는 자산이 더 많고 이익은 더 적은 서류상 신규 회사에 적용되는 것이다. 그러나 주주 입장에서는 현금 흐름과 내재 가치가 (두 회사 모두) 동일하다. 경제성도 똑같다. 단지 회계만 변경되었을 뿐이다.

버핏의 주주 이익 공식은 다음과 같이 간단하고 직관적이었다.

주주 이익 = (보고된 이익) + (감가상각, 감모상각, 무형자산 상각 및 기타 모든 비현금성 비용) - (단위 물량 유지에 필요한 자본적 지출 및 관련 운전자본 필요 금액)

스콧 페처 사례에서 볼 수 있듯, 단순히 신규 사업권 자산을 추가하고 지출함으로써 발생한 상각 이익 비용은 실제 사업 비용이 아니다. 그러나 감가상각과 자본 지출 공제는 매우 현실성이 있다. 버핏은 월 스트리트에서 사용하는 새로 유행하는 현금 흐름이나 EBITDA(이자, 세금, 감가상각, 무형자산 상각 전 이익) 수치들이 특정 거래를 정당화하기 위해 부적절하게 (그리고 의도적으로) 자본 지출을 누락했다며 이를 유감스럽게 생각했다. 버핏은 나중에 이 회계 메커니즘을 애석하게 여겼다. 1989년, 그는 "대출업체들이 더 어리석은 거래에 자금을 조달하도록 유도할 것"이라며, 그런 회계 메커니즘은 망상적이고 감가상각을 무시했다는 점에서 "잘려 나간 잣대"라고 지칭했다.*

이렇게 하여 1986년 버크셔 해서웨이는 (상당히 유익하게 추가된) 건전한 사업 원칙, 논리, 인내심을 고수하면서 마무리되었다.

1987년

-

사후 파악이라는 이점 덕분에, 우리는 1987년 실적을 다른 관점으로 살펴볼 수 있다. 1988년 연례 보고서 말미에는 감사를 거치지 않은 별도 재무제표가 들어 있었다. 버크셔의 주요 영업 활동을 식별해 1987년과 비교한 내용을 담은 것이다. 이 분석은 주주들에게 각 사업 부문의 경

---

* 분명한 것은, 버핏이 주로 초점을 맞춘 게 감가상각depreciation이었다는 것이다(그리고 그보다 약한 강도로 무형자산 상각amortization에도 주목했다). EBIT(이자, 세금 납부 전 이익)는 감가상각비와 무형자산 상각비를 고려한 것이어서 EBITDA처럼 버핏이 조소를 보내지는 않았다.

제적 특성에 대해 잘 알려 주고, 버크셔의 1987년 한 해 동안의 장부가
치 상승률 19.5%인 4억 6,400만 달러에 대한 이야기를 자세히 전해 주
었다.

이러한 범주 중 첫 번째는 버크셔의 주요 경제적 엔진인 보험 부문
이었다. 보험 부문은 (매도가능증권 포트폴리오의 대부분을 포함하는)
대다수 자산, 부채, 자기자본을 보유하고 있었다. 그다음은 제조, 출판,
소매업이었다. 여기에는 〈버펄로 뉴스〉, 네브래스카 퍼니처 마트, 시즈
캔디, 페치하이머, 프리시전 스틸, 그리고 여러 스콧 페처 자회사의 운
영 자회사가 합쳐져 있었다. 금융 유형 사업 부문에는 웨스코 뮤추얼
세이빙스 & 론, 스콧 페처 파이낸셜 그룹이 포함되었다. 마지막으로 영
업 외 활동 부문에는 다른 범주에 속하지 않는 모든 항목이 있었다. 버
크셔 본사에 대한 전체적인 기업 간접비와 모기업 부채 등이 해당되었
다. 중요한 사항으로는 영업 외 활동 부문에서도 사업권 및 부동산 회
계 조정 및 관련 무형자산 상각이 포함되어 있었다는 것으로, 이러한
조정은 이것을 유발한 기업 인수와 분리되어 있었다. GAAP 회계 규정
에서는 각 기업의 무형자산 상각을 포괄해 기본 사업 실적이 분명하게
파악되지 않았다.

보험업

보험 부문을 살펴보면, 12개의 개별 자회사가 버크셔 해서웨이의 영업
활동 대부분을 이루고 있음을 바로 알 수 있다. 1986년 스콧 페처를 인
수해 많은 운영 기업(이면서 매우 좋은 기업)이 합류했음에도 버크셔
해서웨이는 여전히 전체적으로는 보험회사였다. 보험 부문은 버크셔의

표 5-12 · 보험 부문 선별 데이터

자료·1987년 버크셔 해서웨이 연례 보고서 및 저자의 계산 **단위**·100만 달러

	1987		1986	
	금액	비중	금액	비중
원수보험 부문				
인수 보험료	412.7		594.6	
수입 보험료	441.6	100.0%	463.1	100.0%
손해 및 손해 비용	338.6	76.7%	347.5	75.0%
보험 인수 비용	105.8	24.0%	112.1	24.2%
손해 및 비용 총계	444.4	100.6%	459.6	99.2%
보험계약 인수 손익(세전)	(2.7)		3.5	
손해 및 손해 비용에 포함된 불이익성(이익성) 손해 발생	(9.4)	(2.1%)	16.0	3.5%
법정 합산비율		102.3%		93.9%
재보험 부문				
인수 보험료	328.0		398.4	
수입 보험료	372.8	100.0%	344.4	100.0%
손해 및 손해 비용	287.6	77.2%	282.6	82.0%
보험 인수 비용	112.9	30.3%	111.2	32.3%
손해 및 비용 총계	400.5	107.4%	393.7	114.3%
보험계약 인수 손익(세전)	(27.7)		(49.4)	
손해 및 손해 비용에 포함된 불이익성(이익성) 손해 발생	4.5	1.2%	21.0	6.1%
법정 합산비율		111.6%		110.0%
구조화 합의 및 포트폴리오 재보험				
보험계약 인수 손익(세전)	(25.0)		(10.0)	
보험 부문 계약 인수 손익(세전) 총계	**(55.4)**		**(55.8)**	
보험 부문 전체 법정 합산비율		109.3%		101.8%

참고
1. 반올림으로 계산해 숫자 합산액이 일치하지 않을 수 있음.
2. 손해율과 비용률은 GAAP 기준 연례 보고서에 보고된 수치로 표시됨. GAAP 기준 비율은 인수 보험료를 수입 보험료로 나눈 값으로 계산함. 이는 비율 계산 시 인수 보험료로 적용하는 법정 기준과 다름. GAAP와 법정 계산 시, 손해 및 손해 조정 비용은 두 경우 모두 수입 보험료로 나누어 줌.

1987년 말 연결 자산의 77% 및 전체 자기자본의 84%를 차지했다.

1987년 보험계약 인수 실적은 1986년의 5,580만 달러 대비 세전 손실 5,540만 달러를 기록해 전년도와 상당히 유사해 보였다. 그러나 자세히 들여다보면 중요한 차이점이 존재했다. 인수 보험료는 인수된 연도의 물량으로 처리되지만, 시간이 지나면 수입 보험료로 바뀌어 (인수 보험료 규모가) 25%씩 감소했다. 보험료가 실제 수입으로 전환되는 시기와 관련해 앞서 언급했던 이연 효과 때문에 수입 보험료는 본질적으로 변동이 없었다. 버크셔의 합산비율*은 103%에서 105%로 약간 높아졌다. 이것은 보험업계 전체 수치와 꽤 비슷했지만, 버크셔의 사업 모델상 버크셔가 더 많은 책임준비금을 창출해 낸다는 의미였다.

사실, 1987년 버크셔의 평균 책임준비금은 8억 달러에서 13억 달러로 늘어났다. 중요한 것은 수익률 9%짜리 국채와 비교해 4.4%의 비용이 들었다는 점이다.** 규모가 커진 책임준비금은 1987년 세전 순투자 이익이 4,500만 달러 증가한 1억 5,300만 달러가 되는 데 직접적으로 기여했다.

각 보험 부문 내에서도 중요한 차이가 존재했다. 원수보험 부문(보험에 가입해 리스크를 부담시키려는 사람들에게 직접 보험계약을 인수하는 보험)은 합산비율이 102.3%를 기록했다. 전년도의 93.9%와 대조되는 수치였다. 그러나 940만 달러의 이익성 손실을 기록한 후 270만 달러의 세전 인수 손실이 발생했음을 고려하면, 1987년 실적은 보기보

---

* 나는 버핏이 1987년 주주 서한에서 제공한 수치를 사용하고 있다. 이 수치에는 구조화 합의 및 재무적 재보험이 제외되어 있기 때문이다.
** 책임준비금 및 책임준비금 비용에 대한 정보 출처는 1994년 주주 서한이다.

다 약간 더 부진한 것이었다. 그 자체만 보면 긍정적인 요소지만 실제 수익성이 나타나려면 시간이 걸리는 데다, 이익성 손실 증가분을 포함한다는 것은 1987년에 인수한 보험계약이 엄밀히 말해 102.3%라는 합산비율만큼의 수익성이 없다는 것을 의미했다.

1987년 버크셔 재보험 부문의 실적은 현저하게 개선되었다(해당 기간의 구조화 합의 및 포트폴리오 재보험은 제외). 재보험 부문의 합산비율은 1985년 194%라는 높은 수치에서 크게 하락해 1987년에는 112%를 기록했다. 이는 전년에 비해 세전 보험계약 인수 손실이 절반으로 감소했고 불이익성 손실 발생률 증가분이 1.2%p에 불과한 데 따른 것이었다.

보험 부문의 마지막 범주는 구조화 합의 및 포트폴리오 재보험(1990년부터 재보험 부문과 통합)이었다. 엄밀히 보자면 보험이기는 하지만 이런 사업은 간단히 말해 표면 이자율을 제시하고 대출을 받는 것과 유사했다. 이 사업은 1987년 세전 보험계약 인수 손실을 기록한 보험 부문에 2,500만 달러의 손실을 더해 주었다. 확실히는 알 수 없지만 이 사업부가 보험 부문에서 계속 운영되고 있다는 점으로 볼 때, 버크셔에는 수익성 있는 분야였다고 추정해야 한다.

보험계약 인수 성과가 개선 중이며 책임준비금과 관련 투자 수익이 증가한다는 점으로 미루어 보면, 보험 부문은 상승세를 타는 것으로 간주할 수 있다. 버핏은 기대감을 낮추려고 재빨리 주주들에게 "파티는 끝났습니다"라고 말했다. 이어서 버핏은 업계에서 인수 보험료를 무난한 수치인 8.7% 인상했지만 필요한 금액에 비해서는 부족하다고 보았다. 계속 증가하는 사회적 인플레이션 비용을 감당하려면 연간 인수 보험료가 적어도 10%는 높아져야 한다는 게 버핏의 추정이었기 때문이다. 〈베스츠Best's〉(보험업계 간행물)에서 집계한 1987년 분기별 수치 자료에 따르면, 업계 연간 보험계약 규모 성장률은 1987년 하반기에 6% 이하로 떨어진 것으로 나타났다. 수익성 개선에 홀린 보험업계의 보험계약 규모는 이미 자체적으로 종말의 씨앗을 뿌리고 있었다.

버크셔는 전에도 이런 상황이 전개되는 것을 경험했기 때문에 수년 동안 주주들에게 이런 흐름이 나타날 것이라고 주의를 당부해 왔다. 많은 기회와 진입하기 쉽다는 점이 보험료 규모 증가로 이어졌지만, 장기적인 재무상 이익이 되지 못했다. 버핏은 업계 전반에 대해서는 장기적인 비관론자였지만 버크셔의 보험사업에 대해서는 장기적인 낙관론자였다. 그러면서 그는 주주들에게 다음과 같은 벤저민 디즈레일리(빅토리아 여왕 시대를 이끌었던 영국 정치가-옮긴이)의 관찰을 상기시켰다. "우리가 역사에서 배우는 것은 우리가 역사에서 배우지 못한다는 것입니다."

그러나 버크셔는 달랐고 두 가지 방식으로 경쟁사를 뛰어넘을 수 있었다. 첫째는 자본력을 통한 것이었다. 자동차나 주택 보유자 같은 단기 보험 가입자는 버크셔의 대차대조표에 그다지 관심을 기울이지 않겠지만, 장기보험이나 규모가 큰 보험에 가입하는 사람들은 당연한 이야기지만 상황이 어려워졌을 때 보험회사가 보험금을 지불할 수 있는 능력에 큰 관심을 보이게 마련이다.* 아울러 이러한 재정적 유연성 덕분에 버크셔는 장기적으로 더 높은 수익률이 기대되는 자산에 투자할

---

* 대차대조표 활용도의 기준은 평균 자기자본 대비 인수 보험료다. 1987년 재무제표 주석에 따르면, 잉여금 대비 법정 보험료 비율은 0.27대 1(또는 27%)이었다. 보험업계 해당 비율은 약 1.9대 1(또는 191%)이었던 것과 비교된다.

수 있었다. 채권에 비해 주식을 더 많이 보유하거나 보험회사 내에서 기업 전체를 보유할 수도 있었다. 다른 보험회사들이 견지하는 엄격한 자본 비율은 때때로 그들이 더 높은 비율로 주식을 보유하거나 비유동성 투자를 할 수 없게 만들었다.

버크셔가 경쟁에서 우위를 점하게 된 두 번째 요인은 물량에 완전히 무관심했다는 것이다. 재무적 유연성과 진입의 용이성이라는 보험업의 특성 때문에 버크셔는 업계 여건이 좋아질 때까지 버티곤 했다. 버핏은 수익성보다 물량에 초점을 맞춘 다른 보험회사들의 폐해를 알고 있기에, 무엇보다 수익성에 중점을 두는 문화를 확립했다. 1986년 이 부문에서 다룬 바와 같이, 그는 경영자와 직원들이 단기적인 이익을 바탕으로 결정을 내리려는 유혹에 넘어가지 않도록 정리 해고 금지 정책을 유지하기도 했다.

제조, 출판, 소매 유통업

버크셔의 작지만 성장하고 있는 비보험 사업 부문은 전체 연결 자산의 8%, 자기자본의 6%를 차지했다. 버크셔는 1988년 연례 보고서까지는 이 범주를 공식화하지 않았지만, 1987년 주주 서한에는 별도 사업부로서 이것을 공식화하는 것에 대한 단서가 담겨 있었다. 적어도 버핏과 멍거의 속마음에서는 그랬다.

버핏은 비보험 회사 중 가장 큰 회사들을 "신성한 7개 회사$_{Sainted Seven}$"라고 불렀다. 여기에는 〈버펄로 뉴스〉, 페치하이머, 커비, 네브래스카 퍼니처 마트, 스콧 페처 매뉴팩처링 그룹, 시즈 캔디, 월드북이 포함되었다. 이 회사들은 탁월한 리더가 맡은 훌륭한 회사였다. 대부분의 기업 경영자들이 직원들에게는 자사 경영진이 훌륭하다고 남들한테 말하라고 하는 게 인간의 본성이지만, 버크셔의 경영자들은 진정으로 직원들에게 칭송받을 만했다.

"신성한 7개 회사"는 1987년에 이자 및 세금 차감 전 기준으로는 1억 8,000만 달러를, 200만 달러의 이자 비용을 제한 금액 기준으로는 1억 7,800만 달러를 벌어들였다.* 적은 이자 비용을 들여 보수적으로 자금을 조달했다고 판단할 수 있는 정도의 정보이긴 하지만, 여기에는 그 이상의 이야깃거리가 있다. 경제적 성과를 온전히 평가하려면 그것을 창출하는 데 소요된 자본과 비교해야 한다. 사실, 이 그룹에서는 자본을 단 1억 7,500만 달러만 사용했는데, 이 자본으로 세후 자기자본이익률을 아주 먹음직스러운 57%로 만들었다.

그러나 그게 전부가 아니었다. 1억 7,500만 달러라는 수치는 장기간에 걸쳐 투입된 이 회사들의 자본을 기준으로 계산했다는 중요한 차이가 있다. 버크셔는 이 회사들을 인수하기 위해 프리미엄을 지불했기 때문에 회계상 일부 계정 조정과 사업권 추가 작업이 필요했다. 이것은 대수롭게 넘길 일이 아니었다. 버크셔는 1억 7,500만 달러보다 더 많은 약 2억 2,200만 달러를 지불했기 때문이다. 버핏은 경영진이 해당 수치 이상으로 평가되면 안 된다고 생각했다. 기본 자본보다 더 높은 금액을 지불하기로 한 합의 덕분에 마술처럼 그 경영자들에게는 운전자본을 추가 제공하지 않아도 되었다. 그 정도 프리미엄을 지불했기에, 버핏은

---

* "신성한 7개 회사"는 대부분 제조, 출판, 소매 유통업체로 이루어졌다. 이들은 총 2만 730만 달러의 자본금으로 1억 8,190만 달러를 벌어들였다.

응당 25% 이하의 세후 수익률로 평가할 수 있었다.

 이런 훌륭한 기업을 거느릴 때 생기는 가장 큰 고민거리는 재투자였다. 그 기업들이 높은 자기자본이익률을 기록하긴 했지만, 훨씬 더 많은 자본을 재투자해도 그 정도로 높은 수익률을 올릴 수는 없었다. 결과적으로 초과 현금은 대체로 오마하로 보내 최적의 용도를 찾도록 사용되었다. 버핏과 멍거는 성장 가능성이 있는 다른 자회사에 재투자하거나(보험 부문에는 수년 동안 수많은 자본이 투입되었다), 다른 사업체를 인수하거나, 매도가능증권을 사들이곤 했다. 이는 초과 자본 출납을 담당하는 경영자들이 일정 수준보다 낮은 투자 결정을 내리지 않게 해 주었으며, 수익성이 있는 경우에만 성장을 추진하도록 그들에게 동기를 부여했다는 점에서 중요한 요소였다.

 1987년 주주 서한은 제조, 출판, 소매 유통 부문 내의 개별 주요 사업부에 대한 신속한 최신 정보를 제공했다. 버핏은 간단하게만 기재한 것은 훌륭한 업무에 대한 인식이 부족해서가 아니라 과거에 이미 많이 언급했고 거의 변한 게 없어서라고 지적했다. 그는 이렇게 설명했다. "경험에 따르면 … 최고의 이익률은 일반적으로 5년 또는 10년 전에도 하던 것과 지금도 상당히 비슷한 일을 하는 회사가 달성합니다." 이런 이유로 버핏은 해당 회사들의 근황을 다음과 같이 간략하게 언급했다.

- 네브래스카 퍼니처 마트는 1개 매장의 매출액이 8% 증가한 1억 4,300만 달러를 기록하며 호조세를 보이고 있습니다.
- 〈버펄로 뉴스〉는 지역 뉴스 보도로 계속해서 시장을 장악하면서 높은 보급률을 유지하고 있습니다. 50%의 기사 지면news hole에 대한 약속은 이윤이 감소하고

수익이 줄어들더라도 바뀌지 않을 것입니다. 치솟는 신문 인쇄 비용을 고려하면 실적이 그렇게 될 것으로 예상되긴 합니다만.

- 3대가 단순한 유니폼 사업을 꾸준히 운영하고 있는 페치하이머는 세전 1,330만 달러라는 기록적인 수익을 올렸습니다.

- 시즈는 기록적인 2,500만 파운드의 사탕을 판매했으나 동일 매장당 매출액은 변화가 없었습니다. 소비가 계속 감소하는 가운데 동일 매장의 매출액이 6년 동안 감소세였던 것을 감안하면 칭찬받을 만했습니다.

- 스콧 페처는 세전 이익이 10% 늘어났으나 평균 투입 자본은 감소했습니다.

확실히 이 기업들과 각 회사 경영자들은 실적 수치를 바탕으로 버핏이 보내는 박수를 받을 만했다.

금융 분야 회사들

1987년에 이 부문을 구성하는 두 기업은 웨스코 뮤추얼 세이빙스 & 론과 스콧 페처 파이낸셜 그룹(스콧 페처의 계열사)이었다. 후자는 스콧 페처 산하의 별도 자회사로, 월드북과 커비 같은 제품의 소비자 구매 자금을 융통하기 위해 설립되었다. 뮤추얼 세이빙스는 사실상 은행이었지만 스콧 페처 파이낸셜 그룹은 은행 비슷하게 운영되었다. 두 회사 모두 자산 대비 자기자본 비율로 측정해 보면 레버리지 비율이 높았다. 그러나 뮤추얼 세이빙스가 주로 저축 계좌 및 기타 예금을 사용해 자금을 조달한 것과 달리, 스콧 페처 파이낸셜은 자산을 기한이 있는 부채로 조달했다.

이 부문을 은행처럼 살펴볼 경우, 1987년 말 현재 총자산의 15.5%에 달하는 자기자본을 보유했음을 알 수 있다. 이는 은행의 자본 비율과 유사하며, 그 정도면 자본이 잘 투입된 것으로 여겨진다. 은행을 평가하는 또 다른 표준 지표는 평균 자산 수익률로, 이 지표로는 영업 실적을 측정한다. 1986년 버크셔 금융 분야 회사들의 자산 수익률 추정치* 인 2.6%는 이 회사들을 우수한 은행 중 하나로 선정되게 했을 것이다.

영업 외 활동

영업 외 활동 부문은 다 알다시피 부정적인 내용을 전부 처리하는 내용을 담고 있었다. 이 부문에는 인수에 따른 자산 조정 및 사업권을 포괄하는 계정이 포함되어 있었다. 이 두 항목에만 총 2억 1,000만 달러가 집계되었는데 이 부문에 보고된 자산의 약 60%를 차지하는 규모였다. 해당 부문의 손익계산서에는 관련 무형자산 상각비로 처리되었다. 이 부문에는 현금 및 매도가능증권 같은 일부 실물 자산이 있었지만, 해당 내역은 실질적인 분석 가치를 제공하기보다는 GAAP 재무제표를 조정하기 위한 정리 목적에 더 가까운 게 분명했다.**

투자

주로 보험 부문 내에서 보유한 버크셔의 매도가능증권은 보험계약 인수 활동과는 별개의 존재로 간주되었다. 전자(매도가능증권)는 전적으

---

* 1987년 보고서에는 뮤추얼 세이빙스 및 스콧 페처 파이낸셜에 대한 별도의 계정이 들어 있다. 그러나 이 합산 수치는 1988년 연례 보고서의 금융 분야 기업 부문에 제시된 수치와는 다소 차이가 있다.
** '부정적인 내용을 전부 처리하는' 회계는 다양한 회계상 조정을 집중적으로 보여 주고 강조해 버크셔 재무제표를 읽는 이들에게 더 많은 가치를 전달했다.

로 회장과 부회장의 지시 아래에 있었던 반면, 후자(보험계약 인수 활동)는 다양한 영업 담당자가 관리를 맡았다. 훌륭한 기업을 오래 보유한다는 것에 대한 버핏의 변화된 입장은 그가 몇몇 주식 투자를 기업을 영구적으로 보유하는 수준으로 끌어올리면서 드러났다. 분명히 보험 부문이 보험금을 지불하기 위해 자금이 필요한 경우에는 주식도 매각 대상이긴 했다. 하지만 그는 버크셔의 부분 보유 포지션 중 세 가지는 본질적으로 100% 보유한 상태와 다르지 않다고 생각했다. 버핏은 이를 "우리가 일부만 보유하든 100%를 보유하든, 결국 우리의 경제적 운명은 우리가 보유한 기업체의 경제적 운명에 좌우될 것"이라고 간결하게 요약했다.

영구적으로 보유할 3개 종목은 비교적 최근에 취득한 캐피털 시티즈/ABC 주식 300만 주, 가이코 주식 685만 주, 〈워싱턴 포스트〉 주식 172만 7,765주였다. 이 종목들은 모두 합해 1987년 말 시장가치가 21억 달러 이상이었으며 23억 달러 규모인 전체 주식 포트폴리오 중 대부분을 차지했다.

엄선된 소수의 매도가능증권 투자 시 영구적으로 보유한다는 입장은 버크셔가 100% 보유한 기업이 제공하는 두 가지 확실한 이점보다 나은 건 아니었다. 하나는 자본 배분이었다. 실제로는 그렇게 한 적이 거의 없었지만, 잉여 자본을 다른 곳에 재분배하는 것을 포함해, 버크셔는 적절하다고 여기는 바에 따라 자회사를 운영할 수 있었다. 통제할 때 얻는 두 번째 이점은 세금이었다. 버크셔는 자회사 내부와 자회사 간에 세금 문제 없이 자본을 재분배할 수 있었다. 매도가능증권 포트폴리오의 경우와 마찬가지로, 지분율 80% 이하로만 투자할 경우 버크셔는 배당금과 높은 자본 수익률에 관련해 이중으로 세금을 내야 했다.

1987년 말에 버크셔가 영구적인 보유 대상으로 삼은 3개 회사가 실질적인 운영 자회사였다면, 나머지 전부인 2억 2,200만 달러는 다른 주식에 배정되었다. 한 회사(캐피털 시티즈/ABC)에 44% 이상을 투입하고, (포트폴리오 내에서) 3개 기업에 90% 이상의 자금을 배정하는 것은 월 스트리트 기준으로 볼 때 상당한 집중도였다. 그러나 이는 또한 그 당시 투자 기회가 많지 않았다는 것을 의미하기도 했다. 나머지 2억 2,200만 달러 중 일부는 단기 차익 거래 포지션(일반적으로 합병이나 인수 발표 시의 단기적인 가격 차이를 이용하는 것)에 투자했는데, 버핏은 이런 경우 외에는 주식의 매력도가 낮다고 생각했다. 1987년 10월 19일, 주가가 22% 이상 추락한 블랙 먼데이 폭락은 분명히 극적이었다. 그것은 월 스트리트 역사상 최악의 주식시장 폭락 사태 중 하나였다. 그러나 빠른 반등과 높은 시장 수준 탓에 지수는 그해 2.3% 상승에 그쳤고, 버크셔는 저렴한 매수 기회를 찾을 수 없었다.

고정 만기 포트폴리오(채권 포트폴리오라는 뜻)도 다르지 않았다. 인플레이션 가능성과 미국의 막대한 무역 적자를 감안해, 버핏은 본인과 버크셔가 "장기 채권을 계속 멀리할 것"이라고 서술했는데, 중기 채권이 비슷한 불이익을 받을 가능성까지 제기했다. 그 대신 버크셔는 주식 포트폴리오와 마찬가지로 20억 달러* 규모 채권 포트폴리오도 집중화했다. 채권 포트폴리오에서 2억 4,000만 달러는 전부 워싱턴 퍼블릭

---

* 고정 만기 포트폴리오의 대차대조표상 상각 비용은 19억 4,000만 달러였지만, 1987년 말 시장가치는 20억 5,000만 달러였다.

파워 서플라이 시스템 비과세 채권이었다.

고정 만기 포트폴리오*의 약 35%는 신규 투자한 살로몬Salomon, Inc.에 대한 장부가치로 이루어졌다. 7억 달러 상당의 9% 전환우선주 투자는 비즈니스 매체들에서 엄청난 찬사를 받았다.** 월 스트리트의 주요 투자은행 중 한 곳에 대한 이 투자는 나중에 버핏을 힘들게 만들지만, 당시 버핏은 이를 "흥미로운 전환 가능성"을 지닌 중기 고정 수입 투자로 여겼다(이 전환우선주는 3년 후 주당 38달러에 살로몬 보통주로 전환될 수 있었다). 고정 만기 포트폴리오의 다른 큰 비중은 1억 400만 달러의 텍사코Texaco(미국의 석유 회사 - 옮긴이) 채권이었다. 이 단기채권은 텍사코가 파산 신청을 한 후에 매입했다. 보험 부문의 강력한 자본 포지션 덕분에, 버크셔는 다른 보험회사는 할 수 없었던 가치가 크게 떨어진 채권에 투자할 수 있었다.

웨스코, K&W, 해리 보틀

버크셔 보고서 정규 항목에는 찰리 멍거가 쓰는 웨스코 회장 서한이 포함되어 있었다. 그 서한에서 멍거는 웨스코 (및 버크셔) 주주들에게 웨스코를 버크셔 해서웨이의 축소판으로 생각해서는 안 된다고 당부했다. 멍거는 어려운 업계 상황 때문에 웨스코의 자회사 뮤추얼 세이빙스

---

* 버크셔 계정에 기재된 6억 7,400만 달러를 기준으로 계산한 것이다. 나머지 2,600만 달러는 모기업 버크셔와 연결되지 않은 뮤추얼 세이빙스(뮤추얼 세이빙스는 버크셔 장부에 따라 자본 기준으로 보유)에 있었다.
** 자세한 내용은 나중에 살로몬 부분에서 다룬다. 이 투자는 버핏이 월 스트리트의 행위와 무절제를 너무 자주 비판했기 때문에 이루어졌을 것이다. 버크셔의 투자 이후 버핏과 멍거 두 사람은 모두 살로몬 이사회에 합류했다.

가 신통치 않았다고 서술했다. 이러한 상황은 실력이 좋지 않은 경쟁사들이 정부의 신용을 써서 예금을 유치해 위기를 넘긴 후 위험한 방법으로 대출에 나선 데 따른 것이었다. 뮤추얼 세이빙스가 1987년 보증 보험료 선납금(지금은 경제적 가치가 없는 것으로 추정)을 상각하기 위해 190만 달러의 세후 부담금을 납입한 것은 멍거의 비관론을 반영했다. 뮤추얼 세이빙스는 좋은 위치에 있는 본사 건물과 개발 중인 31개 빌딩 부지에 유망한 지점을 몇 곳 보유하고 있었다. 대체로 멍거는 뮤추얼 세이빙스가 청산 시 회수 가능한 세후 수익 대비 연평균 10%의 수익률을 올릴 수 있을 거라고 생각했다.***

더 좋은 실적을 거둔 웨스코 자회사 부분으로 넘어가서, 멍거는 그해 프리시전 스틸을 강타한 100년 치 분량에 맞먹는 대홍수를 기술했다. 1987년 8월 심각한 폭풍우가 몰아친 뒤 일어난 홍수 피해가 67만 2,000달러의 손실을 유발했다. 멍거는 그러한 일회성 항목을 실적 논의에서 계속 제외해 온 경영자들을 포함해 공격적인 회계에 대해 종종 비난하곤 했다. 그러나 그는 주저 없이 자연재해로 인한 일회성 사고를 회계에서 제외해 버렸다.

새로 설립된 웨스코의 보험 자회사 웨스코 파이낸셜은 파이어맨스 펀드의 증가하는 물량을 처리하기 위해 모회사에서 4,500만 달러를 추

*** 세부적인 내용이 너무 많아 길게 다룰 수 없지만, 뮤추얼 세이빙스는 1968년까지 절세 목적으로 상당한 부실채권을 상각했다. 1987년 웨스코 재무제표 각주에 언급된 바와 같이, 이는 추가 세금이 발생하기 전 이익잉여금 배당 규모를 500만 달러로 제한할 정도로 웨스코의 과세표준을 낮춰 주는 효과가 있었다. 만약 4,700만 달러의 부실 채무 충당금(GAAP 처리용 자본으로 계산)이 당시 자본이익률 22%를 기준으로 과세되었다면 뮤추얼 세이빙스의 청산 가치는 1,000만 달러 이상 줄어들 것이다. 따라서 멍거는 뮤추얼 세이빙스가 세후 자기자본 기준으로 장기적으로 약 450만 달러를 벌어들일 수 있음을 시사했다.

가로 받았다. 1987년에 Wes-FIC가 벌어들인 수입 보험료는 7,300만 달러가 넘었으며 웨스코는 관련 책임준비금을 이용할 수 있었다.

더욱 반가운 소식은, 소생한 보워리 세이빙스 뱅크Bowery Savings Bank에 대한 900만 달러의 벤처 캐피털 유형 투자가 우호적인 인수 후 500만 달러의 세후 수익을 남기며 매각되었다는 것이었다. 리스크를 감수한 도박*은 상당한 성과를 거두었다. 이 프로젝트의 몇몇 투자자는 티쉬 일가, 로우스사 일가, 그리고 그해 비극적인 비행기 사고로 사망한 전 살로몬 파트너 리처드 로젠탈 등 지금은 유명해진 이들이었다.[3]

1987년 버핏 회장의 서한은 마지막 일화로 마무리되었다. 그는 해리 보틀Harry Bottle과 함께 일했던 데자뷔(지금 일어난 일이 전에도 경험한 적이 있는 것처럼 느끼는 것 - 옮긴이)에 대해 서술했다. 1962년 버핏 파트너십Buffett Partnership Limited이 네브래스카에 본사를 둔 뎀스터 밀의 비어트리스에 투자하면서 수익률이 급반등했을 때, 보틀은 버핏과 함께 명성을 얻었다. 24년 후 멍거는 웨스코의 K&W 프로덕트 자회사를 인수하기 위해 보틀과 손을 잡았다. 이 소형 종합 차량 제조업체는 집중력을 잃은 이전 CEO 때문에 고전했다. 멍거가 "보틀을 CEO에 선임하고 뒤로 물러나 앉아서 예상되는 상황을 기다렸다"는 게 버핏의 설명이었다. 얼마 지나지 않아 보틀은 매출채권과 재고를 20% 감축했으며 300% 이상의 이익률을 기록했다. 보틀은 실적 반등에 대한 명성을 떨칠 만했는데, 이로 인해 버핏은 이런 상황이 또 발생할 경우 (구원투수 격 CEO) 명단에 보틀을 가장 먼저 올려야겠다고 마음먹었다. 하지만 현재로서는 버크

---

* 멍거는 1986년 서한에서 이것을 설명했다.

셔와 그 자회사들은 양호한 상태였다.

1988년

–

워런 버핏과 찰리 멍거의 리더십 아래 버크셔 해서웨이 모델의 회복력
은 1988년에 빛을 발했다. 버크셔는 그해에 몇 번의 신규 투자 기회를
발견했지만 투자 여건은 대체로 불리했다. 그럼에도 버크셔의 모멘텀
(성장 동력, 성장 요인 등을 뜻하는 투자업계 용어 – 옮긴이)은 장부가치 20% 상
승으로 이어졌다. 그것은 과거의 자본 배분 결정, 버크셔의 경영자 및
직원들의 전념과 지속적인 헌신 덕분이었다. 버핏의 리더십 아래 24년
간 23%의 연 복리 수익률을 올렸는데, 거의 3년마다 2배씩 증가했다.

　과거의 기록을 유지하는 것이 불가능한 일은 아니었지만 대단히 어
려워졌다. 버크셔가 직면한 주요 골칫거리는 과거의 성공이었다. 이처
럼 높은 역사적 수익률 덕분에 자기자본은 1964년 2,200만 달러에서
1988년 34억 달러 이상으로 증가했다. 단 15%의 성장에도 향후 10년
동안 103억 달러의 수입이 필요하다. 버크셔는 앞에서 언급한 '신성한
7개 회사'(〈버펄로 뉴스〉, 페치하이머, 커비, 네브래스카 퍼니처 마트,
스콧 페처 매뉴팩처링 그룹, 시즈 캔디, 월드북) 같은 훌륭한 기업을 보
유하고 있었지만, 이 기업들은 딱 그 정도가 한계였다.

　버크셔는 다른 강한 역풍에 직면했다. 주식시장은 가치를 온전히 반
영한 상태가 되어 매력도가 떨어졌다. 비슷한 맥락으로, 대출 환경이
좋아지면서 기업 전체의 값어치가 올라갔으며 1986년부터 시작된 일

련의 세제 개편으로 법인세율은 과거에 비해 불리해졌다. 마지막으로, 버크셔의 영구적인 투자 대상(캐피털 시티즈/ABC, 가이코, 〈워싱턴 포스트〉에 대한 상당한 지분)은 더욱 힘든 산업 운영 여건에 직면했다.

회계 변경 사항

GAAP의 주요 변경 사항에 따라 1988년 버크셔의 대차대조표와 손익계산서에 자회사를 완전하게 연결하는 것이 의무화되었다. 뮤추얼 세이빙스 및 스콧 페처 파이낸셜(월드북 및 커비 고객에게 금융 서비스를 제공하는 기업)은 지분율을 기준으로 연결되었다. 실적은 순이익과 자본으로 압축되었고, 각각에 대한 버크셔의 보유 지분율만큼 손익계산서와 대차대조표에 별도로 기재되었다. 이제는 소규모 특정 이익도 별도 항목으로 전부 분리되었다. 이것은 지분율이 84%인 페치하이머나 지분율이 90%인 네브래스카 퍼니처 마트나 마찬가지였는데, 버크셔의 다른 여러 자회사에 대한 처리 방식도 다를 게 없었다. 이 변화는 1988년 버크셔 재무제표의 비교 기간에는 영향을 미치겠지만 경제적 실제와는 무관했다.

아마도 앞에서 언급한 회계상 변화 때문인지, 버크셔는 1988년 연례 보고서 도입부에 보충 자료를 제공했다. 여기에서는 각 사업 부문을 다음과 같이 경제적 실제와 보다 밀접하게 연계된 부문끼리 묶었다.

- 보험 부문
- 제조, 출판, 소매 유통업
- 금융 부문(뮤추얼 세이빙스 및 스콧 페처 파이낸셜)

• 영업 외 활동

버핏은 오랫동안 버크셔 연결 모기업 수준의 재무제표가 분석할 가치가 거의 없다고 주주들에게 말해 왔다. 이런 이유로 그는 주주들이 버크셔를 분석하는 것을 돕기 위해 주주 서한에 부문별 주요 세부 정보를 제공했다. 버핏은 버크셔의 자회사 수와 다양성을 고려해 다음 세 가지 주요 질문에 대한 답변으로 꼭 필요한 세분화된 자료를 만들었다고 말했다.

1. 이 회사의 가치는 얼마인가?
2. 이 회사가 미래의 의무를 이행할 가능성이 있는가?
3. 경영자들은 맡은 일을 얼마나 잘하고 있는가?

이것은 버핏이 던진 질문으로, 그는 주주들 또한 답을 원할 거라고 생각했다. 보충 자료는 주주들에게 지나치게 많은 세부 정보를 제공하지 않으면서도 분석에 도움을 주었다. 버핏과 멍거는 이런 자료를 접근하기 쉽게 제공하곤 했다. (그들이 자주 하는 행위인) 주주 입장에서 생각할 때마다, 그들은 주주들도 이런 정보를 원할 것임을 깨달았다.

수익원 보고

주주 서한(339쪽의 〈표 5-2〉 참고)에 제공한 요약 표를 보면, 1988년은 버크셔에 대단히 만족스러운 해였다는 것을 한눈에 확인할 수 있다. 나중에 분석할 보험 부문은 보험계약 인수가 개선되었고 순투자 이익도 현저하게 늘어났다. 대부분의 비보험 회사들은 1988년에 매우 양호한 실적을 올렸다.

제조, 출판, 소매 유통업

제조, 출판, 소매 유통 부문의 전체 실적은 세전 이익 2억 230만 달러로, 버크셔의 세후 수익으로는 1억 2,170만 달러로 환산되었다. 유형자산에 대한 세전 이익률은 놀랍게도 89.2%나 되었다. 이 부문은 평균 유형자산에 대해 각각 107.2%, 66.8%의 세후 이익률을 냈으며*, 차입금에서의 레버리지는 단 18%만 해당했다.

여전히 에너지가 넘치는 95세의 로즈 블럼킨이 이끄는 네브래스카 퍼니처 마트는 세전 이익이 (10% 증가한) 1,800만 달러로 훨씬 높은 이익을 기록했다. 이 기업은 고객들에게 최저가격을 계속 제공하기 위해 2만 제곱피트 규모의 별도 처리 센터를 얼마 전에 개점했다. 그해 전국 규모의 대형 백화점인 딜라드가 가구 부문을 두지 않은 상태로 오마하 시장에 진출했다. 이것은 네브래스카 퍼니처 마트가 오마하에서 발휘하는 영향력이 어느 정도인지 보여 주었다. 버핏은 한 걸음 더 나아간 발언을 전달했다. 윌리엄 딜라드 회장이 네브래스카 퍼니처 마트와 블럼킨에게 상당한 경의를 표시하면서 "우리는 그들과 경쟁하고 싶지 않습니다. 우리는 그들이 거의 최고라고 생각합니다"라고 말했다고 말이다. 정말 대단한 찬사다.

스탠 립시가 이끄는 〈버펄로 뉴스〉는 평균 50% 이상의 뉴스 지면을

---

* 부문별 발표 내용과 일관되게, 이것은 매입 가격 회계 조정을 적용하지 않은 해당 기업 단계의 수치다.

독자에게 제공하면서 4,220만 달러(8% 증가)의 기록적인 세전 이익을 기록했다. 예상했던 영업이익률 하락은 일어나지 않았다. 척 허긴스는 어려운 산업 여건 속에서도 시즈가 사상 최대 수준인 2,510만 파운드(세전 이익은 2% 증가한 3,300만 달러)나 판매하도록 이끌었다. 더욱 인상적인 것은 이 사탕 회사 이익의 90%를 12월 한 달 동안 벌어들였다는 점이었다.

유니폼 제조업체 페치하이머에서 버핏은 그해 자신이나 멍거의 승인 없이도 꽤 큰 규모의 인수를 할 수 있도록 해서 헬드먼 일가에 대한 신뢰를 드러냈다. 헬드먼 일가는 신뢰를 받으며 1988년 세전 이익으로 6% 개선된 1,400만 달러를 올려 주었다. 버핏은 스콧 페처의 랠프 셰이도 매우 크게 칭찬했다. 셰이는 스콧 페처의 19개 자회사를 경영하고 있을 뿐만 아니라, 오하이오 지역의 여러 비영리 기관의 이사회에도 참여했다. 스콧 페처 매뉴팩처링 그룹(월드북, 커비, 스콧 페처 파이낸셜을 제외한 나머지 전체 기업)은 세전 이익이 7% 감소한 2,900만 달러를 기록했지만 스콧 페처의 양대 자회사(별도 기업으로 분리)는 양호한 실적을 올렸다. 월드북은 세전 이익으로 8% 개선된 2,800만 달러를 기록했고 커비는 20% 호전된 2,700만 달러를 벌어들였다.

보험업

A. M 베스트(미국의 보험사 신용 평가 기관 - 옮긴이) 추정 인수 보험료는 1988년에 단 3.9% 인상되었다. 이는 버핏이 사회적 전체 인플레이션 속에서 수익성 유지에 필요하다고 추산했던 10% 문턱에도 못 미치는 수치였다. 그 결과, 업계 합산비율은 104.6%에서 105.4%로 상승했는

표 5-13 · 보험 부문 선별 데이터

자료 · 1987년, 1988년 버크셔 해서웨이 연례 보고서 및 저자의 계산 **단위** · 100만 달러

	1988 금액	1988 비중	1987 금액	1987 비중
원수보험 부문				
인수 보험료	218.8		412.7	
수입 보험료	292.3	100.0%	441.6	100.0%
손해 및 손해 비용	196.2	67.1%	338.6	76.7%
보험 인수 비용	78.7	26.9%	105.8	24.0%
손해 및 비용 총계	274.8	94.0%	444.4	100.6%
보험계약 인수 손익(세전)	17.5		(2.7)	
손해 및 손해 비용에 포함된 불이익성(이익성) 손해 발생	(29.1)	(10.0%)	(9.4)	(2.1%)
법정 합산비율		103.1%		102.3%
재보험 부문				
인수 보험료	203.3		328.0	
수입 보험료	229.3	100.0%	372.8	100.0%
손해 및 손해 비용	170.5	74.3%	287.6	77.2%
보험 인수 비용	73.3	32.0%	112.9	30.3%
손해 및 비용 총계	243.8	106.3%	400.5	107.4%
보험계약 인수 손익(세전)	(14.5)		(27.7)	
손해 및 손해 비용에 포함된 불이익성(이익성) 손해 발생	0.0	0.0%	4.5	1.2%
법정 합산비율		110.4%		111.6%
구조화 합의 및 포트폴리오 재보험				
보험계약 인수 손익(세전)	(14.1)		(25.0)	
보험 부문 계약 인수 손익(세전) 총계	**(11.1)**		**(55.4)**	
보험 부문 전체 법정 합산비율		107.4%		109.3%

참고
1. 반올림으로 계산해 숫자 합산액이 일치하지 않을 수 있음.
2. 손해율과 비용률은 GAAP 기준 연례 보고서에 보고된 수치로 표시됨. GAAP 기준 비율은 인수 보험료를 수입 보험료로 나눈 값으로 계산함. 이는 비율 계산 시 인수 보험료로 적용하는 법정 기준과 다름. GAAP와 법정 계산 시, 손해 및 손해 조정 비용은 두 경우 모두 수입 보험료로 나누어 줌.

데, 버핏은 보험업계 경영자들의 충당금 미흡 경향을 고려할 때 이 수치가 더 악화될 것으로 추정했다.

보험료율에 대한 대중의 분노는 이미 난제에 직면한 업계를 더욱 어렵게 만들었다. 원자재 유형인 보험업의 경제성은 가격 인상을 어렵게 했고, 이는 좋지 않은 결과로 이어졌다. 캘리포니아의 새로운 법률은 이러한 난제를 더욱 심화했다. 103 법안은 보험회사들이 요율을 공시하기 전에 사전 승인을 받게 했다. 법안이 통과되자 요율 공시는 당국 심사가 있을 때까지 중단되었다. 103 법안은 보험료 인하를 원하는 소비자의 분노에 따른 결과였다. 늘 그렇듯 버크셔는 평균 이하 요율과는 거리를 두었지만, 주요 투자 대상 기업인 가이코는 보험계약의 약 10%가 캘리포니아 지역에서 인수한 것이었다. 가이코와 버크셔가 더 우려하는 것은 다른 주에서도 이와 비슷한 투표나 입법안을 보게 되는 것이었다.

버크셔의 보험 운영에 대한 또 다른 부정적인 사안은 파이어맨스 펀드와의 4년간 7% 지분 참여 계약이 1989년 말에 만료된다는 것이었다. 이에 따라 버크셔는 약 8,500만 달러의 미수입 보험료를 반납하게 되어 책임준비금이 줄어든다. 반납된 보험료는 마이너스 수치로 인수 보험료 계정을 통해 처리되겠지만 이익에 아주 심각한 영향을 미칠 것으로 예상되지는 않았다.

세전 보험계약 인수 손실 총계는 1987년 5,500만 달러에서 1988년 1,100만 달러로 80% 감소했다. 인수 보험료가 각각 47% 및 34% 하락한 원수보험 부문은 그럼에도 불구하고 합산비율이 103.1%가 되었다. 1988년 실적은 2년 연속으로 나타난 2,910만 달러의 유리한 손해 발생에 힘입은 것이었다. 재보험 그룹 내에서 보험료는 인수 및 수입 기준 모두에서 38%씩 감소했다. 이 부문의 합산비율 110.4%는 전해에 비해 개선된 또 다른 항목이었으며 손해 발생의 영향은 감안하지 않았다. 한 동안 재보험에서 분리된 구조화 합의 부문은 1,410만 달러의 세전 손실을 기록해 보험 부문이 전체 세전 손실 1,110만 달러를 내는 데 주요 원인을 제공했다.

버핏은 보험료 물량의 현저한 감소에 대해 "그럴 것으로 보았다"고 서술했다. 버크셔는 계속 수익성 중심으로만 계약을 인수해 실적이 부진해질 터였다. 이 회사는 언젠가 다가올 보험사업 성수기에 대비하면서 참을성 있게 기다렸다. 버크셔는 1988년 인수 및 수입 보험료가 대폭 감소했으며 보험료 인수 실적 개선과 투자 수익의 상당한 증가가 결합하면서, 나심 탈레브가 만든 용어인 안티프래질_{anti-fragile}('충격을 받으면 깨지기 쉬운'이라는 뜻의 '프래질_{fragile}'의 반대 의미로 충격을 받으면 더욱 단단해진다는 뜻으로《블랙 스완》의 저자 나심 탈레브가 만든 용어. 평소 작은 실패를 극복하면서 큰 위기 시 견딜 수 있는 강한 체질이 될 수 있다는 의미-옮긴이) 체질로 거듭났다. 버크셔는 보험업계에서 무슨 일이 일어나든 이익을 낼 수 있도록 포지션을 구축했다. 요율 책정이 타당하고 계약 규모도 적당할 경우에는 자본 기반과 S&P 기준 신용 등급 AAA(최고 수준 등급)를 바탕으로 매우 큰 규모의 보험료 인수가 가능했다. 요율이 적절하지 않을 경우에는 사업 규모를 줄여 나가 이전의 건전한 인수 영업과 책임준비금에서 비롯된 혜택을 얻었다.

책임준비금은 1987년 14억 6,000만 달러에서 1988년 15억 4,000만 달러로 늘어났다. 이는 책임준비금 증가가 보험료 물량에 부분적으로

만 의존한다는 사실을 보여 준다. 보험료와 발생한 손해를 오래 보유할수록 책임준비금은 증가하고 보험료는 줄어들 수 있다.

금융 유형 부문

금융 유형 부문(뮤추얼 세이빙스 및 스콧 페처 파이낸셜 그룹)은 1988년에 호조였다. 월드북과 커비에서 나오는 강력한 물량 외에도 연방저축대부보험공사의 일회성 상각이 없어지면서 세전 이익은 47% 늘어난 1,350만 달러를 기록했다. 이는 세후 자기자본이익률 13.4%로 환산된다.*

투자

버핏은 버크셔 보험 부문이 선택할 수 있는 다섯 가지 투자 범주는 (1) 장기 보통주 투자 약정 (2) 중기 고정 수익 증권 (3) 장기 고정 수익 (4) 단기 현금성 자산 (5) 단기 차익 거래**라고 판단했다.

　1988년 버크셔는 첫 번째 옵션으로 두 가지 주요한 약정을 맺었다. 하나는 코카콜라였고 다른 하나는 프레디 맥Freddie Mac으로 더 잘 알려진 연방주택대부모기지 주식회사였다. 코카콜라에는 1,420만 주에 5억 9,200만 달러, 프레디 맥에는 우선주 240만 주에 7,200만 달러의 비용

---

* 자산이익률은 2%이며 자기자본 비율은 14.9%였다.
** 버핏이 수년간 이용한 이러한 범주 아래의 차익 거래는 두 가지 유형이 있다. 리스크 없는 차익 거래는 2개의 다른 시장에서 동일한 유가증권(또는 신용 시장의 유사한 유가증권) 가격이 약간 일치하지 않는 경우에 이익을 올렸다. 반면에 리스크 차익 거래(즉 합병 차익 거래)는 지연된 상태의 합병이 일어날 것으로 예상하고 매수를 진행했다. 이따금 합병이 실패하면 주가가 하락했기 때문에 리스크 차익 거래라는 용어를 썼다.

이 투입되었다. 프레디 맥에는 잔여 이익에 대한 청구권이 있어 표에 기재되었기 때문에 "보통주에 상응하는 금융자산"으로 간주되었다.* 이는 또한 각 회사의 지분 4%에 해당하는 규모로, 법으로 허용된 최대 치였다. 멍거 회장은 웨스코 주주들에게 보낸 서한에서 이번 투자 배경을 설명했다(프레디 맥 주식은 웨스코의 자회사인 뮤추얼 세이빙스에서 보유). 내용은 다음과 같다.

표 5-14 · 버크셔 해서웨이 보통주 포트폴리오 선별 데이터 | 자료·1988년 버크셔 해서웨이 회장의 주주 서한 단위·1,000달러

	1988
캐피털 시티즈/ABC	1,086,750
코카콜라 컴퍼니	632,448
연방주택대부모기지 주식회사[1]	121,200
가이코	849,400
워싱턴 포스트 컴퍼니(B주)	364,126
보고 기준가격	100,000

각주
1. 명목상 우선주로서, 버핏은 이 우선주가 재무적으로 보통주와 동일하다고 말함.

참고
버핏 회장의 주주 서한에는 선별된 투자만 기재되어 있을 뿐 총액은 언급되지 않았음.
버핏의 분류는 지금까지 GAAP 보고서와 약간 차이를 보였기 때문에 저자는 연례 보고서 각주에서 자료를 가져오지 않기로 함.

비록 버핏이 그렇다고 말한 것은 아니었지만 코카콜라 투자는 또 다른 영구 보유였다. 그는 이를 그냥 암묵적으로만 언급했다(버크셔는 구

---

* 이런 증권은 참가적 우선주participating preferred stock라고 한다.

할 수 있는 코카콜라의 모든 주식을 열성적으로 사들이고 있었다. 매수는 1989년까지 이어졌다). 주식시장이 저렴하지 않다는 배경을 고려할 때, 매력적인 밸류에이션 상태의 코카콜라를 찾아냈다는 것은 시장이 이 회사의 뛰어난 사업 속성을 아직 제대로 인식하지 못했음을 시사했다. 이러한 속성이란 코카콜라가 탄산음료 제조사에 콜라 원액을 판매하면 탄산음료 제조사가 이를 소비자에게 판매하는 기본적인 사업 구도였다.** 인구 증가 및 1인당 소득 증가는 코카콜라가 달려갈 경로가 대단히 길다는 것을 의미했다. 코카콜라의 타의 추종을 불허하는 유통 시스템은 전 세계 소비자에게 제품을 선보였고, 소비자는 점점 더 이 회사 제품을 탐닉했다. 코카콜라는 높은 판매 수익과 낮은 자본 수요라는 측면에서 시즈 캔디와 비슷했다.

어쩌면 가장 중요한 점은, 시즈에는 결여된 특성인 재투자 기회를 코카콜라는 지니고 있다는 것이었다. 높은 이익 증가율 성장세는 외견상 낮은 듯 느껴지는 버크셔의 이익률이 머지않아 더욱 좋아질 것임을 의미했다. 시간이 지난 지금에 와서 보면 버크셔의 코카콜라 매입은 마치 헐값에 사들인 것 같았다. 코카콜라는 "우리가 장기적으로 강한 확신을 갖고 있는 소수의 기업 중 하나"라는 게 버핏의 이야기로, 그는 코카콜라 경영진이 성실하고 실력이 있으며 이 사업을 아주 좋아한다고 덧붙였다. 이러한 칭찬은 캐피털 시티즈/ABC, 가이코, 〈워싱턴 포스트〉 등 버크셔의 다른 영구 보유 주식에 했던 것과 유사했다.

버크셔는 또한 다섯 번째 투자 옵션으로 차익 거래를 선택했다. 버크

** 코카콜라는 수년간 탄산음료 제조사를 거느리고 있다가 어느 시점에 이를 처분했다.

표 5-15 · 코카콜라 컴퍼니, 주요 데이터 및 분석

자료 · 1988년 코카콜라 컴퍼니 연례 보고서 및 저자의 계산 **단위** · 100만 달러

	1988	1987	1986	1985	1984
매출액	8,338	7,658	6,977	5,879	5,442
매출액/평균 자기자본	1.43	1.33	1.46	1.42	1.45
EBIT(이자 및 세전) 이익률	19%	17%	13%	14%	16%
자기자본이익률(세전)	27%	23%	19%	19%	23%
자기자본이익률	33%	28%	29%	25%	22%
버크셔의 인수 가격 배수	5.43배				
버크셔에 귀속되는 수익률	6.1%				

셔의 2억 8,200만 달러 규모 RJR 나비스코 투자는 차익 거래 약정이었다.* 이 약정은 1988년 말의 시장가치가 3억 500만 달러였고 그 직후인 1989년 초에 6,400만 달러의 "예상보다 훨씬 좋은" 이익을 거두면서 해지되었는데, 인수 전문 기업인 콜버그, 크래비스, 로버츠 & Co.의 공개 매수 발표 이후에 이루어졌다. 이 인수 전문 기업은 여러 거래를 잘 마무리한 적지 않은 이력을 지닌 회사로, 버핏은 이 회사 경영진을 높이 평가했다. 버핏은 RJR 나비스코 주식을 더 사들이고 싶어 했으나 그와 멍거가 이사진으로 있는 살로몬이 이 거래에 참여하고 있었다. 그래서 그들의 "이사직은 버크셔가 상당한 비용을 투입하게" 만들었다. 살로몬은 아울러 머지않아 버핏에게 많은 시간, 두통, 심지어 그가 잘 쌓아온 명성에 리스크를 안겨 주게 된다.

---

* 차익 거래 투자로 보았기 때문에 버핏은 주주 서한에서는 이 투자를 표에 기재하지 않았다. 그러나 재무제표에는 버크셔의 다른 주식 투자와 같이 포함되어 있었다.

웨스코

버핏은 1988년 주주 서한에서 주주들에게 찰리 멍거의 웨스코 주주 서한을 읽어 보라고 당부했다. 그는 웨스코 주주 서한에 "현재 저축 및 대부업 위기를 초래한 사태에 대한 가장 훌륭한 설명"이 담겨 있다고 언급했다. 밝혀진 위기는 저축 및 대부업 또는 저축은행업에 집중되었다. 저축은행은 고객의 예금을 받아 주택담보대출이나 자동차 대출 같은 안전한 소비자 대출로 다시 빌려주는 단순한 은행이었다. 이들은 예금 고객의 잉여 자금을 자격을 갖춘 대출 고객에게 전달하는 기본 기능을 제공할 의무가 있었다. 이에 따라 이들은 사업을 수행할 특별한 정부 권한을 위임받았다. 이러한 권한의 남용이 그 제도의 몰락을 초래했다.

역사 애호가인 멍거는 연방저축대부보험FSLIC 이야기를 흥미진진하게 서술했다. FSLIC는 연방예금보험FDIC과 상당히 유사하게 운영되었다. 웨스코의 뮤추얼 세이빙스와 기타 비슷한 은행들은 은행 기관이 파산할 경우 예금자들이 예금을 잃지 않도록 FSLIC에 보험료를 냈다. 저축은행은 자산의 60%를 주택 관련 대출이나 유가증권 형태로 유지하는 식의 재미없는 사업 모델로 운영되어야 했다. 저축은행이 이 사업을 지속하고 대출할 자금을 예치할 수 있도록 돕기 위해, 법은 기존 은행보다 저축은행에 0.25%의 우위를 부여했다(즉 저축은행은 예금계좌에 더 높은 이자를 지불할 수 있음). 대공황 이전에는 모든 종류의 은행 사이의 무제한적 금리 경쟁이 허용되었는데, 의원들은 이 때문에 부실 은행들이 자본을 끌어들였다고 생각해 이런 경쟁은 중단되었다.

이러한 자금 조달 면에서 우위를 차지했지만 저축은행들은 금리가 급격히 상승한다거나, 고정 금리 자산이 은행의 다양한 자금 조달처에 비해 더 저조한 수익을 올릴 수 있는 내재 리스크에 직면해 있었다. 루이 빈센티와 찰리 멍거의 리더십 아래에서 뮤추얼 세이빙스는 이러한 리스크를 파악하고 이를 피하려고 노력했다.

다른 저축은행들은 계속 예금을 늘려서 조달하는 대출금 물량을 통해 탈출구를 찾고자 했다. 대차대조표가 부풀어 오르자(자산이 자기자본보다 빨리 불어나며 자산 대비 자기자본 비율이 하락했다는 뜻) 저축은행들은 자기자본 요구 수준을 낮추기 위한 법안을 청원해 뜻을 이루었다.

1980년대에는 저축은행업계에 골머리를 앓게 하는 여러 변화가 일어났다. 인플레이션 및 관련 금리 상승은 대규모 손실로 이어졌다. 저축은행들은 우선 머니마켓펀드MMF에 대한 경쟁으로 자금 조달 면의 우위를 잃었다. 이어 1986년에는 의회가 금리 상한선 제한을 폐지하고 은행과 저축은행 간의 예금 경쟁을 허용하면서 은행 대비 우위를 상실했다. 엎친 데 덮친 격으로 정부가 예금보험을 제공해 금리에 대한 효과적인 보조금을 제공하는 셈이었기 때문에, 저축은행 경영자에게는 한계를 모르고 더 위험한 자산으로 치닫고자 할 유인이 있었다.*

그 결과는 네거티브 유형의 "통제 불능 피드백 모드"였다는 게 멍거의 설명이었다. 이는 그레셤의 법칙(악화가 양화를 구축한다)의 새로운 버전인 "나쁜 대출이 좋은 대출을 몰아낸 것"이라고 멍거는 풀이했다. 회계는 손실을 지연시키거나 일시적으로 감당할 수 있게 했고, 제

---

* 예금자들은 FDIC(혹은 정부)가 (일정 금액까지는) 예금의 안전을 보장하기 때문에 금융기관이 파산하든 안 하든 별로 신경 쓰지 않았다.

도는 수익률이 낮은 기존 포트폴리오를 보유한 상태에서 평균 수익률이 높은 신규 자산을 늘리도록 장려했다. 그리고 부실은 아무것도 없는 경영자를 모든 리스크를 감수하더라도 손실을 절반쯤 줄여 보려는 필사적인 도박꾼처럼 만들었다. 이 제도는 자산 확충에 필요한 자금을 조달하기 위해 보증금을 예치하는 중개업자처럼 자연스럽게 리스크 감수자, 사기꾼, 기타 '조력자'를 끌어들였다. 이 중개업자들은 멍거의 용어를 빌리자면 '정부의 신용'을 들고 거래하러 돌아다녔다.

멍거는 "어리석은 생각에 대한 맹목적인 충실함과 소속 협회에 대한 맹목적인 충심이 결합된 곳"이라며 업계 로비 단체인 미국저축은행협회The United States League of Savings Institutions에 조소를 보냈다. 앞으로 일어날 일을 예언하듯 멍거는 다음과 같이 썼다. "만약 이 협회가 앞으로 더 책임감 있게 행동하지 않는다면 뮤추얼 세이빙스는 탈퇴할 것이다." 멍거는 FSLIC가 파국을 맞이하고 이 조직의 파멸은 다음의 일부 또는 전체가 결합된 양상으로 이어질 거라고 생각했다. 즉 높은 예금보험료, 높은 자기자본 요건, 저축은행에 대한 투자 옵션 축소, 예금 증가 제한, 회계 강화, 문제 있는 기관의 신속한 폐업, 의회의 규제와 감독 강화, 신규 조항 및 주/연방 은행법 시행 연기 등이 그것이었다. 그는 이러한 개혁이 필요하다고 여겼지만 당시 정치적 상황을 감안하면 희망 사항에 그칠 것으로 생각했다.

다른 기업들이 역경에 직면했을 때 투자 기회를 찾는 것은 버크셔 해서웨이의 큰 특징이다. 1988년에는 이러한 특징이 뮤추얼 세이빙스의 프레디 맥 투자로 나타났다. 프레디 맥은 연방주택대부은행 이사회가 운영하되 민간 투자자들이 지분을 보유하는 하이브리드형 기구였다.

프레디 맥의 사업은 간단했다. 일선 금융회사에서 주택담보대출을 사들여 유가증권으로 포장해서 보증 판매하는 것이었다. 이 사업은 금리 리스크를 피하면서 수수료와 스프레드(매입가와 판매가의 차액 - 옮긴이)를 벌어들였다. 이는 경제에 반드시 필요한 금융 기능이었고 주주들은 25% 이상의 자기자본이익률을 얻을 수 있었다.

멍거는 그와 버핏의 투자 논지를 설명했다(합법적으로 매입할 수 있는 최대 금액이 그만큼이었기 때문에 그 정도를 사들였다). 프레디 맥과 정부의 연관성을 감안할 때 이 증권은 정부 지원을 받는 것으로 인식된다고 멍거는 서술했다. 이 점은 프레디 맥에 엄청난 우위를 제공했다. 1985년과 1988년 사이에 이러한 우위는 20%대 후반에서 30%에 이르는 자기자본이익률로 나타났는데, 이는 대단히 훌륭한 사업이라는 의미였다. 어쩌면 신생 업체라는 점과 현장성 때문에 어떤 사람들은 FSLIC를 망쳐 놓은 관료들이 프레디 맥을 잘못된 경영이나 주주와의 불공정한 거래로 괴롭힐 거라고 생각했다. 그러나 프레디 맥과 규제 당국은 달랐다. 멍거는 적어도 한동안은 그런 리스크가 발생하지 않을 거라고 보았다. 그는 또한 투자자들이 대체로 프레디 맥을 낯설어할 것이라고 여겼다. 주당 매입가 30달러와 비교해 볼 때, 이 주식이 주당 50달러 안팎에서 거래된다는 사실은 적어도 당분간은 정확한 투자 논지의 지표가 되었다.

자금 조달

1988년 초에 마무리 지었던 2억 5,000만 달러의 신규 차입금 조달에 대한 논평*은 미묘하지만 강력한 버핏과 멍거의 논리적 배경을 보여 주었다. 언뜻 보면 직관에 어긋나는 행동이었는데, 버크셔는 딱히 쓸 일이 없는데도 2억 5,000만 달러를 빌렸다. 이는 버크셔가 일단 비용을 들여 돈부터 마련했다는 것을 뜻한다. 버크셔는 10% 금리에 돈을 빌려 6.5% 수익률을 거둘 대상에 투자하며 좋은 기회가 오기를 기다렸다. 이렇게 기다리는 데 들어간 비용은 일주일에 약 16만 달러였다.** 신중하게 결정한 투자가 비용보다 저조한 성과를 내는 시기에 버크셔는 왜 돈을 빌린 것일까?

버핏은 "업계의 많은 이들과 달리, 우리는 사업에 대한 대응이 아니라 원하는 예상치에 맞춰 자금을 조달하기를 선호합니다"라고 서술했다. 그 근거는 명확했다. 즉 기업의 자산과 부채는 별도로 관리할 수 있다는 것으로, 그렇다면 자산에 대한 최대 이익률과 부채에 대한 최소 비용을 얻을 수 있도록 각각을 독립적으로 극대화하는 데 초점을 맞춰 보면 어떨까 하는 것이었다. "이성은 우리에게 자산을 매입하거나 기업을 인수하기에 가장 좋은 시기와 자금을 빌리기 가장 좋은 시기가 정확히 일치하지 않으며 종종 정반대라고 한다"고 버핏은 말했다. 그러므로 "부채 측면의 행위는 때때로 자산 측면의 행위와 무관하게 이루어져야 한다"는 것이었다. 표면적으로는 비싸 보여도 버크셔가 5년 이내에 적당한 기업을 찾아낸다면, 그 기다림은 대출이자를 지불할 만한 가치가 있을 것이라는 게 버핏의 이야기였다.

---

* 버핏은 이를 1987년 연계 보고서에서 다루었다.
** 이 3.5%의 스프레드는 단기이자율과 대조된다. 당시 버크셔의 10% 금리를 30년 만기 미국 국채와 비교할 경우 스프레드는 아마 2% 미만일 것이다. 이것은 버크셔의 자본력과 S&P 기준 버크셔의 신용 등급 AA+를 반영한 것이다.

뉴욕 증권거래소 상장

버크셔 주식은 1988년 11월 29일 뉴욕 증권거래소NYSE에서 처음 거래되었다. 거래소에서는 버크셔가 일반적인 100주가 아니라 10주 단위 묶음으로 제시되도록 허가해 주었다.* 그해 8월 주주들에게 보낸 서한에서, 버핏은 버크셔 주가를 최고치로 올리기 위해 상장한 게 아니라고 밝혔다. 대신 버핏과 멍거는 주주들의 거래 비용을 낮추기를 희망했다. 덕분에 주주들은 상장을 통해 높은 수수료와 규모 큰 매매 차익에 대한 숨겨진 "세금" 없이 매매할 수 있게 되었다. 이러한 환경을 제공하면 주주들은 불필요하게 주가 변동에 시달리지 않고 사업 실적과 더불어 부를 쌓을 수 있게 된다. 간단히 말해서 그들은 주주들이 자주 사고팔지 않고 내재 가치를 보다 엄중하게 추구하는 비상장 기업처럼 주식을 운영하길 원했다.

NYSE 상장에는 독립적인 이사를 추가하는 요건도 함께 포함되었는데, 이 심사에서 맬컴 체이스 주니어만 통과했기 때문이다. 이 요건을 충족시키기 위해 버크셔는 오마하에 본사를 둔 건설 회사 피터 키위트 선즈Peter Kiewit Sons', Inc.의 CEO인 월터 스콧 주니어를 이사회에 합류시켰다.**

---

* 버핏은 버크셔 10주 단위 묶음이 뉴욕 증권거래소에 상장된 어떤 100주 단위 묶음보다 더 큰 가치를 지닐 것이라고 언급했다. 그 당시 주식은 약 5,000달러에 거래되고 있었다. 뉴욕 증권거래소는 상장 자격을 갖추기 위해서는 한 기업당 적어도 2,000명의 주주가 100주 단위 한 묶음을 보유하도록 규정하고 있다.
** 오마하의 버크셔 본사는 아직도 키위트 빌딩에 있다.

데이비드 L. 도드

버핏은 1988년 주주 서한을 데이비드 L. 도드_{David L. Dodd}에게 보내는 일
종의 찬사로 마무리 지었다. 벤저민 그레이엄의 막후 투자 파트너이자
《증권분석》의 공동 저자인 도드는 그해 93세 나이로 사망했다. 버핏은
도드의 우정을 좋게 기억했으며 "단순하고, 건전하고, 유용하면서도,
오랫동안 변치 않는" 투자 원칙에 대한 그의 가르침을 칭송했다. 버핏
은 도드에게 최고의 찬사를 전하면서, 버크셔의 "번영은 그들(도드와
그레이엄)이 기른 지혜의 나무에 열린 열매"라고 기술했다.

1989년

–

1989년은 버핏이 버크셔를 경영한 지 25년째 되는 해였다. 그 이정표
는 반성의 계기이기도 했지만 따뜻한 축하를 받을 만한 사안이었다. 버
핏은 자신의 특징대로 다른 사람들이 축하는 하게 하면서도 지난 25년
동안 자신이 저지른 실수에 초점을 맞췄다. 먼저 최근에 있었던 일부터
복기해 나갔다.

그해 버크셔의 장부가치 상승은 무려 15억 달러(44.4%)에 이르렀다.
이에 따라 지난 25년 동안의 연 복리 수익률은 23.8%가 되었다. 버핏은
"유한한 세계에서 높은 성장률은 자멸하기 마련"이라면서도, 그러한
결과가 반복되어 나타날 수 없는 이유를 설명하기 위해 과학을 차용했
다. 그는 50억 달러라는 대규모 자기자본 기반을 지닌 버크셔에서는 특
히 그렇다고 설명했다. "높은 성장률은 결국 그 회사의 발목을 잡는다"

는 것이었다. 기준에서 벗어난 연도였던 1989년은 (찰리 멍거의 용어를 빌리자면) "롤라팔루자lollapalooza", 즉 같은 방향으로 작용하는 여러 요인이 결합된 결과였다.

버크셔의 매도가능증권 포트폴리오는 1989년 올린 수익 중 대부분을 차지했다. 2차 요소는 100% 보유 자회사들이 낸 탁월한 실적이었다. 투자 포트폴리오 내에서는 다음 두 가지 요소가 작용했다. 첫째는 양호한 경영으로 인한 보유 지분 내재 가치 상승이었다. 둘째는 그러한 기업 가치에 대한 추정치를 시장이 정확하게 상향 조정하며 따라잡기를 한 덕분이었다. 그러한 따라잡기는 일회성이었지만, 미래 수익은 저조하긴 해도 여전히 만족스러운 내재 가치 상승에서 나온다. 버크셔의 주식 포트폴리오는 연말에 53억 달러를 기록했는데 이는 총자산의 56%, 자기자본의 100% 이상이었다. 버크셔의 주식 포트폴리오 규모가 커짐에 따라 버크셔의 시가총액이 10%만 하락해도 장부가치는 어느 해에도 곤두박질칠 수 있었다.

세금

버크셔의 보통주 포트폴리오는 1989년 말 장부가치가 53억 달러였는데 그중 36억 달러는 미실현이익(아직 매도하지 않은 매입 가격 대비 시장가치 증가분)이었다. 다른 형태의 소득과 마찬가지로 정부는 (자본 수익으로 알려진) 자산 매각 수익에 세금을 부과했다. 그러나 이 세금은 해당 자산을 매도한 시점에만 부과되었다. 이는 미국 재무부의 무이자 대출과 비슷해서 자산 보유자에게는 흥미로운 경제적 이익으로 이어졌다.*

작동 방식은 다음과 같다. 장기 보유 자산(가치는 상승하는 것으로 가정)은 투자하는 동안 세금을 거의 내지 않고 마지막에만 한 번 납부하면, 중단 없는 복리 투자 효과로 연수익률이 높아진다. 이것은 납득이 잘 안 될 수 있다. 투자 마무리 시점에 납부하는 세금은 매년 납부하는 세금의 합계와 동일한 금액으로 여겨지기 때문이다. 하지만 그렇지 않았다. 미납 세금이 있어도 납부하지 않고 인식만 해서, 이에 따른 이익의 일부를 그 투자자가 누릴 수 있는 것이다. 수년 동안 세금 납부가 이연된 순실적은 수익률이 훨씬 높다.**

1989년 말, 버크셔는 모든 투자 대상을 매도하고 지금까지 누적된 이익을 실현할 경우 갚아야 할 11억 달러의 부채를 대차대조표에 추가했다. 버핏은 두 가지 문제에 대해 다음과 같이 질문하고 답했다.

1. **질문** : 세금은 거래처에 대한 미지급금이나 채권자에게 지불해야 할 채무 등 다른 부채와 같은가?

   답변 : 다르다. 당사자가 지급을 무기한으로 미룰 수 있고 수익 실현 기간도 선택할 수 있기 때문이다.

2. **질문** : 부채는 '의미 없는 회계상의 가정'인가?

   답변 : 아니다. 세금이 실제로 존재하지만 미루는 것뿐이다.

---

* 세금을 늦게 내는 것은 그렇게 하지 않았을 때보다 최종 세금이 더 많기 때문에 정부에 도움이 된다. 유일한 차이는 정부가 세금을 받으려면 기다려야 한다는 것이다.
** 예를 들어 설명하겠다. 25년 동안 중단 없이 10%의 복리로 투자한 100달러는 1,083달러로 늘어난다. 연간 8.3%의 순 수익률에 738달러의 순이익이 발생하고 세율 35%인 경우를 생각해 보자. 매년 35%의 세금을 납부하면 연 복리 수익률은 6.5%로 감소한다. 이 수익률은 25년 후 100달러를 483달러로 만드는 데 그치는데, 이는 상당한 격차다.

버크셔는 영구 투자 종목을 장기간 보유할 계획이었으므로 무이자 대출의 혜택을 지속적으로 받을 수 있었다.

수익원 보고

버크셔의 대규모 보통주 포트폴리오는 영업이익 표(339쪽의 〈표 5-2〉 참고)에서 볼 수 있듯 영업이익과 내재 가치에 대한 논의와 관련이 있다. 순투자 이익 2억 4,400만 달러는 다른 자회사 전체 규모보다는 작았지만, 버크셔의 세전 영업이익 3억 9,300만 달러의 상당 부분을 차지했다. 중요한 것은 여기에 별도로 보고되는 투자자산 매각 차익이 포함되지 않았다는 것이다.

하지만 이것은 다음 내용의 일부에 불과했다.

포트폴리오에서 나오는 이자 및 배당 수익 외에도 버크셔 주식 투자자들은 이익의 상당 부분을 재투자를 위해 보유했다. 버크셔는 5대 주요 자산(캐피털 시티즈/ABC, 코카콜라, 프레디 맥, 가이코, 〈워싱턴 포스트〉)으로 세후 배당에서 4,500만 달러의 순이익을 벌어들였다. 이익 잉여금은 세전 기준으로 약 2억 1,200만 달러나 되었다. 이러한 이른바 '추정 이익look-through earnings*'을 버크셔의 세후 영업이익 3억 달러와 더할 경우, 세후 영업이익은 약 5억 달러가 될 것이다. 이는 보고된 것보다 66%나 높은 수치다.

---

* 버핏의 추정 이익 계산법은 투자 대상 기업의 영업이익에서 버크셔의 보유 지분만큼 산정하되, 만일 해당 투자 대상 기업이 영업이익을 전부 배당금으로 지급한 경우에는 납부할 세금 액수를 뺐다. 버핏은 종종 버크셔에 특정 연도의 자본 이익은 의미가 없으나 장기적으로는 중요하다는 사실을 지적하곤 했다. 그런 이유로 자본 수익은 계산할 때 무시되었다.

보험업

보험 부문은 표면적으로는 그다지 괜찮은 한 해를 보내지 못했다.

- 전년도와 비슷한 하락세가 나타나며 연결 기준으로 인수 보험료와 수입 보험료가 각각 30% 이상 줄어들었다.
- 1989년에 벌어들인 수입 보험료 총계는 3억 9,400만 달러에 불과했다. 이는 1986년과 1987년의 8억 2,500만 달러로 기록했던 최고치 대비 52% 이상 낮아진 수치다.

이러한 지표로 보면 해당 연도는 실망스럽게 여겨질 것이다. 그러나 버크셔 보험 부문은 수익성으로 평가했다는 것을 생각하자. 수익성에서 보면 보험 부문은 더 나은 실적을 올렸다.

원수보험 부문은 보험계약 인수로 101.3%의 합산비율을 기록했다. 2,000만 달러의 더 크지만 유리한 손해 이력은 합산비율에 11%p 영향을 미쳤는데, 1989년 버크셔의 실적은 보험업계 안전망이 여전히 취약했음을 보여 준다. 인수 보험료 규모가 급감했기 때문에 비용률은 예년에 비해 높았다. 이러한 부진 중 대부분은 뉴욕에 기반을 둔 커머셜 캐주얼티 및 프로페셔널 리어빌리티 & 스페셜 리스크 사업부에서 비롯되었다. 1987년에 9,300만 달러로 정점을 찍은 비즈니스 보험료 규모는 제대로 산정하지 못한 가격 탓에 1989년에는 2,020만 달러에 불과했다.

재보험 부문(구조화 합의 및 포트폴리오 재보험 사업부 제외)은 1989년 합산비율이 110%에서 148%로 치솟았다. 인수 보험료가 급감

표 5-16 · 보험 부문 선별 데이터

자료·1988년, 1990년 버크셔 해서웨이 연례 보고서 및 저자의 계산 **단위**·100만 달러

	1989		1988	
	금액	비중	금액	비중
원수보험 부문				
인수 보험료	169.7		218.8	
수입 보험료	188.9	100.0%	292.3	100.0%
손해 및 손해 비용	125.9	66.6%	196.2	67.1%
보험 인수 비용	58.8	31.1%	78.7	26.9%
손해 및 비용 총계	184.7	97.8%	274.8	94.0%
보험계약 인수 손익(세전)	4.2		17.5	
손해 및 손해 비용에 포함된 불이익성(이익성) 손해 발생	(20.0)	(10.6%)	(29.1)	(10.0%)
법정 합산비율		101.3%		103.1%
재보험 부문				
인수 보험료	66.0		203.3	
수입 보험료	146.8	100.0%	229.3	100.0%
손해 및 손해 비용	109.4	74.5%	170.5	74.3%
보험 인수 비용	48.6	33.1%	73.3	32.0%
손해 및 비용 총계	158.0	107.6%	243.8	106.3%
보험계약 인수 손익(세전)	(11.2)		(14.5)	
손해 및 손해 비용에 포함된 불이익성(이익성) 손해 발생	0.2	0.1%	0.0	0.0%
법정 합산비율		148.2%		110.4%
구조화 합의 및 포트폴리오 재보험				
보험계약 인수 손익(세전)	(17.4)		(14.1)	
보험 부문 계약 인수 손익(세전) 총계	**(24.4)**		**(11.1)**	
보험 부문 전체 법정 합산비율		115.4%		107.4%

참고
1. 반올림으로 계산해 숫자 합산액이 일치하지 않을 수 있음.
2. 손해율과 비용률은 GAAP 기준 연례 보고서에 보고된 수치로 표시됨. GAAP 기준 비율은 인수 보험료를 수입 보험료로 나눈 값으로 계산함. 이는 비율 계산 시 인수 보험료로 적용하는 법정 기준과 다름. GAAP와 법정 계산 시, 손해 및 손해 조정 비용은 두 경우 모두 수입 보험료로 나누어 줌.

해 68%나 뒷걸음친 6,600만 달러를 기록했음을 고려하면 1,120만 달러의 세전 인수 보험료 손실은 1년 전보다 1,500만 달러나 더 많은 성과였다. 보험금 지급 기간이 아무리 장기간이라고 해도 그렇게 좋지 않은 실적은 극복하기 어려울 것이다. 하지만 수입 보험료가 인수 보험료보다 천천히 하락한 덕분에 선방한 것이었다. 보험 인수 비용은 단기간에 감축하기 어렵기 때문이다. 수입 보험료는 예년 대비 물량 호조로 35% 감소하는 데 그쳤다. 1989년 9월 중순 만료인 파이어맨스 펀드와의 7% 지분 참여 약정 덕분이었다. 버크셔는 미수입 보험료로 약 5,500만 달러 (수수료 지급액 제외)의 수익을 기록했으나 몇 년이 지나야 끝날 미래 손실에 대한 책임을 지고 있었다.

전체 보험 부문에서 보험 인수 손해 실적에 가장 큰 영향을 미친 것은 구조화 합의 및 포트폴리오 재보험 사업부의 1,740만 달러 손실이었다. (지난 수년 동안의 논의에서도 언급한 바와 같이) 책임준비금 특성이 서로 다른 탓에, 이 사업부는 버크셔의 다른 보험 인수 활동과 비교할 수 없었다.

현재는 15억 달러가 넘는 책임준비금 투자 수익 덕택에, 버크셔는 1989년 보험에서 2억 2,000만 달러의 총이익을 올렸다. 수익성 있는 투자 재원으로 삼을 수 있도록 신규 인수 보험료를 통해 책임준비금을 계속 보충해야 하는데, 수익성 높은 보험 인수에 가장 중점을 두는 버크셔의 전략은 효과적이었다. 버크셔의 대규모 매도가능증권 포트폴리오는 나중에 따로 다룰 예정이며 보험 인수 활동과 별개로 평가된다.

1989년에 업계 보험료가 2.1% 인상된 것을 고려하면 보험업 합산비율은 계속 상승할 것으로 추정되었다. 역사는 더 나은 가격과 더 강한 보험계약 인수 수익성으로 자연스럽게 이익을 내라고 권하지만, 이는 자동으로 이루어지는 게 아니었다. 과거에는 보험업이 규제 기관과 다른 보험회사들이 대체로 동일한 요율을 준수하는 카르텔 같은 환경에서 움직였다. 그러나 이제 보험업은 더욱 상품화된 시장이 되었다. 보험업이 자동적으로 이익을 내지 못하게 된 것이다. 대신 낮은 보험가격 산정이 손해를 유발하고, 이에 따라 참여 보험회사와 인수 한도가 남아돌면서 보다 유리한 가격 산정과 함께 더 엄격한 조건으로 수익을 올리게 되었다. 이 일련의 사태가 벌어진 시기는 확실치 않다.

버크셔가 대규모 계약 물량을 인수하고자 한 의지는 보험업의 안정제 역할을 했다. 가격이 적절하게 산정되었다면, 버크셔는 자체적으로 감당할 2억 5,000만 달러에 이르는 보장을 기꺼이 인수하고자 했다. 사실상 이 분야에서 버크셔에 필적할 만한 보험회사는 없었다. 하지만 만족스러운 장기 전망에도 불구하고, 다른 보험회사들은 자본의 제약 또는 어리석은 짓일 수 있다는 가능성 때문에 계약을 인수하지 않았다. 반대로 버크셔는 "우리의 행동이 어리석은 짓이 아닌 한, 우리는 기꺼이 바보처럼 보이고자 한다"는 게 버핏의 설명이었다. 버크셔는 1989년 허리케인 휴고와 캘리포니아 지진이라는 두 가지 이례적이고 혼란스러운 사건 이후 적절한 가격에 상당한 규모의 재난 보상 보험을 인수했다.

보셰임스

1989년 새로운 비보험 자회사가 버크셔에 합류했다. 보셰임스Borsheims는 오마하의 보석 매장으로 역시 오마하에 있는 버크셔의 가구 소매업체 네브래스카 퍼니처 마트와 몇 차례 접촉한 적이 있다. 버핏이 오랫동안 찬사를 보낸 보셰임스는 루이스와 레베카 프리드먼Louis and Rebecca Friedman이 운영했는데, 이들은 1948년에 이 매장을 사들였다. 둘은 1922년 "두뇌, 성실함, 일에 대한 열정이라는 비범한 조합"만 챙겨서 라트비아를 통해 고국인 러시아를 빠져나와 오마하로 왔다.

프리드먼의 사연이 비슷한 시기에 만주를 통해 러시아를 떠나 온 로즈 블럼킨의 사연과 비슷하게 들렸다면, 이는 우연이 아니다. 레베카 프리드먼은 로즈의 여동생이기 때문이다. 네브래스카 퍼니처 마트와 마찬가지로 보셰임스는 "싸게 판매하고 속이지 않는다"는 신조로 영업하며 번창했다. 제품 면에서는 업계가 다르지만 보셰임스와 네브래스카 퍼니처 마트는 경제적으로 친척 관계였다. 두 업체는 다음과 같이 기본 사항이 동일했다.

1. 한 지역에서 다양한 가격대에 걸쳐 대규모 재고 보유

2. 최고 경영자(각 가문의 특징적인 세대)가 날마다 꼼꼼히 관리

3. 높은 회전율

4. 기민한 구매

5. 해당 업계 대비 저렴한 비용

프리드먼 일가가 보셰임스를 4대째 경영하기 시작했을 때 버핏은 "찰리와 나는 우리 자리에서 그냥 지켜볼 것"이라며 이들이 계속 회사를 운영하게 했다.

보셰임스는 인수 가격과 연간 매출액 규모가 너무 작아서 버크셔 연례 보고서에는 상세히 기술되지 않았다. 버핏의 언급이 없었다면 버크

셔의 재무제표를 읽는 이들이 이 신규 자회사의 존재를 몰랐을 것이다.

제조, 출판, 소매 유통업

버핏이 예전에 "신성한 7개 회사"라는 타이틀을 붙인 기업군은 1989년 보셰임스의 합류로 작은 문학적 문제를 마주하게 되었다. 아마도 더 발전되거나 새로운 별명을 찾지 못했는지, 버핏은 그 기업군에 "신성한 7개 회사 더하기 1개 회사The Sainted Seven Plus One"라는 이름을 붙였다. 환상적인 독창성(?)이었다. 버핏은 이른바 '대단한 모임divine assemblage'이라고 하는 이 모임을 1927년 뉴욕 양키스의 올스타 명단에 비유했다. 2억 480만 달러의 세전 이익은 1988년에 비해 1.2% 증가했으며 유형자본 대비 세전 이익률은 78.6%, 순 레버리지 없는 상태에서 평균 유형 자기자본 대비 세후 이익률은 56.5%였다(조달한 부채보다 현금이 많음).

이 '신성한 자회사들the Saints'의 새 얼굴이자 오마하에 본사를 둔 보석상 보셰임스는 4년 전 대비로는 2배, 10년 전 대비로는 4배의 매출액을 올리며 모든 기대를 충족시켰다.* 이 보석상은 바쁜 날에는 4,000명이 넘는 고객이 찾아오는 매장 한 곳을 운영했다. 레베카 프리드먼, 그녀의 아들 아이크Ike와 그 일가는 새 주주인 버크셔에 훌륭한 경제적 성과를 제공하면서 큰 가치를 지닌 많은 양의 상품을 판매했다. 많은 양과 세심한 간접비 통제 덕분에 보셰임스의 비용은 다른 보석상들의 약 3분의 1에 그쳤다.

시즈 캔디는 추가 광고 덕분에 판매 중량이 8% 증가한 2,700만 파운드

---

* 이익 수준은 아직도 공개되지 않았다.

를 기록했다. 더욱 인상적인 것은 정체되었던 동일 점포 매출액이 드디어 증가하기 시작한 것이었다. 225개의 매장과 척 허긴스의 세심한 관리로 시즈는 버크셔에 3,400만 달러(5% 증가)의 높은 이익을 올려 주었다.

네브래스카 퍼니처 마트는 주주들에게 비보를 전했다. 세전 이익이 1,700만 달러로 약간 줄어든 것은 비보가 아니었다. 이 회사는 여전히 뛰어난 경제적 성과를 냈다. 비보는 바로 카펫 부서 문제 때문에 가족들과 다툰 끝에 B 여사가 그만두었다는 것이다. 그러나 96세인 B 여사는 은퇴하지 않았다. 그녀는 길 건너편에서 가구와 카펫을 판매하는 경쟁 업체를 열었다. 버핏은 B 여사에게 경쟁 사업을 하지 않는다는 내용을 계약서에 넣지 않았음을 뒤늦게 한탄했다. 100세에 가까운 임원이 떠나서 위협적인 경쟁자가 되는 것은 오직 버크셔에서만 볼 수 있을 것이다. B 여사의 갑작스러운 퇴사는 (경영을 맡을) 다음 세대를 집중 조명하게 되었다.** 카펫 부문(불화의 근원)은 오마하 지역의 카펫 사업의 시장점유율이 75%에 이르렀는데, 1988년에는 해당 점유율이 68%였다. 이는 가장 가까운 경쟁사에 비해 6배 이상 높은 수치였다.

머레이 라이트 편집장과 스탠 립시 발행인이 이끄는 〈버펄로 뉴스〉는 놀라운 행보를 이어 갔다. 이 신문의 주요 배포 지역인 이리 카운티 지역 인구가 감소세인 가운데, 일요일판 독자는 이전 경쟁사인 〈커리어 익스프레스〉가 20만 7,500부를 판매했던 것과 비교해 평균 29만 2,700부로 증가했다. 다른 주요 신문 다수는 이익이 줄어들었으나, 〈버펄로 뉴스〉

** B 여사는 결국 네브래스카 퍼니처 마트로 되돌아온다. 하지만 이 사건으로 버크셔는 약 500만 달러의 비용을 지출했다. 이는 버핏이 네브래스카 퍼니처 마트의 일부가 된 B 여사의 새 매장 용도로 그녀에게 지불한 금액이다(출처. 《스노볼》, 503쪽).

는 세전 이익이 9% 증가한 4,600만 달러를 기록하며 7년 연속 이익을 달성했다.

페치하이머의 세전 이익은 1988년 인수와 관련된 통합 이슈로 11% 감소한 1,260만 달러를 기록했다. 그 실적은 여전히 우수한 투하자본 이익률을 나타내며 훌륭한 사업체를 보유할 때 누리는 이점 중 하나를 보여 주었다. 기업이 가끔 문제에 직면하더라도 과거의 높은 자본이익률은 실수를 완충하는 장치를 제공한다.

어려운 상황에도 스콧 페처는 지속적으로 이익을 증가시켰고 투하자본이익률은 여전히 훌륭했다. 1989년에는 그다지 알려지지 않은 회사들이 그 시기를 주도했다. 커비의 세전 이익은 3% 감소한 2,610만 달러, 월드북의 경우 8% 줄어든 2,560만 달러를 기록했다. 월드북의 실적이 감소한 일부 요인은 시카고의 지사 하나를 4개 지역으로 분산시켰기 때문이다. 커비에서는 판매량이 크게 늘어났지만(해외 매출이 지난 2년 동안 2배, 지난 4년 동안 5배 증가) 이 회사는 1990년대 모델로 신형 진공청소기를 출시할 준비를 하고 있었다. 이를 위해서는 1989년에 추가 운영 비용과 1,120만 달러의 자본 지출이 필요했는데, 330만 달러의 감가상각과 대조되었다.

1989년에 제조, 출판, 소매 유통 부문은 15억 달러의 총 매출액을 기록했고 약 2억 500만 달러의 세전 이익을 벌어들였다. 1988년의 세전 이익 2억 200만 달러에서 크게 변하지 않았지만, 이 부문은 부채가 거의 없는 반면 세전 92%, 세후 57%의 평균 자기자본이익률을 창출했다. 이런 부문은 성장하지 않았어도 상관없었다. 이들은 우수한 기업군이었지만 거액을 재투자할 능력은 없었다. 잉여 자본의 재배치는 버핏이

해야 할 일이었고 투자 부문에서 다룰 예정이지만, 버핏은 다행스럽게
도 잉여 현금의 일부를 투입할 수 있는 출구를 찾았다.

금융형 사업 부문

뮤츄얼 세이빙스는 지속적으로 버크셔의 실적에 어느 정도 기여했다.
스콧 페처 파이낸셜 그룹과 결합해 두 기업은 1989년에 1,070만 달러
의 세후 순이익을 보고했다. 이 부문은 2.1%의 자산이익률 및 14.7%의
자기자본이익률로 양호했다.

영업 외 활동

영업 외 활동(나머지 모든 부분) 부문이라고 하는 쓰레기 처리장은 얼
핏 보면 거의 2억 6,000만 달러의 적자로 자본이 크게 감소한 것으로
나타난다. 이는 부분적으로 무형자산에 대한 필수 회계 비용의 누적 효
과 때문이지만, 대체로는 추가로 5억 1,700만 달러의 모기업 수준 부채
(아래에서 다루는 무이자 전환 발행 포함) 때문이다. 자본은 보험 부문
을 포함한 운영 단위에서 기여가 이루어졌다. 그럼에도 영업 외 활동
부문은 자본 감소 상태를 이어 갔다. 이 부문에 해당하는 자산 증가가
없다 보니 할당할 자본이 딱히 없었기 때문이다.

투자

1989년 전체 주식시장이 크게 오른 수준이었음에도 버핏은 지속적으
로 버크셔의 코카콜라 주식을 더 사들였다. 하지만 시장은 아직도 코
카콜라를 제대로 이해하지 못했다. 연말 무렵 버크셔가 보유한 코카콜

라 주식은 2,340만 주였다. 10억 달러가 조금 넘는 비용이 들었고 시장 가치는 18억 달러였다. 버핏은 50년 넘는 시간 동안 코카콜라의 뛰어난 장점을 인식하지 못한 것에 대해 반성했다. 코카콜라는 1930년대 그가 처음에 사업적 모험 중 하나로 판매했던 상품 중 하나였다.[4]

사실은 버핏이 로베르토 고이주에타Roberto Goizueta CEO와 돈 키오Don Keough 사장이 일구어 낸 가치를 다소 늦게 인식한 것이었다. 코카콜라는 1970년대에 핵심인 콜라 원액 사업에서 벗어나 헤매고 있었다. 이제 고이주에타와 키오가 경영을 맡아 "마케팅과 재무의 조화가 완벽해졌고 실적은 주주들이 꿈꾸던 것"이 되었다. 1988년 부분에서 다루었듯, 버핏은 자본 요구량이 낮은 기업이 판매하며 거의 폭발적으로 증가하는 글로벌 영업과 결합된, 지구상 어디에나 존재하는 제품을 버핏이 만난 것이었다. 그는 코카콜라 주식을 잔뜩 사들이기로 결심했다.

표 5-17 · 버크셔 해서웨이 보통주 포트폴리오, 선별 데이터

자료· 1989년 버크셔 해서웨이 주주 서한 단위· 1,000달러

	1989
캐피털 시티즈/ABC	1,692,375
코카콜라 컴퍼니	1,803,787
페더럴 홈 론 모기지1	161,100
가이코 코퍼레이션	1,044,625
워싱턴 포스트 컴퍼니(B주)	486,366
보고 기준가격	100,000

각주
1. 명목상 우선주로, 버핏은 이 주식이 재무적으로 보통주와 동등하다고 설명했다.

버크셔는 연례 보고서에 장기 투자로 전환우선주를 매입하는 것에

대해 특히 관심을 드러내기도 했다. 1989년 버크셔는 질레트 전환우선주(면도기 회사)에 6억 달러, US에어 그룹 전환우선주(항공사)에 3억 5,800만 달러, 챔피언 인터내셔널 그룹 전환우선주(제지 회사)에 3억 달러를 투자해 사고 싶은 만큼 잔뜩 사들였다.

버핏은 각 회사의 경영진을 좋게 생각했고 질레트의 장기 전망은 이 사회에 합류하기에 충분하다고 여겼다. 그러나 그가 이 회사들의 미래를 명확하게 내다볼 수는 없었기 때문에 버크셔는 투자를 다르게 구성했다. 각 우선주는 조건이 거의 동일했다. 계약상 누적 배당률은 8.75%에서 9.25%까지 다양했다. 각 우선주에는 10년 이내 상환 의무를 요구했다. 또 각 우선주는 해당 시기의 시장가격보다 약간 높은 가격에 보통주로 전환할 수 있었다. 해당 우선주는 투자 대상 기업에 장기적으로 관심을 기울이는 자본 파트너를 연결해 주도록 구성되었다. 기업이 잘 운영되지 않을 경우 버크셔에는 주식 가치 하락 가능성이 낮으면서도, 기초 자산 기업들이 매우 좋은 성과를 낼 경우에는 가치 상승 가능성이 있었다. 멍거는 웨스코 주주(웨스코도 동일한 우선주에 적은 비율로 투자함)에게 보낸 서한에서 "우리는 종합적으로 이 투자가 건전하지만 흥미롭지는 않다고 생각한다"고 언급했다.

무이자 증권

버크셔는 이미 탄탄한 자본 포지션을 더욱 강화하고자 1989년 9월에 9억 260만 달러 규모의 무이자 전환 후순위 채권을 발행했다. 무이자 채권이라는 명칭과 운용 방식은 언뜻 보기에 생소하다. 버크셔의 채권은 보통 액면가 25달러 이하 가격으로 발행된 미국 저축채권과 다를 게 없었다. 대다수 예금자는 이러한 금융 상품에 익숙하며, 미국 재무부가 이것을 무이자 채권이라고 지칭하지 않지만 실제로는 똑같은 것이다. 대부분의 채권은 일반적으로 반기마다 정기적인 이자를 지급해야 한다. 하지만 무이자 채권, 즉 저축채권은 투자자(즉 버크셔 채권 보유자)가 만기 시점에 액면가보다 낮은 매입 가격을 지불하므로 이자가 없다.

버크셔의 무이자 채권은 액면가의 44.314%로 발행되어 수수료 950만 달러를 제외한 4억 달러의 수익을 기록했다. 정기적인 이자를 지불하는 대신, 버크셔는 만기일이 되면 15년 내에 9억 달러를 전부 상환하라는 청구를 받게 된다. 버크셔의 경우, 이는 수학적으로 5.5%의 이자율과 마찬가지였다. 더 괜찮았던 건 절차상으로는 여기에서 이자가 발생했기 때문에 매년 세금 공제가 가능했다는 것이다.*

버크셔의 무이자 채권에도 전환권이 딸려 있었다. 각각 1만 달러가 표시된 채권은 버크셔 해서웨이 주식 0.4515주로 전환할 수 있었다. 4,431달러(채권 액면가의 44.314%)의 비용을 들여 전환할 경우 버크셔의 주식 가격은 9,815달러(〈표 5-18〉 참고)였는데, 이는 채권 매입 당시 주가에 15%의 프리미엄이 더 붙은 것이다.

이 전환가격을 약간 조정해 보면 당시 버크셔 밸류에이션에 대한 버핏의 생각을 엿볼 수 있다.

유효 전환가격은 버핏이 버크셔 주식을 장부가치의 약 2.3배 가격으로 발행할 생각이었음을 시사했다. 이에 버핏은 3억 9,000만 달러의 자

---

* 채권 투자자가 미수령 이자 지급액에 대해 매년 세금을 납부했으므로, 미국 재무부 입장에서 이러한 공제는 타당한 것이었다.

표 5-18 · 버크셔 해서웨이 내재 가치(1989년)
자료 · 1989년 버크셔 해서웨이 연례 보고서 및 저자의 계산

채권 액면가(달러)	10,000
채권 발행 가격	44.314%
비용(달러)	4,431
전환율	0.4515
주당 내재 가치(달러)	9,814
버크셔 발행주식 수	1,146,000
버크셔 시장 내재 가치(달러)	11,246,790,698
버크셔 자기자본(달러)	4,925,126,000
전환가격/장부가치	2.28배

본을 사용할 수 있도록 버크셔가 다음 두 가지 중 한 가지를 시행하게 끔 포지셔닝했다. 즉 이자 공제의 유리한 효과를 고려한 후 5.5% 미만의 비용을 들이거나, 기존 주주들의 가치를 희석시키지 않는 밸류에이션을 하는 것이었다.** 그것은 원원 전략이었으며 전형적인 버핏의 방식이었다.***

하지만 항상 그런 것만은 아니었다. 버핏은 비슷한 유형의 상품이 악용되는 것을 목격했다. 월 스트리트가 관행적으로 좋은 아이디어를 가지고 도를 넘어섰다는 게 그의 설명이었다. "아무것도 지불하지 않겠다는 약정 이행은 너무나 쉬웠"기 때문에(중도 지급 없이 마지막에 차입 잔액을 일괄 상환하기만 하면 되었음), 채권 발행사는 엄밀히 말해

** 버크셔의 내재 가치가 장부가치의 2.3배 미만인 경우(확실히 그랬음), 그러한 밸류에이션으로 주식을 발행하는 것은 전환을 선택한 채권 보유자가 비싼 값에 매수했음을 의미한다.

*** 재무제표 각주에 따르면, 이 채권의 또 다른 주요 속성은 "실질적으로 제한적인 계약이 아니었다"는 것이었다.

지불을 못할 수가 없었다. 월 스트리트의 일부 금융회사는 이런 특성을 이용해 무이자 채권과 이들의 사촌 격인 현물 지급PIK : Pay-in Kind 채권을 통해 레버리지 바이아웃 붐(대부분 부채를 사용해 기업을 매입하는 것)에 자금을 조달하곤 했다.*

대규모 부채를 활용해 기업을 인수하는 것은 위험하다. 부채 상환 능력과 자본 지출 필요성 등을 고려해 볼 때, 기업은 경제적으로 예상되는 규모보다 훨씬 많은 돈을 빌릴 수 있었다. 현금은 즉시 지불할 필요가 없었으므로 월 스트리트는 EBDIT, 즉 이자, 법인세, 감가상각 비용 차감 전 이익(오늘날의 EBITDA와 비슷한 용어로, A는 무형자산 상각 비용amortization 임)이라는 용어를 만들었다. 월 스트리트는 지급 시기에 도달하기 전에는 이자를 계산할 필요가 없다고 생각했다. 1억 달러의 이익을 기록한 기업이라도 만기에는 9,000만 달러의 이자를 내야 하고, 연간 6,000만 달러의 PIK 채권 이자가 발생할 수 있다. 이 PIK 이자는 발생하긴 하지만 현금으로 지급되지는 않는다(연간 총 1억 5,000만 달러). 이 기업은 수입보다 부채 상환액이 더 많음에도 계속 경영을 이어 간다.

버핏과 멍거는 이러한 '현대적인 금융 모델'을 한낱 헛소리라고 여겼다. 무이자 형태의 이자액이 진짜로 존재하는 비용일 뿐만 아니라, 무시되었던 감가상각 비용이라고 해도 마찬가지라고 생각했다. 버핏은 이 모든 엉터리 같은 상황을 다음과 같이 우아하게 요약했다. "회계나 자본 구조를 속인다고 해서 기본 사업이 특출 난 사업으로 바뀔 수는 없습니다." "금융 연금술"은 별 효과가 없다는 그의 경고는 간결하면서

---

* PIK 채권은 현금이라기보다는 오히려 이자를 지급하는 채권으로, 무이자 채권처럼 기능했다.

도 정확했다.**

웨스코

웨스코는 미국저축은행협회에서 뮤추얼 세이빙스&론의 공개적인 탈퇴로 대서특필되었다. 버핏과 멍거 모두 협회의 행동에 정나미가 떨어져 탈퇴하기로 결정했다. 협회는 불안정한 차용인에게 앞서 설명했던 것과 같은 무이자 채권 중 일부를 매입한 저축은행들을 대신해 로비를 벌였다. 해당 채권은 수익을 올린 것으로 기록만 되어 있고 이자가 들어온 건 아니었다.

멍거가 서명해 언론에 공개한 이 한 쪽짜리 서한은 "이어질 수도 있는 관심을 목적으로 하는 … 자그마한 한 가지 항의 수단"으로서 협회의 행동을 질타했다.

이 서한은 그런 업계 협회들이 회원사의 이익에 반하지 않는 방식으로만 행동할 것으로 기대된다는 관념을 일축했다. 비록 그것이 '사기꾼과 바보가 좌우하는 기관'의 '미키마우스 회계 처리' 같은 터무니없는 행동을 지지한다는 의미라 해도 말이었다. 멍거는 이 사태에 책임이 있는 협회가 수습해야 한다고 생각했다. 그는 이 사태 해결에 납세자들이 1,000억 달러의 비용을 부담할 것으로 예상했다. 이 외에도 그는 협회가 개혁에 건설적인 역할을 하지 않고 "느슨한 회계원칙, 불충분한 자본, 사

** 월 스트리트 조력자들의 성향은 제쳐 두더라도 경영진과 이사회가 지금까지도 기준선을 벗어나 있다는 것은 정말 놀라운 일이다. 이들이 그렇게 하는 이유 중 일부는 경쟁적 성격, 그리고 남용할 기회를 유발하는 기관형 인센티브 간의 불일치 때문이다. 리스크보다 이익을 우선시하는 이러한 시스템은 버크셔의 태도와 완전히 반대되는데, 이것은 1987년 주주 서한에서 다음과 같은 내용으로 요약된다. "우리는 의무를 이행할 수 있는 가능성만을 바라지 않습니다. 우리는 그것이 확실히 일어나기를 바랍니다."

실상 부적절한 경영을 계속하도록 규정하기를 고집한다"고 썼다. 웨스코는 어떤 종류의 해결책이 나오기 전까지 독자적으로 운영하게 되었다.

그 사이에 웨스코에는 몇몇 좋은 일이 있었다. 그중 가장 중요한 것은 프리시전 스틸과 새로 운영하는 자회사 뉴 아메리카 일렉트리컬 코퍼레이션New America Electrical Corporation으로, 웨스코는 후자의 지분 80%를 1988년 말에 820만 달러에 사들였다.

파이어맨스 펀드 사업(1989년 후반부로 지분 참여 계약은 중단)을 맡기 위해 설립된 보험회사인 Wes-FIC는 1989년에 직접 보험료가 43만 8,000달러에 불과했지만 자체 사업을 계속 운영했다. 더 유망한 것은 1990년 1월 1일 발효된 신규 계약이었다. 버크셔의 사이프러스 인슈어런스 컴퍼니(버크셔의 근로자 보상 보험회사 중 하나)에 50% 재보험을 든다는 것이었다.

초기 25년의 실수

버핏은 버크셔 해서웨이를 이끈 25년을 되돌아보며 주주 서한의 두 쪽을 자신의 실수와 그가 배운 교훈에 대한 '요약본'에 할애했다.

1. **실수 (1)** ｜ (독자들에게는 놀라움으로 다가올 수 있지만) 처음부터 버크셔에 대한 경영권을 인수한 것. 그는 "가격이 저렴해 보여서 사들이고 싶었다"고 했으나, 그런 가격이 어려운 기업 여건을 반영한 것임을 이내 깨달았다.
   - **교훈** ｜ "시간이란 훌륭한 기업에는 친구지만 평범한 기업에는 적이다."
2. **실수 (2)** ｜ 저렴해 보이는 가격으로 평범한 기업을 몇 개 사들인 것.
   - **교훈** ｜ "적당한 기업을 훌륭한 가격에 사는 것보다는 훌륭한 회사를 적당한

가격에 사는 게 훨씬 낫다."

3. **실수 (3)** ｜ 버핏이 관행적 규범이라고 지칭한 보이지 않는 힘. 이것은 경영자들이 업계에서 남들을 맹목적으로 따라 하며 비합리적 결정을 내리고 주주들의 돈을 잘못 사용하는 경향을 말했다. 이는 경영 대학원에서 가르치는 것과 정반대였다.

• **교훈** ｜ 버크셔 경영 시 관행적 규범의 영향을 최소화하고 "그 문제를 경고하는 것으로 보이는 기업에 집중적으로 투자를 시도한다."

4. **실수 (4)** ｜ 버크셔는 종종 호감, 신뢰, 존경을 받았던 척 허긴스, 랠프 셰이, 블럼킨 일가 같은 경영자들과 파트너 관계를 맺었고, 이들은 성공적으로 회사를 이끌었다. 하지만 늘 그런 것은 아니었다.

• **교훈** ｜ 평균 이상의 경영자가 평균 이하의 사업을 회복시키지 못했지만, 그것이 버크셔에 약간 저조한 실적을 의미하더라도 그는 다른 이들보다 그러한 사람들을 선호했다. "우리는 나쁜 사람과는 훌륭한 거래를 해 본 적이 없습니다."

5. **실수 (5)** ｜ 자주 잊히는 실수 가운데 하나는 누락이었다. 수수료에 대한 명백한 실수와 달리, 누락했던 실수들은 결정이나 투자가 이루어졌어야 했다.

• **교훈** ｜ 버핏은 좋은 거래가 밥상 위에 올라왔는데 그냥 넘겨 버렸다는 것을 인정하고는 "그러한 계산으로 놓친 대가가 어마어마했다"고 말했다.

요약하자면 버핏은 버크셔가 "실수한 것처럼 보일 수 있지만, (그의) 관점으로는 그렇지 않"았던 "보수적인 금융정책을 지속적으로" 사용했다고 말했다. 그는 아마도 더 많은 돈을 빌렸더라면 버크셔가 달성한 연 복리 수익률 23.8%를 더 높일 수 있었겠지만, 실패할 확률이 1%라도 있는 것이 불편했다고 서술했다. 심지어 99대 1의 확률에서조차 그와 멍거는 리스크를 감수하는 것이 불편했을 것이다.

실수에 대한 그의 논의로 마무리한 것은 주주들에게 미묘하게 안도감을 심어 주었다. (〈포브스〉 선정 미국 400대 부자 순위 2위에 오른)[5] 개인 재산이 42억 달러임에도 버핏은 다음과 같이 자신의 그림 그리기를 끝내지 못했다. "찰리와 나는 전혀 서두른 적이 없습니다. 우리는 돈벌이 과실보다 돈벌이 과정을 훨씬 더 즐깁니다. 비록 우리가 그런 과정을 겪으며 살아가는 법도 배운 것이긴 하지만요."

초기 25년(1965~1989년)

초기 25년의 실수를 다루었는데, 워런 버핏이 경영한 기간 일어난 버크셔의 놀라운 변화는 잠시 시간을 내서 살펴볼 가치가 있다. 다음 표(표 5-19)는 주목할 만한 내용을 담고 있다. 개별 연도의 변화는 미미하거나 있더라도 몇 가지 정도였으나, 전체적으로 보면 이러한 변화는 버크셔 해서웨이를 이익을 내는 강한 기업으로 변모시켰다. 23.8%라는 장부가치 대비 연 복리 수익률이 어떻게 나온 것인지 자세히 살펴보는 것도 유익하다.* 수준 이하였다고 스스로 평가한 방직 사업을 단 2,200만

---

* 이 섹션 도입부의 표를 자세히 살펴보면, 연간 장부가치 및 주당 장부가치 증가율(24.1%)은 버핏이 계산한 23.8%와 차이가 있는 것으로 나타난다. 그 차이는 다음 두 가지 요인에서 비롯된다. 하나는 발행주식의 연간 0.03%라는 아주 미미한 성장률(원래는 하나도 없었으니 놀라운 성과)이고, 다른 하나는 1964년에 포함해야 하는 추가 3개월 때문이다. 버크셔의 1964년 수치는 9월 30일 현재 실제 수치다. 25년 3개월이라는 정확한 기간을 사용하면, 버핏이 계산한 23.83%를 23.8%로 반올림한 결과가 나온다.

표 5-19 · 5년 간격의 선별 재무 데이터(1989년 연례 보고서에서 발췌)

자료·1989년 버크셔 해서웨이 연례 보고서 **주**·주당 금액은 제외 **단위**·1,000달러

	1989	1984	1979	1974	1969	1964
매출액						
판매 및 서비스 매출액	1,526,459	496,971	286,493	32,592	40,427	49,983
수입 보험료	394,279	140,242	181,949	60,574	25,258	0
투자 수익(보험 부문)	250,723	69,281	24,747	7,916	2,017	0
실현 투자 손익	223,810	114,136	10,769	(1,908)	5,722	0
매출액 총계	**2,483,892**	**861,388**	**560,381**	**100,384**	**73,424**	**49,983**
손익						
실현 투자 수익 반영 전	299,902	70,201	35,921	8,383	3,863	(2,824)
실현 투자 손익	147,575	78,694	6,896	(1,340)	4,090	0
순 손익	**447,477**	**148,895**	**42,817**	**7,043**	**7,953**	**(2,824)**
주당 손익						
실현 투자 수익 반영 전	262.46	61.21	34.97	8.56	3.92	(2.41)
실현 투자 손익	127.55	68.61	6.71	(1.37)	4.15	0.00
순 손익	**390.01**	**129.82**	**41.68**	**7.19**	**8.07**	**(2.41)**
연말 데이터						
자산 총계	9,459,594	2,297,516	1,433,863	216,214	95,746	27,887
만기 부채 및 기타 차입금	1,007,516	127,104	134,416	21,830	7,419	2,500
자기자본	4,925,126	1,271,761	344,962	88,199	43,918	22,139
발행한 보통주(1,000주)	1,146	1,147	1,027	980	980	1,138
주당 자기자본	4,296.01	1,108.77	335.85	90.04	44.83	19.46

달러의 자기자본으로 시작했음에도 버크셔 해서웨이는 완전히 탈바꿈했다. 25년 동안 자기자본은 49억 달러로 증가했다. 이러한 증가 원인은 대략 다음과 같다.

- 매도가능증권의 미실현 이익에서 48%
- 영업 활동에서 30% : 100% 자회사, 또한 투자 대상 기업에서 받은 배당금 및 이자

- 매도가능증권에 대한 실현이익에서 19%

- 1975~1984년 10년 구간에 디버시파이드 리테일링과 블루칩 스탬프가 자회사로

  들어온 것에서 3%(배당금, 자사주 거래, 기타 등으로 인한 미미한 변동이 있었음)

표 5-20 · 1965~1989년 자기자본 조정

자료·버크셔 해서웨이 연례 보고서 및 저자의 계산 **단위**·100만 달러

1964년 말 자기자본	22
순이익-영업 1965~1989년	1,493
순이익-실현이익 1965~1989년	936
투자에 대한 미실현 평가액	2,341
합병/분할	133
배당금/자사주	(4)
기타	4
1989년 말 자기자본	**4,925**

지난 25년을 나누어 보면 버크셔가 그 당시 어떻게 이익을 올렸는지 알 수 있다. 첫 10년 구간(1964~1974년)은 주로 영업 활동이 좌우했다. 다음 10년 구간(1975~1984년)의 장부가치 성장에 대해 영업의 기여도는 전체 변동치의 3분의 1로 감소했으며, 절반 이상은 실현이익과 투자 가치 상승에 따른 미실현이익의 결합에서 발생했다. 이 10년 구간에서 순자산 변동의 의미 있는 부분은 버크셔와 합병된 디버시파이드 리테일링 및 블루칩 스탬프의 추가에 따른 것이었다.

10년 미만이긴 하지만 1985~1989년의 5년 구간 변동치는 그럼에도 불구하고 매도가능증권 포트폴리오 쪽으로 무게중심이 계속 이동하는 변화를 보여 준다. 이 5년 동안 버크셔 장부가치 변동치 중 4분의 3은 투자에 대한 실현 또는 미실현 평가액에서 비롯되었으며, 미실현 평가액이 변동치의 절반을 차지했다.

표 5-21 · 1965~1989년 자기자본 조정
자료·버크셔 해서웨이 연례 보고서 및 저자의 계산 **단위**·100만 달러

	1965~1974	1975~1984	1985~1989	1965~1989
구간 초기 자기자본	22	88	1,272	22
순이익 - 영업	57	366	1,070	1,493
순이익 - 실현이익	7	199	729	936
투자에 대한 미실현 평가액	0	486	1,855	2,341
합병/분할	0	133	0	133
배당금/자사주	(3)	0	(1)	(4)
기타	4	0	0	4
구간 말기 자기자본	**88**	**1,272**	**4,925**	**4,925**
해당 구간의 자기자본 변동치	66	1,184	3,652	4,903

표 5-22 · 1965~1989년 자기자본 조정
자료·버크셔 해서웨이 연례 보고서 및 저자의 계산 **단위**·%

	1965~1974	1975~1984	1985~1989	1965~1989
순이익-영업	86	31	29	30
순이익-실현이익	11	17	20	19
투자에 대한 미실현 평가액	0	41	51	48
합병/분할	0	11	0	3
배당금/자사주	(4)	0	(0)	(0)
기타	7	0	0	0
총계	**100**	**100**	**100**	**100**

1990년

–

워런 버핏이 경영한 버크셔 해서웨이의 첫 25년은 높은 평가로 마무
리되었지만 점차 활기를 잃어 갔고 다음 25년은 이 패턴이 이어졌다.
1990년에는 장부가치가 7.3% 상승에 그쳤다. 과거의 버크셔는 전망
이 어두운 방직업체였지만 1990년대의 버크셔는 상당한 잠재력을 지

닌 복합기업이었다. 1990년 비수기는 주로 버크셔의 규모가 상당한 주식 포트폴리오 탓이었는데, 이 포트폴리오는 평균 자산의 절반 이상을 차지했으며 전체 주식시장 변동에 따라 출렁였다. 현재 장부가치 성장률은 연간 15%라는 버핏의 목표에 비해 한참 저조했으나, 버크셔의 계열사들은 예외적인 행보를 이어 가며 대다수가 한 해 동안 좋은 실적을 거두었다.

추정 이익

버크셔의 장부가치 및 시장가치의 연간 변동치는 해마다 큰 폭으로 출렁일 수 있으며 서로 큰 차이를 보일 수 있다(〈표 5-23〉 참고).

표 5-23 · 버크셔 해서웨이의 장부가치 및 시장가치의 변동
자료·2018년 버크셔 해서웨이 연례 보고서 **단위**·%

	1990	1989
장부가치 변동률	7.4	44.4
시장가치 변동률	(23.1)	84.6
격차(장부가치-시장가치)	30.5%p	(40.2%p)

이는 회계 처리가 버크셔의 경제적 수익 창출력에 관련된 중요한 정보를 가렸기 때문이었다. 캐피털 시티즈/ABC는 극단적인 경우였다. 1990년에 버크셔는 이 회사 지분의 17%를 보유했다. 1990년 이익에서 이 회사에 대한 버크셔의 지분 이익은 8,300만 달러가 넘었지만, (회계상) 버크셔의 관련 이익은 60만 달러에 불과했다. 왜 그랬을까? 캐피털 시티즈는 버크셔에 60만 달러를 배당금으로 지급했는데, 회계 관행에 따라 그 배당금만 계산에 넣었기 때문이다. 캐피털 시티즈가 버크셔 대

신 재투자용으로 보유하고 있던 약 8,200만 달러를 완전히 무시한 것이었다. 버크셔의 다른 투자 대상 기업 중 다수에서도 이 정도로 극단적이지 않더라도 유사한 금액 차이가 있었다. 이 회사들이 지속적으로 좋은 실적을 올릴 경우, 이들의 기본 수익 창출력은 궁극적으로 시장가치에 상응하는 이익으로 이어진다.

이 회계 처리 문제에 대한 해결책은 추정 이익이었다(〈표 5-24〉 참고). 추정 이익은 이익잉여금을 설명하고 배당금으로 지급될 경우 납부할 세금을 조정해 주었다. 1990년의 추정 이익 총액은 5억 9,100만 달러였다. 경제적 상황과 밀접한 관련이 있지만 이것이 대략적인 수치였다.*

표 5-24 · 1990년 버크셔 해서웨이의 추정 이익
자료 · 1990년 버크셔 해서웨이 연례 보고서 **단위** · 100만 달러

투자 대상 기업 영업이익에 대한 지분 이익(버크셔 지분)	250
배당금 수령 시 부과되는 세금을 차감한 금액	(30)
버크셔에 귀속되는 순 영업이익	220
버크셔 해서웨이 세후 영업이익	371
추정 이익 합계	591

제조, 출판, 소매 유통업

버크셔의 비보험 부문 경제 엔진은 계속 깊은 인상을 남겼다. 이 부문

---

* 유가증권 손익은 무시하고 계산한 것이다. 이것이 중요하지 않아서가 아니라 본래 변동성이 크다. (적절한 기간 동안의) 모든 손익은 투자 대상 기업의 배당 전 이익을 반영하고 자본 이익으로 나타난다(혹은 나타나야 한다).

은 1990년 버크셔의 이익에 세전 2억 1,680만 달러를 더해 주었는데, 이는 세전 기준으로 평균 유형자본이익률 73%와 자기자본이익률 83% 이상에 해당한다. 세후 유형자본이익률은 마찬가지로 인상적인 51%였으며 중요한 것은 순 부채 없이 달성했다는 점이다.* 이렇게 높은 자본이익률은 흔치 않았고, 자회사 자체적으로 활용 가능한 점진적인 성장 기회도 거의 없었다. 이에 따라 대부분의 자금은 재투자를 위해 오마하로 송금되었다. 실제로 제조, 출판, 소매 유통업의 이익 가운데 80% 이상이 지난 5년 동안 모회사로 들어갔다.

미약한 경제 여건 속에서(1990년 미국은 수백 건의 은행 파산으로 경기 침체에 진입함) 보세임스는 18%의 수익 성장률을 기록했다.** 프리드먼 일가는 (버핏이 티파니의 뉴욕 매장 다음으로 규모가 큰 매장으로 추정한) 매장 한 곳에서 계속 단순하고 효과적인 경영전략을 구사했다. 그들은 최저 운영 비용을 유지했고, 이것은 추가 수요를 유발하는 낮은 가격에서 긍정적인 피드백 고리를 만들어 냈다. 덕분에 운영 비용이 매출액 대비 낮은 비율로 유지되었다. 그것은 네브래스카 퍼니처 마트 경영전략의 보석 전문 매장 버전이었다. 저렴한 가격은 오마하를 벗어난 먼 지역의 쇼핑객을 끌어들였다. 이 매장은 사람들의 정직성에 의존해 대금을 지불하거나 환불하는 방식으로, 미국 전역으로 10만 달러 규모가 넘는 다양한 제품을 배송하는 우편 주문 서비스를 통해 물리적 공간을 벗어나 성장했다. 겉으로는 리스크가 있어 보이는 이 사업에서

---

* 전통적 의미의 레버리지(자기자본 대비 부채)는 0.13대 1, 즉 13%에 불과했다.
** 보세임스의 이익에 대한 구체적인 정보는 지금도 제공되지 않았다.

아직까지 고객의 부정직함 때문에 손실이 발생한 일은 없다.***

네브래스카 퍼니처 마트는 거침없는 발전을 이어 갔다. 1990년에는 전 세계의 쇼핑객을 끌어들여 매출액이 4% 증가한 1억 5,900만 달러를 기록했다. 이익은 1% 증가한 1,700만 달러였다. 네브래스카 퍼니처 마트는 130마일(워싱턴 D. C.에서 필라델피아까지 자동차로 가는 거리와 맞먹음) 떨어진 아이오와주 디모인에서 인기 순위 3위에 올랐다. 디모인 가까운 곳에 있는 17개 매장보다 순위가 높았다. 자매회사인 보셰임스와 마찬가지인 저렴한 가격은 전통적인 시장 반경에서 멀리 떨어진 곳에서 쇼핑객을 유인하는 '저항할 수 없는 자석'을 만들었고, 네브래스카 퍼니처 마트가 추가 매장을 열지 않고도 낮은 가격을 유지할 수 있게 해 주었다.

네브래스카 퍼니처 마트의 인기를 활용하고자, 시즈 캔디는 이 오마하 매장에 매대를 두었다. 버핏이 '시너지'라는 용어를 싫어해 '카운터 리빌레이션counter-revelation(의외의 상황이라는 뜻)'이라고 부른 이 매대는 캘리포니아에 있던 일부 단독 매장보다 더 많은 실적을 올렸다. 이러한 성공과 5%의 가격 인상으로 시즈는 세전 이익을 3,960만 달러로 거의 16% 늘렸다. 이는 크리스마스 시기였음에도 목표치보다 약간 부진한 것이었다.

버핏은 〈버펄로 뉴스〉에 기고한 글에서 "과거와 비교해 이 신문사는 경기 침체 초기 단계에 훨씬 더 취약한 모습을 보였다"라고 썼다. 그는 이 신문사의 세전 이익이 4,400만 달러로 5% 감소한 것이 일시적 현

*** 보셰임스에 (새로운) 고객이 필요한 건 아니었지만 항상 추천이 잘 이루어졌다는 게 버핏의 이야기였다.

상인지, 아니면 영구적 상황을 나타내는지 공개적으로 의문을 제기했다. 이 상대적 약세는 버크셔의 주요 투자 대상 기업 중 캐피털 시티즈/ABC와 〈워싱턴 포스트〉, 이 두 곳에 대해 다른 광고 채널이 미치는 영향을 보여 주는 창이기도 했다. 그러나 버크셔와 〈버펄로 뉴스〉는 독자에게 최선을 다했다. 버핏은 이 신문을 성공으로 이끈 품질 좋은 뉴스 제공을 유지해 나가겠다고 썼다. "이익 압박과 상관없이 우리는 최소한 50%의 기사 지면을 유지할 것이다. 제품의 품질을 낮추는 것은 역경에 대한 적절한 대응이 아니다."

페치하이머의 세전 이익은 4% 증가한 1,290만 달러에 그쳤다. 페치하이머는 여전히 전망이 좋았다. 이 회사는 1988년 대규모 인수 때문에 제기된 문제 중 일부를 조정하거나 해결했다. 그래도 불경기 속에서도 매출액과 이익이 증가했다는 것은 의미 있는 성과였다.

랠프 셰이가 이끄는 스콧 페처는 자기자본이익률 기준으로 〈포천〉 500대 기업 중 상위권에 근접한 실적을 올렸다. 세전 이익은 1억 190만 달러였다.* 스콧 페처의 금융 사업은 1990년에 세전 1,220만 달러라는 기록적인 이익을 올렸다. 월드북 부문의 세전 이익은 판매량 감소에도 불구하고 25% 늘어난 3,190만 달러였다.** 스콧 페처의 커비 부문에서는 새로운 3세대 진공청소기가 절대적인 성공을 거두었다. 신제품 출시와 관련된 비용은 일시적으로 이익을 떨어뜨렸으나, 판매량 증가와 규모가 큰 전 세계 수요는 1991년에 매우 좋은 실적을 올릴 가능성을

---

* 스콧 페처 금융 사업의 이익은 따로 표시되지 않아서 비교 데이터가 없다. 우리는 버핏이 제공한 데이터만 보유하고 있다.
** 이는 분권화 노력이 성공한 덕분이었다. 분권화 노력은 1989년 이익에는 타격을 입힌 바 있다.

시사했다. 스콧 페처의 자회사이자 중소형 공기압축기 제조사인 캠벨 하우스펠트는 1990년 주주 서한에서 특히 좋은 성과를 거두었다고 언급되었다.***

보험업

버크셔는 1990년에 버크셔의 명성과 자본 기반을 수익성 있는 용도로 활용할 방법을 찾아보았지만, 보험 부문에서는 가격 책정 약세가 이어졌다.

버크셔의 원수보험 부문은 인수 보험료와 수입 보험료 물량이 20% 줄어들었다. 인수 보험료는 1억 3,900만 달러, 수입 보험료는 1억 5,400만 달러로 집계되었다. 원수보험 부문은 자사를 위해 물량을 무시하고 수익성 있는 보험 인수에 초점을 두었다. 한 예로, 뉴욕시 지사의 보험료 취급 물량은 1987년 9,300만 달러에서 1990년 1,800만 달러로 낮아졌다. 원수보험 부문의 합산비율은 103.3%로, 4년 연속으로 이익성 손해가 증가했기 때문이다. 모든 상황을 수습하려면 수십 년이 걸릴 수도 있었으므로 이러한 추세가 계속될 것으로 기대하는 것은 위험했다. 1990년 보험 부문의 진짜 이야깃거리는 재보험 부문이었다. 재보험 부문의 인수 보험료는 1989년에는 6,600만 달러였는데, 1990년에는 무려 3억 8,400만 달러에 달했다. 이는 전년도의 몇 배나 된다.**** 보험료가

*** 매출액은 1억 900만 달러에 이르렀으며, 30% 이상이 지난 5년 동안 출시한 제품에서 발생했다.
**** 독자들은 버크셔가 1990년부터 구조화 합의 및 포트폴리오 재보험 부문을 전체 재보험 부문과 통합했다는 것에 주목하자. 6,600만 달러라는 수치는 1989년 보고치 원본이다. 이와 대조적으로 1990년 보고서의 1989년 실적은 1억 2,600만 달러로 나온다.

표 5-25 · 보험 부문 선별 데이터

자료·1990년, 1992년 버크셔 해서웨이 연례 보고서 및 저자의 계산 **단위**·100만 달러

	1990 금액	1990 비중	1989 금액	1989 비중
원수보험 부문				
인수 보험료	139.1		169.7	
수입 보험료	154.0	100.0%	188.9	100.0%
손해 및 손해 비용	102.0	66.2%	125.9	66.6%
보험 인수 비용	51.5	33.4%	58.8	31.1%
손해 및 비용 총계	153.5	99.7%	184.7	97.8%
보험계약 인수 손익(세전)	0.5		4.2	
손해 및 손해 비용에 포함된 불이익성(이익성) 손해 발생	(18.3)	(11.9%)	(20.0)	(10.6%)
법정 합산비율		103.3%		101.3%
재보험 부문				
인수 보험료	435.2		66.0	
수입 보험료	437.5	100.0%	146.8	100.0%
손해 및 손해 비용	432.2	98.8%	109.4	74.5%
보험 인수 비용	32.5	7.4%	48.6	33.1%
손해 및 비용 총계	464.7	106.2%	158.0	107.6%
보험계약 인수 손익(세전)	(27.2)		(11.2)	
손해 및 손해 비용에 포함된 불이익성(이익성) 손해 발생	0.0	0.0%	0.2	0.1%
법정 합산비율		106.3%		148.2%
구조화 합의 및 포트폴리오 재보험				
보험계약 인수 손익(세전)[1]	해당 없음		(17.4)	
보험 부문 계약 인수 손익(세전) 총계	**(26.7)**		**(24.4)**	
보험 부문 전체 법정 합산비율		104.9%		115.4%

각주 1. 버크셔는 1990년부터 구조화 합의 및 포트폴리오 재보험을 재보험 부문에 포함시킴.

참고 1. 반올림으로 계산해 숫자 합산액이 일치하지 않을 수 있음.

2. 손해율과 비용률은 GAAP 기반 연례 보고서에 보고된 내용에 맞춰 기재함. GAAP 기준 합산비율은 보험 인수 비용을 수입 보험료로 나누어 계산함. 이것은 인수 보험료를 적용하는 법정 기준 계산과 다름. GAAP 기준과 법정 기준 모두, 손해 및 손해 조정 비용은 수입 보험료로 나눔.

대규모로 증가한 것은 1990년 물량 가운데 대형 리스크 보장과 관련된 3억 7,800만 달러 덕분이었다. 버핏은 이 같은 사업부에 내재된 변동성을 고려하면서 해당 논리를 설명하기 위해 고심했다.

그는 다른 보험 상품군의 물량이 "작긴 하지만 만족스러운 수준을 유지하고 있다"며, 버크셔는 재보험 분야 가운데 슈퍼 캣super catastrophe('초대형 재난'의 줄임말) 영역의 사업을 추구하고 있다고 말했다. 이 보험 상품군은 자연재해로 인한 대규모 손해에 대해 다른 보험회사에 재보험을 들었는데, 일반적으로 원수보험사에서 미리 산정한 손해 기준치(공제 금액과 동일)를 웃도는 경우가 많았다. 버크셔가 이 분야에 불러온 이점은 대규모 보험계약을 인수하겠다는 의지와 자금력이었다. 후자는 소비자에게는 덜 중요하지만, 대규모로 재보험에 가입하려는 입장에서는 이 두 가지가 모두 중요했다. 적절한 가격 산정을 위해 버크셔는 그것을 피하기보다 기꺼이 리스크를 집중시키려 했다. 시간이 지남에 따라 이익이 나올 전망이어서 변동성을 감수하기로 한 것이었다. 이 부문만 놓고 보면 합산비율이 몇 년 안에 0이 될 수도 있고 지진, 허리케인, 기타 자연재해가 발생할 경우에는 300%까지 치솟을 수도 있었다. 10년에 걸쳐 측정한 결과, 버핏은 순조로운 경영을 위해 다른 보험회사에 리스크 넘기기를 선호하는 보험회사보다 버크셔의 전반적인 실적이 더 나아질 것이라고 생각했다. 그는 이를 다음과 같이 근사하게 요약했다. "찰리와 나는 언제나 12%의 무난한 수익률보다는 울퉁불퉁한 15%의 수익률을 선호합니다."

버핏의 기본적인 사고의 틀, 그리고 그가 생각하는 보험회사 실적의 평가 방법은 책임준비금에 대한 원가였다. 이는 평균 책임준비금 대비

보험 인수 손해율을 바탕으로 평가되었다. 이러한 방식을 쓸 경우, 책임준비금 대비 원가(합산비율이 100% 이상이라고 가정)는 부채 대비 원가와 유사했다. 책임준비금 원가를 기준 금리와 비교해 보면 조달된 책임준비금의 품질에 대한 측정 기준을 마련할 수 있다. 대부분의 보험회사는 책임준비금 원가율이 7~11%일 때 손익분기점이 되는 성과를 얻을 수 있다. 보험료 징구에서 손해보험금 지급까지 오랜 기간이 걸리는 장기보험 상황에서는 115% 이상의 높은 합산비율에서도 수익성이 있을 수 있다.

버크셔는 1967년 내셔널 인뎀니티를 인수하면서 보험업에 처음 진입했다. 1967~1990년에 버크셔는 이 기간 이익의 절반에 해당하는 규모의 보험계약을 인수했다(〈표 5-26〉 참고). 이는 이 회사의 책임준비금 원가가 마이너스 상태임을 의미한다.* 뒤이은 7년 동안 버크셔의 책임준비금 원가율은 미국 장기국채 이율보다 낮았는데, 이는 이 회사 보험 부문이 미국 정부보다도 낮은 비용으로 자금을 조달했다는 뜻이었다. 나머지 5년 동안 버크셔의 책임준비금 원가율은 장기국채 이율보다 높았다. 최악의 해는 1984년으로, 7.4%p의 격차가 있었다. 요컨대 버크셔는 매력적인 비용으로 거액의 책임준비금을 마련했다. 1990년 버크셔의 16억 달러 규모 책임준비금 원가율은 1.6%로, 미국 정부가 부담한 이율 8.2%보다 훨씬 낮았다.

버핏은 주주들에게 밸류에이션에 대한 자신의 생각을 드러내면서,

---

* 명명법이 긍정적으로 보이는 건 아니지만, 책임준비금의 마이너스 원가는 좋다는 뜻이다. 이는 버크셔가 고객의 자금을 받아서 보유하고 있다는 의미였다. 이것은 채권자가 차용인에게 지급하는 마이너스 금리와 유사하다.

표 5-26 · 버크셔 해서웨이 보험 부문 책임준비금 및 원가율과 미국 국채 이율 비교

자료·1990년 버크셔 해서웨이 연례 보고서

	보험 인수 손실 (100만 달러)	평균 책임준비금 (100만 달러)	대략적인 자금 조달 원가율(%)	연도 말 미국 장기국채 수익률(%)
1967	흑자	17.3	제로금리 미만	5.5
1968	흑자	19.9	제로금리 미만	5.9
1969	흑자	23.4	제로금리 미만	6.8
1970	0.37	32.4	1.14	6.3
1971	흑자	52.5	제로금리 미만	5.8
1972	흑자	69.5	제로금리 미만	5.8
1973	흑자	73.3	제로금리 미만	7.3
1974	7.36	79.1	9.30	8.1
1975	11.35	87.6	12.96	8.0
1976	흑자	102.6	제로금리 미만	7.3
1977	흑자	139.0	제로금리 미만	8.0
1978	흑자	190.4	제로금리 미만	8.9
1979	흑자	227.3	제로금리 미만	10.1
1980	흑자	237.0	제로금리 미만	11.9
1981	흑자	228.4	제로금리 미만	13.6
1982	21.56	220.6	9.77	10.6
1983	33.87	231.3	14.64	11.8
1984	48.06	253.2	18.98	11.6
1985	44.23	390.2	11.34	9.3
1986	55.84	797.5	7.00	7.6
1987	55.43	1,266.7	4.38	9.0
1988	11.08	1,497.7	0.74	9.0
1989	24.40	1,541.3	1.58	8.0
1990	26.65	1,637.3	1.63	8.2

보험 부문의 내재 가치가 "장부가치보다 훨씬 가치가 높다"고 서술했다. 버크셔 보험사업의 내재 가치는 보험 부문의 실적 변동성 탓에 비보험 사업보다 평가하기가 더 어렵지만, 잠재력은 가장 큰 사업이라고 버핏은 지적했다.

투자

주식 투자 행위와 전체 기업 인수 행위를 동등한 것이라고 여기는 버크셔 철학을 감안할 때, 인수한 주식을 보유하기만 하고 내버려 두는 것은 놀랄 일이 아니다. 1990년의 경우가 그랬다. 버핏은 다음과 같이 설명했다. "게으름에 가까운 둔한 상태는 변치 않는 우리 투자의 기본 스타일입니다. 올해 우리는 6개 주요 보유 주식 중 5개 종목을 사지도 팔지도 않았습니다." 이는 캐피털 시티즈/ABC, 코카콜라(버핏에 따르면 '세계에서 가장 가치 있는 사업권'), 프레디 맥, 가이코 또는 〈워싱턴 포스트〉에 대한 거래 활동이 없었다는 의미다. 1990년 주식 포트폴리오에서 이루어진 실제 움직임이라고는 웰스 파고 주식 매수뿐이었다.

버크셔는 전년도부터 주식을 매입했으나 1989년에는 사들인 주식이 얼마 되지 않아 연례 보고서 어디에도 언급되지 않았다. 1990년 말까지 버크셔는 주당 58달러 미만 또는 약 2억 9,000만 달러의 평균 비용으로 500만 주를 취득했다.* 이는 세전 이익의 3배, 또는 세후 이익의 5배에 해당했다. 버크셔의 지분율은 웰스 파고의 10%였다. 버핏이 설명한 방식은 상장 기업 혹은 비상장 기업의 일부만 매수하는 경우에 대한 그의 태도를 보여 주었다. 버크셔의 웰스 파고 지분 일부 매입은 "(버크셔가) 50억 달러 규모의 은행 지분을 100% 사들이는 행위와 다를 게 없다." 웰스 파고는 그 당시 약 560억 달러의 자산을 보유하고 있었다. 버핏과 멍거는 레버리지가 높은 기업에 내재된 리스크 탓에 은행

---

* 버크셔가 이 은행의 지분 10%를 인수하는 데 지불한 매입 가격 2억 9,000만 달러로 볼 때, 전체 은행의 가치는 29억 달러에 해당한다. 이 가치는 웰스 파고의 1989년 말 자기자본과 동일했다(출처·1989년 웰스 파고 연례 보고서).

사업을 썩 좋아하지 않았다. 하지만 웰스 파고 및 이 은행 경영자 칼 라이카르트Carl Reichardt의 자질과 더불어 매력적인 주가에서 가치 있는 투자 기회가 보였다.

웰스 파고 주가는 짧은 기간에 50% 이상 급락한 상태였다. 최근 경기 침체와 관련된 부동산 붕괴로 미국 서부 해안 지역 은행들에 대규모 손실이 발생할 것이라는 우려 때문이었다. 버핏의 합리적인 논리는 웰스 파고가 미국 도처에서 은행이 파산하는 와중에도 잘 버틸 수 있는 거라는 추론을 다음과 같이 설명했다.

"다음 몇 가지 수학을 생각해 봅시다. 웰스 파고는 현재 대출 손실로 3억 달러 이상을 까먹고도 연간 세전 이익으로 10억 달러 이상을 벌어들입니다. 1991년에 부동산 대출뿐만 아니라 이 은행 대출 총액인 480억 달러 중 10%에 문제가 생겨서 타격을 입고, 이로 인해 원금의 평균 30%에 달하는 손실(예치금 포함)이 발생해도 이 은행은 대략 손익분기점을 맞추게 됩니다."

버핏은 이렇게 일어날 가능성이 낮은 사태로 웰스 파고가 그해에 이익을 기록하지 못했다고 보고하게 되더라도, 지속적인 자기자본 성장으로 20%의 이익을 올린다고 서술했다.

1990년 버크셔 투자 포트폴리오의 확정 기간 투자(채권) 부분은 거의 변화가 없었다. 버크셔는 RJR 나비스코 채권 보유량을 4억 4,000만 달러로 늘렸지만 다른 투자 등급 이하 채권은 손대지 않았다. 정크 본드junk bond(직역하면 '쓰레기 채권'이라는 뜻으로, 리스크가 크지만 부도가 나지 않을 경우 수익률이 높은 투기 등급 채권을 말함-옮긴이)를 적절한 가격에 매수할 경우 포트폴리오의 하나로 인수한다는 논리는 건전했지만, 월 스트리트는 그런 생각을 너무 과도하게 행동으로 옮긴다는 게 특징이었다. 신용 등급이 하향 조정된 RJR 나비스코 같은 과거의 투자 등급이었던 기업의 채권과, 원래부터 정크 본드인 채권 사이에는 결정적인 차이가 있었다. 전자에는 기업의 투자 적격 지위를 회복하기 위해 일하는 경영자가 있었지만 후자에는 기업을 이끌고 가는 기준이 없었다. (이 부분은) 버핏이 저축 및 대출 업종에 대해 작성하는 중이었지만, 그 당시 정크 본드 회사 경영자와 월 스트리트 사람들이 정크 본드를 밀어 줬다는 설명에는 찰리 멍거가 "악당이자 바보"라고 붙여 줬던 꼬리표가 어울렸을 것이다.

[버핏도 비슷한 용어를 쓰기는 했다. '파이낸시오패스financiopath'라고 말이다(사이코패스, 소시오패스 등 반사회적 인격 장애에 빗대어 '반사회적 금융 장애'라는 뜻으로 버핏이 만든 신조어 - 옮긴이)].

버크셔의 4대 주요 전환우선주 투자에서는 다음과 같이 엇갈린 뉴스가 있었다.

- 7억 달러 규모의 살로몬 전환우선주와 3억 달러 규모의 챔피언 인터내셔널 전환우선주는 예상대로 성과가 나오고 있었다.
- US에어 전환우선주는 3억 5,800만 달러의 매입 가격보다 훨씬 가치가 떨어졌을 가능성이 있었다. 이 항공사는 계속되는 업계 약세와 인수한 다른 항공사와의 통합 문제로 어려움을 겪고 있었다.
- 버크셔의 6억 달러 상당의 질레트 컴퍼니 전환우선주는 투자한 금액보다 약간 가치가 높아지긴 했지만 보통주 전환 여부를 결정할 시기가 임박한 상태였다.

이 전환우선주는 전환 청구를 했으며, 이에 따라 버크셔는 1991년 4월 1일에 질레트 주식 1,200만 주를 받았다.* 버크셔는 연간 5,000만 달러 이상의 우선주 배당금을 포기하게 되었지만 질레트 이익 창출력의 약 11%에 해당하는 자산을 계속 보유했다.

웨스코

저축·대출업계 위기는 1986년에 시작해 10년 후 저축·대출 기관의 약 3분의 1이 폐업한, 서서히 진행된 대규모 금융난이었다. 멍거는 이 문제를 살펴보는 시간을 할애해, 웨스코 회장 서한 10쪽에 걸쳐 웨스코가 은행 부도bank failures**로 이어진 술책에 빠지지 않은 이유에 대한 탁월한 분석 내용을 전했다. 멍거는 "현재 상황에 대한 어마어마한 혐오감"을 안은 상태로, "이런 종류의 글을 권장하는" 괴짜 동료(버핏)와 오랫동안 교류하다 보니 영감을 받아서 글을 썼다고 전했다.

멍거는 저축·대출업계가 직면한 위기의 원인은 여러 사태의 결합이라고 지적했다. 한 가지 문제는 정부 제공 예금보험이었는데, 이는 은행이 정부의 신용을 활용해 저비용 자금을 효과적으로 조달할 수 있게 해 주었다. 이와 관련된 문제는 단기 자금원을 장기 자산 조달에 사용해 금리 리스크를 유발한다는 구조적인 약점이었다. 취약한 규제 구조 덕분에 은행은 이 예금보험을 활용할 수 있었다는 점이 가장 취약한 은행이 가장 만만한 예금보험 상품에 몰려드는 최악의 공통분모 효과를

---

* 전환우선주는 특정일에 정해진 수량의 보통주 전환 청구 권리를 지닌 우선주의 일종이다.
** 나는 이 용어를 저축은행과 상업은행 등 모든 은행류 기업을 느슨하게 포괄해 사용하고 있다.

일으켰다.

그다음으로는 금리 규제 완화와 간접 자금 시장 펀드가 등장했다. 이 때문에 모든 은행(저축은행 및 상업은행)은 높은 자금 비용을 지불해야 했다. 은행이 높은 비용을 감당하기 위해 고수익 자산이 필요해짐에 따라 이는 자연스럽게 더 리스크가 큰 대출에 나서는 효과로 이어졌다. 일부 은행은 리스크가 높은 다른 대출을 취급하는 와중에, 소비자의 휴가비 일부를 지원하겠다는 의향을 광고하기까지 했다. 리스크 높은 대출은 은행만 취급한 게 아니었다. 1980년대는 마이클 밀컨 Michael Milken 같은 사람이 추진한 대규모 정크 본드 발행이라는 아이디어가 등장했다는 소식이 전해지기도 했다. 1980년대 이전에는 정크 본드를 발행한 사람이 거의 없었다. 정크 본드 발행은 1980년대 초반에는 설립된 지 얼마 안 되어 신용이 없는 기업이 채권을 발행해 초기 자금을 조달하는 방법으로 보편화되었다. 이러한 관행은 1980년대 말에 부도율이 높아지면서 일시적으로 중단되었다가 이후 수십 년이 지나서야 회복되었다.

멍거의 분석은 질문으로 시작했다. 멍거는 "그런데 부실 대출은 어쩌면 그렇게도 자주 발생할까요?"라는 질문을 던졌다. 그에 대한 대답은, 인간이란 "예측 가능한 비합리성"을 지닌 사회적 동물이기 때문이라는 것이었다. 이 때문에 사람들이 군중을 추종하면서 나쁜 행동을 모방한다는 것이다. 그러한 어리석음의 결과는 예측 가능했다. 즉 "대규모 은행 파산이 일어난다"는 것이었다. 그가 옳았다. 1995년까지 1,000개 이상의 은행이 문을 닫았다.

멍거는 가능한 해결책, 또는 적어도 이러한 결함을 완화할 수 있는 방안을 제시했다. 한 가지 해결책은 원금 보장을 대폭 축소하는 것이었다. 취약한 예금 제도를 지원하는 것과 정반대로, 예금보험은 이런 보험을 제공하지 않는 머니마켓펀드MMF보다 은행의 비용을 증가시킨다며, 멍거는 예금보험이 취약한 예금 제도를 약화시킬 수 있다고 서술했다. 그가 제시한 대안은 법률을 통한 MMF 폐지, 또는 금리 규제 재개 등이었는데, 이 두 가지 모두 기술적으로는 가능했지만 시행될 가능성은 없었다. 단독으로 또는 결합해 사용할 수 있는 또 다른 대안은 취약한 은행이 문을 닫거나 지방은행 또는 비지방은행을 합병하는 것이었다. 폐업하는 은행은 파산하기 전에 문을 닫아야 한다고 말이다(멍거는 감독 당국이 마지막 순간까지 이를 내버려 둘 것이라고 보았는데, 그때가 되면 예금보험 회사에 대규모 손실이 날 것이 확실했다).

멍거가 제안한 또 다른 대안은 은행권 회계에 영향을 미치는 것이었다. 그는 회계 논의가 올바른 부분에서 벗어나 있다고 생각했다. 회계 조작으로 대출 상각을 지연시키는 방법에 대한 논의가 중심이었다는 것이다. 이것이 은행 경영자들이 대출, 특히 미확정 손실이라는 특성을 지닌 새로운 유형의 리스크 높은 대출에서 나오는 선이자 및 수수료 수입에 대한 어설픈 인센티브 역할을 했다는 게 멍거의 생각이었다. 이것은 궁극적으로 취소될 수도 있는 수익이 즉시 장부에 기록될 수 있었기에 리스크가 더 높은 대출 고객에 대한 대출을 조장했다. 멍거는 이를 "현실 부정"이라고 일컬었으며, 초반부터 훨씬 보수적으로 임할 필요가 있다고 여겼다. 멍거가 생각한 제도는 보험에 더 가까운 것으로, 보험은 논리적이고 보수적인 방법으로 미래 손실을 미리 추정하고, 추후 시간이 흐름에 따라 수정한다.* 그는 규제라는 채찍과 더불어 세금 완

화 형태의 당근을 제공하면 경영자와 이사회의 올바른 행동을 유도할
것이라고 생각했다.

1990년 말 버크셔 해서웨이 회장의 주주 서한에는 인수 후보 기업을
찾는 친숙한 광고가 담겨 있었다. 버핏은 버크셔에 매각을 고려하는 주
주를 대상으로 작성한 2쪽 분량의 서한을 부록으로 실어 평상시의 광고
내용을 보강했다(특정 사업은 명시하지 않음). '귀하의 기업 매각에 대
한 몇 가지 생각'이라는 제목으로 작성한 버핏의 서한은 버크셔에 매각
할 경우 얻을 이점에 대해 설명했다. 서한은 또한 "매각 후 지금보다 더
부유해질 수는 없을 것입니다. … 매각은 (단지) 귀하 자산의 형태를 바
꾸는 것일 뿐입니다"라며 자산 형태는 기업 한 곳의 지분 100%에서 현금
및 다른 여러 기업에 대한 지분으로 변경된다고 솔직하게 설명했다.

이 서한은 한 가문이 설립한 기업을 인수하는 것에 대한 버핏의 생
각을 들여다 볼 수 있게 해 주었다. 버크셔는 "우리 방식을 따르게 하지
않고 (매도자) 운영 방식을 받아들일 것"이라면서도 몇 가지 조건을 내
걸었다. 하나는 그가 매도자 일가가 지분의 20%를 유지하는 것을 선호
한다는 사실이었다. 이렇게 하면 버크셔의 지분은 세금 목적으로 필요
한 80% 수준이 된다. 더 중요한 것은 이것이 인센티브의 적절한 균형
을 잡아 주면서 버크셔가 경영에 신경 쓰지 않을 수 있도록 해 주었다
는 것이다. "내가 관여하는 분야는 자본 배분과 최고 경영자 선임 및 보
상"이라는 게 버핏의 설명이었다. 인수된 기업 단계에서 (버핏 관여 분

---

* 멍거는 2016년 미국 재무회계기준위원회FASB에서 발표한 CECLCurrent Expected Credit Loss(기대 신용 손
  실)·'세실'이라고 읽음) 체제를 예상했다.

야를 제외한) 모든 결정을 내린다는 점을 감안할 때, 후자는 보상 비용 급증을 방지하는 데 도움이 되는 또 다른 핵심 정책이었다.

마지막 부분에서 버핏은 켄 체이스가 이사회에서 물러나기로 결정했다고 주주들에게 공지했다. 버핏의 아내 수전이 그의 뒤를 이을 후보로 지명될 예정이었다. 교양 있는 이사회 구성원인 그녀는 버크셔에서 남편 다음으로 지분이 많은 2대 주주였으며, 버핏이 애써 정착시킨 버크셔 문화의 보존과 계승에 대한 견해를 공유하는 인물이었다.

1991년

–

1991년 버크셔 해서웨이의 장부가치는 39.6%나 껑충 뛰었다. (7.4% 증가한) 전년도와 마찬가지로 1991년은 버크셔의 대규모 투자 포트폴리오가 큰 영향을 미쳤다. 1991년 장부가액의 21억 달러 증가분 가운데 4분의 3 이상(즉 16억 달러)은 최근에 매입한 코카콜라 지분 7%와 신규로 전환한 질레트 주식 등 두 종목의 가치 상승에 힘입은 것이었다. 1991년 미국의 전반적인 경기 침체라는 배경 속에서도 버크셔가 운영하는 기업들은 전년도보다 성장한 것은 아니었지만 괜찮은 실적을 거두었다. 세전 영업이익은 4억 100만 달러를 기록해 17% 줄어들었다. 버크셔는 또한 새로 인수해 운영할 H. H. 브라운 슈H. H. Brown Shoe라는 기업을 찾아냈다.

아울러 워런 버핏은 살로몬 경영(및 구제)이라는 또 하나의 일을 마지못해 맡았다. 살로몬 경영이라는 버핏의 에피소드는 경고성 사례이

자 충분히 연구할 만한 가치가 있는 예다.[6]

버크셔는 살로몬에서 발행한 7억 달러 규모의 전환우선주를 1987년에 처음 매입했는데, 이때 버핏과 찰리 멍거는 버크셔의 의결권 12%를 대표하고자 살로몬 이사회에 참여했다. 몇 년 동안은 아무런 문제가 없었다. 그러다가 1991년 중반에 살로몬 직원 한 명이 고객의 계좌를 부적절하게 사용하며 살로몬의 미국 국채 1차 딜러라는 특권을 남용해 법을 어겼다는 뉴스가 나왔다.* 문제는 살로몬이 법을 위반했다는 것이 아니었다. 진짜 문제는 CEO인 존 굿프렌드John Gutfreund가 이를 알고도 정부에 알리지 않았다는 것이다.

이어지는 일련의 사건은 마치 그리스 비극과 같았다. 그 살로몬 직원은 1991년 초에 한 번 이상 범죄를 저질렀다. 살로몬 경영진은 살로몬에 대한 규제 기관인 뉴욕 연방준비은행에 그 잘못을 보고하지 않아 이를 비극으로 만들었다. 살로몬 법률고문은 이 일과 무관한 상사인 CEO 존 굿프렌드에게 이 문제를 넘겨 자신의 몰락을 촉발했다. 굿프렌드는 이 일이 그냥 넘어가거나 최악의 경우라도 가벼운 경고에 그칠 것이라고 생각했다. 이는 치명적인 판단 오류였다.

대신 굿프렌드가 살로몬이 법을 위반했다는 사실을 정부에 알리지 않았을 뿐만 아니라 버핏과 멍거 등 살로몬 이사회에도 알리지 않아 상황이 악화되었다. 그다음에 일어난 일은 살로몬에 대한 처분이었다. 만

---

* 1차 딜러primary dealer란 미국 국채 도매 유통업체를 말한다. 미국 정부는 소수의 투자은행에 시장을 조성하고, 자사와 고객 계좌용으로 국채를 사들여 미국 경제에 효과적으로 유통시키는 특권을 부여했다. 해당 은행들은 이러한 서비스에 대한 차익을 얻었으며, 그 대가로 독점적 지위 남용을 최소화하기 위해 마련된 엄격한 규정을 준수했다.

일 정부가 살로몬과 거래를 중단하면 채권 매입자들은 살로몬이 파산할 수 있다고 여길 것이기 때문이었다. 굿프렌드는 해임되었으며 버핏이 위기를 맞은 이 투자은행의 회장이 되었다. 버핏은 이 상황을 다음과 같이 설명했다.

"1989년의 경우 매일 체리 콜라 5캔을 마시는 행복한 소비자였던 저는 10억 달러 상당의 코카콜라 주식 매입을 발표하면서, 제가 늘 이야기하던 것을 행동으로 보여드린 다소 극단적인 사례라고 설명했습니다. 1991년 8월 18일에 제가 살로몬의 임시 회장으로 선임되었을 때는 이야기가 달라졌습니다. 저는 제가 행동으로 보여드렸던 곳에서 이야기를 하게 되었습니다."

그 후로 1992년까지 10개월에 걸친 영웅적인 구제 임무가 이어졌다. 버핏은 다수의 죄 없는 살로몬 직원들이 일자리를 잃을 것을 걱정했다. 그는 살로몬이 금융계와 깊숙이 연결되어 있었기에 전체 금융 시스템에 대해서도 우려했다. 또 자신의 명성에 대해서도 걱정했다. 그래서 버핏은 정부 공무원들에게 미국 국채 딜러라는 살로몬의 지위를 유지해 이 은행이 폐업하지 않게 해 달라고 간청했다. 마지막 순간에 그는 뜻을 이루었다. 만일 버핏이 실패했다면 이 은행은 문을 닫았을 것이다. 대신 버핏은 살로몬을 구하기 위해 자신의 명성을 걸고 CEO 자리를 데릭 모건Deryck Maughan에게 넘겼다.** 깊은 식견을 지닌 사내 인사였

** 살로몬은 결국 2억 9,000만 달러의 벌금을 물었다. 1997년 살로몬은 90억 달러에 트래블러스Travelers에 매각되었는데, 버크셔 지분은 17억 달러어치였다.

던 모건은 그 당시 이 은행 도쿄 지사에 근무했기 때문에 결백을 주장할 수 있었다

살로몬 에피소드는 나중에 버핏의 명성을 빛나게 해 준다. 하지만 이는 버핏이 회사를 살려 냈기 때문인 것은 아니다. 조사 과정에서 변호사 비밀 유지권attorney-client privilege(변호사와 의뢰인의 의사 교환에 대한 비밀 유지권 옮긴이)을 포기한 것을 포함해, 버핏의 솔직함과 정직성은 높은 기준을 설정하고 위기를 관리하는 방법을 보여 주었다(물론 그는 그 사태 발생에 관여하지 않았기에 더욱 쉬울 수 있었다). 매년 버크셔 해서웨이 주주총회에서 버핏은 의회 청문회에서 증언하는 자신의 모습이 담긴 동영상을 재생한다.* "저는 이 회사가 돈을 잃어도 이해할 것입니다. (하지만) 이 회사가 명성을 조금이라도 잃는다면 인정사정없을 것입니다"라는 말은 지금까지도 잘 알려진 버핏의 메시지다. 이것은 되풀이할 만한 가치가 있는 메시지다.

살로몬이 남긴 또 다른 교훈은 버핏 없이도 버크셔가 잘 운영될 수 있다는 것이었다. 버핏이 살로몬에 대한 업무를 본 것은 버크셔에 큰 영향을 미치지 않았다. 유능한 버크셔 경영자들이 회사를 잘 관리했기 때문이다. 그럼에도 버핏은 살로몬 '임시 회장'이라는 새로운 직함에 딸린 '임시'라는 단어를 재빨리 지적했다. 그는 주주들에게 "버크셔는 나의 첫사랑이자 결코 잊히지 않을 것"이라고 전했다.

---

* 이 동영상은 온라인에서 쉽게 찾을 수 있다.

수익원 보고

추정 이익은 1990년 6억 200만 달러에서 1991년 5억 1,600만 달러로 14% 감소했다.** 버크셔의 영업이익과 투자 대상 기업 이익에서 차지하는 지분 모두가 감소 요인으로 작용했다. 미디어 기업인 캐피털 시티

표 5-27 · 1990~1991년 버크셔 해서웨이 추정 이익(1991년 주주 서한 수치로 재작성) | **자료**· 1991년 버크셔 해서웨이 연례 보고서

버크셔의 주요 투자 대상 기업	버크셔의 당기 말 기업별 지분율(%)		배당 영업이익 중 버크셔 몫(100만 달러)	
	1991	1990	1991	1990
캐피털 시티즈/ABC	18.1	17.9	61	85
코카콜라 컴퍼니	7.0	7.0	69	58
연방주택대부모기지 공사1	3.4	3.0	15	10
질레트 컴퍼니2	11.0	0.0	23	0
가이코	48.2	46.1	69	76
워싱턴 포스트	14.6	14.6	10	18
웰스 파고 & 컴퍼니3	9.6	9.7	(17)	19
주요 투자 대상 기업의 미배당 이익 중 버크셔의 지분			230	266
이런 미배당 투자 대상 기업 이익에 대한 가상의 세금			(30)	(35)
버크셔의 보고된 영업이익			316	371
버크셔의 추정 이익 총계			**516**	**602**

각주 1. 웨스코의 소수 지분(순)
      2. 버크셔가 4월 1일 우선주를 전환한 후 9개월간의 실적
      3. 해당 연도의 평균 지분율로 계산한 이익

참고 금액은 세후 기준임.

** 주의 깊은 독자라면 1990년 섹션에서 보고된 5억 9,100만 달러 수치와 이 금액 사이에 차이가 있다는 것을 알 수 있다. 여기에 보고된 수치는 버핏 회장의 주주 서한에 바탕을 둔 것이다. 1992년 초반(1991년 서한이 작성된 시기)이라는 유리한 시점에 나온 수치임을 생각해 보면 이 데이터가 더 정확할 것이다.

즈/ABC와 〈워싱턴 포스트〉는 변화하는 업계의 경제 여건 탓에 어려움을 겪었다. 웰스 파고는 투자 대상 기업의 추정 이익에 타격을 주는 손실을 기록했으나 수령한 배당금으로 상쇄되었다(버크셔 영업이익에 반영됨). 버크셔의 최대 운영 부문인 보험은 상당히 부진했지만 여전히 우수한 수익을 기록했다. 보험 인수 및 투자 수익을 포함한 보험의 세전 영업이익은 1990년 3억 달러에서 1991년 2억 1,200만 달러로 낮아졌다. 대규모 인수 손실 때문이었다.

미디어 환경의 변화와 약간의 밸류에이션 계산

버핏은 주주 서한의 한 섹션에서 캐피털 시티즈/ABC, 〈워싱턴 포스트〉, 〈버펄로 뉴스〉 등 '미디어 기업이 과거보다 실적이 저조한 이유'라는 제목으로 이를 매우 간단하게 설명했다. 이 논의에는 업계의 세 가지 사업 유형에 대한 버핏의 생각도 들어 있었다.

유형 1 | 업종을 불문하고 가장 가치 있는 사업은 경제적 사업권franchise이었다. 더 일반적으로 알려진 임대 개념 사업 운영과 혼동하지 않도록, 버핏은 사업권을 다음과 같이 정의했다. 즉 사업권이란 "(1) 필수품이거나 갖고 싶어 하는 것, (2) 고객이 비슷한 대체품이 없다고 여기는 것, (3) 가격 규제 대상이 아닌 것"이었다. 1991년 이전까지 미디어 회사에 속했고 그 당시에도 해당됐을 그런 기업들은 가격 결정력이 있었고 높은 자본이익률을 기록했다. 또 이런 기업들은 대다수가 미숙한 경영에 대한 면역력이 있었다.

유형 2 | 훌륭한 사업. 버핏은 미디어 기업이 사업권 같은 것이 아니라 훌륭한

사업에 더 가까워지고 있다는 점을 깨달았다. 기업이 높은 자본이익률을 올릴 수 있는 유일한 방법은 비용을 적게 들이는 기업이 되는 것이었다. 이것은 대개 평균 수준 이상인 경영자의 성과였다. 미디어 회사의 밸류에이션은 경영 품질이 저하되면서 고전하고 있었다. 사업권으로 보자면 여러 미디어 회사들은 추가 자본 투입 없이도 정기적으로 연간 6%의 수익률을 올렸다. 이러한 가격 결정력은 탄탄한 이익과 자본이익률을 제공했다. 그러나 미디어 기업들은 경쟁이 심화되고 사업권의 이점을 일부 상실함에 따라 공격적인 가격 책정 능력을 잃었고 경영도 느슨해지고 있었다.

당연한 이야기지만 투자자들은 이에 알맞게 다음과 같이 가격을 매겼다. 즉 10%의 할인율과 6%의 영구적인 성장을 가정한다면, 이런 기업은 합리적으로 이익의 25배 가치가 있을 거라고 말이다.* 그러나 미디어 광고의 대체재를 선호하는 환경으로 변화해 그런 비용 없는 성장이 사라지면, 그러한 기업의 가치는 이익의 10배에 그치게 된다. 그런 일반적인 기업은 여전히 좋은 투자 대상이 될 수 있지만, 성장하기 위해서는 추가 자본이 필요하다. 버핏은 성장이란 아무 생각 없이 모델에 끼워 넣는 가벼운 개념이 아니라는 것을 설명하고자 했다. 여기에는 근본적인 작동 원리에 대한 지식이 필요했다.

사업은 일반적으로 필요 자본에 따라 제약을 받는다. 이익잉여금, 추가 자본 또는 차입금(혹은 이 세 가지의 조합)을 통해 더 많은 자본을 확보하지 않으면 성장은 불가능하다. 추가 자본 투입이 없는 상태를 전제로 버핏은 "(현 수준에서) 맴돌기' 패턴은 대부분의 기업에서 실제로 많이 나타난다"고 말했다. 버크셔 주주들

---

* 내가 언급하는 공식은 '고든Gordon 성장 모델'로, 아주 간단하게 표시하자면 '가치=이익/(할인율 − 성장률)'이다.

은 스콧 페처 또는 더 광범위하게는 제조, 출판, 소매 유통 부문에서 높은 자본이익률이 성장과 함께 자동으로 나타난 게 아니라는 것을 알 수 있다. 버핏은 1990년 주주 서한에서 제조, 출판, 소매 유통 부문 이익의 80%가 버크셔에 배당금으로 지급되었다고 언급했다. 기본 자본이익률이 만족스러웠으므로 이 정도는 양호한 것이었다. 다만 이것은 필요 이상으로 많은 이 기업의 초과 자본을 분배할 곳을 다른 곳에서 찾는다는 의미였다.

유형 3 | 버핏은 사업의 세 번째 유형에서 본질적으로 사업권이나 실적 좋은 사업을 제외한 나머지는 아무것도 논하지 않았다. 그는 주주들이 스스로 해결할 수 있다고 여겼다. 마지막 범주에 속하는 사업 유형은 고비용 원자재형 사업*이면서 성장 없이 막대한 자본이 필요한 사업, 혹은 둘 중 한 가지에만 해당하는 사업이었다. 그런 사업은 많이 있었다. 아마도 버핏은 그런 사업의 전형적인 사업(지난 10년 구간 동안 버크셔가 했던 직물 사업)에 대해서는 다루고 싶지 않았을 것이다.

보험업

영업이익 요약본을 대강 살펴보면, 보험 부문은 보험계약 인수로는 큰 손실을 입었으나 투자 수익 덕분에 전반적으로는 긍정적인 이익을 기록했다. 보험 이익은 크게 줄어들었지만 그럼에도 맥락 면에서는 우수했다. 보험 인수 손실은 6.3%의 책임준비금 비용을 유발했는데, 이는 장기국채 금리 7.4%보다는 낮았으며, 책임준비금은 16% 늘어나며 평

---

* 여기서 원자재란 물리적 원자재 산업(금속, 석탄 등)의 사업을 의미하는 것이 아니라, 경쟁 우위가 전혀 없는 기본적이고 모방하기 쉬운 사업도 해당한다.

표 5-28 · 보험 부문 선별 데이터
자료·1992년 버크셔 해서웨이 연례 보고서 및 저자의 계산 **단위**·100만 달러

	1991		1990	
	금액	비중	금액	비중
원수보험 부문				
인수 보험료	135.5		139.1	
수입 보험료	141.0	100.0%	154.0	100.0%
손해 및 손해 비용	95.2	67.5%	102.0	66.2%
보험 인수 비용	48.3	34.3%	51.5	33.4%
손해 및 비용 총계	143.5	101.8%	153.5	99.7%
보험계약 인수 손익(세전)	(2.5)		0.5	
손해 및 손해 비용에 포함된 불이익성(이익성) 손해 발생	(23.8)	(16.9%)	(18.3)	(11.9%)
법정 합산비율		103.2%		103.3%
재보험 부문				
인수 보험료	667.0		435.2	
수입 보험료	635.4	100.0%	437.5	100.0%
손해 및 손해 비용	731.9	115.2%	432.2	98.8%
보험 인수 비용	20.6	3.2%	32.5	7.4%
손해 및 비용 총계	752.5	118.4%	464.7	106.2%
보험계약 인수 손익(세전)	(117.1)		(27.2)	
손해 및 손해 비용에 포함된 불이익성(이익성) 손해 발생	(30.0)	(4.7%)	0.0	0.0%
법정 합산비율		118.3%		106.3%
보험 부문 계약 인수 손익(세전) 총계	**(119.6)**		**(26.7)**	
보험 부문 전체 법정 합산비율		115.1%		104.9%

참고
1. 반올림으로 계산해 숫자 합산액이 일치하지 않을 수 있음.
2. 손해율과 비용률은 GAAP 기준 연례 보고서에 보고된 수치로 표시됨. GAAP 기준 비율은 인수 보험료를 수입 보험료로 나눈 값으로 계산함. 이는 비율 계산 시 인수 보험료로 적용하는 법정 기준과 다름. GAAP와 법정 계산 시, 손해 및 손해 조정 비용은 두 경우 모두 수입 보험료로 나누어 줌.
3. 버크셔는 1990년부터 구조화 합의 및 포트폴리오 재보험을 재보험 부문에 포함시킴.

균 19억 달러를 기록했다. 보험 부문은 매력적인 비용으로 더 많은 책임준비금을 확보한다는 성공의 기본 법칙을 따르고 있었다.

보험 부문이 인수하는 보험료 유형 및 관련 회계 규정의 영향을 이해하는 것은 중요하다. 버크셔는 우월한 자본력과 그런 이점으로 대규모 보험계약을 인수하려는 의지를 활용해 슈퍼 캣(초대형 재해보험)이라는 더 푸르른 초원으로 이동하고 있었다. 슈퍼 캣 사업에는 책임준비금을 많이 발생시키는 장점이 있었지만 이익 보고 측면에서는 리스크와 변동성도 있었다. 그런 보험 상품군은 양호한 해에는 1억 달러의 이익을 낼 수 있지만, 상황이 좋지 않은 해에는 2억 달러의 손실을 낼 수도 있었다. 버크셔는 해당 부문이 장기적으로 보험료의 90%를 지급하도록 가격을 책정했는데, 이렇게 하면 시간이 지남에 따라 수익이 나올 것이라고 생각했다.

슈퍼 캣과 기타 장기성 보험에 대한 회계 처리는 원수보험 또는 직접 상품군보다 훨씬 어려웠다. 그런 상품군은 쉽지 않았다. 주주들이 이해하기 위해서는 뉘앙스가 중요했다. 슈퍼 캣 이벤트가 발생하지 않고 버크셔가 연간 1억 달러라는 많은 보험료 수입을 올렸던 양호한 해에도, 그것은 경제적으로 볼 때 언젠가는 청구되어 지급하게 될 누적 리스크와 미래 손실이었다. 그러나 회계 관행이 그러한 가까운 미래의 손실에 대한 유보금을 허용하지 않아서 실적 보고 수치는 크게 출렁일 수 있었다.

회계상 혼선의 가능성은 슈퍼 캣 상품에서만 나타나는 게 아니었다. 재무제표의 주석은 독자들을 오해하게 만들 가능성이 있었기 때문에 중요한 회계 공시를 제공했다. 버크셔는 과거에 파이어맨스 펀드 등 일부 지분 참여형 재보험계약과 관련한 3,060만 달러 전액을 포함해 어떤 해에는 이익성 손해 증가를 기록하기도 했지만, 그 후 몇 년 동안 불이익성 손해가 증가할 가능성이 있었다. 버크셔는 갑작스러운 불이익성 손해의 영향을 받지 않았지만 대체로 재무제표는 보수적인 요소를 나타냈다.

독자들이 알아야 할 중요한 공시는 소급 재보험계약에 대한 이연비용 상각이었다. 소급 재보험계약이란 미래에 연장될 것으로 예상되지만 원수보험사 또는 기타 재보험사가 해지하고자 하는 알려진 손해 이벤트에 대해 보장해 주는 보험을 말한다.*

보험금 청구는 미래에 (때로는 아주 먼 미래에) 발생하고, 책임준비금은 미래 손실을 상쇄하기 위해 수익을 벌어들이는 데 오랫동안 사용할 수 있으므로 재보험사는 예상되는 미래 지급액보다 낮은 보험료를 적당하게 수용한다.**

소급 재보험계약에 대한 회계 처리가 제대로 이해되지 않으면 다소 혼란스러울 수 있다. 재보험사는 계약 체결일에 선불로 현금 보험료를 받는다. 이 수입 보험료는 수령한 보험료보다 더 큰 손실로 상쇄되므로 해당 손실은 2개의 덩어리로 분할된다. 하나는 방금 받은 보험료와 같은 금액이며, 발생한 손실로 즉시 지출된다. 다른 하나는 받은 보험료에 대한 손실의 첫날 초과분으로, 대차대조표에 자산으로 표시된다. 처음에는 다소 직관적이지 않겠지만 이런 회계 처리는 일반적으로 합리

---

*   아마도 더 많은 계약을 인수하기 위해 여유를 확보해야 하거나, 그런 손해가 발생하는 시기와 금액이 확실하지 않기 때문일 수 있다.
**   화폐의 시간 가치를 반영한다.

적이다. 이론적으로 이 신규 이연비용 자산은 비용 계정을 통해 상각되며, 수취한 선급 현금으로 창출된 투자 수입으로 상쇄되어 약간의 이익이 남을 것으로 기대된다. 이 이론은 타당하지만 상계되는 보험료 수입 없이 이연비용 자산을 비용으로 처리하므로 미래에 명백한 인수 손실을 유발하는 효과가 있다*(전체 보험료가 계약 첫날 수입으로 들어온다는 점을 기억하자. 그것도 투자 수익을 창출할 수 있는 능력에 일부 바탕을 둔 거래의 경제성과 함께 말이다).

1991년 버크셔는 소급 재보험에 대한 이러한 이연비용과 관련된 2,620만 달러의 인수 손실을 발표했다. 아울러 구조화 합의와 관련해 2,280만 달러의 인수 손실을 기록했다. 구조화 합의 역시 화폐의 시간 가치 개념을 바탕에 두고 있어 소급 재보험과 비슷한 회계 문제를 초래했다. 한마디로 이러한 계약의 이익성 경제 효과(장기간 현금 보유)가 회계상 손실(자산 상각) 탓에 가려질 수 있다는 것이었다.**

제조, 출판, 소매 유통업

제조, 출판, 소매 유통업은 전년 대비 1% 감소한 2억 1,450만 달러의 세전 이익을 보고했다. 매출액은 4.6% 증가한 16억 5,000만 달러를 기록했는데, 여기에는 H. H. 브라운 슈 등의 인수에 따른 매출액도 포함됐다. 고정 이익은 57.2%의 세전 유형자본이익률로 변환되고 난 후에 인

---

* 이런 계약은 불완전하므로 손해 경험의 규모와 시기가 결정되면 조정이 이루어졌다.
** 여기서 작용하는 명확한 화폐의 시간 가치 개념을 감안해, 어떤 이들은 재보험계약의 할인을 허용할 것을 제안하기도 했다. 이연비용 자산 및 관련 상각의 필요성을 제거하는 효과가 있을 것이라고 말이다. 버핏은 이것이 논리적으로 들리긴 하지만 그런 시스템을 남용할 경우 입을 명백한 리스크 때문에 적절하지 않다고 생각했다(어떤 주 보험 감독 당국은 할인을 허용했다).

상적인 수준으로 나타났다. 그런 실적은 당연히 그 자체로 인상적이다. 그러나 1990년에는 73%에서 하락했다. 경기 침체, 그리고 버크셔가 대단히 훌륭하지만 약간 덜 유망한 기업을 계속 인수했기 때문이다. 세후 자기자본이익률은 51.1%에서 39.3%로 낮아졌다.

시즈 캔디와 함께한 버크셔의 이력은 훌륭한 사업의 경제성을 잘 보여 준다. 1972년 블루칩 스탬프가 시즈를 인수했을 때도 시즈는 이미 상당히 괜찮은 기업이었다. 세전 자본이익률이 50% 이상이었다. 19년 후인 1991년, 시즈는 훨씬 좋은 실적을 거두고 있었다. 세전 이익은 10배 증가한 반면, 사업 운영에 필요한 자본은 3배 증가에 그쳤다. 그 결과는 세 자릿수의 세전 자본이익률에 따른 수익성의 폭발적 증가였다. 정말 군침이 도는 성과였다.

시즈의 성장은 그러한 엄청난 수치로 볼 때 성공적이었다고 쉽게 결론지을 수 있었다. 하지만 다른 회사들은 그렇게 명확하지 않았다. 버핏은 다음과 같은 분석을 내놓았다. "이윤의 증가를 적절하게 평가하기 위해서는 이를 창출하는 데 필요한 자본 투자 증가분과 비교해야 합니다." 이러한 구조를 적용할 경우 시즈는 3,800만 달러의 이익 증가에 1,700만 달러의 투자가 필요했다. 이는 어떤 기준을 적용하더라도 놀라운 수익이다.

특히 업계가 매우 어렵다고 버핏과 멍거가 자주 언급했다는 사실을 고려해 보면 이런 일이 어떻게 가능했을까? 답은 이 회사의 가격 결정력을 빼놓았다는 것이다. 다시 말하면 이 회사의 고객들은 가격에 그다지 민감하지 않았다. 이것은 간식류에 대한 신규 세금이 부과되었음에도 1991년 실적이 더 좋았다는 사실에서 분명히 드러났다. 동일 매장

표 5-29 · 시즈 캔디 선별 데이터 | **자료·1991년 버크셔 해서**
웨이 연례 보고서 및 저자의 계산 **단위·**100만 달러

	1991	1972	변동치
매출액	196.0	29.0	6.8배
세전 이익	42.4	4.2	10.1배
유형자본	25.0	8.0	3.1배
이익 증가분	38.2		
자본 증가분	17.0		
자본이익률 증가분	225%		
매출액/자본	7.84	3.63	
세전 자본이익률	170%	53%	

판매량은 5% 감소했지만 세전 이익은 7% 증가한 4,240만 달러를 기록
했다. 낮은 비용 인플레이션이 그러한 실적을 올리는 데 도움이 되긴
했지만 시즈는 여전히 우수한 기업이었다.

지난 20년 동안 시즈가 블루칩/버크셔 해서웨이에 배당한 4억 1,000만
달러의 이익도 달콤하긴 했으나, 이 회사는 어쩌면 그보다 더욱 가치
있는 무언가를 가져다주었다. 시즈에서 배운 교훈은 버핏과 멍거에게
훌륭한 기업을 보유할 때 얻을 이점을 가르쳐 줌으로써 버크셔가 상당
한 돈을 벌 수 있게 해 주었다.

H. H. 브라운 슈

버크셔가 가장 근래에 인수한 기업*은 당시 북미 최고의 작업화 및 부
츠 제조업체 H. H. 브라운 슈였다. 버핏은 매사추세츠에 본사를 둔 이

---

* 인수 가격은 공개되지 않았다. 재무제표의 각주에서는 이 회사 인수에 1억 6,100만 달러를 지불했다고 기
재되어 있지만, 이는 전적으로 H. H. 브라운에만 귀속된 금액은 아닐 것이다. 네브래스카 퍼니처 마트도
해당 연도에 기업을 인수했고, 이 밖에도 비공개 소규모 '알짜' 인수가 이루어졌을 수 있다.

회사가 매출액 및 자산에서 상당한 이윤을 올렸다고 보고했다. 이 회사는 레이 헤퍼넌Ray Heffernan이 설립했으며 이후 그의 사위 프랭크 루니Frank Rooney가 경영했다. 헤퍼넌이 사망한 후 그 일가는 회사가 기댈 곳을 찾기로 결정했는데 그게 바로 버크셔였다. 버크셔의 다른 여러 자회사들과 마찬가지로, 루니는 금전적으로는 일할 필요가 없었지만 그 사업을 좋아했기 때문에 계속 근무했다.

H. H. 브라운 슈 인수로 버크셔는 이 신발 사업을 통해 다시 제조업으로 복귀했다. 뉴잉글랜드는 신발 제조의 중심지였다. 1970년대 미국에는 1,100개의 신발 제조 공장이 있었지만 1985년 무렵에는 약 500개만 남아 있었다. 미국 신발 제조업 고용 감소는 1991년에 본격화되었다. 이것은 불길하게 들릴 수도 있는데, 방금 설명한 요인들은 아마도 버크셔가 기꺼이 지불하려던 가격에 영향을 미쳤을 것이다.[7]

H. H. 브라운 슈 의 이례적인 보상 프로그램은 버핏의 마음을 따뜻하게 해 주었다. 회사 경영자들의 연봉은 단 7,800달러에 불과했으며 나머지 보상은 자본금을 뺀 일정 비율의 이익으로 산정했다. 이에 버핏은 "이런 경영자들은 진정으로 주주의 입장에 서 있습니다"라고 서술했다. 이 회사는 1991년 7월 1일 버크셔에 합류했으며 그해 버크셔에 세전 1,360만 달러의 이익을 올려 주었다.

네브래스카 퍼니처 마트는 부진한 소매 유통 여건 속에서도 매출액이 4% 증가한 1억 7,100만 달러를 기록했다. 그러나 세전 이익은 17% 감소한 1,390만 달러를 기록했다. 이 회사가 "저비용 공급업체라는 이미지를 지키고 강화하기 위해"(이미 매우 낮은 수준이던) 가격을 더 인하했기 때문이다. 자세한 사항은 공개되지 않았지만 이 회사는 네브래스카주 링컨에 있는 작은 회사를 인수했다.

〈버펄로 뉴스〉는 인쇄물 광고 수요가 급감함에 따라 세전 이익이 15.6% 감소한 3,660만 달러를 기록했다. 버크셔는 각 주에서 소비자 직송 우편과의 경쟁 심화와 신문광고의 지속적인 감소로 이익이 계속 줄어들 것으로 생각한다고 밝혔다. 또 주석에서는 1992년 초에 인쇄소 및 언론인을 상대로 200만 달러의 인수 제안을 했다고 설명했다.

월드북이 올린 이익은 1990년의 높은 실적과 비교할 경우 약 30% 하락한 2,220만 달러를 기록했다. 이익은 1989년 같은 평년에 비해서도 12% 줄어들었다. 이런 하락은 부분적으로는 경기 침체에 기인했고, 주된 요인으로는 마케팅 전략에서 비용이 커진 변화에 따른 것이었다.

다른 버크셔 자회사들의 매출액과 이익이 불안정했던 경기 침체에도 커비 부문은 1991년에 좋은 실적을 올렸다. 주로 3세대 진공청소기의 신규 도입에 힘입어 매출액은 2% 증가한 1억 9,200만 달러를 기록했다. (신형 모델이 출시되었던) 1990년에 비해 초기 비용이 낮았던 덕분에 세전 이익은 약 31% 증가한 3,700만 달러를 기록했다.

이런 사연은 페치하이머에서도 비슷했다. 소매 영업의 성장, 신규 소방화 제품군, 마칭 밴드(행진하며 연주하는 취주악단 - 옮긴이) 유니폼 판매 증가 등으로 매출액은 6% 증가한 1억 달러, 세전 이익은 4% 늘어난 1,220만 달러로 나타났다. 이전 몇 년 동안 겪었던 통합 관련 문제가 완화되었으며 페치하이머 경영자들은 회사 창립 150주년이 되는 1992년을 조심스럽게 낙관했다.

투자

1991년 버크셔의 투자 포트폴리오에는 처음으로 단행한 중요한 해외 투자 등 몇 가지 주목할 점이 있었다. 1991년 버크셔는 이름난 흑맥주 제조업체 기네스Guinness PLC의 주식 3,120만 주를 2억 6,500만 달러에 인수했다. 1991년 나머지 6개의 영구적 투자에 대한 버크셔의 지분은 보유 주식 수에서는 변동이 없었다.

버크셔는 이즈음 보통주로 전환된 질레트 우선주 및 RJR 나비스코 우선주에 대한 고정 수익을 대체하는 주식을 찾아냈는데, 이것 역시 교환 제안으로 제외되었다. 버크셔는 철도차량 제조업체 ACF 인더스트리스의 우선주 보유량을 9,400만 달러어치로 늘렸으며 아메리칸 익스프레스 우선주에 대한 포지션도 취했다. 이 주식은 3억 달러어치를 사들였는데 연말 가치는 2억 6,300만 달러에 그쳤다.* 버크셔는 또한 4,000만 달러 규모의 퍼스트 엠파이어 스테이트 은행 우선주를 사들였다. 이 은행은 버핏이 매우 존경하던 밥 윌머스Bob Wilmers가 경영했다. 버크셔는 "사실상 모든 참여자가 이 산업에서 계속 수익을 내지 못할 리스크"를 반영해 US에어 우선주의 가치를 35% 감소한 2억 3,270만 달러로 기재했다. 전반적으로 채권 포트폴리오는 비교 대상 채권 포트폴리오보다 많은 수익률을 기록하며 버크셔에 괜찮은 성과를 올려 주었다.

특유의 성격대로 버핏은 자신의 실수를 알릴 기회를 놓치지 않았다. 주주 서한의 반 쪽 이상을 할애해 그는 프레디 맥과 비슷한 기업인 패

---

* 주주 서한에 나오는 표에 따르면 그 가치는 버핏과 멍거가 결정한 것으로 나타난다. 이러한 가치 하락은 1991년에 아메리칸 익스프레스의 주가가 크게 하락한 것을 반영한 것 같다. 이 우선주는 3년 후 의무 전환 대상이 되었다.

니 매_{Fannie Mae}에 대한 투자 기회를 놓친 것에 대해 자책했다. 그는 그런 누락이라는 실수가 어떤 곳에도 나타나지 않았지만 그것이 계속 큰 희생을 감수하게 한다고 썼다. 버핏은 이 실수로 버크셔가 약 14억 달러의 이익을 얻을 기회를 놓쳤다고 추정했다.

기타 사항

1991년 맬컴 G. 체이스 주니어가 은퇴했다. 88세인 체이스는 1931년 버크셔 파인 스피닝 어소시에이츠에서 시작해 1957년 버크셔의 회장직을 맡는 등 버크셔와 오랜 역사를 함께했다. 애초에 버핏이 버크셔 주식을 인수할 수 있게 해 준 인물이 체이스였다. 체이스의 아들 맬컴 '킴' 체이스 3세가 아버지의 후임자로 지명되었다.

버크셔는 1991년에 이자율 9.75%짜리 채권 중 2,200만 달러어치 및 이자율 10%짜리 채권 5,000만 달러어치(두 가지 모두 모회사인 버크셔에서 발행)를 상환하는 등 고비용 부채의 일부를 갚아 나가기 시작했다. (10년 만기 국채 금리가 1991년 말에 7% 이하로 하락했던) 1970년대 중반 이후로 이자율이 최저 수준으로 하락함에 따라, 1992년에는 부채가 더 많이 줄어들 것으로 전망되었다. 여기에는 이자율 10%짜리 채권의 나머지 1억 달러어치와 자회사가 발행한 이자율이 약 10%인 채권 3,600만 달러어치도 포함되었다. 버크셔의 유동성이 높은 수준이었고 대규모로 예정된 투자처가 거의 없음을 감안하면, 그러한 자본 배분 움직임은 합리적이었다.

1992년

—

1992년 버크셔 해서웨이의 주당 장부가액은 버핏의 목표치인 15%를 훌쩍 뛰어넘은 20.3%나 증가하며 자기자본 계정에 15억 달러를 불려 주었다. 그러나 이렇게 높은 성장률은 버크셔 대차대조표의 자본과 주당 증가율에 약간 다른 영향을 미쳤다. 성장의 98% 이상은 버크셔의 일반적인 운영 기업 및 투자 활동에서 비롯되었다. 나머지는 버크셔가 전환사채의 (보통주) 전환 여부를 선택해 달라고 공지하자 일부 주주가 전환을 요청한 후 발행된 2,162주에서 나온 것이었다.*

버크셔 해서웨이의 이 신주는 시장가치로 약 135억 달러에 해당했다 (〈표 5-30〉 참고). 해당 연도에 버크셔의 평균 자기자본을 적용할 경우 그 가치는 장부가치의 1.7배와 같았는데, 이는 불합리하게 높거나 낮은 가치는 아니었다. 다른 방법으로 볼 경우, 135억 달러라는 주가는 주주에게 버핏의 주주 이익 추정치와 비교해 4.5%의 이익률을 나타낸다. 정기적으로 15% 성장률을 초과하는 기업이라면 이러한 밸류에이션이 불합리하지는 않을 것이다.**

10개월 후, 버핏은 살로몬 사태를 마무리 지었다. 버핏은 CEO 데릭 모건, 밥 데넘, 돈 하워드, 존 맥팔레인 등 놀라운 기업 회생을 책임졌던 경영자들에게 찬사를 보냈다. 그는 또한 법률 회사인 멍거, 톨스 & 올슨에서 찰리 멍거의 파트너로 있는 론 올슨도 칭송했다. 그가 다양한

---

* 1992년 말 이후 동일한 전환사채와 관련해 3,944주가 추가 발행되었다.
** 버크셔 주식은 그해에 8,850달러에서 1만 1,750달러 사이에서 거래되었다.

표 5-30 · 버크셔 해서웨이 내재 가치 밸류에이션

자료·1992년 버크셔 해서웨이 연례 보고서 및 저자의 계산

발행 주가(달러)	11,719
버크셔 유통 주식 수	1,152,547
내재 시장가치(100만 달러)	13,507
1991년 평균 장부가치(100만 달러)	8,138
가격/장부가치	1.66배
주주 이익 추정치(100만 달러)	604
이익률	4.5%

금융 및 감독 기관을 통해 복잡한 업무를 처리하는 데 도움을 주어서였다. 버핏은 자신이 복귀해 버크셔 업무에 전적으로 임하게 되어 기쁘다고 말했다.

그의 기쁨은 1992년 새로운 기업을 몇 군데 인수하면서 신나는 기분으로 바뀌었다. 이 가운데 하나는 센트럴 스테이츠 인뎀니티Central States Indemnity의 지분 82%를 인수한 것으로, 오마하에 본사가 있는 이 회사는 장애인 또는 실직자를 위한 신용카드 결제 보험회사였다. 센트럴 스테이츠는 9,000만 달러의 인수 보험료와 약 1,000만 달러의 이익을 올리고 있었다.* 버크셔가 새로 인수한 기업 중 하나인 H. H. 브라운 슈는 그해에 로웰 슈 컴퍼니Lowell Shoe Company를 인수했다. 버크셔의 다른 자회사들은 추가 인수 대상을 네 곳 찾아냈다. 버핏은 이러한 추가 인수 대상을 "우리가 뛰어나다는 것을 잘 알고 있는 경영자들의 영역을 확장"한다는 점에서 '저위험 고수익low-risk, high-return' 건이라고 지칭했다. 이것은 버크셔가 오늘날까지도 성공적으로 채택해 온 전략이다. 이는 기존

---

* 이 데이터에 따르면, 이 회사는 88.8%의 우수한 합산비율을 기록한다.

매도가능증권의 보유 포지션을 늘리는 것과 다를 게 없었다.

보험업

책임준비금 원가로 평가해 보면 1992년 버크셔의 보험 부문은 양호한 실적을 올렸다. 1991년에 비해 약 21% 증가한 약 23억 달러의 평균 책임준비금은 7.4%인 미국 장기국채 금리와 비교하자면 비용이 단 4.8%**에 불과했다.

　이러한 이익과 손실을 이해하기 위해서는 1992년에 무슨 일이 있었는지 자세히 살펴볼 필요가 있다. 8월에는 허리케인 앤드루(5등급 허리케인)가 미국 동부 해안을 강타해 큰 피해를 입혔다. 버핏은 1992년 업계 추정 합산비율 115% 가운데 약 4%p는 이 허리케인에서 비롯된 것일 수 있다고 생각했다. 버크셔는 업계 대다수 기업보다 더 좋은 실적을 기록했다. 버크셔는 허리케인 앤드루로 약 1억 2,500만 달러의 손해를 입었지만, 거의 동일한 규모의 보험료를 받았기 때문에 슈퍼 캣 사업군의 실적은 손익이 비슷했다. 가이코는 허리케인으로 5,000만 달러의 세후 손해를 기록했는데, 이는 버크셔의 추정 이익 기준으로 약 2,500만 달러에 해당했다(지속적인 자사주 매입 결과, 현재는 가이코 지분의 50%를 보유하고 있다. 버크셔의 기존 투자 규모에는 변경 사항이 없다).

　원수보험 부문의 경우, 1992년 실적은 대체로 양호했다. 수입 보험료

** 참고로 평균 책임준비금이 크게 늘어난 덕분에 책임준비금 비용이 낮아져 법정 합산비율은 115.1%가 되었다. 만일 책임준비금이 1992년처럼 늘어나지 않았다면 책임준비금 비용은 더 늘어났을 것이다.

표 5-31 · 보험 부문 선별 데이터

자료 · 1992년 버크셔 해서웨이 연례 보고서 및 저자의 계산 **단위** · 100만 달러

	1992		1991	
	금액	비중	금액	비중
원수보험 부문				
인수 보험료	132.4		135.5	
수입 보험료	152.8	100.0%	141.0	100.0%
손해 및 손해 비용	98.0	64.1%	95.2	67.5%
보험 인수 비용	46.8	30.6%	48.3	34.3%
손해 및 비용 총계	144.8	94.8%	143.5	101.8%
보험계약 인수 손익(세전)	8.0		(2.5)	
손해 및 손해 비용에 포함된 불이익성(이익성) 손해 발생	(36.4)	(23.8%)	(23.8)	(16.9%)
법정 합산비율		99.5%		103.2%
재보험 부문				
인수 보험료	607.2		667.0	
수입 보험료	511.5	100.0%	635.4	100.0%
손해 및 손해 비용	589.7	115.3%	731.9	115.2%
보험 인수 비용	38.8	7.6%	20.6	3.2%
손해 및 비용 총계	628.5	122.9%	752.5	118.4%
보험계약 인수 손익(세전)	(117.0)		(117.1)	
손해 및 손해 비용에 포함된 불이익성(이익성) 손해 발생	0.0	0.0%	(30.0)	(4.7%)
법정 합산비율		121.7%		118.3%
보험 부문 계약 인수 손익(세전) 총계	**(109.0)**		**(119.6)**	
보험 부문 전체 법정 합산비율		115.1%		115.1%

참고
1. 반올림으로 계산해 숫자 합산액이 일치하지 않을 수 있음.
2. 손해율과 비용률은 GAAP 기준 연례 보고서에 보고된 수치로 표시됨. GAAP 기준 비율은 인수 보험료를 수입 보험료로 나눈 값으로 계산함. 이는 비율 계산 시 인수 보험료로 적용하는 법정 기준과 다름. GAAP와 법정 계산 시, 손해 및 손해 조정 비용은 두 경우 모두 수입 보험료로 나누어 줌.
3. 버크셔는 1990년부터 구조화 합의 및 포트폴리오 재보험을 재보험 부문에 포함시킴.

는 경쟁 여건이 약간 완화된 것이 반영되어 9% 증가한 1억 5,300만 달러를 기록했다. 더 좋았던 것은, 보험계약 인수에서 전년도의 250만 달러 손실과 비교해 800만 달러의 인수 이익으로 수익성을 회복했다는 점이었다. 이 밖에 주목할 만한 데이터는 다음과 같았다.

- 차량/일반 책임보험 수입 보험료는 5% 감소한 8,500만 달러를 기록했다.
- 상해/전문 책임/특수 리스크 부문은 2,700만 달러의 수입 보험료를 기록했다 (1987년 최고 9,300만 달러에서 1991년 1,400만 달러로 보험료가 하락함).
- 홈 스테이트 부문은 이전 2개 연도와 비슷하게 1992년에는 대략 4,100만 달러를 벌어들였다.

이 연도에는 특수 리스크 부문 수입이 많았고 3,600만 달러 이상의 유리한 손해가 발생해 이익을 기록했다. 이는 수입 보험료로는 상당한 수준인 23.8%였다.* 재무제표의 각주에서는 독자들에게 현재 6년째 이어지는 유리한 손해 발생에 너무 익숙해지지 않도록 다시금 주의를 당부했다.

전체적으로 보면 1992년 재보험 부문은 121.7%의 합산비율을 기록했다. 인수 및 수입 보험료 물량이 저조해 지속적으로 손실이 높은 수준을 나타낸 해였다. 수입 보험료가 20% 감소한 상황에서도, 소급 적용되는 재보험 등 장기 상품군의 지속적인 성장은 책임준비금 증가로 이어졌다.

---

* 손실 발생률은 초기 적립금의 6.4% 규모였다. 이 수치는 과거에 감수 가능한 것으로 인용되었던 5%라는 한계치를 계속 웃돌았다.

버핏은 버크셔의 높은 보험 인수 기준을 변함없이 준수하고 있는 아지트 자인Ajit Jain을 ("이 사업의 최고"라며) 찬사를 보냈다. 버크셔는 보험 가입 요청의 98%를 거부했는데, 이는 상당히 인상적인 자제력이었다.

슈퍼 캣 유형 보험과 관련해 중요한 회계 처리에도 주목할 필요가 있다. 다른 보험 상품의 경우, 보험료는 보험 존속기간에 걸쳐 기록되었다. 이와 대조적으로 버크셔는 손해를 입는 사건이 발생하거나 보험이 만료되었을 때 슈퍼 캣 보험료를 수입으로 인식했다. 이는 해당 연도 말기에 슈퍼 캣 보험으로 손실이 발생할 가능성이 컸기 때문이었다. 1992년 현재 가장 큰 열 건의 보험 손실 중 아홉 건이 그해 말에 발생했다. 따라서 분기별 실적은 본질적으로 아무 의미가 없었다.

제조, 출판, 소매 유통업

제조, 출판, 소매 유통 부문은 전년도의 불황에서 벗어나 새로운 사업이 범주에 포함되면서 매출액은 7.2% 증가한 18억 달러, 세전 이익은 17.6% 증가한 2억 5,220만 달러를 기록했다. 유형자본에 대한 세전 수익률은 55.6%로 매우 높은 수준을 유지했다(1.6%p 하락). 유형자본에 대한 세후 수익률은 36.9%로 여전히 매력적이었다. 이 사업들은 대단히 훌륭했지만 몇 년 전만 해도 달성했던 최고의 수익률은 낼 수 없었다.

버핏은 주주 서한에서 짧은 단락 몇 개에 걸쳐 현재 99세인 'B 여사' 로즈 블럼킨의 삶에 대한 여전히 흥미로운 사연을 요약해 전달했다. B 여사가 1989년 네브래스카 퍼니처 마트의 카펫 부서를 둘러싸고 일으킨 자녀 및 손주들과의 불화를 떠올려보자. 이 회사는 B 여사 없이 잘 운영되고 있었다(세전 이익은 19% 늘어난 1992년 1,710만 달러를 기록). 회사에 B 여사의 자리는 없었다. 속도를 늦추지 않은 그녀는 네브래스카 퍼니처 마트 건너편에 있는 건물을 사들여 다시 매장을 마련했다. B 여사는 일가와 화해하고 비경쟁 계약 체결을 제안했다. B 여사의 새 회사 인수에 드는 금액은 500만 달러였다.[8] "B 여사는 여러 면에서 기네스북에 올랐습니다. 99세에 비경쟁 계약을 체결한 것은 그저 하나를 더 추가한 것이지요"라고 버핏은 존경심을 담아 서술했다.

스콧 페처는 1억 1,600만 달러의 자기자본으로 세전 기준 1억 1,000만 달러를 벌어들였다. 스콧 페처는 버핏이 중시했던 성장 유형의 완벽한 사례였다. 버핏에게 깊은 인상을 준 것은 높은 자본이익률을 유지하면서도 부채를 거의 사용하지 않는 성장이었다. 스콧 페처의 경우, 자본 활용을 축소하는 동시에 사업이 성장했다. 다르게 표현하자면 이는 자본이익률이 개선되고 있다는 뜻이었다. 이를 통해 스콧 페처는 7년 전에 인수한 이후 이익의 100% 이상을 버크셔에 배당할 수 있었다. 랠프 셰이 또한 버핏의 찬사를 받았다.

스콧 페처에 대한 분석에서는 버크셔가 구축하고 있던 비공식 소규모 은행(정규 은행은 아니지만 은행 역할을 하는 금융회사-옮긴이)을 엿볼 수 있다. 모기업인 스콧 페처는 차입금을 거의 사용하지 않았지만 이 회사의 금융 자회사는 거리낌 없이 차입금을 썼다. 왜 달랐을까? 버크셔는 왜 초과 유동성의 일부를 이런 부채를 없애거나 실질적으로 줄이기 위해 사용하지 않은 것일까? 정규 운영 회사의 측면에서 보면 이런 자본 구조는 리스크가 있었다. 그러나 금융 부채로 조달한 금융자산이 경제적인 면에서 은행과 마찬가지라고 보면 말이 되었다. 스콧 페처 금융 부문의 자산은 주로 커비와 월드북에서 매입한 이자부 채권으로 이루어져 있었다. 매각이 완료되어 신용 리스크만 남아 있었으므로 차입으로 자금을 조달하는 게 적절했다.

커비의 매출액은 해외 판매가 부진해 기본적으로는 변동이 없었다(1% 감소). 가격 및 비용 관리 덕분에 세전 이익은 19% 증가한 1,710만 달러를 기록했다. 월드북은 매출액이 21% 감소했으며 세전 이익은 약 30% 증가한 2,900만 달러였다. 이 부문은 수익성 없는 신디케이션 사업을 중단하고 일회성 품목이던 판매 추첨용 일정 적립금을 줄였다.

시즈에서는 판매량이 4% 떨어졌지만 5% 가격 인상으로 상쇄되었다. 시즈의 세전 이익은 전년도와 동일한 4,240만 달러였다. 여기에는 (나중에 폐지된) 캘리포니아의 스낵 식품 매출에 대한 8.5% 신규 과세가 영향을 미쳤을 가능성이 있다.

페치하이머는 10개 매장을 추가해 총 53개 매장을 보유했다. 이러한 성장으로 1992년에 매출액이 10% 증가했다. 그 결과 세전 이익이 6% 증가한 1,370만 달러를 기록했다.

최근 불경기에서 벗어나면서 〈버펄로 뉴스〉의 세전 이익은 약 30% 급증한 4,790만 달러를 기록했다. 광고 수준을 높이고 신문 인쇄 비용을 20% 절감(임직원 인수 비용에 대한 290만 달러 상쇄)한 것이 이러한 실적으로 이어졌다.

투자

1992년 버크셔의 주식 포트폴리오에는 약간의 변화가 있었다. 캐피털 시티즈/ABC, 코카콜라, 프레디 맥, 가이코, 질레트, 기네스, 〈워싱턴 포스트), 웰스 파고 등 이제는 친숙한 이름이 모두 들어 있었다. 버크셔는 기네스와 웰스 파고를 적당히 더 사들이고 프레디 맥 지분은 2배로 늘렸다. 신규 종목도 하나 있었다. 방위산업체인 제너럴 다이내믹스General Dynamics로, 원래는 차익 거래 기회로 매입한 것이었다. 제너럴 다이내믹스를 경영하는 빌 앤더스Bill Anders는 아폴로 8호를 타고 최초로 달 궤도를 돈 인물 중 하나였다. 앤더스는 자본 배분을 아주 잘했는데, 버크셔는 이 회사 지분의 14%를 새로운 장기 투자 대상으로 삼으며 이해를 마무리 지었다.

버핏은 투자자들이 성장 투자와 가치 투자 사이에서 선택하게 한다고 여겼던 '퍼지 사고fuzzy thinking(이분법으로 분명히 나누지 않고 어느 정도 뒤섞여 있다고 보는 것-옮긴이)'를 명확히 하려고 했다. 두 용어는 투자 펀드를 마케팅하는 주요 방법 중 하나가 되었다(대부분 지금도 그렇다). 버핏은 이 두 가지가 연결된 것임을 다음과 같이 정확하게 파악했다. 즉 "우리는 이 두 가지 방식이 매우 가깝다고 생각합니다. 성장은 언제나 가치를 계산할 때 구성 요소이며, 그 중요성은 무시할 수 있는 정도부터 어마어마한 정도까지 다양할 수 있고 긍정적인 것뿐 아니라 부정적인 영향도 있을 수 있는 변수를 이룹니다"라는 것이었다.

일반적인 상장 기업의 주주 서한 독자들은 성장이 항상 좋은 것이라는 잘못된 생각을 떨쳐 버려도 좋다.* 그런 생각을 찾아내 보상하는 경

---

* 일반적으로는 매출액 또는 이익에 초점을 둔다. (초점은) 자본이익률에 두어야 하는데 말이다. 마이너스 성장(즉 실적 축소)은 자본이익률이 저조한 기업에 가치를 더해 줄 수 있다. 버크셔는 초반에 방직 사업을 축소해서 부진한 사업에 묶여 있던 자본을 자유롭게 만들었고, 이 자본을 더 높은 수익률을 낼 수 있도록 다른 곳에 재투자했다.

영자와 투자자가 놓치는 점은 큰 회사라고 해서 항상 더 좋지는 않다는 것이다. 성장은 적용된 자본 증가분의 수익률이 만족스러울 경우에나 좋은 것이다. 기회비용, 즉 자본의 대체 용도 또한 분석 시 고려해야 한다. 기업이 성장한다고 해서 사들이거나, 성장하지 않는다고 피하는 것은 잘못된 것이다. 정말 중요한 것은 가치 대비 가격이다. (앞에서 인용했다시피) 성장은 단지 방정식의 구성 요소 중 하나일 뿐이다.

버크셔는 채권 포트폴리오 내에 ACF 인더스트리스 채권을 추가했다. 워싱턴 퍼블릭 파워 서플라이 시스템의 채권 일부가 상환되어 이 회사에 대한 비중은 감소했다. 아울러 버크셔는 RJR 나비스코 지분을 전량 매각했다. 이러한 변화 소식은 현명한 투자 조치였다. 버핏은 1차 시장primary market(처음 발행된 주식이나 채권 등의 거래가 이루어지는 시장. 기업 공개IPO 시장이 대표적-옮긴이)이나 신규 발행 시장과 비교해, (기존 주식과 채권이 거래되는) 2차 시장second market이 투자자에게 더 나은 무대라고 서술했다. 최초 발행주식은 발행 기업과 투자은행이 발행하기에 적당한 시점을 좌우할 수 있으므로, 대체로 주가는 1차 시장에서 훨씬 합리적으로 매겨진다는 것이었다. 2차 시장에서는 투자자가 미스터 마켓의 이점을 활용할 수 있다. 투자자들은 "기업 가치가 X인 주식이 시장에서는 그 절반 또는 그보다 낮은 가격에 팔리고 있다"는 사실을 알게 될 수도 있다. 버크셔가 질레트의 전환우선주 등 우선주를 사들인 것은 이런 원칙을 입증했다. 버핏은 버크셔가 이런 투자를 잘했지만 아마도 버핏 본인이 이 조언을 받아들인 것만큼은 아닐 거라고 말했다.

신규 회계 규정 두 가지와 추가 청원 하나

교육과 정보를 제공하려는 그의 의도에 따라 버핏의 1992년 주주 서한에는 중요한 최신 회계 정보가 포함되었다. 그는 '신규 회계 규정 두 가지와 추가 청원 하나'라는 제목의 섹션에서 세 가지 내용을 전달했다.

제1강 | 이연 과세와 관련된 신규 규정. 버핏이 합리적이라고 생각한 이 새로운 규정은 34%라는 단일 세율로 이연 과세를 부과하는 것이었다. 1993년에 시행될 이러한 변화 이전의 경우, 버크셔는 미실현 투자 평가액 중 64억 달러에는 34%의 세율을, 나머지 12억 달러에는 기존 28% 세율을 적용하는 2단계 체제를 이용했다. 새로운 규정이 적용되면 과세 부담이 7,000만 달러 증가해 그에 따라 자본이 감소하게 된다.

제2강 | 기업은 이제 퇴직 후 의료 혜택과 관련된 현재 가치 부채를 인식해야 한다. 1993년 이전까지 GAAP는 기업이 연금 부채를 현재 가치로 기록하게 했지만, 버핏은 논리적이지 않다는 이유로 고용 기간 이후까지 연장되는 의료보험용 부채를 무시했다고 말했다. 버크셔 임직원 2만 2,000명에 대한 미래의 의무는 무시해도 될 만한 수준이었기 때문에 이 변화는 버크셔에 그다지 영향을 주지 않았다. 이것은 우연이 아니었다. 버핏과 멍거는 퇴직 후 의료보험 의무를 지는 기업의 인수를 피했다. 그들은 또한 그런 부채가 있는 기업 주식은 매입을 피하는 편이었다. 그런 의무를 정확하게 계량화할 수는 없더라도, 이 새로운 회계 규정은 과거에는 무시되었던 경제적 현실을 실제 부채로 인식하게 할 것이었다.

제3강 | 스톡옵션_{stock option} (주식 매입 선택권) 가치 평가 방법. 이 문제의 핵심

은 기업들이 스톡옵션 발행을 장부에 비용으로 회계 처리하지 않았다는 것이었다. 스톡옵션은 가치 평가가 어려우며 본질적으로 현금이 아니기 때문에 경영진 등은 스톡옵션을 회사 장부에 기재하면 안 된다고 주장했다. 늘 그랬듯 버핏은 이런 논란을 다음과 같은 한마디로 정리해 버렸다. "스톡옵션이 보상 형태가 아니면 대체 무엇일까요? 보상이 비용이 아니라면 그건 무엇일까요? 그리고 비용이 이익 계산에 포함되지 말아야 한다면 도대체 어디로 가야 하죠?"

제3강은 회계 규정 변경과는 관련이 없었지만 앞의 두 가지를 합친 것보다 더 많은 관심을 받았다. 그리고 당연히 그럴 만했다. 버핏은 기업과 경영진이 그런 터무니없는 회계로 강력하게 무장하도록 회계사와 감독 당국에서 내버려 둔 것을 부끄러워해야 한다고 서술했다. 주식 발행은 투자자의 투자 수익에 직접적인 영향을 미쳤기 때문에 회계 전문가가 처리해야 할 대단히 중요한 문제였지만, 모호하고 골치 아픈 문제이기도 했다. 이것은 2000년대 중반에 스톡옵션에 대한 비용 처리가 의무화될 때까지 버핏이 오랫동안 상대하던 싸움이었다.[9]

버크셔는 스톡옵션을 활용하지 않았지만 1989년 9월 5.5%짜리 무이자 전환사채를 발행한 적이 있었다.* 버핏은 버크셔 주주들이 제한 시간 내에 보유한 주식이 뭔지를 정확히 이해하지 못하는 상황을 좋아하지 않았다. "버크셔 주주는 전환 옵션 발행으로 불이익을 받습니다." 이 채권의 발행 조건은 이자율은 낮았지만 장부가액이 그 짧은 기간에 거

---

* 1993년 1월 4일 상환이라고 공시되었다.

의 2배가 되어 버크셔에 그다지 유리해 보이지 않았다.

기타 사항

버핏은 1992년 주주 서한을 마무리하면서 아쉬운 소식 두 가지를 전했다. 25년 동안 버핏과 함께했던 오랜 비서 글래디스 카이저Gladys Kaiser가 1993년 연례 주주총회를 마치고 퇴직했다. 아울러 J. 번 매켄지는 최고 재무책임자에서 물러났으며 그의 후임 마크 햄버그Marc Hamburg에게 그 자리를 맡겼다.**

연례 주주총회에서는 평소대로 오마하로의 초대가 이어졌다. 방문 기간에는 네브래스카 퍼니처 마트와 보셰임스에서 쇼핑을 해 달라는 관행 같은 요청도 여전했다.

1993년
-

1993년은 버크셔 해서웨이의 모범이 되는 해라고 할 수 있다. 대형 인수 후보 기업 하나를 찾아냈으며, 투자 포트폴리오는 대부분 그대로 유지했고, 그저 그런 가격대에서 보험 인수가 이루어지는 업계 여건을 신경 쓰지 않고 보험 인수 원칙을 준수했으며, 다양한 사업의 강점을 계속 강화했다.

** 매켄지는 컨설팅 계약을 통해 버크셔와 계속 연결되어 있었다. 연결을 끊지 않고 횟수만 줄인 것이었다.

버크셔의 장부가치 상승률은 연간 14.3%로, 버핏이 밝힌 목표인 연간 15%에는 살짝 도달하지 못했다.* 버크셔의 순자산은 15억 달러가 늘어났으며 여러 영업 외 항목의 영향을 받았다. 긍정적인 요소가 두 가지, 부정적인 요소도 두 가지였다.

부정적인 요소 두 가지는 GAAP 변화와 관련이 있었다. 그것은 유가 증권의 미실현 평가이익에 대한 이연 법인세 발생과 관련된 것이었다. 첫 번째 항목은 1992년 부문에서 다루었는데, 미실현 수익(손실인 경우에는 손실로 적용)을 증권 매수 시점에 따라서 나누어 내는 기존 방식이 아니라, 매도할 때 순 손익으로 34%의 법인세를 과세한다는 것이었다. 두 번째 관련 요소는 1993년 말에 시행되는 세율을 35%로 1% 인상한다는 것으로, 이는 추가 세금의 발생을 의미했다. 세금 자체는 간단했다. 그러나 회계상 미실현 평가이익은 전혀 실현되지 않은 것인데도 두 가지 일회성 부담금을 모두 이익에서 공제해야 했다.** 이를 모두 합산하면 버크셔의 순자산을 감소시키는 약 1억 4,500만 달러의 비용이 발생했다.

이러한 비용을 상쇄한 것은 긍정적인 요소 두 가지였다. 하나는 버크셔 대차대조표에서 보통주 증권이 평가되는 방식의 변경이었다. 1993년

---

* 버핏은 주주 서한에서 1993년 내재 가치 또한 14% 증가해 장부가액 상승 폭과 대략 일치한다고 전했다. 이해에는 주가가 39%나 치솟았다.

** 다음은 무슨 일이 일어났는지에 대한 예시다. 버크셔가 100만 달러의 미실현이익을 얻었다고 가정해 보자. 이전 제도에서는 28만 달러 세금(이전 세율 28%)이 이연 법인세 부채로 발생하고, 나머지 72만 달러는 직접적인 자기자본 증가분으로 기록되었다. 손익계산서는 전혀 영향을 받지 않았다. (미실현이익이 100만 달러로 유지된다고 가정할 경우) 새로운 35%의 세율을 반영해 보면, 추가 7% 세율 또는 7만 달러가 손익계산서에 비용으로 포함되어 이연 법인세 부채가 증가한다(미지급 상태이기 때문임). 그리고 여기에 상응해 자기자본 감소가 기록된다.

부터 모든 주식은 장부에 매입가로 기재되지 않고 시장가치로 기재하게 되었다. 이러한 변화 덕분에 1993년 버크셔가 공시한 순자산은 1억 7,200만 달러가 증가했다. 버크셔 보험 부문이 이미 1979년에 도입한 자체 회계 규정에서 주식을 시장가치로 평가하지 않았다면, 이러한 변화로 인한 순자산 증가는 훨씬 컸을 것이다. 이 회계 처리는 어느 자회사가 해당 자산을 보유하느냐에 따라 동일한 증권을 다르게 평가하던 이상한 기준도 바로잡았다.***

버크셔의 순자산에 긍정적 영향을 미친 두 번째 요소는 주식 발행이었다. 상환 대상 전환사채의 주식 전환과 관련해 1월에만 약 3,944주가 발행되었다(일부 투자자는 주식 전환을 신청했고 나머지는 현금으로 상환을 신청했다).**** 1993년 덱스터 슈Dexter Shoe 인수와 관련해 2만 5,203주가 따로 발행되었는데, 이는 다음 부분에서 다룬다. 이에 따라 버크셔의 순자산은 2만 9,147주 발행에 힘입어 약 4억 7,800만 달러가 늘어났다. 장부가치보다 높은 가격에 발행되었기 때문에 주당 장부가액이 증가했다. 주식 수의 증가는 15%라는 연간 수익률 목표치를 달성하기 위해서는 실적 기준이 더 높아야 한다는 의미였다. 버크셔가 이 목표를 달성하기 위해서는 2000년까지 회사의 장부가치를 18억 달러가 아니라 18억 5,000만 달러를 증가시켜야 한다.

*** 해당 변경은 보통주의 특징을 지닌 다른 증권에도 영향을 미쳤다.
**** 일부 투자자는 1992년 말 이전에 전환했으며, 나머지 투자자는 연말 직후에 전환했다. 총 6,106주가 이 전환사채와 관련해 발행되었다.

덱스터 슈

이번 10년 구간 버크셔의 가장 큰 인수 대상 중 하나는 메인주 덱스터에 본사를 둔 덱스터 슈였다. 해럴드 알폰드Harold Alfond는 1956년 1만 달러의 초기 자본으로 회사를 설립했으며 조카인 피터 런더Peter Lunder의 도움을 받아 미국 최대 신발 제조업체 및 소매업체 중 하나로 성장시켰다. 1993년까지 덱스터는 77개 소매점에서 750만 켤레가 넘는 신발을 판매했다. 일부는 푸에르토리코에서 만들었지만 대부분은 메인주에서 제조했다. 이는 수입품이 국내 생산방식의 경쟁력을 떨어뜨린다는 통념과 반대되는 것이었다.* 덱스터의 신발은 노드스트롬 및 J. C. 페니 등 친숙한 소매 유통업체에서 판매되었다.

버크셔는 덱스터에 4억 3,300만 달러를 지불했으며** 이 회사용으로 자사 주식 2만 5,203주를 교환했다. 버핏은 버크셔 시스템과 관련해 다른 사람들에게 덱스터 인수를 예로 들었다. 이번 거래는 H. H. 브라운 슈의 경영자 프랭크 루니 덕분에 성사되었는데, 그는 알폰드와 덱스터 슈를 잘 알았다. 알폰드는 현금이 아닌 주식 전량 매입을 위해 버핏과 거래했다. 버크셔는 매도자에게 제공할 수 있는 몇 가지 이점을 강조했다. 알폰드는 현금 대신 주식을 활용해 세금을 절약했을 뿐 아니라, "훌륭한 단일 기업에 대한 100% 지분을 훌륭한 기업집단 내 대규모 부문의 작은 지분"과 맞바꾸었다. 로즈 블럼킨이 10년 전 비슷한 제안을 거

---

* 수입품은 나중에 국내 신발 산업에 큰 피해를 입혀 버핏은 덱스터를 위해 주식을 발행한 것을 후회하게 된다.
** 재무제표 각주에 따르면, 4억 2,840만 달러의 신주가 발행됐고, 470만 달러(총 2만 5,203주)어치 자사주를 인수 자금 마련에 사용했다.

절했던 곳에서(그 대신 현금을 선택함), 알폰드는 자신과 일가의 회사 지분에 대한 비과세 분산투자 차원에서 버핏의 제안을 받아들였다.

덱스터 인수는 버크셔의 전략적 계획 또는 전략적 계획의 결여에 대한 훌륭한 예를 제공했다. "5년 전만 해도 우리는 신발 사업을 할 생각이 전혀 없었습니다. 현재 우리는 이 업종에서 7,200명의 직원을 두고 있습니다"라고 버핏은 말했다. 이는 언제든 행동할 준비가 되어 있는 것이 현명하다는 것을 증명했다. 버크셔는 신발 부문(H. H. 브라운, 로웰 슈, 덱스터)이 이듬해 5억 5,000만 달러의 매출액과 약 8,500만 달러의 세전 이익을 올릴 것으로 예상했다.

보험업

버크셔의 주요 경제 엔진은 보험이었다. 1993년 말 인식 가능한 버크셔의 자산 195억 달러 가운데 보험은 162억 달러를 차지했으며 줄어들 기미는 보이지 않았다. 인내심과 사업과 거리를 두려는 의지가 여전히 지배적이었지만, 버크셔는 유지력이 중요한 슈퍼 캣 및 기타 재보험 상품을 마케팅하는 데 뛰어난 자금력을 활용할 커다란 기회를 보았다. 이것은 재보험이 경쟁 상황에 영향을 받지 않는다는 의미는 아니었다. 재보험 분야에서 경쟁할 새로운 회사를 구성하기 위해 최근에만 약 50억 달러의 자본이 조달되었다. 이것은 버크셔가 경기순환을 헤쳐 나갈 수 있는 자금력과 기량을 갖춘 덕에 궁극적으로 앞서 나갈 수 있음을 의미했다.

1993년 버크셔의 보험 부문은 자랑스럽게도 기존 보유 주식을 그대로 들고 있었다. 전체적으로 보험 부문은 1993년에 각각 7억 3,700만 달

표 5-32 · 보험 부문 선별 데이터

자료·1992년, 1994년 버크셔 해서웨이 연례 보고서 및 저자의 계산 단위·100만 달러

	1993		1992	
	금액	비중	금액	비중
원수보험 부문				
인수 보험료	208.4		132.4	
수입 보험료	208.3	100.0%	152.8	100.0%
손해 및 손해 비용	99.8	47.9%	98.0	64.1%
보험 인수 비용	95.8	46.0%	46.8	30.6%
손해 및 비용 총계	195.6	93.9%	144.8	94.8%
보험계약 인수 손익(세전)	12.7		8.0	
손해 및 손해 비용에 포함된 불이익성(이익성) 손해 발생	(41.7)	(20.0%)	(36.4)	(23.8%)
법정 합산비율		93.9%		99.5%
재보험 부문				
인수 보험료	528.7		607.2	
수입 보험료	442.4	100.0%	511.5	100.0%
손해 및 손해 비용	350.9	79.3%	589.7	115.3%
보험 인수 비용	74.2	16.8%	38.8	7.6%
손해 및 비용 총계	425.1	96.1%	628.5	122.9%
보험계약 인수 손익(세전)	17.3		(117.0)	
손해 및 손해 비용에 포함된 불이익성(이익성) 손해 발생	0.0	0.0%	0.0	0.0%
법정 합산비율		93.4%		121.7%
보험 부문 계약 인수 손익(세전) 총계	**30.0**		**(109.0)**	
보험 부문 전체 법정 합산비율		92.2%		115.1%

참고
1. 반올림으로 계산해 숫자 합산액이 일치하지 않을 수 있음.
2. 손해율과 비용률은 GAAP 기준 연례 보고서에 보고된 수치로 표시됨. GAAP 기준 비율은 인수 보험료를 수입 보험료로 나눈 값으로 계산함. 이는 비율 계산 시 인수 보험료로 적용하는 법정 기준과 다름. GAAP와 법정 계산 시, 손해 및 손해 조정 비용은 두 경우 모두 수입 보험료로 나누어 줌.
3. 버크셔는 1990년부터 구조화 합의 및 포트폴리오 재보험을 재보험 부문에 포함시킴.

러의 인수 보험료와 6억 5,100만 달러의 수입 보험료를 기록해 1992년과 비슷한 금액을 인수하고 벌어들였다(〈표 5-32〉 참고). 또 1981년 이후 처음으로 전체 보험 인수 수익이 세전 3,000만 달러를 기록했다. 더 좋은 것은 원수보험 및 재보험 부문 모두 합산비율이 100% 미만을 기록한 것이었다.

더 큰 부문을 살펴본 결과, 재보험 부문은 93.4%의 합산비율을 기록했으며 세전 보험 인수 수익으로 1,730만 달러를 기록했다. 보험료 대부분은 대규모 슈퍼 캣 보험계약 및 다른 보험회사와의 할당량 지분 약정으로 벌어들였다.

지난 3년 동안 버크셔는 불리한 가격 책정으로 소급형 재보험 및 구조화 합의에는 거의 손을 대지 않았다. 이 상품군에서 벌어들인 보험료는 1991년부터 1993년까지 3억 6,300만 달러에서 4,400만 달러로 88% 감소했다. 1993년에 이러한 영업 활동으로 인한 인수 손실은 6,430만 달러였다. 이러한 손실은 전적으로 이연비용 상각으로 인한 것으로, 버크셔는 지속적으로 책임준비금 활용에 따른 혜택을 누렸기 때문에 경제적 성과를 정확하게 반영한 것은 아니었다. 꼭 기억해 두자. 이러한 장기보험에 따른 책임준비금은 대체로 보험료 규모와 관련되어 상당히 컸으며, 그 혜택은 보험 인수가 아니라 보험 투자 수익으로 나타났다는 것을 말이다.

이와는 대조적으로 1993년 원수보험 부문은 보험료가 증가해 1,300만 달러의 보험 인수 수익을 올렸다. 수입 보험료 및 인수 보험료는 각각 57% 및 36% 늘어난 2억 800만 달러였다. 일부분은 전년도에 인수한 팀에 최근 합류한 센트럴 스테이츠 인뎀니티 덕분으로, 이 회사 보험료

6,900만 달러에서 500만 달러의 보험 인수 수익이 더해졌기 때문이다. 지나치게 보수적인 손실 충당금을 반영한 덕분에, 이 부문은 이익성 손해 증가의 혜택도 보았다. 이익성 손해 증가분은 연초에 벌어들인 수입 보험료의 20%와 적립금 금액의 7.4%를 차지했다.* 이러한 이익성 증가분은 대체로 내셔널 인뎀니티의 전통적인 상용 차량 사업의 영향이 컸다. 새로운 명칭이 필요한 홈 스테이트 보험회사들은 기존 사업 영역을 넘어 확장에 나섰으며 향후 몇 년 동안 추가적인 확장을 계획했다. 그러나 업계의 해당 보험 인수 가용 규모가 여전히 넉넉해 역풍이 불어올 가능성이 컸다.

제조, 출판, 소매 유통업

새로운 신발 부문은 제조, 출판 및 소매 유통 부문의 다른 회사들과 함께 버크셔에 지속적으로 우수한 성과를 올려 주었다. 세전 이익은 8% 증가한 2억 7,250만 달러, 매출액은 10.6% 증가한 20억 달러였다. 그러나 유형자본에 대한 세전 이익률은 1992년 55.6%에서 1993년 48.2%로 떨어졌다. 마찬가지로 유형자본에 대한 세후 이익률은 36.9%에서 31.3%로 하락했다. 이것은 기본적으로 부채 없이 달성한 것이었다(현금이 부채의 3배 초과). 수익률은 최고 수준에서 하락하고 있었지만 매우 만족스러운 수준을 유지했다.

　네브래스카 퍼니처 마트는 1993년에 100세가 된 가문의 수장 B 여사와 재결합했는데, 주춤할 기미가 전혀 없었다. 네브래스카 퍼니처 마트

---

* 이러한 조정은 긍정적이기는 하지만, 실수로 여겨질 정도로 상당히 큰 것이다.

는 길 건너편에 있는 B 여사 매장을 아웃렛 매장으로 바꾸고, 가전제품 및 전자 제품을 판매하는 10만 제곱피트 규모의 대형 매장으로 확장하기로 했다. 세전 이익은 26% 증가해 기록적인 2,200만 달러를 올렸다.

월드북의 매출액은 계속해서 크게 하락해 19% 감소한 4,730만 달러를 기록했다. CD-ROM에서 비롯된 전자 기기 관련 경쟁 상황이 종이 기반 제품에 부담을 주면서 세전 이익은 31% 감소한 2,000만 달러에 그쳤다. 월드북의 하락세가 반전될지 여부를 논하기는 어려웠지만, 이 회사는 이를 기다렸다가 알고자 하지는 않았다. 높은 시장점유율을 점하고자 하는 마이크로소프트 및 다른 기업들과 경쟁하기 위해 월드북은 자체 전자 버전 제품을 개발 중이었다.

〈버펄로 뉴스〉는 광고 및 발행 부수 증가로 수익이 약간 늘어났다. 세전 이익은 6% 증가한 5,100만 달러였다. 커비(세전 이익은 10% 증가한 3,900만 달러), 시즈(3% 감소한 4,100만 달러) 및 제조, 출판, 소매 유통 부문의 대다수 다른 사업부의 상황은 대체로 유사했다. 매출액과 이익이 "오르락내리락"하긴 했지만 특별히 주목할 만한 정도는 아니었다. 시즈의 새로운 우편 주문 프로그램은 블루칩에 인수된 후 매년 나타나는 판매량의 소량 감소를 완화하기 위해 시행되었다.

웨스코

놀랍게도 버핏의 주주 서한에서는 뮤추얼 세이빙스에서 일어난 비교적 중요한 사건을 언급하지 않았다. 1993년 웨스코는 캘리포니아 패서디나에 본사를 둔 센페드 뱅크CenFed Bank에 저축예금 부채(모기지 포트폴리오 및 현금으로 상쇄)를 넘기고 저축 및 대출 사업을 정리했다. 멍거는 웨스코 주주들에게 자신과 웨스코의 경영진은 뮤추얼 세이빙스 고객에게 일어난 이 일에 대해 고심했으며 "예금자에게 안전하게 서비스를 잘할 것 같아서" 센페드를 선택했다고 서술했다.

웨스코는 본사(가장 아래층은 현재 센페드 지점이 됨), 나머지 해안 부지, 서서히 청산될 약간의 부실채권 등을 아우르는 신규 부동산 지주 회사를 설립했다. 이 회사는 주택 금융 사업만 다루었다. 웨스코는 이제 없어진 뮤추얼 세이빙스와 비교해 보유 비용이 적게 드는 경쟁 업체 프레디 맥의 주식 720만 주를 보유했다. 7,200만 달러 규모였던 프레디 맥 주식은 현재 시장가치로는 약 3억 6,000만 달러 정도다(이는 버크셔가 보유한 1,400만 주가량의 프레디 맥 전체 보유분에 포함된다).

은행업

뮤추얼 세이빙스가 폐업하면서 현재 버크셔 연례 보고서 끝부분의 금융 사업부 추가란에는 몇 가지 중요한 변경 사항이 기재되었다. 1992년에는 이 부분에 뮤추얼 세이빙스와 스콧 페처 파이낸셜 그룹이 들어 있었지만 1993년에는 뮤추얼 세이빙스가 버크셔 해서웨이 크레디트 코퍼레이션Berkshire Hathaway Credit Corporation으로 대체되었다. 이 새로운 회사에 대해서는 알려진 게 별로 없었다. 재무제표의 각주에서 찾아내 모아 본 내용은 다음과 같다. 이 회사는 해당 자산의 존속기간과 일치하도록 구조화된 투자 약정 차입금으로 조달한 우량 단기 모기지 담보부 증권을 보유하고 있었다. 이는 마치 버크셔가 규제받는 은행 영업과 관련된 제한이나 예금자 없이 자체적으로 소형 은행을 만든 것과 비슷했다. 웨스코가 보유했던 프레디 맥 주식은 이제 버크셔가 보유한 프레디 맥 주식과 함께 보험 그룹 부문에 속해 있다.

투자

버크셔의 매도가능증권 포트폴리오가 성장함에 따라(연말 기준 125억 달러) 보고하는 기준 금액도 커졌다. 1993년에는 보고한 금액이 2억 5,000만 달러였지만 보고 사항이 많지 않았다. 버핏은 그럴 수밖에 없었다고 했다. 인수할 만한 뛰어난 기업을 찾기 어려웠고, 훌륭한 기업의 일부를 보유하는 주주는 기업 전체를 보유한 상대와 마찬가지로 "동일한 끈기"를 유지해야 한다는 것이었다. 수년 전에 비해 투자 포트폴리오 회전율이 낮아진 것은 어느 정도는 버크셔의 덩치가 커지면서 투자 가능 영역이 제한된 탓도 있었고, 또 어떤 면에서는 우량 기업에 대한 버핏의 평가 기준이 높아진 탓도 있었다.

보유 기간이 길어지면 과세 방식을 통해 의미 있는 복리의 이점도 얻는다. 버핏 방식과 관련해 1달러를 매년 2배로 해서 20년 동안 투자하되 투자 세율이 35%인 극단적인 상황을 예로 들어 보자. 매년 세금을 납부할 경우, 20년이 지나면 원리금은 2만 2,370달러 이상쯤 될 것이다. 하지만 직관과 정반대이긴 해도, 복리로 투자하다가 마지막에만 35%의 세금을 한 번만 납부하면 원리금은 68만 달러 이상이라는 훨씬 더 나은 성과를 올릴 수 있다. 이것은 모두 세금 이연의 힘에서 나온다.

버크셔의 포트폴리오에는 상당한 미실현 자본 이익이 포함되어 있었다. 1993년 말, 매도가능증권 포트폴리오는 미실현 평가액이 82억 달러 이상이었는데, 이는 300% 증가한 것이었다. 가장 극단적인 사례는 가이코와 〈워싱턴 포스트〉였다. 버크셔의 가이코 지분 평가액은 원래 매입가에서 38배 증가한 17억 달러에 이르렀다. 〈워싱턴 포스트〉 컴퍼니는 45배 이상 급증한 4억 4,000만 달러에 달했다.

표 5-33 · 버크셔 해서웨이 주식 포트폴리오(1993년)
자료· 1993년 버크셔 해서웨이 연례 보고서 및 저자의 계산
단위· 100만 달러

	매입가	시장평가액	미실현 이익 (손실)
캐피털 시티즈/ABC	345	1,239	894
코카콜라 컴퍼니	1,024	4,168	3,144
프레디 맥	308	681	374
가이코	46	1,760	1,714
제너럴 다이내믹스	95	401	306
질레트 컴퍼니	600	1,431	831
기네스 PLC	333	271	(62)
워싱턴 포스트 컴퍼니	10	440	430
웰스 파고 & 컴퍼니	424	879	455
기타	1,134	1,271	136
합계	**4,318**	**12,540**	**8,222**

보험 등 일부 사업 부문에서는 역풍에 직면했음에도 1993년 버크셔는 재무적으로 강한 장기 운영 사업의 회복력을 입증하고 있었다.

1994년 연례 주주총회

돌이켜 보면 나중에 알게 되어 이득을 본 것도 있다. 이제 우리는 기술에 힘입어 연례 주주총회에도 참석할 수 있는데, 이런 주주총회는 1994년 4월에 처음 촬영되어 2018년 대중에게 공개되었다.[10] 첫 번째 주주총회 영상에 나오는 몇 가지 흥미로운 논의 주제는 주목할 만한 가치가 있다.

하나는 버핏과 멍거가 상장 기업을 비상장 기업처럼 생각하는 수준

의 정도였다. 이 시기에 버핏의 주주 서한은 버크셔의 주가 상승에 대해 다루었는데, 버크셔 주식은 한 번도 분할된 적이 없었고 그 무렵 주당 1만 달러를 넘어섰다. 1994년 연례 주주총회 때 한 주주가 주가에 대해 질문했다. 여느 때와 마찬가지로 찰리 멍거가 곧이어 답변했다. "기업의 소유권을 20달러짜리 아주 작은 조각으로 나누는 것은 말도 안 된다고 생각합니다. … 어느 기업 주주로 참여하는 조건으로 최저 기준 금액을 설정하는 것을 금지하는 이유를 모르겠는데 … 우리가 비상장 기업을 설립하는 거라면 모두 이렇게 생각할 겁니다." 1990년대 초반에도 비상장 기업이나 파트너가 공동 설립하는 기업의 주식은 주당 1만 달러 이상이 필요했을 가능성이 크다.*

다른 질문들은 버핏이 기업을 찾아내고 가치를 평가하는 방법을 다루었다. 그는 기업과 그 경쟁사의 연례 보고서 및 기타 소통 자료를 읽어 보면 자신과 멍거가 한 일을 누구든지 할 수 있다고 생각했다. 버핏은 그저 기업의 제품, 유통 체계, 재무 상태를 살펴보았을 뿐이라고 말했다. 그런 다음 그들은 그 기업과 산업의 경제적 환경이 10년 또는 20년 후 모습을 평가할 수 있을지 판단하고자 했다. 그는 자신이 살펴본 기업 중 95%가 자신의 역량 범위를 벗어난다거나 기타 사유로 탈락하지 않는다고 말했다. 또 다른 중요한 통찰력은 잡음을 무시하라는 것으로, 여기에는 전체 경제 상황에 대한 전문가 및 다른 사람들의 말까지 포함되었다. "거시적 요소에 대해서는 불가지론(사람의 경험으로는 세상의 본질

---

* 내 생각에, 주가에 초점을 두는 것은 질보다 양에 중점을 둔다는 증거다. 주주들은 경제적 여건이 전혀 다르지 않아도 주식을 많이 보유하는 것을 더 좋아한다.

이나 참모습을 알 수 없다는 이론 - 옮긴이)을 받아들이고, 따라서 개별 기업과 개별 상황에 대해 생각하는 데 모든 시간을 쏟는 것"이 최선이라는 게 찰리 멍거의 이야기였다.

기업 가치를 평가하는 핵심 요소 중 하나는 성장이었다. 성장은 경영자와 애널리스트를 포함해 사람들이 오해하는 개념이라고 버핏은 생각했다. 중요한 것은 지금부터 영원히 기업에서 받아 갈 수 있는 현금의 양이라는 게 버핏의 말이었다. 성장은 그저 변수일 뿐으로, 사람들이 이야기하는 것처럼 항상 긍정적이지 않다는 것이었다. 물리적 성장 또는 단위당 성장을 하려면 추가 자본이 필요한 경우, 자본이익률만 만족스럽다면 아무런 문제가 없다. 그는 한 질문에 "성장하기 위해 많은 자본이 필요한 기업과 성장하지만 자본이 필요 없는 기업에는 어마어마한 차이가 있다"고 답변했다. 버크셔는 복합기업으로서 스콧 페처처럼 자본이익률이 양호하긴 하지만 성장세가 느리거나 성장하지 않는 기업에서 창출한 현금을 다른 기업이 활용할 수 있도록 구조화되었다.

또 다른 질문 주제는 경영진 보상에 대한 것이었다. 이에 대한 답변은 버크셔의 방식이 대체로 상당히 단순하지만 여기에 많은 고민이 담겨 있었다는 사실을 알려 주었다. 그 비결은 경영자와 주주를 일치시켜 보상을 구조화하는 것이었다. 버핏과 멍거는 다음과 같은 몇 가지 원칙을 제시했다.

- 버핏과 멍거 두 사람이 그 실적을 통제했기 때문에 경영자만 버크셔 전체에 대해 보상을 받는 것은 말이 되지 않는다.

- 목표는 균형 잡힌 체제다. 즉 경영자는 좋은 실적에 대해서는 보상을 받지만 나쁜 성과가 나오면 어려움을 겪는다는 뜻이다.
- 회사는 모두 다르기 때문에 이 방식은 기업의 경제적 여건을 바탕으로 구조화해야 한다.

한마디로 경영 보상이란 상황과 무관하게 경영자 이익과 주주 이익이 일치하는 것이 최선이었다.

임원 보수 기준에 따르면, 워런 버핏과 찰리 멍거는 받아 가는 게 거의 없었다. 그들의 연봉 10만 달러는 오늘날까지도 변함이 없다. 그들이 올린 실적을 고려해 보면, 그들은 〈포천〉 선정 500대 기업과 마찬가지로 7~8자리 수의 연봉을 손쉽게 정당화할 수 있었다. 그러나 그들은 그렇게 하지 않기로 했으며, 이것은 강력한 메시지를 전달한다. 그들은 이미 부자였고 버크셔에 대부분의 순자산을 투자하고 있었으며, 자신들의 일을 아주 좋아했는데, 이는 경영자와 주주 일치의 완벽한 예시다.

1994년

버크셔에 규모의 효과가 나타나기 시작했다. 한 해 동안 순자산이 14억 5,000만 달러 증가했지만 13.9% 성장에 그쳤고, 1994년 말 자기자본은 약 120억 달러에 이르렀다. 버핏은 규모가 미래 수익의 발목을 잡고 있다며 수년 동안 주주들에게 주의를 당부해 왔다. 그러나 15%라는 골대를 훌쩍 웃돌았던 과거의 실적은 그가 한 이야기와 모순되는 것처럼 보였다.*

버크셔의 규모가 커지면서 수익률이 떨어졌지만, 이 회사의 방식은 크게 달라지지 않았다. 버핏은 계속 배우고 개선하겠지만, 버크셔는 그해 주주들에게 "우리를 여기까지 이르게 한 방식을 고수할 것입니다"라고 말했다. 중요한 점은 버크셔가 이 기준을 완화하지 않을 것이라는 사실이다. 버핏은 "하지만 뚱뚱한 지갑은 탁월한 투자 성과의 적입니다"라고 재치 있게 말했다.

보험업

(특정 항목을 선택해야 할 경우에는 '비용'이 되는) 버크셔의 책임준비금은 아마도 시간이 갈수록 버크셔 성장의 가장 중요한 측면이었을 것이다. 1994년 말 버크셔의 책임준비금은 평균 30억 달러 이상이었다. 더 좋은 점은 (평균 책임준비금 대비 보험 인수 손익으로 계산한) 그 비용이 2년 연속 마이너스를 기록했다는 것이다. 이 경우 음수는 긍정적인데, 보험 부문이 이익을 기록하고 미국 국채와 비교한 비용**이 0보다 작다는 의미이기 때문이다.

1994년에는 1억 2,900만 달러의 이익이 나면서 합산비율 86%를 기록했다. 1967년의 내셔널 인뎀니티 인수는 할인을 많이 받은 거래처럼 보였다.

수익성이 매우 높은 이유 가운데 하나는 버크셔의 신규 슈퍼 캣 사

---

* 연례 보고서 시작 부분에 나오는 버크셔 장부가치와 S&P 500의 장부가치 변동을 비교한 표 참고
** 그 당시 장기국채는 8% 가까운 수익률을 기록했다.

표 5-34 · 보험 부문 선별 데이터

자료·1994년 버크셔 해서웨이 연례 보고서 및 저자의 계산 **단위**·100만 달러

	1994		1993	
	금액	비중	금액	비중
원수보험 부문				
인수 보험료	225.7		208.4	
수입 보험료	234.8	100.0%	208.3	100.0%
손해 및 손해 비용	88.4	37.6%	99.8	47.9%
보험 인수 비용	98.1	41.8%	95.8	46.0%
손해 및 비용 총계	186.5	79.4%	195.6	93.9%
보험계약 인수 손익(세전)	48.3		12.7	
손해 및 손해 비용에 포함된 불이익성(이익성) 손해 발생	(53.9)	(23.0%)	(41.7)	(20.0%)
법정 합산비율		81.1%		93.9%
재보험 부문				
인수 보험료	689.8		528.7	
수입 보험료	688.4	100.0%	442.4	100.0%
손해 및 손해 비용	476.9	69.3%	350.9	79.3%
보험 인수 비용	130.8	19.0%	74.2	16.8%
손해 및 비용 총계	607.7	88.3%	425.1	96.1%
보험계약 인수 손익(세전)	80.7		17.3	
손해 및 손해 비용에 포함된 불이익성(이익성) 손해 발생	37.0	14.1%	0.0	0.0%
법정 합산비율		88.2%		93.4%
보험 부문 계약 인수 손익(세전) 총계	**129.0**		**30.0**	
보험 부문 전체 법정 합산비율		86.1%		92.2%

참고
1. 반올림으로 계산해 숫자 합산액이 일치하지 않을 수 있음.
2. 손해율과 비용률은 GAAP 기준 연례 보고서에 보고된 수치로 표시됨. GAAP 기준 비율은 인수 보험료를 수입 보험료로 나눈 값으로 계산함. 이는 비율 계산 시 인수 보험료로 적용하는 법정 기준과 다름. GAAP와 법정 계산 시, 손해 및 손해 조정 비용은 두 경우 모두 수입 보험료로 나누어 줌.
3. 버크셔는 1990년부터 구조화 합의 및 포트폴리오 재보험을 재보험 부문에 포함시킴.

업과 관련이 있었는데, 이 사업은 더 큰 규모로 움직여 우월한 자본력이 가동하게 했다. 이 사업은 장기적으로 수익성이 높을 수 있지만 침체기에 빠지기도 쉬웠다. 버크셔는 아직 그런 경우를 많이 경험하지 않았다. 1994년에는 캘리포니아에서 일어난 지진을 제외하면 버크셔에 대규모 보험 손실은 없었다. 이것은 대부분의 슈퍼 캣 보험료가 곧바로 수익이 났고 손해 경험이 추세보다 우선시되었다는 의미였다. 이러한 대규모 이익은 무한정 이어질 수 없었지만, 잘하면 다른 방향으로 갈수도 있었다.

1994년 버크셔 재보험 부문은 7억 달러 미만의 보험계약을 인수하고 벌어들였다. 손해 재보험계약(슈퍼 캣)의 재해 초과액(손해액에서 피보험자가 자기 부담분을 초과해 납부한 금액 – 옮긴이)이 4억 4,700만 달러로 3배나 늘어나 전체 재보험 보험료가 56% 증가하는 데 기여했다. 지분 참여형 보험사업, 구조화 합의, 소급 재보험 등 다른 분야에서는 수입 보험료가 감소했다. 앞서 언급했듯 슈퍼 캣 사업의 이익은 재보험 인수 이익이 1993년 1,700만 달러에서 1994년 8,100만 달러로 불어난 주요 요인이었다. 3,700만 달러의 불리한 손해가 발생하지 않았다면 이익이 훨씬 높았을 것이다.*

원수보험 부문 또한 인수 보험료 및 수입 보험료가 증가했다. 일부 시장은 계속 약세를 이어 갔으나, 이 부문은 2억 3,500만 달러의 수입 보

---

* 연례 보고서의 각주에는 미지급 손실의 조정과 손해/상해 부문에 대한 손실 조정 비용이 기재되어 있다. 이 표에는 1994년 6,000만 달러, 1993년 1,100만 달러, 1992년 2,900만 달러로 나와 있다. 순 미지급 손실 및 약 25억 달러의 손실 조정 비용 잔액이 있는 상태에서 해당 연도가 시작됐음을 고려하면, 이 수치는 기본적으로 손익분기점이었다.

험료(13% 증가)로 합산비율이 81%로 전환되었다. 전통적인 영업용 차량 및 영업용 상해/전문 책임/특수 리스크에 대한 유리한 손실 증가는 23%p의 긍정적인 조정으로 이어졌다. 유리한 조정이 수익성 보고에 추가되어 보수적이라고 여겨질 수 있지만, 이러한 변경은 준비금을 정확하게 추정하기 어렵다는 특성을 반영한 것이었다. 어느 쪽이든 이러한 대규모 조정은 과거 보험계약 인수 시 중대한 오류가 있었다는 뜻이 된다.**

제조, 출판, 소매 유통업

덱스터 실적이 (1993년에는 2개월만 반영되었던 것과 달리) 1994년에는 12개월 내내 반영된 것에 힘입어 제조, 출판, 소매 유통업 부문은 매출액이 20%(24억 달러) 증가했고 세전 이익은 23%(3억 3,600만 달러) 증가했다. 세전 평균 투하자본이익률은 48.2%에서 49.3%로 상승하며 높은 상태를 지속했다. 세후 유형자본이익률은 레버리지 미사용 상태에서 31.3%에서 32.4%로 호전되었다.

제화 부문은 메릴랜드, 펜실베이니아, 버지니아에 있는 11개 매장의 소규모 인수를 마무리했으며, 새로 전산화된 물류 센터를 추가해 운영 효율성을 높일 것으로 전망되었다. 주주 서한에 나온 요약 표(339쪽 〈표 5-2〉 참고)를 보면 한 가지 사실이 눈에 띈다. 1993년 버핏은 H. H. 브라운, 덱스터, 로웰로 이루어진 제화 부문이 이듬해에 약 8,500만 달러를 벌어들일 것이라고 발언했다. 실제 실적은 8,550만 달러였다. 이것

** 제대로 비교하려면 수입 보험료가 아닌 초기 순손실 준비금을 사용해야 한다. 두 경우 모두 여전히 허용 범위를 벗어났을 가능성이 크다.

은 어쩌면 우연의 일치였을 수도 있다. 하지만 이는 버크셔가 인수한 기업들이 (사업 구조가) 단순하고, 따라서 어느 정도 합리적으로 미래 실적 추정이 가능하다는 사실을 보여 주는 것이기도 했다.

시즈는 판매량 감소로 오랫동안 시달려 왔으나 통신판매 증가 및 대규모 주문 덕분에 판매량이 5.3% 늘어났다. 매출액은 7.5% 증가한 2억 1,600만 달러, 세전 이익은 15.6% 늘어난 4,800만 달러였다. 영업이익률은 21.6%로 여전히 군침 돌게 하는 수준이었다.

월드북은 실물 책 세트의 단위 물량은 계속 줄어들었지만, CD-ROM 세트의 판매가 증가하고 업그레이드 수요도 늘어나 일부 상쇄될 것이라고 긍정적으로 전망되었다. 매출액은 3.8% 감소한 1억 9,100만 달러를 기록했으나 세전 이익은 25% 이상 늘어난 2,440만 달러였다. 이는 1993년에 과세되었던 330만 달러의 영향이 컸다.

커비가 이끄는 청소용 가전 부문은 미국 내수 시장에서는 판매량이 소폭 개선된 정도였지만 전 세계적으로는 14% 증가했다. 이에 따라 매출액과 세전 이익은 7%씩 증가해 각각 2억 800만 달러, 4,390만 달러를 기록했다.

가정용 가구 부문에 속해 있는 네브래스카 퍼니처 마트는 10만 제곱피트의 새로운 초대형 매장을 열어 매출액이 17.6% 증가한 2억 4,500만 달러로 집계되었다. 초저가 유지 전략 및 미사용 고정자산 상각에 들어간 230만 달러의 비용 탓에 세전 영업이익은 20% 줄어든 1,690만 달러였다. 이미 사상 최저 수준이던 영업이익률은 전년도의 10%에서 6.9%로 하락했다. 종잇장처럼 얇은 이익률에도 네브래스카 퍼니처 마트의 경쟁사들이 오마하와 멀찍이 거리를 두는 것은 놀랄 일이 아니었다.

〈버펄로 뉴스〉는 예년에 비해 더 어려운 환경에서 운영되었음에도 계속 이례적인 영업 실적을 거두었다. 1994년에는 매출액이 3.7% 증가한 1억 5,100만 달러를 기록하면서 세전 이익은 6.5% 늘어난 5,370만 달러로 집계되었다. 재무적 성과로 평가해 보면 회사 상태는 양호했다. 이 신문의 소매가격은 35센트에서 50센트로 인상되었는데, 이러한 가격 인상은 지속적인 발행 부수 감소를 상쇄하기에 충분했다. 1995년으로 접어들자 신문 인쇄 비용이 약 40%나 껑충 뛰어 이듬해 실적 기대치는 낮춰야 할 판이었다.

버크셔의 유니폼 자회사인 페치하이머에서는 3년 동안 뉴욕시 전체 소방서에 유니폼과 안전 용품 공급 계약을 체결하는 대규모 성과를 올렸다. 이에 따라 매출액은 약 24%나 급증했다. 그러나 영업이익은 뉴욕시 계약에 필요한 물류 기반 구축과 관련된 초기 비용으로 6% 증가한 1,400만 달러에 머물렀다. 아울러 신규 전산 시스템과 이 무렵 소매 매장 인수 문제 탓에 이익도 줄어들었다.*

투자

1994년에는 버크셔의 주식 포트폴리오에 몇 가지 변화가 있었다. 신문 지주회사인 가네트Gannett, Co., Inc.와 PNC 뱅크PNC Bank가 새로 편입되었다. 버크셔는 또한 코카콜라 지분을 약 700만 주에서 1억 주**로 확

---

* 각주를 포함해 연례 보고서에 기재된 정직함과 솔직함이 꽤 인상적이다. 이 무렵 매장 인수에 문제가 있었다는 사실은 쉽게 생략할 수 있었을 텐데 말이다.
** 버크셔의 코카콜라 주식 매입은 이번이 마지막이었는데, 이는 당시 코카콜라 유통 주식의 7.8%나 되었다. 이 매입 가격은 2020년 기준으로 12억 9,900만 달러에 해당한다.

대했으며, 아메리칸 익스프레스 지분은 7억 2,300만 달러의 매입 비용을 들여 약 2,800만 주까지 늘렸다.* 아메리칸 익스프레스는 버핏에게는 매우 익숙한 회사로, 버핏의 투자 조합에서 1960년대 중반에 이 회사 지분 5%를 1,300만 달러에 매수한 적이 있었다. 그는 계속 이 회사에 관심을 두었는데, 어떤 회사를 오랫동안 잘 알고 있는 것은 그 회사를 평가할 때 종종 도움이 된다고 말했다. 여러 기업에 대한 이러한 익숙함은 수년간에 걸쳐 쌓아 올린 것으로, 해마다 수백 건의 연례 보고서를 읽은 덕분이었다. 이렇게 폭넓고도 깊이 있는 연례 보고서 탐독은

표 5-35 · 버크셔 해서웨이 주식 포트폴리오 선별 데이터

자료 · 1994년 버크셔 해서웨이 회장의 주주 서한 단위 · 100만 달러

	1994
아메리칸 익스프레스 컴퍼니	819
캐피털 시티즈/ABC	1,705
코카콜라 컴퍼니	5,150
페더럴 홈 론 모기지	644
가네트	365
가이코 코퍼레이션	1,678
질레트 컴퍼니	1,797
PNC 뱅크 코퍼레이션	411
워싱턴 포스트 컴퍼니	419
웰스 파고 & 컴퍼니	985

참고
1. 버핏 회장의 주주 서한에서는 일부 투자만 다루고 전체 투자를 모두 다루지 않았다. 버핏의 분류는 역사적으로 GAAP 보고 내역과 약간 다르므로, 연례 보고서 각주에서 데이터를 가져오지 않았다.
2. 보고 시 기준이 된 금액은 시장가치 3억 달러였다.

---

* 버핏은 1993년 보고서의 표에서는 언급하지 않았지만 아메리칸 익스프레스 지분을 '확대'했다고 설명했다. 버크셔는 아메리칸 익스프레스 전환우선주를 들고 있었지만 이 또한 표에 기재하지 않았다.

적당한 기준점을 제공해 다양한 투자 대안을 비교할 수 있도록 해 주었고, 이는 버크셔의 성공에 중요한 요소였다.

연례 보고서의 요약 이익 표(339쪽의 〈표 5-2〉 참고)에는 눈에 띄는 항목이 들어 있다. US에어의 상황이 악화되어 US에어가 우선주 배당을 미루기로 결정했으며, 이에 따라 버크셔는 우선주 투자를 2억 6,850만 달러에서 8,950만 달러로 축소했다. 버핏은 주주 서한과 연례 주주총회에서 곧바로 자신을 질책했다. 당초 3억 5,800만 달러어치 우선주 매입은 버핏 측의 잘못된 분석으로 발생한 본인 잘못에 따른 실수였다는 것이었다. 그는 "비용이 많이 들어가는 데다 그런 비용을 줄이기가 매우 어려운 항공사에 필연적으로 따라붙는 문제에 초점을 두지 못"했다.

US에어는 경험도 많고 유능한 경영자가 경영했지만, 기본적인 경제 여건과 싸우고 있었다. 노조에 좌우되었던 US에어의 인건비는 적은 인건비를 투입하는 경쟁사들과는 수준이 달랐다(버핏이 연례 주주총회에서 주주들에게 말했던 "규제 시장의 잔재"). 버핏은 그 규모와 구조 때문에 이 투자 대상 기업에 묶여 있다는 느낌이 들었다. 우선주는 보통주에 비해 배당을 많이 받지만 채권보다는 수익률이 낮다. 보통주와 달리 우선주는 채권처럼 정해진 이자를 지급하는 유가증권과 비슷하지만, 기업 자산에 대한 청구권 측면에서는 보통주와 채권의 중간에 있다. 기업이 파산할 경우 US에어의 채권자는 자산에 대한 우선권을 주장할 수 있으며, 공인 투자 전문가가 우선주를 원하지 않으면 우선주 매도 가격은 매우 낮아질 수 있다. 버핏과 멍거는 모두 US에어 이사회에서 물러나기로 결정했지만, 대신 버크셔는 이를 기록하고 곱씹었다.

버핏이 거론한 또 다른 실수는 1994년에 캐피털 시티즈 주식 1,000만 주를 매각한 것이었다. 그는 주식을 매도한 뒤에도 해당 투자를 계속 평가했기 때문에 그것이 실수라고 생각했다. 그 주식에서 올릴 수 있었던 2억 2,250만 달러의 이익(버핏은 주주에게 이 수학을 계산해서 제시했다)을 놓친 것은 실수가 아니었는데, 그가 캐피털 시티즈 주식을 매각한 후 주가가 계속 오르는 것을 본 것은 이번이 두 번째였다. 그는 이 회사를 잘 이해하고 있었으며 장기 전망이 좋다는 것을 알고 있었지만 어쨌든 일부를 매도했다. 버핏은 어쩌면 자신에게 너무 엄격한 것 같았다. 연례 주주총회에서 질의응답을 할 때, 그는 버크셔가 캐피털 시티즈로부터 자사 주식의 매입을 요청받아 일찍이 주식을 매입하게 되었다고 전했다. 버크셔는 과거에 비슷한 상황(가이코, 제너럴 푸드)에 참여한 적이 있었는데 아마도 약간의 의무감을 느꼈을 것이다. 버크셔는 캐피털 시티즈 주식 2,000만 주를 계속 보유했으며 버핏은 한동안 이 상태를 계속 이어 갈 것이다.

장부가치와 내재 가치

버핏은 버크셔 해서웨이의 내재 가치에 대해 때로는 은근하게, 또 어떤 경우에는 분명하게 언급했다. 1994년에는 훨씬 명시적이었다. 주주 서한과 주주총회에서 그는 투자자들에게 버크셔의 대략적인 실제 가치를 알려 주었다.* 그는 또한 엄격한 장부가치 기반 평가 방식에서 내재 가치를 분리하려고 하기도 했다. 버핏은 주주들에게 버크셔의 주가를

---

* 1994년 연례 보고서에서 그는 버크셔의 장부가치가 13.9% 상승한 수치가 내재 가치 상승치와 비슷하다고 발언했다.

끌어올리려고 이런 일을 하는 것은 아니라고 확언했다. 오히려 그와 멍거는 주주들이 버크셔의 경영 실적에 따라 투자 성과를 올릴 수 있도록 주가가 내재 가치와 맞물려 등락하는 것을 선호했다.

버핏은 스콧 페처를 통해 이를 보여 주었다. 1986년에 이 회사를 인수할 때, 버크셔는 스콧 페처의 기본 자기자본의 1.8배에 이르는 프리미엄을 지불했다.** 1994년에는 레버리지를 사용하지 않았으며*** 스콧 페처는 벌어들인 것 이상으로 배당금을 지급하는 바람에 장부가치가 하락했다. 그러나 그 기간에도 이익은 1986년 4,000만 달러에서 1994년 7,930만 달러로 꾸준하게 늘어났다. 스콧 페처의 경영자 랠프 셰이를 버핏이 왜 그리 칭송했는지 알 수 있을 것이다. 그는 연간 4,000만 달러를 벌어들이는 기업에서 2배 가까운 수익을 올렸으며, 동시에 이 회사에 묶여 있던 자본을 다른 곳에 투입할 수 있게 했다. 이는 대단한 성과였다.

셰이는 의심할 여지없이 자신이 맡은 회사에 열정을 지니고 있었다. 또 그에게는 수익률을 높이고 오마하에 현금을 보낼 방안을 찾을 동기가 있었다. 핵심적인 기본 아이디어는 경영진의 이해관계를 주주와 일치시킨다는 것이었는데, 인센티브를 부여하는 가장 중요한 분야 중 하나는 자본 활용이었다. 버크셔가 경영자와 맺는 보상 약정은 고려 대상 자회사의 경제적 특성에 따라 다양했지만, 모두 자본과 자본이익률에

** 주의 깊은 독자라면 1986년 부분에서 사용된 4억 1,000만 달러와 여기에 쓰인 3억 1,520만 달러 사이의 차이를 주목할 것이다. 1986년의 수치는 스콧 페처 자기자본에 초점을 두고 있지만, 여기서 수치는 총자본(채무+자기자본)을 감안한 것이다. 이것은 하나의 기업을 살펴보는 두 가지 다른 시각이다.
*** 금융 자회사는 제외임.

중점을 두고 있었다. 버핏은 스콧 페처(및 다른 자회사들)가 사업에 활용했던 자본 증가분에 대해 높은 금리*를 부과했다고 밝혔다. 중요한 것은, 보너스 약정 또한 "(경영자가) 묶여 있던 자본을 다른 곳에 투입할 수 있게 하는 경우에도 마찬가지로 높은 비율로 인센티브를 제공하는 방식"이었다는 점이다. 간단히 요약해서, 버핏에 따르면 "사업 자금을 공짜로 쓸 수 없다"는 것을 나타낸 것이었다.

수업은 거기서 끝난 게 아니었다. 기업 인수 가격과 당초 장부가치의 (대략적으로 파악한 수치) 차액은 사업권 가치로, 당시에는 이를 40년 동안 상각했다. 이 사업권 자산은 1986년과 1994년 사이에 1억 4,260만 달러에서 5,420만 달러로 상각되었다. 스콧 페처의 현재 버크셔 장부가

표 5-36 · 스콧 페처의 장부가치
자료·1994년 버크셔 해서웨이 연례 보고서 **단위**·100만 달러

	스콧 페처 장부가치	버크셔에 인수된 후 장부가치
기초 장부가치(1986년)	172.6	172.6
기초 장부가치 대비 인수 프리미엄		142.6
버크셔가 인수한 가격(1986년)		315.2
누적 이익(1986~1994년)	555.4	555.4
누적 배당금(1986~1994년)	(634.0)	(634.0)
장부가치(1994년 기말)	94.0	94.0
누적 인수 프리미엄 비용(1986~1994년)		(88.4)
장부가치(1994년 기말)		148.2

---

* 연례 주주총회 질의응답 시간에서는 14~20%라고 밝혔다. 버핏은 아울러 자회사가 모기업 자본을 단기적으로 사용할 경우, 리보LIBOR(런던 금융시장의 우량한 은행 간 단기거래 금리-옮긴이)를 기준으로 금리를 매겼으나, 일반적으로는 상당히 단순하게 유지한다고 말했다.

치는 버크셔가 지불한 금액의 절반에 그쳤지만, 버크셔가 이 회사를 인수했을 때의 2배에 가까운 이익을 올리고 있었다. 이것이 생생하게 보여 주듯, 회계상 장부가치는 기업 가치의 결정적 지표는 아니었다.

스콧 페처의 사례는 장부가치와 내재 가치의 괴리에 대한 버핏의 견해에 더욱 구체적인 뼈대를 제공했다. 이는 버크셔의 주식 인수 활동과 직접적인 관련이 있었으며 버크셔 자체적으로도 적용되었다. 정확하게 구할 수는 없더라도, 내재 가치 개념은 투자에서 가장 중요하다. GAAP가 회계 처리 내용을 온전히 전달하지 못하는 경우, 버크셔의 연례 보고서는 따로 감사를 거치지 않은 보고서까지 포함해 솔직하고 의미 있는 공시를 통해 회사의 내재 가치 추정에 필요한 모든 수치를 제공하고자 했다.

버핏은 버크셔의 밸류에이션이 지나치게 높아지고 있음을 시사했다. 1990~1994년 버크셔의 추정 이익이 증가하긴 했지만, 시장은 이러한 이익에 대해 과도한 밸류에이션을 부여했다(〈표 5-37〉 참고). 우리는 1990~1992년에 약 1.5배였던 장부가치가 1994년에는 2배로 높아지는 것으로 이러한 효과를 살펴볼 수 있다.

버크셔는 주주들에게 버크셔의 내재 가치를 알려 주주 기반을 다지고 강화해 나갔다. 그 목적은 버크셔가 대규모임에도 (또한 성장하고 있음에도) 파트너 관계라는 느낌이 들게 하려는 것이었다. 장기 투자를 지향하는 주주 기반은 일단 잃고 나면 회복하기가 어려웠다. 버크셔가 주식을 수시로 매매하는 투자자가 얼씬도 못하게 하려던 방법 가운데 하나는 1994년에 주가가 2만 달러를 돌파한 주식을 분할하지 않는 것이었다.

표 5-37 · 1990~1994년 버크셔 해서웨이 추정 이익 및 밸류에이션
자료·1991년, 1993년, 1994년 버크셔 해서웨이 연례 보고서 및 저자의 계산 **단위**·100만 달러

	1994	1993	1992	1991	1990
주요 투자 대상 기업의 미배당 이익에 대한 버크셔의 자본	492	422	298	230	266
이런 분배되지 않은 투자 대상 기업의 이익에 대한 가상의 세금	(68)	(59)	(42)	(30)	(35)
버크셔의 보고된 영업이익	606	478	348	316	371
버크셔의 추정 이익 총계	**1,030**	**841**	**604**	**516**	**602**
버크셔 시장가치(회기 말)	24,031	19,231	13,501	10,371	7,650
주가/장부가치(회기 말)	2.02배	1.84배	1.52배	1.41배	1.45배
장부가치 변동률	14%	17%	21%	40%	
시장가치 변동률	25%	42%	30%	36%	

참고
1. 이익은 세후 기준임.
2. 주요 투자 대상 기업의 이익은 해당 연도의 평균 지분율을 기준으로 계산함.

우선주 발행 승인

1994년 버크셔의 위임장에는 향후 인수 시 우선주를 발행할 수 있다는 안이 수록되었다. 버핏은 향후 인수 시 이 요구안이 유용하리라는 인식에 따른 것이라고 주주들에게 설명했다. 이 주식이 주주 이익에 해가 되지 않을 것임을 분명히 하고자 노력했음에도 다수 주주가 반대표를 던짐에 따라, 그는 1995년 연례 주주총회 초반에 이 사안을 다루면서 공을 들여 자신의 논리를 설파했다. 버핏은 매도자가 현금이나 버크셔 주식 이외의 다른 것을 원한다고 할 경우, 버크셔가 인수에 사용할 수 있는 적당한 "거래 수단"을 확실히 보유했으면 한다고 말했다. 일반 우선주, 변동 배당 우선주, 전환우선주 등 종류와 무관하게, 우선주는 버크셔가 수령한 것 이상의 더 큰 내재 가치를 포기하지 않고도 매도자에게 원하는 것을 제공할 수 있다는 것이었다.

버핏은 이 제안에 단점이 없다고 생각했지만 예전 연례 주주총회 때 일부 주주들이 투표한 것을 보면, 주주들은 연례 보고서에 실린 그의 설명을 읽고도 이 사실을 납득하지 못했음을 알 수 있다. 버핏은 이는 단순히 형식의 문제일 뿐이라며 버크셔의 회계 처리가 어떻게 되는지는 중요하지 않다고 말했다.* 가치 평가 시 가치가 적절하게 나타나는 한, 버크셔는 어떠한 형태의 증권이든 발행할 용의가 있었는데, 이러한 우선주 발행은 잠재적 매도자와의 비과세 거래 등 유연하게 대응할 수 있는 이점을 제공했다. 그는 연례 주주총회에서 주주들에게 "우리가 이걸로 어리석은 짓을 한다면 현금이나 주식으로도 뭔가(어리석은 짓)를 할 것"이라고 말했다.

표 5-38 · 1965~1994년 자기자본 조정치
자료·버크셔 해서웨이 연례 보고서 및 저자의 계산 **단위**·100만 달러

	1965~1974	1975~1984	1985~1994	1965~1994
기초 자기자본	22	88	1,272	22
순이익(영업)	57	366	2,869	3,292
순이익(실현이익)	7	199	1,354	1,561
미실현 투자 평가액	0	486	5,877	6,363
합병/분할	0	133	433	566
배당금/자사주	(3)	0	69	66
기타/잡이익	4	0	0	4
기말 자기자본	88	1,272	11,875	11,875
해당 기간 내 자본 변동	66	1,184	10,602	11,852

참고
반올림으로 계산해 숫자 합산액이 일치하지 않을 수 있음.

---

* 버핏은 다른 기업들이 회계 처리에 더 신경 쓰며, 어쩌면 주주들에게 그런 상황을 설명하지 않기 위해 수령한 것 이상으로 내재 가치를 더 많이 포기할 거라고 지적했다. 버크셔는 무엇보다 거래의 경제성에 초점을 두었으며 대다수 주주가 "거래의 경제적 현실을 이해할 정도로 충분히 현명할 것"이라고 여겼다.

표 5-39 · 해당 기간 중 자본 변동에 대한 기여도

자료·버크셔 해서웨이 연례 보고서 및 저자의 계산 단위·%

	1965~1974	1975~1984	1985~1994	1965~1994
순이익(영업)	86	31	27	28
순이익(실현이익)	11	17	13	13
미실현 투자 평가액	0	41	55	54
합병/분할	0	11	4	5
배당금/자사주	(4)	0	1	1
기타/잡이익	7	0	0	0
총계	100	100	100	100

참고
반올림으로 계산해 숫자 합산액이 일치하지 않을 수 있음.

버크셔 주주들은 최대 100만 주의 우선주 발행을 승인해, 버핏과 멍
거의 판단을 신뢰한다는 명확한 메시지를 전달했다.

10년 구간 살펴보기

한 사람이 30년 동안 기업을 이끄는 것은 통계상으로 비교적 드문 일이
었다. 버핏은 그 기간에 (약간의 도움을 받아) 이룩한 성과로 독보적인
위상을 점했다. 1994년 말의 버크셔 해서웨이는 불과 10년 전과도 상
당히 달라졌으나, 1965년 초의 버크셔와 같은 기업이었다는 것은 도저
히 믿기 어려울 정도였다. 몇몇 핵심 수치가 그 사실을 전해 준다.

자기자본은 10년마다 급증했는데, 순 영업이익도 이와 마찬가지였
다. 그러나 자기자본이 대폭 증가한 것은 순 영업이익이 급증했기 때문
이 아니었다. 1985~1994년 버크셔의 영업이익은 자기자본을 29억 달
러 늘리는 데 기여했는데, 기존 자회사 및 이 기간에 인수한 신규 자회
사에서 올린 금액을 합한 것이었다. 큰 금액이긴 하지만 전체 증가 금

액의 4분의 1을 약간 상회하는 정도에 그친다. 사실, 변화율로 보자면 순 영업이익은 10년마다 감소했으며 순 실현이익도 거의 변동되지 않았다. 〈표 5-39〉의 주요 성장 기여분을 보면 알 수 있듯, 주요 성장 요인은 직접 경영하는 자회사 이외에도 투자 실적 덕분으로, 즉 투자 포트폴리오에 따른 것이었다는 의미다.

버크셔의 투자 포트폴리오, 특히 주식 포트폴리오는 1985~1994년 13억 달러 이상의 세후 증권 투자 수익을 벌어들였다. 이 밖에도 장부에는 미실현이익 59억 달러가 기재되어 있었다.* 그러므로 총 72억 달러(즉 해당 10년 구간 동안 자기자본 전체 변동분의 68%)는 버크셔 해서웨이가 통제하거나 경영하지 않는 기업에 자본을 성공적으로 분배한 데서 비롯된 것이었다. 이러한 미실현이익 급증은 버크셔가 우량한 기업에 투자해 오랫동안 보유하는 방향으로 진화했음을 반영한 것이었다.

보험은 이러한 성장의 원동력이었다. 버크셔는 보험을 통해 보험 인수와 책임준비금이라는 대단히 중요한 가치의 원천 두 가지를 보유했다. 책임준비금은 버크셔가 보유하고 있지만, 궁극적으로는 보험계약자 및 다른 사람들에게 상환해야 할 자금이라는 것을 떠올려 보자. (책임준비금의) 많은 부분이 매도가능증권 포트폴리오에 투자되었으며, 이 덕분에 이 분야에서 수십억 달러의 수익을 올릴 수 있었다. 이는 기업 인수를 위한 자본을 제공했으며 덕분에 버크셔는 통상적으로 쓰곤하는 차입금을 거의 쓰지 않고도 사업을 할 수 있었다.

---

* 이 미실현이익은 매각 시 납부할 세금을 감안한 수치였다.

책임준비금의 핵심 요소이자 사실상의 출처는 보험 인수였다. 버크셔는 보험 자회사의 가치에 대해 잘 이해하지 못한 상태에서 이번 10년 구간을 시작했다. 이에 따라 보험의 책임준비금 창출력을 인식했지만 그 과정에서 가치 산정을 제대로 하지 못했다. 이 실수 탓에 해당 10년 구간에는 보험 인수 활동으로 누적 2억 8,500만 달러의 세전 손실이 발생했는데, 이는 비싼 값을 치르긴 했으나 궁극적으로는 가치 있는 학습이었다. 해당 10년 구간을 거치면서 버크셔는 보험 인수 기법을 정교하게 다듬었으며 보험계약은 이익이 예상될 경우에만 인수해야 한다는 신념을 고수했다.

해당 10년 구간 이후 버크셔는 재보험, 특히 초대형 재해super catastrophe, 즉 슈퍼 캣 분야로 더 많이 진출했다. 버크셔는 복잡다단한 가입자, 즉 다른 재보험사를 위한 대형 보험계약 인수가 대규모 자본 포지션을 유리하게 활용할 수 있게 해 준다는 것을 알았다.* 1994년 말까지 버크셔는 세계 최대 재보험사 중 하나였으며, 아마도 단일 인수 보험사로는 세계 최대 규모였을 것이다.

슈퍼 캣 사업 및 관련 상품군 또한 (단기 보험 상품군과 비교하면) 상대적으로 보험료 물량이 적었지만 버크셔에 대규모의 책임준비금을 창출해 주었다. 이는 해당 10년 구간 중반에 보험료 물량이 크게 감소했음에도 매년 평균 책임준비금이 증가하는 데 일조했다. 버크셔는 책임준비금의 안정성(회전성 자금으로 계속 보충된다는 점)이 자기자본

---

* 〈표 5-47〉에는 인수 보험료 데이터가 평균 자기자본에 포함되어 있다. 버크셔의 한 자릿수 비율은 빼어난 자금력과 보험 인수 능력을 나타낸다.

의 안정성과 비슷하다는 것을 인식했으며, 버핏은 그것이 버크셔 내재 가치의 커다란 부분을 차지한다는 점을 시사하기도 했다.

표 5-40 · 미국 국채와 비교한 버크셔 해서웨이 보험 부문의 책임준비금 및 책임준 비금 조달 금리 | 자료·1994년 버크셔 해서웨이 연례 보고서

	보험 인수 손실 (100만 달러)	평균 책임준비금 (100만 달러)	대략적인 자금 조달 원가율(%)	연도 말 미국 장기국채 수익률(%)
1967	흑자	17.3	제로금리 미만	5.5
1968	흑자	19.9	제로금리 미만	5.9
1969	흑자	23.4	제로금리 미만	6.8
1970	0.37	32.4	1.1	6.3
1971	흑자	52.5	제로금리 미만	5.8
1972	흑자	69.5	제로금리 미만	5.8
1973	흑자	73.3	제로금리 미만	7.3
1974	7.36	79.1	9.3	8.1
1975	11.35	87.6	13.0	8.0
1976	흑자	102.6	제로금리 미만	7.3
1977	흑자	139.0	제로금리 미만	8.0
1978	흑자	190.4	제로금리 미만	8.9
1979	흑자	227.3	제로금리 미만	10.1
1980	흑자	237.0	제로금리 미만	11.9
1981	흑자	228.4	제로금리 미만	13.6
1982	21.56	220.6	9.8	10.6
1983	33.87	231.3	14.6	11.8
1984	48.06	253.2	19.0	11.6
1985	44.23	390.2	11.3	9.3
1986	55.84	797.5	7.0	7.6
1987	55.43	1,266.7	4.4	9.0
1988	11.08	1,497.7	0.7	9.0
1989	24.40	1,541.3	1.6	8.0
1990	26.65	1,637.3	1.6	8.2
1991	119.59	1,895.0	6.3	7.4
1992	108.96	2,290.4	4.8	7.4
1993	흑자	2,624.7	제로금리 미만	6.4
1994	흑자	3,056.6	제로금리 미만	7.9

해당 10년 구간에 버크셔는 신뢰성 있고 존경할 만한 수많은 신규 경영자들과 파트너 관계를 맺었다. 스콧 페처, 페치하이머, 보셰임스, H. H. 브라운 슈, 덱스터 슈 같은 기업을 100% 인수하는 등 다수의 신규 가문 구성원을 합류시켰다. 버크셔가 경영자들과 파트너 관계를 맺는 또 다른 방법은 상장된 주식을 보유하는 것이었다. 버핏과 멍거는 버크셔가 투자한 코카콜라, 가이코, 〈워싱턴 포스트〉, 캐피털 시티즈/ABC 등의 기업을 영구적으로 보유할 기업으로 보고, 이 기업들의 경영진을 극찬했다.

버크셔는 그 과정에서 약간의 실수를 하기도 했지만, 그때나 지금이나 버크셔 규모에 비하면 미미한 수준이었다. 실수 중 하나는 캐피털 시티즈/ABC 지분의 일부를 매도한 것이었다(버핏은 전에도 일부를 매도한 적이 있어서, 실은 여러 번의 실수였음). 또 다른 실수는 US에어 우선주를 사들인 것이었다. 버핏은 자신이 기본적인 경제 여건을 제대로 살피지 못했다고 서술했으며, 버크셔는 이 회사에 대한 투자 금액을 달러당 25센트로 낮추면서 해당 10년 구간을 마감했다.

지금 와서 보면 버크셔가 살로몬의 우선주를 취득한 것도 실수였다. 살로몬은 버핏과 멍거가 10~20년 안에 이 업계가 어떻게 될지 제대로 이해하지 못했다고 인정하게 만든 회사였을 뿐만 아니라, 버핏에게 많은 시간을 허비하게 만든 곳이기도 했다. 버핏이 살로몬 CEO로 재직한 10개월 동안, 그는 자신의 명성을 걸고 이 회사와 버크셔의 투자금 7억 달러를 살려 내기도 했다.

시장은 마침내 버크셔의 실적과 장부가치를 높은 수익률로 복리화하는 능력을 인정했다. 이번 10년 구간 동안 버크셔의 주당 장부가치는 1,600달러에서 2만 달러로 증가했는데, 이는 연간 24.7% 증가한 것이었다. 기본 장부가액은 매년 25%씩 증가했으나 평균 발행주식의 순 변동에 따른 0.3%의 미미한 차이가 있다. 이전 10년 구간과 마찬가지로, 대규모 주가 상승은 기본 내재 가치 성장 외에도 주가에 비해 높은 장부가치 비율 덕분이었다. 이에 따라 주가가 연간 5.5%씩 상승했으며, 1994년 말까지 평균 주가 대비 장부가치 비율은 2배 이상으로 상승했다.* 프리미엄(액면가 초과 금액) 대비 장부가 비율의 일부는 금리로 설명할 수 있다. 10년 만기 미국 국채 금리는 1993년 초 11.5%에서 1993년 말 5.5% 미만으로 하락했으며, 1994년 말에는 7.8%로 상승했다. 시장이 앞질러 가면서 버크셔 가치를 장부가의 2배 이상으로 매기자, 버핏은 구경꾼들에게 절묘하게 영향을 주면서 전례가 없을 정도로 가치를 적절하게 평가하게 했다.

버크셔의 주식 포트폴리오와 마찬가지로, 1994년 말의 버크셔 해서웨이는 워런 버핏과 찰리 멍거라는 2명의 자본 배분 담당자가 있는 복리 기계였으며, 이들은 속도를 늦추지 않았다. 특히 이 10년 구간에 버크셔는 나머지 공장을 청산하고 방직 사업을 최종 분할했다. 버크셔는 이전 세 번의 10년 구간 동안 커다란 발전을 이루었다. 앞으로도 더욱 발전할 것이다.

---

* 기말 수치를 사용할 경우, 연간 7.2%나 되는 상당히 큰 규모였다.

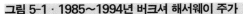

그림 5-1 · 1985~1994년 버크셔 해서웨이 주가

자료·《투자의 신》(킬패트릭 지음), 1985~1994년 버크셔 해서웨이 연례 보고서 및 저자의 계산

그림 5-2 · 1985~1994년 버크셔 해서웨이 주가 대비 장부가치 비율

자료·《투자의 신》(킬패트릭 지음), 1985~1994년 버크셔 해서웨이 연례 보고서 및 저자의 계산

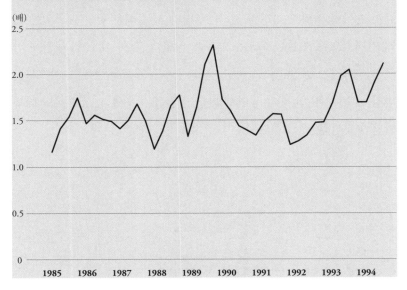

1985~1994년의 교훈

–

1 기업은 복잡하지 않아도 훌륭해질 수 있으며 높은 자본이익률을 기록할 수 있다. 1986년 월드북, 커비, 기타 단순한 운영 자회사들과 더불어 스콧 페처를 인수한 것은 버크셔에 훌륭한 인수였다. 스콧 페처는 버크셔에 수억 달러(실제 인수 가격보다 높음)를 배당하고 이익 창출력을 2배로 높였으며, 무엇보다도 기본적으로 부채가 없었다. 유니폼업체 페치하이머, 제화 그룹, 보석업체 보셰임스 및 기타 업체들은 단순한 산업에서도 돈을 벌 수 있음을 증명했다.

2 단순한 기업에도 언제나 빈틈없이 뛰어난 경영자가 필요하다. 버핏의 말을 빌리자면, 버크셔가 경영하는 자회사 중 상당수는 독점적 사업권을 보유한 기업이 아니었다. 시즈, 네브래스카 퍼니처 마트, 보셰임스 및 기타 업체들은 모두 경쟁이 치열한 산업에 속했다. 각 회사 경영자는 자기 일을 매우 좋아했고, 사업의 안팎을 두루 잘 알았으며, 끊임없이 집중했기 때문에 놀라운 사업 실적을 올릴 수 있었다.

3 기업들은 복합기업 체제 안에서 번창할 수 있으며, 자본 배분 선택권이 넓어지면 주주에게 더 나은 실적을 안겨 줄 수 있다. 버크셔가 100% 보유한 다수 기업이 상당한 자본이익률을 기록했지만, 이들은 그러한 자본을 의미 있는 정도로 재투자할 수 없었다. 버크셔는 이런 기업들이 오마하에 초과 현금을 배당해 버크셔의 다른 자회사로 자금을 이전하거나, 투자를 통해 버크셔 외부로 재배치할 수 있게 해 이 문제를 해결했다.

4 규모의 경제는 강력하며, 그 효과가 반복되는 과정feedback loops이 중요

하다. 버크셔는 네브래스카 퍼니처 마트에서 대규모, 저수익 사업의 이점을 처음 목격했다. 이 아이디어는 보셰임스와 보석 사업에서도 동일하게 적용되었다. 저렴한 가격으로 다양한 상품을 선택할 수 있다는 점이 쇼핑객을 끌어모으며, 대량 판매 덕분에 경쟁사보다 훨씬 낮은 가격과 간접비 비율을 유지할 수 있다.

5 책임준비금(보험회사가 보유하고 있지만 보험금 청구인 및 기타 사람에게 상환해야 할 자금)은 장기국채에 비해 매력적인 비용을 유지하면서도 대폭 증가될 수 있다.

표 5-41 · 버크셔 해서웨이, 모기업 단계의 선별 데이터

자료: 1989년, 1994년 버크셔 해서웨이 연례 보고서 ※ 주당 수치는 미해당 단위 · 1,000달러

	1994	1993	1992	1991	1990	1989	1988	1987	1986	1985
매출액										
판매 및 서비스 매출액	2,351,918	1,962,862	1,774,436	1,651,134	1,580,074	1,526,459	1,407,642	1,326,829	1,219,252	504,872
수입 보험료	923,180	650,726	664,293	776,413	591,540	394,279	584,235	824,895	823,884	317,059
이자 및 배당 수익	426,094	354,028	364,895	347,293	317,095	331,452	314,251	237,319	181,992	144,722
실로모 투자 수익	30,058	63,000	63,000	63,000	63,000	0	0	0	0	0
금융 부문 수익	24,885	22,226	20,696	19,475	13,498	0	0	0	0	0
기타수익						7,892	27,094	13,901	6,316	1,930
실현 투자 이익	91,332	546,422	89,937	192,478	33,989	223,810	131,671	28,838	220,764	495,055
매출액 총계	3,847,467	3,599,264	2,977,257	3,049,793	2,599,196	2,483,892	2,464,893	2,431,782	2,452,208	1,463,638
이익										
실현 투자 이익 및 회계 처리 변경 누적 효과 반영 전[1]	433,659	402,403	347,726	315,753	370,745	299,902	313,441	214,746	131,464	92,948
실현 투자 이익	61,139	356,702	59,559	124,155	23,348	147,575	85,829	19,806	150,897	342,867
법인세 회계 처리 변경 누적적 효과	0	(70,984)	0	0	0	0	0	0	0	0
순이익	494,798	688,121	407,285	439,908	394,093	447,477	399,270	234,552	282,361	435,815
연말 데이터										
자산 총계	21,338,182	19,520,469	17,131,998	14,461,902	10,670,423	9,459,594	6,816,848	5,863,235	4,931,354	3,480,789
투자 계약 및 기타 부채에 따른 차입[2]	810,719	972,389	1,154,697	1,100,464	1,082,265	1,007,516	480,009	289,886	260,170	117,879
자기자본	11,874,882	10,428,374	8,896,331	7,379,918	5,287,454	4,925,126	3,410,108	2,841,659	2,377,797	1,885,330
발행된 보통주(단위: 1,000주)	1,178	1,178	1,149	1,146	1,146	1,146	1,146	1,147	1,147	1,147
발행된 주당 자기자본	10,083	8,854	7,745	6,437	4,612	4,296	2,975	2,477	2,073	1,644

참고
1994년(1990~1994년) 및 1989년(1985~1989년) 연례 보고서에
서 가져온 데이터는 각 5년 기간의 보고서와 일관성을 유지함. 보
고 연도에 따라 특정 연도에 약간 차이가 있음.

각주
1. 1994년: 17만 2,579달러 US에어 상당 포함(주당 146.52달러).
1993년: 연방 소득세율 변경에 따른 7만 5,348달러 비용 포함.
2. 금융 부문 차입금 제외

표 5-42 · 1985~1994년 버크셔 해서웨이 연결 자본 조정 | 자료 · 1985~1994년 버크셔 해서웨이 연례 보고서 단위 · 1,000달러

	1994	1993	1992	1991	1990	1989	1988	1987	1986	1985
현도도 자본	10,428,374	8,896,331	7,379,918	5,287,454	4,925,126	3,410,108	2,841,659	2,377,797	1,885,330	1,271,761
당기순이익/(순손)	494,798	688,121	407,285	439,908	394,093	447,477	399,270	234,552	282,361	435,815
보통주 자본 변동1		20	11							
납입 자본금 변동2		473,810	24,887							
자사주3		4,659				0	(1,355)			
1993년 12월 31일 재무회계 기준서										
(SFAS) 115에서 재태되 누적 효과		171,775								
미실현 증권 평가이에										
변동 대비 순세금	951,710	193,658	1,084,230	1,652,556	(31,765)	1,067,541	170,534	229,310	210,106	177,754
기말 자본	11,874,882	10,428,374	8,896,331	7,379,918	5,287,454	4,925,126	3,410,108	2,841,659	2,377,797	1,885,330

각주

1. 1992년: 무어자 전환 추순위 채권의 전환으로 발행된 2,162주
   1993년: 무어자 채권의 전환으로 발행된 3,994주
2. 1992년: 무어자 채권의 전환에 따른 2만 4,887달러
   1993년: 무어자 채권의 전환에 따른 4만 5,457달러, 빅스타 슈 인수를 위해 발행된 2만 5,203주와 콴린된 42만 8,353달러
3. 1988년: 연금 제도 종료와 콴린에 따른 버크셔 주식 가치
   1993년: 빅스타 슈 인수와 콴린에 따른 자사주로 발행

	1994		1993		1992		1991		1990	
	금액	%	금액	%	금액	%	금액	%	금액	%
인수보험 부문										
인수 보험료	225.7		208.4		132.4		135.5		139.1	
수입 보험료	234.8	100.0%	208.3	100.0%	152.8	100.0%	141.0	100.0%	154.0	100.0%
손해 및 손해 비용	88.4	37.6%	99.8	47.9%	98.0	64.1%	95.2	67.5%	102.0	66.2%
보험 인수 비용	98.1	41.8%	95.8	46.0%	46.8	30.6%	48.3	34.3%	51.5	33.4%
손해 및 비용 총계	186.5	79.4%	195.6	93.9%	144.8	94.8%	143.5	101.8%	153.5	99.7%
보험계약 인수 손익(세전)	48.3		12.7		8.0		(2.5)		0.5	
손해 및 손해 비용에 포함된 불이익성(이익성) 손해 발생	(53.9)	(23.0%)	(41.7)	(20.0%)	(36.4)	(23.8%)	(23.8)	(16.9%)	(18.3)	(11.9%)
법정 합산비율		81.1%		93.9%		99.5%		103.2%		103.3%
재보험 부문										
인수 보험료	689.8		528.7		607.2		667.0		435.2	
수입 보험료	688.4	100.0%	442.4	100.0%	511.5	100.0%	635.4	100.0%	437.5	100.0%
손해 및 손해 비용	476.9	69.3%	350.9	79.3%	589.7	115.3%	731.9	115.2%	432.2	98.8%
보험 인수 비용	130.8	19.0%	74.2	16.8%	38.8	7.6%	20.6	3.2%	32.5	7.4%
손해 및 비용 총계	607.7	88.3%	425.1	96.1%	628.5	122.9%	752.5	118.4%	464.7	106.2%
보험계약 인수 손익(세전)	80.7		17.3		(117.0)		(117.1)		(27.2)	
손해 및 손해 비용에 포함된 불이익성(이익성) 손해 발생	37.0	14.1%	0.0	0.0%	0.0	0.0%	(30.0)	(4.7%)	0.0	0.0%
법정 합산비율		88.2%		93.4%		121.7%		118.3%		106.3%
구조화 합의 및 포트폴리오 재보험										
보험계약 인수 손익(세전)	위와 같음		위와 같음		위와 같음		위와 같음		위와 같음	
보험 부문 보험계약 인수 손익(세전) 총계	129.0		30.0		(109.0)		(119.6)		(26.7)	
보험 부문 전체 법정 합산비율		86.1%		92.2%		115.1%		115.1%		104.9%

참고
1. 반올림으로 계산해 숫자 합산에 일치하지 않을 수 있음.
2. 손해율과 비용율은 GAAP 기준 연례 보고서에 보고된 수치로 표시됨. GAAP 기준 비율은 인수 보험료를 나눈 값으로 계산함.
   이는 비율 계산 시 인수 보험료로 적용하는 법정 기준과 다름. GAAP와 법정 계산 시, 손해 및 손해 조정 비용은 두 경우 모두 두 수입 보험료로 나누어 줌.
3. 버크셔는 1990년부터 구조화 합의 및 포트폴리오 재보험을 재보험을 제보험 부문에 포함함.

표 5-44 · 보험 부문 선별 데이터 | 자료: 1985~1994년 버크셔 해서웨이 연례 보고서 및 저자의 계산 계산 단위: 100만 달러

	1989 금액	1989 %	1988 금액	1988 %	1987 금액	1987 %	1986 금액	1986 %	1985 금액	1985 %	1984 금액	1984 %
인수보험 부문												
인수 보험료	169.7		218.8		412.7		594.6		269.1		118.1	
수입 보험료	188.9	100.0%	292.3	100.0%	441.6	100.0%	463.1	100.0%	184.3	100.0%	119.3	100.0%
순해 및 손해 비용	125.9	66.6%	196.2	67.1%	338.6	76.7%	347.5	75.0%	140.0	76.0%	110.5	92.6%
보험 인수 비용	58.8	31.1%	78.7	26.9%	105.8	24.0%	112.1	24.2%	52.5	28.5%	41.6	34.9%
손해 및 비용 총계	184.7	97.8%	274.8	94.0%	444.4	100.6%	459.6	99.2%	192.5	104.4%	152.1	127.5%
보험계약 인수 손익(세전)	4.2		17.5		(2.7)		3.5		(8.1)		(32.9)	
손해 및 손해 비용에 포함된 불이익성(이익성) 손해 발생	(20.0)	(10.6%)	(29.1)	(10.0%)	(9.4)	(2.1%)	16.0	3.5%	0.1	0.0%	8.1	6.8%
법정 합산비율		101.3%		103.1%		102.3%		93.9%		95.5%		127.9%
재보험 부문												
인수 보험료	66.0		203.3		328.0		398.4		178.5		10.5	
수입 보험료	146.8	100.0%	229.3	100.0%	372.8	100.0%	344.4	100.0%	82.9	100.0%	16.1	100.0%
순해 및 손해 비용	109.4	74.5%	170.5	74.3%	287.6	77.2%	282.6	82.0%	85.7	103.4%	23.7	147.6%
보험 인수 비용	48.6	33.1%	73.3	32.0%	112.9	30.3%	111.2	32.3%	27.2	32.8%	4.9	30.5%
손해 및 비용 총계	158.0	107.6%	243.8	106.3%	400.5	107.4%	393.7	114.3%	112.9	136.2%	28.6	178.2%
보험계약 인수 손익(세전)	(11.2)		(14.5)		(27.7)		(49.4)		(30.0)		(12.6)	
손해 및 손해 비용에 포함된 불이익성(이익성) 손해 발생	0.2	0.1%	0.0	0.0%	4.5	1.2%	21.0	6.1%	19.4	23.5%	9.7	60.2%
법정 합산비율		148.2%		110.4%		111.6%		110.0%		118.6%		194.2%
구조화 합의 및 포트폴리오 재보험												
보험 인수 손익(세전)	(17.4)		(14.1)		(25.0)		(10.0)		(6.1)		(2.6)	
보험 부문 보험계약 인수 손익(세전) 총계	(24.4)		(11.1)		(55.4)		(55.8)		(44.2)		(48.1)	
보험 부문 전체 법정 합산비율		115.4%		107.4%		109.3%		101.8%		104.7%		135.9%

참고
1. 반올림으로 계산해 숫자 합산에 일치하지 않을 수 있음.
2. 손해율과 비용률은 GAAP 기준 비용을 인수 보험료로 표시됨. GAAP 기준 비용은 연례 보고서에 보고된 수치로 나눈 값으로 계산함. 이는 비율 계산시 인수 보험료로 적용하는 법정 수치와 다름. GAAP와 법정 계산 시, 손해 및 법정 조정 비용은 두 경우 모두 수입 보험료로 나누어짐.

표 5-45 · 1986~1994년 보험 부문 순익계산서 | 자료 : 1988~1994년 버크셔 해서웨이 연례 보고서 단위 : 100만 달러

	1994	1993	1992	1991	1990	1989	1988	1987	1986
인수 보험료	915.5	737.1	739.6	802.5	574.3	296.1	484.7	751.3	1,009.4
수입 보험료	923.2	650.7	664.3	776.4	591.5	394.3	584.2	824.9	823.9
손해 및 손해 비용	564.3	450.7	687.6	827.2	534.2	309.4	437.7	661.1	655.8
인수 비용	229.0	169.1	85.7	68.8	83.9	109.3	157.6	219.2	224.0
손해 및 비용 총계	793.3	619.8	773.3	896.0	618.1	418.7	595.3	880.3	879.7
인수 손익(세전)	129.9	30.9	(109.0)	(119.6)	(26.6)	(24.4)	(11.1)	(55.4)	(55.8)
순투자 이익	419.4	375.4	355.1	331.8	327.0	243.9	231.2	152.5	107.1
실현 투자 이익	92.0	555.9	52.6	110.8	15.8	220.6	127.9	26.3	147.5
US에어 그룹 우선주 투자가치의 일시적 하락을 제외한 나머지	(261.0)								
법인세 납부 전 이익	380.3	962.2	298.7	323.0	316.2	440.1	348.0	123.4	198.8
법인세 비용(환급)	51.7	254.4	25.4	38.4	34.1	88.9	63.7	(13.2)	(16.6)
순이익	328.6	707.8	273.3	284.6	282.1	351.2	284.3	136.6	215.4
순예 이자	4.3	4.1	2.6	2.8	3.0	4.0	3.6	1.9	1.3
순이익	324.3	703.7	270.7	281.8	279.1	347.2	280.7	134.7	214.1
순투자 이익 세부 내역									
배당금	362.4	306.7	287.5	244.7	244.7	149.9	86.0	31.2	16.8
이자	92.2	77.9	74.0	98.7	91.2	100.8	145.9	121.8	90.0
실로본 자기자본 순손실	(31.7)								
투자 비용	(3.5)	(9.2)	(6.4)	(11.6)	(8.9)	(6.8)	(0.7)	(0.5)	0.4
순투자 이익 총계	419.4	375.4	355.1	331.8	327.0	243.9	231.2	152.5	107.1

표 5-46 · 1987~1994년 보험 부문 대차대조표 | 자료 · 1988~1994년 버크셔 해서웨이 연례 보고서 단위 · 100만 달러

자산	1994	1993	1992	1991	1990	1989	1988	1987
투자								
단기 있는 고정 금리 상품 투자1								
위성턴 퍼블릭 파워 서플라이 시스템			58.8	158.6	188.9	194.0	247.0	235.7
RJR 나비스코				98.9	187.7	136.5		
기타		715.9	479.2	367.0	377.4	409.4	802.9	1,004.8
채권	1,099.0							
우선주								
챔피언 인터내셔널			279.0	279.0	279.0	279.0		
살로몬 주식회사			650.0	650.0	637.0	624.0	624.0	624.0
US에어			348.0	348.0	348.0	348.0		
질레트					600.0	600.0		
기타			10.6	0.5	0.7	0.7	10.5	15.7
우선주	410.4	650.9						
시장에서 취득한 주식								
캐피탈 시티즈/ABC	1,662.4	1,208.0	1,497.9	1,278.8	1,354.4	1,664.2	1,068.6	1,017.8
코카콜라 컴퍼니	5,137.6	4,157.3	3,901.1	3,738.0	2,166.0	1,799.2	632.4	
가이코	1,678.3	1,759.6	2,226.2	1,363.2	1,110.6	1,044.6	849.4	756.9
질레트	1,797.0	1,431.0	1,365.0	1,347.0	600.0			
웰스 파고 & 컴퍼니	957.8	854.6	471.5	279.3	278.7	60.6		
살로몬 주식회사	972.2	673.6						
FHLMC			435.2	13.1				
제너럴 다이내믹스			450.8	296.8				
기네스			299.5					
위성턴 포스트			396.9	336.0	342.1	486.4	364.1	323.1
기타	3,890.4	2,873.6	86.9	91.9	232.9	63.1	498.6	215.1

→다음 페이지에 계속

	1994	1993	1992	1991	1990	1989	1988	1987
우선주								
아메리칸 익스프레스 컴퍼니			290.5	247.5	72.6	23.5	8.6	4.4
퍼스트 엠파이어 스테이트 코퍼레이션			68.0	50.0				
기타			53.2	31.1				
투자 총계	17,605.1	14,324.5	13,368.3	10,974.7	8,176.0	7,733.2	5,106.3	4,197.4
현금 및 현금성 자산	90.3	1,368.0	471.2	458.5	115.6	45.4	121.6	109.1
이연비용	468.2	490.6	529.2	552.5	364.2	15.0	45.5	57.2
매출채권			188.1	414.1	222.2	71.0	139.7	131.2
기타	301.9	290.4	8.0	2.8	2.3	2.3	3.3	24.6
	18,465.5	16,473.5	14,564.8	12,402.6	8,880.3	7,866.9	5,416.3	4,519.7
부채								
순해 및 순해 조정 비용	3,430.0	3,155.9	2,978.5	2,849.1	2,050.3	1,436.3	1,407.2	1,260.4
미수입 보험료	307.2	315.8	227.8	152.5	126.4	143.6	241.8	341.3
재보험 주정 관련 보유 금액	307.3	215.8						
배입채무, 관련 이자 및 기타	255.0	233.6	379.9	222.1	226.0	201.0	85.4	55.7
법인세(주로 이연분)	3,209.3	2,944.5	2,476.3	1,908.2	1,099.0	1,136.2	565.3	471.9
	7,508.8	6,865.6	6,062.5	5,131.9	3,501.7	2,917.1	2,299.7	2,129.4
자기자본								
소액주주 자본	136.5	124.9	70.4	56.5	39.8	35.2	25.0	21.2
버크셔 자기자본	10,820.2	9,483.0	8,431.9	7,214.2	5,338.8	4,914.6	3,091.7	2,369.1
	10,956.7	9,607.9	8,502.3	7,270.7	5,378.6	4,949.8	3,116.6	2,390.2
	18,465.5	16,473.5	14,564.8	12,402.6	8,880.3	7,866.9	5,416.3	4,519.7

각주
1. 1994년 단기 장비 채권 및 제반 상각 비용.

표 5-47 · 1986~1994년 보험 부문 주요 비율 및 수치 | 자료: 1988~1994년 버크셔 해서웨이 연례 보고서 단위·%

비용 및 주요 수치	1994	1993	1992	1991	1990	1989	1988	1987	1986
손해율	61.1	69.3	103.5	106.5	90.3	78.5	74.9	80.1	79.6
비용률(인수 보험료 대비)	25.0	22.9	11.6	8.6	14.6	36.9	32.5	29.2	22.2
합산비율(법정)	86.1	92.2	115.1	115.1	104.9	115.4	107.4	109.3	101.8
인수 보험료 변동률	24.2	(0.3)	(7.8)	39.7	94.0	(38.9)	(35.5)	(25.6)	
수입 보험료 변동률	41.9	(2.0)	(14.4)	31.3	50.0	(32.5)	(29.2)	0.1	
인수 보험료/평균 자기자본	8.9	8.1	9.4	12.7	11.1	7.3	17.6		

표 5-48 · 1987~1994년 제조, 출판, 소매 유통 부문: 대차대조표 | 자료: 1988~1994년 버크셔 해서웨이 연례 보고서 단위·100만 달러

	1994	1993	1992	1991	1990	1989	1988	1987
자산								
현금 및 현금성 자산	77.0	90.4	62.7	67.3	28.9	25.2	43.4	36.2
매출채권	308.8	275.9	230.9	211.3	184.0	175.6	150.4	142.0
재고	398.2	351.0	253.7	227.0	174.1	165.7	133.8	122.5
부동산 및 설비	219.6	195.9	163.9	154.7	149.1	141.9	130.4	130.6
기타	29.8	36.1	29.9	18.7	19.7	18.4	15.7	22.0
자산 총계	**1,033.4**	**949.3**	**741.1**	**679.0**	**555.8**	**526.8**	**473.6**	**453.2**
부채								
매입채무, 관련 이자 및 기타	293.4	257.2	223.3	211.2	198.0	214.2	179.3	193.6
법인세	30.5	38.5	40.6	37.0	38.4	37.9	47.7	52.3
장(단)기 부채 및 기타 차입금	21.7	24.7	28.1	40.9	36.1	38.0	37.7	38.8
부채 총계	**345.6**	**320.4**	**292.0**	**289.1**	**272.5**	**290.1**	**264.7**	**284.7**
자기자본								
소액주주 자본	40.1	35.8	33.2	31.1	28.2	25.2	19.0	14.5
버크셔 자기자본	647.7	593.1	415.9	358.8	255.1	211.5	189.8	154.1
자본 총계	687.8	628.9	449.1	389.9	283.3	236.7	208.8	168.5
부채 및 자본 총계	**1,033.4**	**949.3**	**741.1**	**679.0**	**555.8**	**526.8**	**473.6**	**453.2**

표 5-49 · 1986~1994년 제조, 출판, 소매 유통 부문 순익계산서 | 자료: 1988~1994년 버크셔 해서웨이 연례 보고서 단위·100만 달러

	1994	1993	1992	1991	1990	1989	1988	1987	1986
매출액									
판매 및 서비스 매출액	2,352.0	1,962.9	1,774.4	1,651.1	1,580.1	1,526.4	1,407.6	1,326.8	1,219.3
이자	9.0	8.0	7.5	8.5	6.7	8.4	6.7	6.8	7.9
기타 수익				2.1	1.4	2.6	2.5	0.7	0.8
	2,361.0	1,970.9	1,781.9	1,661.7	1,588.2	1,537.4	1,416.8	1,334.3	1,228.0
원가 및 비용									
제조 및 서비스 판매 원가	1,442.9	1,172.5	1,043.6	933.7	865.6	838.7	747.8	699.7	641.9
판매비, 일반 관리비	578.5	522.2	481.5	508.6	499.3	487.7	461.8	446.0	413.1
차입금 이자	3.7	3.7	4.6	4.9	6.5	6.2	4.9	6.7	6.1
	2,025.1	1,698.4	1,529.7	1,447.2	1,371.4	1,332.6	1,214.5	1,152.4	1,061.1
법인세 납부 전 영업이익	335.9	272.5	252.2	214.5	216.8	204.8	202.3	181.9	167.0
법인세 비용	122.3	103.7	97.4	82.3	83.9	78.9	76.2	79.6	83.2
	213.6	168.8	154.8	132.2	132.9	125.9	126.1	102.3	83.8
소액 이자	4.9	4.5	4.2	4.6	5.4	5.0	4.4	3.5	3.0
순이익	208.7	164.3	150.6	127.6	127.5	120.9	121.7	98.8	80.8

표 5-50 · 1986~1994년 제조, 출판, 소매 유통 부문 주요 비율 및 수치 | 자료: 1988~1994년 버크셔 해서웨이 연례 보고서 및 저자의 계산 단위·%

	1994	1993	1992	1991	1990	1989	1988	1987	1986
매출액 변동	19.8	10.6	7.2	4.6	3.3	8.5	6.2	8.7	
세전 이익(영업이익) 변동률	23.3	8.0	17.6	(1.1)	5.9	1.2	11.2	8.9	
이익 성장률	38.7	40.3	41.2	43.4	45.2	45.1	46.9	47.3	47.4
세전 이익률	14.2	13.8	14.2	12.9	13.7	13.3	14.3	13.6	13.6
평균 투하자본이익률(세전)	49.3	48.2	55.6	57.2	73.0	78.6	89.2		
평균 투하자본이익률(세후)	31.3	29.9	34.1	35.2	44.7	48.3	55.6		
평균 자기자본이익률(세전)	51.0	50.6	60.1	63.7	83.4	91.9	107.2		
평균 자기자본이익률(세후)	32.4	31.3	36.9	39.3	51.1	56.5	66.8		
부채/자기자본	3.2	3.9	6.3	10.5	12.7	16.1	18.1	23.0	

표 5-51 · 1987~1994년 금융 부문 대차대조표

자료 · 1988~1994년 버크셔 해서웨이 연례 보고서   단위 · 100만 달러

	1994	1993	1992	1991	1990	1989	1988	1987
자산								
현금 및 현금성 자산	16.0	37.0	64.4	32.7	72.9	40.0	63.2	77.0
만기 있는 고정 금리 상품 투자1	538.9	667.1	68.9	143.7	58.2	48.0	78.5	130.9
주식 투자			71.7	71.7	108.5	108.5	108.6	33.7
담보대출 미수금			101.9	100.9	107.4	153.8	137.0	139.4
환부금 및 기타 미수금	173.2	179.8	181.1	177.7	169.7	173.2	152.8	164.7
이연 법인세 자산	6.2	4.2						
기타	1.5	1.6	31.2	36.2	32.3	30.1	27.9	12.3
	735.8	889.7	519.2	562.9	549.0	553.6	568.0	558.1
부채								
투자 약정 차입금 및 기타 부채	601.6	772.7						
저축성 계좌			250.9	289.0	286.4	293.1	288.5	287.1
미지급금, 관련 이자 및 기타	31.5	52.1	27.8	26.2	22.2	18.4	32.8	12.7
연금 적립금	41.0	5.4						
장/단기 부채 및 기타 차입금			145.1	154.6	157.1	159.6	150.2	157.7
법인세			0.7	1.5	1.3	1.5	1.8	2.8
	674.1	830.2	424.5	471.3	467.0	472.6	473.3	460.4
자기자본								
소액주주 자본			12.5	11.8	10.1	9.7	9.9	11.3
버크셔 자기자본	61.7	59.5	82.2	79.8	71.9	71.3	84.8	86.5
	61.7	59.5	94.7	91.6	82.0	81.0	94.7	97.7
총계	**735.8**	**889.7**	**519.2**	**562.9**	**549.0**	**553.6**	**568.0**	**558.1**

각주
1. 장내 유가증권(1993년 이전에 취득)

표 5-52 · 1986~1994년 금융 부문 순이익계산서 | 자료: 1988~1994년 버크서 해서웨이 연례 보고서 단위: 100만 달러

	1994	1993	1992	1991	1990	1989	1988	1987	1986
매출액									
대출에 대한 이자와 수수료 및 금융 매출채권	37.8	43.6	49.7	53.2	51.9	49.4	50.2	47.9	40.8
투자 증권에 대한 이자 및 배당금	35.4	21.0	16.4	18.3	18.3	19.2	20.9	22.7	19.6
연금 수입 보험료	36.0	5.6		1.3	0.3	0.3	0.6	1.8	2.5
기타 수익									
	109.2	70.2	66.1	72.8	70.5	68.9	71.7	72.3	62.9
비용									
저축성 계좌 이자	35.5	25.2	25.9	18.3	22.0	21.5	20.8	20.9	22.4
차입금 이자	37.7	5.6		14.3	14.3	13.9	14.1	15.1	9.2
이자 비용				32.6	36.3	35.4	34.9	36.0	31.6
연금 급여 및 보험 인수 비용	13.9	16.2	20.4	20.7	20.7	20.8	23.3	29.5	20.5
일반 관리비[1]									
	87.1	47.0	46.3	53.3	57.0	56.2	58.2	65.5	52.1
법인세 납부 전 영업이익	22.1	23.2	19.8	19.5	13.5	12.7	13.5	6.8	10.8
법인세 비용	7.5	7.7	6.4	4.6	1.7	1.2	2.0	0.5	1.2
	14.6	15.5	13.4	14.9	11.8	11.5	11.5	6.3	9.5
소예 이자	0	0.8	0.7	0.9	0.8	0.8	1.0	0.4	0.4
투자 수익 반영 전 이익	14.6	14.7	12.7	14.0	11.0	10.7	10.5	5.9	9.1
우선주 매각 실현이익				4.5					
순이익	14.6	14.7	12.7	18.5	11.0	10.7	10.5	5.9	9.1

각주

1. 1987년에 신납한 연방저축대부보험(FSLIC) 보험료 360만 달러 상각 포함.

표 5-53 · 1986~1994년 금융 부문 주요 비율 | 자료: 1988~1994년 버크서 해서웨이 연례 보고서 및 저자의 계산

	1994	1993	1992	1991	1990	1989	1988	1987
자산 총계/자본 총계	11.9	15.0	6.3	7.1	7.6	7.8	6.7	6.5
자본 비율(자본 총계/자산 총계)	8.4%	6.7%	15.8%	14.2%	13.1%	12.9%	14.9%	15.5%
평균 자산이익률(세후)	1.80%	2.20%	2.48%	2.68%	2.14%	2.05%	2.04%	
평균 자기자본이익률(세후)	24.1%	21.9%	16.5%	19.6%	16.5%	14.7%	13.4%	

표 5-54 · 1987~1994년 영업 외 활동 대차대조표 | 자료: 1988~1994년 버크셔 해서웨이 연례 보고서 단위 · 100만 달러

	1994	1993	1992	1991	1990	1989	1988	1987
자산								
현금 및 현금성 자산	106.2	358.9	595.3	205.6	29.9	96.0	38.5	10.5
투자								
만기 있는 고정 금리 상품								
채권	286.8	0	127.1	211.2	326.9	75.0	2.3	10.6
우선주	75.8	81.0	81.0	81.0	81.0	81.0	50.0	50.0
유가증권	113.0	232.5	38.1	38.1	20.1	11.5	28.3	11.5
마상각 사업권 및 자산세정 조정	520.4	541.8	277.7	257.2	210.1	220.0	201.3	210.3
이연 법인세 자산	8.0	7.7						
기타	186.3	174.9	28.5	47.9	40.8	73.7	63.6	63.8
	1,296.5	**1,396.8**	**1,147.7**	**841.0**	**708.8**	**557.2**	**384.1**	**356.7**
부채								
매입채무, 관련 이자 및 기타	62.2	62.8	16.5	34.5	33.8	31.6	28.1	18.2
법인세	67.3	59.4	10.5	(3.3)	(7.8)	(24.7)	7.6	2.8
투자 약정 관련 부채 및 기타 차입금	799.0	960.2	1,141.0	1,065.0	1,046.2	809.9	292.1	93.4
	928.5	1,082.4	1,168.0	1,096.2	1,072.2	816.8	327.8	114.4
자기자본								
소액주주 자본	22.7	21.6	13.4	17.7	15.0	12.7	12.6	10.3
버크셔 자기자본	345.3	292.8	(33.7)	(272.9)	(378.4)	(272.3)	43.7	232.0
자본 총계	368.0	314.4	(20.3)	(255.2)	(363.4)	(259.6)	56.3	242.3
	1,296.5	**1,396.8**	**1,147.7**	**841.0**	**708.8**	**557.2**	**384.1**	**356.7**

표 5-55 · 1986~1994년 영업 외 활동 손익계산서 | 자료 · 1988~1994년 버크셔 해서웨이 연례 보고서 단위 · 100만 달러

	1994	1993	1992	1991	1990	1989	1988	1987	1986
매출액									
이자 및 배당 수익	31.1	24.3	58.9	60.1	41.1	7.2	7.4	7.0	6.1
실현투자 순익	(0.7)	(9.4)	37.3	69.5	18.2	3.8	0	0	0
기타 수익	0	0	0	4.4	2.0	5.5	28.5	14.8	6.9
	30.4	14.9	96.2	134.0	61.3	16.5	35.9	21.8	13.0
비용									
관리비	5.0	4.9	4.2	5.6	4.1	3.4	3.8	3.4	2.7
주주 지정 기부금	10.4	9.4	7.6	6.8	5.8	5.9	5.0	4.9	4.0
사업권 상각 및 자산재정 조정	22.5	17.1	12.0	10.0	9.5	9.4	9.6	8.4	12.6
차입금 이자	59.4	54.0	94.5	84.5	71.3	37.3	30.7	4.9	18.5
기타 (수익) 비용	1.7	(2.3)	(2.0)	0.9	0.6	0.9	0.5	1.8	2.9
USAir 그룹 우선주 투자가치의 일시적 하락을 제외한 나머지	7.5								
	106.5	83.1	116.3	107.8	91.3	56.9	49.6	23.4	40.7
법인세 차감 전 손실	(76.1)	(68.2)	(20.1)	26.2	(30.0)	(40.4)	(13.7)	(1.6)	(27.7)
법인세 비용(환급)1	(22.8)	125.8	8.9	12.7	(7.6)	(9.8)	(1.2)	2.6	(6.5)
	(53.3)	(194.0)	(29.0)	13.5	(22.4)	(30.6)	(12.5)	(4.2)	(21.2)
소액 이자	(0.5)	0.6	(2.3)	1.5	1.1	0.6	1.1	0.7	0.4
순손실	(52.8)	(194.6)	(26.7)	12.0	(23.5)	(31.2)	(13.6)	(4.9)	(21.6)

각주
1. 12.75% 금리로 발행된 채권 관련 1986년에 신남한 위약금 535만 5,000달러 포함

1995~2004년

표 6-1 · 한눈에 보는 1994~2004년 10년 구간

	1994	2004
사업	보험, 신문, 가구, 소매 유통, 사탕, 보석, 백과사전, 가정용 청소기, 제화, 기타 제조(잡화), 몇몇 주요 공기업 지분	보험, 공공요금, 항공 서비스, 건축 제품, 가구 소매업, 사탕, 보석, 백과사전, 가정용 청소기, 제화, 신문, 다양한 금융 사업, 기타 제조, 여러 공기업에 대한 상당한 지분
주요 경영진	회장 & CEO : 워런 E. 버핏 부회장 : 찰스 T. 멍거	회장 & CEO : 워런 E. 버핏 부회장 : 찰스 T. 멍거
연간 매출액	38억 달러	744억 달러
자기자본	119억 달러	859억 달러
주당 장부가치	1만 83달러	5만 5,824달러
책임준비금(평균)	31억 달러	452억 달러

주요 자본 배분 결정

1. 가이코의 나머지 지분 절반을 23억 달러에 매입(1996년)
2. 버크셔 B주를 5억 6,500만 달러 규모로 발행(1996년)
3. 플라이트세이프티 주식을 15억 달러에 인수(1996년)
4. 5억 달러 규모 전환우선주 발행(1996년)
5. 46억 달러 규모 미국 국채, 1억 1,120만 온스의 은 매입(1997년)
6. 인터내셔널 데어리 퀸을 5억 8,780만 달러 규모의 현금·주식으로 인수(1998년)
7. 이그제큐티브 제트를 7억 달러 규모의 현금·주식으로 인수(1998년)
8. 제너럴 리인슈어런스를 220억 달러에 인수(1998년)
9. 미드아메리칸 에너지의 경제성 있는 다수 지분을 현금 12억 4,000만 달러에 인수 (2000년)
10. 저스틴 인더스트리스를 현금 5억 7,000만 달러에 인수(2000년)
11. 벤저민 무어를 현금 10억 달러에 인수(2000년)
12. 쇼 인더스트리스 지분 87%를 20억 달러에 인수(2000년)
13. 존스 맨빌을 현금 18억 달러에 인수(2000년)
14. 프루트 오브 더 룸을 8억 3,500만 달러에 인수(2001년)
15. 노던 내추럴 및 컨 리버 인수 지원용으로 미드아메리칸에 4억 200만 달러의 전환 우선주와 12억 7,000만 달러의 신탁형 우선주를 추가 투자
16. 클레이턴 홈스를 17억 달러에 매입(2003년)
17. 클레이턴에 다시 대출해 주는 용도로 20억 달러를 차입함(2003년)
18. 맥클레인을 월마트에서 15억 달러에 인수(2003년)
19. 클레이턴에 다시 대출해 주는 용도로 16억 달러를 추가 차입함(2004년)

주목할 만한 사건

1. 2000년 3월 10일, 나스닥이 사상 최고치인 5,132를 기록했으며 버크셔 주식은 1997년 이후 최저 수준으로 거래됨.
2. 버크셔가 윌리엄 게이츠 3세, 데이비드 고츠먼, 샬럿 가이먼, 도널드 키오, 토머스 머피 등 신규 이사진을 추가함.
3. 2001년 9월 11일 테러 공격이 보험업계를 뒤흔들고 9월 17일까지 주식시장이 폐쇄됨.

표 6-2 · 버크셔 해서웨이 이익 | 자료 : 1995~2004년 버크셔 해서웨이 연례 보고서   단위 : 100만 달러

	2004	2003	2002	2001	2000	1999	1998	1997	1996	1995	1994
보험 부문											
인수 보험료 - 제너럴 리	3	145	(1,393)	(3,671)	(1,254)	(1,184)				발표된 상세 수치 없음	
인수 보험료 - 버크셔 해서웨이 재보험 부문	417	1,047	534	(647)	(162)	(256)					
인수 보험료 - 재보험 소계	420	1,192	(859)	(4,318)	(1,416)	(1,440)	(21)	128	(8)		
인수 보험료 - 수퍼 캣			버크셔 재보험 그룹으로 통합				154	283	167	상세 수치 없음	
인수 보험료 - 기타 재보험[1]							(175)	(155)	(175)		
인수 보험료 - 가이코	970	452	416	221	(224)	24	269	281	171		
인수 보험료 - 기타 원수보험	161	74	32	30	25	22	17	53	59		
인수 보험료 종계	1,551	1,718	(411)	(4,067)	(1,615)	(1,394)	265	462	222	21	130
순투자 이익	2,824	3,223	3,050	2,824	2,773	2,482	974	882	726	502	419
의류[2]	325	289	229	(33)	34						
건축 제품[3]	643	559	516	461							
금융 및 금융 상품업	584	619	1,016	519	530	125	205	28	23	21	22
항공 서비스[4]	191	72	225	186	213	225	181	140	3		
맥클레인 컴퍼니	228	150									
미드아메리칸 에너지[5]	237	429	613	565	197						
가정용 가구[6]			소매 유통 부문으로 통합			79	72	57	44	30	17
보석[7]						51	39	32	28	34	
소매 유통 부문[8]	163	165	166	175	175	130	111	89	72	64	17
쇼 인더스트리스[9]	466	436	424	292							

→ 다음 페이지에 계속

→ 전 페이지에서 이어짐

	2004	2003	2002	2001	2000	1999	1998	1997	1996	1995	1994
커비									59	50	42
월드북									13	9	25
스콧 페처 제조 부문									51	34	40
스콧 페처(금융 부문 제외)10			129	129	122	147	137	119	122	93	107
버펄로 뉴스						55	53	56	50	47	54
제화 부문						17	33	49	62	58	86
인터내셔널 데어리 퀸						56	58				
시즈 캔디						74	62	59	52	50	48
기타 사업부 – 발표 인쇄11			256	212	221						
기타 사업부11	465	486	385	341	343	349	343	283	286	249	294
인수 가격 프리미엄 비용12	(92) 기타 계정예	(177)	(119)	(726)	(881)	(739)	(123)	(101)	(76)	(27)	(23)
이자 비용13	중단	(94)	(86)	(92)	(92)	(109)	(100)	(107)	(94)	(56)	(60)
주주 지정 기부금14			(17)	(17)	(17)	(17)	(17)	(15)	(13)	(12)	(10)
기타15	(138)	24	19	25	39	33	60	60	73	54	50
영업이익 – 세전	7,447	7,899	6,010	453	1,699	1,085	1,899	1,721	1,221	815	839
유가증권 매각 및 일회성 자산 매각	3,489	4,121	603	1,320	3,955	1,365	2,415	1,106	2,485	194	91
US에어 우선주 가치 하락											(269)
이익 총계 – 회사 전체(세전)	10,936	12,020	6,613	1,773	5,654	2,450	4,314	2,827	3,706	1,009	662
법인세 및 소수에 이자16	(3,628)	(3,869)	(2,327)	(978)	(2,326)	(893)	(1,484)	(926)	(1,217)	(284)	(167)
이익 총계 – 회사 전체(세후)	7,308	8,151	4,286	795	3,328	1,557	2,830	1,901	2,489	725	495

다른 사업부로 통합 · 스콧 페처로 다시 분리 · 다른 사업부로 통합

→ 다음 페이지에 계속

→ 전 페이지에서 이어짐

주석

1. 인수 보험료-재보험 | 1999년에 발표 수치가 변경되어 슈퍼 캣과 기타 재보험을 한 항목으로 통합함. 위 테이블는 2000년 재무제표 주석에서 발췌함.

2. 위류 | 2002년 4월 30일부터 직조 부문, 2002년 9월 4일부터 개런티 설처 포함. 또한 2002년부터 넥스턴 및 페차하이어멜을아은유른 H.H. 브라운 슈 부문 포함.

3. 건축 체름 | 2000년 8월 1일부터 에크머 브릭, 2000년 12월 18일부터 벤자민 무어, 2001년 2월 27일부터 존스 맨빌, 2001년 7월 31일부터 미테이 포함됨.

4. 항공 서비스 | 플라이트세이프티를 1996년 12월 23일 인수. 1998년부터 이그제큐티브 제트(1998년 8월 7일 인수) 포함됨.

5. 미드아메리칸 에너지 | 2001년까지 수익원 보고 표에는 미드아메리칸 순이익 순수익 중 버크셔의 몫과 미드아메리칸에 대응된 비교차에 반은 이자 수익의 포함됨. 미드아메리칸의 이익에서 버크셔의 자기자본은 2003년에 4억 2,900만 달러, 2001년에 3억 5,900만 달러, 2001년에 1억 3,400만 달러였음.

6. 가정용 가구 | 1995년 6월 29일부터 RC 윌리, 1997년 7월 1일부터 스타 퍼니처가 포함됨.

7. 보석 | 1995년 4월 30일부터 헬츠베그 포함. 보석 부문은 과거 몇 년 동안 기타에 포함되었음.

8. 소매 유통 | 2000년부터 가정용 가구와 보석이 소매 유통으로 통합됨.

9. 쇼 인더스트리스 | 쇼 인더스트리스는 2001년 1월 8일에 인수됨.

10. 스포츠 폐차(금융 부문 제외) | 1997년 이전에는 커비 및 월드북이 다른 스포츠 폐차 사업부에 별도였음.

11. 기타 사업부 | 2000년부터 (버펄로 뉴스), 제화 부문, 인타세실 메이티 링, 시그가 기타 사업으로 통합됨. 발표 내역에 따르면 1999년 기타에서 이 항목으로 800만 달러가 재배정됨(위의 1999년 발표 원본 참고). CTB와 팸퍼드 셰프(The Pampered Chef)는 2002년 인수된 후 이 항목에 포함됨. 2003년부터 스콧 페처가 이 항목에 포함됨.

12. 인수 가격 프리미엄 비용 | 2002년부터 회계 규정이 변경돼 사업권을 더 이상 상각하지 않음. 2004년에는 이러한 비용이 기타 항목에 포함됨.

13. 이자 비용 | 금융 부문의 이자 비용은 제외됨.

14. 주주 지정 기부금 | 2003년부터 주주 지정 기부금이 중단됨.

15. 기타 | 폐차하이어는 1997년부터 기타 항목에 포함되었다가 2001년부터 기타 사업 항목으로 이동. 캐나달 리는 1998년에 10일 동안 기타 항목에 포함되었음. 2004년에는 기타 범주에 상각비가 포함됨.

16. 법인세 및 소액 이자 | 세전 이익 및 세후 이익의 이익의 차이로 계산함.

참고

2003년에는 주주 서한에서 수익원 보고 표를 활용하지 않음. 2003년과 2004년에는 2004년 연례 보고서의 영업 부분 세전 테이블를 사용함. 대다수 항목은 바뀟의 표와 유사하긴 하지만 미드아메리칸의 이익 보고서는 상당히 차이가 있음. 나는 바뀟의 2002년까지의 제시한 수치, 그리고 2003년 및 2004년 연례 보고서에 앞서 언급한 표의 수치를 사용한 것 있음. 따라서 2000~2002년과 2003~2004년의 테이블는 나란히 비교하면 안 됨.

서문

–

1995년부터 2004년까지 10년 구간의 특징은 복합적인 성장이 이루어 졌다는 것이다. 매출액, 이익, 자기자본 같은 주요 수치가 증가했을 뿐 만 아니라 지분을 100% 인수하는 건수도 현저히 늘어났다.

버크셔가 1996년 하반기에 인수한 가이코와 1998년 인수한 제너럴 리인슈어런스는 보험사업을 강화하는 데 큰 역할을 했다. 두 가지 인수 는 보험 부문의 마지막 2개 초석으로, 해당 10년 구간 동안 평균 책임준 비금이 450억 달러 이상 증가하게 해 주었다.

보험은 확실히 버크셔에서 가장 두드러진 사업이었지만, 수많은 비 보험사업 인수로 이익 흐름은 더욱 다각화되었다. 보석 및 가구 소매 유통 부문 등 새로 인수한 회사 중 다수는 버크셔 자회사들이 기존 산 업에서 경쟁사가 아닌 기업들과 맺은 관계에서 비롯되었다. 과거의 골 칫거리로 새로운 대주주가 필요해진 곳에서 갑작스럽게 인수 기회가 생겼다. 또 어떤 경우에는 재무적 인수자(단기 이익에만 관심 있는 사모 펀드 등) 때문에 흔들렸던 기업이 버크셔의 방어용 보호막과 보수적인 자금 조달 덕에 다시 활력을 얻은 후 인수로 이어지기도 했다. 이 시기에 몇몇 인수 대상(특히 미드아메리칸 및 미텍)은 버크셔가 직접 인수한 다음 추가적인 현금 창출원이 되었다.

이런 인수 대상 기업들은 모두 버크셔 계열사로 들어왔지만, 버크셔의 전체적인 체계는 달라지지 않았다. 해당 10년 구간이 마감되었을 무렵의 버크셔 해서웨이는 이 구간이 시작했을 때와 마찬가지로 다양한 사업을 하는 대기업이었다. 이 구간 말엽에는 훨씬 거대하고 원숙해졌을 뿐이다. 보험이 주요 엔진이었고, 이어 100% 지배 자회사와 매도가능증권 형태의 중요한 장기 투자 대상 기업이 그 뒤를 따르고 있었다. 버크셔는 증권거래위원회SEC 규정을 준수하기 위해 이사회에 임원 자리를 늘려 5명의 신규 이사를 합류시켰다.

어떤 면에서 보면, 버크셔의 규모가 결국 버크셔의 발목을 잡기 시작했다. 이 시기에는 금리가 계속 하락하면서 유휴 현금을 그냥 들고 있기가 한층 힘들어졌지만, 운영하는 기업 및 매도가능증권의 밸류에이션은 상승했다. 1990년대 중반에 시작되어 새 천년 첫해까지 이어졌던 닷컴 붐은 여전히 한 줄기 희망이었다. 다른 이들은 현금 흐름이나 장기적인 전망이 없는 회사를 사들이느라 분주했지만, 버크셔는 오랫동안 돈을 잘 벌어들인 다수의 구식 회사들을 인수했다. 그럼에도 버크셔는 400억 달러가 넘는 현금을 보유한 상태로 이 10년 구간을 마감했으며, 당장 자금을 투입할 만한 수익성 좋은 투자 대상도 만나지 못했다.

표 6-3 · 1995~2004년 선별 데이터

자료·2018년, 2019년 버크셔 해서웨이 연례 보고서 및 세인트루이스 연방준비은행 **단위·%**

	1995	1996	1997	1998	1999	2000	2001	2002	2003	2004
버크셔 주당 장부가치(변동률)	43.1	31.8	34.1	48.3	0.5	6.5	(6.2)	10.0	21.0	10.5
버크셔 주당 시장가치(변동률)	57.4	6.2	34.9	52.2	(19.9)	26.6	6.5%	(3.8)	15.8	4.3
S&P 500 총수익률	37.6	23.0	33.4	28.6	21.0	(9.1)	(11.9)	(22.1)	28.7	10.9
미국 GDP 성장률(실질)	2.7	3.8	4.4	4.5	4.8	4.1	1.0	1.7	2.9	3.8
미국 국채 10년물 (연말 기준 수익률)	5.7	6.3	5.8	4.7	6.3	5.2	5.1	4.0	4.3	4.2
미국 물가상승률	2.8	2.9	2.3	1.5	2.2	3.4	2.8	1.6	2.3	2.7
미국 실업률	5.6	5.4	4.9	4.5	4.2	4.0	4.7	5.8	6.0	5.5

1995년

-

1995년은 버핏이 버크셔 해서웨이 경영을 맡은 후 네 번째 10년 구간
이 시작되는 연도였다. 경영자들은 종종 은퇴하거나 업무량을 줄이는
것에 대해 고민한다. 그해 8월 버핏은 전형적인 은퇴 연령인 65세가 되
었고 멍거도 71세였으므로, 버크셔의 두 자본 배분 책임자가 머지않아
기력이 쇠해질지 여부는 당연히 궁금한 사안이었다. 두 사람 모두 외모
상으로는 나이가 든 모습이었지만 정신은 그렇지 않았다. 오히려 그들
은 점점 발전하고 있었다. 1996년 3월 연례 주주총회에서 찰리 멍거가
이야기했듯, 버핏은 (이는 멍거 자신에게도 적용되는 것이었지만) "학
습하는 기계"였다. 은퇴에 대한 선입견 없는 최고경영자들이 그들이 통
제하는 자본처럼 자신들의 지식을 복리로 성장시키면서, 버크셔는 엄
청난 이익을 올릴 수 있었다.

버크셔의 규모가 미래 수익의 발목을 잡을 거라는 버핏의 전망을 (다시) 떠올리지 않더라도, 1995년 주요 수치에서는 어마어마한 순자산 증가가 드러났다. 두 건의 인수와 관련해 발행된 주식을 조정한 후의 주당 장부가치는 S&P가 37.6% 상승한 것과 비교해 깜짝 놀랄 수준인 43.1%* 상승을 기록했다. 더욱 흥미로운 것은 버크셔의 매출액을 2배로 늘리고 장기적인 이익 창출력을 상당히 높인 세 건의 인수였다.

1995년에 버크셔는 비보험회사 두 곳(헬츠버그 다이아몬드 숍 및 RC 윌리 홈 퍼니싱)은 버크셔 주식을 활용해서 인수하고, (이미 51%를 보유하고 있었던) 보험회사 가이코의 나머지 절반은 현금으로 인수했다. 가이코 인수는 엄밀히 말하자면 1996년 1월 2일에 마무리되었는데, 그래서 1995년은 다가오는 이 사안에 대한 논의로 가득 차 있었다.

헬츠버그 다이아몬드

헬츠버그 인수는 1995년 4월 30일에 마무리되었다. 미주리주 캔자스시티에 설립된 헬츠버그는 1915년 매장 하나로 시작해 1990년대 중반까지 23개 주에 걸친 134개 매장으로 성장했다. 1994년 이 회사의 매출액은 2억 8,200만 달러로, 1974년의 매출액 1,000만 달러에서 거의 30배나 늘어난 수치다. '최고의 전략적 계획은 계획을 세우지 않는 것'이라는 버핏의 주장을 증명하듯, 이 회사는 우연히 버핏의 레이더에 포착되었다. 이 회사의 CEO 겸 창립자의 손자인 바넷 헬츠버그Barnett Helzberg가 뉴욕시 길모퉁이에서 버핏을 보고 그에게 다가온 것이었다.

---

* 주요 수치의 순자산 증가치는 45%였다. 이 수익률은 주식 발행으로 희석되었다.

경쟁사보다 평방피트당 훨씬 비싼 가격에 보석을 판매하고, 경쟁 제품 대비 간접비가 낮았다는 점에서 헬츠버그는 보셰임스와 견줄 만했다. 그러나 다른 면에서는 차이가 있었다. 예를 들어 헬츠버그는 주로 쇼핑몰이나 번화가에서 매장을 운영했다. 하지만 보셰임스는 5,000만 달러어치가 넘는 재고를 보유한 단일 매장으로, 여러 곳으로 분산할 수 없는 초대형 선택지였다. 버핏이 말했듯 "보셰임스는 헬츠버그가 될 수 없으며, 헬츠버그도 보셰임스가 될 수 없었다." 그러나 두 회사 모두 훌륭한 사업체였다. 동일한 산업에서 두 가지 다른 방식으로 훌륭한 자본수익률을 올리는 방법에 주목하는 것은 흥미로운 일이다.

헬츠버그의 성공은 최저 운영 비용과 미국 방방곡곡의 번화한 쇼핑몰 내 주요 입지에 따른 것이었다. 평균적인 헬츠버그 매장의 연간 매출액은 200만 달러로, 경쟁사들에 비해 훨씬 높았다. 헬츠버그는 아울러 높은 매출액 덕분에 경쟁사 대비 비용률이 낮았다. 헬츠버그는 훌륭한 경영진이 이끄는 좋은 회사가 인수한 전형적인 사례라고 할 수 있었다. 버핏이 있는 버크셔의 인수였으니 말이다. 매각한 일가 입장에서 이는 보유 지분을 다각화해 비과세될 수 있는 방법이기도 했다.

RC 윌리

버크셔가 1995년에 실행한 (주식거래로 마무리한) 또 다른 인수는 RC 윌리 홈 퍼니싱RC Willey Home Furnishings이었다. RC 윌리 인수는 네브래스카 퍼니처 마트의 어브 블럼킨을 통해 이루어졌다. 로즈 블럼킨의 손자 어브 블럼킨은 RC 윌리의 CEO 빌 차일드Bill Child를 알고 있었으며, 차일드와 버핏 모두에게 파트너십의 장점에 대해 이야기를 해 왔다. 헬츠버그 일가와 마찬가지로 차일드 일가도 가문의 사업을 이어 가면서 자산을 다각적으로 관리하고자 했다. 그러기엔 버크셔가 안성맞춤이었다.

헬츠버그 및 보셰임스와 마찬가지로, RC 윌리는 버크셔에서 1983년에 인수한 자매회사 네브래스카 퍼니처 마트와는 약간 다른 점이 있었다. 네브래스카 퍼니처 마트는 보셰임스처럼 오마하에 기반을 두었고 관련 건물들이 가까이에 모여 있는 캠퍼스 형태로 운영되었다. RC 윌리와 네브래스카 퍼니처 마트의 판매량은 비슷했지만(RC 윌리의 1995년 매출액은 2억 5,700만 달러였다), 네브래스카 퍼니처 마트와 달리 RC 윌리는 유타주에 매장을 5개(곧 6개가 될 예정이었음) 두고 영업했다. 네브래스카 퍼니처 마트와 RC 윌리는 모두 소매 유통업체로, 버핏은 소매 유통업이 상당히 까다롭다는 것을 잘 알고 있었다. 두 회사는 모두 오랫동안 성공적인 성과를 낸 경영자가 운영했는데, 버핏은 주주들에게 다음과 같이 말했다. "제대로 된 경영진이 없는 소매 유통업체를 인수하는 것은 엘리베이터 없는 에펠탑을 사들이는 것과 마찬가지입니다." 아울러 네브래스카 퍼니처 마트가 오마하 시장을 장악한 것처럼, RC 윌리도 유타주에서 가구업계의 50% 이상을 점유했다.

이 인수는 버크셔 주식과 현금의 조합으로 이루어졌다. 정확한 가격은 공개되지 않았다.

가이코

이 연도의 세 번째이자 가장 큰 인수는 가이코의 나머지 지분 50%로, 법률적으로는 1996년 1월 2일에 마무리되었다. 주주들에게 가이코는 매우 익숙한 회사였다. 이 회사는 1976년부터 버크셔 장부에 매도가능증권으로 등재되어 있었다. 가이코가 빈번하게 자사주를 매입한 덕분에 버크셔의 지분율은 그 당시 33%에서 51%로 증가했다. 가이코의 나머지 절반을 매입할 기회가 생겨난 것은 1995년이었다.

버크셔가 가이코의 예전 지분 인수 시 4,600만 달러가 들었던 것과 비교하면, 나머지 지분에 붙어 있는 가격price tag 23억 달러는 어마어마한 것이었다. 이는 이 회사 전체에 대한 평가액이 약 48억 달러로, 즉 1995년 말 장부가치인 18억 7,000만 달러의 약 2.5배에 해당했다는 의미다. 가격이 높긴 했어도 터무니없는 것은 아니었다. 가이코는 30억 달러의 책임준비금을 보유하고 있었고, 수익성 있는 계약만 인수해 온 긴 이력은 이 책임준비금이 수익성 있고 성장할 가능성도 크다는 뜻이었다. 이것은 사실로 판명되었다. 1996년 연례 주주총회 때 책임준비금과 가이코에 대한 논의는 버크셔가 저렴하게 인수했음을 시사했다.

책임준비금은 주식보다 나은가?

버크셔 보험회사들의 내재 가치에 대한 질문에서, 버핏은 책임준비금에 대한 자신과 멍거의 생각에 대한 통찰을 드러냈다. 예나 지금이나 그것은 다소 직관과 반대되긴 했지만, 곰곰이 생각해 보면 놀라울 정도로 단순하고 훌륭하다. 항상 극단적인 방법을 사용해 논점을 증명하는 버핏은 다음과 같은 수사학적 질문을 던졌다. "제가 70억 달러(의 자기 자본)에 해당하는 그것(버크셔의 책임준비금)을 매도하고, 그 차익에 대한 세금을 내지 않아도 된다면, 보험사업에서 영원히 손을 떼야 할까요?" 그의 대답은 '아니요'였다. "우리는 이에 대해 오래 생각할 필요도 없을 겁니다." 버핏의 말은 마법으로 병 속 요정이 장부를 조작하게 하지 않고도 70억 달러의 부채를 70억 달러의 자기자본으로 바꿀 수 있다는 것이었다.

이것은 모두가 버핏의 이야기에 숨죽여 집중하도록 만들었다.

버핏이 그런 가상의 조작을 하지 않은 것은 책임준비금이 늘어나면 시간이 갈수록 매력적인 비용이 될 것으로 예상했기 때문이다. 버크셔의 보험사업은 간단한 사실 하나 덕분에 보물단지와 같았다. 보험사업은 책임준비금 덕택에 돈이 들어가지 않는 경우에만 가치가 있다. 즉 최악의 경우에도 정부가 자금을 빌릴 때 드는 정도의 비용(국채 금리 수준이라는 뜻-옮긴이)만 나가야 하며, 이 비용은 기업이 대출에 들이는 비용보다 저렴해야 한다. 버크셔의 보험사업은 시간이 지남에 따라 예정대로 운영되었으며, 그 과정에서 약간의 사고와 교훈이 있었지만 비용이 들지 않는 책임준비금을 창출해 냈다.* 책임준비금은 보험사의 부채로, 처음 등장했을 때와 비교해 자본에 더 가까웠다. 만일 책임준비금이 시간이 갈수록 늘어날 수 있다면, 훨씬 가치가 있을 것이다.

이렇게 부채를 자본으로 간주할 수 있다는 주장은 이해하기 어려운 개념일 수 있다. 순수한, 전통적인 자본의 개념을 생각해 보면 도움이 된다. 주주들은 날짜가 정해지지 않은 미래에 갚아야 할 부채를 회사가 부담하도록 하거나 보유하게 하지 않지 않나? 이자를 지불하도록 하는 요건도 없지 않은가? 그렇다면 자본을 명시적 상환 조건이 없으며 명시적 비용이나 이자 없이 기업이 보유한 자금이라고 정의하는 것은 어

---

* 독자들에게 확실히 알려 두자면, 비용이 들지 않는 책임준비금이란 최악의 경우에도 시간이 지나면 보험 인수 계약 실적이 손익분기점에 도달한다는 뜻이다.

떤가? 이 논리에 따르면, 올바른 유형의 책임준비금은 자기자본으로 간주될 수 있다. 혹은 시간이 지나서 보험계약 인수 이익을 창출했다면 어떤 경우에는 자기자본보다 더 나을 수도 있다. 게다가 이런 준자본은 순수 자본 투자처럼 주주 소유권을 희석시키지도 않는다.

버크셔의 책임준비금, 특히 가이코의 책임준비금은 어떤 형태로든 보험계약자들에게 빚진 돈이었다. 하지만 순환한다는 특성 때문에 전부를 대출이라고 할 수는 없었다. 다시 말해 개별 보험은 매일 지급되더라도, 전체 책임준비금 수준을 유지할 것으로 합리적으로 기대되는 신규 보험료가 집단적으로 인수된다는 것이다. 버크셔가 근래에는 수익성 있는 계약 위주로 인수해 왔고, 열악한 가격 조건에서도 책임준비금이 증가했음을 고려하면, 이것은 쉽게 이야기할 만한 주장이었다.

가이코의 책임준비금이 최악의 경우 손익분기점 이상으로 증가하지 않을 것으로 가정할 경우*, 이것은 마땅히 준자본으로 간주될 수 있다. 이 준자본을 장부상 자산으로 더할 경우, 장부가치의 1배라는 인수 배수에 이른다(〈표 6-4〉 참고). 우리는 또한 이익 계산 방법을 확인용으로 쓸 수도 있다. 이러한 방식을 따르면 초기에는 세전 이익률이 저조해 보일 수도 있다. 이 방식이 예상 성장률이나 투자 포트폴리오의 추정 이익을 설명하지 못한다는 점을 고려하면, 버크셔가 가이코의 나머지 지분을 인수하기 위해 지불한 47억 달러라는 밸류에이션은 검증할 가치가 있다.

---

* 버핏은 1996년 연례 주주총회에서 가이코의 책임준비금이 증가하는 것이 거의 확실하다고 말했다.

표 6-4 · 가이코 인수 분석

자료·1995년 버크셔 해서웨이 연례 보고서 및 저자의 계산

대차대조표 계산법(10억 달러)	
지분 49%에 대해 지불한 가격	2.33
지분 100%의 내재 가치	4.76
장부가치(1995년 12월 31일)	1.87
가격/장부가치	2.55배
책임준비금	3.00
장부가치+책임준비금	4.87
(책임준비금-조정 가격)/장부가치	0.98배
이익 계산법(100만 달러)	
프리미엄 규모	3,000
추정 합산비율	96%
세전 보험 인수 이익	120
순투자 이익(1995년)	227
세전 이익 창출력 총계	347
인수 시 내재 가치 평가액	4,755
세전 이익률	7.3%

보험업

버크셔가 1995년에 괜찮은 한 해를 보냈다고 강조한 것은 3년 연속으로 보험 인수 이익이 났으며 책임준비금 증가에서도 남다른 한 해였기 때문이다. 버크셔의 보험사업은 2,100만 달러의 세전 보험 인수 이익을 올렸으며 책임준비금은 18% 늘어나 36억 달러를 기록했다.

버크셔의 보험 운영에 내재된 보수성은 운영 기반(즉 부적절한 가격 책정 리스크를 떠안지 않으려는 것)뿐만 아니라 회계 기반에서도 주목할 가치가 있다. 더욱 주의 깊게 살펴보고자 하는 독자들을 위해, 재무

표 6-5 · 버크셔 해서웨이-보험 인수

자료 · 1994~1995년 버크셔 해서웨이 연례 보고서 및 저자의
계산 **단위** · 100만 달러

	1995	1994
가이코		
인수 보험료	2,856	2,545
수입 보험료	2,787	2,473
보험계약 인수 손익(세전)	92	79
버크셔 해서웨이 재보험 부문		
인수 보험료	777	690
수입 보험료	718	688
보험계약 인수 손익(세전)	(21)	81
버크셔 해서웨이 원수보험 부문		
인수 보험료	247	226
수입 보험료	240	235
보험계약 인수 손익(세전)	41	48
보험계약 인수 손익 총계	21	130
기말 평균 책임준비금 총계	3,607	3,057
책임준비금 비용	(0.6%)	(4.3%)
불이익성(이익성) 손해 발생 총계	56	60

참고
총계 및 비율에는 가이코가 포함되지 않음. 가이코는 비교용으
로 기재함.

제표에는 버크셔 회계의 안전 마진에 대한 단서가 기재되어 있었다. 화
폐의 시간 가치를 고려하지 않은 회계 관행 때문에 버크셔의 보고 실적
은 표제 부분의 보험 인수 이익에 나타난 것보다 더 좋았다. 구조화 합
의 부문과 특정 재보험계약에서는 지급이 향후 수년, 어떤 경우에는 수
십 년 후에나 이루어진다. 이것은 버크셔가 시간이 지나면 이 자금을
활용해 이익을 올렸음을 의미했다. 그러나 회계에서는 모든 미래 예상

손실(구조화 합의 제외. 이것은 할인이 됨)을 할인되지 않은 상태를 기준으로, 즉 앞당겨서 회계 처리를 하도록 요구했다. 하지만 가장 중요한 것은 회계가 아니라 경제성이었다. 만일 어떤 모호한 중간 영역이 존재한다면, 버크셔는 실적이 더 나빠 보이더라도 보수주의 입장에서 통념과 다른 길을 택하곤 했다.*

보수주의와 유연함은 때때로 한 덩어리가 되기도 하지만, 그렇게 되어서는 안 된다. 버핏은 보수주의를 좋아했고 울퉁불퉁한 경로(즉 고르지 않은 실적)도 개의치 않았다. 버크셔의 슈퍼 캣 사업 진출은 대규모 보험계약과 대규모(이긴 하나, 이따금) 손실을 유발했다. 당시 버크셔는 10억 달러 규모의 보험계약을 인수하려고 했다가 포기했다. 가장 큰 규모로 인수했던 보험계약은 4억 달러나 되었다. 대규모 보험계약은 변동성을 유발했지만 우수한 장기 실적으로 이어지는 경쟁 우위 요소이기도 했다. 경쟁사들은 자기 일자리의 안전을 보장하는 부드러운 승차감을 선호했다.

1995년 재보험 부문은 인수 보험료와 수입 보험료를 더 많이 기록했지만, 자본이 남아도는 경쟁자들이 계속 뛰어들면서 보험료율이 점차 떨어졌다. 그리고 불이익성 손실 증가로 3,000만 달러의 손실이 추가되었다. 구조화 합의 이연비용 상각 및 할인 증가에 따른 회계 비용은 재보험이 1994년 8,100만 달러의 인수 이익에서 2,100만 달러의 손실로 돌아서는 데 영향을 끼쳤다.

버크셔의 보다 전통적인 (그리고 덜 울퉁불퉁한) 원수보험 부문은

---

* 버핏은 자신과 멍거가 주주들에게 어떤 주요 사항이든 설명할 것이라고 말했다.

훌륭한 실적을 올렸다. 내셔널 인뎀니티는 합산비율이 84.2%, 홈 스테이트는 운영 비율이 81.4%, 센트럴 스테이츠 인뎀니티는 보험 물량이 23%, 보험 인수 이익이 59% 늘어났다. 버핏은 아지트 자인, 돈 워스터, 로드 엘드레드, 브래드 킨슬러, 존 카이저에게 칭찬밖에 할 말이 없었다. 버핏이 거론한 이 사람들은 모두 45세 미만이었다.

(아직 버크셔의 자회사가 아니었던) 가이코는 1995년에 버크셔의 기존 보험 운영 부문 전체와 맞먹는 큰 성과를 올렸다.

제조, 출판, 소매 유통업

버크셔의 비보험 운영 자회사는 1995년에 몇 차례 휘청거렸는데, 버핏은 이를 재빨리 거론했다. 버핏이 멍거에게 배운 철학이자 주주들에게 보고할 때 따랐던 원칙은 "나쁜 소식만 알려 달라. 좋은 소식은 저절로 해결될 것이니"였다. 제화 사업, 〈버펄로 뉴스〉 및 월드북은 이 연도에 서로 다른 문제를 겪었다. 이에 따라 제조, 출판 및 소매 유통업의 세전 이익은 1% 줄어든 3억 3,200만 달러를 기록했다. 엎친 데 덮친 격으로, 세전 유형 투하자본 대비 이익률은 평균 투입 자본이 높아진 탓에 11% 하락한 38%를 기록했다. 세후 자기자본이익률은 26%(6% 하락)였다.

H. H. 브라운, 덱스터, 로웰 슈로 이루어진 제화 부문의 세전 영업이익은 5,840만 달러로 32% 줄어들었다. 버핏은 주주들에게 이 문제는 장기적인 게 아니라 주기적인 것으로 생각한다면서, "앞으로 최고 수준의 이익을 낼 것"으로 기대한다고 말했다. 버핏은 그나마 위안이 되는 것은 업계 경쟁자들이 "미미한 이익만 냈거나 더 악화되었다는 것"이라고 밝혔다.

〈버펄로 뉴스〉가 문제 있는 그룹에 포함된 것은 주주들에게 놀라운 일이 아니었다. 이전 보고서에서는 손실부터 이익, 현재 문제에까지 이르는 길고 험난한 여정을 자세히 기술했다. 〈버펄로 뉴스〉는 여전히 양호한 사업체였지만, 더 이상 버크셔의 다른 보석 같은 기업들처럼 경제성 면에서 우수한 기업에 낄 수 없었다. 비용 압박이 실적에 영향을 미치면서 세전 이익은 전년 대비 14% 떨어졌다. 여기에는 1년 동안 신문 인쇄 비용 40% 증가, 종업원 인수, 감가상각 일정 변경 등의 영향이 있었다. 그럼에도 이 회사는 세전 이익으로 4,700만 달러를 기록하며 제 역할을 해내고 있었다. 3,500만 달러의 비용이 들어간 회사치고 나쁜 것은 아니었다.

계열사의 나쁜 소식을 우선시하는 회사 문화상, 이 부문 월드북의 소식은 놀라운 일이 아니었다. 종이 책 백과사전은 CD-ROM과 치열하게 맞서 싸우면서 계속 분투했다. 그해 이익은 64% 하락한 880만 달러를 기록했다. 직접 유통 채널로의 전환 등 전자 시대에 살아남기 위해 노력한 데 따른 것이었다. 이 부문의 경영자 가운데 누군가가 근심하고 있으면, 버핏은 "그들을 대체할 만한 인물은 한 명도 없다"며 안심시켜 주었다. 한 걸음 더 나아가 그는 연례 주주총회에서 주주들에게 월드북을 매각하지 않을 거라고 확인해 주었다.

시즈의 영업이익은 사업에 대한 혹평이 늘어나면서 덜 주목받았지만 계속 변동성이 커졌다. 1995년 시즈의 매출액은 8.1% 증가한 2억 3,400만 달러였다. 도매 및 우편 주문 판매를 추진한 데 따른 것이었다. 자연적 판매량 감소로 장기간 고전하면서도 파운드당 사탕 판매량은 7.1% 늘어났다. 개별 매장 수요를 보여 주는 중요한 지표인 동일 점포 매출액은 공개되지 않았다. 영업이익은 6% 증가한 5,000만 달러였는데, 영업이익률이 놀랍게도 21.1%였고 유형자본 대비 이익률은 세 자릿수나 되었다.*

보험 실적을 포함해 1995년 버크셔의 세전 연결 영업이익은 8억 1,500만 달러를 기록하며 3% 미만쯤 하락했다. 나쁜 실적은 아니었지만 잘한 것도 아니었다. 이러한 영업 실적은 "1995년 이익으로는 뛸 듯이 기뻐할 이유가 없다"는 버핏의 언급으로도 뒷받침된다. 사실, 주당 장부가치가 43.1%나 증가한 데는 주식시장 상승세가 버크셔의 투자 포트폴리오 가치를 밀어 올린 것이 대부분을 차지했다. 자체 사업 성장의 결과가 아니었다.

전환우선주

다섯 가지 우선주 투자에 대한 버크셔의 목표는 다른 곳에서 올릴 수 있는 채권 수익보다는 나은 성과를 얻는 것이었다. 평균적으로 보면 상당히 괜찮은 성과였다. 질레트 우선주의 우수한 성과는 이 투자에서 다른 우선주에서 생긴 오류를 상쇄해 전체 투자 실패를 면할 수 있게 해주었다.

버크셔는 질레트 전환우선주 지분 8.25%를 6억 달러에 매입했다. 1995년 말 질레트 보통주 상승률을 감안하면 이 우선주의 가치는 25억 달러 이상으로 평가되었다. 이는 매우 좋은 성과이긴 했으나, 수익성이

---

* 시즈의 자기자본은 구체적으로 공개되지 않았지만, 각주를 보면 인식 가능한 초기 자산이 6,940만 달러였으며 상세한 내용은 없지만 대규모 사업권 잔액이 해당 자산에 포함되었음을 알 수 있다.

더 나은 경로도 있었다. 만일 버크셔가 질레트의 전환우선주 대신 보통주를 몽땅 매입했다면 5억 5,500만 달러를 더 벌어들였을 것이다.

회계 원장(元帳)상 부정적인 면을 보자면, 살로몬 우선주는 평판이 좋지 않았고 비교적 최근의 경영 혼란과 심각한 손실 리스크가 딸려 있었다. 그러나 가장 큰 실수는 US에어 우선주였다. 1995년 이 항공사의 전망은 전년도보다는 나아 보였지만, 버크셔가 아직 위기를 벗어난 것은 아니었다.

US에어 우선주의 중요한 측면은 언급할 만하다. 이 우선주는 누적 배당금으로 구조화되어 있었다. US에어는 영업난 탓에 배당금 지급을 중단했지만, 이렇게 누락된 배당금은 여전히 버크셔에 지급되어야 했으며 이자율도 우대금리보다 5% 높은 복리였다. 이 회사가 빚진 돈을 상환하려면 위기에서 벗어나야 했지만, 버크셔는 최소한 채권자로서 어느 정도 보호를 받을 수 있었다.**

1996년

-

한 해 동안 회사 주가가 거의 움직이지 않은 것을 좋게 여길 CEO는 없을 것이다. 하지만 워런 버핏이 1996년 주주 서한에서 주주들에게 말한 내용은 정확히 그랬다. 버핏과 멍거는 버크셔 주가에 자사의 기본 내재 가치가 세밀하게 반영되기를 원했다. 1995년에는 그 연관성이 흔들

** 이 우선주의 배당금이 누적되는 게 아니었다면, US에어는 밀린 미지급 이자를 지불할 필요가 없었을 것이다.

리지 않았고 버크셔 주가는 기본 내재 가치보다 높은 상태였다. 1년 후, 버크셔의 내재 가치가 크게 올라가 상승하는 주가를 서서히 따라잡았다. 1996년 보고서 내용은 버크셔의 사업 실적이 어떻게 조정을 유발했는지에 대한 것이다. 하지만 우선 해당 비율 뒤의 숫자를 파악할 필요가 있다.

전년도 연례 보고서를 시작으로, 버핏은 사람들이 버크셔의 내재 가치를 추정하는 데 도움이 될 거라고 여긴 표를 제공했다. 이 표는 버크셔 가치를 평가하는 방법을 두 줄로 요약해(〈표 6-6〉 참고) 전체 투자 수익을 제외한 주당 투자금 및 주당 세전 이익에 대한 과거 자료를 독자들에게 제공했다. 우리는 이 자료로 버크셔의 내재 가치 추정치를 도출하기 위해 몇 가지 합리적 가설을 세워 볼 수 있다. 어쩌면 이 작업에서 더 중요한 것은 가격/가치 관계의 변화를 살펴보는 것이다.

이 두 줄 방식 투자 틀의 논리는 버크셔의 가치가 투자 포트폴리오와 영업이익의 밸류에이션 배수에서 비롯된다는 것이다. 특히 주당 투자금과 관련해 버크셔의 자본 구조는 보수적으로 자금을 조달한다는 것을 유념하는 게 중요하다. 주당 투자금은 부채를 통해 쉽게 조달할 수 있었다. 그러나 1995년 말 및 1996년 말 버크셔의 차입금은 자기자본의 10% 미만이었다. 버크셔의 자산은 책임준비금으로 조달되었는데, 책임준비금은 증가세였고 수익성도 있었다. 따라서 주당 투자금은 주당 가치 쪽으로 두는 게 적절했다. 주당 투자액은 1995년 말의 2만 2,088달러와 비교해 1996년 말에는 총 2만 8,500달러였다.

영업이익의 밸류에이션 가치에 대한 가정은 다소 신중하게 생각할 필요가 있다. 모든 자산은 어떤 식으로든 무위험 투자 시 기회비용과 연계되어 있으므로, 장기 미국 국채 금리(이 경우에는 30년 만기 채권)와 비교해서 살펴보는 게 좋다. 1995년 말과 1996년 사이에 해당 기준은 평균 약 6.5%였다. 10% 할인율을 적용하면 무위험 투자수익률보다 높은 차익이 나기 때문에 여기에서는 적절할 수 있다.* 현금 흐름을 평가할 때는 할인율이 중요하다. 이는 미래 현금 흐름을 현재 기준으로 바꾸어 계산한 비율이다. 화폐의 시간 가치 때문에(오늘의 1달러는 미래의 1달러보다 가치가 높음), 미래 현금 흐름이 실현될 가능성은 그 시기가 멀수록 불확실성도 더 크다는 점을 고려해야 한다.**

표 6-6 · 버크셔 해서웨이 내재 가치 추정
자료 · 1995년, 1996년 버크셔 해서웨이 연례 보고서 및 저자의 계산

주당(A주 기준)	1996	1995
투자 금액	$28,500	$22,088
세전 영업이익(예 : 투자 이익)	421	258
추정 가치(투자액+영업이익의 10배)	$32,714	$24,670
기말 주가	$34,100	$32,100
기말 주당 장부가치	19,011	14,025
주가/추정 가치	1.04배	1.30배
주가/장부가치	1.79배	2.29배
가치/장부가액	1.72배	1.76배
추정 가치 변동률	33%	
주가 변동률	6%	

---

* 버크셔가 강하다고는 해도, 돈을 찍어 낼 수 있는 미국 정부만큼 위험부담이 없는 것은 아니었다.

** 기업이 자본비용보다 적게 벌어들이는 프로젝트에 투자해서 성장하면 가치가 파괴된다. 기업의 자기자본 비용을 정확하게 정의하는 것은 불가능한 일이지만, 투자자의 할인율보다 낮은 수익률을 올리는 프로젝트는 기업이 해당 투자자를 위한 가치를 증가시키지 못한다는 의미다. 할인율에는 무위험 수익률과 수익 획득 리스크에 따라 설정된 기준이 반영된다. 할인율이 높다는 것은 미래 현금 흐름이 현재만큼 가치가 없다는 뜻이며, 그 반대의 경우도 마찬가지다. 성장 요인은 할인 효과를 상쇄해 공식에 반영된다(이러한 성장이 가치를 파괴하지 않는다고 가정함).

여기서는 단순하게 할인율을 10%로 잡는다. 이것은 배수가 10배라는 의미다. 이 틀에 따라 계산하면, 1996년 말 및 1995년 말의 버크셔 세전 주당 영업이익인 421.39달러 및 258.2달러는 각각 약 4,214달러 및 2,582달러가 된다. 투자금과 영업이익의 주당 가치를 더하면 1996년에 버크셔의 주당 내재 가치는 약 33% 증가했음을 알 수 있다. 그 당시 주가가 6% 상승에 머물렀기 때문에 버크셔의 주가 대비 추정 가치는 1.3배에서 1.04배로 (거의 비슷하게) 하락한다.*

위의 밸류에이션 작업은 1996년에 새로 발행한 버크셔 B주에 대한 논의에도 적용해 볼 수 있다. 당시 버핏과 멍거는 주식이 저평가되지 않았으며 해당 발행이 버크셔의 주당 내재 가치를 떨어뜨리지 않을 것이라고 말했다. 이 주식은 1995년 기말 주가보다 약간 높은 주가(추정 가치 대비 주가의 1.3배)로 발행되었기 때문에 이 주장은 유효하다.

플라이트세이프티 인터내셔널

1996년 버크셔의 주식 수는 플라이트세이프티 인터내셔널FlightSafety International을 인수하기 위한 주식 발행에도 영향을 받았다. 이 회사는 비행 시뮬레이터(모의 비행 훈련 장치)를 사용해 조종사를 훈련시키는 신규 운영 자회사였다. 버크셔는 이 회사 인수 금액으로 약 15억 달러를 지불했으며 51%는 현금으로, 나머지는 버크셔 A주 및 B주로 조달했

---

* 이러한 밸류에이션에 대해 점검해 보면, 15억 달러의 이익이 나온다는 것을 알 수 있다. 이는 밸류에이션 대비 약 330억 달러 높은 추정 이익을 바탕으로 계산한 것이다. 이에 따른 이율 약 4.5%는 5.5%의 증가율(할인율 10% 가정)을 의미하는데, 이것은 특히 최근 가이코 인수의 내재 가치를 고려해 보면 당시 버크셔의 성장률과 부합하지 않는다.

다(〈표 6-7〉 참고). 플라이트세이프티 인수를 위해 A주 1만 7,728주와 B주 11만 2,655주가 발행되었다.

플라이트세이프티 인수는 리처드 서버Richard Server를 통해 이루어졌는데, 버크셔와 플라이트세이프티의 공통된 주주였던 그는 버핏이 매년 인수 대상을 찾기 위해 내는 광고를 잘 알고 있었다.

플라이트세이프티는 당시 79세였던 설립자 앨 울츠키Al Ueltschi가 평생 동안 일구어 낸 결과물이었다. 울츠키는 한때 찰스 린드버그Charles Lindbergh를 위해 비행기를 몬 조종사였다. 플라이트세이프티는 다양한 기종의 조종사를 위한 첨단 비행 시뮬레이터를 제작·운영했다. 비행 시뮬레이터는 항공기 운영업자에게는 꼭 필요한 것이었다. 적은 비용으로 실제 항공기를 운용하는 리스크 없이 실제 같은 환경에서 조종사를 훈련시킬 수 있었기 때문이다.

플라이트세이프티는 버크셔 인수 철학의 변화를 보여 주었다. 이 회사는 41개 지점과 175개의 시뮬레이터를 갖춘 자본 집약적인 기업이었다. 시뮬레이터는 제작비가 한 대당 최대 1,900만 달러나 되었다. 게다가 이것은 신규 항공기가 시장에 출시될 때마다 구형이 되었다.

이 회사의 자본 집약적 특성을 완화한 것은 거대한 해자moat가 되었다. 이는 버크셔가 인수하면서 추구하던 것이었다. 경쟁자들은 시뮬레이터 한 대에 수천만 달러를 투자해야 했기 때문에 진입 비용이 상당히 높았다. 이는 잠재적 경쟁 우위를 제공했다. 아울러 오랜 역사에 힘입어 플라이트세이프티는 시뮬레이터를 제작하고 고객에게 다양한 곳에 수많은 설비를 공급하면서, 항공기 제조업체와 협력해 신규 항공기용 설비를 더욱 신속하게 도입할 수 있는 지식 기반도 제공했다. 이러한 심도 있는 지식 덕분에 보잉Boeing과는 합작사를 설립하고, 레이시온Raytheon을 통해서는 정부 계약을 할 수 있었다.

버크셔가 플라이트세이프티를 인수한 과정을 분석해 보면, 좋은 회사를 합당한 가격에 산 것으로 결론지을 수 있다. 버크셔의 유효 인수 가격(대차대조표에서 초과 투자금은 공제함)은 8.7%의 세전 수익률로 나타났다. 이것은 꽤 낮은 듯 보이는데, 실제로 그렇다. 그러나 버크셔는 플라이트세이프티의 역대급 투하자본이익률과 이러한 이익을 보호하는 해자로 이익을 얻게 된다. 역대급 투하자본이익률에 근접할 경우, 기업이 달성할 수 있는 미래 성장률은 초반의 저조한 이익률을 만회하고도 남을 것이다. 게다가 이 회사는 열정적인 설립자이자 경영자와 함께해 왔다. 버핏은 그가 79세라는 사실을 더욱 높이 평가했다. 버핏은 다음과 같이 서술했다. "우리의 고용 관행상 독자들은 찰리와 내가 나이 차별에 관한 EEOC(미국 연방고용기회균등위원회) 고시를 보고 젊었을

표 6-7 · 플라이트세이프티 인터내셔널 인수 분석

자료 · 1996년 버크셔 해서웨이 연례 보고서, 1993년, 1995년 플라이트세이프티 인터내셔널 연례 보고서 및 저자의 계산 **단위** · 100만 달러

	1995	1994	1993
매출액	326	301	297
매출액/평균 투하자본	0.76	0.76	0.79
EBIT(이자·세금 차감 전 이익) 수익률	36%	36%	34%
세전 투하자본이익률	27%	27%	27%
인수 가격(주식)	1,500		
추정 차입금	40		
감소 : 초과 투자금	(194)		
유효 인수 가격	1,346		
인수 배수	3.15배		
버크셔로 귀속되는 세전 수익률	8.7%		

때 정신적 외상을 겪었나 보다, 하고 생각할 수도 있습니다. 그러나 사실을 이야기하자면, 이것은 우리에게 이익이 됩니다. 신참 강아지한테 숙련된 재주를 가르치기는 어렵거든요." 네브래스카 퍼니처 마트의 B 여사와 마찬가지로, 울츠키는 여전히 업계 1인자였다.

캔자스 뱅커스 슈어티

1996년 버크셔가 규모가 훨씬 작은 인수 사례는 기업 해자에 대한 또 다른 교훈을 제공한다. 캔자스 뱅커스 슈어티 Kansas Bankers Surety 는 명칭 그대로 은행용 보험계약을 인수했다. 이사 및 임원 보험, 연방예금보험 FDIC 한도를 초과하는 예금자용 초과 예금 보험 및 기타 관련 해당 범위를 보장했다. 상대적으로 규모가 작다 보니 캔자스 뱅커스 슈어티는 웨스코 보험 부문에 편입되었다.* 이 보험사는 돈 토울 Don Towle 이 운영했으며 직원은 단 13명뿐이었다.[1]

 캔자스 뱅커스 슈어티에서 배운 교훈은 상대적으로 작은 규모와 제한된 성장 기회가 오히려 경쟁 우위의 원천이라는 것이었다. 이것은 직관에 반하는 것처럼 들리지만 몇 가지를 살펴보면 금방 이해할 수 있다. 이 사업을 유지하려면 수백 명의 은행가와 친밀한 관계를 맺어야 했으며 그 과정을 이루어 가는 데도 시간이 걸렸다. 고객 수가 제한된 데다 은행 경영진은 상대적으로 교체율이 느렸기 때문에 캔자스 뱅커스 슈어티보다 우위를 점하기란 쉬운 게 아니었다. 자연스럽게 규모가

---

* 버핏은 1996년 주주 서한에서 이 회사에 7,500만 달러를 제안했다고 밝혔다. 찰리 멍거가 웨스코 주주 서한에서 알린 바에 따르면, 이 금액은 약 8,000만 달러였다.

제한되어 있으나 잉여 현금 흐름은 많은 훌륭한 업종이었다. 버크셔는 이런 기업의 본사가 된 것을 더할 나위 없이 기쁘게 생각했다.

보험업

버크셔의 보험사업은 크게 둘로 나뉘었다. 재보험 부문에는 구조화 합의 사업 외에도 초대형 재난 상품군, 즉 슈퍼 캣(원수보험사가 인수한 리스크를 맡는, 비교적 무난한 일반 재보험사업)이 있었다. 원수보험 부문은 내셔널 인뎀니티의 특수차량 상품군과 홈 스테이트부터 근로자 보상 사업에 이르는 모든 것을 아울렀다. 현재 버크셔의 100% 자회사인 가이코는 원수보험사 범주에 들어 있었다. 규모 때문에(가이코의 운영 규모는 버크셔의 다른 원수보험사업군을 합한 것보다 10배 이상 컸음) 가이코는 별도로 보고했다.

현재 가이코가 이끄는 버크셔의 보험 부문은 순조롭게 돌아가고 있었다. 이 부문의 전체 실적은 세전 기준으로 수입 보험료 41억 달러와 인수 보험료 2억 2,200만 달러였다. 가이코에 힘입어, 버크셔의 책임준비금은 1995년 36억 달러에서 1996년 67억 달러로 2배쯤 늘어났다.

보험 - 재보험

1996년 버크셔는 재보험 수입 보험료가 7억 5,800만 달러였으며 합산 비율은 101%였다.* 이 부문은 슈퍼 캣 부문에 힘입어 수입 보험료 2억

---

* 다른 연도와의 일관성을 위해 앞으로는 일반회계기준GAAP 합산비율을 사용한다. 인수 보험료 및 수입 보험료의 상대적 안정성은 GAAP와 감독회계기준SAP(규제 기관이 보험사의 지급 능력을 살펴볼 수 있도록 지원하는 회계기준 - 옮긴이) 비율이 매우 가까울 것임을 의미한다.

표 6-8 · 버크셔 해서웨이 보험 인수

자료· 1995년, 1998년 버크셔 해서웨이 연례 보고서 및 저자의
계산 **단위**· 100만 달러

	1996	1995
가이코		
인수 보험료	3,122	2,856
수입 보험료	3,092	2,787
보험계약 인수 손익(세전)	171	92
버크셔 해서웨이 재보험 부문		
인수 보험료	716	777
수입 보험료	758	718
보험계약 인수 손익(세전)	(8)	(21)
버크셔 해서웨이 원수보험 부문		
인수 보험료	268	247
수입 보험료	268	240
보험계약 인수 손익(세전)	59	41
보험계약 인수 손익 총계	222	21
기말 평균 책임준비금 총계	6,702	3,607
책임준비금 비용	(3.3%)	(0.6%)
불이익성(이익성) 손해 발생 총계	(90)	56

참고
가이코에 대한 1995년 데이터는 비교 목적으로 기재함. 가이코
실적은 총계에 포함되지 않음.

6,800만 달러에 인수 보험료 1억 6,700만 달러를 기록했다. 이해에 슈
퍼 캣 부문에서 3년 연속으로 상당한 보험 인수 수익이 났는데, 버핏은
장기적으로 만족스러운 실적이 기대되었음에도 경로가 험난할 것이라
며 경고했다. "그렇지만 여러분이 알아 두어야 할 것은, 슈퍼 캣 사업으
로 무시무시한 한 해를 겪을 수 있다는 것이 가능성에 그치는 게 아니
라 확실하다는 점입니다. 문제는 그게 언제가 될 것이냐일 뿐입니다."

그는 심지어 주주들에게 버크셔의 내재 가치를 계산할 때 수년 동안 평균 이상의 수익성을 내고 있을 때에도 버크셔의 이익 추정치를 낮추라고 조언했다.

버크셔가 1996년에 인수한 보험은 규모가 크긴 했지만, 자기자본 포지션에 비하면 무리한 정도는 아니었다. 버핏은 "진짜 초대형 재해"로 인한 세후 손실은 최악의 경우 약 6억 달러에 이를 것으로 생각했다. 이는 버크셔 장부가치의 3% 미만으로, 다른 부문의 이익으로 쉽게 흡수될 수 있는 수준이었다. 버크셔는 매년 순조로운 실적을 내려고 하지 않았다. 그보다는 개별 보험 건을 수익성 있는 것으로만 인수해 실적이 하락해도 내버려 두었다가 시간이 지나면 경쟁사들에 비해 더 나은 성과를 올리곤 했다. 사실, 버크셔의 재보험사업 모델은 불확실한 세상에서 보험 인수 이력이 순조롭게 흘러가기를 바라는 다른 보험회사들의 열망을 바탕으로 이익을 얻는 것이라고 풀이할 수 있다.

버크셔는 슈퍼 캣 사업에서 세 가지 주요 경쟁 우위를 지니고 있었다.

1. 시장 | 버크셔는 최악의 상황에서도 청구인에게 지급할 자본을 보유하고 있어 신속하게 지급하는 것으로 유명했다.

2. 가격과 시기 | 버크셔는 언제든 적절한 가격에 계약 건을 인수할 의향이 있었다. 시기가 마땅치 않으면 다른 재보험사들은 시장에서 철수할 수도 있었다. 버크셔의 명성은 이제 다른 재보험사에서 '대기용' 수수료를 받을 만큼 높아졌다. 이것은 다른 재보험사들에게 타 재보험사들이 거부할 경우 버크셔가 계약을 인수해 줄 것이라는 안도감을 주었다.

3. 대규모 보험계약 | 버크셔는 대규모 보험계약을 인수할 능력과 의지가 있었

다. 버핏과 버크셔의 보험 경영 전문가 아지트 자인은 리스크 및 가격 범위를 평가하고 고객에게 매우 신속하게 대응할 준비가 되어 있었다.

버핏은 보험사업이 실제로 얼마나 개방적인지 보여 주려는 듯, 버크셔가 "전체 보험료의 약 90%가 궁극적으로는 손해 및 비용으로 지급되도록 슈퍼 캣 익스포저exposure(특정 리스크에 연관된 금액 – 옮긴이)에 대한 가격을 책정하려고 노력했다"고 서술했다. 버크셔의 우위는 이해되지 않는 리스크는 가까이하지 않는다는 것이었다. 다른 보험회사들은 편리하지만 틀린 정보로 이루어진 컴퓨터 모델에 의존했다. 일부 온라인 보험회사들은 자기들도 모르는 사이에 최대 규모의 슈퍼 캣 인수 보험사가 되어 있었다. 롱아일랜드 같은 특정 지역에서 보험계약을 인수하는 회사들은 리스크가 가장 클 수 있었다. 지리적 익스포저가 흔치 않게 대형 리스크 한 건뿐인 경우를 제외하면, 모든 면에서 전체 포트폴리오의 다양한 청구인에게서 강풍 피해가 일어날 수도 있었다. "그 보험사들은 자사가 슈퍼 캣 사업을 한다고 생각하지 않습니다만 … (하지만) 그들은 상당한 익스포저를 안고 있습니다."

버크셔의 재보험사업 중 나머지 절반(1996년 수입 보험료로 4억 9,000만 달러 기록)은 손해·상해 초과 손실 및 지분 참여 사업이었다. 이 사업군은 슈퍼 캣 부문보다는 훨씬 단순하고 변동성이 낮았다. 이 부문은 1996년에 1억 100만 달러의 보험 인수 손실을 입었고 이전 연도에도 비슷한 규모의 손실을 내긴 했으나, 이는 버크셔에 상당한 책임준비금을 창출한 장기적 유형의 보험 인수였다. 적절한 가격이 책정될 경우, 시간이 지나면 만족스러운 실적을 올릴 수 있게 된다.

보험-원수보험 부문

버크셔의 유서 깊은 원수보험 부문(가장 중요한 보험사업)은 우수한 실적을 올렸다. 수입 보험료 2억 6,800만 달러를 기록한 이 부문은 합산비율 78.2%*로 돌아섰으며, 보험 인수 이익으로 5,900만 달러를 벌어들였다. 버핏은 버크셔를 위해 이러한 실적을 올린 담당 경영자로 내셔널 인뎀니티의 돈 워스터, 홈 스테이트 부문의 로드 엘드레드, 센트럴 스테이츠 인뎀니티의 존 카이저, 노동자 보상 부문을 운영하면서 1996년에 새로운 주 여섯 곳으로 사업 영역을 넓힌 브래드 킨슬러를 꼽았다.

보험-가이코

버크셔의 새로운 보물단지 가이코(보험 인수 쪽은 토니 나이슬리Tony Nicely, 투자 쪽은 루 심프슨Lou Simpson이 운영)도 좋은 평가를 받았다. 버핏은 이 회사의 전망에 대해 확실히 들떠 있었다. 가이코는 복잡한 사안이 없으면서도 장점이 어마어마했다. 가이코의 경쟁 우위는 저비용 사업자라는 점과 중개 모델에 고착화된 경쟁사들 사이에서 소비자와 직거래하는 사업 모델을 활용한다는 점에서 비롯되었다. 1996년에 가이코 고객들은 다른 고객을 100만 명이나 회사에 추천했으며, 신규 계약의 50% 이상은 여기에서 이루어졌다. 그렇게 절감된 보험 인수 비용은 선순환되어 고객에게 전가되었다.

나이슬리 관할하의 가이코 직원들은 두 가지 지표에 초점을 맞추었다. 즉 자발적 계약의 성장세** 및 주기적으로 가입하는 보험계약의 수익성(1년 이상 장부에 기재되는 계약)이었다. 그것은 매우 단순한 운영 철학이었다. 신규 고객은 더 많이 유치하고, 기존 고객은 수익성을 확인하라는 것이었다. 이러한 인센티브 구조는 가이코의 모든 보너스의 기초를 이루었다.

두 부분으로 구성된 이 구조는 현재 버크셔 해서웨이 주주가 된 가이코 주주의 이익을 극대화하도록 사려 깊게 설계되었다. 주기적 보험사업은 수익성에 초점을 맞춤으로써, 가이코가 장기적으로 적절하게 가격을 책정하고 수익성 없는 리스크를 피할 수 있게 해 주었다. 단기적으로 수익성을 떨어뜨리는 신규 사업 유치에 따른 고객 확보 비용을 제외했기 때문에, 이 구조는 장기적 가치를 구축하는 행동을 장려했다. 이를 통해 자유롭게 지출할 수 있게 되어 미래의 보험계약 실적을 이끌어 낼 수 있었다.

이러한 인센티브 구조는 단순했지만 가이코의 경쟁사, 특히 상장 기업들은 다른 경로를 추구했다. 월 스트리트의 단기적 사고방식에 길들어 있던 이 회사들은 종종 단기적 이익을 우선했고 때로는 마케팅 예산을 아예 없애기도 했다. 가이코가 미국 6~7위권 자동차보험 회사에서 최대 규모 보험회사로 성장한 것은 장기적 전략을 구사한 결과였다.

가이코에서 오랫동안 투자를 맡았던 심프슨이 합병 후에도 가이코의 투자 포트폴리오를 계속 운용했다는 것은 주목할 필요가 있다. 이것은 심프슨의 투자 능력을 버핏이 얼마나 높게 평가했는지에 대해 많은 것을 알려 준다. 보험회사를 인수할 때면 늘 그렇듯, 버핏은 보험회사

---

* GAAP 기준
** 이 '자발적'이라는 단어가 중요하다. 이것은 가이코가 추구한 정책으로, 우수한 수익성의 토대를 형성했다. 반면 비자발적 보험계약은 보험에 들 마음은 없지만 소속 주의 법률에 따라 보험에 가입해야 하는 곳을 보장하기 위해 모든 유관 기업이 참여해야 하는 '리스크 풀risk pools'에서 나왔다.

의 투자 부문을 가져가고 경영자는 보험 인수 쪽에 집중하게 했다.

1996년, 버크셔 관할 아래에서 100% 지분 보유가 이루어진 첫해에 가이코는 합산비율 94.5%를 기록했으며 1억 7,100만 달러의 세전 보험 인수 이익을 올렸다.

제조, 출판, 소매 유통업

제조, 출판 및 소매 유통 부문은 인상적인 운영을 이어 갔다. 이 부문은 1996년에 세전 3억 7,800만 달러를 벌어들였고, 세전 투하자본이익률 30%를 기록했다.* 실적 자체로만 보면 훌륭한 성과로 보이지만, 1995년 이익률 38%와 1994년 이익률 49%에서 급격히 감소한 것이었다. 실적 하락의 한 요인은 지난 몇 년 동안 제화 부문의 수익성이 악화된 것이었다. 자본 집약적 기업인 플라이트세이프티가 합류한 것도 1996년 실적 저하 요인 중 하나였다.** 이 부문에 속한 대다수 기업은 과거와 같이 기여했다. 몇몇 사업부는 주목할 만하다.

월드북은 여전히 험난한 상황이었지만 사업은 어느 정도 진전을 이루었다. 브리태니커 백과사전이 사업을 중단한 후 이 회사는 백과사전을 직접 판매하는 유일한 회사가 되었다. 월드북은 또한 IBM과 제휴해 CD-ROM 신제품에 대규모 투자를 단행했다. 이 부문의 세전 영업이익은 43% 증가한 1,260만 달러를 기록했지만, 1994년의 이익 2,500만 달

---

* 참고로 이 수치는 연례 보고서 뒷면에 게재된 일반회계기준GAAP을 적용하지 않은 실적으로, 인수 가격 조정 및 사업권 상각 등은 제외된 것이다.
** 1995년과 1996년 사이에 MPR(해상 초계 및 정찰) 사업을 위한 투하자본(부채+자본)이 46% 증가했다. 1995년 말 플라이트세이프티에는 약 4억 5,000만 달러의 자본이 투입돼 있었다.

러를 밑돌았다.

〈버펄로 뉴스〉의 영업이익은 7.7% 증가한 5,040만 달러였다. 부분적으로는 전년도에 직원 퇴직금 비용과 특정 감가상각 조정으로 일회성 비용이 많이 발생한 결과였다. 이해에는 신문 인쇄 비용이 줄어든 데 따른 수혜가 있었다. 신문 인쇄 비용이 1995년에 급격히 치솟았다가 다시 하락한 덕분이었다.

제화 부문 이익은 5.5% 증가한 6,160만 달러였으나 불과 2년 전의 8,600만 달러에 훨씬 못 미치는 수준에 그쳤다. 경영진은 제품의 마케팅 및 유통 기회를 성공적으로 활용하고 간접비를 절감했다. 그 때문에 다음 연도에는 더 많은 이익이 기대되었다.

버크셔가 가장 최근에 인수한 보석업체 헬츠버그는 1996년에 부진했다. 보석 사업 이익이 18% 감소한 2,800만 달러를 기록했다. 상당한 매출액 증가를 기대하고 지출을 늘렸으나 실현되지 못하면서 실망을 초래했다. 버핏은 CEO 제프 코멘트가 "비용 문제를 단호하게 처리하고 있다"며 1997년에는 이익이 늘어날 것으로 예상한다고 밝혔다.

US에어-업데이트

US에어 우선주에 대한 버크셔의 투자는 계속 이어졌다. 이번에는 상승세에 관한 소식이었다. 버핏이 이 투자에서 많은 실수를 저지르긴 했지만, 한 가지 긍정적인 면이 있었다. 이 우선주에는 연체된 지급액에 대해 우대금리보다 5%p 높은 위약금 배당을 규정하는 특별 조항이 있었다. US에어가 운영상의 문제로 2년 동안 우선주 배당금 지급을 건너뛰었기 때문에 이 조항이 발동한 것이었다. 9.25%였던 정기 배당금은 이

제 지난 2년 동안 14%에 가까워졌다.

이 위약금 조항은 US에어가 체납액을 지급할 유인을 제공했다. 버핏은 이 회사 CEO 스티븐 울프Stephen Wolf가 항로를 바로잡기 위해 노력했다며 찬사를 보냈다. 그는 US에어가 "아직 해결해야 할 기본적인 비용 문제가 있다"면서도, 울프의 행동이 버크셔의 투자를 구제했다고 보았다. 버핏은 이 우선주가 현재 액면가 3억 5,800만 달러의 가치가 있다고 생각했다.

영예를 누리는 사람이 아니었던 버핏은 1995년 및 1996년 초에 두 차례 US에어 주식을 처분하려 했다고 밝혔다. 그러나 이 시도는 모두 이루어지지 못했다. 버핏은 두 번째 시도 후 주주들에게 이렇게 말했다. "여러분은 운이 좋군요. 저는 승리의 문턱에서 패배를 낚아채려 했다가 또다시 실패했답니다."

월트 디즈니 컴퍼니

1996년 3월 월트 디즈니 컴퍼니The Walt Disney Company가 현금 및 주식거래를 통해 캐피털 시티즈/ABC를 인수했다. 이번 거래는 선 밸리 휴양지에서 디즈니의 마이클 아이스너Michael Eisner와 캐피털 시티즈/ABC의 톰 머피 간 미팅에서 이루어졌다. 버핏은 본인이 주선해 이 미팅이 이루어졌다고 했지만, 나중에 그는 이 거래가 궁극적으로는 저절로 이루어질 것으로 여겼다고 말했다. 버크셔는 총 25억 달러를 받았는데, 이 가운데 12억 달러는 버크셔가 보유하고 있던 월트 디즈니 주식이었고 나머지는 현금이었다. 이 건으로 22억 달러의 실현이익이 발생했다.

살로몬 채권 발행

1996년 버크셔의 투자은행 살로몬 브러더스는 버크셔에 특이한 증권을 매각했다. 이 증권은 버크셔가 보유한 살로몬 주식으로 전환할 수 있는 5억 달러 규모의 5년 만기 채권이었다. 1997년 연례 주주총회에서 이 채권 발행에 대한 질문에 버핏은 이렇게 답했다. "이는 살로몬 주가 상승분을 일정 부분 유지하면서도, 이 주식으로 낮은 금리에 자본을 조달해 다른 곳에 사용할 수 있는 방법입니다." 주식이 대체로 높은 가격으로 거래되자,* 버크셔는 즉시 자본을 투입할 곳이 없었지만 자금 조달에 유리해진 기회를 다시 활용하고 있었다.

투자 수업

버핏은 주주 서한과 연례 주주총회에서 투자자들에게 명쾌한 조언을 전했다. 그는 저비용 인덱스 펀드의 장점을 강조했는데, 인덱스 펀드는 시간이 지나면 "대다수의 투자 전문가들"을 능가할 것이라고 생각했다. 그는 연례 주주총회 참석자들에게 연설할 때, 투자란 "아마추어가 스스로를 아마추어라고 인정하기만 하면, 아마추어가 전문가보다 더 잘할 수 있는 … 이 세상 유일한 분야"라고 말했다.

버핏은 투자와 관련해 자신의 단점과 한계를 자주 지적했다. 그는 스스로를 돌아보면서 자기만의 포트폴리오를 구축하려는 투자자는 자신의 역량 범위를 명확하게 정의하고 이를 고수해야 한다고 생각했다. 그는 주주들에게 "모든 회사, 또는 수많은 회사에 대해 전문가가 될 필요

---

* 버핏은 1996년 주주 서한에서 모든 주식에 고평가 리스크가 존재한다고 서술했다.

가 없다"고 서술했다. "투자자로서 목표로 삼아야 할 것은 지금부터 5년, 10년, 20년 후에 실질적으로 이익이 더 높을 게 확실한, 이해하기 쉬운 기업의 일부 지분을 합리적인 가격에 매수하는 것이어야 합니다." 이런 기업은 흔치 않기에 투자자들은 그런 기업을 찾아내면 포트폴리오에 포함시켜야 한다. 버핏은 해당 행위의 권고 사례로 주가와 더불어 시간이 갈수록 상승했던 버크셔의 자체 추정 이익을 꼽았다.

투자의 가장 큰 장점은 계속 누적된다는 것이었다. 버핏은 수년 동안 많은 기업을 연구했는데, 플라이트세이프티를 인수할 정도로 충분히 알기 전이던 20년 전에 그가 읽었던 한 사례로 플라이트세이프티를 활용한 적도 있었다. 많은 기업과 산업에 대해 아는 데 필요한 것은 그저 시간과 학습에 대한 지속적인 관심뿐이었다. 지식이 복리로 늘어나면 수익금도 복리로 불어나게 된다.

버크셔 B등급 보통주 발행*

1996년까지 버크셔 해서웨이 주식은 한 종류의 보통주로만 이루어져 있었다. 버핏이 주식분할을 꺼린 것은 특정 주주 기반을 양성하고 유지하려 했기 때문으로, 이는 버크셔 주가가 평균 발행가보다 훨씬 비싸다는 의미였다. 기업들은 일반적으로 20~100달러라는 "적정" 가격 범위를 유지하기 위해 주식을 분할한다.** 버크셔의 주식은 한 번도 분할된 적이 없으며 주가(3만 3,000달러 이상)는 이런 점을 잘 보여 주었다. 이것은 선물을 받고 싶어 했던 주주들이 약간 문제로 삼긴 했지만, 이 문제는 극복할 수 있었다.*** 버크셔의 B등급 주식(이하 B주 - 옮긴이)을 발행하자는 1996년 제안은 버크셔 측의 방어적인 조치였다. 이는 일부는 잠재적 투자자를 보호하기 위해, 또 어떤 면에서는 버크셔의 명성을 지키기 위한 것이었다.

버크셔는 신탁회사를 통해 버크셔 주식만으로 구성된 단위 신탁을 만들자는 수많은 제안을 요리조리 잘 피해 왔다. 이제는 누군가가 그런 제안을 외면하는 듯했다. 그렇지 않았다면 적어도 신탁이 하나는 만들어졌을 테니 말이다.**** 잠재적인 단위 신탁은 공개 시장에서 버크셔 주식을 매수한 다음, 버크셔 보통주 전체 물량보다 적은 수량만 매입하고자 하는 잠재 투자자에게 신탁의 버크셔 주식을 매도하게 된다. 버핏과 멍거는 이런 방안이 두 가지 면에서 투자자들에게 피해를 줄 거라고 생각했다. 첫째, 수수료 때문에 실제 버크셔 주식에 투자하는 것보다 투자 성과가 낮아진다. 둘째, 수수료 인상에 대한 인센티브로 신탁 개설업자는 과거에 달성했던 높은 수익률을 홍보해 이 신탁을 마케팅할 것이다. 하지만 버핏은 그런 수익률은 반복될 수 없다고 말했다. 수요와 공급 문제도 존재했다. 단위 신탁에서는 고정된 수의 주식을 보유한다. 과도한 판촉으로 주가가 버크셔 주식의 내재 가치를 초과할 수도 있었다. 시간이 지나면서 그런 불일치가 바로잡히면, 투자자들은 버크셔 주식의 내재 가치보다 저조한 성과를 기록할 것이다.

---

* 별도 언급이 없는 한, 주당 수치 참고 사항은 모두 버크셔 A주를 기준으로 한다.

** 피자를 여러 조각으로 자르는 것처럼, 주식분할은 기업의 기본 가치에 영향을 미치지 않는 상태로 발행주식 수를 늘리는 것이다. 이는 겉모습만 바꾸는 셈이다.

*** 이 문제에 대한 조언은 아니었지만, 버핏은 전에도 주주들에게 주식을 보유할 수 있는 가족 기업을 설립하는 방법에 대해 알려 주었고, 주주들은 주식을 자녀 등에게 증여할 수 있었다.

**** 이러한 단위 신탁은 불법이 아니었고 버크셔의 허가가 필요하지 않았다. 어떤 이들은 편의상 주식을 효과적으로 분할하는 방법으로 이런 방안을 찾아냈을 수 있지만, 그 외 사람들은 분명히 이익을 올릴 가능성에 끌렸다.

이런 버크셔 단위 신탁 투자에 대한 높은 기대감은 버크셔와 버핏의 명성에 타격을 입힐 수도 있었다. 이 신탁 가입자가 버크셔의 내재 가치에 비해 비싼 가격에 매수한다면, 시간이 지날수록 분명 실망스러운 성과를 거둘 것이다. 비록 버크셔가 잘못한 게 아니라고 해도 부정적인 연관성이 남게 된다.

그런 신탁 개설업자들을 저지하기 위해 버크셔는 직접적인 소유권을 나타내긴 하지만 약간 불리한 조건으로 하위 등급 주식을 만드는 방안을 구상했다. 새로 생성된 B주는 A주(원래 주식 등급)의 30분의 1 가격으로 책정되지만, 의결권은 A주의 200분의 1에 그쳤다. 아울러 자선 기부 프로그램에도 A주만 참여할 수 있었다. 이런 식으로 A주 보유 시 약간의 이점이 존재하지만, 새로운 B주 투자자도 계속 버크셔의 주주가 되는 것이었다.

버크셔는 기대감을 낮추고 단위 신탁에 대한 생각을 아예 접을 수 있도록 한 걸음 더 나아갔다. 버크셔는 기본적인 경제적 환경을 고려해 투자자들이 원하는 만큼의 주식을 발행하겠다고 밝혔다. 이것은 버크셔가 수요를 충족시키기 위해 신주를 발행하는 것이므로 일시적인 흥분으로 인한 초과 수요의 가능성을 배제했다. 또 주주의 선택에 따라 A주는 B주 30주로 전환할 수 있지만, 이 특권은 역으로는 진행할 수 없었다. 어떤 이유로 B주가 동등한 A주보다 비싸게 거래된다면, 그 차이가 너무 커지지 않도록 차익 거래를 하기로 했다(투자자는 A주를 매수해 B주로 전환한 다음 더 비싼 가격에 매도하곤 했다. 일부분이 전체보다 더욱 가치가 높아진 것이었다).

마지막으로 버크셔는 버핏과 멍거 모두 버크셔가 발행가격 대비 저평가 상태라고 생각하지 않으며 이 가격으로 자사주를 매입하는 데 관심이 없다고 공개적으로 (투자 설명서 제공을 포함해) 밝혔다. 일부 주주들은 이것이 버크셔가 고평가됐다는 의미라고 생각했다. 버핏은 이렇게 추정하면 안 된다는 점을 분명히 했다. 그는 버크셔가 저평가되지 않았다는 말이 고평가 상태라는 뜻은 아니라고 말했다. 1995년 말 버크셔 장부가치를 기준으로 하면, 이 신주는 회사 가치를 장부가치의 2배 이상으로 평가했을 것이다.

실제 발행이 마무리되었을 때, 1억 달러로 예상한 공모에서 청약 규모가 이를 훌쩍 뛰어넘었다. 버크셔는 결국 51만 7,500주의 B주를 추가 발행했으며, 공모 금액은 5억 6,500만 달러를 약간 밑돌았다. 이 자금을 즉시 투입할 계획이 있었던 것은 아니어서, 버크셔는 다른 기회에 사용할 수 있도록 공모 자금을 자기자본 풀에 넣어 두었다. 멍거는 상황에 맞춰 신주를 설정했다. 희석률은 약 1%에 그쳤는데, 그는 B주 생성이 깜짝쇼가 아니었다고 말했다.

1996년 연례 주주총회에서 버크셔 주주들이 B주 발행 승인에 표를 던진 것은 놀랄 일이 아니었다. 버크셔 단위 신탁이라는 아이디어는 다시는 등장하지 않았으며, 버크셔의 명성과 주주들도 피해를 입지 않았다.

(월 스트리트에서 볼 수 있는 전형적인 기획안과는 전혀 다르게) 완벽한 언어로 서술된 다음과 같은 기획안은 그 자체로 읽을 가치가 있다.

버크셔 회장 워런 버핏과 부회장 찰스 멍거는 귀하가 다음 사항을 알고 있기를 바랍니다(아울러 이 내용이 "뻔한 문서"라거나 중요하지 않다고 이야기하는 사람은 무시할 것을 당부드립니다).

1. 버핏 회장과 멍거 부회장은 버크셔 A주가 앞에 언급한 시장가격 대비 저평가되지 않았다고 생각합니다. 버핏 회장이나 멍거 부회장은 현재 가격으로는 버크셔 자사주를 매입하지 않을 것이며 가족이나 친구에게도 그렇게 하라고 권하지 않을 것입니다.

2. 그동안의 버크셔 주당 장부가치 성장률이 미래 성장 가능성을 나타내지는 않습니다. 버크셔의 자기자본 기반 규모는 상당히 크기 때문에(1995년 12월 31일 기준 약 170억 달러), 버크셔의 주당 장부가치는 앞으로 과거 수준에 가까운 속도로 증가할 수 없습니다.

3. 최근 몇 년 동안 버크셔 주식의 시장가격은 주당 내재 가치 증가율을 초과해 상승했습니다. 시장 평균을 웃도는 종류의 성과는 영원히 이어질 수 없습니다. 불가피하게 시장 평균 성과를 밑도는 기간이 나타날 것이며, 그 정도는 어쩌면 상당히 클 수 있습니다.

4. 버크셔는 B주에 대한 현재 수요를 파악하고 있으며 해당 수요를 완전히 충족시키기 위해 이번 공모 규모를 조정했습니다. 따라서 빠른 수익을 올리고자 하는 매수자는 실망할 것이 확실합니다. 주식은 수년 동안 계속 보유할 것으로 예상하는 투자자만 매수해야 합니다.

1997년

–

주식시장이 계속 상승세를 보이는 가운데, 버핏은 버크셔의 주당 장부가치 증가율 34.1%를 치솟는 파도에 비유했다. 그는 버크셔가 무득점 상태였다면서 그 증가율이 S&P 상승률보다 (0.7%p) 앞서긴 했지만 사업 감각보다는 운이 더 크게 따랐다고 말했다. 이것이 버크셔가 1997년에 두드러진 이익을 올리지 못했다는 말은 아니었다. 버핏은 내재 가치가 장부가치와 함께 상승한 것으로 추정했다.

2개 연도의 수치 및 세전 영업이익에 대해 임의로 10배 승수를 적용해 보면 버크셔의 내재 가치가 약 38% 증가했다고 계산할 수 있는데, 이는 장부가치 증가율 34%에 근접한 것이다(〈표 6-9〉 참고).

표 6-9 · 버크셔 해서웨이 내재 가치 추정치
자료 · 1996년, 1997년 버크셔 해서웨이 연례 보고서 및 저자의 계산

주당(A주 기준)	1997	1996
투자 금액	$38,043	$28,500
세전 영업이익(예 : 투자 이익)	718	421
추정 가치(투자+영업이익의 10배)	$45,221	$32,714
기말 주가	$46,000	$34,100
기말 주당 장부가치	25,488	19,011
주가/추정 가치	1.02배	1.04배
주가/장부가치	1.80배	1.79배
가치/장부가액	1.77배	1.72배
추정 가치 변동률	38%	
주가 변동률	35%	

버핏은 어떤 맹신이라도 확실하게 억제시켰다. 버크셔의 슈퍼 캣 사업에서는 대규모 청구가 더 이상 없었으며 가이코는 이례적으로 양호한 한 해를 보냈다. 아울러 주식시장이 상승세를 보인 탓에 괜찮은 가치를 지닌 투자 대상을 찾기는 더욱 어려워졌다. 그는 주가가 비싸다면서 "우리가 우왕좌왕한다면 낮은 수익에 갇혀 버릴 것"이라고 말했다. 버핏은 "최고 정점"을 기다리는 것이 가치 있다는 사실을 알고 있었는

데, 1997년에 몇 가지 정점 덕에 곤경에서 벗어났다.

이례적인 약정

버핏에게 곤경에서 벗어나는 것은 시장의 비효율을 찾아내 이용한다는 의미였다. 세 가지 이례적인 투자가 이에 해당했다. 즉 원유 약정, 무이자 미국 국채, 은이었다. 첫 번째는 원유 1,400만 배럴에 대한 선물 포지션 투자였다. 이것은 1994년과 1995년에 체결된 약정의 나머지 부분이었다. 해당 연도에 4,570만 배럴의 원유에서 얻은 전체 이익으로 버크셔는 6,200만 달러의 이익을 벌어들였다.

두 번째는 무이자 미국 국채 46억 달러어치를 매입한 것이었다(분할 상환 조건). 이 국채에는 이자가 없었으므로 금리 하락 쪽으로 큰돈을 건 셈이었다. 금리가 상승하면 이 도박은 어리석은 행동이 될 리스크가 존재했지만, 승산이 있다고 판단되었다. 1997년 말, 이 도박은 좋은 성과로 이어져 약 6억 달러를 벌었다.

세 번째 투자는 은에 대한 것으로, 단순한 경제성 개념에 충실할 때 발휘되는 놀라운 힘을 입증했다. 이 경우에는 수요와 공급이었다. 버크셔는 1997년 말 1억 1,120만 온스의 은을 보유하게 되었다. 버핏과 멍거가 은에 투자한 이유는 전 세계의 수요와 공급 방정식이 엉망진창이어서, 그 불일치를 해소하려면 가격이 더 올라갈 것으로 생각했기 때문이다. 버핏은 이런 계산에 인플레이션이 전혀 영향을 미치지 않았다고 강조했다.

그 논리는 다음과 같았다. 그 당시 전 세계적으로 매년 약 8억 온스의 은이 사용되었다. 연간 5억 온스가 생산되고 그 외 1억 5,000만 온스가 재활용되면서 1억 5,000만 온스가 부족했다. 재고가 부족했기 때문에 수요가 이내 공급을 초과해 가격 상승을 유발했다.

이 투자에는 중요한 시사점이 있었는데, 이는 비탄력성의 개념을 강조하는 것이었다. 간단히 말해 경제학에서 탄력성이란 특정 재화가 가격에 민감한 정도를 나타낸다. 은 공급은 주로 다른 금속을 채굴할 때 부차적으로 이루어졌기 때문에, 이는 가격에 비탄력적이었다. 즉 단순히 은만 채굴하는 사람은 없다는 의미였다. 은 공급은 다른 금속의 펀더멘털을 바탕으로 이루어졌으며, 수요가 많아도 추가 공급을 유발하지 못했다. 수요 측면에서도 약간 비탄력적이었다. 은은 사진과 보석류에 사용되긴 했지만, 은에 대한 수요는 가격에 크게 민감하지 않았다. 이러한 요소들이 결합하면서 결국 가격 상승에 명백히 유리한 상황이 조성되었다(다른 투자와 마찬가지로 버핏은 그러한 가능성은 인식했지만 발생 시점까지는 알지 못했다).

찰리 멍거는 1998년 연례 주주총회에서 버핏이 버크셔 자산의 단 2%를 투자하기 위해 수십 년 동안이나 참을성 있게 연구한 것이라고 해당 투자를 간결하게 압축해 설명했다. 다시 말하자면 버크셔의 투자 지침을 바꾼 게 아니었기 때문에 흥분할 일이 아니었다. 버크셔가 코카콜라, 질레트 등에 수십억 달러를 투자한 것과 비교하면, 이것은 진짜로 그리 대단한 일은 아니었다. 그럼에도 우리의 목적으로 볼 때 이 투자는 흥미롭고 유익하다.

보험업

몇 가지 긍정적인 요인에 힘입어 1997년 보험 부문은 대박을 쳤다. 보

표 6-10 · 버크셔 해서웨이 보험 인수

자료·1998년 버크셔 해서웨이 연례 보고서 및 저자의 계산

단위·100만 달러

	1997	1996
가이코		
인수 보험료	3,588	3,122
수입 보험료	3,482	3,092
보험계약 인수 손익(세전)	281	171
버크셔 해서웨이 재보험 부문		
인수 보험료	955	716
수입 보험료	967	758
보험계약 인수 손익(세전)	128	(8)
버크셔 해서웨이 원수보험 부문		
인수 보험료	309	268
수입 보험료	313	268
보험계약 인수 손익(세전)	53	59
보험계약 인수 손익 총계	462	222
기말 평균 책임준비금 총계	7,093	6,702
책임준비금 비용	(6.5%)	(3.3%)
불이익성(이익성) 손해 발생 총계	(131)	(90)

험은 세전 수입 보험료로 약 48억 달러, 인수 보험료로 4억 6,200만 달러를 벌어들였다.

보험-재보험 부문

1997년에는 초대형 재해(슈퍼 캣)가 일어나지 않아 재해 초과 손실 보험료 3억 1,000만 달러 중 2억 8,300만 달러가 이익이 나오는 최저 한계선까지 하락했다. 하지만 어느 연도든 손실이 실현될 가능성이 있다는게 중요했고, 이는 미래의 어느 시점에는 분명히 발생할 예정이었다. 버

크셔는 자본 기반도 확대되고 새로운 인수 거래에 대한 욕구도 강해졌지만, 10억 달러의 손실을 기꺼이 감수하면서도 그다지 불편해하지 않았다. 버크셔는 리스크에 대한 가격 산정에 확신이 있었고 시간이 지나면 유리해질 것임을 알고 있었다. 기타 손해/상해 보험군 손실 7,300만 달러, 소급 재보험 및 구조화 합의 부문 손실 8,200만 달러로 재보험 부문의 이익은 1억 2,800만 달러로 줄어들었다.

슈퍼 캣 부문에서 손해 이력(재해와 그에 따른 고액의 손해배상 청구)이 없었다는 점은 단기적으로 긍정적이었지만 달갑지 않은 결과로 이어졌다. 보험 산업은 손실이 적은 시기에는 업계에 자본이 유입되었다가 대규모 손해가 발생하면 자본이 빠져나가는 주기적인 자본의 변동 탓에 오랫동안 어려움을 겪어 왔다. 근래에 등장한 위협은 현재 재해 채권catastrophe bonds이라고 불리는 신규 금융 상품이었다.

버핏은 재해 채권을 싫어했는데, 그것이 경쟁을 뜻해서가 아니었다. 그는 그 채권이 단순한 매수자들에게 매각될 것이라고 여겨서 처음부터 좋아하지 않았다. 버핏은 그들을 "투자자"로 정의했으며, 인용 부호를 사용해 그들이 제대로 알지 못하는 상태에서 매수하는 사람임을 시사했다. 채권이라는 단어는 잠재적 매수자가 전통적인 채권(기업이나 정부가 매도하는 채권 등)에 내재된 안전성을 연상하게끔 유도하게 마련이었다. 그러나 사실 그것들은 무면허 보험 활동을 막는 주(州) 법률을 피하도록 고안된 수단이었다. 또한 채권과 전혀 비슷하지 않았기 때문에 버핏은 그것이 전체주의 체제에서 정보를 왜곡해 전달하는 것 같은 잘못된 명칭이라고 말했다. 재해 채권은 가격 단계를 잘못 산정한 보험에 더 가까웠다.

재해 채권은 재보험에 가까우며 매수자에게 더욱 큰 리스크를 안겨 주었다. 이와 달리 진짜 채권은 발행사가 수익을 활용해 부채를 상환해야 하며 대체로 자산으로 뒷받침해 준다. 재해 채권이 작동하는 방식은 다음과 같다. 투자자들이 돈을 투자해 리스크 풀을 뒷받침한다. 리스크가 실현되지 않으면 투자자는 대가를 받는다. 그러나 기존 채권과 달리, 손해 사건이 발생하면 채권 자본을 사용해 발행사는 건재하지만 채권 보유자는 빈털터리가 되었다. 다른 자본 유입 시기와 마찬가지로, 앞으로 몇 년 동안 보험 물량은 더 적을 것으로 예상되었다.

보험-가이코

이미 빛나는 보석이었던 가이코는 1997년에 그 어느 때보다도 눈부시게 반짝였다. 토니 나이슬리Tony Nicely가 이끄는 가이코는 1996년에 10%라는 기록적인 성장 이후 1997년에 현행 사업만으로도 16%라는 급성장을 이루었다. 가이코는 2억 8,100만 달러의 보험 인수 이익을 기록해 전년 대비 64% 증가세를 보였다. 가이코의 저비용 운영과 산업 전반적으로 유리한 여건은 합산비율 91.9%라는 결과로 나타났다. 현행 보험의 성장성과 경험이 풍부한 사업의 수익성에 초점을 맞춘 동일한 두 갈래의 보상 약정을 활용한 덕분에, 1만 500명의 가이코 직원들은 기본급여의 약 27%에 이르는 총 7,100만 달러를 보너스로 받았다.

가이코는 8%가 넘는 보험 인수 이익률이 반갑지 않은 것은 아니었지만 너무 높았다. 가이코는 이익률 4%(합산비율 96%를 의미함)를 목표로 잡고 있어서, 이듬해에는 이 비율을 낮출 계획이었다. 가이코는 시간이 갈수록 저비용 운영의 이점이 고객에게 이전되어 미래 성장이 촉진되면서 더욱 좋은 성과를 얻게 된다. 가이코는 이듬해 1억 달러 이상을 광고에 지출해 1,150억 달러 규모인 시장의 일부를 차지한다는 계획을 세웠다. 이것은 3%인 가이코의 시장점유율을 높일 수 있는 엄청난 가능성이었다.

보험-원수보험 부문

1997년 버크셔의 나머지 원수보험 부문은 15%의 보험 인수 이익을 기록했다. 수입 보험료는 전년도보다 17% 늘어났으며 이는 이 부문의 작지만 우수한 여러 보험 자회사들의 성장 상황을 나타냈다.

제조, 출판, 소매 유통업

버크셔의 재무 보고서는 성장세를 보였다. 보험(투자 수익 포함)은 세전 영업이익의 78%(1994년 65%에서 증가)를 차지해 시간이 지남에 따라 자연스럽게 각 부문에 더욱 많은 정보를 담게 되었다. 이와 대조적으로 비보험 부문 기업들은 이 성장하는 대기업에서 차지하는 비율이 점점 더 낮아졌다. 결과적으로, 보고 목적으로 특정 기업들을 한 부문으로 합쳐 놓긴 했지만 그렇다고 해서 가치가 떨어진 것은 아니었다. 이 기업들의 평균 투하자본이익률은 29.6%에서 32.8%로 높아졌다.

　커비와 월드북은 스콧 페처 매뉴팩처링 그룹과 함께 한 계열로 통합되었다. 스콧 페처는 1997년 버크셔의 연결 세전 영업이익의 7%를 이루는 데 그쳤다. 스콧 페처의 재무 운영은 별도 항목으로 유지되었다. 새로 구성된 스콧 페처(금융 제외)는 세전 이익이 2% 감소한 1억 1,900만 달러를 기록했다고 보고했다.

나머지 대다수 비보험 운영 사업 부문은 1996년과 비교하면 1997년에 더 나은 실적을 올렸다. 제화 부문은 예외였다. 업계가 전반적인 약세를 보여 덱스터의 판매량은 12% 감소했다. 덱스터는 수입품을 포함한 험난한 소매 환경에 맞서 고전하고 있었다. 이 회사는 글로벌 광고를 활용한 새로운 마케팅 전략을 구상했다. 제화 부문의 세전 이익은 21% 줄어든 4,900만 달러를 기록했다.

시즈는 절대 빛을 잃을 것 같지 않은 밝은 별이었다. 1997년에 시즈는 매출액이 8.2% 증가한 2억 6,900만 달러를 기록했다. 판매량 감소로 오랫동안 어려움을 겪었지만, 이해에는 판매량이 5.5% 늘어났다. 그 이유는 분명하지 않다. 어쩌면 시즈에서 물량과 우편 주문 수량을 늘리는 데 도움을 준 것은 연례 주주총회 때 실컷 맛본 사탕에 대한 기억을 안고 집으로 돌아온 수많은 주주 무리였을 것이다. 어쨌든 시즈는 연간 가격 인상을 지속하면서 단위당 판매량을 늘릴 방안을 찾고 있었다.

버크셔가 처음으로 인수한 자본 집약적 기업인 플라이트세이프티를 시즈와 비교하는 것은 흥미롭다(〈표 6-11〉 참고). 영업이익률만 본다면, 7.5%p 차이로 플라이트세이프티가 더 나은 기업이라는 결론을 내릴 수 있다. 여기에서 자본 집약도의 교훈이 작용한다. 플라이트세이프티는 매출액 대비 이익률은 더 컸지만 필요 자본은 비슷한 수준이었다.* 플라이트세이프티는 시즈보다 자산이 19배 많았으나 매출액은 50% 이상 많았다. 플라이트세이프티의 영업이익률이 더 높긴 했지만, 이 회사에 투입된 자본에 비해 낮은 매출액 수준을 만회하지 못했다.

---

* 연례 보고서에 나오는 인식 가능 자산 표의 데이터를 사용했다. 사업권은 무시하고 단순하게 처리했다.

그 결과 시즈는 자산 대비 이익률이 무려 65%에 이르러 단 7%에 그친 플라이트세이프티와 대조를 보였다.

시즈에는 플라이트세이프티가 발휘한 재투자 능력이 없었다. 이것은 사업의 여러 절충점 중 하나를 보여 주었다. 시즈는 우수한 투하자본이익률을 올렸지만, 이익을 버크셔에 배당하는 것 외에는 딱히 투자할 데가 없었다. 반면 플라이트세이프티는 더 많은 금액을 재투자할 수 있었지만 수익률이 더 낮았다. 버크셔는 두 기업을 모두 환영했으며 필요하기도 했다.**

표 6-11 · 플라이트세이프티 및 시즈 캔디를 비교한 1997년 선별 데이터 | 자료 · 1997년 버크셔 해서웨이 연례 보고서 및 저자의 계산 **단위** · 100만 달러

	플라이트세이프티	시즈 캔디
매출액	411	269
인식 가능 자산	1,679	88
영업이익률	29%	21%
매출액/자산	0.24	3.06
자산 대비 이익률	7%	65%

스타 퍼니처 및 인터내셔널 데어리 퀸

다른 연도의 또 다른 인수였다. 1997년 버크셔는 스타 퍼니처Star Furniture와 데어리 퀸Dairy Queen을 인수하기로 합의했으나, 데어리 퀸은 1998년 초에 문을 닫았다. 버핏은 훌륭하게 운영되던 가구업체 스타 퍼니처를

** 플라이트세이프티 같은 기업은 자사 이익을 재투자할 수 있었으며, 만일 투자가 더 필요한 경우에는 버크셔의 대기업 구조를 통해 재투자 기회가 거의 없는 시즈 같은 기업의 이익을 세금 문제 없이 쉽게 받아 올 수 있었다.

네브래스카 퍼니처 마트의 어브 블럼킨과 RC 윌리의 빌 차일드가 어떻게 인식했는지 이야기했다. 멜빈 울프Melvyn Wolff와 그의 여동생 셜리 투민Shirley Toomin은 가업을 매각하기로 결정하고 살로몬 브러더스에 연락했는데, 살로몬 브러더스가 결국 이들을 버핏에게 소개했다. 얼마 지나지 않아 12개 매장을 보유한 가구 회사(본사는 텍사스에 위치)를 인수하는 거래가 이루어졌다. 가격은 공개되지 않았다.*

인터내셔널 데어리 퀸은 버크셔의 다른 기업군과 잘 어울리는 찰떡궁합 같은 사업(실제로 햄버거와 감자튀김)을 했다. 버크셔 해서웨이가 1997년에 이 회사 인수에 합의했을 당시 데어리 퀸 매장은 5,792곳이었다. 햄버거, 감자튀김, 아이스크림 등을 판매했으며 23개국에서 운영되었다. 인터내셔널 데어리 퀸의 모회사는 다른 종류의 간식을 판매하는 오렌지 줄리어스Orange Julius 매장 409곳과 카멜콘Karmelkorn 가맹점 43곳도 운영했다. 아울러 푸드 코트도 190곳이 있었는데 여기에는 이들 브랜드 중 일부 또는 셋 모두 입점해 있었다. 대부분이 가맹점이었다.

데어리 퀸의 이력은 어수선했다. 수년 동안 다양한 가맹점 계약과 과도한 부채로 혼란스러웠던 시기를 거쳐 1970년에 미니애폴리스 그룹이 이 회사를 인수했다. 1997년 소유주 두 사람 중 한 명이 사망해 그의 유산인 이 회사의 매각을 추진하게 되었다.

인터내셔널 데어리 퀸 거래는 플라이트세이프티 인수와 비슷하게 이루어졌다. (대금은) 현금과 버크셔 주식의 조합으로 제공되었는데,

---

* 해당 연도에 다른 괜찮은 인수가 없었다고 확신할 수는 없지만, 재무제표 주석에는 7,300만 달러의 '기업 인수와 관련해 발행된 보통주'가 표시돼 있다. 이 수치는 스타 퍼니처에 적절하지 않다.

매도자가 주식보다 현금을 선택하도록 유도하고자 현금 비중을 약간 더 크게 했다.** 이렇게 유도했는데도 현금을 선택한 데어리 퀸 주주는 45%에 불과했다. 전체 인수 가격은 5억 8,780만 달러였으며 합병은 1998년 1월 7일에 마무리되었다(〈표 6-12〉 참고). 이 시기 버크셔의 다른 인수와 마찬가지로, 버크셔는 매우 훌륭한 자기자본이익률을 올리는 기업에 프리미엄 가격을 지불했다.

표 6-12 · 인터내셔널 데어리 퀸 인수 분석 | **자료**·1997년, 1998년 버크셔 해서웨이 연례 보고서, 1996년 인터내셔널 데어리 퀸 연례 보고서 및 저자의 계산 **단위**·100만 달러

	1996	1995	1994
매출액	412	372	341
매출액/평균 투하자본	2.39	2.27	2.31
세전 이익률	13%	14%	15%
세전 투하자본이익률	32%	32%	34%
인수 가격1	588		
추정 부채	4		
유효 인수 가격2	591		
인수 시 적용 배수	3.44배		
버크셔 귀속 세전 수익	9.3%		

각주 1. 1996년 말 대차대조표상 현금은 3,800만 달러로, 초과 현금 상태였음을 시사함. 해당 인수 거래의 자본 여건에 대한 영향은 매우 미미했을 것임.
2. 반올림으로 계산해 숫자 합산액이 일치하지 않을 수 있음.

인터내셔널 데어리 퀸은 버크셔가 이전에 보유했다가 매각한 주식인 맥도널드와는 경제성 모델이 달랐다.*** 두 회사 모두 가맹점을 운영했지만, 맥도널드는 매장의 약 3분의 1을 직영으로 운영했으며 기본

** 현금을 선택하는 사람은 주당 27달러를 받고, 주식을 선택하는 사람은 주당 26달러를 받았다.
*** 버핏은 맥도널드 주식 매각이 버크셔의 인터내셔널 데어리 퀸ⅅⅯ 인수와는 무관하다는 점을 분명히 했다.

제6장 · 1995~2004년 **595**

적으로 대부분 매장의 부동산을 보유했다. 이와 대조적으로 인터내셔 널 데어리 퀸은 일부 지역은 직영으로 운영했지만 대부분은 가맹점이 었다. 이런 방식은 맥도널드에 비해 상대적으로 자본 투자를 적게 할 수 있었다. 인터내셔널 데어리 퀸은 매출액의 4%에 해당하는 가맹 수 수료로 가맹점을 공정하게 대했는데, 이는 업계 최저 수준이었다.

버핏은 1977년에 '고백A Confession'이라는 제목을 붙인 주주 서한에서 버크셔 주식으로 이루어진 인터내셔널 데어리 퀸 및 플라이트세이프 티 유형의 인수가 주주들에게 비용을 부담시켰다고 서술했다. 그는 이 런 가치 하락 행위는 해당 기업 때문이 아니라 버크셔의 기존 사업군이 너무나 훌륭했기 때문이라는 점을 분명히 했다. 그는 야구에 빗대 자신 의 요점을 설명했다. 어떤 선수든 타율 0.350짜리 타자와 교체하는 것 은 대부분의 경우 괜찮은 생각이었다. 안타를 타율 0.380짜리 타자를 대신하는 경우를 제외하면 그랬다.* 그의 요점은 버크셔에 이미 훌륭 한 사업으로 가득 찬 스타 선수 명단이 있다는 것이었다. 미래의 어떤 인수에서 버크셔 주식을 발행한다는 것은 그런 훌륭한 기업의 소유권 중 일부를 거래한다는 의미였다. 이런 이유로 버핏은 "찰리와 나는 앞 으로 주식 발행을 매우 꺼릴 것이라고 확신할 수 있다"고 서술했다.

실수라고 표기하긴 했지만, 버핏은 버크셔가 주식 발행을 중단할 것 이라고 말하지 않았다. 대신, 버크셔는 인터내셔널 데어리 퀸 인수에 활용했던 주식보다 현금을 권장하는 분할 방식을 제공하곤 했다. 주식

---

* 스포츠가 아닌 경우였지만 타율은 소수점 3자리로 표기되었다. 평균 타율 1.000이면 완벽한 타자를 의미 했다. 타율 0.400은 야구 역사상 보기 드문 이상적인 타율이었다. 타율 0.350인 타자는 아주 훌륭한 타자 였으며 0.380인 타자는 훌륭하다고 할 수 있었다.

유형 거래는 유지하되, 매도자가 시세로 쳐준 주식을 희망하는 경우에
만 옵션으로 제공했다.

투자

버크셔 투자 포트폴리오는 대체로 바뀌는 속도가 느렸는데, 수익률이
약간 변동하는 정도로는 교체에 별 영향이 없었다. 불가피한 기업들the
inevitables(버핏이 시간이 갈수록 크게 성장할 기업을 설명하기 위해 1996년
에 만든 용어), 즉 아메리칸 익스프레스 4,900만 주, 코카콜라 2억 주**,
〈워싱턴 포스트〉170만 주, 웰스 파고 670만 주는 계속 포트폴리오
에 포함되어 있었다. 아울러 버크셔는 프레디 맥 6,400만 주와 질레트

**표 6-13 · 버크셔 해서웨이 보통주 포트폴리오의
선별된 상세 내역** | **자료** · 1997년 버크셔 해서웨이 회장
의 주주 서한 및 저자의 계산 **단위** · 100만 달러, 시장가치

	1997	지분율(%)
아메리칸 익스프레스 컴퍼니	4,414	12
코카콜라 컴퍼니	13,338	37
월트 디즈니 컴퍼니	2,135	6
페더럴 홈 론 모기지	2,683	7
질레트 컴퍼니	4,821	13
트래블러스 그룹	1,279	4
워싱턴 포스트 컴퍼니	841	2
웰스 파고 & 컴퍼니	2,271	6
기타	4,467	12
	36,248	100

참고 1. 반올림으로 계산해 숫자 합산액이 일치하지 않을 수 있음.
2. 보고 기준 최소 금액은 7억 5,000만 달러임.

** 코카콜라 주식은 1996년 5월에 2대 1로 분할됐다.

4,800만 주도 여전히 보유하고 있었다.

모두 합해서 72억 달러어치인 보통주 포트폴리오는 1997년 말 시장 가치가 362억 달러였으며, 이 가운데 약 37%를 코카콜라가 차지했다. 그다음으로 비중이 큰 기업은 12%인 아메리칸 익스프레스였다. 상장된 증권(시장가치 7억 5,000만 달러 이상)은 총 8개였으며 포트폴리오의 약 88%를 차지했다.

보유 비중 상위 8위에는 새로운 이름이 적혀 있었다. 바로 트래블러스 그룹Travelers Group, Inc.이었다. 버크셔의 트래블러스 주식 2,370만 주는 살로몬과 트래블러스의 합병에 따른 것으로, 보통주와 우선주를 더한 것이었다. 트래블러스 거래의 설계자는 샌디 웨일Sandy Weill이었는데, 버핏은 그를 실력이 검증된 훌륭한 경영자라고 칭송한 바 있다. 이런 발언을 보면 버크셔가 해당 투자를 지속한 이유를 알 수 있다.*

버핏은 연례 주주총회에서 코카콜라에 관련된 질문에 답변하면서, 자신과 멍거가 생각하는 투자에 대해 놀라울 정도로 솔직한 통찰력을 드러냈다. 해당 질문은 코카콜라가 보틀러(음료를 병에 담아 제품을 생산하는 업체. 보통 '병입업체'라고 함 - 옮긴이)의 판매량을 통해 보고한 주기성 이익을 실적에 포함할지와 포함한다면 어떤 방법을 적용할 것이냐는 것이었다. 버핏은 그런 수익은 완전히 무시하고 대신 두 가지 변수에 주

---

* 상세한 내용을 알고 싶은 독자를 위해 설명하자면, 버크셔가 1996년에 발행한 교환형 증권(버크셔가 보유한 살로몬 주식으로 전환할 수 있는 우선주)은 이 거래 후에도 남아 있었다. 살로몬과 트래블러스의 주가 차이를 반영해 주식 교환 비율을 조정했다. 또 보유 주식의 가치 상승으로 버크셔는 교환 가치가 더 높아졌기 때문에, 이 교환형 증권의 기존 가치에 트래블러스 주식의 가치를 추가 반영한 미실현 투자 차익을 재무제표에 기재해야 했다. 1997년 말 이 가치를 고려해 미실현 평가액에 반영된 금액은 3억 4,260만 달러에 이르렀다.

목했다고 말했다. 버핏은 "코카콜라 (가치) 평가 시 중요한 요소 두 가지는 단위당 판매량과 발행주식 수"라고 말했다. 10~20년을 내다보았을 때, 만약 코카콜라가 (그의 추정대로) "현재 규모의 몇 배"를 판매하고 (코카콜라가 자사주를 매입해) 발행주식 수는 감소한다고 예상할 경우, 분석해 본 가치는 "생각할 수 있는 한 최고 수준"이었다. 물론 그런 결론에 이르기까지는 코카콜라의 전 세계 유통 시스템의 우수성에 대한 지식 등 더 많은 사항이 존재했다. 결국 가장 중요한 것으로 이 두 가지 변수만 남았다는 설득력 있는 이야기를 전했다. 코카콜라가 버크셔 포트폴리오의 3분의 1 이상을 차지하는 것은 당연하다는 얘기였다.

버크셔는 맥도널드 투자를 정리했으며 이 외에도 월트 디즈니(12% 축소한 2,160만 주), 프레디 맥(0.5% 축소한 6,400만 주), 웰스 파고 (8% 축소한 670만 주) 등 일부 대규모 포지션의 보유 지분을 줄였다. 전체적으로 포트폴리오 초반 가치의 약 5%를 매각했으며, 미국 국채 및 기타 미국 정부 유가증권 보유량을 늘리는 등 채권 투자로 돌아섰다. 이 조합에서 크게 비어 있는 채권 범주 중 주목할 만한 분야는 회사채였다. 1997년 말 포트폴리오에는 3,500만 달러만 배정되었는데, 1996년과 비슷한 규모였다.

전체적으로 버크셔의 1997년 투자 포트폴리오는 103억 달러의 채권과 362억 달러의 주식으로 이루어졌다. 이에 따른 채권 대 주식 비율은 22대 78이었다. 이는 1996년 포트폴리오가 64억 달러의 채권과 278억 달러의 주식으로, 그 비율이 81대 19였던 것과 비교된다. 버핏은 주식시장이 현재 가격으로는 안전 마진이 거의 없거나 전혀 없는 수준이라고 생각했다. 금리가 그대로이거나 하락한 상태이면서 (1997년 말과 1998년 초와 마찬가지로) 자기자본이익률이 높은 상태를 유지한다면, 시장은 고평가 상태가 아닐 것이다. 버크셔의 행위로 판단해 보면 버핏은 고평가 상태라는 판단으로 기울어지고 있는 것 같았다.

1998년

–

버핏은 1998년 주주 서한에서 주주들에게 "일반적으로 48.3%의 이익률을 올리려면 갖가지 재주를 부려야 하는데, 올해는 아니었습니다"라고 서술했다. 수년 동안 그런 이야기를 해 온 터여서 (지난 4년 동안 S&P 500이 31% 상승했던 것과 비교해, 버크셔는 연평균 주당 장부가치 이익이 39% 증가했음) 주주들은 버핏이 늘 하던 이야기를 한다고 여기고 다시 넘어갈 수도 있었다. 하지만 이번 연도는 진짜로 달랐다. 1998년에 버크셔는 특히 고평가 상태가 이어진 주식시장 여건에 맞서 상당한 조치를 취해 보았으나, 주당 장부가치 이익은 기대한 것에 비해 좋지 않았다.

1998년의 이익은 주로 기업 인수를 위한 주식 발행에서 비롯되었다. 불과 1년 전에는 예전에 인수할 때 주식을 발행한 것은 실수였다고 썼던 사람임을 고려하면, 1998년에는 주식으로 진짜 흥청망청하는 소비를 저지른 것이었다. 버크셔가 그렇게 한 이유는 무엇일까? 아마도 버핏과 멍거는 자신들의 간단한 테스트가 다음과 같이 충족되었다고 여긴 것 같다. 즉 이 경우를 보자면 버크셔는 신주 발행액만큼 벌어들인 것이다. 이 연도에 버크셔는 새로운 회사 세 곳을 인수했다. 즉 1월 초의 인터내셔널 데어리 퀸 합병(1997년 섹션에서 다루었음), 이그제큐티브 제트Executive Jet, 지금까지 버크셔의 가장 큰 인수 건이었던 제너럴 리인슈어런스General Reinsurance(제너럴 리라고도 함)였다. 이 거래들은 모두 버크셔가 장부가치보다 비싸게 주식을 발행한 것과 관련이 있었기 때문에, 그 즉시 주당 장부가액 수치를 높였다. 만일 신주에 (기존 주식 가치와) 동일한 내재 가치를 부여했다면 주당 내재 가치 변동은 즉시 일어나지 않았을 것이다.*

이해에 버크셔의 주당 내재 가치는 증가했으나 주당 장부가치 증가로 보면 크게 늘어난 게 아니어서 축하할 요인은 되지 못했다. 2개 열로 표시한 다음의 방식(〈표 6-14〉 참고)을 살펴보면, 버크셔의 내재 가치는 장부가치 변화에 훨씬 못 미친 16%가 늘어났다. 1998년 분석에서는 두 가지 항목에 특히 주목할 필요가 있다. 하나는 바로 주식 발행이 이루어진 상태에서 버크셔의 장부가치가 상승했다는 사실이다. 만일 가치 교환 비율을 1대 1로 가정하면, 버크셔의 내재 가치 충족에 필요한 '적정 주가/장부가치'의 배수는 낮아지는 효과가 있다.** 이러한 감소는 아마도 두 번째 요인으로 표에 나타난 변화보다는 작았을 것이다. 1998년에 제너럴 리는 버크셔의 영업이익을 떨어뜨린 손실을 보고했다. 버크셔가 제

---

* 간단한 예시로 장부가치보다 비싼 주식 발행의 효과를 설명할 수 있다. 만약 내가 당신에게 1.5달러 상당의 은을 함유한 1달러 은화를 1.5달러에 매도한다면, 나의 장부가치는 50% 증가할 것이다(이 은화의 액면가 1달러 대비 당신이 나에게 지급한 1.5달러). 그러나 내가 원래 가지고 있던 은화의 가치는 똑같이 1.5달러였으므로 나는 아무런 가치도 얻은 게 아니다. 버크셔 주식은 앞 예시의 1달러 은화이며, 거래란 그저 기저 가치를 교환하는 행위일 뿐임을 알려 준다.
** 1달러 은화의 예시를 다시 들자면, 1.5달러 상당의 은화에 대한 적정 밸류에이션은 1.5대 1이다. 만일 이 은화가 1.5달러에 교환된다면, 내재 가치가 실질적으로 감소하지 않더라도 밸류에이션은 분명히 1대 1로 낮아질 것이다.

표 6-14 · 버크셔 해서웨이 내재 가치 추정치

자료 · 1997년 · 1998년 버크셔 해서웨이 연례 보고서 및 저자의
계산

주당(A주 기준)	1998	1997
투자 금액	$47,647	$38,043
세전 영업이익(예 : 투자 이익)	474	718
추정 가치(투자+영업이익 10배)	$52,392	$45,221
기말 주가	$70,000	$46,000
기말 주당 장부가치	37,801	25,488
주가/추정 가치	1.34배	1.02배
주가/장부가치	1.85배	1.80배
가치/장부가액	1.39배	1.77배
추정 가치 변동률	16%	
주가 변동률	52%	

너럴 리를 인수하지 않았더라면 영업이익이 다소 증가했을 것이다.*

제너럴 리인슈어런스 코퍼레이션

버크셔는 1998년 12월 21일 220억 달러 규모의 제너럴 리 인수를 마무
리 지었다. 버크셔는 이번 인수로 A주를 27만 2,200주 발행했으며, 이
는 지금까지 버크셔가 진행한 인수 가운데 가장 큰 규모였다.

회사명에서 알 수 있듯 제너럴 리인슈어런스는 재보험회사였다. 제
너럴 리라는 회사명은 엄밀히 말하자면 제너럴 리인슈어런스 코퍼레
이션 및 내셔널 리인슈어런스 코퍼레이션이라는 이름으로 손해 및 상

---

* 1998년 세전 영업이익을 1997년과 동일하다고 가정할 경우, 추정 가치/장부가치 비율은 1.45배로 증가
한다. 제너럴 리는 1998년 말에 합류했는데, 버핏은 주주 서한 독자들에게 추정 이익 부문은 일부러 생략
했다고 밝혔다. "1998년 수치는 과거 실적을 고려한 계산이든 추정치로 계산한 것이든 모두 적절하지 않
은 것 같습니다."

해 재보험을 전문으로 하는 모기업으로, 미국 최대 보험회사였다. 제너럴 리는 또한 세계적인 주요 재보험사이자 세계에서 가장 오래된 보험회사인 콜론 리Cologne Re의 지분을 82% 보유하고 있었다. 제너럴 리는 콜론 리를 통해 생명보험 및 건강보험에 대한 재보험도 다루었다.**

버크셔는 왜 제너럴 리 인수에 관심이 있었을까? 이에 대해 답하려면 앞서 버핏과 멍거 모두 매우 혐오하는 단어가 필요하다. 바로 시너지 효과다.*** 이 인수를 발표하는 보도 자료에는 다음과 같은 이유가 제시되었다.

1. 거액의 투자 │ 제너럴 리는 240억 달러(즉 신규 발행한 A주 한 주당 8만 달러)로 버크셔의 투자 포트폴리오를 거의 2배로 늘리게 된다.

2. 제너럴 리의 보험 인수 능력 증대 │ 상장 기업이었을 때와 달리, 이익 변동성이 보험 인수 의사 결정에 영향을 미치지 않게 된다.

3. 해외 진출 가능성

4. 세금 고려 사항 │ 버크셔는 재보험 외에도 대규모 과세 이익 기반이 있으므로 제너럴 리는 투자 포트폴리오의 가치를 극대화할 수 있다.

** 다음은 1998년 버크셔 해서웨이 연례 보고서에서 인용한 것으로, 제너럴 리에 대해 훨씬 자세하게 설명한다. "아울러 제너럴 리는 제너럴 스타 매니지먼트 컴퍼니를 통한 초과 및 잉여 라인 보험 인수, 제네시스 언더라이팅 매니지먼트 컴퍼니를 통한 대체 리스크 솔루션 제공, 허버트 클라크를 통한 재보험 중개 서비스 제공, 유나이티드 스테이츠 에이비에이션 언더라이터를 통한 항공보험 리스크 관리를 하고 있으며, 아르덴트 리스크 서비스를 통해 사업 개발 컨설턴트 및 재보험 중개사 역할도 한다. 제너럴 리는 또한 제너럴 리 파이낸셜 프로덕트 코퍼레이션을 통해 스와프 및 파생상품 시장에서 중개업체로도 활동하며, 제너럴 리-뉴 잉글랜드 에셋 매니지먼트를 통해 보험업계에 전문 투자 서비스를 제공한다."

*** 많은 경영자가 인수를 추진한 그 이유에 대해 두 사람은 모두 회의적이었다. 인수는 종종 예상 절감액 또는 일반적으로 실현되지 못하는 기타 효율성을 바탕으로 하는 경우가 많았다. 버크셔의 이번 인수에는 두 회사를 결합할 경우 실현 가능한 실제 이익이 있었다.

5. 풍부한 자본 | 버크셔의 대규모 자본 기반은 제너럴 리가 제약 없이 영업하고
합리적으로 보험을 인수할 수 있게 해 줄 것이다.

이 합병은 다음과 같이 요약되었다. "이러한 시너지는 제너럴 리의
깨끗하고도 세계적인 명성, 오랫동안 지속되는 고객 관계, 강력한 보험
인수 능력, 리스크 관리 및 분산 능력과 결합될 것입니다. 이번 결합은
버크셔와 제너럴 리 두 회사가 따로따로 운영되는 것보다 더 나은 미래
가 다가올 것임을 양 사 주주 모두에게 실질적으로 장담합니다."

재보험은 다른 보험회사들의 변동성을 흡수해 보험료를 받는다는
점을 감안할 때, 제너럴 리는 버크셔 내부에서 육성하는 재보험사인 셈
이었다. 버크셔는 상장 기업이었기 때문에 기존 보험회사와는 달랐다.
상장 기업은 변동성이 없을 때 찬사를 받는데, 이는 재보험의 특성과
어긋난다. 버크셔의 우산 아래에서 제너럴 리는 (적정가격이 산정됐다
고 가정하더라도) 더 큰 변동성을 겪을 수 있으며 그런 가능성이 실현
될 수도 있다. 숨겨진 리스크는 곧 드러나지만, 이러한 가능성은 인수
의 기반이 되었다.

버핏은 아울러 제너럴 리의 경영진을 높이 평가했다. CEO 론 퍼거
슨Ron Ferguson은 버크셔 이사회 자리를 제안받았으나 사양했다. 버크셔
의 다른 인수와 마찬가지로, 퍼거슨은 독자적으로 회사를 운영하게 되
었다. 제너럴 리의 투자 포트폴리오는 버핏의 지휘 아래에 있겠지만 말
이다. 콜론 리는 버크셔가 인수하기 이전과 같은 상태로 유지되었으며,
이 회사의 포트폴리오도 예전과 같이 운영되었다.

몇몇 수치로 제너럴 리의 영업 규모를 살펴볼 수 있다. 220억 달러

라는 인수 가격표에서 알 수 있듯, 이 회사의 사업은 규모가 컸다(〈표 6-16〉 참고). 1998년 버크셔 해서웨이 재보험 그룹의 인수 보험료는 10억 달러에서 약간 모자랐고 수입 보험료는 이보다 약간 작았던 것과 비교하면, 제너럴 리는 초대형이었다. 1998년 제너럴 리는 주요 보고 상품군 3개 부문에서 약 61억 달러의 인수 보험료와 수입 보험료를 벌어들였다. 가장 큰 부문은 보험료의 44%인 약 27억 달러로, 북미 손해/상해 부문이었다. 해외 손해/상해 부문이 21억 달러(비중 35%)로 그 뒤를 이었다. 생명/건강 부문은 약 13억 달러(제너럴 리 물량의 21% 비중)의 인수 보험료와 수입 보험료를 기록했다.

1998년 제너럴 리가 지닌 한 가지 흠은 보험 인수 손실 3억 7,000만 달러였다. 이는 106.1%의 합산비율로 환산되었다. 이 회사의 장기간 성공적인 실적 기록은 더 나은 내용을 전해 주었다. 지난 50년 동안 제너럴 리는 손익분기점에 가까운 100.4%라는 합산비율로 두각을 보였다.[2] 이는 최근 5년 및 10년 평균 합산비율 101%라는 실적 기록을 포함한 것이다.

제너럴 리는 약 140억 달러의 책임준비금을 선사했다. 이는 1998년 말 버크셔의 책임준비금을 1년 만에 3배 증가한 228억 달러로 늘려 주었다. 이 책임준비금을 취득하기 위해 버크셔는 제너럴 리에 1.57배의 프리미엄(220억 달러짜리 가격표 vs 책임준비금 140억 달러)을 지불했다. 버핏이 여러 번 언급했듯, 책임준비금은 대단히 가치가 있을 수 있는데, 특히 책임준비금이 증가하면서 비용은 적거나 없는 경우 또는 이 둘 중 하나만 충족할 경우에 그렇다. 그러나 제너럴 리의 대규모 책임준비금은 손익분기점에 가까운 비용이 발생해 버핏은 책임준비금이 크게 불어날 것으로 예상하지 않았다. 보도 자료에는 시너지 효과가 제시되어 있었지만 이러한 사실만으로 인수 가격을 정당화할 수 있었을까? 수익성이 좋으면서 성장 속도가 빠른 책임준비금을 갖춘 가이코 같은 기업에는 비용을 들이는 것이 합리적일 것이다. 하지만 평균 수준의 책임준비금을 보유한 보험회사에 왜 그런 프리미엄을 지불한 것일까?

그 답은 당시 버크셔의 시세 가치, 즉 버크셔의 주가에서 찾을 수 있다. 합병은 1998년 말에 마무리되었지만 가격은 10거래일 평균 종가를 기준으로 해당 연도 중반에 산정되었다.* 그 당시 버크셔는 A주가 주당 8만 달러를 웃도는 가격에 거래되었다. 제너럴 리(회기 중간 및 기말 사이에 장부가치 상승)를 포함한 1998년 연말 수치를 이용해 버크셔의 내재 가치를 보수적으로 추정하더라도 합병 시 발행된 주식은 54%나 고평가된 것으로 보인다.** 이러한 고평가를 고려하면, 제너럴 리에 지

표 6-15 · 제너럴 리 인수 분석(1998년)
자료· 1998년 버크셔 해서웨이 연례 보고서 및 저자의 계산

인수 가격(100만 달러)	22,000
발행주식 수	272,200
버크셔 A주 추정 주가(달러)	80,823
버크셔 A주 추정 내재 가치(1998년 12월 31일) (달러)[1]	52,392
추정 주가/주당 내재 가치	1.54배
제너럴 리 책임준비금(100만 달러)	14,000
조정 인수 가격(100만 달러)[2]	14,261
주가/책임준비금 배수[3]	1.02배

각주
1. 제너럴 리를 포함한 수치로, 주당 투자 금액 4만 7,647달러 및 주당 영업이익 474.45달러의 10배를 기준으로 2열 비교 방식을 활용함. 이 밸류에이션은 합병 전이던 1998년 6월 30일 버크셔 장부가치에 적용된 배수 1.75배와 거의 일치함.
2. 추정 가격/내재 가치 배수에 맞춰 조정됨.
3. 1997년의 높은 주당 영업이익을 적용하면 배수가 1.07배로 증가함.

* 버크셔의 재무제표 주석에 따른 것이다.
** 합병 전인 1998년 6월 30일 자 버크셔 장부가치에 적용된 주가/장부가치 배수(이전의 가치 추정치와 비슷한 배수)인 1.75배를 적용할 경우, 여기에 적용된 것과 동일한 밸류에이션이 나온다.

불한 가격은 얼핏 보았을 때 과도한 것은 아니라는 결론을 내릴 수 있다. 이는 얻은 만큼 내재 가치를 부여했다는 버핏의 발언과 일치한다.

표 6-16 · 버크셔 해서웨이-보험 인수
자료·1998년 버크셔 해서웨이 연례 보고서 및 저자의 계산
단위·100만 달러

	1998	1997
가이코		
인수 보험료	4,182	3,588
수입 보험료	4,033	3,482
보험계약 인수 손익(세전)	269	281
제너럴 리		
인수 보험료	6,084	
수입 보험료	6,095	
보험계약 인수 손익(세전)	(370)	
버크셔 해서웨이 재보험 부문		
인수 보험료	986	955
수입 보험료	939	967
보험계약 인수 손익(세전)	(21)	128
버크셔 해서웨이 원수보험 부문		
인수 보험료		309
수입 보험료	328	313
보험계약 인수 손익(세전)	17	53
보험계약 인수 손익 총계	265	462
기말 평균 책임준비금 총계	15,070	7,093
책임준비금 비용	(1.8%)	(6.5%)
불이익성(이익성) 손해 발생 총계	(195)	(131)

참고
1. 제너럴 리는 1998년에 보유 기간이 10일에 불과해 총계 및 비율에 포함하지 않음.
2. 버크셔 해서웨이 원수보험 부문의 인수 보험료는 1998년 초기 금액이 공개되지 않음.

제너럴 리와 관련해 마지막 항목 한 가지를 주목할 만하다. 이번 인수를 계기로 애널리스트들이 버크셔에 관심을 두게 된 것인데, 이는 제너럴 리의 기관 주주였기 때문이다.[3] 그런 애널리스트 가운데 한 명이 앨리스 슈뢰더로, 이 사람은 나중에 버핏의 유일한 공인 전기《스노볼》을 저술했다. 당시 페인웨버PaineWebber의 애널리스트였던 슈뢰더는 버핏이 칭찬을 아끼지 않은 버크셔 분석 보고서[4]를 작성했다. 애널리스트의 관심은 아울러 버크셔나 적어도 버핏에게는 이득이었다. 버크셔에 대해 기관이나 그 외 다른 곳에서 연락이 올 수 있었기 때문이다. 버크셔에는 투자 홍보IR 부서가 없었고 버핏은 모든 투자자 간에 공정한 경쟁의 장을 원했으므로(즉 대주주라 해도 특별한 미팅을 하지 않았음) 현재 버크셔를 다루는 소수의 애널리스트는 '덤'이나 마찬가지였다.

버크셔 해서웨이 재보험 부문

버크셔의 기존 재보험 영업은 수입 보험료 9억 3,900만 달러(3% 하락)로 2,100만 달러 손실을 기록했다. 슈퍼 캣 보험료는 8% 줄어든 2억 8,600만 달러였으나 다른 연도에 손해 사건이 적었던 덕분에 1억 5,500만 달러의 이익을 남겼다. 기타 손해/상해 사업에서 발생한 손실은 총 8,600만 달러였으며, 소급 재보험 및 구조화 합의는 9,000만 달러의 인수 손실을 기록했다.

가이코

"가이코가 또다시 간단하게 불을 껐습니다." 버핏이 1998년 주주 서한에서 한 칭찬의 말이다. 평균 3.3%의 가격 인하로 보험 인수 이익을 목표 수준인 4%로 낮춘 후에도, 유리한 기상 여건과 낮은 사고 심각도 덕분에 가이코는 버크셔에 높은 성과를 안겨 주었다. 인수 보험료는 1997년 대비 16% 늘어났으며 가이코의 보험 인수 이익은 2억 6,900만 달러(즉 보험료의 6.7%)로 아직도 상당히 높았다. 1999년에는 추가 가격 인하가 필요할 것이다.

가이코는 이 연도에 130만 건의 자발적인 신규 자동차보험 계약이 들어왔는데, 이에 따라 담당하는 보험계약 전체 건수가 350만 개 이상으로 늘어났다. 신규 보험계약의 성장에 더해진 막대한 보험 인수 이익은 버크셔와 가이코의 직원 9,313명에게 커다란 결실을 가져다주었다. 가이코는 직원들에게 1억 300만 달러라는 기록적인 금액, 즉 기본급의 약 3분의 1을 보너스로 지급했다. 이는 이 회사의 역대 최고 기록이었다. 가이코는 속도를 조금도 늦추지 않고 성장에 박차를 가하고자 이듬해에는 1억 9,000만 달러를 광고비로 쓰기로 했다. 이 광고가 효과를 발휘해 1998년 시장점유율은 3%에서 3.5%로 높아졌다.

버크셔 해서웨이 원수보험 부문

1998년 버크셔의 다른 보험사업은 계속 느리게 진행되면서 성공을 거두지 못했다. 이 부문은 3억 2,800만 달러의 수입 보험료를 기록했고 합산비율은 94.8%였다. 제너럴 리 인수를 감안하면, 버크셔의 기반을 형성한 다수로 이루어진 이 부문은 회사 전체 규모의 일부에 불과했다. 이들은 개별적으로나 전체적으로나 덩치가 작았지만 여전히 버크셔에 크게 기여하고 있었다. 비용이 마이너스인 책임준비금을 창출하는 능력이 있음을 고려해 보면 이는 사실이었다.

제너럴 리 인수는 1998년 말까지는 마무리된 게 아니었기 때문에, 1998년 보험 인수 손실은 버크셔의 연결 보험 실적에 큰 영향을 미치지 않았다. 제너럴 리의 10일 치 실적을 포함한, 그리고 주로 가이코에서 기인했을 전체 실적으로 보면, 버크셔 보험 부문은 2억 6,500만 달러의 세전 인수 이익을 보고했다. 마이너스 비용을 품고 있는 책임준비금은 다른 연도에 반영되긴 하겠지만 말이다.

투자

제너럴 리와 합병하며 버크셔의 투자 포트폴리오에서 채권 비중이 높아졌는데, 이는 버크셔가 의도한 방향이었다. 1997년의 변화로 버크셔의 채권 배분 비중은 470억 달러 규모 포트폴리오의 19%에서 22%로 확대되었다. 제너럴 리는 높은 채권 집중 비율을 유지했으며, 버크셔는 합병에 앞서 제너럴 리가 보유한 250개 종목을 주식 포트폴리오에서 처분해 달라고 요청했다. 인수 후 버크셔의 투자 포트폴리오는 610억 달러로 불어났으며 35%를 채권으로 배정했다.

채권 포트폴리오 구성에는 매년 몇 가지 중요한 변화가 있었다. 가장 주목할 만한 것은 외국 정부 채권 익스포저 증가 및 의미 있는 회사채 투자 확대였다.

1998년에는 주식 포트폴리오에서도 의미 있는 변화가 있었다. 맥도 널드를 제외한 것은 전에 다루었는데, 버핏은 나중에 이 회사를 매각한 것을 후회했다. 버핏은 또한 소규모 포지션을 줄이거나 아예 제외했고, 아메리칸 익스프레스 주식은 추가로 108만 주를 더 매수했다.

전체 주식시장이 신고점에 도달하고*, 기술주 투자 열기가 달아오르

표 6-17 · 버크셔 해서웨이 보통주 포트폴리오 선별 세부 내역

자료·1998년 버크셔 해서웨이 연례 보고서 및 저자의 계산 **단위**·100만 달러, 시장가치 기준

	1998	비중	1997	비중
미국 재무부, 정부, 기관	2,528	12%	6,490	63%
주(州), 지방자치단체 및 행정구역	9,647	45%	2,209	21%
외국 정부 채권	2,864	13%	0	0%
회사채	4,609	22%	35	0%
상환우선주	355	2%	1,280	12%
부동산 담보부 증권	1,243	6%	284	3%
합계	**21,246**	**100%**	**10,298**	**100%**

참고
반올림으로 계산해 숫자 합산액이 일치하지 않을 수 있음.

는 가운데, 버핏과 멍거는 다음 연례 주주총회에서 닷컴 기업 투자에 대한 몇 가지 질문을 받았다. 몇몇이 버핏이 인텔과 마이크로소프트 같은 기업에 상당한 경의를 품고 있다면서, 버크셔는 왜 기술 회사에 투자하지 않느냐고 질문했다. 버핏은 다음과 같이 본인의 철학을 되풀이했다. 그와 찰리는 10~15년 동안의 전망을 확신할 수 있는 사업체를 찾는다는 것이었다. 기술 회사들은 이 필터를 통과하지 못한 것이었다.

버핏은 1998년에 세후 연간 2억 달러를 벌어들인 미국 기업은 단 400곳뿐이었다고 말했다. 그러나 설립한 지 꽤 지난 몇몇 (그리고 수익성도 있는) 기업과 동일한 기준으로 평가를 받으면서도 그런 이익을 전혀 내지 못하는 수많은 인터넷 회사가 있었다. 그는 계산을 제대로 할 수 없었다고 말했다. "궁극적으로는 그런 회사들도 사업을 성공시켜야

---

* 버핏은 1999년 연례 주주총회에서 〈포천〉 500대 기업이 시장에서 약 10조 달러로 평가되었지만, 이익은 3,340억 달러에 불과했다고 지적했다. 이를 계산하면 3.34%의 이익률이 나온다. 주가수익비율PER 기준으로 보면 이는 30배였다.

하는 겁니다."

이처럼 타당하게 설명했지만, 자신의 방식을 바꾸고 싶어 하지 않는 버핏에게 다른 주주들이 변화를 재촉하는 것까지 막을 수는 없었다. 버크셔 주주들에게는 다행스럽게도, 그와 멍거는 둘 다 재미없는 기본적인 기업을 보유하는 것으로 만족했다. 어쨌든 기술 회사를 경영해서 벌어들인 돈이나 구식 기업에서 벌어들인 돈이나 그 가치는 똑같았다. 변화란 투기꾼에게는 흥미진진하고 일반 시민에게는 전체적으로 좋은 것일 수 있지만, 장기적인 투자수익률에는 위협이 되었다.

이그제큐티브 제트

1998년 8월 새로운 비보험 자회사가 버크셔에 합류했다. 이그제큐티브 제트Executive Jet는 제너럴 리 및 인터내셔널 데어리 퀸에 이어 1998년에 신주 발행으로 인수한 세 번째 회사였다. 인수 가격인 7억 달러의 절반을 버크셔 주식으로 지불해야 했다. 안타깝게도 그 결과가 따로 상세히 기재되어 있지 않아서, 버크셔가 이그제큐티브 제트에 부여한 밸류에이션은 쉽게 파악할 수 없다.

이그제큐티브 제트는 단순한 기업이었는데, 다양한 항공기의 지분을 부분적으로 매도해 한 대의 항공기를 여러 소유주가 이용할 수 있도록 관리했다. 이 지분 참여형 항공기는 (고객들의) 급한 이용 문의에도 대응해 기업별 자체 항공기가 부족할 경우 보완재가 되었다. 이 회사는 리치 산툴리Rich Santulli가 설립했는데, 그는 1986년에 버핏에게 지분 참여형 업종을 창안한 공로를 인정받은 바 있었다.

이그제큐티브 제트와 플라이트세이프티는 모두 동일한 항공 서비스 범주로 분류되었지만, 이 회사들은 중요한 차이가 있었다. 플라이트세이프티는 시뮬레이터에 상당한 선행 투자가 필요한 자본 집약적 기업인 반면, 이그제큐티브 제트는 자본이 적게 들어가는 기업이었다. 혼자 소유하든 여럿이 소유하든 항공기 소유주들은 자본을 들여 비행기를 샀다. 소유주들은 아울러 이그제큐티브 제트에 월 관리비와 비행시간에 해당하는 수수료를 지불했다.

사업의 자본이 적게 들어간다는 특성, 그리고 단일 비행기를 직접 소유하는 것보다 낫다는 이점 때문에 버핏은 이 회사에 열광했다. 그는 이 회사 주식을 보유하기에 앞서 먼저 서비스를 이용해 보았다. 이그제큐티브 제트를 인수한 후, 그는 버크셔의 전용기인 인디펜서블The Indefensible을 매각하기까지 했다. 이 회사는 실질적인 성장 가능성이 있었고, 소유주와 비행기를 더 많이 늘려도 데드 헤드 타임(승객 탑승용으로 비워 둔 비행기)이 감소하기 때문에 비용을 줄일 수 있었다. 게다가 전국적으로 비행기가 많아진다는 것은 고객의 대기시간이 짧아진다는 의미였다. 이 회사는 이미 전 세계 주문형 기업용 제트기 시장의 31%를 차지했다. 이그제큐티브 제트는 항공 서비스 부문(플라이트세이프티 및 이그제큐티브 제트)의 절반을 담당했다. 이 부문은 1억 8,100만 달러를 벌어들여 버크셔의 1998년 세전 영업이익의 10%를 차지했다.

제조, 서비스, 소매 유통업

이 부문에서 기타 기업들의 상대적 중요성이 감소한 데 대해 궁금해할 수 있는데, 1998년부터는 머리글에서 '출판'이라는 단어가 '서비스'로 대체되었다. 항공 서비스는 세전 영업이익의 10%를 차지해 버크셔의 비보험 자회사 사이에서도 별도 부문으로 나누어 놓았다(그 정도로 이익을 많이 벌어들인 비보험회사는 버크셔의 금융 및 금융 상품 부문 정도에 불과했다). 현재 제조, 서비스 및 소매 유통업 부문에서 버크셔 전체 이익의 7%에 육박한 곳은 스콧 페처(금융 사업부 제외)뿐이었다. 스콧 페처는 전년 대비 15% 증가한 1억 3,700만 달러의 세전 이익을 기록했다.* 스콧 페처의 세후 이익 9,650만 달러는 1억 1,200만 달러인 순자산 대비 86%라는 놀라운 이익률이었다. 또 보석 회사들도 언급할 가치가 있었는데, 이 회사들은 회사 규모가 아닌 이익이 22% 증가하며 3,900만 달러의 이익을 기록했다. 〈버펄로 뉴스〉는 5% 감소한 5,300만 달러의 이익을 올렸으며 시즈는 5% 늘어난 6,200만 달러의 이익을 냈다.

금융 및 금융 상품

버크셔의 금융 및 금융 상품 부문에 제너럴 리의 금융 자회사가 합류하며 이 분야에서 버크셔의 경영이 다시 전면에 드러났는데, 워낙 복잡하다 보니 대차대조표가 월 스트리트 스타일처럼 보였다. 예전의 대차대조표는 주로 차입금, 연금 부채, 자본으로 이루어졌으며, 이를 통해 이자부 매출채권 및 투자 대상에 대한 자금을 조달했다. 여기에는 현재 시세로 표시된 증권, 거래 중인 증권, 환매조건부 증권repo securities** 등이 있다. 이렇게 복잡한 상품 중 일부는 시간이 지나면 줄어들겠지만, 현

---

* 스콧 페처의 여러 계열사 중에서는 커비, 캠벨 하우스펠트 및 월드북의 실적과 관련된 단 세 가지만 언급되었다. 캠벨 하우스펠트는 공기압축기 및 기타 관련 품목을 제조했다. 이 회사는 성장함에 따라 월드북의 존재감을 빼앗아 가기 시작했다. 하지만 주석에 따르면, 월드북은 매출액 창출에는 계속 어려움을 겪었으나 해외 실적은 개선되었다.
** 일반적으로 국채로 보장되는 하루짜리 대출

재 이 부문에는 명목 가치만으로도 어마어마한 규모의 증권을 포함한 포트폴리오가 있었다.

금리 및 통화 스와프 약정은 최대 규모였는데, 명목 가치만 5억 달러 이상(5억 1,493만 5,000달러)이었다. 대차대조표에는 상당한 선물 및 선물 계약과 더불어 880억 달러의 매도 옵션과 900억 달러의 매수 옵션이 있었다. 이 모두는 거래 계정에서 서로에 대해 62억 달러나 되는 자산 및 부채를 발생시켰으며, 제너럴 리와 버크셔에 상당한 규모의 숨겨진 리스크를 안겨 주었다.

회계 수업

버핏은 1998년 주주 서한에서 미국 기업이 저지른 회계 악용에 대해 비난하는 데 3쪽 이상을 할애했다. 그는 제너럴 리를 예로 들면서, 이번 인수가 "심각한 회계 결함을 부각시켰다"고 서술했다. 다시 말해 버크셔는 제너럴 리의 옵션 제도를 간결하게 그에 상응하는 현금 제도로 대체하기로 했다. 손익계산서에는 옵션이 반영되어 있지 않으므로, 버핏은 독자들에게 합병을 설명하는 위임장에 이 사실을 바로잡기 위해 6,300만 달러가 조정된다는 내용을 기재했다고 밝혔다.

버핏은 해당 옵션들이 추종하는 상장 기업의 이익과 유사해지도록 자신과 멍거가 수정했다고 말했다. 이런 조정이 이익의 5% 또는 10%나 되는 아주 큰 금액에 달하는 경우가 드문 일은 아니었다. 어떤 경우, 그런 조정은 주식을 매수하느냐 또는 매수를 전가하느냐의 차이였다.***

*** 회계는 불완전하긴 하지만, 현재는 손익계산서에 스톡옵션을 비용으로 적절히 기재한다.

구조 조정 비용은 또 다른 골칫거리였다. 기업들은 모든 종류의 조정 사항을 한 분기 안에 묶어 놓고는 이에 대한 변명을 늘어놓고, 애널리스트들은 이를 그냥 넘겨 버리곤 했다. 더 어이없는 것은, 비용이 되살아났을 때 그런 술책은 소위 미래의 이익을 위한 씨뿌리기였다고 한다는 점이었다. 그러한 회계 술책은 월 스트리트의 환심을 얻고자 하는 CEO들과 그런 약정을 승인한 감사인들로 이루어진 치열한 경쟁 환경의 결과물이었다. 당연히 버핏과 멍거 모두 이런 관행이 비열하다고 생각했다.

버핏은 아서 레빗 미국 증권거래위원회sec 의장이 그러한 악용을 추적하는 데 찬사를 보내고, 주주들에게 이 주제에 대한 최근 연설을 읽어 보라고 당부했다.[5] 버크셔의 경우에는 어떤가 하면, 버핏은 있는 그대로 이야기하곤 했다. 버핏의 주주 서한을 정기적으로 읽는 사람들은 그가 진실을 말한다는 것을 알 것이다. 버핏은 오히려 자신과 버크셔의 단점을 지적하는 데 너무나 많은 노력을 기울였다. 아마도 버크셔는 그가 말했던 것보다 더 훌륭했을 것이다.

1999년

-

버핏이 오랫동안 전망해 온 부진한 실적은 마침내 1999년에 실현되었다. 버크셔의 주당 장부가치 증가율(대략적인 양상만 나타내지만 버핏이 선호하는 기준)은 S&P 500의 21% 상승률과 비교해 불과 0.5%p 증가에 머물렀다. 버핏은 주주들에게 20.5%라는 부진한 실적은 그의 이력 가운데 최악이었으며, 자본 배분에서는 D학점 수준이라고 말했다. 그렇지만 이해에 버크셔에는 인수 완료 및 두 건의 추가 인수 등 몇 가지 좋은 부분도 있었다.

부진한 실적은 몇 가지 다른 사안에서 비롯되었다. 첫 번째는 매도가능증권 포트폴리오의 저조한 실적이었다. 보유한 기업들의 시원치 않은 영업 실적으로 주가가 하락하면서 결국 버크셔의 장부가치가 영향을 받았다.* 주가 하락은 또한 여전히 미국 전역을 장악한 인터넷 열풍 탓에 악화되었을 가능성이 있었다. 나스닥 종합지수는 1995년과 2000년 사이에 5배나 급등했지만, 이 지수는 기술주에 투자하는 기업만 대상으로 한 것이었다. 버크셔에서는 그런 투자를 하지 않았다. 또 버크셔의 새로운 재보험 자회사 제너럴 리의 실책으로 대규모 보험 인수 손실이 나면서 그에 따른 세전 영업 손실이 발생했다(투자 수익은 제외).

보험업

버크셔는 1992년 이후 보험계약 인수에서 비롯된 첫 손실을 보고했다. 14억 달러나 되는 세전 손실의 대부분은 제너럴 리에 책임이 있었지만, 다른 분야의 약세도 한몫했다. 5.8%였던 버크셔의 책임준비금 비용은 그 당시 미국 장기국채 금리와 비슷했다.

---

* 명심하자. 미실현 손익은 손익에 대한 세금 효과를 인식한 후 자본의 구성 요소로서 장부가치를 통해 유입된다.

표 6-18 · 버크셔 해서웨이-보험 인수

자료·1998~1999년 버크셔 해서웨이 연례 보고서 및 저자의
계산 **단위**·100만 달러

	1999	1998
가이코		
인수 보험료	4,953	4,182
수입 보험료	4,757	4,033
보험계약 인수 손익(세전)	24	269
제너럴 리		
인수 보험료	7,043	6,084
수입 보험료	6,905	6,095
보험계약 인수 손익(세전)	(1,184)	(370)
버크셔 해서웨이 재보험 부문		
인수 보험료	2,410	986
수입 보험료	2,382	939
보험계약 인수 손익(세전)	(256)	(21)
버크셔 해서웨이 원수보험 부문		
수입 보험료	262	328
보험계약 인수 손익(세전)	22	17
보험계약 인수 손익 총계	(1,394)	265
기말 평균 책임준비금 총계	24,026	15,070
책임준비금 비용	5.8%	(1.8%)
불이익성(이익성) 손해 발생 총계	(192)	(195)

참고
1. 제너럴 리는 1998년에 보유 기간이 10일에 불과해 총계 및 비
율에 포함하지 않음.
2. 버크셔 해서웨이 원수보험 부문의 인수 보험료는 공개되지
않음.

제너럴 리

1999년, 과거의 실책들이 결국 제너럴 리의 발목을 잡고 말았다. 이 재
보험사는 국내외 시장에서 가격을 상당히 낮게 산정해 왔다. 버핏은 그

장본인이 제너럴 리와 주요 자회사인 콜론 리의 보상 구조였을 수 있음을 시사했다. 그러한 구조는 변경되었다. 두 회사는 모두 "인센티브 보상 제도는 이제 주주의 가치를 결정하는 동일한 변수인 책임준비금 증가 및 책임준비금 비용과 직결되었다." 그럼에도 버핏은 돌이켜 생각해 보아도 제너럴 리를 인수한 것과 동일한 거래를 할 것이라고 말했다.

제너럴 리가 1999년 거둔 실적은 얼마나 나빴을까? 69억 달러의 수입 보험료를 올린 제너럴 리는 12억 달러의 보험 인수 손실을 기록했다. 합산비율은 117.1%였다. 제너럴 리의 실적은 크게 다음과 같은 세 가지로 나눌 수 있다.

- 북미 손해/상해 ｜ 수입 보험료 28억 달러에 세전 보험 인수 손실 5억 8,400만 달러(합산비율은 120.6%)

  손실 원인 ｜ 부적절한 보험료율, 높은 손해율, 불리한 손해 증가
- 해외 손해/상해 ｜ 수입 보험료 23억 달러에 세전 손실 4억 7,300만 달러(합산비율은 120.2%)

  손실 원인 ｜ 영화 보험계약 손실, 유럽의 겨울 폭풍으로 인한 재해 손실, 대만과 터키 지진, 호주의 우박
- 글로벌 생명/건강 ｜ 수입 보험료 17억 달러에 세전 인수 손실 1억 2,700만 달러(합산비율은 107.4%)

제너럴 리의 해외 생명/건강 부문은 1999년 재무 실적 면에서는 상대적으로 긍정적인 부분이었으나 과거 실수의 오점을 안고 있었다. 1998년의 보험 인수 손실*은 주로 "유니커버Unicover 사태"의 결과였다.

미래의 CEO 태드 몬트로스Tad Montross가 2014년에 쓴 업계 기고문에 따르면,6) 유니커버(생명보험업계가 조성한 기금) 참여사들은 어마어마하게 낮은 가격의 재보험을 통해 "1달러 지폐를 50센트에 판매했다"고 한다. 연례 주주총회에서 버핏은 제너럴 리가 미래 예상 손실을 가장 먼저 기록한 보험회사 중 하나였다고 칭찬하고, 반면 어떤 보험회사들은 손실 인식을 미래로 미루었다고 지적했다. 이례적인 실수로 제너럴 리가 자사의 능력 범위에서 벗어나 상처를 입었지만, 버핏은 이 보험회사가 여기에서 교훈을 얻었다고 생각했다.

버크셔 해서웨이 재보험 부문

아지트 자인이 설립해 운영하는 버크셔의 자체 재보험 부문도 1999년에 보험 인수 손실을 기록했다. 이 손실은 상황이 약간 달랐다. 시간 경과에 따른 실적 변동성 예상치를 재보험에 대규모로 반영했기 때문이다. 이 부문은 지속적으로 대형 보험을 인수했는데, 1999년에는 12억 5,000만 달러 규모의 단일 계약을 포함해 24억 달러의 보험계약을 인수했다. 세전 2억 5,600만 달러인 이 부문 전체 인수 손실에는 이해 4분기 중 단일 합산 초과 계약(책임준비금은 많이 유발하지만, 대규모 선행 손실을 한 번 일으키는 재보험계약의 일종)에서 비롯된 2억 2,000만 달러의 손실이 포함되었다. 기타 비재해 손실은 총 1억 3,500만 달러였으며 소급 재보험은 9,700만 달러의 손실을 보고했다. 1억 9,600만 달러의 이익을 기록한 슈퍼 캣 사업은 또다시 이익 성장을 보고했다.

---

* 수입 보험료 13억 달러, 인수 손실 2억 9,000만 달러

버크셔 해서웨이 원수보험 부문

원수보험 부문은 겸손한 성적을 이어 갔다. 보험계약 물량은 20% 감소한 2억 6,200만 달러였지만, 이 부문은 보험 인수 이익이 29% 증가한 2,200만 달러를 기록했다. 버핏은 주주들에게 보낸 편지에서 론 엘드리드, 브래드 킨슬러, 존 카이저, 돈 토울, 돈 워스터가 지난 5년 동안 세전 보험 인수 이익으로 1억 9,200만 달러를 벌어들였다고 칭찬했다.

가이코

가이코는 이전 2개 연도만큼 반짝이지 않았지만 여전히 버크셔의 빛나는 별이었다. 이전 2개 연도에는 사고율이 낮았고 재해 손실이 거의 또는 전혀 없었기 때문에 업계 전반적으로 수익성이 매우 높았다. 이에 따라 1997년과 1998년 가이코의 합산비율은 각각 91.9%와 93.3%로 대단히 낮았다. 1999년에는 99.5%로 현실적인 수치를 기록했다.

정상적인 합산비율로 돌아선 이유 중 일부는 높은 보험금 청구 및 손해율에 대한 가격 인하 영향이었다. 이 계산식의 다른 부분은 고객 확보용 광고에 대한 가이코의 일회성 지출이었다. 가이코가 보험계약 건수를 유지만 하려고 했다면 5,000만 달러만 써도 되었을 것이다. 하지만 1999년에는 사업 성장을 위해 2억 4,200만 달러를 지출하고 2000년에는 최대 3억 5,000만 달러를 지출할 것으로 예상했다. 버핏은 CEO 토니 나이슬리의 "발이 광고 페달을 계속 밟을 것(그리고 내 발은 그의 발 위에 있을 것)"이라고 말했다. 버핏은 매력적인 비용으로 신규 사업을 창출할 수 있다면 광고에 연간 10억 달러를 기꺼이 투입할 용의가 있었다. 하지만 그렇게 하지 못했다. 부분적으로는 미디어 요금이 인상되었고, 광고 비용이 추가될 때마다 수익률이 낮아졌기 때문이다.

가이코는 1999년에 165만 건의 자발적인 신규 자동차보험 계약을 추가해 시행 건수가 430만 건 이상으로 늘어났다. 이에 따라 보험계약 물량이 증가했고 책임준비금도 1998년보다 10% 증가한 34억 달러로 불어났다.

가이코가 도마뱀붙이를 도입한 것은 이 무렵이었다. 가이코GEICO는 종종 게코gecko(도마뱀붙이)라고 잘못 발음되었기 때문이다. 이 자그마한 초록색의 행복한 생물은 사람들에게 이렇게 말했다. "나의 일은 사람들이 절약하게 하는 거예요. 나는 내 일이 좋아요." 그의 업무는 또한 신규 고객을 유치하는 것이었는데, 이 덕분에 가이코는 돈을 많이 벌어들였다. 가이코의 1999년 보험 인수 이익을 자세히 살펴보면 이를 알 수 있다. 보험 인수 비용에는 사업 운영(광고 포함)과 관련된 모든 비용이 포함된다. 손해 및 손해 비용은 제외된다. 인수 보험료는 수입 보험료의 19.3%로 전년도와 거의 같았다. 하지만 광고를 그렇게 많이 하지 않았다면 4%p 더 낮았을 것이다.

다른 자동차보험 회사, 특히 상장된 보험회사일 경우에는 더 높은 수익을 보고하기 위해 성장을 위한 지출을 억제할 수도 있었다. 가이코, 버크셔, 버핏은 정확히 미래에 초점을 맞췄다. 이는 전체 시장에서 더 큰 비중을 차지할 기회를 얻기 위해 현재의 보고용 이익을 맞바꾼다는 의미였다(가이코의 점유율은 4.1%였음). 이런 주기는 미래에도 성공적으로 되풀이되곤 했다.

조던스 퍼니처

조던스 퍼니처Jordan's Furniture는 1999년 11월 13일 버크셔 해서웨이에서 새 보금자리를 찾았다. 전액 현금 거래였다. 버크셔는 이제 버핏이 미국 최고의 4대 가구 소매업체로 여겼던 회사를 거느리게 되었다. 나머지 세 곳인 네브래스카 퍼니처 마트, 유타의 RC 윌리, 텍사스의 스타 퍼니처가 모두 버핏에게 조던스에 대해 이야기를 해 온 터였다. 버핏은 이전 연례 보고서에서 조던스의 이름을 밝히지 않은 채 이 회사 이야기를 한 바 있었다. 이제 그는 이 회사에 대해 자유롭게 말할 수 있었다.

조던스는 평방피트당 매출액이 미국에서 가장 높았으며, 매사추세츠와 뉴햄프셔에서 가장 큰 가구 소매업체라고 버핏은 설명했다. 조던스는 배리Barry와 엘리엇 테이틀먼Eliot Tatelman이 운영했다. 그들의 할아버지가 1927년에 이 가업을 시작했다. 조던스는 쇼핑 경험을 엔터테인먼트 경험으로 전환해 성장했다. 탄산음료, 쿠키, 아이스크림을 취급했는데, 쇼핑 경험을 확대하기 위해 일부 지역에서는 아이맥스IMAX 영화관도 운영했다. 나중에 그들은 선도적으로 실내 로프 코스indoor ropes courses(굵은 밧줄, 통나무 등으로 만든 다양한 구조물을 활용한 도전적인 활동. 대개 보이스카우트 등의 극기 훈련 코스에서 접할 수 있음 - 옮긴이)를 도입해 가구를 쇼핑할 생각이 없는 가족 단위 고객을 끌어들인다.

테이틀먼 일가는 가업을 버크셔에 매각하면서 장기근속한 직원들에게 보너스를 지급했다. 이들은 매출액 중 900만 달러를 들여 각 직원에게 이 회사에 근속한 시간당 50센트를 지급했다.

버크셔의 가구업체들은 저마다 해당 지역 시장의 지배적인 가구 소매상이었다. 그들은 합쳐서 연간 10억 달러에 가까운 매출액을 올리는 가구 소매업계의 강자였다. 1999년 말 버크셔에 합류한 조던을 포함해 버크셔의 가구 부문은 이해 매출액 9억 1,700만 달러와 세전 영업이익 7,900만 달러를 보고했다. 인수 가격이나 조던스의 이익은 공개되지 않았다.

제조, 서비스, 소매 유통업

제조, 서비스 및 소매 유통 부문을 하나의 사업체로 볼 경우, 이 부문은 1999년에 세전 4억 4,400만 달러를 벌어들였다. 이는 투하자본이익률 26.7%(4.4%p 하락)를 뜻한다. 적절한 레버리지를 더하고 세후 기준으로 계산해도 평균 자기자본이익률ROE은 21.5%로 양호한 편이었다. 1999년에는 대다수 자회사가 좋은 실적을 올렸지만 어려움을 겪은 곳도 있었다.

제화 부문은 세전 영업이익이 52% 감소한 1,700만 달러로 다시 줄어들었다고 보고했다. 덱스터가 문제였다. 덱스터의 미국산 제품이 수입품에 심한 타격을 입었다. 신발의 90% 이상이 해외에서 들어왔는데, 수입 신발은 저비용 노동력이라는 이점이 있었다. 덱스터도 경쟁하기 위해 해외에서 신발을 더 많이 만들고 있었다.

시즈 캔디는 도매 및 우편 주문 방식으로 다시 성공을 거두며 전년 대비 전체 판매 중량이 7.2% 늘어났다. 매출액은 3억 600만 달러(6% 증가)를 넘었으며, 영업이익률은 24%(2.5%p 상승)의 호조를 보이며 세전 이익이 19% 늘어난 7,400만 달러를 올리는 데 기여했다.

시즈는 수익성이 좋긴 했지만 성장 가능성이 거의 없었다. 이듬해 연례 주주총회에서 버핏은 시즈(대개는 그냥 '사탕') 운영이 정말 쉽지 않다는 점을 지적했다. 시즈는 물량을 약간 늘리는 방안을 찾았으나, 다른 기업들처럼 크게 성장할 만한 기회가 없었다. 무슨 이유 때문인지 사탕이 잘 퍼져 나가지 못했다. 탄산음료와 면도기에서는 통했지만, 시즈는 멀리 떨어진 주에 매장을 열어도 동일한 성과를 기대할 수 없었다. 한 번 이상 시도해 본 결과였다.

버크셔의 보석 사업은 세전 이익이 31% 증가한 5,100만 달러를 기록했다. 헬츠버그의 비용이 통제된 데 따른 것이었다. 스콧 페처의 이익은 7% 늘어난 1억 4,700만 달러였다.

플라이트세이프티와 이그제큐티브 제트로 이루어진 항공 서비스 부문은 1999년에 2억 2,500만 달러의 이익을 올려 전년 대비 24% 성장했다. 이익 증가분의 일부는 1998년 8월 이그제큐티브 제트 인수에서 기인했기 때문에 제대로 된 비교는 아니었다. 나머지 요인은 수익성 있는 성장에 투자할 수 있는 자회사들의 능력으로, 특히 플라이트세이프티에 해당하는 것이었다.

플라이트세이프티는 자본 집약적 기업이었지만 만족스러운 투하자본이익률로 변환되는 높은 영업이익률을 갖추고 있었다(버크셔가 인수하기 전까지만 해도 세전 투하자본이익률은 계속 20% 중반이었다). 비행 시뮬레이터는 한 대당 최대 1,500만 달러의 자본 투자가 필요했으며 한 번에 단 1명만 이용할 수 있었다. 플라이트세이프티와 이그제큐티브 제트는 1999년 설비투자에 3억 2,300만 달러를 지출했지만 감가상각비는 7,700만 달러에 그쳤다. 버크셔의 이 자회사 두 곳의 한계는 하늘 높은 줄을 몰랐다.

투자

버크셔의 주식 포트폴리오는 이해에 S&P 500이 21% 상승한 것과 대조적으로 한 자릿수*라는 저조한 수익률을 거두는 데 그쳤다. 이 실적을 살펴보는 또 다른 방법은 추정 이익을 통해 보는 것이다. 보험 부문에서 보고한 4억 7,600만 달러의 배당금을 바탕으로 근사치를 계산할 수 있다. 이는 아마도 버크셔의 대다수 매도가능증권이 보험 자회사의 보유분이라서, 버크셔가 받은 대부분의 배당금으로 파악할 수 있다. 이 밖에도 버크셔의 주요 투자 대상 기업들은 7억 700만 달러의 추정 이익을 기록했다. 이를 합산하면 평균 포트폴리오 가치의 3%인 12억 달러나 되었다.

버크셔의 채권 포트폴리오 역시 투자 포트폴리오의 부진한 실적에 한몫했다. 1999년 말 300억 달러 규모 채권 포트폴리오의 미실현 손실은 11억 달러나 늘어났다. 급격히 상승한 금리가 주범이었다(10년 만기 미국 국채 금리가 1998년 12월부터 1999년 12월까지 4.7%에서 6.5%로 상승함).

⟨포천⟩ 기고문

1999년 연례 보고서에는 1999년 11월 버핏이 ⟨포천⟩에 실은 기고문이 들어 있었다.[7] 기고문에서 그는 시장이 실망스러운 상황에 처한 이유를 설명했다. 버핏은 급락세를 전망하지 않았으나 시장이 고평가되어

---

* 1998년 말 버크셔의 주식 포트폴리오는 398억 달러로, 매입 가격이 109억 달러였고 미실현이익은 총 289억 달러였다. 1999년 말에 포트폴리오는 395억 달러로 약간 줄었는데, 미실현이익이 282억 달러였다. 그러나 이해에 투자를 113억 달러로 늘렸으며 현금화한 순이익이 14억 달러였다. 순이익은 7억 4,900만 달러였다. 백분율로 환산하면 1.9%에 그친 것이었다.

가고 있음을 시사했다. 그는 그 당시 연간 기대수익률에 대해 경험이 부족한 투자자는 22% 이상, 시장 통찰력을 더 갖춘 투자 경험 많은 투자자의 경우 약 13%까지 나올 것으로 예상한 한 투자자 설문 조사 내용을 예로 들었다. 그는 양쪽 모두 너무 낙관적인 것 같다고 말했다.

버핏은 자신의 주장을 설명하기 위해 늘 해 오던 대로 논리를 펼쳤다. 〈포천〉 500대 기업 전체를 살펴보았을 때, 1998년 이 기업들의 이익은 3,340억 달러였다. 1999년 초 현재 동일한 500개 기업의 시장가치는 약 10조 달러였다. 이는 만일 한 사람이 이 회사들을 모두 보유했다고 가정할 경우, 세전 이익률이 3.3%가 된다는 뜻이었다. 그리고 이것은 투자자들이 하듯이 주식을 샀다 팔았다 하는 거래 비용을 계산하지 않은 것으로, 버핏은 이런 비용을 연간 약 1,000억 달러가 될 것으로 추산했다.

1999년 초, 10년 만기 미국 국채 수익률은 이 3.3%보다 1~2%p 높았다. 리스크 없는 국채를 살 수 있는데 투자자들은 왜 리스크 있는 500대 기업 주식을 합리적 판단을 거쳐 보유하는 것일까? 투자자들은 과거처럼 주식이 지속적으로 상승할 거라고 여겼기 때문일 수 있다. (완전히 합리적인 것은 아니지만) 보다 합리적으로 들리는 주장은 금리가 하락하거나 기업 이익이 증가할 것이라는 믿음이었다. 1999년의 주식 밸류에이션은 이 두 가지 상황 아래에서만 말이 되었다.

버핏은 많은 기업의 밸류에이션이 현실과 동떨어져 있다고 생각했다.** 그는 2000년 연례 주주총회에서 밸류에이션에 대해 이야기했는

** 버핏은 국내총생산GDP 대비 기업 이익의 비율을 주요 분석 요소로 활용했다. 1999년에 이 비율은 약 6%로, 지금까지 4~6.5% 범위에 있었던 것과 대조를 보였다. 버핏은 향후 10년 동안 투자자들이 기대할 수 있는 최대 수익률은 6%라고 생각했다. 이는 기대 인플레이션율 2%가 포함된 것이었다.

데, 자신의 생각을 설명하기 위해 과거로 거슬러 올라갔다. "제가 아는 최초의 투자 입문서는 이솝이 기원전 600년경에 남긴 것이었죠. 상당히 훌륭한 조언이었어요. 명심하십시오. 이솝은 '손안의 새 한 마리는 수풀 속에 있는 새 두 마리의 가치와 맞먹는다'고 했답니다." 그의 말은 투자에는 미래에 예상되는 기업 가치를 바탕으로 한 판단이 수반된다는 것을 의미했다. 이 경우의 가치는 수풀 속에 새가 얼마나 많이 있을지(현금을 얼마나 벌어들일지) 추정해 계산된다. 해당 현금의 가치는 현금 발생 시기와 그 당시 금리에 연동된다.

어떤 기업들은 시장에서 5,000억 달러에 달하는 높은 평가를 받았으나, 실제로는 이익을 거의 창출하지 못했다. 그런 기업이 그해에 주주에게 500억 달러를 안겨 주지 못하면(요구되는 이익률을 10%로 가정), 이듬해에는 훨씬 더 많은 돈을 벌어 주어야 한다. 1년 차에 벌어다 준 게 없었다고 가정하면, 다음 해부터는 영구적으로 550억 달러를 벌어다 주어야 한다. 1년을 더 기다리는 경우에는 연간 지급액이 605억 달러로 높아져야 10%의 수익률을 정당화할 수 있다. 버핏은 이솝을 다시 언급하면서 매년 새(현금) 한 마리를 잡으려고 기다린다며, 앞으로 더 많은 새가 필요하다고 말했다. 그런데 여러분은 잡을 수 있는 새가 그렇게 많이 있다는 것을 얼마나 확신하는가?

이 짧은 교훈이 중요한 이유는, 오래 기다릴수록 미래 현금 흐름 증가가 훨씬 중요해진다는 점에서, 당장 현금을 벌어들이는 기업을 선호하는 이유를 설명한 것이기 때문이다. 이는 확실한 것의 중요성도 강조하고 있다. 당장 현금을 얻을 수 없다면, 사업 환경 변화에 따른 리스크 때문에 미래 현금 흐름이 불확실해질 경우 얼마나 더 악화되겠는가? 끝으로 시가총액 5,000억 달러짜리 가상 기업을 적용해 본 앞의 예시는 매우 희귀한 덩치 큰 기업이었다. 세후 500억 달러를 얻기 위해서는 연간 세전 800억 달러를 벌어야 한다는 요건을 고려하는 경우였으니 말이다. 그 당시에는 이런 기업이 존재하지 않았으므로(2020년대 현재에도 드물다) 밸류에이션에는 일부 비현실적 기대치가 반영되어 있었다.

1999년은 기업 입장에서도 쉽지 않았지만(장부가치가 0.5%p 상승), 버크셔 해서웨이 주가도 역시 큰 타격을 입었다. 주가는 최저 5만 2,000달러에서 최고 8만 1,100달러 사이에서 움직였다. 버크셔의 그해 연말 주가가 주당 4만 7,000달러로 마감했음을 감안해 보면, 시장은 버크셔의 중요한 사업체들을 완전히 헐값으로 취급했다. 비록 영업이익은 감소했지만 버크셔는 여전히 훌륭하고 성장 중인 기업들을 거느리고 있었다. 버핏이 관할한 지난 35년 동안 장기적인 주당 장부가치 성장은 연간 복리 24%라는 놀라운 수치를 이어 갔다.

2000년 문제

달력이 2000년대로 넘어감에 따라 부상한 커다란 근심거리는 이른바 2000년 문제, 즉 Y2K 문제였다. 이 문제는 날짜와 관련해 2000년대로 전환되는 것을 처리하는 컴퓨터와 사람들의 능력에서 비롯되었다. 예를 들어 2000년 1월 1일이 1900년 1월 1일로 등록될지 여부를 아는 사람이 아무도 없었다. 이러한 오류는 어떤 계산이 100년 후에 맞춰서 처리될 수 있었기 때문에 시스템에 대규모 혼란을 일으킬 가능성이 있었다. 가령 시간 표시 및 결제 시스템에 재앙을 초래할 수도 있었다.

버크셔는 날짜 변경에 대비하느라 약 6,000만 달러(1999년에 전부 들어간 것은 아님)를 지출했다. 모든 사람이 2000년이 다가온다는 것을 알고 있었지만, 정부를 포함한 일부는 이에 대한 대비와 테스트에 한참 뒤처져 있었다. 궁극적으로 이 사태는 전부 과장된 우려에 불과했다.

버크셔는 구시대적인 회사들을 거느린 상태에서 새로운 세기와 새로운 천년을 맞이했다. 하지만 더 많은 기업을 인수할 준비가 되어 있었다.

2000년

–

밀레니엄 시대를 맞아 버크셔의 두 자본 배분 책임자는 그들의 방식을 바꾸라는 끊임없는 압력에 직면했다.* 인터넷 열풍이 닷컴 붐을 부채질하는 상황에서, 버크셔는 구시대적이었지만 이에 대해 자부심을 지니고 있었다. 이제 모두 70대가 된 경험 많은 경영자 워런 버핏과 찰리 멍거는 자신들의 능력 범위를 벗어나지 않았다. 두 사람과 버크셔의 주주들은 이러한 인내심에 대해 보상을 받았다. 2000년에는 몇 가지 문제점과 더불어 흥미로운 인수가 있었다.

버크셔는 수표장을 손에 들고 자금을 신나게 퍼부었다. 버크셔는 여덟 건의 인수에 약 80억 달러를 지출했다. 1999년에 합의된 인수 두 건(미드아메리칸 및 CORT, 뒤에서 다룸)을 마무리하고 여섯 건을 추가

---

* 버핏과 멍거는 대내외적으로 시대에 적응하라는 지속적인 압력에 직면했다. 이전 연례 주주총회에서 주주들은 다음과 같이 물어보았다. 버핏과 멍거가 그렇게 현명하다면서 왜 두 사람이 인터넷 기업들을 파악해 대박주를 골라내지 못하느냐고 말이다. 주주들의 요구는 버크셔 주가가 약 50% 하락하는 등 타격을 입은 탓에 더 거세졌을 수도 있다. 버크셔 주가는 1999년 3월 약 8만 1,000달러의 고점에서 2000년 3월까지 4만 1,000달러의 저점으로 하락했다.

로 진행했다. 더 좋았던 것은, 지출 금액의 97%가 현금이어서 버크셔는 이 과정에서 부채가 발생하지 않았다는 점이었다. 이처럼 열광적인 인수 활동에도 버크셔는 여전히 투자 가능한 자금이 잔뜩 있었고 더 많은 (그리고 더 큰) 인수를 준비했다.

불과 1년 만에 인수할 새로운 운영 자회사를 여덟 곳이나 찾아낸 것은 1999년부터 버핏이 스스로 부여한 D학점을 바꿀 수 있는 가장 확실한 요인이었다. 버핏은 2000년을 양호한 상황으로 파악했다. 기존 자회사 가운데 어려움을 겪는 곳은 일부에 불과했기 때문이다. 가이코는 이례적으로 특이 사항이 없었고, 제너럴 리는 아직 약점을 안고 있었으며, 덱스터는 해외 경쟁자들에 맞서 힘겨운 싸움을 벌이고 있었다. 더부정적인 것은, 버핏이 보기에 버크셔의 주식 포트폴리오는 기업 가치가 온전히 반영된 상태였다는 것이다. 이는 버크셔의 가치가 내재 가치에서 기본 이익 이상으로 상승하지 않을 가능성이 높다는 의미였다.

인수

버핏은 주주 서한에 다음과 같이 서술했다. "버크셔의 인수 기술은 단순함 그 자체입니다. 우리는 전화를 받거든요." 이것은 농담이 아니었다. 버핏과 멍거는 아무 전략을 세우지 않는다는 그들의 전략에 대해 오랫동안 이야기해 왔는데, 2000년은 이것이 효과가 있었다는 증거였다. 일반적으로 기업의 실적도 마찬가지인데, 인수는 매끄럽지만은 않은 과정을 거쳐야 하다 보니 예상하거나 서둘러 진행할 수가 없었다.

버크셔의 자본 배분 책임자들은 (주가가) 떨어진 일부 인터넷 회사들을 살펴보고 인수했을까? 정반대였다. 버크셔는 "벽돌, 양탄자, 단열재, 페인트 같은 첨단산업에 진출하는 것으로 21세기를 맞이했습니다. 흥분을 가라앉히세요"라는 게 버핏의 보고였다. 이 회사들은 인터넷 기업들과 정반대였는데, 닷컴 붐 이후에 부진한 상황이라는 게 버크셔가 이 회사들을 인수하는 계기가 되었다. 이러한 열광적인 인수 활동으로 이어진 데에는 두 가지 요인이 있었다.

하나는 단기적인 경기 둔화 전망이었다. 다른 사람들은 불확실성에 직면한 상태에서는 일을 벌이는 것을 주저했다. 하지만 버크셔는 계속 인수를 추진했으며 새로운 먹잇감을 또다시 물색하고 있었다. 두 번째 요인은 버크셔가 현금으로 대금을 지불했으며 자체 자본을 토대로 기업들을 분석했다는 것이다. 다른 인수자들은 정크 본드 시장에 의존해 인수 자금을 조달했는데, 이 자금은 고갈된 상태였다.

① 미드아메리칸 에너지

인수 일자 ┃ 2000년 3월 14일

설명 ┃ 미국 중서부 및 영국의 전기 서비스 제공업체

인수 가격 ┃ 12억 4,000만 달러(지분 76%)

미드아메리칸 에너지MidAmerican Energy는 에너지 기업 이상이었다. 이 회사는 수많은 에너지 자회사들을 거느리고 있었다. 이 회사가 새로 맞이한 대기업 모회사(버크셔)와 마찬가지로, 미드아메리칸은 업력이 오래되었고 경영은 분권화되어 있었다.

미드아메리칸의 혈통은 역사가 너무 길어 여기서 다룰 수 없으나, 버크셔에 합류하기 직전의 이력은 언급할 만하다. 미드아메리칸 에너지 홀딩스 컴퍼니는 1998년 오마하에 있는 유틸리티 회사인 칼에너지 CalEnergy가 자사와 이름이 같은 회사를 인수하면서 탄생했다. 인수된 회사는 미드아메리칸 에너지 홀딩스 컴퍼니로 개명되어 아이오와에서 다시 법인화되었다. 미드아메리칸의 회장 겸 CEO 데이비드 소콜David Sokol과 그의 측근 그렉 에이블 사장, 그리고 투자자이자 이사회 멤버 월터 스콧 주니어Walter Scott, Jr.는 함께 이 회사를 다른 에너지 자산을 인수하는 데 활용했다.

미드아메리칸 인수 거래는 버크셔 이사회에 있던 월터 스콧 주니어를 통해 이루어졌다. 미드아메리칸의 재능 있고 사업 수완이 좋은 경영진은 버핏에게 깊은 인상을 안겨 주었다. 버핏은 미드아메리칸에 대한 투자가 가격도 적당하고 합리적일 것이라고 생각했다. 버핏은 보도 자료에서 다음과 같이 밝혔다. "우리는 우수한 경영진과 훌륭한 성장 잠재력을 지닌 좋은 기업을 적정가격에 인수하며, 이런 잠재력이 실현될 때까지 어떤 투자자들보다 오래 기다릴 용의가 있습니다. 이번 투자는 우리에게 안성맞춤입니다."[8]

버핏은 미드아메리칸 투자의 매력을 판단할 때의 정확한 사고 과정을 상세히 설명하지 않았다. 하지만 그의 판단에 영향을 미쳤을 듯한 다음 몇 가지 요소가 존재한다.

- 저가 사업자로서의 업력 │ 규제의 틀 안에서 얻을 수 있는 최고의 수익을 달성하는 것 외에도, 저가 사업자는 낮은 요금을 유지해 경쟁력 있는 지위를 보호하고 강화할 수 있었다. 이는 결국 규제 당국의 호감을 사서 추가 투자가 가능해진다.
- 규제 완화 │ 이를 통해 고객이 선택한 생산자에게 에너지를 구매할 수 있는

확고한 시장이 열렸다.* 저가 사업자는 추가적으로 사업을 확장할 기회를 얻게 된다. 자사가 인수한 자산을 개선시킬 수 있는 능력을 발휘할 수 있는 경우에 그렇다.

- 강력한 대차대조표 ┃ '투자 등급'인 미드아메리칸의 신용 등급을 통해 부채 비용을 낮추고 고객의 비용을 낮게 유지하는 능력을 개선할 수 있었다. 이는 선순환이었다.

규제 완화가 더 확대될 것으로 전망되었으나 미드아메리칸은 여전히 규제 대상 시장, 특히 미국 중서부 지역의 사업자였다. 1999년 미드아메리칸의 매출액 가운데 66%는 규제 대상인 전기 시장에서, 25%는 규제 대상인 가스에서, 9%는 비규제 사업에서 올렸다.[9] 규제 대상 시장의 에너지 회사들은 대체로 낮은 두 자릿수대의 안전한 투하자본이익률을 누렸다. 예를 들어 미드아메리칸의 아이오와주 회사는 자기자본이익률 12%가 허용되었다.**[10]

규제 대상 이익의 단점은 거액의 자본을 투자할 수 있는 능력으로 상쇄되었다. 미드아메리칸은 버크셔 해서웨이에 다른 계열사에서 얻은 상당한 초과 이익을 거의 확실한 수익률로 장기 프로젝트에 투입할 곳을 제공했다. 현금은 늘어나는데 버크셔가 할 수 있는 일은 별로 없던 시기에 미드아메리칸은 적당한 해결책이었다.

---

* 중요한 것은 규제 완화가 획일적으로 규정되는 것이 아니며 시장과 에너지 유형(전기 대 가스 등)에 따라 다르다는 것을 알아야 한다. 전체 또는 부분일 수도 있다. 대체로 유통은 엄격하게 통제된 상태였지만 에너지 생산 시장은 규제가 완화되어 있었다.
** 추가적인 특징은 일부 이익을 고객과 공유하면 더 높은 이익을 얻을 수 있다는 것이었다. 예를 들어 미드아메리칸이 12~14%의 이익률을 올렸다면, 그중 절반은 고객에게 반환해야 했다.

미드아메리칸의 마지막 속성 한 가지는 세금과 관련이 있다. 여기서 버크셔는 두 가지 측면에서 이익을 얻을 수 있었다. 하나는 연결 세금 신고를 통한 것이었다. 버크셔의 수익성 높은 거대 기업군은 상당한 규모의 세금을 발생시켰는데, 이는 때때로 세금 공제를 받는 미드아메리칸의 과세 포지션으로 상쇄할 수 있었다. 단독형 에너지 기업은 과세 대상 이익이 아주 크지 않으면 유리한 과세 포지션을 즉시 활용하지 못할 수 있었다.

미드아메리칸의 세금 관련한 두 번째 속성은 이연 법인세였다. 미드아메리칸은 고정자산 투자액이 상당했다. 세금 목적으로 허용된 감가상각이 가속화되면서 이 회사는 손익계산서에 표시된 수치보다 세금을 적게 납부하게 되었다. 미드아메리칸의 세금 이연 능력은 버크셔가 유가증권 보유로 창출한 무이자 대출과 마찬가지였다. 이를 통해 이 회사는 규정된 이익률 이상으로 효과적인 자기자본 대비 복리 수익률을 올릴 수 있었다(규제 당국이 이런 세금 혜택도 고려한다는 점을 알아 두어야 한다. 이를 통해 고객들이 세금 혜택을 받을 수 있기 때문이다. 하지만 미드아메리칸의 비규제 계열사들도 여기에서 이득을 얻었다).

규제 대상 기업과 비규제 대상 기업의 동시 통제를 금지하는 규제*** 제한 탓에, 미드아메리칸 인수 거래에서는 특수한 소유 구조가 필요했다. 버크셔는 보통주와 무배당 전환우선주에 12억 4,000만 달러를 지불했다. 미드아메리칸에 대한 실질 지분율 76%에 해당하는 대가였다(〈표 6-19〉 참고). 그러나 의결권 있는 지분율은 9.7%에 불과했다. 또

*** 1935년 공공 유틸리티 업종 지주회사법The Public Utility Holding Company Act of 1935

버크셔는 채권형 증권 11%에 4억 5,500만 달러를 투자했으며 동일한 방식으로 3억 4,500만 달러를 추가 투자하기로 약정했다. 이러한 방식 때문에 버크셔는 미드아메리칸의 실적을 손익계산서와 대차대조표에 딱 한 줄만 기재했다. 미드아메리칸에 대해서는 전체 매출액, 비용, 기타 비용을 기재하지 않았다. 그 대신 버크셔의 대차대조표에서는 투자 금액으로, 손익계산서에서는 버크셔의 지분에 귀속되는 순이익으로 표시되었다.*

미드아메리칸 인수와 관련해 버핏이 재무적으로 기대한 바는 무엇이었을까? 규제된 수익률 한도와 채권형 증권 11%가 얼마간 단서를 제공하지만, 확실하게는 알 수 없다. 버크셔가 이 회사의 지분을 인수하기 직전 연도였던 1999년의 재무 정보를 살펴보면, 미드아메리칸의 세전 투하자본이익률은 11%였다.** 이것은 우연이었을까? 어쩌면 그럴지도 모르겠다.

이 분석은 아마 훨씬 간단했을 것이다. 미드아메리칸은 버크셔에 두 자릿수의 낮은 수익률로 큰 금액을 투자할 수 있는 플랫폼을 제공했다. 추가 보너스는 버크셔의 복합기업 지주사 체제에 합류해 세금 혜택을 안겨 준 것이었다. 저가 사업자라는 위치와 특정 시장에서의 독점적 지위를 고려해 보면, 이 회사는 먼 미래에도 비슷한 이익을 올릴 가능성이 매우 높았다. 즉 미드아메리칸은 해자로 보호받았다.

---

* 독자들은 버크셔의 첫 보험회사 투자, 블루칩 스탬프, 일리노이 내셔널 뱅크 때 비슷한 회계 처리가 있었음을 기억할 것이다.
** 1998년의 세전 투하자본이익률은 10%였다.

표 6-19 · 미드아메리칸 에너지-인수 분석

자료 · 1998년, 1999년 미드아메리칸 에너지 홀딩스 연례 감사 보고서,
2000년 버크셔 해서웨이 연례 보고서 및 저자의 계산 **단위** · 100만 달러

	1999	1998	1997
매출액	4,411	2,683	2,271
이자 · 세금 차감 전 이익	783	619	448
이자 비용	426	347	251
세전 이익	357	272	197
자기자본 총계	995	827	765
장기부채, 우선주, 소액 이자	6,226	6,037	4,892
투하자본 총계	7,221	6,864	5,657
버크셔의 지분 인수 가격(100% 기준)1	1,632		
버크셔가 시사한 총 인수 가격2	7,858		
세전 전체 투하자본이익률	11.1%		
버크셔 귀속 인수 가격 배수3	1.09배		
버크셔 귀속 세전 투하자본이익률	10.2%		

각주
1. 버크셔는 미드아메리칸 지분 76%에 12억 4,000만 달러를 지불했음.
2. 이 수치는 해당 지분에 지불한 금액을 기존 부채와 합산한 것임(100% 기준).
3. 버크셔는 '전체 인수 가격/전체 투하자본'을 시사했음.

② 코트 비즈니스 서비스

인수 일자 | 2000년 2월 18일

설명 | 117개의 전시 매장을 운영하는 기업 및 아파트 소유주 대상 가구 임대업체

인수 가격 | 3억 8,600만 달러

코트 비즈니스 서비스CORT Business Services 인수는 1999년에 시작해 2000년
에 마무리되었다(〈표 6-20〉 참고). 인수 경쟁사 중 한 곳이 시도했던
적대적 인수가 무산된 후에 기회가 나타났다.[11] 버핏은 이 "화려하지

는 않지만 훌륭한 기업", 이 회사의 CEO 폴 아널드, 그리고 (최근 인수 무산 덕분에 설정된) 거래 가격을 마음에 들어 했다.

버크셔는 80% 지분을 보유한 자회사 웨스코를 통해 코트를 인수했다. 웨스코의 회장이 찰리 멍거였다는 사실을 떠올려 보자. 멍거는 2000년 웨스코 주주들에게 보낸 서한에서 이 거래를 다음과 같이 간결하게 요약했다. "따라서 요약하자면 웨스코는 세전 영업이익 5,430만 달러에 대해 3억 8,600만 달러를 지불했습니다." 버크셔는 이 회사의 기본 투하자본 이상으로 프리미엄을 지불했지만, 귀속되는 이익률 11%에 만족스러워했다. 아울러 코트가 계속 성장할 수 있다면 앞으로 자본 성장에 비례해 양호한 투하자본이익률을 올릴 수 있을 것으로 전망했다. 요컨대 웨스코와 버크셔는 적당한 가격에 좋은 회사를 인수한 것 같았다.

표 6-20 · 코트 비즈니스 서비스-인수 분석

자료·2000년 버크셔 해서웨이 연례 보고서, 2000년 웨스코 연례 보고서, 1996~1998년 코트 연례 보고서 및 저자의 계산 **단위**·100만 달러

	1998	1997	1996
매출액	319	287	234
매출액/평균 투하자본1	1.81	1.89	1.87
이자·세금 차감 전 이익률1	17%	17%	16%
세전 투하자본이익률	31%	31%	29%
인수 가격(주식)	386		
부채 추정액	91		
유효 인수 가격	477		
인수 가격 배수	2.71배		
버크셔 귀속 세전 이익률	11.4%		

각주
1. 취득한 사업권 및 관련 상각액을 고려해 조정함.

③ U. S. 라이어빌리티

　　인수 일자 ｜ 2000년 8월 8일

　　설명 ｜ 보험

　　인수 가격 ｜ 비공개(현금 50%, 주식 50%)

이미 대규모였던 버크셔의 보험사업을 확장한 USIC US Investment Corporation 는 U. S. 라이어빌리티 U. S. Liability의 모기업으로 "매우 평가가 좋은 중간 급의 이례적인 리스크 인수 보험사"였다고 버핏은 서술했다. USIC는 또한 마운트 버논 파이어 Mount Vernon Fire 및 U. S. 언더라이터 인슈어런 스 컴퍼니 U. S. Underwriters Insurance Company라는 소형 자매 기업 두 곳과 함께 합류했다.[12] 이 거래는 제너럴 리 CEO인 론 퍼거슨이 버핏을 USIC의 CEO 밥 베리 Bob Berry에게 소개해 이루어졌다. 현재 U. S. 라이어빌리티 는 톰 너니 Tom Nerney가 경영하고 있었으나 베리 일가가 49년째 이 회사 의 대주주였다. 버핏은 "탁월한 성장과 이례적인 수익성이라는 보기 드 문 조합을 달성했다"며 톰 너니를 칭송했다.

④ 벤 브리지 주얼러

　　인수 일자 ｜ 2000년 7월 3일

　　설명 ｜ 미국 서부의 쇼핑몰에서 65개 매장을 보유한 고급 보석 매장 체인점

　　인수 가격 ｜ 비공개(현금 50%, 주식 50%)

벤 브리지 주얼러 Ben Bridge Jeweler 인수는 버크셔의 다른 성공적인 인수와 비슷한 점이 많았다. 버크셔가 이미 시행하는 사업(이 경우에는 보석)

의 확장이면서, 자체 채용 시스템(이번에는 바넷 헬츠버그Barnett Helzberg)에 따라 소개받았고, 버핏이 존경했던 경영자가 있었으며, (사촌 지간인 에드Ed 및 존 브리지Jon Bridge에게) 간섭 없이 회사를 운영할 수 있다는 믿음을 안겨 준 것 등이 그러했다.

버핏은 89년의 업력을 지닌 이 회사가 올린 최근 7년 동안 동일 매장 매출액 성장이라는 놀라운 기록을 마음에 들어했다.* 헬츠버그와 마찬가지로 벤 브리지는 여러 곳에서 영업했다. 반면에 버크셔 보석 소매업체인 보셰임스는 1개 매장에서만 운영했다. 조던스 퍼니처의 테이트먼형제와 마찬가지로, 브리지 일가는 매각 수익의 일부를 직원들에게 제공했다.

⑤ 저스틴 인더스트리스

인수 일자 | 2000년 8월 1일

설명 | 웨스턴 부츠 및 건설용 벽돌 제조업체

인수 가격 | 5억 7,000만 달러

저스틴 인더스트리스Justin Industries는 연관성 없는 두 사업부가 있는 다소 특이한 기업이었으나 버크셔에는 안성맞춤이었다. H. J. 저스틴은 1879년 부츠 수선을 하면서 이 회사를 세웠다. 그의 아들들은 미국 26개주, 캐나다, 멕시코, 쿠바로 사업을 확장했으며 이후 1948년에 존 저스틴 주니어John Justin, Jr.가 아버지와 삼촌들에게서 회사를 인수했다. 1968년

---

* 버핏의 주주 서한에 따르면, 이 회사의 동일 매장 성장률은 9%, 11%, 13%, 10%, 12%, 21%, 7%였다.

에는 저스틴 인더스트리스가 설립되어 부츠 회사와 이 사업과는 무관한 새 자매 기업 애크미 브릭Acme Brick을 거느렸다. 저스틴은 나중에 노코나 부트Nocona Boot, 치퍼와 슈 컴퍼니Chippewa Shoe Company 및 토니 라마 부츠Tony Lama Boots를 추가했다.

존 저스틴 주니어는 안타깝게도 버크셔가 회사를 인수한 직후인 2001년 2월에 세상을 떠났다. 저스틴은 2명의 경영자가 경영을 맡고 있었다. 애크미를 경영하는 해럴드 멜턴Harrold Melton과 저스틴 부트Justin Boot를 책임지는 랜디 왓슨Randy Watson이었다.

애크미는 22개 공장에서 연간 10억 개 이상의 벽돌을 생산했으며, 미국 벽돌 생산량의 11.7%를 점유했다. 벽돌 제조업체치고는 이례적으로 텍사스에서 브랜드 인지도가 75%에 이르렀는데, 2위의 인지율은 16%에 불과했다. 이와 같은 브랜드 인지도 격차는 해당 지역 시장에서의 지배력으로 확대되었다. 벽돌은 필연적으로 가격당 가치가 낮은 품목이었기 때문에(값이 저렴하며 매우 무거움), 무거운 품목 운송에 따르는 경제성으로 시장은 자연히 각 공장 주변의 특정 반경으로 제한되었다. 애크미의 벽돌 사업은 경기순환의 영향을 받았지만 지역별 규모의 경제, 그리고 기본적인 필수 업종이었기에 만족스러우면서도 보호받는 장기 투하자본이익률로 이어졌다.

저스틴 인더스트리스 가치의 대부분은 애크미 브릭에 있는 것으로 나타났다. 벽돌 사업의 매출액 상승률은 1995년 52%에서 1999년 68%로 높아졌으며,13) 해당 기간 이 회사 세전 영업이익의 100% 이상을 차지했다. 이와 대조적으로 동일한 기간 동안 신발 사업은 고전하고 있었다. 경영진이 인정사정없는 경쟁사들과 맞붙어 보려 하자 신발 사업의 이익은 서서히 사라졌으며 손실이 확대되었다. 이는 버크셔의 기존 신발 회사들을 통해 익히 보아 온 상황이었다.

1999년까지 5년 동안의 저스틴 재무제표는 비교적 안정된 상태라고 할 수 있다. 이 시기의 매출액은 10% 증가에 그쳤지만 이익률과 투하자본이익률은 계속 꾸준한 성과를 올렸다.* 저스틴이 세전 이익률 9.25%(약 5년 평균)로 투하자본 1달러당 평균 1.5달러의 매출액을 올린다고 가정할 경우, 이 회사의 이익률은 13.9%가 될 것이다. 이 회사 기업 가치의 1.75배에 이르는 인수 가격을 감안할 때, 버크셔는 약 8%의 세전 투하자본이익률을 기대할 수 있는데, 이는 인수 당시의 귀속 이익률에 근접한 것이었다.

표 6-21 · 저스틴 인더스트리스-인수 분석 | 자료·2000년 버크셔 해서웨이 연례 보고서, 1995~1999년 저스틴 인더스트리스 연례 보고서 및 저자의 계산 **단위**·100만 달러

	1999	1998	1997	1996	1995
매출액	510	455	440	448	461
매출액/평균 투하자본	1.52	1.47	1.51	1.55	1.59
이자·세금 차감 전 이익률	9%	9%	10%	9%	10%
세전 투하자본이익률	13%	14%	15%	14%	16%
인수 가격(주식)	570				
추정 부채	40				
유효 인수 가격	610				
인수 가격 배수	1.75배				
버크셔 귀속 세전 이익률	7.6%				

벽돌 사업을 더 면밀히 들여다보면 저스틴 인수의 진정한 안전 마진이 드러난다. 앞에서 다루었다시피 이 사업은 연합형으로 보호되는 투

---

* 이 시기에는 미국의 경제 상황이 비교적 안정되었다.

하자본이익률과 더불어 해자의 모든 속성을 지니고 있었다. 수치 자료가 완벽한 것은 아니지만, 이 사업이 견고하고 안정적인 이익률과 매력적인 자산이익률을 갖춘 성장형 사업임을 나타낸다. 저스틴의 전체 실적은 부진하거나 아예 없는 신발 부문의 이익 탓에 낮아졌는데, 이것이 이 인수의 진정한 가치를 제대로 볼 수 없게 만들었다.

표 6-22 · 저스틴 인더스트리스-애크미 브릭 분석 | **자료**·2000년 버크셔 해서웨이 연례 보고서, 1995~1999년 저스틴 인더스트리스 연례 보고서 및 저자의 계산 **단위**·100만 달러

	1999	1998	1997	1996	1995
매출액	346	293	265	261	240
인식 가능 자산	255	197	181	172	150
영업이익	67	49	43	44	42
이자·세금 차감 전 이익률	19%	17%	16%	17%	18%
세전 자산이익률	26%	25%	24%	26%	28%

⑥ 쇼 인더스트리스

인수 일자 | 2001년 1월 8일

설명 | 카펫, 러그 및 기타 바닥재 제조업체

인수 가격 | 23억 달러(지분 87.3%)

바닥재는 벽돌보다는 높은 기술력이 필요한 분야지만 그다지 높은 수준은 아니다. 쇼 인더스트리스Shaw Industries는 버크셔가 바라던 종류의 특성을 갖추고 있었다. 즉 지배적인 시장점유율(미국 바닥재 시장의 3분의 1)을 보유한 회사이자 기본적인 사업에서 수익성을 높이는 회사였다.[14] 또 규모의 경제가 성장세이면서 가족 주주가 투자하는 회사였다. 이 거래의 주요 특징은 로버트 쇼Robert Shaw 회장, 줄리언 솔Julian Saul

사장 및 그 일가족이 회사 지분 5%를 보유해야 한다는 것이었다.

쇼는 1946년 로버트 쇼의 아버지가 설립한 스타 다이 컴퍼니Star Dye Company로 시작했다. 줄리언 솔은 1998년 솔 일가의 카펫 회사인 퀸 카펫Queen Carpet이 쇼 인더스트리스에 인수되면서 합류했다. [15] 쇼와 퀸이 결합할 당시, 쇼는 미국 카펫 시장의 4분의 1 이상을 차지했으며 퀸은 8%를 점유했다. [16]

매출액이 40억 달러에 이르렀던 쇼는 버크셔에서 (매출액 기준으로) 가장 큰 비보험 자회사가 되었다. 버핏은 이를 돌이켜 보면서 특유의 유머를 담아 주주들에게 다음과 같이 이야기했다. "이제는 사람들이 우리를 밟고 다녀도 개의치 않으렵니다." 버핏은 쇼와의 거래는 로버트 쇼, 솔 그리고 쇼 인더스트리스를 인수하고 싶어 하던 익명의 CEO가 보험계약과 관련해 그를 만나러 왔을 때 이루어졌다고 말했다. 쇼는 이전 몇 년간의 석면 책무(발암물질인 석면을 사용하는 기업의 책무. 관련 리스크를 고려해 기업이 보험에 가입해 대비함 - 옮긴이)와 관련해 어느 보험회사와의 거래를 정리하고자 했으며 잠재적인 합병 파트너도 있었다. 버크셔로서는 한도를 알 수 없는 리스크를 감수한다는 게 그리 내키지 않아서 이 보험 거래는 무산되었다. 하지만 그 미팅은 머지않아 추진될 인수의 씨앗을 뿌렸다.

버핏이 쇼에서 본 것은 무엇이었고, 버크셔가 그 돈으로 얻은 것은 무엇이었을까? 우선 1995년과 1999년 사이에 매출액이 43% 늘어났다. 확실한 것은 그 성장의 일부에는 1998년 퀸 인수를 포함한 인수와 미국의 강력한 주택 공급에서 비롯되었다는 사실이다. 1995~1999년 거둔 세전 이익률(특정 일회성 항목*은 조정됨)은 2배가 되었고, 같은 기간 동안 세전 투하자본이익률은 약 3배로 늘어났다. 이것은 이 회사가 규모의 경제를 달성했다는 증거다.**

쇼의 1999년 영업 실적은 36%의 유형자본이익률로 변화되었다. 이러한 이익률이 유지될 수 있다면, 버크셔는 버크셔로 귀속되는 세전 이익률이 15%를 기준으로 계속 높아지는 것을 볼 것이다. 1999년이 이익률이 높은 해였고, 쇼의 정상화된 투하자본이익률이 5년 평균 20%라고 가정하더라도 버크셔의 이익률은 7.8%가 된다. 어느 경우든 버크셔가 인수한 기업 가치는 회사가 계속 성장한다면 투입한 자본 대비 양호한 이익을 올리면서 시간이 갈수록 상승한다.

표 6-23 · 쇼 인더스트리스-인수 분석 | **자료**·2000년 버크셔 해서웨이 연례 보고서, 1997~1999년 쇼 인더스트리스 연례 보고서 및 저자의 계산 **단위**·100만 달러

	1999	1998	1997	1996	1995
매출액	4,108	3,542	3,576	3,202	2,870
매출액/평균 투하자본1	3.18	2.68	2.73	2.54	2.34
이자·세금 차감 전 이익률1, 2	11%	8%	5%	5%	6%
세전 투하자본이익률	36%	21%	15%	14%	13%
인수 가격(주식)	2,291				
추정 부채	824				
유효 인수 가격	3,115				
인수 가격 배수	2.45배				
버크셔 귀속 세전 이익률	14.6%				

각주
1. 취득한 사업권 및 관련 상각액을 고려해 조정함.
2. 영업이익은 일회성 항목 효과 및 합작 기업 투자 이익에 대한 자본 효과를 제거하기 위해 조정됨.

---

* 버핏은 항상 일회성 항목을 거론하는 경영진에 대해 비판적으로 서술했다. 나는 여기에 일회성 항목을 되살려 놓았다. 이 회사의 실질적인 장기 수익 창출력을 왜곡한다고 생각해서다.
** 다른 단서는 운전자본이 9% 감소한 5억 8,200만 달러이고, 고정자산 투자는 매출액 증가액의 약 절반인 19%만 증가했다는 것이다.

⑦ 벤저민 무어 페인트

인수 일자 | 2000년 12월 8일

설명 | 페인트 회사

인수 가격 | 현금 10억 달러

벤저민 무어 페인트Benjamin Moore Paint는 기술력이 크게 필요 없는 주택 관련 사업군의 일원으로 버크셔 가문에 합류했다. 업력이 117년이나 되는 이 회사는 철물점에서 흔히 볼 수 있는 독립 판매점 구조로 운영되었다.

이 인수 거래는 2000년 7월 이 회사의 이사이자 살로몬의 법률 고문 밥 문드하임Bob Mundheim이 버핏과 거래 가능성에 대해 이야기하면서 이루어졌다. 버핏은 이 회사와 경영진인 리처드 룹Richard Roob과 이반 듀페이Yvan Dupay가 마음에 들었다고 말했다. 버핏과 멍거는 "그 자리에서 10억 달러의 현금 거래를 제안했다." 이 회사의 자세한 기타 재무 정보는 공개되지 않았다.

⑧ 존스 맨빌 주식회사

인수 일자 | 2001년 2월 27일

설명 | 북미, 유럽, 중국에서 단열재 및 건축자재 제조 및 판매 회사

인수 가격 | 18억 달러

존스 맨빌 주식회사Johns Manville Corp.는 길고도 험난한 길을 거쳐 버크셔에 인수되었다. 존스 맨빌이 예전에 제조·판매했던 단열재 제품에는 석면이 함유되어 있었는데 이후 이것이 수많은 건강 문제를 유발한 것

으로 밝혀졌다. 관련 소송은 1982년 이 회사의 파산으로 이어졌다. 피해자에게 보상할 수 있도록 파산법원은 피해자를 위한 신탁을 설정했으며 이 회사의 지배 지분을 주요 자산으로 삼았다.

이 신탁은 보유 지분을 분산하기 위해 인수자를 물색했다. 차입 매수 LBO 회사가 자금 조달처를 찾지 못해 쩔쩔매고 있을 때, 버크셔는 외부 융자금 없는 전액 현금 조건의 신속한 인수를 제안했다. 버핏은 사임한 존스 맨빌 CEO 제리 헨리Jerry Henry를 설득해 경영을 계속 맡아 달라고 요청했다. 헨리는 결국 2004년 중반까지 근무했다.17)

존스 맨빌의 투하자본이익률은 양호했으나 경기순환에 따라 출렁였다. 경기를 많이 타는 것으로 악명 높은 산업과 밀접하다는 점을 고려하면 이는 놀라운 일이 아니었다. 1993~1999년 투하자본이익률은 평균 18%였는데, 1993년의 이익률은 4%로 낮았다. 버크셔가 존스 맨빌에 지불한 프리미엄은 이 회사 기본 투하자본의 2배였다. 존스 맨빌이

표 6-24 · 존스 맨빌 인수 분석 | 자료·2000년 버크셔 해서웨이 연례 보고서, 1997~1999년 존스 맨빌 연례 보고서 및 저자의 계산 **단위**·100만 달러

	1999	1998	1997	1996	1995
매출액	2,162	1,781	1,648	1,552	1,392
매출액/평균 투하자본1	1.94	1.71	1.77	1.22	0.88
이자·세금 차감 전 이익률1	17%	16%	14%	12%	14%
세전 투하자본이익률	33%	28%	24%	15%	13%
인수 가격(주식)	1,800				
추정 부채	513				
유효 인수 가격	2,313				
인수 가격 배수	2.08배				
버크셔 귀속 세전 이익률	16.0%				

각주
1. 취득한 사업권 및 관련 상각액을 고려해 조정함.

미래의 경기순환을 통해 동일한 실적을 꾸준히 올린다면, 버크셔는 계속 만족스러운 수익률을 얻을 수 있다.

보험업

버크셔의 보험 부문은 16억 달러의 보험 인수 손실을 기록하며 6.1%의 책임준비금 비용이 발생했다. 잠시 후 살펴보겠지만 이 비용은 생각보다 나쁜 것은 아니었다. 미국 국채 10년물의 평균 금리가 5.5%인 것과 비교하면 버핏이 선호하는 수준에 비해 높았다. 원수보험 부문 이외에는, 버크셔의 각 주요 보험 영업 부문은 세전 보험 인수 손실을 기록했으며 제너럴 리가 단연 최악의 성적을 냈다.

표 6-25 · 버크셔 해서웨이 보험 인수

자료 · 1999년, 2000년 버크셔 해서웨이 연례 보고서 및 저자의 계산 **단위** · 100만 달러

	2000	1999
가이코		
인수 보험료	5,778	4,953
수입 보험료	5,610	4,757
보험계약 인수 손익(세전)	(224)	24
제너럴 리		
인수 보험료	8,696	7,043
수입 보험료	8,696	6,905
보험계약 인수 손익(세전)	(1,254)	(1,184)
버크셔 해서웨이 재보험 부문		
인수 보험료	4,724	2,410
수입 보험료	4,712	2,382
보험계약 인수 손익(세전)	(162)	(256)

버크셔 해서웨이 원수보험 부문		
수입 보험료	325	262
보험계약 인수 손익(세전)	25	22
보험계약 인수 손익 총계	(1,615)	(1,394)
기말 평균 책임준비금 총계	26,585	24,026
책임준비금 비용	6.1%	5.8%
불이익성(이익성) 손해 발생 총계	211	(192)

참고
1. 제너럴 리의 2000년 실적은 5개 분기의 합산임. 제너럴 리 인 터내셔널과 해외 생명/건강 부문이 2000년에 1분기 실적을 늦게 보고해 변경함. 12개월 동안의 전체 보험 인수 손실은 11억 5,600만 달러였음(2001년 발표치).
2. 버크셔 해서웨이 원수보험 부문의 인수 보험료는 공개되지 않음.

제너럴 리

제너럴 리는 12억 5,000만 달러의 보험 인수 손실을 기록했다. 이는 이 사업부의 평균 책임준비금 150억 달러에 대해 책임준비금 비용이 8% 이상이었음을 나타냈다. 과거의 가격 산정 실수가 제너럴 리에 계속 영향을 미쳤으며, 특정 보험가격을 재산정하는 데는 시간이 걸려서였다. 과거의 보험 인수 실수를 바로잡기 위해서는 과거에 인수한 보험의 불리한 손실 증가분을 상쇄할 수 있도록 이번 연도에 부담금을 반영해야 했다. 보험 인수 부문의 무거운 짐을 덜기 위해 최고 경영진인 론 퍼거슨, 조 브랜던, 태드 몬트로스가 애를 쓰는 중이었다.

제너럴 리의 북미 손해/상해 부문은 수입 보험료가 19.5% 증가한 33억 9,000만 달러였으나, 보험 인수 손실액이 7% 증가한 6억 5,600만 달러였다.* 전년 대비 손실이 확대되었는데도 실적은 더 나아진 것으로 풀이되었다. 보험 인수 부문의 징벌 같은 부담금이 개선되기 시작했으며 대규모 초과 재보험계약이 이루어진 덕분이었다. 이 계약은 보험료가 증가하는 데 큰 역할을 했으나 회계 규정 탓에 순 인수 손실 가운데 2억 3,900만 달러는 여기서 비롯되었다.

초과 재보험계약의 경제적 특징은 거액의 보험료를 선불로 받아 청구된 보험금은 (대체로) 장기간에 걸쳐 지불한다는 것이다. 이에 따라 책임준비금이 대규모로 발생하며, 이는 예상 지급액이 보험료보다 높을 것으로 추정되더라도 재보험사는 상쇄 효과를 얻게 된다. 이와 같은 경제적 약정은 대출과 다를 게 없다. 이런 약정에 대한 회계 처리 방식은 미래의 모든 예상 손실에 더해 보험료를 선불로 받는 것이다. 이때의 차액(보통 음수)은 장부에 보험 인수 손실로 기재된다.**

표 6-26 · 2000년 제너럴 리의 북미 손해/상해 부문 초과 재보험 약정의 회계 처리 및 경제성

자료·2000년 버크셔 해서웨이 연례 보고서 및 저자의 계산 **단위**·100만 달러

회계 처리	
선불 보험료	404
전체 미래 예상 손실	(643)
보험 인수 손실	(239)
경제성	
대출 시 이자 비용 :	
5년	9.7%
10년	4.8%
15년	3.1%

---

* 이 수치는 2001년 보고서에 나온 것으로, 이 보험 인수 손실은 당초 2000년 발표치보다 3,000만 달러 더 많다는 것에 유의하자.

** 일반적으로 가정해 보면 이 거래의 경제성은 대출과 다를 바 없음을 알 수 있다. 만일 버크셔가 5년간 4억 400만 달러 보험료를 받아서 5년 차에 6억 4,300만 달러를 보험금으로 내준다고 할 경우, 연간 10%의 비용이 든다. 10년 후에 내준다면 그 비용은 5%가 될 것이다(〈표 6-26〉 참고). 실제로 보험금 지급 시기는 수십 년이나 늘어날 수 있으며, 이는 해당 비용에 영향을 미친다.

버크셔는 2000년에 총 4억 8,200만 달러의 초과 재보험 손실을 기록했다(제너럴 리에서 2억 3,900만 달러, 나머지는 버크셔 해서웨이 재보험 부문BHRG의 손실이었다). 이는 이해 재보험 부문 보험 인수 손실의 3분의 1 이상(34.4%)에 해당했다. 회계 처리를 감안할 경우, 버핏은 버크셔의 책임준비금 비용을 분석할 때는 이런 유형의 약정에 맞춰 조정하는 것이 적절하다고 생각했다. 버핏은 이 조정으로 버크셔의 책임준비금 비용이 4.5% 이상으로 변경되었다고 말했다. 0이 아니었지만 6% 이상인 것보다는 나았다.

버크셔가 인수한 또 다른 유형의 재보험 약정(제너럴 리 및 버크셔 재보험)은 소급 재보험으로, 이것은 회계 처리 및 경제적 영향이 보다 밀접하게 연계되어 있었다. 소급 재보험 약정의 경제성은 보험료가 선불로 반영되는 초과 약정과 상당히 비슷하다. 다만 즉시 보험 인수 손실로 반영되지 않고, 낮은 보험료와 높은 기대 손실 간의 차액이 자산으로 반영된다. 그런 다음 이 자산은 시간 경과에 따라 발생한 손실 비용으로 이익에서 상각된다.***

초과 재보험과 소급 재보험은 버크셔에 좋은 사업군으로 여겨졌다. 두 사업이 모두 금본위제 마이너스 비용 유형이 아니었는데도 그랬다. 버핏은 보험에 적절한 가격이 산정되는 한에서는 이와 같은 "오늘은 고통이라도, 내일은 이익이 되는" 사업을 환영했으며, 주주들이 이런

***전년도에 손실이 발생했으므로 이는 전년도 손실로 기록되며 명백하게 불리한 손실 증가를 유발한다. 부채 추정액을 장부상 자산으로 올리는 것은 직관과는 다소 어긋난다. 하지만 책임준비금에 내재된 돈의 시간 가치를 대략적으로 반영하기 때문에 경제적 관점에서는 더 합리적이다. 이론적으로 수령한 보험료 이익은 이연비용 자산에 대한 비용인 셈이다(또는 약간의 이익을 얻을 수 있음).

사업의 경제성 및 회계 처리를 이해하는 게 중요하다고 생각했다.

다시 제너럴 리로 돌아가 보면 재무제표의 주석에는 해외 손해/상해 부문 실적에 대한 사탕발림이 전혀 없었다. "제너럴 리 해외 손해/상해 부문의 2000년 보험 인수 실적은 계속 상당히 나빴습니다." 이 부문은 다른 연도에 영화 투자에서 손실을 입었으며, 이것이 해당 비율에 4%p 를 덧붙였다. 좋은 소식이라고는 앞에서 언급했던 약정이 종료됐다는 것뿐이었다. 버크셔의 제너럴 리 해외 손해/상해 부문의 아수라장 같은 현황은 다음과 같다.

- 2000년 ┃ 수입 보험료 24억 8,000만 달러에 손실 4억 1,600만 달러, 합산비율 117%*
- 1999년과 비교 ┃ 수입 보험료 23억 4,000만 달러에 손실 4억 7,300만 달러, 합 산비율 120%

제너럴 리 해외 생명/건강 부문은 2000년에 수입 보험료가 단 2.8% 늘어났으며 보험 인수 실적은 계속 만족스러운 수준에 이르지 못했다. 이 부문은 수입 보험료 17억 7,000만 달러에 손실 8,400만 달러, 합산 비율은 104.7%였다.**

제너럴 리의 해외 생명/건강 및 해외 손해/상해 부문은 모두 2000년 에 추가 분기 이익을 보고했다. 15개월 치 실적 보고는 (버크셔의 전체

---

* 비교할 수 있도록 12개월 수치로 나타냈다. 15개월 치 실적은 5억 1,800만 달러 손실이었다.
** 비교할 수 있도록 12개월 수치로 나타냈다. 15개월 치 실적은 8,000만 달러 손실이었다.

실적에서는 그리 중요하지 않은 것으로 여겨졌으나) 다른 부문과의 연계용으로 이루어졌다. 두 부문은 이전에 1분기 실적 보고가 지연된 상태였다고 밝혔는데, 2000년에 이 지연된 내역을 바로잡았다.

버크셔 해서웨이 재보험 부문

버핏은 버크셔 해서웨이 재보험 부문BHRG을 이끄는 아지트 자인을 치하할 만했다. 2000년에 자인이 맡은 이 부문의 규모는 47억 달러에 이르러 거의 2배로 성장했다. 이 성장은 주로 영국의 주요 기업(비공개)에 소급 적용되는 24억 4,000만 달러 규모의 단일 계약에서 비롯되었다. 자인은 또한 텍사스 레인저스의 스타 선수 알렉스 로드리게스가 영구적으로 장애를 입을 경우를 대비한 보험계약을 인수했다. 버크셔는 수많은 스포츠 선수들의 장애 관련 보험을 취급했다. 또 다른 계약으로 그랩닷컴Grab.com의 10억 달러(현재 가치로는 1억 7,000만 달러)짜리 상금 지불액 관련 계약이 있었다. 소급 재보험으로 인한 보험 인수 손실은 1억 9,100만 달러였다.

제너럴 리와 마찬가지로, 재보험 부문은 첫해 손실이 발생했던 초과 손실 재보험계약을 인수했으나 상계되는 회계 처리는 없었다. 2000년에 이런 손실은 1억 5,400만 달러였으며***, 이것은 이 부문의 인수 손실 1억 6,200만 달러의 대부분을 차지했다. 이 부문의 재해 사업부는 다시 좋은 실적을 올려 1억 8,300만 달러의 이익을 기록했다.

*** 이 수치는 2000년 재무 보고서에 나온 1억 6,700만 달러에서 수정된 것으로, 재보험 부문의 합산 보험 인수 손실은 1억 7,500만 달러였다. 여기서는 2001년 보고치를 적용했다.

재보험 부문은 자인의 리더십 아래 주목할 만한 사업 부문이 되었다. 약 50억 달러에 달하는 보험 물량에 들어가는 비용이라고는 간접비(보험 인수 사업비)의 단 2.4%에 불과했다. 나머지는 101.3%나 되는 손실 및 손실 비용이었다. 몇 건의 대형 계약을 인수하는 이 사업의 특성 덕분에 보험료가 불어나자 간접비 비율은 1999년부터 한 자릿수로 낮아졌다. 전에는 이 부문의 간접비 비율은 20%에 가까웠으나 1998~2000년에는 제너럴 리의 간접비 비율과 거의 같았다.

버크셔 해서웨이 원수보험 부문

원수보험 부문에서 평범한 (그러나 경제적 관점에서는 역시 신나는) 실적이었는데, 보험료는 24% 증가한 3억 2,500만 달러, 세전 보험 인수 이익은 14% 증가한 2,500만 달러를 기록했다. 이런 성장은 주로 미국 국채를 들고 있던 덕분이었다.

가이코

가이코는 수년 동안 상당히 좋은 실적을 올린 후 이례적으로 별일 없는 연도를 보냈다. 그 이유 중 하나는 자초한 것이었다. 1999년에 열성적으로 광고에 막대한 투자를 한 것이 잘못이었다는 게 버핏의 이야기였다. 수익률 체감의 법칙이 가이코를 강타했다. 가이코는 어떤 경우 시간당 광고를 세 건이나 내보냈는데, 이때 세 번째 광고는 첫 번째 광고에 비해 신규 계약에 그다지 영향을 미치지 않을 가능성이 컸다. 게다가 가이코의 시장점유율 증가는 (따기 쉬운) 낮은 곳에 매달린 열매를 다 따 버렸다는 의미였다. 그 외 다른 고객을 끌어오려면 시간이 더 오래 걸리게 마련이었다.

이러한 요인 탓에 가이코는 성장이 더뎌지는 새로운 국면에 진입했다. 이 새로운 국면은 2000년에 벌써 분명해졌다. 가이코는 전에는 우대 고객, 즉 보장할 리스크가 낮은 우수한 운전자에게 집중했다. 비우대 시장은 교통법규 위반 및 때때로 음주 운전 등 운전 경력에 흠이 있는 운전자가 지배적이었다. 비우대자의 보험계약에서는 효력 상실 해약률(보험료를 내지 않는 경우)이 더 높아서 계약 갱신이 더 적었다. 그래서 가이코에서 이 연도에 약 150만 건의 자발적 신규 보험계약이 늘어났으나 전체 계약 증가분에서 갱신된 건수는 약 20%에 그쳤다.

가이코가 인수 손실을 낸 주요 요인은 경쟁이었다. 미국 자동차보험 업계의 지배적인 회사는 스테이트 팜State Farm이었다(지금도 그렇다). 스테이트 팜은 시장의 19%를 차지했는데, 가격을 낮추며 더 높은 손해율을 감수했다. 이것은 업계 요율에 압박을 가했다. 가이코는 긴 시각으로 사업에 임하면서 수익성 있는 보험 인수에 집중했다. 시장점유율을 높이고 가격을 인상해 보험료 수입이 18% 늘어났지만, 모든 비용을 감당할 만한 정도는 아니었다.

한 해의 부진함과 6.1%의 책임준비금 비용 비율이 가이코의 명성이나 전망을 훼손한 것은 아니었다. 이 회사의 사업 모델은 여전히 저비용 구조였고 성장할 여지도 있어서 스테이트 팜을 따라잡을 가능성이 있었다.

제조, 서비스, 소매 유통업

버크셔의 재무 보고는 가족으로 새로 합류한 대형 기업들을 분류할 수 있도록 다시 변경되었다. 다른 사업 부문에 속해 있던 〈버펄로 뉴스〉, 제화 부문, 데어리 퀸, 시즈 캔디는 이제 버크셔의 여러 소형 사업부와 함께 묶인 모습으로 나타났다. 애크미 빌딩 브랜즈Acme Building Brands*, 벤저민 무어, 존스 맨빌(2001년 인수 완료)을 분류할 새로운 건축 제품 보고 부문이 필요했기 때문이다. 이 기업들은 세전 이익이 9억 600만 달러라고 보고했다. 이는 전년 대비 강한 성장을 나타냈으나 신규 사업을 포함한 덕분이었다. 비교하기에 적당한 지표는 세전 투하자본이익률로, 6%p 하락한 20.7%였다.**

버핏은 문제를 묻어 두는 사람이 아니었다. 주주 서한에서 그는 제화 부문에 대해 언급했는데, 이 부문은 해외 경쟁사들에 맞서 치열하게 싸우고 있었다. 제화 부문의 세전 영업이익이 1994년 8,500만 달러에서 1999년(이 부문이 다른 사업부로 통합되기 전 마지막 연도) 1,700만 달러로 줄어드는 데는 덱스터가 한몫했다. 버크셔는 이제 덱스터의 가치가 이 회사를 인수할 때 지불한 액수보다 낮아졌다는 어쩔 수 없는 증거를 보유하게 되었다. 그 결과 덱스터는 2000년 말 사업권 상각 부담금 2억 1,900만 달러를 기록했다. 돌이켜 보면 덱스터 인수는 실수였다. 특히 덱스터는 버크셔 주식으로 인수한 탓에 이 실수는 더 심각했다. 버핏은 강력한 경제력의 작용을 과소평가한 데 대해 자신을 계속 책망했다. 버핏은 "미래에 덱스터의 경제성 있는 사업권이 얼마간 회복될 수도 있겠지만, 현재로서는 확실히 존재하지 않는다"고 썼다. 미국의

---

* 저스틴 브랜즈Justin Brands는 저스틴 인더스트리스의 신발 사업부로, 기타 부문 소속으로 보고되었다.
** 저스틴 인더스트리스의 투하자본이익률이 두 자릿수를 밑돌았으므로 이 회사가 상당한 하락의 주요 원인일 가능성이 컸다.

다른 신발 제조업체들도 아마 이런 정서에 공감했을 것이다.

두 항공 서비스 부문 이익은 이해에 5% 감소한 2억 1,300만 달러를 기록했다. 하지만 계속 버크셔 세전 연결 영업이익의 13%를 차지했다. 조종사 훈련 회사인 플라이트세이프티는 2000년 시뮬레이터에 2억 7,200만 달러를 지출했다. 이 수치는 버핏이 연례 주주총회에서 이 회사의 연간 감가상각비로 언급한 7,000만 달러를 훨씬 웃돈 것으로***, 이같이 커진 수치는 이 회사의 외형이 성장했음을 나타낸다. 플라이트 세이프티의 설립자로 83세인 앨 울츠키는 버핏과 마찬가지로 속도를 늦추지 않았다.

이그제큐티브 제트의 월간 관리비와 시간당 이용료는 이해에 49% 증가했는데, 전년 대비 46% 치솟은 것이었다. 이 회사는 전 세계 제트기 서비스의 7%를 차지하며 최대한 빠르게 성장하고 있었다. 그러나 유럽 진출 등 사업을 키워 나가는 데 비용이 많이 들어갔다. 이것은 이익에 부담을 주었고 항공 서비스의 전반적인 이익 감소의 원인이었다.

급성장하고 있었지만 이그제큐티브 제트는 동시에 신중한 태도를 취했다. 창립자 겸 CEO 리치 산툴리Rich Santulli가 (플라이트세이프티에도 좋은 소식인) "이례적으로 많은 규모의 조종사 훈련"을 주장했다는 게 버핏의 이야기였다. 이그제큐티브 제트의 조종사들은 항공기 기종을 단 한 대만 운행했으며 연평균 23일 동안 훈련을 받아 최고 수준에 올랐다. 찰리 멍거는 1년 전 콜로라도주 아스펜에서 발생한 경쟁 업체

*** 항공 서비스 감가상각비 총액은 9,000만 달러였는데, 여기에는 이그제큐티브 제트의 감가상각비 2,000만 달러가 포함되어 있다.

의 추락 사고를 언급하며 이그제큐티브 제트 조종사들은 기상 상황 탓에 해당 공항으로의 비행을 거절했다고 주주들에게 설명했다. 경쟁사는 고객의 요구로 착륙을 시도했지만 비극으로 끝났다는 것이었다.

스콧 페처의 20개 비금융 회사들의 영업이익은 17% 감소한 1억 2,200만 달러였다. 실적을 주도한 회사는 커비, 캠벨 하우스펠트, 월드북으로, 이들은 매출액의 60%, 영업이익의 65%를 차지했다. 월드북은 계속 어려움을 겪었으며, 전년도에 이례적으로 좋은 실적을 거둔 발전기 사업은 2000년에 Y2K 공포로 비교 대상 실적이 타격을 입었다.

버핏은 연례 보고서의 한 부분을 랠프 셰이를 칭송하는 데 할애했다. 셰이는 2000년 말에 퇴임했다. 버크셔가 1985년 스콧 페처를 인수한 이래로, 스콧 페처는 순 인수 가격 2억 3,000만 달러였지만 오마하에 10억 3,000만 달러나 보냈다. 이 자금은 버크셔의 후속 인수 중 일부에 사용된 종잣돈seed capital이었다. 셰이가 버크셔에 기여한 공로에는 수십억 달러의 가치가 있었다고 버핏은 치하했다. 자신과 멍거는 버크셔 명예의 전당에 입성한 셰이를 환영한다고 기재하기도 했다.

금융 및 금융 상품

금융 및 금융 상품 부문은 조용히 큰 규모로 성장했으며 1998년 제너럴 리의 금융 관련 사업이 추가되면서 힘을 받았다. 2000년 말 이 부문은 17억 7,000만 달러의 자기자본으로 뒷받침되는 168억 달러의 자산을 보유했다. 이는 거의 10배에 달하는 레버리지를 적용한 은행과 상당히 비슷했다(이 정도 레버리지는 은행에서는 흔한 일이었음). 세전 이익은 1999년 1억 2,500만 달러에서 2000년 5억 3,000만 달러로 껑충 뛰었다.* 이 사업부는 스콧 페처의 금융 부문에서 구조화 합의 및 연금 부문, 제너럴 리의 증권 부문에 이르기까지 모든 것을 아울렀지만 상대적으로 공개된 내용은 거의 없었다. 주주들은 당연히 이 사업 부문에 대해 궁금해했다.

이듬해 연례 주주총회에서 버핏은 실제로 많은 것을 공개하지 않았지만, 이 사업부의 상대적 리스크에 대해서는 주주들을 안심시켜 주었다. 구조화 합의 부문과 마찬가지로, 기본적인 운영이 간단하고 "상당히 예측 가능하며 이해하기 쉬운 사업"이라는 게 버핏의 설명이었다.

복잡도가 커짐에 따라 이 부문에서는 일반 투자 범주를 벗어난 거래 사업도 다루었다. 버핏은 이것을 "다양한 유형의 채권형 증권 차익 거래 또는 준차익 거래"라고 설명했다. 이 사업군은 마크 번(오랫동안 가이코를 경영했던 잭 번의 아들)이 운영했는데, 버핏과 멍거는 그를 똑똑하고 신뢰할 만하다고 칭찬했다.

버핏에 따르면 제너럴 리의 파생상품 사업은 안전한 영역을 명백히 벗어났으며, 이에 사업 정리에 들어갔다. 2000년에 제너럴 리 증권 부문은 처분하려면 시간이 꽤 드는(최악의 경우 많은 적자를 낼 수도 있는) 파생상품 계약을 대규모로 보유하고 있었다.**

투자

(멍거의 의견을 더해) 버핏이 운영하는 버크셔의 주요 투자 사업으로

---

* 이 수치는 주주 서한에서 나온 수치와 부록에 나온 수치가 약간 불일치한다. 2000년과 2001년 발표치 사이에도 불일치가 존재하지만 그 차이는 미미하다.
** 그 당시 약 1만 7,000건의 계약으로, 6,500억 달러 이상의 가치가 있었다.

돌아가 보면, 패니 매와 프레디 맥 주식은 거의 다 매각되었다. 버크셔의 최고 자본 배분 책임자가 리스크 특징이 달라졌음을 감지한 후 투자가 중단되었다.*[18] 이것은 나중에 이 회사들이 이익을 과대 계상한 것으로 밝혀진 후 바로 입증된다. 이것은 또한 약 10년 후인 2008~2009년 금융 위기에서 한몫을 한다.

버크셔는 "여러 중간 규모 기업에서 15%의 포지션을 두었고, 몇몇 발행사의 하이일드 채권을 매입했으며 … 고급 주택담보부증권도 보유 대상으로 추가했습니다. 현재 보유 중인 자산 중에서 '아주 저렴하게 매입한 상품'은 없습니다. 우리는 우리의 보유 대상에 만족하지만 큰 기대는 없습니다"라는 게 버핏의 설명이었다.

공유할 만한 흥미로운 투자 소식이 별로 없는 상황에서, 버핏은 주주서한 가운데 몇 쪽을 지난 연례 주주총회에서 처음으로 다룬 이솝의 비유를 확대하는 데 할애했다. 손에 쥔 새가 수풀 속 두 마리만큼 가치가 있다는 내용의 이솝의 우화처럼, 투자는 간단하다고 버핏은 말했다. 여기에는 한 가지 작은 요건이 필요하다고 했다. 그 요건이란 언제 투자하느냐, 그리고 무위험률의 정도가 얼마나 되느냐는 것이었다. 만일 이 세 가지 질문에 대답할 수 있다면 "전 우주에 걸쳐 쓸 수 있는 모든 자본의 매력도에 순위를 매길 수 있다"고 버핏은 말했다. 그 질문은 다음과 같았다.

---

* 이 회사들은 수수료 보증 사업에서 모기지(주택담보대출) 보유 쪽으로 옮겨 가고 있었다. 이들은 위기 이전에도 모기지를 약간 들고 있었다.

1. 수풀 속에 진짜로 새(현금)가 있다는 것을 얼마나 확신하는가?

2. 새들은 언제 나타나며 몇이나 될 것인가?

3. 무위험이자율은 얼마나 되는가?

이러한 질문에 대한 대답이 버크셔 투자 계획의 토대였다. 확실성이 해당 목록 맨 앞에 놓인 것은 우연이 아니었다. 버핏은 다른 사람들이 투기에 빠져 이러한 체계에 유의하는 것을 잊었다고 말했다. 대신 그들은 펀더멘털이 합리적인 수준으로 나타나기보다 훨씬 앞서 거래되는 경우가 많은 주가의 움직임에 대해 더욱 우려했다.

2001년 연례 주주총회에서 찰리 멍거가 한 발언은 교훈적이었다. 이 발언은 닷컴 버블 시기에 인터넷 기업을 매수하는 데 대한 그와 버핏의 올바른 생각을 조명한 것이었다. 그는 자신과 버핏이 젊은 시절 오마하에 있는 버핏 할아버지의 식료품점에서 일한 적이 있었다고 회상했다. 멍거는 고객에게 상품 배송하기 등으로 이루어진 이 사업이 "한 가족을 간신히 부양했다"고 언급했다. 버핏은 멍거가 언급한 바를 분명히 했다. 즉 인터넷 기반 식료품 배달 회사인 웹밴Webvan은 버핏 & 선Buffett & Son이 몇 세대 전에 식료품 배달 시 겪은 것과 같은 비용 문제에 직면했다는 것이다.

인터넷 과대광고는 기술이 어떻게든 비용을 없애 모두에게 이익을 올려 줄 것이라는 잘못된 믿음을 바탕으로 수많은 사람을 투기성 광란에 몰아넣었다. 버핏과 멍거는 기본적인 경제성을 들여다보면서도 남다른 것을 보았다. 그들은 식료품 주문이 종이에서 컴퓨터 입력으로 변화하더라도 제품을 사들여 고객에게 배송하는 비용은 변하지 않을 것이라고 보았다. 버핏은 "많은 자금이 … 귀가 얇은 사람들한테서 [인터넷 기업] 창립자들에게 넘어갔다 … 이는 대중에게 거대한 함정이 되었다"고 말했다.

버크셔 대 S&P 500

버크셔는 비교 대상 지수인 S&P 500을 2000년에 15.6%p 앞질렀으나 장부가치는 6.5%p 증가에 그쳤다. 이는 그해 S&P가 9.1% 하락했기 때문이다. 버핏은 주주들에게 버크셔의 내재 가치 이익(실제로 계산된 지표)이 장부가치 이익을 어느 정도 초과한 것으로 생각한다고 말했다.

1999년과 2000년에는 세전 영업 손실을 포함해 투자 수익을 고려하다 보니, 버크셔의 내재 가치를 판단하기 위한 2열 비교 방법(주당 투자 금액과 주당 세전 영업이익 배수의 합산. 투자 수익은 제외함)은 약간 더 복잡해졌다(〈표 6-27〉 참고). 버핏은 2000년 연례 보고서에서 이 표를 누락하기도 했다. 버크셔의 가치를 추정하려면 재무제표에서부터 직접 작업을 해야 했으며 보험 수익성에 대한 몇 가지 가정도 필요했다.

이 추정치의 첫 부분인 주당 투자 금액은 비교적 간단하다. 버크셔의 대차대조표는 금융 사업 부문을 제외한 현금 및 투자 금액을 보여 준다.*

세전 영업이익은 약간 더 복잡하다. 빠르게 계산해 보면 주당 손실이 나온다.** 손실을 자본에 반영하면 더 큰 음수 값으로 이어져 내재 가치 계산액이 감소한다. 그러나 알다시피 버핏은 보험 인수가 가져온 지속적인 대규모 손실을 내버려 두지 않을 것이며, 우리도 이 사업 부문에 중요한 가치가 있다는 것을 알고 있다. 보험 인수 사업이 손익분기

표 6-27 · 버크셔 해서웨이 내재 가치 추정치

자료·1999년, 2000년 버크셔 해서웨이 연례 보고서 및 저자의 계산

주당(A주 기준)	2000	1999
투자 금액	$50,507	$47,339
세전 영업이익(예 : 투자 이익, 보험 인수에 대한 손익분기 조정)	846	550
추정 가치 (투자 금액+영업이익의 10배)	$58,966	$52,844
기말 주가	$71,000	$56,100
기말 주당 장부가치	40,442	37,987
주가/추정 가치	1.20배	1.06배
주가/장부가치	1.76배	1.48배
가치/장부가액	1.46배	1.39배
추정 가치 변동률	12%	
주가 변동률	27%	

점이 된다는 비교적 보수적인 가정을 할 경우, 비보험 부문의 주당 영업이익을 자본에 반영할 수 있다.

1999년에도 동일한 방법론을 적용할 수 있는데, 이 연도에 보험 인수로 유사한 세전 손실이 나타났다. 동일한 방법을 사용할 경우 1999~2000년의 내재 가치 변동률은 12%로, 버핏이 잡았던 다소 높은 변동치와 일치한다.

버크셔의 연평균 수익률 15% 달성 목표는 매년 더욱 어려워지고 있었다. 버크셔의 규모가 점점 커지고 있어서였다. 버핏은 연례 주주총회

---

* 나는 금융 사업 부문의 현금과 투자 금액은 운영상 필수적인 것으로 가정했다. 이 액수와 영업이익을 포함하면 이중 계산이 된다. 운영 중인 기업용으로 일정 금액의 현금을 제외하는 경우가 있을 수는 있다. 하지만 이것은 아마도 미미한 금액일 것이라서 애쓸 만한 가치는 없다. 정확하게는 틀릴 수도 있지만 대략적으로 맞는 방식이라는 점을 고려하면 그렇다.

** 손실 금액은 주당 약 193달러였다.

에서 주주들에게 향후 10년 동안 이런 기록을 올릴 대기업은 거의 없을 것이라고 말했다. 버크셔는 최선을 다할 것이다. 기회비용을 기준점으로 잡아서 말이다. 버핏은 2001년 연례 주주총회에서 이 전략을 다음과 같이 잘 요약했다.

"저는 우리 방식이 꽤 괜찮다고 생각합니다. 그건 바로 뛰어난 사람들이 경영을 맡아 자체 성장을 이루는 훌륭한 기업들이 모여 규모 큰 자금을 모아 두었다가, 그 후 필요한 계열사에 자금을 밀어 주는 거죠. 이따금 속도가 더딜 수도 있지만 가끔은 적기에 지원하고, 이런 식의 계열사를 늘리되 발행주식 수는 늘리지 않는 것이 우리 정도 규모의 기업이 취할 수 있는 우수한 사업 모델입니다. 그러나 이것이 무엇을 산출하는지는 지켜봐야겠지요."

군더더기라고는 하나도 없다.

2001년
–

S&P 500을 앞서기 위한 경쟁에서, 버크셔 해서웨이가 이 비교 지수에 미치지 못한 경우는 단 몇 번에 불과했다.* 해당 연도에도 주당 장부가치는 적어도 얼마간은 증가하면서 마감되었다. 이런 상황은 2001년 주당 장부가치가 S&P는 11.9% 감소한 반면에 버크셔는 6.2% 감소에 그

---

* 버크셔의 장부가치 변동률이 S&P 500 변동률보다 뒤처진 연도는 1967년, 1975년, 1980년, 1999년이었다.

치면서 바뀌었다. 이 일련의 성장세는 2001년 9·11 테러라는 실로 끔찍한 대재앙 때만 주춤했다. 미국과 마찬가지로 버크셔도 타격을 받았지만 역경 속에서도 회복력이 있었다.

버핏은 주주들에게 이 시합의 명칭은 상대적인 성과라는 점을 상기시켰다. 버크셔는 S&P를 5.7%p나 웃돌았다. "버크셔 부회장 찰리 멍거와 저처럼 여러분도 시간이 지남에 따라 S&P 500 보유가 상당히 만족스러운 결과를 낳을 것으로 기대한다면, 장기 투자자는 매년 작은 이익을 얻는 행위가 이 지수보다 수익률이 높다는 것을 증명해야 합니다."** 어떤 이들은 버핏의 의견에 동의하지 않았지만, 버핏은 확고한 태도로 주주들에게 상대적 성과에 대한 자신의 목표가 달라지지 않을 것임을 상기시켜 주었다.

2001년 버크셔가 부진한 실적을 낸 원인의 일부는 자초한 것이었다. 버핏도 그 사실을 인정했다. 제너럴 리는 적절한 보상이 이루어지지 않는 상태에서 테러와 관련된 리스크를 감수했다. 버핏은 제너럴 리가 해당 리스크에 노출돼 있다는 사실을 알아차리고 자책했으나 "9·11 사태로 이런 실수가 우리에게 닥쳤다"고 말했다.

비보험 부문에서도 버크셔 회사들은 이 테러 공격과 경제의 영향을 받았다. 경제 분석가들이 분석 결과를 내놓지 않았는데도 버핏은 미국이 경기 침체에 들어섰다고 생각했다. 공무원들은 이후 2000년대 초반 경기 침체 시기를 2001년 3~11월로 산정했다. 그럼에도 버크셔는 그해 비보험 자회사를 추가했다. 이전에 발표된 쇼 인수와 존스 맨빌 인

** 원본에서도 강조됨.

수를 완료했으며, 다른 몇몇 자회사는 처분하고 새로 설립하기도 했다. 9·11 사태의 충격 속에서도 좋은 투자 기회를 찾는 버크셔의 장기 전략은 변함이 없었다. 그중 세 가지는 다음에 나열되어 있다.

① 미텍

인수 일자 | 2001년 7월 31일

설명 | 건축자재 회사

인수 가격 | 지분 90%에 대해 현금 4억 달러

미텍$_{MiTek}$은 지붕 트러스(지붕을 떠받치는 구조물-옮긴이)용 연결 판재 및 기타 건축 관련 자재를 만들었다. 또 고객에게 임대해 주는 독점 소프트웨어 시스템도 보유했다.[19] 이 회사는 전년도에 CEO 진 툼스$_{Gene}$ $_{Toombs}$가 금속 조각(연결 판재)과 함께 버핏에게 편지를 보내면서 버핏의 주목을 받았다.

버크셔에 인수되기 전까지 미텍은 영국 회사인 렉삼$_{Rexam\ PLC}$ 소속이었다.* 미텍의 본사는 미주리주 체스터필드에 있었다. 회사의 나머지 지분 10%는 이 회사의 관리직 55명이 인수했으며, 이들은 각자 개인 자금**을 투입해 인수에 참여했다. 미텍은 렉삼 내의 사업 부문이었기에 자세한 재무 정보는 파악되지 않았다.

---

* 미텍의 재무 실적은 다른 자회사와 함께 보고되었기 때문에 구체적인 실적과 버크셔가 인수하게 한 경제성의 이면은 판단할 수 없다.
** 버핏은 이들의 최소 투자액이 10만 달러였다며 "많은 이들이 참여하기 위해 돈을 빌렸다"고 서술했다. 부여된 옵션은 없었다.

② 엑스트라

인수 일자 | 2001년 9월 11일

설명 | 트레일러 임대 사업

인수 가격 | 약 5억 7,800만 달러

버핏은 친구 줄리언 로버트슨Julian Robertson이 이 거래를 성사시켰다고
말했다. 로버트슨은 이 회사 주식을 보유한 투자 펀드인 타이거 펀드의
소유주였다. 버크셔의 제안에는 당일 상황을 고려해 계약 철회가 가능
하다는 내용이 포함되어 있었지만, 버크셔는 이 인수를 완료했다.

표 6-28 · 엑스트라 코퍼레이션 인수 분석
자료·2001년 버크셔 해서웨이 연례 보고서, 1998~2000년 엑스트라 코
퍼레이션 연례 보고서 및 저자의 계산 **단위**·100만 달러

	2000	1999	1998
매출액	477	464	461
매출액/평균 투하자본[1]	0.41	0.39	0.37
이자·세금 차감 전 이익률[1]	34%	33%	35%
세전 투하자본이익률	14%	13%	13%
인수 가격(지분)	578		
추정 부채	788		
유효 인수 가격	1,366		
인수 가격 배수	1.17배		
버크셔 귀속 세전 이익률	12.0%		

각주
1. 1999년 자산 감액(2,500만 달러)과 구조조정 비용(1,300만 달러)만큼 조
정됨.

엑스트라는 트레일러를 구입해서 트럭 회사 및 기타 화물 운송 회사

에 임대했다. 경기 움직임과의 연관성 탓에 경기순환형 기업이 되어 버크셔의 다른 여러 회사와 마찬가지로 전반적으로 높은 수익을 올렸다. 사업 특성상 이 회사는 금융 및 금융 상품 사업 부문에 배치되었다.

금융 관련 사업인 만큼 엑스트라의 대차대조표에는 상당한 부채가 포함되어 있었다. 이 회사는 또한 양호한 총 투하자본이익률을 올렸다. 버크셔의 인수 가격은 이 회사의 기본 투하자본 대비 약 60%의 프리미엄을 나타냈다. 100% 현금 지불이었다는 관점에서 이번 인수를 고려하면 유효 인수 가격은 12%의 수익률을 기록했다.*

③ 라슨-줄

인수 일자 | 2002년 2월 8일

설명 | 고품질 맞춤형 프레임 제품의 제조 및 유통업체

인수 가격 | 약 2억 2,500만 달러

저기술형 비보험회사를 계속 늘려 나가던 가운데, 버크셔는 2001년 라슨-줄Larson-Juhl이라는 브랜드로 사업하던 앨버카Albecca, Inc. 인수에 합의했다. 이 회사는 미국의 프레임(건물, 차량 등의 틀-옮긴이) 매장 1만 8,000곳에 서비스를 제공했으며 캐나다와 유럽에서도 사업을 했다.

이 회사의 소유주는 크레이그 폰지오Craig Ponzio로, 제조업에 종사하며 대학에 다녔다. 폰지오는 1981년에 이 회사를 인수했으며 회사 매출액을 100배인 3억 달러로 늘렸다. 당시 이 회사는 CEO인 스티브 매켄지

---

* 레버리지 효과 때문에 버크셔 귀속 자기자본이익률ROE은 세전 18%, 세후 11%에 가까웠다.

Steve McKenzie가 경영했다.

라슨-줄의 경제성은 아주 단순했다. 이 회사는 매년 상당히 적은 물량만 들여놓는 소형 프레임 매장에 서비스를 제공했다. 그런 매장에서 중요한 것은 운송 비용을 많이 들이지 않고 이용할 수 있는 광범위한 재고였다. 라슨-줄은 고객 매장이 수만 곳이어서, 개별 상점에서 주문을 자주 하지 않더라도 재고를 효율적으로 갖출 수 있었다. 이것은 라슨-줄이 받은 주문의 85%는 다음 날 프레임 매장에 제공된다는 의미였다. 이러한 고객망과 연간 6회 고객 상점에 방문하는 서비스 조직은 이 회사 주변에 해자를 생성했다.

버핏은 이 거래가 빨리 성사된 것은 본인이 2001년 12월 3일에 처음 주목했기 때문이라고 말했다. 그는 이것을 비옥한 투구fat pitch라고 일컬었다. 즉 전화상으로 평가하는 데 15분도 걸리지 않았고, 직접 만나 결론을 내는 데도 90분 미만이 소요되었기 때문이다. 버핏은 향후 볼트온bolt-on 인수(라슨-줄의 기존 영업에 적합한 소규모 인수)의 기회가 있을 것으로 보았다.

보험업

2001년의 주요 내용은 보험이었다. 9·11 테러는 사상 최대 규모의 보험 손실을 유발했으며 버크셔는 자사의 몫을 감당했다. 버핏은 2001년 9월 12일 보도 자료를 내보내는 이례적인 조치에 나섰다. 그는 테러로 인한 손실을 추정분을 파악하는 데 상당히 시간이 걸릴 것이라고 밝혔으나, 버크셔의 손실 금액은 업계 손실 금액의 약 3~5%를 차지할 것으로 생각했다.

연이은 이례적인 행보로 버핏은 버크셔의 3분기 실적 발표에 논평을 담았는데, 이 논평에서 손실 금액을 약 22억 7,500만 달러로 추산했다. 같은 보도 자료에서 버핏은 제너럴 리가 성공적인 보험회사 운영을 위한 세 가지 규칙을 모두 어겼다며 질책했다. 그 규칙은 쉽게 표현하면 다음과 같았다.

1. 평가 가능한 리스크만 인수
2. 종합 익스포저 제한(즉 리스크 분산)
3. 나쁜 배우(리스크가 낮은 척하는 보험계약 상대방 - 옮긴이)와 거래하지 않기

이러한 규칙을 어긴 CEO 론 퍼거슨은 해임되었다.* 버핏은 그 대신 조 브랜던을 임명했으며 브랜던과 그의 새 부관 테드 몬트로스 사장이 제너럴 리를 정리할 유능한 리더라고 칭찬했다. 9·11 탓에 버크셔 해서웨이 재보험이 손실을 입은 것과 달리, 버핏은 아지트 자인이 이끄는 부문에서는 성공적인 보험 인수의 세 가지 규칙을 모두 준수했다고 언급했다.

보험 부문은 수입 보험료 180억 달러에 보험 인수 손실 41억 달러를 기록했다. 버크셔의 책임준비금 비용은 12.8%라는 놀라운 수치를 보였다. 2001년 말 평균 책임준비금이 19% 증가한 355억 달러를 기록한 것

---

* 앨리스 슈뢰더의 저서 《스노볼》에서 작가는 버핏이 어떤 이유로 이 시점까지 퍼거슨의 성과에 만족할 수 없었는지 설명한다. 퍼거슨은 버핏과 아지트 자인이 추구하던 '1피트짜리 장대one foot bars(버핏은 비유적으로 넘지 못할 7피트짜리 장대보다 쉽게 넘을 수 있는 1피트짜리 장대를 선호한다고 한 바 있음 - 옮긴이)'를 좋아하지 않았다. 그 대신 지적으로 어려운 도전을 선호했다. 제너럴 리의 고객이 제너럴 리에 계약 조건을 설명한 것이 아니라, 실제로는 이와 정반대 상황이 일어났다는 것을 버핏이 알았다고 슈뢰더는 서술했다.

은 반드시 좋은 것만은 아니었다. 책임준비금의 구성 요소는 미지급 손실임을 떠올려 보자. 2001년 버크셔의 책임준비금은 보상되지 않는 손

표 6-29 · 버크셔 해서웨이 보험 인수 현황

자료·2001년 버크셔 해서웨이 연례 보고서 및 저자의 계산
단위·100만 달러

	2001	2000
가이코		
인수 보험료	6,176	5,778
수입 보험료	6,060	5,610
보험계약 인수 손익(세전)	221	(224)
제너럴 리		
인수 보험료	8,730	8,696
수입 보험료	8,353	8,696
보험계약 인수 손익(세전)	(3,671)	(1,254)
버크셔 해서웨이 재보험 부문		
인수 보험료	3,254	4,724
수입 보험료	2,991	4,712
보험계약 인수 손익(세전)	(647)	(162)
버크셔 해서웨이 원수보험 부문		
수입 보험료	501	325
보험계약 인수 손익(세전)	30	25
보험계약 인수 손익 총계	(4,067)	(1,615)
기말 평균 책임준비금 총계	31,690	26,585
책임준비금 비용	12.8%	6.1%
불이익성(이익성) 손해 발생 총계	1,165	211

참고
1. 제너럴 리의 2000년 실적은 5개 분기의 합산임. 제너럴 리 인터내셔널과 해외 생명/건강이 2000년에 1분기 실적을 늦게 보고해 변경함.
2. 버크셔 해서웨이 원수보험 부문의 인수 보험료는 공개되지 않음.

실을 입은 탓에 대부분 크게 늘어났다. 버크셔에서는 오랫동안 책임준 비금의 전체 비용이 두 자릿수라는 것이 용인되지 않았다.

제너럴 리

버크셔가 1998년 말 제너럴 리를 인수한 이후 이 회사는 보험 인수에서 비롯된 누적 손실이 약 65억 달러에 이르렀다. 사실상 1998년 이후 매 년 손실이 늘어난 것이었다. 2001년 37억 달러의 손실은 형편없는 보 험 인수 성적이었다. 납입하지 않은 건(테러 보험)도 보장하는 보험을 인수했기 때문에 제너럴 리는 9·11 테러로만 19억 달러를 잃었다. 이 부문은 또한 전년도의 보험 인수 오류를 바로잡는 데도 8억 달러의 손 실을 냈다.

제너럴 리에서 발생한 손실의 대부분은 북미 손해/상해 부문에서 발 생했는데, 수입 보험료 39억 7,000만 달러에서 손실이 28억 4,000만 달 러였다. 이는 장기 계약이나 회계 영향 탓이 아니라 단순히 보험 인수 가 부실한 경우였다. 손실액 가운데 15억 4,000만 달러가 9월 11일에 발생했다. 그해 북미 손해/상해 부문에서는 손실 충당금으로 8억 달러 를 추가했다.

제너럴 리의 해외 손해/상해 부문도 상당히 좋지 않은 실적을 냈다. 일부는 9·11 테러에서 비롯되었다. 이 부문은 (전년도 25억 달러에서 약간 감소한) 24억 달러의 수입 보험료에 7억 4,600만 달러의 손실을 냈다. 해외 부문은 9·11 테러와 관련해 3억 1,300만 달러의 순손실을 기록했으며, 게다가 폭발 사고가 발생한 영국 철강 공장에 대한 보상으 로 1억 4,300만 달러의 손실도 입었다. 제너럴 리의 또 다른 실수는 아르헨티나 사업으로, 이 사업부는 그곳의 경제 및 정치적 위기로 위험에 빠져 있었다.

제너럴 리의 해외 생명/건강 부문은 그나마 암울함이 덜한 상태를 이어 갔다. 2001년에 이 부문의 보험료는 10.4% 증가한 19억 9,000만 달러를 기록했다. 9·11 테러로 인한 손실 1,500만 달러를 포함해 보험 인수 손실은 8,200만 달러로 나타났다.

버크셔 해서웨이 재보험 부문

아지트 자인이 담당하는 이 부문은 9·11 테러와 관련된 손실을 어느 정도 포함했지만 제너럴 리만큼 나쁜 건 아니었다. 재보험 부문은 29억 9,000만 달러의 수입 보험료(47억 달러에서 감소)에 대해 6억 4,700만 달러의 세전 인수 손실을 기록했다. 이 가운데 82%인 5억 3,000만 달러가 9·11 테러와 관련된 것이었다. 재보험 부문의 실적에는 소급 재보험 계약으로 인한 3억 7,100만 달러의 손실도 포함되어 있었는데, 이는 개시 시점의 장부상 자산과 관련된 이연비용과 함께 발생하는 유형이었다. 일부 손실은 부정확한 보험 인수 탓일 수 있지만 3억 7,100만 달러 대부분은 회계 비용에서 비롯되었을 가능성이 더 크다.*

버핏은 2002년 연례 주주총회에서 소급 재보험계약의 경제성에 대한 생각을 상세히 밝혔다. 그런 것은 청구 유형이 중요하지 않다는 게 그의 생각이었다. 버핏은 '석면 대 자동차' 사건의 청구를 예로 들었다.

---

* 2001년 재무제표 주석에 따르면 버크셔는 2002년에 4억 달러의 이연비용 상각을 예상한 것으로 나타났다. 미상각 비용 잔액은 2000년 26억 달러에서 2001년 31억 달러로 늘어났다.

진짜로 중요한 것은 청구 속도였다. 버크셔는 언제나 한도에 상한선을 두었기에 상한액까지 지급하더라도(단, 오랜 기간에 걸쳐서) 책임준비금 규모가 커서 경제성은 계속 유리했다. 순전히 재무적 관점에서 보자면 버크셔의 보험회사들(특히 재보험사)은 특성이 약간 다른 부채를 발생시키는 곳이었다. 전통적인 부채와 달리, 보험 부채는 지급 시기가 불규칙하고 지급 규모는 알 수 없었으며, 계약한 금액보다 적은 금액만 지급할 가능성이 있었다. 보험회사는 저마다 사회에서 중요한 역할을 했으며 이는 결과적으로 책임준비금을 창출할 수 있는 기회를 제공했다.

소급 보험계약과 관련된 이연비용은 재보험 부문의 다른 사업에서 거둔 좋은 성적을 가렸다. 기타 재해 및 비소급 재보험사업부는 2억 5,400만 달러의 이익을 올렸는데, 이것이 9·11 테러 관련 손실을 일부 상쇄했다. 주요 재해 및 비소급 재보험사업과 관련해 버핏은 주주 서한에서 "그가 우리의 보험 인수 지침 세 가지를 어기는 것을 한 번도 본 적이 없다"며 아지트 자인을 칭찬했다. 이제 18명으로 이루어진 자인의 팀이 간혹 손실을 기록할 때도 있지만 이는 예상할 수 있는 경우이며, 어리석은 손실을 기록하지 않는다고 버핏은 서술했다.

제너럴 리가 버핏의 세밀한 관리 아래 구조 조정을 하는 동안, 재보험 부문은 비할 데 없는 자금 동원력을 갖춘 선도 기업이라는 지위를 활용해 상당한 규모의 보험을 인수했다. 테러 공격 직후, 자인의 사업부는 테러와 관련된 보장을 하는 수십억 달러 상당의 보험계약을 인수했으며 모든 리스크는 버크셔 회계에서 떠안았다. 버크셔는 이번에는 리스크에 대해 적절한 보험료를 수령했으며, 그 보장 범위에 핵 공격, 화학적 또는 생물학적 공격과 관련된 경우에만 책임지는 경우와 공격 유형과 무관한 경우로 책임 범위를 나누어 다루었다. 여기서 후자의 책임 범위는 너무나 넓어서 보험 산업 전체 자본을 죄다 휩쓸어 갈 수 있을 정도였다. 따라서 그러한 리스크의 보험금 지급 책임은 응당 정부에 있었다.

버크셔 해서웨이 원수보험 부문

버크셔의 꾸준한 원수보험 부문은 2001년도 마찬가지로 꾸준한 이익을 냈다고 발표했다. 이 부문은 수입 보험료 5억 100만 달러에 보험 인수 이익 3,000만 달러를 기록했다고 밝혔다. 테러와 관련한 손실 가능성이 있긴 했으나 공개된 것은 없었다.

가이코

가이코는 2001년에 2억 2,100만 달러의 보험 인수 이익을 올리며 이례적으로 비수기에 반등했는데, 이는 보험 부문 내에서 가장 좋은 실적이었다. 수입 보험료는 8% 늘어나 61억 달러를 기록했다. 양호한 보험 인수 기록이 회복된 것은 손실이 줄어든 효과였는데, 수입 보험료의 77%를 기록하며 2.9%p 하락했다. 이는 부분적으로 온화한 겨울 덕분에 사고가 적었던 것에 기인했다.

　가이코는 광고 비용을 신규 고객으로 전환하는 데 계속 어려움을 겪었다. 2001년 신규 계약이 제자리걸음을 하는 동안에도 광고비로 2억 1,900만 달러를 지출했다. 고객 중 가장 큰 비중을 차지하는 선호 그룹(가이코가 주로 계약한 부문)은 보험계약자의 81%를 차지했으며 1.6% 성장에 그쳤다. 비선호 표준 및 비표준 그룹은 이해에만 10% 이상 감소해 현행 전체 계약에서 0.8% 낮아졌다.

현행 계약이 전반적으로 줄었어도 가이코의 책임준비금은 8% 늘어난 42억 5,000만 달러를 기록했다. 그리고 연말이 지나자마자 가이코에서 현행 계약이 증가할 조짐이 보였다.

제조, 서비스, 소매 유통업

2001년에는 버크셔가 제조, 서비스 및 소매 유통업 사업부에 대한 별도의 재무 보고를 중단해 이 부문 전체의 이익 및 투하자본이익률에 대한 데이터는 사용할 수 없다. 데이터는 2003년 주주 서한에서 2002년 이익을 회고할 때 다시 등장했다. 빠진 부분을 채우는 대신 개별 사업 부문을 살펴보겠다.

신규 회사가 여럿 추가되면서 버크셔의 실적을 그룹화하는 데 또 다른 변화가 필요했다. 2000년에 신설된 건축 제품 사업군은 그해 세전 이익이 3,400만 달러에 불과했다. 2001년에는 벤저민 무어, 존스 맨빌, 미텍이 실적에 기여하면서 4억 6,100만 달러로 급증했다.

쇼는 그 규모 때문에 독자적으로 보고하게 되었다. 2001년에는 40억 달러의 매출액에 대해 세전 이익 2억 9,200만 달러를 기록했다. 매출액은 물량 감소가 반영되어 1억 달러가 줄어들었다. 9·11 사태에서 비롯된 주택 건설 경기 침체 때문이었다. 2001년 말 직후 버크셔는 미보유했던 쇼의 나머지 지분 12.7%를 인수했다. 버크셔는 그 대가로 A주 4,740주를 지불했다. 약 3억 2,400만 달러어치였다.*

9·11 테러는 항공 서비스 사업부에 직접적인 영향을 미쳤다. 이그제큐티브 제트는 새로운 안전 및 보안 규정과 관련된 추가 비용을 부담했다. 또 플라이트세이프티에서는 부분 제트 서비스 이용이 둔화되었고

훈련 수준이 저하되었다. 이그제큐티브 제트는 여전히 경쟁 우위를 지니고 있었는데, 이는 항공기 300대를 단기간에 확보해 미국 및 유럽 전역의 고객을 수송할 수 있었기 때문이다. 또한 플라이트세이프티는 가용 규모를 확대하기 위해 연간 감가상각 비용보다 6,700만 달러를 더 투자하는 등 장기적으로 노력을 기울였다.

가정용 가구 및 보석 사업으로 이루어진 소매 유통 사업부는 1억 7,500만 달러를 벌어들였다. 전년도와 별로 다를 게 없었다. 이러한 실적은 벤 브리지의 1년 치 실적, 네브래스카 퍼니처 마트의 소규모 인수, 네바다에 새로 개점한 RC 윌리 매장의 실적을 포함하고 있었기에 부진한 것이었다. 보석 사업의 동일 점포당 매출액은 8% 감소했다.

스콧 페처는 지속적인 비용 관리를 통해 이익이 6% 증가한 1억 2,900만 달러로 늘어났다. 이것은 일반적으로 커비의 해외 사업부와 월드북의 매출액이 지속적으로 감소하는 상황에서 한층 인상적이었다.

유틸리티 부문

보험의 큰 손실을 제외하면 가장 눈에 띄는 변화 중 하나는 미드아메리칸이었을 것이다. 2000년에 버크셔는 미드아메리칸의 세전 이익이 1억 9,700만 달러라고 밝혔다. 2001년에는 이 수치가 5억 6,500만 달러로 껑충 뛰었다.** 왜였을까? 두 가지 주요 요인은 영업이익이 증가한 점,

---

* 이것은 해당 기업 전체에 대한 평가액은 25억 5,000만 달러, 세전 이익 2억 9,200만 달러에 대한 11%의 세전 이익률을 의미했다.
** 나는 여기에서 2002년 연례 보고서의 수치를 사용하고 있다. 더 정확했을 것이기 때문이다. 2001년 주주 서한에 제시된 원래 수치는 6억 달러였다.

그리고 일반회계기준GAAP에서 사업권 상각 요구가 중단되었다는 사실이었다(이것은 2000년 미드아메리칸에 9,400만 달러의 영향을 미쳤다).*

금융 및 금융 상품

금융 및 금융 상품 사업부는 다시 강력한 세전 실적을 보고했다(세전 5억 1,900만 달러 vs 전년도 530달러). 하지만 이는 그 어느 때보다 버핏의 쇼show가 되고 있었다.** 스콧 페처의 핵심 사업부인 금융 부문과 연금 사업부는 여전했다. 제너럴 리 증권은 모회사와 마찬가지로 신뢰를 잃었다. 제너럴 리의 파생상품 사업은 이제 연장전에 돌입한 상태였다. 버크셔는 이 사업에서 벗어나기 위해 최선을 다했지만 시간이 꽤 오래 걸렸다.

투자

예년과 마찬가지로 버크셔의 투자 포트폴리오는 2001년에 지지부진한 흐름으로 돌아섰다. 주주들에게 보낸 버핏의 서한은 "변화가 거의 없는", "억눌린 열정", "전망에 대한 미온적인 감정" 같은 문구로 투자와 전체 시장에 대한 버핏과 멍거의 생각을 설명했다. 아메리칸 익스프레스, 코카콜라, 질레트, 〈워싱턴 포스트〉, 웰스 파고에 대한 장기적 전망이 여전히 긍정적이었기 때문에 그들은 버크셔가 갖고 있는 대부분의

---

* 세후 기준으로 소수점 이하 잔액 수치는 여기에서 유용하다. 2001년 버크셔의 주식 가치는 (우선주에서 나온 이자 수익을 포함해) 총 2억 3,000만 달러로, 2000년의 1억 900만 달러에서 크게 늘었다. 또한 버크셔의 감사 손익계산서에는 미드아메리칸의 순이익 중 자기자본만 표시된다(이자 수익은 다른 곳에 표시됨). 이 수치는 2001년과 2000년에 각각 1억 6,500만 달러와 1억 500만 달러였다.
** 버핏은 앞서 주주들에게 이 사업부의 성장이 주로 자신의 활동에 따른 것이라고 밝혔다.

주식을 그대로 보유하는 데 만족했다. 그러나 그들은 자신의 포트폴리오가 전체적으로 저평가된 것은 아니라고 생각했다.

새로운 투자 종목 두 가지가 합격 기준선으로 설정된 5억 달러라는 문턱을 넘어서면서, 2001년 버핏의 서한에 있는 요약 표에 기재되었다. 버크셔 주식 약 1,600만 주에 해당하는 H&R 블록(세금 준비 서비스 회사)의 시장가치는 2001년 말에 7억 1,500만 달러였으며, 버크셔 주식의 가치는 2억 5,500만 달러였다. 버크셔는 해당 표에 이 회사를 신규 투자 기업이라고 적어 넣긴 했지만 이 회사 주식을 보유한 것은 2000년 4분기부터였다.[20] 문턱을 넘은 또 다른 투자 대상은 무디스 코퍼레이션 Moody's Corporation이었다. 무디스는 기업 투자자를 위한 채권 상품의 등급을 매기는 신용 평가 기관이었다. 버크셔는 이 회사 주식 2,400만 주를 보유했는데, 처음 사들일 때 한꺼번에 H&R 블록 지분만큼 매입했다.[21]

버크셔는 투자 성과 기대치가 낮다는 것을 버핏의 행위를 통해 보여 주었다. 퇴직연금 기대수익률은 2000년 8.3%에서 2001년 6.5%로 낮아졌다. 시장 기대수익과 버크셔가 벌어들인 금액의 간극이 커짐에 따라 다른 조건이 동일한 상태에서 이것은 높은 비용과 많은 부채를 유발했다.

버크셔는 2001년에 상당한 규모로 채권형 투자를 했다. 연초에는 합작 법인에 참여해 피노바FINOVA 그룹에 담보성 대출을 해 주기로 약정했다. 피노바는 파산한 금융회사로 곤경에 빠져 있었다. 이 회사의 회생 계획안 사전 제출prepackaged bankruptcy(기업이 파산 신청 시 완벽한 계획안을 법원에 제출하는 것. 이렇게 하면 파산 처리에 소요되는 시간과 법률/회계 수수료 등을 아낄 수 있음 - 옮긴이)은 2001년 8월 승인되었다. 협상이 마무리되긴 했지만 1차 협상 후 재협상까지 거친 뒤에야 이루어진 것이었다. 버크셔는 9·11 테러 이후 시장이 폐쇄될 경우 버크셔가 거래를 해지할 수 있도록 한 조항을 바탕으로 해당 거래를 해지하기로 결정했다. 유사한 조항이 있었지만 시행하지는 않았던 엑스트라XTRA 거래 때와 달리, 피노바는 테러 사태 영향을 크게 받았다. 피노바의 자산에는 9·11 무렵 큰 폭으로 감소한 항공기 자산과 관련된 대출이 포함되어 있었다. 이 회사의 매출채권도 부정적인 영향을 받았다.

이 거래로 버크셔와 루캐디아 내셔널 코퍼레이션Leucadia National Corporation은 합작 법인을 설립했다. "버캐디아Berkadia"라고 명명된 이 합작 법인은 파산한 해당 회사를 인수했다. 이 거래의 일환으로, 버캐디아는 56억 달러를 차입해 피노바에 자체 재무 활동용으로 다시 대출해 주었다(스프레드 2% 이내). 이 대출은 결과적으로 버크셔와 루캐디아가 보증을 서 준 것이었다. 버크셔는 해당 대출의 금리와 동일한 수준으로 90%의 1차 보증을 제공했다. 버캐디아는 또한 피노바의 보통주 중 50%를 받았으며, 이 주식은 합작 법인에서 50%씩 나누어 보유했다.* 버크셔 스타일에 충실하게, 이 투자 건을 관리하는 것은 루캐디아의 두 파트너가 되었다. 버크셔가 아니었다.

사업권

2001년 6월, 재무회계기준위원회Financial Accounting Standards Board : FASB는 기업 재무제표에 사업권을 표시하는 방식을 변경했다. 사업권은 이러한

---

* 이 주식은 2001년 3분기 영업 손실로 완전히 상각되었다.

변경이 이루어지기 전에는 40년에 걸쳐 상각되었다. (하지만) 2001년 중반부터는 영원히 장부상 기록이 남게 되었다. 사업권에 문제가 생겼음이 드러났을 때도, 드러나지 않았을 때도 말이다. 이런 상각은 기존 제도에서도 적용 가능했는데, 버크셔는 2000년 덱스터와 관련된 사업권을 상각할 때 이렇게 비용을 처리했다.**

이처럼 회계를 변경한 결과, 회계는 버크셔가 더 적절하다고 생각해 온 경제 현실에 더욱 가까워졌다. 수년 동안 버핏은 기본 사업 실적에서 회계 비용을 분리하는 방식으로 이익 보고 표 요약본을 제공했다. 그와 멍거가 가장 중요하게 여긴 일이었다. 2001년 7월 도입된 이 새로운 회계 처리는 그 이후의 인수에 영향을 미쳤다. 이전에 검토하던 인수도 2002년부터 시작하게 했다. 한 해 동안 버크셔에서 추진하던 인수가 확실하게 장기간 낙관적일 것으로 충분히 입증되지 않으면 기존에 운영하던 자회사로 눈을 돌렸다. 버핏은 RC 윌리를 지목했는데, RC 윌리는 아이다호에 이례적인 투자***를 하고, 이어 라스베이거스에서도 같은 투자에 나서 큰 성과를 거두었다. 네브래스카 퍼니처 마트는 캔자스시티에 45만 평방피트(약 4만 1,806제곱미터) 규모의 매장을 조성했으며 이곳은 2003년에 문을 열었다.

버크셔는 상처를 입었지만 그해 여러 노력의 성과가 없지 않았다. 미국과 마찬가지로 버크셔도 교훈을 얻었으며 9·11 사태 이전의 더 나은

** 핵심은 이 변경이 일반회계기준GAAP용이었다는 점이다. 사업권은 일반적으로 최대 15년 동안 세금 공제를 받을 수 있다.

*** RC 윌리는 모르몬교가 강세인 유타주 외곽에 매장을 열었으나 일요일 휴무 정책을 유지했다. 이것은 빌 차일드Bill Child가 실패할 경우에 대비해 직접 자금을 조달하겠다고 주장한 사실과 더불어 이 투자를 이례적으로 만들었다.

버전의 회사로 발전할 수 있도록 앞으로 나아갔다.

2002년

–

9·11 및 2001년 경기 불황은 최근의 상황이었지만 2002년 버크셔의 실적만 보면 그랬었는지 알지 못했을 것이다. 어디에서 어떻게 문제가 생겼는지 파악한 후, 버크셔는 거의 즉시 재보험을 대규모로 인수하기 시작했다. 제너럴 리를 제외하면 보험 그룹의 주요 4대 사업부는 저마다 양호한 실적을 올렸다. 이해에 수십억 달러의 추가 투자를 마무리하고 다시 투자에 돌입했으며, 밸류에이션이 높은 상태를 이어 갔음에도 매도가능증권 포트폴리오는 시장보다 좋은 성적을 기록했다. 이러한 요인들 덕분에 주당 장부가치는 10% 증가했다. 이는 S&P 500보다 32.1%p 높은 것이었다. 버핏은 2002년 주주 서한 첫 문장을 다음과 같이 적었다.

"2002년은 모든 면에서 최고의 해였습니다."

보험업

버크셔는 3년 동안 부진한 실적을 올린 후 2002년에는 책임준비금 비용으로 1%를 기록했다(전년도의 12.8%와 대조됨). 버크셔는 수입 보험료 192억 달러를 벌어들였고, 세전 보험 인수 손실 4억 1,100만 달러를 낸 것으로 집계됐다. 이러한 실적은 대체로 대형 재해 손실이 없었던 덕분이었다. 책임준비금은 57억 달러 증가한 412억 달러로 한 해를 마감했다. 그러나 실제로는 이런저런 사연이 많았다. 버크셔 보험사업 부문의 개별 회사들에서는 이야깃거리가 적지 않았다는 것이다. 제너

표 6-30 · 버크셔 해서웨이 보험 인수 현황

자료 · 2001~2002년 버크셔 해서웨이 연례 보고서 및 저자의 계산 단위 · 100만 달러

	2002	2001
가이코		
인수 보험료	6,963	6,176
수입 보험료	6,670	6,060
보험계약 인수 손익(세전)	416	221
제너럴 리		
인수 보험료	8,521	8,730
수입 보험료	8,500	8,353
보험계약 인수 손익(세전)	(1,393)	(3,671)
버크셔 해서웨이 재보험 부문		
인수 보험료		3,254
수입 보험료	3,300	2,991
보험계약 인수 손익(세전)	534	(647)
버크셔 해서웨이 원수보험 부문		
수입 보험료	712	501
보험계약 인수 손익(세전)	32	30
보험계약 인수 손익 총계	(411)	(4,067)
기말 평균 책임준비금 총계	38,366	31,690
책임준비금 비용	1.1%	12.8%
불이익성(이익성) 손해 발생 총계	1,540	1,165

참고
1. 버크셔 해서웨이 원수보험 부문의 인수 보험료는 공개되지 않음.
2. 버크셔 해서웨이 재보험 부문의 인수 보험료는 2002년에는 발표되지 않음.

럴 리는 버핏이 애초에 인수할 당시 생각했던 보험회사로 개혁하는 과
정에 들어갔다. 아지트 자인이 맡고 있던 버크셔 해서웨이 재보험 부문
은 다시 한번 자체 실적을 뛰어넘었으며, 가이코는 "출중한 성과로 빛
을 발했다". 원수보험 부문도 탁월한 실적을 기록했다.

제너럴 리

제너럴 리 경영을 조 브랜던과 태드 몬트로스가 담당하고 있었기 때문
에, 버핏은 이 회사가 숨겨진 과거 리스크 없이 "버크셔에 막대한 규모
로 비용이 들지 않는 책임준비금을 제공할 좋은 위치에 있다"고 생각
했다. 브랜던과 몬트로스는 그 무엇보다도 보험 인수 수익성에 중점을
두었다. 이것은 버크셔가 오랫동안 다른 보험사업을 운영하며 지켜 온
원칙이기도 했다. 두 사람은 신규 사업에 대한 보험료율을 인상했는데,
이는 제너럴 리의 사업부 전반에 걸쳐 낮은 가격에 인수한 사업 물량과
상쇄되었다.

제너럴 리는 수입 보험료 85억 달러(손실은 14억 달러)에 합산비율이
116.4%나 되었지만 기본 사업은 단기간에 변화되었다. 이는 2001년에
비해 62% 줄어든 보험 인수 손실에서 명확하게 나타났다. 대다수 손실
은 북미 손해/상해 부문의 10억 달러 인수 손실에서 비롯되었는데, 이
는 결국 9억 9,000만 달러의 추가 손실 충당금으로 반영되었고 2001년
에는 8억 달러가 더해졌다. 전년도 손실 충당금에 대한 지속적인 상향
조정은 실제 부채를 나타냈으며 버핏은 이 때문에 낙담했다.

대규모 손실 충당금 조정은 2002년 사고 연도에 귀속되는 6,600만
달러의 이익을 삼켜 버렸으며, 이어 매우 보수적으로 잡혀 있던 9·11

사태 관련 충당금 1억 1,500만 달러도 축소됐다. 9·11 테러 관련 청구금 해결에는 오랜 시간이 걸릴 것이라는 버핏의 예감을 증명하듯, 북미 부문은 테러 공격으로 인한 순손실 추정치 15억 4,000만 달러 중 2억 4,100만 달러만 지급했다.*

제너럴 리에 숨겨진 긍정성은 좋은 반전이었다. 그러나 재보험과 관련된 모든 것과 마찬가지로, 최종적인 성과는 수년 동안 알려지지 않았다. 버크셔는 재보험금 청구가 사태 발생 연도에 이루어지는 경우는 단 15%인 것으로 추산했다. 제너럴 리 북미 손해/상해 부문의 순손실 충당금 149억 달러 중 50%는 발생했어도 청구되지 않은incurred but not reported : IBNR 경우에 해당했다. 다시 말해 미래의 데이터는 이런 수치를 어떤 방향으로 변화시킬 수 있다는 것이었다.

제너럴 리의 해외 손해/상해 부문은 인수 보험료 26억 5,000만 달러에 인수 손실 3억 1,900만 달러를 기록했다. 수입 보험료는 달러 기준으로 10% 증가했다. 제너럴 리 인터내셔널에서 보험 인수 계약의 90% 이상을 책임지는 로이즈 오브 런던Lloyd's of London 신디케이트 프로그램에 참여한 데 힘입은 것이었다. 북미 부문과 마찬가지로 해외 부문도 과거 손실 충당금을 조정하는 과정에서 손실을 기록했다. 해당 조정액은 2억 4,000만 달러였다. 이 부문은 또한 유럽에서 발생한 홍수와 폭풍 관련해 1억 700만 달러의 손실을 기록했다.

제너럴 리 해외 생명/건강 부문은 18억 9,000만 달러의 수입 보험료

---

* 15억 4,000만 달러는 2001년 9·11 테러에 따른 제너럴 리 북미 부문의 보험 인수 손실 금액의 버크셔 귀속분이다. 2002년 1억 1,500만 달러의 충당금 조정 후 9·11 사태로 인한 순손실은 14억 2,500만 달러가 된다.

에 보험 인수 손실 5,500만 달러로 개선되었다. 이는 전년도 19억 9,000만 달러의 수입 보험료에 8,200만 달러 손실 대비 약간 호전된 것이었다. 보험 인수 실적은 부진한 것으로 파악되었는데, 이는 보험계약들이 이탈한 데 따른 손실을 반영한 것이었다.

버크셔 해서웨이 재보험 부문

버핏은 2003년 연례 주주총회에서 "여러분에게 이에 대해 더 이야기하기 싫을 정도로 아지트 자인이 돈을 아주 많이 벌어들였습니다"라고 익살을 부렸다. 재보험 부문은 보험 인수 이익으로 5억 3,400만 달러를 기록했는데, 이는 전년도의 6억 4,700만 달러 손실에서 극적으로 반전한 것이며 전체 보험 부문에서 역대 최고 성적이었다. 이 같은 성과는 재보험 부문이 회계 처리 비용 문제를 극복하고 대형 재해 손실도 입지 않은 덕분이었다.

연례 보고서는 처음으로 재보험 부문의 하위 부문을 표 형태로 세분화해 이 부문의 다양한 사업군을 명료하게 보여 주었다. 한 해 동안 재해가 일어나지 않은 데 힘입어 재해 및 개별 리스크 부문은 13억 달러의 수입 보험료에 10억 달러의 세전 인수 이익으로 돌아섰다. 재해 부문은 또한 9·11 테러 관련 충당금이 8,500만 달러 감소한 데 따른 이득도 보았다. 제너럴 리와 마찬가지로 재보험 부문도 손실을 과대 계상해 새로운 추정치로 다시 회계 조정이 이루어졌다. 재해는 실적에 큰 변동이 발생하기 쉬운 보험 유형이긴 했지만, 시간이 지남에 따라 상당한 이익을 올릴 것으로 예상되었다. 2002년의 이 부문 이익은 뚜렷하게 상승 추세를 보였다. 이 때문에 버핏은 주주들에게 버크셔 이익 창출력

하향 추정치를 조정하라고 말했다.

재보험사가 자체 리스크를 처리하는 경우는 드물지 않았다. 이를 위해 재보험사는 원수보험사와 재보험계약을 맺을 때 떠안은 리스크를 처리하기 위해 재보험에 가입하곤 한다. 버크셔 해서웨이 재보험에서는 이런 일을 거의 하지 않았다. 버크셔는 다른 보험회사들이 미래에 수년 동안 보험료를 수취하는 능력에 대해 의구심을 품었다. 아마도 강력한 재보험사들이 파산하는 것을 본 것 같다.* 버크셔는 장기적으로 더 나은 성과를 얻는 대가로 주기적인 실적 변동성을 기꺼이 감수했다. 그리하여 이 회사는 전체 보험 규모를 감당하는 데 필요한 자본을 갖추었다.

버크셔 재보험 부문의 소급 재보험사업부는 4억 700만 달러의 수입 보험료에 4억 4,600만 달러의 손실을 보고했다. 바로 이 사업부가 버크셔 재보험 부문 운영의 중요한 회계적 특수성을 지닌 곳이었다. [대부분의 보험료를 선불로 받고 이후 (대체로) 장기간에 걸쳐 보험금을 지급하기 때문에] 경제성 면에서는 버크셔에 유리했으나 회계로 실적이 시원치 않아 보이게 했다. 2002년 수입 보험료는 전년도의 수입 보험료와 관련된 이연비용인 4억 2,800만 달러가 상각되면서 죄다 쓸려 나갔다.

이 부서의 유리한 경제성은 소급 재보험에서 비롯된 75억 달러의 기말 책임준비금에서 엿볼 수 있다.** 버크셔는 보험금 청구 요청을 받으

---

* 버핏은 2002년 주주 서한에서 언젠가 7만 2,000달러의 리스크 부담 보험료를 "보험금을 떼어먹으려는 재보험사"가 가이코에 어떻게 지급을 중단했는지 이야기했다. 이 에피소드에 따르면 가이코는 2002년에만 1,900만 달러 등 지금까지 9,000만 달러 이상의 비용을 들였다. 버핏은 "'저렴'하다는 재보험에 이렇게나 돈이 많이 들었다"고 서술했다.
** 이는 버크셔 재보험 부문에서 유래된 기말 책임준비금 134억 달러의 절반 정도다.

면 지급을 하면서도 동시에 이 금액을 자체적인 이익을 내는 데 사용할 수 있다. 해당 보험료 인수와 관련된 이연비용 자산 상각은 보험료가 상한선에 얼마나 많은 금액이 적혀 있는지와 무관하게 계속된다. 버크셔는 2002년 회계장부에 기재된 계약으로 2003년에 4억 달러의 비용이 발생할 것으로 추산했다.

버크셔 재보험 부문의 지분 참여 사업부quota-share business는 2002년에 6배쯤 성장했다. 지분 참여 사업부(다른 보험사의 보험계약에 일정 비율로 참여)는 12억 9,000만 달러의 수입 보험료에, 해당 지분에 대한 8,600만 달러의 손실을 보고했다. 보험 인수 조건이 유리하다고 판단됨에 따라 버크셔 재보험 부문은 새로 로이즈 오브 런던 신디케이트에 참여해 미국의 주요 보험회사와 계약을 맺었다. 버크셔 재보험 부문은 또한 기타 부문에서 3억 2,100만 달러의 수입 보험료에 6,000만 달러의 인수 보험료를 벌어들였다.

여러 번 언급되었던 로이즈 오브 런던에 대해서는 잠시 다루어 볼 만하다. 로이즈 오브 런던은 단일 법인이 아니라 보험을 거래하는 시장이었다.* 보험회사들은 여럿이 모여 신디케이트, 즉 리스크를 나누어지는 집단을 형성할 수 있었다. 로이즈는 공지된 규정과 업무 처리 방식으로 운영되는 청산소와 비슷했다.

버크셔 해서웨이 원수보험 부문

원수보험 부문은 다시 흑자 연도로 돌아섰으며 책임준비금은 38% 증

---

* 이곳은 엄밀히 따지자면 1871년 영국 의회가 설립한 것이지만 시장처럼 기능했다.

가한 9억 4,300만 달러를 기록했다. 이 부문은 대다수가 계속 좋은 실적을 올렸으나 홈 스테이트 그룹의 근로자 보상 보험은 어려움을 겪었다.** 버핏은 충당금이 예상치와 크게 어긋났다고 말했다. 그는 성장보다 수익성을 중시했으므로 다음과 같이 밝혔다. "우리가 이 사업을 제대로 하는 방법을 알아내기 전까지는 규모를 작게 유지하겠습니다."

가이코

버핏이 믿는 격언이 하나 있었다. 바로 보험에는 긍정적인 놀라움이란 없다는 것이었다. 이것은 가이코에는 아마 들어맞지 않았을 것이다. 가이코는 2002년에도 역시 멋진 성과를 올렸으며 버핏은 이를 다음과 같이 간결하게 요약했다.

> "가이코에서는 2022년에 모든 일이 너무나 잘 돌아가서 우리는 (꿈이 아닌가 하고) 스스로를 꼬집어 보아야 했습니다. 성장세가 상당했으며, 이익도 뛰어났고, 보험계약자 유지율도 높아졌으며, 영업 생산성도 껑충 뛰어올랐습니다. 이런 추세는 2003년 초에도 계속되었습니다."

가이코의 수입 보험료 10% 성장은 자발적인 자동차 보험료의 성장세를 반영했다.*** 손해율에서도 온화한 겨울의 덕을 보았는데, 손

** 근로자 보상 보험의 '부진한 실적'에는 딱히 원인이 없었다. 그러나 멍거는 특히 캘리포니아에서의 이 사업부를 둘러싼 문제에 대해 오래전부터 아쉬움을 표시해 왔다. 청구인들이 보험 제도에 큰 피해를 입히는 온갖 비신체적, 정서적 질병을 들어 보험금을 청구하곤 했던 것이다.

*** 자발적 현행 계약은 9.6% 증가했다. 이는 선호 부문의 7% 증가와 비선호 부문의 17.4% 증가를 포함한 것이었다.

해율은 수입 보험료의 77%를 기록하며 2.9%p 하락했다. 합산비율은 93.8%로 세전 보험 인수 이익률이 6.2%였다. 참으로 대단했다.

인수

2002년에 버크셔는 운영 중인 자회사에 대한 수많은 볼트온 인수(시너지를 창출할 수 있는 관련 기업을 추가 인수하는 것 - 옮긴이) 외에도 실질적인 인수 다섯 건을 마무리 지었다. 완료된 거래 다섯 건 중 두 건은 알베카(소형 프레임 매장인 '라슨-줄' 운영사. 2001년 부분에서 다루었음)와 프루트 오브 더 룸Fruit of the Loom(아래에서 다룸)이었다. 다른 두 곳은 CTB와 개런Garan으로, 두 회사의 세전 이익을 합산하면 6,000만 달러였다. CTB는 가금류, 돼지, 달걀 생산 및 곡물 산업용 농업 장비를 만들었다. 개런은 아동복 제조업체로 가장 비중이 큰 상품군인 개러니멀Garanimals로 잘 알려져 있었다. 버핏은 각 회사가 상당한 투하자본이익률을 기록했다고 밝혔지만 자세한 내용은 공개하지 않았다.

버크셔는 2002년 10월 31일에 팸퍼드 셰프The Pampered Chef를 인수했으며 같은 날 개런 인수를 마쳤다. 도리스 크리스토퍼Doris Christopher는 1980년 생명보험사에서 3,000달러를 대출받아 자기 집 지하실에서 팸퍼드 셰프를 시작했다. 이 회사는 홈 파티용 주방용품과 장비를 판매했다. 버크셔가 인수할 당시, 이 회사는 6만 7,000명의 주방 컨설턴트를 통해 연간 7억 달러의 매출을 내고 있었다.

버핏은 주주들에게 버크셔가 크리스토퍼 및 그녀가 회사 경영을 위해 데려온 CEO 실라 오코넬 쿠퍼Sheila O'Connell Cooper와 파트너가 되고 싶다는 결정을 하는 데 약 10초가 걸렸다고 말했다. 인수 가격은 공개되지 않았다.

프루트 오브 더 룸

이 유명한 속옷 제조업체는 버크셔의 레이더에 가장 최근에 포착된 저 기술 기업이었다. 프루트 오브 더 룸이 버크셔의 자회사가 된 방식은 약간 특이했다. 이 회사는 운영 및 자금 조달 문제로 휘청이다가 파산에 직면했다. 버크셔는 먼저 액면가의 50%로 이 회사 채권과 은행 부채를 인수했는데, 이것은 프루트 오브 더 룸의 경상수익률에 대해서는 15%, 선순위 부채에 대해서는 10%에 해당했다. 파산 과정에서 선순위 부채에 대한 이자 지급을 허용하는 이 파산의 이례적인 특징은 버핏을 매료시켰다. 이는 원래 정크 본드 투자라는 생각으로 한 것으로, 당시에는 이런 식의 자금 투입을 한 적이 거의 없었다.

프루트 오브 더 룸의 파산에는 두 가지 요인이 있었다. 첫째, 회사 부채가 12억 달러가 넘었다. 이는 매출액이 20억 달러 미만(이면서 계속 감소 중)이고 전체 이익이 1억 3,000만 달러에 불과하다는 점과 대비되었다. 버핏은 이러한 지표가 "재무적 의미에서 보면 통제 불능 상태인 회사"를 가리킨다고 말했다. 부채 문제를 촉발하고 악화시킨 두 번째 주요 문제는 비용 급증 및 기타 운영 문제였다.

버핏은 이 회사가 기본 필수품의 저가 생산자 지위를 회복할 가능성을 보았다. 이 회사는 남성복과 아동복 시장에서 40% 이상의 시장을 차지했다. 버핏은 이 회사가 일단 부채와 비용 부담을 덜고 정상화되면 다시 좋은 회사가 될 수 있다고 생각했다.

이 일을 맡은 사람은 프루트 오브 더 룸의 전 CEO 존 홀랜드John Holland

로, 그는 기존 경영진이 벌인 혼란을 바로잡기 위해 현장으로 복귀했다. 버크셔가 파산법원에 단 한 가지 제시했던 중요한 돌발 제안은 홀랜드가 계속 CEO를 맡아야 한다는 것이었다.

버크셔는 파산법원에 8억 3,500만 달러를 제시했는데, 여기에는 특정 부채 인수도 포함되어 있었다.* 다른 거래와 달리, 프루트 오브 더 룸을 인수하는 제안에는 홀랜드가 회사 경영을 맡는다는 것 외에는 아무런 조건도 붙지 않았다. 버크셔의 거래 자금 조달 능력이든 전쟁이든 이 거래의 성사를 막을 수 없었다(많은 계약에는 전쟁 등 기타 예측할 수 없는 상황 같은 주요 사태에 해지를 허용하는 불가항력 조항이 있음). 이 거래는 2002년 4월 30일에 마무리되었다.

버크셔가 프루트 오브 더 룸에서 어떤 종류의 재무적 수익을 기대할 수 있었는지는 확실한 게 하나도 없다. 인수 가격은 대략 장부가치와 동일한 것 같다.** 구제된 프루트 오브 더 룸이 홀랜드의 전성기 때와 비슷한 투하자본수익률을 올릴 수 있다면 버크셔는 15% 이상의 만족스러운 수익률을 기대할 수 있다.***

프루트 오브 더 룸 이야기에는 역사적 요소가 한 가지 더 있다. 버핏이 그레이엄-뉴먼Graham-Newman에서 근무하던 1950년대에 프루트 오브

---

* 2002년 2분기 버크셔 분기 보고서에 따르면, 현금 인수 가격은 7억 3,000만 달러였다. 이처럼 낮은 수치에는 추정 부채와 운전자본 조정 중의 하나, 혹은 두 가지 모두가 포함되었을 가능성이 있다.

** 인수 계약서에는 순 운전자본이 5억 4,000만 달러라고 명시되어 있다. 또 2000년 연례 보고서 제출 당시 프루트 오브 더 룸의 순 고정자산은 2억 7,700만 달러였다(버크셔가 이 회사 고정자산을 대부분 인수했다고 가정).

*** 이것은 상당히 어림짐작한 추정치다. 한 자료(킬패트릭, 2015)에 따르면, 버핏은 이 회사가 세전 1억 3,000만~1억 4,000만 달러를 벌어들일 수 있을 것임을 시사했다고 밝혔다. 이는 세전 이익률 15%에 해당하며 홀랜드의 지휘 아래에 있던 1990년대 중반의 투하자본이익률과 일치한다.

더 룸은 버핏과 맞닥뜨렸다. (프루트 오브 더 룸이라는 브랜드로 제품을 생산했던) 유니언 언더웨어 컴퍼니Union Underwear Company가 버핏이 보유했던 필라델피아 & 레딩 콜 & 아이언 컴퍼니The Philadelphia and Reading Coal and Iron Company에 군침 도는 가격에 매각된 적이 있었던 것이다. 필라델피아 & 레딩은 유니언 언더웨어를 인수했으며, 이후 프루트 오브 더 룸이라는 브랜드 명칭 운영권을 매입하고 세전 이익을 2억 달러 이상으로 늘렸다.

1955년과 2001년 거래 모두가 그레이엄-뉴먼의 파트너인 미키 뉴먼Mickey Newman의 도움을 받았다. 미키는 그레이엄-뉴먼 파트너인 제롬 뉴먼Jerome Newman의 아들로, 2001년 파산 절차 과정에서 프루트 오브 더 룸에 대한 그의 과거 지식을 알려 주고 존 홀랜드에게 버핏을 소개하며 버핏에게 도움을 주었다. 뉴먼은 2002년 버크셔 연례 주주총회에 참석해 주주들을 대신한 그의 노고에 대해 박수를 받았다.

이와 관련된 역사적 참고 사항에 적당한 사례가 한 가지 더 있다. 2001년 12월 H. H. 브라운이 애크미 부트의 재고와 상표를 인수했다. 애크미도 1956년에 필라델피아 & 레딩에 인수됐다. 프루트 오브 더 룸과 달리, 애크미는 이전의 품위를 잃었다. 연간 매출액이 700만 달러였던 회사가 2001년에는 그 금액의 10분의 1에 매각되었다.

버크셔는 또한 미드아메리칸을 통해 두 건의 추가 인수를 했다. 미드아메리칸은 중서부 주에 가스를 공급하는 1만 6,600마일 규모 파이프라인을 보유한 노던 내추럴 가스Northern Natural Gas를 인수하는 계약을 맺었다. 이 회사는 원래 본사가 오마하에 있었다. 궁극적으로는 텍사스의 악명 높은 회사 엔론 컴퍼니Enron Company로 끝났지만 말이다. 엔론의 파산으로 엔론의 채권자 디너지Dynegy가 회사를 운영하게 되었다. 디너지는 엔론의 파이프라인을 담보로 잡고 있었다. 그 후 주말 동안 미드아메리칸에 빠르게 매각되었다. 2002년에 미드아메리칸을 통한 나머지 인수 건은 컨 리버Kern River였다. 컨 리버도 파이프라인 회사였는데, 이 회사는 남부 캘리포니아에 가스를 공급했다. 미드아메리칸은 현재 미국 연간 가스 사용량의 8%를 공급하고 있다.

버크셔는 미드아메리칸에 추가 자본을 투입해 노던 내추럴 및 컨 리버 인수 자금을 마련했다. 버크셔는 미드아메리칸을 지배할 수 없었기 때문에, 원래부터 이 인수는 대규모의 경제적 이익을 주되 의결권은 훨씬 적게 구조화되었음을 기억하자. 미드아메리칸의 비지배 주주인 상태에서 공공 유틸리티 기업 지주회사법Public Utilities Company Holding Act을 준수하기 위해, 버크셔는 4억 200만 달러어치 전환우선주와 12억 7,000만 달러어치 신탁우선주trust preferred securities(채권과 주식의 특성을 모두 지닌 증권의 일종으로, 2008년 금융 위기 이후 규제가 강화되면서 단계적으로 폐지됨 – 옮긴이)를 추가로 사들였다. 추가 투자로 미드아메리칸에 대한 버크셔의 희석된 상태의 경제성 있는 전체 지분율은 연말에 80.2%까지 높아졌다.

흥미롭게도 미드아메리칸은 단순한 에너지 회사가 아니었다. 이 회사는 "우연하게도" 홈서비스HomeServices라는 주거용 부동산 중개 사업을 하고 있었다. 주거용 부동산과 에너지는 매우 달랐지만 버크셔의 수두룩한 회사들도 마찬가지였다. 홈서비스는 미국에서 두 번째로 큰 주거용 부동산 중개업체로 성장했으며 2002년에 이루어진 거래만 해도 370억 달러에 이르렀다. 이는 불과 1년 전보다 2배에 달하는 규모였다. 이 사업은 경기를 타긴 했지만 CEO 론 펠티어Ron Peltier의 리더십 아래

자본 수요는 낮았고 성장 여력은 충분했다.

미드아메리칸의 세전 이익은 어느 정도 인수의 덕을 보면서 8% 늘어난 6억 1,300만 달러를 기록했다.

제조, 서비스, 소매 유통업*

버크셔의 다른 비보험사업부는 2002년에 좋은 실적을 올렸다. 특히 최근의 경기 침체를 감안하면 그랬다. 소비자 시장의 전반적인 약세가 우세했으나 버크셔의 보석 및 가구 사업은 기존 위상을 유지했다. 보석과 가구를 포함한 소매 운영 부문의 세전 이익은 5% 하락한 1억 6,600만 달러였다.

새로 인수한 카펫 제조업체 쇼는 45% 증가한 4억 2,400만 달러의 이익을 올렸다. 가격 인상분은 단 1%에 불과했으나 나머지는 쇼가 비용을 현명하게 관리해 이익률을 개선했기 때문이다.

주주 서한에서는 애크미 브릭, 벤저민 무어, 존스 맨빌, 미텍, 쇼를 주택 및 건설 관련 부문으로 묶어서 보고했다. 2002년 이 부문 회사들은 9억 4,100만 달러를 벌어들였다.

의류 부문은 2억 2,900만 달러의 세전 이익을 보고했다. 이번 연도에는 프루트 오브 더 룸, 개런, H. H. 브라운의 실적이 포함되어 있었기 때문에 전년도의 3,300만 달러 손실과 비교할 수는 없다. 스콧 페처의 세전 이익은 1억 2,900만 달러로 변동이 없었다.

---

* 참고로 버크셔는 2001년에 제조, 서비스 및 소매 유통업에 대한 별도 재무제표 보고를 중단했다. 해당 보고는 2003년부터 다시 시작했다.

항공 서비스 부문의 실적은 보기보다 좋지 못했다. 21% 증가로 보고
된 세전 이익 2억 2,500만 달러에는 보잉과의 합작 법인에서 빠져나오
면서 받은 6,000만 달러의 이익이 포함되어 있었다. 9·11 사태 이후 훈
련 감소(전체 비행 횟수 감소 반영)와 일부 항공 서비스를 유럽으로 확
장하는 비용 포함 등의 문제로 운영은 계속 어려움을 겪었다.

금융 및 금융 상품

금융 및 금융 상품 부문의 세전 이익은 2001년 5억 1,900만 달러에서
2002년 10억 달러로 늘어났다. 제너럴 리 증권의 순차적 청산 관련 손
실 1억 7,300만 달러가 포함됐음을 고려하면 다른 쪽의 기여도가 상당
했다. 꽤 많은 부분은 버핏에게서 비롯되었는데, 그는 높은 등급의 채
권형 증권으로 비공개 차익 거래 관련 작업을 수행했다. 버크셔는 이
외에도 전 가이코 CEO 잭 번의 아들 마크가 경영하는 합자회사 밸류
캐피털Value Capital 지분에 대한 이익도 얻었다.

　2002년 버크셔에서 이루어진 성장은 보험 인수 및 비보험 부문이라
는 두 가지 폭넓은 범주로 보면 쉽게 파악할 수 있다. 버크셔의 보험 부
문은 2001년 26억 6,000만 달러의 보험 인수 손실(세후 및 소수 지분
제외)에서 2002년 2억 9,200만 달러 손실로 호전되었다. 대체로 신규
운영 회사가 몇 군데 추가되면서 비보험 부문 이익은 13억 달러에서
(세후) 22억 달러로 급증했다. 버크셔는 자금을 알차게 사용했으며 핵
심 사업인 보험을 업계 최고 수준으로 되돌려 놓았다.*

투자

2002년 버크셔의 주식 투자와 관련해서는, 찰리 멍거가 주주총회에서 자주 하는 말인 "추가 의견 없습니다nothing to add"라는 표현이 적절할 것 같다. 신규 투자 건은 아니었지만 5억 달러 기준선을 넘어선 M&T 뱅크가 주주 서한 표에 처음으로 등장했다. 아메리칸 익스프레스, 코카콜라, 질레트, 웰스 파고는 그대로 표에 있었다. 유일한 변화는 약 6억 달러의 추가 투자(비용)가 기재된 다른 항목에 들어 있었다. 버크셔의 주식 포트폴리오는 연말 기준 시장가치 280억 달러 가운데 위에서 언급한 수익성 좋은 4개 회사가 69%의 비중을 차지한 상태가 이어졌다.

버크셔의 주식 포트폴리오는 한동안 보유 패턴을 이어 갈 것으로 보였다. 버핏은 주주들에게 "그러나 적어도 세전 이익률 10%(세후로는 6.5~7%로 환산)가 나올 가능성이 매우 높지 않다면 우리는 그냥 가만히 있을 것"이라고 말했다. 이듬해 연례 주주총회에서 이 목표수익률 10%에 대한 질문을 받자 버핏은 정밀하게 도출한 것이 아니었다며, 그 이하는 별로라고 느껴지는 다소 임의적인 지점이었다고 말했다. 그와 멍거는 현금으로 버는 낮은 이자율(당시 약 1.25%로 역사적 수준으로 낮았음)을 인내하면서 더 높은 수익률을 올릴 기회를 기다리곤 했다.

주식 지표가 비협조적이었던 시기에 채권시장은 버크셔가 잉여 현금 중 일부를 매력적인 수익률로 운용할 기회를 제공했다. 정크 본드 가격은 2001년부터 대거 하락하기 시작해 2002년까지 하락세가 이어

---

* 버크셔의 세후 영업이익(투자 이익, 기업 이자 비용, 매입 가격 조정, 기타 금액 등을 포함한 투자 이익 산출 전 이익)은 2001년 4,700만 달러 손실에서 39억 달러 이익으로 개선되었다.

졌다. 이는 리스크 대비 보상이라는 시나리오의 성과를 개선해 주었다. 앞서 언급했듯이 프루트 오브 더 룸 투자는 정크 본드 투자에서 시작되었다. 버크셔는 2002년에 다양한 에너지 및 통신 회사에서 80억 달러어치의 정크 본드를 더 사들였다. 한 가지 주목할 만한 매수는 액면가의 57%에 거래되는 유로 표시 아마존닷컴~Amazon.com~ 정크 본드 1억 6,900만 달러(매입가)어치로, 아마존닷컴이 당시 선택 사항이던 스톡옵션을 부여하겠다고 발표한 후 매입했다.[22] 이 조치는 버핏에게 회사와 경영진에 대한 신뢰를 주었다.

파생상품

버핏은 스톡옵션의 회계 처리를 싫어한 것만큼이나 파생상품이 실물 경제에 대해 진짜 리스크를 대변한다고 생각했다. 버핏은 주주 서한의 두 쪽이나 할애해 파생상품의 광범위한 사용과 의도치 않은 피해를 일으킬 가능성에 대해 힐난했다. 파생상품은 단어 자체에서 알 수 있듯 자산, 지수나 이자율 같은 기초 자산의 성과에서 가치를 파생시키는 계약이다. 버핏은 파생상품을 시한폭탄이라고 지칭하면서 리스크를 분산하는 게 아니라 한곳에 모을 수 있다는 가능성에 주목했다. 일단 소수의 거래 상대방에게 집중될 경우, 이것은 금융 시스템과 더 광범위한 경제에 시스템적 리스크를 초래한다. 파생상품은 "지금은 가능성일 뿐이지만 잠재적으로 치명적인 리스크를 수반한다."

2001년 12월, 엔론의 파산 신청은 파생상품의 위험성을 조명했다. 엔론은 에너지 기반 파생상품 시장을 조성했다. 이 시장이 붕괴되자 엔론 주주들은 740억 달러의 손실을 입었다. 10년도 채 지나지 않아 부동

산 위기가 닥쳐오면 모기지 담보부 증권으로 그 위험성이 다시 드러난다.[23)

문제는 미시적 수준에서 당사자 간 리스크를 이전시키는 파생상품의 효과가 아니라 이런 총체적인 효과였다. 때때로 한 기업이 다른 기업의 리스크를 감수하는 것은 합리적일 수 있다. 제조업체가 원가를 파악하고 고정비용을 설정해 주요 투입 변수에 대비하는 것처럼 말이다. 문제는 특정 중개 회사들이 이러한 미시적 거래를 대거 취합한 거시적인 수준에서 발생했다. 그 후에도 이런 중개 회사들은 자사를 보호할 수 있을 것이라고 여기면서 훨씬 더 많은 파생상품 거래를 활용해 자사 리스크 회피에 나선다. 이는 제너럴 리 증권이 취했던 행태로, 결국 이 회사는 672곳이나 되는 거래 상대방과 1만 4,000건이 넘는 계약을 체결한 것으로 나타났다.*

재앙은 주요 거래 상대방이 지급 불능 상태에 처하거나, 몇 군데에서 계약을 이행하지 못하는 경우에 발생할 수 있다(그리고 실제로 발생했다). 이것은 한때 강력했던 수많은 기관을 휩쓴 연쇄반응을 일으킬 수 있다. 엔론을 생각해 보라.

파생상품과 관련된 또 다른 치명적 효과는 회계 처리와 보상 건이었다. 버핏과 멍거는 살로몬과 제너럴 리를 겪어 본 이후 일부 파생상품은 가치 평가가 얼마나 어려운지 직접 파악한 상태였다. 많은 파생상품이 "모델로 표시"되었는데 이는 때때로 거래량이 많지 않은 탓이었다.

---

* 2002년 연례 보고서 각주에 따르면 제너럴 리 파생상품의 모든 거래 상대방이 채무를 불이행할 경우, 버크셔에 약 49억 달러의 손실이 발생할 것으로 추정되었다.

이것은 회계사들이 가치 평가에 시장 데이터를 활용할 수 없었으며 그 대신 계산된 가치에 의존했다는 의미였다. 종종 이런 모델은 실적에 따라 보상받는 동일한 사람들이 구조를 설계했다. 회계사들은 민망하게도 때때로 그런 것에 의문을 품지 않았다. 물론 낙관론이 퍼져 있었으며 어떤 계약은 거래 양측이 이익을 얻는 일도 있었는데, 그런 경우는 쉽게 볼 수 없었다. 게다가 많은 계약이 수년 또는 수십 년에 걸쳐 있었으므로 여기에 베팅한 거래자들은 오랫동안 급여를 받을 때마다 잘못된 베팅의 결과를 느끼곤 했다.

버크셔는 2002년 초부터 제너럴 리의 파생상품 목록을 단계적으로 정리했는데, 그 과정에서 손실을 인식했다.

스퀘어즈 채권

버크셔는 2002년에 처음으로 신규 채권을 발행했다. 이는 골드먼 삭스 은행에서 근무하는 바이런 트로트Byron Trott의 도움으로 이루어졌다. 그는 향후 수년 동안 버크셔의 인수 및 자금 조달에 점점 더 큰 역할을 담당하게 된다. 스퀘어즈SQUARZ라는 이름을 붙인 이 4억 달러 규모의 채권은 버크셔 주식을 매수할 권리를 프리미엄으로 붙여 주는 대신, 마이너스 금리를 적용했다(〈표 6-31〉 참고).

이 채권은 2007년 11월을 만기로 해서 액면가 1만 달러짜리로 분할되었다. 채권 보유자는 3% 이자를 받을 권리 및 버크셔 A주 0.1116주로의 전환 가능권을 지니는 대신 매년 버크셔에 3.75%의 이자를 지급해

---

* 보유자는 동일한 수의 버크셔 B주(3.3480주)를 선택할 수도 있었다.

야 했다.* 이에 따라 버크셔는 연간 순이자로 0.75%를 수령했다. 거래 양측이 판단한 버크셔의 전망에 대해 스퀘어즈 채권의 발행 요건이 뜻하는 것은 무엇이었을까?

버크셔 주식은 향후 5년 동안 꾸준히 상승할 경우에만 채권을 매입하는 사람들에게 이득을 주게 된다. 그러나 수익률은 주식 내재 가치 변동률보다 낮다. 주식 내재 가치와 장부가치 모두에 대한 상당한 선지급 프리미엄 때문이었다. 주가가 하락할 경우, 보유자는 버크셔에 채권 권리만큼 금액을 지급한 후 만기에 현금을 돌려받을지 선택할 수 있다.

스퀘어즈 채권에 대한 이득은 전적으로 버크셔 쪽에 있었다. 그럼에도 투자자들은 버크셔의 역대급 수익률로 이 채권이 매력적이라고 생각했다. 버크셔에는 다음과 같은 이점이 있었다.

1. 현금 선지급

2. 마이너스 이자율로 인한 연간 이자 수익

3. 채권이 주식으로 전환되는 경우 낮은 유효 비용

버핏은 버크셔의 미래 수익에 대한 자신의 겸손한 전망을 효과적으로 수익으로 만들어 내고 있었다.

표 6-31 · 버크셔 해서웨이 스퀘어즈 채권 선별 데이터
자료·2002년 버크셔 해서웨이 연례 보고서 및 저자의 계산

주가 대비 장부가치 비율(2002년 2분기)	1.75배
내재 가치 대비 장부가치 비율(발행 시점)	2.24배
버크셔가 채권 보유자에게 보장하는 연간 수익률	
5년마다 15%씩 증가할 경우	8.71%
5년마다 10%씩 증가할 경우	3.95%

회계 수업

버핏의 2002년 주주 서한에 따르면, 이때 처음으로 부정적인 이익 추정 조정치가 기재되었다. 버핏은 회계 및 비즈니스 업계를 사로잡은 매우 심각한 문제에 대해 농담을 하고 있었다. 당시 일부 기업들은 일회성, 즉 비반복성 항목을 제외해 조정된 수치를 내세웠다.* 이것은 표면적으로는 타당한 것처럼 보였으나 시간이 흘러도 무슨 일이 일어나고 있는지 읽는 사람들이 깨닫지 못하게 만들었다. 버핏이 주주 서한에서 한 방 날린 잽은 하향 조정이었다(다른 회사들은 반드시 상향 조정했기 때문임). 버크셔가 2002년에 재해 손실 없이 올린 이익과 금융 상품 부문에서 버핏이 기록한 일부 초과 이익을 바로잡기 위한 것이었다.

투자자에게 보여 준 버핏의 교훈은 단순하면서도 건전한 회의주의를 바탕으로 한 것이었다. 첫 번째 교훈은 기업의 미약한 회계 표시에 대한 경계였다. 그는 다음과 같은 세 가지 예시를 들었다.

1. 당시에는 선택 사항이었던 스톡옵션을 부여하지 않는 기업
2. 지나치게 낙관적인 퇴직연금 추정
3. EBITDA(이자·법인세·감가상각비 차감 전 이익)를 내세우는 기업과 경영진

특히 버핏을 괴롭힌 것은 EBITDA의 "$D_{depreciation}$(감가상각)"였다. 그는 감가상각을 무시하는 것은 다른 실제 비용을 무시하는 것과 마찬가지라고 말했다. (초기 자본 지출 이후로는 외부로 유출되는 현금이 없

---

* 이런 관행은 계속되지만 일반적으로 시장 및 감독 기관의 정밀한 조사에 따라 서서히 완화된다.

었으므로) 감가상각은 현금이 아닌 것으로 간주되었기에 여전히 비용이었다. 게다가 감가상각은 가장 나쁜 유형의 비용이었다. 첫날 지출이 이루어지면 그 비용은 이익에 맞춰 부과되면서 시간이 흐르면 이익에서 빠져나갔기 때문이다. 버핏은 평균 감가상각비를 지출에 반영하지 않는 기업은 실질적으로 뒤떨어진다는 것을 직접적인 경험을 통해 알고 있었다.

두 번째 교훈은 이해할 수 없는 각주에 의문을 품어야 한다는 것이었다. 그는 이런 애매모호한 공시는 신뢰할 수 없는 경영을 보여 주는 거라고 생각했다. 읽는 사람이 이해하지 못했을 경우, 이는 이들의 잘못이 아닐 수 있었다. 그 회사 CEO가 사람들이 이해하기를 원하지 않았기 때문일 수 있었다.

버핏의 세 번째 교훈은 건전한 수준의 회의주의를 지니라는 것이었다. 이것은 전체적으로 반복해 볼 만하다.

"마지막으로 이익 추정치와 성장 전망치를 요란하게 떠들어 대는 기업은 의심해 보십시오. 기업은 조용하고 깜짝 놀랄 일 없는 환경에서 운영되는 경우가 거의 없고, 이익은 순조롭게 늘어나지 않습니다(물론 투자은행가들의 제안서에서는 예외이고요).

찰리와 저는 우리 계열사들이 내년에 얼마를 벌지 당장은 모릅니다. 다음 분기에도 얼마나 벌어들일지 모르고요. 우리는 미래를 안다고 주장하는 CEO들을 의심합니다. 그들이 공표한 목표치에 계속해서 도달한다면 완전히 믿을 수 없습니다. 언제나 '숫자를 맞추겠다'고 약속하는 경영자들은 언젠가는 그 숫자를 조작하고 싶은 유혹에 빠질 것입니다."

회사 실적이 떨어질 가능성이 있는 경우, 버핏은 항상 있는 그대로의 진실을 말하곤 했다.

2003년

–

버크셔의 주당 장부가치 상승률은 3년 만에 처음으로 S&P 500보다 뒤처졌다. 버크셔의 상승률 21%는 그 자체로는 상당히 만족할 만했지만, 그럼에도 7.7%p의 격차는 1965년 이후 시장보다 저조한 성과를 냈던 다섯 번째 사례였다. 그 이유 중 일부는 버크셔의 특성 변화와 관련이 있었다. 버크셔의 자산은 다수의 인수를 완료한 후로는 매도가능증권 포트폴리오*에 대한 의존도가 낮아진 상태였다. 기업 운영에 투자된 자본의 비율이 높으면 2003년 같은 상승장에서는 실적이 뒤떨어지지만, 시장 침체기에는 시장을 능가하는 성과로 이어진다. 2003년의 자본 배분 결정과 운영 성과는 실망스러운 것과는 거리가 멀었다. 반대로 버크셔는 그룹 명단에 중요한 비보험 자회사를 추가했으며 보험 부문은 칭찬받을 만한 보험 인수 성과를 보여 주었다.

보험업
2003년 보험 부문 실적에 대해 버핏은 "전년도는 아주 두드러진 해였

---

* 주주 서한에서는 주식 포트폴리오(우선주 포함)가 1980년대 버크셔 순자산의 114%에서 2000~2003년에는 50%로 떨어져 있다는 사실을 지적했다.

습니다"라고 서술했다. 보험 부문은 17억 달러의 보험 인수 이익을 냈으며, 책임준비금은 440억 달러라는 기록적인 규모로 성장했다. 주요 보험 4개 부문 모두가 기여했다. 버크셔 해서웨이 재보험 부문은 초과 달성의 전통을 이어 갔으며 제너럴 리는 회복되고 있었다. 가이코는 계

표 6-32 · 버크셔 해서웨이 보험 인수 현황

자료 · 2002~2003년 버크셔 해서웨이 연례 보고서 및 저자의 계산 단위 · 100만 달러

	2003	2002
가이코		
인수 보험료	8,081	6,963
수입 보험료	7,784	6,670
보험계약 인수 손익(세전)	452	416
제너럴 리		
인수 보험료	8,021	8,521
수입 보험료	8,245	8,500
보험계약 인수 손익(세전)	145	(1,393)
버크셔 해서웨이 재보험 부문		
수입 보험료	4,430	3,300
보험계약 인수 손익(세전)	1,047	534
버크셔 해서웨이 원수보험 부문		
수입 보험료	1,034	712
보험계약 인수 손익(세전)	74	32
보험계약 인수 손익 총계	1,718	(411)
기말 평균 책임준비금 총계	42,722	38,366
책임준비금 비용	(4.0%)	1.1%
불이익성(이익성) 손해 발생 총계	480	1,540

참고
1. 버크셔 해서웨이 원수보험 부문의 인수 보험료는 공개되지 않음.
2. 버크셔 해서웨이 재보험 부문의 인수 보험료는 2002년에는 발표되지 않음.

속 인상적이었으며 버크셔 해서웨이 원수보험 부문은 여전히 눈부시게 활약했다.

버크셔 해서웨이 재보험 부문

아지트 자인의 버크셔 해서웨이 재보험 부문은 2003년에 다시 깊은 인상을 남겼다. 대형 재해가 없었던 덕분에 44억 달러의 수입 보험료에 대해 총 보험 인수 이익 10억 달러를 기록한 것이다.

재해 및 개별 리스크 부문(재해 리스크를 보유하는 부문)은 이해 13억 달러의 수입 보험료에서 11억 달러를 벌어들였다. 단일 사안으로 인한 최대 손실은 67억 달러였다. 그러한 손실은 몇 년 동안 이익을 잠식하곤 했다. 그러나 재해를 포함해도 장기적으로 약간의 이익이 있을 것으로 예상되어 이 부문의 운영 철학은 건전함을 이어 갔다. 2003년에는 개별 리스크 부문도 이익에 기여했다. 자인의 그룹은 쉽게 뛰어넘을 만한 장대를 찾아냈다. 하나는 버크셔가 10억 달러의 보험금을 보장한 펩시 프로모션이었다(받아 간 사람은 없었음).* 재보험 부문에서는 그런 "거대하고 이례적인 리스크"가 매우 중요한 밥줄이었다.

소급 재보험 부문은 5억 2,600만 달러의 수입 보험료에 대해 3억 8,700만 달러의 손실을 보고했다. 이는 보험료 물량과 상관없이 연간 4억 달러에 달하는 이연자산 상각 비용 수준의 손실을 고려하면 양호한 실적이었다.** 낮은 수준의 수입 보험료와 보고된 손실에도 소급 재보험 부문은 여전히 버크셔의 수익 창출원이었다. 재보험 부문에 귀속되는 약 140억 달러의 책임준비금 가운데 이 부문이 차지하는 금액은 77억 달러였다.

    2003년 각주에는 "7억 1,000만 달러를 지불하는 대가로 이전 연도에 인수된 계약의 대체"와 관련해 소급 재보험 부문에 귀속되는 이례적인 4,100만 달러의 이익이 포함되어 있었다. 무슨 일이 있었던 것일까? 소급 재보험계약은 일반적으로 장기 계약이지만 때때로 조기 종료되기도 한다. 7억 1,000만 달러는 당초 (버크셔에) 보험을 가입한 회사에 버크셔가 지불한 금액으로, 기본적으로 원래의 보험료 일부를 돌려주는 것이었다. 4,100만 달러는 이런 계약에 따른 기대 손실의 초과 충당금 쌓기와 관련된 회계상 이익이었다. 순 효과는 보험료가 반환되면서 버크셔의 책임준비금이 감소한 것이었다.

    2003년 재보험 부문의 기타 활동에서는 기존에 해 오던 다양한 보험 사업에서 벌어들인 26억 달러의 수입 보험료와 3억 2,600만 달러의 보험 인수 이익이 있었다. 대체로 로이즈 오브 런던 신디케이트에서 들어온 수익이 많았다.

제너럴 리
제너럴 리의 해결사 조 브랜던 CEO와 태드 몬트로스 사장은 버크셔의 사고뭉치 보험회사에 보험계약 인수 기강을 회복시켰다며 버핏의 칭찬을 받았다. 이 회사는 여전히 몇몇 불리한 전년도 손실 추정치에 시달렸다. 그럼에도 제너럴 리는 82억 달러의 수입 보험료에 대해 1억

---

* 현재 가치로는 2억 5,000만 달러였다. 재보험 부문이 받은 보험료에 대한 자세한 내용은 알려지지 않았지만, 몇 년 전에 비슷한 행사에서 그랩닷컴Grab.com이 100분의 1의 확률에 대해 10분의 1의 보험료를 받았다고 한다(《스노볼》, 689쪽).
** 4억 달러라는 수치는 2002년 연례 보고서에서 가져온 것이다. 이연자산 상각 전 비용은 2003년 말 28억 달러였다.

4,500만 달러의 인수 보험료를 벌어들였다.

제너럴 리의 북미 부문은 34억 달러의 수입 보험료에 대해 6,700만 달러의 인수 보험료를 기록하며 회복하면서, 가장 많이 개선되었다. 이는 2002년 40억 달러의 수입 보험료에 대해 10억 달러라는 엄청난 인수 손실을 입은 것에 비하면 크게 호전된 것이었다. 이 부문은 가격 인상(낮은 보험료 물량에 일부 기인함)과 2003년에 대형 재해가 없었던 덕분에 이 같은 성과를 달성할 수 있었다. 이번 연도의 보험 인수 이익(2003년 인수분)은 2억 달러였지만, 전년도 손실과 관련된 1억 3,300만 달러 조정으로 상쇄되었다. 전년도 손실 조정에는 2000년대 초반 스캔들의 여파에서 비롯된 이사 및 임원들의 보험 부채 증가가 포함되었다. 이사 및 임원 보험은 기업의 지배 구조 및 경영에서 발생하는 청구에 대해 보장해 준다. 이전 연도의 위법행위에 대한 청구(및 보험회사가 이에 대해 설명하기 위해 관련 조정)는 사실이 확정된 후에 이루어진다. 대다수 청구는 주요 스캔들 또는 파산 이후에 밝혀지기 때문이다.

2003년 제너럴 리의 북미 보험 인수 실적의 한 가지 걸림돌은 근로자 보상 청구 평가 시 사용되는 할인율의 변화였다. 버크셔는 2003년 이전 청구에 대한 4.5%의 할인율을 변경하고 1%의 할인율을 적용했다. 이것은 버크셔 측의 보수주의를 나타냈다. 이것은 현재에 가까운 부채일수록 가중치를 두었는데, 2003년에는 7,400만 달러의 비용이 필요했다.

제너럴 리의 해외 부문은 2003년에도 예전과 비슷한 정도로 개선되었다. 수입 보험료는 약 6% 증가한 19억 달러를 기록했으나, 이는 미국 달러화 약세로 인한 것이었다. 이러한 통화 관련 순풍을 제외할 경우,

보험료 물량은 8% 이상 줄어들었다. 2,000만 달러의 세전 인수 이익은 2002년 3억 1,900만 달러 손실과 비교해 두드러지게 개선되었으며, 손실 충당금에 1억 400만 달러를 추가로 쌓은 후 나온 수치였다.

버크셔는 패러데이 재보험 또는 런던 시장에서 제너럴 리의 활동에 대한 자세한 내용을 공개했는데, 이것은 이전 연도와 차후 연도에서는 해외 부문의 일부에 기재되었다. 제너럴 리는 2001년에는 패러데이 신디케이트 435 프로젝트에 지분 61%, 2002년에는 97%, 2003년에는 100%로 참여했다. 이 추가 정보는 대부분의 손실이 패러데이 외에서 나왔음을 나타냈다. 이 부문은 2001년과 2003년 사이에 2억 달러의 손실을 냈으며(2001년 1억 7,800만 달러 등), 이는 같은 기간 동안 분할된 해외 손해/상해 부문의 실적에서 발생한 세전 손실 9억 2,100만 달러의 극히 일부일 뿐이었다.

제너럴 리의 해외 생명/건강 부문은 2003년 5,800만 달러의 이익을 보고했다. 대부분의 이익은 해외 사업에서 벌어들였다.

가이코

가이코는 자체적인 기준이 높았지만 2003년에 우수한 실적을 거두었다. 선호형 보험 가입자 수는 8.2%, 비선호형 가입자 수는 21.4% 증가해 전체 증가율은 10.9%였다. 보험료는 단위 성장과 2%의 평균 보험료 인상이 이어지면서 16.7% 증가한 78억 달러를 기록했다.

이러한 높은 성장률에 따라 확장이 필요해지자 2003년 이 회사는 뉴욕 버펄로로 확장을 발표했다. 버크셔의 신문인 〈버펄로 뉴스〉가 있는 도시와 일치했던 것은 우연이 아니었다. 이 신문의 발행인 스탠 립시는 궁극적으로 2,500개의 새로운 일자리를 만들게 되는 확장에 중요한 역할을 담당했다.

더 많은 직원과 공간에 대한 필요성이 계속 증가하고 있음에도 가이코는 비용을 낮추면서 이익을 늘렸다. 가이코는 한 해 동안 광고를 늘렸으나 꾸준히 합산비율 94.2%를 달성했다. 게다가 보험료 및 보험계약은 시장점유율 증가를 보여 주었다. 1992년 토니 나이슬리Tony Nicely CEO가 취임한 이후로 2003년까지, 가이코는 시장점유율을 2.1%에서 5%로 2배 이상 높였다.

버크셔 해서웨이 원수보험 부문

원수보험 부문은 10억 달러의 수입 보험료에 7,400만 달러의 보험 인수 이익을 올렸다. 책임준비금은 41% 증가한 13억 달러였다. 버핏과 멍거가 이 부문의 경영자를 보면서 어떻게 기뻐하지 않을 수 있을까? 이 부문은 매년 더 높은 보험료, 더 높은 이익, 더 많은 책임준비금을 벌어들이는 것 같았다. 2003년 주주 서한에서 버핏은 이 부문을 다음과 같이 근사하게 요약했다. "이 사람들은 신날 것 없는 방식으로 운영하지만 진짜로 신나는 성과를 올립니다."

인수

이번 연도에 버크셔는 다음과 같은 기업 두 곳을 인수하기로 합의했다. 즉 대표적인 주택 공급업체이자 주택 금융업체 클레이턴 홈스Clayton Homes와 편의점 및 관련 매장에 상품을 공급하는 맥클레인McLane 등 2개 회사였다.

클레이턴 홈스

클레이턴 인수는 버크셔에서도 가장 이례적인 방식으로 이루어졌다. 버핏은 그의 연설을 듣기 위해 오마하로 몰려오는 학생들의 모임을 오랫동안 주최했다. 이런 방문 행사에서 그는 테네시에서 온 학생들에게 클레이턴 설립자 짐 클레이턴Jim Clayton의 자서전을 받았다. 버핏은 테네시에 기반을 둔 클레이턴 홈스에 대해 어느 정도 알고 있었으나, 이 회사에 대해 많이 연구하지 않은 상태였다.

클레이턴은 대기업이었다. 이 회사는 생산 공장 20곳, 회사 소유 매장 300곳, 독립형 소매 유통 매장 500곳 이상, 주택 커뮤니티 89곳을 보유하고 있었다. 또 이 회사의 성공에 중요한 역할을 한 금융 서비스 부문도 있었다.

버핏의 새로운 관심과 업계 혼란이 결합되면서, 버크셔는 클레이턴에 제안을 하게 되었다. 클레이턴의 경쟁 업체 중 일부는 주택을 매각하거나, 자격이 안 되는 소비자에게 대출하기 위해 부실 대출을 하곤 했다. 대부분의 대출은 증권화되었기 때문에 이런 관행은 다른 방법보다 오래 지속되었다. 증권화는 여러 대출을 함께 묶어서 투자자에게 매각하는 방식이다. 그런 다음에 해당 투자자는 차입자가 채무를 불이행하는 리스크를 원래 발행자인 제조업체로부터 떠안는다. 일단 신용 문제가 현실화되기 시작하자 증권화하기 어려워졌으며, 클레이턴이 자금을 조달해 고객에게 대출하는 능력도 영향을 받았다.

클레이턴 이사회는 버크셔의 자금 조달 능력을 파악하고 버크셔에 매각하는 데 합의했다. 버크셔는 클레이턴을 인수하기 위해 17억 달러를 지불했다. 이 거래는 2003년 8월 7일에 마무리되었다.

버크셔는 클레이턴 홈스 인수를 완료하자 이 회사를 금융 및 금융 상품 부문에 배치했다. 이것은 처음에는 상당히 이상하게 보였다. 금융 사업의 규모와 중요성이 드러나기 전까지는 그랬다. 이런 업종의 기본적인 사업 모델은 다음과 같이 작동했다. 클레이턴 같은 제조업체가 주택을 지었고, 자체 매장이나 다른 소매업체가 입점할 수 있는 유통 채널을 통해 주택을 팔았다. 클레이턴은 두 가지를 혼합한 형태였다. 주택은 현금으로 매입하거나(더 가능성이 있음), 관련 없는 제3자 또는 제조업체의 금융 부문에서 제공한 자금으로 매입했다.

시간이 지남에 따라 대출업체는 대출을 하기 위해, 주택 제조업체는 주택을 매도하려는 의도로 자사의 기준을 완화했다. 그러고는 신용이 좋지 않은 순진한 고객에게 주택과 대출을 제공했다. 이 업체들은 사업 규모를 키우기 위해 그런 대출을 종종 증권화했다. 이런 대출을 묶어 금융 상품으로 만든 최초 금융업체는 상환 능력과 무관하게 규모를 키우려는 의도가 있었으며, 궁극적으로 수많은 부실채권을 인수했다. 그 결과 발생한 채무 불이행으로 증권화 시장은 자금이 말라붙었고, 클레이턴을 포함한 업계의 모든 사람이 영향을 받았다.*

이 사태가 발생했을 때 클레이턴은 추가 대출을 할 수 있도록 현금을 회수할 방법이 없었다. 버크셔의 인수는 클레이턴에 무제한적인 자금을 제공해 그 문제를 해결해 주었다. 버크셔는 대출을 받아 대출이자율에 1%p를 붙여 클레이턴에 다시 빌려주었다. 그런데 버크셔가 현금도 넉넉하고 클레이턴 지분을 100% 보유한 상태인데도 클레이턴에 자금을 그냥 제공하지 않은 이유는 무엇이었을까? 버크셔는 "모든 통에는 바닥이 있기 마련"이라는 철학에 따른다는 게 버핏의 설명이었다. 그는 계속해서 설명했다. "우리는 어떤 자회사든 돈을 빌릴 때 적당한 이자율을 지불해야 하며, 모회사에서 보조금을 받으면 안 된다고 생각합니다. 그렇지 않으면 부자 아빠가 있다는 것 때문에 나약한 판단으로 이어질 수 있거든요." 2003년 말, 클레이턴은 고객의 주택 매입 자금 조달용으로 장부에 20억 달러가 약간 넘는 대출이 기록되어 있었다.

클레이턴의 자금 조달 방안에는 두 가지 교훈이 있다. 첫째, 부채를 통한 이자 발생형 대출용 자금_{receivables} ** 조달이 적절하다는 것이다. 이는 버크셔 내부의 소형 은행 같은 것으로, 금리 차이를 감수하는 이자 발생형 대출을 통해 이자 발생형 자산을 조달하는 것이었다. 이는 버크셔에서 처음 있는 일은 아니었다. 스콧 페처에도 이런 식으로 월드북 백과사전과 커비 진공청소기 구입용 자금을 융통해 주는 금융 자회사가 있었다.

클레이턴 자금 조달의 두 번째 교훈은 신용 리스크와 인센티브의 역할이었다. 클레이턴이 버크셔의 산하에 있는 경우, 고객들이 받아 간 모든 대출을 유지할 수 있었다. 이는 궁극적으로 이 회사가 부실채권을 인수하는 비용을 부담하게 되어 고객들에게 선행을 베푸는 동기를 지니게 된다는 의미였다.*** 기존에 업계에서 운영하던 증권화 모델이 실패한 것은 대부분의 대출 기관들이 단기 성과에는 신경 쓰지 않았기

---

* 이 시기 기성 주택산업을 괴롭힌 문제는 10년 후 발생한 주택 위기라는 중대한 사태의 자그마한 전조였다고 생각하지 않을 수 없다.
** 이 용어는 클레이턴이 고객의 주택에 대해 보유한 모기지 등 장기 매출채권 및 단기채권을 포함하는 데 광범위하게 사용된다.
*** 클레이턴은 중개업자에게 손실부담금을 부과해 (적절한 계약금을 요구하고 상환 능력을 확인하는 방식으로) 좋은 대출을 실행하도록 유도했다. 이는 장기적으로 생각하게 만들었다. 이 같은 장기적인 사고는 고객에게도 최상의 이익이 되었다.

때문이다. 대출 기관이 각 대출금의 일부를 보유하게끔 한 것은 수많은 서브프라임 대출이 모기지 담보부 증권으로 묶음 상품화되어 재판매됐던 2009년 금융 위기 이후 미국 신용 시스템을 재편하는 데 중요한 역할을 한다.

버크셔가 지불한 인수 가격 17억 달러는 클레이턴의 단순한 사업 모델과 꾸준한 금융 수익률의 이력에 대해 정당한 대가를 지불했음을 시사한다. 그러나 세전 투하자본이익률은 이 사업의 경기순환적 특성 탓에 2002년에는 낮은 수준이었던 것으로 보인다. 만일 클레이턴이 역대급 평균 수익률 21%를 달성할 수 있다면, 버크셔는 상승효과를 볼 가능성이 있었다. 아울러 클레이턴에 자금을 제공해 비용이 많이 드는 증권화 자금 조달을 피한 것으로도 이익을 얻을 수 있었다.

표 6-33 · 클레이턴 홈스 인수 분석
자료·2003년 버크셔 해서웨이 연례 보고서, 2002년 클레이턴 홈스 연례 보고서 및 저자의 계산
단위·100만 달러

	2002	2001	2000	1999	1998	1997	1996	1995	1994	1993
총 매출액	1,199	1,151	1,293	1,344	1,128	1,022	929	758	628	476
매출액/평균 투하자본	0.91	0.95	1.19	1.24	1.18	1.40	1.46	1.35	1.23	0.98
이자·세금 차감 전 이익률	17%	15%	18%	19%	19%	18%	18%	17%	17%	18%
세전 투하자본이익률	15%	14%	21%	23%	23%	26%	26%	23%	21%	17%
인수 가격(주식)	1,700									
추정 부채	93									
유효 인수 가격	1,793									
인수 가격 배수	1.36배									
버크셔 귀속 세전 이익률	11.2%									

맥클레인

2003년 버크셔의 두 번째 주요 인수는 맥클레인이었다. 맥클레인은 스퀘어즈 채권 문제를 처리했던 골드먼 삭스의 담당자 바이런 트로트를 통해 버핏의 주목을 받았다.

맥클레인은 월마트의 자회사로, 수많은 매장에 제품을 유통해야 하는 월마트의 필요에 따라 성장한 회사였다. 이후 이 회사는 편의점, 약국, 회원제 도매상, 식당, 영화관 등 월마트 외의 매장까지 사업을 확장했다. 당연하게도 월마트는 맥클레인 매출액의 35%를 차지했다. 맥클레인의 성장으로 이 회사는 월마트의 경쟁사들과 갈등을 빚었는데, 이는 월마트가 이 자회사를 매각하게 만드는 요인이 되었다.

버크셔는 맥클레인 인수 대금으로 월마트에 15억 달러를 지불했으며, 이 거래는 2003년 5월 23일 완료되었다(〈표 6-34〉 참고). 이 회사는 단순하고 이해하기 쉬웠으며, 버크셔의 다른 비보험회사들과도 잘 어울렸다. 수익 창출력 관점에서 보면 맥클레인의 사업은 딱히 특별한 점은 없었다. 그러나 이 회사의 이익률은 버크셔의 다른 자회사들과 대조되었다.

맥클레인은 부가가치가 없는 유형의 기업이었다. 이 회사는 단순히 제품을 한 곳에서 다른 곳으로 옮길 뿐이었다. 따라서 이익률이 낮았다. 매출액은 230억 달러로 어마어마했으나 이익률은 세전 1%에 불과했다. (그런데) 이 매출액은 버크셔의 모든 비보험 자회사 매출액을 합친 것보다 많았다. 중요한 것은 매출액이 아니라 이익이었지만, 회계 관행으로는 기업들이 매출액을 기준으로 보고하도록 되어 있었다. 이에 따라 맥클레인은 이후에도 모든 버크셔의 재무 보고서에 별도 보고 항목으로 기재되었다.

　맥클레인의 낮은 이익률은 기업 분석 시 올바른 변수에 집중하는 것이 중요하다는 점을 잘 알려 준다. 이익률은 기업이 바람직한지 알려 주는 좋은 지표로 보이며, 실제로 중요한 정보를 몇 가지 담고 있다. 그러나 맥클레인이 증명한 것처럼 매출액이 크면 낮은 이익률로도 만족스러운 투하자본 대비 이익을 얻을 수 있다.*

표 6-34 · 맥클레인 인수 분석
자료· 2003년 버크셔 해서웨이 연례 보고서 및 저자의 계산
단위· 100만 달러

매출액	23,000
세전 이익률	1%
세전 이익	230
버크셔의 인수 가격	1,500
버크셔 귀속 세전 이익률	15.3%

비보험 부문

버크셔에 안정된 계열사가 많아짐에 따라 주주들에게 유용하고 이해하기 쉬운 방식으로 실적을 보고하기가 점점 힘들어졌다. 버핏이 말했다시피 "월드북(백과사전)처럼 장황하게 만드는 게 아니라면" 그랬다. 2003년 주주 서한에는 오랫동안 친숙했던 이익 보고 출처가 생략되었다.** 그 대신 버핏은 버크셔의 주요 4대 운영 부문에 대해 다음과 같이

---

* 재무제표 주석에 따르면 맥클레인의 2002년 매출액과 세전 이익은 각각 219억 달러와 2억 2,000만 달러였다.

** 제6장의 시작 부분에 있는 표와의 연속성을 감안해, 2003년 및 2004년 연례 보고서 자료를 사용해 이 표를 다시 만들어 보았다.

보고했다.

1. 보험

2. 규제형 유틸리티 부문

3. 금융 및 금융 상품

4. 제조, 서비스 및 소매 유통업***

버핏은 버크셔 내재 가치 계산에 불필요한 자료는 전하지 않으면서, (부문별) 직무를 홀랑 뒤집어 놓더라도 자신과 멍거가 알리고 싶은 사실을 주주들에게 전하는 게 목적이라고 밝혔다.**** 그는 또한 주주들에게 기업을 분석할 때 신중해야 한다며 "기업은 정지된 사진이 아니라 계속 전개되는 영화로 보아야 한다는 것을 기억해야 합니다. 과거의 하루 한 장면에만 초점을 두었던 사람들은 때때로 잘못된 결론에 이르기도 합니다"라고 주의를 당부했다. 버크셔의 전체 이익을 유지하는 정책과 더불어, 재투자 요소는 가치 평가 훈련의 중요한 부분이었다.

규제형 유틸리티 부문

보험 부문은 위에서 제시되었으므로 미드아메리칸 산하에 있는 유틸리티 부문부터 시작하겠다. 미드아메리칸의 이자·세금 차감 전 이익$_{EBIT}$

*** 나는 버크셔를 살펴보는 가장 현명한 방법이라는 측면에서 버핏의 단서와 이 책의 분석 내용을 발맞춰볼까 한다. 동시에 독자의 관심을 유도할 수 있도록 흥미롭거나 중요한 특정 주제도 전달하고자 한다.

**** 2004년 연례 주주총회에서 버핏은 버크셔의 시가총액 1,300억 달러와 "비교적 적은 수익을 올리는 일부 계열사에 대한 예리한 통찰력을 얻는 일은 그다지 중요하지 않습니다. … 종합적으로 살펴봐야 합니다"라고 언급했다.

11억 달러는 다음과 같이 분류된다.

- 2억 8,900만 달러, 영국 유틸리티
- 2억 6,900만 달러, 아이오와에 본사를 둔 유틸리티 기업
- 2억 6,100만 달러, 파이프라인
- 1억 1,300만 달러, 홈서비스
- 1억 4,400만 달러, 기타 수입

미드아메리칸의 2003년 EBIT는 36% 증가했으며 순이익은 4억 1,600만 달러로 전년 대비 9% 늘어났다. 이러한 증가는 추가 자본 공여로 자금을 조달한 신규 파이프라인의 영향이 컸다. 미드아메리칸은 다른 법인들에 103억 달러, 버크셔 해서웨이에 16억 달러의 부채를 지고 있었다. 이자 수입을 포함하면 미드아메리칸에서 얻은 버크셔의 이익은 4억 2,900만 달러(전년도의 3억 5,900만 달러 대비 증가)였다.

금융 및 금융 상품
금융 및 금융 상품 부문은 금융 잡동사니를 모아 놓은 서랍 같은 분위기였다. 모두가 중요한 회사였으며 자본 배분 업무를 했다. 이러한 활동은 은행 같은 특성을 띠었기 때문에 이 회사들에서는 주로 대출 업무가 이루어졌다.

가장 큰 사업부 중 하나는 금융거래 부서로, 이 부문은 2003년에 3억 7,900만 달러를 벌어들였고 연말 기준으로 이자부 부채를 78억 달러보유하고 있었다. 이곳은 버핏이 전적으로 관리했으며 "AAA 채권에 대

한 몇몇 기회를 노리는 전략을 취했다. 완벽하지는 않더라도, 이런 거래에는 신용 리스크가 전혀 없으며 예외적으로 유동화 증권으로만 처리"했다. 다시 말하자면 차익 거래 사업이었다.

버핏이 이 사업부를 운영한 이면에는 제너럴 리 증권이 있었는데, 이 증권사는 파생상품 사업이 붕괴되면서 적자를 이어 가고 있었다. 제너럴 리 증권은 2003년 9,900만 달러의 세전 손실을 기록했다. 미결제 약정이 전년 대비 거의 50%나 줄어든 여파였다.* 이처럼 질질 끄는 실적 저하는 파생상품의 주요 리스크를 보여 주었다. 버크셔는 시장이 평온한 틈을 타 퇴각을 모색했다. 시장이 질서 정연하게 작동하지 않는다면 (즉 작동할 수 없다면) 무슨 일이 벌어질까? 그 질문은 불과 몇 년 이내로 답을 얻게 된다.

이 부문에는 마크 번Mark Byrne이 운영하는 펀드인 밸류 캐피털에 대한 버크셔의 투자도 포함되어 있었다. 버핏은 이 펀드가 200억 달러에 가까운 부채를 지고 있으나, 운영 상태가 양호하며 버크셔가 해당 부채를 보증하지 않았다고 언급했다. 2003년 말 버크셔는 3,000만 달러의 분배금을 받은 후 밸류 캐피털에 6억 3,400만 달러의 순투자를 했다.

보다 자연스러운 이 부문의 구성 요소는 트레일러 임대 회사인 엑스트라XTRA(리스 사업부Leasing Operations로 보고) 그리고 생명보험 및 연금 사업부였다. 이 부문에는 버캐디아Berkadia 부문도 포함되었는데, 이 건은 2003년 말에 거의 마무리되었다.** 앞서 언급했듯 클레이턴의 전체

---

* 거래 상대방 453곳에 걸쳐 미결제 약정은 7,580건으로 줄어들었다.
** 피노바 그룹 관련 부채는 2004년 2월에 전액 상환되었다.

사업은 주택단지를 지어서 파는 것이었으나 금융 사업의 규모로 금융 및 금융 상품 부문에 포함되었다.

금융 및 금융 상품 부문은 세전 이익이 2002년 7억 7,500만 달러였으나 2003년에는 6억 6,600만 달러를 기록했다. 이 수치는 2003년과 2002년에 각각 12억 달러와 5억 7,800만 달러였던 세전 투하자본이익이 반영되기 전 수치다.

제조, 서비스, 소매 유통업

몇 년이 지나자 버핏의 수익원 보고 표에서는 특정 회사들이 다른 회사들과 통합되어 있었다. 가정용 가구 및 보석류는 소매 유통업이 되었다. 스콧 페처의 비금융 사업은 다시 해당 범주로 통합되었다. 〈버펄로 뉴스〉, 제화 부문, 데어리 퀸, 시즈 캔디는 기타 사업부로 묶였다. 2002년부터 이 표는 없어졌으나 해설 및 연례 보고서 각주에는 의류, 건축 제품, 항공 서비스, 맥클레인, 쇼 인더스트리스에 대한 항목이 여전히 기재되어 있었다.

상세 내역에서는 필요하거나 중요한 여러 기업 정보를 제공했지만, 이 기업들은 유사성 때문에 하나의 섹터로 볼 수 있다. 이 그룹의 각 기업은 보험 또는 유틸리티 섹터보다는 운전자본, 고정자산 및 일부 제한된 부채가 필요한 일반적인 기업에 더 가까웠다. 분석을 도울 수 있도록 버핏은 제조, 서비스 및 소매 유통업 그룹에 대한 요약 대차대조표와 손익계산서를 제공했다. 이는 2000년까지 발표한 추가 공시와 비슷했다.

버핏은 "딜리 바Dilly Bars[데어리 퀸이 판매하는 막대형 아이스크림(하드)의 일종-옮긴이]에서 보잉 737 항공기에 이르는 다양한 제품을 판매하는 다방면에 걸친 사업부"가 2003년에 321억 달러의 매출액과 13억 달러의 이익을 기록했다고 밝혔다. 평균 유형 순자산(유형자본) 대비 이익률 20.1%라는 실적은 평균 이상의 경제성을 보여 주는 증거였다. 비교할 2002년 정보는 없으나 우리는 제조, 서비스 및 소매 유통업 부문이 과거에 더 높은 이익률을 올렸음을 알고 있다. 1994년(예전에 실적을 처음 발표한 연도)의 세후 자기자본이익률은 32.4%였다. 버크셔가 기업을 추가로 인수하면서, 1990년대 후반에는 이익률이 (상대적으로) 낮은 20%대로 떨어졌다. 새로 인수한 기업들은 상당히 괜찮았지만 기존 기업들만큼 좋은 것은 아니었다. 제화 및 출판 부문의 고전도 실적에 악영향을 미쳤다.

버핏은 투하자본이익률을 바탕으로 기업과 경영자를 평가했다. 그러나 버크셔가 많은 자회사를 인수하기 위해 프리미엄을 지불했기에, 버핏은 사업권을 포함한 전체 인수 가격을 기준으로 스스로를 평가했다. 2003년 버크셔 제조, 서비스 및 소매 유통업 부문의 세후 장부가치 대비 수익률은 9.2%에 그쳤다.* 버크셔는 인수 회계와 사업권 회계를 분리했다. 주주들이 기업의 진짜 질과 실적, 회계 발표치를 파악할 수 있게끔 하려는 것이었다.

건축자재 부문(애크미 브릭, 벤저민 무어, 미텍)은 유형자산 대비 순이익률 21%를 올렸다. 이는 따분한 기업들의 성과치고는 상당히 인상적인 통계치였다. 이 기업들은 38억 달러(4% 증가)의 매출액에 5억

---

* 사업권 및 무형자산은 총 83억 5,000만 달러였다.

5,900만 달러(8% 증가)의 세전 이익을 올렸다. 강력한 주택 수요 덕분이었다.

쇼 또한 주택 시장 호황의 혜택을 보았으며 47억 달러(8% 증가)의 매출액에 세전 4억 3,600만 달러(3% 증가)의 이익을 벌어들였다. 11월에 쇼는 딕시 그룹에게서 관련 카펫 사업을 인수해 매출액에 2억 4,000만 달러를 추가했다.

존 홀랜드의 지휘 아래에서 프루트 오브 더 룸은 수익성을 회복했으며 대형 유통업체에서 판매하는 남성 및 남아용 속옷의 42%를 차지했다. 여성 및 여아용 점유율은 14%로 증가했다.

버크셔의 가구 소매업체 중 두 곳은 2003년에 신규 매장을 열었다. RC 윌리는 큰 성공을 거둔 매장을 라스베이거스에 열었고(일요일 휴무 정책을 고려하면 훨씬 더 인상적이었다), 네브래스카 퍼니처 마트는 미주리주 캔자스시티에 대규모 매장을 개설했다.

(보석 사업을 포함한) 소매 유통 부문 매출액은 10% 증가한 23억 달러였으나, 세전 이익은 신규 매장 개설 비용으로 제자리걸음을 하면서 1억 6,500만 달러를 기록했다.

항공 서비스는 약간의 난기류를 계속 겪고 있었다. 세전 이익 합계는 68% 줄어든 7,200만 달러였다. 플라이트세이프티는 구형 시뮬레이터에서 3,700만 달러를 상각한 후 1억 1,300만 달러의 이익을 냈다. 넷제트NetJets(이그제큐티브 제트가 현재 이 이름으로 변경)는 소형 항공 업종의 지배적인 업체였음에도 계속 어려움을 겪으면서 4,100만 달러의 손실을 기록했다. 넷제트 손실에는 유럽 사업에서 지속적인 영업 손실을 낸 것 외에도 항공기 재고에서 3,200만 달러 손실이 반영되었다. 버핏은 두 회사에 대해 계속 낙관적으로 보았으며 플라이트세이프티와 넷제트 모두 각 분야의 선도 기업이라고 언급했다.

의류 회사들은 계속 어려움을 겪었다. 프루트 오브 더 룸과 개런의 추가는 매출액 21억 달러에 세전 이익 2억 8,900만 달러 증가를 보고했지만, 기준 시점 대비 매출액은 5%, 이익은 11% 줄어든 것이었다.

투자

2003년 버크셔 주식 포트폴리오의 움직임은 지지부진한 수준에서는 벗어났다. 버핏은 주주들에게 코카콜라(1994년), 아메리칸 익스프레스(1998년), 질레트(1989년), 〈워싱턴 포스트〉(1973년), 무디스(2000년) 등 자사의 주요 보유 종목이 오랫동안 그대로라는 점을 상기시켰다. 한 가지 예외는 웰스 파고였는데, 이 회사의 매입가 기준 금액cost basis*이 1억 5,700만 달러로 늘어났다. 이에 따라 이 회사에 대한 버크셔의 보유 포지션은 320만 주로 증가했고 보유 주식 수는 약 5,650만 주, 지분율은 3.3%가 되었다.

병원 운영 기업인 HCA, Inc.와 석유 및 가스 회사 페트로차이나PetroChina 등 두 곳이 5억 달러 기준을 넘어 주주 서한에 새로 등재되었다. 버크셔는 HCA 주식 1,550만 주를 보유하고 있었는데, 이는 이 회사 지분 3.1%였다. 2003년 말 버크셔는 페트로차이나 주식 23억 주를 보유 중이었으며 이는 이 중국계 기업 지분의 1.3%였다.

---

* 매입가 기준 금액은 투자 원가를 말한다. 투자할 때 매입가 기준 금액은 주식을 매입하거나 매도할 때, 또는 해당 기업에서 자본의 반환 같은 다른 경우가 발생하면 변한다. 일반적으로 세무 목적 및 재무 보고 목적의 기준은 동일하지만, 차이가 있을 수는 있다.

버핏은 주주 서한과 이듬해 연례 주주총회에서 포트폴리오에 대해 중립적인 감정을 표명했다. "우리는 우리가 보유한 포트폴리오를 아주 긍정적으로 또는 부정적으로 보고 있지 않습니다. 우리는 전년도에 내재 가치가 크게 상승했던 뛰어난 기업들을 보유 중인데, 현 주가에는 그 우수성이 반영돼 있습니다." 이들 기업은 내재 가치가 상승하는 한편으로 주가도 높아졌다. 이는 (포트폴리오에) 큰 변화를 가져올 만큼 가격 대비 가치의 괴리를 유발하지 않았다.

버핏은 버크셔의 기본 포지션에 대해서도 다루었는데, 바로 잉여 현금을 미국 국채에 투자하는 것이었다. 그는 버크셔가 "더 많은 수익을 얻기 위해 신용 기준을 낮추거나 만기를 연장하는 행위까지는 절대 '가지' 않을 것입니다. 찰리와 나는 적절한 보상을 받는다고 느끼지 않는 한, 약간의 리스크도 감수하기를 싫어합니다"라고 말했다. 시장이 급변할 수 있다는 것을 이해하고 확실성을 중시했기 때문에, 버크셔는 잉여 현금을 가장 안전하고 유동성이 높은 증권에 투자했다.

지배 구조

버크셔는 2003년 이사진 명단에 4명을 새로 추가했다. 이로써 총 11명이 되었다. 모두 버핏의 친구인 이 4명은 데이비드 고츠먼David Gottesman, 샬럿 가이먼Charlotte Guyman, 돈 키오Don Keough, 톰 머피Tom Murphy였다.

앨런 & 컴퍼니Allen and Company 회장을 지낸 전 코카콜라 임원 돈 키오와 캐피털 시티즈/ABC의 톰 머피는 수년간 버핏의 글과 발언을 통해 버크셔 주주들에게 이미 알려져 있었다. 버핏은 멍거와 알고 지낸 것과 같은 기간만큼 데이비드 '샌디' 고츠먼을 알고 지냈다. 고츠먼은 1960

년대 중반 호크실드 콘Hochschild Kohn 백화점 인수 때 버핏 및 멍거와 파트너 관계였는데, 이 백화점은 결국 버크셔 해서웨이에 합병된 디버시파이드 리테일링을 통해 인수되었다.

마지막으로 영입된 이사는 샬럿 가이먼이었다. 가이먼은 1999년에 마이크로소프트에서 퇴직했으며,[24] 버크셔 이사진에 임명될 당시 워싱턴 대학교 메디컬 센터의 재정위원회 의장이었다.

버크셔의 모든 이사에게는 버핏이 중요시했던 공통점이 있었다. 우선 각 이사와 그 가족은 버크셔 주식을 적어도 400만 달러어치 이상 보유하고 있었는데, 중요한 것은 이 주식이 그들 스스로 취득해 수년 동안 보유하고 있었다는 점이다. 이 6명은 수억 달러 상당의 버크셔 주식이 포함된 자산을 지니고 있었다. 이처럼 의미 있는 수준의 지분은 그들의 이해관계를 '일반 주주'와 일치시켰다고 버핏은 서술했다. 그는 이 그룹의 공통된 특성이 "사업에 정통하고 주주 지향적이며, 버크셔에 대해 진짜로 관심이 크다는 점"이라고 말했다.

버핏은 그들 모두가 엄격한 미국 증권거래위원회SEC 기준을 충족하는 것은 아니었지만 그들의 독립성을 높이 평가했다. 버핏의 아내 수전과 아들 하워드는 가족이었으므로 분명히 이 기준상 탈락이었다. 그들의 역할은 버핏이 버크셔를 더 이상 통제하지 못하더라도 버크셔의 문화가 그대로 유지되도록 하는 것이었다. 론 올슨Ron Olson도 이 기준에서 탈락했다. 그가 재직한 법률 회사 멍거, 톨스 & 올슨Munger, Tolles & Olson이 버크셔의 법률 업무를 담당했기 때문이다. 버핏은 올슨이 버크셔에서 수령하는 소득 중 몇 퍼센트가 그로 하여금 독립성을 잃게 할 것이기에 적당한 인물이 아니라고 판단했다. 버핏은 뮤추얼 펀드 등 다른 법인들의 이사직에 대해 지적했는데, 뮤추얼 펀드의 이사들은 소득의 상당 부분을 이사 수임료에서 얻었지만, 그럼에도 SEC 규정에 따르면 독립적인 존재로 간주되었다는 것이다. 버크셔는 SEC 규정을 준수하지만, 형식적 기준을 충족하기 위한 것이 아니라 버크셔 주주에게 이익이 되도록 하는 방식으로 시행하곤 했다. 버핏은 진정한 독립성이란 가족이나 재정적 유대에 의한 것이 아니라 "뭔가 잘못되었거나 어리석었을 때 강력한 CEO에게 기꺼이 문제를 제기하고자 하는 의지"라고 정의했다.

기부 프로그램

버크셔의 지정 기부 프로그램은 1981년 도입된 이래 수천 곳의 자선단체에 1억 9,700만 달러를 기부했다. 2003년 이 프로그램은 정치적인 문제로 중단되었다. 버크셔가 (주주의 지시에 따라) 낙태 합법화를 지지하는 자선단체에 기부했다는 것 때문에 낙태를 반대하는 개인 및 단체가 버크셔 그룹의 팸퍼드 셰프The Pampered Chef 불매운동을 했던 것이다. 다른 버크셔 주주들이 낙태 반대 단체에 기부했다는 것은 이 단체들에게는 중요하지 않았다고 버핏은 전했다. 버핏과 멍거는 독립 컨설턴트들에게 미치는 부정적인 영향이 이익보다 더 크다고 판단하고는 이 프로그램을 중단했다.

벌링턴 인더스트리스

2003년 초, 버크셔는 파산한 전 경쟁사 벌링턴 인더스트리스Burlington Industries에 대한 입찰에 참여했다. 벌링턴은 버크셔가 방직 사업에서 물러난 후에도 오랫동안 애쓰고 있었다. 당연한 일이었지만 이 회사는 매우 고전했다. 이 입찰에서 벌링턴 인수 가격으로 파산법원에 5억 달러를 제시했다. 궁극적으로 법원은 버크셔의 1,400만 달러(제안 가격의 3% 미만)의 청산 수수료가 너무 비싸다고 판결했다.

2004년

–

버크셔는 2004년 S&P 500만큼도 성장하지 못했다. 주당 장부가치가 10.5% 증가했지만 벤치마크(S&P 500)보다 0.4%p 낮았다. 그 원인은 버핏이 오래전부터 예상해 왔던, 이제는 너무나 커진 버크셔의 덩치였다. 4할대의 강타자급 기업들과 더불어 버크셔가 운영하는 회사들은 장외 홈런을 날렸다. 그러나 이러한 성공에 따라 오마하에 현금이 쌓이고 있었지만 당장 수익을 창출할 배출구가 전혀 없었다. 버핏의 전형적인 모습이긴 한데, 그는 현재 430억 달러나 되는 버크셔의 현금 뭉치를 융통할 수 있도록 운영할 기업 또는 매도가능증권을 찾아내지 못했다며 자책했다.

보험업

버핏은 버크셔가 1967년 2,000만 달러 규모의 책임준비금을 들고 있던 회사에서 2004년 460억 달러 이상의 책임준비금을 보유한 우수한 보험회사 그룹으로 성장한 과정에 대해 주주 서한 몇 쪽을 할애했다. 그는 버크셔가 '보험업의 암울한 경제성'을 어떻게 극복했겠느냐고 질문했다. 그 답변은 규율, 올바른 인센티브, 자본력이었다.

주주 서한은 모범적인 보험회사의 대표 사례로 1980년부터 2004년까지 내셔널 인뎀니티의 주요 지표를 요약한 표를 제시했다. 그 기간 동안 이 회사는 몇 년 손실을 낸 적이 있었으나 전반적으로 이익을 올렸다. 또 경영자와 직원들을 시험에 들게 했던 10년 동안의 보험료가 저조했던 시기에서 살아남았다. 내셔널 인뎀니티는 1986년 3억 6,600만 달러의 인수 보험료로 성장한 후 13년 동안 물량 감소를 이어 갔으며, 1999년에는 5,450만 달러의 인수 보험료로 마무리 지었다가 2004년에는 6억 600만 달러로 다시 치솟았다. 중요한 것은 그 13년 동안의 약세 기간에도 내셔널 인뎀니티는 해마다 보험 인수 이익을 기록했다는 점이었다(이후 유일하게 적자를 기록한 연도는 2001년뿐이었다).

버핏은 다른 보험회사들이 끊임없는 물량 감소를 견딜 수 없거나 견디지 못할 것이라고 주장했다. 경쟁사들은 주로 물량에 중점을 두었으나 내셔널 인뎀니티는 그저 수익성에만 초점을 맞추었다. 엄청난 규모의 보험 인수를 할 수 있었는데 내셔널 인뎀니티는 이해할 수 있으면서 이익을 낼 수 있는 리스크만 감수했다.

모범적인 보험 인수에 대한 본질은 그러한 행동을 권장하는 인센티브였다. 내셔널 인뎀니티를 시작으로, 버크셔의 보험회사 직원들은 물량이 아닌 수익성을 기준으로 보상받았다. 내셔널 인뎀니티의 인센티브는 해고 금지 정책으로 확대되었으며, 이는 직원의 생계를 정당화하기 위한 보험 인수 행위를 하지 않도록 만들었다. 이것이 인력에 대한 무분별한 지출을 의미하는 것은 아니었다. 비용은 통제되어야 하지만 버크셔는 경쟁사보다 더 높은 수준의 사업비를 용인했다.*

내셔널 인뎀니티와 버크셔의 다른 보험회사들 또한 평균적인(대개는 평균 이상) 자본력을 보유했다. 원수보험을 취급하는 내셔널 인뎀니티에게 자본력은 중요성이 덜했다[사람들은 자동차보험이 유명 브랜드 것이라고 해서 가입하지 않았다. 일반적으로 (가입의) 결정적 요인은 가격이었다]. 그러나 자본력 덕분에 버크셔의 보험회사들은 재보험 사업을 통해 다른 보험회사 등 보험을 잘 아는 가입자에게 자사를 마케팅할 수 있었다.

버크셔가 재보험 분야에 진출했을 때 버핏은 자본력이 엄청난 이점이 될 수 있다는 것을 이내 깨달았다. 미래에 수년 동안 회수해야 할 리스크를 회피하고자 하는 원수보험사들은 당연히 자본이 풍부한 재보험사를 찾아 보험료를 납입했다. 보장 영역이 방대한 대형 재해보험 가입자도 마찬가지였다. 보수성과 자본에 힘입었던 버크셔는 두드러진 존재였다.

상품형 사업에서 번창할 수 있는 또 다른 방법은 저비용 사업자가 되는 것인데, 가이코는 최고에 속했다. 소비자 대상 직접 판매 모델은 경쟁사 대비 가격 우위를 제공했다. 이 회사는 1970년대에는 보험 인수 원칙을 망각했는데, 파산은 면했다. 버크셔의 100% 보유 아래에서 이 회사는 약 6%의 시장을 점유한 모범적이면서도 훨씬 더 큰 규모의 기업으로 변성했다.

어쩌면 보험회사 경영자를 감독하는 사람으로서 버핏의 가장 중요한 임무는 원칙을 지키는 문화를 지켜보고 강화하는 것이었다. 제너럴리가 휘청거린 후 이 회사에는 버핏의 지휘가 필요했지만, 버크셔는 가

---

* 내셔널 인뎀니티의 사업비 비율은 1986년 25.9%에서 1999년에는 41%로 상승했다.

이코의 토니 나이슬리, 버크셔 해서웨이 재보험 부문의 아지트 자인 같은 경영자와 강력한 원칙으로 운영되는 원수보험 부문 내의 많은 인물과 함께하는 축복을 받았다.

보험 부문 내 버크셔의 각 주요 사업부는 2004년에 이익을 보고했다. 보험 부문은 인수 보험료 210억 달러에 16억 달러의 세전 수입 보험료

표 6-35 · 버크셔 해서웨이 보험 인수 현황

자료·2003~2004년 버크셔 해서웨이 연례 보고서 및 저자의 계산 **단위**·100만 달러

	2004	2003
가이코		
인수 보험료	9,212	8,081
수입 보험료	8,915	7,784
보험계약 인수 손익(세전)	970	452
제너럴 리		
인수 보험료	6,860	8,021
수입 보험료	7,245	8,245
보험계약 인수 손익(세전)	3	145
버크셔 해서웨이 재보험 부문		
수입 보험료	3,714	4,430
보험계약 인수 손익(세전)	417	1,047
버크셔 해서웨이 원수보험 부문		
수입 보험료	1,211	1,034
보험계약 인수 손익(세전)	161	74
보험계약 인수 손익 총계	1,551	1,718
기말 평균 책임준비금 총계	45,157	42,722
책임준비금 비용	(3.4%)	(4.0%)
불이익성(이익성) 손해 발생 총계	419	480

참고
버크셔 해서웨이 원수보험 부문과 재보험 부문의 인수 보험료는 공개되지 않음.

를 기록했으며, 이는 버핏에게 매우 가치 있는 마이너스 책임준비금 비용을 발생시켰다. 책임준비금은 연말 기준 6% 증가한 461억 달러였다.

가이코

가이코는 버크셔에 계속 이익을 가져다주었다. 2004년에는 합산비율 89.1%로 약 10억 달러의 세전 이익을 창출했다. 수입 보험료가 14.5% 늘어났는데, 이는 2%의 요율 인상 외에도 시행 중인 보험계약*의 11.8% 증가를 반영한 것이었다. 이러한 성장의 일부는 2004년 3분기에 새로운 주(州)로 사업을 넓힌 결과였다. 그 전에 뉴저지주는 규제 여건이 엄격해 가이코는 그곳에서 사업을 하지 않기로 했던 적이 있었다. 가이코는 이제 뉴저지주에서 14만 명(뉴저지주 인구의 약 4%)의 고객에게 서비스를 제공했다. 이는 고객 비용을 절감해 주는 가이코의 능력에 대한 분명한 신뢰였다.

가이코가 자사의 간접비를 억제하는 동안**, 실제로 이 연도의 실적을 끌어올린 것은 손실 보장이었다. 물리적·신체적 손상에 대한 청구 횟수가 적어졌는데, 이는 두 범주에서 나타난 중대한 손상 증가분을 상쇄하고도 남았다.

제너럴 리

버크셔의 이 예전 문제아는 수익성이라는 한 가지 주요 사안에 다시 집

---

* 재무제표 각주에 따르면 선호도가 높은 부문이 8.8%, 비선호 부문이 21.6% 성장했다.
** 인수 보험료는 수입 보험료의 17.7%에서 17.8%로 약간 늘어났다.

중하고 있음을 보여 주었다. 가격을 인상하고 불건전한 리스크는 인수하지 않았다. 그 결과 인수 보험료는 14.5% 감소한 69억 달러를 기록했다. 수입 보험료는 12% 줄어든 72억 달러였다. 제너럴 리는 2년 차에 300만 달러의 보험 인수 이익을 기록했다. 이 이익은 엄밀히 따지자면 책임준비금이 마이너스라는 의미였지만, 신규 보험계약 인수의 뒷걸음질로 책임준비금은 2% 감소한 230억 달러가 되었다.

북미 손해/상해 부문 수입 보험료는 15% 하락한 30억 달러로 집계됐다. 이번 연도 이익 1억 6,600만 달러에는 미국을 강타한 허리케인 네 건에서 비롯된 1억 2,000만 달러의 재해 손실이 반영되었다. 1억 5,500만 달러의 불리한 손실이 증가해 이익은 1,100만 달러로 낮아졌다.

해외 손해/상해 부문 수입 보험료는 22% 감소한 22억 달러였다. 허리케인 관련 재해 손실 1억 1,000만 달러 및 불리한 손실 증가 1억 200만 달러 탓에 세전 보험 인수 손실은 9,300만 달러를 기록했다.

해외 생명/건강 부문 수입 보험료는 9% 늘어났으며 보험 인수 이익은 8,500만 달러였다. 보험료 증가치의 절반 이상은 외화 대비 달러 약세에 따른 것이었다.

버크셔 해서웨이 재보험 부문

버크셔의 재보험이라는 흠잡을 곳 없는 보물 사업부는 두루 잘 돌아가고 있었다. 수입 보험료 37억 달러(16% 감소)에 전체 수익은 4억 1,700만 달러였으며, 기말 책임준비금은 9.5% 증가한 153억 달러로 마감했다. 버크셔 해서웨이 재보험 부문의 책임준비금은 버크셔의 전체 책임준비금 가운데 3분의 1을 차지했다.

소급 재보험 및 다중화 부문의 물량 감소는 제너럴 리의 이력을 반영한 것으로, 부적절한 가격 책정에 따른 전체적인 뒷걸음질에 따른 것이었다. 다중화 부문의 수입 보험료는 20% 감소한 21억 달러였으나, 이익은 항공 분야 보장 및 보상금에서 나온 이익 덕분에 36% 증가한 4억 4,400만 달러를 기록했다.

2004년 소급 재보험은 존재감이 별로 없었다. 2000년에는 약 40억 달러에 이르는 최고 이익을 냈으나 해마다 성과가 줄어들면서 2004년에는 1억 8,800만 달러를 기록했다. 이 부문은 4억 1,200만 달러의 손실을 기록했으며 이는 대부분 이연비용 상각에 따른 것이었다.

허리케인 관련 손실이 난 후 복구된 여러 계약이 없었더라면 재해 및 개별 리스크 부문은 이번 연도에 실적이 떨어졌을 것이다.* 허리케인 관련 재해로 7억 9,000만 달러의 손실을 입은 후였으나 재해 및 개별 리스크 부문은 3억 8,500만 달러의 이익을 올렸다.

버크셔 해서웨이 원수보험 부문

원수보험 부문은 2004년에도 양호했다. 수입 보험료는 17% 증가한 12억 달러, 유리한 청구 이력 덕분에 보험 인수 이익은 118% 증가한 1억 6,100만 달러였다. 책임준비금은 30% 증가한 17억 달러에 달했다.

---

* 원수보험사는 비보장 상태를 원하지 않아 자동 갱신하는 보험계약을 하는 경우가 많았다. 만일 손실 사안으로 청구가 발생하면, 보험회사는 자사 보장용으로 후속 재난에 대한 보장 보험에 가입해야 했다.

제조, 서비스, 소매 유통업

버크셔의 제조, 서비스 및 소매 유통 부문의 '다각화 그룹'은 약간 심각한 비용 압박에도 꾸준히 좋은 성과를 창출했다. 주주 서한에는 별도 대차대조표와 손익계산서가 다시 등장해 추가 세부 정보를 제공했다. 2004년 제조, 서비스 및 소매 유통 부문은 440억 달러의 매출액과 15억 달러의 이익을 올렸다. 2003년에 맥클레인이 추가되어 전년도 실적과는 비교하기 어렵다. 더 나은 비교 기준인 유형자본이익률은 2003년 20.7%에서 2004년 21.7%로 호전되었다. 주택을 중심으로 이루어진 미국 경제의 강한 성장이 실적 개선에 한몫했다.

건설 시장 호황에 힘입어 건축 제품 부문 매출액은 13% 증가한 43억 달러를 기록했다. 세전 이익은 15% 늘어난 6억 4,300만 달러였다(전년도에 단열 공장에서 화재가 발생하지 않았다면 11% 증가에 그쳤을 것이다). 일부 유닛별 실적을 들여다보면, 건축 제품 부문으로 철강을 많이 사용하는 미텍에서는 철강 원가가 100% 증가했다. 이 부문의 다른 기업들도 투입 원가가 늘어나면서 이익률에 부정적인 영향을 받았다.

쇼에서는 (많은 합성섬유가 석유로 만들어지다 보니) 유가 상승 탓에 카펫의 투입 원가가 급증했다. 발생 시점 대비 다소 지체되긴 했지만 쇼의 투입 원가 증가는 고객에 대한 가격 인상으로 이어졌다. 그럼에도 쇼는 뛰어난 해를 보냈다. 매출액은 11% 증가한 52억 달러를 기록했다. 두 건의 인수가 있었던 전년도와 비교해서도 물량이 늘어나고 가격도 인상된 덕분이었다. 세전 이익은 7% 증가한 4억 6,600만 달러였으며 유형자본이익률은 26%였다.

프루트 오브 더 룸은 여성 및 여아 부문이 31% 성장하는 등 판매량이 10% 늘어났다. 이에 따라 의류 부문은 매출액이 6% 증가해 22억 달러를 기록했다. 의류 부문의 세전 이익은 12% 늘어난 3억 2,500만 달러였다. 프루트 오브 더 룸의 이익률 한계상, 이익에 대한 기여도는 절반 수준을 유지했으며, 나머지는 H. H. 브라운, 저스틴, 개런의 몫이었다 (당시 덱스터는 H. H. 브라운에 합병되었으며 구체적인 실적은 공개되지 않았다).

버크셔의 보석 및 가구 소매 회사들은 미국 경제 호황에 힘입어 좋은 성과를 올렸다.* 특히 벤 브리지와 RC 윌리가 두드러졌다. 벤 브리지는 동일 매장 매출액이 11.4% 늘어났으며, 연간 동일 매장 매출액 성장률이 평균 8.8%였던 10년 구간을 마무리 지었다. 버핏의 판단을 거스른 채 RC 윌리는 1호점에서 20마일 이내에 자리 잡은 2호점으로 라스베이거스 내 거점을 확장했다. 결과는 대성공이었다. 2004년 소매 유통 매출액은 13% 증가한 26억 달러를 기록했으며 동일 매장 매출액은 2.4% 증가에 머물렀다. 세전 이익은 1% 감소한 1억 6,300만 달러로, 신규 매장과 관련 창업 비용이 이익에 영향을 미쳤다.

2004년 플라이트세이프티는 유형자본이익률 15.1%를 기록했다. 이는 2003년 8.4%에서 증가한 것으로, 기업 및 지역 항공사들의 시뮬레이터 사용 증가에 따른 것이다. 2004년 실적은 시뮬레이터에 대한 감가상각을 반영한 수치지만 전년도와 같은 수준은 아니었다. 플라이트세이프티의 설립자 앨 울츠키는 여전히 사업에 관여했으나 CEO 자리를 43년 경력의 베테랑 직원인 브루스 휘트먼Bruce Whitman에게 넘겼다.

---

* 세인트루이스 연방준비은행에 따르면 2004년 미국 실질 GDP 성장률은 3.8%였다.

버핏은 버크셔 자회사인 넷제트(예전의 이그제큐티브 제트)가 플라이트세이프티의 최대 고객이라고 밝혔다. 이는 놀라운 일은 아니었다. 넷제트 조종사가 연평균 18일간 교육을 받았으며, 이 회사는 급성장하고 있었기 때문이다. 2004년 넷제트는 순 신규 사업의 70%를 차지했다. 이러한 성장의 일부는 기본적으로 넷제트 소유권을 더 세분화한 신규 비계열사가 올린 성과 덕분이었다. (마키스 제트 파트너스Marquis Jet Partners가 지원하는) 마키스 카드Marquis Card는 고객에게 25시간 단위로 비행시간을 구매할 수 있도록 했다. 버핏과 넷제트는 이러한 방식에 명백히 동의했는데, 아마도 간접비를 더 들이지 않고도 이 체제에 물량을 공급했기 때문일 것이다.

넷제트의 수익성은 유럽 사업 구축에 들어가는 비용이 미국 사업 이익을 일부 상쇄하면서 계속 주춤했다. 버핏은 유럽 시장의 선두 주자가 되기 위해서는 이 항로를 유지해야 한다며 대륙 간 및 유럽 대륙 내 항공편을 이용하는 미국 고객의 규모를 거론했다.

2003년 5월에 인수된 유통업체 맥클레인은 전년도 전체 실적 대비 매출액이 6% 증가한 230억 달러, 이익은 1% 증가한 2억 2,800만 달러를 기록했다.

금융 및 금융 상품

이 부문 내에서 버핏의 활동을 고려해 보면 큰 변화가 이례적인 일은 아니었다. 2004년 세전 영업이익은 6% 감소한 5억 8,400만 달러로, 세부적으로 몇 가지 중요한 변화가 있었다.

아마도 금융 및 금융 상품 내에서 가장 중요한 부문은 클레이턴 홈스

(제조업 포함)일 것이다. 이 회사는 버크셔의 지배 아래에서 잘 운영되고 있었다. 버핏은 클레이턴의 금융 사업에 버크셔가 자금을 제공하는 활동에 대한 양측의 이익을 설명하기 위해 무려 시너지라는 단어를 사용하기도 했다. 2004년 말 이러한 이자부 부채는 15억 달러에서 36억 달러로 늘어났다(2005년 1월까지 총액은 73억 5,000만 달러로 증가함*).

버핏은 웨스코가 운영하는 사무용 가구 임대 회사 코트CORT의 이익이 시원찮기는 하지만 개선되고 있음을 설명하기 위해 '불충분inadequate' 이라는 단어를 사용했다. 그는 또한 트레일러 임대 회사 엑스트라가 가이코의 역할을 한다고 언급했다. 엑스트라는 핵심인 트레일러 임대 사업에 다시 집중하고, 이전에 진출했던 컨테이너 및 복합 물류 사업은 정리했다. 세전 이익이 2003년 3,400만 달러에서 2004년 9,200만 달러로 반등함에 따라 이러한 전략은 성공을 거둔 것으로 보였다.

이 부문에 대한 회계 관련 변경 사항 중 하나는 투자회사인 밸류 캐피털이었다. 회계 규정에 따르면 버크셔 해서웨이 같은 대형 주주는 투자 대상 기업의 재무를 완전히 연결해야 했다.** 밸류 캐피털이 추가 투자자를 찾았기 때문에 버크셔는 이 요구 사항을 면제받았다.

끝으로 버핏은 제너럴 리의 파생상품 사업이 계속 축소되고 있다고 언급했다. 그는 시장 분위기가 호의적이었지만 포트폴리오를 청산하기가 무척 어려웠다고 밝혔다. 이 사실은 파생상품이 "대량 살상 무기"라는 버핏과 멍거의 견해를 강화하는 요인이 되었다.

---

* 2004년 재무제표의 각주에 따르면, 버크셔는 클레이턴 포트폴리오에 자금을 조달하기 위해 채권을 2004년에 16억 달러어치, 2005년 1월에 37억 5,000만 달러어치를 추가 발행했다.
** 엔론의 파산에 대응해, 회계 규정은 변동 지분 법인Variable Interest Entities : VIEs을 연결하도록 변경되었다. 엔론은 과거에 회계 처리를 악용해 대차대조표에서 중대한 리스크를 숨겼다.

규제형 유틸리티 부문

미드아메리칸은 아이오와에 기반을 둔 전기사업 외에도 성장을 통해 영국 유틸리티 사업과 여러 파이프라인을 거느렸다. 이 회사는 또한 미드아메리칸 경영진에게 이례적인 실수로 드러난 캘리포니아 지열 사업장을 보유하고 있었다.

미드아메리칸의 지열 사업장은 지열 우물 속 소금물에서 아연을 추출해 수익화하는 흥미로운 사업을 제공했다. 이 사업은 1998년에 시작해 4년 동안 지속했으나, 미드아메리칸은 수억 달러를 투입해 이 프로젝트를 성공시켜 보려 했으나 실패로 돌아갔다. 진척되지 못하면서 이 사업은 결국 접고 말았다. 2004년의 재무적 영향은 이 프로젝트의 상각을 포함해 5억 7,900만 달러의 세전 손실이었으며, 전년도에는 4,600만 달러의 영업 손실이 발생했다.

이 아연 프로젝트는 광범위한 교훈을 전해 주었다. 아연 회수 처리와 관련된 단계가 많았기에 개별 단계에서는 실패 가능성이 미미해도 전체 성공률이 매우 낮았다. 버핏은 주주들에게 "7피트짜리 장대를 치우려는 시도를 피하고 1피트짜리 장대를 찾는 데 집중합시다"라는 자신의 격언을 상기시키면서, 단순한 계획을 지속하는 게 더 낫다는 것을 다시 한번 알려 주었다.*

아연 프로젝트 실책에도 미드아메리칸의 핵심 사업은 순조롭게 진행되었으며 각 부문의 이익도 호전되었다. 미드아메리칸의 이익 중 버크

---

* 약 10년 후, 본 저자는 아연 회수 투자와 관련된 투자 실수를 하고 말았다. 이는 역사 공부를 했다고 해서 어리석은 결정을 하지 않는 것은 아님을 보여 준다.

셔 귀속분 80.5%는 아연 프로젝트 상각으로 45% 낮아진 2억 3,700만 달러를 기록했다. 또한 미드아메리칸이 버크셔에 대해 지고 있는 일부 부채를 상환하는 데 1억 달러의 잉여 현금을 사용함에 따라 버크셔는 이자 수익이 약간 감소했다.

투자

2004년 버크셔의 보통주 투자에 변화가 거의 없었으나 주주 서한 목록에 오르기 위한 기준선은 6억 달러로 높아졌다. 그 목록에는 새로운 이름이 하나 있었는데, 이 회사의 이력상 어느 정도 의미가 있었다. 화이트 마운틴스 인슈어런스 컴퍼니White Mountains Insurance Company는 파이어맨스 펀드의 잔재로, 전 가이코 CEO 잭 번이 사임 후 운영을 맡았다.[25]

　4개 회사가 377억 달러 규모 포트폴리오의 65%를 차지했다. 이들은 아메리칸 익스프레스, 코카콜라, 질레트, 웰스 파고였다. 한 통계는 버크셔가 기업을 보유할 때의 사고방식을 나타낸다. 단기적인 트레이더의 사고방식과 대조되는 점인데, 바로 버크셔의 주식 투자는 평균 12년 반 동안 이어진다는 것이었다.** (비상장 기업 주주와 마찬가지로) 이 투자는 주가의 등락 과정을 거쳐 이 4개 기업에서 나오는 정규 이익만 12억 달러에 달했는데, 이는 매입 가격인 38억 달러의 약 3분의 1에 해당했다.

** 버핏은 달러 가치를 감안해 매수 날짜를 1992년 7월로 잡았다.

외화 투자

2004년 말 버크셔는 8개 통화에 걸쳐 214억 달러*의 외환 약정을 보유했다. 이는 버크셔에 중요한 변화였다. 버크셔는 2002년 3월 이전에는 외환 약정이 없었다. 이 투자는 버핏이 본인이 한 말을 행동으로 보여주는 사례였다. 약 1년 동안 그는 미국의 악화되는 무역 상황에 대해 공개적으로 목소리를 높였으며 〈포천〉에 기고문까지 썼다. 문제의 핵심은 미국이 과도하게 소비하고 있다는 것이었다.** 버핏은 필연적인 상쇄 효과는 달러 가치 하락일 것이라고 생각했다.

버핏의 초점은 언제나 미시경제학, 즉 경제의 상향_{bottoms-up} 작용이었다. 그러나 그는 거시경제학에도 정통했다. 이제 거시적 상황이 크게 변화하면서, 버핏은 뭔가 달라져야 그에 따른 이익을 얻을 수 있을 거라고 확신했다. 그것은 명백히 그의 통상적 투자 활동 범위에서 벗어난 것이었다. 달러가 하락할 가능성이 있다고 판단됨에 따라 그는 통화에 베팅했다. 버핏은 자신이 버크셔 지분을 100% 보유하고 있었더라도 동일한 결정을 했을 것이며 자신이 틀렸을 경우에는 당혹감을 감수할 각오를 하고 있다고 말했다.

버핏은 버크셔 대차대조표상의 현금 430억 달러와 관련이 있는 현명한 행위를 하고자 했다. 투자 포트폴리오와 외화 투자의 한계 변화는 주변적인 활동일 뿐이었다. 버핏은 그의 보험회사들처럼 계속 규율을 준수하는 상태에서 투자 방망이를 휘두를 기회를 기다리곤 했다. 2005년

---

* 파생상품 거래 시 기초 자산으로, 명목 가치(물가상승률을 반영하지 않은 금액 – 옮긴이)

** 버핏은 소비 자금을 조달하려고 쪼개서 매각하는 대형 농장의 비유를 사용했다. 이를 전문 용어로 경상 수지 적자라고 하는데, 재정 적자와 혼동해선 안 된다.

연례 주주총회에서 그가 한 발언은 다음과 같이 미래를 예견했다. "제 생각에 여러분은 지금 주어진 선택지 이상으로 그리 오래지 않아서 (어쩌면 훨씬 더 짧은 시일 내에) 더욱 현명한 일을 할 기회를 얻을 것입니다."

이 오마하의 현인이 기가 막히게 옳았음은 증명될 것이다.

10년 구간 살펴보기

변형transformation은 버크셔 역사 중 어떤 10년 구간이든 설명하는 데 적합한 단어라 할 수 있다. 1995~2004년의 10년 구간은 인수 활동의 고조, 특히 제너럴 리 인수와 가이코 잔여 지분 인수를 통한 보험의 성장으로 주목받았다. 거의 변화하지 않은 점 역시 주목할 만하다. 인터넷 붐으로 업계와 경제가 변화하는 동안 버크셔는 방관자로 남아 있었다. 방직업은 과거에는 탄탄했으나 경제성이 건전한 산업에 투자해야 한다는 교훈을 버크셔의 지침으로 남겨 주었다. 인터넷 기업들은 그 테스트를 통과하지 못했다.

버크셔는 자사의 현재 기업 활동을 정의하는 광범위한 두 영역인 보험과 비보험으로 확장했다. 보험사업은 수익과 투자할 수 있는 책임준비금 공급처라는 두 가지 이점을 제공했다. 버핏은 1995년 주주 서한에서 다음과 같은 자신의 방식을 공유했다. 버크셔는 "부채에 따른 비용이 매우 적었던 덕분에, 일반적으로는 잘 이해되지 않을 정도의 엄청난 이익을 얻었습니다." 버핏은 기업의 수익성은 '1. 자산 수익 2. 부채 비용 3. 레버리지 활용' 등 세 가지 요소로 결정된다고 말했다. 버크셔는 높은 자산 대비 이익률이라는 좋은 성과를 거두었으나 부채도 회사의 엄청난 성공에 기여했다. 책임준비금은 버크셔의 자기자본이익률을 높이는 레버리지를 제공했을 뿐만 아니라 마이너스 비용을 발생시켜 수익을 일으켰다.

과거 여러 10년 구간 동안 겪은 고난을 통해 버크셔는 보험사업 가치를 극대화하는 방법을 완벽하게 알았다. 비결은 어려웠지만 분명하고도 단순했다. 바로 규율이었다. 버크셔의 보험회사들에는 물량보다 수익성을 중시하는 문화가 있었으며, 이것이 상당한 성과로 이어졌다.

여러 10년 구간 사이에서 버크셔의 자기자본 증가 출처를 비교해 보면, 어떤 출처는 거의 변하지 않은 반면 어떤 출처는 크게 달라진 것을 알 수 있다. 순 영업이익은 과거 두 번의 10년 구간에는 기여도가 거의 유사하다. 실현이익도 과거의 여러 10년 구간이 거의 같은 비율이다. 그러나 미실현 평가액의 기여도는 눈에 띄게 줄어들었다.

가장 두드러지는 것은 합병/분할 기여도다. 2004년 말로 끝나는 10년 구간에 버크셔는 비보험 및 보험 분야에서 수많은 인수에 나섰다. 그때까지의 최대 인수 사례는 제너럴 리로, 이 합병과 관련해 220억 달러 규모의 주식을 발행했다. 스퀘어즈SQUARZ 채권은 물론, 전체 또는 일부를 주식으로 지불한 수많은 기타 인수 사례가 나머지 30억 달러를 이루고 있다. 버크셔 순자산 증가분의 약 3분의 1은 주식 발행으로 계산될 수 있다.

모든 자본 출처를 고려해 보면, 버크셔는 1995~2004년의 10년 구간에 전체 순자산이 740억 달러(623%) 늘어났다. 그러나 버핏이 종종 지적했듯, 전체 순자산 증가는 성공의 진정한 척도가 아니었다. 주주들의 가장 중요한 관심사는 주당 가치의 변화였다. 순자산 증가분은 연간 변동률 21.9%로 변환되었다. 그러나 발행주식 수 증가치 조정 후의 주당

표 6-36 · 1965~2004년 자기자본 조정 내역

자료·버크셔 해서웨이 연례 보고서 및 저자의 계산 단위·100만 달러

	1965~1974	1975~1984	1985~1994	1995~2004	1965~2004
기초 자기자본	22	88	1,272	11,875	22
순 영업이익	57	366	2,869	19,344	22,636
순 실현이익	7	199	1,354	14,096	15,657
미실현 투자 평가액	0	486	5,877	15,000	21,363
합병/분할	0	133	433	25,085	25,651
배당금/자사주	(3)	0	69	0	66
버크셔 B주 발행액	0	0	0	565	565
기타	4	0	0	(65)	(60)
기말 자기자본	88	1,272	11,875	85,900	85,900
회계 기간 내 자본 변동	66	1,184	10,602	74,026	85,877

참고
반올림으로 계산해 숫자 합산액이 일치하지 않을 수 있음.

표 6-37 · 회계 기간 내 자본 변동 기여도

자료·버크셔 해서웨이 연례 보고서 및 저자의 계산 단위·%

	1965~1974	1975~1984	1985~1994	1995~2004	1965~2004
순 영업이익	86	31	27	26	26
순 실현이익	11	17	13	19	18
미실현 투자 평가액	0	41	55	20	25
합병/분할	0	11	4	34	30
배당금/자사주	(4)	0	1	0	0
버크셔 B주 발행액	0	0	0	1	1
기타	7	0	0	(0)	(0)
합계	100	100	100	100	100

참고
반올림으로 계산해 숫자 합산액이 일치하지 않을 수 있음.

장부가액 변동률은 연 18.7%였다.

버크셔 주가는 훨씬 더 느린 (그러나 결코 만족스럽지 않은 것은 아닌) 속도로 상승했다. 1994년 4분기부터 2004년 사이의 평균 주가로

지분을 보유한 주주는 15.6%의 수익률을 올렸을 것이다. 이러한 연 3%p의 격차는 해당 10년 구간의 버크셔 장부가치 하락으로 설명된다.* 주가 대비 장부가치가 하락한 이유를 명확하게 알 수 없으나 금리 탓은 아니었다(10년 만기 국채 금리는 1994년 12월 7.8%에서 2004년 12월 4.2%로 다시 떨어졌다). 가능성이 더 큰 요인은 버크셔의 소통에 따라 적정 밸류에이션 범위로 되돌아갔다는 것이다.

버크셔의 시가총액은 1994년 말 평균 240억 달러에서 2004년 1,300억 달러 이상으로 늘어났다. 버크셔는 〈포천〉 500대 기업 목록에서 14위를 기록했다.

그림 6-1 · 1995~2004년 버크셔 해서웨이 주가
자료·《워런 버핏 평전》(킬패트릭, 2015), 1995~2004년 버크셔 해서웨이 연례 보고서 및 저자의 계산

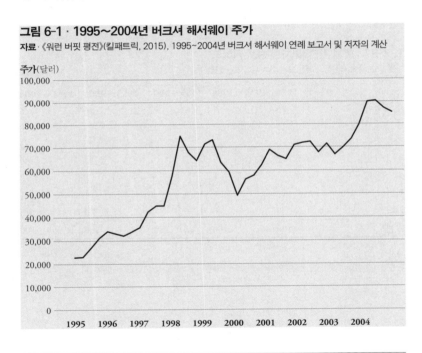

---

* 더 높은 가격에 매수하고 그 과정에서 발생한 비용에 직면한 버크셔 단위 신탁 주주들은 그 성과가 얼마나 더 나빴을지 알 수 있다.

그림 6-2 · 1995~2004년 버크셔 해서웨이 주가 대비 장부가치 비율

자료·《워런 버핏 평전》(킬패트릭, 2015), 1995~2004년 버크셔 해서웨이 연례 보고서 및 저자의 계산

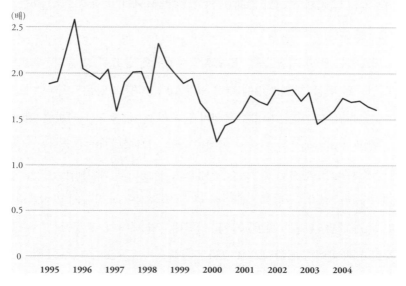

버크셔는 이 10년 구간에 신나게 자금을 지출했다. 책임준비금에서 얻은 추가 자본(1994년 말 평균 30억 달러에서 2004년 말 450억 달러)과 기존 운영 회사들의 이익에 힘입어 확장에 나섰다.

버크셔는 매우 중요한 보험 투자 두 가지와 다수의 비보험 투자를 했다. 1996년에는 가이코의 지분 50%를 인수하기 위해 23억 달러를 지불했으며, 1998년에는 제너럴 리를 220억 달러에 인수해 버크셔 역대 가장 큰 규모의 인수를 했다. 두 회사 모두 미래의 이익 및 책임준비금 증가의 촉매가 되었다. 제너럴 리는 매우 어려운 시기를 거쳐 그 가치를 얻긴 했지만 말이다.

버크셔는 보석 및 가구 소매업 부문에서 강소 기업을 키워 냈다. 보석업체인 헬츠버그와 벤 브리지를 사들였으며 가구 소매업체 RC 윌리,

스타 퍼니처, 조던스 퍼니처를 인수했다. 각각의 경우, 버핏은 완전한 자율성을 허용해 인수된 후에도 각 회사 경영자가 독립적으로 운영할 수 있게 했다.

버크셔는 또한 기술 붐을 피하고 일상생활에 중요한, 기술력은 낮아도 검증된 현금 창출 기업에 더욱 몰두했다. 어떤 기업은 누구나 아는 곳이었지만, 또 어떤 기업은 경제가 돌아가는 데 중요한 역할을 했어도 일반 소비자에게는 거의 알려지지 않은 회사였다. 버크셔는 저스틴 인더스트리스, 벤저민 무어, 쇼 인더스트리스, 미텍, 앨버카(라슨-줄), CTB, 개런, 팸퍼드 셰프, 클레이턴 홈스, 맥클레인을 반갑게 맞이했다. 또 존스 맨빌, 프루트 오브 더 룸, 인터내셔널 데어리 퀸 등 신규 운영 자회사 세 곳이 고전하다가 버크셔로 왔다.

버크셔의 자본 배분 전략은 미드아메리칸의 대다수 경제성 있는 지분을 인수하면서 미묘하게 변화하기 시작했다. 버크셔는 100% 보유 기업이나 보통주 지분을 일부 보유한 기업에는 자본을 배정하기 어렵다는 것을 알게 되면서, 자본 집약적이긴 하지만 대단히 안정적으로 일부 현금을 투입할 수 있는 출구를 찾아냈다. 이런 투자에서 얻은 수익률은 다른 비규제형 기업의 잠재력에는 미치지 못할 것이다. 그러나 이 회사들의 상대적 확실성과 대규모 자본을 투입할 수 있는 능력이 결합되면서, 버크셔의 초과 현금은 적당한 배출구로 빠져나갔다.

버크셔의 현금이 본사에 쌓이는 것을 막을 기회는 금방 나타나지 않았다. 이 시기 동안 수많은 인수가 이루어졌음에도 버크셔는 쉽게 투자할 수 있는 현금을 400억 달러나 보유한 채 이 10년 구간을 마감했다.* 문제를 가중시킨 것은 버크셔의 다음 자본 배분 영역인 매도가능증권에서 좋은 기회가 상대적으로 부족했다는 점이었다.

어떤 기회는 스스로 나타났다. 1994년 버크셔 대차대조표에는 152억 달러어치 주식과 24억 달러어치 채권이 기재되었다.** 10년 후인 2004년 말 대차대조표에는 주식 377억 달러어치, 채권 228억 달러어치, 기타 투자 23억 달러어치가 있었다.

(아래의) 각 10년 구간을 기준으로 버크셔 주식 포트폴리오를 살펴보면 두드러진 변화는 거의 보이지 않는다. 1994년 말에 투자했던 아메리칸 익스프레스, 코카콜라, 질레트, 〈워싱턴 포스트〉, 웰스 파고 등 5개 종목이 10년 동안 이어졌다. 또 1994년 말에 투자했던 1개의 투자 대상 가이코는 100% 자회사로 전환되었다.

이 10년 구간 동안 주식 포트폴리오의 35억 달러 순투자액은 다소 오해의 소지가 있다. 이 포트폴리오에서 상당한 자본이득이 발생했기 때문이다. 버크셔는 특히 살로몬/트래블러스, 캐피털 시티즈 ABC/월트 디즈니, 맥도널드에 대한 투자를 매각 또는 처분했다.

버핏과 멍거가 생각했을 때, 주식 포트폴리오는 대부분 100% 미만을 보유한 기업군으로 100% 보유 자회사를 보완하는 것이었다. 주식 시장이 그들의 보유 지분에 대해 매긴 가치를 전혀 알려 주지 않았어도 그들은 개의치 않았을 것이다. 그들이 원했던 것은 유리한 가격으로 보유량을 늘리는 것뿐이었다. 1994년 말, 아메리칸 익스프레스, 코카콜라, 질레트, 웰스 파고에 대한 버크셔의 투자는 전체 포트폴리오의 57%

---

* 이 현금은 보험 및 기타 분야만 포함한 것이다. 금융 및 금융 상품 부문의 현금은 부채로 조달되었다. 나머지 기업들의 보유 현금은 운영에 필요한 것으로 가정했다.

** 채권 범주에는 18억 달러어치의 채권형 증권, 살로몬 전환우선주 5억 8,060만 달러어치가 속한다.

를 차지했다. 10년 전으로 거슬러 올라가도 동일한 4개 종목이 포트폴리오의 65%로 나타났다. 코카콜라와 질레트 등 2개 종목은 해당 기간 동안 버크셔가 아메리칸 익스프레스와 웰스 파고의 지분을 늘리는 동안에도 손을 대지 않았다.

표 6-38 · 버크셔 해서웨이 주식 포트폴리오 선별 데이터
자료·1994년, 2004년 버크셔 해서웨이 연례 보고서 및 저자의 계산 단위·100만 달러

	2004		1994		변동치	
	매입가	시가	매입가	시가	매입가	시가
아메리칸 익스프레스	1,470	8,546	724	819	746	7,727
코카콜라 컴퍼니	1,299	8,328	1,299	5,150	0	3,178
질레트 컴퍼니	600	4,299	600	1,797	0	2,502
웰스 파고 & 컴퍼니	463	3,508	424	985	39	2,523
워싱턴 포스트	11	1,698	10	419	1	1,279
기타	5,213	11,338	2,526	6,066	2,687	5,272
주식 총계	**9,056**	**37,717**	**5,583**	**15,236**	**3,473**	**22,481**

버크셔의 대차대조표는 여전히 요새와 같았다. 2004년 말 자산 중 1,890억 달러는 860억 달러의 자기자본과 35억 달러의 실질 부채로 조달되었다. 대차대조표는 기타 실질 부채로 자금을 조달했는데, 이들은 성격이 달랐다. 가장 큰 것은 손실 및 손실 조정 비용을 포함한 보험 관련 부채와 미수령 보험료였다. 이러한 보험 부채는 모두 590억 달러에 이르렀다. 버크셔는 또한 120억 달러의 연말 이연 법인세 부채를 보유해 자산 조달용 자본으로 이용했다. 실질 부채가 매우 많긴 했지만, 이연 법인세 부채는 버크셔가 가치 있는 투자 대상을 매각하거나 감가상각비를 초과하는 자본적 지출 투자를 중단한 경우에만 상환할 수 있었다.

200억 달러나 되는 부채의 마지막 범주는 금융 및 금융 상품 부채였

다. 이러한 부채에는 클레이턴 홈스의 모기지 포트폴리오, 스콧 페처의 금융 계열사, 기타 은행과 유사한 활동에 자금을 대 주기 위한 차입금이 포함되었다. 200억 달러의 부채가 300억 달러의 자산(현금 34억 달러 포함)으로 뒷받침되었음을 고려해 보면, 이러한 버크셔 미니 은행은 매우 보수적으로 자금을 조달한 것이었다. 금융 및 금융 상품에 귀속되는 97억 달러의 자본은 32%의 자본 비율과 비슷했다. 이는 일반적인 은행에서 볼 수 있는 비율보다 훨씬 높다.

해당 10년 구간을 거치면서, 보험에 대한 버크셔의 집중도가 떨어졌다(〈표 6-39〉 참고). 버크셔가 비보험사업으로 더 많이 진출했을 뿐만 아니라, 지난 10년 구간에 인수한 수많은 기업이 꽤 다양했음을 알 수 있다.

표 6-39 · 버크셔 보험 자회사들의 상대적 규모
자료 · 1994년, 2004년 버크셔 해서웨이 연례 보고서 및 저자의 계산 단위 · 100만 달러

	2004	1994
보험 자산	114,759	18,494
버크셔 전체 자산 중 비율	61%	87%
세전 보험 인수 이익	1,551	130
세전 순투자 수익	2,824	419
세전 비보험 수익	3,302	333
기말 책임준비금	46,094	3,057

보험 쏠림 현상에서 벗어난 것은 버크셔의 성장에 따른 자연스러운 결과였으며, 비보험회사는 보험회사를 강화해 주었다. 버크셔는 성장한 상태에서도 다양한 비보험 이익 흐름이 있었기 때문에 다른 기업들은 자체적으로 감당할 수 없거나 감당하지 않을 엄청난 보험 리스크를

끌어안을 태세가 잘 갖추어져 있었다. 보험회사들은 자력으로 탄탄해졌으나 자산과 이익 흐름이 보험에만 매여 있지 않았으므로, 버크셔는 기회가 생기면 재보험 분야로 확장할 수 있다는 자신감을 갖게 되었다. 보험회사의 경제성(오르락내리락하는 실적을 있는 그대로 받아들이는 능력)도 회계 처리도 걸림돌이 되지 않았다.

이 시기에 버크셔가 지고 있던 약간의 부채는 버크셔에 유리하게 구조화되어 저렴하게 처리되었다. 1996년에는 5억 달러어치의 전환사채를 발행했다. 버크셔는 또한 2002년 4억 달러 규모의 스퀘어즈를 발행하면서 처음으로 마이너스 금리 채권을 발행하기도 했다. 금융 및 금융상품 분야에서는 기타 부채가 발생했다. 피노바/버캐디아 거래 및 클레이턴 홈스의 대출 활동을 지원하고 버핏이 관리하는 특정 차익 거래 상황에 자금을 대기 위한 것이었다. 그런 경우가 아니라면 버크셔에서는 의도적으로 부채를 활용하지 않았다. 한 가지 예외는 미드아메리칸이었다. 유틸리티 회사였기 때문에 미드아메리칸은 적절하게 차입할 수 있는 이익 안정성이 있었다. 중요한 것은 이 부채는 버크셔가 보증한 게 아니었다는 사실이다.

이 10년 구간에는 주식 발행 사례가 적지 않았다. 가장 큰 것은 제너럴 리 인수와 관련해 발행된 220억 달러어치였다. 헬츠버그, RC 윌리, 플라이트세이프티, 이그제큐티브 제트(넷제트), 데어리 퀸 등 10년 구간의 수많은 기타 기업 인수에는 버크셔 주식의 전부 또는 일부가 관련되었다.

버크셔 B주의 발행으로 버크셔에는 인수와는 무관한 5억 6,500만 달러의 순수익이 발생했다. 버크셔의 주식 수를 약 1% 늘린 덕분에, 투자자들은 버크셔의 명성을 이용해 돈을 벌려고 하는 주식거래 업자에게 속아 넘어가는 것을 막을 수 있었다. 그러나 멍거의 말에 따르자면 이것은 비이벤트non-event였다. 버크셔 주식을 활용해 단위 신탁을 만들려는 시도가 성공했다면 실질적인 이벤트가 되었을 것이다. 투자수익률은 반드시 버크셔의 기본적인 사업 성과보다 뒤떨어졌을 것이기 때문에 버크셔와 버핏의 명성에 해를 끼쳤을 것이다.

버크셔는 버핏의 지휘 아래 다섯 번째 10년 구간에 진입하기 좋은 위치에 있었다. 400억 달러의 운전자금, 다양한 흐름으로 유입되는 추가 현금, 책임준비금 증가를 통한 추가 자본이라는 합리적 전망치가 있었다. 버크셔는 〈포천〉 500대 기업에서 14위에 올랐지만 거대해진 규모 등 실질적인 도전 상황에 직면해 있었다. 그 규모 때문에 버크셔는 과거에 올린 유형의 수익률을 내지 못했었다. 그러나 버크셔는 향후 몇 년 내에 자체적으로 대기업으로 성장할 수 있는 많은 기회가 생길 것이다.

40년이 지난 지금도, 버핏과 그의 오랜 사업 파트너 찰리 멍거는 방금 창업한 것처럼 행동했다.

1995~2004년의 교훈

-

1 보험 책임준비금처럼 구조화가 잘된 부채는 자본만큼 가치가 있을 수 있다. (이익이 성장보다 우선시되는 버크셔의 보험 부문에 있는 경우처럼) 알맞은 조건 아래에 있을 때, 책임준비금은 자본에 가까운 역할을 했다. 더 좋은 것은 이것이 기존 주주의 지분을 희석하지 않

고도 추가 자본 투자 없이 성장할 수 있었다는 점이다. 다른 보험회사들이 책임준비금의 가치를 인식하고 보험료 물량을 놓고 치열하게 (때로는 비이성적으로) 경쟁해 보험가격을 떨어뜨렸다는 사실을 인지하는 것도 중요하다.

2 만족스러운 투자 수익률을 올리는 방법은 다양하다. 숫자 한 가지에만 초점을 두는 것은 오해의 소지가 있다. 극단적인 사례가 맥클레인이다. 맥클레인은 매출액 대비 세전 이익률이 1%에 불과했기 때문에 그리 좋은 기업처럼 보이지 않을 수 있다. 그러나 자본회전율이 대단히 높았으므로 저조한 이익률은 훨씬 더 큰 (그리고 만족스러운) 투하자본이익률로 변화한다. 반대되는 사례가 플라이트세이프티다. 이 회사는 자본회전율이 낮았기 때문에, 약 30%에 이르는 세전 이익률은 투하자본이익률로 보면 저조한 수준에서 꾸준히 양호하게 변화한다(더 나은 회사는 시즈인데, 이 회사는 이익률이 20% 이상이고 자본 수요가 낮은 반면에 재투자할 가능성이 거의 없다. 최고의 기쁨을 안겨 준 기업은 코카콜라로, 대단히 높은 수익률로 재투자할 수 있는 능력을 지닌 회사였다).

3 회계 수치보다는 경제성이 더 중요하다. 버크셔는 재무제표에 큰 영향을 주는 여러 유형의 보험회사를 인수했다. 버크셔는 장기적 수익성에 중점을 두었기 때문에, 기업 실적이 기존 대비 훨씬 나빠진 것처럼 보였던 회계 처리를 무시했다(주주들에게는 제대로 알렸음). 버크셔에서는 스톡옵션을 운영하지 않았지만 버핏은 스톡옵션이 회계에 미치는 해악에 대해 서술했다. "옵션이 보상 형태가 아니라면 대체 무엇일까요? 보상이 비용이 아니라면 정체가 뭐죠? 그리고 이

익을 계산할 때 비용을 포함해서는 안 된다고 하면, 도대체 어디로 가야 하나요?"

4 기본적인 경제성(그리고 수익성)을 통한 사고가 중요하다. 전 세계를 강타한 인터넷 열풍은 많은 사람을 홀렸으나 버크셔 경영자들은 넘어가지 않았다. 그들은 인터넷의 의미를 정확하게 고려해 보고 다음과 같이 수많은 참여자와는 정반대 결론을 내렸다. 즉 경쟁은 기술이 제공하는 대다수의 이점을 무효로 만들 것이며, 어떤 비용은 인터넷으로 단순하게 제거될 수 없다는 것이었다(예를 들면 식료품 판매는 계속 배송 차량이 필요함). 인터넷은 세상을 바꾸었다. 그러나 2000년대 초반에는 여전히 수익을 올리기 어려웠으며 결과적으로 많은 투자자가 돈을 날렸다. 산업이 성숙하고 진지한 가치 투자자의 관심을 끌 수 있는 투자 환경으로 발전하기 위해서는 앞으로의 10년 구간을 더 지나야 한다.

표 6-40 · 버크셔 해서웨이-모기업 단계의 선별 재무 정보 | 자료: 1999년, 2004년 버크셔 해서웨이 연례 보고서 단위: 100만 달러, 주당 데이터는 제외

	2004	2003	2002	2001	2000	1999	1998	1997	1996	1995
매출액										
수입 보험료	21,085	21,493	19,182	17,905	19,343	14,306	5,481	4,761	4,118	957
판매 및 서비스 매출액	43,222	32,098	16,958	14,507	7,000	5,918	4,675	3,615	3,095	2,756
이자, 배당금 및 기타 투자 수익	2,816	3,098	2,943	2,765	2,685	2,314	1,049	916	778	629
금융 및 금융 상품 사업의 이자 및 기타 수익	3,763	3,041	2,234	1,928	1,322	125	212	32	25	27
투자 수익1, 4, 5	3,496	4,129	918	1,488	4,499	1,365	2,415	1,106	2,484	194
매출액 총계	74,382	63,859	42,235	38,593	34,849	24,028	13,832	10,430	10,500	4,563
이익										
순이익1, 2, 3	7,308	8,151	4,286	795	3,328	1,557	2,830	1,901	2,489	795
주당 순이익2, 3	4,753	5,309	2,795	521	2,185	1,025	2,262	1,542	2,065	670
기말 데이터6										
자산 총계	188,874	180,559	169,544	162,752	135,792	131,416	122,237	56,111	43,409	28,711
투자 계약 및 기타 부채에 따른 차입금(금융 부문 제외)						2,465	2,385	2,267	1,944	1,062
보험 및 기타 비금융 부문의 미지급금 및 기타 차입금	3,450	4,182	4,775	3,455	2,611					
금융 부문의 미지급금 및 기타 차입금	5,387	4,937	4,513	9,049	2,168					
자기자본	85,900	77,596	64,037	57,950	61,724	57,761	57,403	31,455	23,427	16,739
보통주 발행(1,000주7)	1,539	1,537	1,535	1,528	1,526	1,521	1,519	1,234	1,232	1,194
발행 연말 자기자본	55,824	50,498	41,727	37,920	40,442	37,987	37,801	25,488	19,011	14,025
	2,259	2,729	2,729	923	2,746	886	1,553	704	1,605	125

주 1. 세후 투자 수익은 다음과 같음.
2. 2001년 9월 11일 테러 공격과 관련해 24억 달러(세후 15억 달러, A주 기준 주당 세후 982달러)의 세전 보험 인수 손실이 포함됨.
3. 사업은 2002년부터 더 이상 상각되지 않음. 사업권 관련 세후 상각 인수는 2001년과 2000년에 각각 6억 3,600만 달러(주당 416달러) 및 5억 4,800만 달러(주당 360달러)였음.
4. 1997년 투하자본 대비 이익에는 트래블러스 그룹의 살로몬 인수로 인한 세전 6억 7,800만 달러(세후 4억 2,700만 달러)가 포함됨.
5. 1996년 자본 이익에는 월트 디즈니의 캐피털 시티즈/ABC 인수에 따른 세전 22억 달러(세후 14억 달러)가 포함됨.
6. 1998년 연말 데이터에는 1998년 12월 21일에 인수한 제너럴 리가 포함됨.
7. A주로 환산 시.

참고 데이터는 2004년(2000~2004년) 및 1999년(1995~1999년) 연례 보고서에서 가져온 것으로, 각 5년 기간의 보고서와 일반성을 유지함. 보고 연도에 따라 특정 연도에 약간의 차이가 있음.

표 6-41 · 자기자본 조정 | 자료: 1996~2004년 버크셔 해서웨이 연례 보고서 및 저자의 계산 | 단위: 100만 달러

	2004	2003	2002	2001	2000	1999	1998	1997	1996	1995	1994
전년도 자본1	77,596	64,037	57,950	61,724	57,761	57,403	31,455	23,426	16,739	11,652	10,140
당기순이익/(순실)	7,308	8,151	4,286	795	3,328	1,557	2,830	1,902	2,489	795	553
보통주 변동-버크셔 B주 51만 7,500주 발행									565		
납입자본금 변동2	117	123	421	83	315	88	22,803	73	708	346	
자사주2							3		3	3	
기타3											
세금 차감한 증권 미실현 평가에 변동4	674	5,141	1,416	(4,579)	428	(1,382)	381	6,054	2,923	3,944	958
포괄 손익 변동5	205	144	(36)	(73)	(108)	95	(69)				
기말자본	85,900	77,596	64,037	57,950	61,724	57,761	57,403	31,455	23,426	16,739	11,652
기말 발행주식 수											
버크셔 A주	1,268,783	1,282,979	1,311,186	1,323,410	1,343,904	1,341,663	1,349,535	1,197,888	1,206,120	1,193,512	1,177,750
버크셔 B주	8,099,175	7,609,543	6,704,117	6,144,222	5,469,786	5,366,955	5,070,379	1,087,156	783,755		
A주로 환산 시 총계	1,538,756	1,536,630	1,534,657	1,528,217	1,526,230	1,520,562	1,518,548	1,234,127	1,232,245	1,193,512	1,177,750

주: 1. 1994년 초(1993년 말) 자기자본은 1996년 가이코 합병과 관련한 재무 자료 재작성으로 인해 2억 8,830만 달러 감소함.
2. 1995년: 헬츠버그 다이아몬드 숍 및 RC 윌리 홈 퍼니싱 인수와 관련해 발행된 1만 5,762주
   1996년: 플라이트세이프티 인수와 관련해 발행된 A주 1만 7,728주 및 B주 11만 2,655주
   1997년: 스타 퍼니처 인수와 관련해 발행된 A주 1,866주 및 B주 165주 발행
   1998년: 제너럴 리 인수와 관련해 발행된 증권으로, A주로 환산 시 27만 2,200주. 인비씨아 데이터 피 킷 잉 이그재큐티브 제드 인수의 주식 부분에 귀속되는 주식으로, A주로 환산 시 1만 2,221주
   1998년 버크셔가 발행한 자사주를 소각한 것도 참고
   1999년: 인수와 관련된 스톡옵션 행사에 따른 8,800만 달러
   2000년: USIC 및 벤 브리지 인수와 관련해 발행된 2억 2,400만 달러어치 A주 3,572주. 나머지는 인수 및 스케이즈 보증 보험료와 관련된 옵션 행사에 따른 9,100만 달러어치
   2001년: 인수 및 스케이즈 보증 보험료와 관련해 A주와 관련된 옵션 행사에 8,300만 달러어치 주가 납입자본금
   2002년: 불특정 인수와 관련해 A주 4,505주와 B주 7,063주를 발행함(3억 2,400만 달러어치). 9,700만 달러는 인수 및 스케이즈 보증 보험료와 관련한 옵션 행사로 인한 것임.
   2003년: 인수 및 스케이즈 보증 보험료와 관련해 스톡옵션 행사로 인한 1억 2,300만 달러
   2004년: 인수 및 스케이즈 보증 보험료와 관련해 스톡옵션 행사로 인한 1억 1,700만 달러
3. 1997년 재무제표에 포함되어 있으나 표시되지 않은 기타 항목임. 일부 줄의 0으로 반올림되는 데이터가 포함되어 있음.
4. 1998년과 1999년에는 당기순이익에 포함된 투자자산의 미실현 가치 및 재분류 조정에 대한 효과임.
5. 외화 환산, 퇴직연금 관련 거래, 기타 및 법인세에 해당하는 금액을 포함함.

표 6-42 · 1994~2000년 버크셔 해서웨이 보험 부문 대차대조표 | 자료: 1994~2000년 버크셔 해서웨이 연례 보고서 · 단위: 100만 달러

	2000	1999	1998	1997	1996	1995	1994
자산							
투자							
상장 채권1	32,381	30,217	21,216	10,028	5,462	1,369	2,482
상장 주식							
아메리칸 익스프레스 컴퍼니	8,147	8,218	5,067	4,315	2,732	2,001	794
캐피털 시티즈/ABC						2,406	1,662
코카콜라 컴퍼니	12,159	11,622	13,368	13,306	10,500	7,407	5,138
월트 디즈니 컴퍼니	0		1,489	2,083	1,680	1,044	644
프레디 맥	146	2,803	3,885	2,683	1,773	2,393	1,678
가이코2						505	
메도넌드					1,356		
질레트 컴퍼니	3,468	3,954	4,590	4,821	3,732	2,502	1,797
웰스 파고 & 컴퍼니	2,964	2,316	2,466	2,208	1,917	1,427	958
기타	12,008	10,256	8,629	6,526	3,862	2,363	2,452
	71,273	69,386	60,710	45,969	33,014	23,416	17,605
현금 및 현금성 자산	4,700	2,981	13,081	516	514	2,329	90
이연비용	3,508	2,309	1,226	608	438	411	468
기타	12,808	9,490	7,745	1,287	1,022	315	302
	92,289	84,166	82,762	48,380	34,987	26,470	18,466
부채							
손해 및 손해 조정 비용	33,022	26,802	23,012	6,851	6,274	3,699	3,430
미수입 보험료	3,885	3,718	3,324	1,274	1,184	374	307
재보험 신주 보유 자금 추정액				397	450	379	307
미지급금, 이자 수익 및 기타				1,256	802	239	255
보험계약자에 대한 부채 및 기타 이자 수익	6,986	6,537	6,419				
법인세(주로 이연됨)	9,729	9,430	11,432	10,372	6,612	5,483	3,209
	53,622	46,487	44,187	20,150	15,321	10,174	7,509

→다음 페이지에 계속

자기자본	2000	1999	1998	1997	1996	1995	1994
소액 주주 지분	1,157	1,337	1,554	359	258	196	137
버크셔 자기자본	37,510	36,342	37,021	27,871	19,408	16,100	10,820
	38,667	37,679	38,575	28,230	19,666	16,296	10,957
	92,289	84,166	82,762	48,380	34,987	26,470	18,466

각주
1. 실로모 포함.
2. 1996년 가이코가 버크셔 해서웨이의 완전 자회사가 됨.

참고
버크셔는 2000년 이후 이러한 공시를 중단함.

표 6-43 · 1994~2000년 버크셔 해서웨이 보험 부문 순익계산서 | 자료 : 1994~2000년 버크셔 해서웨이 연례 보고서 단위: 100만 달러

	2000	1999	1998	1997	1996	1995	1994
인수 보험료	19,662	14,667	5,476	4,852	4,105	1,024	916
수입 보험료	19,343	14,306	5,300	4,761	4,118	958	923
손해 및 손해 비용	17,326	12,518	3,904	3,420	3,090	612	564
보험 인수 비용	3,602	3,182	1,131	880	806	325	229
손해 및 비용 총계	20,928	15,700	5,035	4,300	3,896	937	793
보험계약 인수 손익(세전)	(1,585)	(1,394)	265	461	222	21	130
순투자 수익	2,811	2,488	974	882	726	502	419
실현 투자 이익	3,920	1,364	2,462	1,059	2,290	181	92
기타(US에어 우선주 투자가치의 일시적 하락분 제외)							(261)
법인세 차감 전 이익	5,146	2,458	3,701	2,403	3,238	703	380
법인세 비용(환급)	1,604	672	1,186	705	1,007	149	52
	3,542	1,786	2,515	1,698	2,232	554	329
소액 이자	230	35	17	15	8	8	4
순이익	3,312	1,751	2,498	1,683	2,224	547	324
순투자수익 상세 내역							
배당금	493	476	363	458	418	385	362
이자	2,340	2,030	621	431	322	100	92
실로모의 당기순손익에 대한 귀속분							(32)
투자 비용	(22)	(18)	(10)	(6)	(14)	(1)	(4)
순투자수익 총계	2,811	2,488	974	882	726	502	419

표 6-44 · 1994~2000년 버크셔 해서웨이 보험 부문 주요 비율 및 수치 | 자료·1994~2000년 버크셔 해서웨이 연례 보고서 및 저자의 계산 단위·%

	2000	1999	1998	1997	1996	1995	1994
손해율	89.6	87.5	73.7	71.8	75.0	63.9	61.1
비용률(인수 보험료 대비)	18.3	21.7	20.7	18.1	19.6	31.7	25.0
합산비율(법정)	107.9	109.2	94.3	90.0	94.7	95.6	86.1
일반회계기준GAAP 합산비율	108.2	109.7	95.0	90.3	94.6	97.9	85.9
인수 보험료 변동률	34.1	167.8	12.9	18.2	300.8	11.9	24.2
수입 보험료 변동률	35.2	169.9	11.3	15.6	330.1	3.7	41.9
인수 보험료/평균 자기자본	51.5	38.5	16.4	20.3	22.8	7.5	8.4

참고 · 다음 표는 여러 섹션으로 나누어져 있으며 몇 개 페이지에 걸쳐 있음.

표 6-45 · 버크셔 해서웨이 - 보험 인수 상세 내역 | 자료: 1995~2004년 버크셔 해서웨이 연례 보고서 및 저자의 계산 단위: 100만 달러

가이코

	2004		2003		2002		2001		2000	
	금액	%	금액	%	금액	%	금액	%	금액	%
인수 보험료	9,212		8,081		6,963		6,176		5,778	
수입 보험료	8,915	100.0%	7,784	100.0%	6,670	100.0%	6,060	100.0%	5,610	100.0%
손해 및 손해 비용	6,360	71.3%	5,955	76.5%	5,137	77.0%	4,842	79.9%	4,809	85.7%
보험 인수 비용	1,585	17.8%	1,377	17.7%	1,117	16.7%	997	16.5%	1,025	18.3%
손해 및 비용 총계	7,945	89.1%	7,332	94.2%	6,254	93.8%	5,839	96.4%	5,834	104.0%
보험 인수 손익(세전)	970		452		416		221		(224)	
법정 합산비율	88.5%		93.5%		93.1%		96.0%		103.5%	

제너럴 리

	2004		2003		2002		2001		2000	
	금액	%	금액	%	금액	%	금액	%	금액	%
인수 보험료										
북미 손해/상해	2,747		3,440		3,975		4,172		3,517	
해외 손해/상해	2,091		2,742		2,647		2,553		3,036	
생명/건강	2,022		1,839		1,899		2,005		2,263	
제너럴 리 인수 보험료 총계	6,860		8,021		8,521		8,730		8,816	
수입 보험료										
북미 손해/상해	3,012		3,551		3,967		3,968		3,389	
해외 손해/상해	2,218		2,847		2,647		2,397		3,046	
생명/건강	2,015		1,847		1,886		1,988		2,261	
제너럴 리 수입 보험료 총계	7,245		8,245		8,500		8,353		8,696	
보험 인수 손익(세전)										
북미 손해/상해	11	99.6%	67	98.1%	(1,019)	125.7%	(2,843)	171.6%	(656)	119.4%
해외 손해/상해	(93)	104.2%	20	99.3%	(319)	112.1%	(746)	131.1%	(518)	117.0%
생명/건강	85	95.8%	58	96.9%	(55)	102.9%	(82)	104.1%	(80)	103.5%
제너럴 리 보험 인수 손익 총계	3	100.0%	145	98.2%	(1,393)	116.4%	(3,671)	143.9%	(1,254)	114.4%

참고 · GAAP 합산비율을 백분율로 표시.

→ 전 페이지에서 이어짐

버크셔 해서웨이 재보험 부문

	2004 금액	2004 %	2003 금액	2003 %	2002 금액	2002 %	2001 금액	2001 %	2000 금액	2000 %
수입 보험료										
제해 및 개별 리스크	1,462		1,330		1,283		553		321	
소급 재보험	188		526		407		1,993		3,944	
자본 참여 사업					1,289		220		22	
기타	2,064		2,574		321		225		425	
버크셔 해서웨이 재보험 부문 인수 보험료 총계	3,714	100.0%	4,430	100.0%	3,300	100.0%	2,991	100.0%	4,712	100.0%
보험 인수 순이익(세전)										
제해 및 개별 리스크	385	73.7%	1,108	16.7%	1,006	21.6%	(150)	127.1%	196	38.9%
소급 재보험	(412)	319.1%	(387)	173.6%	(446)	209.6%	(371)	118.6%	(191)	104.8%
자본 참여 사업					(86)	106.7%	(57)	125.9%	(3)	113.6%
기타	444	78.5%	326	87.3%	60	81.3%	(69)	130.7%	(164)	138.6%
버크셔 해서웨이 재보험 부문 보험 인수 순이익(세전) 총계	417	88.8%	1,047	76.4%	534	83.8%	(647)	121.6%	(162)	103.4%

참고 GAAP 합산비율은 백분율로 표시

버크셔 해서웨이 재보험 부문-합산

	2004 금액	2004 %	2003 금액	2003 %	2002 금액	2002 %	2001 금액	2001 %	2000 금액	2000 %
인수 보험료										
수입 보험료	3,714	100.0%	4,430	100.0%	3,300	100.0%	2,991	100.0%	4,724	100.0%
손해 및 손해 비용							3,443	115.1%	4,760	101.0%
보험 인수 비용							195	6.5%	114	2.4%
손해 및 비용 총계	3,297	88.8%	3,383	76.4%	2,766	83.8%	3,638	121.6%	4,874	103.4%
보험 인수 순이익(세전)	417		1,047		534		(647)		(162)	

버크셔 해서웨이 인수 보험 부문

	2004 금액	2004 %	2003 금액	2003 %	2002 금액	2002 %	2001 금액	2001 %	2000 금액	2000 %
인수 보험료1										
수입 보험료1	1,211	100.0%	1,034	100.0%	712	100.0%	501	100.0%	325	100.0%
손해 및 손해 비용										
보험 인수 비용										
손해 및 비용 총계	1,050	86.7%	960	92.8%	680	95.5%	471	94.0%	300	92.3%
보험 인수 순이익(세전)	161		74		32		30		25	
불이익성(이익성) 손해 발생 총계2	419	2.0%	480	2.2%	1,540	8.0%	1,165	6.5%	211	1.1%

→ 다음 페이지에 계속

→ 전 페이지에서 이어짐

가이코

	1999 금액	%	1998 금액	%	1997 금액	%	1996 금액	%	1995 금액	%	1994 금액	%
인수 보험료	4,953		4,182		3,588		3,122		2,856			
수입 보험료	4,757	100.0%	4,033	100.0%	3,482	100.0%	3,092	100.0%	2,787	100.0%		
손해 및 손해 비용	3,815	80.2%	2,978	73.8%	2,630	75.5%	2,434	78.7%	2,254	80.9%		
보험 인수 비용	918	19.3%	786	19.5%	571	16.4%	487	15.8%	441	15.8%		
손해 및 비용 총계	4,733	99.5%	3,764	93.3%	3,201	91.9%	2,921	94.5%	2,695	96.7%		
보험 인수 손익(세전)	24		269		281		171		92			
법정 합산비율	98.7%		92.6%		91.5%		94.3%		96.3%			

제너럴 리

	1999 금액	%	1998 금액	%	1997 금액	%	1996 금액	%	1995 금액	%	1994 금액	%
인수 보험료												
북미 손해/상해	2,801		2,707									
해외 손해/상해	2,506		2,072									
생명/건강	1,736		1,305									
제너럴 리 인수 보험료 총계	7,043		6,084									
수입 보험료												
북미 손해/상해	2,837		2,708									
해외 손해/상해	2,343		2,095									
생명/건강	1,725		1,292									
제너럴 리 수입 보험료 총계	6,905		6,095									
보험 인수 손익(세전)												
북미 손해/상해	(584)	120.6%	21	99.2%								
해외 손해/상해	(473)	120.2%	(101)	104.8%								
생명/건강	(127)	107.4%	(290)	122.4%								
제너럴 리 보험 인수 손익(세전) 총계	(1,184)	117.1%	(370)	106.1%								

참고 GAAP 합산비율은 백분율로 표시

→ 다음 페이지에 계속

버크셔 해서웨이 재보험 부문

	1999 금액	1999 %
수입 보험료		
재해 및 개별 리스크	880	
소급 재보험	1,507	
지분 참여 사업		
기타		
버크셔 해서웨이 재보험 부문 인수 보험료 총계	2,387	
보험 인수 손익(세전)		
재해 및 개별 리스크	(159)	118.1%
소급 재보험	(97)	106.4%
지분 참여 사업		
기타		
버크셔 해서웨이 재보험 부문 보험 인수 손익(세전) 총계	(256)	110.7%
참고 GAAP 합산비율은 백분율로 표시		

버크셔 해서웨이 재보험 부문 합산

	1994 금액	1994 %	1995 금액	1995 %	1996 금액	1996 %	1997 금액	1997 %	1998 금액	1998 %	1999 금액	1999 %
인수 보험료	690		777		715		955		986		2,410	
수입 보험료	688	100.0%	718	100.0%	758	100.0%	967	100.0%	939	100.0%	2,382	100.0%
손해 및 손해 비용	477	69.3%	522	72.7%	573	75.6%	676	69.9%	765	81.5%	2,573	108.0%
보험 인수 비용	131	19.0%	217	30.2%	193	25.5%	163	16.9%	195	20.8%	65	2.7%
손해 및 비용 총계	608	88.3%	739	102.9%	766	101.1%	839	86.8%	960	102.2%	2,638	110.7%
보험 인수 손익(세전)	81		(21)		(8)		128		(21)		(256)	

버크셔 해서웨이 인수 보험 부문

	1994 금액	1994 %	1995 금액	1995 %	1996 금액	1996 %	1997 금액	1997 %	1998 금액	1998 %	1999 금액	1999 %
인수 보험료	226		247		268		309		328		262	
수입 보험료1	235	100.0%	240	100.0%	268	100.0%	313	100.0%		100.0%		100.0%
손해 및 손해 비용	88	37.6%	90	37.5%	92	34.2%	114	36.5%				
보험 인수 비용	98	41.8%	109	45.6%	119	44.2%	146	46.6%				
손해 및 비용 총계	187	79.4%	199	83.1%	210	78.4%	260	83.1%	311	94.8%	240	91.6%
보험 인수 손익(세전)	48		41		59		53		17		22	

→ 다음 페이지에 계속

→ 전 페이지에서 이어짐

각주

1. 2000년 8월부터 버크셔 해서웨이 원수보험 부문에는 USIC 실적이 포함됨.
2. 재무제표 주석에 따름. 뺀 부분은 수입 보험료에 대한 손해 발생 비율임.

참고

1. 달리 언급하지 않은 경우, 표시된 비율은 GAAP 기준임. 법정 비율은 사용할 수 없거나 계산할 수 없음.
2. 1995년 : 연결 세전 인수 이익과 관련해 재무제표와 일치하지 않는 내역이 있음. 해당 재무제표에는 동일한 1,960만 달러의 연결 세전 이익이 기재됨. 그러나 버핏의 표에는 2,050만 달러로 나옴. 이는 버핏이 구조화 함의 부문 손해를 제거했기 때문일 수 있음.
3. 1996년 : 이 표와 해당 재무제표 주석의 연결 보험 인수 이익은 2억 2,140만 달러임. 그러나 버핏의 수익원 보고 표와 연례 보고서 말미의 비(非)-GAAP 재무 보고서에는 2억 2,210만 달러로 나와 있음.
4. 1996년에 버크셔는 감사받는 부문의 손해 발생 보고를 중단함.
5. 버크셔 해서웨이 재보험 부문 2000년 내역의 경우, 2000년 연례 보고서의 수입 보험료 수치는 4,705달러임. 2002년 공시에서는 4,712달러로 나와 있음. 마찬가지로, 원래 공시된 내역에서는 세전 인수 손실이 175달러였음. 이것은 2002년 공시에서 162달러의 손실로 변경됨. 나는 2002년 수치를 사용했으며, 2002년 공시에서 상세히 설명되지 않은 손해 및 손해 조정함(과)이했어야 했던 비용 차이에 맞춰 조정함(과)이했어야 했던 비용 대비 손해 추정치가 들어맞지 않을 가능성이 높기 때문임).

제너럴 리의 2000년 내역의 경우, 여기에 제시된 2000년 실적은 15개월분을 나타냄. 버크셔는 중후 이들 바로잡음. 해당 부분에 12개월 치 실적이 들어 있음.

표 6-46 · 버크셔 해서웨이-보험 인수 내역 | 자료 · 1995~2004년 버크셔 해서웨이 연례 보고서 및 저자의 계산 단위 · 100만 달러

	2004	2003	2002	2001	2000	1999	1998	1997	1996	1995	1994
가이코											
인수 보험료	9,212	8,081	6,963	6,176	5,778	4,953	4,182	3,588	3,122	2,856	
수입 보험료	8,915	7,784	6,670	6,060	5,610	4,757	4,033	3,482	3,092	2,787	
보험 인수 순이익(세전)	970	452	416	221	(224)	24	269	281	171	92	
제너럴 리											
인수 보험료	6,860	8,021	8,521	8,730	8,696	7,043	6,084				
수입 보험료	7,245	8,245	8,500	8,353	8,696	6,905	6,095				
보험 인수 순이익(세전)	3	145	(1,393)	(3,671)	(1,254)	(1,184)	(370)				
버크셔 해서웨이 재보험 부문											
인수 보험료	3,714	4,430	3,300	3,254	4,724	2,410	986	955	715	777	690
수입 보험료					4,712	2,382	939	967	758	718	688
보험 인수 순이익(세전)	417	1,047	534	(647)	(162)	(256)	(21)	128	(8)	(21)	81
버크셔 해서웨이 원수보험 부문											
인수 보험료1	1,211	1,034	712	501	325	262	328	309	268	247	226
수입 보험료											
보험 인수 순이익(세전)	161	74	32	30	25	22	17	53	59	41	48
보험 인수 순이익 총계2	1,551	1,718	(411)	(4,067)	(1,615)	(1,394)	265	462	222	21	130
기말 평균 책임준비금 총계	45,157	42,722	38,366	31,690	26,585	24,026	15,070	7,093	6,702	3,607	3,057
책임준비금 비용	(3.4%)	(4.0%)	1.1%	12.8%	6.1%	5.8%	(1.8%)	(6.5%)	(3.3%)	(0.6%)	(4.3%)
불이익성(이익성) 손해 발생 총계	419	480	1,540	1,165	211	(192)	(195)	(131)	(90)	56	60

참고
1. 1996년에 버크셔는 각 사업 부문의 손해 발생 보고를 중단함.
2. 제너럴 리의 2000년 실적에는 5개 분기 실적이 포함됨. 2000년 제너럴 리 해외 부문과 생명/건강은 1분기 지연된 보고 내용을 수정함.

각주
1. 2000년 8월부터 버크셔 해서웨이의 원수 보험 부문에는 USIC 실적이 포함됨.
2. 1998년 이후에는 제너럴 리가 포함되지 않음(보유 기간이 10일뿐이었음).

표 6-47 · 버크셔 해서웨이 보험 부문 책임준비금 선별 데이터

자료·버크셔 해서웨이 연례 보고서 및 저자의 계산

기말 책임준비금(100만 달러)

연도	가이코	제너럴 리	기타 재보험	기타 원수보험	합계	평균 책임준비금	책임준비금 비용
1994						3,057	(4.3%)
1995						3,607	(0.6%)
1996						6,702	(3.3%)
1997	2,917	해당 없음	4,014	455	7,386	7,093	(6.5%)
1998	3,125	14,909	4,305	415	22,754	15,070	(1.8%)
1999	3,444	15,166	6,285	403	25,298	24,026	5.8%
2000	3,943	15,525	7,805	598	27,871	26,585	6.1%
2001	4,251	19,310	11,262	685	35,508	31,690	12.8%
2002	4,678	22,207	13,396	943	41,224	38,366	1.1%
2003	5,287	23,654	13,948	1,331	44,220	42,722	(4.0%)
2004	5,960	23,120	15,278	1,736	46,094	45,157	(3.4%)

기말 책임준비금 증가율(%)

연도	가이코	제너럴 리	기타 재보험	기타 원수보험	합계	평균 책임준비금
1994						16.5
1995						18.0
1996						85.8
1997						5.8
1998	7.1	해당 없음	7.2	(8.8)	208.1	112.5
1999	10.2	1.7	46.0	(2.9)	11.2	59.4
2000	14.5	2.4	24.2	48.4	10.2	10.6
2001	7.8	24.4	44.3	14.5	27.4	19.2
2002	10.0	15.0	18.9	37.7	16.1	21.1
2003	13.0	6.5	4.1	41.1	7.3	11.4
2004	12.7	(2.3)	9.5	30.4	4.2	5.7

기말 전체 책임준비금 내 부문별 비중(%)

연도	가이코	제너럴 리	기타 재보험	기타 원수보험	합계
1994					
1995					
1996					
1997	39.5	해당 없음	54.3	6.2	100.0
1998	13.7	65.5	18.9	1.8	100.0
1999	13.6	59.9	24.8	1.6	100.0
2000	14.1	55.7	28.0	2.1	100.0
2001	12.0	54.4	31.7	1.9	100.0
2002	11.3	53.9	32.5	2.3	100.0
2003	12.0	53.5	31.5	3.0	100.0
2004	12.9	50.2	33.1	3.8	100.0

표 6-48 · 버크셔 해서웨이 손해 및 상해 부문 순해 발생 내역 | 자료 · 2004년 버크셔 해서웨이 연례 사업보고서 단위 · 100만 달러

	2004	2003	2002	2001	2000	1999	1998	1997	1996	1995	1994
순 할인된 순 미지급 손해액/기발이연비용 1	40,087	39,709	37,769	34,373	27,278	22,751	20,077	5,883	5,473	5,045	2,625
재추정된 부채											
1년 후		40,618	39,206	36,289	28,569	22,239	19,663	5,673	5,324	4,936	2,662
2년 후			40,663	38,069	30,667	22,829	18,132	5,540	5,220	4,901	2,707
3년 후				40,023	32,156	24,079	18,464	5,386	5,093	4,859	2,690
4년 후					33,532	25,158	19,750	5,293	4,973	4,795	2,696
5년 후						26,894	20,581	5,304	4,906	4,707	2,658
6년 후							21,172	5,246	4,920	4,647	2,622
7년 후								5,311	4,891	4,673	2,600
8년 후									4,958	4,660	2,617
9년 후										4,728	2,611
10년 후											2,662
누적 결손(증복)		909	2,894	5,650	6,254	4,143	1,095	(572)	(515)	(317)	37
누적 환율 효과		(490)	(1,485)	(1,909)	(1,827)	(869)	(550)	0	0	0	0
순 결손(증복)		419	1,409	3,741	4,427	3,274	545	(572)	(515)	(317)	37
누적 지급액											
1년 후		8,828	8,092	6,653	5,352	5,825	4,509	1,811	1,385	1,166	210
2년 후			14,262	11,396	8,744	8,289	7,596	2,463	2,379	1,912	436
3년 후				16,378	11,625	9,889	9,384	3,330	2,891	2,732	775
4년 후					15,608	11,513	10,436	3,507	3,372	3,129	1,309
5년 후						13,840	11,421	3,598	3,465	3,310	1,460
6년 후							12,221	3,694	3,518	3,357	1,591
7년 후								3,752	3,586	3,388	1,624
8년 후									3,635	3,449	1,639
9년 후										3,491	1,686
10년 후											1,716
위의 순 결손(증복)		419	1,409	3,741	4,427	3,274	545	(572)	(515)	(317)	37
이연비용 상각 및 할인 적립에 따른 결손		332	333	334	335	336	337	338	339	340	341
(증복) 이연비용 상각 및 할인 적립 이연 결손		87	1,076	3,407	4,092	2,938	208	(910)	(854)	(657)	(304)

주1. 연례 사업보고서의 전체 손해 발생 표는 총 미지급 손해로 시작하며 중당금 할인, 양도성 중당금, 이연비용 등의 항목이 들어 있음. 공간 제약이 있어서 해당 표는 여기에서 시작하기로 함.

표 6-49 · 1994~2000년 제조, 출판 및 소매 유통 부문 – 대차대조표 | 자료 : 1994~2000년 버크셔 해서웨이 연례 보고서 단위 · 100만 달러

	2000	1999	1998	1997	1996	1995	1994
자산							
현금 및 현금성자산	400	370	281	103	61	125	77
매출채권	1,226	923	823	624	563	455	309
재고	1,215	806	727	599	579	556	398
미드아메리칸 에너지에 대한 투자	1,719						
유형자산	2,250	1,509	1,190	892	863	286	220
기타	921	388	331	156	98	34	30
자산총계	7,731	3,996	3,352	2,375	2,164	1,455	1,033
부채							
매입채무, 미지급 이자 및 기타	1,674	908	761	532	523	398	293
법인세	187	196	166	157	127	20	31
기한이 있는 부채 및 기타차입금	1,213	740	442	217	193	151	22
부채총계	3,074	1,844	1,369	906	844	569	346
자기자본							
소액주주 지분	59	75	75	52	52	40	40
버크셔 자기자본	4,598	2,077	1,908	1,417	1,269	847	648
자기자본 총계	4,657	2,152	1,983	1,470	1,321	886	688
부채 및 자기자본 총계	7,731	3,996	3,352	2,375	2,164	1,455	1,033

참고

1. 버크셔는 2000년 이후 이 공시를 중단함.

2. 이 부문 기업은 다음과 같음 : 덱스타(1993년 11월 7일 기준), 헬츠버그 다이아몬드 숍(1995년 4월 30일 기준), RC 윌리 홈 퍼니싱(1995년 6월 29일 기준), 플라이트세이프티(1996년 12월 23일 기준), 스타 퍼니처(1997년 7월 1일 기준), 인타내셔널 데이리 퀸(1998년 1월 7일 기준), 이그제큐티브 제트(1998년 8월 7일 기준), 조던스 퍼니처(1999년 11월 13일 기준), 코트 비즈니스 서비스(2000년 2월 18일 기준), 미드아메리칸 에너지(2000년 3월 14일 기준), 벤 브리지 주얼러(2000년 7월 3일 기준), 에크미 빌딩 브랜드 및 저스틴 브랜즈(2000년 8월 1일 기준), 벤저민 무어(2000년 12월 18일 기준)

표 6-50 · 1994~2000년 제조, 출판 및 소매 유통 부문-손익계산서 | 자료: 1994~2000년 버크셔 해서웨이 연례 보고서 단위: 100만 달러

	2000	1999	1998	1997	1996	1995	1994
매출액							
판매 및 서비스 매출액	7,326	5,918	4,675	3,578	3,062	2,756	2,352
미드아메리칸 에너지에서 들어온 수익	197						
이자수익1	18	11	8	45	39	25	9
접수익	0	0	0	0	0	0	0
	7,541	5,929	4,683	3,622	3,101	2,781	2,361
비용							
판매용 제품 및 서비스 비용	4,893	4,061	3,010	2,179	1,876	1,698	1,443
판매관리비	1,657	1,126	1,014	899	832	741	579
차입금 이자	85	31	19	20	15	9	4
	6,635	5,218	4,043	3,098	2,723	2,449	2,025
법인세 차감 전 영업이익	906	711	640	524	378	332	336
법인세 납부액	334	267	234	200	138	126	122
	572	444	406	325	239	206	214
소액 이자	21	5	5	6	5	5	5
순이익	551	439	401	319	234	201	209

각주 1. 1998년 이전에는 판매 및 서비스 매출액에 이자 수익이 일부 포함됨. 이후 버크셔에서 해당 내역의 기재 방식을 변경한 것으로 보임.

표 6-51 · 1994~2000년 제조, 출판 및 소매 유통 부문-주요 비율 및 수치 | 자료: 1994~2000년 버크셔 해서웨이 연례 보고서 및 저자의 계산 단위: %

	2000	1999	1998	1997	1996	1995	1994
매출액 변동률	27.2	26.6	29.3	16.8	11.5	17.8	19.8
세전 이익(영업이익) 변동률	27.4	11.1	22.0	38.9	13.7	(1.1)	23.3
이익 성장률	33.2	31.4	35.6	39.1	38.7	38.4	38.7
세전 이익률	12.0	12.0	13.7	14.5	12.2	11.9	14.2
평균 투하자본이익률(세전)	20.7	26.7	31.1	32.8	29.6	38.0	49.3
평균 투하자본이익률(세후)	13.1	16.7	19.8	20.3	18.8	23.6	31.3
자기자본이익률(세전)	26.6	34.4	37.1	37.6	34.2	42.2	51.0

표 6-52 · 2003~2004년 제조, 서비스, 소매 유통 부문-대차대조표 | 자료·2003년, 2004년 버크셔 해서웨이 연례 보고서 단위·100만 달러

	2004	2003
자산		
현금 및 현금성 자산	899	1,250
매출채권 및 어음	3,074	2,796
재고	3,842	3,656
기타 유동자산	254	262
유동자산 총계	8,069	7,964
사업권 및 기타 무형자산	8,362	8,351
고정자산	6,161	5,898
기타 자산	1,044	1,054
	23,636	23,267
부채 및 자기자본		
미지급 어음	1,143	1,593
기타 유동부채	4,685	4,300
유동부채 총계	5,828	5,893
이연 세금	248	105
기한이 있는 부채 및 기타 차입금	1,965	1,890
자기자본	15,595	15,379
	23,636	23,267

표 6-53 · 2002~2004년 제조, 서비스, 소매 유통 부문-손익계산서 | 자료·2003년, 2004년 버크셔 해서웨이 연례 보고서 단위·100만 달러

	2004	2003	2002
매출액	44,142	32,106	16,970
영업 비용	41,604	29,885	14,921
(감가상각 포함)	676	605	477
이자 비용(순)	57	64	108
세전 이익	2,481	2,157	1,941
법인세	941	813	743
순이익	1,540	1,344	1,198
세전 이익 내역			
건축용 제품	643	559	516
쇼 인더스트리스	466	436	424
이류 및 신발	325	289	229
소매 유통 부문	215	224	219
항공 서비스	191	72	225
맥클레인1	228	150	
기타 사업부	413	427	328
	2,481	2,157	1,941

각주
1. 맥클레인은 2003년 5월 23일부터 포함

표 6-54 · 2003~2004년 제조, 서비스 및 소매 유통 부문-주요 비율 및 수치 | 자료·2003년, 2004년 버크셔 해서웨이 연례 보고서 및 저자의 계산

	2004	2003
평균 자기자본이익률(세후)	9.9%	10.4%
평균 유행자본이익률(세후)	21.6%	
매입채무/자기자본	7.3%	
자산 총계/자기자본 총계	1.52	1.51

표 6-55 · 1994~2000년 금융 부문 - 대차대조표 | 자료 · 1994~2000년 버크셔 해서웨이 연례 보고서 및 저자의 계산 단위 · 100만 달러

	2000	1999	1998	1997	1996	1995	1994
자산							
현금 및 현금성 자산	341	623	907	56	11	41	16
채권 투자				971	742	529	539
단기까지 보유 시 비용	1,826	2,002	1,227				
매매 증권(적정 가치 기준)	5,327	11,277	5,219				
매도 가능(적정 가치 기준)	880	999	743				
거래 계정 자산	5,429	5,881	6,234				
재매각 계약 조건으로 취득한 증권	680	1,171	1,083				
장기차금 및 기타 매출채권				226	228	196	173
이연 법인세 자산				18	23	14	6
기타	2,346	2,276	1,576				2
	16,829	24,229	16,989	1,271	1,004	781	736
부채							
퇴직연금 충당금 및 보험계약자 부채	868	843	816	697	435	117	41
환매계약에 따라 매각된 증권	3,386	10,216	4,065				
매각했으나 아직 남기지 않은 증권	715	1,174	1,181				
거래 계정 부채	4,974	5,930	5,834				
미지급 어음 및 기타 차입금	2,116	1,998	1,503	326	381	524	602
매입채무, 미지급 이자 및 기타	3,004	2,304	2,428	126	124	77	32
	15,063	22,465	15,827	1,149	940	717	674
자기자본							
버크셔 자기자본	1,766	1,764	1,162	122	64	64	62
	16,829	24,229	16,989	1,271	1,004	781	736

참고 · 2000년 이후 버크셔는 이 공시를 중단함.

표 6-56 · 1994~2000년 금융 부문—순익계산서 | 자료: 1994~2000년 버크셔 해서웨이 연례 보고서 및 저자의 계산 단위: 100만 달러

	2000	1999	1998	1997	1996	1995	1994
매출액							
연금 수입 보험료	0	0	95	248	260	75	36
대여금 및 금융 매출용 자금에 대한 이자 및 수수료				38	39	38	38
투자 증권에 대한 이자 및 배당금				75	55	44	35
이자 수익	910	740					
기타 매출액	595	247	293				
매출액	1,505	987	388	360	353	157	109
비용							
이자 비용	798	596	27	24	33	39	36
연금 급여 및 보험 인수 비용	55	54	146	287	277	81	38
일반 관리	123	87	16	21	21	17	14
	976	737	189	332	330	136	87
법인세 차감 전 영업이익	529	250	199	28	23	21	22
법인세 비용	187	32	70	10	8	8	8
순이익	342	218	129	18	15	13	15

표 6-57 · 1994~2000년 금융 부문—비율 | 자료: 1994~2000년 버크셔 해서웨이 연례 보고서 및 저자의 계산

	2000	1999	1998	1997	1996	1995	1994
자산 총계/자본 총계	9.5	13.7	14.6	10.4	15.7	12.2	11.9
자본 비율(위 수치의 역수)	10.5%	7.3%	6.8%	9.6%	6.4%	8.2%	8.4%
평균 자산이익률(세후)	1.67%	1.06%	1.41%	1.58%	1.67%	1.66%	1.80%
평균 자기자본이익률(세후)	19.4%	14.9%	20.1%	19.4%	23.3%	20.1%	24.1%

표 6-58 · 1994~2000년 비영업 활동-대차대조표 | 자료: 1994~2000년 버크셔 해서웨이 연례 보고서 및 저자의 계산 단위: 100만 달러

	2000	1999	1998	1997	1996	1995	1994
자산							
현금 및 현금성 자산	163	484	220	383	765	250	106
투자							
고정 만기형	184	2	30				
채권				206	943	8	287
우선주				64	42	47	76
자본 증권(주식)	365	339	267	307	199	187	113
미상각 사업권 및 자산재정 조정	18,831	18,489	18,613	3,099	3,150	748	520
이연 법인세 자산	62	80	130	136	31	2	8
기타	69	50	128	105	259	57	186
	19,674	19,444	19,388	4,298	5,388	1,299	1,297
부채							
배임채무, 미지급 이자 및 기타	163	76	40	39	816	51	62
법인세	236	86	158	152	143	94	67
투자 계약에 따른 차임금 및 기타 부채	1,372	1,693	1,863	2,016	1,718	919	799
	1,771	1,855	2,061	2,208	2,677	1,064	929
자기자본							
소액 주주 자본	53	11	15	45	25	29	23
버크셔 자기자본	17,850	17,578	17,312	2,045	2,686	207	345
	17,903	17,589	17,327	2,090	2,711	235	368
	19,674	19,444	19,388	4,298	5,388	1,299	1,297

표 6-59 · 1994~2000년 비영업 활동 손익계산서

자료: 1994~2000년 버크셔 해서웨이 연례 보고서 및 저자의 계산 · 단위: 100만 달러

	2000	1999	1998	1997	1996	1995	1994
매출액							
이자 및 배당 수익	35	39	63	41	55	38	31
실현 투자 손익	35	1	40	53	195	13	(1)
	70	40	103	94	249	51	30
비용							
기업 관리	6	6	6	7	5	5	5
주주 지정 기부금	17	17	17	15	13	12	10
사업권 상각 및 자산계정 조정	876	739	210	105	76	27	23
부채에 대한 이자	98	106	96	101	91	55	59
기타 (수익) 비용				(7)	(3)	(1)	2
US에어 우선주 투자가치의 일시적 하락을 제외한 나머지							8
	997	868	329	222	182	98	107
법인세 차감 전 손실	(927)	(828)	(226)	(128)	67	(47)	(76)
법인세 비용(환급)	(55)	(119)	(33)	(17)	44	(13)	(23)
	(872)	(709)	(193)	(111)	23	(34)	(53)
소액 이자	5	1	5	8	8	1	(1)
순손실	(877)	(710)	(198)	(119)	16	(35)	(53)

2005~2014년

표 7-1 · 한눈에 보는 2004~2014년 10년 구간

	2004	2014
사업	보험, 유틸리티, 항공 서비스, 건축자재, 가구 소매 유통, 사탕, 보석, 백과사전, 가정용 청소기, 제화, 신문, 여러 금융 사업, 다양한 제조업, 몇몇 상장 기업에 대한 상당한 지분	보험, 유틸리티, 철도, 다양한 산업재, 건축자재, 소비재 사업, 다양한 서비스 및 소매 사업, 유명 식품 회사에 대한 상당한 주식 보유, 여러 상장 기업에 대한 상당한 지분
주요 경영진	회장 & CEO : 워런 E. 버핏 부회장 : 찰스 T. 멍거	회장 & CEO : 워런 E. 버핏 부회장 : 찰스 T. 멍거
연간 매출액	740억 달러	1,950억 달러
자기자본	860억 달러	2,400억 달러
주당 장부가치	5만 5,824달러	14만 6,186달러
책임준비금(평균)	450억 달러	810억 달러

주요 자본 배분 결정

1. 이스카를 60억 5,000만 달러에 인수함(2006년 40억 달러에 지분 80%, 2013년 20억 5,000만 달러에 지분 20%를 인수함).

2. 60억 달러의 현금으로 마몬을 인수함(2008년 45억 달러에 지분 60%를 인수했으며 2011~2013년 45억 달러에 나머지 지분을 인수함).

3. 2주 동안 세 건의 사모 대출 거래private lending transactions에 145억 달러를 투자함. 골드먼 삭스에 50억 달러, 리글리에 65억 달러, 제너럴 일렉트릭에 30억 달러를 투자함(2008년).

4. BNSF 철도를 335억 달러에 인수함(총비용). A주 기준 신주 9만 4,915주를 106억 달러어치 발행해 비용을 지불함(2010년).

5. 루브리졸을 현금 87억 달러에 인수함(2011년).

6. NV 에너지를 56억 달러에 인수함(2013년), 알타링크를 현금 27억 달러에 인수함(2014년).

7. 3G 캐피털과 함께 122억 5,000만 달러를 투자해 하인즈를 인수함(2013년).

8. 자본적 지출로 730억 달러 이상을 투자함(감가상각비보다 360억 달러가 더 큰 금액임)(2005~2014년).

9. 웰스 파고의 지분을 (여러 해에 걸쳐) 114억 달러어치로 확대함. 인터내셔널 비즈니스 머신IBM을 132억 달러에 매입하며 대규모 투자를 단행함(2011~2014년).

주목할 만한 사건

1. 2006년 중반, 워런 버핏은 재산의 대부분(400억 달러 이상의 가치)을 자선 재단에 기부하겠다고 서약함. 빌 & 멜린다 게이츠 재단이 가장 많은 기부를 받음.

2. 2007~2009년, 2000년대 중반의 주택 투자 붐이 꺼지면서 전 세계 신용 시장이 얼어붙고 경기 침체로 이어짐. 2009년 초 시장이 바닥을 찍음.

3. BNSF를 인수하기 위해 버크셔 B주를 50대 1로 액면 분할함. 이후 B주의 가치가 버크셔 A주 대비 1,500분의 1로 낮아짐.

4. 버크셔 해서웨이가 새로운 이사진을 영입함. 스티븐 버크Stephen Burke(2009년)와 메릴 위트머Meryl Witmer(2013년).

5. 버핏의 버크셔 경영 50주년을 축하함(2014년).

표 7-2 · 버크셔 해서웨이 세전 이익 | 자료 : 2006년, 2008년, 2011년, 2014년 버크셔 해서웨이 연례 보고서 단위 : 100만 달러

	2014	2013	2012	2011	2010	2009	2008	2007	2006	2005	2004
보험 부문											
보험계약 인수											
가이코	1,159	1,127	680	576	1,117	649	916	1,113	1,314	1,221	970
제너럴 리	277	283	355	144	452	477	342	555	526	(334)	3
버크셔 해서웨이 재보험 부문[1]	606	1,294	304	(714)	176	250	1,324	1,427	1,658	(1,069)	417
버크셔 해서웨이 원수보험 부문	626	385	286	242	268	84	210	279	340	235	161
투자 수익	4,357	4,713	4,454	4,725	5,145	5,459	4,722	4,758	4,316	3,480	2,824
보험 부문 총계	7,025	7,802	6,079	4,973	7,158	6,919	7,514	8,132	8,154	3,533	4,375
BNSF[2]	6,169	5,928	5,377	4,741	3,611						
버크셔 해서웨이 에너지[3]	2,711	1,806	1,644	1,659	1,539	1,528	2,963	1,774	1,476	523	237
제조, 서비스, 소매 유통[4]	6,792	6,160	5,586	5,037	4,274	2,058	4,023	3,947	3,526	2,623	2,481
금융 및 금융 상품	1,839	1,564	1,393	774	689	653	787	1,006	1,157	822	584
배분하지 않은 이자 비용	(313)	(303)	(271)	(221)	(208)	(101)	(35)	(52)	(76)	(72)	(92)
상계 처리 및 기타	(199)	(834)	(997)	(819)	(358)	(292)	(217)	(155)	(94)	(132)	(138)
소계-세전 영업이익	**24,024**	**22,123**	**18,811**	**16,144**	**16,705**	**10,765**	**15,035**	**14,652**	**14,143**	**7,297**	**7,447**
투자 및 파생상품 손익	4,081	6,673	3,425	(830)	2,346	787	(7,461)	5,509	2,635	5,494	3,489
세전 이익 총계	28,105	28,796	22,236	15,314	19,051	11,552	7,574	20,161	16,778	12,791	10,936
법인세 및 소액 이자	8,233	9,320	7,412	5,060	6,084	3,497	2,580	6,948	5,763	4,263	3,628
당기순이익	19,872	19,476	14,824	10,254	12,967	8,055	4,994	13,213	11,015	8,528	7,308

각주

1. 2009년 : 유심히 살펴보면, 이 표에서 연금형 재보험 부문의 보험 인수가 이익 2억 5,000만 달러가 다른 내용에서 제시된 제4절 3억 4,900만 달러라는 수치와 비교되다는 점을 발견할 수 있음. 버크셔 해서웨이는 2010년 생명/연금 부문을 금융 및 금융 상품 부문에서 재보험 부문으로 이전함.
2. BNSF는 2010년 2월 12일 인수됨.
3. 2014년 미드아메리칸의 버크셔 해서웨이 에너지로 사명을 변경함. 2004~2006년 금액은 미드아메리칸의 이익에서 이익에서 자본으로 분류됨.
4. 2014년 마든의 임대 부문이 금융 및 금융 상품 부문에 포함됨. 이 표에서는 최신 보고서를 보여 주기 위해 2012년과 2013년 수치를 조정한 2014년 자료를 사용함.

표 7-3 · 버크셔 해서웨이 세후 이익 | 자료: 2006~2014년 버크셔 해서웨이 연례 보고서 단위: 100만 달러

	2014	2013	2012	2011	2010	2009	2008	2007	2006	2005	2004
보험 - 계약 인수	1,692	1,995	1,046	154	1,301	949	1,739	2,184	2,485	27	1,008
보험 - 투자 수익	3,542	3,708	3,397	3,555	3,860	4,271	3,610	3,510	3,120	2,412	2,045
철도[1]	3,869	3,793	3,372	2,972	2,235						
유틸리티 및 에너지[2]	1,882	1,470	1,323	1,204	1,131	1,071	1,704	1,114	885	523	237
제조, 서비스, 소매 유통[3]	4,468	3,877	3,357	3,039	2,462	1,113	2,283	2,353	2,131	1,646	1,540
금융 및 금융 상품[4]	1,243	1,008	899	516	441	411	469	632	732	514	373
기타	(145)	(712)	(797)	(665)	(337)	(246)	(166)	(159)	(47)	(124)	(154)
영업이익	**16,551**	**15,139**	**12,597**	**10,775**	**11,093**	**7,569**	**9,639**	**9,634**	**9,306**	**4,998**	**5,049**
투자 및 파생상품 손익	3,321	4,337	2,227	(521)	1,874	486	(4,645)	3,579	1,709	3,530	2,259
버크셔 귀속 순이익	19,872	19,476	14,824	10,254	12,967	8,055	4,994	13,213	11,015	8,528	7,308
기말 발행 보통주[5]	1,643	1,644	1,643	1,651	1,648	1,552	1,549	1,548	1,543	1,541	1,539

각주
1. 2010년 : 2월 12일부터 BNSF의 이익이 포함됨
2. 2014년 미드아메리칸이 버크셔 해서웨이 에너지로 사명을 변경함. 2004~2006년 금액은 미드아메리칸의 이익에서 자본으로 분류됨.
3. 2011년 : 9월 16일 루브리졸의 이익이 포함됨.
4. 2014년부터 마몬의 임대 부문이 금융 맞 금융 상품 부문에 포함됨. 이 표에서는 최신 보고서를 보여 주기 위해 2012년과 2013년 수치를 조정한 2014년 자료를 사용함.
5. 버크셔 A주로 환산 시. 단위 : 1,000주

서문

－

워런 버핏의 지휘 아래에서 버크셔 해서웨이의 다섯 번째 10년 구간은 이 거대 복합기업이 엄청나게 성장한 구간 중 하나였다. 10년 동안 누적 영업이익은 1,000억 달러를 돌파했으며, 순가치는 웬만한 기업은 능가하지 못할 정도로 증가했다. 그런데 현금이 늘어날수록 자기자본 증가율이 계속 낮아졌다. 이번 10년 구간은 버핏이 줄곧 말해 왔던 내용을 증명했다. 즉 규모가 실적의 발목을 잡았다는 것이다. 그러나 어마어마한 수준의 버크셔 잉여 자본과 유동성은 그만큼 막대한 자산이 되었다는 것도 입증했다. 경기 침체가 닥친 2000년대 후반 버크셔는 준비되어 있었고, 이번 10년 구간에서 어느 때보다 강력하게 부상했다.

이 기간에는 새로운 여러 운영 자회사들이 편입되었다. 그중에는 철도 회사(벌링턴 노던 산타 페, 이하 BNSF)의 지분 100%와, 모두 합쳐 수백억 달러의 비용이 들어간 여러 대규모 인수 건이 있었다. 기존 회사들(새로 인수한 회사 포함)에서는 자본적 지출로 750억 달러에 가까운 비용을 투입했는데, 그 절반가량은 이 회사들을 성장시키고 경쟁적 위상을 강화하기 위한 자본이었다. 그 결과, 이 기간 동안 순자산 변동치의 70%는 운영에서 발생했는데, 이는 1965~1974년의 10년 구간 이후로 가장 큰 비중이었다.

버크셔의 보험 부문은 그들의 몫 이상으로 기여했다. 보험 부문은 이 10년 구간에 해마다 보험 인수 이익을 보고했다. 거기서 더 나아가 그들은 책임준비금을 450억 달러에서 810억 달러로 거의 두 배나 확대했다. 버크셔의 뛰어난 자금력과 평판에 힘입어 보험 부문은 70억 달러 상당의 단일 보험 건을 비롯한 역대 최대 규모의 재보험계약을 몇 건 인수할 수 있었다.

이 10년 구간의 중간 시점에 닥친 금융 위기는 버크셔에 충분한 기회를 제공했다. 위기가 한창일 때 버크셔는 즉시 자본을 투입할 수 있었으며 매우 짧은 기간 동안 수십억 달러를 투자했다. 버크셔는 또한 주식 포트폴리오에도 수백억 달러를 투자했는데, 이 포트폴리오의 시장 가치는 이번 10년 구간 동안 세 배 규모로 늘어났다. 그런데 이러한 자본 배분에도 버크셔는 2014년 말에 630억 달러가 넘는 유휴 현금을 보유했다. 이 10년 구간의 후반기에 소량의 자사주 매입은 버크셔의 미래를 얼핏 엿볼 수 있게 해 주었다. 버크셔는 그때부터 주주들에게 자본을 환원하기 시작한다.

표 7-4 · 2005~2014년 선별 정보

자료·2018년, 2019년 버크셔 해서웨이 연례 보고서 및 세인트루이스 연방준비은행 단위·%

	2005	2006	2007	2008	2009	2010	2011	2012	2013	2014
버크셔 주당 장부가치 변동률	6.4	18.4	11.0	(9.6)	19.8	13.0	4.6	14.4	18.2	8.3
버크셔 주당 시장가치 변동률	0.8	24.1	28.7	(31.8)	2.7	21.4	(4.7)	16.8	32.7	27.0
S&P 500 전체 수익률	4.9	15.8	5.5	(37.0)	26.5	15.1	2.1	16.0	32.4	13.7
미국 GDP 성장률(실질)	3.5	2.9	1.9	(0.1)	(2.5)	2.6	1.6	2.2	1.8	2.5
10년 만기 미국 국채 수익률(연말 기준)	4.5	4.6	4.1	2.4	3.6	3.3	2.0	1.7	2.9	2.2
미국 물가상승률	3.4	3.2	2.9	3.8	(0.3)	1.6	3.1	2.1	1.5	1.6
미국 실업률	5.1	4.6	4.6	5.8	9.3	9.6	8.9	8.1	7.4	6.2

2005년

–

정량적 관점에서 봤을 때 버크셔의 장부가치는 2005년에 6.4% 증가했다. 이는 버핏이 절대적 기준으로 잡았던 비율보다 낮은 수치였지만, 그해에 S&P 500보다는 여전히 1.5%p 앞섰다. 보험 부문은 대형 허리케인으로 인한 손실로 타격을 받았는데도 전체적으로는 이익을 보고했다. 버크셔의 새로운 현금 배출구를 찾아 헤맸던 자본 배분 책임자 워런 버핏과 찰리 멍거는 세 건의 인수 거래를 마무리했으며, 다음 해에 종료되는 두 건 이상의 인수 거래를 진행했다. 버크셔의 기업들은 번창하고 있었다.

버핏은 버크셔의 성장 과정을 추적하는 2열 비교 방법론의 최신 수치를 갱신해서 보여 주었다.* 장기적인 실적은 투자 증가액 대비 영업

이익 증가세로 전환된 흐름이 두드러졌다. 이런 전환은 이전의 10년 구간에서 버크셔가 진행한 다수의 인수 계약에서 비롯된 직접적인 성과였다. (인수를 위한 신주 발행 외에는) 모든 이익을 계속 유보하는 정책이 이런 확장을 뒷받침했다. 이러한 자본 배분의 성과는 1965~2005년 구간과 비교해 1995~2005년 구간에는 세전 영업이익 대비 투자 증가율로 명확히 나타났다(〈표 7-1〉 참고). 중요한 것은 기준 연도 및 종료된 연도가 분석을 인위적으로 왜곡하지 않았다는 점이다.

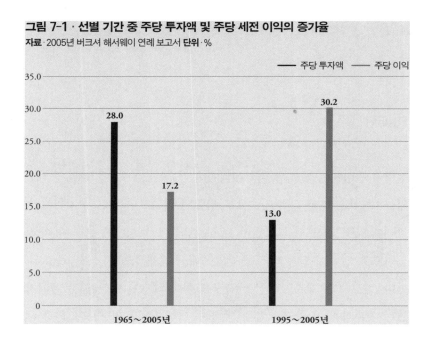

그림 7-1 · 선별 기간 중 주당 투자액 및 주당 세전 이익의 증가율
자료·2005년 버크셔 해서웨이 연례 보고서 **단위**·%

* 주당 투자액은 7만 4,129달러였으며 주당 세전 이익은 2,441달러였다. 이전 장에서 제시한 대략적인 밸류에이션에 이어서 보면, 2005년 버크셔의 내재 가치는 주당 9만 8,500달러 가까이 되었다고 추정할 수 있다. 참고로 버크셔 A주는 이해에 7만 8,800~9만 2,000달러 선에서 거래되었다. (여기서 중요한 것은 보험계약 인수로 분석치가 더 높거나 낮게 왜곡되지 않았다는 점이다. 평균보다 훨씬 높거나 낮은 보험계약 인수 이력은 중요한 조정 요소다.)

표7-5 · 버크셔 해서웨이 선별 데이터

자료·2005년 버크셔 해서웨이 연례 보고서 **단위**·A주 주당 금액(달러)

	투자액	영업이익
1965	4	4
1975	159	4
1985	2,407	52
1995	21,817	175
2005	74,129	2,441

버핏은 경영진과 주주의 입장을 바꾸어서 생각해 보고 주주들이 원할 만한 핵심 정보를 제공하겠다는 자신과 멍거의 목표를 다시 한번 전달했다. 그는 버크셔의 내재 가치를 평가하는 작업은 다른 어느 기업보다도 정확히 이루어질 수 있다고 생각했다. 이유가 무엇이었을까? 버크셔에는 다음과 같은 특성이 있기 때문이었다.

1. 매우 다양하고 비교적 안정적인 이익 흐름

2. 풍부한 유동성

3. 최소 부채

버핏은 모기업 단계의 연결재무제표를 보는 것만으로는 충분하지 않다는 것을 이내 알아차렸다. 주주들이 모든 사업을 속속들이 들여다볼 필요는 없지만, 몇 가지 포괄적인 설명은 눈여겨봐야 했다. 버핏은 이렇게 말했다. "우리는 버크셔의 사업 부문을 4개의 적당한 그룹으로 분류해 이 사안을 쉽게 다룰 수 있도록 했습니다." 2003년 처음으로 등장한 해당 그룹은 다음과 같다.

1. 보험

2. 규제 대상 유틸리티(미드아메리칸)

3. 제조, 서비스, 소매 유통

4. 금융 및 금융 상품

보험업

버크셔의 보험사업 부문은 그해 말에 미국을 강타한 3개의 대형 허리케인(카트리나Katrina, 리타Rita, 윌마Wilma) 때문에 어려움을 겪었다. 이 허리케인들은 단일 시즌의 5등급 허리케인 발생 건수 중 가장 많았던 것으로 기록되었는데, 기존의 최다 기록은 1960년과 1961년에 발생한 두 번의 5등급 허리케인 발생이었다. 버크셔는 이번 허리케인으로 34억 달러의 손실을 입었다.[1] 허리케인 카트리나는 보험업계 사상 최악의 재앙이었다. 그 때문에 재보험 부문은 증가한 슈퍼 캣 리스크를 보상하기 위해 가격을 인상하거나 물량을 축소해야 했다. 버크셔가 카트리나 때문에 낸 손실액만 해도 25억 달러에 달했다.

허리케인과 관련한 상당한 손실을 고려할 때, 2005년 보험 부문의 세전 보험 인수 이익 5,300만 달러는 엄청난 실적이었다. 이 실적은 버크셔에 가장 중요한 마이너스 책임준비금 비용을 안겨 주었는데, 이는 당해 말에 총 493억 달러가 되었으며 전체 미국 손해/상해 보험 책임준비금의 10%를 차지했다.

표 7-6 · 버크셔 해서웨이 보험계약 인수

자료·2004~2005년 버크셔 해서웨이 연례 보고서 및 저자의
계산 단위·100만 달러

	2005	2004
가이코		
인수 보험료	10,285	9,212
수입 보험료	10,101	8,915
보험계약 인수 손익(세전)	1,221	970
제너럴 리		
인수 보험료	6,155	6,860
수입 보험료	6,435	7,245
보험계약 인수 손익(세전)	(334)	3
버크셔 해서웨이 재보험 부문		
수입 보험료	3,963	3,714
보험계약 인수 손익(세전)	(1,069)	417
버크셔 해서웨이 원수보험 부문		
수입 보험료	1,498	1,211
보험계약 인수 손익(세전)	235	161
수입 보험료 총계	21,997	21,085
보험계약 인수 손익(세전) 총계	53	1,551
평균 책임준비금	47,691	45,157
책임준비금 비용	(0.1%)	(3.4%)
불이익성 (이익성) 손해 발생 총계	(357)	419
상기 수치에 포함된 할인 증가액 및 상각 비용	386	538

참고
버크셔 해서웨이 원수보험 부문과 재보험 부문의 인수 보험료는
항목에 넣지 않음.

가이코

보험사업 부문의 빛나는 보석은 가이코였다. 가이코는 다시 한번 고객
들과 버크셔에 경이로운 실적을 선사했다. 버핏은 다시 한번 가이코의

뛰어난 CEO 토니 나이슬리에 대해 칭찬을 쏟아 냈다. 나이슬리는 지난 2년 동안 직원 수는 4%나 줄였으나 보험계약을 26%나 증대시켰다. 그 결과 시장점유율이 6.1%까지 늘어났고, 이익이 증가했으며, 고객들에게 더 많은 가치를 되돌려 줄 수 있었다. 이 모든 것은 브랜드를 강화해 주었다.

가이코의 2005년도 재무 실적을 들여다보면 수입 보험료가 101억 달러로 13% 증가했다. 그와 같은 성장의 원인 중 하나로 가이코가 뉴저지 시장에 진출한 사실을 들 수 있다. 대체로 가이코는 부상과 물리적 손상의 심각도 기준이 엄격해 광범위한 보험금 청구 빈도가 낮아진 데서 이득을 보았다. 허리케인 카트리나, 리타, 윌마로 2억 달러나 손실이 발생했는데도 가이코는 12억 달러의 세전 보험 인수 이익을 공시했다. 합산비율은 87.9%였다. 그처럼 견고한 수익성은 가이코의 보험 인수 이익 목표치인 4%(합산비율로는 96%)를 넘어선 것이었다. 이에 가이코는 보험료를 낮추어 고객들이 비용을 많이 절감하도록 해 주었다.

제너럴 리

제너럴 리가 허리케인으로 입은 손실은 6억 8,500만 달러로 추산되었으며, 이는 3억 3,400만 달러의 보험 인수 손실로 이어졌다.

허리케인 관련 손실 대부분은 북미 손해/상해 부문에서 발생했는데, 수입 보험료 22억 달러에 세전 보험 인수 손실 3억 700만 달러가 발생했다고 보고했다. 허리케인 관련 손실이 4억 8,000만 달러여서 해당 부문의 실적은 언뜻 보기보다 나았다. 기타 북미 손해/상해 부문 보험계약 인수에서는 해당 연도 재해와 관련해 2억 2,000만 달러의 이익이 창출되었는데, 이전 연도에 대한 불이익성 손실은 4,700만 달러 미만에 그쳤다.* 요컨대 (아마도) 불규칙적인 초대형 슈퍼 캣 손실이 기타 손해/상해 부문의 보험 인수 규율 개선을 무색하게 만든 것이었다.

제너럴 리의 해외 손해/상해 부문은 19억 달러의 수입 보험료에서 1억 3,800만 달러의 세전 보험 인수 손실을 발표했다. 이 수치에는 미국을 강타한 여러 허리케인과 유럽에서 일어난 폭풍이 가져온 손실도 포함되었다. 여기에서는 1억 800만 달러의 이익성 손실도 발생했다.

생명/건강 부문은 14% 증가한 23억 달러의 수입 보험료에, 30% 증가한 1억 1,100만 달러의 보험 인수 이익을 발표했다. 이 부문은 주로 해외 영업에서 사망률 추세가 유리하게 나타난 덕분에 수익을 벌어들였다. 이 실적에는 장기적 감소 추세에 있던 미국 건강 부문에서 발생한 손실액 6,600만 달러도 포함되었다.

버크셔 해서웨이 재보험 부문

버크셔 해서웨이 재보험 부문은 허리케인 관련 손실로 2년간 보험 인수 이익을 포기했다. 그에 따라 2005년에는 수입 보험료 40억 달러에 세전 보험 인수 손실 11억 달러가 발생했다고 발표했다. 불규칙성은 버크셔 해서웨이 재보험 부문의 특징이었다. 허리케인으로 인한 손실은 분명히 쓰라린 일이지만, 재해 및 개별 리스크 부문은 계획대로 운영되

---

* 4,700만 달러라는 수치는 긍정적인 것과 부정적인 것 등 여러 요인을 모두 합한 최종 결과로, 내역은 다음과 같았다. 근로자 보상 보험 충당금 증가액 2억 2,800만 달러, 소급 재보험계약상 이연비용 상각과 관련한 1억 3,600만 달러, 석면 및 환경 개발 피해에 대한 충당금 증가액 1억 200만 달러 등이었다. 이는 9·11 테러 사건에서 비롯된 버크셔의 배상 책임 관련 7,200만 달러를 포함해 4억 1,900만 달러의 손해액 충당금 순 감소액으로 상쇄되었다.

고 있었다. 첫째, 해당 부문 내 보험 인수 활동에서 창출된 이익으로 허리케인 손실액 24억 달러가 상쇄되어, 손실액이 그 절반인 12억 달러로 감소했다. 둘째, 재해 및 개별 리스크 부문의 장기적인 실적을 살펴보면, 1999년에서 2005년까지 12억 달러라는 누적 보험 인수 이익을 달성했다. 이 부문 책임준비금에서 나오는 가치에 대해서는 더 말할 것도 없다.

재보험 부문의 소급 재보험 운영 부문은 3년째 수입 보험료 감소세가 두드러졌다. 소급 부문의 수입 보험료는 2003년 5억 2,600만 달러에서 2004년 1억 8,800만 달러로 감소했다. 그러다 2005년에는 95% 급락해 불과 1,000만 달러를 기록했다. 버크셔는 과거의 손실에 대해 보상하는 소급 보험 건수가 갑자기 줄어든 이유를 밝히지 않았다. 가격이 적절히 결정된 계약이 적었던 탓일 가능성이 크다. 버크셔는 한 건의 소급 재보험계약에서 4,600만 달러의 이익이 나고 7,500만 달러의 손실 충당금 감소액도 발생했지만, 대규모 연간 이연비용 상각 때문에 해당 사업 부문은 2005년 2억 1,400만 달러의 손실을 기록했다.

2005년 말 재보험 부문의 소급 재보험사업과 관련한 미상각 이연비용은 총 21억 3,000만 달러에 이르렀다. 이것은 시간이 지나면 전부 보험계약 인수 비용으로 처리된다. 버크셔는 또한 손실액 지급이 예상보다 늦어짐에 따라 2005년 이연비용 상각 속도를 늦췄다. 이는 해당 금액을 책임준비금으로 더 오래 보유했다는 의미다.

재보험 부문의 기타 다중화 부문에서는 23억 달러의 수입 보험료에 3억 2,300만 달러의 세전 보험 인수 이익이 발생했다. 여기서 카트리나, 리타, 윌마로 인한 허리케인 관련 손실액 1억 달러를 뺀 나머지가 이익으로 잡혔다.

2005년에는 물리적인 허리케인이 버크셔에 고통을 안겨 준 일 외에도 (자연스레 언론에 포착되었던) 제너럴 리의 몇몇 전 임원들의 부당 거래로 논란이 벌어졌다. 제너럴 리의 잘못된 행위를 요약하자면, 리스크를 실제로 전환하지 않고 근본적인 문제를 숨기기 위해 재보험계약을 부적절하게 이용한 것이었다.* 버크셔는 2005년 중반 그들의 혐의가 밝혀지자 곧바로 그들과의 관계를 끊었다.[2]

버크셔 해서웨이 원수보험 부문

버크셔 산하 알짜 원수보험 회사들은 계속해서 보험 인수 이익을 벌어들였다. 수입 보험료는 24% 증가해 15억 달러에 이르렀으며, 보험 인수 이익은 46%로 대폭 증가해 2억 3,500만 달러에 달했다. 식구가 늘어난 것도 일부분 성장의 요인이 되었다.

버크셔는 2005년 6월 30일 제너럴 일렉트릭General Electric(이하 GE)의 자회사인 GE 인슈어런스 솔루션즈GE Insurance Solutions로부터 메디컬 프로텍티브 컴퍼니Medical Protective Company(이하 메드프로MedPro)를 인수했다. 버핏이 GE의 CEO인 제프 이멀트Jeff Immelt와 거래에 합의한 이후의 일이었다. 메드프로는 인디애나주 포트 웨인에 기반을 두고 106년 동안 사업에 종사해 온 업체였다. 주로 의사와 치과 의사 등 보건 의료인을

---

* 제너럴 리는 보험회사들이 회계상에서 부당한 손실 충당금을 숨기도록 해 주고 수수료를 받았다. 적정선으로 보이도록 손실 충당금을 부풀린 방식으로 계약이 이루어졌다. 실제적인 리스크 이전은 거의 일어나지 않았다. 그 계약을 인수한 보험회사 두 곳은 레시프로컬 오브 아메리카Reciprocal of America와 아메리칸 인터내셔널 그룹American International Group이었다.

위한 전문인 책임보험을 제공했다. 버크셔는 현금 8억 2,500만 달러에 보험료 규모가 7억 달러를 넘어가고 20억 달러의 법정 자산을 보유했으며 신용 등급이 AAA인 보험회사를 인수했다.[3]

규제 대상 유틸리티 부문

2005년 규제 대상 유틸리티 부문에는 두 가지 중대한 소식이 있었다. 경제성 성장에 가장 중요한 요인은 퍼시픽코프PacifiCorp에 대한 인수 계약 합의였다. 퍼시픽코프는 미국 서부 6개 주인 캘리포니아, 아이다호, 오리건, 유타, 워싱턴, 와이오밍에 거주하는 160만 명의 고객에게 전력을 공급하는 회사였다. 미드아메리칸은 스코티시 파워Scottish Power PLC에게서 이 회사를 인수했다. 버크셔는 2006년에 완료된 이 거래에 자금을 대기 위해 미드아메리칸에서 34억 달러 규모의 자본 주식을 추가로 매입했으며, 이어서 미드아메리칸은 17억 달러 규모의 장기 채권을 발행해 51억 달러의 현금 인수 금액을 충당했다.

퍼시픽코프 인수가 마무리되면 미드아메리칸에 대한 버크셔의 경제성 있는 지분은 대략 88.6%나 늘어난다. 완전 희석 원칙fully diluted basis(이미 발행된 주식에 더해 전환 증권이나 스톡옵션 등이 추후 주식으로 전환되는 경우까지 포함해 발행될 주식의 수량을 합산해 계산하는 방식-옮긴이)으로 계산할 경우에는 86.5%까지 증가한다. 아울러 미드아메리칸의 매출액은 33억 달러, 자산은 141억 달러나 늘어날 전망이었다.

두 번째 굵직한 소식은 2005년 8월 8일 공공 유틸리티 기업 지주회사법Public Utility Holding Company Act(이하 PUHCA) 폐지였다. 버크셔는 당초 미드아메리칸을 인수한 이래로 다수의 경제성 있는 지분은 자사가 보유하되, 의결권은 소수의 파트너(월터 스콧, 데이비드 소콜, 그렉 에이블)에게 맡기는 다소 독특한 구조로 회사를 운영했다. 버크셔는 지주회사였기에 법률에 따라 운영해야 했다. PUHCA 법의 폐지로 버크셔는 2006년 2월 6일 우선주를 의결권 있는 보통주로 전환해서 의결권에 경제적 이익을 반영할 수 있었다. 이로써 버핏이 'PUHCA가 우리에게 강요했던 난해한 기업협정'이라고 하던 상황이 끝을 맺었다.

공공 유틸리티 기업 지주회사법이 폐지되자 회계에도 변화가 생겼다. 버크셔의 의결권 있는 지분이 늘어나 회계 처리상 버크셔의 재무제표에 미드아메리칸을 완전히 연결해야 했다. 버핏이 1986년 스콧 페처를 통해 보여 주었던 사례(과거와 현재로 열을 나눠 동일한 회사의 회계상 차이를 보여 주는 방식)와 마찬가지였는데, 경제적 관점에서 볼 때는 달라진 점이 하나도 없다. 하지만 버크셔의 재무제표는 달라진 것처럼 보이게 된다. 이런 이유로 버크셔는 감사를 거치지 않은 별도의 2005년 대차대조표 추정본을 재무 보고서에 삽입해 변경 사항을 확실히 보여 주었다. 가장 눈에 띄는 변경 사항은 유틸리티 및 에너지 부분의 자산 및 부채 항목 양쪽 모두였는데, 해당 대차대조표 항목은 예전 재무제표 주석에서 상세히 설명했다. 버크셔의 2005년 연결 자산은 옛 회계기준(해당 연도 기준 GAAP) 1,980억 달러에서 신규 회계기준(향후 기준 GAAP) 2,140억 달러로 늘어났다. 915억 달러의 자기자본 총계는 예측되었던 대로 변동이 없었다.

제조, 서비스, 소매 유통업

제조, 서비스, 소매 유통 사업 부문은 470억 달러의 매출액을 창출했으며 26억 달러의 세전 이익을 벌어들였다. 이 사업 부문의 세후 이익 17억 달러는 22.2%의 평균 유형자기자본이익률을 나타냈다. 또한 이 부문에 대한 유형 자기자본 가치 이상으로 버크셔가 지불한 프리미엄 때문에* 버크셔의 장부가치 대비 이익률이 낮아지긴 했으나 10.1%로 여전히 만족스러운 수치였다. 게다가 해당 사업 부문은 운영 시 부채가 거의 들어가지 않았다.** 2년간의 대차대조표 자료를 보면 세전 유형 투하자본이익률이 24.5%에서 25.1%로 개선된 사실을 확인할 수 있다. 이는 해당 부문 전체의 사업성이 근본적으로 뛰어나다는 점을 보여 주는 또 다른 근거다.

2005년 8월 31일 버크셔가 포레스트 리버Forest River를 인수하면서 제조, 서비스, 소매 유통 부문은 신규 회사를 추가했다. 인디애나주 엘크하트에 소재한 포레스트 리버는 피터 리글Peter Liegl이 설립한 레저용 차량 제조업체였다. 리글은 포레스트 리버의 전신인 코브라 인더스트리스Cobra Industries**4)**를 차입 매수LBO 업체에 매각했는데, 그 후 즉시 이 회사는 리글을 해고하고 바로 파산했다. 리글은 이후 파산 상태의 코브라 자산을 매입해 포레스트 리버라는 이름으로 사업을 재건했다.

버크셔가 직접 포레스트 리버의 매입 조건을 공개하지 않았지만, 2005년 버크셔 해서웨이 연례 보고서에 포함된 내용**5)**에는 대략 8억 달러의 수치가 나와 있었다. 포레스트 리버는 연 매출 16억 달러에 직원을 5,400명이나 두었으며 공장 60개를 운영하고 있었다.

---

* 사업권 등의 무형자산은 총 93억 달러에 달했다. 미텍의 소프트웨어 같은 무형자산들이 있었지만 대부분은 매수 회계 처리purchase-accounting에 의한 사업권 형태였다.

** 장기부채가 자기자본의 8.7%밖에 되지 않았다.

버크셔 산하 제조, 서비스, 소매 유통 부문의 몇몇 업체들이 2005년의 높은 투입 비용의 영향을 받았지만, 업체 대부분이 높은 수익을 기록했다. 당시 만연했던 경제적 상황으로 원자재, 에너지, (다른 무엇보다도) 물류 관련 가격이 종종 급격히 상승했다. 버크셔가 2000년대 초 짧은 기간에 소규모 인수전을 줄줄이 감행한 결과이기도 한데, 애크미 빌딩 브랜즈, 벤저민 무어, 존스 맨빌, 미텍이 속한 건축자재 부문에서 48억 달러(11% 성장)의 매출액에 7억 5,100만 달러(17% 성장)의 세전 이익이 발생했다. 쇼 인더스트리스는 원자재 가격이 상승한 탓에 이익률이 낮아졌음에도 4억 8,500만 달러의 세전 이익(4% 성장)을 기록했다. 이익이 상승했고 해자로 인해 자회사들이 가격 결정력을 갖췄지만, 늘어난 투입 비용을 상쇄하기 위해 소비자 가격을 올리기까지는 시간이 걸릴 것이다.

의류(신발류 포함) 부문은 4% 증가한 23억 달러의 매출액에서 7% 증가한 3억 4,800만 달러의 세전 이익을 기록했다. 의류 부문의 실적은 관련 업계 최대 업체이자 모든 제품 항목에서 시장점유율을 상승시킨 프루트 오브 더 룸의 실적에서 주로 기인했다. 신발업체들은 프루트 오브 더 룸의 그늘에 가려져 있었다. H. H. 브라운 슈와 저스틴 부트는 5.3%라는 상당한 매출액 증가율을 기록했다(수익성은 공개되지 않음).

버핏 회장은 주주 서한에서 동일 매장 매출액(1년 이상 운영 기준으로 특정한 체인이 소유한 매장들이 창출한 매출을 비교하는 말-옮긴이)을 각각 6.6%와 9.9%로 늘린 벤 브리지와 RC 윌리를 향한 기쁨을 전했다. 아울러 보석 및 가정용 가구 부문의 동일 매장 매출액은 2.5% 상승했다. RC 윌리의 매출액 상승은 일요일 휴무 정책을 고려했을 때 매우 인상적이었다.

네바다주 리노에 개점한 신규 매장도 실적에 영향을 미쳤으며 캘리포니아주 새크라멘토에서도 매장 개점이 예정되었다. 조던스 퍼니처도 2005년에 새 점포를 열었는데, 매사추세츠주 에이본에 약 1,700평 규모의 대형 할인 매장이었다.

버핏은 또한 주주 서한에서 시즈 캔디에서 오랫동안 CEO를 지낸 척 허긴스가 브래드 킨슬러Brad Kinstler에게 지휘권을 넘겼다는 소식을 전했다. 킨슬러는 이전에 사이프러스 인슈어런스와 페치하이머를 이끌었던 인물로 버핏에게 상당히 깊은 인상을 남겼다. 버핏은 그가 '시즈의 경영을 위한 확실한 선택'이었다고 말했다.

보석 및 가정용 가구, 사탕 부문은 세전 이익이 모두 합해서 2억 5,700만 달러로 20% 증가했다.

항공 서비스 부문 내에서는 엇갈린 실적이 나왔다. 플라이트세이프티에서는 시뮬레이터 운항 시간에 대한 수요가 증가해 이용률이 높아졌다. 이익은 2억 달러로 10% 증가했다. 영국 판버러에 있는 주요 시설에서 새로운 시뮬레이터 15개를 운영하는 1억 달러 규모의 프로젝트가 진행되는 등 늘어난 수요는 확장 계획으로 이어졌다. 이렇게 되면 훈련 시설은 총 42개까지 늘어난다.

넷제트는 플라이트세이프티와는 사뭇 다른 결과를 냈다. 이 업체는 8,000만 달러의 손실을 기록했다. 전 세계의 부분 소유 산업을 지배할 목적으로 유럽 지사를 운영했지만, 운영에 상당한 어려움을 겪은 것이 원인이 되었다. 유럽에서 계약률이 37%나 증가했지만 낮은 효율로 손실이 발생했다.*

5%의 이익률로 2억 1,700만 달러를 벌어들인 맥클레인은 꽤 안정된

매출액과 이익을 창출하고 있었다. 이처럼 안정된 실적은 이전의 모기업이자 광범위한 고객층을 유지하던 월마트에서 일부 기인했다.** 부가가치가 낮은 사업 특성 때문에 맥클레인은 제조, 서비스, 소매 유통 부문의 전체 매출액 중 절반 이상(51%)을 창출했지만 세전 이익은 이 부문의 전체 세전 이익 중 8%에 불과했다.

제조, 서비스, 소매 유통 사업 부문의 개별 실적에서는 2005년 미국 경제의 강세가 두드러지게 나타났다(당시 실질 GDP가 3.5% 증가함[6]). 시간이 지나면서 투입 비용을 상쇄한 건축자재 사업부의 역량은 강력한 주택 시장과 해당 사업부의 강세를 뚜렷이 드러냈다. 버크셔 소매 유통 회사들의 실적은 강력한 소비자 수요의 증거였다.

지금 와서 보면 이 시기는 재앙으로 막을 내리는 절정기의 시작점이었다. 2006년 연례 주주총회에서 버핏은 주의해야 한다는 암시를 주었다. 그는 주택 보유자에게 "터무니없는 신용이 확대되었으며", 미드아메리칸의 홈서비스Home Service(미드아메리칸이 소유한 부동산 중개 회사-옮긴이)의 관여 영역이었던 주택 매매가 둔화했다고 지적했다.

금융 및 금융 상품

금융 및 금융 상품 부문은 매우 다양한 분야의 사업을 운영했다. 이 부문은 금융형 회사들과 적절히 조화를 이루며 운영했다. 미국 최대 조립식 주택업체 클레이턴 홈스(대규모 금융 부서를 거느려 이 부문에 포함

---

* 버핏은 2006년 연례 주주총회에서 넷제트가 규모의 경제를 더 강화할 것이라는 견해를 밝혔다.

** 2005년 연례 보고서의 주석에 따르면, 월마트의 기여도는 맥클레인의 2005년도 매출액 중 33%에 해당했다.

됨)부터 제너럴 리 증권에서 잔존한 부서들, 버핏 자신의 프롭 트레이딩proprietary trading(고객 자금이 아닌 자기 자금으로 주식이나 채권 등에 투자하는 것-옮긴이)까지 모든 부분이 여전히 버크셔에 매우 중요했다.

버핏은 금융 부문의 주역으로 클레이턴 홈스를 꼽았다. 그 이유는 어렵지 않게 확인할 수 있다. 이 회사는 2003년 버크셔에 인수된 이래 36개의 생산 공장을 보유할 정도로 성장했다. 거기에 2004년 파산한 경쟁 업체 오크우드에서 인수한 12개 공장도 포함되었다. 또한 서부 해안을 기반으로 활동했던 카스텐Karsten을 2005년 인수하면서 4개의 공장을 추가했다. 자사 대출 사업부의 규모가 확대되면서 클레이턴의 조립식 주택 사업은 상대적으로 작아졌다. 대출 사업부는 클레이턴 고객과 다른 고객들에게 융자를 제공했다.

클레이턴은 2005년 당시 170억 달러 규모의 대출을 제공했는데, 그중 96억 달러를 자체적으로 조달했다. 이 96억 달러는 버크셔에서 빌린 것이었다. 버크셔는 매력적인 이자율로 자금을 차입할 수 있었기 때문이다. 버크셔의 깨끗한 신용 등급을 활용하는 대가로 클레이턴은 버크셔가 차입한 이자율의 1%p를 더한 금리를 수수료로 부담했다. 클레이턴은 2005년 버크셔에 해당 수수료로 8,300만 달러를 지급했다.*

금융 및 금융 상품 부문은 수년에 걸쳐 상당한 규모로 성장했다. 2005년 말 기준 이 사업 부문의 자산은 총 245억 달러에 달했다. 자산에는 다음이 포함되어 있었다.

---

* 클레이턴이 발표한 4억 1,600만 달러의 이익은 8,300만 달러의 이자 비용을 뺀 금액이다.

1. 현금 41억 달러

2. 34억 달러 규모의 채권

3. 111억 달러 규모의 대출과 금융 채권

위 자산 포트폴리오의 마지막 범주에는 월드북과 커비의 고객을 대상으로 한 대출과 채권도 포함되었다.

금융 및 금융 상품 부문의 대차대조표에서 부채 항목도 마찬가지로 상당한 규모였다. 이 사업 부문과 관련한 203억 달러의 부채는 사업부가 마치 은행처럼 운영되었기에 보기보다는 덜 우려스러웠다. 부채의 절반 이상 또는 109억 달러는 이자부 대출과 금융채권 포트폴리오를 위한 자금을 조성할 목적의 장기 지급어음과 차입금이었다. 그런데 은행과 달리 자금을 조달하기 위한 믿을 만한 예금원이 없었기에 혹시나 당장 유동성이 필요한 상황이 생기지 않도록 일부러 부채를 구조화했다. 게다가 제너럴 리 증권과 관련한 잔여 부채 외에도 51억 달러 규모의 파생상품 계약 부채도 있었다.**

이런 거래 행위에 더해 청산 중이었던 제너럴 리 증권에서 손실이 불규칙하게 발생했다는 사실은 금융 및 금융 상품 부문의 이익이 난다 해도 불규칙하게 나온다는 의미였다. 이 사업 부문은 2004년 5억 8,400만 달러의 세전 이익 및 자본 수익 반영 전 이익을 기록했다가 2005년 8억 2,200만 달러의 이익을 기록했다. 2005년도 이익의 절반 이상(4억 1,600만

** 재무제표의 주석에서 버크셔가 '지난 2년 동안' 주가지수 옵션과 신용 부도 스와프 계약을 체결했던 사실이 공개되었다. 청산 과정에 있었던 제너럴 리 증권은 이런 유형의 거래에는 관여하지 않았을 것이다.

달러)은 클레이턴 홈스에서 창출되었다. 나머지 이익 대부분은 버핏의 거래(2억 달러)를 비롯한 컨테이너 임대업체 엑스트라 및 가구 대여업체 코트의 임대 사업(1억 7,300만 달러)에서 발생했다.

투자

버핏은 주식시장 전반에 이미 긍정적 경제 전망이 반영되었다고 판단했다. "우리의 주식 포트폴리오에서 기적을 기대하지 마세요." 그는 특유의 성격대로 큰 기대를 하지 않고 버크셔의 주식 포트폴리오가 향후 10년 동안 2배(연간 수익률 약 7%)로 성장할 것으로 보았다. 그럼에도 버핏과 멍거는 2005년에 할 수 있는 몇 가지 현명한 일을 찾아 진행했다. 버크셔는 이전 해에 웰스 파고 주식 보유 수를 상당히 늘렸는데, 해당 주식은 2005년에 9,500만 주로 거의 2배 늘어나 있었다. 버크셔는 또 웨스트 코스트 은행 지분을 5.7% 보유했다. 게다가 다른 두 기업의 지분을 인수했다. 하나는 미주리주 세인트루이스에 본사를 둔 맥주 제조 회사 앤하이저부시 컴퍼니_{AnheuserBusch Company}였고, 다른 하나는 아칸소주 벤톤빌에 본사를 둔 유통업체로 버핏과 멍거가 오래전부터 칭찬했던 월마트였다.

또 다른 기업 두 곳의 이름도 시장가치가 7억 달러를 훌쩍 넘어서면서 투자 대상 목록에 올라왔다(최저 기준 금액이 계속 높아지고 있다는 점에 주목하자). 두 기업 모두 경제성보다는 회계와 관련이 있었고, 버크셔의 관여 없이 각 기업의 판단에 따라 이루어진 것이었다. 첫 번째는 아메리칸 익스프레스에서 아메리프라이즈 파이낸셜_{Ameriprise Financial}(보험과 연금, 펀드 관련 종합 자산 관리 서비스를 제공하는 업체 – 옮긴이)

을 분사한 것이었다. 버크셔의 아메리프라이즈 지분율은 12.1%였는데(아메리칸 익스프레스에 대한 12.2%의 지분과 대략 일치), 그 지분의 취득원가는 1억 8,300만 달러였으나 현재 시장가치는 12억 달러에 이르렀다. 두 번째는 2005년 4분기에 질레트가 프록터&갬블Procter & Gamble에 합병된 것이었다. 이 사례는 회계 처리에 상당한 잡음을 유발하면서도 경제성 측면의 변화는 별로 일으키지 않았는데, 여기에서 버핏의 유명한 회계 수업 중 하나가 나왔다.

버크셔는 질레트의 주식을 단 한 주도 팔지 않았다. 대신 그동안 보유한 질레트 주식 1주당 프록터 & 갬블의 주식 0.975주를 받기로 했다. 그런데 일반 회계기준GAAP 원칙에 따르면 수익 계정에 50억 달러의 비현금성 세전 이익*을 기입해야 했다. 대다수 사람이 그 이유를 궁금해 할 것이다. 이는 경제성과 회계의 차이를 잘 보여 주는 완벽한 사례였다. 경제성의 관점에서 볼 때, 합병 당시 버크셔의 질레트 주식 매입원가는 6억 달러였다. 프록터 & 갬블 주식에 대한 버크셔의 세무상 원가 기준은 9억 4,000만 달러였다.[7] 이는 버크셔가 프록터 & 갬블 주식을 3억 4,000만 달러어치 추가 매입해 1억 주를 보유하고 있었기 때문이다. 반면 회계 관점에서 보면, 매입원가 기준은 59억 6,000만 달러로 증가했는데, 이는 손익계산서에 기재된 비현금성 이익을 의미했다.**

버크셔는 충분한 순풍을 받아서 2005년에는 비교적 괜찮은 한 해를

---

* 세후 32억 5,000만 달러
** 재무회계상 원가 기준은 수익 계정에 기입된 자본 이익과 같은 수준으로 증가했다. 이는 미실현 투자이익에서 그만큼을 감소시켜 상쇄되었다(다시 말하지만 오로지 재무회계 처리용이었다. 하지만 세무상으로는 여전히 미실현이익이었다. 2005년 버크셔 해서웨이 연례 보고서 62쪽 참고).

보냈다. 어려움이 없지 않았지만 보험 부문은 무엇보다도 중요한 무비용 책임준비금을 창출했다. 비보험사업 부문도 경기 호황 정점이라는 조짐에도 불구하고 대체로 괜찮은 실적을 올렸다. 버크셔는 여유 자금 24억 달러를 사용해 여러 볼트온 인수bolt-on acquisition(기업의 가치를 높이려고 사업과 연관 있는 기업을 인수해 가치를 높이는 전략, 턱인tuck-in 인수라고도 함 - 옮긴이)에 더해 메디컬 프로텍티브Medical Protective와 포레스트 리버에 대한 인수 작업을 마무리했다. 이듬해에는 버크셔 최초의 대규모 해외 인수를 비롯한 여러 인수 작업이 진행될 것이다.

2006년

–

2006년 버크셔의 실적은 어쩌면 거대 복합기업 규모에서 예상할 수 있는 최고점에 도달했을 것이다. 버크셔는 1,000억 달러에 가까운 매출액에 21만 7,000명의 직원을 거느렸는데, 미국 경제 전문지 〈포천〉에 따르면 버크셔는 미국에서 열두 번째로 큰 대기업이었다.[8] 전년 대비 순자산 증가액 169억 달러로 볼 때 주당 장부가치는 18.4% 증가한 것으로 풀이되었다.

버핏은 주주들이 앞으로 기대감을 억제하길 바랐다. 버크셔의 73개 사업 부문이 전반적으로 두드러진 실적을 올린 사이 보험사업 부문은 큰 행운에 힘입어 이득을 보았다. 버핏이 평소 겸손함을 보이던 분위기와는 사뭇 달랐다. 보험회사들에게 2006년은 좋은 소식으로 가득한 해였다.

자본 배분 쪽에서도 순풍을 탔다. 버크셔는 60억 달러를 들여 전력 회사인 퍼시픽코프PacificCorp, 글로벌 보도 자료 배포 회사 비즈니스 와이어Business Wire, 금융 서비스 및 근로자 보상보험 제공 회사 어플라이드 언더라이터즈Applied Underwriters 등 2005년 말에 끝내지 못한 인수 작업을 마무리했다. 그 외에 미텍, CTB(농기구 제조업체), 쇼 인더스트리스, 클레이턴 홈스에서 여러 턱인 인수를 진행한 것은 물론, 이스라엘 금속가공업체 이스카Iscar(최초의 해외 기업 인수)에 40억 달러, 러셀 코퍼레이션Russell Corp.에 12억 달러를 투자했다.

보험업

보험계약 인수 규율을 철저히 지키는 가운데 행운이 적절히 작용한 결과로 2006년 보험계약 인수 이익이 큰 폭으로 상승했다. 2006년 5월 19일 어플라이드 언더라이터즈가 자회사로 편입된 것이 어느 정도 도움이 되어 수입 보험료가 240억 달러로 9% 증가했다. 그런데 내막을 들여다보면 버크셔의 손실 이력, 더 정확히 말해 손실 이력 부재에 주목해야 한다. 각 주요 부문은 보험료 증가에 기여하지 않았으나, 보험계약 인수 이익이 38억 달러까지 증가한 데에는 모든 부문이 기여했다. 이 보험계약 인수 이익은 2005년에는 5,300만 달러에 불과했다. 더욱

표 7-7 · 버크셔 해서웨이 보험계약 인수
자료·2005~2006년 버크셔 해서웨이 연례 보고서 및 저자의 계산 단위·100만 달러

	2006	2005
가이코		
인수 보험료	11,303	10,285
수입 보험료	11,055	10,101
보험계약 인수 손익(세전)	1,314	1,221

	2006	2005
제너럴 리		
인수 보험료	5,949	6,155
수입 보험료	6,075	6,435
보험계약 인수 손익(세전)	526	(334)
버크셔 해서웨이 재보험 부문		
수입 보험료	4,976	3,963
보험계약 인수 손익(세전)	1,658	(1,069)
버크셔 해서웨이 원수보험 부문		
수입 보험료	1,858	1,498
보험계약 인수 손익(세전)	340	235
수입 보험료 총계	23,964	21,997
보험계약 인수 손익(세전) 총계	3,838	53
평균 책임준비금	50,087	47,691
책임준비금 비용	(7.7%)	(0.1%)
불이익성 (이익성) 손해 발생 총계	(612)	(357)
상기 수치에 포함된 할인 증가액 및 상각 비용	459	386

참고
버크셔 해서웨이 원수보험 부문과 재보험 부문의 인수 보험료는
항목에 넣지 않음.

이 책임준비금이 5% 증가한 500억 달러에 이르러 사업에 투입할 자본
은 더욱 늘어났다.

제너럴 리

보험업에 유리한 분위기는 두 재보험 부문에서 가장 뚜렷이 나타났다.
제너럴 리는 수입 보험료가 6% 감소해 61억 달러에 그쳤는데도 2005년
보험계약 인수 손실 3억 3,400만 달러에서 2006년 보험계약 인수 이익

5억 2,600만 달러로 돌아섰다.

제너럴 리의 보험계약 인수 규율은 효과로 이어지기 시작했다. 북미 손해/상해 부문은 수입 보험료가 18억 달러로 18%나 떨어졌지만, 보험계약 인수 이익이 세전 1억 2,700만 달러를 기록했다. 손해보험 부문은 당해 연도에 발생한 이익과 이익성 손실 발생액을 포함해 3억 4,800만 달러의 이익을 창출했다. 상해/근로자 보상 부문은 2억 2,100만 달러의 손실을 기록했다. 해당 수치에는 할인 증가액, 이연 상각 비용, 추가 손실 충당금이 포함되었다.

해외 부문은 보험료 물량이 19억 달러로 전년도와 비슷한 수준이었고 이익은 2억 4,600만 달러였다. 항공 부문에서 대규모 순이익이 발생했고 재해 손실이 발생하지 않은 덕에 3억 6,000만 달러라는 견실한 이익이 창출되었으나, 1억 1,400만 달러의 상해 손실로 해당 부문의 이익이 줄어들었다. 상해 손실에는 전직 임원들의 위법행위를 두고 규제 당국이 진행한 조사와 관련한 불특정 비용도 포함되었다.

제너럴 리 생명/건강 보험 부문은 24억 달러의 보험 물량에 대한 1억 5,300만 달러의 보험계약 인수 이익을 기록하며 이번 해에도 이익 흐름을 이어 갔다.

버크셔 해서웨이 재보험 부문

2006년 버크셔 해서웨이 재보험 부문에서도 상황은 유사했다(오히려 훨씬 더 나았다). 수입 보험료가 26% 증가해 50억 달러에 이르렀고, 이익은 2005년 11억 달러의 손실에서 2006년 17억 달러의 이익으로 강한 반등이 나타났다.

다른 보험업체들이 2005년 대형 허리케인으로 손실을 입고 뒷걸음친 이후 재보험 부문은 보험료율 상승과 물량 증가, 이 두 측면에서 혜택을 보았다. 즉 재해 및 개별 리스크 부문에서는 보험료 물량이 22억 달러로 32%나 증가했으며, 이익은 2005년 12억 달러의 손실에서 2006년 16억 달러의 이익으로 크게 늘었다. 2006년도 보험계약 인수 실적에는 2억 달러의 불이익성 손해 발생액이 포함되었다. 이는 주로 허리케인 윌마(2005년 4분기에 발생)로 인한 손실액 수정 예상치와 관련이 있었다.

주목해야 할 사건은 재보험 부문이 에퀴타스Equitas와 71억 달러 규모의 소급 재보험 거래를 체결한 것이었다. 버크셔 역사상 최대 규모, 또 보험업계 역사상 거의 최대 규모의 재보험계약 체결이었다. 이 계약은 2006년에 마무리되었지만 2007년에 개시될 예정이었다.

에퀴타스는 원수보험사 및 재보험사들의 집합체로 런던에 있는 로이즈 오브 런던Lloyd's of London이 신설한 법인이었다. 다시 말해 에퀴타스는 로이즈 신디케이트가 1993년 이전에 판매한 보험에서 수많은 회원사names*와 보험 인수업체들이 초래한 리스크를 전부 떠안기 위한 회사였다. 이 회원사들은 계속 모든 손실을 책임져야 했다. 아무리 먼 미래에 벌어질 일이라 해도 그러했다. 그러다 숨어 있던 석면 사건이 터지고 환경적 손실이 발생하면서 업종을 가리지 않고 보험계약을 인수하고자 했던 회원사들의 의지가 꺾여 버렸다. 시장은 이런 불확실성 탓에 얼어붙고 말았다.

아지트 자인과 버핏은 에퀴타스를 뒷받침하는 전체 회원사 2만

---

* 네임즈Names는 신디케이트의 회원사를 말한다.

7,972곳에 대한 보험계약을 제안했다. 버크셔는 현금과 증권으로 71억 달러를 받는 조건으로 139억 달러의 한도까지 향후 보험금 청구권(1993년 이전까지 유효한 보험금)을 모두 포함하는 보험계약을 인수했다. 두 사람은 향후 청구권 지급액이 감소하거나 기한이 길어질 것으로 판단해 이 거래가 버크셔에 괜찮은 투자 기회가 될 것이라고 보았다. 이 거래는 상환 일정을 알 수 없는 대출과 비슷한 것이었다. 최종 지급 기한이 짧고 지급액이 많을수록 비용이 높아진다. 반대의 경우도 마찬가지다. 두 가지 확실한 변수는 선불금과 보험금 상한액이었다. 시간이 가면 이 책임준비금의 비용이 드러날 전망이었다.

에퀴타스 거래에 대한 이야기를 마무리하기 전에 버핏이 2006년 주주 서한에서 전한 재보험에 대한 회계 처리 수업은 주목할 만하다. 버핏은 차변과 대변을 제시해 에퀴타스의 회계가 어떻게 작동했는지 정확히 설명했다.

> "주요 차변debits은 현금과 투자, 재보험 회수금, 재보험 추산 금액에 대한 이연비용Deferred Charges for Reinsurance Assumed(이하 DCRA)이 됩니다. 주요 대변credit은 손실 충당금과 손실 조정 비용이 됩니다. 거래 초기에는 어떠한 손익도 기록되지 않지만, DCRA 자산이 하향 상각되면 이후 보험계약 인수 손실이 매년 발생합니다. (중략) 궁극적으로 마지막 보험 청구금을 지급하고 나면 DCRA가 0으로 줄어듭니다. 그날은 50년 또는 그 이후가 될 것입니다."

에퀴타스 사례 같은 재보험 거래는 경제성과 회계의 관점을 비교하며 들여다보는 게 중요하다. 회계 관점에서 볼 때, 초기에는 수익성에 전혀 영향이 없었다. 그러다 이후 기간에 DCRA가 비용으로 상각됨에 따라 보험계약 인수 손실이 나타난다. 경제성 관점에서 보면, 선불로 받은 71억 달러에 의한 이익은 투자 수익으로 기록된다. 소급 보험계약에서는 늘 보험계약 인수 손실이 발생한다. 문제는 선불로 받은 현금으로 창출한 책임준비금이 그러한 손실을 초과하는 투자 수익으로 이어지느냐의 여부다. 버핏은 이러한 도박에 대해 보장하지 않았지만 주주들이 이 사실을 알고 있기를 바랐다. 그래서 엔론이 의도적으로 이해할 수 없는 연차 사업보고서를 작성했던 사실을 꼬집으며 주주들에게 이를 당부했다.

2006년 재보험 부문의 소급 재보험 부문은 1억 4,600만 달러의 수입 보험료에 1억 7,300만 달러의 보험 인수 손실을 발표했는데, 주로 이연 비용 상각 및 감액/수정된 계약에서 발생한 이익에 따른 것이었다.

기타 다중화 부문은 26억 달러의 보험료에서 2억 4,300만 달러의 이익을 달성했다. 근로자 보상 및 항공 상품군의 강세로 지분 참여 사업부 물량의 감소가 상쇄된 것으로 나타났다.

가이코

가이코의 실적은 그야말로 화려했다. 전혀 놀랄 일이 아니었다. 가이코는 현행 계약 건이 총 10.7%나 증가했으며, 810만 건의 계약으로 2006년을 마무리했다.* 111억 달러의 수입 보험료에 13억 달러의 세전 보험계약 인수 이익은 88.1%의 합산비율로 나타났다. 이에 따라 가이코는 일

---

* 해당 성장률은 선호 리스크 부문에서 11.3%, 표준 부문에서 8.6% 성장한 것에서 기인했다.

부 시장에서 보험료율을 낮췄다.

버크셔 해서웨이 원수보험 부문

버크셔의 원수보험 부문은 19억 달러의 수입 보험료에, 세전 보험 인수 이익 3억 4,000만 달러(이익률 18%)를 벌어들였다. 이 부문을 구성하는 여러 사업부는 저마다 보험계약 인수 이익을 발표했다. 2005년 중반 인수 완료된 메드프로, 그리고 2006년 5월 19일 공식적으로 버크셔에 편입된 어플라이드 언더라이터즈가 실적에 기여했다.

어플라이드 언더라이터즈

2005년 12월, 버크셔는 어플라이드 언더라이터즈의 지분 대량 인수에 합의했다. 이 회사는 중소기업에 급여 관리와 근로자 보상 보험 서비스를 제공하는 보험회사였다.**9) 이 회사는 고객 대부분이 캘리포니아에 연고가 있었던 반면에 본사는 오마하에 있었다. 버크셔는 85%의 지분***을 매입했으며 나머지 지분 15%는 어플라이드 언더라이터즈를 설립한 시드 페렌츠Sid Ferenc와 스티브 멘지스Steve Menzies가 보유했다. 버핏은 10여 년 전 아무것도 없는 상태에서 회사를 설립한 두 사람을 높이 평가하기도 했다.

　　2006년 보험 부문의 이익성 손실 이력과 견고한 보험계약 인수 수익

** 어느 자료에 따르면, 해당 거래는 2억 8,880만 달러의 가치로 평가되었는데, 이는 이 기업의 내재 가치를 대략 3억 4,000만 달러로 잡은 것이다.

*** 2006년 재무제표의 주석에서 '일정한 조건에서 어플라이드의 기존 주주들이 버크셔로부터 어플라이드의 지분을 추가적으로 4%까지 인수할 것이라는 내용'이 공개되었다.

성은 상황이 곧 악화될 것이라는 가능성을 시사했다. 버핏은 슈퍼 캣 분야에 자본이 홍수처럼 쏟아져 들어오고 있음을 지적했다. 그리고 버크셔가 투자에서부터 보험 분야에 이르기까지 다음과 같은 교훈을 따를 것이라고 주주들에게 전했다. 바로 '다른 사람들이 욕심을 낼 때 두려워하고, 다른 사람들이 두려워할 때 욕심을 내라'는 것이었다. 한동안 버크셔는 유행을 타는 이벤트에 대한 익스포저를 줄이면서도, 적절한 가격에 리스크를 감수하는 태세를 유지한다.

제조, 서비스, 소매 유통업

버크셔의 제조, 서비스, 소매 유통 부문은 보험 부문과 마찬가지로 2006년 양호한 한 해를 보냈다. 미국 경제의 강세, 여러 사업체에 대한 인수 작업 등 여러 요인이 작용했다. 순이익은 21억 달러로 29% 증가했다. 유형자기자본이익률은 25.1%라는 매우 훌륭한 수치로 기록되었다.* 세전 유형투하자본이익률은 29.1%로 4%p 확대되었다.

이스카 메탈워킹 컴퍼니즈Iscar Metalworking Companies는 제조, 서비스, 소매 유통 부문에 새로 편입된 자회사 중 가장 눈에 띄는 기업이었다. 이스라엘에 본사를 둔 이 회사가 버핏의 레이더에 처음 들어온 것은 에이탄 베르트하이머Eitan Wertheimer 회장이 2005년 10월 짧은 편지를 보내왔을 때였다. 이 회사는 대규모 일가에서 다음 세대에게 소유권을 물려주는 익숙한 문제에 직면했는데, 베르트하이머는 버크셔가 딱 맞는 기업이라고 판단했다. 버핏도 동의했다. 2006년 7월 5일 버크셔는 40억 달러에 이스

---

* 버크셔가 가져간 수익률(인수한 사업권에서 기인함)은 낮긴 하지만 여전히 괜찮은 10.8%였다.

카의 지분 80%를 인수했다(전체 기업 가치가 50억 달러로 평가됨).

이스카는 고가의 공작기계와 함께 사용하는 절삭공구를 생산했다.** 이스카의 사업은 전망이 매우 좋았다. 자세한 내용이 알려지진 않았지만, 이스카의 거래 후 대차대조표에 사업권이 약 21억 달러로 남아 있던 사실이 중요한 단서였다.

이스카의 사례를 들여다보면 우월한 경제성의 효과를 떠올릴 수 있다. 이스카의 절삭공구는 금속가공 작업에서 매우 필수적인 도구였지만, 전체 작업에 대비해 공구 가격이 비교적 저렴했던 것으로 보인다.*** 그에 따라 이스카는 고객에게 전달하는 가치를 더욱 강화하기 위해 연구 및 개발R&D에 계속 재투자하는 한편, 스스로의 힘으로 탁월한 경제적 성과를 올렸다.

그 외에 2006년 여러 자회사가 편입되고 볼트온 인수가 진행된 결과로 제조, 서비스, 소매 유통 부문의 입지가 강화되었다. 프루트 오브 더 룸이 12억 달러(추정 부채 포함)를 들여 운동복 생산업체인 러셀 코퍼레이션을 인수했으며, 12월에 베니티 페어 코퍼레이션Vanity Fair Corp의 속옷 부문을 인수하기로 합의했다.**** 그 밖에 CTB, 쇼 인더스트리스*****, 클레이턴 홈스, 미텍이 그해에 다른 기업들을 인수했다. 미텍

** 　2006년 말 버크셔 해서웨이 연례 보고서에는 6,518명의 직원을 거느린 회사가 언급된다. 또한 그 회사가 61개국에서 사업을 하고 이스라엘, 한국, 미국, 브라질, 중국, 독일, 인도, 이탈리아, 일본에 생산 시설을 갖췄다는 사실이 보고서의 주석에 공개되었다.

*** 　IMC의 공구들은 금속을 가공하는 장비의 사슬에서 주로 마지막 연결 고리다. 그래서 마지막 단계에서 질이 낮은 공구를 사용하는 것은 사슬에 약한 고리를 연결하는 일과 같다.

**** 　해당 거래는 2007년 4월 1일 마무리되었다.

***** 쇼 인더스트리스는 2005년 말 두 건의 수직적 인수vertical acquisition로 이익을 얻었는데, 투입 비용을 낮춰 안정화할 수 있었다.

이 2001년 버크셔에 인수된 이래 2억 9,100만 달러에 14개 업체를 인수한 일을 버핏은 중요한 사례로 꼽았다. 당시 부채가 없었던 미텍은 버크셔에 편입된 당시 빌렸던 2억 달러를 모두 상환했다. 이런 유형의 확장된 자본 배분 활동을 버핏은 높이 평가했다. 그가 잘 아는 사업과 경영진의 범위를 확대할 수 있었기 때문이다.

가장 근래에 버크셔로 편입된 기업은 규제 관련 발표 및 기업 보도 자료를 배포하는 글로벌 보도 자료 배포 통신사인 비즈니스 와이어였다. 2006년 2월 28일에 인수된 비즈니스 와이어는 이스카가 그랬던 것처럼 버핏의 책상에서 인연이 시작되었다. 2005년 11월 비즈니스 와이어의 CEO 캐시 배런 탐라즈Cathy Baron Tamraz가 보낸 2쪽 분량의 짧은 편지가 버핏의 흥미를 자극했다. 1961년 비즈니스 와이어를 창립한 로리 로키Lorry Lokey는 세계 150개국 2만 5,000여 신문사와 통신사, 방송국 등에 뉴스를 공급하는 수준까지 회사를 성장시켰다. 버핏은 무엇보다도 가치 창출에 끊임없이 집중하는 모습에 깊은 인상을 받았다. 버핏은 주주 서한에서 탐라즈에 대한 이야기를 하면서 자신이 가장 좋아하는 문구의 일부를 소개했다. 불필요한 지출을 비밀로 두되 이익이 생기는 곳에 투자하라는 말이었다. 버핏은 이런 방법을 공유했다. 가격은 공개되지 않았다.

대부분 건설 업종으로 구성된 기존 제조 부문은 2006년 한 해 동안 매출액과 이익이 증가했다. 건설 업종의 성장세가 둔화하면서 2007년 약세를 보였지만, 버크셔의 해당 부문은 달랐다. 가장 큰 회사 중 하나인 쇼 인더스트리스는 매출액이 58억 달러로 2%밖에 성장하지 않았지만, 세전 이익은 5억 9,400만 달러로 22% 증가했다. 쇼는 인상된 가격(평균 7%)을 고객에게 전가하는 데 성공했는데, 이는 단위 물량 감소에도 이익 급증으로 이어졌다.

애크미, 벤저민 무어, 존스 맨빌, 미텍을 비롯한 여러 제조업 부문도 그에 못지않았다. 이 회사들도 마찬가지로 좋은 시절을 보내면서도(구체적인 항목은 비공개됨) 신중하게 앞을 내다보았다. 이들이 나름대로 좋은 실적을 올리긴 했지만, 2005년 중반부터 포레스트 리버가 제조 부문에 들어온 덕분에 매출액이 120억 달러로 29%나 증가했으며 세전이익이 18억 달러로 32%나 증가했다.

서비스 부문에서는 항공기 분할 소유 업종에서 넷제트의 우위가 수익성으로 이어졌다. 넷제트는 1억 4,300만 달러의 이익을 창출한 데 이어 마침내 대규모 항공기 편대를 통해 규모의 경제를 실현했다. 당시 넷제트의 항공기 편대는 최대 경쟁 업체 세 곳의 편대를 합친 것보다 더 큰 규모였다.

넷제트의 사업이 어려웠다가 개선된 경우였다면, 〈버펄로 뉴스〉는 이전에 순조로웠던 사업이 악화된 사례였다. 규모가 작았기 때문에 이 신문사는 보고서상에서 다른 자매회사 여섯 곳이 거느린 수십 개 부문과 계속 함께 묶여 있었다. 주주 서한에서는 신문 업종의 경기가 나빠졌음이 지적되었고, 한때 찬란했던 별이 흐릿해진 현실을 조명했다. 이익은 정점에서 40% 떨어졌다.* 〈버펄로 뉴스〉는 업계 최고 신문사 중 하나였고 미국 최고의 보급률을 자랑했다. 그렇지만 저비용 경쟁 업체들이 온라인에 쏟아 내는 정보가 넘쳐나면서 한때 대단했던 경제성이

---

* 2007년 연례 주주총회에서 버핏은 신문 사업의 이익이 '확실히 정점에서 40% 넘게 떨어졌다고' 말했다. 2000년 다른 사업 부문들에 통합되기 전에 〈버펄로 뉴스〉가 발표했던 최고의 실적은 1997년에 기록한 세전 5,600만 달러였다. 그러다 2006년 이익은 2,800만 달러에도 미치지 못했다.

무너지고 있었다. 이런 상황에서 버핏은 버크셔 주주 설명서에 나오는 원칙 중 하나를 다음과 같이 강조해서 언급했다. "되돌릴 수 없는 현금 유출에 직면하지 않는 한, 우리는 전에 말했던 것처럼 〈버펄로 뉴스〉와 함께할 것입니다." 버핏은 이어서 말했다. "우리는 잘 해낼 것 같습니다. 하지만 우리 신문에서 이익이 쏟아지던 시절은 이미 지나갔습니다."

버크셔의 소매 유통 사업 부문도 서비스 부문과 마찬가지로 2006년 좋은 실적을 달성했다. 해당 부문의 매출액은 7% 증가한 33억 달러를 기록했으며, 세전 이익은 12% 상승해 2억 8,900만 달러에 달했다. 이 실적에는 강력한 소비자 지출이 뒷받침되었다. 또한 RC 윌리가 매장 두 곳을 개점해 매출액 7,700만 달러를 보탰다. 가정용 가구 사업 부문의 동일 점포 매출액은 전년 대비 6% 증가했다. 세전 이익 3,200만 달러 중 2,700만 달러를 전담한 시즈 캔디가 소매 사업 부문의 실적에 가장 많이 기여했다.

맥클레인의 세전 이익은 2004년 수준까지 반등했다. 매출액은 257억 달러로 7% 증가했으며, 이익은 2억 2,900만 달러로 6% 증가했다. 대규모 고객을 잃고 레스토랑 서비스 매출이 감소한 상황에도 불구하고 나온 결과였다. 맥클레인은 식료품 사업을 확대했지만 치열한 경쟁에서 이익률이 낮은 상황을 맞이했다.

규제 대상 유틸리티 부문

버크셔의 미드아메리칸 에너지 홀딩스는 유틸리티 부문의 모기업이었다. 미드아메리칸은 2006년 3월 21일 퍼시픽코프를 인수했다. 이로써 6년 전에만 해도 유틸리티 부문을 전혀 보유하지 않았던 버크셔는 전 세계에 걸쳐 주요 유틸리티 사업체들을 통제하게 되었다. 그런데 유틸리티 부문은 엄격한 규제 때문에 대규모 투자 수익을 낼 가능성이 낮았다. 하지만 대규모의 추가 투자를 위한 역량이 있었다. 다시 말해 버크셔 내 어느 부문에서 창출된 자금을 가져와 비교적 안정적이고 장기적인 자산에 배치할 수 있었다. 버크셔에서 끌어온 34억 달러가 들어간 퍼시픽코프 관련 거래만으로도 향후 안정적인 수익이 창출될 것으로 예상되었다.

당시 버크셔가 보유한 미드아메리칸 에너지 홀딩스의 희석 지분 86.6%에서 2006년 8억 8,500만 달러의 순이익이 창출되었다. 이 액수에는 2006년 3월 인수된 퍼시픽코프의 이익과 미드아메리칸이 10억 달러 차입으로 버크셔에 지급한 이자도 포함되었다. 인수일을 시작으로 한 퍼시픽코프의 EBIT(이자·세금 차감 전 이익)는 포함되지 않았다. 2006년에 운영 부문 한 곳을 제외하고 미드아메리칸의 사업 부문은 저마다 증가한 이익을 발표했다.

이 부문에서 정체되었던 업체는 홈서비스였다. 당시 주거용 부동산 수요가 감소했기에 해당 부문의 이익이 50%나 떨어져 7,400만 달러를 기록했다. 버핏은 당시 분위기 때문에 버크셔가 장기적인 잠재력을 잃도록 내버려 두지 않았다. "우리는 추가적인 부동산 중개 부문의 인수를 모색하고 있습니다. 지금부터 10년 후 홈서비스가 훨씬 더 성장하리라는 것은 확실합니다."

금융 및 금융 상품

제너럴 리 증권의 파생상품 사업은 현재 대부분의 역사책에서 볼 수 있다. 2002년부터 서서히 줄여 나가기 시작해 2006년 말까지, 제너럴 리 증권은 2만 3,000건이 넘는 계약을 통틀어 4억 900만 달러의 손실을 냈다. 한때는 회계사들이 그 계약의 가치에 찬사를 보냈던 적도 있었다. 찰리 멍거는 나중에 파생상품 계약이란 '체결하려고 노력할 때나 좋은 것'이라고 농담을 던지기도 했다.

클레이턴 홈스는 이 부문의 세전 이익 12억 달러 중 절반에 해당하는 실적을 올리면서 가장 많은 기여를 했다. 이익 외에도 버크셔는 클레이턴 홈스에게 8,600만 달러의 수수료를 받았다. 클레이턴 홈스가 버크셔의 신용을 활용해 모기지 포트폴리오 및 100억 달러의 자금을 조달한 것에 대한 대가였다. 2006년 업계는 수익성이 악화했다. 단위당 매출액은 1999년의 3분의 1 수준밖에 되지 않았으며, 클레이턴 자체는 1962년 이래 가장 낮은 매출액 규모를 기록했다. 그래도 클레이턴은 여타 업체들과는 달랐다. 다른 주택 건설업체들과 달리 클레이턴의 이익은 주로 모기지 채권 포트폴리오와 관련이 있었다(클레이턴이 금융 및 금융 상품 부문에 속했던 것도 다 이 때문이었음). 클레이턴은 12% 상승한 매출액(36억 달러)에 이익이 5억 1,300만 달러로 23% 증가했다.

투자

버크셔의 투자 포트폴리오는 2006년 말 615억 달러까지 성장했다. 버핏은 아메리칸 익스프레스(주당 이익 18% 증가), 코카콜라(9% 증가), 프록터 & 갬블(8% 증가), 웰스 파고(11% 증가) 등 훌륭한 실적을 발표한 기업 CEO들을 지목하며 포트폴리오에 포함된 업체들의 운영 성과에 흡족해했다. 하나같이 6~8% 범위를 초과했는데, 향후 10년 동안 대체로 이익이 증가할 것이라고 버핏은 생각했다.

이어서 버핏은 지난 6년 동안 외화 투자로 벌어들인 이익에 대해 간략히 소개했으며, 이 내용을 시작으로 해서 미국의 무역수지 적자에 관한 내용을 이야기했다. 미국 무역수지 적자가 미국 통화에 부정적 영향을 미칠 것이라는 버핏의 오랜 신념에 따라, 버크셔는 통화 포트폴리오를 통해 대규모 외화 투자를 감행했다. 이렇게 통화에 투자해 2002년부터 2006년까지 총 22억 달러를 벌어들였다.

버핏은 미국은 현재 소비에 필요한 자금을 대려고 가문의 자산을 매각하는 넓고 부유한 농장 같은 곳이라고 확신했다. 2006년 미국은 7,600억 달러 규모의 무역수지 적자를 기록했다. 미국의 수입과 수출이 "실제로" 균형을 이루는 지점은 1조 4,400억 달러였는데 이를 벗어난 것이었다. GDP의 6%에 달한 이 무역수지 적자를 두고 버핏은 "전 세계에 대한 IOU(차용증서) 같은 것"이라고 말했다.

달러 강세에 대한 근거가 강력했던 나머지 버핏은 그로부터 이익을 벌어들일 방법을 찾을 수밖에 없었다. 버핏은 파생상품을 이용하기로 했다. 파생상품에 대해 매우 부정적인 시각을 가졌던 그였지만 말이다.

"왜, 우리가 잠재적인 유독 물질 같은 것을 들고 시간을 죽이고 있을까요? 이에 대한 답은 파생상품도 주식과 채권처럼 때때로 가격이 터무니없이 잘못 책정된다는 것입니다. 그래서 수년 동안 우리는 선별적으로 파생상품 계약을 체결했습니다. 계약 건수는 적지만, 때로는 액수가 많습니다. 우리는 현재 미결제 약정을 62건 보유하고 있습니다. 저는 그 약정들을 직접 관리하고 있습니다. 이 파생상품 약정은 거래 상대방 신용 리스크counterparty credit risk(이하 CCR)가 없습니다."

달리 말해 버핏이 파생상품을 운용한 이유는 주택저당증권_{mortgage-back securities}(이하 MBS : 금융기관이 고객에게 주택자금을 대출해 주고 취득한 주택저당채권을 기초로 발행한 증권 – 옮긴이)처럼 장래에 완전히 실패할 가능성이 있는 상품을 대규모로 운용하려던 목적이 아니었다. 그보다는 시장에서 가격이 잘못 책정된 일부를 이용하려는 목적이었다.

지배 구조

버핏은 말콤 '킴' 체이스_{Malcom 'Kim' Chace}가 이사회에서 사퇴한다고 발표하면서 2006년도 주주 서한을 끝맺었다. 1992년부터 아버지를 대신해 이사회에 참여했던 킴을 대신할 이사를 찾아야 했다. 버핏은 '주주 지향적이고 사업에 대한 지식과 관심이 깊으며 진정으로 독립적인' 이사 후보자를 물색했다. 그리고 그 기준에 딱 맞는 후보자를 찾아냈다. 바로 야후!_{Yahoo!}에서 CFO를 맡아 온 수전 데커_{Susan Decker}였다.

버핏 : 자선사업가

2006년 7월 버핏은 (A주 47만 4,998주로 구성된) [10] 버크셔 주식의 85%를 5개 자선 재단에 기부하겠다고 약속했다. 역사상 최대 규모의 기부를 받은 곳은 빌 & 멜린다 재단이었다. 버핏은 이 재단에 장기간에 걸쳐 버크셔 B주 1,000만 주를 기부하기로 했으며, 기부하는 날에 대략 310억 달러를 내기로 했다. 나머지 재단 네 곳인 수전 톰슨 버핏 재단 _{Susan Thompson Buffett Foundation}, 하워드 G. 버핏 재단_{Howard G. Buffett Foundation}, 노보 재단_{NoVo Foundation}, 셔우드 재단_{Sherwood Foundation}도 기부 대상이었다. *

기부는 합리성에 대한 궁극의 표현이었다. 버핏은 자신이 잘하는 일을 계속할 수 있었고 부자들이 기부에 적극 참여하도록 기부 문화를 전파했다. 주식은 장기간에 걸쳐 분배되고 그가 세상을 떠난 후 10년은 되어야 분배가 마무리될 것이기에 이로 인해 버크셔에 미칠 영향은 사실상 없었다.**

버핏은 자신의 건강 상태가 양호하고 보험 통계상 본인의 기대 수명이 12년이라는 점을 재빨리 지적했다. 이 보험 통계는 틀렸다는 것이 증명된다.

2007년

-

2007년은 폭풍 전의 고요라는 말로 가장 잘 설명할 수 있다. 버크셔를 비롯한 기업 대부분이 괜찮은 실적을 기록했지만, 경제에는 균열이 생기기 시작했다. 그리고 버크셔의 다양한 사업 부문을 시장의 최전선에서 지휘하는 버핏과 멍거보다 경제 전반에 대한 혜안이 번뜩이는 사람은 없었다.

버크셔는 2007년 순자산 가치 123억 달러에 주당 장부가치 11%라는 운용 성과를 올렸다. 이는 정확히 2007년도 S&P 500 지수 성과의 2배

---

* 앞에서부터 3개 재단은 버핏의 자녀인 수전, 하워드, 피터가 각각 운영하는 재단이다. 셔우드 재단은 본래 버핏의 전 부인 이름을 따서 만든 수전 T. 버핏 재단이었는데, 2004년에 수전이 세상을 떠난 후 이름을 바꿨다.

** 실제로 분배가 이루어진 방식은 매년 주식의 5%가 분배되고 그다음 해에 잔존 가치residual value가 반영되는 식이었다. 이런 식으로 해서 버크셔 주식의 가격이 5%보다 더 높게 오르면 기부의 가치가 높아진다. 또한 수년에 걸쳐 매각이 확대되어 버크셔의 주가에 부정적 영향은 미치지 않는다. 25년이면 모든 주식의 분배와 매각이 마무리될 것으로 버핏은 예상했다.

에 달하는 결과였다.* 탄광 속의 카나리아, 즉 주택 부문을 제외한 버크셔의 사업 부문 대부분은 실적 호조를 보였다. 주택 부문은 향후 몇 년 동안 나타날 부실의 전조 현상을 나타냈다. 보험 시장은 평온 그 자체여서 다시 한번 보험계약 인수와 관련해 괜찮은 한 해를 선사했다. 하지만 수익성에서 새로운 자본의 유입과 부적절한 가격 책정이라는 낯익은 폭풍이 예견되었다.

보험업

버크셔는 일류 보험회사들을 인수하는 작업을 2007년에 마무리했다. 그때까지 확보한 책임준비금은 587억 달러에 달했으며, 앞서 설명한 에퀴타스 거래 비중이 15%가 넘을 정도로 큰 부분을 차지했다. 더 좋았던 것은, 보험계약 인수 이익이 34억 달러에 달한 것이었다. 하지만 이는 분명히 이해에 슈퍼 캣 건으로 인한 손실이 높지 않았고 평온한 날씨가 이어진 덕분이었다.

표 7-8 · 버크셔 해서웨이 보험계약 인수
자료·2006~2007년 버크셔 해서웨이 연례 보고서 및 저자의 계산 **단위**·100만 달러

	2007	2006
가이코		
인수 보험료	11,931	11,303
수입 보험료	11,806	11,055
보험계약 인수 손익(세전)	1,113	1,314

---

* 2개의 열로 보는 밸류에이션 측정 수치에 추가된 내용은 다음과 같다. 2007년 주당 순투자는 9만 343달러였다. 주당 세전 이익은 4,093달러였는데, 이 항목에는 2,200달러의 보험계약 인수 이익이 포함되었다.

	2007	2006
제너럴 리		
인수 보험료	5,957	5,949
수입 보험료	6,076	6,075
보험계약 인수 손익(세전)	555	526
버크셔 해서웨이 재보험 부문		
수입 보험료	11,902	4,976
보험계약 인수 손익(세전)	1,427	1,658
버크셔 해서웨이 원수보험 부문		
수입 보험료	1,999	1,858
보험계약 인수 손익(세전)	279	340
수입 보험료 총계	31,783	23,964
보험계약 인수 손익(세전) 총계	3,374	3,838
평균 책임준비금	54,793	50,087
책임준비금 비용	(6.2%)	(7.7%)
불이익성 (이익성) 손해 발생 총계	(1,478)	(612)
상기 수치에 포함된 할인 증가액 및 상각 비용	315	459

참고
버크셔 해서웨이 원수보험 부문과 재보험 부문의 인수 보험료는
항목에 넣지 않음.

제너럴 리

제너럴 리는 계속 진로를 유지하면서 부적절한 리스크는 인수를 거절
했으며, 2006년부터 세전 보험 인수 이익이 6% 증가해 5억 5,500만 달
러를 벌어들였다. 이러한 제너럴 리의 영광을 회복한 것에 대해 CEO
조 브랜던Joe Brandon과 사장 태드 몬트로스Tad Montross가 버핏의 찬사를 받
았다. 2007년의 수입 보험료는 61억 달러로 전년도와 변동이 거의 없
었지만, 이 수치는 두 가지 요인으로 다른 때보다 더 높은 가치가 있었

다. 첫 번째 요인은 미국 달러의 약세로, 이는 제너럴 리의 해외 사업 이익이 더 많은 달러 수치로 환산된다는 의미였다. 두 번째 요인은 로이즈 오브 런던 신디케이트와의 거래 마감용 재보험에서 1억 1,400만 달러가 창출된 것이었다.

거래 마감용 재보험은 대체로 로이즈 오브 런던과 관련이 있었다. 이곳은 회원사들이 리스크를 보장하고 분산시킬 수 있도록 가입하는 원수보험 및 재보험 시장이었다. 거래 마감용 재보험에서, 재보험사는 특정한 해에 발생하는 리스크와 그에 대한 보상을 부담한다. 이렇게 하면 회원사들은 해당 연도에 대한 장부를 마감하고 손익을 결정할 수 있다. 거래 마감용 재보험이라는 명칭은 이에 따른 것이었다.

이번 건에서 제너럴 리는 런던 시장의 신디케이트 435 프로젝트의 2001년 계정 지분을 60%에서 100%로 확대해 1억 1,400만 달러의 보험료를 수령했다. 이러한 거래 마감용 재보험은 에퀴타스 계약과 비슷했다. 주요 차이점이라고 하면, 이 재보험은 특정 회원사의 한 해 리스크를 추정한 것이었지만, 반면에 에퀴타스 거래는 다년간 다수 회원사를 대상으로 했다는 것이었다.

2007년 제너럴 리는 북미 및 해외 손해/상해 부문을 1개의 보고 부문으로 통합하는 작업을 시작했다. 이 신규 통합 부문은 기준 연도 대비 27% 증가한 4억 7,500만 달러의 보험계약 인수 이익을 기록했다. 제너럴 리는 또한 전년도 손해 부문의 이익성 손실 이력에서 4억 2,900만 달러의 이익을 올렸다. 그 외에도 2007년에 1억 9,200만 달러의 재해 손실*을 제하고도 9,000만 달러의 이익이 발생했다. 이는 상해/근로자 보상 부문에서 발생한 순손실 4,400만 달러에 의해 상쇄된 것이었는데,

이 부문은 상각 비용의 영향이 상당히 컸다.

생명/건강 부문은 48% 감소한 이익을 발표했지만, 8,000만 달러의 보험계약 인수 이익 덕분에 수익성 높은 운영이 계속되었다.

버크셔 해서웨이 재보험 부문

버크셔 해서웨이 재보험 부문은 139% 증가한 119억 달러의 수입 보험료를 보고했다. 세전 보험계약 인수 이익은 14% 감소해 14억 달러를 기록했다. 수입 보험료 규모가 상당히 증가한 것은 에퀴타스와 체결한 71억 달러 규모의 재보험 거래에서 비롯되었다. 경쟁과 부적절한 가격 책정 문제가 재부상하면서 재해 및 개별 리스크 부문의 수입 보험료가 28%나 감소했지만, 이 감소액은 에퀴타스와의 거래로 상쇄되었다. 2007년에 주요 슈퍼 캣 이벤트가 적었던 덕분에 해당 부문에서 벌어들인 16억 달러의 수입 보험료 중 15억 달러가 최종 이익으로 기록되었다.

에퀴타스 거래는 수입 보험료를 대폭 확대하는 효과가 있었지만, 이 거래는 소급 적용되는 특성상 관련 손실이 발생하면 수입 보험료도 영향을 받는다는 뜻이었다. 더 나아가 총 71억 달러에 달하는 거래 대금은 투자 수익을 벌어들이는 데 쓸 수 있었지만, 반면에 이연비용 상각 탓에 소급 적용 분야의 손실이 3억 7,500만 달러로 116%나 늘어났다.**

재보험 부문의 세 번째 주요 부서는 다중화 부문으로, 이 부문은 전

---

* 액수가 크지만 주석에서는 손실 수준이 낮은 것으로 분류했다.
** 주석에서 밝힌 바에 따르면 이연비용 상각액은 2007년에 인수된 계약들에 대한 1억 5,600만 달러였다. 주로 에퀴타스 계약과 연관되어 있었다.

년도와 비슷한 26억 달러의 보험료 물량*을 보고했다. 다중화 부문은 상해 및 근로자 보상 부문의 이익성 손실 이력 덕분에 34% 호전된 3억 2,500만 달러의 이익을 올렸다.

가이코

성공적인 행진은 가이코에서도 계속되었다. 수입 보험료가 6.8% 증가해 118억 달러에 달했고 자발적인 자동차보험 가입이 65만 6,000건이 넘어 당시 가이코는 7.2%의 시장점유율을 자랑했다. 버핏이 공개한 바에 따르면, 오토바이 시장에서도 6%의 점유율을 차지한 가이코는 레저용 차량 보험을 다루는 사업군을 신설했을 뿐만 아니라 내셔널 인뎀니티와 협력해 상업용 계정도 일부 다뤘다. 고객에게 가치를 돌려준 사실에 대해 이전에 언급한 내용을 바탕으로 볼 때, 가이코의 수익성 감소는 의도된 바였다. 보험계약당 평균 보험료가 감소하도록 한 이후에도 해당 연도의 수익성은 90.6%라는 합산비율로 나타났다. 이는 11억 달러가 넘는 세전 이익이 발생하기에 충분했다.

버크셔 해서웨이 원수보험 부문

버크셔 해서웨이 원수보험 부문은 2억 7,900만 달러의 세전 이익을 발표했는데, 20억 달러의 보험료 물량에서 14%의 보험 인수 이익률을 기록했다. 메드프로와 어플라이드 언더라이터즈의 영향으로, 또 팀에 보

---

* 재무제표 주석에 따르면 버크셔 해서웨이 재보험 부문의 상해 및 근로자 보상 부문이 원수보험 부문으로 이전되었다. 이 변화에 특별한 이유는 없었다. 관련 거래를 다루기에 원수보험 부문이 더 적합했기 때문이라고 추측할 수 있다.

트유에스Boat U.S.가 합류한 결과로 보험료가 대체로 늘어났다. 보트유에스에 대해서는 정보가 거의 공개되지 않았다. 인수 가격도 마찬가지였다. 빌 오커슨Bill Oakerson이 이끄는 보트유에스는 보트 보험 상품을 제공할 뿐만 아니라 회원이 65만 명에 이르는 보트 소유자 단체에 서비스를 제공했다. 보트유에스에 대한 내용은 재무제표 주석에서 전혀 언급되지 않았기 때문에 아주 소규모의 턱인 인수가 진행되었다고 볼 수밖에 없다.

규제 대상 유틸리티 부문

무더운 날씨로 고객의 전력 수요와 사용량이 늘어난 것 외에도, 서부의 전력 공급 시설들(퍼시픽코프)이 1년 내내 운영된 덕분에 미드아메리칸이 창출한 세전 이익은 20억 달러로 18%나 증가했다. 이 회사 부채 일부에 대한 이자를 포함해 버크셔의 세후 기준 귀속분은 11억 달러로 25%나 늘어났다. EBIT는 퍼시픽코프의 실적을 제외할 경우 전년도와 비슷했다.

미드아메리칸과 관련한 가장 중요한 뉴스는 아마도 가장 좋은 회사가 아닌 가장 작은 유닛인 홈서비스에서 나왔을 것이다. 홈서비스는 2005년 1억 4,800만 달러에 달했던 세전 이익이 2006년에 7,400만 달러로 반 토막이 되었으며, 2007년에 4,200만 달러로 다시 절반 가까이 감소했다. 그 원인은 주거용 부동산 매매의 급격한 둔화세였다. 그래도 버핏은 장기적 안목에서 사업의 잠재성을 보았다. 그는 이 회사가 합리적 방향으로 성장하는 모습을 보게 될 것이라고 말했다. 홈서비스는 이미 20개 자회사와 1만 8,800명의 중개인을 거느린 미국에서 두 번째로 큰 주거용 부동산 중개 회사였다.

제조, 서비스, 소매 유통업

제조, 서비스, 소매 유통 부문은 그 당시 편입된 부문들의 실적을 포함해 591억 달러의 매출액(12% 증가)에 총 24억 달러의 세전 이익(10% 증가)을 발표했다. 건축자재 업체와 일부 소매 유통 업체들이 역풍을 맞았음에도 이 부문은 22.8%의 유형자기자본이익률을 기록했다. 그에 따라 건실한 대차대조표가 유지되었으며, 버크셔의 투자수익률은 9.8%로 나타났다. 세전 유형투하자본이익률은 27.6%로 1.5%p 떨어졌다.

버핏은 건축자재 시장에서 입은 손실을 열거했다. 쇼(27% 감소), 애크미 브릭(41% 감소), 존스 맨빌(38% 감소), 미텍(9% 감소)은 세전 이익이 상당히 감소했다. 이 업체들의 세전 이익 합산치는 9억 4,100만 달러로 2006년 실적과 비교해 27% 감소했다. 그런 문제에 아랑곳하지 않고 쇼, 미텍, 애크미는 턱인 인수 대상을 찾아냈다.

하락장에서는 규모의 경제와 관련한 역학을 살펴볼 기회가 생긴다. 제조, 서비스, 소매 유통 부문에 소속된 미국 최대 카펫 및 바닥재 제조 업체인 쇼 인더스트리스를 예로 들어 보자. 쇼의 카펫 판매량은 10% 감소했으며 매출액은 54억 달러로 8% 감소했다. 이 판매량 대비 매출액 비율은 이 회사가 가격 인상*을 실행해야 할 상대적 필요성을 좌우

---

* 고정비용이 많은 단위로 분산되므로 판매량이 늘어날수록 단위당 비용이 낮아진다. 또한 판매량이 줄어들수록 비용이 높아질 수 있다. 고정비용이 적은 수의 단위로 분산되기 때문이다. 버핏은 2008년 연례 주주총회에서 비용 증가로 어려움을 겪을 것이라고 확실히 말했다.

한다. 손익을 계산한 결과, 쇼의 매출총이익gross profit은 낮은 판매량과 높은 투입 비용으로 17% 감소했다. 쇼의 경영진은 간접비(판매비, 일반 관리비)만 6%까지 줄였으며, 그에 따라 위에 언급한 바와 같이 세전 이익이 27% 감소했다. 그 외 건축자재 업체들도 그와 유사한 상황을 겪었다.

제조 부문 업체들은 실적에 이스카의 한 해 전체 실적을 추가한 것 외에도, 베니티 페어 코퍼레이션과 리치라인 그룹Richline Group을 인수해 2007년 두 업체의 실적을 추가했다.

- 베니티 페어 코퍼레이션 │ 버크셔는 2006년 세계적 의류업체인 베니티 페어 코퍼레이션을 인수한다고 발표했는데, 실제 인수는 2007년 4월 1일 이루어졌다. 이 업체는 2006년에 인수된 러셀 코퍼레이션과 함께 턱인 인수로 프루트 오브 더 룸에 편입되었다.

- 리치라인 그룹 │ 이 업체는 새로 탄생한 보석 제조업체였다. 보석 회사 벤 브리지의 판매업자인 데니스 울리히Dennis Ulrich는 그의 회사 벨 오로Bel-Oro와 다른 공급업체 오라핀Aurafin을 합병할 생각으로 버핏에게 연락했다. 버핏이 시애틀에 있는 보석 체인점 벤 브리지를 방문해 판매업자들에게 강연한 이후 거래가 체결되었다. 리치라인은 이어서 두 건의 소규모 인수를 진행했다. 버핏은 합병으로 탄생한 리치라인 그룹이 인수 시 흔히 고려되는 기준에 턱없이 못 미쳤다고 지적했지만, 이 회사가 장차 성장해 건실한 투하자본이익률을 유지할 것이라고 자신했다.

2007년 3월 30일 TTI가 제조, 서비스, 소매 유통 부문의 서비스 부문에 새로운 식구로 합류했다.* TTI는 1970년대 초 폴 앤드루 주니어Paul Andrew, Jr.가 설립한 전자 부품 유통업체였다. 이 업체는 텍사스주 포트워스의 존 로치John Roach 덕분에 버핏의 관심을 끌었다. 로치는 버크셔가 2000년에 인수한 저스틴 인더스트리스의 대표였다. 앤드루는 1970년대 초에 창업해 11만 2,000달러에 불과했던 매출액을 2007년 13억 달러 넘게 성장시켰다. 포트워스에 본사를 둔 TTI는 세계 각지에 유통 센터를 두고 있다.

2006년 비즈니스 와이어를 인수해 거둔 이익에 힘입어 버크셔 내 다른 서비스 부문도 2007년에 좋은 실적을 거두었다. 플라이트세이프티와 넷제트의 성장도 그에 도움이 되었다. 두 업체는 이전 연도에 어려움을 겪다가 2년 연속 이익을 기록했다. 플라이트세이프티가 미국 기업체 조종사들의 58%가량을 훈련시켰으며 그 성장세가 강한 수요를 반영하는 것 같다고 버핏은 언급했다. 이 업체의 매출액과 세전 이익은 각각 14%와 20% 증가했다. 나머지 서비스 부문은 총 78억 달러의 매출액에서 9억 6,800만 달러의 이익을 창출했다. 이는 58억 달러의 매출액에 6억 5,800만 달러의 이익을 달성했던 2006년도 실적보다 상승한 수치다.

소매 유통 부문은 업체에 따라 실적이 좋거나 나빴지만, 서비스 부문에 비해 좋은 실적을 거두지 못했다. 전체적으로 보아 소매 유통 부문의 세전 이익은 2억 7,400만 달러로 5% 감소했다. 이런 감소세는 보석 사업 운영에서 비롯되었다. 가구 소매 유통업체 중에서는 네브래스카

---

* 당초 이 거래는 2006년 12월 체결되어 2006년 주주 서한에서 다루었다.

퍼니처 마트가 가장 눈에 띄었다. "많은 가구 소매 유통업체에 막심한 피해가 있었던 해에 캔자스시티에서 매출액이 8% 증가했습니다. 한편 오마하에서는 이익률이 6%였습니다." 버핏의 발표에 따르면 2007년 각 매장마다 4억 달러가 넘는 매출액을 달성해 미국 가정용 가구 매장 중에서 최상위권에 들어갔다. 게다가 시즈 캔디는 3억 8,300만 달러의 매출액에 8,200만 달러의 세전 이익**을 기록하면서 양호한 연도를 기록했다.

맥클레인은 계속 꾸준히 발전했다. 세전 이익은 1.3% 늘어난 2억 3,200만 달러, 매출액은 281억 달러(9% 증가)를 올렸다.

금융 및 금융 상품

금융 및 금융 상품 부문의 이익은 클레이턴(주택 관련 사업)에서 주로 좌우했지만, 건축자재 생산업체만큼 이익에 영향을 크게 받지 않았다. 실제로 클레이턴이 창출한 이익은 5억 2,600만 달러로 2.5% 증가한 반면, 금융 및 금융 상품 부문의 세전 이익 및 자본 수익 반영 전 이익은 10억 달러로 13% 감소했다. 클레이턴이 제조업체이면서 주택 사업 대출업체였기 때문이다. 자세한 분석 내용이 제시되지 않았지만 주택 대출 사업이 실적 향상에 주요한 요인이 되었을 것이다. 기말 대출 잔액은 총 111억 달러에 이르렀는데, 신용도 지표도 양호했다.***

버크셔의 임대업체인 엑스트라와 코트는 이익이 39%나 감소했다고

** 버핏은 주주 서한에서 비교 수치 없이 이 수치를 제시했다.
*** 주석에 따르면, 대출 상각 금액이 2억 4,300만 달러에서 1억 9,700만 달러로 감소했다. 이는 평균 대출액 및 금융채권 포트폴리오에서 대략 1.65%의 상각율에 해당한다.

보고했다. 엑스트라는 1년 동안 트레일러의 이용률이 상당히 감소한 것이 실적 하락의 주요 요인으로 꼽혔다(규모의 경제가 역으로 작용하는 하나의 예시*). 금융 및 금융 상품 부문에서 전반적으로 이익이 감소한 또 다른 요인으로 생명/연금 사업부를 들 수 있다. 해당 부문에서는 2006년 2,900만 달러의 이익을 창출했다가 (특정 계약에 대한 사망률 가정 변경에 따라) 2007년 6,000만 달러의 손실로 돌아섰다.

투자

2007년 버크셔의 투자 포트폴리오는 평소의 더딘 속도에 비해 빨리 변화했다. 주식에 대한 순매수 규모가 총 110억 달러를 넘어섰는데, 채권 투자에서 35억 달러를 순 감액해 어느 정도 자금을 조성했다. 주요한 변화는 다음과 같았다.

- 버크셔는 페트로차이나의 지분을 매각해 최초 투자 금액의 5.7배에 달하는 40억 달러를 벌어들임(미국 국세 12억 달러 납부 후 수익)
- 47억 달러의 비용을 지불해 벌링턴 노던 산타 페(이하 BNSF) 철도의 지분 17.5% 취득
- 42억 달러의 비용을 들여 크래프트 푸즈Kraft Foods의 지분 8.1% 매입

버핏은 2006년 주주 서한에서는 두 투자처인 크래프트와 BNSF 철도에 대해 기업명을 밝히지 않고 신나게 이야기했지만, 2007년에는 관련 내용을 전혀 다루지 않았고 2008년 주주총회에서도 거의 언급하지 않았다.** 두 업체는 향후 버크셔에서 아주 중요한 역할을 할 운명이었다.

크래프트는 잘 알려진 포장 식품 기업으로 수익성이 뛰어났으며 버크셔가 25년 전 제너럴 푸드에 투자해 소유한 업체였다. 버핏은 2008년 주주총회에서 철도 산업 전반에 대한 이야기를 다루었으며, 경제적 상황이 25년 또는 30년 전과 달리 상당히 개선되었다고 말했다. 트럭 운송 사업과 비교했을 때 규제가 덜하고 신규 운송 가용량의 수요가 적으며 장시간에 걸쳐 연료 효율이 높았기에 철도는 당시 더 유리한 사업이었지만, 여전히 자본 집약적이었다.

버핏은 2008년 연례 주주총회에서 버크셔의 전망을 넌지시 제시했다. 버크셔가 배당금과 자본 수익을 비롯해 투자 포트폴리오에서 얻는 수익률이 장기적으로 세전 10%면 만족스럽겠다고 언급했다. 낮은 기대치를 인정한 것은 과거 수익률 수준으로 거대 복합기업을 성장시키기 매우 어렵다는 것을 주주들에게 상기시켰다.

버크셔를 위한 기회는 여전히 존재했다. 실제로 버크셔가 이해에 활용한 어떤 특수 상황들은 앞으로 만날 중요한 기회의 전조로 보였다. 단기간에 3~10% 이상 범위 수익률로 거래된 높은 등급의 지방채(거대 시장)도 그중 하나였다. 현재 시점에서 보면, 이런 이벤트들을 향후 몇 개월 내 주요 시장이 붕괴할 조짐으로 파악하는 것은 어려운 일이 아니다. 지방채 시장 같은 대규모 시장은 부여된 특정 신용 등급 범위 내에서 수익률이 촘촘한 간격으로만 움직여 대개 매우 질서 정연하다. 그러한 수익률이 일시적으로 급등한다는 것은 유동성 확보가 어렵다는 의

미였다. 말하자면 대규모 금융 지진이 일어나기 전에 초기 미동이 일어나는 현상과 같았다.

기업 – 위대한 기업, 좋은 기업, 끔찍한 기업

버핏이 2007년에 작성한 주주 서한을 보면, 광범위하게 분류한 세 유형의 기업에 대한 교훈을 배울 수 있다. 버핏과 멍거는 자신들이 그 사업을 이해한 기업, 유능하고 신뢰할 만한 경영진이 있고 인수 가격이 합리적인 기업을 찾았다. 두 사람은 이러한 조건을 토대로 더 나아가서 기업들을 위대한 기업과 좋은 기업, 피해야 할 끔찍한 기업으로 분류했다.

- 위대한 기업 | 탁월한 투하자본이익률을 지켜 내는 지속 가능한 경제적 해자를 보유한다.

  → 예시 | 시즈 캔디, "대표적인 꿈의 기업"

버크셔는 1972년 시즈 캔디를 2,500만 달러에 인수했다. 버크셔가 보유한 시기에 시즈 캔디는 오로지 탄탄대로를 걸었다. 세전 투하자본이익률이 60%를 넘어선 상태였으며, 이후 200%가 넘도록 성장했다. 이와 같은 실적 향상은 매출액이 상당히 증가한 현상과 맞물려 일어났다. 시즈 캔디가 위대한 기업인 이유는 매우 적은 투자로 상당한 이익을 창출했기 때문이다. 이처럼 극적인 성장을 이루는 데 필요한 추가 투자금은 단돈 3,200만 달러뿐이었다.* 한편 1972년에서 2007년까지 13억 5,000만 달러의 누적 이익을 오마하로 보내 세금을 납부한 후 다른 곳에 재투자했다. 정말로 꿈같은 일이었다.**

표 7-9 · 시즈 캔디 선별 데이터
자료·2007년 버크셔 해서웨이 연례 보고서 및 저자의 계산
단위·100만 달러

	2007	1972	변동치
매출액	383	30	12.8배
세전 이익	82	5	16.4배
필요 자본	40	8	5.0배
세전 투하자본이익률	205%	63%	3.3배

시즈 캔디 같은 기업이 겪은 유일한 문제는 재투자 기회가 거의 없다는 점이었다. 시즈 캔디의 사업 운영은 미국 서부 몇 개 주(버크셔에 대한 열혈 팬덤 포함)에 국한되어 있었다. 아무리 노력해 봐도 버크셔는 실질적으로 이 회사에 재투자해 현재 사업에서 벌어들이는 것과 비슷한 수익률을 재현할 방법을 찾을 수 없었다. 버핏은 시즈 캔디 같은 기업이 흔치 않은 것은 놀라운 일이 아니라고 말했다. 그 이유에 대해 다음과 같이 자세히 설명했다.

"보통 500만 달러에서 8,200만 달러로 이익을 증가시키는 기업들은 그 성장에 대해 대략 4억 달러 정도의 자본 투자가 필요합니다. 성장하는 기업은 매출액 성장에 비례해 운전자본의 필요성이 증가하고, 그런 기업에는 고정자산 투자도 상당히 요구되기 때문입니다."

---

* 버핏이 언급한 바에 따르면 시즈 캔디는 계절적으로 대규모 물량에 대응할 때는 부채(즉 신용거래)를 끌어왔다

** 버핏은 재무 관점에서 이런 실적이 달성된 과정을 다음과 같이 자세히 설명했다. "첫째, 이 제품은 현금을 받고 판매되어 매출채권이 사라졌습니다. 둘째, 생산과 유통의 주기가 짧아서 재고를 최소화할 수 있었습니다."

"성장에 대규모 증자가 필요한 기업이라도 훌륭한 투자처로 판명될 수 있습니다. 우리의 시즈 캔디 투자 사례를 처음부터 끝까지 살펴보더라도, 4억 달러의 순유형 자산으로 8,200만 달러의 세전 이익을 벌어들이는 것은 절대로 쉬운 일이 아닙니다. 그렇지만 주주가 처한 입장은 시즈 캔디의 상황과는 매우 다릅니다. 사실상 상당한 자본을 투여할 필요 없이도 이익이 계속 늘어나는 흐름을 지니는 게 훨씬 좋습니다. 마이크로소프트나 구글을 보세요."

- 좋은 기업 | 주주에게 훌륭한 이득을 제공하지만, 성장을 이끌어 내기 위해서는 이익을 상당히 많이 재투자해야 한다.
  → 예시 | 플라이트세이프티

버크셔 산하에 있었던 기간 동안 플라이트세이프티는 이익을 늘렸지만, 이는 고정자산에 대한 투자를 늘려야만 그런 성과를 이룰 수 있었다(〈표 7-10〉 참고). 대다수 고정자산 투자와 마찬가지로, 플라이트세이프티의 시뮬레이터는 가격이 비싼 데다 누적 투자 금액당 매출액이 너무 적었다. 고정자산 대비 이익이 약간 늘어난 것은 그 기간 동안 이 회사가 자본 효율성을 증가시켰다는 점을 보여 주지만, 시즈 캔디에서 경험한 바와는 전혀 달랐다. 버핏은 좋은 기업에 대한 냉혹한 진실을 다음과 같이 서술했다.

"결과적으로 경제성 있는 수익률로만 따져 본다면, 플라이트세이프티는 뛰어난 기업이지만 특별한 기업은 아닙니다. 대다수 기업이 직면한 상태처럼 많이 투자할수록 많이 벌어들일 수 있기 때문입니다. 예를 들면 규제 대상 유틸리티 회사에 대한 우리의 대규모 투자가 바로 이 범주에 속합니다. 우리는 앞으로 10년 동안 플라이트세이프티에서 상당히 많은 돈을 벌어들이겠지만, 그렇게 할 수 있도록 수십억 달러를 투자할 것입니다."

버크셔의 성장 규모를 고려할 때, 그리고 시즈 캔디처럼 눈에 띌 정도로 성장하는 기업이 희소하다는 사실은 버크셔의 미래가 주로 '좋은 기업' 범주 내에서 만들어질 것임을 의미했다. 미드아메리칸 에너지 홀딩스처럼 매우 자본 집약적인 기업은 수익률 스펙트럼의 아랫부분에 속할 수 있지만, 여전히 좋은 기업 범주에 포함되었다.

표 7-10 · 플라이트세이프티 선별 데이터
자료·2007년 버크셔 해서웨이 연례 보고서 및 저자의 계산
단위·100만 달러

	2007	1996	변동치
세전 이익	270	111	2.4배
순 고정자산	1,079	570	1.9배

- 끔찍한 기업 | "기업 중 최악의 부류는 고속으로 성장하면서, 성장을 이끌어 내려면 상당한 자본이 필요하고, 그런데 이익은 거의 창출하지 못하는 기업입니다."*

→ 예시 | 과거 버크셔의 직물 사업. 두말하면 잔소리다.

---

* 버핏은 말을 이어 갔다. "항공사를 봅시다." 그러고는 전형적인 버핏 스타일로 말을 꺼냈다. "사실 키티 호크Kitty Hawk(비행기를 발명한 라이트형제가 비행기를 처음 시승한 마을 - 옮긴이)에 선견지명이 있는 자본 투자자가 있었다면, 그가 오빌Orville Wright(라이트 형제 중 동생 - 옮긴이)의 비행기를 격추해 후배 자본 투자자들에게 큰 도움을 주었을 겁니다(항공 사업의 경제성이 좋지 않다는 것에 대한 버핏 스타일의 유머러스한 농담 - 옮긴이)." 항공사 경제성은 이 시기 이후로 크게 바뀌었는데, 지금은 아마도 좋은 기업 범주에 있을 것이다.

마몬

버크셔의 주주들은 크리스마스 선물을 받고 눈이 휘둥그레졌다. 그 선물은 대규모 신규 운영 자회사에 대한 인수 소식이었다. 버핏이 지휘권을 잡은 42년간 버크셔는 수없이 많은 대규모 인수를 진행했지만, 2007년 크리스마스에 체결된 이 거래는 버크셔 역사상 가장 많은 현금을 투자한 인수 계약으로 꼽혔다. 버크셔는 마몬의 초기 지분 60%를 45억 달러에 인수했다. "찰리와 제가 마침내 우리 월급을 벌었습니다." 버핏이 농담을 던졌다. 거래는 2008년 3월 18일이 되어서야 마무리되었다. 2008년 부분에서 좀 더 자세히 설명하겠지만, 마몬은 2만 명의 직원을 거느리고 9개 사업 부문에 걸쳐 125개 광범위한 분야의 사업을 운영하는 거대 복합기업이었다.

버크셔는 2007년에 연말만 화려하게 마무리한 게 아니라 1년 내내 축하할 만한 일이 많았다. 잉여 현금 수백억 달러와 요새처럼 견고한 대차대조표를 보유하고 있었기에 버크셔는 어떤 폭풍이라도 견뎌 낼 정도로 유리한 위치에 있었다. 다가올 폭풍 중 하나가 아주 특별하겠지만 말이다.

2008년

–

2008년에 대해 설명하자면 전 세계에 닥쳤던 경제 혼란을 빼놓을 수 없다. 이를 두고 당시 경제 전문가들은 하나같이 대공황 이후 최악의 경기 침체라고 평가했다. 2000년대 후반의 경기 침체에 대해서는 수많은 글이 나왔기에 이 책에서는 그에 대한 포괄적인 설명을 제시하지 않는다. 그보다는 버크셔 해서웨이에 계속해서 초점을 둔다. 요컨대 버크셔가 이 침체기에 사업을 운영한 과정, 버크셔 특유의 자금력으로 한 세대에 한 번 생길 만한 기회에 주도적으로 대응한 방법을 들여다본다.

버핏이 지휘권을 잡은 이래 두 번째 벌어진 일인데, 버크셔의 장부 가치가 감소세를 기록하며 9.6% 떨어졌다(당시 S&P 500은 37% 급락함). 버크셔가 상대적으로 27.4%p 더 나은 성과를 낸 것은 버크셔의 회복력을 비롯해 보험 및 유틸리티 사업에 집중한 점을 부각시켰다. 둘 다 경기 침체의 영향을 별로 받지 않았다. 그보다는 더 약한 수준이지만 사업 독점성이라는 강점(영업 및 대차대조표 관점에서 모두 해당)이 버크셔에 방패가 되었으며, 일부 사업은 혼란을 이용해 시장에서 공격적 행보를 보일 수 있었다. 그렇지만 버크셔의 주택 건설 및 소매 유통과 관련한 여러 부문은 심각한 영향을 받았다.

보험업

버크셔의 보험사업은 4개 주요 부문이 보험계약 인수 이익을 창출한 데 힘입어 세전 28억 달러를 벌어들였다. 경쟁이 심화한 탓에 전체 보험 이익이 2007년에 비해 감소했지만, 다양한 경제적 어려움에 직면해서도 지속된 수익성은 버핏이 보험 부문을 경제성이 끝내 주는 부문이라고 했던 이유를 분명히 했다. 보험 부문은 585억 달러의 책임준비금을 기록하며 한 해를 마무리했다.* 보험계약 인수 이익이 이번 해에도

---

* 기말 책임준비금이 0.5% 미만 감소했지만, 이 수치는 보험계약 인수 이익에 의한 상쇄분보다 훨씬 컸다.

이어진 데다 6년 연속 비용 부담이 없는 책임준비금을 확보한 덕분이었다.

표 7-11 · 버크셔 해서웨이 보험계약 인수
자료 · 2007~2008년 버크셔 해서웨이 연례 보고서 및 저자의
계산 **단위** · 100만 달러

	2008	2007
가이코		
인수 보험료	12,741	11,931
수입 보험료	12,479	11,806
보험계약 인수 손익(세전)	916	1,113
제너럴 리		
인수 보험료	5,971	5,957
수입 보험료	6,014	6,076
보험계약 인수 손익(세전)	342	555
버크셔 해서웨이 재보험 부문		
수입 보험료	5,082	11,902
보험계약 인수 손익(세전)	1,324	1,427
버크셔 해서웨이 원수보험 부문		
수입 보험료	1,950	1,999
보험계약 인수 손익(세전)	210	279
수입 보험료 총계	25,525	31,783
보험계약 인수 손익(세전) 총계	2,792	3,374
평균 책임준비금	58,593	54,793
책임준비금 비용	(4.8%)	(6.2%)
불이익성 (이익성) 손해 발생 총계[1]	(1,140)	(1,478)
상기 수치에 포함된 할인 증가액 및 상각 비용	550	315

주석
1. 버크셔 해서웨이 원수보험 부문과 재보험 부문의 인수 보험료
   는 항목에 넣지 않음.

제너럴 리

제너럴 리는 버핏의 주주 서한에서 눈에 띄는 한 해를 보낸 데 찬사를 받았다. 당시 CEO 태드 몬트로스*가 지휘한 제너럴 리는 2008년 손해보험 부문의 이익성 잔존 계약~run-off~('런오프'라고도 부르며, 아직 진행 중인 기존 보험계약 – 옮긴이) 및 보험계약 인수에서의 이익을 보고했다. 제너럴 리는 처음 버크셔에 합류한 이래 과거 보험을 인수하면서 저지른 실수로 여러 해 동안 어려움을 겪은 바 있다. 그때와는 상황이 완전히 역전되었던 셈이다. 60억 달러의 인수 보험료 및 3억 4,200만 달러의 세전 이익(전년 대비 38% 감소)을 기록하면서, 3년 연속 이익 창출은 제너럴 리의 보험 인수 규율에 대한 새로운 문화를 정착시키고 불건전한 리스크를 차단한 결과였다.

손해/상해 부문은 34억 달러의 수입 보험료에 1억 6,300만 달러의 보험계약 인수 이익을 발표했다. 손해보험 부문에서는 3억 9,500만 달러의 이익성 손해 증가가 있었는데, 이는 유럽의 폭풍 외에도 허리케인 구스타브와 아이크에서 비롯된 1억 2,000만 달러의 당기손실을 차감한 수치였다. 상해보험 손실은 1억 1,200만 달러에 달했는데 대부분 손실 충당금 할인 증가와 이연비용 상각 때문에 발생했다. 규제 당국의 조사와 관련한 일회성 비용도 상해보험 손실에 포함되었다. 또한 제너럴 리는 로이즈~Lloyd's~와 2억 500만 달러 규모의 거래 마감용 재보험계약 (2007년에 종료된 해당 재보험과 비슷한 계약)을 새로 체결하기로 합

---

* 조 브랜던은 2008년에 좋은 여건에서 물러났다. 재무제표 주석에 따르면 2008년 2월 제너럴 리의 전직 임원 몇 명은 이전 몇 년 동안 여러 범죄행위로 유죄를 선고받았다.

의했는데, 이것은 2008년 보험계약 인수 이익*에는 별 영향이 없었다.

제너럴 리의 생명/건강 부문은 26억 달러의 수입 보험료에 1억 7,900만 달러의 이익을 발표했다.

버크셔 해서웨이 재보험 부문

버크셔 해서웨이 재보험 부문은 51억 달러의 보험료 물량으로 13억 달러의 수입 보험료를 벌어들여 3년 연속으로 10억 달러대 보험계약 인수 이익을 기록했다. 상대적으로 눈에 띈 보험료 수치는 2007년 에퀴타스와 맺었던 대규모 일회성 거래 탓에 왜곡된 것이었다(그해 보험료가 119억 달러였음).

소급 재보험 부분은 4억 1,400만 달러의 손실로 또 연간 적자를 기록했다. 해당 부문이 창출한 거액의 책임준비금, 그리고 경제적 실질과 별로 관련 없는 회계 비용이 계속 발생했음을 고려하면 손실이 예상되었다. 2007년 에퀴타스와 대규모 거래를 체결한 이후 2008년에는 보험료가 2억 400만 달러에 그쳤다. 2008년 말 재보험 부문의 242억 달러 규모 책임준비금은 주로 소급 재보험 부문에서 나왔다.

대형 재해 및 개별 리스크 부문의 보험료 수입은 보험업계의 인수 가용 규모 확대로 가격이 낮아진 탓에 39% 감소했다. 허리케인 구스타브와 아이크로 2억 7,000만 달러의 손해액이 발생했는데도 대형 재해 및 개별 리스크 부문은 9억 5,500만 달러의 보험 물량과 관련해 7억

---

* 구체적으로 보면 이것은 신디케이트 435 프로젝트의 2000년 계정으로, 해당 계정의 지분율은 39%에서 100%로 늘어났다. 이에 수입 보험료가 증가했으나 2008년 보험계약 인수 실적에 대한 순 효과는 중립적이었다. 손실 증가 및 손실 충당금이 수입 보험료를 까먹었기 때문이었다.

7,600만 달러라는 상당한 이익을 창출했다. 이 이익에는 플로리다 허리케인 대형 재해 기금 금융 공사Florida Hurricane Catastrophe Fund Finance Corporation 와의 계약으로 벌어들인 2억 2,400만 달러가 이익에 포함되었다. 해당 계약은 공사가 발행한 특정 재원 채권revenue bond(미국 지방채 중 특정 사업용 채권 - 옮긴이)을 특정 조건이 충족될 경우 40억 달러 한도로 인수하는 것이었다.** 손실 여부의 분기점인 250억 달러에 도달하지 않았기에 전체 보험료는 이익을 기록했다. 이 거래의 경제성은 버크셔에 유리하게 작용했다. 손실보상이라기보다는 대출 약정에 해당했기 때문이다. 실제로 버크셔는 해당 기금 및 기금 참여 보험사들과 관련한 신용 리스크 발생에 대한 40억 달러 규모 약정에서 5.6%의 수수료를 받았다.*** 하지만 신용 시장에 불확실성이 존재했기에 기금은 흔쾌히 거래에 참여했다.[11]

기타 다중화 부문은 스위스 리Swiss Re와 5년짜리 20% 지분 참여 계약을 맺고 수익을 냈는데, 이 계약으로 보험료가 50% 증가한 39억 달러를 기록했다. 또한 보험 인수 이익은 2007년 3억 2,500만 달러에서 2008년 9억 6,200만 달러로 급증했다. 이는 주로 외화 표시 부채 조정에서 기인했다. 2008년 전 세계 혼란 탓에 안전 자산으로 부각된 달러가 상당한 강세를 보인 덕분이었다.

** 기금 참여 보험사들은 이 기금에서 차례로 손실 벌충용 자금을 빌릴 수 있었기 때문에, 보험사들은 기금에 보험료를 납입했다.

*** 버크셔는 사실상 다음과 같은 일련의 이벤트들이 일어날 확률을 17분의 1 미만으로 보고 베팅했다. 그런 이벤트란 1) 허리케인으로 발생한 손실이 250억 달러 초과 2) 기금이 40억 달러를 전부 대출 3) 기금의 채무불이행 발생으로 100% 손실 발생 등이었다. 이와 같은 일련의 이벤트들은 그만큼 일어날 가능성이 희박해 보였다. 버크셔와의 거래를 승인한 플로리다 공사 이사회에서도 세 사람 중 한 사람이 반대표를 던졌을 정도였다.

2008년의 혼란 속에서 아지트 자인은 오히려 재보험 부문의 기회를 발견했다. 2007년 말 재보험 부문은 버크셔 해서웨이 어슈어런스 Berkshire Hathaway Assurance Corporation를 창립했는데, 이 회사는 지방채에 대한 보험을 인수했다.* 49개 주에서 면허를 취득하고 자본금 10억 달러를 밑천으로 삼은 이 새로운 법인은 2008년에 5억 9,500만 달러 규모의 보험 물량을 인수했다. 그중 일부는 재보험으로 버크셔가 원수보험사의 파산 리스크를 떠안는 것에 대한 보수를 받은 것이었다.** 공포감이 금융시장 전반을 휘감았던 2008년, 아지트와 버크셔는 오로지 논리를 바탕으로 계산된 베팅을 마다하지 않았기에 상당한 보상을 얻었다.*** 버핏은 이렇게 말했다. "투자 세계가 리스크를 과소평가하는 쪽에서 과대평가하는 쪽으로 이동했습니다."

가이코

가이코의 운영 실적은 지속적인 강세와 성장을 보여 주었다. 가이코는 보험 건당 보험료를 떨어뜨려 고객이 비용을 더욱 많이 절감할 수 있게 해 주었다. 추가적인 광고비 지출이 더해져 가이코는 자발적 자동차보험 가입이 8.2% 증가해 시장점유율이 7.7%에 이르렀으며, 125억 달러의 수입 보험료에 9억 1,600만 달러라는 상당한 이익도 창출했다.

---

* 이듬해 연례 주주총회에서 버핏은 버크셔가 자연재해 허리케인과 더불어 금융 허리케인에 대한 보험 사업도 한다고 우스갯소리를 했다.

** 버크셔는 그때부터 기초 자산이 되는 채권에도 보험을 제공하게 되었다.

*** 버핏이 주주 서한에서 밝힌 바에 따르면, 버크셔는 평균 3.3%의 보증료를 받았다. 이는 원수보험사가 보증료를 단 1% 받았을 가능성을 감안하면 엄청난 액수였다. 버크셔는 2008년 156억 달러에 이르는 관련 보험을 인수했다.

버크셔 해서웨이 원수보험 부문

보험 물량과 보험계약 인수 이익이 감소했음에도 원수보험 부문은 버크셔에 이익과 책임준비금을 계속 창출했다. 수입 보험료는 19억 5,000만 달러(2.5% 감소), 세전 보험계약 인수 이익은 25% 감소한 2억 1,000만 달러를 기록했다. 이 부문 산하의 보험회사들은 버크셔의 다른 보험회사들보다 규모가 작았으나, 버핏은 멍거와 함께 그들의 기여를 인정하고 찬사를 보낸다며 이 부문의 자회사 경영자들에게 확신을 주었다.

규제 대상 유틸리티 부문

버크셔의 유틸리티 기업들(미드아메리칸 에너지 홀딩스 산하 업체들)은 2008년에 번영을 누렸다. 운영 부문의 EBIT는 20억 달러로 3% 증가했으며, 일회성 대규모 이익이 최종 결산 결과를 부풀렸다. 컨 리버에서는 요금 인상이 승인되고 수요가 상승한 덕에 EBIT가 26%나 올라갔다. 퍼시픽코프와 영국 유틸리티 부문은 안정된 이익을 유지했다. 홈서비스는 미드아메리칸의 사업부 중 안정성이라는 일반적인 규칙에서 확연히 예외가 된 부문으로, 주택 매매가 감소하면서 4,500만 달러의 세전 손실로 돌아섰다.

미드아메리칸은 또 다른 에너지 지주회사인 콘스텔레이션 에너지 홀딩스Constellation Energy Holdings에 투자해 2008년에만 (정규 영업이익 외에도) 세전 11억 달러를 벌어들였다. 미드아메리칸이 이 회사를 인수한 것은 콘스텔레이션이 파산한 지 몇 시간밖에 지나지 않은 시점이었는데, 이는 발 빠르게 움직인다는 것의 가치를 분명히 보여 주었다. 버핏은 이듬해 연례 주주총회에서 이렇게 말했다. "데이비드 소콜이 정확히 정오인가 오후 1시엔가 (이 거래 관련해) 내게 전화로 알려 주었는데, 그날 저녁 볼티모어의 그 회사 쪽에 인수 확정서를 보냈습니다." 그런데 거래에 합의한 지 몇 달 만에 콘스텔레이션은 다른 기업의 제의를 받아들여 버크셔와의 거래를 결렬시켰다. 새 자회사가 되지 못했으나 버크셔는 막바지에 콘스텔레이션에 운영을 지속할 유동성을 제공하는 우선주 투자에 나서 9억 1,700만 달러의 이익을 얻었고, 1억 7,500만 달러의 위약금도 수령했다.

미드아메리칸의 신속한 거래 역량은 자금력 및 규제 당국에서의 좋은 평판에서 비롯되었다. 버핏이 주주 서한에서 자랑스럽게 말했듯이, 파이프라인 고객 만족도에 대한 2009년 보고서에서 컨 리버와 노던 내추럴이 1위와 3위에 올랐다. 버크셔에 편입되었던 2002년 각각 9위와 39위였던 수준에서 상당한 발전을 이뤘던 것이다. 아이오와주에 소재한 미드아메리칸 전력 공급업체들은 1995년 이래로 전기 요금을 인상하지 않았고 2013년 이후까지 요금을 인상할 계획이 없었다. 효율성에 초점을 맞춘 데다 이익을 배당할 필요가 없었기에* 버크셔의 유틸리티 회사들은 견고한 대차대조표를 유지했으며, 최상의 서비스를 제공하는 데 필요한 자금을 부족하지 않게 투자했다. 그 대가에 대해 버핏은 이렇게 말했다. "우리는 투자한 거액에 대한 합당한 수익을 받게 되어 있답니다."

---

* 버핏이 언급한 바에 따르면, 미드아메리칸은 2000년 버크셔에 인수된 이래 배당을 하지 않았다.

제조, 서비스, 소매 유통업

제조, 서비스, 소매 유통 부문의 다양한 특성은 경기 침체가 가속화되던 와중에 다양한 실적으로 이어졌다. 연간 실적은 만족스러웠지만 "이 부문의 여러 업체가 4분기에 내리막을 걸었다"고 버핏은 전했다. 불길하게도 버핏은 한마디를 덧붙였다. "2009년의 전망이 좋지 않아 보입니다." 일부 자회사들이 개선된 실적을 발표했지만 건설과 소매 관련 업체들이 제일 고통에 시달렸다. 이 사업부들은 또한 2008년 대형 자매회사인 마몬 홀딩스(아래에서 설명함)와 함께 편입된 곳이었다. 이 업체들은 전체적으로 21.8%(27.8%에서 감소)의 세전 유형투하자본이익률과 17.9%(22.8%에서 감소)의 평균 유형자기자본이익률을 벌어들였다. 버크셔의 제조, 서비스, 소매 유통 부문 최대 사업부이자 건설 및 부동산과 직결된 업체인 쇼 인더스트리스는 6% 감소한 50억 달러의 매출액을 달성했다. 이 회사의 이익은 2억 500만 달러로 53%나 감소했다. 원자재 비용이 매출총이익을 까먹었고 수요 저하로 규모의 경제가 제대로 작동하지 않았던 탓이었다. 이에 이 회사는 일부 생산 시설을 폐쇄했으며 일부 직원도 해고했다. 내키지 않는 일이었지만 이익에 악영향을 끼치는 요소에 대해 현실적으로 필요한 조치였다.

기타 제조 부문에도 경기에 민감한 업체들이 포함되어 있었다. 이 부문에서 버크셔의 건축자재 생산업체들의 세전 이익은 28% 감소했다. 또한 의류 부문의 순이익은 34% 줄었다. 아웃도어 레크리에이션 장비 사업에서는 특히 소비자 지출이 중요했기에 포레스트 리버의 순이익은 56%나 떨어졌다. 제조 부문의 업체들은 쇼 인더스트리스와 마찬가지로 인력 운영 규모를 적절한 수준으로 축소할 수밖에 없었다. 그와 달리 이 부문에서 성장을 이룬 것으로 나타난 업체는 이스카가 유일했다.*

한편 버크셔의 단독 서비스 업체로는 식료품 도매업체 맥클레인이 있었다. 미국 증권거래위원회sec가 부문별 보고 요건을 이익이 아닌 매출액을 기준으로 삼기 때문에, 맥클레인은 버크셔의 다른 서비스 부문과 함께 묶일 수 없었다.** 맥클레인은 2008년 매출액이 299억 달러로 6% 증가했으며 순이익이 2억 7,600만 달러로 19% 증가했다. 추가 고객사 확보, 가격 인상, 약간의 매출총이익 증가가 실적 상승 요인이었다.

넷제트, 플라이트세이프티, TTI, 비즈니스 와이어, 팸퍼드 셰프, 인터내셔널 데어리 퀸이 속한 기타 서비스 부문에서는 경기 침체가 심화된 2008년 마지막 분기까지는 침체의 영향이 미미했다. 기타 서비스 부문의 전체 매출액은 8% 증가했다. 그런데 만약 TTI(2007년에 새로 인수한 전자 부품 유통업체)가 이 부문에 속하지 않았다면 매출액은 2%밖에 늘어나지 않았을 것이다. 이 부문의 세전 이익은 전년도 실적과 비슷한 9억 7,100만 달러였지만, 2008년에 TTI의 1년 치 순이익이 더해져 증가한 것이었다. 넷제트는 보유 항공기들에 대해 5,400만 달러를 감가상각했다.

소매 부문은 소비지출과 가장 맞닿아 있는 영역이다 보니 경제 자산 변동으로 인한 영향을 가장 크게 받았다. 이 부문에는 버크셔의 가구 소매업체 네 곳, 보석 소매업체 세 곳, 시즈 캔디가 속해 있었다. 이 부문의 매출액은 9% 감소한 31억 달러였다. 1개 회사(업체명 비공개) 외에는 모두 하락세였다. 그런데 업체들이 하나같이 이익과 세전 이익이 모두 부진했고, 2007년 실적 대비 전체적으로 이익은 41% 감소해 1억

6,300만 달러를 기록했다. 이 수치는 심하게 나쁜 건 아니었지만 4분기 실적은 최악이었으며(매출액과 세전 이익이 각각 17%와 33% 감소), 2009년에 접어들면 상황이 더 심각해질 것으로 예상됐다.

2008년 경제 환경이 악화하던 와중에 버크셔의 제조, 서비스, 소매 유통 부문은 기업 인수를 통해 장기적으로 경제적 위상을 개선하는 단계를 밟았다. 이는 버핏이 매우 높이 평가했던 해자를 구축하는 것이었다. 물론 이 업체들은 필요한 부분의 간접비와 인력도 줄였다. 한편으로 다른 기업들이 근시안적으로 현재에 초점을 맞췄던 반면 여러 건축자재 계열사들은 턱인 인수로 장기적인 이익 창출력을 강화했다. 이해에 제조, 서비스, 소매 유통 부문이 진행한 가장 주목할 만한 인수 사례는 이스카가 일본에 기반을 둔 탕가로이_{Tungaloy}를 10억 달러에 인수한 것이었다. ***12)

마몬 그룹

버크셔에 새로 합류한 자회사인 마몬 그룹은 그 자체로 오랜 역사를 지닌 거대 기업이자 버크셔가 가장 큰 규모의 현금으로 인수한 것이었다. 2008년 3월 18일 버크셔가 마몬의 지분 60%를 인수한 금액 45억 달러는 전체 사업에 대해 75억 달러의 밸류에이션을 적용했음을 시사했다. 마몬의 실적은 제조, 서비스, 소매 유통 부문에 포함되었다.

---

* 연례 보고서에는 기타 제조 부문의 전체 매출액과 순이익만 나오는 것에 유의하자. 실적 비율 외에 자세히 공개된 내용은 없었다.

** 맥클레인의 연간 매출액은 버크셔 연결 매출액의 10%보다 더 높았다. 이익이 분류 기준이었다면 맥클레인은 해당 기준을 충족하지 못했을 것이다.

*** 주주 서한에 의하면, 이스카는 2008년 11월 '세계적인 일본계 절삭공구 생산업체' 탕가로이를 인수했다.

마몬의 설립자 중 한 사람인 제이 프리츠커Jay Pritzker와 버핏의 경로는
버핏이 뉴욕에 있는 그레이엄 뉴먼Graham Newman에서 일했던 1954년에
엇갈렸다. 이후 수십 년 동안 제이와 그의 형제 밥Bob은 함께 광범위한
사업 부문에서 100개가 넘는 사업체를 거느린 거대 기업으로 마몬을
성장시켰다.

2008년 기준으로 마몬은 11개 사업 부문에서 독립적으로 운영되는
130개 사업체를 거느렸으며 주로 북미, 유럽, 중국에서 250개가 넘는
제조, 유통, 서비스 관련 시설을 운영했다.

우리는 버핏과 달리 과거부터 발표된 상세한 재무 보고서를 접하지
못한다. 그래도 2007년으로 끝나는 3년 치 요약 정보(버핏이 거래를 진

표 7-12 · 마몬의 운영 부문 | 자료·2008년 버크셔 해서웨이 연례 보고서

부문	개요
특수 철선 및 전선	에너지 관련 시장, 주거 및 비주거용 건축, 기타 산업
건설용 철선	주거용 건물, 상업용, 산업용 건물 구리 전선 생산
운송 서비스와 공학 제품	철도 탱크 차량 및 복합 탱크 컨테이너 등
고속도로 기술	고속도로용 대형 운송업을 주로 지원
특수 파이프 및 철관 유통 서비스	해당 없음
배관 자재	다양한 배관용 금속 제품 및 자재 생산, HVAC/R(난방, 환기, 냉방/냉각), 건설 및 산업재 시장
산업재	금속 패스너, 안전 제품, 금속 제작, 기타 자재
건설 서비스	에너지, 광산 및 석유화학 시장용 이동식 크레인 임대 및 운영
주거용, 상업용, 산업 응용 분야용 수처리 설비	해당 없음
소매점 설비	전 세계 주요 소매매장용 설비 및 물품
요식업용 장비	전 세계 음식점 및 소매점 대상 식품 준비용 장비 및 쇼핑 카트

표 7-13 · 마몬 그룹 선별 데이터 | **자료·**2008년, 2012년 버 크셔 해서웨이 연례 보고서 및 저자의 계산 **단위·**100만 달러

	2008	2007	2006	2005
매출액	6,960	6,904	6,933	5,605
영업이익1	977	951	884	556
영업이익률	14%	14%	13%	10%
자산 총계	7,390	8,079	7,708	7,758
자기자본	4,311	5,037	4,486	4,495

각주
1. 이자 수익 및 이자 비용 차감 전

행할 때 보유한 자료)는 다음 추론을 뒷받침하는데, 바로 버핏이 지속적인 이익 창출력을 갖춘 탄탄한 기업 집단을 발견했다는 것이다.* 위에서 소개한 부문 전부가 확고하게 자리를 잡았으며 장기간에 걸친 수익 창출 활동에 매우 중요한 기능을 했다. 또한 기본 사업의 수준을 봤을 때, 이 그룹이 훌륭한 경영진 보유 및 합당한 인수 가격이라는 버핏의 심사 기준을 충족했다고 추측할 수 있다.

인수 가격에는 추정 부채와 사업권/무형자산도 포함되었다.** 마몬이 발표한 2007년과 2008년의 재무 실적이 이 회사의 장기적인 이익 창출 능력을 보여 준 것이라고 한다면, 버크셔는 두 자릿수의 견고한 세전 유형투하자본이익률을 창출하는 업체를 인수한 것이었다. 버크셔가 마몬에 대해 지불한 인수 프리미엄을 고려하더라도, 버크셔의 주식

---

* 마몬은 선별된 재무 정보가 포함된 책자를 주기적으로 발행했다. 2012년 보고서에는 2005년부터 달성한 자기자본이익률이 들어 있는데, 이 수치는 마몬이 오래전부터 꾸준히 10%대 이익률을 창출했음을 나타낸다.
** 이 거래로 추정된 부채 총계는 10억 7,000만 달러였으며, 사업권/무형자산은 19억 달러였다.

시장 투자에 대한 버핏의 세전 기대수익률인 10% 이상을 벌었을 것이다. 전반적인 경기 악화나 주식시장 및 신용 시장의 약세가 인수 가격을 낮추는 역할을 했을 가능성이 있다.

표 7-14 · 마몬 홀딩스 인수 분석

자료·2008년 버크셔 해서웨이 연례 보고서, 2012년 마몬 안내 책자 및 저자의 계산 **단위**·100만 달러

	2007
매출액	6,904
매출액/유형투자자본	1.24
이자·세금 차감 전 이익률	14%
세전 투하자본이익률	17%
버크셔 주가/유형자산	1.34배
버크셔 세전 이익률	12.8%

버크셔는 또한 이익과 결부된 원칙을 바탕으로 추후 마몬의 나머지 지분을 인수하기로 합의했다. 2008년 말 버크셔는 추가 지분을 인수해 63.6%의 지분율로 이 연도를 마감했다.

금융 및 금융 상품

버크셔의 자회사 클레이턴 홈스는 경기 침체와 신용위기의 중심에 있었다. 주택 건설과 주택담보대출을 하는 이 회사는 여러 교훈을 담고 있었으며, 버핏은 주주 서한에서 2쪽 이상 할애해 관련 내용을 소개했다.

주요한 교훈은 동기부여 요인의 영향력이었다. 주택 매매로 수수료를 버는 중개인이나 대출 거래 체결로 수수료를 받는 대출업자에게는 거래를 성사시키고자 하는 온갖 동기부여 요인이 있었다. 정보를 조작하는 일도 그런 맥락에서 생각할 수 있다. 그런데 이 문제를 복잡하게

만든 것은 (아마도 그 원인 중 하나지만) 계약 체결 시 요금과 수수료가 지급되면, 이후 문제가 발생하더라도 부정적 여파가 전혀 없다는 것이었다. 대출 기관은 대개 대출을 묶어서 증권화하고, 이를 분할해서 의심할 줄 모르는 투자자에게 판매했다.* 직접적 이해관계가 있는 사람들은 아무도 없었다. 때로는 주택 소유자조차도 무관했다.

주택 가격은 2006년 정점에 도달했다. 그러다 2007년 2년간 이어질 급락이 시작되었다. 상승기에 매수자와 대출 기관은 한계를 몰랐다. 매수자는 긴박하게 주택 가격을 끌어올렸다. 이를 충족하기 위해 대출 기관은 기발하고 구미가 당기는 대출 조건을 제시했다. 그러면서 때로는 모래성 같은 수입에 의존했다. 대출에 대한 이자만 갚는다는 것은 대출 잔액이 전혀 줄어들지 않는다는 의미였다. 경우에 따라서는 (대출 상환액보다 이자가 큰) 마이너스 상각 대출 때문에 시간이 갈수록 원리금이 늘어나는 상황이 발생했다.

"양쪽 모두 '주택 가격 상승'을 기대했습니다. 그러면 이 불가능한 상황이 잘 풀리거든요." 버핏이 주주들에게 말했다. 이러한 주택 가격 상승은 건설업체들이 신규 주택을 짓도록 부추겼다. 그렇게 건설업체들은 주택을 지었다. 주택 수요가 130만 채였음에도 200만 채의 주택이 지어졌다.13) 일단 공급이 이런 기본 수요를 초과하자 주택 가격은 낮아질 수밖에 없었다. 주택 착공 건수가 이후 수요치 아래로 떨어졌지만, 공급 초과가 완화되기까지 시간이 걸리곤 했다.**

---

* 신용 평가사들이 이런 대출채권 묶음과 추가 가공 상품(어떤 경우에는 여러 번 가공됨)에 투자 등급을 부여하다 보니 투자자들의 인식이 둔해진 것이었다. 이것이 대출 수요를 계속 높게 만들었다.
** 주택 착공 건수가 계속 낮아야 한다는 점은 버크셔의 건축자재 업체들에게 명확한 시사점을 제시했다.

이런 배경 아래에서 클레이턴은 타격을 입었지만 무너지지 않았다. 이 싸움에 끼어들지 않은 덕분에 클레이턴은 엄청난 실수를 저지른 업계 기업들의 전철을 밟지 않았다. 동종업계 기업들은 자사 대출을 증권화한 반면, 클레이턴은 자신들이 제공한 주택담보대출 및 다른 기관들의 대출을 126억 달러 규모 포트폴리오로 보유했다. 클레이턴의 신용 기준은 계약금으로 최소한 주택 가격의 10%를 요구했고 소득도 입증하도록 했다. 한편으로 허리케인 두 건으로 인한 손실도 이 시기에 고통을 가중시켰다.

클레이턴의 사업은 크게 다음과 같은 두 가지 이유로 경기 침체의 영향을 별로 받지 않았다.

1. 주택 공급량이 줄어서 조립식 주택의 판매량이 9% 감소했으며, 생산 쪽에서 규모의 경제와 관련해 손실이 발생했을 것으로 추정된다.* 클레이턴은 일부 생산 시설을 폐쇄해 공급량 저하 상황에 대응했으며, 이것은 관련 감가상각과 비용으로 처리했다.

2. 업계 평균보다 나았지만 높은 연체율이 미래 손실에 대비한 대출 손실 충당금 증가로 이어졌다.** 클레이턴 홈스의 평균적인 대출 고객은 미국 평균보다 신용 점수가 낮았지만, 클레이턴의 신중한 대출 기준 덕분에 2008년 연체율은

---

* 업계의 공급량은 1998년 정점을 찍은 이래 78%나 감소했다고 버핏은 지적했다. 클레이턴이 2008년 2만 7,499채를 판매한 수치는 업계 34%의 점유율을 의미했지만, 그 수치는 급격히 낮아진 업계 공급량과 관련이 있었다.
** 주석에 따르면 대출 손실 충당금이 1억 2,500만 달러나 늘어난 것으로 나타났다. 또한 허리케인 구스타브와 아이크로 인한 손실 2,500만 달러, 그리고 자산의 장부가치 하락 및 시설 폐쇄로 인한 손실 3,800만 달러가 이익에서 차감되었다.

3.6%에 불과했다(당시 미국 평균 연체율은 5%였음).

　　이런 요인들이 합쳐져 클레이턴의 세전 이익은 61% 감소해 2억 600만 달러로 집계됐다.

　　그런데 역설적으로 클레이턴의 자금력은 오히려 사업 운영에 부정적 영향을 미쳤다. 당시 미국 정부와 연방준비제도는 국가 전반의 혼란을 수습하기 위해 은행을 비롯한 여러 금융사에 그들의 신용도로는 어림도 없는, 매우 낮은 금리로 자금을 지원했다. 이는 버크셔를 비롯한 미국 내 신용 등급이 AAA***인 7개 기업에 자금력이 오히려 불리하게 작용한다는 의미였다. 또한 그들은 재무적으로 불안한 경쟁 업체들보다 훨씬 높은 대출이자를 지불했다. 이와 관련해 버핏은 이런 말을 남겼다. "지금은 정부의 보증 하나 없는 지브롤터 바위산(매우 견고한 난공불락의 땅을 뜻함 - 옮긴이)보다는 정부의 보증을 받는 재무적인 불량 기업이 되는 편이 훨씬 낫습니다."

　　금융 및 금융 상품 부문의 세전 이익은 전년보다 22% 감소한 7억 8,700만 달러를 기록했다. 클레이턴의 이익 감소가 실적 악화의 주요 요인이었으며 임대 사업체들도 제각각 수익성을 유지하긴 했지만, 이익이 22% 감소하는 실적을 냈다.

투자
버크셔의 투자 포트폴리오는 대체로 변동 속도가 아주 느렸다. 그래도

*** AAA 등급은 기업이 받을 수 있는 최고 신용 등급이었다.

버핏은 아랑곳하지 않았지만 말이다. 버핏의 이야기다. "박수받는 투자 활동을 경계하세요. 위대한 활동은 흔히 하품이 나온답니다." 안타깝지만 2008년은 잘못된 방향으로 기억에 남았다. 투자 포트폴리오의 미실현 평가에서 발생한 세후 151억 달러의 감소액은 버크셔의 순이익 50억 달러를 까먹는 수준 그 이상이었다. 이는 버크셔 장부가치 감소의 주된 원인이었다. 그래도 긍정적인 측면을 찾자면, 주식을 거래할 수 있어서 버크셔가 매력적인 밸류에이션으로 추가 금액을 투자할 수 있다는 점이었다. 그런 활동의 일환으로 버크셔는 이해에 33억 달러를 주식에 순투자하고, 합의가 이루어진 거래 건에도 추가 투자했다.

2007년과 2008년의 주식 포트폴리오를 비교해 보면, 5개 회사가 투자 리스트에서 사라졌으며, 한 건의 신규 투자 대상 기업이 5억 달러의 보고 기준선을 넘어섰다. 벨기에 소재 맥주 회사 인베브InBev에 매각된 안호이저 부시, 포트폴리오에는 남아 있었지만 보고 기준선 아래로 떨어진 USG 코퍼레이션, 주식을 처분한 화이트 마운틴 인슈어런스 그룹이 목록에서 사라졌다. BNSF는 버크셔가 이 회사 주식을 추가 매수했고 무디스는 자사주를 매입했는데, 이에 두 업체도 투자 목록에서 빠졌다(지분법 적용 대상이 되었음 - 옮긴이).

버크셔는 연말에 BNSF 주식 7,010만 주(지분율 20.7%)와 무디스 주식 4,800만 주를 보유했다(2000년 이후 변동 없음). 버크셔는 당시 무디스의 지분을 20.4% 보유하고 있었다. 그 정도의 지분율이면 회계 규정에 따라 지분법을 적용해야 했다. 이렇게 회계 처리 방법이 달라짐에 따라 기본 자기자본과 투자자산 공정 가치 사이의 격차를 해소하기 위해 버크셔의 자기자본은 6억 2,600만 달러가 증가해야 했다.*

한편 두 건의 지분 매입에 주목해야 한다. 주주 서한 표에 올라온 새로운 이름 하나는 스위스에 본사를 둔 재보험사 스위스 리였다. 스위스 리에 대한 버크셔의 지분율은 연말 기준으로 3.2%였다. 다른 한 건은 코노코필립스ConocoPhillips였다. 버핏이 주주들에게 어리석은 짓을 했다고 자인했지만, 버크셔는 이 회사 주식을 (취득원가로) 약 60억 달러어치 늘렸다. 버핏은 이렇게 고백했다. "찰리와 다른 사람들의 조언을 얻지 않은 상태에서, 석유와 천연가스 가격이 최고점에 육박했을 때 코노코필립스 주식을 대량 매수했습니다." 이 실수로 버크셔는 2007년 말부터 2008년까지 26억 달러의 손실을 봤다.

상장 주식시장과 채권시장, 또 버핏과 버크셔의 평판이 영향을 미치는 비상장 거래에서 투자 기회가 넘쳐났다. 2008년 10월 버크셔는 2주간에 걸쳐 3개 회사에 145억 달러를 투자했다. 이 거래를 보면 1980년대 말 버핏에게 엄청난 수익을 안겨 주었던 전환우선주 투자가 연상되었다.

- 10월 1일 | 골드먼 삭스의 누적 영구 우선주Cumulative Perpetual Preferred Stock에 50억 달러를 투자했다. 여기에는 10%의 배당률과 신주인수권이 딸려 있었다.**
- 10월 6일 | 제과업체 마스Mars의 껌 제조 회사 리글리 인수를 지원하기 위해

---

* 회계를 좀 더 상세히 들여다보고 싶은 독자들은 2008년 장부에 기록된 일회성 감손 비용impairment charge 및 12개 증권의 가치 하락 관련한 18억 달러에도 관심이 있을 수 있다. 이 비용은 투자 대상 취득원가에만 영향이 있으며, 자기자본은 이미 공정 가치가 반영되어 있으므로 장부가치가 변동하지 않았다. 2009년 5월 22일 미국 증권거래위원회SEC의 논평에 대한 버크셔의 답변을 참고하자(SEC 전자 공시 시스템EDGAR에서 확인 가능함).

** 버크셔는 2013년까지 주당 115달러에 4,347만 8,260주를 매입할 수 있는 신주인수권을 받았다. 이 우선주는 골드먼 삭스에서 언제라도 액면가의 110%로 상환받을 수 있었다.

65억 달러를 투자했다.*

- 10월 16일 | GE가 발행한 누적 영구 우선주 10%에 30억 달러를 투자했다. 이 투자에는 GE 신주인수권이 딸려 있었다.**

1990년대 초 질레트나 살로몬에 투자했던 사례와 달리, 위 세 건의 신규 투자는 버크셔의 경제적 안정에 특별히 심각한 리스크를 미치지 않았다. 과거 살로몬에 대한 투자는 버크셔 자기자본의 10% 규모에 육박하는 수준이었는데, 이번 투자는 버크셔의 평균 자기자본 1,150억 달러 대비 상대적으로 크지 않은 규모였다.

이러한 약정을 비롯한 여러 투자 건에 자금을 투입하기 위해 버크셔는 특별한 이유가 없었다면 계속 보유했을 여러 투자 대상을 매각했다. 존슨 & 존슨Johnson & Johnson의 지분을 절반으로 줄이고 여러 매도가능증권 지분을 축소한 것도 다 마찬가지 이유였다. 이는 버핏이 말했듯이 기회비용 문제였을 뿐만 아니라 버크셔가 약정 의무를 이행할 현금을 늘 넉넉하게 보유하고자 했던 것이었다.***

버핏은 또한 2008년 파생상품 시장에서 잘못 매겨진 가격도 기회로 활용했다. 평소 파생상품을 노골적으로 비난했던 행보를 봤을 때, 겉으로만 보면 버핏다운 행보는 아닌 듯했다. 그해에 버크셔가 네 건의

---

* 리글리 투자에는 2018년 만기의 후순위채 11.45%에 대한 44억 달러 투자, 그리고 5% 배당 및 리글리 미래 이익과 관련한 상환권이 딸린 우선주에 대한 21억 달러 투자로 이루어졌다. 과거 이력을 보면 버크셔는 1968년에 리글리 보통주 1,600주를 매입했다.

** 버크셔는 2013년까지 주당 22.25달러에 1억 3,483만 1,460주를 매입할 수 있는 신주인수권을 받았다. 이 우선주는 2011년 10월 초부터 액면가의 110%로 GE에서 상환받을 수 있었다.

*** 버크셔는 자금 비공여형 약정 외에도 향후 수십 년에 걸친 보험금 지급 의무를 지니고 있었다.

파생상품 계약을 체결하긴 했지만, 버핏의 평소 태도가 달라진 건 아니었다. 대신 버핏의 논리는 최악의 시나리오 하에서도 네 건의 풋 옵션 계약이 매우 합리적인 이자율이 적용된 장기 대출과 같다는 것이었다.**** 해당 거래 네 건은 49억 달러의 프리미엄을 안겨 주었는데, 이는 당시부터 (먼 미래에 다가올) 계약 만료일까지 기초 자산이 되는 주요 지수가 하락할 경우에만 지급될 금액이었다.***** 그동안에 버크셔는 프리미엄이 적절하다고 판단될 때 투자할 수 있었으며 담보를 제공할 필요가 없었다.

버크셔는 또한 2008년에 40억 달러 규모의 신용 부도 스와프credit default swap(이하 CDS) 계약******을 체결했다. 그런데 이 계약의 경우 버크셔는 연간 프리미엄으로 9,300만 달러를 받는 과정에서 거래 상대방 리스크에 직면해, 42개 기업에 대한 리스크에 노출되었다.

버크셔의 자회사들은 이번 경기 침체로 부정적 영향을 받긴 했지만 다른 기업들만큼 심한 고통을 겪지 않았다. 버핏의 지휘에 따라 버크셔의 경영진은 장기적 성장에 초점을 맞췄다. 버크셔는 기업 인수에 60억 달러를 투자해 여러 결과가 실현되기까지 시간이 걸리더라도 이익 창출

**** 만기 시점에 모든 지수가 0이 될 경우 최대 지불금은 371억 달러였는데, 이런 사태가 발생할 가능성은 매우 희박했다. 버핏은 전체 지수가 25% 하락하면 버크셔에 90억 달러의 비용이 발생할 거라고 말했다(13.5년을 가중 평균수명으로 봤을 때 이는 4.6%의 내재 이자율과 같다. 또한 총 손실액은 16%의 투자 자본 비용을 의미한다).

***** 해당 지수는 S&P 500, FTSE 100, 유로 스톡스 50, 니케이 225였다. 계약 만기일은 2019년 9월부터 2028년 1월에 걸쳐 있었다. 2008년 말 기준 가중 평균수명은 13.5년이었다. 이 옵션은 만기일에만 행사할 수 있는 유럽식 옵션이었다. 매수자가 만기일까지 언제든지 옵션을 행사할 수 있는 미국식 옵션과는 달랐다.

****** CDS는 기초 자산 기업이 파산하거나 채무불이행 시 해당 채권 소유자를 보호하므로 보험과 비슷하다. CDS 약정 중 일부는 담보를 제공해야 했으며 2008년 말에는 5억 5,000만 달러나 되었다.

능력을 강화했다. 2008년 한 해 동안 여러 주요한 투자(순 자기자본 내에서 추가 투자로 33억 달러 및 신규 거래로 145억 달러)가 매우 유리한 조건에서 진행되었는데, 매각과 부정적 심리가 지배하는 분위기를 완화하는 역할을 했다. 버크셔 해서웨이의 행보* 및 버핏의 논평(〈뉴욕 타임스〉에 '미국 주식을 사세요. 저는 이미 사고 있습니다.Buy Americans, I am'14)라는 제목으로 투자자를 독려하는 기고문을 썼음)은 미국이 적절한 투자 해법이며 시간이 지나면 좋은 성과로 돌아올 것이라는 버핏의 신념을 뒷받침했다.

버핏이 주주들과 소통하면서 생각을 밝혔듯이, 2008년의 고통은 앞으로 닥칠 일의 시작에 불과했다. 경기 침체는 2009년에도 계속되어 상상 이상으로 오랫동안 이어졌다. 주식시장은 2009년 초에 바닥을 찍고 결국 연말에 호조세로 접어든다. 버크셔는 계속 기회를 살피며 경계를 늦추지 않았다.

2009년
–

전년도와 마찬가지로 2009년은 버크셔 해서웨이에 도전과 기회를 모두 안겨 주었다. 경제는 역대급 경기후퇴로 여전히 휘청대고 있었다. 그 때문에 분명히 부정적인 영향이 있었지만 한편으로 유례가 없는 기

---

* 버크셔는 2008년 자본적 지출(주로 설비투자를 뜻함–옮긴이)에 61억 달러를 투입했는데, 이는 28억 달러의 감가상각 규모보다 33억 달러가 더 많았다.

회도 있었다. 연말에 버크셔는 역대 최대 규모의 인수를 준비했다. 인수 대상은 철도 회사 벌링턴 노던 산타 페$_{BNSF}$였다. 2009년 버크셔는 장기적인 시각으로 사업과 자본 배분에 임하는 것이 최선의 전략임을 다시 한번 보여 주었다.

워런 버핏이 장부가치 변동률에 적용한 높은 수준의 성과 지표는 2009년 부진한 실적을 보여 주었는데, 기준점인 S&P 500보다 6.7%p 뒤떨어졌다. 그런데도 19.8%라는 버크셔의 절대적 수익률은 이 회사의 45년 평균치보다 0.5%p밖에 뒤떨어지지 않았다. 이는 〈포천〉 선정 500대 기업 11위의 대기업 입장에서는 매우 만족스러운 성과였다.[15] BNSF 인수를 완료하고 2009년에 대해 서술하면서**, 버핏은 신규 및 기존 주주들에게 이렇게 상기시켰다. "우리는 공격보다 방어를 더 잘했습니다. 그리고 앞으로도 그럴 것입니다." 달리 말하면 버크셔는 2008년에 그랬던 것처럼 경기 침체 시기에 상대적으로 우수한 성과를 창출했다.

보험업

버크셔 보험 부문은 전년도에 이어 보험계약 인수 이익을 발표했으며, 책임준비금이 증가한 실적으로 마무리했다. 세전 보험계약 인수 이익은 16억 달러에 이르러 7년 연속 보험 인수 수익성이 유지되었음을 보여 주었다. 버크셔의 보험업체들이 '(전부는 아니더라도) 향후 대부분은' 이익을 기록할 것이라고 버핏이 주주들에게 했던 말을 충분히 입증했다.

** BNSF 인수는 2010년 2월 12일에 마무리되었다. 버핏이 작성한 2009년 주주 서한은 2010년 2월 26일 자였다.

버크셔의 핵심 재보험사업 부문, 특히 재해 부문은 매년은 아니지만 몇 년간의 경기 침체기를 보장해 준다. 제자리걸음에 머문 제너럴 리를 제외한 버크셔의 주요 보험 부문은 저마다 책임준비금 증대 방안을 찾

표 7-15 · 버크셔 해서웨이 보험계약 인수

자료·2008~2009년 버크셔 해서웨이 연례 보고서 및 저자의 계산 **단위**·100만 달러

	2009	2008
가이코		
인수 보험료	13,758	12,741
수입 보험료	13,576	12,479
보험계약 인수 손익(세전)	649	916
제너럴 리		
인수 보험료	5,721	5,971
수입 보험료	5,829	6,014
보험계약 인수 손익(세전)	477	342
버크셔 해서웨이 재보험 부문		
수입 보험료	6,706	5,082
보험계약 인수 손익(세전)	349	1,324
버크셔 해서웨이 원수보험 부문		
수입 보험료	1,773	1,950
보험계약 인수 손익(세전)	84	210
수입 보험료 총계	27,884	25,525
보험계약 인수 손익(세전) 총계	1,559	2,792
평균 책임준비금	60,200	58,593
책임준비금 비용	(2.6%)	(4.8%)
불이익성 (이익성) 손해 발생 총계	(905)	(1,140)
상기 수치에 포함된 할인 증가액 및 상각 비용	602	550

참고
버크셔 해서웨이 원수보험 부문과 재보험 부문의 인수 보험료는 항목에 넣지 않음.

았다. 그들의 책임준비금 합계액은 연말 기준 620억 달러로 6% 성장했다. 가이코와 버크셔 해서웨이 재보험 부문은 평소대로 눈에 띄는 실적을 기록했다.

2009년 제너럴 리는 기존에 지분을 보유한 콜론 리의 나머지 지분을 인수했다. 버크셔는 1998년 제너럴 리 인수 후 이 독일 재보험사에 대한 지배 지분을 취득하고 몇 년에 걸쳐 지분 규모를 점차 늘려 온 터였다. 버핏은 2010년 말 해당 사업부를 방문해 축하할 계획을 세웠다.

제너럴 리

4년 연속 보험계약 인수 이익을 발표한 제너럴 리는 58억 달러의 보험료로 4억 7,700만 달러의 이익을 벌어들여 버핏의 칭송을 들었다. 손해보험 리스크는 잘 관리한 것 같았으며, 전년도 이벤트에서 비롯된 3억 500만 달러의 이익성 손해 증가와 더불어 당해 연도에 1억 7,300만 달러의 보험계약 인수 이익을 올렸다. 당해 연도의 이익은 유럽의 겨울 폭풍, 호주의 산불, 이탈리아의 지진과 관련한 재해 손실 4,800만 달러를 반영한 수치였다. 상해/근로자 보상 부문은 다시 손실을 발표했다. 이 연도에 인수한 보험계약의 손실 증가 추세로 추가 충당금이 필요했으며, 손실 충당금 할인 증가 및 이연비용 상각에 따른 총 1억 1,800만 달러의 일반 회계 처리 비용도 들어갔다. 이 때문에 상해 부문에서는 1억 7,800만 달러의 손실이 발생했다. 생명/건강 부문은 1억 7,700만 달러를 벌어들였다. 2009년 말 제너럴 리의 책임준비금은 210억 달러로 버크셔 전체 책임준비금의 3분의 1에 상당하는 규모였다.

버크셔 해서웨이 재보험 부문

버크셔 해서웨이 재보험 부문은 2009년에 중대한 재해 손실을 겪지 않아 이익을 남겼다. 이 부문은 전년도 13억 달러 대비 줄어든 3억 4,900만 달러의 보험계약 인수 이익을 발표했다. 소급 재보험계약의 이연비용 상각으로 인한 역풍, 외화표시 부채 재평가에서 달러 약세로 인한 다중화 부문의 2억 8,000만 달러 손실 발생 등을 고려해 보면, 매우 만족스러운 결과를 얻은 셈이었다. 버크셔는 이익과 책임준비금을 합해 8.3% 증가한 262억 달러의 이득을 보았다.

버핏은 BNSF 철도 주주라는 신규 독자를 감안해, 아지트 자인이 버크셔에 합류한 이야기를 다시 들려주었다.* 버핏은 자인과 30명의 직원으로 구성된 그의 소규모 팀이 버크셔 해서웨이 재보험 부문에 기여한 바를 높이 평가했다. 시장의 불안이 잦아들어 일반적으로 보험 물량 확대가 억제되는 상황에서도 자인의 팀은 사업을 확대할 여러 방법을 찾아냈다.

50년짜리 생명 재보험계약을 체결한 것도 버크셔에 기여한 부분 중 하나였다. 해당 계약은 2010년에 시작해 시간이 지나면 총 보험료가 500억 달러에 이를 수도 있었다. 스위스 리와 체결한 17억 달러** 규모의 소급 재보험계약도 있었다. 이 계약은 불이익성 손해 증가 계약으로 알려져 있다. 이 복잡한 보험계약은 기본적으로 발생한 손실 추정치가 부정확한 것으로 확인된 이벤트에 대해 스위스 리에게 보장을 제공하

---

* 브로커들이 간접 보유한 주식 때문에 BNSF 인수로 버크셔에 새로 합류한 주주들의 수를 정확히 파악할 수 없었으나, BNSF의 2009년 연간 사업보고서에는 주주명부에 2만 9,000명 등재된 것으로 나와 있다.
** 계약 금액은 20억 스위스 프랑으로, 달러로 환산해 반영했다.

는 것이었다.*** 스위스 리는 60억 스위스 프랑의 손실을 본 이후 어려움에 빠졌는데, 버크셔와 체결한 소급 재보험계약이 대차대조표를 강화할 하나의 방법이었다.16)

버크셔는 다른 방식으로 스위스 리를 돕게 되었다. 2009년 초 스위스 리의 전환 영구채 12%를 27억 달러에 매입해 추가 자본을 지원한 것이다. 그렇게 버크셔는 스위스 리와 세 종류의 관계를 맺었다. 즉 2008년에 시작된 지분 참여 약정의 파트너, 스위스 리 보통주 투자에 따른 일부 주주, 그리고 채권자라는 관계였다.

스위스 리와 맺은 두 건의 계약 덕분에 재보험 부문 수입 보험료가 67억 달러로 32% 증가했지만, 인수 보험료 규모는 줄어들었다. 즉 재해 및 개별 리스크 관련 인수 보험료는 7억 2,500만 달러로 34% 감소했다. 기타 다중화 부문 보험료 규모는 스위스 리 계약 때문은 아니었지만 46% 감소했다. 이는 스스로 초래한 결과이기도 했고 시장 불안 완화 때문이기도 했다. 1분기의 주가 급락으로 순자산 가치가 하락함에 따라 재보험 부문은 보험료/자기자본비율****을 더욱 보수적으로 유지하기 위해 보험 물량을 축소했다.

이렇게 뒤로 물러선 데에는 BNSF 인수 작업이 완료되지 않은 것도 원인이었다. BNSF는 내셔널 인뎀니티17)에서 보유하게 되어 유동성을 끌어와야 했다. 철도 회사 전체가 보험회사 산하에 있는 것은 버크셔 해

*** 이 보험은 스위스 리의 비생명보험 손실을 대상으로 했으며, 587억 2,500만 스위스 프랑의 손실 충당금 가운데 50억 스위스 프랑까지 보장했는데 지급액은 20억 스위스 프랑 미만이었다.

**** 보험료/자기자본비율에 대한 버크셔의 목표치가 있었더라도 얼마였는지는 알 수 없다. 그러나 버핏은 건실한 안전 마진을 유지하려 했을 것이다. 따라서 아마도 대차대조표 규모 확대보다는 사업 규모 축소를 선택했을 것이다.

서웨이에서만 볼 수 있는 일이었다. 왜 이런 것일까? BNSF의 꾸준한 이익은 재보험에 내재된 변동성에 대한 자연스러운 상쇄책이 되어서였다.

새로 출범한 채권 보증업체 버크셔 해서웨이 어슈어런스에서 인수 보험료가 급감한 사실은 시장이 리스크를 감수하는 쪽으로 이동했음을 확실히 보여 주었다. 2008년 한 해 동안 공포가 시장을 휘감았을 때, 버크셔 해서웨이 어슈어런스는 5억 9,500만 달러의 보험료를 인수했다. 2009년 전체 물량은 상반기에 집중적으로 확보되었으며 그 규모는 겨우 4,000만 달러에 그쳤다. 버크셔의 방식은 평범한 게 아니었다. 보험 물량이 대폭 줄어들었을 때 다른 지방채 보증업체들은 리스크를 훨씬 많이 떠안았다고 버핏은 말했다. 그 리스크는 신용위기를 겪는 동안 추한 모습을 드러냈다. 버크셔에는 나쁜 거래를 회피한다는 규율이 있었다.

가이코

가이코는 버크셔의 지배 아래에 있었던 14년 가운데 13년 동안 흑자였다. 그런데 해당 실적은 화려한 성과 중 일부에 불과했다. 2009년의 이익은 수입 보험료 136억 달러에서 단 6억 4,900만 달러가 나오는 데 그쳤지만, 95.2%의 합산비율은 이 회사 주주에게 이익을 올려 주고 고객에게는 가치를 전해 주는 스위트 스폿sweet spot(최적 지점 - 옮긴이)에 적정한 수준이었다. 지난 2년 동안 창출된 이익이 너무 높게 나타나자 가이코는 그 기간에 보험계약당 보험료를 인하했다. 사고 빈도 및 심각성 상승도 한몫을 했다. 가이코는 경기 침체를 겪는 동안 기록적인 수준으로 보험계약을 확대해 시장점유율을 7.7%에서 8.1%로 늘렸다. 이는 일부 보험회사들이 힘든 시기에 으레 계약을 줄여서 보험 비용을 줄일 방법을 찾곤 한다는 예상과 반대되는 것이었다. 사람들은 대개 구매 행위를 할 때 유독 비용에 민감한 반응을 보인다. 이에 가이코는 고객을 위해 비용을 절감하는 역량을 바탕으로 많은 사업 기회를 얻었다.

가이코의 가치를 구성하는 큰 부분은 책임준비금이었다. 버크셔에서는 수익성이 제1원칙이었다. 그 다음으로 책임준비금 증가가 가치를 좌우했다. 그런 측면에서 가이코는 다음과 같은 성과를 내놓았다. 즉 지난 3년 동안 보험료 증가로 책임준비금이 96억 달러로 3분의 1 이상 늘어났다.

가이코의 영향권을 확대할 기회를 노리던 중에 버핏은 보험계약자들에게 신용카드를 제공했던 실험의 실패 사례를 주주들에게 설명했다. 대개 평균 이상으로 양호한 운전자들은 신용 리스크도 평균 이상으로 양호할 거라고 버핏은 판단했다. 그런데 그의 추론은 빗나갔다. 가이코 경영진이 동의하지 않았던 버핏의 아이디어 때문에 회사는 5,000만 달러가 넘는 손실을 입었다.

버크셔 해서웨이 원수보험 부문

원수보험 부문에서는 보험료 물량과 이익이 감소했다. 18억 달러의 수입 보험료(9% 감소)에다, 보험계약 인수 이익은 8,400만 달러로 전년 대비 60% 떨어졌다. 보트유에스를 제외하면 이 부문 내 각 보험회사가 경쟁에서 타격을 입었다.

규제 대상 유틸리티 부문

버크셔의 유틸리티 부문은 필수 서비스답게 회복력을 증명해 보였지만, 한편으로 경기 침체의 영향에서 자유롭지 못하다는 점도 드러냈다. 이자·세금 차감 전 이익EBIT은 전년 대비 16% 감소했다(2008년에는 콘스텔레이션 에너지에서 발생한 일회성 이익이 반영됨).* 추가된 자산의 감가상각, 불리한 환율, 평소보다 따뜻한 날씨 등이 어느 정도 실적 감소의 원인이 되었지만, 경기 침체로 줄어든 수요도 실적이 감소하는 데 원인이 되었다.

유틸리티 부문에 편입된 버크셔 해서웨이 홈서비스는 2009년에 흑자로 돌아섰다. 이 회사의 EBIT는 전년도에 4,500만 달러의 손실이 났다가 4,300만 달러로 증가했다. 게다가 이 회사는 중개 회사 목록에 시카고 업체를 추가하는 등 경기 침체가 한창인 와중에 사업을 확장해 나갔다.

버핏은 BNSF 인수(2010년 순서에서 자세히 다룸)를 버크셔의 유틸리티 부문과 비교해 설명했다. 저마다 경제에서 핵심 역할을 한다는 이유로 두 부문은 사회와 어떤 '사회적 계약'을 맺은 것이라고 설명했다.

두 부문은 필수적인 기본 서비스를 제공한다는 점, 감가상각의 범위를 초과하는 대규모 투자가 필요하다는 점, 가격 규제의 대상이라는 점에서 유사한 경제적 특징이 있었다. 버핏은 두 부문이 "버크셔가 보증하지 않는 상당한 액수의 부채"를 사용한다고 덧붙였다. 유틸리티 부문과 마찬가지로 BNSF도 버크셔의 관할하에서 일단 벌어들인 이익을 대

---

* 급격한 EBIT 감소세는 미드아메리칸 에너지에서 비롯되었다. 이 회사는 매출액 감소 및 신규 풍력발전소에 대한 대규모 감가상각 탓에 EBIT가 2억 8,500만 달러로 33%나 감소했다. 이는 투입 비용의 감소로 일부 상쇄되었다.

부분 유보했다. 경제적 사촌 관계인 유틸리티와 철도 사업 부문은 앞으로 버핏의 주주 서한에서 동일한 보고 부문으로 소개된다.

제조, 서비스, 소매 유통업

버크셔의 제조, 서비스, 소매 유통 부문은 경기 침체에 큰 타격을 입었다. 결과적으로 세전 이익이 21억 달러로 반 토막(49% 감소) 났다. 세전 유형투하자본이익률은 21.8%에서 9.7%로 떨어졌으며, 세후 유형자기자본이익률은 17.9%에서 7.9%로 하락했다. 그래도 이 범주의 사업부 중 일부는 어려운데도 개선된 성과를 도출했다.

이와 관련해 버핏은 9개 기업과 그 CEO들을 구체적으로 밝히며 매출액이 감소했는데도 이익을 늘린 것을 높이 평가했다.** 맥클레인의 수장으로 매출액과 이익을 모두 증가시킨 그레이디 로지어Grady Rosier에게는 특히 칭찬을 아끼지 않았다.

제조업체들이 심각한 피해를 입은 사실은 전혀 놀랍지 않았다. 버크셔가 가장 최근에 대규모 인수 작업으로 편입한 마몬의 매출액은 27% 감소했다. 그런데 이익률이 개선된 덕에 이익은 26%로 감소 정도가 완화됐다(이익률 개선에 대해서는 버핏이 CEO 프랭크 프탁Frank Ptak을 칭송했다).*** 마몬의 경우 이익이 매출액과 거의 같은 선상에서 떨어졌다는 사실은 꽤 주목할 만했다. 매출액 감소는 이익률에 부정적 영향을 미칠 것으로 예상되기 마련이어서다. 쇼 인더스트리스는 카펫 판매량

** 해당 기업은 다음과 같다. 벤저민 무어, 보셰임스, CTB 인터내셔널, 데어리 퀸, H. H. 브라운, 네브래스카 퍼니처 마트, 팸퍼드 셰프, 시즈 캔디, 스타 퍼니처
*** 버핏에 따르면 13.5%의 세전 이익률은 기록적인 것이었다.

이 대폭 줄어 매출액이 21% 감소한 40억 달러를 기록했으며, 세전 이익은 1억 4,400만 달러로 30% 감소했다. 쇼의 경제 민감도는 다소 극단적이었다. 요컨대 불과 3년 만에 매출액이 25% 감소한 데다 세전 이익은 67%나 떨어졌다.

소규모 제조업체일수록 쇼 인더스트리스와 비슷한 고통을 겪었다. 의류업의 매출액은 11%, 건축자재 매출액은 20% 감소했다. 나머지 제조업체들의 매출액은 16% 떨어졌다. 이 하위 사업 부문은 한층 심각한 타격을 입었는데, 이익이 8억 1,400만 달러로 2008년 대비 51%나 감소했다.

최대 규모의 독립된 서비스 업체인 맥클레인이 2009년에 버핏의 칭송을 받은 것은 당연한 일이었다. 식료품 사업이 확대되어 식품 서비스 사업의 하락세를 상쇄하고도 남았기에 맥클레인의 매출액은 5% 성장한 312억 달러를 기록했다. 이익은 25% 늘어난 3억 4,400만 달러로, 부분적으로는 매출액 증가와 운영비 저하의 효과였다. 그런데 또 다른 이유도 있었다. 담배 제품의 재고와 관련한 상당한 재고 가격 변동 이익 때문이었다. 사실인즉, 담배 제품 제조업체들이 세금이 인상되기 전에 일찍이 담배 가격을 올렸는데, 그에 따라 이미 재고를 보유한 업체들이 예상치 못하게 일회성 소득을 기록하게 되었다.

전체로 봤을 때 나머지 서비스 업체들은 상상할 수 없는 수준의 실적을 냈다. 세전 손실로 무려 9,100만 달러를 기록했던 것이다. 면밀히 들여다보면 썩은 사과 한 알이 원인으로 드러났다. 바로 넷제트였다. 넷제트는 7억 1,100만 달러라는 막대한 손실을 입어 적자의 압도적 원인이 되었다. 이 회사는 필요 이상의 공장을 운영했는데 운영 규모를 축소하기 위해 6억 7,600만 달러의 비용을 발생시켰다. 영업 손실이 그 차이를 채워 넣었다. 이를 두고 버핏은 버크셔에 인수된 이래 넷제트의 누적 세전 손실이 총 1억 5,700만 달러에 이른 안타까운 현실을 지적했다. 더군다나 이 회사의 부채는 1억 200만 달러에서 19억 달러로 늘어났다. 버핏은 또한 2009년 8월 넷제트의 회장이자 CEO로 선임한 데이비드 소콜을 '엄청난 재능을 지닌 인물로, 미드아메리칸 에너지를 키우고 경영한 사람'이라고 추켜세웠다. 소콜은 취임하자마자 이 회사의 규모를 조정해 이익을 창출하기 시작했다.

넷제트를 제외하면 다른 서비스 부문은 경기 침체의 영향을 다소 덜 받았다. 세전 이익은 18% 감소해 6억 2,000만 달러를 기록했다.

소매 유통 부문의 실적은 제조나 서비스 부문만큼 나쁘지는 않았다. 매출액은 8% 떨어졌는데, 가정용 가구 부문 매출액이 7% 미끄러졌으며 보석 부문 매출액은 12% 하락했다. 세전 이익은 1억 6,100만 달러로 전년도와 비슷했다. 어려운 한 해를 보내긴 했지만 시즈 캔디, 스타 퍼니처, 네브래스카 퍼니처 마트는 결국 이익을 늘려 버핏의 칭찬과 인정을 받았다.

금융 및 금융 상품

업계 3대 기업이 모두 파산하면서(버크셔가 2004년에 인수한 오크우드 포함) 클레이턴은 이제 미국 최대 조립식 주택 건설업체가 되었다. 업계는 혼란 상태에 빠졌다. 주택과 관련한 광범위한 이슈, 조립식 주택 특유의 문제*로 어려움을 겪었지만, 클레이턴은 수익성을 유지하긴

---

* 전통 주택에 비해 조립식 주택에 대한 편견이 업계 전반의 애로 사항이었다.

했다. 2007년에 5억 2,600만 달러로 정점을 찍었던 이익은 2009년 1억 8,700만 달러로 64% 감소했다.

코트 퍼니처와 엑스트라 등 버크셔의 임대 사업 부문은 손익계산서에서 고정비용이 차지하는 비중이 너무 컸던 나머지 2009년에 간신히 이익을 냈다. 매출액은 14% 감소한 6억 6,100만 달러였다. 그 결과 세전 이익이 84% 감소했다. 1억 8,200만 달러를 벌어들인 2006년 수준보다 훨씬 낮았다.

금융 및 금융 상품 부문의 전체 이익은 7억 8,100만 달러로 1% 미만으로 감소에 그쳤다. 생명/연금 부문의 이익*이 급상승한 덕분이었다 (이 부문은 이해에 이익이 늘어난 유일한 사업부였음).

한편 오랫동안 버크셔와 관계를 맺어 온 루캐디아의 파트너들이 2009년 말에 또 다른 기회를 들고 버크셔의 문을 두드렸다. 두 회사는 2001년 버캐디아라는 합작회사를 설립해 곤경에 처한 금융업체 피노바를 인수한 바 있었다. 피노바는 무사히 청산되었고 버캐디아라는 신규 합작회사로 재탄생했다(이를 두고 버핏은 피노바는 버캐디아의 아들인 셈이라며 농담 삼아 언젠가 버캐디아의 손자를 볼 날이 올 것이라고 말했다).

현 시점의 버캐디아는 버캐디아 커머셜 모기지Berkadia Commercial Mortgage가 되었다.** 2001년의 버캐디아와 마찬가지로, 이 회사는 파산한 회사

---

* 생명/연금 부문 이익이 2008년 2,300만 달러에서 2009년 1억 1,600만 달러로 급상승한 이유는 제시되지 않았다. 추후 확인된 바에 따르면, 아지트 자인이 이 영역에서 버크셔의 영업 활동을 확대하기 시작했다. 해당 사업은 2010년 버크셔 해서웨이 재보험 부문으로 이동했다.
** 버핏에 따르면, 버캐디아 커머셜 모기지는 연간 100억 달러 조달 외에도 2,350억 달러 규모의 포트폴리오를 제공했다.

가 낳은 결과였다. 캡마크 파이낸셜 그룹Capmark Financial Group, Inc.이 과도한 확장 후 파산 신청을 했는데, 버크셔와 루카디아가 파산 상태의 캡마크 자산을 인수하는 거래로 구제에 나섰다. 이들은 이후 캡마크 직원을 재고용했다.[18]

투자

2009년 3월 주식시장이 바닥에 도달했고 기업들이 자금을 필요로 했을 때 버크셔는 주식 포트폴리오에 기회를 노린 변화를 꾀하는 한편 비상장증권 투자에 대해 협상을 벌였다. 또한 BNSF 인수를 앞두고 자본 조달 목적으로 일부 투자 대상을 매각했다.

버크셔는 기존 주식 포트폴리오 중에서는 월마트 지분을 2배로 늘렸는데, 취득원가 기준으로 투자 규모를 (9억 4,200만 달러에서) 19억 달러로 확대했다. 이는 월마트 전체 지분의 1%였다. 또 은행주 약세가 과도하다고 판단해 웰스 파고 주식도 더 사들였다. 버크셔는 집중투자 철학을 이어 갔다. 당시 590억 달러 규모의 주식 포트폴리오에서 전체 자산 중 5분의 1이 한 기업에, 그리고 절반 이상이 상위 4개 기업에 집중되어 있었다.

2009년에는 새로운 이름이 주식 포트폴리오 목록에 들어갔다. 이것은 여러 가지 면에서 통념을 깼다. 처음에 아이디어를 낸 사람은 다름 아닌 버크셔의 부회장이자 영원한 회의주의자로 버핏에게 '지긋지긋한 반대파abominable 'no' man라는 별명까지 얻은 찰리 멍거였다. 그렇게 투자한 업체는 중국의 전기 차 업체 비야디BYD Company, Ltd.였다. 이 투자로 2억 3,200만 달러어치 지분(취득원가 기준)을 확보했는데, 비야디 전

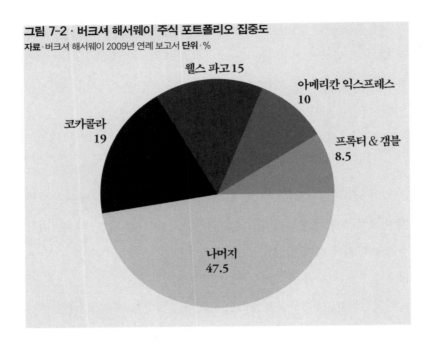

그림 7-2 · 버크셔 해서웨이 주식 포트폴리오 집중도

자료·버크셔 해서웨이 2009년 연례 보고서 **단위·%**

웰스 파고 15

아메리칸 익스프레스 10

코카콜라 19

프록터＆갬블 8.5

나머지 47.5

체 지분의 9.9%에 해당했다. 이는 중국 정부가 허용한 지분 인수 최대치였다.

비야디는 전기 차와 리튬 배터리를 생산했다. 멍거는 비야디의 설립자인 왕촨푸Wang Chuanfu 회장을 토머스 에디슨Thomas Edison에 비유했다.

이 신규 지분 취득을 외부에서는 벤처 캐피털 형태의 투자로 보는 시각이 있었지만, 멍거는 다른 관점에서 보았다. "이것은 검증되지 않은, 매우 투기적인 활동입니다. 뭔가 기적을 노리는 것이랄까요⋯." 왕촨푸 회장이 빈곤한 가정에서 태어나 아무것도 없는 상태에서 비야디를 설립해 확고히 자리 잡은 경쟁자들과 어깨를 나란히 해 온 사실에 멍거는 깊은 인상을 받았다. 취득원가의 약 8.5배 가치에 이른 (2009년 말 약 20억 달러) 이 투자는 목소리를 높이던 회의론자들의 입을 다물게 했다.

금융 위기가 발생한 2008년에 골드먼 삭스와 리글리, 제너럴 일렉트릭에 투자했듯이, 2009년도 버크셔에 비상장증권에 투자할 추가 기회를 안겨 주었다. 버크셔는 앞서 설명한 스위스 리와의 17억 달러짜리 거래 외에도 다우 케미컬Dow Chemical에 하스 컴퍼니Hass Company 인수 자금 지원용으로 30억 달러 규모로 다우의 누적 전환 영구 우선주를 사들였다. 또한 마스를 지원하기 위해 10억 달러 규모로 리글리의 4년과 5년 만기 선순위 채권을 매입했다.

할리데이비슨Harley-Davidson의 선순위 채권에 3억 달러를 투자한 사례에서는 버핏의 의사 결정 과정, 또 버핏이 본인의 능력 범위를 바라보는 방식에 대한 통찰이 드러났다. 2009년 2월 버크셔는 이자율 15%짜리 채권을 6억 달러 규모로 투자했다. 투자 액수가 크지 않아 재무제표에서 눈에 띌 정도가 아니었지만, 그런데도 주주들은 할리데이비슨 항목에서 관련 내용을 알아챘다. 금융 언론도 마찬가지였다. 그들은 하나같이 똑같은 질문을 던졌다. 왜 버핏은 할리데이비슨의 지분을 매수하지 않고 자금을 빌려주었을까? 이 회사라면 1년 안에 2배 넘게 성장할 텐데? 버핏의 답변은 명확했다. 버핏은 할리데이비슨의 주식 가치에 대한 견해가 딱히 없다는 것이었다. 향후 오토바이 시장이나 이 회사의 이익률 또는 투하자본이익률을 명확히 알 수 없던 까닭이었다. 그러나 할리데이비슨에 자금을 빌려주는 것은 비교적 쉽게 결정했다. 이 의사 결정은 사업의 지속 여부를 바탕으로 해서였다. 버핏은 오로지 자신만이 할 수 있는 방식으로 투자 철학을 간략히 설명했다. "저는 고객들이 자기 가슴에 기업명을 새겨 넣는 기업을 좋아합니다."*

2009년 버크셔가 약간의 주식을 매각한 것은 새로운 약정에 자금을 대기 위한 목적이었다. 코노코필립스 주식을 약 3분의 2쯤 줄였는데 버핏은 전에 코노코필립스 주식을 대량 매입한 일을 실수라고 인정한 바 있다.** 그 밖의 매각 대상에는 프록터 & 갬블과 존슨 & 존슨도 있었는데 이 매각 규모는 소폭에 그쳤다. 버크셔는 또한 무디스 주식 일부를 매각해 20% 기준선 미만으로 지분을 줄였는데, 이에 따라 이 회사에 대한 지분법 관련 투자 보고를 중지했다.***

다소 이례적인 일이었는데 버핏은 공개적으로 투자 대상 회사의 운영을 비판하기도 했다. 사실인즉, 크래프트 푸즈가 서로 밀접하게 연관된 두 건의 자본 배분을 두고 내린 의사 결정 때문에 버핏의 혈압이 치솟았던 것이다. 하나는 사탕 제조업체인 캐드버리Cadbury에 대한 인수 건으로 버핏은 이 회사를 너무 비싸게 인수했다고 생각했다. 다른 하나는 캐드버리를 인수할 자금을 충당하려고 냉동 피자 사업 부문을 매각한 건이었다. 이 거래는 제 가격을 받지 못했으며 세금 효율성도 낮다고 버핏은 판단했다. 연례 주주총회에서 나온 질문에 대한 답으로 버핏은 버크셔가 큰 실수를 저질렀다는 점을 언급하며 이렇게 말했다. "두 거래가 다 바보 같았다고 봅니다. 피자 사업부 매각은 특히 더했고요."

---

*   채권 발행 시 할리데이비슨의 고정비용보상비율fixed charge coverage ratio(이하 FCCR, 기업의 부채 상환 능력 측정 지표)은 2008년 3분기 말 기준 10.7배에 불과했다. 이 수치와 보상 비율이 약 60배에 달했던 이력은 할리데이비슨 채권의 신용 리스크가 매우 안전한 수준임을 보여 주었다.
** 2008년 주주 서한에서 버핏은 고유가 시기의 코노코필립스 주식 매입은 '범실unforced error(자책, 어이없는 실수를 의미하는 테니스 용어-옮긴이)'이었다고 언급했다.
*** 버핏은 2010년 연례 주주총회에서 무디스 포지션에 대한 질문을 받았다. (당시 주주들과 브리지 게임을 하던) 버핏은 자신의 카드를 가슴에 바짝 붙인 상태에서, 신용 평가 사업은 여전히 훌륭하다고만 말했다 (버핏은 매년 주주총회에서 주주들과 브리지 게임을 한다-옮긴이).

그래도 버크셔는 크래프트 주식을 한 주도 팔지 않았다.

피자 사업부 매각을 자세히 들여다보면 매각 순수익에 대해 크래프트가 적용받은 배수가 낮다는 점, 그리고 버핏의 사고 과정이 드러난다. 버핏에게 중요했던 것은 맨 위에 표시된 매각 가격이 아니었다. 중요한 것은 해당 사업부의 세전 이익 대비 매각 순수익이었다(〈표 7-16〉 참고).

표 7-16 · 크래프트 푸즈 피자 사업부 매각 분석
자료·2010년 버크셔 해서웨이 연례 보고서 및 2009년 크래프트 푸즈 연간 사업보고서 **단위**·100만 달러

매각 가격	3,700
법인세 차감액	(1,200)
순수익	2,500
세전 이익	340
배수	7.35배

2009년에는 중요한 교훈을 얻었다. 큰 기회는 공포가 지배하는 시기에 찾아온다는 점이었다. 버크셔는 혼란을 기회로 활용해 의미 있는 투자를 했다. 나중에 돌이켜 보니 더 많은 일을 진행하지 못한 사실이 버핏에게는 아쉬운 점이었다.

"금이 비처럼 쏟아져 내릴 때는 골무가 아니라 양동이를 꺼내세요. (중략) 그런 날이 투자자에게 이상적인 시기인데요. 두려움이 자욱한 날씨는 투자자에게 가장 좋은 친구입니다. 시장 해설자들이 낙관론을 펼 때만 투자하는 사람은 결국 의미 없는 확신에 막대한 대가를 치르고 맙니다. 결국 투자할 때 중요한 것은 (주식시장에서 소량의 주식을 매수하더라도) 기업을 얼마만큼 사서 이후 10년이나 20년 지나 그 기업으로 얼마의 수익을 올리느냐는 것입니다."

2009년 버크셔의 자본 배분 활동은 파트너사의 소액 지분을 추가 취득하는 쪽으로도 확장해 일반적인 관행으로 삼았다. 2009년 연례 보고서의 주석에 꽤 흥미롭게도 이 활동과 관련해 회계 처리가 변경되었다는 내용이 나온다.* 그해부터 소액 지분 추가 취득(버크셔가 100% 미만으로 보유한 비지배 기업 주주한테서 주식을 사들였다는 뜻)으로 자기자본이 변경되었다고 기록되었다. 변경 전에는 이런 추가 투자 행위는 대차대조표에 사업권으로 기재해 장부가치에 프리미엄을 더하는 식으로 기록되었다. 당초 투자한 시점의 회계 처리 방식이 이와 같았다. 그런데 그해 진행한 인수는 자기자본의 1억 2,100만 달러 축소로 이어졌다. 버크셔가 파트너사에서 소액 지분을 인수하기 위해 프리미엄을 지불했기 때문이다. 이 회계 처리에서는 최초 신규 투자가 대차대조표에 사업권으로 계속 기재될 경우, 후속 투자로 창출된 사업권을 사실상 즉시 100% 상각해야 했다. 예전 회계 처리에서는 이런 종류의 추가 투자 시 그런 자기자본 삭감은 할 필요가 없었다.**

2009년 12월 22일 버크셔 이사회는 스티븐 버크Stephen Burke가 이사진에 선임되었다고 발표했다. 그 당시 컴캐스트Comcast COO였던 버크는 JP 모건 체이스JP Morgan Chase 이사회 및 필라델피아 어린이 병원Children's Hospital of Philadelphia 이사회(의장이었음)에서 활동했다. 51세였던 버크는

---

*   회계 처리 변경은 'ASC 810(연결재무제표 작성 기준)'을 적용했다는 의미다. 이는 비지배 지분(소액 지분이라고도 함)이 대차대조표와 손익계산서에서 별도로 인식된다는 것이다.

** 매우 단순한 예로 설명하면, 버크셔가 기초 자산 100달러인 기업의 지분 51%를 100달러에 인수했을 경우, 이는 버크셔 자기자본 51달러 및 그 기업의 소액 지분 49달러로 기록된다. 그러나 이듬해 나머지 49달러어치 지분을 버크셔가 10달러의 프리미엄(즉 59달러)을 얹어서 인수했다고 생각해 보자. 이 경우 해당 10달러는 버크셔 자기자본에서 바로 삭감된다. 10달러가 그냥 사라지는 것이다. 예전 회계 처리 체제였다면 사업권에 대한 10달러 항목이 기재됐을 것이다.

버크셔 이사회에서 두 번째로 젊은 이사였다(47세였던 수전 데커의 다음 순서).[19]

이 이름이 익숙하게 들릴 수 있는데, 버크는 바로 대니얼 버크Daniel Burke의 아들이기 때문이다. 이 사람은 톰 머피와 캐피털 시티즈를 함께 키워서 월트 디즈니 컴퍼니에 매각한 바 있다. 스티븐 버크는 컴캐스트에 합류하기 전에는 디즈니에서 경력을 쌓았다. 버크에게서 성공적인 사업가의 전형을 명확하게 확인한 버핏은 이렇게 평가했다. "스티븐 버크는 사업 수완이 좋고 주주 지향적이며 버크셔에도 몹시 관심이 높습니다. 우리가 이사진에게서 찾는 세 가지 요소를 갖췄지요."[20]

버크셔 운영 모델의 가치는 2009년 침체기에도 드러났다. 독특한 점 하나는 자회사 경영진에게 오마하 본사의 버핏한테 예산안이나 전망치를 제출하라고 요구하지 않았다는 것이다(일부 경영진은 자체 사업부 내에서 예산을 쓸 수 있었으나 일부는 아니었다). 버핏과 멍거는 둘 다 인센티브의 영향력을 잘 알았다. 본사가 예산안을 제출하라고 요구했다면, 경영자들이 가끔 수치를 조작해 예산안을 짜 맞추려는 유혹에 빠질 수 있었을 거라고 버핏은 말했다. 요컨대 버크셔는 "인간 행동의 약점을 최소화하는 체제를 만들고자" 했다. 대신에 자회사의 경영자들은 아무리 나쁜 소식을 보고한다 해도 상황을 제대로 전달하고 정직하게 행동해야 했다.***

*** 연례 주주총회에서 버핏은 기업 이익과 관련해 진행한 연구를 언급한 적이 있다. 이 연구는 발표된 이익 수치에서 소수점 첫 번째 자리에 숫자 4가 꽤 드물어서 찾아내기 어렵다는 점을 통계적으로 보여 주었다. 이는 경영자들이 반올림으로 숫자 5를 만들기 위해 수치를 조작한다는 것을 의미했다(이 논문은 나디아 말렌코Nadya Malenko와 조지프 그룬드페스트Joseph Grundfest가 작성한 것으로 〈4 공포증 : 주당순이익 수치의 전략적 반올림Quadrophobia : Strategic Rounding of EPS Data〉이라는 제목으로 2009년에 처음 발표됐다).

버크셔는 혼란스러웠던 지난 2년 동안 상당한 자본을 배분했다. 지금 와서 보면 더 많은 성과를 거둘 수 있었을 것이다. 그러나 버크셔가 시행한 투자들은 수년간 추가적인 배당금과 이자 수익을 낼 수 있도록 설정한 것이었다. 버크셔의 자회사들은 타격을 받긴 했지만 그럼에도 그들의 성 안에서 안전한 상태를 유지했다. 그들의 경제적 위상에서 나오는 이점들이 보호막이 되어서였다.

2010년

–

2010년에는 버크셔의 주당 장부가치가 13% 증가했는데, 이는 S&P 500 상승률보다 2.1%p 낮은 수치였다. 2년 연속으로 저조한 실적을 기록한 셈이다. 버크셔의 르네상스 이후로는 처음 일어난 일이었다. 투자자 대부분이 미국 역사상 최악의 경기 침체 중 하나에서 막 벗어난 이후 경제 현황에 대해 조심스러운 태도를 이어 갔다. 그런데 버크셔의 자본 배분 담당자들은 이 상황을 다르게 보았다. 건설과 직·간접적으로 관련 있는 기업 등 일부 사업 부문은 여전히 부진한 흐름을 보였다. 반면 마몬, 포레스트 리버, 이스카 같은 사업 부문은 회복세를 보였다. 장기적인 사업 구축 및 훌륭한 경영진에 중점을 둔 덕분에 버크셔의 다양한 사업 부문 대다수는 전보다 더 심한 경기 침체에서 벗어났다. 게다가 엄청난 기업이 새로 버크셔에 합류했다. 거대 복합기업 버크셔는 전체 철도망도 집어삼켰는데(버크셔 사상 최대 규모의 인수로 기존 대비 5배 이상이었음), 이는 의심할 여지없이 미국이 여전히 기회의 땅이라는 사실을 알려 주었다.

그런 기회는 가장 적합한 기업에게만 다가온다며 버핏은 이렇게 강조했다. "그럼에도 불구하고 풍부한 유동성을 갖춰야 밤잠을 설칠 일이 없습니다. 게다가 우리 경제에서 이따금 발생하는 금융 혼란으로 일련의 사건을 겪는 시기에, 남들이 살아남느라 정신이 없을 때 우리는 재무적, 정서적으로 공격 태세를 갖출 것입니다."

버크셔의 전망이 양호했음에도 2010년 버크셔 주가는 비관론을 반영했다. 이 현상이 전반적인 경계심 때문이었는지 특히 버크셔 때문이었는지는 불분명하다. 버크셔의 시가총액 범위는 최저 1,600억 달러에서 최고 2,120억 달러에 걸쳐 있었다. 버핏은 이 때문에 시가총액이 내재 가치에 가까워지도록 버크셔의 이익 창출 능력에 대해 평소보다 더 구체적으로 설명하려고 노력했다.

버핏은 평상시 이익 창출 능력을 세전 170억 달러(또는 세후 약 120억 달러)로 추정했다. 이는 최근의 BNSF 인수 및 보험 영업의 변동성을 고려한 것이었다. 주주 서한에서 그는 버크셔의 내재 가치 측정 시 사용하는 두 가지 수치 요소(주당 투자 금액과 주당 세전 영업이익)를 제시했다. 이를 보면 버크셔의 가치가 상당히 저평가됐음을 그리 어렵지 않게 알 수 있었다.*

---

* 버크셔 A주의 주당 투자 금액은 9만 4,730달러였으며, 주당 세전 이익은 5,926달러였다. 이는 과거의 밸류에이션 배수 10배 적용 시 주당 15만 4,000달러 또는 시가총액 2,500만 달러에 해당했다. 연말의 주가 12만 달러는 20% 낮은 2,000억 달러의 가치를 시사했다.

벌링턴 노던 산타 페BNSF

2010년 2월 12일 버크셔 역사상 최대 규모의 인수가 이루어졌다. 해당 인수 건에 따라 버크셔의 평상시 이익 창출 능력은 세전 40%, 세후 30% 이상 증가했다.

BNSF는 400개 철도 노선을 통합한 150년에 걸친 인수·합병의 정점이었다.[21] 이 산업은 광활한 북미 지역에서 운행하는 주요 I급 철도가 몇 개 없을 정도로 통합된 상태였다.* BNSF는 주로 미국 서부 지역에서 3만 2,000마일이 넘는 노선으로 다양한 업종의 화물을 운송했다.** 매출액

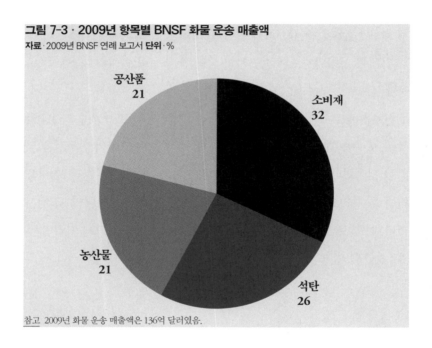

그림 7-3 · 2009년 항목별 BNSF 화물 운송 매출액
자료 · 2009년 BNSF 연례 보고서 **단위** · %

공산품 21

소비재 32

농산물 21

석탄 26

참고 2009년 화물 운송 매출액은 136억 달러였음.

---

* 육상운송위원회Surface Transportation Board에서는 연간 매출액이 1991년 기준 2억 5,000만 달러 이상이면 I급 철도로 정의한다.
** 그중 BNSF가 2만 3,000마일의 철로를 보유했다.

은 크게 네 항목으로 분류되었다(〈그림 7-3〉 참고).

철도 산업은 역사적으로 숱한 문제를 겪었는데, 버크셔는 왜 BNSF에 매료되었을까? 찰리 멍거는 과거 철도 산업의 문제점을 간략히 설명했다. 즉 높은 자본 집약도, 노동조합의 비대화, 강력한 규제, 그리고 장거리 트럭(주요 대체 운송 수단) 대비 상대적 단점 등이었다. 이런 문제점은 시간이 흘러 철도업계가 통합되고 규제가 완화되면서 변화를 맞았다. 철도 회사들은 노동조합과 원만히 협상해 인건비를 줄였으며 트럭 운송에 비해서는 연료 효율이 높아졌다. 철도는 (터널을 뚫고 교량을 강화하는 투자가 필요했지만) 2단 적재 화물칸을 이용해 트럭보다 운송 효율이 3배나 높아졌으며, 연료 1갤런으로 화물 1톤당 500마일(약 800킬로미터)을 운송할 수 있었다.

경기 침체기에 BNSF 인수에 동의한 것은 "미국의 경제적 미래에 전부 거는 도박을 한 것"이었다고 버핏은 말했다. 철도 기업 보통주 투자도 그 일환이었지만(버크셔는 BNSF를 비롯해 2006년 이후 철도 기업에 투자해 옴),[22] 전체 철도 노선을 인수하는 것은 또 다른 문제였다. BNSF를 전면 인수할 정도로 매력적으로 만들었던 요인은 다음과 같았다.

1. 철도 산업의 경제성 향상 | 위에서 설명했듯이, 철도 기업들은 수십 년 전과 비교해 영업이익률과 투하자본이익률이 개선된 상황을 누렸다. 진입 장벽이 매우 높아서 이런 이익률은 해자로 보호되었다. 21세기에 장거리 철도를 신설하기 위해 필요한 토지와 권리문제를 원점에서 조율하기란 사실상 불가능했다.

2. 유틸리티와 비슷한 특성 | "미국 경제 순환계의 중요한 부분"답게,* 규제 대상인 철도 산업은 유틸리티 산업과 유사한 기능이 있었고, 이에 (미드아메리칸

과 마찬가지로) 동일한 사회적 합의에 따른 공개된 투자수익률만 허용됐다.

3. 막대한 금액을 투자하는 능력 ┃ 다시 말해 BNSF는 미드아메리칸처럼 철도 유지 관리에 막대한 자본을 투자해야 했다. 중요한 것은 확장을 위해 더 많이 투자할 능력을 보유했다는 점이었다. 공개된 (동시에 제한된) 추가적인 자본 투자에 대한 수익률은 버크셔 내의 다른 자회사에서 벌어들인 현금을 투자할 곳을 제공할 수 있었다.

4. 서부 인구 팽창 ┃ BNSF는 미국에서 모든 도시 간 화물 운송량의 11%를 운송했다. 이 수치는 늘어날 가능성이 있었다. 미국 서부 인구가 동부 인구보다 증가율이 높아지고 있어서였다. 따라서 BNSF는 아시아 지역에서 출발한 화물을 미국 서부 해안 항구로 운송하는 것은 물론, 서부 철도 교통을 독점해 혜택을 누릴 수 있었다.

5. 과세 이연 ┃ 성장에 대한 당위성(그리고 자본 투자 확대 능력)에는 세제 혜택도 있었다. 미국 정부는 기업들이 자산의 내용연수asset's useful life에 비례해 세금 목적상의 감가상각 가속화를 허용했다. 이는 정부가 제공하는 무이자 대출과 마찬가지였다(자본 수익에 대한 과세 이연과 비슷함). BNSF의 부과 세율(총세금액을 과세 대상 금액으로 나눈 값)은 2009년까지의 5년 평균치가 35~38%였다. 그런데도 이 기간에 납부한 세금은 세전 이익의 평균 27%였다. 이 비율을 현금으로 환산하면 15억 달러에 상당해 적지 않은 액수였다.**

6. 낮은 차입 비용 ┃ 버크셔가 BNSF의 부채에 대해 명확하게 보증하지 않았지만, BNSF는 버크셔의 신용 등급에 따른 혜택을 볼 수 있었다.

---

* 버핏이 이야기한 것이다.
** 육상운송위원회는 허용 이익률 계산 시 과세 이연도 고려한다. 하지만 과세 이연은 정부에 아무 비용도 내지 않으므로 계속 순이익이 된다.

종합해서 보면, 위에 열거한 요인들에서는 버크셔의 초기 수익률이 매우 낮았을 것임이 분명해 보인다(〈표 7-17〉 참고). BNSF가 매년 법인세의 일부를 이연할 수 있었으므로 버크셔는 기존 회사의 다소 낮은 세전 이익률을 감수할 수 있었다. 게다가 BNSF가 시행한 투자 증가분에 힘입어 두 자릿수의 세전 이익률을 유지할 수 있었다. BNSF는 안정된 매출액과 이익을 창출하는 유틸리티 기업처럼 기능했기 때문에, 약간의 부채는 적정 수준에 있으면서 자기자본이익률을 높이는 데에도 기여할 수 있었다. 중요한 것은 버크셔가 경기 침체기에 이 회사를 인수했다는 사실이었다. 따라서 BNSF가 최근 5년 동안의 수익률 정도를 벌었다면 버크셔의 수익률은 더 높아졌을 것이다.

BNSF 인수 가격은 445억 달러로, 인수 시 추정 부채를 포함한 것이

표 7-17 · 벌링턴 노던 산타 페 인수 분석 | 자료·2010년 버크셔 해서웨이 연례 보고서,
2008~2009년 BNSF 연례 보고서 및 저자의 계산 **단위**·100만 달러

	2009	2008	2007	2006	2005
전체 매출액	14,016	18,018	15,802	14,985	12,987
매출액/평균 투하자본	0.64	0.90	0.85	0.86	0.79
이자·세금 차감 전 이익률	23%	22%	22%	23%	23%
세전 투하자본이익률	15%	20%	19%	20%	18%
인수 가격(주식)[1]	34,194				
추정 부채	10,335				
유효 인수 가격	44,529				
인수 가격 배수	2.03배				
버크셔 귀속 세전 이익률(2009년)	7.3%				
5년 평균 투하자본이익률 적용·이익률	9.0%				

주석
1. 이는 BNSF 지분 77.5%에 대한 인수 비용 265억 달러를 기준으로 계산한 지분 100%의 내재 가치 밸류에이션임. 실제 인수 비용은 335억 달러로, 이는 4억 달러의 주식 증가분과 기존 보유 66억 달러를 포함함. 버크셔는 BNSF 인수 시 기존 보유 지분에 대한 일회성 보유 차익 10억 달러를 인식했음.

었다. 이 가격은 버크셔의 기존 보유 지분도 계산한 것이다. 인수 대금 265억 달러(절반 차입) 중 나머지 금액은 현금(절반은 대출받은)과 버크셔 주식으로 지불했다(버크셔는 이 인수와 관련해 버크셔 A주 9만 4,915주를 발행했다*). 이 인수와 관련한 버크셔의 내재 가치 밸류에이션은 대략 1,840억 달러였다. 버크셔 주식은 2010년에 내재 가치가 꽤 할인된 것으로 보이는 가격으로 거래되었다. 그러나 버핏과 멍거는 그럼에도 이 인수가 그럴 만한 가치가 있다고 판단했다.**

버크셔는 BNSF 인수와 동시에 버크셔 B주를 50대 1로 액면 분할했다. 이는 BNSF 주주들에게 현금 대신 버크셔 주식 취득 기회를 더 제공하기 위한 목적이었다. 액면 분할을 하기 전, B주는 A주 가치 대비 30분의 1에 해당했다. 액면 분할 후 B주는 A주 대비 1,500분의 1이 되었다. 그에 따라 의결권이 분할되어 B주 의결권은 A주 대비 1만분의 1이 되었다.

BNSF가 주식시장에서 빠져나감에 따라 S&P 500에는 공백이 생겼다. 액면 분할한 B주는 유동성 요건을 충족해 S&P 500 지수에 BNSF 대신 편입되었다.

BNSF 인수에서 마지막 측면은 버크셔 복합기업 구조의 장점을 조명했다. 버크셔는 BNSF를 독립된 법인으로 보고했지만, 이 철도 회사는 인수 이래 처음부터 법적으로 내셔널 인뎀니티에 소속되어 있었다. 이

---

* 해당 주식 규모는 인수 대금 중 106억 달러어치에 해당했다. 버크셔의 가치는 A주 주당 11만 1,500달러, 즉 시가총액 1,840억 달러 규모였다.

** 찰리 멍거가 (BNSF 인수 완료 직후 개최된) 2011년 연례 주주총회에서 했던 다음 발언에는 버크셔의 경영 철학이 분명히 드러난다. "우리는 BNSF를 인수하면서, 우리 주주보다는 그쪽 주주에게 더 좋은 일이라고 생각했습니다. 왜냐하면 결국 그들이 버크셔로 들어오는 것이었으니까요. 그런데 그건 또한 우리 주주에게도 좋은 일이라고 생각했어요. 그리고 우리에게 만족스러운 일이라면, 이 인수가 그쪽 주주에게 더 좋은 일이라는 점을 굳이 신경 써야 할까요?"

것은 버크셔 산하 보험회사들의 자본 및 이익 개선에 도움을 주었다. 2009년 부분에서 언급했듯이, BNSF는 유틸리티 기업과 마찬가지로 이익이 크게 출렁이지 않았다. 이는 재보험 부문과 관련한 보험 인수 실적 변동성이 자연스럽게 상쇄해 주었다.***

규제 대상 자본 집약적 사업 부문

미드아메리칸 산하 순수 유틸리티 회사들은 2010년 초부터 이 부문에서 BNSF와 함께 묶였다. 버핏은 이 회사들이 매우 유사하다고 보았다. "두 회사의 주요 특징은 버크셔 보증 없는 거액의 장기부채로 자금을 조달해, 매우 수명이 길고 규제받는 자산에 막대한 투자를 한다는 겁니다." 두 회사는 늘어나는 미국의 수요에 부응할 수 있도록 성장 프로젝트에 상당한 자본을 투자해야 한다는 사회적 합의에 맞춰 운영되었다. 버핏에 그 대가로 규제 기관이 허용 가능 이익률에 공정성을 고려해 주기를 기대했다.

　종합하면 미드아메리칸의 사업 부문들은 유틸리티 사업 특유의 안정성을 보여 주었다. 전력 생산 및 유통, 파이프라인 등 다양한 사업에서 이자·세금 차감 전 이익EBIT은 19억 달러로 전년 대비 1% 증가에 머물렀다. 일부 사업 부문 실적이라도 변동성을 완전히 피할 수는 없었다. 파이프라인 사업의 EBIT는 특정 경제 상황과 관련한 물량 감소와 가격 탓에 17% 감소했으며, 영국 유틸리티 계열사의 EBIT는 호주 내

*** 이는 사실이었지만, 내셔널 인뎀니티가 증시에서 거래되던 BNSF 주식을 소유했을 때보다, 보험 규제 당국은 규제 자본 목적으로 100% 자회사 상태의 BNSF를 더 많이 평가절하했다.

자산 매각으로 이익이 발생한 덕에 34% 증가했다. 주거용 부동산 중개 회사인 홈서비스는 2010년에 4,200만 달러의 EBIT를 기록해 전년도만큼 이익을 창출했다.

BNSF 사업은 유틸리티와 비슷하긴 했지만, 사촌 격인 미드아메리칸 회사들보다 경기순환 주기에 더 민감했다. BNSF의 세전 이익은 2009년에는 경기 침체로 22% 감소한 39억 달러를 기록했다가 2010년에는 40억 달러로 48%나 반등했다. 일각에서는 버크셔의 BNSF 인수가 잘한 일인지에 의문을 제기했었다. 2010년 실적은 대다수 사람에게 BNSF 인수가 좋은 투자였다고 인정할 수 있게 해 주었다.

보험업

BNSF 인수에 힘입어, 버크셔의 보험 부문은 2010년 말 법정 자본이 940억 달러로 47% 증가했다. 수입 보험료는 310억 달러를 기록해 10% 증가했는데, 여전히 투하자본의 3분의 1 수준에 머물렀다. 이는 대차대조표가 견고함을 보여 준다. 버크셔의 보험회사들은 또한 전년에 이어 책임준비금 비용을 마이너스로 유지한 상태에서 보험 인수 이익(38% 증가한 20억 달러)을 냈다. 책임준비금은 연말에 6% 증가해 658억 달러에 이르렀다. 버크셔의 보험 부문은 대단히 양호한 상태였다.

표 7-18 · 버크셔 해서웨이 보험계약 인수

자료·2009~2010년 버크셔 해서웨이 연례 보고서 및 저자의 계산 **단위**·100만 달러

	2010	2009
가이코		
인수 보험료	14,494	13,758
수입 보험료	14,283	13,576
보험계약 인수 손익(세전)	1,117	649
제너럴 리		
인수 보험료	5,632	5,721
수입 보험료	5,693	5,829
보험계약 인수 손익(세전)	452	477
버크셔 해서웨이 재보험 부문		
수입 보험료	9,076	6,706
보험계약 인수 손익(세전)[1]	176	250
버크셔 해서웨이 원수보험 부문		
수입 보험료	1,697	1,773
보험계약 인수 손익(세전)	268	84
수입 보험료 총계	30,749	27,884
보험계약 인수 손익(세전) 총계	2,013	1,460
평균 책임준비금	63,872	60,200
책임준비금 비용	(3.2%)	(2.6%)
불이익성 (이익성) 손해 발생 총계	(2,270)	(905)
상기 수치에 포함된 할인 증가액 및 상각 비용	356	602

주석

1. 주의 깊은 독자라면 재보험 부문 보험 인수 이익이 2009년에는 3억 4,900만 달러였던 반면 위 표에서 2억 5,000만 달러임을 알았을 것임. 2010년 버크셔는 생명/연금 부문을 재보험 부문 산하로 이전함.

가이코

버핏은 주주 서한의 일부를 인용해 가이코가 버크셔에 가져온 가치와, 그 가치가 어째서 명백히 드러나지 않았는지를 강조해 설명했다. 버크셔가 1996년 가이코를 전부 인수했을 때 가이코 순가치에 27억 달러를 지불했다. 이는 가이코의 연간 보험료 물량의 97%에 해당했다. 그때부터 해당 사업권은 27억 달러에서 14억 달러로 상각되었다. 그런데 가이코의 보험료는 1996년 28억 달러에서 2010년 143억 달러로 늘어났다. 버핏은 가이코의 가치가 버크셔 대차대조표에 완전히 반영되지 않았음을 시사했다. 분명한 사실은 현행 계약 건수를 늘리고 이를 통해 수익을 올릴 수 있는 기업은 프리미엄 가격을 쳐줄 만하다는 점이었다. 버핏은 가이코를 영원한 선물이라고 말했다. 가이코는 2010년 92.2%의 합산비율로, 전년에 이어 보험 인수 이익(11억 달러)을 올렸다. 여기에다 전년도에 8.1%였던 시장점유율은 8.8%로 올라갔다.

버크셔 해서웨이 재보험 부문

버핏은 버크셔 해서웨이 재보험 부문을 300억 달러의 책임준비금을 창출하는 보험회사로 성장시킨 아지트 자인의 공로를 치하했다. 자인은 가격 약세 상태인 업계 여건 속에서도 계속 사업 규모를 확대할 방안을 찾았다. 수입 보험료는 91억 달러로 35% 증가했으며, 세전 보험 인수 이익은 2억 5,000만 달러*에서 1억 7,600만 달러로 감소했다.

---

* 이 수치는 2009년 부분에 3억 4,900만 달러로 표시했으나 비교 목적으로 바꾼 것이다. 버크셔는 2010년에 생명/연금 부문을 금융 및 금융 상품 부문에서 재보험 부문 산하로 이전했다.

재해 및 개별 리스크 부문의 수입 보험료는 24% 축소되어 6억 2,300만 달러를 기록했으며, 세전 보험 인수 이익은 2억 6,000만 달러로 67% 감소했다. 3억 2,200만 달러라는 상당한 (구체적인 내역 없는) 손실이 실적에 영향을 미쳤다.

소급보험료는 32% 증가해 26억 달러를 기록했는데, CNA 파이낸셜 코퍼레이션CNA Financial Corporation과 맺은 22억 5,000만 달러 규모 계약에서 대부분 발생했다. 이 계약은 특정 석면 및 환경오염 책임 배상과 관련된 것이었다. 이 부문에서 보고된 9,000만 달러의 손실은 지속적인 이연비용 상각에 따른 것이었다.

기타 다중화 부문의 수입 보험료는 11% 감소한 35억 달러였지만, 보험 인수 이익은 1,500만 달러에서 2억 300만 달러로 늘어났다. 더욱 인상적인 사실은 칠레와 뉴질랜드의 지진, 호주의 홍수, BP 딥워터 호라이즌Deepwater Horizon 석유 시추 시설 폭발 사고와 관련해 재해 손실이 3억 800만 달러나 발생한 후였는데도 이익을 올렸다는 점이었다.

전년도에 협의했던 스위스 리 생명 재보험 거래는 2010년에 개시되어 이해에 수입 보험료 21억 달러를 벌어들였다. 수십 년간 매년 약 20억 달러의 보험료가 계속 발생할 전망이었다. 이 계약과 관련한 회계 비용은 상당한 손실 보고를 의미했지만, 장기간 유지되는 책임준비금은 이 사업의 경제성을 매우 유익하게 만들었다. 한편 자인이 생명/연금 부문으로 활동 영역을 확대함에 따라 버크셔는 이 사업부를 금융 및 금융 상품 부문에서 재보험 부문 산하로 이전했다. 생명/연금 부문은 세전 보험 인수 손실로 1억 9,700만 달러를 보고했다. 전년도에는 9,900만 달러의 손실을 낸 것과 비교되었다.

제너럴 리

제너럴 리는 전년에 이어 보험 인수 이익을 보고해, 버핏의 네 가지 사업 기준을 준수하고 있음을 분명히 보여 주었다.* 이 기준에서는 '가격 산정 시 리스크 부담이 어려운 경우 계약을 포기한다'는 마지막 부분이 매우 중요한데, 2010년에 그런 경우가 발생했다. 수입 보험료는 57억 달러로 2% 감소했으며, 세전 보험 인수 이익은 4억 5,200만 달러로 5% 하락했다.

손해/상해 부문은 재보험 부문에 영향을 미쳤던 동일한 여러 자연재해로 타격을 입었다. 이에 3억 3,900만 달러의 비용이 발생했으며 2010년 보험 인수 부문은 9,600만 달러의 적자를 기록했다. 그러나 지난 수년의 사업에서 발생한 이익성 손실 증가액 3억 3,200만 달러, 상해 부문의 5,300만 달러의 이익에 힘입어 다시 흑자로 돌아섰다.

사망률 추세가 양호했던 덕분에 제너럴 리의 생명/건강 부문은 1억 6,300만 달러의 보험 인수 이익을 기록했다. 전년도에 비해 8% 감소한 수치이긴 했지만, 이 부문은 꾸준한 이익이 이어졌다.

버크셔 해서웨이 원수보험 부문

원수보험 부문은 가격 약세로 제약을 받았지만 그래도 84.2%의 합산비율, 17억 달러의 수입 보험료에 2억 6,800만 달러의 이익을 보고했다.

---

* 버핏에 따르면, 건전한 보험사업에는 다음과 같은 특징이 있다. 1) 계약에 손실을 초래할 수 있는 모든 익스포저 파악 2) 사실상 손실을 초래하는 익스포저 가능성 및 손실 발생 시 추정 비용의 보수적 평가 3) 예상 손실 비용과 운영 비용 부담 후에도 평균적으로 이익이 발생하는 보험료 산정 4) 적정 보험료 확보 불가 시 거래 포기

제조, 서비스, 소매 유통업

제조, 서비스, 소매 유통 부문은 실적을 회복해 25억 달러의 이익, 전년도 7.9% 대비 호전된 17.3%의 세후 유형자기자본이익률을 보고했다. 세전 유형투하자본이익률은 2009년 9.7%에서 2010년 19.5%로 증가했다. 그렇지만 여러 사업 영역, 특히 건설 관련 사업 부문들은 약세를 유지했다.

최대 단일 보고 부문은 마몬이었다. 거대 복합기업 축소판인 마몬(11개 사업 분야에 걸쳐 130개 독립된 회사들로 이루어졌음을 기억하자)은 세전 이익 8억 1,300만 달러로 19% 증가했다. 유통 서비스를 제외하면 11개 사업 부문이 저마다 2010년에 이익 증가를 보고했는데, 이는 2009년과 비교해 전체적인 경제성이 개선됐음을 보여 주었다.

맥클레인과 관련한 빅뉴스는 엠파이어 디스트리뷰터즈Empire Distributors와 호라이즌 와인 & 스피리츠Horizon Wine and Spirits를 인수해 와인과 증류주 유통 사업에 뛰어든 것이었다. 그에 따라 매출액이 5% 증가한 330억 달러로 상승했다. 맥클레인의 세전 이익은 매출액에 비해서는 미미했지만 7% 증가한 3억 6,900만 달러로 증가했다.

마몬이 합류하자 쇼 인더스트리스는 단일 보고 부문의 지위를 잃고 버크셔의 나머지 여러 제조업 부문에 편입됐다. 건축자재 관련 업체 등이 분야 업체 대부분은 사정이 좋아졌다. 2009년을 저점으로 해당 업체들의 매출액은 급격히 반등했다. 포레스트 리버(57% 증가), 이스카 메탈워킹 컴퍼니즈(41% 증가), CTB(20% 증가), 존스 맨빌(12% 증가)이 그 예였다. 종합해 보면 나머지 제조 부문은 매출액이 11% 증가한 177억 달러였고, 세전 이익은 19억 달러로 거의 2배 증가했다. 자세히 들여다보면 사정이 나아지긴 했지만 훌륭한 정도는 아니었다. 존스 맨빌, 미텍, 쇼 인더스트리스, 애크미 브릭이 창출한 세전 이익은 2006년의 13억 달러에 비해 72%나 감소했다.* 각 계열사는 또한 2010년에 인수 작업을 진행했다.**

나머지 서비스 부문은 매출액이 74억 달러로 12% 증가했다. 세전 이익은 2009년 9,100만 달러의 손실에서 2010년 9억 8,400만 달러의 이익으로 반등했다. 이 분야에 속한 기업으로 비즈니스 와이어, 팸퍼드 셰프, 데어리 퀸, 〈버펄로 뉴스〉, TTI가 있었다. 이 부문의 수익성 회복은 TTI 제품에 대한 전 세계적 강력한 수요 및 넷제트의 수익성이 좋아진 덕분이었다.

서비스 부문 최대 규모의 업체는 넷제트였다. 이 회사는 전년도에 보유 항공기 과다로 어려움을 겪었다. 이에 규모를 줄이고 항공기 편대와 관련해 약 7억 달러를 감가상각으로 처리했다. 버핏은 미드아메리칸 에너지를 키우고 경영한 데이비드 소콜에게 넷제트 지휘를 맡겼다. 소콜은 전년도에 7억 1,100만 달러의 세전 손실을 기록한 넷제트가 2010년 2억 700만 달러의 이익으로 돌아서도록 이끈 공로에 대해 찬사를 받았다.

버크셔의 자회사들은 자율 경영의 이점을 누렸다. 그러나 그런 자율

---

* 2010년 존스 맨빌, 미텍, 쇼 인더스트리스, 애크미 브릭의 세전 이익 합계는 3억 6,200만 달러였다.
** 애크미는 가동이 중단된 공장 한 곳을 포함해 경기 침체로 심각한 타격을 입은 앨라배마주 소재 젠킨스 브릭 & 타일Jenkins Brick & Tile을 인수했다. 이는 당시의 경기 상황에서 틀을 깨는 사고를 실천한 사례다. 이와 관련해 멍거는 2011년 연례 주주총회에서 이렇게 농담을 던졌다. "이렇다 할 고객이 없는 앨라배마 벽돌 공장에 입찰하는 곳이 하나도 없더라고요."
자료 : 2011년 버크셔 해서웨이 연례 주주총회 회의록, 버밍엄 비즈니스 저널Birmingham Business Journal, 2011년 1월 24일자.

에는 원칙이 따랐다. 버핏은 넷제트가 부채 비용을 낮추려고 불공정하게 버크셔의 소유권을 이용했다고 말했다. 이를 바로잡기 위해 버핏은 3,800만 달러의 보증 수수료를 부과했다. 버크셔의 신용을 이용하는 클레이턴 홈스에 수수료를 부과한 것과 마찬가지였다(넷제트의 이익은 이 수수료를 뺀 액수였다).

버크셔의 소매 유통 부문은 4개의 가정용 가구 회사, 3개의 보석 사업체, 시즈 캔디로 구성되었다. 소매 유통 부문 매출액은 2% 증가한 29억 달러에 그쳤다. 하지만 비용을 억제하기 위한 노력을 계속한 덕분에 총세전 이익은 전년에 비해 22% 상승한 1억 9,700만 달러를 기록했다.

금융 및 금융 상품

엑스트라와 코트는 사업을 적정한 규모로 조정해 매출액이 전년도와 비슷한 6억 6,100만 달러였다. 이익은 2009년에 비해 강하게 반등했지만 여전히 전년도보다 낮은 수준에 머물렀다. 엑스트라의 세전 이익은 이용률이 상승한 덕에 105% 증가한 3,500만 달러를 기록했다. 코트는 300만 달러의 세전 손실을 봤다가 1,800만 달러의 이익 달성으로 돌아섰다.

클레이턴 홈스는 여전히 작지만 견고한 기업이었다. 이 회사는 2010년 조립식 주택업계에서 47%의 점유율을 자랑했다. 그래도 앞뒤 사정을 살펴봐야 한다. 조립식 주택업계 전체의 주택 수요가 1998년에는 37만 2,843채로 정점을 찍었던 것과 비교해 2010년 이 회사의 점유율은 조립식 주택 수요가 5만 46채에 불과한 상황에서 얻은 것이었다. 1998년 당시 클레이턴의 시장점유율은 8%였다. 정부 정책은 클레이턴 홈스 같은 조립식 업체의 주택보다는 부지에 지어 올리는 주택을 구매할 때 더 유리했다(조립식 주택에 대한 주택담보대출은 받기도 어렵고 금리도 더 높았음). 버핏은 이에 대해 계속 불만을 표출했다.

버핏은 클레이턴을 높이 평가했다. 대출 사업에 신중을 기했기 때문이다. 최근의 주택금융 위기에 빗대어 버핏이 주주들에게 말했다. "만약 (클레이턴 홈스의) 대출 사업이 잘못되었다면 우리는 그 대가를 치렀을 겁니다." 클레이턴은 대출을 대부분 그대로 보유했는데(증권화하거나 매각하지 않음-옮긴이), 그래서 건전한 대출을 취급해야 할 동기가 있었다. 클레이턴은 신용 점수가 낮은 고객에게도 대출을 제공했음에도 순 대출 손실률은 놀라울 정도로 안정된 수준을 유지했으며, 최근 5년 동안 그 수치가 2%를 넘긴 적이 없었다. 2010년 말 클레이턴 홈스의 주택담보대출 포트폴리오는 총 115억 달러였다.

투자

아마 버크셔 투자와 관련한 가장 큰 뉴스는 투자가 아니었다. 바로 사람이었다. 2010년, 버크셔는 토드 콤스Todd Combs를 발탁해 620억 달러 규모의 주식 포트폴리오 중 일부를 운용하게 했다. 콤스는 버크셔에 합류하기 전에는 애널리스트를 거쳐 헤지 펀드인 캐슬 포인트 캐피털 Castle Point Capital을 직접 운영했다. 콤스의 영입은 버핏이 셋으로 나뉘는 버핏 업무(비상임 이사회 의장, CEO, 1명 또는 그 이상의 투자 책임자)의 적임자를 찾는 첫 번째 단계였다. 버크셔는 콤스와 함께 일할 한두 사람을 더 물색하고 있었다. 가이코의 투자 책임자 루 심프슨이 은퇴했기 때문에 새 인물 영입은 더더욱 중요했다. 루 심프슨은 버핏이 가이코를 인수한 후에도 계속 업무를 맡기고 최고의 투자 책임자 중 하나라고 극찬했던 인물이었다.

2010년 버크셔의 자기자본 포트폴리오에는 그다지 변화가 없었다. 가장 큰 변화는 재보험사인 뮌헨 리Munich Re에 대한 투자였다. 버크셔는 연말에 취득원가가 29억 달러였다고 보고했다.

2010년에는 미국을 비롯한 전 세계가 경기 침체의 수렁에서 빠져나오고 있었다. 이에 유감스러운 상황이 이어졌는데, 바로 버크셔가 지난 2년 동안 진행해 큰 수익을 올렸던 대규모 투자들의 상환 가능성이었다. 버크셔는 스위스 리, 골드먼 삭스, 제너럴 일렉트릭, 리글리를 대상으로 맞춤형 투자를 진행한 바 있었다. 해당 기업들은 신용 시장에서 더 유리한 조건을 제공받을 수 있었기에 곧 버크셔에 투자금을 상환할 상황이었다. 골드먼 삭스는 이미 투자금을 상환하겠다고 밝힌 상태였다. 이를 저지할 만한 것이라고는 연방준비제도(이하 연준)뿐이었다. 연준은 경기 침체기에 시행했던 자본 규제를 완화할 것으로 기대되고 있었다. 이 회사들이 버크셔와의 자금 도입 계약을 파기하고 지급할 거액의 상환 프리미엄을 아무리 계산해 봐도 버크셔는 사정이 더 나빠질 전망이었다.* 금리는 한 자릿수로 낮게 떨어졌다. 12% 이상의 수익률을 올리는 증권의 대체물을 찾기가 쉽지 않아 투자 수익은 줄어들 가능성이 컸다.

---

* 버핏은 골드먼 삭스, 제너럴 일렉트릭, 리글리의 상환 프리미엄 합계를 14억 달러로 추정했다. 스위스 리는 우선주를 2011년 초에 상환했다.

금융위기조사위원회 인터뷰

2010년 5월이었다. 새로 구성된 금융위기조사위원회Financial Crisis Inquiry Commission 위원들은 워런 버핏을 만나 인터뷰를 했다. 이 오마하의 현인이 이번 경기 침체의 원인 및 향후 유사한 위기 대처 방안에 대한 명쾌한 해법을 이야기해 줄 것을 희망했다. (빈 줄 하나 없는) 23쪽 분량의 해당 회의록에는 투자에 대한 시대를 초월하는 몇 가지 지혜가 담겨 있었다.

- 대체 가치 기능으로서의 주택 가격 | 주택 가격이 시간이 갈수록 올랐기 때문에 주택 매입은 괜찮은 투자로 보였지만, 실제로는 현금 가치가 떨어지고 있었다. 시간이 지날수록 주택은 대체 가치를 반영한다. 주택 가격이 올라가기 시작하자 후발 주자들이 뛰어들었다. 이것은 결국 초기 투자자들과 후발 주자들이 집값은 계속 오른다거나, 최악의 경우에도 집값이 전국적으로 떨어질 일은 없을 거라고 생각하게 만들었다. 전국적인 주택 가격 하락이 발생하자 많은 주택 소유주가 자기 집을 감당할 수 없었으며, 투자자들은 받은 대출을 상환하지 못했다.*

- 농장 | 또 다른 부동산 관련 사례다. 버핏은 1986년 연방예금보험공사FDIC에서 개인적으로 농장을 매입했다. 한 은행이 수많은 비슷한 고객에게 대출을 과

---

* 버핏의 설명에 더해 계산을 좀 더 해 보았다. 1973~2018년(이용 가능한 최신 수치였음)의 미국 주택 가격 중간값은 연 5.1% 상승했다. 같은 기간에 소비자물가지수는 연 3.8% 올랐다. 또 이 기간에 주택 규모 중간값은 연 1% 증가했다. 여기서 설명되지 않는 부분이 0.3%다('소비자물가 상승분 3.8%+주택 규모 상승분 1%=4.8%'로, 전체 집값 상승분 5.1%에서 이를 빼면 0.3%가 됨-옮긴이). 이는 전반적인 생활수준 향상과 관련이 있을 수 있다.
자료 : 세인트루이스 연방준비은행의 FRED(경제통계 사이트), 미국 인구조사국의 신규 주택 특성 사이트

도하게 공급했는데, 허술한 대출 공급 기준 때문에 망한 것이 계기가 되었다. 버 핏의 분석은 단순한 만큼 예리한 통찰력이 있었다. 이 은행은 금리가 10%였을 때 농부에게 1에이커_acre당 2,000달러를 빌려주었다. 농부는 1에이커당 보통 60달 러를 벌어들이는 농장을 매입하려고 대출을 받았다. 이 자산의 대출 이율은 3% 였는데 어떻게 재앙이 발생하지 않을 수 있었겠나?** 버핏은 1에이커당 600달 러에 이 농장을 매입했는데, 취득원가 대비 10%의 수익률을 올렸다(버핏은 그 로부터 35년이 지난 2020년 현재에도 이 농장을 여전히 보유 중임).

- 벌링턴 노던 산타 페에서의 헤징 | 버핏은 자신이 BNSF를 운영했다면 철도의 주요 투입 비용인 연료 비용을 헤지하지 않았을 거라고 위원회에 말했다. 왜 그 랬을까? 시간이 지나면서 손익이 상쇄되기 때문이었다. 그럼 무엇이 남았을까? 바로 헤징 프로그램의 마찰 비용_frictional cost(거래할 때 들어가는 직·간접적 비용 - 옮긴이)이었다. 버핏은 경영진이 헤징을 활용한 이유를 알고 있었다. 헤징을 하 면 이익이 들쭉날쭉하지 않고 무난하게 나타나는데, 이래야 월 스트리트가 보 상해 주었다(주가에 긍정적이라는 뜻 - 옮긴이).

- 미국 국채의 대체물은 없음 | 버크셔에는 미국 국채의 대체물이 존재하지 않 았다. 버크셔는 수익을 조금 더 내겠다고 기업 어음에 투자하지 않았다. 이유는 무엇일까? "저(버핏)는 앞으로 무슨 일이 일어날지 모르거든요."

미국과 전 세계의 미래와 마찬가지로, 버크셔의 미래에도 무슨 일이 일어날지는 알 수 없었다.

** 1에이커당 수익 60달러를 2,000달러의 대출로 나누어 보자.

2011년

–

2011년 버크셔는 S&P 500에 대한 2년간의 연패를 끊어 냈으며, 이 기준 지수보다 2.5%p 앞섰다. 4.6%의 총수익률은 1965년 이래 연 복리 수익률이 20% 아래(19.8%)로 떨어지는 원인이 되었다. 버핏이 버크셔를 인수한 이래 반세기 가까이 되는 시점에, 버핏은 버크셔의 발전이 양호하다고 보았다. 보험업에서 가장 중요한 책임준비금 비용이 마이너스였으며 책임준비금은 다시 증가했다. 2011년에는 건설 관련 업체들이 여전히 고전했지만 여러 비보험사업 부문에서 실적이 개선되었다. 버크셔는 2011년에 세 건의 대규모 투자를 진행했다. 즉 뱅크 오브 아메리카Bank of America 우선주 인수, IBM 투자, 루브리졸 코퍼레이션 Lubrizol Corporation 인수 등이었다. 루브리졸 인수는 버핏의 후계자로 여겨졌던 인물과 관련된 보기 드문 추문으로 이어졌다.

버크셔 주가는 좀처럼 회복세를 보이지 않았다. 이에 버핏은 다시 한번 주주 서한에서 버크셔 가치에 대한 몇 가지 어렵지 않은 힌트를 제시했다. 또한 참신한 해결책을 내놓았다(적어도 버크셔에서는 새로웠음). 버크셔는 장부가치의 110% 가격으로 자사주 매입에 나설 것이라고 발표했다. 불과 1년 전에 그는 "지난 40년 동안 버크셔는 배당이나 자사주 매입에 한 푼도 들이지 않았습니다"라고 말한 바 있었다.* 그런데 버크셔가 이틀에 걸쳐 자사주를 6,700만 달러어치를 사들이면서 2011년 9월에는 상황이 바뀌었다.** 이유는 무엇일까? 버핏은 다음 두 조건을 충족할 경우에는 자사주 매입을 선호한다고 말했다. 첫째, 회사에 자금이 남아돌 경우였다(당시 버크셔에는 현금성 자산이 200억 달

러 이상이었음). 둘째, 보수적으로 계산된 회사의 내재 가치보다 주가
가 훨씬 낮은 경우였다. 이런 여건일 때 자사주를 매입하면 주당 내재
가치가 상승한다. 자사주 매입에 쓴 6,700만 달러는 주가가 장부가치
대비 110%라는 기준을 넘어가기 전의 금액이었다.

버핏의 설명과 자사주 매입 발표는 버크셔 주가를 높이려는 목적은
아니었다. 버핏은 수년간 때때로 버크셔 주가가 가치를 충분히 반영하고
있다는 신호를 시장에 보내곤 했었다. 그러나 당시 버핏과 멍거는 그 대
신 버크셔 주가가 내재 가치에 근접해지기를 희망했다(즉 주가가 내재
가치보다 너무 높지도 낮지도 않은 상태). 이는 주주들의 투자 성과가 버
크셔의 기업 내재 가치 성과와 대략 일치하게끔 하려는 것이었다.***

표 7-19 · 버크셔 해서웨이 내재 가치 평가
자료 · 2010년, 2011년 버크셔 해서웨이 연례 보고서 및 저자의 계산

주당(A주 기준)	2011	2010
투자 금액	$98,366	$94,730
세전 영업이익(예 : 투자 이익)	6,990	5,926
추정 가치(투자 금액+영업이익의 10배)	$168,266	$153,990
기말 주가	$114,755	$120,450
기말 주당 장부가치	99,860	95,453
주가/추정 가치	0.68배	0.78배
주가/장부가치	1.15배	1.26배
가치/장부가액	1.69배	1.61배
추정 가치 변동률	9%	
주가 변동률	(5%)	

---

* 1976년 자사주 6,647주 매입에 43만 3,055달러, 1977년 2,244주 매입에 22만 9,162달러를 썼는
  데, 버핏은 이 사실을 기억하지 못했던 게 분명하다.
** 버크셔는 A주 98주와 B주 80만 1,985주, 바꾸어 말해 A주로 치면 633주에 해당하는 자사주를 사들였다.
*** 버핏과 멍거는 버크셔 주가를 1년에 한 번 설정할 수 있으면 좋겠다고까지 말했다. 이는 비상장 기업이
  소유권 양도에 영향을 미치는 방법과 비슷하다.

루브리졸 코퍼레이션

버크셔는 2011년 9월 16일 루브리졸을 인수했다. 오하이오주 클리블랜드에 본사를 둔 루브리졸은 1928년에 설립되었다. 글로벌 특수 화학기업인 루브리졸은 운송, 산업재, 소비재 등 여러 산업에 첨가제와 신소재를 공급했다.

버핏은 루브리졸의 사업을 완전히 이해하지 못했지만, 이 회사의 뛰어난 경제성을 좋아했다. 2004년에서 2011년까지 루브리졸의 세전 이익은 거의 10배나 증가하며 10억 달러를 약간 넘었다. "처음에는 전혀 생소한 사업이라는 생각이 들었습니다. 석유 첨가제 이야기를 하시는데요. 저는 그 화학작용이 전혀 이해되지 않고, 그걸 꼭 알아야 할 필요도 없습니다."

루브리졸은 장기간에 걸쳐 산업이 통합되던 기간에 생존해 비교적 작은 시장에서 업계 선두 주자가 되었다.* 이 사실은 루브리졸의 재무 실적에서 드러난다. 이 회사의 투하자본이익률은 20%를 넘어서는 수준에서 유지되었으며, 버크셔에 인수되기 직전 연도인 2010년에는 45% 이상으로 급상승했다. 루브리졸의 재무제표를 보면, 매출액은 계속 두 자릿수로 성장한 반면 주요 비생산 비용 상승은 억제된 것으로 나타난다(〈표 7-20〉 참고). 게다가 고객과의 관계(새로운 엔진이 개발되면 고객과 협력해 첨가제 만들기 등)는 지속 가능한 경쟁 우위(버핏이 애지중지한 해자)를 제공했다. 루브리졸은 또한 최종 제품의 성능을 굉장히 높여 주는 것에 비하면 가격은 매우 저렴한 제품을 내놓았다.

---

* 버핏은 2011년 연례 주주총회에서 관련 시장 규모가 연간 100억 달러라고 생각한다고 말했다.

표 7-20 · 루브리졸 코퍼레이션 인수 분석 | 자료·2010년 버크셔 해서웨이 연례 보고서, 2006~2009년 루브리졸 연례 보고서, 2010년 루브리졸 연간 사업보고서 및 저자의 계산 단위·100만 달러

	2010	2009	2008	2007	2006
총 매출액	5,418	4,586	5,028	4,499	4,041
매출액/평균 투하자본1	2.19	2.19	2.78	2.46	2.30
이자·세금 차감 전 영업이익률1	21%	19%	10%	11%	10%
세전 투하자본이익률	45%	41%	27%	27%	23%
인수 가격(주식)	8,700				
추정 부채	1,352				
유효 인수 가격	10,052				
인수 가격 배수	4.06배				
버크셔 귀속 세전 이익률(2010년)	11.1%				
5년 평균 투하자본이익률 적용 이익률	8.1%				

주석
1. 사업권과 무형자산에 대한 조정이 이루어졌으며 이 외에도 약간의 상각 및 구조 조정 비용이 적용됨.

루브리졸 인수 가격에는 우수함이 드러나 있다. 버크셔는 87억 달러에 루브리졸을 인수했다. 인수 시 추정된 부채를 고려했을 때, 이 인수 가격은 이 회사의 기본 투하자본에 4배를 적용했다. 그 액수에는 이 회사의 수준 및 최근 이익 지속 가능성에 대한 확신이 묻어났다.** 버핏은 기업 인수를 판단하는 방법을 다음과 같이 명확하게 설명했다. "여러분은 90억 달러에 가까운 투자액을 기준으로 우리를 판단해야 합니다. 또 이 회사를 운영 중인 (CEO) 제임스 햄브릭 James Hambrick 에 대해서는 그가 투하자본 규모를 매우 낮췄다는 점을 바탕으로 평가해야 합니다."***

** 이 회사가 20% 중반 수익률로 되돌아가더라도 버크셔의 수익률은 대략 6.5~7%에 이르며, 점진적인 성장률도 매우 매력적으로 전망됐다.
*** 버핏에 따르면, 루브리졸은 대략 25억 달러의 투하자본을 사용했다. 이 수치는 2010년 루브리졸 연간 사업보고서에서 도출할 수 있다. 즉 자기자본 22억 7,100만 달러에 부채 13억 5,200만 달러를 더하고, 사업권 및 무형자산 10억 6,500만 달러를 빼면 된다. 2010년 총 투하자본은 25억 5,800만 달러였다. 평균 투하자본은 24억 7,900만 달러였다.

버크셔는 루브리졸을 인수하는 데 수십억 달러가 넘는 비용을 썼다. 아울러 믿음직했던 한 경영자를 잃었다. 그는 버핏의 유력한 후계자로 언젠가 버크셔의 CEO가 될 것으로 기대되었던 인물이었다. 전체 내용은 길고 미묘하지만 간략히 설명하면 이랬다. 데이비드 소콜(미드아메리칸 인수 시 버크셔에 영입되었으며 사퇴하기 전까지 넷제트의 회장직에 있었음)이 루브리졸의 주식을 사들인 다음 버크셔에 루브리졸 인수를 권했다는 것이다. 소콜의 행동은 단기적 이익을 얻으려 했다기보다는 중대한 판단 착오였음을 시사했다. 하지만 버크셔의 평판에 타격을 입었고 결국 소콜이 직장을 잃게 되었다(소콜이 넷제트에서 사임함). 버핏에게는 임직원들이 신문 1면에 실려도 무방한 일만 해야 한다는 경험을 바탕으로 한 원칙이 있었다. 그렇지만 이런 유형의 관심은 소콜이 원했던 바가 아니었다.*

그로부터 바로 1년 전, 버핏은 버크셔의 경영자들에게 2년마다 보내는 편지의 사본을 2010년 연례 보고서 말미에 첨부한 바 있었다.** 두 쪽짜리 해당 편지는 버크셔 임직원들이 우선순위로 삼아야 하는 사항을 다음과 같이 강조했다. "최우선 사항은 우리 모두 계속해서 열심히 평판을 지키는 것입니다. 우리는 완벽할 순 없지만, 완벽해지려고 노력할 수는 있습니다. 25년 이상 이런 메모로 말씀드렸습니다만, 돈은 잃

---

* 소콜은 버크셔의 인수 계획이 발표되기 두 달 전에 루브리졸 주식을 사들였다. 버크셔의 루브리졸 인수로 소콜이 보유한 주식의 가치는 300만 달러나 상승했다. 소콜이 루브리졸 주식으로 거둔 수익은 그의 소득과 순자산에 비하면 별것 아닌 수준이었다. 버핏은 그렉 에이블을 위해 자발적으로 본인의 보상을 줄였던 소콜의 선행을 예로 들면서 그를 옹호했다. 이에 대한 좀 더 자세한 사항은 루브리졸 인수 당시 주주 제안 첨부 서류, 2011년 4월 26일자 버크셔 해서웨이 감사위원회 보고서에서 확인할 수 있다.
** 그 편지는 2010년 7월 26일 날짜로 되어 있었다. 2010년 연례 보고서는 소콜의 부적절한 행동을 버핏이 알기 한 달 전인 2011년 2월에 공개되었다.

을 수도 있습니다. 매우 큰돈을 잃을 수도 있죠. 하지만 평판을 잃는 것
은 용납할 수 없습니다. 단 한 치의 평판이라도요."

보험업

버크셔의 보험 부문은 다시 한번 실적을 내놓았다. 수입 보험료는 4%
증가해 320억 달러를 기록했다. 책임준비금은 7% 증가해 706억 달러
에 이르렀으며, 그에 따라 보험 인수 이익이 더해졌다. 보험 인수 이익
은 2010년 20억 달러에서 2011년 2억 4,800만 달러로 감소했다. 그래
도 업계 전반에 걸쳐 가격이 하락했고 여러 대형 재해가 겹쳤던 상황에
서 실적은 꽤 잘 나온 것이었다. 손익 균형 정도의 보험 실적이라 해도
책임준비금 때문에 상당한 경제적 이익이 생긴다는 점을 기억하자. 버
크셔의 보험 부문은 모두가 하락한 가격 탓에 보험 물량이 제한적이었
다고 보고했다.

표 7-21 · 버크셔 해서웨이 보험계약 인수
자료 · 2010년, 2011년 버크셔 해서웨이 연례 보고서 및 저자의
계산 **단위** · 100만 달러

	2011	2010
가이코		
인수 보험료	15,664	14,494
수입 보험료	15,363	14,283
보험계약 인수 손익(세전)	576	1,117
제너럴 리		
인수 보험료	5,819	5,632
수입 보험료	5,816	5,693
보험계약 인수 손익(세전)	144	452

	2011	2010
버크셔 해서웨이 재보험 부문		
수입 보험료	9,147	9,076
보험계약 인수 손익(세전)	(714)	176
버크셔 해서웨이 원수보험 부문		
수입 보험료	1,749	1,697
보험계약 인수 손익(세전)	242	268
수입 보험료 총계	32,075	30,749
보험계약 인수 손익(세전) 총계	248	2,013
평균 책임준비금	68,202	63,872
책임준비금 비용	(0.4%)	(3.2%)
불이익성 (이익성) 손해 발생 총계	(2,202)	(2,270)
상기 수치에 포함된 할인 증가액 및 상각 비용	342	356

참고
버크셔 해서웨이 원수보험 부문과 재보험 부문의 인수 보험료는 항목에 넣지 않음.

버크셔 해서웨이 재보험 부문

뉴스거리가 될 만한 이벤트는 대부분 버크셔 해서웨이 재보험 부문에서 일어났다. 네 영업 부문 중 세 곳이 모두 저마다 다른 이유로 손실을 보고했다. 그에 따라 재보험 부문은 2011년 수입 보험료가 91억 달러로 전년도 수준에 그친 상황에서 7억 1,400만 달러의 적자를 냈다.

재해 및 개별 리스크 부문의 가격은 약세를 유지했다. 몇 가지 신규 계약이 체결되었고 갱신한 계약은 가격이 인상되어 수입 보험료는 7억 5,100만 달러로 21% 증가했다. 일본과 뉴질랜드에서 일어난 대규모 지진은 8억 달러의 손실을 유발했다. 이에 따라 3억 2,100만 달러의 세전 보험 인수 손실이 발생했다. 전년도에는 2억 6,000만 달러의 이익을 냈었다. 그와 같은 이익 변동성은 이례적인 것은 아니었다. 이해에는 세계적으로 이따금 대규모 재해가 발생할 것으로 전망되어서였다.

기타 다중화 부문의 수입 보험료는 22% 증가한 42억 달러를 기록했다. 스위스 리와 맺은 20% 지분 참여 협약 덕분이었다. 재해 및 개별 리스크 부문에 영향을 미친 일본과 뉴질랜드에서 일어난 지진 외에도 태국의 홍수까지 더해짐에 따라 추가 재해 손실이 9억 3,300만 달러 발생했다. 몇몇 계약 건의 이익 4억 5,500만 달러와 외화 수익 1억 4,000만 달러가 있었으나, 기타 다중화 부문은 3억 3,800만 달러의 보험계약 인수 손실을 발표했다. 전년도에는 2억 300만 달러의 이익을 올렸다.

생명/연금 부문은 스위스 리 생명 & 건강과 맺은 계약과 관련한 6억 4,200만 달러의 비용을 반영했다. 계약 초반의 사망률 추정 오류를 바로잡기 위한 것이었다.* 이 부문의 세전 손실은 전년도에 1억 9,700만 달러에서 2011년에 7억 달러로 대폭 상승했다. 수입 보험료는 9% 감소해 22억 달러를 기록했는데, 대부분 스위스 리와의 계약에서 창출되었다. 아울러 캐나다의 선 라이프 어슈어런스 컴퍼니Sun Life Assurance Company를 그 모회사로부터 인수해 창출한 수입 보험료도 있었다.

소급 재보험 부문은 2011년 재보험 부문에서 유일하게 흑자를 내며 6억 4,500만 달러의 보험 인수 이익을 발표했다. 전년도에는 9,000만

---

* 재보험 부문이 스위스 리 생명과 맺은 보험계약에서는 사망률을 높게 조정했고 제너럴 리의 생명보험 계약에서는 낮은 사망률을 이익성으로 조정했다. 두 계약 간의 명백한 모순에 대해 버핏은 질문을 받았다. 버핏에 따르면 사망률이 최초 추정치보다 악화되었으며, 2011년의 조정은 추정치를 최악의 경우로 잡아서 여유분을 둔 것이었다.

달러의 손실을 냈었다. 수입 보험료는 20억 달러(23% 감소)로 대부분 아메리칸 인터내셔널 그룹American International Group(이하 AIG)의 자회사와 맺은 17억 달러 규모의 소급형 계약에서 발생했다. 해당 계약은 소급형이어서 그에 결부된 즉각적인 손익은 없었다. 그런데 여기서 상당한 이익이 발생한 주요인은 2009년 스위스 리와의 계약 관련 추정 부채에서 8억 6,500만 달러가 차감되어서였다(스위스 리 계약은 위에 언급된 것과는 별개였으며, 이번 계약은 2009년까지 스위스 리의 비생명 보험 손실을 보장했다).

제너럴 리

재보험 부문과 마찬가지로 제너럴 리 역시 비슷한 재해 손실과 가격 약세 환경 아래 있었지만, 제너럴 리는 주요 보고 대상인 두 사업부에서 수익을 창출해 냈다. 세전 보험 인수 이익은 1억 4,400만 달러로 기록되었다. 전년도에는 4억 5,200만 달러였다. 수입 보험료는 2% 증가해 58억 달러를 기록했다.

손해/상해 부문은 8억 6,100만 달러의 재해 손실에도 가까스로 700만 달러의 이익을 만들어 냈다. 손해/상해 부문 나머지 계약의 이익 7억 4,100만 달러, 그리고 상해/근로자 보상 부문에서 발생한 1억 2,700만 달러의 이익에서도 약간의 이익이 발생했다. 수입 보험료는 29억 달러로 전년도 수준이었다.

제너럴 리의 생명/건강 부문은 해외시장에서 강세를 보여 수입 보험료가 6% 증가한 29억 달러를 기록했다. 생명 부문은 양호한 사망률의 혜택을 보았으며, 전년에 이어 1억 3,700만 달러의 이익을 올렸다. 전년도 이익은 1억 6,300만 달러였다.

가이코

가이코의 수익성은 떨어졌지만 여전히 눈여겨볼 만했다. 시장점유율이 2010년 8.8%에서 9.3%로 상승해 현행 계약 건과 보험료가 늘어났다. 가이코의 합산비율은 4.1%p 상승했지만 96.3%라는 매우 만족스러운 수치를 유지했다. 수익성이 감소한 주요인은 부상 및 물리적 피해 심각도의 상승이었다. 게다가 재해 손실이 1억 4,300만 달러나 증가해 손해율도 올라갔다.

버크셔 해서웨이 원수보험 부문

원수보험 부문은 14%의 보험 인수 이익률을 기록해 17억 달러의 보험료에서 2억 4,200만 달러를 이익으로 벌어들였다. 전년도에는 비슷한 보험료 물량으로 2억 6,800만 달러의 이익을 올렸다. 메드프로와 어플라이드 언더라이터즈는 모두 이익성 손해 이력을 보고해 이 부문의 실적을 뒷받침했다. 버크셔의 홈 스테이트 보험회사들은 전년에 이어 또 손실을 보고했지만, 그 이유는 밝히지 않았다. 2011년 말, 메드프로가 뉴저지주에 기반을 둔 전문인 책임보험사인 프린스턴 인슈어런스 Princeton Insurance를 인수했다. 프린스턴은 연간 1억 4,000만 달러의 인수보험료를 보유한 데다 4억 달러 흑자였고, 6억 달러의 책임준비금을 확보한 업체였다. 프린스턴 인슈어런스의 인수 가격은 공개되지 않았다.

제조, 서비스, 소매 유통업

제조, 서비스, 소매 유통 부문의 실적에는 미국이 경기 침체에서 서서히 벗어나고 있다는 사실이 반영되었다. (루브리졸 관련 조정이 이루어진) 전체 실적에서는 세전 이익이 분명히 반등했으며, 유형투하자본이익률은 19.5%에서 24.2%로 증가했다. 세후 유형자기자본이익률은 17.3%에서 22.9%로 상승했다. 이 부문 기업들의 전체 인수 가격(사업권 포함)을 고려하더라도 세후 자기자본이익률은 1%p 개선되어 8.9%를 기록했다. 그러나 이 실적에는 주택 관련 업체 네 곳의 실적이 포함되어 있었는데, 이 회사들은 계속 힘든 상태였다(〈표 7-22〉 참고).

표 7-22 · 제조, 서비스, 소매 유통 선별 데이터
자료 · 2011년 버크셔 해서웨이 연례 보고서 **단위** · 100만 달러

	2011	2010	2009
주택 관련 업체1	359	362	227
비주택 관련 업체2	4,387	3,912	1,831
루브리졸	291		
제조, 서비스, 소매 유통 부문 세전 이익 합계	5,037	4,274	2,058

각주
1. 애크미, 존스 맨빌, 미텍, 쇼(클레이턴 홈스는 금융 및 금융 상품 부문에 포함됨).
2. 루브리졸은 실적 비교 목적으로 분리했음.

마몬은 여전히 인상 깊은 실적을 보고했다. 매출액이 16% 증가해 69억 달러를 기록했으며, 세전 이익이 22% 상승해 9억 9,200만 달러를 기록했다. 마몬의 CEO 프랭크 프탁은 최근 인도의 크레인 회사와 파트너십을 맺는 등 볼트온 인수로 140개 사업체로 구성된 이 거대 복합기업을 계속 확장해 나갔다. 마몬은 11개 사업 부문 중 단 한 부문에서만

매출액과 이익이 감소했다고 보고했다. 이 회사 최대 고객의 구매 감소
는 소매점 비품 부문의 약세로 이어졌다.

버크셔는 2008년 마몬의 지분 60%를 인수할 당시, 이익에 대한 배수
를 고려한 가격으로 추후 나머지 지분을 취득하기로 합의했다. 이 배수는
공개되지 않았다가 이후 버크셔의 후속 거래를 통해 밝혀졌다. 버크셔는
2011년 초 15억 달러를 들여 마몬의 지분 16.6%를 인수했는데, 이는 마
몬에 대한 전체 밸류에이션이 90억 달러임을 시사한다. 해당 수치는 또
한 2010년 이익의 11배라는 세전 배수, 즉 약 9%의 수익률을 의미한다.*

버크셔의 성장은 점점 많은 대형 계열사들을 '기타' 부문으로 밀어
넣었다. 연간 매출액이 50억 달러에 육박했던 쇼 인더스트리스마저도
2010년에는 그와 같은 재무적 운명에 놓이고 말았다. 버핏이 그 존재
들을 조명하지 않는 한, 규모가 작은 업체는 일찍이 이런 운명이었거
나 이내 수면 아래로 내려갔다. 그중에서 특히 빅 멘시넬리Vic Mancinelli가
운영한 농기구 제조업체 CTB를 주목할 만하다. 이 회사는 2002년 1억
3,900만 달러에 인수된 이래 버크셔에 1억 8,000만 달러를 안겨 주었고
2011년에만 세전 1억 2,400만 달러를 벌어들였다. 또 장부상 1억 900만
달러의 현금도 보유했다. 대단한 기록이었다.

CTB의 누적 기록이 괜찮았다 해도 시즈 캔디의 누적 기록에는 근접
하지 못했다. 버크셔는 1972년 시즈 캔디를 2,500만 달러에 인수했다.

---

* 흥미로운 회계 처리 주석을 여기에서 소개한다. 마몬 지분 추가 인수와 관련해, 버크셔는 인수 금액 중 6
억 1,400만 달러를 상각해야 했다. 이 금액은 지불된 금액 및 취득한 비지배 지분의 기존 장부가액 사이의
차액이었다. 해당 조정은 2010년 12월 31일로 소급 적용되었다. 그날이 해당 가치 평가 확정일이었기 때
문이다. 마치 6억 1,400만 달러가 사라진 듯했다. 기존 지배 지분이 없는 인수에서는 그 차액이 사업권으
로 처리된다.

시즈 캔디는 2011년에만 8,300만 달러를 벌어들이는 등 총 16억 5,000만 달러의 세전 이익을 올렸다. 버핏이 여러 버크셔 자회사들의 경영자를 올스타 팀의 일원이라고 했던 것은 당연한 일이었다.

데이비드 소콜이 사임한 후 넷제트의 수장은 조던 한셀Jordan Hansell이 맡았다. 넷제트는 세전 이익이 전년 대비 10% 증가한 2억 2,700만 달러를 기록해 전년에 이어 양호한 실적을 올렸다.

네브래스카 퍼니처 마트도 반가운 소식을 전했다. 이 회사는 1983년 버크셔에 인수되었던 당시 벌어들였던 이익 대비 10배나 되는 기록적인 이익을 창출했는데,* 좋은 소식은 이뿐만이 아니었다. 빅뉴스는 댈러스 북부 지역의 433에이커(약 175만m²) 규모 토지를 매입했다는 것이다. 이 회사는 초대형 가구점을 또다시 출점할 계획이었다. 그 가구점은 네브래스카주 오마하와 미주리주 캔자스시티에 있던 기존 자사 가구 매장들에 필적할 것으로 예상되었다. 각 점포들은 2011년에 4억 달러가 넘는 매출액을 기록했으며 미국 가구 소매 매장 중에서 (최대 아니면) 최대 규모 대열에 있었다. 네브래스카 퍼니처 마트의 확장은 이 일가의 확장과 궤를 같이했는데, 이 사업에는 현재 4대가 참여하고 있었다.

규제 대상 자본 집약적 사업 부문

미드아메리칸의 순이익 중 버크셔 귀속분(버크셔에서 빌린 부채의 이자 포함)은 6% 증가한 12억 달러를 기록했다. 미드아메리칸의 이자·세금 차감 전 이익EBIT도 동일한 비율로 20억 달러까지 늘어났다. 유틸리

---

* 버핏이 그 수치를 언급하지는 않았지만 대략 세전 7,000만 달러 정도였을 것이다.

티 기업은 구조로는 지루해 보일 수 있지만 이익은 그렇지 않았다. 영국에 본사를 둔 배전 회사인 노던 파워그리드Northern Powergrid는 EBIT가 41%나 증가했다. 어느 정도는 실제로 사업이 개선되었기에 그런 결과가 나왔지만, 달러 약세도 상대적으로 이익이 더 크게 보이게끔 해 주었다.

버크셔는 미드아메리칸 소유로 다른 유틸리티 업체에 비해 세제 혜택을 얻을 수 있었다. 지주회사 수준에서 법인세를 납부했기 때문에 세액공제를 충분히 활용할 수 있었다. 게다가 버크셔는 과세소득 기반의 규모가 컸다. 다른 유틸리티 업체들은 조세 규정에 따라 이미 투자 시 가속상각 처리를 했기 때문에 과세소득이 있는 업체가 거의 없었다. 그래서 미드아메리칸은 재생에너지 프로젝트에 투자하도록 권장되었다. 2011년 말, 미드아메리칸은 두 건의 태양에너지 프로젝트(하나는 캘리포니아주, 다른 하나는 애리조나주에서 진행)에 뛰어들었으며 풍력발전에도 60억 달러를 투자했다. 이에 미국 전역의 규제 대상 유틸리티 업체 중 최대 규모의 풍력발전 시설이 탄생했다.

BNSF의 실적은 미국 경제가 전반적으로 개선되었다는 점을 나타냈다. 소비재와 산업재 부문의 단위 운송량이 모두 7%씩 증가해 석탄 운송량 감소치를 4% 상쇄했다. 농산물 운송량은 전년도 수준이었다. 그 결과 운송량은 3% 증가했고 단위당 매출액은 12% 증가했다. 두 실적의 합산 매출액은 195억 달러를 기록해 16% 성장했다. 운영 비용 억제 효과에 힘입어 세전 이익은 19%로 늘어난 47억 달러를 기록했다. 이는 주요 석탄 운송 노선에 홍수가 발생하는 등 혹독한 기상 상황 탓에 효율이 감소했던 사실을 고려하면 매우 잘 나온 수치였다.

BNSF의 운영 성과는 겉으로 보이는 것보다 더 좋았다. 일반적으로는 일단 다른 회사에 인수된 종속 기업은 상세한 정보를 찾기 어렵다. 버크셔가 진행한 많은 인수 건에서도 그러했지만 유틸리티 업체들은 아니었다. BNSF와 미드아메리칸은 공공 부채를 보유한 규제 대상 법인이어서 미국 증권거래위원회에 보고 의무가 있었다. 2010년의 이연 세금에 대한 논의를 기억하는가? 2011년 BNSF 연간 사업보고서에 따르면, 47억 달러의 세전 이익에 대해 18억 달러의 세금이 발생했다. 당시 그 액수 중 납부된 것은 2억 6,000만 달러뿐이었는데, 이는 15억 달러가 온전히 이연되었으며 BNSF의 장부에 남아 있다는 것을 뜻한다. 막대한 자본적 지출(2011년에 발생한 33억 달러 또는 2배 이상의 감가상각비 포함)은 몇 년 동안 이익이 남는 경제적 실적으로 이어질 것으로 전망되었다.

금융 및 금융 상품

이 부문의 실적은 코트와 엑스트라의 수익성 회복으로 크게 호전됐다. 버크셔 산하의 두 임대업체는 이익이 1억 5,500만 달러로 거의 3배나 증가했다. 이 수치에는 이 업체들이 사업 모델 중 일부로 보유한 상당한 영업 레버리지(총비용 대비 고정비용의 비율)가 반영되었다. 이렇게 큰 이익 성장으로 이어진 매출액의 증가율은 겨우 12%에 불과했다.

클레이턴은 2011년에 어려움을 겪었다. 주요인은 복합적이었다. 주택 매매 부진으로 주택 판매량이 14% 감소하고, 소비자가 클레이턴의 저가 주택으로 이동했으며, 전통 목조 주택 모기지에 정부 보조금이 지원되었던 것이다. 아울러 연방 세액공제 제도가 전년도에 만료되기도 했다. 이런 문제들을 고려해 보면 1억 5,400만 달러로 12.5% 감소한 클레이턴의 세전 이익은 그렇게 나쁘다고 볼 것은 아니었다.

버핏은 미국의 과잉 주택 재고가 해결되면 클레이턴의 이익이 개선될 것으로 예상한다고 말했다. 또 클레이턴, 엑스트라, 코트의 내재 가치가 당시 장부가치와 별로 차이가 없다면서, 이 회사들의 내재 가치에 대한 또 다른 힌트를 제공했다. 이들은 좋은 회사들이었지만 가이코나 시즈 캔디와 같은 숨겨진 가치는 존재하지 않았다.

투자

버핏은 버크셔의 주식 투자에서 일어난 변화에 대해 미미하긴 하지만 중요한 것이라고 설명했다. 첫 번째 변화는 109억 달러를 들여 IBM 주식 6,390만 주를 매입한 것이었다. 이것은 버크셔가 지금까지 단일 종목에 투자한 금액 중 가장 큰 규모였다. 이는 IBM 지분의 5.5%로, 버크

표 7-23 · IBM 투자 분석 | **자료** · 2010년 버크셔 해서웨이 연례 보고서, 2006~2010년 IBM 연례 보고서 및 저자의 계산 **단위** · 100만 달러

	2010	2009	2008	2007	2006
전체 매출액	56,868	55,128	58,892	54,057	48,328
매출액/평균 투하자본	2.31	2.10	1.60	1.30	1.20
이자·세금 차감 전 영업이익률	35%	34%	30%	28%	28%
세전 투하자본이익률	81%	71%	47%	36%	34%
인수 가격 밸류에이션[1]	197,382				
부채 총계	28,624				
기업 가치 총계	226,006				
인수 가격 배수	9.75배				
내재 가치에 대한 버크셔 귀속	8.4%				
세전 이익률(2010년)					
내재 가치에 대한 5년 평균 투하자본이익률 적용 이익률	5.5%				

주석
1. 버크셔가 IBM 지분 5.5%를 108억 5,600만 달러에 인수한 사실을 근거로 평가한 내재 가치에 대한 밸류에이션 금액

셔 평균 자기자본의 약 7%에 해당했다.

버핏은 IBM의 연례 보고서를 읽고 이 주식을 매수할 만하다고 마음 먹는 데 50년이나 걸렸다고 말했다. 버핏은 IBM에서 무엇을 보았을까? 다음 세 가지였다.

1. 긴 역사 │ IBM은 오랜 시간에 걸쳐 자체 혁신을 거듭했다. 이 회사의 탄탄한 실적 기록은 최근의 양호한 실적이 이어질 것이라는 배경이었다. 그 실적 기록 중 하나인 2010년 실적은 강력한 경쟁 위상을 지녔음을 뒷받침하는 듯했다.

2. 낮은 자본 요구량 │ IBM은 자본 집약적이지 않았으며 자본 효율성도 개선되고 있었다.

3. 주주 친화적 경영 │ IBM은 최근 5년 동안 배당과 자사주 순매수로 주주들에게 560억 달러가 넘는 금액을 돌려주었는데, 2010년에만 그 규모가 148억 달러에 이르렀다.*

뱅크 오브 아메리카는 2011년 버크셔의 또 다른 주요 투자 대상이었다. 50억 달러어치의 우선주 투자에는 6%의 배당 및 이 은행 주식 7억 주를 주당 7.14달러에 매입할 수 있는 권리가 딸려 있었다. 버핏은 뱅크 오브 아메리카와 버크셔에 득이 될 수 있다는 생각으로 해당 투자에 나섰다. 버핏이 매우 좋다고 파악한 이 은행에 대해 버크셔는 투자를 승

---

* 버핏은 2011년 주주 서한에서 기업 주가가 낮게 유지될 때 투자자가 어떻게 이익을 얻는지 IBM을 예로 들어 설명했다. 기업이 시장에서 자사주를 매입할 경우에는 특히 더 이익을 얻는다고 했다. 버핏의 논리는, 주가가 주춤하면 기존 주주들은 회사 지분을 더 많이 보유할 수 있다는 것이었다(따라서 미래 이익에 대한 몫도 늘어남). (보유 중인 기업의 주가가 낮을 때 싼값에 주식을 더 매수해 지분율을 늘려 놓으면, 향후 기업이 성장했을 때 주주가 거둘 이익 규모가 더 커진다는 뜻-옮긴이)

인했으나, 월 스트리트 금융회사들은 이전의 골칫거리를 이유로 이 은행을 매력 없다고 여겼다.

버핏은 어떻게 투자 아이디어가 떠올랐는지에 대해서도 전했다. 욕조에 몸을 담그고 있다가 뱅크 오브 아메리카에 투자해야겠다는 아이디어를 떠올렸다고 한다. 더군다나 버핏은 이에 대해 뱅크 오브 아메리카의 CEO 브라이언 모이니핸Brian Moynihan과 대화해 보려고 우선 이 은행 콜센터로 연락했다. 결국 버핏의 비서가 뱅크 오브 아메리카 관계자들과 접촉해 모이니핸과 연락이 닿았다.

버크셔는 또한 웰스 파고 지분에 10억 달러를 추가로 투자했다. 이로써 이 은행에 대한 지분율은 7.6%가 되었다.

버핏은 이번 연도에 버크셔에 마이너스로 작용한 투자에 대해 솔직히 밝혔다. 하나는 텍사스주에 본사를 둔 전력 회사 에너지 퓨처 홀딩스Energy Future Holdings에 20억 달러를 투자한 사례였다. "그 건은 실수치고는 진짜 큰 실수였습니다." 왜였을까? 그 회사의 미래는 천연가스 가격에 좌우되었는데, 버크셔가 인수하고 나서 천연가스 가격이 폭락했기 때문이었다. 이 투자의 가치는 연말에 8억 7,800만 달러로 떨어졌다. 다른 악재로는 스위스 리, 골드먼 삭스, 제너럴 일렉트릭의 자금 상환이었다. 이들은 경기 침체라는 힘든 시기에 버크셔가 이례적으로 협상했던 투자 대상 기업 세 곳이었다. 각 기업은 버크셔에 조기 상환에 따른 프리미엄을 지급했으나, 이들을 통해 벌어들였던 수익은 저금리 환경에서 대체품을 찾기 어려울 전망이었다(10년 만기 국채는 2011년 말 2% 아래로 떨어졌다).

2011년 버크셔는 테드 웨슬러Ted Weschler를 영입해 토드 콤스와 함께 버크셔의 투자 포트폴리오 일부를 운용하게 했다. 콤스와 마찬가지로 웨슬러는 버크셔에 합류하기 전에 페닌슐라 캐피털 어드바이저Peninsula Capital Advisors라는 자신의 헤지 펀드를 운영했다. 버핏은 동기를 부여하고 협업을 권장하기 위해 두 운용 책임자에게 기본 연봉에 S&P 500을 기준으로 한 성과급을 지급했다. 이 성과급의 80%는 개인 성과였고 20%는 나머지 한 사람의 성과에 좌우되었다.*

버크셔는 2011년 비밀리에 또 다른 투자를 하기도 했다. 6월에 버크셔는 아직 자회사로 두지 못했던 웨스코 파이낸셜의 나머지 지분 20%를 인수했다. 인수 금액은 5억 4,300만 달러로, 현금 2억 9,800만 달러 및 버크셔 주식으로 지불한 나머지 액수를 합한 것이었다. 멍거는 웨스코가 마침내 둥지에 도착한 듯한 느낌을 받았다고 말했다.

세 가지 투자 결정

버핏의 2011년 주주 서한 중 한 부분에는 투자 교훈이 들어 있었다. 그 부분에서 버핏은 주주들에게 생산적 자산productive asset 소유가 장기적으로 번영하는 유일하고도 확실한 방법임을 알려 주고자 했다. 버핏은 투자 세계를 세 항목으로 분류했는데, 핵심 요지는 다음과 같다.

1. 통화 기반 투자 │ 현금, 머니마켓펀드money-market fund, 채권, 모기지가 포함된

---

* 나중에 밝혀진 바로는, 웨슬러와 콤스는 각자 기본 연봉이 100만 달러였다. 버핏에 따르면 두 사람은 성과급 계약을 맺긴 했지만 버크셔 합류로 예전에 비해 훨씬 많은 것을 포기했다. 두 사람은 헤지 펀드 시절에 자산의 2%, 수익의 20%라는 통상적인 성과급 계약을 했다. 이들의 성과 보상은 S&P 500을 능가한 수치의 10%를 기준으로, 3년 단위로 지급되곤 했다.

다. 여기서 중요한 것은 인플레이션의 파괴적 효과였다. 국가들은 인플레이션 쪽으로 향하기 마련인데, 이는 이 항목 투자 시 구매력은 시간이 갈수록 떨어질 가능성이 있음을 의미했다. 버크셔는 큰 수익에 대한 전망이 있는 경우에만 이런 투자에 나서곤 했다. 버크셔는 금리가 아무리 낮아도 미국 국채를 대량 보유했다. 현금이 필요할 때 유동성이 보장되었기 때문이다.

2. 원자재 ｜ 이 범주는 아무것도 생산하지 못하는 자산으로, 가장 대표적인 예시가 금이다. 이와 관련한 다음 논리는 설득력이 있다. "금 1온스를 영원히 보유한다 해도, 마지막 순간에 수중에 남은 것은 여전히 금 1온스일 것이다." 금과 그 외 원자재는 대개 급격한 인플레이션을 두려워하는 사람들이 보유했다. 즉 그들은 남들이 더 비싼 가격에 그 금을 매수할 거라고 생각했기 때문이다. 시각화를 해 보면 그 점이 확실히 인식된다. 세상에 있는 금을 다 모아서 녹이면 68평방피트 크기로, 그 크기는 더 커지지 않으며 가치는 9조 6,000억 달러가 된다. 그런데 이 금 가격으로는 미국 전체 농경지(4억 에이커), 엑손 모빌Exxon Mobil 규모의 기업 16개를 사들이고도 1조 달러가 남는다.

3. 생산적 자산 ｜ 이 범주에는 기업, 농장, 부동산 등이 포함된다. 위의 예시가 이어질 경우, 앞으로 100년이 지나도 금은 계속 그 자리에 가만히 있겠지만 엑손 모빌 규모의 기업들과 농장은 생산을 계속할 것이다. 어떤 통화의 가치가 하락하든 혹은 그 통화의 가치가 얼마나 떨어지든 상관없이 그런 생산성은 유지될 것이다. 버핏의 논리는 한 가지 결론에 이르렀다. 장기적으로 보면 이 범주의 자산이 단연코 가장 안전하다는 점이었다. 버핏은 생산적 자산을 두고 '돈을 벌어 주는 젖소commercial cows'라고 불렀으며, 그 자산들이 "수백 년을 살면서 더군다나 점점 더 많은 양의 '우유'를 제공해 줄 것입니다. 생산적 자산의 가치는 교환 수단이 아니라 우유를 제공하는 능력에 따라 결정될 겁니다"라고 말했다.

버핏은 다시 한번 자기만의 스타일로 논리를 담아 정보를 전달했다. 그는 자신이 불확실성을 좋게 여기며, 또한 올바른 경제적 추론을 바탕으로 하는 투자는 절대적인 것까지는 아니어도 수익성이 높을 가능성은 있다는 것을 주주들이 알기를 바랐다. 쇼트 게임short game(룰렛 등과 같이 빠르게 진행되는 게임 - 옮긴이)과 더 확실한 성과를 선호하는 사람들은 동의하지 않을지 모르지만, 버핏의 논리로 큰 수익을 얻었던 버크셔 해서웨이가 살아 있다는 증거였다.

2012년

-

"내가 운영한 투자 조합이 1965년 버크셔의 경영권을 확보했을 때는 241억 달러의 이익을 벌어들인 해가 평균치 이하 실적일 거라고는 꿈에도 생각하지 못했습니다. … 그렇지만 올해에는 평균 이하 실적이 났군요." 버핏은 이런 식으로 장부가치로 엄청난 이익률(14.4%)이 났어도 그게 보기보다 썩 잘한 것은 아니라고 설명했다. 그 이유는 무엇일까? 이익률이 48년 동안 아홉 번이나 S&P 500 상승률을 밑돌았기 때문이었다(2012년에는 1.6%p 낮았음). 그러나 버크셔의 실적은 그 수준을 장기간 유지했다. 5년치를 기준으로 비교해 보면 버크셔는 S&P를 43년 연속으로 웃돌았다. "우리는 역풍을 맞을 때 더 잘합니다." 버핏이 말했다. 이 발언은 버크셔가 증시가 부진할 때 거액을 투자할 수 있는 능력, 그리고 극심한 어려움이 닥친 시기에 보험을 대규모로 인수하는 태도를 나타냈다. 버핏은 또한 대규모 인수 건을 물색하고 있지만 매물이 부족하다고 아쉬워했다.

그렇다고 해도 나쁜 소식만 있었던 건 아니었다. 주요 사업 부문들은 각 사업부 내에서는 실적이 다소 엇갈리긴 했지만 저마다 높은 이익을 보고했다. 그런 사업에는 보험 부문도 있었는데, 각각의 보험사업부가 보험 인수 이익을 올렸다. 버핏이 매머드급 기업 인수를 못했을 수는 있지만 버크셔는 2012년에 다음과 같이 수많은 투자를 진행했다.

1. 23억 달러 ｜ 볼트온 인수를 통해 26개 기업을 인수해 기존 사업부에 편입

2. 14억 달러 ｜ 마몬의 지분 10% 추가 인수

3. 46억 달러 ｜ 감가상각을 초과하는 자본적 지출로, 대부분이 자본이 모자랐던 철도 및 유틸리티 회사들에 투입*

표 7-24 · 버크셔 해서웨이 내재 가치 평가
자료·2011년, 2012년 버크셔 해서웨이 연례 보고서 및 저자의 계산

주당(A주 기준)	2012	2011
투자 금액	$113,786	$98,366
세전 영업이익(예 : 투자 이익)	8,085	6,990
추정 가치(투자 금액+영업이익의 10배)	$194,636	$168,266
기말 주가	$134,060	$114,755
기말 주당 장부가치	114,214	99,860
주가/추정 가치	0.69배	0.68배
주가/장부가치	1.17배	1.15배
가치/장부가액	1.70배	1.69배
추정 가치 변동률	16%	
주가 변동률	17%	

---

* 총 자본적 지출은 98억 달러였다.

4. 13억 달러 | 버크셔 자사주 매입

5. 7억 1,200만 달러 | 주식 순증(IBM 및 웰스 파고에 추가 투자한 26억 달러 포함)

사업이 의미 있게 진전했음에도 버크셔 주식은 여전히 저평가되어 있
었다. 2012년 버크셔 주식은 11만 3,855~13만 6,345달러에 거래되었다.
당시 주당 내재 가치는 19만 5,000달러에 육박했다. 버크셔는 이런 상황
을 총 13만 달러, 즉 주당 13만 1,000달러를 써서 자사주(A주) 9,200주를
매입하는 기회로 활용했다.* 버핏은 버크셔의 주식이 저평가 상태라는
것을 다음과 같이 확신했다. "1달러 지폐를 80센트 이하로 살 수 있는 상
황인데, 이게 저평가라고 하는 것을 틀렸다고 하기는 어렵죠."

2011년과 2012년의 자사주 매입은 버크셔에 잉여 자금이 있다는 것
을 미묘하게 인정한 것이었다. 거액의 자본을 투입하지 않아서 주가 상
승에 큰 도움이 되지 못했지만, 자사주 매입은 잉여 자본에 따라온 부
수적인 일이었다. 주가가 확연히 저평가된 게 아니었다면 버크셔는 자
사주 매입을 하지 않았을 것이다. 적어도 당분간은, 배당은 주주들에게
자본을 돌려주는 수단으로 고려되지 않았다. 버핏은 그 이유를 주주 서
한에 세 쪽에 걸쳐 다음과 같이 설명했다.

1. 시장에서 버크셔의 장부가치 대비 주가는 유보액 1달러당 1달러 이상의 가치를
창출할 수 있다. 이익잉여금을 배당으로 지급하는 것은 가치의 손실을 의미한다.

---

* 해당 주식은 플라이트세이프티 인터내셔널의 설립자로 2012년 10월 세상을 떠난 앨 울츠키의 보유분을
매입한 것이었다. 이 때문에 버크셔 이사회는 자사주 매입 한도 확대를 승인해야 했다. 울츠키 보유분을
장부가치의 1.16배에 매입하기 위해 장부가치의 1.1배였던 한도를 1.2배로 높여야 했다.

2. 주주들은 주식 매도를 통해 해당 종목의 배당정책을 선택할 수 있다. 주주들은 (위의 장부가치에 대한 프리미엄 덕분에) 더 많은 수익을 얻을 뿐 아니라, 버크셔는 주주 모두에게 한 가지 배당정책을 일률적으로 적용하지 않을 것이다. 어떤 주주들은 가치의 누적을 택해서 배당을 원하지 않았지만, 그 외 주주들은 전체 이익에 해당하는 주식을 매년 (또는 그보다 자주) 매도하고 싶을 수도 있다.

3. 배당은 전액 과세되는 반면, 자본 수익에 대한 과세는 매입가 대비 수익에만 적용된다. 버크셔에 자본을 유보하고자 하는 주주들은 배당에 대한 세금을 납부하고 기본 장부가액에 프리미엄을 붙인 가격에 다시 투자하게 된다.

버핏은 버크셔 주식의 정기적인 기부를 예로 들어서 어떤 매도 방식이 더 합리적인지를 설명했다. 2006년 이후 버핏은 자신의 버크셔 지분 중 평균 4.25%를 자선단체에 기부한 상태였다. 그 이후 버크셔에 대한 버핏의 보유분은 7억 1,200만 주(B주 기준)에서 5억 2,900만 주(26% 감소)로 줄어들었다. 그러나 버크셔에 대한 버핏의 투자액은 282억 달러에서 402억 달러(43% 증가)로 늘어났다. 이는 버크셔의 이익잉여금이 연간 주식 매도액을 상쇄하고도 남았기 때문이었다. 버핏은 합리적일 경우라면 버크셔는 언제나 배당을 고려하겠다고 분명히 했다. 하지만 일단은 주주들에게 버크셔 투자를 통해 자본을 회수한다는, 실행할 수는 있으나 직관적이지 않은 방법을 제시했다.** 버핏은 또한 자신이 고래whale라고 했던 BNSF 인수 건도 예로 들었다. BNSF는 이후 수년 동

** 주주 서한에서도 한 비상장 기업 주주들이 배당정책과 매도 정책 중 하나를 선택하는 가상의 사례를 소개했다. 전부 읽어 볼 만한 가치가 있다.

안 주주들에게 이득이 될 것이라고 했는데, 이는 버크셔가 배당을 지급하지 않고 현금을 유보했기에 가능했다는 것이다.

보험업

"우리 보험 부문이 작년에 훌륭히 해냈습니다." 버핏이 익숙한 표현을 사용해 2012년에 대해 설명했다. 보험 부문은 10년 연속으로 보험 인수 이익을 달성했다. 그 기간 동안 버크셔의 보험업체들은 총 186억 달러의 세전 보험 인수 이익을 올렸으며, 이는 수십억 달러의 책임준비금 증가로 이어졌다. 주요 4개 부문 모두가 매년 긍정적인 보험 인수 실적을 거두지는 않았지만, 2012년에 이들이 벌어들인 세전 이익은 총 16억 달러에 달했다. 그들은 또한 버핏이 틀렸음

표 7-25 · 버크셔 해서웨이 보험계약 인수

자료 · 2011~2012년 버크셔 해서웨이 연례 보고서 및 저자의 계산 **단위** · 100만 달러

	2012	2011
가이코		
인수 보험료	17,129	15,664
수입 보험료	16,740	15,363
보험계약 인수 손익(세전)	680	576
제너럴 리		
인수 보험료	5,984	5,819
수입 보험료	5,870	5,816
보험계약 인수 손익(세전)	355	144
버크셔 해서웨이 재보험 부문		
수입 보험료	9,672	9,147
보험계약 인수 손익(세전)	304	(714)
버크셔 해서웨이 원수보험 부문		
수입 보험료	2,263	1,749
보험계약 인수 손익(세전)	286	242
수입 보험료 총계	34,545	32,075
보험계약 인수 손익(세전) 총계	1,625	248
평균 책임준비금	71,848	68,202
책임준비금 비용	(2.3%)	(0.4%)
불이익성 (이익성) 손실 발생 총계	(2,126)	(2,202)
상기 수치에 포함된 할인 증가액 및 상각 비용	381	342

참고
버크셔 해서웨이 원수보험 부문과 재보험 부문의 인수 보험료는 항목에 넣지 않음.

을 증명했다. 버핏은 이전 주주 서한에서 책임준비금이 705억 달러 기준에서 대폭 늘어날 것 같지 않다고 쓴 적이 있었다. 그러나 책임준비금은 3.6% 증가해 730억 달러에 이르렀다. 허리케인 샌디Sandy(세전 손실 11억 달러) 및 기타 자연재해, 재보험 시장가격 약세 등에서 비롯된 상당한 손실을 고려하면, 보험 부문의 실적은 더더욱 인상적이었다. 보험 부문은 어떠한 어려움에도 견딜 수 있도록 구축되었으며, 1,060억 달러의 법정 흑자를 기록하면서 한 해를 마무리했다.

가이코

가이코는 업계를 선도했다. 가이코의 보험 인수 이익 6억 8,000만 달러 및 합산비율 95.9%는 겉으로 보이는 것에 비해 훨씬 좋은 실적이었다. 가이코는 허리케인 샌디 하나만으로 4억 9,000만 달러의 재해 손실을 입었다. 이는 2005년 허리케인 카트리나로 인한 손실의 3배에 이르는 규모로, 가이코가 뉴욕 지역 시장점유율이 높았던 탓이었다.* 게다가 회계 처리 변경이 가이코의 실적에 불리하게 작용했다. 2012년부터 미국 회계 규정에 이연 보험료 인수 원가에 대다수 광고비를 산입하는 방식이 제외됐다. 2012년에는 이 규정에 따라 전년도 방식에 비해 4억 1,000만 달러의 비용이 추가되었다.

위의 두 가지 요인으로는 수입 보험료 9% 증가 및 현행 계약 6.5% 증가를 상쇄하기 어려웠다. 회계 변경이 없었다면 가이코의 합산비율은

---

* 2012년 전체 재해 손실은 총 6억 3,800만 달러에 이르렀다. 2011년에는 2억 5,200만 달러였다. 어느 해에나 가이코가 재해 손실을 입는 것은 드문 일이 아니었지만, 2012년에 손실액 규모는 이례적으로 높았다.

(허리케인 샌디로 인한 손실을 감안해도) 93.5%에 이르렀을 것이다. 허리케인 샌디로 인한 손실은 또한 포괄적 보장 빈도comprehensive coverage frequencies 10% 하락 등 보험금 청구 빈도 감소분도 까먹었다.*

제너럴 리

제너럴 리는 수입 보험료가 1% 늘어나 59억 달러를 기록했는데, 이는 환율 효과의 부정적 영향을 받은 결과였다. 세전 보험 인수 이익은 2011년 1억 4,400만 달러에서 2012년 3억 5,500만 달러로 늘어났다.

손해/상해 부문의 수입 보험료는 29억 달러로 전년 대비 거의 변동이 없었다. 보험 인수 이익은 전년도에 손익분기점인 700만 달러 이익에서 3억 9,900만 달러의 세전 이익으로 회복했다. 손해 부문은 3억 5,200만 달러의 이익을 보고했다. 주로 허리케인 샌디, 이탈리아 지진, 미국 중서부 토네이도와 관련해 2억 6,600만 달러의 재해 손실을 입었음에도 올린 성과였다. 상해/근로자 보상 부문은 4,700만 달러의 이익을 발표했다.

제너럴 리의 생명/건강 부문은 4,400만 달러의 손실이 발생해 2002년 이래 최초로 손실을 보고했는데, 예전 사업 부문의 충당금이 변경됐고 호주 사업 부문의 실적이 악화된 여파였다.** 보험료는 3% 증가한 30억

---

* 재무제표의 주석에 따르면 빈도 감소 또는 심각도 추정severity assumption과 관련해 7억 3,600만 달러의 이익성 손해액 조정이 이루어졌다. 이 수치는 수입 보험료의 4.4%와 전년도 손실 충당금의 7.2%에 해당했다.

** 두 가지 요인이 원인이 되었다. 첫 번째 요인은 해당 부문 장부의 결손금에 설정된 보험료 결손 충당금 premium deficiency reserve이었으며, 두 번째 요인은 호주 사업 부문의 장부에 기록된 불이익성 금액 증가였다. 결손금은 신규 계약 진행이 중단된 사업에 적용된다. 이는 원수보험사가 폐업, 합병 또는 단순히 특정 보험계약 인수를 중단할 경우에 발생할 수 있다.

달러에 이르렀다.

버크셔의 보수적인 문화는 다른 보험회사들과 비교되는 충당금 적정도로 설명된다. 2012년 말, 집단 피해 보상 청구액에 대해 제너럴 리에 기록된 배상 책임(석면 및 유해 폐기물에 대한 집단 피해 보상 청구와 관련됨)은 총 12억 달러였다. 지난 3년간 지급된 보험금은 평균 8,000만 달러였다. 이는 제너럴 리가 해당 보험 청구금 추정액을 15년치 이상 쌓았다는 의미였다. 이 비율을 존속률(현재까지 지급된 보험 청구금을 고려할 때 충당금이 존속 가능한 기간)이라고 한다. 반면 보험업계의 존속률은 단 8.8년에 불과했다.***

버크셔 해서웨이 재보험 부문

버크셔 해서웨이 재보험 부문이 공개한 실적에는 이 회사의 재보험 자매사와 마찬가지인 일부 동일한 문제가 반영되었다. 아지트 자인이 이끈 재보험 부문은 가격 약세에 따른 자체 보험 물량 억제 상황에서도 사업을 확대할 수 있는 방법을 찾았다. 이 부문은 2011년에 총 7억 1,400만 달러의 손실을 입었다가 2012년에는 6% 늘어난 97억 달러의 보험료에서 3억 400만 달러의 이익을 기록해 실적을 회복했다.

재해 및 개별 리스크 부문은 3억 2,100만 달러의 보험 인수 손실을 입었다가 회복세를 보였다. 이 부문은 수입 보험료가 9% 증가해 8억 1,600만 달러를 기록했으며, 거기서 4억 달러를 벌어들였다. 이는 허리

***

*** 재보험 부문의 존속률은 공개되지 않았다. 그런데 만약 2012년부터 124억 달러의 배상 책임액을 그해 지급한 보험 청구금 8억 6,200만 달러(최근 2년간의 피해 보상 청구액에 근접한 수치)로 나눠 보면 14년이 나오는데, 이는 제너럴 리의 존속률과 비슷하다.

케인 샌디로 인한 9,600만 달러의 손실을 차감한 수치였다.

소급 재보험 부문의 보험료는 2011년 20억 달러에서 2012년 7억 1,700만 달러로 급격히 감소했다. 주로 전년도 AIG와의 대규모 계약 때문이었다. 2012년 보험 물량은 몇몇 소규모 계약에서 발생했다. 이 부문의 손실액 2억 100만 달러는 주로 이전 계약 건들에 따른 이연비용 상각 때문에 발생했다.

나머지 다중화 부문의 손해/상해 부문은 3억 3,800만 달러의 손실에서 2억 9,500만 달러의 이익으로 실적이 개선되었다. 허리케인 샌디로 2억 6,800만 달러의 재해 손실이 발생했는데도 올린 실적이었다. 2012년 보험료는 26% 증가해 53억 달러에 이르렀다. 2012년은 스위스 리와 체결한 20% 지분 참여 약정이 만료되는 해였다. 이 약정에 따라 2012년의 보험 물량 중 34억 달러가 스위스 리에서 나왔다.

한편 신규 계약 건들로 재보험 부문 생명/건강 부문의 수입 보험료가 31% 증가한 28억 달러를 기록했다. 이 부문의 보험 인수 손실은 2011년 7억 달러에서 2012년 1억 9,000만 달러로 개선되었다. 생명 재보험 부문의 손실은 1,200만 달러를 기록했는데, 2011년 5억 8,200만 달러 손실에서 개선된 수치였다. 2011년에는 대규모 충당금 조정의 영향이 있었다. 연금 부문 손실은 1억 7,800만 달러였으며 주로 회계 비용에 따른 것이었다.*

---

* 정기 할인 누적액은 생명보험 계약에 내재된 돈의 시간가치를 반영한 회계 부담금이다. 보험계약(및 기본 보험계약자) 기간이 길수록 해당 보험 지급금의 현재 가치도 증가한다. 금리도 영향을 미친다. 이런 요인들은 계약 개시 시점에 고려되며, 다른 추정치처럼 시간이 흐르면 변경될 수 있다.

버크셔 해서웨이 원수보험 부문

원수보험 부문은 거듭 좋은 실적을 기록했는데, 이번만큼은 흥분된 분위기가 재무 실적 때문만은 아니었다. 버크셔가 2011년 말에 인수한 전문인 책임보험사 프린스턴 인슈어런스의 1년치 사업 실적이 부문 실적에 추가되었다. 4분기에 원수보험 부문은 또한 중소기업에 업무용 손해/상해 보험을 제공하는 가드 보험 그룹GUARD Insurance Group을 맞이했다. 펜실베이니아주 윌크스 배러에 본사를 둔 가든은 보험료 물량이 3억 달러였다. 인수 가격은 당시 대략적인 장부가치인 2억 2,100만 달러였다. 두 신규 업체의 합류로 이 부문의 보험료는 29% 증가한 23억 달러, 이익은 18% 증가한 2억 8,600만 달러(합산비율 87%)를 기록했다.

제조, 서비스, 소매 유통업

제조, 서비스, 소매 유통 부문은 계속 진전해 나갔다. 루브리졸의 1년치 실적을 포함해 세전 이익은 22% 증가한 61억 달러를 기록했으며, 평균 유형투하자본이익률은 25.3%(24.2%에서 상승)로 나타났다. 세후 이익도 동일한 비율로 늘어나 37억 달러를 기록했으며, 평균 유형자기자본 이익률은 21.4%(22.9%에서 하락)였다.** 이 부문 기업들이 자기자본 대비 부채비율이 평균 15%에 불과했음을 고려하면 인상적인 성과였다. 어려움을 겪은 영역이 있었지만 전반적으로 이 부문은 불황에서 반등했다.

** ROIC(투하자본이익률)과 ROE(자기자본이익률) 간의 명백한 불일치는 레버리지가 21%에서 15%로 감소한 데서 비롯되었다.

마몬은 매출액이 3.6% 증가해 72억 달러를 기록했다. 세전 이익은 14.6% 증가해 11억 달러를 기록했다. 이익 증가분의 25%는 영업이익률 증가에서, 나머지는 여러 볼트온 인수 건에서 발생했다. 버크셔의 보험업체들처럼 마몬은 무엇보다 먼저 수익성에 집중했으며, 높은 영업이익률과 양호한 투하자본이익률이 나올 만한 전문화된 틈새시장으로 눈을 돌렸다.

마몬의 성장세는 나머지 지분의 인수가를 높이는 원인이 되었다. 버크셔는 2012년 4분기에 프리츠커 일가에서 마몬의 지분 10%를 추가로 인수했다. 이로써 마몬에 대한 지분율은 90%로 늘어났다. 버크셔는 14억 달러를 지불했는데, 버핏은 이 인수 금액에는 126억 달러라는 마몬 전체 밸류에이션을 적용했다고 말했다. 이처럼 버핏이 제시한 수치는 버크셔가 2011년 마몬의 지분 16.6%를 추가로 인수하면서 지불했던 11배 배수와 일치한다.*

버크셔의 식품 도매업체 맥클레인은 2012년 자체적으로 대규모 인수를 진행해 매출액과 이익을 증가시켰다. 2012년 8월 24일, 맥클레인은 노스캐롤라이나주 로키 마운트에 소재한 메도우브룩 미트 컴퍼니 Meadowbrook Meat Company, Inc. (이하 MBM)를 인수했다. 인수 가격은 공개되지 않았다. MBM은 전국 음식점 체인에 식자재를 공급했으며 연간 60억 달러의 매출액을 기록했다. 이 인수를 통한 실적을 포함해 맥클레인의 매

---

* 126억 달러라는 밸류에이션은 마몬의 세전 이익 11억 3,700만 달러를 적용한 것이다(세전 이익 11억 3,700만 달러×11배=126억 달러 - 옮긴이). 이 인수에서는 2011년에 했던 것처럼 7억 달러의 상각도 필요했다. 1억 4,000만 달러의 차액(마몬의 지분 10% 인수 시 지불했던 14억 달러와 버핏이 내재 가치로 평가한 12억 6,000만 달러의 차액)은 소액주주 지분에 대한 미배당 이익에 해당할 수 있다.

출액은 12.5% 증가한 374억 달러, 세전 이익은 9% 증가한 4억 300만 달러를 기록했다.

버크셔의 기타 제조업체들은 그럭저럭 반등했지만 취약한 부분도 있었다. 매출액은 26% 증가해 268억 달러, 세전 이익은 38% 증가해 33억 달러를 기록했다. 루브리졸을 제외할 경우, 매출액과 이익은 각각 6% 증가했다. 레저용 차량 제조업체 포레스트 리버는 물량 증가 및 가격 상승으로 매출액이 27%나 증가했다. 이는 미국 소비자 여건이 개선됐다는 징후였다. 건축자재 매출액은 4% 증가에 그쳤는데, 침체의 한복판에서 완만히 상승세를 이어 갔다. 쇼 인더스트리스는 판매 가격 상승, 투입 원가 안정으로 덕을 보았다. 상업 및 산업 부문 약세로 스콧 페처, 이스카, CTB는 실적에 나쁜 영향을 받았다. 더군다나 해외 경제의 침체는 특히 이스카와 CTB에 영향을 미쳤다.

한편 버핏은 벤저민 무어의 경영자 교체라는 보기 드문 행보를 보였다. 페인트 회사 벤저민 무어는 건축자재 부문에서 독립적으로 운영된 자회사 중 하나였다. 당시 벤저민 무어 CEO는 독립된 딜러들의 네트워크를 위협하는 전략적 조치를 취했다. 이런 조치 중에는 대형 주택 수선용 자재 매장에서 무어의 페인트를 판매하는 거래도 있었다. 2000년에 버크셔가 벤저민 무어를 인수했을 때 버핏이 이 독립 딜러들에게 했던 약속과는 상반되는 것이었다. 당시 독립 딜러들의 오래된 유통 체계를 버크셔가 변화시킬지 모른다는 불안감이 퍼졌는데, 버핏은 그 불안감을 누그러뜨리는 약속을 했었다. 이 사건은 버핏이 버크셔 경영자들에게 허용한 자율성에는 제한선이 있으며, 그가 버크셔(및 버핏 본인)의 평판을 얼마나 철저히 지키는지를 보여 주었다.[23]

기타 서비스 부문의 매출액은 10% 증가해 82억 달러를 기록했다. 주로 TTI 및 BH 미디어 그룹(밑부분에서 설명할 예정)에서 진행한 볼트온 인수 건들의 영향이었다. 여러 인수 건에도 불구하고 TTI의 수요 부진과 경쟁 심화로 세전 이익은 1% 감소해 9억 6,600만 달러를 기록했다. 두 항공 관련 사업 부문인 넷제트와 플라이트세이프티는 전년도 수준의 실적을 기록했다.

소매 유통 부문은 2012년 약간 상승세를 보여서 매출액과 세전 이익이 각각 4% 증가한 37억 달러, 2% 증가한 3억 600만 달러를 기록했다. 버크셔가 2012년 11월 27일 5억 달러에 오리엔탈 트레이딩 컴퍼니 Oriental Trading Company를 인수한 것도 실적에 영향을 미쳤다.[24] 이 회사는 파티 용품, 학용품, 신기한 선물 등을 판매했다.

버핏은 주주 서한에서 제조, 서비스, 소매 유통 부문을 다루면서 일반회계기준GAAP에서 파악한 결점을 집중 조명했다. 버핏은 또한 애널리스트들이 상각 비용을 유심히 들여다봐야 한다고 생각했다. 기본 경제성과 약간 차이가 존재한다는 것 때문이었다. GAAP에서는 이전에 사업권을 상각하게 했지만 버핏은 여기에 동의하지 않았다. 그렇지만 상각은 기업 인수의 일부 항목에 여전히 적용되었다. 그와 같은 항목 중 하나가 고객 관계와 관련한 무형자산 상각비였는데, 이것은 실제 비용은 아니었다.

다른 무형자산들은 매우 현실적이었다. 버핏은 시간이 지나면 한물가 버리는 소프트웨어를 실제 무형자산 상각비의 예시로 들었다. 버핏은 주주 서한에서 제조, 서비스, 소매 유통 부문 실적 표에 그 해의 GAAP 무형자산 상각비의 20%만 기재했다고 말했다(전체 금액은 재무제표에 나와 있는 GAAP 적용 실적으로 기재했다). 버핏의 목표는 버크셔 기업들이 어떻게 사업을 하고 있는지 가장 명확한 시각을 주주들에게 제공하는 것이었다. 이것은 또한 회계 언어를 어떻게 경제적 현실로 바꿔 설명할지에 대해 고심한다는 뜻이었다.

규제 대상 자본 집약적 사업 부문

미드아메리칸과 BNSF는 그 규모와 중요성(2012년 버크셔 총자산의 24% 및 세전 영업이익의 37%)에 비해, 실적에 대한 이야깃거리가 매년 그렇게 많지 않았다. 그것은 당연한 일이었다. 두 업체는 인수된 후로 해마다 제한적이지만 안정된 이익을 제공했기 때문이다. 그래도 몇 가지 사안은 다룰 만하다.

BNSF는 매출액이 7% 증가한 208억 달러에 이르렀으며, 세전 이익은 13% 증가한 54억 달러를 기록했다. 가격 인상(4% 상승)과 운송량 증가(2% 증가)는 매출액 증가로, 영업 레버리지는 이익 증가로 이어졌다. 단위 성장률이 완만하다 보니 눈에 잘 띄지 않았지만, 석유와 건축 자재 중심의 산업재 운송량은 13% 증가했고 석탄 운송량은 6% 감소했다. 소비재 단위 물량은 4% 늘어났으나 농산물은 3% 줄었다. BNSF는 이번 연도에 자본적 지출에 35억 달러를 들였다. 이는 16억 달러의 감가상각비보다 2배 이상 많은 금액으로, BNSF와 버크셔가 앞에 놓인 많은 기회를 살펴보고 있다는 증거였다.

미드아메리칸의 세후 이익 중 버크셔의 귀속분은 10% 증가한 13억 달러였다. 미드아메리칸은 세제 혜택을 활용해 재생에너지 프로젝트에 투자를 계속했다. 이로써 엄격한 EBIT 분석보다 세후 이익 분석이 더 유용해졌다(EBIT는 1% 감소한 16억 달러였음). 미드아메리칸은 미국 풍력발전량의 6%를 생산했으며, 몇 가지 프로젝트가 완료되면 전체 태양광발전의 14%를 차지할 전망이었다. 미드아메리칸의 재생에너지 포트폴리오에 들어간 비용은 총 130억 달러였다. 이 회사는 2012년에 자본적 지출로 34억 달러를 들였다. 같은 기간 감가상각비는 단 14억 달러에 그쳤다. 이 사실은 다음과 같이 버핏이 종종 언급한 어떤 이야기를 상기시켜 준다. "돈은 언제나 기회를 향해 흐른다. 미국에는 그런 기회가 넘쳐난다."

미드아메리칸의 홈서비스 사업은 세전 이익이 110% 증가한 8,200만 달러를 기록했다. 이 회사는 규모는 작지만 주택산업을 들여다보는 수단으로 가치가 있다. 홈서비스는 2012년에 33% 증가한 420억 달러 규모의 주택 매매에 관여했다. 이 회사는 또한 프루덴셜 프랜차이즈 사업의 약 3분의 2를 인수해 사업을 더욱 확장했다. 홈서비스는 버크셔 브랜드를 활용하기 위해 버크셔 해서웨이 홈서비스로 브랜드를 변경할 방침이었다.

금융 및 금융 상품

금융 및 금융 상품 부문의 세전 이익은 10% 증가해 8억 4,800만 달러를 기록했다. 클레이턴 홈스가 이익 상승을 주도했는데, 이 회사의 세전 이익은 66%나 증가한 2억 5,500만 달러였다. 이는 전통적인 주택 제조사들한테만 보조금이 지원되는 악재가 이어졌음에도 이룬 것이었다. 2012년 한 해 동안 클레이턴은 14% 더 많은 주택 유닛을 판매했으나 평균 판매 가격 하락으로 총 매출액은 9% 증가했다. 이익이 급증한 이유는 다음 세 가지였다.

- 주택 유닛 판매량 증가로 제조 효율 발생
- 보험 청구액 감소 및 신용 손실 감소로 순이익 상승
- 대출금리 인하로 대출 포트폴리오의 이익 감소액이 충분히 상쇄

버크셔 산하 두 임대업체의 세전 이익 합계는 5% 감소한 1억 4,800만 달러를 기록했다. 이 실적은 전년도 이익의 약 3배에 달했다. 2012년의 실적 감소는 엑스트라의 추가 감가상각비 및 외환 이익 감소에 따른 것이었다. 이 추가 감가상각은 엑스트라가 미래의 기회를 활용하려고 진행한 사업 투자에서 비롯되었다. 규모가 더 큰 자매회사인 미드아메리칸 및 BNSF와 마찬가지로, 엑스트라는 이 연도에 연간 감가상각비의 2배, 즉 2억 5,600만 달러를 자본적 지출에 투입했다. 일부 회사 경영자들은 투자 보류를 정당화하기 위해 불확실한 경제 여건을 들먹이곤 한다. 하지만 버크셔는 투자를 중단하지 않았다고 버핏은 말했다. "경쟁 업체들은 지금의 불확실성에 초조해하지만 엑스트라는 내일을 위해 준비하고 있습니다."

기타 부문의 세전 이익은 클레이턴의 세전 이익보다 훨씬 많았다. 합산한 이 부문 자산은 매년 견고한 이익을 창출했다. 이 자산 합계액은 2012년 4억 4,500만 달러로 전년도에 비해 4% 감소했다. 여기에는 버캐디아(버크셔가 50% 지분율로 루캐디아 내셔널 코퍼레이션과 합작한 상업용 모기지 업체), 버핏이 직접 운용한 채권 및 주식 투자 포트폴리오 등이 포함되었다. 여기에는 또 버크셔의 신용을 이용해 자금을 조

달하는 클레이턴 홈스에서 받은 수수료, 넷제트한테 받은 보증 수수료도 들어갔다.

투자

2012년에는 투자 포트폴리오와 관련한 활동이 미미했다. 버크셔는 정유 회사인 코노코필립스 지분을 8억 달러어치 축소한 한편, IBM에 8억 2,400만 달러, 웰스 파고에 18억 달러, 월마트에 9억 4,400만 달러로 투자를 확대했다. 투자 대상 명단에 새로 등장한 디렉TV_{DIRECTV}는 버핏이 인수한 게 아니었다. 토드 콤스 아니면 테드 웨슬러 중 한 사람이 11억 달러를 투자했다(버핏이 알려 주지 않음). 두 사람은 2012년 말 기준으로 버크셔에서 각각 약 50억 달러를 운용했다.

신문 사업

버크셔가 3억 4,400만 달러를 들여 28개 일간지를 인수하자(2012년에만 해당함) 어떤 사람들은 당황스럽다는 반응을 보였다. 그러나 버핏의 고향 신문사인 〈오마하 월드 헤럴드Omaha World Herald〉를 인수한 덕에 투자 및 미디어 업계의 약사에 대한 교훈을 얻었다.

버핏은 다음과 같이 한마디로 요약했다. "간단히 말하자면 뉴스란 사람들이 잘 몰라서 알고 싶어 하는 것입니다." 긴 역사를 들여다보면 텔레비전과 인터넷 시대 이전에 신문이 어떻게 유력 기관으로 자리를 잡았는지도 확인할 수 있다. 당시 사람들은 알 수 없는 게 많았는데, 신문은 스포츠, 주가, 지역, 국가에 대한 소식을 다루는 유일한 곳이었다. 이런 우월한 지위는 광고주를 매료시켰으며 (〈버펄로 뉴스〉를 소유한 버크셔 등) 신문사 주주들은 많은 돈을 벌었다.

신문보다 늦게 등장했지만 확실히 텔레비전과 인터넷이 생기자 더 빠르게 (그리고 더 저렴하게) 뉴스가 전달되었다. 해마다 신문 구독을 중단하는 사람들이 갈수록 늘어났다. 독자 수가 급격히 줄어들자 광고주들이 점차 이탈했으며 이는 수익 감소 등으로 이어졌다.

버핏은 소수의 신문만 궁극적으로 살아남아 온라인 세계에 적응해야 한다고 생각했다. 〈월스트리트 저널〉, 〈뉴욕 타임스〉, 〈워싱턴 포스트〉 같은 미국의 유력 신문사들은 새로운 흐름에 잘 적응할 전망이었다. 독자들이 다른 어디에서도 접할 수 없는 소식을 전달했던 소규모 지역 신문사도 마찬가지로 전망되었다. 이들도 어려움을 겪겠지만 긴밀한 공동체를 형성한 신문사에게는 최고의 기회이기도 했다.

버핏은 신문사 인수는 향수nostalgia 측면도 있었다고 순순히 인정했다. 어쨌든 버핏은 평소 신문을 즐겨 읽었고, 어린 시절에는 두 번이나 신문 배달을 해 본 적도 있었다. 하지만 사업가로서는 재무 상태도 중요했다. 신문은 쇠락하는 업종이었다. 버핏은 신문사들의 이익은 분명히 감소할 것이라고 말했다. 그렇다면 버핏은 왜 신문사들을 인수했을까? 인수 가격이 충분히 저렴했기에 경제성이 타당했던 것이었다.*

---

* 찰리 멍거는 이후 비유를 하나 들어서 이 경제성을 완벽히 설명했다. 신문은 시간이 갈수록 고갈되는 유정과 다르지 않다고 멍거는 말했다. 추출할 수 있는 가치 규모에 한계가 있는 유정, 그리고 추출할 수 있는 현금 규모에 한계가 있는 신문, 이 둘 사이에는 무슨 차이가 있을까?

2013년

–

어느 부문을 보더라도 2013년은 버크셔에 매우 좋은 한 해였다. 그런데 눈에 띄는 예외가 하나 있었다. 자체 선정한 벤치마크인 S&P 500이 32.4% 상승했는데, 그에 비해 버크셔가 14.2%p 부진했던 것이다. S&P 500이 수익률이 강세인 시기에는 버크셔가 상대적으로 저조한 실적을 낼 것으로 버핏은 이미 예상한 바 있었다. 또 전년도에 그는 시장이 2013년에 강한 상승세를 탄다면 버크셔의 기록이 깨질 것이라고 주주들에게 밝혔다. 그런 상황에서는 지난 5년간 S&P 500을 버크셔가 이겨온 기록이 깨질 것이라는 말이었다.* 그의 확신에는 근거가 있었다. 버크셔 해서웨이의 근간을 이루는 사업이 2013년에 중요하고도 의미 있는 진전을 보였던 것이다.

앞에서 다뤘던 버크셔의 내재 가치 계산법을 계속 적용해 보면 13% 증가라는 의미 있는 진전을 이루었다. 주가는 3분의 1 이상 상승했는데, 이는 자사주 매입을 위해 설정한 1.2배라는 기준을 넘어선 것이었다.

버크셔는 2013년 내내 전력을 다했다. 버크셔의 수많은 사업 부문이 이익을 늘리고 경쟁 위상을 높였다. 또한 버크셔는 다음과 같이 수백억 달러의 자본을 투입해 새로운 기업들을 인수했다.

---

* 버핏은 침체 기간이나 제자리걸음을 하는 기간에 버크셔 성과가 더 나은 편이라며, 시장 순환을 거치면서 시장 수익률 대비 다소 괜찮은 성과를 올릴 것이라고 예상했다. 찰리 멍거가 지적한 바에 따르면, 버크셔는 세전인 S&P 500과 비교해 세후 장부가치 실적을 따라가는 것임을 고려해 보면 버크셔의 지난 실적이 훨씬 더 나은 것이었다.

표 7-26 · 버크셔 해서웨이 내재 가치 평가

자료·2012년, 2013년 버크셔 해서웨이 연례 보고서 및 저자의 계산

주당(A주 기준)	2013	2012
투자 금액	$129,253	$113,786
세전 영업이익(예 : 투자 이익)	9,116	8,085
추정 가치(투자 금액+영업이익의 10배)	$220,413	$194,636
기말 주가	$177,900	$134,060
기말 주당 장부가치	134,973	114,214
주가/추정 가치	0.81배	0.69배
주가/장부가치	1.32배	1.17배
가치/장부가액	1.63배	1.70배
추정 가치 변동률	13%	
주가 변동률	33%	

- 케첩 제조 회사 H. J. 하인즈의 지분을 122억 5,000만 달러에 대규모 인수

- 미국 서부 해안에 소재한 대형 전력 회사인 NV 에너지를 56억 달러에 인수

- 마몬과 이스카의 나머지 지분을 35억 달러에 인수

- 기존 자회사들이 31억 달러를 투자해 25건의 볼트온 인수

　게다가 버크셔는 자본적 지출에 111억 달러를 사용했는데, 이는 감각상각비보다 57억 달러가 더 많은 액수였다. 여기에 더해 주식에도 순금액 기준 47억 달러를 투자했다.

H. J. 하인즈 컴퍼니

2013년 6월 7일, 버크셔 해서웨이와 3G 캐피털이 손을 잡고 하인즈를 인수했다. 버핏은 시장점유율이 높고 안정적이며 투하자본이익률이 높은 플래그십 브랜드를 좋아했다. 새로운 구조 아래에서 브라질계 사모

펀드인 3G 캐피털은 기업들을 관리했으며, 버크셔는 금융 파트너 역할을 했다. 하인즈는 토마토케첩의 대표 브랜드로 잘 알려져 있으며 소스, 수프, 콩, 파스타, 이유식, 오레-아이다Ore-Ida 감자튀김 등 다양한 브랜드 제품이 있었다. 이 회사는 또한 웨이트 와처스Weight Watchers와 T.G.I. 프라이데이스T.G.I. Friday's의 스낵 등 라이선스 브랜드도 생산했다. 이 회사는 다음과 같은 부문별로 나뉘었다.

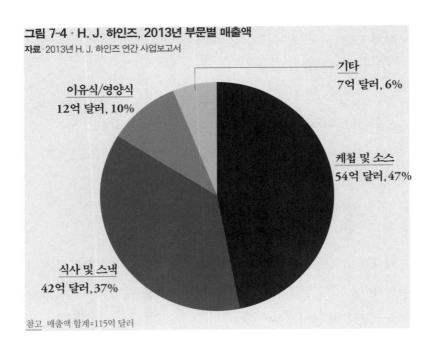

그림 7-4 · H. J. 하인즈, 2013년 부문별 매출액
자료·2013년 H. J. 하인즈 연간 사업보고서

기타
7억 달러, 6%

이유식/영양식
12억 달러, 10%

케첩 및 소스
54억 달러, 47%

식사 및 스낵
42억 달러, 37%

참고 매출액 합계=115억 달러

하인즈는 펜실베이니아주 피츠버그에 본사를 두고 있었지만 전 세계에서 사업을 진행하고 있었다. 지역별로 봤을 때 매출액은 북미에서 약 25%, 유럽에서 25%, 아시아/태평양에서 20%, 그리고 나머지는 미국 푸드서비스Foodservice 부문 및 기타 해외 국가에서 발생했다.

하인즈 브랜드의 경쟁력은 세전 유형투하자본이익률로 증명되었다 (〈표 7-27〉 참고). 2009~2013년 하인즈의 평균 유형투하자본이익률은 56%로 군침이 도는 실적이었다. 주력 브랜드인 하인즈 케첩은 미국에서 60%의 시장점유율을 차지했다(해외에서는 더 높았음).[25] 업계 2위 브랜드 헌츠Hunts의 시장점유율이 20%에 불과한 것은 하인즈의 시장 지배력을 보여 주는 근거였다. 시장점유율 3위 케첩 브랜드는 사람들이 잘 알지도 못했다.

3G 캐피털은 투자 세계에서 큰손으로 통했다. 3G의 투자 펀드를 이끄는 호르헤 파울로 레만Jorge Paulo Lemann은 버핏이 질레트 이사회에서 함께 활동하다가 인연을 맺었다. 3G 캐피털은 하인즈에 투자하기 전 버거킹Burger King을 100% 인수한 바 있었다. 또한 3G에서 운영하던 기업인 인베브가 안호이저 부시 컴퍼니를 인수하자 세계 최대 맥주 양조 회사를 탄생시키기도 했다. 레만, 알렉스 베링Alex Behring, 베르나르도 히스Bernardo Hees 등 3G 캐피털의 파트너들은 탁월한 경영자로 알려져 있었다. 그들의 핵심 경영 철학은 제로 베이스 예산 책정zero-based budgeting이었는데, 이는 (전년도 예산에 기초하지 않고 원점에서) 매년 필요한 예산을 전부 반영해 예산을 편성하는 기법이었다. 세 사람은 과거에 이 방법으로 성공을 거두었고 버크셔와 3G 캐피털이 하인즈를 인수하는 데 엄청난 비용을 투입했다는 것으로 볼 때, 이들은 하인즈에서 이익률 개선을 모색할 것임을 시사했다.*

---

* 버핏은 주주총회에서 3G의 기법이 버크셔에 적용될 수 있느냐는 질문을 받았다. 버핏과 멍거는 버크셔가 이미 군살 없는 조직이라 생각했고, 아울러 3G가 버크셔 운영에 관여하는 일에 대해서도 일축했다. 3G 캐피털을 존중하지만 두 시스템이 잘 섞이지 않을 것이라고 버핏은 말했다. 그런 관여에 반대하는 가장 큰 이유는 버크셔 시스템은 경영자들이 아무 간섭도 받지 않고 각자 경영하는 방식이었기 때문이다.

하인즈의 인수 가격 총액은 인수 시 추정된 부채를 포함해 291억 달러였다. 이 수치는 기본 유형투하자본의 7.7배에 해당했으며, 초기 수익률은 한 자릿수 중반으로 낮을 듯했다. 이 거래의 안전 마진은 강력한 역대 투하자본이익률에 바탕을 두고 있었다. 3G 캐피털의 경영 팀이 허리띠를 졸라매 이익률을 개선할 수 있는 것과 마찬가지로, 미래의 성장은 초기 수익률을 끌어올릴 수 있었다. 그러나 인수 가격이 너무 높았다. 하인즈의 역량, 또 버크셔가 3G 캐피털 경영 팀에 대해 파악한 것 때문에 인수 가격이 약간 높아졌다고 버핏은 설명했다.

표 7-27 · 하인즈 인수 분석 | **자료**·2013년 버크셔 해서웨이 연례 보고서, H. J. 하인즈의 2009~2013년 연례 보고서 및 2013년 10월 27일자 분기 보고서, 저자의 계산 **단위**·100만 달러

	2013	2012	2011	2010	2009
총 매출액	11,529	11,508	10,559	10,495	10,011
매출액/평균 투하자본1	3.07	3.80	3.91	4.25	3.88
이자·세금 차감 전 이익률1	15%	13%	16%	15%	15%
세전 투하자본이익률	45%	51%	64%	65%	60%
인수 가격(주식)	8,500				
버크셔 우선주	8,000				
추정 부채	12,600				
유효 인수 가격	29,100				
인수 가격 배수	7.74배				
버크셔 귀속 세전 이익률(2013년)	5.9%				
5년 평균 투하자본이익률 적용 이익률	7.4%				

주석
1. 이 회사의 회계연도는 4월로 마감되는 52주임.

버크셔와 3G 캐피털은 각자 42억 5,000만 달러를 투자해 하인즈 보통주를 각각 절반씩 매수했다.* 버크셔는 또한 80억 달러를 들여 9%의 버크셔 우선주를 발행했다. 인수 가격의 나머지는 전통적인 은행 차입

금으로 해결했다. 법인 하나(버크셔)가 주식 발행과 차입금 도입을 모두 써서 자금을 조달하는 경우는 다소 이례적이었다. 이에 따라 버크셔는 주식 발행 없이 대출만으로 자본을 조달할 때에 비해 상대적 리스크를 낮춰 자본을 투입할 수 있었다. "우리는 자본 구조에서 그들보다 레버리지 포지션이 낮습니다. 그들은 더 많은 레버리지를 원했습니다. 우리는 제가 공정한 조건이라고 여기는 것, 그리고 그들이 공정한 조건이라고 여기는 것에 대한 레버리지를 제공했습니다." 이 거래 구조는 지배적 파트너십을 적용했는데, 이에 따라 버크셔는 준비된 경영 팀과 함께 일하기 위해 자본 투자에 나섰다. "우리(버크셔)는 이 모기업의 운영 능력 이상의 넉넉한 자금을 보유하고 있으며, 그들은 경영 능력이 상당하고 40억 달러에 대한 수익률 극대화를 원했습니다."

표 7-28 · 하인즈 자본 구조 및 레버리지

자료·2013년 버크셔 해서웨이 연례 보고서, H. J. 하인즈의 2009~2013년 연례 보고서 및 2013년 10월 27일자 분기 보고서, 저자의 계산 **단위**·100만 달러

	금액	레버리지[1]
부채	12,600	1.00배
우선주	8,000	1.58배
주식	8,500	2.42배
자본 총계	29,100	
버크셔 해서웨이 총 레버리지		
우선주+주식	12,250	1.87배

각주
1. 우선순위가 높은 자본의 합계를 출처로 나누어 계산했을 때의 레버리지

---

* 버크셔와 3G 캐피털은 각자 이 상장 기업을 인수한 신규 지주회사의 주식을 4억 2,500만 주씩 인수했다. 아울러 버크셔는 4,600만 주를 추가 인수할 수 있는 신주인수권도 받았으며 스톡옵션으로 3,960만 주를 살 수 있는 권리도 얻었다.

보험업

버크셔의 보험 부문은 2013년 큰 성과를 발표했다. 각 운영 부문에서 (11년 연속) 보험 인수 이익이 창출되었고, 이는 4.1%라는 마이너스 책임준비금 비용으로 이어졌다. 더더욱 좋은 일은 연말 기준 책임준비금이 6% 증가한 770억 달러를 기록한 것이었다. 그런데 버핏은 주주들에게 두 가지 선물(마이너스 책임준비금 비용 및 책임준비금 증가)이 아직 주어진 것은 아님을 환기해 주었다. 책임준비금으로 미래 이익을 얻기란 쉽지 않으며 버크셔의 책임준비금은 줄어들 수도 있다고 주의할 것을 당부했다. 대규모 현금 자원이 필요할 수 있는 부채와 달리, 책임준비금은 유동성에 대한 대규모 수요가 발생하지 않는다. 버핏은 향후 책임준비금의 감소는 대략 3% 정도에 머물 것이라고 말했다. 이 발언

그림 7-5 · 3%의 보험 인수 이익이 창출되고 동시에 책임준비금이 3% 감소한다고 가정했을 때 | **자료· 2013년 버크셔 해서웨이 연례 보고서 및 저자의 계산**

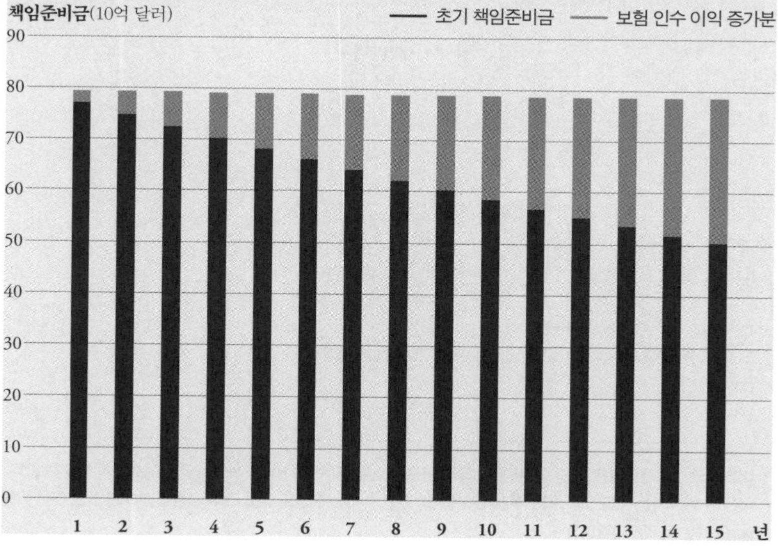

은 버핏이 보험 인수 이익을 이익 창출력 계산액(그러니까 내재 가치 계산액)에 포함하기를 꺼려 한 이유를 알려 준다. 향후 버크셔의 책임준비금이 감소할 경우, 책임준비금 감소에 따른 자본 유출로 보험 인수

표 7-29 · 버크셔 해서웨이 보험계약 인수

자료·2012년, 2013년 버크셔 해서웨이 연례 보고서 및 저자의 계산 **단위**·100만 달러

	2013	2012
가이코		
인수 보험료	19,083	17,129
수입 보험료	18,572	16,740
보험계약 인수 손익(세전)	1,127	680
제너럴 리		
인수 보험료	5,963	5,984
수입 보험료	5,984	5,870
보험계약 인수 손익(세전)	283	355
버크셔 해서웨이 재보험 부문		
수입 보험료	8,786	9,672
보험계약 인수 손익(세전)	1,294	304
버크셔 해서웨이 원수보험 부문		
수입 보험료	3,342	2,263
보험계약 인수 손익(세전)	385	286
수입 보험료 총계	36,684	34,545
보험계약 인수 손익(세전) 총계	3,089	1,625
평균 책임준비금	75,183	71,848
책임준비금 비용	(4.1%)	(2.3%)
불이익성 (이익성) 손실 발생 총계	(1,752)	(2,126)
상기 수치에 포함된 할인 증가액 및 상각 비용	186	381

참고
버크셔 해서웨이 원수보험 부문과 재보험 부문의 인수 보험료는 항목에 넣지 않음.

이익이 상쇄될 수 있어서였다. 이에 따른 경제성은 여전히 꽤 유리했다. 보험 인수 이익 증가분이 책임준비금을 대체해, 버크셔가 활용 가능한 동일한 액수의 자본은 남겨 두기 때문이었다. 따라서 이익에 보험 인수 이익을 포함시키는 것은 적절하지 않을 수 있다.

가이코

보험 부문에서 가장 중요한 위치에 있는 업체는 가이코였다. 책임준비금에 대해 다룰 때면 버핏은 이내 가이코의 책임준비금이 확실하게 증가할 거라고 지적하곤 했다. 그런 자신감은 어디에서 나왔을까? 저비용 제공업체라는 가이코의 사업 모델이 해자를 형성했기 때문이었다. 이는 소비자들이 실질적 비용을 절감할 수 있게 했으며, 이 회사의 성장이 기대된다는 의미였다. 2013년 가이코는 10.2%의 시장점유율을 기록해 올스테이트Allstate를 앞질렀고, 시장점유율 18.5%인 스테이트 팜State Farm에 이어 미국에서 두 번째로 큰 자동차보험 회사가 되었다. 수입 보험료는 11%나 늘어난 186억 달러, 합산비율은 93.9%를 기록했다.*

버크셔 해서웨이 재보험 부문

1985년 출발점에 선 이래 아지트 자인은 버크셔 해서웨이 재보험 부문을 2013년 기준 370억 달러의 책임준비금 및 누적된 보험 인수 이익을 올리는 보험회사로 만들었다. 자인은 이해에 한 걸음 더 나아가 다이

---

* 버핏은 주주 서한에서 가이코의 진정한 경제적 사업권이 200억 달러에 육박한다며, 이와 비교해 회계상 사업권의 장부가치는 14억 달러였다고 말했다. 그가 전에 했던 발언을 고려하면 가이코의 사업권은 연간 보험료 물량보다 약간 더 가치가 높았다는 것을 확인해 준 셈이었다.

렉트 상업용 보험을 제공하는 버크셔 해서웨이 스페셜티 인슈어런스 Berkshire Hathaway Specialty Insurance (이하 BHSI)를 설립했다. 자인은 피터 이스트우드 Peter Eastwood 에게 이 회사를 맡겼다. 이스트우드는 버크셔로 영입하려고 경쟁사들에서 살펴보았던 몇몇 임원급 중 하나였다. 이 회사는 원수보험 부문의 일부가 된다.**

보험 지형은 가격 관점에서는 여전히 좋지 않아서 보험료 물량을 제약했다. 그러나 재보험 부문은 전반적으로 전년도에 비해 더 나은 성과를 올렸다. 재보험 부문의 총수입 보험료는 9% 감소한 88억 달러를 기록했지만, 이익이 325%나 불어나 13억 달러를 기록하는 등 크게 반등했다.

실적은 변동성을 보일 것으로 예측되었는데, 2013년에는 재해가 별로 없어서 재해 및 개별 리스크 부문은 2년 연속 이익을 이어 갔다. 수입 보험료가 2% 감소한 8억 100만 달러에, 이익은 45% 증가한 5억 8,100만 달러를 기록했다. 재해 손실은 유럽의 홍수 때문에 총 2,000만 달러에 그쳤다. 이와 비교해 2011년에는 8억 달러, 2012년에는 9,600만 달러의 손실이 났다.

소급보험료는 2011년 20억 달러, 2012년 7억 1,700만 달러, 2013년 3억 2,800만 달러를 기록하는 등 3년 연속으로 감소했다. 얼마 안 되는 계약 건수가 당해 보험 물량 감소의 원인이 되었다. 또한 이 부문은 이연비용이 상각됨에 따라 3억 2,100만 달러의 손실을 보고했다. 전년도에 발생한 2억 100만 달러 손실에서 유발된 것이었다. 소급 재보험계약

** 버핏은 버크셔에서 상업용 원수보험사를 인수하지 않은 이유에 대해 질문을 받았다. 괜찮은 회사는 값이 꽤 나갈 수 있어서라는 게 버핏의 대답이었다. 버크셔가 장부가치로 출발하는 자회사를 세울 수 있고, 다른 회사 인수 시 발생하는 부차적인 일을 떠안을 필요도 없다는 점도 있었다.

의 총 미지급 손실 177억 달러는 이런 활동에서 나오는 막대한 액수의 책임준비금을 보여 준다. 미지급 손실은 연말 기준 42억 5,000만 달러 규모의 미상각 이연비용으로 상쇄되었는데, 이 금액은 시간이 지남에 따라 손실 비용으로 작용하며 보고 실적에 영향을 주었다.

기타 다중화 부문에서는 보험 물량이 18% 감소해 43억 달러로 집계 됐다. 스위스 리와의 20% 지분 참여 약정이 2012년 말 만료된 것이 주 요인이었다. 이 계약에서 2013년에도 15억 달러의 잔여 보험료가 들어 왔는데, 2012년에 받은 34억 달러에 비해 훨씬 작았다. 재해 및 개별 리 스크 부문과 마찬가지로, 기타 다중화 부문도 재해 손실은 낮은 수준으 로 발생했다. 2013년 손실은 유럽의 홍수 및 우박을 동반한 폭풍에 따 른 1,600만 달러에 그쳤다. 이에 비해 전년도에는 허리케인 샌디 때문 에 2억 6,800만 달러의 손실이 났다. 결과적으로 세전 보험 인수 이익은 122%나 불어나 6억 5,500만 달러에 이르렀다.

재보험 부문의 생명/연금 부문은 세 건의 대규모 계약의 영향을 받았 다. 수입 보험료는 두 건의 신규 사업 덕분에 17% 증가한 33억 달러였다. 생명/연금 부문은 만약 스위스 리 생명 & 보험 아메리카Swiss Re Life & Health America, Inc.와의 계약이 수정되지 않았다면 실적 증가세가 더 컸을 것이다. 이 계약 수정으로 13억 달러의 수입 보험료를 반납하고 2억 5,500만 달러 의 일회성 세전 이익이 발생했다.* 2013년 보험 인수 실적은 1억 9,000만 달러의 손실에서 3억 7,900만 달러의 이익으로 반등했다.

---

* 이 이익은 회계 목적이었다. 재보험 부문은 스위스 리에 6억 7,500만 달러를 지급했다. 그 계약에 따른 손 실은 이전의 수년 동안 장부에 기록되었는데, 2013년에 이익을 상쇄하고도 남았다.

제너럴 리

"그날이 기억에 남아 있습니다. 우리는 제너럴 리를 인수하자마자 이 회사의 여러 문제로 골치가 아팠죠. 그로 인해 해설가들은 (그리고 간단히 말해 저까지도) 제가 엄청난 실수를 저질렀다고 여겼습니다. 그런 날은 오래전에 지나갔습니다. 제너럴 리는 이제 보배입니다." 버핏이 제너럴 리와 태드 몬트로스를 칭찬한 것은 이 회사가 8년 연속으로 보험 인수 이익을 달성했기 때문이다. 수입 보험료는 2% 증가한 60억 달러, 보험 인수 이익은 20% 감소한 2억 8,300만 달러를 기록했다.

손해/상해 부문의 수입 보험료는 3.5% 증가한 30억 달러였지만, 긍정적인 환율 효과가 없었다면 실적은 정체되었을 것이다. 한편 세전 보험 인수 이익은 63% 감소한 1억 4,800만 달러였지만, 그 실적은 유럽의 우박을 동반한 폭풍과 홍수로 인한 4억 달러의 재해 손실이 반영된 것이었다. 손해 부문은 전년도 사업에서 3억 7,500만 달러의 이익성 손실 조정, 당해 사업에서 1억 7,800만 달러의 이익을 기록했다. 상해/근로자 보상 부문은 500만 달러의 손실을 보고했으나 1억 4,100만 달러의 회계 비용을 거의 극복했다.

제너럴 리의 생명/건강 보험 부문은 2012년 4,400만 달러의 손실을 봤다가 2013년 1억 3,500만 달러의 이익을 기록하면서 반등했다. 이러한 실적 개선은 예상 사망률이 낮았고 전년도에 대규모 비용이 없었기 때문이었다.

버크셔 해서웨이 원수보험 부문

버크셔 해서웨이 원수보험 부문의 수입 보험료는 48%나 증가한 33억 달러였다. 이 같은 증가는 대체로 가드 및 프린스턴의 1년치 실적과 신생 상업용 특수 보험 부문 실적이 포함된 덕분이었다. 총 보험 인수 이익은 35% 증가한 3억 8,500만 달러였고 합산비율은 85%로 견고했다. 양호한 보험금 이력 및 신규 회사들의 합류가 이익 증가로 이어졌다.

제조, 서비스, 소매 유통업

버크셔 제조, 서비스, 소매 유통 부문의 세전 이익은 67억 달러로 10% 증가했다. 그런데 유형투하자본이익률은 25.3%에서 21.5%로, 세후 유형자기자본이익률은 21.4%에서 16.7%로 낮아졌다.* 적어도 이는 장부에 적립된 잉여 현금과 어느 정도 관련이 있었다. 최초로 제조, 서비스, 소매 유통 부문의 순 부채 포지션이 마이너스를 기록했는데, 이는 장부상 현금이 총부채를 초과했다는 의미였다.**

지난 5년 동안 이 부문은 51억 달러 순 부채 포지션에서 6억 500만 달러 순 현금 포지션으로 전환되었다. 수익성이 활용되는 속도에 비해 현금이 더 빨리 쌓이고 있었다. 여러 건의 볼트온 인수와 감가상각을

표 7-30 · 제조, 서비스, 소매 유통 부문-순 부채(현금)
자료·2009~2013년 버크셔 해서웨이 연례 보고서 및 저자의 계산 **단위**·100만 달러

	2013	2012	2011	2010	2009
총부채	6,020	7,280	7,825	8,426	8,082
현금	6,625	5,338	4,241	2,673	3,018
순 부채(현금)	(605)	1,942	3,584	5,753	5,064

---

* (사업권을 포함한) 장부가치 수익률은 8.7%에서 8.3%로 내려갔다.
** 자기자본 대비 부채비율은 2012년 15%에서 2013년 11.2%로 떨어졌다. 제조, 서비스, 소매 유통 부문은 이해에 미상환 부채를 총 12억 6,000만 달러 상환했다.

초과하는 자본적 지출이 발생했는데도 그러했다.

　마몬은 더 나아가 사업을 정비했다. 기존에는 160개 회사를 11개 사업 부문으로 구성했다. 이 사업 부문은 그대로 유지했지만 3개의 별도 기업으로 묶었다. 이에 따라 새로운 사업 부문은 다음과 같이 배치되었다.

표 7-31 · 마몬 그룹 사업 부문 및 기업 | 자료·2013년 버크셔 해서웨이 연례 보고서

기업	사업 부문
마몬 엔지니어드 인더스트리얼 & 메탈 컴포넌츠	전기 & 배관 자재 유통, 유통 서비스, 산업재
마몬 내추럴 리소시즈 & 트랜스포테이션 서비시즈	운송 서비스 & 엔지니어링 제품, 특수 전선 & 케이블, 크레인 서비스
마몬 리테일 & 엔드 유저 테크놀로지스	고속도로 기술, 정수 처리, 소매점 장착물, 요식업 설비, 소매 주택 개선 제품

　마몬 산하 수많은 기업의 실적은 엇갈렸다. 전체적으로 보면 매출액은 약간 감소해 70억 달러였으나 세전 이익은 3.4% 증가한 12억 달러를 기록했다. 세전 이익률은 2012년 15.9%에서 2013년 16.9%로 다시 상승세를 탔다. 마몬 사업 부문들의 실적은 버핏이 몇 년 전 설명한 바와 같이 들쑥날쑥한 패턴으로 나타났는데, 해마다 다양한 업종·기업별 특유의 변화가 실적에 영향을 미쳤기 때문이었다. 마몬은 내내 볼트온 인수를 진행하는 등 이익률을 개선하고 새로운 틈새에 자본을 배치할 방법을 계속 찾아 나갔다. 그것은 성공적인 전략이었다.

　2013년에 버크셔는 마몬의 나머지 지분을 인수했다. 버크셔는 이 지분 9.7%에 14억 7,000만 달러를 지불했다. 이는 마몬의 전체 밸류에이션이 152억 달러라는 의미였으며, 또한 이익에 대한 배수가 12.9배라는

것도 알려 주었다.*

버크셔는 2013년에 이스카에 대한 지분을 확대했다. 베르트하이머 일가는 풋 옵션을 행사해 2006년 이스카 지분 매각 이래 이 일가에서 보유한 나머지 20%의 지분을 매각하기로 결정했다. 버크셔는 20억 5,000만 달러를 지불했는데, 전체 회사를 102억 5,000만 달러로 평가한 것이었다. 버크셔가 2006년 중반 처음 지분을 인수할 때보다 이스카의 가치가 2배로 높아진 셈이었다.** 이스카가 벌어들인 이익은 2012년 실적과 비슷한 수준이었다.

이스카의 실적이 포함한 기타 제조 부문은 강력한 소비 시장의 강세를 보여 주었다. 매출액은 8.7% 증가한 291억 달러였고, 이익도 같은 비율로 증가한 36억 달러를 기록했다. 포레스트 리버는 또다시 강한 실적을 보였는데, 매출액이 24% 증가하고 이익이 32%나 뛰어 생산량 증가에 대한 제조 효율을 뚜렷이 나타냈다. 건축자재 사업은 매출액이 8%, 세전 이익이 13% 증가했다. 의류 부문에서는 매출액이 3.5%, 세전 이익이 25% 증가했다. 루브리졸의 이익은 전년도와 비교해 변화가 없었다. 볼트온 인수 건들도 이 부문의 실적에 기여했다.

기타 서비스 부문의 이익은 10% 증가해 90억 달러를 기록했다.

---

* 이 배수는 이전 거래 시 적용한 11배보다 높았다. 이익률이 개선되어 가격이 올라갔을 가능성이 있다. 또 다른 요인은 연말에 보류된 대규모 인수 때문일 수 있다. 이는 매도한 일가에 속하는 장부상 잉여 현금이 있을 수 있다는 것이다(즉 이익잉여금이 발생했지만 배당으로 지급되지 않은 것).

** 버크셔는 처음에 이스카 지분 80%를 40억 달러에 매입했는데, 이는 이스카 전체 기업 가치를 50억 달러로 평가했다는 것이다. 마몬 및 이스카 인수에서는 예전 각사 지분을 인수했을 때처럼 상각이 필요했다. 이번 해에는 그 합계가 35억 달러 중 18억 달러였는데, 이는 해당 비지배 지분의 장부가치보다 많은 액수였다. 버핏은 그런 회계 절차가 필요하다는 사실에 놀라움을 표현했다. 이것은 버크셔의 내재 가치가 장부가치를 훨씬 웃도는 또 다른 이유라고 버핏은 말했다.

TTI(11% 증가)와 넷제트(7.5% 증가)의 강세도 실적에 영향을 미쳤다. BH 미디어 산하 신문사들은 매출액이 66%나 증가했지만 이는 인수 효과였을 뿐이었다. 이 부문의 세전 이익은 13% 증가한 11억 달러를 기록했다. 여기에는 TTI(10% 증가), 플라이트세이프티(11% 증가), 넷제트(7% 증가) 등이 포함되었다.

소매 부문에서는 오리엔탈 트레이딩 컴퍼니의 1년치 실적 덕분에 매출액이 15% 증가한 43억 달러로 나타났다. 세전 이익은 23% 증가해 3억 7,600만 달러를 기록했다. 가정용 가구 및 보석 업체들의 이익 증가와 시즈 캔디 및 팸퍼드 셰프의 이익 감소의 복합적인 효과로 이 부문 이익은 전년도와 비슷한 수준이었다.

맥클레인의 매출액은 23% 증가한 459억 달러였고, 세전 이익은 21% 증가한 4억 8,600만 달러를 기록했다. 매출액과 이익의 증가세는 메도우브룩 미트 컴퍼니(2012년에 인수)의 실적, 기존 사업의 유기적인 두 자릿수 성장, 브라질 물류 사업 매각에서 발생한 2,400만 달러의 세전 이익에서 비롯되었다.

규제 대상 자본 집약적 사업 부문

유틸리티 사업의 빅뉴스는 NV 에너지 인수였다. NV 에너지는 에너지 지주회사로, 네바다주에서 120만 명의 소비자에게 전력을 공급하고 20만 명의 소비자에게 천연가스를 제공했다. 사업은 주요한 두 운영 부문인 네바다 파워 컴퍼니_{Nevada Power Company}와 시에라 퍼시픽 파워 컴퍼니_{Sierra Pacific Power Company}를 통해 이루어졌다. 미드아메리칸은 NV 에너지 인수에 56억 달러를 지불했다.* 이 거래는 2013년 12월 19일에 마무리되었으며 결과적으로 버크셔의 2013년 실적에는 거의 영향이 없었다.

버크셔가 지불한 가격표를 보면 아래 양쪽에 공정한 거래였음을 시사한다. 미드아메리칸은 성장 지역인 서부에서 투자할 기반을 마련했다. 버핏은 3년 전 BNSF를 인수해 서부 투자의 발판을 확보한 바 있었다. NV 에너지는 미드아메리칸에 편입되어 태양광발전 같은 재생에너지 프로젝트에 투자를 더욱 확대할 수 있었다. 또한 그런 프로젝트는 가속상각과 이연 과세를 통해 회사의 과세소득을 낮추는 데 도움이 될 것이었다. 재생에너지 프로젝트에 대한 직접적인 세액공제도 마찬가지였다.

미드아메리칸의 기존 운영 부문들은 2013년에 좋은 활약을 이어 갔다. EBIT는 21억 달러로 7% 증가했다. 버크셔 귀속 순이익은 11% 증가

표 7-32 · NV 에너지 인수 분석 | **자료**·2013년 버크셔 해서웨이 연례 보고서, NV 에너지의 2009~2012년 연간 사업보고서 및 2013년 9월 30일자 분기 보고서, 저자의 계산 **단위**·100만 달러

	2013	2012	2011	2010	2009
총 매출액	2,930	2,979	2,943	3,280	3,586
매출액/평균 투하자본	0.34	0.35	0.34	0.38	0.42
이자·세금 차감 전 이익률	25%	26%	21%	20%	16%
세전 투하자본이익률	8.5%	9.2%	7.1%	7.5%	6.6%
인수 가격(주식)	5,596				
추정 부채	4,921				
유효 인수 가격	10,517				
인수 가격 배수	1.22배				
버크셔 귀속 세전 이익률(2013년)	7.0%				

참고
2013년 자료는 2013년 9월 13일로 끝나는 12개월치이며, 그 기간의 대차대조표 값임.

---

* 인수 비용은 다음과 같이 조달되었다. 미드아메리칸이 20억 달러의 채권을 발행했고, 미드아메리칸 주주를 대상으로 36억 달러어치의 신주를 발행했다. 이 신주 발행에는 버크셔도 35억 달러 규모로 참여했다. 나머지 1억 달러어치는 미드아메리칸의 소액주주들이 참여했다.

해 15억 달러를 기록했다. 더 세부적으로 살펴보면 이 내용은 다음과 같이 엇갈렸다.

- 퍼시픽코프는 이익에 상당 부분 기여했다. 2012년에 규제 당국의 승인을 받아 요금을 인상했지만 화재로 큰 비용이 들어가면서 매출액 상승이 상쇄되었다. 2013년에는 악재가 없었던 덕분에 퍼시픽코프의 EBIT는 33% 증가한 9억 8,200만 달러를 기록했다.
- 홈서비스는 이익이 1억 6,900만 달러로 70% 증가했다. 중개업체 추가 인수, 인상된 판매 가격에도 판매량 증가 등 여러 요인이 결합한 결과였다.
- 노던 파워그리드의 EBIT는 3억 6,200만 달러로 16% 감소했다. 매출액 감소 및 영국 파운드 대비 미국 달러의 강세 여파였다.

BNSF 철도는 버크셔에서 계속 좋은 실적을 내고 있었다. 2013년에도 매출액과 순이익이 전년도에 이어 계속 증가했다. 매출액은 5.7% 증가한 220억 달러, 세전 이익은 10% 상승한 59억 달러였다. 화물 운송량은 4.5% 증가했으며 화물 운송 비용도 인상되었다. 2013년에는 주요 네 부문 중 세 부문의 운송량이 증가했다. 산업재 운송량은 11% 늘어났고(석유제품이 강세를 보임), 소비재 운송량은 6% 증가, 석탄 운송량은 3% 증가였다. 유일한 예외는 농산물로, 미국의 수출 감소로 운송량이 4% 감소했다.

금융 및 금융 상품

이 부문의 최대 업체인 클레이턴 홈스는 세전 이익이 63% 증가한 4억

1,600만 달러를 기록했다. 단위 물량 증가로 제조 효율성이 높아졌으며, 이에 따라 매출액이 6%만 증가해도 세전 이익을 크게 확대할 수 있었다. 경기 침체를 거치면서 이 회사의 생산 규모는 급격히 축소되었다. 그 때문에 생산 관련 고정비용이 상승해 이익 창출에 부담이 되었다. 대출 사업이 없었다면, 그 몇 년 동안 클레이턴의 이익은 적자를 기록할 가능성이 있었다. 클레이턴은 2013년에 2만 9,547채의 주택을 생산했다. 이는 미국 전체 단독주택의 4.7%에 해당해 미국 최대의 주택업체가 되었다. 부지를 조성하는 주택 시장까지 포함한 기록이었다.

코트 및 엑스트라의 세전 이익은 11% 증가한 1억 6,500만 달러를 기록했다. 기타 수익 4억 400만 달러를 합해 금융 및 금융 상품 부문은 세전 이익이 16% 증가한 9억 8,500만 달러를 기록했다.

투자

2013년 버크셔가 진행한 주요 투자 활동은 반복 버튼을 누르는 듯했다. 버크셔는 웰스 파고 지분 인수에 10억 달러를 더 투자했다. 이에 연말 기준 지분율은 9.2%로 220억 달러어치로 집계됐다. IBM 포지션도 약간 확대했는데, 연말 기준 지분율은 6%에서 6.3%로 늘어나며 128억 달러어치가 되었다.

갑작스러운 인수로, 버핏은 연말 기준 420억 달러어치 엑손 모빌 지분을 1% 가까이 매입했다고 발표했다. 해설가들은 엑손 모빌의 낮은 주가수익비율PER과 주주에게 자본을 상환한 이력이 버핏을 매료시켰을 거라고 추측했다.[26] 주주 서한과 연례 주주총회 모두에서 버핏이 이에 대해 별다른 언급을 하지 않은 것은 이 인수가 그다지 중요하지 않았음을 시사했다. 별로 중요하지 않았다는 사실은 머지않아 확인된다. 엑손 모빌 지분은 이듬해 매각된다.

버핏은 2013년에 매우 흥미로우면서도 영원히 변치 않을 두 가지 투자 교훈을 전수했다. 이는 경영자와 투자자 모두를 실수하게 만드는 비직관적 가치 이전non-intuitive transfers of value과 관련이 있었다. 첫 번째는 옵션 발행에 대한 견해였는데, 이는 코카콜라의 경영진 보상 계획 때문에 나온 이야기였다. 두 번째는 연금에 대한 견해로, 이는 그가 1975년 〈워싱턴 포스트〉 CEO 캐서린 그레이엄에게 보낸 메모에도 드러나 있다.

버핏이 1975년 그레이엄에게 쓴 열아홉 장 분량의 메모는 2013년 버크셔 해서웨이 연례 보고서에 부록으로 실려 있어 읽어 볼 만하다. 2013년 주주 서한에서 버핏은 연금, 그리고 지불은 미래에 하게 되나 현 시점에 맺는 약정을 '거대한 재무적 촌충gigantic financial tapeworm'이라고 불렀다. 주주 서한을 썼던 그날 이래 버핏의 생각은 별로 달라지지 않았다. 문제는 따로 있었다. 전국에서 기업과 정부의 수많은 사람이 '미래에 금액을 지불하겠다'고 약속하는데, 이 약속은 가치의 이전을 매우 과소평가했다는 것이었다. 예를 들어 버핏은 평생 월 500달러를 주겠다는 약속은 실제로 6만 5,000달러의 가치를 이전한다는 것이라고 말했다. 그리고 만일 '지진 리스크'가 발생한다면(가령 미약한 투자수익률에 고임금 인플레이션이 겹치는 상황 등) 그와 같은 약속의 현재 가치는 급상승할 수 있다.

기업들은 이렇게 미래에 약속한 금액을 지급하기 위해 자산을 모아두는데, 이런 자산은 대개 외부의 투자 매니저가 운용한다. 해당 부채가 늘어남에 따라 이를 처리하기 위해 자산을 기금에 양도해야 할 필요성도 마찬가지로 커졌다. 이렇게 양도된 자산은 비용으로 처리되었기에 기업의 수익성에 직접 영향을 미쳤다. 시간이 지날수록 연금 자산의 가치는 때때로 그 연금을 지원하는 해당 기업의 순자산 가치보다 커졌다. 버핏은 1975년 작성한 메모에서 US 스틸US Steel을 예로 들었다. 1972년 당시 US 스틸의 순자산은 36억 달러였고 연금 펀드 자산은 22억 달러였다. US 스틸의 연금 펀드는 기본적으로 별도의 운영 부문이었다.

이처럼 거대한 약속임에도 일부 경영자는 자사의 연금 자산을 소홀히 다뤘다. 투자수익률이 미래의 연금 비용(및 이에 따른 회사의 미래 수익성)을 좌우하는데도 말이다. 버핏에게 기업은 그 전체를 봐야 하는 것이었다. 그리고 기업은 때때로 상당한 연금 자산(즉 부채)을 안고 있었다. 연금 및 퇴직 후의 혜택을 둘러싼 리스크는 규모가 꽤 커서 대규모 자본적 지출이나 인수 건 이외에도 별도로 봐야 하는 또 하나의 항목이다. 그래서 버핏은 버크셔의 경영자들이 약속을 하기 전에 버핏에게 먼저 확인받도록 한다.

연금과 관련해 이해해야 하는 한 가지 마지막 항목이 있다. 연금 펀드에 대한 투자는 꽤 이익을 올릴 것으로 예상할 수 있다. 결과적으로 보면 미래 수익은 미래 부채에 대한 추정치와 함께 예상된다. 경영진이 미래 수익에 대해 낙관적으로 가정하는 것은 인간적 편향이다. 그렇게 해야 회사가 현재 공여해야 하는 연금 규모가 줄어들기 때문이다. 미래 수익에 대한 경영진의 추정액은 재무 보고서에 공시된다. 어떤 기업들은 심지어 저금리 시기(2010년대 중반 같은 시기)에도 미래 수익률을 두 자릿수로 추정했다. 버핏은 이런 추정치가 얼마나 높은 것인지 설명했다. 2013년 버크셔의 사내 연금 추정치는 연금 자산의 장기 수익률을

6.7%로 잡았다. 반면 공공 연금 펀드의 수익률 추정치 중간값은 7.75% 였다.[27] 이 수치의 차이는 미미해 보일 수 있지만 금액으로 따지면 수십억 달러의 차이가 난다. 버크셔의 낮은 추정치는 보수적 문화를 보여주는 또 다른 지표였다.

2013년 코카콜라 경영진은 여러 면에서 과도한 경영진 보상안을 내놓았다. 그 보상안에 따르면 4년에 걸쳐 5억 주의 주식을 발행해야 했는데,* 표면적으로 기존 주주들의 지분 16.8%가 희석될 수 있는 규모였다. 코카콜라의 계획이 발표되자 수십억 달러의 가치를 주주들에서 경영진에게 이전하는 것에 대해 한 투자자가 공개적으로 문제를 제기했다. 이 분쟁은 비즈니스 언론에 보도되었다.

당시 버크셔 해서웨이는 코카콜라 지분을 9.1% 보유했으며, 그 지분 가치는 165억 달러에 달했다. 버핏은 어떻게 생각했을까? 이것은 2014년 연례 주주총회에서 캐럴 루미스Carol Loomis가 제기한 바로 첫 질문이었다. 버핏은 코카콜라의 보상안을 찬성하지 않았지만 사람들의 과도한 희석 우려는 지나치다고 생각했다. 그는 자신의 생각을 설명했다. 그 주식들이 모두 현재 가격으로 발행된다 해도, 희석은 제시된 수치보다 훨씬 적을 것이라고 말했다. 코카콜라는 그 옵션을 행사하는 사람들로부터 수익과 더불어 가치 이전에 따른 세제 혜택도 얻을 수 있다. 두 가지 모두 자사주를 매입한다면 희석 규모를 줄여 줄 수 있다. 버핏이 계산한 수치는 2.5%로, 16.8%보다 훨씬 낮았다. "저는 희석을 좋아하지 않고 2.5%의 희석도 좋아하지 않습니다. 그렇지만 이 수치는 사람들이

---

* 이 수치는 2014년 보상안과 예전 보상안의 나머지 규모를 합한 것이었다.

표 7-33 · 코카콜라 희석에 대한 버핏의 계산

자료·2014년 버크셔 해서웨이 연례 주주총회에서 버핏이 언급한 내용 **단위**·100만 달러

주식 수	500,000,000
주당 행사 가격 추정치	40
권리 행사 시 주가 추정치	60
가치 이전액(권리 행사 시 주가 - 행사 가격)	10,000
권리 행사 시 수익금	20,000
세제 혜택(가치 이전액의 35%)	3,500
총 수익금	23,500
자사주 매입(행사 가격)	391,666,667
발행되는 순 주식 수	108,333,333
44억 주에 대한 희석률	2.46%

이야기하던 수치와는 차이가 꽤 크죠." 결국 버크셔는 경영자 보상안을 의결할 때 기권하고, 코카콜라 CEO 무타 켄트Muhtar Kent와 대화했다. 이에 코카콜라는 보상안을 축소하고 4년이 아닌 10년에 걸쳐 기간을 늘리면서 한발 물러섰다.

그 외 소식

버크셔는 2013년 새로운 이사를 영입했다. 메릴 위트머Meryl Witmer는 2009년 스티븐 버크를 영입한 이래 처음으로 버크셔 해서웨이 이사회에 새로 합류했다. 51세인 위트머는 이글 캐피털 파트너스Eagle Capital Partners, L.P.의 경영 파트너이자 투자 운용 책임자였다. 위트머의 이사회 합류로 이사진은 12명에서 13명으로 늘어났다.

그해 위임 투표(2014년 초 투표) 안건에는 버크셔가 배당금을 지급하라는 제안이 있었다. 주주들은 버크셔의 배당금 지급에 대해 압도적으로 반대표를 던졌다. 버핏의 지분율을 셈에서 제외하더라도 주주들의 반대

의사가 분명히 드러났다. 이러한 투표 결과는 주주들이 버크셔의 자본 배분 책임자들과 전체 이익을 유보하는 전략을 신뢰한다는 뜻이었다.

2014년

—

2014년의 수치는 충분히 기념할 만했다. 버크셔 주가는 27% 상승하며 S&P 500의 수익률 13.7%와 대조를 보였다. 또한 버크셔의 주당 장부가치는 8.3% 늘어났다. 그뿐만 아니라 버크셔 해서웨이는 이해에 중요한 이정표를 세우기도 했다. 2014년은 워런 버핏이 버크셔의 경영을 맡은 지 50주년인 해였는데, 그동안 버핏은 버크셔를 세계에서 가장 크고 존경받는 기업 중 하나로 만들었다(제8장 초반부를 참고하자. 버핏 관할 아래의 버크셔 50년 역사를 들여다볼 수 있다).

버핏은 매년 연례 보고서의 초반부에 올리는 실적 집계표에 새로운 측정치를 기재해 이 기념일을 알렸다. 주주들은 주당 장부가치의 역사적 변화 및 버크셔가 정한 벤치마크인 S&P 500의 총 수익률을 확인하는 데 익숙했다. 이제 그 수치들과 함께 버크셔 주가 변동의 역사적인 기록이 제시되었다. 버핏의 논리에 따르면, 버크셔가 기업 전체 지분을 보유하는 쪽으로 방향을 전환하면서 장부가치는 성과 측정 시 보조 수단으로 바뀌었다. 이는 많은 기업의 가치가 장부가치보다 훨씬 높았기 때문이었다. 초기에 버크셔의 자산은 주로 유가증권에 몰려 있었는데, 유가증권의 장부가치와 내재 가치가 거의 비슷했기 때문이다. 이제 버크셔의 자산은 산하에 운영하는 회사들에 집중되었으며, 이 회사들은 내재 가치와 장부가치의 격차가 컸다.

버크셔의 실적이 양호한 연도에 선호 평가 기준을 변경한 이유에 대해 사람들이 의아해했을 수 있다. 버핏은 단기적으로는 시장가격의 한계를 지적했지만, 수십 년에 걸쳐서 보면 시장이 버크셔의 내재 가치를 정확히 따라갔다고 말했다.

우리가 버크셔의 내재 가치를 대략 추정했던 수치를 다시 보면, 2014년에는 시장이 거의 옳았음을 확인할 수 있다. 버크셔의 내재 가치는 장부가치보다 높아졌지만 버크셔 주식의 강세에 비해서는 덜 오른 것으로 보인다. 추정 가치의 13% 상승분은 그해 S&P 500과 거의 일치했으며, 버크셔가 앞으로 몇 년 안에 어려움 속에서도 시장 수익률을 능가할 것이라는 버핏의 관측과도 궤를 같이했다.

2014년을 들여다보면 버크셔가 내재 가치의 상승을 이루어 낸 과정이 보인다. 2014년은 버크셔에 대체로 양호한 해였다. 버크셔가 운영하

표 7-34 · 버크셔 해서웨이 내재 가치 평가

자료·2013년, 2014년 버크셔 해서웨이 연례 보고서 및 저자의 계산

주당(A주 기준)	2014	2013
투자 금액	$140,123	$129,253
세전 영업이익(예 : 투자 이익)	10,847	9,116
추정 가치(투자 금액+영업이익의 10배)	$248,593	$220,413
기말 주가	$226,000	$177,900
기말 주당 장부가치	146,186	134,973
주가/추정 가치	0.91배	0.81배
주가/장부가치	1.55배	1.32배
가치/장부가액	1.70배	1.63배
추정 가치 변동률	13%	
주가 변동률	27%	

는 자회사들은 이익을 늘렸으며, 유기적으로 그리고 볼트온 인수를 통해 확장하는 방법을 찾아냈다. 버핏은 볼트온 인수를 좋아했다. 볼트온 인수는 "우리가 그 일을 하지 않아도 이익을 더 늘릴 수 있는" 방법을 의미했기 때문이다. 보험 부문에서는 또다시 보험 인수 이익과 책임준비금 증가를 보고했다. 버크셔는 또한 2014년에 증가하는 현금을 투입할 만한 다른 수익성 있는 수단을 발견했다. 하나는 버크셔의 유틸리티 사업을 확장했던 캐나다에서의 수십억 달러짜리 인수 건이었다. 3G 캐피털과 진행한 또 다른 거래도 이해에 있었다. 이번 연도에도 세무 효과를 고려해 기업 인수와 버크셔 자사주 매입을 함께 진행하는 기회가 있었다. 큰 오점은 BNSF의 철도 서비스 운행 중단 사태였다. 이를 두고 버핏은 버크셔의 이익 실적보다 고객과 평판에 영향을 받게 된 것에 더 안타까워한 듯했다.

보험업

보험 부문은 12년 연속으로 이익을 보고했다. 413억 달러의 수입 보험료에서 27억 달러의 세전 보험 인수 이익을 창출했다. 해당 실적은 3.3%의 마이너스 책임준비금 비용을 나타냈다. 책임준비금은 2014년에 다시 증가해 연말 기준으로 8.6% 증가한 839억 달러를 기록했다. 버크셔의 모든 보험 사업부는 재해 손실이 없는 한 해를 보내며 이익을 달성했다.*

---

* 버크셔는 단일 이벤트로 인한 1억 달러 이상의 손실을 재해 손실로 규정했다.

표 7-35 · 버크셔 해서웨이 보험계약 인수

자료·2013년, 2014년 버크셔 해서웨이 연례 보고서 및 저자의
계산 **단위**·100만 달러

	2014	2013
가이코		
인수 보험료	20,962	19,083
수입 보험료	20,496	18,572
보험계약 인수 손익(세전)	1,159	1,127
제너럴 리		
인수 보험료	6,418	5,963
수입 보험료	6,264	5,984
보험계약 인수 손익(세전)	277	283
버크셔 해서웨이 재보험 부문		
수입 보험료	10,116	8,786
보험계약 인수 손익(세전)	606	1,294
버크셔 해서웨이 원수보험 부문		
수입 보험료	4,377	3,342
보험계약 인수 손익(세전)	626	385
수입 보험료 총계	41,253	36,684
보험계약 인수 손익(세전) 총계	2,668	3,089
평균 책임준비금	80,581	75,183
책임준비금 비용	(3.3%)	(4.1%)
불이익성 (이익성) 손실 발생 총계	(1,365)	(1,752)
상기 수치에 포함된 할인 증가액 및 상각 비용	128	186

참고
버크셔 해서웨이 원수보험 부문과 재보험 부문의 인수 보험료는
항목에 넣지 않음.

버크셔 해서웨이 재보험 부문

아지트 자인이 이끄는 버크셔 해서웨이 재보험 부문은 2014년에 책
임준비금을 늘리는 데 대부분 기여했다. 재보험 부문의 책임준비금은

14% 증가한 425억 달러였으며 당시 버크셔의 책임준비금 합계액 중 절반 이상을 차지했다. 수입 보험료는 15% 증가한 101억 달러였고, 세전 보험 인수 이익은 6억 600만 달러였다(전년도의 13억 달러보다 감소).

2014년, 재보험 부문은 기타 다중화 부문의 손해/상해 보고 부문을 재해 및 개별 리스크 부문과 통합했다. 비교해서 봤을 때, 손해/상해 부문의 수입 보험료는 41억 달러로 21% 감소했으나 세전 보험 인수 이익은 17억 달러로 36% 늘어났다. 스위스 리와 맺었던 20% 지분 참여 약정은 2012년 말에 만료되었지만, 잔존 보험료가 있어서 수입 보험료가 2013년에 15억 달러, 2014년에 2억 달러 발생했다.[*] 또한 2014년에는 해당 계약의 손실 추정치가 감소해 보험 인수 이익이 2억 8,300만 달러 발생했다. 재해 이벤트가 거의 없었던 덕분에 손해 부문에서는 7억 달러의 이익이 발생했으며, 3억 1,500만 달러의 환율 이익도 추가되었다.

소급 재보험 부문은 수입 보험료가 3억 2,800만 달러에서 34억 달러까지 증가했는데, 이는 주로 리버티 뮤추얼 보험 그룹Liberty Mutual Insurance Company과 맺은 30억 달러 규모의 계약에 따른 것이었다.[**] 이 소급 재보험은 리버티 뮤추얼의 2005년 이전의 석면 및 환경오염 배상 관련 불이익 발생 금액, 그리고 2014년 이전의 근로자 보상 청구에 대해 보장했다. 버크셔의 익스포저는 125억 달러의 보유액(원수보험사나 양도하는 보험회사가 먼저 지급해야 하는 손실액) 초과 시 65억 달러까지

---

[*] 2013년과 2014년의 연례 보고서에서 언급된 달러 약세를 기준으로 계산했다.

[**] 버핏에 따르면, 단일 보험료가 10억 달러 이상이었던 손해/상해 보험계약 건은 역대 8건에 불과했다. 모두 버크셔 해서웨이가 인수한 것이었다. 2007년 로이즈 오브 런던과 체결했던 71억 달러 규모의 계약 이후로는 리버티 뮤추얼과 진행한 계약이 처음이었다.

가 제한선이었다. 소급 재보험 부문의 세전 보험 인수 손실은 182% 증가한 9억 500만 달러였다. 이연비용 상각이 늘어났고 전년도 손실 추정치에 대한 8억 2,500만 달러의 불이익성 조정이 있어서였다. 2014년 말 총 미상각 이연비용은 81% 증가한 77억 달러를 기록했다. 이 금액은 계속해서 보험 인수 비용으로 상각되어 미래 이익에서도 걸림돌이 된다. 총 미지급 손실은 37% 증가한 243억 달러였다.

생명/연금 부문은 2013년 3억 7,900만 달러 이익에서 2014년 1억 7,300만 달러의 손실로 돌아섰다. 수입 보험료는 19% 줄어든 27억 달러였다.

제너럴 리

제너럴 리는 2014년에도 이익을 보고했다. 보험 인수 이익은 2% 감소한 2억 7,700만 달러를 기록했다. 수입 보험료는 4.7% 증가한 63억 달러였다.

손해/상해 부문은 수입 보험료가 31억 달러로 3% 증가했으며, 보험 인수 이익은 15% 증가한 1억 7,000만 달러였다. 손해 부문의 4억 6,600만 달러의 이익은 중대한 재해 손실이 없었다는 의미였다. 상해/근로자 보상 부문은 2억 9,600만 달러의 손실을 보고했는데, 여기에는 2014년의 이익성 손실 발생액 1억 2,300만 달러 및 반복적 회계 비용 1억 3,800만 달러가 포함되었다.

제너럴 리의 생명/건강 부문은 1억 700만 달러의 이익을 창출하는 등 안정적인 이익 흐름을 유지했다. 2014년의 이익은 전년도보다 21% 감소했는데, 저금리와 직접적으로 연관된 충당금 증가 때문이었다.* 수입 보험료는 6% 늘어난 32억 달러를 기록했다.

가이코

가이코는 12억 달러의 보험 인수 이익 및 94.3%의 합산비율을 올리며 이번 해에도 강세를 이어 갔다. 가이코의 보험료는 10% 상승하며 200억 달러를 넘어섰다. 이러한 실적에 힘입어 시장점유율이 2013년 10.2%에서 10.8%로 상승하면서 가이코는 미국에서 두 번째로 큰 자동차보험 회사로서의 자리매김을 단단히 했다.

버크셔 해서웨이 원수보험 부문

원수보험 부문의 보험료는 33% 늘어난 44억 달러였다. 유기적 성장이 이루어진 데다 아지트 자인이 구성한 신규 상업용 특수 보험 부문이 편입된 영향이었다. 이 보험회사들의 세전 이익은 62% 증가한 6억 2,600만 달러를 기록했다. 개별적으로든 부문 합산이든 버크셔의 다른 보험 부문과 비교해 낮은 수치였지만, 원수보험 부문은 매년 버핏의 칭송을 받을 만했다. 이들의 꾸준한 수익성, 86억 달러에 이르는 연말 기준 책임준비금은 버크셔의 내재 가치에 의미 있게 기여했다.

제조, 서비스, 소매 유통업

제조, 서비스, 소매 유통 부문의 최대 규모이자 가장 최근에 합류한 마몬은 2014년 보고 목적에서 부분적으로 재편성되었다. 마몬이 버크셔

---

* 저금리는 장기 요양 및 장해 보험 등의 사업과 관련된 부채의 현재 가치를 상승시킨다.

의 100% 자회사가 됨에 따라 버핏은 마몬의 임대 운용 부문을 금융 및 금융 상품 부문으로 이전시켰다.* 지난 2년 동안의 실적은 명확히 비교할 수 있도록 재작성되었다. 〈표 7-36〉을 보면 새로운 설명 자료 및 기존과 동일한 발표 실적 수치를 확인할 수 있다.

2014년의 실적 자료에 따르면 제조, 서비스, 소매 유통 부문의 세전 이익은 10% 증가한 68억 달러를 기록했다. 순이익(세후 및 비지배 지분 처리 후)은 15% 늘어난 45억 달러였다. 실적 증가는 감소에 비해 항상 좋은 일이지만, 이 사업 부문이 계속 볼트온 인수를 했고, 경우에 따라 본사에서 자본을 조달해 썼음을 기억해야 한다. 이 부문의 실적 개선 상황을 점검하는 더 나은 수단은 유형자기자본이익률을 보는 것이다. 이 이익률은 2014년에 18.7%를 기록했다.**

표 7-36 · 제조, 서비스, 소매 유통 부문의 최초 실적 및 수정 실적
자료·2013년, 2014년 버크셔 해서웨이 연례 보고서 **단위**·100만 달러

	마몬 임대 부문 미포함			마몬 임대 부문 포함	
	2014	**2013**	**2012**	**2013**	**2012**
매출액	97,689	93,472	81,432	95,291	83,255
운영비	90,788	87,208	75,734	88,414	76,978
이자 비용	109	104	112	135	146
세전 이익	6,792	6,160	5,586	6,742	6,131
법인세 및 소액 이자	2,324	2,283	2,229	2,512	2,432
순이익	4,468	3,877	3,357	4,230	3,699

* 이는 보고 목적으로만 이루어진 조치였다. 사업은 종전처럼 계속 분권화된 기반에서 운영되었다.
** 이것은 버핏이 240억 달러의 평균 유형자기자본으로 인용한 수치다. 내 계산에 따르면 예전 2013년 대차대조표에서 제시된 259억 달러의 평균 유형자기자본 기준으로는 17.3%가 나왔다. 수치 차이는 마몬의 임대 사업 부문과 관련한 대차대조표 수치 때문이다. 이 수치는 재무제표상에서 계산할 수 없다. 2014년 주주 서한에는 비교용 전년도 대차대조표가 제시되지 않았다. 참고용으로 대략 살펴보면 2013년 수치는 16.7%였다.

마몬의 제조 사업 부문은 이제 버크셔의 다른 제조 부문과 통합되었다. 그 결과 해당 부문이 독립적인 보고 부문이었을 때와 비교해 일부 세부 사항이 사라졌다. 버크셔는 일부 사항을 재무제표의 주석에서 공개했는데, 보고 내용에 따르면 매출액은 15% 증가한 60억 달러, 세전 이익은 19% 증가한 7억 800만 달러였다. 이런 증가세는 주로 IMI PLC가 제조 부문에 편입된 영향이었다. IMI PLC는 영국의 음료 공급 장비 생산업체로, 마몬이 2014년 1월 1일 11억 달러에 인수했다. 마몬의 기존 사업부들은 매출액을 확대했으며 몇몇 사업 부문에서는 비용을 절감해 이익 성장에 기여했다.

버크셔는 제조 부문 실적을 좀 더 쉽게 확인할 수 있도록 재무제표 주석에 새로운 표를 추가했다(〈표 7-37〉 참고). 이 표에는 세 범주(산업재 및 최종 소비자 제품, 건축자재, 의류)를 기준으로 제조 부문 실적이 자세히 분류되어 있다.

버크셔는 산업재 및 최종 소비자 제품 범주에 마몬의 여러 제조 부문(위에서 언급한 부문들)을 포함시켰다. 전체적으로 볼 때 이 범주에서 매출액은 10% 증가한 223억 달러, 세전 이익은 14% 증가한 35억 달러였다. 볼트온 인수 건들은 루브리졸의 세전 이익이 10% 증가하는 데

표 7-37 · 버크셔 해서웨이 제조 부문 상세 실적

자료·2014년 버크셔 해서웨이 연례 보고서 내용 재작성 **단위**·100만 달러

	매출액			세전 이익		
	2014	**2013**	**2012**	**2014**	**2013**	**2012**
산업재 및 최종 소비자 제품	22,314	20,325	19,003	3,460	3,044	2,912
건축자재	10,124	9,640	8,953	896	846	748
의류	4,335	4,293	4,149	455	315	251
	36,773	34,258	32,105	4,811	4,205	3,911

주요한 요인이 되었다. 포레스트 리버는 단위 판매량이 늘어나 세전 이익이 21% 증가했다. 이스카는 매출액과 매출총이익이 증가하고 비용이 감소해 이익이 18% 늘어났다. 농기구 제조업체인 CTB도 이 범주에 속했지만 버크셔는 CTB의 실적은 언급하지 않았다.

건축자재 항목의 세전 이익은 6% 늘어난 8억 9,600만 달러를 기록했다. 매출액은 5% 증가한 101억 달러였다. 존스 맨빌, 애크미, 미텍은 모두 매출액이 개선되었다. 미텍은 또한 여러 볼트온 인수에서 이득을 보았다. 쇼 인더스트리스는 2014년에 양탄자 사업 부서를 폐쇄했다. 이회사의 바닥재 사업부가 호전되어 매출액은 전년도 수준이었지만, 원자재 비용으로 이익이 줄어들었다. 이 범주에 속한 나머지 업체들은 벤저민 무어를 포함해 모두 이익이 증가했다.

의류 부문의 세전 이익은 44% 껑충 뛰어 4억 5,500만 달러에 이르렀다. 매출액은 1% 증가한 43억 달러였다. 이익에 대한 상세 정보는 거의 없었다. 버크셔가 공개한 것은 6개 사업부 중 일부가 구조 조정됐다는 것뿐이었다. 제조 비용과 연금 비용의 감소도 이익 성장에 도움을 주었다. 이 부문에는 (러셀 및 베니티 페어 브랜드를 보유한) 프루트 오브 더룸, H. H. 브라운 슈 등 버크셔의 예전 사업 부문이 대부분 포함되었다.

서비스 사업 부문의 매출액은 10% 증가한 99억 달러를 기록했다. TTI, 넷제트, 플라이트세이프티가 이끈 성과였다. TTI는 볼트온 인수뿐 아니라 단위 판매량 증가에 힘입어 성장했다. 넷제트와 플라이트세이프티는 모두 넷제트의 항공기 판매량 증가를 포함해 이용률 증가의 덕을 보았다. 넷제트와 TTI는 서비스 부문의 세전 이익을 10% 끌어올려 총 12억 달러를 달성하기까지 주도적 역할을 했다. 그 외 기타 부문에는 비즈니스 와이어, 데어리 퀸, 〈버펄로 뉴스〉, BH 미디어 그룹이 있었다. BH 미디어 그룹에는 〈오마하 월드-헤럴드〉, 28개 일간지와 출판사, 2014년에 새로 편입된 TV 방송국(아래 설명 참고)이 속해 있었다.

소매 사업 부문은 버크셔의 4개 가구 소매업체(네브래스카 퍼니처 마트, RC 윌리, 스타 퍼니처, 조던스 퍼니처), 3개의 보석업체(보셰임스, 헬츠버그, 벤 브리지), 시즈 캔디, 팸퍼드 셰프, 오리엔탈 트레이딩 컴퍼니로 구성되어 있었다. 텍사스주 댈러스 외곽에 들어설 예정이던 네브래스카 퍼니처 마트의 초대형 매장은 이 부문의 실적에 부담을 주었다. 전체적으로 매출액은 3% 감소한 44억 달러, 세전 이익은 9% 감소한 3억 4,400만 달러를 기록했다.

맥클레인은 자사 실적을 따로 보고하는 유일한 업체였다. 이 회사의 매출액이 466억 달러에 이르러서 보고 규정상 필요해서였다. 매출액은 식자재 유통 및 음료 사업 매출액 증가로 전년 대비 1.5% 늘어났으나, 세전 이익은 10% 감소한 4억 3,500만 달러에 머물렀다(2013년 브라질 물류 사업 매각으로 발생한 2,400만 달러의 세전 이익을 제외하면 감소세는 6%였음). 식료품과 음료 사업에서 증가한 이익은 식자재 유통 부문 이익이 감소한 탓에 상쇄되었다.

버크셔는 2014년 비교적 이례적인 방식으로 제조, 서비스, 소매 유통 부문의 기업 두 곳을 인수했다. 첫 번째 업체는 필립스 66Phillips 66의 사업부로 루브리졸 스페셜티 프로덕츠Lubrizol Specialty Products, Inc로 이름이 바뀌었다. 이 회사의 주요 제품군은 파이프라인에서 오일이 더 빠르게 흐를 수 있게 하는 것이어서 루브리졸과 잘 맞았다. 두 번째 기업은 플로리다주 마이애미 지역 방송 WPLG로, ABC 방송 네트워크와 제휴한 회사였다. WPLG는 신문 자회사들과 함께 BH 미디어 그룹에 배치되었다.

이 두 건의 인수는 버크셔에게 이례적이었다. 두 기업의 주식을 버크셔가 이미 소유한 필립스 66과 그레이엄 홀딩스 컴퍼니Graham Holdings Company : WPLG의 소유주이자 '워싱턴 포스트 컴퍼니'에서 변경된 기업명)의 주식과 교환하는 방식이었기 때문이다. 이를 통해 버크셔는 필립스 66 및 그레이엄 홀딩스 컴퍼니에 대한 투자를 비과세 방식으로 매각할 수 있었다.*

이런 유형의 거래는 '캐시 리치 스플릿 오프cash-rich split-offs'라고 하는데, 세금 목적으로 자본 수익이 발생하지 않도록 세법 조항을 활용하는 것이다. 이것은 아마도 그레이엄 홀딩스 컴퍼니에 가장 중요한 일이었을 수 있다. 버크셔가 1970년대에 〈워싱턴 포스트〉 주식에 투자한 금액은 1,100만 달러에 불과했다. 그 주식들은 2013년 당시 11억 달러의 가치가 있었다. 이는 버크셔가 이 투자자산을 완전히 매각할 경우 상당한 세금 계산서가 날아온다는 의미였다. 그래서 버크셔는 대신 이 〈워싱턴 포스트〉 주식을 마이애미 TV 방송국, 현금, 그레이엄 홀딩스 컴퍼니가 보유한 버크셔 해서웨이 주식과 교환했다(버크셔는 이 거래를 통해 실질적으로 버크셔 A주 2,107주와 B주 1,278주를 재매입했다). 버크셔 주식 가치만 보면, 일반적인 법인세율이 38%라고 가정할 경우 이 수익에 대해 납부하는 금액과 거의 비슷했다.[28] 버크셔는 이 두 건의 거래와 관련해 일반회계기준GAAP을 적용한 총 21억 달러의 자본 수익을 실현했다.

---

* 버핏에 따르면 토드 콤스가 필립스 66 거래에 관여했다. 콤스는 차터 브로커리지Charter Brokerage 인수에도 관여했는데. 이 거래는 수면 아래에서 진행되었다.

표 7-38 · 버크셔의 2014년 캐시 리치 스플릿 오프 분석 | **자료**·2014년 버크셔 해서웨이 연례 보고서 및 저자의 계산 **단위**·100만 달러

	제공한 가치	취득한 가치
그레이엄 홀딩스 컴퍼니		
그레이엄 홀딩스 컴퍼니 주식	1,092	
현금		328
마이애미 TV 방송국		364
버크셔 주식		400
합계	1,092	1,092
세금 절감액(38% 세율 가정)	411	
필립스 66		
필립스 66 주식	1,350	
현금		450
특수 화학 부문		900
	1,350	1,350
세금 절감액(38% 세율 가정)	387	

2014년 11월, 버크셔는 또다시 캐시 리치 스플릿 오프 방식에 합의했다. 이에 따라 2015년에 유사한 거래로 프록터 & 갬블에서 건전지 제조업체 듀라셀Duracell을 인수한다.

규제 대상 자본 집약적 사업

2014년 4월 30일, 버크셔의 유틸리티 부문 전체를 거느린 미드아메리칸 에너지 홀딩스 컴퍼니가 사명을 버크셔 해서웨이 에너지 컴퍼니Berkshire Hathaway Energy Company로 변경했다. 앞서 홈서비스가 2012년에 사명을 버크셔 해서웨이 홈서비스로 변경한 바 있다. 이제 이 회사의 모기업도 전례를 따라 좋은 기업이자 동산 가치를 지닌 브랜드 대명사인 버

크셔 해서웨이의 사명을 지렛대로 활용했다.

새로운 브랜딩 외에 이번 연도에 유틸리티 부문에서 주목할 점은 2014년 12월 1일 SNC 라발린 그룹SNC Lavalin Group으로부터 알타링크 AltaLink를 인수한 것이었다. 알타링크는 캐나다 앨버타주에 기반을 두었으며 사업은 매우 단순했다. 버크셔 해서웨이 에너지에 새로 합류한 자매회사들과 달리, 이 회사는 전력 분배만 처리했다. 알타링크는 앨버타주 인구 85%에게 전력을 공급하는 1만 2,000킬로미터의 송전선을 자랑했다.[29] 버크셔 해서웨이 에너지는 알타링크를 27억 달러에 인수했다. 이 거래는 버크셔의 보험 자회사들에서 조달한 차입금과 15억 달러의 부채로 자금을 마련했다.

버크셔 해서웨이 에너지의 연결 EBIT는 21억 달러에서 31억 달러로 늘어났다. EBIT 증가분의 상당한 부분은 2013년 NV 에너지 인수 건에서 직접적으로 나왔으며, 그 덕분에 2014년 EBIT에 5억 4,900만 달러가 증가했다. 또 다른 주요 요인은 노던 파워그리드였다. 영국에 본사를 둔 이 유틸리티 기업은 EBIT가 46%나 상승했는데, 요금 인상과 유리한 환율이라는 두 요인이 합쳐진 덕을 보았다. 아울러 EBIT 증가에는 그해에 개시된 태양광과 풍력 자산의 효과도 있었다. 버크셔 귀속 순이익은 15억 달러에서 19억 달러로 증가했다.

2014년의 큰 오점은 BNSF에서 나왔다. 버핏은 BNSF를 비보험 자회사 중 가장 중요한 자회사라고 했다. 주주 서한에는 버핏의 불편한 기색이 역력히 드러났다. 운송 중단 사태로 회사의 평판에 타격을 입었기 때문이다. "금년도에 BNSF가 많은 고객을 실망시켰습니다. 이 화주들은 우리에게 의존합니다. 운송 중단 사태는 화주들의 사업에 심각한 타격을 입힐 수 있습니다." 철도운송이 중단된 데에는 몇 가지 원인이 있었다. 농산물업체 화주들에서 운송 수요가 높았으며 바켄Bakken 지역의 원유 운송 수요도 있었는데, 당해 상반기에 악천후까지 겹쳤던 것이다. 게다가 BNSF가 운송 시스템의 수용력을 늘리려고 했던 작업도 정도가 심한 건 아니었지만 한몫했다.[30)]

버핏은 BNSF의 경영진에게 평판을 바로잡을 대책을 세우도록 했다. "지난해 유독 날씨가 안 좋았는데, 악천후 때문에 늘 운송상에 여러 문제가 발생하겠지만 우리의 의무는 무슨 수를 써서라도 우리의 운송 서비스를 업계 선도 수준으로 회복시키는 것입니다." 버핏은 BNSF의 재무 실적에도 실망한 기색이 확연했는데, 주요 경쟁 업체보다 뒤떨어졌기 때문이다. 유니언 퍼시픽 철도Union Pacific Railroad(BNSF의 서부 지역 주요 경쟁사)는 신규 투하자본 프로젝트에 BNSF보다 적은 비용을 썼음에도 시장점유율을 확보했으며 버크셔의 철도 회사보다 더 많은 수익을 올렸다. BNSF의 세전 이익은 62억 달러로 4% 상승했는데, 운송량이 1.8% 증가했고 운송 비용이 올랐기 때문이다.* 유니언 퍼시픽의 경우 4분기 실적 발표에서 7% 증가한 운송량을 바탕으로 세전 이익이 18% 증가한 83억 달러를 기록했다고 보고했다.

2014년에 이런 과실이 있었는데도 버핏은 낙관적인 태도를 유지했다. BNSF는 2015년에 자본적 지출로 60억 달러, 즉 매출액의 26%를 투입할 계획이었는데, 이는 유니언 퍼시픽의 17%보다 훨씬 높은 수치였

---

* 단위 운송량 증가는 산업재(9% 증가)와 농산물(16% 증가)에서 비롯되었다. 소비재 운송량은 변동이 없었으며 석탄 운송량은 2% 감소했다.

다. 이와 같은 막대한 투자로 시스템을 대폭 개선하면 운송량 확대, 서비스 개선, 수익 향상 등이 이루어질 것으로 기대했다.*

금융 및 금융 상품

금융 및 금융 상품 부문의 세전 이익은 18% 늘어나 18억 달러를 기록했다. 이렇게 증가한 것은 마몬의 임대 사업 부문 이익에 금융 및 금융 상품 부문의 실적을 포함했기 때문인데, 이것은 2012년 실적치를 바탕으로 재작성한 수치로 기재되어 있다.

이 부문에서는 코트를 제외한 모든 업체가 2014년 실적을 개선했다. 코트의 실적이 전년도 대비 감소한 이유는 공개되지 않았다. 클레이턴은 매출액이 단 3% 증가했으나 세전 이익이 34%나 늘어났다. 이처럼 매출액 대비 순이익이 대폭 향상된 현상은 제조 효율성이 높아졌음을 나타냈다. 클레이턴은 2014년 미국에서 지어진 주택의 45%를 생산했다. 이는 버크셔가 이 회사를 인수한 2003년의 14%에서 대폭 상승한 수치였다. 클레이턴의 모기지 포트폴리오는 2014년 말 기준 13억 달러로, 전년도와 비슷한 수준으로 마감했다.

마몬의 임대 사업 부문은 광범위해서 보유한 철도차량만 10만 5,000대에 이르렀다. 이 회사의 연간 철도차량 임대 규모는 6,000대였다. 마몬 소유 철도차량에 대한 버크셔의 장부가치 50억 달러는 실제 가치보다 낮았는데, 이는 마몬이 철도차량을 자체 제작하고 이 철도차량을 임대

---

* BNSF는 2014년 버크셔에 총 160억 달러의 배당금을 지급했다. 이는 버크셔가 불과 5년 전에 BNSF 인수 금액으로 썼던 금액의 약 절반이었다.

표 7-39 · 금융 및 금융 상품 부문 이익

자료· 2014년 버크셔 해서웨이 연례 보고서에서 발췌
단위· 100만 달러

	2014	2013	2012
버캐디아(버크셔 지분율 50%)	122	80	35
클레이턴	558	416	255
코트	36	40	42
마몬 – 컨테이너 및 크레인	238	226	246
마몬 – 철도차량	442	353	299
엑스트라	147	125	106
순 금융 수익[1]	296	324	410
총 세전 이익	1,839	1,564	1,393

각주
1. 자본 손익은 제외함.

사업 부문에 이전할 때 이익을 장부에 기재하지 않았기 때문이다. 그 결과, 30년에 이르는 각 차량의 수명에 대한 연간 감가상각비가 낮아졌다.

마몬과 엑스트라 같은 기업의 운송 임대 사업의 특성 중 하나는 높은 고정비용이었다. 가장 눈여겨볼 사항은 감가상각이었다. 반비례 관계인 이용률 증가와 요금 인상은 이런 업체들의 이익에 영향을 주는 요인이었다. 2014년에 이 두 업체에 그런 경우가 나타났다. 고객사에 임대한 차량 수가 늘어나면서 두 업체의 이익이 증가했다.

투자

2014년 버크셔가 상위 15개 주식 포지션 목록을 나열했을 때, 한 종목이 그 목록에 들어가지 못했다. 버크셔는 2021년 9월 만기일 전까지 언제든 뱅크 오브 아메리카 주식 7억 주를 살 수 있는 신주인수권을 보유한 상태였다. 이 신주인수권은 2014년 말 기준으로 125억 달러의 가치

가 있었다. 만약 이 신주인수권을 주식으로 전환했다면 뱅크 오브 아메리카는 상위 네 번째 투자 대상이 되었을 것이다. 버크셔가 그렇게 하지 않았기 때문에 뱅크 오브 아메리카는 그 명단에 오르지 못했다. 이는 경제성과 회계의 차이를 가장 잘 보여 주는 사례 중 하나로, 회계가 실질적 경제성을 왜곡한 것이었다.

이 목록의 상위 투자 종목들은 상당히 익숙하고 성공적인 경우였는데, 버핏이 '빅4(아메리칸 익스프레스, 코카콜라, 웰스 파고, IBM)'라고 했을 정도였다. 버핏은 단순한 계산과 예시로 빅4와 보유 중이던 비지배 지분들의 가치를 보여 주었다. 즉 버크셔의 지분이 0.1% 증가할 때마다 연간 이익이 5,000만 달러씩 늘어났다는 설명이었다. "모조 다이아몬드를 통째로 갖고 있는 것보다는 호프 다이아몬드(세계에서 가장 큰 인도산 블루 다이아몬드 - 옮긴이)의 일부를 갖고 있는 게 더 낫습니다."

버핏은 또한 본인이 테스코 주식 매각에 너무 시간을 오래 들였던 실수도 인정했다. 영국의 식료품 유통업체 테스코는 경영진 교체, 이익 저하, 회계 사고로 이어진 몇몇 문제로 골머리를 앓고 있었다. 진짜 문제는 버크셔가 이 회사에 23억 달러를 투자해 4억 4,400만 달러의 세후 손실을 입은 게 아니었다. 버핏에 따르면, 그는 테스코 경영진에 대한 신뢰를 잃었으며 이에 일부 주식을 매각했으나 전부 매각하지는 않았다. 그의 실수는 행동이 느렸다는 것이었다.

다른 투자 포지션은 주목할 만했다. 연말 기준으로 버크셔는 신장 투석 기업인 다비타 헬스케어 파트너스DaVita HealthCare Partners, Inc.,의 지분 8.6%를 보유했다. 버크셔는 3명의 투자 책임자(버핏, 토드 콤스, 테드 웨슬러)가 각자 무슨 투자를 했는지는 공개하지 않았다. 그러나 다비타는 웨슬러가 자신의 헤지 펀드에서 오랫동안 보유한 회사였다.

3G 캐피털과 협력할 만한 또 다른 기회도 나타났다. 3G 캐피털은 2013년에 하인즈를 인수하기 위해 버크셔와 제휴한 투자회사였다. 당시 3G 캐피털은 레스토랑 브랜즈 인터내셔널Restaurant Brands International, Inc(이하 RBI)의 인수 거래에 도움이 될 만한 재무적 파트너를 물색하고 있었다. RBI는 캐나다의 패스트푸드 체인점 팀 호턴스Tim Hortons와 미국의 패스트푸드 체인 버거킹을 소유한 기업이었다. 버크셔는 9% 금리의 누적 복리 영구 우선주에 30억 달러를 투자했다.* 독특한 조항 때문에 RBI는 필요할 경우 버크셔에 추가 금액을 지불해야 했는데, 이는 마치 배당으로 미국 기업에서 얻은 세후 수익률을 높이는 것과 마찬가지였다. 그 조항은 세율 변동과 미국 달러의 상당한 가치 상승(캐나다 달러로 받은 돈의 가치가 미국 달러로 전환 시 하락하는 경우-)에 대한 방어 수단이 되었다. 버핏은 미국이 강세장을 유지할 것으로 보았지만 반세기 동안 버크셔 해서웨이를 세계에서 가장 강하고 존경받는 기업의 반열에 올려놓은 후에도, 최우선 과제는 여전히 리스크로부터 방어하는 것이었다.

10년 구간 살펴보기

워런 버핏의 지휘 아래 버크셔 해서웨이의 다섯 번째 10년 구간은 이 회사 기업사의 끝에서 두 번째 구간이라고 볼 수 있다. 회사 전체에서 수익성이 이어진 마지막 10년 구간이기도 했다. 이 구간은 규모가 사실상 미래 성과의 발목을 잡는다는 것도 입증했다. 2005~2014년의 이익

---

* 이 우선주 투자로 버크셔는 주식을 소량 인수할 수 있는 신주인수권과 함께 RBI의 의결권 14.4%를 받았다.

과 순자산 증가액은 막대했다. 영업이익은 1,070억 달러를 넘어섰으며 순자산은 거의 2,500억 달러로 늘어났다.

그러나 자기자본 증가율은 22%에서 단 11%로 급감했다. 인수 시 발행된 순 주식의 주당 장부가치 증가율은 10.1%로 높아졌다. 중요한 것은 이것이 여전히 S&P 500 상승률보다 2%p 높다는 점이었다. 자금력에서 나온 막대한 수익 창출력으로 버크셔 해서웨이는 무언가를 포기했는데, 그 무언가는 대공황 이래 최악의 경기 침체기에 시험대를 거쳤다. 버크셔는 반세기의 장부를 마감하면서 재무적 요새가 되었다.

2014년을 끝으로 하는 이번 10년 구간에는 운영 자회사들에 대한 지분과 관련해 두드러진 변화가 있었다. 영업이익은 이 기간의 자기자본 전체 증가분의 70%로 껑충 뛰었다. 이 정도의 기여는 버핏이 버크셔의 경영을 맡은 첫 번째 10년 구간 이후로는 일어난 적이 없었다. 모든 인수 거래의 합계액(순 인수액)은 590억 달러에 이르렀다. 자회사들의 소규모 볼트온 인수를 포함해 이 기간에 버크셔는 그야말로 수백 개의 기업을 인수했다. 그러나 실제로 눈에 띄는 변화를 일으킨 것은 대규모 인수 건들이었는데, 한데 묶어 파워하우스 5 The Powerhouse Five (5개의 유력한 기업 - 옮긴이)로 알려진 이 회사들은 다음과 같다.

- 60억 5,000만 달러 │ 이스카(이스라엘에 본사를 둔 절삭공구 제조업체)는 버크셔가 최초로 대규모 거래로 인수한 해외 기업이었다. 버크셔는 두 단계에 걸쳐 이스카를 인수했는데, 2006년에 지분 80%를 인수하고 2013년에 20억 5,000만 달러에 나머지 지분을 인수했다. 이것으로 볼 때, 이 회사 전체의 가치는 100억 달러 이상이었다(주식 가치임. 부채가 있었더라도 장부에 얼마나 있었는지는 알

수 없음).

- 90억 달러 | 마몬은 11개 사업 부문에 걸쳐 130개 기업을 거느린 거대 복합 기업이다. 이스카와 마찬가지로 마몬도 다음과 같이 단계적으로 인수되었다. 2008년에 먼저 45억 달러에 지분 60%를 인수했으며, 2011~2013년에 45억 달러에 나머지 지분을 인수했다.

- 335억 달러 | 벌링턴 노던 산타 페BNSF는 2010년 버크셔에 합류했다. 그 과정에서 버크셔 주식을 받은 일부 BNSF 주주들도 마찬가지로 버크셔에 편입되었다. BNSF의 나머지 지분을 인수하기 전에 버크셔가 보유한 이 회사의 부채와 주식 가치를 고려하면, 인수 가격은 445억 달러에 이르렀다.

- 87억 달러 | 루브리졸은 2011년에 버크셔 해서웨이 그룹의 일원이 되었다.

- 134억 달러 | 미드아메리칸(2014년 버크셔 해서웨이 에너지로 사명 변경)은 2005년 51억 달러에 퍼시픽코프를 인수했다(버크셔는 이 인수에 필요한 추가 자본 34억 달러를 보탰음). 미드아메리칸은 또한 2013년에 NV 에너지를 56억 달러에 인수했고, 2014년에는 알타링크를 27억 달러에 인수했다.

2005년에는 파워하우스 5 가운데 소규모 형태였던 버크셔 해서웨이 에너지(당시에는 미드아메리칸이었음)만 있었다. 그해에 이 회사는 세전 3억 9,300만 달러를 벌어들였다. 2014년에 파워하우스 5는 총 124억 달러의 세전 이익을 기록했다. 비교해서 보자면, 버크셔의 나머지 여러 비보험 회사들은 총 51억 달러의 세전 이익을 벌어들였다.* 이번 10년

---

* 버핏은 이들을 이익 규모에 따라 다음과 같이 그룹으로 분류했다. 2개사가 4억~6억 달러, 6개사가 2억 5,000만~4억 달러, 7개사가 1억~2억 5,000만 달러였다.

구간에 파워하우스 5는 120억 달러의 누적 이익을 기록했으며 관련 주식 가치 희석은 미미했다. "단순히 이익을 늘리는 것이 아니라 주당 이익을 확실히 증대시키는 것이 우리의 목적에 들어맞는 것입니다."

그런데 이번 10년 구간에는 파워하우스 5만이 대규모 투자 대상이었던 것은 아니다. 이번 10년 구간 동안 세 번째로 큰 투자 건은 버크셔와 3G 캐피털이 하인즈를 인수한 122억 5,000만 달러 규모의 거래였다. 이 거래에서 버크셔는 하인즈 지분 50%에 42억 5,000만 달러를 들였으며, 80억 달러 규모의 우선주로 일부 인수 자금을 조달했다. 이 거래는 버크셔가 자금을 제공하고 3G가 경영을 관리하는 독특한 구조였다.

버크셔는 유형자산에도 730억 달러라는 막대한 자본을 투자했다. 대략 그 절반은 기존 고정자산 교체용이었고 나머지 절반은 성장용 투하 자본으로 나타났다. 당시 투자 규모가 컸던 곳은 철도 회사 및 유틸리티 부문으로, 이 부문은 엄청난 액수의 자본을 소화할 수 있었지만 규제 때문에 수익률이 낮았다.

버크셔의 보험사업부들은 2005~2014년에 대부분 유기적으로 사업을 확장했다. 보험 부문은 매년 보험 인수 이익을 올렸는데, 12년 연속으로 기록한 세전 보험 인수 이익은 총 240억 달러였다. 아울러 매년 순이익성 손실 발생액이 포함되었는데, 이는 실적 추정과 회계에 대한 버크셔의 보수성을 확실히 보여 준 경향이었다. 보험 부문 실적은 몇 가지 소규모 인수 거래(메드프로, 프린스턴 인슈어런스, 어플라이드 언더라이터즈, 가드) 및 그룹 내 신설 법인들(지방채 보증 업무에 나선 버크셔 해서웨이 어슈어런스, 버크셔 해서웨이 스페셜티 인슈어런스, 상업용 원수보험 시장의 기회를 이용한 버크셔 해서웨이 스페셜티 인슈어런스)에 의해 강화되었다. 이번 10년 구간 동안 가이코는 업계 2위에 올라 스테이트 팜에 이은 미국에서 두 번째로 큰 자동차보험 회사가 되었다.

평균 책임준비금은 80% 증가한 810억 달러에 이르러, 버핏과 멍거에게 배분할 자본을 훨씬 더 큰 규모로 제공했다. 2014년 수입 보험료는 2004년 대비 95% 늘어나며 410억 달러를 기록했다. 보험료와 책임준비금의 증가에 기여도가 가장 높았던 곳은 아지트 자인이 이끈 버크셔 해서웨이 재보험 부문이었다. 이 부문은 이번 10년 구간의 마지막 연도에는 그해 버크셔의 전체 책임준비금 중 절반 이상을 차지했으며, 버크셔가 이번 10년 구간에 창출한 책임준비금 증가분의 72%에 기여했다(〈표 7-40〉 참고). 재보험 부문은 다음과 같은 역대 최대 규모의 재보험계약 중 몇 건을 인수했다.

- 71억 달러 | 2007년 에퀴타스와 체결한 소급 재보험계약으로, 로이즈 오브 런던의 보험회사 수천 곳에 소급형 보장을 제공했다.
- 17억 달러 규모의 2009년 스위스 리와 체결한 불이익성 손실 발생액 관련 계약
- 22억 5,000만 달러 규모로 2010년 CNA 파이낸셜 코퍼레이션과 체결한 석면 및 환경오염 책임 배상용 재보험

표 7-40 · 버크셔 해서웨이 보험 책임준비금 선별 데이터
자료 · 2004년, 2014년 버크셔 해서웨이 연례 보고서 및 저자의 계산 **단위** · 100만 달러

	2014	2004	증감액	증감률
가이코	13,569	5,960	7,609	128%
제너럴 리	19,280	23,120	(3,840)	(17%)
재보험	42,454	15,278	27,176	178%
원수보험	8,618	1,736	6,882	396%
	83,921	46,094	37,827	82%

• 17억 달러 규모로 2011년 AIG와 체결한 석면 피해 책임 배상용 재보험

그 외 재보험 부문과 제너럴 리가 인수한 계약으로는 지분 참여 약정 및 대규모 재해 리스크와 관련한 것도 있었다. 이번 10년 구간에 버핏은 제너럴 리를 자주 칭찬했다. 제너럴 리가 네 가지 보험 규율을 준수하면서 보험 인수 수익성을 확대하는 데 집중했기 때문이었다.

1930년대 대공황 이래 사상 최악의 경기 침체는 2008년에 발생했다. 그 때문에 금융시장이 추락했고 신용 시장이 얼어붙었다. 버크셔는 자금력에 힘입어 그런 시기에 공격적인 투자에 나서 시장에 자본을 투입했다. 버크셔는 비공개 협상을 통한 일련의 거래에 수백억 달러를 투자했다. 당시 다음과 같은 거래가 진행되었다.

• 2008년 145억 달러 | 2주에 걸쳐 골드먼 삭스(50억 달러), 리글리(65억 달러), 제너럴 일렉트릭(30억 달러)에 투자
• 2009년 57억 달러 | 스위스 리(27억 달러), 다우 케미컬 컴퍼니(30억 달러)에 투자
• 2011년 50억 달러 | 뱅크 오브 아메리카에 투자

경기 침체는 다층적으로 보호하는 버크셔의 자체 운영 모델이 과도하게 보수적이지 않다는 사실을 입증했다. 다른 기업들이 유동성 확보에 정신없던 그 시기에 버크셔는 오히려 공격적인 투자를 감행했다. 이것은 두 자릿수 이율 및 종종 싼값에 주식을 살 수 있는 신주인수권이라는 형태로 나타났다.

버크셔의 주식 투자 포트폴리오는 이번 10년 구간에 상당한 성장을 기록했다. 여기에 투입된 자금은 운영 자회사들에서 오마하로 쏟아진 현금, 또 보험회사들이 축적한 수십 억 달러의 책임준비금으로 조달되었다. 막대한 돈이 들어간 회사들은 버핏의 빅4라는 별명을 얻었다. 이 기간에 가장 의미 있는 변화는 IBM의 지분을 사들이기 시작한 것이었는데, 여기에는 120억 달러의 비용이 들어갔다. 또한 버크셔는 선호하는 은행인 웰스 파고에 10년에 걸쳐 110억 달러를 추가 투입했다. 아메리칸 익스프레스와 코카콜라에 대한 지분은 거의 손대지 않았지만, 이 기간에 이 지분의 가치가 상승하면서 해당 순자산은 수십억 달러나 증가했다. 집중투자 방식은 이어졌지만, 포트폴리오 내에서 최상위 4개 종목에 대한 포지션은 2004년 65%에서 2014년 59%로 약간 감소했다. 해당 4종목 중 3종목은 기준 시점인 2004년과 2014년 모두 포지션 내에서 가장 비중이 높았다(IBM 투자는 2011년에 처음 이루어짐).

표 7-41 · 버크셔 해서웨이 주식 포트폴리오, 선별 상세 정보
자료·2004년, 2014년 버크셔 해서웨이 연례 보고서 및 저자의 계산 단위·100만 달러

	2014		2004		변동액	
	인수 가격	시장가치	인수 가격	시장가치	인수 가격	시장가치
아메리칸 익스프레스	1,287	14,106	1,470	8,546	(183)	5,560
코카콜라 컴퍼니	1,299	16,888	1,299	8,328	0	8,560
질레트 컴퍼니			600	4,299	(600)	(4,299)
프록터 & 갬블	336	4,683			336	4,683
웰스 파고 & 컴퍼니	11,871	26,504	463	3,508	11,408	22,996
IBM	13,157	12,349			13,157	12,349
나머지 기업들	27,106	42,940	5,224	13,036	21,882	29,904
주식 합계액	55,056	117,470	9,056	37,717	46,000	79,753

참고
질레트는 2005년 프록터 & 갬블에 합병됨.

이번 10년 구간을 거치는 과정에서 기회가 생길 때마다 인수하거나 매각한 나머지 투자 건은 일일이 언급할 수 없을 정도로 많다. 버핏은 에너지 퓨처 홀딩스와 테스코 투자 같은 본인의 실수는 빠르게 인정했다. 이 두 가지 투자 건은 버크셔에 영구적 자본 손실을 초래했기 때문이다.

2014년 버크셔는 성과 측정 기준을 장부가치 변동률에서 시장가치 변동률로 변경했다. 이는 장부가치와 내재 가치의 차이가 너무 크게 벌어졌기 때문이다. 어느 해를 막론하더라도 시간의 흐름에 따른 시장가치가 최상의 평가 기준이라고 버핏은 강조했다. 이렇게 변경한 이유 중 일부는 유가증권의 시장가격처럼 정기적으로 가치가 갱신되지 않는 자회사들을 많이 거느리는 쪽으로 방향이 전환된 것이었다. 이런 변화는 매우 중요했다. 버크셔 가치는 주식 가치 변동률의 영향을 많이 받았는데, 순 영업이익이 1995~2004년 26%에서 2005~2014년 70%로 거의 3배나 증가했기 때문이다.

마몬과 이스카의 사례처럼 어떤 경우에는 회계 목적으로 대규모 상각(총액 33억 달러)이 필요했다. 버크셔가 매도자 일가로부터 기존 잔여 지분을 인수하는 경우가 그랬다.

버핏은 이번 10년 구간에 버크셔의 실제 가치에 대한 여러 단서를 제시했다. 그는 또한 두 가지 정량적 평가치(주당 투자액 및 주당 영업이익)를 제공해 주주들을 올바른 방향으로 인도했다. 소통은 주주들이 버크셔의 진짜 내재 가치를 이해하도록 돕는 방향으로 이루어졌다. 버핏과 멍거 모두는 버크셔 주가가 내재 가치에 근접한 가격에 거래되기를 희망했다. 그래서 사업 성과가 가능하면 주주 수익과 밀접하게 나타나기를 바랐다. 버크셔는 2011년 자사주 매입 프로그램을 시행했으며 2012년에는 이를 수정해 장부가치의 1.2배 수준일 때 자사주를 매입하도록 했다.

버크셔의 자기자본은 이번 10년 구간에 연간 10.8%씩 성장했다. 2011년과 2012년의 자사주 매입, 2014년의 캐시 리치 스플릿 오프*, 여기에 주식 발행(주로 BNSF 인수용)이 결합해 마이너스 0.7%라는 순 효과가 발생했는데, 이에 주당 장부 가치 성장률은 10.1%로 소폭 떨어졌다. 버크셔의 주가는 더딘 속도로 움직여 9.9% 상승에 머물렀다. 시장에서 평가된 평균 주가순자산비율PBR이 약간 낮아진 탓이었다. 그래도 이는 S&P 500의 연평균 수익률 7.7%보다 높은 수치였다. 2.2%p라는 둘 사이의 격차는 역대 평균 격차보다는 훨씬 적었다(맥락을 살펴보면

표 7-42 · 1965~2014년 자기자본 조정
자료·버크셔 해서웨이 연례 보고서 및 저자의 계산 단위·100만 달러

	1965~1974	1975~1984	1985~1994	1995~2004	2005~2014	1965~2014
기초 자기자본	22	88	1,272	11,875	85,900	22
순 영업이익	57	366	2,869	19,344	107,301	129,937
순 실현이익	7	199	1,354	14,096	15,897	31,554
미실현 투자 평가액	0	486	5,877	15,000	25,720	47,083
합병/분할	0	133	433	25,085	12,816	38,467
배당금/자사주	(3)	0	69	0	(1,763)	(1,697)
B주 발행	0	0	0	565	0	565
기타/잡이익	4	0	0	(65)	(5,701)	(5,761)
기말 자기자본	88	1,272	11,875	85,900	240,170	240,170
해당 기간 내 자본 변동	66	1,184	10,602	74,026	154,270	240,148

참고 반올림으로 계산해 숫자 합산액이 일치하지 않을 수 있음.

---

* 장부가치보다 높은 가격으로 자사주를 매입하면 자기자본 및 주당 장부가치가 하락한다. 하지만 주당 내재 가치는 상승한다(주식이 저평가된 상태라고 가정할 경우). 이와 반대로 장부가치보다 높은 가격으로 주식을 발행하면 주당 장부가치가 상승하지만, 내재 가치가 반드시 변동하지는 않는다.

표 7-43 · 해당 기간 중 자본 변동에 대한 기여도

자료· 버크셔 해서웨이 연례 보고서 및 저자의 계산 **단위**·%

	1965~1974	1975~1984	1985~1994	1995~2004	2005~2014	1965~2014
순 영업이익	86	31	27	26	70	54
순 실현이익	11	17	13	19	10	13
미실현 투자 평가액	0	41	55	20	17	20
합병/분할	0	11	4	34	8	16
배당금/자사주	(4)	0	1	0	(1)	(1)
B주 발행	0	0	0	1	0	0
기타/잡이익	7	0	0	(0)	(4)	(2)
총계	100	100	100	100	100	100

<u>참고</u> 반올림으로 계산해 총계가 개별 수치 합계와 일치하지 않을 수 있음.

10년 만기 국채 수익률이 2004년 4.2%에서 2014년 2.2%로 떨어져 있었음).

버크셔의 시가총액은 2004년 말 평균 1,310억 달러에서 2014년 말 3,500억 달러 이상으로 상승했다. 버크셔는 〈포천〉 선정 500대 기업에서 4위에 올라 상위 10대 기업 안에 들어갔다.

2014년 말, 워런 버핏과 찰리 멍거는 지브롤터 바위산처럼 안정감 있게 현금성 자산을 지휘했다. 그 규모, 다양성, 유동성은 주권국가에 버금가는 힘을 안겨 주었지만, 과거의 10년 구간들과 같은 수익 창출 기회가 흔치 않았다는 것도 의미했다. 워런 버핏의 지휘 아래의 다섯 번째 10년 구간은 성장에 온 힘을 쏟아붓는 마지막 10년 구간이 될 것이다. 버크셔는 이번 10년 구간에 수십억 달러 규모의 자본 배분 결정을 내렸는데도 2014년 결산 시점에 630억 달러의 현금 및 현금성 자산을 보유했다. 2011년과 2012년의 자사주 매입은 다음 10년 구간에 버크셔가 주주들에게 자본을 돌려주는 쪽의 방향 전환을 가속화할 것임을 시

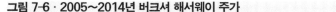

그림 7-6 · 2005~2014년 버크셔 해서웨이 주가

자료·《투자의 신》(킬패트릭, 2015년), 2005~2014년 버크셔 해서웨이 연례 보고서 및 저자의 계산

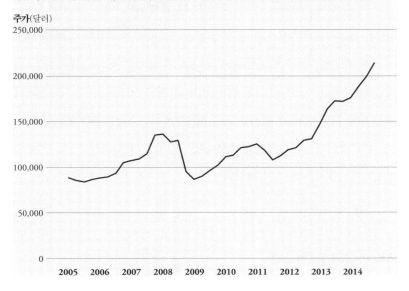

그림 7-7 · 2005~2014년 버크셔 해서웨이 주가 대비 장부가치 비율

자료·《투자의 신》(킬패트릭, 2015년), 2005~2014년 버크셔 해서웨이 연례 보고서 및 저자의 계산

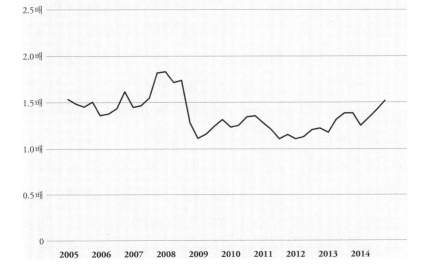

사했다.

버크셔 해서웨이가 이룩한 이 기업의 판테온(수많은 신을 함께 모시는
만신전 - 옮긴이)은 조심스럽게 구축해 온 50년을 거치면서 안정되었다.
여섯 번째 10년 구간은 버크셔에 여러 도전 과제뿐만 아니라 수많은 기
회를 제공할 것이 분명하다. 워런 버핏과 찰리 멍거는 그들이 키운 이
회사가 물러날 준비가 됐음을 확실히 보여 주는 10년 구간으로 버크셔
를 이끌 것이다. 그러나 앞으로도 많은 일이 놓여 있어서 두 사람이 속
도를 늦출 기미는 보이지 않았다.

2004~2014년의 교훈

-

1 대규모 투자 기회는 순식간에 나타날 수 있다. 준비가 되어 있어야
돈을 번다. 버크셔 해서웨이는 2008~2009년의 경기 침체기에 수십
억 달러의 자본을 투입한 수 있었다. 이는 대차대조표가 매우 견고한
덕분이었다. 호황기에는 대규모 자금 차입이나 정리 해고 억제, 조직
을 취약하게 만드는 신사업 도입 등으로 한계를 넘어서려는 시도를
하기 마련이다. 버핏이 말했던 것처럼 누가 알몸으로 수영하는지는
썰물이 빠져야 알 수 있는 법이다.

2 "신용은 산소와 같다. 둘 다 풍부할 때는 그 존재가 느껴지지 않는다.
그러나 둘 다 사라지면 그 존재를 깨닫는다." 기업은 잘못된 시기에
상당한 유동성 수요에 직면할 경우, 적절한 여건 아래에서도 엄청난
타격을 입거나 폐업까지 할 수 있다. 버크셔의 현금은 미국 국채에

들어가 있었는데, 미국 국채는 어떤 상황에서도 가장 안전한 형태의 유동성이었다. 버크셔는 또한 유동성 수요를 낮게 유지할 수 있도록 장기 차입을 활용했다. 버크셔의 책임준비금은 회계에서 상당한 부채로 잡히지만, 버크셔가 절대로 현금이 고갈되지 않는 체제를 만들어 주었다.

3 어려움을 겪는 시기라 해도 기업을 매각할 필요는 없다. 경기 침체기에도 지분을 100% 보유한 기업을 절대로 매각하지 않는 것이 버크셔의 방침이었다. 또한 이러한 주주의 사고방식은 수많은 장기적 주식 투자로 확장되었다. (지분을 100% 보유했건 일부만 보유했건 간에) 기업 소유주는 패닉에 빠지지 않으며 시장 타이밍을 보면서 매도하려고 하지 않는다. 기업 소유주는 그 대신 해당 자산의 장기적 현금 창출 능력을 살펴본다.

4 주식의 가치는 종종 내재 가치와 차이가 난다. 버크셔가 주주들에게 전하는 소식에는 종종 버크셔의 가치에 대한 명확한 힌트가 들어 있었다. 그런데 이따금 주식은 내재 가치보다 낮은 가격에 거래된다. 버크셔는 버크셔 주가가 내재 가치보다 낮을 때 자사주를 매입해 장기 주주에게 가치를 창출해 주었다. 내재 가치보다 높은 가격에 자사주를 매입하는 기업은 (그 목적이 어떻든 간에) 장기 주주의 가치를 파괴한다.

5 자본 집약적 기업은 적절한 여건 아래에서는 만족스러운 투자가 될 수 있다. 버크셔는 규모가 커지면서 막대한 현금을 쏟아부을 배출구를 찾아 나서야 했다. 버크셔는 전통적인 전기/가스, 철도 산업 등 규제를 받는 사업에서 그런 배출구를 찾아냈다. 이 두 가지 사업의 주

요 특징은 자기자본이익률이 보장되지만 그 규모는 제한적이라는 것이었다.

6 높은 수익률은 궁극적으로 발목을 잡는다. 버크셔의 주당 장부가치 증가액은 버크셔 역대 최대 규모로 많았지만, 그 증가율은 버크셔의 최근 이력 중에서 가장 낮았다. 자금 규모가 클수록 투자 가능 분야는 줄어들며, 시간이 갈수록 평균 이상의 수익률을 올리기가 어려워진다. 그러나 버크셔가 최근 50년 이력을 통해 보여 준 것처럼 장기적 운영은 가능하다.

표 7-44 · 자기자본 조정 | 자료 2004~2014년 버크셔 해서웨이 연례 보고서 및 저자의 계산 단위 · 100만 달러

	2014	2013	2012	2011	2010	2009	2008	2007	2006	2005	2004
전기 자기자본	221,890	187,647	164,850	157,318	131,102	109,267	120,733	108,419	91,484	85,900	77,596
당기순이익	19,872	19,476	14,824	10,254	12,967	8,055	4,994	13,213	11,015	8,528	7,308
주식 발행량1	118	92	118	355	11,096	172	181	430	123	131	117
자사주2	(400)	(1,871)	(1,296)	(67)							
비지배 지분 거래3	(17)		(695)	(5)	(636)	(121)					
지분법 적용4							626				
신규 회계기준 적용								28	180		
미실현 유가증권 평가에 변동(과세 대상 금액)	1,585	14,829	9,647	(2,144)	2,838	13,143	(14,503)	(1,920)	4,962	(2,717)	674
기타 포괄 수익 변동5	(2,878)	1,717	199	(861)	(49)	586	(2,764)	563	655	(358)	205
기말 자기자본	240,170	221,890	187,647	164,850	157,318	131,102	109,267	120,733	108,419	91,484	85,900
기말 발행주식											
A주	826,339	859,043	894,955	938,244	947,460	1,055,281	1,059,001	1,081,024	1,117,568	1,260,920	1,268,783
B주	1,224,855,488	1,177,366,608	1,121,985,472	1,068,843,376	1,050,990,468	744,701,300	14,706,996	14,000,080	12,752,431	8,394,083	8,099,175
주식 수 합계(A주로 환산)	1,642,909	1,643,954	1,642,945	1,650,806	1,648,120	1,551,749	1,549,234	1,547,693	1,542,649	1,540,723	1,538,756

주석

1. 2010년 BNSF를 제외하면, 주식 발행은 주로 스페이스원 주주권의 권리 행사와 과거 인수 건과 관련됨. 2010년의 약 106억 달러는 BNSF 인수와 관련됨.
2. 2011년과 2012년의 자사주 거래는 직접 매수임. 2014년 거래는 A주 2,107주와 B주 1,278주가 포함됨. 그래이엄 홀딩스의 B주에 비과세 주식 교환과 관련됨.
3. 비지배 지분 인수와 관련한 자기자본 감소, 과거에 기록된 대차대조표 장부가에 대비 초과 지급된 금액임.
4. 2008년 - 버크셔는 BNSF의 주식에 대해 지분법을 적용함. 해당 기업 지분율은 20.7%임.
5. 외화 환산, 연금제도 관련 거래, 기타 및 법인세로 적용되는 금액 등을 포함함.

표 7-45 · 버크셔 해서웨이-모기업 단계의 선별 데이터 | 자료: 2009년, 2014년 버크셔 해서웨이 연례 보고서 단위: 100만 달러, 주당 수치는 미해당

	2014	2013	2012	2011	2010	2009	2008	2007	2006	2005
매출액										
수입 보험료1	41,253	36,684	34,545	32,075	30,749	27,884	25,525	31,783	23,964	21,997
판매 및 서비스 매출액	97,097	92,993	81,447	71,226	65,942	62,555	65,854	58,243	51,803	46,138
철도, 유틸리티/에너지 사업2	40,690	34,757	32,582	30,839	26,364	11,443	13,971	12,628	10,644	
이자, 배당 및 기타 투자 수익3	5,026	4,934	4,532	4,788	5,213	5,245	4,966	4,979	4,382	3,487
금융 및 금융 상품 판매, 서비스 매출액, 배당, 이자 수익	6,526	6,109	5,932	5,590	5,571	4,579	4,931	5,103	5,111	4,633
투자 수익	4,081	6,673	3,425	(830)	2,346	787	(7,461)	5,509	2,635	5,408
매출액 총계	194,673	182,150	162,463	143,688	136,185	112,493	107,786	118,245	98,539	81,663
이익										
버크셔 해서웨이 귀속 순이익4	19,872	19,476	14,824	10,254	12,967	8,055	4,994	13,213	11,015	8,528
A주 주당순이익	12,092	11,850	8,977	6,215	7,928	5,193	3,224	8,548	7,144	5,538
기말 데이터										
자산 총계	526,186	484,931	427,452	392,647	372,229	297,119	267,399	273,160	248,437	198,325
미지급 어음 및 기타 차입5										
보험 및 기타 비금융 사업5	11,894	12,440	12,988	13,179	11,803	3,719	4,349	2,680	3,698	3,583
철도, 유틸리티/에너지 사업2	55,579	46,655	36,156	32,580	31,626	19,579	19,145	19,002	16,946	
금융 및 금융 상품 사업	12,736	13,129	13,592	14,625	15,145	14,611	13,388	12,144	11,961	10,868
자기자본	240,170	221,890	187,647	164,850	157,318	131,102	109,267	120,733	108,419	91,484
발행된 보통주(1,000주)(A주)	1,643	1,644	1,643	1,651	1,648	1,552	1,549	1,548	1,543	1,541
발행 주당 자기자본	146,186	134,973	114,214	99,860	95,453	84,487	70,530	78,008	70,281	59,377

→다음 페이지에 계속

→ 전 페이지에서 이어짐

각주

1. 2007년 수입 보험료에는 에퀴타스와의 단일 재보험 거래에서 발생한 71억 달러가 포함됨.

2. 버크셔는 2006년 2월 9일 미드아메리칸의 의결권 없는 우선주를 보통주로 전환해 의결권 83.4%를 확보함. 미드아메리칸은 2006년부터 연결되기 시작함(이전에는 지분법 적용). 2010년 2월 12일, BNSF가 100%자회사가 되어 연결되기 시작함. 2008년 12월 31일부터 2010년 2월 12일까지는 지분법에 따라 회계 처리됨.

3. 세후 투자수익은 다음과 같음(달러):

3,321   4,337   2,227   (521)   1,874   486   (4,645)   3,579   1,709   3,530

4. 2005년 : 허리케인 카트리나, 리타, 윌마로 인한 34억 달러(세후로는 22억 달러)의 세전 보험 인수 손실이 포함됨.

5. 2005~2009년 공시에서는 '보험 및 기타 비즈니스 사업', 2010~2014년 공시에서는 '보험 및 기타 사업'으로 기재됨.

참고

가 5년 기간의 보고 수치와 일반성을 유지할 수 있도록 2014년(2010~2014년) 및 2009년(2005~2009년) 연례 보고서에서 가져온 데이터임. 해당 보고서 연도에 따라 특정 연도에 약간 차이가 있음.

참고 · 다음 표는 여러 섹션으로 나누어져 있으며 몇 쪽에 걸쳐 있음.

표 7-46 · 버크셔 해서웨이 보험계약 인수 | **자료.** 2004~2014년 버크셔 해서웨이 연례 보고서 및 저자의 계산 **단위·100만 달러**

	2014		2013		2012		2011		2010	
	금액	%	금액	%	금액	%	금액	%	금액	%
가이코										
인수 보험료	20,962		19,083		17,129		15,664		14,494	
수입 보험료	20,496	100.0%	18,572	100.0%	16,740	100.0%	15,363	100.0%	14,283	100.0%
손실 및 손실 비용	15,924	77.7%	14,255	76.8%	12,700	75.9%	12,013	78.2%	10,631	74.4%
보험계약 인수 비용	3,413	16.7%	3,190	17.2%	3,360	20.1%	2,774	18.1%	2,535	17.7%
손실 및 비용 총계	19,337	94.3%	17,445	93.9%	16,060	95.9%	14,787	96.3%	13,166	92.2%
세전 보험계약 인수 순익	1,159	5.7%	1,127	6.1%	680	4.1%	576	3.7%	1,117	7.8%
제너럴 리										
인수 보험료										
북미 손해/상해 부문										
해외 손해/상해 부문										
손해/상해 부문	3,257		2,972		2,982		2,910		2,923	
생명/건강 부문	3,161		2,991		3,002		2,909		2,709	
제너럴 리 인수 보험료 총계	6,418		5,963		5,984		5,819		5,632	
수입 보험료										
북미 손해/상해 부문										
해외 손해/상해 부문										
손해/상해 부문	3,103		3,007		2,904		2,941		2,979	
생명/건강 부문	3,161		2,977		2,966		2,875		2,714	
제너럴 리 수입 보험료 총계	6,264		5,984		5,870		5,816		5,693	
세전 보험계약 인수 순손										
북미 손해/상해 부문	170	94.5%	148	95.1%	399	86.3%	7	99.8%	289	90.3%
해외 손해/상해 부문	107	96.6%	135	95.5%	(44)	101.5%	137	95.2%	163	94.0%
손해/상해 부문										
생명/건강 부문										
제너럴 리 세전 보험계약 인수 순익 총계	277	95.6%	283	95.3%	355	94.0%	144	97.5%	452	92.1%

다음 페이지에 계속→

→ 전 페이지에서 이어짐

버크셔 해서웨이 재보험 부문

	2014 금액	2014 %	2013 금액	2013 %	2012 금액	2012 %	2011 금액	2011 %	2010 금액	2010 %
수입 보험료										
재해 및 개별 리스크 부문	4,064		801		816		751		623	
손해/상해 부문	3,371		328		717		2,011		2,621	
소급 재보험 부문			4,348		5,306		4,224		3,459	
기타 다중화 부문			3,309		2,833		2,161		2,373	
생명/연금 부문	2,681									
수입 보험료 총계	10,116		8,786		9,672		9,147		9,076	
세전 보험계약 인수 손익										
재해 및 개별 리스크 부문	1,684	58.6%	581	27.5%	400	51.0%	(321)	142.7%	260	58.3%
손해/상해 부문	(905)	126.8%	(321)	197.9%	(201)	128.0%	645	67.9%	(90)	103.4%
소급 재보험 부문			655	84.9%	295	94.4%	(338)	108.0%	203	94.1%
기타 다중화 부문			379	88.5%	(190)	106.7%	(700)	132.4%	(197)	108.3%
생명/연금 부문1	(173)	106.5%			304	96.9%	(714)	107.8%	176	98.1%
재보험 부문 세전 보험계약 인수 손익 총계	606	94.0%	1,294	85.3%						

버크셔 해서웨이 인수보험 부문

	2014 금액	2014 %	2013 금액	2013 %	2012 금액	2012 %	2011 금액	2011 %	2010 금액	2010 %
수입 보험료2	$4,377	100.0%	3,342	100.0%	2,263	100.0%	1,749	100.0%	1,697	100.0%
손실 및 비용 총계	3,751	85.7%	2,957	88.5%	1,977	87.4%	1,507	86.2%	1,429	84.2%
세전 보험계약 인수 손익	626	14.3%	385	11.5%	286	12.6%	242	13.8%	268	15.8%
수입 보험료 총계	**41,253**		**36,684**		**34,545**		**32,075**		**30,749**	
세전 보험계약 인수 순익	**2,668**		**3,089**		**1,625**		**248**		**2,013**	
평균 책임준비금	**80,581**		**75,183**		**71,848**		**68,202**		**63,872**	
책임준비금 비용	**(3.3%)**		**(4.1%)**		**(2.3%)**		**(0.4%)**		**(3.2%)**	
붙이이익 (이익잉) 손실 발생율3 총계	**(1,365)**		**(1,752)**		**(2,126)**		**(2,202)**		**(2,270)**	

각주

1. 2009년 재보험 부문의 세전 보험계약 인수 이익 2억 5,000만 달러는 인수 이익 2억 9,500만 달러임. 원래 금액에는 3억 4,900만 달러였음.

2010년 버크셔는 생명/연금 부문을 금융 및 금융 상품 부문에서 재보험 부문으로 이전함.

2. 2010~2014년: 원수보험 부문의 수입 보험료 수치는 기존에 일괄적으로 엄격된 수입 보험료와 기타 부문 메이터블을 바탕으로 계산됨. 가주에는 반올림한 수치로 기재함.

3. 재무제표의 주석별 수치임. %는 수입 보험료 대비 순실 발생율임.

참고
원수보험 부문에서는 인수 보험료, 순실 및 순실
비용, 보험계약 인수 비용이 공개되지 않음.

다음 페이지에 계속 →

→ 전 페이지에서 이어짐

	2009		2008		2007		2006		2005		2004	
	금액	%	금액	%	금액	%	금액	%	금액	%	금액	%
가이코												
인수 보험료	13,758		12,741		11,931		11,303		10,285		9,212	
수입 보험료	13,576	100.0%	12,479	100.0%	11,806	100.0%	11,055	100.0%	10,101	100.0%	8,915	100.0%
손실 및 손실 비용	10,457	77.0%	9,332	74.8%	8,523	72.2%	7,749	70.1%	7,128	70.6%	6,360	71.3%
보험계약 인수 비용	2,470	18.2%	2,231	17.9%	2,170	18.4%	1,992	18.0%	1,752	17.3%	1,585	17.8%
손실 및 비용 총계	12,927	95.2%	11,563	92.7%	10,693	90.6%	9,741	88.1%	8,880	87.9%	7,945	89.1%
세전 보험계약 인수 순익	649	4.8%	916	7.3%	1,113	9.4%	1,314	11.9%	1,221	12.1%	970	10.9%
제너럴 리												
인수 보험료												
북미 손해/상해 부문							1,731		1,988		2,747	
해외 손해/상해 부문							1,850		1,864		2,091	
손해/상해 부문	3,091		3,383		3,478							
생명/건강 부문	2,630		2,588		2,479		2,368		2,303		2,022	
제너럴 리 인수 보험료 총계	5,721		5,971		5,957		5,949		6,155		6,860	
수입 보험료												
북미 손해/상해 부문							1,799		2,201		3,012	
해외 손해/상해 부문							1,912		1,939		2,218	
손해/상해 부문	3,203		3,434		3,614							
생명/건강 부문	2,626		2,580		2,462		2,364		2,295		2,015	
제너럴 리 수입 보험료 총계	5,829		6,014		6,076		6,075		6,435		7,245	
세전 보험계약 인수 순익												
북미 손해/상해 부문							127	92.9%	(307)	113.9%	11	99.6%
해외 손해/상해 부문							246	87.1%	(138)	107.1%	(93)	104.2%
손해/상해 부문	300	90.6%	163	95.3%	475	86.9%						
생명/건강 부문	177	93.3%	179	93.1%	80	96.8%	153	93.5%	111	95.2%	85	95.8%
제너럴 리 세전 보험계약 인수 순익 총계	477	91.8%	342	94.3%	555	90.9%	526	91.3%	(334)	105.2%	3	100.0%

다음 페이지에 계속 →

→ 전 페이지에서 이어짐

	2009		2008		2007		2006		2005		2004	
	금액	%	금액	%	금액	%	금액	%	금액	%	금액	%
버크셔 해서웨이 재보험 부문												
수입 보험료												
재해 및 개별 리스크 부문	823		955		1,577		2,196		1,663		1,462	
손해/상해 부문												
소급 재보험 부문	1,989		204		7,708		146		10		188	
기타 다중화 부문	3,894		3,923		2,617		2,634		2,290		2,064	
생명/연금 부문												
수입 보험료 총계	6,706		5,082		11,902		4,976		3,963		3,714	
세전 보험계약 인수 손익												
재해 및 개별 리스크 부문	782	5.0%	776	18.7%	1,477	6.3%	1,588	27.7%	(1,178)	170.8%	385	73.7%
손해/상해 부문												
소급 재보험 부문	(448)	122.5%	(414)	302.9%	(375)	104.9%	(173)	218.5%	(214)	NM	(412)	319.1%
기타 다중화 부문	15	99.6%	962	75.5%	325	87.6%	243	90.8%	323	85.9%	444	78.5%
생명/연금 부문1	(99)	해당 없음										
재보험 부문 세전 보험계약 인수 손익의 총계	250	96.3%	1,324	73.9%	1,427	88.0%	1,658	66.7%	(1,069)	127.0%	417	88.8%
버크셔 해서웨이 인수보험 부문												
수입 보험료2	1,773	100.0%	1,950	100.0%	1,999	100.0%	1,858	100.0%	1,498	100.0%	1,211	100.0%
손실 및 비용 총계	1,689	95.3%	1,740	89.2%	1,720	86.0%	1,518	81.7%	1,263	84.3%	1,050	86.7%
세전 보험계약 인수 손익	84	4.7%	210	10.8%	279	14.0%	340	18.3%	235	15.7%	$161	13.3%
수입 보험료 총계	27,884		25,525		31,783		23,964		21,997		21,085	
세전 보험계약 인수 손익	1,460		2,792		3,374		3,838		53		1,551	
평균 책임준비금	60,200		58,593		54,793		50,087		47,691		45,157	
책임준비금 비용	(2.6%)		(4.8%)		(6.2%)		(7.7%)		(0.1%)		(3.4%)	
붙이익성 (이익성) 순실 발생예3 총계	(905)		(1,140)		(1,478)		(612)		(357)		419	

참고

원수보험 부문에서는 인수 보험료, 손실 및 손실 비용, 보험계약 인수 비용이 공개되지 않음.

각주

1. 2009년 재보험 부문의 세전 보험계약 인수 이익 2억 5,000만 달러는 2010년에 개선될 수치임. 원래 금액은 3억 4,900만 달러였음.
   2010년 비교치는 생명/연금 부문을 금융 및 금융 상품 부문에서 재보험 부문으로 이전함.
2. 2010~2014년: 원수보험 부문의 수입 보험료 수치는 기존에 일반건전 수입 보험료와 기타 부문의 데이터를 바탕으로 계산함. 각주에는 반올림한 수치로 기재함.
3. 재무제표의 주석별 수치임. %는 수입 보험료 대비 순실 발생율임.

표 7-47 · 버크셔 해서웨이 보험계약 인수 | 자료: 2004~2014년 버크셔 해서웨이 연례 보고서 및 저자의 계산 단위: 100만 달러

	2014	2013	2012	2011	2010	2009	2008	2007	2006	2005	2004
가이코											
인수 보험료	20,962	19,083	17,129	15,664	14,494	13,758	12,741	11,931	11,303	10,285	9,212
수입 보험료	20,496	18,572	16,740	15,363	14,283	13,576	12,479	11,806	11,055	10,101	8,915
세전 보험계약 인수 순익	1,159	1,127	680	576	1,117	649	916	1,113	1,314	1,221	970
제너럴 리											
인수 보험료	6,418	5,963	5,984	5,819	5,632	5,721	5,971	5,957	5,949	6,155	6,860
수입 보험료	6,264	5,984	5,870	5,816	5,693	5,829	6,014	6,076	6,075	6,435	7,245
세전 보험계약 인수 순익	277	283	355	144	452	477	342	555	526	(334)	3
버크셔 해서웨이 재보험 부문											
수입 보험료	10,116	8,786	9,672	9,147	9,076	6,706	5,082	11,902	4,976	3,963	3,714
세전 보험계약 인수 순익1	606	1,294	304	(714)	176	250	1,324	1,427	1,658	(1,069)	417
버크셔 해서웨이 인수보험 부문											
수입 보험료2	4,377	3,342	2,263	1,749	1,697	1,773	1,950	1,999	1,858	1,498	1,211
세전 보험계약 인수 순익	626	385	286	242	268	84	210	279	340	235	161
수입 보험료 총계	41,253	36,684	34,545	32,075	30,749	27,884	25,525	31,783	23,964	21,997	21,085
세전 보험계약 인수 순익	2,668	3,089	1,625	248	2,013	1,460	2,792	3,374	3,838	53	1,551
평균 책임준비금	80,581	75,183	71,848	68,202	63,872	60,200	58,593	54,793	50,087	47,691	45,157
책임준비금 비용	(3.3%)	(4.1%)	(2.3%)	(0.4%)	(3.2%)	(2.6%)	(4.8%)	.(6.2%)	(7.7%)	(0.1%)	(3.4%)
붙이익성 (이익성) 손실 발생액 총계2	(1,365)	(1,752)	(2,126)	(2,202)	(2,270)	(905)	(1,140)	(1,478)	(612)	(357)	419
상기 수치에 포함된 할인 증가액 및 상각 비용	128	186	381	342	356	602	550	315	459	386	538

참고

버크셔 해서웨이 원수보험 부문 및 재보험 부문의 인수 보험표는 상세 내역을 기

주석

1. 2009년 재보험 부문의 세전 보험계약 인수가 이익 2억 5,000만 달러는 2010에 갱신된 수치임. 원레 금액은 3억 4,900만 달러였음.
2010년 버크셔는 생명/연금 부문을 금융 및 금융 상품 부문에서 재보험 부문으로 이전함.
2. 재무제표의 주석별 수치임. %는 수입 보험료 대비 순실 발생율임.

표 7-48 · 버크셔 해서웨이 보험 부문 책임준비금 선별 데이터 및 정보

자료·버크셔 해서웨이 연례 보고서 및 저자의 계산

기말 책임준비금(100만 달러)

연도	가이코	제너럴 리	재보험	기타 원수보험	총계	평균 책임준비금	책임준비금 비용
2004	5,960	23,120	15,278	1,736	46,094	45,157	(3.4%)
2005	6,692	22,920	16,233	3,442	49,287	47,691	(0.1%)
2006	7,171	22,827	16,860	4,029	50,887	50,087	(7.7%)
2007	7,768	23,009	23,692	4,229	58,698	54,793	(6.2%)
2008	8,454	21,074	24,221	4,739	58,488	58,593	(4.8%)
2009	9,613	21,014	26,223	5,061	61,911	60,200	(2.6%)
2010	10,272	20,049	30,370	5,141	65,832	63,872	(3.2%)
2011	11,169	19,714	33,728	5,960	70,571	68,202	(0.4%)
2012	11,578	20,128	34,821	6,598	73,125	71,848	(2.3%)
2013	12,566	20,013	37,231	7,430	77,240	75,183	(4.1%)
2014	13,569	19,280	42,454	8,618	83,921	80,581	(3.3%)

기말 책임준비금 증가율(% 증가율)

연도	가이코	제너럴 리	재보험	기타 원수보험	총계	평균 책임준비금
2004	12.7	(2.3)	9.5	30.4	4.2	5.7
2005	12.3	(0.9)	6.3	98.3	6.9	5.6
2006	7.2	(0.4)	3.9	17.1	3.2	5.0
2007	8.3	0.8	40.5	5.0	15.3	9.4
2008	8.8	(8.4)	2.2	12.1	(0.4)	6.9
2009	13.7	(0.3)	8.3	6.8	5.9	2.7
2010	6.9	(4.6)	15.8	1.6	6.3	6.1
2011	8.7	(1.7)	11.1	15.9	7.2	6.8
2012	3.7	2.1	3.2	10.7	3.6	5.3
2013	8.5	(0.6)	6.9	12.6	5.6	4.6
2014	8.0	(3.7)	14.0	16.0	8.6	7.2

기말 책임준비금(% 총계)

연도	가이코	제너럴 리	재보험	기타 원수보험	총계
2004	12.9	50.2	33.1	3.8	100.0
2005	13.6	46.5	32.9	7.0	100.0
2006	14.1	44.9	33.1	7.9	100.0
2007	13.2	39.2	40.4	7.2	100.0
2008	14.5	36.0	41.4	8.1	100.0
2009	15.5	33.9	42.4	8.2	100.0
2010	15.6	30.5	46.1	7.8	100.0
2011	15.8	27.9	47.8	8.4	100.0
2012	15.8	27.5	47.6	9.0	100.0
2013	16.3	25.9	48.2	9.6	100.0
2014	16.2	23.0	50.6	10.3	100.0

표 7-49 · 버크셔 해서웨이 손해/상해 부문 순실 발생액

자료: 2014년 버크셔 해서웨이 연례 사업보고서 단위: 100만 달러

	2014	2013	2012	2011	2010	2009	2008	2007	2006	2005	2004
기말 기준 할인/이연비용을 제외한 순 미지급 손실1 부채 재평가액	60,589	57,452	57,216	56,727	53,530	52,537	49,487	48,876	42,779	42,834	40,087
1년 후		55,421	55,557	54,787	51,228	49,955	48,836	47,288	41,811	42,723	39,002
2년 후			53,961	53,600	49,960	47,636	47,293	46,916	40,456	42,468	39,456
3년 후				52,526	49,143	46,793	45,675	45,902	40,350	41,645	39,608
4년 후					48,262	46,099	45,337	44,665	39,198	41,676	38,971
5년 후						45,630	44,914	44,618	38,003	40,884	39,317
6년 후							44,659	44,406	37,946	39,888	38,804
7년 후								44,355	37,631	40,088	38,060
8년 후									37,192	39,796	38,280
9년 후										39,472	38,189
10년 후											37,943
누적 잉여금(초과금)		(2,031)	(3,255)	(4,201)	(5,268)	(6,907)	(4,828)	(4,521)	(5,587)	(3,362)	(2,144)
누적 환율 효과		666	461	280	361	590	381	961	540	85	618
순 잉여금(초과금)		(1,365)	(2,794)	(3,921)	(4,907)	(6,317)	(4,447)	(3,560)	(5,047)	(3,277)	(1,526)
누적 지급액											
1년 후		11,381	10,978	10,628	8,854	9,191	8,315	8,486	8,865	9,345	7,793
2년 후			17,827	17,260	14,593	14,265	13,999	13,394	13,581	15,228	12,666
3년 후				21,747	18,300	17,952	16,900	17,557	16,634	18,689	16,463
4년 후					22,008	20,907	19,478	19,608	19,724	20,890	18,921
5년 후						22,896	21,786	21,660	21,143	23,507	20,650
6년 후							23,339	23,595	22,678	24,935	22,865
7년 후								24,807	23,892	26,266	24,232
8년 후									24,831	26,928	25,430
9년 후										28,031	26,624
10년 후											26,917
상기 순 결손금(초과금)		(1,365)	(2,794)	(3,921)	(4,907)	(6,317)	(4,447)	(3,560)	(5,047)	(3,277)	(1,526)
이연비용·상각 및 할인 증가액에 따른 결손금		128	306	645	989	1,698	1,806	1,970	2,157	2,591	2,726
이연비용·상각 및 할인 증가액 차감 전 결손금(초과금)		(1,493)	(3,100)	(4,566)	(5,896)	(8,015)	(6,253)	(5,530)	(7,204)	(5,868)	(4,252)

각주 · 1. 연간 사업보고서의 전체 순실 발생액 발표에서 표는 총 미지급 손실로 시작해 총당금 차감, 중앙금 사감, 이연비용 같은 항목들로 이루어짐.

표 7-50 · 규제 대상 자본 집약적 사업

자료: 2006년, 2008년, 2010년, 2012년, 2014년 버크셔 해서웨이 연례 보고서, BNSF의 2006년 연례 보고서 및 2009년 연간 사업보고서 단위: 100만 달러

	2014	2013	2012	2011	2010	2009	2008	2007	2006	2005
버크셔 해서웨이 에너지(옛 미드어메리칸 에너지)										
영국 유틸리티	527	362	429	469	333	248	339	337	338	308
아이오와 유틸리티	298	230	236	279	279	285	425	412	348	288
내바다 유틸리티	549									
파시피코프(주 사업장: 오리건 & 유타)	1,010	982	737	771	783	788	703	692	356	309
가스 파이프라인(노던 내추럴 & 컨 리버)	379	385	383	388	378	457	595	473	376	309
홈서비스	139	139	82	39	42	43	(45)	42	74	148
기타(순)	236	4	91	36	47	25	186	130	226	115
법인 이자·세금 차감 전 영업이익[1]	3,138	2,102	1,958	1,982	1,862	1,846	2,203	2,086	1,718	1,168
콘스텔레이션 에너지							1,092			
이자	427	296	314	336	353	376	443	420	395	357
법인세	616	170	172	315	271	313	1,002	477	407	248
순이익	2,095	1,636	1,472	1,331	1,238	1,157	1,850	1,189	916	563
버크셔 귀속 순이익[2]	1,882	1,470	1,323	1,204	1,131	1,071	1,704	1,114	885	523
벌링턴 노던 산타 페(BNSF)										
매출액	23,239	22,014	20,835	19,548	16,850	14,016	18,018	15,802	14,985	12,987
운영 비용(상각 포함)	16,237	15,357	14,835	14,247	12,355	10,762	14,106	12,316	11,508	10,102
이자·세금 차감 전 영업이익	7,002	6,657	6,000	5,301	4,495	3,254	3,912	3,486	3,477	2,885
이자(순)	833	729	623	560	507	613	533	511	485	437
법인세	2,300	2,135	2,005	1,769	1,529	920	1,253	1,128	1,105	917
순이익	3,869	3,793	3,372	2,972	2,459	1,721	2,126	1,847	1,887	1,531

참고

1. BNSF는 2010년 2월 12일 인수됨. 과거 데이터는 참고용
2. 파시피코프도 2006년 3월 21일 인수됨.

각주

1. 콘스텔레이션에너지는 인수 계약 해지 수수료 1억 7,500만 달러 및 9억 1,700만 달러의 투자 수익으로 이루어짐.
2. 버크셔 귀속 이익은 '미드어메리칸'의 버크셔에 발린 차입금의 세후 이자 수익 + 순이익에서 버크셔의 이 회사 지분율에 해당하는 금액으로 이루어짐.

표 7-51 · 제조, 서비스, 소매 유통 부문-2004~2014년 대차대조표 | 자료 2004~2014년 버크셔 해서웨이 연례 보고서 단위·100만 달러

	2014	2013	2012	2011	2010	2009	2008	2007	2006	2005	2004
자산											
현금 및 현금성 자산	5,765	6,625	5,338	4,241	2,673	3,018	2,497	2,080	1,543	1,004	899
매출채권 및 미수금	8,264	7,749	7,382	6,584	5,396	5,066	5,047	4,488	3,793	3,287	3,074
재고	10,236	9,945	9,675	8,975	7,101	6,147	7,500	5,793	5,257	4,143	3,842
기타 유동자산	1,117	716	734	631	550	625	752	470	363	342	254
유동자산 총계	25,382	25,035	23,129	20,431	15,720	14,856	15,796	12,831	10,956	8,776	8,069
사업권 및 기타 무형자산	28,107	25,617	26,017	24,755	16,976	16,499	16,515	14,201	13,314	9,260	8,362
고정자산	13,806	19,389	18,871	17,866	15,421	15,374	16,338	9,605	8,934	7,148	6,161
기타자산	3,793	4,274	3,416	3,661	3,029	2,070	1,248	1,685	1,168	1,021	1,044
	71,088	74,315	71,433	66,713	51,146	48,799	49,897	38,322	34,372	26,205	23,636
부채 및 자본											
미지급금	965	1,615	1,454	1,611	1,805	1,842	2,212	1,278	1,468	1,469	1,143
기타 유동부채	9,734	8,965	8,527	15,124	8,169	7,414	8,087	7,652	6,635	5,371	4,685
유동부채 총계	10,699	10,580	9,981	16,735	9,974	9,256	10,299	8,930	8,103	6,840	5,828
이연 세금	3,801	5,184	4,907	4,661	3,001	2,834	2,786	828	540	338	248
장기 있는 차입금 및 기타 부채	4,269	4,405	5,826	6,214	6,621	6,240	6,033	3,079	3,014	2,188	1,965
비지배 지분	492	456	2,062	2,410							
자기자본	51,827	53,690	48,657	36,693	31,550	30,469	30,779	25,485	22,715	16,839	15,595
	71,088	74,315	71,433	66,713	51,146	48,799	49,897	38,322	34,372	26,205	23,636

참고
2014년에 마트의 임대 사업 부문이 금융 및 금융 상품 부문에 편입됨. 2014년 연례 보고서에는 비교용으로 평년됨. 2012년, 2013년 수치를 재작성해서 기재함. 이 공시에는 원래 공시 내용으로 표기함.

표 7-52 · 제조, 서비스, 소매 유통 부문-2004~2014년 손익계산서 | 자료: 2004~2014년 버크셔 해서웨이 연례 보고서 단위: 100만 달러

	2014	2013	2012	2011	2010	2009	2008	2007	2006	2005	2004
매출액	97,689	95,291	83,255	72,406	66,610	61,665	66,099	59,100	52,660	46,896	44,142
영업 비용 (감가상각 포함 시)	90,788	88,414	76,978	67,239	62,225	59,509	61,937	55,026	49,002	44,190	41,604
이자 비용(순)	109	135	146	130	111	98	139	127	132	83	57
세전 이익1	6,792	6,742	6,131	5,037	4,274	2,058	4,023	3,947	3,526	2,623	2,481
법인세 및 비규제 이자	2,324	2,512	2,432	1,998	1,812	945	1,740	1,594	1,395	977	941
순이익	4,468	4,230	3,699	3,039	2,462	1,113	2,283	2,353	2,131	1,646	1,540

각주: 1. 인수 회계 조정은 제외함.

표 7-53 · 제조, 서비스, 소매 유통 부문-2004~2014년 비율 및 주요 수치
자료: 2004~2014년 버크셔 해서웨이 연례 보고서 및 저자의 계산

	2014	2013	2012	2011	2010	2009	2008	2007	2006	2005	2004
유형투하자본(100만 달러)	$28,954	$34,093	$29,920	$19,763	$23,000	$22,052	$22,509	$15,641	$13,883	$11,236	$10,341
매출액/평균 유형투하자본	$3.10	$2.98	$3.35	$3.39	$2.96	$2.77	$3.47	$4.00	$4.19	$4.35	$4.27
이자·세금 차감 전 이익률	7.1%	7.2%	7.5%	7.1%	6.6%	3.5%	6.3%	6.9%	6.9%	5.8%	5.7%
세전 유형투하자본이익률	21.9%	21.5%	25.3%	24.2%	19.5%	9.7%	21.8%	27.6%	29.1%	25.1%	24.5%
평균 자기자본이익률(세후)	8.5%	8.3%	8.7%	8.9%	7.9%	3.6%	8.1%	9.8%	10.8%	10.1%	9.9%
평균 유형자기자본이익률(세후)	17.3%	16.7%	21.4%	22.9%	17.3%	7.9%	17.9%	22.8%	25.1%	22.2%	21.6%
순부채(현금)(100만 달러)	($531)	($605)	$1,942	$3,584	$5,753	$5,064	$5,748	$2,277	$2,939	$2,653	$2,209
미지급금/자기자본	10.1%	11.2%	15.0%	21.3%	26.7%	26.5%	26.8%	17.1%	19.7%	21.7%	19.9%
자산 총계/자기자본 총계	1.37	1.38	1.47	1.82	1.62	1.60	1.62	1.50	1.51	1.56	1.52

표 7-54 · 금융 및 금융 상품 부문 선별 이익 데이터 | 자료 2004~2014년 버크셔 해서웨이 연례 보고서 및 저자의 계산 단위 · 100만 달러

	2014	2013	2012	2011	2010	2009	2008	2007	2006	2005	2004
순투자 수익	296	324	410	440		278	330	272	274	200	264
제너럴 리 증권1									(5)	(104)	(44)
생명/연금 부문2						116	23	(60)	29	11	(57)
밸류 캐피탈3									6	(33)	30
버카디아	122	80	35	25							1
임대 부문											
코트4	36	40	42	29							
엑스트라4	147	125	106	126							
마몬-컨테이너 및 크레인4	238										
마몬-철도차량4	442										
임대 부문-소계4	863	165	148	155	53	14	87	111	182	173	92
조립식 주택 금융(클레이턴)5	558	416	255	154	176	187	206	526	513	416	220
기타5					460	186	141	157	158	159	78
세전 이익	1,839	985	848	774	689	781	787	1,006	1,157	822	584

각주
1. 제너럴 리 증권은 2006년 사업을 중단함. 2002년 이후 누적 세전 손익은 2만 3,218건의 계약에서 4억 900만 달러가 발생함.
2. 2010년부터 생명/연금 부문은 버크셔 해서웨이 재보험 부문으로 이전됨.
3. 밸류 캐피탈에 대한 투자는 2006년 중단됨.
4. 2014년 실적에는 마몬의 임대 부문 실적이 포함됨. 2014년 연례 보고서에는 비교용으로 과거 2년치를 재작성해 기재함. 여기에 있는 데이터는 원래 공시 내용임. 재작성한 2013년과 2012년의 세전 이익 합계는 각각 15억 6,400만 달러 및 13억 9,300만 달러였음.
5. 기타 항목에는 클레이턴과 버크셔의 신용을 사용을 대가로 기록한 수수료가 포함됨.

참고
버크셔는 2010년부터 주주 서한에 이 표 제공을 중단함. 그러다 2012년 주주 서한에서 다시 해당 데이터를 제공하기 시작함. 임대 부문과 클레이턴의 2010년 수치는 각주에서 발췌했으며 연속성을 위해 아래 추가함.

표 7-55 · 버크셔 해서웨이 이연 세금 분석 | 자료 2005년, 2008년, 2011년, 2014년 버크셔 해서웨이 연례 보고서 및 저자의 계산 단위·100만 달러

	2014	2013	2012	2011	2010	2009	2008	2007	2006	2005	합계
법인세 차감 전 이익	28,105	28,796	22,236	15,314	19,051	11,552	7,574	20,161	16,778	12,791	182,358
당기 세금	3,302	5,168	4,711	2,897	3,668	1,619	3,811	5,708	5,030	2,057	37,971
이연 세금	4,633	3,783	2,213	1,671	1,939	1,919	(1,833)	886	475	2,102	17,788
보고된 세금 합계	7,935	8,951	6,924	4,568	5,607	3,538	1,978	6,594	5,505	4,159	55,759
해당 기간 납부 세액	4,014	5,401	4,695	2,885	3,547	2,032	3,530	5,895	4,959	2,695	39,653
당기 세율	11.7%	17.9%	21.2%	18.9%	19.3%	14.0%	50.3%	28.3%	30.0%	16.1%	20.8%
이연 세율	16.5%	13.1%	10.0%	10.9%	10.2%	16.6%	(24.2%)	4.4%	2.8%	16.4%	9.8%
세율 합계	28.2%	31.1%	31.1%	29.8%	29.4%	30.6%	26.1%	32.7%	32.8%	32.5%	30.6%
총 세금 대비 당기 세금 비율	41.6%	57.7%	68.0%	63.4%	65.4%	45.8%	192.7%	86.6%	91.4%	49.5%	68.1%
총 세금 대비 이연 세금 비율	58.4%	42.3%	32.0%	36.6%	34.6%	54.2%	(92.7%)	13.4%	8.6%	50.5%	31.9%
세금 합계	100.0%	100.0%	100.0%	100.0%	100.0%	100.0%	100.0%	100.0%	100.0%	100.0%	100.0%
이자·세금 차감 전 이익 대비 납부 세액 비율	14.3%	18.8%	21.1%	18.8%	18.6%	17.6%	46.6%	29.2%	29.6%	21.1%	21.7%

최초 50년 구간 : 1965~2014년

놀라운 결과를 얻겠다고 놀라운 일을 할 필요는 없다.

_ 워런 버핏

워런 버핏의 지휘 아래 버크셔 해서웨이가 50년간 변혁해 온 과정과 역사는 놀랍다는 단어에 모두 담겨 있다. 2014년 존재한 버크셔의 모습은 이름은 같았어도 50년 전과는 전혀 달랐다. 한때 버크셔 해서웨이의 기반을 형성한 방직 회사는 사양길에 있다가 대대적으로 사업 구조를 변경해 존경받는 거대 복합기업으로 탈바꿈했다. 그 놀라운 변혁은 지나고 보니 지극히 평범하고 사업의 기본 원칙을 변함없이 준수한 데서 시작되었다. 평범한 원칙은 단계적으로, 매년, 10년 구간마다 적용되어 놀라운 결과로 이어졌다.

버크셔의 변혁은 그 시기에 한결같았던 한 남자 덕분에 시작되었다. 그런데 버핏은 큰 역할을 했지만 스토리의 유일한 주인공은 아니었다. 버핏이 버크셔의 설계자라며 칭찬을 아끼지 않은 찰리 멍거라는 주인공도 있었다. 장기간 소유할 좋은 기업을 인수하는 방향으로 초점을 전환한 것은 멍거의 공이었다. "멍거가 제게 넘겨준 설계도는 매우 단순했습니다. 적정한 기업을 훌륭한 가격에 사는 방식을 잊어버리고, 대신에 훌륭한 기업을 적정한 가격에 인수하라는 말이었습니다."

그와 같은 기업들은 얼핏 보기에 단순했다. 그렇다. 그 기업들은 보험, 소매, 제조, 신문, 금융 등 이해하기 쉬운 업종에 속했다. 다만 기업 대부분이 공통으로 갖추고자 한 특성이 있었다. 바로 경제적 해자economic moat와 지속 가능한 경쟁 우위였다. 버크셔의 방어적 우산protective umbrella, 자율성을 유지하는 운영 철학은 인간의 잠재력을 극대화하고 기업을 번창하게 하는 체계였다.*

버크셔는 방직업을 정리하고 지주회사로 전환한 뒤 많은 기업을 소유했다. 수많은 기업 주주와 그 일가도 버크셔 해서웨이의 역사에서 빼놓을 수 없다. 그 기업들과 함께 일한 수십만 명의 직원도 마찬가지다. 해당 기업에 장기간 헌신한 수십만 명의 주주도 버크셔의 역사를 함께 썼다. 그래서 버크셔는 아주 오랜 시간 동안 다 같이 협력한 모든 구성원의 결합체다.

버핏이 버크셔의 경영권을 확보한 1965년에만 해도 버크셔는 〈포천〉 선정 500대 기업에 이름을 올리지 못했다.** 그러다 2014년 월마트, 엑손 모빌, 쉐브론Chevron 다음으로, 또 애플보다 앞서 4위를 차지했다.[1] 이 책에서 정리한 10년 구간별 기록을 살펴보면서 버크셔가 성장해 온 과정을 엿볼 수 있다.

---

* 기업이 지닌 성장 잠재력의 범위 안에서 가능한 일이다. 신발업체 덱스터 같은 소수의 사례에서 볼 수 있듯, 어떤 체계에서도 기대와 달리 실적이 부진한 상황을 막을 수 없다.
** 1959년 499위를 했던 것이 마지막이었다.

1965~1974년

–

표 8-1 · 선별 데이터
자료·1965년, 1974년 버크셔 해서웨이 연례 보고서
단위·100만 달러

	1974	1964	변동률
매출액	101.5	50.0	103%
세전 영업이익	6.5	0.5	1,128%
평균 책임준비금	79.1	0	해당 없음
자기자본	88.2	22.1	298%
주당 장부가치(달러)	90.02	19.46	363%

1965년 버크셔의 경영권을 확보한 후 버핏은 사양산업의 원자재 사업을 운영하는 것이 얼마나 어려운 일인지 깨달았다. 버핏이 운용할 원재료는 폐업할 운명의 방직 회사였다. 그 회사는 순자산이 2,200만 달러에 지속적인 경쟁 우위가 없었고 높은 자본비용이 필요했다. 버핏은 즉시 가용한 자원을 모두 다른 사업에 재배치하는 작업에 착수했다.

이 10년 구간에서 두 건의 중대한 인수가 진행되어 버크셔 해서웨이의 미래 궤도가 형성되었다. 하나는 내셔널 인뎀니티에 대한 인수였는데, 향후 보험업으로 영역을 확장하는 데 기반이 되었다. 버핏은 책임준비금이 사업 영역을 확장하는 데 마중물이 된다는 점에서 이 저비용 부채의 가치를 즉시 파악했다. 버크셔가 보험업을 시작한 초기에 무엇보다도 보험 인수의 수익성에 역점을 두어야 하는 이유와 그에 대한 값진 교훈을 얻었다. 시즈 캔디의 인수도 버크셔에 큰 영향을 미쳤다. 시즈는 위대한 기업을 완전히 인수해 얼마나 많은 가치를 얻을 수 있는지에 대해 교훈을 선사했다. 그에 따라 향후 인수 건들에 대한 목표가 매우 높

게 설정되었다. 시즈는 여러 자매 방직 회사와 뚜렷이 대조되었다.

버핏은 이 시기에 다른 영역에 대한 자본 할당을 두고 중요한 결정을 내렸다. 버크셔는 신문사와 은행을 인수했으며 유가증권에 투자했다. 그중 하나가 블루칩 스탬프Blue Chip Stamps였다. 버핏과 멍거는 둔화하던 이 경품권 사업의 책임준비금을 재배치함으로써 시즈 캔디를 인수하기 위해 블루칩 스탬프를 플랫폼으로 활용했으며, 결국 이 핵심 경품권 사업의 매출액이 거의 사라지기 전에 다른 기업들을 인수했다.

10년 구간의 막바지에 버크셔 해서웨이 사업 전체의 총 매출액 중 약 30%, 총자산 중 단 5% 수준까지 방직 사업 부문의 규모가 축소되었다. 방직 사업 부문이 축소된 데다 새로운 사업 부문으로 확장된 것이 복합 요인이 되어 규모가 축소된 것이다. 만약 버핏이 버크셔를 투자 수단으로 삼지 않았다면 방직 사업 부문은 그토록 오래 유지되지 않았을 것이다.

1975~1984년

–

1984년에 끝난 10년 구간은 보험 부문의 지속적인 확장과 비보험 운영 부문의 인수로 특징지어졌다. 버크셔가 유기적으로, 또 많은 보험회사를 구성해

표 8-2 · 선별 데이터

자료·1974년, 1984년 버크셔 해서웨이 연례 보고서
단위·100만 달러

	1984	1974	변동률
매출액	729	101.5	618%
세전 영업이익	82.0	6.5	1,165%
평균 책임준비금	253	79	220%
자기자본	1,272	88.2	1,342%
주당 장부가치(달러)	1,109	90.02	1,132%

운영 부문을 확장했기에 계약 인수 보험료가 1974년 6,100만 달러에서 1984년 1억 4,000만 달러로 129% 늘어났다. 이 구간에서 주목해야 할 내용은 가이코의 지분 36%를 인수한 사실이다. 가이코의 보험료 물량 중 버크셔의 몫은 3억 3,600만 달러였는데, 이 수치는 자체 성장한 운영 부문들을 왜소해 보이게 만드는 효과를 냈다.

또한 이 10년 구간에서 또한 디버시파이드 리테일링Diversified Retailing과 블루칩 스탬프가 버크셔에 합병되어 편입된 사실이 눈에 띈다. 또한 블루칩을 통해 인수된 웨스코Wesco는 이 시기에 은행업과 보험업으로 확장을 도모하는 또 다른 플랫폼이 되었다. 그뿐만 아니라 버크셔는 블루칩 스탬프를 통해 〈버펄로 뉴스〉와 프리시전 스틸Precision Steel 등 여러 비보험 운영 부문을 인수했다.

이 10년 구간에 인수된 비보험 기업들은 지역에서 지배적인 사업을 한 업체로 버핏의 인정을 받았다. 〈버펄로 뉴스〉가 일부 초기 위협을 경험한 사이 버핏과 멍거는 중요한 사실을 발견했다. 하나의 일간지가 발행되던 도시들은 방어적 해자를 형성해 우세한 자본 수익률을 창출할 수 있었다. 버펄로는 버크셔에 인수되었을 당시 2개의 신문을 발행했으나 5년도 안 되어 〈버펄로 뉴스〉 하나만 발행하게 되었다. 버핏은 또한 네브래스카 퍼니처 마트를 지역의 지배적인 사업체로 정확히 알아봤다. 이 가구 회사는 막대한 판매량에 더한 낮은 이익률에 따라 경쟁 우위가 창출되고 강화되었다.

이 구간에서 진행된 버크셔의 투자 활동은 훌륭한 기업의 소유권 지분을 일부분 인수해 가치를 창출할 수 있음을 보여 주었다. 투자 포트폴리오로 얻은 이익은 버크셔의 순자산 증가액의 58%에 상당했다. 이는 이전 10년 구간에 11%밖에 되지 않았던 수치와 비교할 때 상당한 성과였다. 투자 포트폴리오에는 어디에서나 배울 수 있는 교훈이 담겨 있었다. 즉 버크셔는 〈워싱턴 포스트〉의 주식과 〈버펄로 뉴스〉를 소유함으로써 아메리칸 브로드캐스팅 컴퍼니즈American Broadcasting Companies, Inc., 캐피털 시티즈Capital Cities, 타임Time, Inc. 등 다른 미디어 기업에 투자했다. 이 시기에 투자를 진행한 대상은 관련 주가가 근본적인 내재 가치보다 감소한 것들로, 대부분 단순하고 이해하기 쉬운 사업이었다.

버크셔 해서웨이의 초기 사업은 셔츠가 다 낡을 때까지 이 10년 구간에 유지되었다. 1984년 말 방직 사업과 관련해 불길한 조짐이 있었다. 버핏은 와움벡 밀스Waumbec Mills를 인수하고 나서 곧바로 큰 실수를 했다고 깨달았다. 추가된 이 방직공장은 결국 버크셔의 초기 방직 사업 부문들과 함께 문을 닫고 사라졌다.

1985~1994년

-

1994년에 끝난 10년 구간은 버크셔가 본궤도에 올랐던 기간이라고 할 수 있다. 이 10년 구간에서 버크셔는 보험업을 완전히 이해했다. 이 구간 중 2년(1993~1994년)을 빼

표 8-3 · 선별 데이터

자료 · 1984년, 1994년 버크셔 해서웨이 연례 보고서
단위 · 100만 달러

	1994	1984	변동률
매출액	3,847	729	428%
세전 영업이익	839	88	857%
평균 책임준비금	3,057	253	1,108%
자기자본	11,875	1,272	834%
주당 장부가치(달러)	10,083	1,109	809%

참고
여기서 제시한 1984년의 영업이익 수치는 1994년의 실적과 비교하기 위해 수정된 자료가 적용되었다.

고 손실을 기록한 버크셔는 이를 교훈 삼아 보험계약 인수의 수익성을 중시하는 철학을 전체 조직에 스며들게 했다. 버크셔는 또한 자신 있게 재보험 분야로 진입한 것은 물론, 막대한 책임준비금을 창출해 유가증권에 투자했다. 그뿐만 아니라 견고한 대차대조표는 이중 혜택을 가져다주었다. 첫째, 책임준비금을 투자하는 범위를 두고 제약이 감소했다. 둘째, 재정 건전성을 내세워 또 다른 재보험사업 부문을 끌어들일 수 있었다.

이 구간에서 주요한 자본 배분에 대한 의사 결정은 어렵지 않게 이루어졌다. 스콧 페처와 페치하이머 등은 이해하기 쉬운 기업이었지만, 다른 쪽에서 기피하던 대상이었다. 이에 버크셔는 그들을 비롯해 단순하고 이해하기 쉬운 기업들에게 영원한 보금자리를 제공했으며, 미국 경제계에서 유례를 찾아볼 수 없을 정도로 경영자들이 자율권을 가지고 조직을 운영하도록 해 주었다. 버핏이 '나는 내가 좋아하고 신뢰하고 존경하는 사람들하고만 사업을 한다'는 철칙을 견지했기에 가능했던 일이다.

유가증권 포트폴리오는 이 구간에서 버크셔의 순자산 증가액 중 68%에 이르는 규모였다. 여기서 또한 투자 건들은 얼핏 봐도 복잡하지 않았으며 단순하고도 이해하기 쉬웠다. 버크셔는 시즈 캔디를 인수한 경험에 기대어 코카콜라 컴퍼니의 지분을 대거 인수했다. 그 외 이 구간에 여러 은행 및 소비재 기업에 대한 투자가 진행되었다. 〈워싱턴 포스트〉, ABC(캐피털 시티즈에 합병되었음), 가이코 등의 투자 대상은 변함없이 유지되었으며 영원한 투자 대상으로 인식되었다. 버핏이 주주들에게 언급한 내용을 보면, 포트폴리오에 의해 버크셔 그리고 더 나아가 주주들에게 제시된 대규모의 포괄 이익*이 강조되었다.

이 10년 구간에서 실수가 없었던 건 아니었다. 버핏은 이후 덱스터 슈의 인수 건이 버크셔 역사상 최악의 선택이었다고 지적했다. 당시 덱스터 슈를 인수하기 위해 주식을 발행했으니 이 회사의 가치는 곧 사라져 버렸다. 게다가 전환우선주 투자 건들 중 두 건이 문제를 일으켰다. US에어USAir는 손실을 일으켰다. 또한 살로몬 우선주 투자와 관련한 문제로 버크셔는 꽤 혼란을 겪었다. 당시 버핏은 임시로 살로몬의 경영을 책임지면서까지 이 은행을 파산 위기에서 구하려고 애썼다. 버핏으로선 파격적인 행보를 보였던 셈이다. 이 짧은 기간에 자회사에 상당한 자율권을 부여한 효과가 증명되었다.

버크셔 해서웨이는 1986년 섬유 사업에서 완전히 철수했으며, 쇠퇴하던 방직 사업으로 인한 재정적·경영적 한계를 벗어난 상태에서 1994년 10년 구간을 마무리했다.

1995~2004년

-

1995~2004년 구간은 버크셔의 핵심 운영 부문들이 완성되고 확장된 10년으로 특징지어진다. 이 기간에 또한 버크셔는 다음 단계로 나아가기 위한 기초를 다졌다. 즉 버크셔는 이 10년 구간에서 그간 소유하지 않았던 가이코의 지분 절반을 마저 인수했다. 또한 주식을 발행해 제너

---

* 배당으로 지급되지 않은 유보이익 중 버크셔의 몫

표 8-4 · 선별 데이터

자료 · 1994년, 2004년 버크셔 해서웨이 연례 보고서
단위 · 100만 달러

	2004	1994	변동률
매출액	74,382	3,847	1,834%
세전 영업이익	7,447	839	787%
평균 책임준비금	45,157	3,057	1,377%
자기자본	85,900	11,875	623%
주당 장부가치	55,824	10,083	454%

럴 리도 인수했다. 이렇게 두 보험회사를 인수해 1개의 대형 자동차보험 회사, 2개의 재보험사업부, 보험업계의 다양한 틈새를 채운 다수의 소규모 원수보험사로 버크셔의 보험 제국이 완성되었다. 인수 및 유기적 성장에 힘입어 평균 책임준비금이 거의 15배로 불어나 450억 달러에 이르렀다.

한편 버크셔는 이 10년 구간에 수십 개에 이르는 단순하고 본질적인 비보험업체들을 인수했다. 버핏은 닷컴 붐이 한창이던 2000년대 초 부상하던 기술 기업에는 투자하지 않았다. 비보험 범주에서는 이전보다 훨씬 늘어난 볼트온 인수 건에 의해 다수의 대규모 인수 작업에 힘이 실렸다. 이렇게 인수된 업체들은 기존 경영진의 지휘를 받았기에 본사가 추가 작업을 전혀 할 필요가 없을 정도였다.

미드아메리칸의 인수는 버크셔의 미래를 다지는 초석이 되었다. 다시 말해 버크셔는 유틸리티 기업을 통해 성장하는 현금 흐름의 창출원을 확보했다. 유틸리티 같은 자본 집약적 사업은 다른 사업에 비해 미래 이익이 덜 창출되었지만, 자본적 지출에 확실성이 부여되었으며, 누적된 자본을 대거 투자하는 역량에 따라 매력적인 플랫폼으로 발돋움

했다. 버크셔라는 거대 복합기업 어딘가에 존재한 대규모 과세소득 기반은 유틸리티 부문에 추가 이익을 제공했다. 그런 혜택은 독립된 동종 업체들이 누릴 수 없는 것이었다.

버크셔는 400억 달러의 현금을 보유한 채, 또 매우 활발한 인수 작업에도 매력적인 투자 수단을 충분히 보유하지 못하고 10년 구간을 마무리했다. 버크셔의 유휴자금을 통해 성장 규모가 예측되었던 반면에 상황을 바꿀 만한 투자 기회가 줄어들었음을 알 수 있었다.

2005~2014년

–

표 8-5 · 선별 데이터
자료 · 2004년, 2014년 버크셔 해서웨이 연례 보고서
단위 · 100만 달러

	2014	2004	변동률
매출액	194,673	74,382	162%
세전 영업이익	24,024	7,447	223%
평균 책임준비금	80,581	45,157	78%
자기자본	240,170	85,900	180%
주당 장부가치	146,186	55,824	162%

2014년에 막을 내린 10년 구간은 버크셔가 이익의 대부분을 유보한 마지막 시기였다 해도 과언이 아니다. 주당 장부가치 증가율은 충분한 투자 기회가 없어 현금이 누적되면서 급격히 감소했다. 이에 버크셔는 자사주 매입 정책을 실시해 두 차례에 걸쳐 총 17억 달러 규모로 자사주를 매입했다.

10년 동안 수많은 기업이 버크셔에 인수되었다. 그 가운데 이스카, 마몬, BNSF, 루브리졸, 버크셔 해서웨이 에너지(구 미드아메리칸)가 5개의 발전소가 된 것으로 10년 구간이 마무리되었다. 가장 먼저 인수 작업이 진행되었던 때가 2005년쯤이었다. 이 업체들은 이해하기 쉬웠으며 분명히 미래에도 필요한 상품이나 서비스를 제공했다. 이 업체 중 두 곳(BNSF와 루브리졸)은 버크셔에 합류하기 전까지 대형 상장 기업의 위치에 있었다. 버크셔는 BNSF에 더해 또 다른 유틸리티형 사업부를 확보해 막대한 자본 투자를 할 수 있었다. 이 업체들과 다수의 인수 건(다수의 볼트온 인수 포함)이 요인이 되어 이전 10년 구간에서 26%였던 순자산 변동률이 70%까지 상승했다.

버크셔의 규모와 현금 보유금은 이점이 있었다. 2000년대 중반의 경기 침체를 거친 동안 버크셔는 금리가 매우 낮았던 시기에 채권에 투자했다. 다른 기업들이 현금이 부족해 어려움을 겪던 때였다. 버크셔는 또한 상당한 주식 지분까지 확보했다. 버크셔는 비할 데 없는 대차대조표의 견고함 덕분에 단일 보험료가 총 71억 달러에 이른 것은 물론 다른 기업들이 제공할 수 없었던 재보험사업의 기회를 창출했다.

집중 투자
—

버크셔의 폭넓은 사업 구조를 살펴봤을 때, 다수의 소규모 인수 건들과 맞물려 일련의 대규모 자본 배분이 집중적으로 이루어져 버크셔 해서웨이의 반세기 역사가 완성된 과정이 눈에 들어온다(〈표 8-6〉 참고). 10년 구간의 마지막에 버크셔는 지분 투자에 매우 집중했다. 그 맥락에서 빅4(아메리칸 익스프레스, 코카콜라, 웰스 파고, IBM)가 포트폴리오의 59%를 차지했다. 버크셔는 마찬가지로 인수 작업에도 집중했다. 각각의 10년 구간에서 최대 규모의 인수 건은 인수가 진행되었을 당시 자그마치 자기자본의 15%에 상당하는 수준이었다. 버크셔의 자본 배분 전략은 인내심 있는 기회주의 같은 것이었다. 그에 따라 주식시장

표 8-6 · 10년 단위 중대한 자본 배분 결정 | 단위·%

10년 구간의 마지막 해	1974	1984	1994	2004	2014
보통주 포트폴리오					
최대 단일 보통주 투자(포트폴리오 비율)1	23	31	34	23	23
최상위 4개 보통주 투자(포트폴리오 비율)	47	75	57	65	59
최상위 4개 종목(기말 평균 자기자본비율)	20	79	78	30	30
인수(인수 당시 평균 자기자본비율)					
일리노이 내셔널 뱅크 & 트러스트(1969)	44				
내셔널 인뎀니티(1967)	28				
버펄로 뉴스(1977)2		15			
네브래스카 퍼니처 마트(1983)		6			
스콧 페처(1986)			19		
덱스터 슈(1993)			4		
제너럴 리(1998)3				18	
가이코(1996)4				12	
BNSF(2010)5					18
하인즈(2013)6					6

각주
1. 〈워싱턴 포스트〉(1974), 가이코(1984), 코카콜라(1994), 아메리칸 익스프레스(2004), 웰스 파고(2014).
2. 버크셔 해서웨이, 블루칩 스탬프, 디버시파이드 리테일링에 대한 총 평균 자기자본에 비교한 〈버펄로 뉴스〉의 인수 가격
3. 발행된 주식 27만 2,000주를 기준으로 한 제너럴 리의 인수 규모를 연말 총 발행주식인 151만 8,548주로 나눈 값
4. 버크셔가 보유하지 않았던 가이코의 나머지 절반의 지분을 23억 3,000만 달러에 인수했다.
5. BNSF의 나머지 77.5%의 지분을 265억 달러에 인수했다.
6. 보통주와 우선주에 122억 5,000만 달러를 투자했다.

을 통해 기업에 대한 부분적 이익을 창출하거나 보유했으며, 각각의 10년 구간을 거치면서 이전과 비교해 잇따라 더 큰 기업들을 인수했다.

성장 기폭제 : 보험 책임준비금

-

버크셔에서 보험 책임준비금은 최초 50년 동안 성장을 이끈 요인 중 가장 중요한 요인이었던 것으로 보인다. 책임준비금에서 사업에 유리하게 배분할 자본뿐만 아니라 상당한 보험계약 인수 이익이 창출되었다. 버크셔는 최초 50년 구간에 이르는 현대 역사에서 48년 동안 보험업을 영위했다. 보험 관련 사업에 진출한 1967년을 제외하고 27년 동안 평균 책임준비금 비용이 마이너스를 기록했다. 그 기간 중 버크셔의 자본 조달 비용이 미국의 장기국채 비용보다 높았던 시기는 8년에 불과했다. 시간이 감에 따라 버크셔는 보험계약 인수를 확대해 나갔다. 그에 따라 이중 혜택(책임준비금 증가, 손해 이력 개선)이 발생해 상당한 이익으로 이어졌다. 버크셔에서 누적된 보험계약 인수 이익 대부분이 최근 10년 구간(2005~2014년)에서 발생했다(표 8-7 참고).

표 8-7 · 버크셔 해서웨이 10년 단위 세전 보험 계약 인수 손익 | 자료·버크셔 해서웨이 연례 보고서 및 저자의 계산 단위·100만 달러

1968~1974	(5)
1975~1984	(93)
1985~1994	(285)
1995~2004	(3,248)
2005~2014	21,259

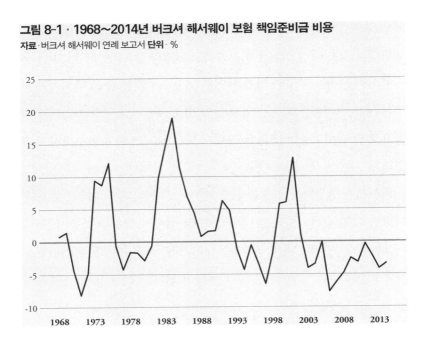

그림 8-1 · 1968~2014년 버크셔 해서웨이 보험 책임준비금 비용

자료 · 버크셔 해서웨이 연례 보고서 **단위** · %

스스로 잡은 발목

–

버크셔 해서웨이는 스스로 성공의 희생양이 되었다. 거대 복합기업으로 이익을 보유하며 덩치를 키워 나갔을 때 투자 기회의 영역이 급격히 줄어들었다. 세월이 흐르면서 점점 더 효율적으로 바뀐 기업 시장(부분적으로는 주식시장을 통해 혹은 전체적으로) 때문에 문제가 더욱 심화되었다. 버크셔 초창기에만 해도 양질의 기업을 싼 가격에 인수할 수 있었다. 그에 따라 일리노이 내셔널 뱅크 & 트러스트 컴퍼니와 〈버펄로 뉴스〉를 장부가치로 사들였다. 또 버려진 스콧 페처와 페치하이머를 중

개인 보수를 지불하면서까지 인수했는데, 당시 두 회사는 여전히 20% 중반대의 귀속 세전 이익률을 창출하고 있었다. 2014년까지의 10년 구간에서 버크셔는 다양한 기업을 인수했다. 그중에는 줄곧 두 자릿수의 기본 자본 수익률을 기록한 업체도 있었다. 그렇지만 인수에 들어간 비용으로 귀속 이익률이 낮은 두 자릿수 또는 심지어 한 자릿수까지 떨어졌다.

버크셔가 인수한 기업들을 인수 배수와 귀속 이익에 따라 분류하면, 다양한 기업의 가치뿐만 아니라 인수 당시 시장 상황을 엿볼 수 있다 (〈그림 8-2〉 참고). 대체로 괜찮은 기업일수록 인수가가 높았다(인수 배수로 대표되는 인수가가 내재 가치와 비교되었다). 기반 사업 부문의

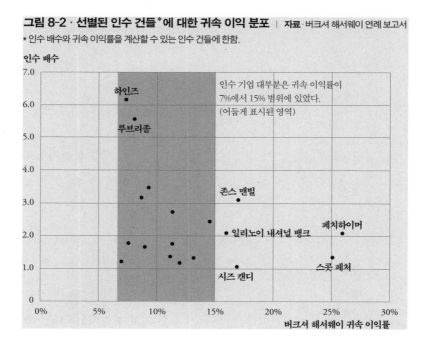

그림 8-2 · 선별된 인수 건들*에 대한 귀속 이익 분포 | 자료 · 버크셔 해서웨이 연례 보고서
* 인수 배수와 귀속 이익률을 계산할 수 있는 인수 건들에 한함.

자본이익률(기업 수준의 이익률)은 넓은 범위에 걸쳐 분포했다.

주요한 세 아웃라이어 기업은 시즈 캔디, 스콧 페처, 페치하이머였다. 시즈 캔디는 버크셔가 초창기에 인수한 기업으로 시장이 효율적이지 않았을 때 편입되었다. 스콧 페처와 페치하이머에 대한 낮은 인수 배수는 하나의 사실을 반영했다. 1980년대 중반 LBO(차입 매수) 열풍이 한창이었던 시기에 버크셔가 안전한 항구 역할을 할 수 있었던 것이다. 반면에 우량 기업 루브리졸과 하인즈는 엄청난 자본이익률을 기록했는데, 버크셔가 지불한 인수가는 해당 사실에 대한 시장의 정확한 평가를 반영했다.

〈그림 8-3〉에서 볼 수 있듯, 버크셔의 50년 역사에서 주당 장부가치와 시장가치는 S&P 500 지수의 총수익률을 초과했다가 하락했다. 주당 장부가치가 불어나 1980년대 초 20%를 기록하면서 이익이 정점에 달했다가 2014년 말까지 한 자릿수 퍼센트 포인트로 꾸준히 감소했다.

버핏은 2014년 버크셔의 투자자들에게 보낸 주주 서한에서 버크셔의 과거와 현재, 미래에 대한 이례적인 해석을 내놓았다. "나쁜 소식은 버크셔의 장기적 이익(현금 수치가 아닌 백분율로 평가된 이익)이 엄청나지 않을 것이며 지난 50년 동안 달성한 실적에도 못 미칠 것이라는 점입니다. 버크셔의 주식 순가치가 50년 전에 비해 엄청난 숫자로 올랐습니다. 버크셔의 실적은 미국의 투자 기업들을 능가하겠지만, 우리의 이익은 만약 있다면 이전처럼 엄청나지 않을 것입니다."

그림 8-3 · S&P 500 수익률(배당 포함) 대비 버크셔 해서웨이 주당 장부가치 및 주당 시장가치 수익률 추이 비교 | 자료·2014년 버크셔 해서웨이 연례 보고서 및 저자의 계산

그림 8-4 · 1965~2014년 버크셔 해서웨이 주가 대비 장부가치 비율

자료·《투자의 신Of Permanent Value》(킬패트릭, 2015년), 1965~2014년 버크셔 해서웨이 연례 보고서 및 저자의 계산

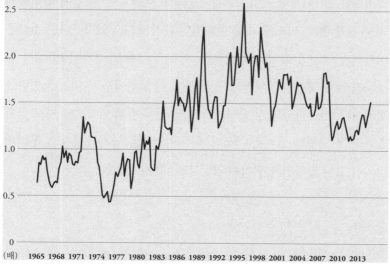

폭넓은 교훈

–

2014년까지 이어진 버크셔의 50년 역사를 들여다보면 몇 가지 주요한 교훈이 도출된다.

- **능력의 범위** | 버핏과 멍거는 대개 능력의 범위에서 벗어나지 않았다. 상식적인 수준에서 그들이 잘 이해한 장기적 사업 및 경제성이 좋은 투자처를 선정하는 데 집중하는 전략으로 버크셔를 성장시켰다.
- **사업의 초점** | 핵심 지침은 기저 사업에 집중하는 것이었다. 실제 투자가 기업의 전체 지분 또는 주식을 통한 일부 지분을 대상으로 하든, 채권 투자로 기업에 대한 대출을 해 주는 것이든 상관없다. 사업과 관련한 장기적인 경제 특성에 초점을 맞춘 것이 버크셔가 성공하는 데 가장 중요한 요인이 되었다.
- **재무와 운용에 대한 보수주의** | 버크셔는 보험업의 책임준비금으로 엄청난 혜택을 누렸고, 그보다 덜하지만 블루칩 스탬프의 경품권 사업으로도 많은 이익을 올렸다(블루칩 스탬프가 사라지기 전까지 그러했다). 조건이 매력적일 때 부채도 활용했으며, 이후 유틸리티 기업에서 부채를 적절하게 활용했다. 버크셔는 레버리지를 배치해 이익을 늘리는 방법을 추구하지 않았다. 낙관주의와 충당금 과소계상under-reserving의 경향을 경계하고 일관되게 보험 손실을 과대평가해 손해액 충당금을 계산했기에 오랜 기간 이익성 손해가 발생했다. 버크셔는 계산된 리스크를 감수하면서 자본을 투입했으며, 자기자본과 관련한 대량 손실로 어려움을 겪은 적이 없었다. 그런 점에서 한

참 후퇴하거나 흔한 함정에 빠지는 일을 미리 예방함으로써 빠른 속도로 앞으로 나아갔다.

- **기회주의 규칙** | 버크셔가 성장한 역사는 기회주의 규칙에 더해 기회비용이 중요하다는 주의가 합쳐져 끈기 있게 실천된 과정이었다. 거창한 전략은 전혀 없었다. 그보다는 때가 될 때마다 의사 결정을 내릴 준비가 되어 있었다. 새로운 투자를 할 때마다 이미 가능한 일과 비교해 평가가 실행되었다. 여기서 주식을 발행하거나 자사주를 매입하는 식의 의사 결정도 이루어졌다. 그와 관련해 버핏은 버크셔의 조직 안에 기업가 정신을 고취해 끊임없이 한계를 뛰어넘었다. 초기의 홈 스테이트 사업 부문, 가이코의 신용카드 사업, 서부 해안을 넘어서 시즈 캔디를 확장하려 했던 다수의 시도 등 기업가적 모험이 실패로 끝나기도 했다.

- **집중 투자** | 위에서 살펴본 바와 같이 인내심과 재정적 자원을 겸비한 버크셔는 때가 왔을 때 대규모 투자를 감행했다. 여러 사례에서 버핏과 멍거는 리스크 회피만 목표로 했다면 하지 못할 투자를 했다.

- **거대 복합기업 구조** | 버크셔의 거대 복합기업 구조는 많은 이점이 있었다. 가장 큰 두 가지 이점은 사업 부문에 자본을 효율적으로 배분하고 다른 기업들이 누리지 못하는 세제 혜택을 이용할 수 있다는 점이었다. 여러 유틸리티 기업을 인수한 사실은 가치 있는 프로젝트를 위해 자본을 끌어오려 애쓸 필요가 없고, 그게 아니면 때때로 근시안적 투자 기반에 매달릴 필요가 없다는 의미가 있었다. (인수 후 재매각하지 않고) 꾸준히 기업을 보유하는 방식의 인수는 다음을 의미했다. 즉 매각 가격 극대화를 목적으로 하지 않는 개인이나 일가

가 이룬 기업에 버크셔가 영구적인 보금자리를 제공하곤 했다는 것
이었다(버크셔의 거대 복합기업 구조는 제10장에서 좀 더 자세히 다
룬다).

- **자율권** ｜ 거대 복합기업의 구조와 관련해 운영 부문의 경영자에게
  극단의 자율권을 부여한 사실에서 회사가 거의 제한 없이 확장을 도
  모하면서 통제에 힘이 들어가지 않는다는 점을 알 수 있다. 자율권을
  준다는 것은 경영자들이 주인 의식을 가지게 되어 금전적 혜택을 넘
  어 동기가 부여되는 효과가 있었다.

버크셔가 1965년부터 2014까지 변혁을 이룬 역사는 놀라움 그 자체
였다.

표 9-1 · 한눈에 보는 2014~2019년 5년 구간

	2014	2019
사업	보험, 유틸리티, 철도, 다양한 산업재, 건축자재, 소비재 사업, 다양한 서비스 및 소매 사업, 유명 식품 회사에 대한 상당한 주식 보유, 여러 상장 기업에 대한 상당한 지분 확보	보험, 유틸리티, 철도, 다양한 산업재, 건축자재, 소비재 사업, 다양한 서비스 및 소매 사업, 유명 식품 회사에 대한 상당한 주식 보유, 여러 상장 기업에 대한 상당한 지분 확보
주요 경영진	회장 & CEO : 워런 E. 버핏 부회장 : 찰스 T. 멍거	회장 & CEO : 워런 E. 버핏 부회장 : 찰스 T. 멍거
연간 매출액	1,950억 달러	2,550억 달러
자기자본	2,400억 달러	4,250억 달러
주당 장부가치	14만 6,186달러	26만 1,417달러
책임준비금(평균)	810억 달러	1,260억 달러

주요 자본 배분 결정

1. 현금 42억 달러에 밴튤 오토모티브 그룹Van Tuyl Automotive Group을 인수함(2015년).
2. 하인즈에 추가로 50억 달러를 투자해 크래프트 푸즈 그룹을 인수함(2015년).
3. 현금 326억 달러에 프리시전 캐스트파츠Precision Castparts Corp(이하 PCC)를 인수함 (2016년).
4. 캐시 리치 스플릿 오프 거래로 42억 달러의 대가를 지불하고 프록터 & 갬블에서 건전지 제조업체 듀라셀을 인수함. 프록터 & 갬블은 예정대로 총 18억 달러의 현금을 듀라셀에 투자함(2016년).
5. 미국 4대 항공사에 89억 달러를 투자함.
6. 28억 달러에 파일럿 플라잉 JPilot Flying J의 초기 지분 38.6%를 인수함(2017년).
7. 약 130억 달러에 IBM 지분을 전부 매각함(2017년).
8. 현금 25억 달러에 의료 배상 책임보험 회사인 MLMICMedical Liability Mutual Insurance Company를 인수함(2018년).
9. 애플 지분 상당수를 인수함 : 67억 달러(2016년), 140억 달러(2017년), 150억 달러 (2018년) 등 총 360억 달러를 투자해 애플 지분 5.4%를 확보함.
10. 9억 2,000만 달러에 어플라이드 언더라이터즈의 지분 81%를 매각함(2019년).
11. 옥시덴탈 퍼트롤리엄Occidental Petroleum의 우선주에 100억 달러를 투자함.
12. 자본적 지출로 710억 달러 이상을 투자함(감가상각비보다 320억 달러가 더 많은 규모)(2015~2019년).
13. 64억 달러 규모의 자사주를 매입함(2018~2019년).

주목할 만한 사건

1. 보험 그룹에서 32억 달러의 세전 손실로 14년간 이어진 보험계약 인수 이익 기록이 깨짐. 가이코가 2000년 이래 최초로 보험계약 인수 손실을 보고함(2017년).
2. AIG와 보험료가 102억 달러 규모인 역대 최대 소급 재보험계약을 체결함(2017년).
3. 인덱스 펀드가 헤지 펀드 그룹을 이길 거라는 10년에 걸친 내기에서 버핏이 승리함(2017년).
4. 2017년 세법개정안Tax Cuts and Jobs Act of 2017이 의회에서 통과돼 미국 법인세율이 35%에서 21%로 낮아짐.

표 9-2 · 버크셔 해서웨이 세전 이익 | 자료: 2014년, 2016년, 2017년, 2019년 버크셔 해서웨이 연례 보고서 단위: 100만 달러

	2019	2018	2017	2016	2015	2014
보험 부문						
보험계약인수						
가이코	1,506	2,449	(310)	462	460	1,159
제너럴 리	버크셔 해서웨이 재보험 부문과 통합됨			190	132	277
버크셔 해서웨이 재보험 부문	(1,472)	(1,109)	(3,648)	822	421	606
버크셔 해서웨이 인수보험 부문	383	670	719	657	824	626
보험계약인수총계	417	2,010	(3,239)	2,131	1,837	2,668
투자수익	6,600	5,503	4,902	4,482	4,550	4,357
총계	7,017	7,513	1,663	6,613	6,387	7,025
BNSF	7,250	6,863	6,328	5,693	6,775	6,169
버크셔 해서웨이 에너지[1]	2,618	2,472	2,584	2,973	2,851	2,711
제조, 서비스, 소매 유통 MSR[2]	12,365	12,308	9,243	8,462	7,115	6,792
금융 및 금융 상품[3]	제조, 서비스, 소매 유통 부문과 통합됨		2,058	2,130	2,086	1,839
미지급 이자 비용	(416)	(458)	(1,494)	(230)	(374)	(313)
자본법 투자[4]	1,176	(2,167)	2,938	1,103	730	694
법인세, 상계 처리, 기타	79	(75)	(1,610)	(1,381)	(971)	(893)
소계-세전 영업이익	**30,089**	**26,456**	**21,710**	**25,363**	**24,599**	**24,024**
투자 및 파생상품 순이익	72,607	(22,455)	2,128	8,304	10,347	4,081
세전 이익 총계	102,696	4,001	23,838	33,667	34,946	28,105
법인세 및 소수 이자[5]	21,279	(20)	(21,102)	9,593	10,863	8,233
당기순이익	81,417	4,021	44,940	24,074	24,083	19,872

각주 1. 미드아메리칸이 버크셔 해서웨이 에너지로 사명을 변경함.
2. 2014년: 마몬의 임대 운용 부문이 금융 및 금융 상품 부문에 편입됨.
3. 2018년: 금융 및 금융 상품 부문이 제조, 서비스, 소매 유통 부문과 통합됨.
4. 2018년: 크래프트 하인즈의 무형자산 상각이 반영됨.
5. 2017년: 세법 개정안이 국회에서 통과돼 발생한 282억 달러의 이익이 포함됨.

표 9-3 · 버크셔 해서웨이 세후 이익 | 자료: 2014~2019년 버크셔 해서웨이 연례 보고서 단위: 100만 달러

	2019	2018	2017	2016	2015	2014
보험-계약 인수	325	1,566	(2,219)	1,370	1,162	1,692
보험-투자 수익	5,530	4,554	3,917	3,636	3,725	3,542
철도	5,481	5,219	3,959	3,569	4,248	3,869
유틸리티와 에너지	2,840	2,621	2,083	2,287	2,132	1,882
제조, 서비스, 소매 유통 MSR	9,372	9,364	6,208	5,631	4,683	4,468
금융 및 금융 상품1	MSR과 통합됨		1,335	1,427	1,378	1,243
기타 부문2	424	(1,566)	(826)	(343)	30	(145)
영업이익	23,972	21,758	14,457	17,577	17,358	16,551
투자 및 파생상품 순익	57,445	(17,737)	1,377	6,497	6,725	3,321
2017년 세법개정안			29,106			
버크셔 주주 귀속 순이익	81,417	4,021	44,940	24,074	24,083	19,872
기말 발행 보통주(1,000주)3	1,625	1,641	1,645	1,644	1,643	1,643

각주

1. 2018년 중, 금융 및 금융 상품 부문이 제조, 서비스, 소매 유통 부문과 통합됨.
2. 크래프트 하인즈의 투자자산 상각 처리로 27억 달러가 포함됨.
3. 버크셔 A주로 환산 시.

서문

−

버크셔 해서웨이는 미지의 영역에서 변혁의 여섯 번째 10년 구간으로 들어섰다. 주목할 만한 사실이긴 하지만, 한 사람이 오랫동안 지휘권을 잡은 것은 아니었다. 이전에는 버크셔 정도 규모의 거대 복합기업이 없었다. 수익성 있는 자본 배분이 어려울 정도로 자본이 급속히 누적됨에 따라 전략은 어떻게 변화했을까? 이 책은 2020년에 완결되기 때문에 그 이후 공개되지 않은 스토리를 기다려야 한다. 2015~2024년 구간에서 첫 5년은 이전의 10년 구간을 보는 듯했다. 요컨대 버크셔는 언제나 가장 영리한 의사 결정을 내렸다.

거대 복합기업 버크셔는 2015년부터 2019년까지 이익잉여금과 복리 효과 덕분에 막대한 자본을 창출했다. 또한 전액 출자한 사업이나 주식에 자본을 배분하는 등 여러 옵션이 동반된 전략으로 계속 이익을 창출했다. 당시 계속된 낮은 금리에 힘입어 사업의 가치가 높이 평가되었고 주식시장이 나날이 성장했다. 이런 여건에서 버크셔는 자본을 현명하게 활용하는 법을 배웠다. 다수의 볼트온 인수 건으로 일부 자본을 흡수한 것처럼 한 건의 주요한 인수 작업이 구체화되었다. 3G와의 제휴도 마찬가지였다. 그에 따라 버크셔가 소유하거나 지배한 자회사 목록에 누구나 아는 이름이 추가되었다.

버핏 이후 맞이할 버크셔의 미래가 그 시기에 더욱 분명해졌다. 버크셔는 조직을 재편한 것은 물론 오랜 기간 버크셔와 함께한 임원들을 부회장으로 승진시켰다. 그럼에도 불구하고 누가 버핏에게서 CEO 자리를 물려받을 것인가 하는 문제가 여전히 남아 있었다. 회사 곳간에 현금이 쌓이는 문제는 자사주 매입 프로그램의 확대로 해법을 구했다. 버크셔는 또한 그 기준을 수정했을 뿐 아니라 자사주 매입 형식으로 주주들에게 자본을 되돌려주었다. 버크셔는 자사주 매입으로 주주들에게 보다 많은 현금을 돌려줄 기회를 가질까? 배당을 실시할 수 있을까? 현금을 활용하기 위해 최선의 노력을 했음에도 2019년 말 1,280억 달러의 현금이 쌓인 상황에서 여전히 여러 궁금증이 남았다.

그래도 한 가지 사실은 분명했다. 워런 버핏과 찰리 멍거가 여전히 버크셔 해서웨이의 역사를 만들어 가고 있었다.

표 9-4 · 2015~2019년 선별 정보
자료·2018년, 2019년 버크셔 해서웨이 연례 보고서 및 세인트루이스 연방준비은행 **단위·%**

	2015	2016	2017	2018	2019
버크셔 주당 장부가치 변동률	6.4	10.7	23.0	0.4	23.0
버크셔 주당 시장가치 변동률	(12.5)	23.4	21.9	2.8	11.0
S&P 500 전체 수익률	1.4	12.0	21.8	(4.4)	31.5
미국 GDP 성장률(실질)	3.1	1.7	2.3	3.0	2.2
10년 만기 미국 국채 수익률(연말 기준)	2.2	2.5	2.4	2.8	1.9
미국 물가상승률(평균 연간 기준)	0.1	1.3	2.1	2.4	1.8
미국 실업률(평균 연간 기준)	5.3	4.9	4.3	3.9	3.7

2015년

—

버크셔의 2015년 순자산 가치는 6.4% 증가한 154억 달러에 달했다. 이는 S&P 500 지수의 상승률인 1.4%보다 상당히 앞선 수치였다. 그런데 2014년, 버핏은 즐겨 사용하던 척도를 주당 시장가치 변동률로 바꿨다. 주당 시장가치 변동률은 12.5% 감소했는데, 상충하는 두 데이터 포인트가 있었다. 신뢰할 만한 것은 무엇이었을까? 버핏은 시장가치 측정 방법이 시간이 지나도 설득력이 있다고 자신했다. 일반적인 시장의 가치와 마찬가지로 버크셔의 주가가 올라갔다가 떨어지더라도 결국 내재 가치에 근접해진다는 것을 버핏은 알았다. 단일 연도의 데이터로는 명확한 결론을 도출할 수 없었기에 버핏은 주로 정상 이익 창출 능력이 형성되는 과정을 살피며 단일 연도를 평가했으며, 버크셔가 그 점에서 좋은 한 해를 보냈다고 판단했다.

파워하우스 5, 즉 최대 규모의 비보험 사업체들(버크셔 해서웨이 에너지, BNSF, 이스카, 루브리졸, 마몬)은 기록적인 이익을 보고했다. 전년도에 실적이 저조했다가 상향세로 전환된 BNSF가 한몫을 했다. 이와 관련해 버핏은 2015년 BNSF에 대해 좋은 평가를 내린 바 있다. 그 외 다수의 비보험업체도 이익을 늘렸다. 보험사업 부문은 13년 연속으로 보험계약 인수 이익을 보고한 것은 물론 책임준비금을 계속 증가시켰다. 그에 더해 대규모 자본적 지출 및 다수의 볼트온 인수가 진행되어 자회사들의 이익 창출 능력이 증가했다. 게다가 하인즈가 크래프트와 합병돼 거대 식품 기업이 탄생하는 등 3G 캐피털과의 제휴가 확대되었다. 그뿐만 아니라 지분 증권equity securities 인수에 추가 자본이 투입되었다.

버핏은 버크셔의 내재 가치 평가에 활용할 만한 2개의 정량적 요소를 생각해 냈고 주주 서한에서 그에 대한 최신 정보를 공개했다. 처음으로 버핏이 보험계약 인수 이익을 주당 영업이익 수치에 포함했다.* 버핏은 보험 인수 부문에 상당한 변화가 있었다고 추론했다. 10년 또는 20년 전보다 이익이 더욱 안정적으로 창출되었고 재해 리스크 보장에 의해 심각한 영향을 덜 받았다. 그런데도 버핏은 재빨리 현실을 지적했다. 슈퍼 캣 사업을 운영하는 한 보험계약 인수 손실의 가능성이 여전히 존재했다. 그 외 사업과 관련해서는 손실이 줄었다.

표 9-5 · 버크셔 해서웨이 내재 가치 평가
자료·2014년, 2015년 버크셔 해서웨이 연례 보고서 및 저자의 계산 **단위**·100만 달러

주당(A주 기준)	보험계약 인수 포함		보험계약 인수 제외	
	2015	**2014**	**2015**	**2014**
투자 금액(크래프트 하인즈 시가)	159,794	140,123	159,794	140,123
세전 영업이익(예 : 투자 이익)	12,304	12,471	11,186	10,847
추정 가치(투자 금액+영업이익의 10배)	282,834	264,832	271,654	248,593
기말 주가	197,800	226,000	197,800	226,000
기말 주당 장부가치	155,501	146,186	155,501	146,186
주가/추정 가치	0.70배	0.85배	0.73배	0.91배
주가/장부가치	1.27배	1.55배	1.27배	1.55배
가치/장부가치	1.82배	1.81배	1.75배	1.70배
추정 가치 변동률	6.8%		9.3%	
주가 변동률	(12.5%)		(12.5%)	

---

* 보험계약 인수 이익은 2015년 1,118달러에 달했으며, 그에 따라 내재 가치 추정치가 4% 증가했다. 그런 식으로 2014년 1,624달러의 주당 보험계약 인수 이익이 그해 실적에 포함되는 경우에는 내재 가치 추정치의 변동률이 감소했다.

보험업

보험 부문은 기말 책임준비금을 877억 달러까지 4.5% 증가시킨 데 더해 18억 달러의 세전 보험계약 인수 이익을 내놓았다. 주요 보험 부문은 저마다 고유의 문제를 겪었지만 수익성을 유지했다.

표 9-6 · 버크셔 해서웨이 보험계약 인수

자료·2016년 버크셔 해서웨이 연례 보고서 및 저자의 계산

단위·100만 달러

	2015	2014
가이코		
수입 보험료	22,718	20,496
보험계약 인수 손익(세전)	460	1,159
제너럴 리		
수입 보험료	5,975	6,264
보험계약 인수 손익(세전)	132	277
버크셔 해서웨이 재보험 부문		
수입 보험료	7,207	10,116
보험계약 인수 손익(세전)	421	606
버크셔 해서웨이 원수보험 부문		
수입 보험료	5,394	4,377
보험계약 인수 손익(세전)	824	626
수입 보험료 총계	41,294	41,253
보험계약 인수 손익(세전) 총계	1,837	2,668
평균 책임준비금	85,822	80,581
책임준비금 비용	(2.1%)	(3.3%)

가이코

가이코는 엇갈린 결과를 보고했다. 오른쪽의 대변에서는 보험료 인상과 보험계약 증가라는 요인이 합쳐져 수입 보험료가 10.8% 늘어나 227억

달러에 이르렀다. 시장점유율은 10.8%에서 11.4%로 증가했다. 보험계약 인수 비용(보험료의 15.9%) 규모는 4년 연속으로 개선되었다. 여기까지가 좋은 소식이었다. 손실은 4.4%p 급등해 보험료의 82.1% 수준에 이르렀다. 보험금 청구의 빈도와 심도severity가 증가한 것이 원인이었다. 다른 무엇보다도 운전 중 스마트폰을 사용하는 사람이 늘어나서 그와 같은 증가세가 발생했을지도 모른다.*1) 손해 이력이 증가한 탓에 가이코의 보험계약 인수 이익이 60% 감소해 4억 6,000만 달러를 기록했고 98%의 합산비율로 이어졌다. 그 때문에 증가한 손해 이력을 상쇄하고 과거의 수익성을 회복하기 위해 보험료율을 높여야 했다.

제너럴 리

제너럴 리도 2015년 역풍에 직면했다. 보험업계의 인수 가용 규모가 확대돼 가격 결정력이 억제되었고, 새로운 사업에 대한 제너럴 리의 관심이 낮아졌다. 그런데도 제너럴 리는 여전히 수익성을 유지하며 보험 물량에 상관없이 보험 인수 이익을 추구하는 특유의 문화를 드러냈다. 그런 가운데 5% 감소한 60억 달러의 보험료에서 전체 세전 보험계약 인수 이익이 52% 감소한 1억 3,200만 달러를 기록했다. 제너럴 리는 올해 들어 책임준비금이 줄어든 유일한 보험 사업부로, 책임준비금은 3.7% 감소한 186억 달러였다.

---

* 보험정보연구소Insurance Information Institute가 2016년 10월 보고서에서 이 가설을 부분적으로 확증했다. 미국안전협회National Safety Council의 조사 결과도 인용했는데, 운전자의 74%가 운전 중 페이스북을 사용한다는 내용이었다. 〈사고가 늘수록, 보험금 청구 비용도 증가More Accidents, Larger Claims Drive Costs Higher〉라는 보고서의 제목이 핵심을 보여 준다.

손해/상해 부문은 수입 보험료가 28억 달러로 10% 감소했다(환율에 따라 2% 조정되었다). 세전 보험계약 인수 이익은 26% 감소해 1억 5,000만 달러에 이르렀다. 중국 톈진항 폭발 사고로 발생한 5,000만 달러의 비용이 유일한 대형 재해 손실이었지만, 어디서나 높아진 손해율이 수익성을 억제했다. 자산 운용으로 총 2억 8,900만 달러의 이익이 발생했으며 이익성 손해로 이익이 더해졌다. 또한 1억 3,900만 달러의 상해 손실에는 근로자 보상책임과 관련한 증가액 비용, 소급 재보험계약과 관련한 이연비용 상각액이 포함되었다. 해당 소급 재보험계약은 대체로 매년 변동하는 보험 물량과 상관없이 계속해서 수익 창출에 걸림돌이 되었다. 당해 상해 사업 부문에서 계속된 손실은 주로 제너럴 리의 보수적인 보험 인수에서 비롯되었다. 상해 부문은 2009년 이래 해마다 전년도 사업의 유리한 진전을 보고했다. 제너럴 리가 겪어 온 고난의 역사는 일관된 원칙이 재보험사업의 성공 열쇠라는 과거의 교훈을 되새기게 했다.

생명/건강 부문은 전년도의 7,300만 달러와 비교해 1,800만 달러의 손실을 보고했다. 보험료 수입은 32억 달러로 저조했는데, 통화의 영향 측면에서 역풍을 맞지 않았다면 보험료는 8% 늘어났을 것이다. 신규 사업은 캐나다와 아시아 시장에서 추진되었다. 북미 지역의 장기 요양 사업 및 개인 보험사업의 약세도 수익성을 떨어뜨리는 원인이 되었다.

버크셔 해서웨이 재보험 부문

버크셔 해서웨이 재보험 부문도 가격 하락으로 인한 역풍을 맞이했다. 29% 감소한 72억 달러의 수입 보험료에서 세전 보험계약 인수 이익이

31% 감소한 4억 2,100만 달러에 머물렀지만, 수익성이 여전히 유지되었다. 아지트 자인은 평소처럼 주주 서한에서 버핏에게 좋은 평가를 받았다. 자인의 부문은 책임준비금을 4% 늘려 440억 달러까지 쌓아 올렸다.

손해/상해 부문의 수입 보험료는 8% 증가해 44억 달러에 달했지만 이익은 33%나 감소해 9억 9,400만 달러에 머물렀다. 그래도 어느 모로 보나 경이로운 실적이었다. 한편 인슈어런스 오스트레일리아 그룹 Insurance Australia Group과 10년 약정으로 체결한 20% 지분 참여형 계약이 7월 1일에 개시되었다. 그로 인해 손해 부문의 재해 파트 및 지분 참여 파트, 런던 시장과 관련해 발생한 수입 보험료 감소액이 상쇄되고도 남았다. 그래서 중국의 폭발 사고로 인한 8,600만 달러의 손실액이 유일하게 주목할 만한 재해 손실로 제너럴 리의 실적에 부정적 영향을 미쳤다.

소급 재보험 부문은 종적을 감춘 수준이었다. 인수 및 수입 보험료는 2015년 500만 달러에 불과했는데, 전년도의 34억 달러에서 99.9% 감소했다. 그처럼 큰 폭의 하락세를 보면, 적절한 가격 설정이 불가능할 때 사업에서 철수하려는 버크셔의 의지가 드러날 듯했다. 새는 구멍을 차단하고자 하니 버핏이 지적한 대로 실적에 걸림돌이 되는 이연비용의 효과가 드러났다. 소급 부문은 이연비용 상각에 기인한 6,000만 달러에 더해 4억 6,900만 달러의 손실을 보고했다.*

생명/건강 부문은 수입 보험료가 4% 증가해 28억 달러에 이르렀다. 손실은 5,400만 달러가 발생했는데, 전년도에 발생한 1억 7,300만 달러

---

* 재무제표의 주석에 따르면, 환율 효과로 1억 5,000만 달러의 이익이 실현되었으며, 최종 배상 책임의 재조정(추가적인 이연비용이 차감된 불이익성 손해)과 관련해 9,000만 달러의 손실이 장부에 기록되었다. 2015년 500만 달러의 수입 보험료에서 발생한 이익이나 손실은 미미한 수준이었다.

의 손실에서 개선된 수치였다. 2015년, 버크셔는 생명/건강 부문을 추가적인 세 범주로 나누었다. 각각의 범주는 화폐의 시간가치 개념과 결부되어 있었다. 또한 각 범주는 회계 비용을 발생시켜 책임준비금의 가치 있는 경제성을 보이지 않게 만들었다.

1. 정기 지급 연금보험 │ 버크셔는 보험료를 선불로 받고 수십 년에 걸쳐 보험금을 지급했다. 이런 유형의 사업은 처음에는 이익이나 손실이 전혀 발생하지 않는다. 대신에 소급 재보험사업의 이연비용 상각처럼 시간이 지나면서 비용이 확인된다. 이는 배상 책임이 사전에 할인되기 때문에 생기는 일로 화폐의 시간가치로 설명된다. 비용(할인 증가액이라고 불림)은 이익에 포함된다.

2. 생명 재보험 │ 버크셔는 생명보험을 운영하는 원수보험사들로부터 리스크를 부담했다.

3. 변액 연금 │ 원수보험사들이 인수한 변액 연금 사업의 폐쇄형 변액연금 펀드에 대해 보장했다.

버크셔 해서웨이 원수보험 부문

원수보험 부문은 수입 보험료가 23% 증가해 54억 달러에 달했고, 세전 보험계약 인수 이익이 32% 증가해 8억 2,400만 달러(84.7%의 합산비율)에 이르렀다. 주로 신생 계열사인 버크셔 해서웨이 스페셜티 그룹, 니코 프라이머리NICO Primary, 홈 스테이트, 가드 보험 그룹이 실적에 기여했다. 버크셔 해서웨이 스페셜티 그룹은 보험료 물량을 10억 달러까지 늘렸다. 이 회사는 2013년에 설립된 사실을 고려할 때 믿기 어려운 성과를 달성했다.

규제 대상 자본 집약적 사업 부문

2015년, BNSF는 고객 서비스를 개선해 버핏과 함께 영예를 되찾았다. 버핏이 매년 실적이 증가할 것으로 기대했듯, 철도 사업의 재정적 성과가 그 기대를 따라갔다. 세전 이익은 10% 증가해 기록적인 67억 달러에 달했다. 성장을 강화시킨 요인은 엄청난 자본적 지출이었다. 서비스를 개선하기 위해 감가상각비*의 3배에 달하는 57억 달러를 투자했던 것이다. 이는 마땅히 해야 할 일이었다. 버크셔의 철도는 그해 미국 도시 간 화물 운송량의 17%를 담당했다.

BNSF의 매출액이 220억 달러로 5.5% 감소한 사실에서 기업의 근간을 이루는 비즈니스 모델을 이해하고 적절한 변수에 관심을 집중해야 하는 이유가 분명해진다. 철도 사업에서 가장 많은 비중을 차지하는 비용이 연료이며, 대개 연료 비용은 화주에게 전가된다. 그래서 당해 연료 비용이 41% 감소한 것은 BNSF의 매출액이 줄어든 주요한 원인이 되었다. BNSF의 화물 운송량은 1,030만 단위units로 큰 변동이 없어서 비용 통제력이 회복된 모양새였다.

버크셔 해서웨이 에너지는 EBIT가 6.8% 증가해 34억 달러에 도달했다. 버크셔 귀속 순이익은 13% 늘어나 21억 달러에 이르렀다. 캐나다 앨버타주에 기반을 둔 현지 최대 규모의 전력 송전업체인 알타링크가 2014년 말 버크셔 해서웨이 에너지에 편입되어 실적 상승의 주요한 요인이 되었다. 버크셔 해서웨이 에너지의 기존 자회사들은 그들의 비즈

---

* 버핏이 지적하려고 애썼던 부분이 있었다. GAAP 감가상각 방법으로는 철도 기업이 경쟁력을 유지하기 위해 지출해야 하는 금액이 실제보다 낮게 평가되었다. 버핏은 주주들에게 버크셔의 이익을 하향 조정해 보라고 하며 그 점을 설명했다.

니스 모델에 내재한 안정성을 계속 유지해 나갔다. 두 가지 중요한 요인이 재정에 영향을 미쳤다. 하나는 미국 달러 가치의 강세였다. 이는 영국의 노던 파워그리드에서 발생한 매출액과 이익이 감소하는 효과를 일으켰다. 재정에 영향을 미친 또 다른 요인은 에너지 비용의 감소세였다. 버크셔 해서웨이 에너지는 BNSF와 마찬가지로 비용 절감액을 고객에게 전달했다. 강력히 규제되는 기업에 기대할 만한 일이었다.

제조, 서비스, 소매 유통업

버크셔는 다시 제조, 서비스, 소매 유통 부문의 보고 자료를 수정했다(운영상으로는 아무것도 바뀌지 않았다). 해당 부문의 업체들은 2개의 넓은 범주, 즉 제조 부문과 서비스 및 소매 유통 부문으로 분류되었다. 두 범주는 더 나아가 3개의 주요한 사업 분야로 구분되었다(〈표 9-7〉 참

표 9-7 · 제조, 서비스, 소매 유통 사업 부문 세전 이익 | **자료**·2015년 버크셔 해서웨이 연례 보고서 및 저자의 계산 **단위**·100만 달러

	2015	2014	변동률
산업재	2,994	3,159	(5%)
건축자재	1,167	896	30%
소비재	732	756	(3%)
소계-제조	4,893	4,811	2%
서비스	1,156	1,202	(4%)
소매 유통	564	344	64%
맥클레인	502	435	15%
소계-서비스 및 소매	2,222	1,981	12%
세전 이익 총계	7,115	6,792	5%
법인세 및 비규제 이자	(2,432)	(2,324)	5%
세후 이익	4,683	4,468	5%

고). 맥클레인의 실적은 별도로 보고되었는데, 버크셔의 총 매출액과 비교해 상당한 매출액이 발생했기 때문이다. 이 부문의 이익은 총 361억 달러로, 2% 감소했다. 버크셔가 당해 이 부문과 관련해 인수 작업을 한 점을 고려하면 비교된 실적(공개되지 않음)이 더 저조했다.

매우 많은 기업이 실적을 보고했기에 기업들이 속한 범주는 논리적으로 분류되었다. 그래도 일부 애널리스트들은 추가 자료가 무척 필요했다. 쇼 인더스트리스, 루브리졸, IMC(이스카의 모회사*) 같은 대기업을 비롯한 마몬의 실적이 합쳐져 정리되었으며, 개별적으로 실적이 보고되지 않는 대신에 여타 많은 기업의 실적이 전체적으로 압축되어 설명되었다. 종전에 상장기업이었던 업체들은 수백 쪽에 달하는 연례 보고서를 내놓았다. 그 데이터의 많은 부분이 버크셔의 보고 내용에 포함되었다. 유사한 특성을 가진 기업들의 데이터를 통합하는 일은 매우 가치 있었다. 보고서에서는 유의미한 영향을 미친 기업들을 따로 소개했으나 버크셔의 성장에 주목하다 보니 전체와 비교해 개별 기업의 위상이 낮아졌다.

- 산업재(매출액 168억 달러, 5% 감소) | 세전 5% 감소한 30억 달러의 이익이 발생한 주요 요인은 미국 달러의 강세였다. 관련 부문 최대의 업체이자 해외에 기반을 둔 IMC가 매출액에 가장 큰 영향을 미친 것으로 보였다. 수요의 둔화는 하반기에 시작되었으며 2016년에도 계속될 것으로 예상되었다.
- 건축자재(매출액 103억 달러, 1.9% 증가) | 제조 부문에서 유일하게 이익이 증

---

* 이 회사는 이제 수많은 운영 단위 중 하나가 되었다.

가한 항목이었다. 단 2% 증가한 매출액에서 이익이 30%로 대폭 증가해 12억 달러에 이르기까지 달러의 강세와 구조 조정 비용에 따라 증가한 단위 수량, 낮아진 원자재 비용, 에너지 절감액이 요인이 되었다. 또한 볼트온 인수로 이익이 증가했다. 이익이 대폭 증가한 현상은 해당 기업들의 가격 결정력을 반영했다. 쇼 인더스트리스, 존스 맨빌, 애크미 빌딩 브랜즈, 벤저민 무어, 미텍이 관련 부문에 속했다. 해당 기업들은 (버크셔 해서웨이 에너지와 BNSF처럼) 가격 규제를 받지 않았고 비용 절감액을 고객에게 전달할 필요가 없었다. 결정적으로 경쟁력 있는 지위에 있어서 그렇게 할 필요가 없었다. 그런데도 매우 극심한 경쟁에 직면한 일부 비규제 대상 기업들이 비용 절감액을 고객에게 전달하는 방법으로 사업을 유지했다.

- 소비재(매출액 91억 달러, 거의 변동 없음) ㅣ 소비재 관련 이익은 프루트 오브 더 룸의 손실(수익성이 낮은 사업 단위를 매각한 것이 요인이 되었음)과 신발 매출의 하락 때문에 3% 감소한 7억 3,200만 달러를 기록했다. 포레스트 리버는 증가한 단위 판매량과 상승한 가격이 원인이 되어 이익이 늘어났다.

- 서비스(매출액 102억 달러, 3.5% 증가) ㅣ 서비스 및 소매 유통 부문에서 유일하게 이익이 감소한 항목이다. 이 항목의 이익은 4% 감소해 12억 달러에 머물렀다. 넷제트는 사업을 확대했지만 이익률 감소와 비용 상승(단체협약에 따른 일시불 지급액도 포함되었음)에 직면해 부문 전반의 실적에 부담을 주었다. 신문사 매출액은 감소했다(이익도 감소한 것으로 추정된다). 그래도 버크셔가 2014년 플로리다주 마이애미 지역 방송 WPLG를 인수한 데 이어 차터 브로커리지를 인수함으로써 신문사 매출액 감소치가 상쇄되었다.

- 소매 유통(매출액 133억 달러, 214% 상승) ㅣ 이 부문은 2015년 두 업체를 인수했다. 그에 따라 세전 이익이 64% 증가해 5억 6,400만 달러에 이르렀다. 그 첫 번째 업체는 10개 주(대부분 미국 서부의 주)에 81개 딜러십을 보유한 밴튤 오토모

티브 그룹이었다. 밴튤에 관계된 2개의 보험회사, 2개의 자동차 경매 회사, 자동차 유동액 관리 제품 유통사도 인수 대상에 포함되었다. 인수 작업이 진행되기 수년 전 버핏이 래리 밴튤Larry Van Tuyl을 만났으며, 래리는 버크셔가 사업을 위한 영구적 근거지로 적합하다고 판단했다. 그렇게 버크셔에 합류한 밴튤 오토모티브 그룹은 버크셔 해서웨이 오토모티브Berkshire Hathaway Automotive로 사명을 변경했다. 래리 밴튤과 그의 아버지 세실Cecil이 62년 동안 일군 회사가 새로운 출발점에 섰던 것이다. 당시 밴튤이 견지하고 버핏이 함께 나누었던 핵심 통찰이 있었다. 바로 지역 관리자들에게 주인 의식을 심어 주는 것이었다. "우리는 실제로 거의 유례가 없을 정도로 버크셔에서 극도의 분권화 경영을 계속할 것입니다." 버핏은 주주들에게 설명했다. 이로써 그들은 미국에서 다섯 번째로 큰 자동차 그룹으로 무리 없이 성장했다.*

밴튤에 대한 인수 작업에서는 확인 가능한 자료가 제한적이었다. 버핏은 이 회사의 연간 매출액을 90억 달러로 추산했다. 업계 평론가들은 세전 이익이 3억 5,000만 달러에서 4억 7,100만 달러에 이를 것으로 예상했다.2) 41억 달러의 인수 가액에는 13억 달러의 현금과 투자액이 포함되었다. 현금으로 조정했을 때 세전 이익의 6배에서 8배를 지불한 듯 보였다. 경량 차량의 판매액(승용차, 밴, SUV, 소형 픽업트럭의 판매액)이 연간 대략 1,700만 달러로 최고 수준을 유지한 지 얼마 되지 않았던 사실을 고려할 때, 그렇게 명백히 할인된 가격은 생각보다 부족해 보

---

* 2014년 연례 회의에서 버핏이 언급한 바에 따르면, 밴튤의 우위는 대개 로컬 딜러십 수준에 있었다. 이 사실은 규모는 오로지 특정 환경에서 중요한 요소가 된다는 점을 일깨워 준다. 규모의 경제는 고정비용을 지렛대로 활용하고 자원을 공유하는 데서 발생한다. 딜러십은 규모에서 이점이 커지지 않았다. 왜냐하면 딜러십이 늘어나면 고정비용이 늘어난다는 것이었고 마케팅이 지역에 한정되어 있었기 때문이다. 밴튤은 많은 딜러십(제조업체에 대한 구매력 같은 것)을 보유해 주요한 우위를 획득했다기보다는 그들의 지역 시장에서 다수의 딜러십을 효율적으로 운영해 수익성을 실현했다. 그 차이는 구분하기 어려우나 큰 변화로 이어진다.

었다. **3)**

이 부문에서 2015년 두 번째 인수 대상은 데틀레프 루이스 모토라트Detlev Louis
Motorrad로 독일 최대 오토바이 의류 및 장비 소매업체였다. 이 회사에 대해 매우
소규모의 인수 작업이 진행되어 관련 사항이 버크셔의 연례 보고서에 기록되지
않았다. 일부 자료에서는 이 회사의 매출액이 대략 2억 7,000만 유로(약 3억 달
러), 인수 가격이 4억 유로(약 4억 4,400만 달러)로 나와 있다.**4)** 이 거래에 주목할
만한 이유가 또 있었다. 버핏은 테드 웨슬러를 지목해 이 거래의 협상을 담당하도
록 하고, 이후 이 투자를 감독하도록 그를 책임자로 선임했다.

버크셔 해서웨이 오토모티브와 데틀레프 루이스 모토라트가 창출한 이익이 주
요한 요인이 되어 2015년 소매 부문의 이익이 64% 증가했다. 가구 소매 부문의
매출액은 24% 늘어났다. 네브래스카 퍼니처 마트가 텍사스주에 신규 매장을 개
점했고 RC 윌리와 조던스 퍼니처의 매출액이 증가한 덕분이었다.

• 맥클레인(매출액 482억 달러, 3% 증가) ｜ BNSF 외에 유일하게 독립된 사업부
인 맥클레인은 외식(6% 증가), 음료(8% 증가), 식료품(2% 증가) 분야에서 매출
액을 증가시켰다. 이 회사는 연료 비용의 감소로 인한 혜택을 직접 입은 업체였다
(적어도 단기적으로 혜택을 입었다). 세전 이익은 15% 증가한 5억 200만 달러를
기록했다. 1,900만 달러의 이익(또는 약 4%p)은 비공개 자회사의 매각에 따른 일
회성 이익에서 비롯되었다.

금융 및 금융 상품

금융 및 금융 상품 부문의 세전 이익은 13% 늘어나 21억 달러에 이르
렀다. 이 부문의 이익이 증가하기까지 클레이턴의 27% 이익 증가(7억
600만 달러의 이익 달성)가 주요한 요인으로 작용했다. 단위 판매량을

늘린 클레이턴은 이자 비용이 감소하고 채무불이행/압류가 줄어든 데 따른 혜택을 보았다. 마몬의 철도차량 임대 사업부UTLX 및 엑스트라의 트레일러 임대 사업부는 운송 장비 임대 사업부로 한 몸이 되었다. 이 부문들의 세전 이익은 10% 증가해 9억 900만 달러에 달했다. GE의 철도차량 2만 5,085대를 10억 달러에 인수한 것도 이익 증가세에 일부분 영향을 미쳤다(철도차량이 총 13만 3,280대가 되었다.). UTLX는 또한 그해에 몇 개 업체를 인수함으로써 포괄적 유지 보수 사업을 수행해 나갔다. 버크셔는 순수하게 임대 사업을 운용하는 데서 은행처럼 자금 조달의 이점을 거의 누릴 수 없었다. 철도차량 임대 사업뿐만 아니라 엑스트라의 임대 사업은 중요한 서비스 구성 요소로 단순한 자금 조달 계약을 초월하는 가치를 더했다. 코트에서 버캐디아에 이르는 관련 항목들, 버캐디아의 신용을 이용한 대가로 클레이턴과 넷제트에 부과된 수수료는 기타 범주에 들어갔다. 그 범주에 포함된 이익은 4% 증가해 4억 7,100만 달러에 이르렀다.

투자

2015년 버크셔의 투자 포트폴리오에는 별다른 변화가 없었다. 몇몇 매각 건으로 자금이 마련되어 순 15억 달러가 자기자본에 투자되었다. 유럽에 기반을 둔 두 재보험사 제너럴 리와 뮌헨 리Munich Re에 대한 포지션을 정리한 사례에 주목해야 한다. 뮌헨 리에 대한 포지션은 2014년 기말 기준 40억 달러의 가치로 평가되었다. 스위스 리와 관련한 거래 건은 너무 소규모라 구체적으로 밝혀지지 않았다. 버핏은 2016년 연례 주주총회에서 포트폴리오 매각에 대한 이유를 상세히 설명했다. 그의 설명은 두 요인에 대한 추론으로 압축되었다. 관련 문제는 경영진과는 무관했다. 버핏은 경영진에게는 여전히 칭찬을 아끼지 않았다.

1. 자본이 재보험업계에 홍수처럼 유입되어 보험료율을 짓누르는 작용을 했다. 그 현상은 한동안 계속될 가능성이 있었다.

2. 낮은 금리로 보험 책임준비금의 가치가 매우 떨어졌다. 금리가 낮아지거나 심지어 마이너스로 추락했기에 유럽에 기반을 둔 보험회사들이 특히 악영향을 받았다. 버크셔는 경쟁과 낮은 보험료율에 의해 타격을 입었지만, 비보험 자회사를 인수하는 등 책임준비금을 투자하는 면에서 선택의 폭이 넓었다.

최대 규모의 투자 포트폴리오 확대는 신규 기업을 대상으로 하지 않았다. 대신 기존 기업들에 대한 투자를 대폭 확대했으며, 소위 빅4로 불리는 피투자회사 중 두 업체가 대상이었다. 요컨대 버크셔는 웰스 파고에 8억 5,900만 달러, IBM에 6억 3,400만 달러를 추가로 투자했다. 또한 다른 두 빅4 업체인 아메리칸 익스프레스와 코카콜라가 당해에 자사주를 매입하면서 두 업체에 대한 버크셔의 지분이 늘어났다. 두 기업 중 어느 한 기업에 대한 지분이 1%p 증가할 때 그들의 연간 이익 중 버크셔의 몫이 5억 달러나 늘어난다고 버핏은 평가했다. 그는 버크셔의 운용과 장기적인 잠재력에 대한 열망을 드러내며 다른 기업의 비지배 지분에 관심이 없는 이유를 설명했다. 자본 배분을 위한 배출구로 주식을 보유했을 때 두 가지 이점이 생겼다. 첫째, 주식을 보유한 상황이 최고의 기회가 되었을 때 자본을 투입할 수 있는 능력이었다. 둘째, 첫 번째와 정반대 상황이었다. "매도가능증권 포트폴리오를 보유하면 대형 인수 건이 생겼을 때 비축되었던 자본을 이용할 수 있습니다."

크래프트 푸즈

버크셔는 3G 캐피털과 함께 다시 기회를 발견했다. 이번에는 크래프트 푸즈를 인수할 기회가 생겼다. 크래프트 푸즈는 하인즈와 마찬가지로 다수의 상징적 음식 브랜드를 보유한 유명 포장 식품 및 음료 제조업체다. 이 회사는 고유의 크래프트 브랜드 제품군을 보유한 것은 물론 특히 대표적으로 오스카 마이어Oscar Mayer, 필라델피아 크림치즈Philadelphia cream cheese, 벨비타Velveeta, 젤로JELL-O, 쿨휩Cool Whip, 쿨에이드Kool-Aid, 맥스웰 하우스 커피Maxwell House coffee를 보유하고 있다. 크래프트 푸즈는 다음과 같이 여러 사업 부문으로 구성되어 있다.

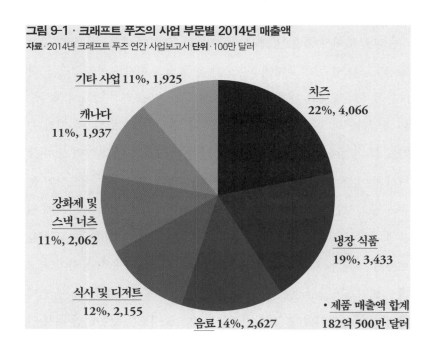

그림 9-1 · 크래프트 푸즈의 사업 부문별 2014년 매출액
자료·2014년 크래프트 푸즈 연간 사업보고서 **단위**·100만 달러

기타 사업 11%, 1,925

캐나다 11%, 1,937

강화제 및 스낵 너츠 11%, 2,062

식사 및 디저트 12%, 2,155

음료 14%, 2,627

치즈 22%, 4,066

냉장 식품 19%, 3,433

· 제품 매출액 합계 182억 500만 달러

하인즈와 합병한 크래프트 푸즈는 버크셔 해서웨이의 역사와 함께했다. 버크셔는 1980년대에 제너럴 푸즈(크래프트 푸즈의 피합병 기업)를 소유했는데, 이 회사가 LBO로 인수되기 전이었다. 제너럴 푸즈는 이후 크래프트 푸즈와 합병했으며, 2012년 사명을 몬델리즈Mondelez로 바꾼 모기업으로부터 분할되었다. 크래프트 푸즈가 대개 미국에 기반을 둔 음식 및 음료 브랜드를 보유한 반면 몬델리즈는 해외 식품과 스낵 브랜드에 초점을 맞췄다.

하인즈에 매료되었던 버크셔와 3G 캐피털은 크래프트 푸즈에도 관심이 이끌렸다. 크래프트 푸즈의 브랜드들은 상징적 의미가 있었고 소비자 구매 습관과 관련한 오랜 역사가 있었다. 브랜드의 특성은 대차대조표에 상당한 규모의 사업권과 무형자산이 기록되는 효과를 불러일으켰다. 역사적으로 견고한 세전 투하자본이익률이 보여 주듯, 크래프트 푸즈의 브랜드를 운영할 때 다른 브랜드에 비해 유형자본이 훨씬 덜 필요했다(〈표 9-8〉 참고).

크래프트 푸즈에 대한 인수가에는 기반 사업의 수준뿐만 아니라 3G 캐피털 경영진의 비용 절감 계획에 대한 기대감이 반영되었다. 이를 실현하기 위해 기존 하인즈 주주들(3G 캐피털과 버크셔 해서웨이 주주들)은 합병된 기업의 지배권을 보유해야 했다. 이에 3G 캐피털과 버크셔가 결국 새로 탄생한 크래프트 하인즈를 51% 소유하도록 합병이 기획되었다. 기존 크래프트 푸즈의 주주들은 49%의 지분을 소유하게 되었다. 그에 더해 3G 캐피털과 버크셔가 추가적인 지분 출자로 100억 달러의 일회성 배당을 크래프트 주주들에게 지급하게 되었다. 버크셔는 합병 전 하인즈의 지분을 좀 더 많이 보유했기에 결국 크래프트 하인즈의 지분을 26.8% 보유하게 되었다.

표 9-8 · 크래프트 푸즈 인수 분석

자료 · 2015년 버크셔 해서웨이 연례 보고서, 2012~2014년 크래프트 푸즈 연례 보고서, 하인즈 홀딩 코퍼레이션 S-4 증권 신고서 서류 및 저자의 계산 **단위** · 100만 달러

	2014	2013	2012	2011	2010
전체 매출액	18,205	18,218	18,271	18,576	17,797
매출액/평균 투하자본[1]	3.27	3.35	3.63	해당 없음	해당 없음
세금 차감 전 이익률[2]	17%	16%	16%	17%	17%
세전 투하자본이익률	55%	55%	59%	해당 없음	해당 없음
하인즈 자본 총액의 49%[3]	14,334				
버크셔와 3G 캐피털의 지분 출자[4]	10,000				
크래프트 지분 51%에 주어진 가치	24,334				
크래프트 지분 100%에 대한 잠정 인수 가격	47,714				
부채	9,286				
유효 인수 가격	57,000				
인수 가격 배수	10.8배				
버크셔 귀속 세전 이익률(2014년)	5.1%				

주석
1. 일관성을 유지하기 위해 구체적인 운전자본과 고정자산 계정을 사용해 계산한 평균 자본. 2011년 자료에는 미지급 연금 비용 및 미지급 퇴직 후 건강관리 비용에 대한 비교 가능한 수치가 포함되지 않음.
2. 확정 급여형 연금제도 관련 변동률을 배제하도록 조정이 이루어짐.
3. 2014년 기말 하인즈의 자본 총액은 자기자본(73억 3,600만 달러), 총부채(135억 9,700만 달러), 우선주(83억 2,000만 달러)로 구성됨.
4. 버크셔가 52억 6,000만 달러, 3G 캐피털이 47억 4,000만 달러를 투자함.

참고
2010년 크래프트의 대차대조표 자료는 이용할 수 없었음.

크래프트 푸즈와 하인즈의 합병에서 회계 문제가 없었던 건 아니다. 거래 시 주식이 발행되었으며, 이 주식 발행 때문에 버크셔의 지분율이 52.5%에서 26.8%로 줄었다. 지분법(버크셔의 소유 지분에 적용할 수 있는 회계 처리 방식)에서는 그와 같은 지분율의 감소를 매각으로 처리

한다. 이는 대금을 주고받지 않았더라도 그대로 적용된다. 하인즈가 현금을 받아서 신규 주식을 발행했다면, 버크셔가 자사 주식을 매도할 때와 동일한 경제적 효과가 생겼을 것이다. 이 사례에서 버크셔는 현금이 아니라 크래프트 푸즈의 지분 일부를 받는 조건으로 하인즈의 소유권 일부를 매도한 셈이다. 회계 처리의 결과로 버크셔는 68억 달러의 비현금성 이익을 장부에 기록해야 했다. 이는 오로지 회계 처리를 위한 절차였기에 세금에 어떠한 영향도 미치지 않았다.

생산성과 번영

생산성은 노동 투입에 대한 시간당 산출량을 의미한다. 버핏은 2015년 주주 서한에서 1면을 할애해 생산성에 대한 내용을 다뤘는데, 생산성을 버크셔뿐만 아니라 미국 번영에 관련지어 설명했다. 화제는 때맞춰 하인즈와 크래프트 푸즈에 맞춰졌다(어쩌면 하인즈와 크래프트 푸즈가 화제를 불러일으켰다). 크래프트 하인즈를 인수한 3G 캐피털의 경영진은 대개 인력을 감축하면서까지 냉혹하게 생산성을 개선하는 사람들로 알려져 있었다. 버핏은 생산성과 번영의 연결 고리가 완벽히 맞아떨어지지 않았다고 생각해 몇 가지 사례를 들어 설명했다.

• 농업 | 가장 극적인 예로 미국은 20세기에 농업에서 변화를 일으켰다. 1900년에는 미국 전체 인구의 40%가 농업에 종사했다. 그와 대조적으로 2015년에는 전체 인구의 2%만이 농업에 종사했다. 생산성이 그에 대한 원인이 되었다. 그러한 변화는 트랙터의 발명과 완성으로 시작되어 농업기술이 발전하고 종자 품질이 개선되는 결과로 확대되었다.

- 철도 사업 | 제2차 세계대전이 끝난 후 철도 산업에 135만 명의 노동자들이 고용되었다. 그들은 톤 마일당 6,550억 달러의 매출액을 올렸다. 2014년으로 돌아와서 I급 철도선이 마일당 1조 8,500억 톤을 운반했다. 고용된 노동자는 18만 7,000명이었다. 그 결과 톤 마일당 화물 운송 가격(물가상승을 감안한 가격)이 55% 감소했다. 안전성도 극적으로 개선되었다. 버핏은 BNSF를 사례로 들어 부상이 1996년과 비교해 50%나 떨어졌다고 말했다.
- 유틸리티 | 버크셔 해서웨이 에너지가 1999년 인수한 아이오와주 발전 시설은 3,700명을 고용한 바 있으며 시간당 1,900만 메가와트의 전기를 생산했다. 2015년으로 돌아가서 보면, 해당 발전 시설은 3,500명을 고용해 시간당 2,900만 메가와트의 전기를 생산했다. 그처럼 생산성이 향상된 이유는 버크셔 해서웨이 에너지가 16년 동안 전기료를 인상하지 않았기 때문이다. BNSF의 사례처럼 안정성도 향상되었다.

위 사례는 생산성 향상이 문명에 실제 이득을 불러왔고 다른 산업에도 확대 적용되었다는 점을 증명했다. 하지만 단기 비용이 발생했으며 특히 노동자들이 일자리를 잃었다. 버핏은 그 비용을 인식했으며 바로 가까이에서 어느 정도의 경험을 했다. 버크셔가 1980년대 중반 (그리고 수년 후 덱스터 슈에서도) 공장을 정리했던 당시, 양도할 수 없는 기술을 보유한 고령의 근로자들이 고용되어 있었다. 버핏이 생각한 해법은 생산성이 마법을 부리듯 계속 사회 전반에 혜택으로 이어지게 하면서 사회적 안전망으로 불운한 노동자들에게 닥칠 충격을 완화하는 것이었다.* 버핏과 멍거는 둘 다 크래프트 하인즈를 더욱 효율적으로 운영하는 데 분명히 뜻을 같이했다. 두 사람은 엉성한 사업 운영을 혐오했으며 언제나 버크셔에 비효율성이 존재하는지 세심히 살폈다. 그런 가운데 일단 비용이 생기기 시작하면 급증하는 경향이 있다는 점에 주목했다. 덩치가 크고 엄청난 수익성을 자랑하는 거대 복합기업은 그런 경향에서 스스로를 지키기 위해 부단한 근면성을 갖춰야 했다.

2016년

–

버크셔의 2016년 순자산은 10.7% 증가했다. 시장가치는 12%의 S&P 500 지수 수익률과 비교해 23.4% 상승했다. 2016년 사업 실적(그리고 아마도 주가 폭등)은 이번에도 양호한 한 해를 보냈음을 보여 주었다. 프리시전 캐스트파츠의 인수 작업에는 버크셔의 잉여 현금 중 일부가 들어갔다. 더 중요하게는 정상 이익 창출 능력이 늘어났다.** 버핏은 주주 서한에서 제시된 표를 통해 버크셔의 이익 창출 능력이 과거부터 늘어난 과정을 보여 주었다(〈표 9-2〉 참고). 표를 보면 영업이익이 불규칙적으로 증가했으나 버크셔가 이익을 보유하고 이익 창출 능력을 늘림에 따라 수년에 걸쳐 분명히 상승세를 탔다는 사실을 알 수 있다.

---

* 그 혜택이 부자에게 생길지 일반 시민에게 생길지, 그 이득의 분배에 대한 정치적 물음도 제기되었다.
** 이익을 높이거나 낮추는 어떤 일시적 요인을 떠나서, 정상 이익 창출 능력으로 기업이 평년에 벌어들일 이익을 예측할 수 있다.

그림 9-2 · 1999~2016년 버크셔 해서웨이 세후 영업이익 및 자본 수익

자료·2016년 버크셔 해서웨이 연례 보고서

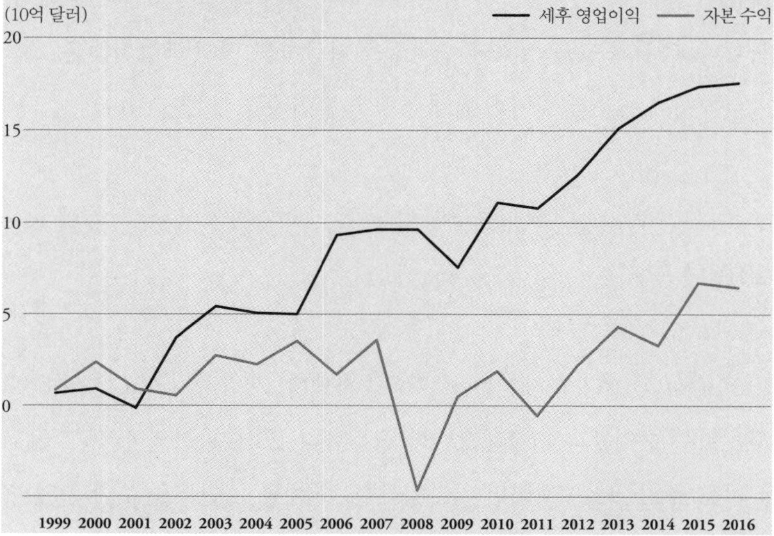

버핏은 위 표에서 1999년부터 분석을 시작했는데, 버크셔가 주식 발행으로 제너럴 리를 인수하고 난 다음 해로서 의미가 있었기 때문이다. 그 이후 주식이 추가로 발행되어 주식 수가 8.3%라는 적정한 증가율로 늘어났다.* 그 과정에서 몇 년은 하락세를 보이기도 했지만, 그 기간 동안 버크셔의 영업이익은 안정적으로 증가했다. 또한 2001년에만 유일하게 손실을 입었다. 세후 영업이익은 17년의 기간에 걸쳐 총 1,590억 달러에 이르렀다. 그런데 자본 수익은 그와는 다른 이야기였다. 그 흐름은 불규칙적이었다. 버크셔는 자본 수익과 관련한 시기를 선택하거

---

* 제너럴 리를 인수한 결과 버크셔의 주식 수가 21.8% 증가했다. 버핏은 너무 많은 주식을 발행한 것이 바보 같은 짓이자 끔찍한 실수였다고 말했다.

나 그 규모를 관리하고자 애쓰지 않았으며, 단일 연도에 큰 의미를 부여하지 않았다. 버핏에 따르면, 시간이 지나면서 순 자본 수익(1999년 이래 총 390억 달러)은 운영 사업체를 인수해 가는 데 중요한 자금 조달 원천이 되었다.

버크셔를 위해 버핏이 세운 목표는 주식 수를 늘리지 않고 영업이익을 증가시키는 것이었다. 다시 말해 시간이 지날수록 주당 가치가 만족스러울 정도로 증가하는 것이었다. 세후 영업이익은 1999년 6억 7,000만 달러에서 20%의 연평균 수익률로 2016년 176억 달러까지 증가했다. 이 수치에 따라 버핏의 목표는 달성되었다.

프리시전 캐스트파츠

2016년 1월 29일, 버크셔는 현금 326억 달러에 프리시전 캐스트파츠를 인수했다. 프리시전 캐스트파츠는 미국 오리건주 포틀랜드에 본사를 둔 기업으로 주로 항공 및 석유·가스 산업용 복합 금속 부품과 잠금 장치를 생산했다. 버핏은 망설임 없이 토드 콤스의 아이디어에 신뢰를 표시했다. "우리 토드 콤스의 조언과 지원이 없었다면 프리시전 캐스트파츠의 인수는 없었을 겁니다. 콤스는 몇 년 전 이 회사에 관심을 가지게 해 주었고 줄곧 사업뿐만 아니라 마크Mark(CEO 마크 도네건Mark Donegan)에 대해 알려 주었습니다."**

프리시전 캐스트파츠의 제품 대부분은 특히 항공기 제트엔진과 기체, 산업용 터빈이 올바로 기능하도록 하는 핵심 부품이었다. 프리시전

** 버크셔는 프리시전 캐스트파츠를 완전히 인수하기 전 소량의 지분을 보유하고 있었다.

캐스트파츠의 매출은 항공업에서 상당한 점유율(2015년 70%)을 차지했다. 프리시전 캐스트파츠는 몇 안 되는 공급업체 중 하나로 항공기 엔진 제조업체 등의 고객들이 원하는 규모와 품질로 제품을 생산할 수 있었다. 주요한 고객과 맺었던 다년간의 계약에서 뚜렷하게 나타나듯, 그런 기술적 노하우는 프리시전 캐스트파츠의 경쟁적 우위가 되었다. 생명과 평판이 달린 문제였기에 프리시전 캐스트파츠의 고객들은 낮은 가격의 입찰을 선택하기 전 신중한 태도를 취했다.

사업 실적에서 드러났듯, 프리시전 캐스트파츠는 고객의 마음을 사로잡았기에 충분히 성공할 수 있었다. 2011년에서 2015년까지 매출액은 61% 증가해 100억 달러에 이르렀다(〈표 9-9〉 참고). 이익률은 놀랍도록 안정적이었다. 달리 말해 세전 유형자본이익률이 40% 중반대에 머물렀다. 버핏은 도네건에게 칭찬을 아끼지 않았다. "마크의 업적을 보면, 우리의 놀라운 이스라엘 절삭 공구업체, IMC의 제이콥 하파즈 Jacob Harpaz가 자주 마법을 부린 일이 떠오릅니다. 두 사람은 매우 평범한 원자재를 기발한 제품으로 만들어 냅니다. 전 세계 주요 제조업들이 그들의 제품을 사용합니다. 각각의 제품은 그의 기술이 적용된 다빈치의 작품입니다."

프리시전 캐스트파츠와 도네건을 향한 버핏의 열망은 인수가에 반영되었다. 즉 버크셔는 프리시전 캐스트파츠 보유 기저 자본의 6.7배에 달하는 인수가를 지불했으며, 그에 따라 귀속 세전 이익률이 7% 미만에 머무는 것으로 분석되었다. 낮은 금리 환경도 일부분 프리시전 캐스트파츠의 인수가에 영향을 미쳤다고 버핏은 선뜻 인정했다.

일각에서는 어떻게 버핏이 그토록 많은 금액을 그렇게 빨리 지불하

표 9-9 · 프리시전 캐스트파츠 인수 분석 | 자료·2016년 버크셔 해서웨이 연례 보고서, 2011~2015년 프리시전 캐스트파츠 연례 보고서 및 저자의 계산 **단위**·100만 달러

	2015	2014	2013	2012	2011
총 매출액	10,005	9,533	8,347	7,202	6,209
매출액/평균 투하자본[1]	1.79	1.80	1.77	1.69	1.67
이자·세금 차감 전 영업이익률[1]	26%	28%	26%	25%	24%
세전 투하자본이익률	46%	50%	46%	43%	41%
인수 가격(주식)	32,658				
추정 부채	4,586				
유효 인수 가격	37,244				
인수 가격 배수	6.66배				
버크셔 귀속 세전 이익률	6.9%				

주석 1. 사업권과 무형자산에 대한 조정이 이루어짐.

참고 회계연도 3월 마감

기로 했는지 의아해했다. 연례 주주총회에 초대된 앤드루 로스 소킨 Andrew Ross Sorkin 기자가 다음 내용으로 질문을 던졌다. "다른 성공한 인수 기업들은 내부 인력과 외부 은행, 변호사들을 동원해 실사를 합니다. 대개는 거래를 평가하는 데 수개월 넘게 걸리지요. (중략) 속도는 경쟁 우위가 될 수 있는데요. 회장님은 여러 건의 놀라운 거래를 하셨는데, 실사 과정을 그렇게 빠르게 진행하면 리스크가 크지 않나요?" 프리시전 캐스트파츠에 대한 인수 거래는 버크셔가 과거 진행했던 거래만큼 빨리 진행하지 않았지만(버핏은 분석에 몇 년을 보냈다), 거래를 지원할 다수의 인력이 빠졌다는 점이 비즈니스 세계에서 진행되던 여느 거래와는 사뭇 달랐다. 버핏의 대답은 교훈과 같았다.

"흥미롭습니다. 우리는 인수 과정에서 실수를 많이 했습니다. (중략) 늘 산업이나 기업의 미래를 두고 경제 환경을 적절하게 평가하지 못한 실수였습니다. 그런 것

들은 형편없는 임대차계약이 아닙니다. 특정한 근로계약도 아닙니다. 의심스러운 특허권도 아닙니다. 그런 것들은 아시다시피 미국 내 모든 대기업의 기업 인수 점검 목록에 없는 실수입니다. 그런 것들은 중요하지 않습니다. 중요한 것은 우리의 판단이 틀렸는가입니다. 우리가 정말로 기본 경제성을 파악했는가, 해당 산업이 어떤 방향으로 진행하는가, 혹은 몇 년 후 아마존Amazon이 시장을 지배할 것인가 하는 따위입니다. 그리고 기업 인수 시 실제 리스크라고 생각한 것이 실사 점검 목록에 들어 있는 사례를 보지 못했습니다."

버핏은 기업 인수를 평가하기 위한 시스템이 따로 있다고 주주들에게 말하고 있었다.* 그 시스템은 월 스트리트의 관습에 들어맞지 않았지만 버크셔의 성공은 그 시스템이 원활히 작동했다는 근거였다.

프리시전 캐스트파츠는 버크셔의 정상 이익 창출 능력에 약 15억 달러를 기여했다. 그런데 기존 사업 부문들의 규모를 고려했을 때, 프리시전 캐스트파츠는 버크셔의 사업 실적과 관련해 독립된 사업체로서가 아니라 다른 제조업체들과 함께 평가되었다.

듀라셀

버크셔는 2014년 예전에 했던 것처럼 캐시 리치 스플릿 오프 방식**

---

* 멍거가 프리시전 캐스트파츠 인수를 요약해 설명한 부분과 버크셔의 접근 방식은 절대로 그냥 지나칠 수 없을 정도로 의미가 있다. 버핏이 긴 설명을 한 후 멍거가 비유를 들어 물었다. "이 자리에서 행복한 결혼 생활을 위해 배우자의 출생증명서 등을 꼼꼼히 살펴본 분이 얼마나 계실까요? 우리가 사용하는 방법은 보이는 것과 달리 널리 활용되는 것 같습니다." 그의 말에서 식견이 묻어났다. 관리의 질적 요소가 미래의 결과에 엄청난 영향을 미치는데, 그 요소를 평가할 방법이 실사 점검 항목에는 존재하지 않는다.
** 캐시 리치 스플릿 오프는 영업 중인 사업체와 현금을 (일반적으로) 그 정도 가치로 평가된 다른 기업 주식과 맞교환하는 거래 방식으로, 그 과정에서 세금이 발생하지 않는다.

의 거래를 하겠다고 발표했다. 이번에는 프록터 & 갬블의 주식을 유명한 건전지 제조업체 듀라셀과 맞교환했다. 질레트가 듀라셀을 인수한 1996년 당시 버핏은 질레트 이사회의 이사를 지내기도 했었다.**5)** 맞교환은 (현금 18억 달러를 비롯해) 42억 달러의 규모로 평가되었으며 2016년 2월 29일 마무리되었다. 해당 거래로 11억 달러의 비현금성 이익이 발생했다. 버크셔는 대략 4억 달러의 세금을 절약했을 것이다.***

　듀라셀은 오랜 역사를 지녔고 시장의 25%를 점유했지만**6)** 버크셔의 자회사가 되고 나서 개선이 필요했다. 그에 따라 2016년, 듀라셀은 구조 조정 및 통합에 따른 일회성 비용으로 1억 900만 달러를 발생시켰다.****

제조, 서비스, 소매 유통업

2016년 제조, 서비스, 소매 유통 부문의 이익은 프리시전 캐스트파츠의 편입으로 증가했다. 주요한 양대 범주(제조, 서비스·소매 유통)에 속한 나머지 업체들은 저조한 실적을 올렸다. 업종 그리고 미국 달러와 연료 가격에 대한 민감도에 따라 실적이 매우 다양하게 분포되었다. 그럼에도 이 부문은 240억 달러의 평균 유형자기자본에서 인상적인 24%의

***　수익에는 35%의 세율이 적용되었다. 여러 원천에 따라 절세 효과가 더 높아진다. 아무나 캐시 리치 스플릿 오프 방식을 적용하지 못한다는 점에 주목해야 한다(그렇지 않으면 누구나 세금을 절감하려고 이 거래 방식을 이용할 것이다). 여러 거래 요건 중 특히 주식은 5년 이상 보유해야 한다.

****　버핏은 주주 서한에서 좀 더 자세히 설명했다. 버핏은 경영진이 구조 조정 비용을 추가해 빈번하게 이익을 조정해 내놓는다며 비판했다. 즉 경영자들은 회사의 이익을 더욱 돋보이게 만들려고 애쓴다는 것으로, 이는 회계 대 경제성 이야기의 또 다른 측면이었다. 이런 비용을 사업의 한 부분으로 여긴 버핏은 한마디 더 언급했다. 버크셔는 주주들에게 실적을 보고할 때 타사 경영진들이 몰래 추가하는 비용을 매년 회계에 반영했다는 것이었다. 버크셔에서는 버핏이 엉터리라고 하던 못된 짓을 하지 않고, 그런 비용을 실적에 반영했다.

이익을 벌어들였다.*

표 9-10 · 제조, 서비스, 소매 유통 부문 세전 이익 | **자료**·2016년 버크셔 해서웨이 연례 보고서 및 저자의 계산 **단위**·100만 달러

	2016	2015	변동률
산업재	4,209	2,994	41%
건축자재	1,178	1,167	1%
소비재	824	732	13%
소계-제조	6,211	4,893	27%
서비스	1,161	1,156	0%
소매 유통	659	564	17%
맥클레인	431	502	(14%)
소계-서비스 및 소매 유통	2,251	2,222	1%
세전 이익 총계	8,462	7,115	19%
법인세 및 비규제 이자	(2,831)	(2,432)	16%
세후 이익	5,631	4,683	20%

- 산업재(매출액 247억 달러, 47% 증가) | 프리시전 캐스트파츠의 인수로 산업재 관련 세전 이익이 41% 증가해 42억 달러에 이르렀다. 프리시전 캐스트파츠의 실적을 조정한 후의 매출액은 수요 감소 및 경쟁으로 인한 가격 압박으로 5% 감소했다. 이 부문의 이익도 프리시전 캐스트파츠가 없었다면 추락했겠지만 그 규모는 공개되지 않았다. 이 부문은 유가 하락으로 매우 심각한 타격을 입었다. 또한 특수 화학 기업 루브리졸이 아마 매우 심각한 타격을 입었을 것이다. 이 회사는 3억 6,500만 달러나 이익에 타격을 입으면서 성과가 저조한 사업부를 정리했다. 해당

---

* 버핏이 주주 서한에서 이 수치를 제시했다. 간략한 대차대조표와 손익계산서는 다음 해 주주 서한에서는 제시되지 않았다.

사업부의 이름은 밝혀지지 않았다. IMC는 이 범주에서 유일하게 소폭의 이익 증가세(명시되지 않음)를 보고한 업체 중 하나였다.

- 건축자재(매출액 108억 달러, 4.4% 증가) ｜ 관련 제품의 수요가 증가한 데 더해 유가가 하락한 요인이 겹쳐 건축자재업체들은 다소 혜택을 보았다. 이 부문의 매출액과 이익은 증가했다. 쇼 인더스트리스뿐만 아니라 미텍도 당해에 여러 볼트온 인수를 완료했다. 세전 이익은 1% 증가해 12억 달러에 이르렀다.

- 소비재(매출액 110억 달러, 22% 증가) ｜ 관련 업체들은 2016년 뛰어난 실적을 올렸다. 듀라셀이 손실(구조 조정 비용에 따른 결과)을 기록했음에도 세전 이익은 13% 증가해 8억 2,400만 달러에 이르렀다. 레저용 차량 제조업체 포레스트 리버의 매출액은 12% 늘어났으며 이익은 28%까지 훨씬 더 증가했다. 2015년과 비교해 일회성 비용이 감소해 의류 부문의 이익이 22% 증가했다. 신발 부문의 이익은 감소했는데, 그 액수는 밝혀지지 않았다.

- 서비스 부문(매출액 104억 달러, 1.8% 증가) ｜ 이익은 12억 달러로 거의 변동하지 않았다. 전자 부품 유통업체 TTI는 매출액이 7% 증가했지만 매출 구조의 변화와 경쟁 압력으로 이익에는 변화가 없었다. 여기서 최종 이익이 핵심이라는 사실이 부각된다. 넷제트의 이익은 19% 증가했다. 그런데 이 회계연도에는 하청 비용과 자산 손상이 증가했다. 신문 부문은 이익의 감소를 보고했지만 관련 수치를 전혀 제시하지 않았다. 플라이트세이프티, 데어리 퀸, 비즈니스 와이어를 비롯해 이 범주에 속한 나머지 업체에 대해서는 전혀 논의되지 않았다.

- 소매 유통(매출액 151억 달러, 14% 증가) ｜ 세전 이익은 17% 증가한 6억 5,900만 달러에 이르렀다. 버크셔 해서웨이 오토모티브 및 독일 최대 오토바이 의류 및 장비 소매업체 데틀레프 루이스 모토라트 관련 당해 실적도 해당 수치에 포함되었다. 업체들의 이익 그리고 이 부문에서 명시되지 않은 소매 유통업체들의 이익 증가

분이 전체 이익이 증가하는 데 기여했다. 네브래스카 퍼니처 마트와 조던스 퍼니처는 둘 다 2015년에 신규 점포를 개점해 2016년도 실적에 기여했다. 가정용 가구 사업 부문의 매출액은 8% 증가했다.

- 맥클레인(매출액 481억 달러, 0.3% 감소) ｜ 맥클레인은 보기 드물게 부진한 한 해를 보냈다. 매출액은 거의 변화가 없었지만 이익은 14%나 감소해 4억 3,100만 달러에 머물렀다. 인건비가 늘어난 데다 자회사 매각으로 발생한 1,900만 달러의 이익이 전년도에 포함된 것이 원인이 되었다.

보험업

보험 부문은 14년 연속으로 보험계약 인수 이익을 보고했다. 이 부문은 또한 5년 연속으로 주요한 네 부문이 이익을 보고했다. 버크셔의 보험업체들은 21억 달러의 연결 세전 보험계약 인수 이익을 발표했으며, 기말 책임준비금을 916억 달러로 4.4%나 증가시켰다(〈표 9-11〉 참고). 버핏은 "건전한 보험 영업을 하려면 네 가지 원칙을 고수해야 합니다"라며 버크셔의 성공에 대한 비밀일 것도 없는 이유를 제시했다. 네 가지 원칙은 다음과 같다.

1. 보험 손실을 일으킬 만한 모든 위험 요소를 이해해야 한다.
2. 어떤 위험 요소가 손실을 일으킬 가능성, 또 그로 인한 비용을 보수적으로 평가한다.
3. 예측 손실 비용과 영업 비용을 반영하고도 (평균적으로) 이익이 발생하도록 보험료를 책정한다.
4. 이익이 나오지 않을 때는 영업을 기꺼이 포기한다.

버핏은 "많은 보험회사들이 첫 세 가지 시험을 통과하고 네 번째 시험에서 떨어집니다"라고 말했다. 버크셔는 대개 자금을 챙겨서 더 나은 거래를 찾아 나선다.* 버크셔의 두 재보험사는 이 전략을 잘 알았기에 거센 조류를 잘 헤쳐 나갔다. 신규 자본이 업계에 유입되면서 보험료에

표 9-11 · 버크셔 해서웨이 보험계약 인수

자료·2016년 버크셔 해서웨이 연례 보고서 및 저자의 계산
단위·100만 달러

	2016	2015
가이코		
수입 보험료	25,483	22,718
보험계약 인수 손익(세전)	462	460
제너럴 리		
수입 보험료	5,637	5,975
보험계약 인수 손익(세전)	190	132
버크셔 해서웨이 재보험 부문		
수입 보험료	8,504	7,207
보험계약 인수 손익(세전)	822	421
버크셔 해서웨이 원수보험 부문		
수입 보험료	6,257	5,394
보험계약 인수 손익(세전)	657	824
수입 보험료 총계	45,881	41,294
보험계약 인수 손익(세전) 총계	2,131	1,837
평균 책임준비금	89,650	85,822
책임준비금 비용	(2.4%)	(2.1%)

---

* 버크셔는 인내심을 가지고 낮은 가격을 기다린다. 그렇게 이후 더 나은 가격으로 사업에 참여해 효과를 보는 과정을 지켜보면 흥미롭다. 버크셔는 다른 업체들이 몰려들어 이익이 나지 않는 거래를 하게 놓아둔다. 그러고서 여러 해 뒤에 방향을 바꾸고 소급 재보험이나 재재보험retrocessional reinsurance 계약 형태로 그들의 장부에서 리스크를 회피한다.

영향을 미쳤다. 이런 상황에서 버핏은 다음 10년 구간에 어려움이 닥칠 것이며 확실히 이전 10년 구간보다 못할 것이라고까지 말했다. 역풍에 직면했음에도 버크셔의 두 재보험사인 제너럴 리와 버크셔 해서웨이 재보험 부문은 그해에 보험계약 인수 이익을 보고했다.

가이코

높은 비용은 계속해서 가이코의 실적에 부담이 되었지만, 98.2%의 합산비율과 4억 6,200만 달러의 이익은 과거의 수익성에 비해 빈약한 수준에 불과했다. 버크셔가 가격 인상책을 도입한 후에도 우박을 동반한 폭풍과 홍수로 인한 손실로 손해율이 계속 증가했다. 그렇게 가격이 인상되고 보험계약이 더해져 수입 보험료가 12% 증가한 255억 달러에 이르렀다. 가이코가 수익을 내며 보험계약을 인수했을 때 성장이 괜찮게 진행되었다. 더욱 적정한 가격에 보험계약이 체결돼 이익과 책임준비금이 증가했다. 이것이 간단한 성공 비결이었다. 또한 장려책이 주요한 요인이 되어 가이코의 시장점유율이 11.4%에서 상승해 2016년 말 12%에 이르는 등 해마다 증가했다.

가이코의 유인 보상 제도는 아주 단순했다. 즉 그 제도는 두 가지 주요한 변수로 구성되었다. 첫째는 현행 보험의 성장성이다.* 둘째는 경험이 풍부한 사업의 수익성이다. 사업 최일선에 있는 직원부터 CEO까지 가이코의 모든 직원이 이 두 가지 변수를 활용했다(고령자일수록 유인 보상은 기본급과 관련이 있다). 그렇게 해서 가이코의 사업 확장과 수익성 확보라는 버핏의 목표가 달성되었다. 버핏은 2016년 연례 주주총회에서 주주들에게 다음과 같이 말했다. "그것은 조직의 목표를 보상

면에서 주주의 목표와 완전히 일치시킵니다."

다른 보험회사들은 이 단순한 (그리고 거의 분명한) 두 갈래의 접근법을 사용하지 않았을까? 꼭 그런 건 아니었다. 가이코의 최종 결산 결과를 위해 직원들에게 보상하면 어떨까? 그 답은 인센티브 구조가 행동을 형성하는 방식에 있었다. 가이코의 최종 결산 결과에 초점을 맞추다 역효과를 부를 수 있다는 점을 버핏은 알았다. 직원들이 수익을 바탕으로 보상을 받는다면 너도나도 막대한 광고 예산을 삭감하려 했을 것이다. 그와 같은 단기적 사고는 신규 사업의 성장을 가로막게 된다. 과거 수많은 사례에서 가이코는 광고비를 삭감하던 여타의 업체들과 달리 대규모 광고비 지출을 유지했다. 이 사례는 2016년도 관련 후반부 내용에서 다시 다룬다.

경험이 풍부한 사업에 초점을 맞추니 두 가지가 달성되었다. 첫째, 단순히 성장이 아니라 수익성을 위해 보험계약 인수를 장려했다. 이는 버크셔 산하 모든 보험업체의 근본 원칙이었다. 둘째, 그들이 창출한 보험료와 비교해 광고비로 많은 비용이 지출되었다. 첫해의 고객들은 일반적으로 수익성이 없지만, 그들을 계속 고객으로 유지하면 이익을 낼 수 있다.**

가이코는 1995년에 처음으로 인센티브 구조를 시행했다. 그로부터 20년 후 가이코는 여전히 그 유효성을 증명하고 있다.

---

* 구체적으로 말해서 가이코는 보험료의 성장세가 아니라 현행 보험계약 건수를 기준으로 보상한다. 보험료는 별도의 항목이며 수익성과 더 연관되어 있다.
** 2017년 연례 주주총회에서 버핏은 첫해 사업 관련 손해율이 갱신된 사업보다 10%p 더 높았다고 말했다.

제너럴 리

제너럴 리는 보험료를 산정하기가 만만치 않았던 탓에 보험계약 인수에 적극적으로 나서지 않았다. 그에 따라 수입 보험료는 6% 감소한 56억 달러에 이르렀다. 그럼에도 생명/건강 부문이 반등해 손해/상해 부문의 이익 감소가 상쇄되면서 세전 보험계약 인수 이익이 44% 증가해 1억 9,000만 달러에 이르렀다.

손해/상해 부문은 수입 보험료가 8% 감소해 26억 달러에 이르렀다. 손해 부문 관련 2억 1,100만 달러의 이익은 중대한 대형 재해 손실이 없었던 가운데 발생했으나 이익성 손해가 감소한 탓에 전년도부터 감소한 것이다. 상해/근로자 보상 부문은 9,400만 달러의 손실을 보고했다. 해당 손실은 보수적인 충당금 산정에 기인한 동일한 유형의 당해 손실, 전년도 사업 관련 이익성 손해, 할인 증가액과 이연 상각 비용 관련 회계 비용에서 비롯되었다. 제너럴 리의 생명/건강 부문은 2015년 1,800만 달러의 손실을 입었다가 해외 사업에서 발생한 이익, 북미 지역의 낮아진 사고 심도, 충당금의 변동이 요인이 되어 2016년 7,300만 달러의 이익을 벌어들이는 쪽으로 선회했다.

2016년, 제너럴 리는 39년 동안 회사를 경영한 테드 몬트로스가 연말에 은퇴할 것이라고 발표했다. 버핏과 아지트 자인(버크셔 해서웨이 재보험 부문에 더해 제너럴 리를 감독하는 위치까지 올라갔다) 두 사람 모두 제너럴 리의 상황을 역전시킨 몬트로스를 칭찬했다. 제너럴 리에서 오랫동안 일한 카라 라이구엘Kara Raiguel이 몬트로스의 자리를 대신했다.

버크셔 해서웨이 재보험 부문

버크셔 해서웨이 재보험 부문은 수입 보험료가 18% 증가한 85억 달러에 이르렀으며, 세전 보험계약 인수 이익은 거의 2배(95% 증가) 증가해 8억 2,200만 달러에 이르렀다. 손해/상해 부문의 이익 감소, 소급 재보험 부문의 손실 감소, 생명/연금 부문의 수익성 회복이 이익 증가의 원인이 되었다.

손해/상해 부문은 수입 보험료가 5% 증가해 46억 달러에 이르렀다. 인슈어런스 오스트레일리아 그룹과 체결한 10년 만기 20% 지분 참여 계약은 2015년 7월 1일 개시되었는데, 이 계약에 따른 수입 보험료는 해당 부문 수입 보험료의 37%에 상당했다. 대형 재해가 일어나지 않아서 해당 부문은 7억 6,700만 달러의 이익을 벌어들이며 한 번 더 견고한 한 해를 보냈다. 그러나 전년도 손실 충당금(즉 이익성 손해 조정액의 감소)의 낮아진 감소율 때문에 전년도에 비해 이익이 적게 발생했다.

소급 재보험 부문은 2015년 휴식기나 마찬가지인 시기(보험료는 500만 달러에 불과했다)를 보낸 후 활력을 되찾았다. 2016년 소급 재보험 부문이 벌어들인 13억 달러의 수입 보험료 대부분은 하트포드 파이어 인슈어런스Hartford Fire Insurance Company와의 계약에서 발생한 6억 7,000만 달러를 비롯해 세 건의 계약에서 비롯되었다. 해당 약관에 따라 석면 및 환경오염 배상 청구 손실(15억 달러의 총 보상 한도) 관련 부정적 증가에 대해 보장이 이루어졌다. 소급 재보험 부문은 4,900만 달러의 손실을 보고했는데, 미국 달러가 평가절상되지 않았거나 여러 해외 통화별 부채 재평가에 따른 3억 9,200만 달러의 환차익이 발생하지 않았다면 손실은 더 커졌을 것이다.

버크셔 해서웨이 재보험 부문은 26억 달러의 보험료 규모에서 1억 400만 달러의 보험계약 인수 이익을 보고했다. 앞서 2015년도 관련 순서에서 매우 자세히 설명되었지만, 해당 부문은 암시적이거나 명시적인 화폐의 시간가치 개념을 바탕으로 세 유형의 사업으로 좀 더 상세히 설명되었다.

버크셔 해서웨이 원수보험 부문

버크셔 해서웨이 원수보험 부문의 수입 보험료는 16% 증가해 63억 달러에 달했지만, 보험계약 인수 이익은 20% 감소해 6억 5,700만 달러에 머물렀다. 합산비율은 84.7%에서 89.5%로 악화됐다. 이처럼 수익성이 감소하기까지 이익성 손해 수준이 낮아졌고 당해 사업의 손해율이 높아진 사실이 원인이 되었다. 각주에서 미래 시점의 이익성 손해를 추정하지 말라고 독자들에게 당부한 바 있다. 요컨대 원수보험사들은 의료 과실 보상과 근로자 보상 보험 같은 보험계약을 아주 많이 인수했다. 그와 같은 보험들은 보험금 지급 기간이 길어서 장차 부정적 손실 증가가 발생할 수 있었다.

규제 대상 자본 집약적 사업 부문

2015년 내부의 서비스 관련 문제를 해결한 BNSF는 2016년에는 오로지 외부 요인에 의해 타격을 입고 실적에 부정적 영향을 받았다. 종합적인 화물 운송량은 감소했으며 주로 낮아진 연료 비용에 따라 화물 운송 매출액이 감소했다. 그로 인해 BNSF의 전체 매출액이 198억 달러로 10% 감소했다. 세전 이익은 16% 감소해 57억 달러에 머물렀다.

산업재에 대한 수요가 낮아졌고 석탄 운송량이 21% 감소하는 등 급격히 줄어들었기 때문에 화물 운송량이 5% 감소했다. 농산물 운송량은 6% 증가했으며 소비재 운송량은 1% 증가했다. 석탄 운송량이 감소한 데는 석탄이 발전 연료로 사용되던 상황에서 장기적 변화가 일어난 것이 부분적인 요인이 되었다. 천연가스 가격이 낮아져 석탄 가격이 상대적으로 더 높아졌으며, 그에 따라 유틸리티들은 석탄 사용을 중단했거나 기존에 비축해 두었던 석탄을 사용했다. 한편 산업재 운송량이 감소해 해당 부문의 매출액이 14% 줄어들었다. 이는 석유 및 가스 업종의 약세를 보여 주는 것이었다(그 규모는 공개되지 않았다).

버크셔 해서웨이 에너지의 EBIT는 2.6% 증가해 34억 달러에 이르렀으며, 순이익 중 버크셔의 몫은 7% 증가해 23억 달러에 이르렀다. 거의 변화가 없었던 EBIT 실적 때문에 많은 운영 자회사들의 광범위한 이익이 가려졌다. 높아진 요금과 공급량에 낮아진 투입 비용이 결합돼 미드아메리칸 에너지의 세전 이익은 34% 증가해 3억 9,200만 달러에 이르렀다. 이익이 대폭 증가한 이유 중 하나로 3년에 걸쳐 단계적으로 승인된 요금 인상분을 미드아메리칸 에너지가 2014년에 벌어들였던 사실을 들 수 있다. 그렇게 이익이 증가했기에 자기자본이익률이 감소하더라도 풍력발전 자산을 추가로 배치할 수 있었다. 당시 요금 인상은 거의 20년 만에 이루어진 일이었다.[7]

손실 관련 부분을 살펴보면, 노던 파워그리드는 세전 이익이 20% 감소해 3억 6,700만 달러에 이르렀다. 이익 감소액의 절반 정도는 영국 파운드 대비 미국 달러의 평가절상에서 비롯되었다. 나머지 감소분은 배전 매출액 감소, 감가상각비 증가, 손상 차손이 원인이 되었다. 버크셔 해서웨이 에너지 산하 나머지 운영 자회사들은 그보다 훨씬 적은 수준에서 이익이 변동했다. 일부 업체들은 낮은 투입 비용 때문에 혜택을 입었다. 한편 여러 업체들이 비용 절감액을 고객에게 되돌려 주었다. 어느 해라도 온도의 변화가 에너지 수요에 영향을 미치면서 이익 변동에 부분적인 원인이 되었다.

금융 및 금융 상품

금융 및 금융 상품 부문의 세전 이익은 2.1% 증가해 21억 달러에 이르렀다. 주택에 대한 수요가 높았고 현장 시공 주택으로 사업이 확장되었기에 클레이턴 홈스의 매출액은 30% 증가해 42억 달러에 달했다. 클레이턴 홈스는 2015년 첫 번째 현장 시공 주택 건설업체를 인수한 데 이어 2016년에 두 업체를 더 인수했으며 향후 인수를 더 진행할 것으로 예상했다. 클레이턴 홈스의 대규모 모기지 포트폴리오 때문에 제조 부문의 실적이 무색해졌는데, 관련 이익은 5%밖에 증가하지 않아 7억 4,400만 달러에 머물렀다. 운송 장비 임대 부문들(마몬의 컨테이너, 크레인 철도차량 부문 및 엑스트라)은 세전 이익이 5.5% 증가해 9억 5,900만 달러를 기록했다. 비슷한 규모의 매출액 증가 및 감가상각비의 감소는 이익 증가의 원인이 되었다. 그 외 금융 및 금융 상품 부문 내에서 이익이 9% 감소해 클레이턴 홈스와 운송 장비 임대 부문에서 증가한 이익이 상쇄되었다. 버크셔는 클레이턴 홈스의 모기지 포트폴리오 관련 사례와 마찬가지로 마몬의 철도 탱크 차량 부문에 2016년부터 자본에 대한 이자를 청구했다. 그런데 이상하게도 넷제트는 관련 명단에 들어가지 않았는데, 부채를 상환했거나 버크셔의 깨끗한 신용 등급을 활용하지 않으려 했던 것으로 보였다.

투자

버크셔는 2016년 주식 포트폴리오에서 순액 120억 달러어치의 지분을 매각했다. 다비타 헬스케어 파트너스는 주주 서한에서 제시된 표에 들어가지 않았지만 변함없이 유지되었다. 건축자재업체 USG 코퍼레이션도 포트폴리오에서 그대로 유지되었는데, 시장가치가 증가해 합격권에 들어갔다. AT&T, 디어 앤드 컴퍼니 Deere & Company(존 디어 John Deere라고 알려진 농기계 제조업체), 월마트가 지분 매각 대상이었다는 점을 눈여겨볼 만하다. 월마트의 지분은 거의 다 매각되었다(연말에 9,600만 달러 혹은 초기 투자액의 2.5%만 남았다). 버크셔가 보유했던 프록터 & 갬블 주식은 듀라셀과 맞교환되었다.

한편 포트폴리오에 새로운 종목이 들어가면서 언론의 관심을 끌었다. 아이폰과 PC, 스마트 기기 제조업체 애플의 지분이 가장 큰 비중을 차지했다. 버크셔는 그해에 71억 달러로 평가된 지분을 67억 달러어치 사 모았다. 지분 인수에 나선 건 버핏이 아니었다. 버크셔의 투자 운용 책임자인 토드 콤스와 테드 웨슬러가 함께 지분을 인수했거나 둘 중 한 사람이 지분을 인수했다. 두 사람은 각자 2016년 연말에 주식 포트폴리오 중 100억 달러를 운용했다. 버핏은 두 사람에게 자금 관리에 대한 완전한 재량권을 부여했으며 그저 월말 보고서를 살피며 진행 사항을 확인했다.*

---

* 규제 문제를 일으키거나 버크셔가 내부 정보를 이용하는 것처럼 보일 수 있어서(예를 들어 빌 게이츠 Bill Gates는 마이크로소프트의 이사회 의장 및 버크셔의 이사회 이사로 있었다) 일부 기존 투자처에 투자하는 것은 제한되었다.

항공업에 대한 일련의 투자가 진행된 것도 대단한 변화였다. 버크셔는 연말에 아메리칸American, 델타Delta, 사우스웨스트Southwest, 유나이티드United에 모두 합쳐 89억 달러어치의 포지션을 개시했다.* 버크셔는 왜 항공사에 관심을 가졌을까? 더욱이 수십 년 전 US에어의 주식을 샀다가 대부분 손실을 입었고 그 후 항공업계가 수차례 끔찍한 어려움을 겪는 모습에 한탄했는데 말이다. "최악의 기업은 고속 성장하고 그 과정에서 성장을 일으키기 위해 막대한 자본이 들어가지만 이익은 거의 나오지 않는 기업입니다. 항공사를 생각해 보세요." 버핏은 이렇게 말하기도 했다. 이후 수십 년간 산업이 통합돼 시장점유율이 안정되고 치열한 가격경쟁이 완화되었다. 미국의 4대 대형 항공사로 투자를 확대한 것은 항공사를 넘어 항공업에 대한 투자였다. 버핏은 또한 항공사들이 자사주를 대거 매입하고 있었던 것을 좋게 평가했다.

최대 규모의 투자 사례 중 두 건은 단순한 보통주 매입에 대한 것이 아니어서 표에 제시되지 않았다. 첫째, 뱅크 오브 아메리카 우선주에 대한 50억 달러의 투자는 보통주를 인수할 수 있는 옵션 때문에 105억 달러의 가치가 있었다. 둘째, 3G 캐피털과 함께 크래프트 하인즈를 인수했다. 이 경우에 버크셔는 상장된 보통주를 소유했음에도 지분 기준으로 회계 처리되어야 했다. 크래프트 하인즈에 대한 회계 처리는 비상장 기업의 가치가 그들의 내재 가치와는 상당한 격차가 있을 수 있다는 점을 보여 주었다. 크래프트 하인즈의 보통주 매입에 들어간 비용은

---

* 연말에 22억 달러의 가치가 있었던 아메리칸 항공의 주식이 주주 서한 표에 포함되지 않은 이유는 분명하지 않다.

98억 달러였고 장부에는 153억 달러로 기록되었다. 그런데 시장가치는 280억 달러 이상이었다. 크래프트 하인즈의 사례를 수많은 버크셔 자회사에 적용한다면, 버핏이 장부가치를 내재 가치보다 훨씬 낮은 평가 수치라고 했던 이유를 확인할 수 있다.

계속 진행 중이었던 웰스 파고의 유령 계좌 스캔들은 버크셔의 위기 관리 방법이 조명되는 계기가 되었다. 웰스 파고 스캔들은 교차 판매에 대해 보상을 해 주는 인센티브 구조와 관계가 있었다. 이 제도는 고객의 동의 없이 계좌가 개설되면서 역효과를 낳았다. 버크셔는 2016년 말 웰스 파고의 최대 주주로 있었다. 캐럴 루미스는 이 사실을 가지고 2017년 연례 주주총회에서 버핏에게 첫 질문을 던졌다.

루미스 ㅣ "매우 분권화된 구조에서 운영 자회사들의 고위 경영진에게 엄청난 자율권을 부여했습니다. 이런 상황에서 버크셔가 비슷한 리스크에 직면하지 않는다고 어떻게 장담하나요?"

버핏의 답변은 몇 가지 요인으로 요약되었다. 하나는 버크셔의 문화였다. "우리는 수많은 규칙보다 행동의 원칙을 매우 중요시합니다." 버핏은 어디서나 자신이 할 수 있는 행동을 강화했다. 버크셔 경영자들에게 연 2회 보내는 편지도 그런 취지였다. 버핏은 편지에서 절대로 이도 저도 아닌 상황을 가까이하지 말 것을 당부했다. 또한 그런 취지로 매년 연례 주주총회에서 1980년대 살로몬 증권 거래 스캔들과 관련해 자신이 의회에 출석해 증언한 영상의 핵심적인 부분을 보여 주기도 했다. 버핏은 또한 버크셔가 완전한 불간섭주의를 표방하지 않는다고 말했다. 버크셔에는 내부감사 제도가 있어서 오마하 본사에 익명의 제보를 할 수 있었다. 이 제도에 따라 연간 4,000건의 제보가 접수되었다. 일부 제보는 단순히 불만을 표출하는 내용이었지만, 여러 제보가 실질적 변화로 이어졌다. 멍거는 심지어 버크셔가 기습당하듯 언젠가 무슨 일을 겪을 수 있다고까지 말했다. 그는 그것이 때때로 큰 것을 놓치는 상황을 의미한다 해도(언론의 관심을 집중시킨다 해도) 버크셔가 굳건한 믿음으로 더 많은 것을 얻을 수 있다고 생각했다. 버크셔의 경영자들은 웰스 파고 스캔들에서 두 가지 교훈을 얻었다.

1. 인센티브 제도는 의도하지 않은 결과가 나오지 않도록 신중하게 운영하고 만들어야 한다. 아무리 선의의 제도라 해도 역효과를 일으켜 비극을 부를 수 있다.
2. 문제가 드러났을 때 신속히 대응해야 한다. 살로몬과 웰스 파고 스캔들이 보여주듯, 대응이 지연되면 문제가 개선되지 않고 더 나빠지기만 한다.

버크셔가 침체기에 투자한 종목 중 상당수가 2016년 서서히 축소되기 시작했다. 그해 9월, 리글리는 46억 달러에 우선주를 상환했는데, 이는 2008년부터 받은 21억 달러 규모의 투자액 및 우선주 배당금과 비교해서 매우 큰 액수였다. 12월에 다우 케미컬은 배당률이 8.5%인 30억 달러 규모의 우선주를 보통주 7,260만 주로 전환하기로 했다. 이러한 우선주 상환에 더해, 크래프트 하인즈는 배당률이 9%인 80억 달러 규모의 우선주를 83억 달러에 상환했다. 이와 같은 투자금에서 발생한 세전 자본 수익은 42억 달러를 웃돌았다. 회수된 현금 총액은 훨씬 더 높은 수치였다. 버크셔에 현금이 더해져 현금 보유액이 증가했는데, 그 규모는 2016년 말 당시 860억 달러에 달했다.

표 9-12 · 버크셔 해서웨이 주식 포트폴리오, 선별 정보

자료·2015~2016년 버크셔 해서웨이 연례 보고서 및 저자의 계산 **단위**·100만 달러

	2016		2015		변동액	
	인수 가격	시장가치	인수 가격	시장가치	인수 가격	시장가치
아메리칸 익스프레스	1,287	11,231	1,287	10,545	0	686
애플	6,747	7,093			6,747	7,093
AT&T			1,283	1,603	(1,283)	(1,603)
차터 커뮤니케이션즈	1,210	1,955	1,202	1,367	8	588
코카콜라	1,299	16,584	1,299	17,184	0	(600)
다비타 헬스케어 파트너스			843	1,291	(843)	(1,291)
델타 항공	2,299	2,702			2,299	2,702
디어 앤드 컴퍼니			1,773	1,690	(1,773)	(1,690)
골드먼 삭스	654	2,727	654	2,053	0	674
IBM	13,815	13,484	13,791	11,152	24	2,332
무디스 코퍼레이션	248	2,326	248	2,475	0	(149)
필립스 66	5,841	6,445	4,357	4,530	1,484	1,915
사노피	1,692	1,791	1,701	1,896	(9)	(105)
사우스웨스트 항공	1,757	2,153			1,757	2,153
프록터 & 갬블			336	4,683	(336)	(4,683)
US 뱅코프	3,239	5,233	3,239	4,346	0	887
유나이티드 콘티넨털 홀딩스	1,477	1,940			1,477	1,940
USG 코퍼레이션	836	1,253			836	1,253
월마트			3,593	3,893	(3,593)	(3,893)
웰스 파고	12,730	27,555	12,730	27,180	0	375
나머지 기업들	10,697	17,560	10,276	16,450	421	1,110
주식 합계액	**65,828**	**122,032**	**58,612**	**112,338**	**7,216**	**9,694**

2017년

–

버크셔의 주당 장부가치는 2017년 23% 증가했다. 해당 실적은 S&P

500 지수보다 1.2%p 높은 결과였다.* 버크셔의 순자산은 653억 달러 증가했는데, 이는 거대 복합기업이라는 규모에서 볼 때도 이례적인 수치였다. 버크셔의 자본 배분 책임자들이 12개월에서 거의 한 분기 만에 2,500억 달러의 순자산을 보유한 회사로 성장시키는 비결을 발견한 것일까? 안타깝지만 그렇지 않다. 그 결과는 세법이 개정된 데서 비롯되었다. 2017년 12월, 의회가 2017년 세법개정안Tax Cuts and Jobs Act of 2017을 통과시켰다. 그에 따라 (무엇보다도) 법인세율이 35%에서 21%로 떨어졌으며, 버크셔의 이연 법인세 부채가 291억 달러 감소했다. 법인세율이 낮아졌다는 것은 버크셔의 주주들이 이 거대 복합기업의 이익을 더 많이 보유하게 되었다는 의미였다. 그리고 그 이익은 늘어나고 있었다.

버크셔의 사업체들은 그 외에 362억 달러 또는 전년도 순자산의 12.8%만큼 기여했다. 모든 것을 감안했을 때, 2017년 버크셔는 성과가 좋은 한 해를 보냈다. 역대 최대 규모의 소급 재보험 거래에 힘입어 보험 부문은 책임준비금을 기록적인 수준까지 증가시켰다. 회계 원장상 부정적인 면을 보자면, 몇몇 대형 재해 손실로 14년 연속의 종합적인 보험계약 인수 수익성이 무너졌다. 버크셔 산하 비보험 자회사들의 상당수는 특별한 이슈로 어려움을 겪기도 했지만 1년 동안 좋은 성과를 달성했다. 낮은 금리 환경에서는 인수 건에 쉽사리 뛰어들지 못했지만, 버크셔의 현금 비축고는 1,160억 달러까지 늘어났다. 그런 가운데에서도 버크셔는 볼트온 인수 건에 27억 달러를 투자했으며, 한 건의 주목할 만한 부분 인수를 진행했다.

---

* 버크셔의 시장가치는 21.9% 증가했다.

파일럿 플라잉 J

2017년 10월 3일, 버크셔는 테네시주 녹스빌에 본사를 둔 파일럿 트래블 센터Pilot Travel Centers, LLC 지분 38.6%를 인수했다.** 이 회사는 미국과 캐나다 전역에서 휴게소 750곳을 운영하며 200억 달러의 연간 매출액으로 북미 최대 규모의 휴게소 체인이 되었다. 파일럿 플라잉 JPilot Flying J(휴게소 이름에서 유래함)로 더 잘 알려진 이 회사는 파일럿 트래블 센터와 플라잉 J의 합병으로 새롭게 탄생했다. 이 회사를 이끈 지미 하슬람 3세Jimmy Haslam III의 아버지가 1958년 이 회사의 전신 격인 회사를 세웠다. 이 회사에 대한 초기 인수가는 공개되지 않았지만 이후 여러 자료에서 28억 달러로 제시되었다. 이는 이 회사의 가치가 72억 5,000만 달러 정도로 평가되었음을 시사했다.[8]

보험업

14년 연속된 전체적인 보험계약 인수 이익은 2017년 끝이 났다. 미국과 푸에르토리코를 덮친 세 건의 태풍을 비롯해 여섯 건의 대형 재해로 대규모 손실이 발생했다.*** 보험 부문은 606억 달러의 수입 보험료(32% 증가)에서 32억 달러의 세전 보험계약 인수 손실을 기록했다. 그 결과 장기간 연속적으로 누적되었던 세전 이익 280억 달러 중 일부가 되돌아갔다. 그런 점에서 손실은 그만하기 다행이었다. 1,030억 달러의

** 녹스빌에는 클레이턴 홈스의 본사도 있다. 클레이턴 홈스의 CEO 케빈 클레이턴Kevin Clayton이 하슬람에게 회사 지분을 버크셔에 팔도록 권유했으며, 버핏은 거래가 성사되도록 케빈이 역할을 했다고 말했다.
*** 버크셔는 단일 사건으로 발생한 1억 달러 또는 세전 1억 달러를 훨씬 넘어서는 손실을 대형 재해 손실로 규정했다.

평균 책임준비금에서 3.1%의 책임준비금 비용이 발생한 것도 마찬가지였다.*

표 9-13 · 버크셔 해서웨이 보험계약 인수
자료·2017년, 2019년 버크셔 해서웨이 연례 보고서 및 저자의 계산 **단위**·100만 달러

	2017	2016
가이코		
수입 보험료	29,441	25,483
보험계약 인수 손익(세전)	(310)	462
버크셔 해서웨이 재보험 그룹		
수입 보험료		
손해/상해	7,552	7,218
소급 재보험	10,755	1,254
생명/건강	4,808	4,587
정기 지급 연금보험	898	1,082
수입 보험료 합계	24,013	14,141
보험계약 인수 손익(세전)		
손해/상해	(1,595)	895
소급 재보험	(1,330)	(60)
생명/건강	(52)	305
정기 지급 연금	(671)	(128)
보험계약 인수 손익(세전) 합계	(3,648)	1,012
버크셔 해서웨이 원수보험 부문		
수입 보험료	7,143	6,257
보험계약 인수 손익(세전)	719	657
수입 보험료 합계	60,597	45,881
보험계약 인수 손익(세전) 합계	(3,239)	2,131
평균 책임준비금	103,039	89,650
책임준비금 비용	3.1%	(2.4%)

참고
2017년 제너럴 리의 실적이 버크셔 해서웨이 재보험 부문의 실적에 통합됨. 2016년 실적은 새로운 실적 자료와 맞아떨어지도록 수정되었다.

버핏은 어느 순간 손실을 보는 한 해가 올 것으로 예측한다고 주주들에게 재차 강조했다. 대형 보험회사가 겪을 수밖에 없는 현실을 짚은 것이다. 또한 버핏은 산업의 손실 중 버크셔가 3% 정도를 분담할 것으로 예측한 데 이어 최악의 메가 캣mega cat : mega-catastrope이 4,000억 달러의 손실을 일으켰을 것으로 보았다. 게다가 그런 재해로 버크셔가 입은 손실은 120억 달러에 이르렀는데, 이 액수는 버크셔의 비보험 자회사들이 수월히 충당했다(다른 보험회사들이라면 그로 인해 파산할 수도 있었다).**

버크셔 해서웨이 재보험 부문

2017년 초, 제너럴 리의 실적이 버크셔 해서웨이 재보험 부문의 실적에 통합되었다. 당시 주요 부문 네 곳, 즉 손해/상해 부문, 소급 재보험 부문, 생명/건강 부문, 정기 지급 연금보험 부문의 실적이 제시되었다. 그에 더해 비교 목적으로 분리된 제너럴 리의 활동이 자세히 설명되었다. 높은 수준의 분석은 니코 그룹NICO Group(버크셔 해서웨이 재보험 부문의 초기 사업부)이 손해/상해 부문에서 제너럴 리의 실적을 절반 정도 무색하게 했음을 보여 주었다. 제너럴 리의 생명/건강 부문은 네브래스카 버크셔 해서웨이 생명보험Berkshire Hathaway Life Insurance Company of Nebraska(이하 BHLN Group, 버크셔 해서웨이 재보험 부문의 초기 사업부)의 생명/건강 부문에 비해 2배 정도의 실적을 유지했다.

---

* 기말 책임준비금은 2016년 916억 달러에서 2017년 1,145억 달러까지 증가했다.
** 일각에서는 너무 높은 수치로 봤는데, 버핏은 그런 재해가 일어날 확률을 연간 2%로 보았다.

아지트 자인이 이끈 버크셔 해서웨이 재보험 부문은 역대 최대 규모의 소급 재보험계약을 인수했다. 이 계약에서 버크셔는 102억 달러의 보험료에 대해 AIG가 2016년 이전에 발생시킨 손실을 200억 달러까지 보장하기로 했다.* 이 계약은 양쪽에 다 매력적인 거래였다. AIG는 충당금 부족으로 인한 리스크를 급격히 낮추었으며, 버크셔는 우월한 재정적 강점을 활용했다. AIG와의 계약으로 소급 재보험 부문의 수입 보험료는 2016년 13억 달러에서 2017년 108억 달러로 증가했다. 그에 따라 버크셔 해서웨이 재보험 부문의 전체 수입 보험료가 70% 증가해 240억 달러에 이르렀다. 버크셔 해서웨이 재보험 부문은 전체적으로 10억 달러의 전년도 이익에 비교해 36억 달러의 세전 보험계약 인수 이익을 보고했다.

그런데 소급 재보험계약이 첫날에만 수익성에 영향을 미치지 않음을 기억해야 한다. 수취한 보험료를 초과하는 미래 예상 손실이 보험 존속 기간에 손실로 상각되는 이연비용 자산으로 장부에 기록된다. 그 비용은 AIG와의 계약만 따져도 62억 달러에 이르렀다. 그 자산은 이론상으로 선불로 수취한 보험료에서 벌어들인 액수에 해당했다. 버크셔의 최종 경제 실적을 결정하는 변수는 미래의 보험금 지급 시기와 그 금액이었다. 더 넓게 보면 책임준비금을 투자하는 능력이 또한 영향을 미친다. 2017년 말 전에도 추정치가 수정되고 있었다. 2017년 4분기에 버크셔는 AIG 계약에 대한 최종 배상 책임 추정치를 18억 달러 늘렸다.

---

* 계약에 명기된 바에 따르면, 버크셔는 AIG가 보유한 250억 달러를 초과하는 손실에 대해서 해당 손실의 80%(최대 250억 달러 한도)를 AIG에 보상하게 된다.

또한 그 비용의 대부분이 미래에 발생하는 것이었기에 이연비용 자산도 17억 달러 늘렸다. 이렇게 1억 달러가 남아서 2017년 이익에 결국 타격이 되었다. 수익성에 대한 최종 판단은 수십 년에 걸쳐 진행되는 것이었다.**

소급 재보험 부문에서는 회계 비용이 압도적인 부분을 차지했다. 2017년 13억 달러의 보험계약 인수 손실에서 10억 달러 정도가 이연비용 상각에서 비롯되었다.*** 비슷한 규모의 요금이 향후 몇 년 동안 이익에 타격을 입히고 전반적인 보험계약 인수 이익에 강한 역풍으로 작용하게 된다. 외화표시 부채의 재평가와 관련한 추가적인 2억 6,400만 달러의 외환 손실도 실적에 영향을 미쳤다. 위에서 언급한 AIG와의 계약에서 발생한 순 조정액 1억 달러가 그 차이를 메꾸었다.

손해/상해 부문은 수입 보험료가 5% 증가해 76억 달러에 이르렀다. 니코 그룹에서 인슈어런스 오스트레일리아 그룹과 체결한 20% 지분 참여 계약은 45억 달러의 수입 보험료 중 40%에 대한 기여 요인이 되었다. 신규 업체가 편입되고 갱신된 사업에 대한 참여가 늘어나 보험 업계의 인수 가용 규모가 확대되었음에도 제너럴 리의 손해/상해 부문은 수입 보험료가 21% 증가해 31억 달러에 이르렀다. 허리케인 하비

** 2018년 연례 주주총회에서 버핏은 그때까지 AIG에 150억 달러 정도를 지급했다고 밝혔다. 버크셔의 지급액은 250억 달러 정도에서 시작됐을 것이다. 버핏은 또한 시간이 지날수록 지급이 더뎌지는 경향이 있다고 말했다. 이는 재무 보고서의 보험 잔존 기간 중 보험금 청구 이력 통계에서 확인되는 효과라는 언급도 했다.

*** 소급 재보험 부문에서 발생한 총 13억 3,000만 달러의 보험계약 인수 손실 중 환율 변화와 관련한 2억 6,400만 달러, 위에서 설명한 AIG 계약에서 발생한 1억 달러를 빼더라도 9억 6,600만 달러가 남았다. AIG와의 계약은 소급 재보험 부문의 수입 보험료 108억 달러 가운데 102억 달러를 차지했다. 나머지 소급 재보험 물량은 7억 달러 정도였다. 각주에 의하면, 소급 재보험 부문의 충당금 발생액은 "2016년과 2017년에는 비교적 미미했다".

Harvey, 이마Irma, 마리아Maria, 멕시코의 지진, 오스트레일리아의 사이클론, 캘리포니아주의 산불로 인한 손실로 전체 손해/상해 부문의 손실이 24억 달러나 발생했다. 그 외 손해/상해 부문이 체결한 여러 계약에서 발생한 이익 및 2억 9,500만 달러의 이익성 손해로 전체 손실이 딱 16억 달러까지 경감되었다.

근로자 보상 부문의 재보험 관련 추정치의 변화는 경영진의 자유재량으로 재무제표에 영향을 미칠 수 있음을 보여 주었다. 2017년 제4분기 전까지 버크셔는 재보험계약들을 토대로 추정한 보상 책임을 할인한 바 있다(미래 지불액의 가치가 현재보다 더 낮았다는 사실이 반영되었다). 그런데 재보험계약을 여타 계약에 부합시키기 위해 추정치가 변경되어 할인율이 제거되었다. 그에 따라 손실 및 손실 비용이 14억 3,000만 달러 증가했으며 자기자본도 무려 9억 3,100만 달러나 타격을 입었다.* 이런 변화는 버크셔의 보수주의를 보여 주는 사례로 어떻게 경영진이 재무제표에 영향을 미칠 수 있는지 확인할 수 있다. 보험과 관련한 회계에서는 그처럼 추정하는 경우가 상당하다. 그래서 부도덕한 경영진이 손실을 숨기려는 유혹에 빠지거나 심지어 노골적으로 사기를 저지르기도 한다.** 회계와 경제성을 비교하는 모든 단계에서 버핏과 버크셔는 실적이 더 나빠 보인다 해도 현실주의를 고수했다.

생명/건강 부문에서도 기본 추정치가 변경되어 5,200만 달러의 손실이 발생했다. 네브래스카 버크셔 해서웨이 생명보험이 다양한 연금 사

---

* 차이는 법인세 부담이 5억 200만 달러 감소한 것이다.
** 변경된 추정치가 반영돼 2014~2016년의 이익잉여금과 자기자본이 수정되었다.

업과 관련해 이익을 보고한 한편, 제너럴 리는 주로 미국 장기 요양 사업과 관련해 추정치 변경에 따른 비용으로 손실을 보고했다.

　정기 지급 연금보험 부문은 6억 7,100만 달러의 손실을 보고했다. 영국 파운드 대비 미국 달러의 평가절하 및 할인율 감소(부채를 증가시킴)도 손실이 발생하는 데 부분적인 원인이 되었다.***

가이코

가이코는 2000년 이래 처음으로 보험계약 인수 손실을 보고했으나 책임준비금의 증가분이 해당 손실을 상쇄하고도 남았다. 86.6%의 손해율은 버크셔의 소유권 아래에서 사상 최고치로 기록되었다. 허리케인 하비와 이마로 인한 4억 5,000만 달러의 손실(수입 보험료의 1.5%), 전년도 보험금 청구 관련 불이익성 손해로 인한 5억 1,700만 달러(수입 보험료의 1.75%)도 손해율에 영향을 미쳤다. 3억 1,000만 달러의 세전 보험계약 인수 손실은 101.1%의 합산비율에 상당했다. 전체 매출은 딴판이었다. 계약이 8.6% 증가했고 가격이 6.9% 인상된 요인이 조합된 덕에 수입 보험료는 15.5% 증가해 294억 달러에 이르렀다. 가이코의 책임준비금은 상세히 제시되지 않았지만 수입 보험료의 65%(과거 평균)로 추정했을 때 대략 190억 달러로 평가되었으며, 이는 전년도보다 25억 달러 정도 증가한 수치였다. 가이코의 시장점유율은 12%에서 12.8%로 증가했다.[9]

*** 2015년 순서에서 화폐의 시간가치와 관련한 경제성에 대해 다뤘다. 그 부분을 참고하라.

버크셔 해서웨이 원수보험 부문

원수보험 부문은 흑자를 기록했다. 수입 보험료는 14% 성장해 71억 달러에 이르렀고, 이익은 9% 증가해 7억 1,900만 달러에 이르렀다. 가드(26%)와 버크셔 해서웨이 스페셜티 인슈어런스(23%)가 두 자릿수 성장을 하여 원수보험 부문을 주도했으며, 메드프로와 홈 스테이트의 성장 또한 보험료의 성장에 기여했다. 2017년 다수의 대형 재해로 인한 손실은 실적에 부정적인 영향을 미쳤다. 이익성 손해 증가는 전년 8% 대비 10%를 기록했다. 지난 3년 동안 매년 의료 과실 보상 및 근로자 보상 부문에서 이익성 증가분이 발생했다.

규제 대상 자본 집약적 사업 부문

BNSF는 화물 운송량과 가격 책정이 실적에 기여함으로써 매출액이 8% 증가해 214억 달러에 이르렀으며 세전 이익이 11% 증가해 63억 달러를 기록했다. 화물 운송량은 소비재, 산업재, 석탄 운송과 관련해 각각 한 자릿수 중반의 증가를 나타냈다. 농산물 운송량은 변동이 없었다. 1년간의 실적은 하반기에 보인 다소 더뎠던 성장세를 가렸다. 이전 2년에 걸친 석탄 운송량의 변동에는 대체재(대체 가능한 재화)에 관련한 기본 경제원칙이 작동했다. BNSF가 석탄 운송의 경우, 가격이 하락한 천연가스가 석탄보다 저렴한 대체품이 되었다. 이에 소비자들은 물론 전기 시설 발전소가 연료를 천연가스로 대체했다. 대체품은 모든 경기순환의 일부이며, 상품이나 서비스가 어느 측면에 있냐가 재정적 운명을 결정한다.

버크셔 해서웨이 에너지는 대다수 부문의 영업 실적에 거의 변화가 없었던 가운데 EBIT가 변동 없이 34억 달러에 머물렀다. 또한 2개의 천연가스 파이프라인에서 EBIT가 8% 증가해 4억 4,600만 달러에 이르렀다. 연초에 요금 구조의 변화에서 비롯된 해당 실적에 힘입어 컨 리버는 더 많은 사업을 유지하기 위해 기존 고객들에 더해 더욱 경쟁력을 갖췄다.[10] 캐나다 앨버타주에 기반을 둔 전력 송전업체 알타링크는 규제 당국의 결정 덕분에 매출액이 39% 증가했으며, 결과적으로 건설중인자산construction-in-progress(유형자산을 건설하거나 매입할 때 지출한 경비로 건설이 준공되기까지의 잠정 경비 – 옮긴이)을 더 빨리 회복했다.* 노던 파워그리드(영국 소재) 같은 부문은 환율 때문에, 특히 영국 파운드 대비 미국 달러의 가치 하락으로 타격을 입었다.

이자 비용의 회계 처리는 회계에 담긴 미묘한 의미를 이해해야 하는 이유를 보여 준다. 버크셔 해서웨이 에너지는 당해에 일부 채무에 대한 공개 매입을 완료했다. 이는 경제적 관점에서 유리한 조치였다.** 그런데 이 거래로 발생한 대규모의 일회성 비용은 회계 규정에 따라 이자 비용 항목에 기록되었다. 실제 이자 비용이 7% 감소했음에도 회계장부에서는 이자 비용이 4억 6,500만 달러에서 8억 4,400만 달러로 증가한 것처럼 보였다. 회계 비용을 포함해서 순이익 중 버크셔의 몫은 9% 감소해 21억 달러에 이르렀다.

---

* 알타링크의 세전 이익은 공개되지 않았다. SEC에 제출된 2017년 버크셔 해서웨이 에너지 연간 사업보고서에 따르면, 알타링크는 미국 기반의 송전 자산과 통합되었다. 해당 부문의 세전 이익 증가율은 25%였다.
** 2017년 12월 28일 발표한 입찰 제안서에 따르면, 상환된 채권은 5.95%에서 8.48% 범위의 이자율이 적용되었으며, (재무제표의 주석에 따르면) 평균 2% 이자율의 차입으로 대체되었다.

2017년 세법개정안의 영향

2017년 개정된 세법은 순자산이 엄청나게 증가하는 데 기여 요인이 되었다. 그와 관련해 짚고 넘어가야 할 사항이 있다. 핵심 물음은 다음과 같다. 법인세율 인하로 누가 혜택을 입었을까? 답은 업종에 따라 달라진다.

- 규제를 강하게 받는 기업 | 고객

  BNSF와 버크셔 해서웨이 에너지 등의 유틸리티 기업이 세후 기준으로 책정된 자기자본이익률이 허용되었다. 혜택은 늘 낮아진 가격을 통해 고객에게 전해져야 한다. 버크셔는 이 수치를 60억 달러 정도로 보았다.

- 강력한 해자를 갖춘, 규제받지 않는 기업 | 기업

  시즈 캔디 같은 기업은 경쟁으로 인한 가격 인하 압박에 직면했기에 모든 또는 대부분의 혜택을 유지했다. 미실현 투자 이익에 대한 이연 세금과 관련해 부채가 감소한 것도 버크셔가 얻은 혜택이었다.

- 경쟁에 직면한, 규제받지 않는 기업 | 고객

  이 기업들은 사업을 유지하기 위해 법인세율 인하로 인한 대부분 또는 모든 혜택을 고객에게 제공해야 할 것으로 파악됐다. 해자가 없는 기업은 경쟁에 나서기 위해 가격을 낮출 수밖에 없었고, 그래서 법인세율 인하로 인한 혜택 대부분을 상실했다.

제조, 서비스, 소매 유통업

버핏은 2016년 경쟁 업체들이 버크셔의 연례 보고서를 살펴본다는 것을 주주들에게 언급했는데, 당시 버핏은 버크셔의 개별 사업 부문에 대한 논평을 줄인 새로운 형식의 실적 발표를 준비하고 있었다. 새로운 형식의 실적 발표는 2017년에 시행되었는데, 대차대조표 및 제조, 서비스, 소매 유통 부문의 이익이 요약된 표는 완전히 사라졌다. 대신에 재무제표의 주석에 나오는 사업 부문의 자료를 토대로 대략적으로 계산된 수치만 제시되었다.

이에 대해 버핏이 말한 바에 따르면, 세부 사항은 주주들에게는 바람직한 것이지만 버크셔가 더 작았던 시절만큼 중요한 것이 아니었다. "그래도 알아야 합니다. 중요한 건 버크셔 숲의 성장입니다. 나무 하나하나에 과도하게 집중하는 것은 어리석은 짓입니다."

버핏은 이익을 그 창출원인 자본과 연관 지어 분석해야 한다고 오래전부터 말했다. 주주 서한에서 주주들에게 제시된 연도별 요약 대차대조표 없이는 유형자기자본이익률 계산이 거의 불가능해졌다. 기말 기준 사업권 및 인식 가능 자산 규모를 제외하고 이전에 대차대조표에 있

표 9-14 · 제조, 서비스, 소매 유통 부문 세전 이익 | **자료**·2017년 버크셔 해서웨이 연례 보고서 및 저자의 계산 **단위**·100만 달러

	2017	2016	변동률
산업재	4,367	4,209	4%
건축자재	1,382	1,178	17%
소비재	1,112	824	35%
소계-제조	6,861	6,211	10%
서비스	1,298	1,161	12%
소매 유통	785	659	19%
맥클레인	299	431	(31%)
소계-서비스 및 소매	2,382	2,251	6%
세전 이익 총계	9,243	8,462	9%
법인세 및 비규제 이자	(3,035)	(2,831)	7%
세후 이익	6,208	5,631	10%

었던 정보는 대체로 사라졌다.*

- 산업재(매출액 264억 달러, 6.8% 증가) ㅣ 이익(4% 증가한 44억 달러)은 프리시전 캐스트파츠 인수와 관련한 일회성 비용에 의해 타격을 받았다. 그에 따라 세전 이익이 12.5% 감소했다.** 해당 이익에 대한 자세한 수치는 제시되지 않았다. IMC와 마몬의 이익도 마찬가지로 공개되지 않았다. 각주에서는 이 두 회사의 견고한 매출액 성장(IMC 13% 증가, 마몬 7% 증가)을 공개했으나 매출이 얼마나 이익으로 전환되었는지는 구체적으로 밝히지 않았다. 루브리졸의 이익은 상세히 공개되었다. 루브리졸은 실적이 저조한 사업과 관련한 3억 6,500만 달러의 감가상각 결과로 2016년 회계연도의 실적이 낮아지는 등 여러 요인이 복합적으로 작용해 3%에 불과한 매출 성장률에서 세전 이익이 17% 증가했다.

- 건축자재(매출액 119억 달러, 10.8% 증가) ㅣ 세전 이익은 17% 증가해 14억 달러에 이르렀다. 매출액 증가분의 절반은 쇼 인더스트리스와 미텍의 볼트온 인수 건들에 기인했다. 해당 인수 건들은 이익에도 기여한 것으로 보인다. 이익 증가분의 절반 정도는 1억 700만 달러의 손상 차손, 연금 정산, 쇼 인더스트리스와 벤저민 무어의 환경오염 보상 비용에 따른 2016년의 기저 효과에 기인했다.

---

* 많은 애널리스트와 주주들(저자 포함)은 이런 변화를 아쉬워했다. 제조, 서비스, 소매 유통 부문은 버크셔에서 주요한 가치 창출원이다. 그 사업 부문들의 미묘한 차이를 이해해야 한다. 흥미로운 통계가 있다. 1987년 버크셔 해서웨이 연례 보고서는 56쪽 분량이었다. 반면에 2017년 보고서는 148쪽으로 등록되었다. 달리 말해 버크셔의 연례 보고서가 30년 동안 매년 딱 3.3% 비율로 분량이 늘어난 반면, 버크셔의 사업은 출범 초반의 신예 복합기업 수준을 뛰어넘어 훨씬 확장되었다. 버핏은 각주를 너무 많이 붙이지 않도록 막은 사람이었다.

** 이런 일회성 재고 및 상각 부담금은 인수와 결부되어야 하는 상각 비용과는 관계가 없었다. 버핏에 따르면 2017년 프리시전 캐스트파츠 관련 사업권 상각액이 1년에 4억 달러가 약간 넘었다. 버핏은 사업 부문들의 영업 성과를 평가하는 데 유용하지 않다는 판단하에 그와 같은 매수법 관련 비용을 단일 항목으로 정리했다.

- 소비재(매출액 121억 달러, 10% 증가) | 소비재 부문의 이익은 35% 증가해 11억 달러에 이르렀다. 포레스트 리버는 유기적 성장(볼트온 인수가 아닌 기존 사업 부문을 통한 성장)에 기여했다. 매출액은 14% 증가했으며, 이익은 레저형 차량에 대한 강한 수요가 실적을 강화해 23% 늘어났다. 듀라셀은 강하게 회복했다. 듀라셀의 2016년 실적에서는 이전transition 및 구조 조정 비용이 불리하게 작용했다. 2017년 듀라셀의 매출액은 (2016년 10개월의 기간과 비교했을 때) 25% 증가했으며, 세전 이익은 8,200만 달러에 이르렀다.*** 의류 및 신발 부문은 이익이 5% 증가했다.

- 서비스 부문(매출액 112억 달러, 8% 증가) | 이 부분의 세전 이익은 12% 증가해 13억 달러에 이르렀다. TTI와 넷제트의 실적은 서비스 부문 내 성장을 주도했다. 전자 부품에 대한 늘어난 수요 및 증가한 비행시간이 두 회사의 매출액과 이익 증가로 이어졌다. 플라이트세이프티, 미디어 기업, 물류 기업들의 관련 이익(명시되지 않음)이 감소했음에도 서비스 부문의 이익은 크게 증가했다.

- 소매 유통 부문(매출액 151억 달러, 변동 없음) | 소매 유통 부문은 매출액의 변화가 없었지만 이익이 19% 증가해 7억 8,500만 달러를 달성했다. 이익의 증가는 버크셔 해서웨이 오토모티브, 가정용 가구 유통업체들, 팸퍼드 셰프에 기인했다. 보석업체들, 시즈 캔디, 오리엔탈 트레이딩 컴퍼니, 데틀레프 루이스 모토라트에 대한 실적은 자세히 논의되지 않았다.

- 맥클레인(매출액 498억 달러, 3.5% 증가) | 맥클레인은 힘든 한 해를 보냈다. 매출액은 증가한 반면, 이익은 31% 폭락해 2억 9,900만 달러에 머물렀다. 이익이 대

*** 듀라셀의 이익은 42억 달러의 인수가에 비교해서는 낮아 보였다. 인수가에서 18억 달러의 현금을 공제했을 때도 그 이익은 불충분해 보였다. 듀라셀은 버크셔에서 비교적 소규모 부문에 해당했다. 버핏이 2018년 연례 주주총회에서 언급한 바에 따르면, 듀라셀은 진행 중이던 이전 문제를 처리하고 나면 더 많은 이익을 벌어들일 것으로 예상되었다. 버핏의 의견에서 나타났듯, 경영진이 특정한 사업부의 규모를 축소할 필요가 있었지만 특히 근로계약법 때문에 적어도 일시적으로 그렇게 하는 것이 금지되었다.

폭 하락한 것은 경쟁 및 비용 상승이 원인이 되어 식료품 사업 부문의 이익이 57% 감소했기 때문이다. 거기다 이 회사의 운명에 큰 변화, 특히 이전 몇 년간 비교적 안정적이었던 부분에 큰 변화가 일어난 이유를 알고 싶어 하는 애널리스트가 있었다. 2018년 연례 주주총회에 초대된 3명의 애널리스트 중 한 사람이자 루안 거니프 앤드 골드파브Ruane, Cunniff & Goldfarb의 애널리스트인 조너선 브랜트Jonathan Brandt가 질문을 던졌다. 다행스럽게도 버핏이 조너선의 질문을 받았다. 맥클레인의 주류 유통 사업은 비교적 수익성이 좋았기 때문에 식료품 사업 부문의 실적 감소는 보이는 것보다 훨씬 심각했다. 맥클레인은 한쪽에 크고 견고한 공급업체가 있었고, 다른 한쪽에는 마찬가지로 만만치 않은 고객이 있었다. 거기서 남은 것(세전 매출액의 1% 이하)으로 맥클레인은 사업을 운영해야 했다. 버핏은 맥클레인이 겪는 어려움이 계속될 것이며 그것이 자본주의의 경쟁 압박이 심각하다는 근거라고 말했다.

금융 및 금융 상품

금융 및 금융 상품 부문의 세전 이익은 3% 감소해 21억 달러에 이르렀다. 클레이턴 홈스의 이익은 18%의 매우 견고한 매출액 성장세에서 3% 증가해 7억 6,500만 달러를 기록했다. 클레이턴 홈스에서 137억 달러의 대출 포트폴리오는 (좋은 실적이든 나쁜 실적이든지 간에) 제조 부문의 실적에 평형추 기능을 했다. 매출액 성장분의 일부는 대지에 짓는 주택이 증가한 데서 비롯되었다. 클레이턴 홈스는 2017년 현장 주택 시공업체 두 곳을 인수했다.* 전통 방식의 건축 관련 매출액은 2018년 10억 달러를 넘어설 것으로 예상되었다. 해당 수치는 클레이턴 홈스에게는 상당한 증가액이었지만, 전체 업계로 보면 미미한 수준이었다. 그래도 클레이턴 홈스는 조립식 주택 시장에서 실세의 위치를 유지했는데, 49%의 시장점유율은 그에 필적할 만한 경쟁 업체의 시장점유율보다 3배나 더 높았다.

운송 장비 임대 사업 부문은 이익이 9% 감소해 8억 6,900만 달러에 머물렀다. 업계 내 공급 문제도 원인 중 일부였다. 철도차량의 가용량이 수요를 초과한 탓에 임대 요금이 낮아진 것으로 판단되었다. 감가상각비와 여러 고정비용이 매출에 따라 변동하지 않았기에 2%밖에 안 되는 매출액 감소치가 이익이 대폭 하락하는 결과로 이어졌다.

투자

2017년 두 건의 투자 활동이 큰 성공으로 이어졌으나 어느 하나도 2017년 주주 서한에서 언급되지 않았다. 주주들은 비즈니스 언론에서 그 소식을 접하지 않았다 해도, IBM**이 최상위 투자 항목에서 사라졌고(예전에 시장가치로 3위였다) 애플이 5위에서 2위로 평가된 사실을 알았을 것이다.

버크셔가 애플에 대한 초기 지분에 투자하기까지 토드 콤스와 테드 웨슬러, 이 두 투자 관리자 중 한 사람이 버핏을 설득했다(버핏은 이번에도 구체적으로 밝히지 않았다).

2017년 말 시장가치가 280억 달러에 이르도록 애플에 대한 포지션

---

* 현장 주택 시공업체 두 곳은 콜로라도주에 있는 오크우드 홈스Oakwood Homes, 앨라배마주에 있는 해리스 도일Harris Doyle이었다.
** 2016년 말 8,100만 주까지 보유했다가 2017년 말 200만 주(3억 1,400만 달러의 가치)만 남겼다.

을 늘린 것은 버핏의 조치였다. 버핏은 기술에 대한 이해가 부족했고 그런 기업을 경계한 사실을 인정했다. 그렇다면 왜 IBM 지분을 정리하고 애플에 투자를 확대했을까?

답은 간단하다. 애플은 거대한 해자를 갖췄지만 IBM은 그러지 못했다.

애플의 해자는 넓고 깊었다. 애플은 1990년대 말 아이맥iMac 퍼스널 컴퓨터로 자사를 처음 혁신했고, 이어 휴대하기 간편한 아이팟iPod(덩치 큰 CD와 CD 플레이어를 대체했다)으로 성공의 초석을 마련했으며, 이후 아이패드iPad(인터넷 서핑용 태블릿)과 아이폰iPhone(전화와 인터넷을 모두 사용할 수 있는 스마트폰)으로 큰 성공을 거두었다. 이런 혁신으로 애플은 테크놀로지 기업이 아니라 소비재 기업으로서 가치를 더 인정받았다. 애플은 사람들이 선호하는 제품을 판매했으며 소비자들이 투자한 제품 중심의 앱 기술 생태계를 구축했다. 새로운 기기나 새로운 버전의 기기가 출시될 때마다 소비자들이 구매하기 위해 몰려들었다. 아이폰을 가진다는 것은 지위의 상징이었다. 애플은 누구나 아는 이름이 되었다.

상당한 전환 비용과 결합된 소비자 습관에 의해 애플의 해자가 구축되고 유지되었다. 소비자들은 애플 기기에서만 이용할 수 있는 앱과 음악에 투자했다. 시간이 흐르면서 시장에서는 대규모 경쟁 업체인 애플과 구글(안드로이드 시스템)이 지배력을 굳혔다. 큰 비용을 들여 애플 시스템에 있는 앱과 음악을 재구매하는 일과 비교했을 때, 소비자들은 부가적 혜택이 적은 경쟁 업체의 시스템을 선택할 만한 동기가 별로 없었다.

반면에 IBM은 테크놀로지 기업이자 서비스 기업이었다. IBM의 제품은 일상생활에서 쉽게 접할 수 있는 것이 아니지만, 그로 인해 협소한 해자가 형성된 건 아니다. IBM은 스토리지를 비롯해 슈퍼컴퓨터, 다양한 클라우드 컴퓨팅 서비스를 제공했다. 그런데 관련 시장에서는 버핏이 처음에 우려했던 것보다 아마존, 마이크로소프트, 구글 같은 대형 기술 기업과의 경쟁에 쉽게 노출될 수밖에 없었다. IBM에 투자를 시작한 2011년 당시 버핏은 4개의 '이례적인 기업' 중 하나로 IBM을 지목했으며 IBM의 재무 관리를 칭찬했다. 그러나 수년이 지난 후 버핏은 자신의 투자가 실수였다고 인정했다. IBM이 버크셔에 수익을 안겨 주지 않았던 건 아니었지만(IBM은 주로 자사주 매입과 배당을 통해 주주들에게 수익을 돌려주었다), 다른 투자처가 버크셔에 더 많은 수익을 안겨 줄 수 있었다. 버크셔는 그 기회비용 중의 하나를 놓친 것이었다. 시장이 개선되는 동안 버크셔의 투자는 정체되었다.

애플이 세계 최고 기업으로 성장한 이유는 하나의 놀랄 만한 통계에서도 드러난다. 애플은 유형자본을 운용할 필요가 없었다.* 즉 매입채무, 이자, 예금이 매출채권, 재고, 고정자산 등 사업 운용에 필요한 모든 것보다 훨씬 많았다. 달리 말해 애플의 공급업체와 고객들이 사업 운영에(그리고 그 밖에) 필요한 자금을 다 제공했다. 그래서 주주들은 자본금을 댈 필요가 없었지만 수익을 얻을 권리는 지녔다. 그런 회사의 가치는 어느 정도일까?

버크셔는 애플의 지분 3.3%를 210억 달러에 인수했다. 이는 애플의 가치가 6,350억 달러 넘게 평가된다는 의미였다(〈표 9-15〉 참고). 애플

---

* 사업권과 무형자산을 포함하고 R&D 비용을 자본화하는 경우에도 적용된다.

은 그만한 가치가 있었을까? 답은 예였고, 그보다 더한 가치가 있었다. 애플은 2016년 9월 회계연도 말에 장부상 현금과 투자액이 2,380억 달러에 이르렀다. 초과 현금과 투자액, 장부상의 부채를 반영하면 버크셔의 귀속 세전 이익률은 12% 정도였다. 버크셔의 안전 마진은 매우 만족스러운 귀속 이익률 및 애플의 비즈니스 해자(높은 전환 비용으로 강화된 강력한 고객 습관에 기인했다)에 내재했다. 애플이 추가적인 자본 없이 성장할 수 있다는 점은 또 다른 혜택이었다. "사실 우리는 아이폰이 주도하는 애플 제품의 생태계에 베팅하고 있습니다. 그리고 저는 그 특징들을 보면서 그것이 특별하다는 생각이 들었습니다." IBM에 대한 잘못된 투자로 깨달음을 얻었을지 모르는 버핏은 이렇게 말했다. "하지만 제가 틀릴지도 모릅니다." 버핏은 틀리지 않았으며, 자신의 베팅에 혼자 나선 것은 아니었다. 2016년 6월, 애플은 아이폰을 10억 대 이상 판매했다.

또한 애플도 저평가된 자사주를 매입해 버핏의 마음을 훈훈하게 했다. "그들이 자사주를 매입하는 걸 보니 기쁩니다. (중략) 시간이 조금만 지나면, 자사주 매입 덕분에 우리는 6~7%의 지분을 보유할 것 같습니다." 아메리칸 익스프레스의 지분을 소유했던 긴 시간 동안에도 버크셔의 투자에서 비슷한 결과가 나왔다. 버크셔의 초기 포지션은 이전 10년 구간을 거치면서 버크셔에 비용을 발생시키지 않는 자사주 매입 효과만으로도 13%의 지분에서 거의 18%의 지분으로 늘어났다.

2017년 버크셔는 뱅크 오브 아메리카의 신주인수권을 행사해 우선주 50억 달러어치를 뱅크 오브 아메리카 주식 7억 주와 교환했다. 해당 주식은 버크셔에 이 은행 지분 6.8%를 부여했으며 기말 기준 가치는

표 9-15 · 애플 투자 분석 | **자료**·2017년 버크셔 해서웨이 연례 보고서, 2011~2016년 애플 연례 보고서 및 저자의 계산 **단위**·100만 달러

	2016	2015	2014	2013	2012
전체 매출액	215,639	233,715	182,795	170,910	156,508
세전 영업이익[1]	61,524	72,530	53,603	49,959	55,846
이자·세금 차감 전 이익률[1]	28%	30%	29%	29%	35%
평균 유형투하자본	(33,643)	(26,271)	(13,323)	(6,120)	(4,688)
인수 가격(주식)[2]	635,182				
부채	78,927				
제외 : 잉여 현금 & 투자[3]	(232,194)				
유효 인수 가격	481,915				
평균 영업이익(5년)	58,692				
버크셔 귀속 세전 이익률	12.2%				

각주
1. 사업권 및 무형자산은 조정됨.
2. 애플 지분 3.3%에 대한 버크셔의 취득원가 209억 6,100만 달러를 바탕으로 한 내재 평가
3. 매출액의 2.5%를 초과하는 현금·현금성 자산, 장기 매도가능증권으로 이루어짐.

참고 애플 회계연도는 9월에 마감함.

207억 달러였다.

크래프트 하인즈 주식의 기말 기준 시장가치는 253억 달러였다. 더 흥미로운 것은 파트너 3명이 이끄는 3G 캐피털이 2017년에 거의 발을 뺐다는 점이었다. 버크셔와 3G 캐피털은 2013년 하인즈를 290억 달러, 2015년 크래프트를 570억 달러에 인수했다. 2년 후 3G 캐피털은 대규모 소비재 기업 유니레버 Unilever 인수전에 참여했다. 가격은 1,430억 달러였다. 3G 캐피털이 합병에 관심이 없다는 것이 밝혀지자 이 거래는 결국 무산되었다. 3G 캐피털의 인수 추진 팀은 유니레버가 우호적인 인수 제안에 긍정적일 것으로 오판했다. 버핏은 그들이 우호적인 거래에만 관심이 있어서 거래가 금방 결렬됐다고 주주들에게 설명했다.

버크셔와 3G 캐피털은 이 거래를 위해 각각 150억 달러의 신규 자본을 추가 투입할 준비를 한 상태였다.[11]

레스토랑 브랜즈 인터내셔널은 2017년 12월 버크셔의 우선주 투자액을 상환했다. 30억 달러의 자본 수익이 버크셔 본사의 현금 더미에 추가되었다. 계속되는 저금리 환경은 버크셔가 3년 전 투자에서 얻은 9% 수익률에 근접할 수 없었음을 뜻했다.*

프로테제와의 내기 Protégé Bet

2007년 12월 19일, 버핏은 'longbets.org'를 통해 2017년의 같은 날짜에 끝나는 10년짜리 내기에 나섰다. 롱 베츠Long Bets는 먼 미래까지 이어지는 수년짜리 장기적인 내기를 목적으로 설립된 단체였다. 각 참여자 측에서 돈을 걸고, 해당 내기의 승자가 정해지면 승자가 택한 자선단체가 수익금을 받았다. 버핏은 S&P 500 지수가 10년 동안 수수료와 비용을 제외했을 때의 헤지 펀드 포트폴리오보다 수익률이 높을 거라는 데 승부를 걸었다. 그는 S&P 500 지수가 이긴다는 쪽에 수년 동안 (버크셔 자금이 아닌) 본인의 돈을 걸었다. 대다수 투자자는 시간이 갈수록 따로 운용이 들어가지 않는 지수에 계속 투자하는 게 더 성과가 좋을 것이며, 헤지 펀드가 고객에게 부과하는 수수료가 실적에 부정적인 영향을 미칠 거라는 게 버핏의 생각이었다.

버핏은 프로테제 파트너스Protégé Partners의 공동 경영자인 테드 세이데스Ted Seides와 이것을 두고 내기했다. 세이데스는 50만 달러 포지션 확보

---

* 10년 만기 국채가 1년 내내 약 2.5%에 거래됐다.

에 필요한 31만 8,250달러를 기부했다. 그 자금으로 만기 10년짜리 무이표채권(이자 없이 할인 가격에 발행돼 만기에 액면 금액을 지급하는 채권 - 옮긴이)을 액면가격에 매입했다(저축채권과 마찬가지임). S&P 500은 초반에는 성과가 저조했지만 이후 훨씬 앞서 나갔다. 10년이 끝날 때쯤 S&P 수익률은 125.8%(연평균 9.5%)였다. 같은 기간에 5개 펀드 오브 펀드 그룹은 36.3%(연평균 3%)였다. 버핏은 200개 넘는 헤지 펀드 및 일반 펀드의 매니저들이 운용하는 펀드는 그 기간 동안 좋은 성과를 낼 동기를 지니고 있었다고 썼다. 그리고 그들 모두는 그들이 부과한 수수료 때문에 개별적으로는 잘했을 것이다. 그러나 각각의 경우, 그들이 운용하는 펀드의 성과는 운용이 따로 들어가지 않은 지수보다 부진했다.

이 내기는 예상치 못한 교훈을 전해 주었다. 경기 침체에 따른 저금리 환경은 무이표채권 가격을 불과 5년 만에 액면가의 약 96%까지 끌어올렸다. 만기 시 수익은 액면 금액, 즉 100%가 될 것임을 기억하자. 버핏은 채권을 버크셔 주식으로 바꾸면 자선단체에 더 많은 돈을 보낼 수 있을 거라고 생각했다. 프로테제는 무이표채권을 현금화해 그 수익금으로 버크셔 해서웨이 주식(B주) 1만 1,200주에 투자하기로 합의했다. 버핏은 개인적으로 그렇게 매입한 주식의 가치가 궁극적으로 최소한 100만 달러가 될 것이라고 장담했다. 내기가 끝났을 때, 버핏이 지정한 자선단체인 걸스 오브 오마하 Girls Inc. of Omaha 는 훨씬 더 큰 금액을 받았다. 220만 달러 이상이 버핏이 택한 자선단체에 기부되었으며, 버핏은 자랑할 권리도 가져갔다. 수수료가 중요하며, 투자자는 저비용 펀드를 통해 미국 시장에 투자한 뒤 가만히 앉아서 기다리면 좋은 성과를 올릴 수 있다는 메시지를 알리는 데 버핏은 이번 일을 활용했다.

2018년

-

버크셔의 2018년 사업 실적은 법인세율이 35%에서 21%로 인하된 덕을 보았다. 법인세율 인하는 2017년 말에 제정되었다. 영업 실적은 세율 인하와 더불어 강세를 보였다(아마도 어느 정도는 세율 인하 때문이었을 것이다). 보험 등 각각의 주요 부문은 이익을 보고했는데, 보험의 경우 전체가 보험 인수 이익을 올렸다. 대규모 인수는 정체기가 이어졌다. 그러나 당해 말 하락세가 나타나는 등 주식시장에서는 수백억 달러를 주식에 투자할 만한 기회가 나타났다. 그 자금의 대부분은 애플에 투입되었다. 버크셔가 최근에 가장 큰 비중으로 매입한 종목이었다.

회계 규정이 대대적으로 변경됨에 따라 버핏은 주주 서한을 회계에 대한 설명으로 시작했다. 2018년부터 일반회계기준GAAP은 손익계산서를 통해 주식의 미실현 손익을 표시하도록 규정했다. 지난 수십 년 동안의 관행이던 장부가로 직접 표시하는 방식을 대신하는 것이었다. 버핏은 2017년 주주 서한과 2018년 실제 수치의 변화에 대해 주주들에게 이 분석상의 한계를 보여 주었다. 버크셔의 기록적인 세후 영업이익 248억 달러는 이전 규정으로는 순이익 246억 달러, 새 규정으로는 상대적으로 암울해 보이는 순이익 40억 달러로 이어졌다(〈표 9-16〉 참고). 주주는 어떤 수치를 믿어야 할까?

이는 다음 두 가지 질문으로 귀결되었다. 즉 어떻게 해야 주주에게 실적을 가장 잘 보여 줄 수 있는가, 그리고 이익을 구성하는 요소는 무엇인가. GAAP 규정 제정 기구인 재무회계기준위원회Financial Accounting Standards Board의 회계 당국은 이번 변경이 재무제표 이용자에게 유익하다고 보았다. 버핏과 멍거는 생각이 달랐다. 그들은 주주들에게 실현된 손익을 무시하라는 것을 이번 규정이 변경되기 한참 전에 제안했다. 미실현 손익 포함이 잘못된 방향으로 나아간다는 것이었다. 2017년 버핏은 이 방식이 이익에 "거칠고 변덕스러운 변동"을 일으켜 이익을 쓸모없게 만들 거라며 주의를 당부했다. 2018년에 일어난 일이 바로 그랬다. 해당 회계는 보통주 투자의 현실과 달랐다. 주식을 소유한다는 것은 기업을 소유한다는 의미였기 때문이다. 기업 가치가 등락하지만, 그 변화의 중요성은 주식시장이 잦은 출렁임을 통해 알려 주는 것과는 의미가 전혀 달랐다.

중요한 점은 회계 변경이 버크셔의 진짜 경제적 성과에 영향을 미치지 못했다는 것이다. 이익에 포함된 미실현 손익은 세금에 따라 조정되었지만 실제 세금계산서가 나오지는 않았다. 이전과 마찬가지로 세금은 매도가 이루어진 경우에만 실현이익에 대해 부과된다. 재무제표 표시 관점에서 볼 경우, ASU 2016-01(변경된 규정의 명칭)은 미실현 손익을 단순히 포괄손익계산서에서 손익계산서로 옮겨 놓은 것뿐이었다. 포괄손익계산서는 종종 간과되는 명세서다. 여기에는 순자산에 영향을 미치긴 하지만, 반드시 손익의 구성 요소는 아닌 항목이 들어 있어서다. 이번 상황은 회계와 경제적 실제가 일치하지 않는 또 하나의 사례였다. 두 경우 모두 미실현 손익은 세금을 차감한 금액으로 표시되어 순자산에 미치는 영향은 동일했다.

버핏은 버크셔의 이익 보고치가 지나치게 주목받을 거라며 우려했다. 대다수 기자는 보도할 때 순이익 수치를 활용하는데, 불행히도 그들 다수는 이런 수치를 더 깊숙이 파고드는 훈련을 받지 않았다. 이것

표 9-16 · 버크셔 이익 보고치에 ASU 2016-01이 미친 영향 | 자료·2018년 버크셔 해서웨이 연례 보고서 및 저자의 계산 단위·10억 달러, 세후

	예전 규정	새 규정
손익계산서		
영업이익	24.8	24.8
비현금성 감액[1]	(3.0)	(3.0)
실현 손익	2.8	2.8
미실현 손실		(20.6)
순수익	24.6	4.0
포괄손익계산서		
미실현 손익	(20.6)	
자기자본 증가[2]	**4.0**	**4.0**

각주
1. 크래프트 하인즈와 관련됨(나중에 다룸).
2. 이익 및 유가증권 수익에 따른 자기자본 증가. 자사주 매입 및 기타 특정 항목은 고려하지 않음.

참고
1. ASU 2016-01은 미실현 손익 보고치를 변경한 회계 규정임.
2. 금액은 비지배 지분, 즉 소액 지분을 반영한 수치임.

은 많은 기업에 별로 문제가 되지 않았다. 하지만 버크셔는 매도가능증권을 대거 보유하고 있다 보니 상황이 달랐다. 1,730억 달러 규모 포트폴리오의 일별, 분기별 또는 연간 변동성은 버크셔가 보유한 많은 기업의 영업 실적을 무색하게 만들 수 있었다. 버핏은 주주들에게 "영업이익에 집중하고, 그 외의 손익에는 관심을 두지 마세요"라고 당부했다. 실현했든 안 했든 간에, 자본 수익은 시간이 흐르면서 버크셔에 중요해지는데, 단기적인 움직임은 분석할 만한 정보가 전혀 없었다.

과거에 위에서 다룬 회계 문제의 해결책은 주당 장부가치 변화에 초점을 맞추는 것이었다. 매도가능증권의 가격 변동은 두 회계 방식 중 한 가지 방식으로 가치를 장부에 기재하면 되었다. 그러나 버크셔가 갈수록 기업 전체를 소유하는 데 많은 자본을 배분함에 따라, 이 지표는 점차 그 관련성이 줄어들었다. 버크셔의 주당 장부가치 변동치는 2018년 연례 보고서에 마지막으로 등장했다(이는 앞으로도 쉽게 계산할 수 있다). 이러한 변화를 준비하면서, 버핏은 2014년에 처음으로 시장가치 데이터를 제시했다. 불완전하긴 해도 시간이 지나면 더 나은 지침이 될 거라는 이유였다.

크래프트 하인즈는 장부가치가 왜 나쁜 지표인지를 보여 주는 완벽한 예시다. 버크셔의 여러 회사들은 인수 가격으로 장부에 기재된 후로는 시장가치로 재평가되지 않았다.* 버크셔는 크래프트 하인즈의 지분을 100% 보유하지 않았지만 회계 처리상 매우 밀접했다. 크래프트 하인즈는 2017년 말에는 버크셔 장부에 176억 달러로 기재되었지만, 상장 주식을 기준으로 한 가치는 253억 달러였다. 버크셔의 장부 어디에도 이 초과 가치는 나타나지 않았다.**

버크셔가 기업 전체를 소유하는 방향으로 전환하면서 장부가치는 시간이 갈수록 점점 더 실적을 부진하게 만드는 지표가 되었다. 매도가능증권이 버크셔 순자산에서 더 큰 비중을 차지하면서 그 가치는 장부가치에 즉시 반영되었다.

버크셔가 (자사주 매입 방식으로) 주주들에게 자본을 돌려주기 시작

---

* 엄밀히 보자면 이익잉여금은 순자산에 더해진다. 그러나 내재 가치가 장부가치 증가분을 초과한 범위로는 반영되지 않는다.
** 2018년에 발생한 중요한 변경 사항 때문에 여기에서는 2017년 수치를 사용하고 있다. 이 변경 사항은 나중에 다룬다. 재무제표에 기재된 가치와 시장가치의 차이는 도움이 된다.

함에 따라, 가치 측정 도구로서 주당 장부가치의 변동성은 훨씬 더 문제가 되었다. 실제로 버크셔는 2018년에 A주 기준으로 주당 평균 29만 5,000달러에 13억 달러의 자사주를 사들였다. 우리는 이 매입 가격이 버크셔의 내재 가치보다 낮았을 것으로 확신할 수 있다. 그렇지 않았다면 버핏과 멍거가 그렇게 하지 않았을 테니 말이다. 우리는 이 매입 가격이 장부가치보다 높다는 사실도 알고 있다. 이러한 자사주 매입은 시간이 갈수록 심화되는 내재 가치와 장부가치 사이의 격차를 더 크게 벌릴 것이다.

버크셔 숲

버핏은 주주들에게 버크셔의 내재 가치를 추정하는 방법을 알려 주기 위해 숲과 나무의 비유를 사용했다.* 그는 모든 나무를 평가하려고 하는 너무나 지루한 훈련은 그만두라고 말했다.

"다행스러운 것은, 버크셔의 본질적인 기업 가치를 대략 추정하기 위해 각각의 나무를 따로따로 평가할 필요는 없다는 겁니다. 이는 버크셔라는 숲에 5개의 주요 '작은 숲'이 있기 때문인데요, 각각의 작은 숲을 합리적으로 정확하게 평가해 이를 전체적으로 살펴볼 수 있습니다. 이 작은 숲 가운데 4개는 차별화된 기업군 및 이해하기 쉬운 금융자산입니다. 다섯 번째 작은 숲, 즉 우리의 거대하고 다양한 보험 부문은 버크셔에 엄청난 가치를 제공합니다. 이해하기 쉬운 방식은 아니지만요⋯."

---

* 버핏은 이것이 대략적인 수치라고 강조했다.

5개의 작은 숲은 다음과 같다.

- 1번 숲 ┃ 버크셔의 지분율이 80~100%인 비보험사업 부문

  이 가장 가치 있는 숲에는 소규모 볼트온 인수부터 BNSF 및 버크셔 해서웨이 에
  너지에 이르는 "잔가지에서 거대한 삼나무까지 망라하는" 버크셔의 많은 기업이
  있다. 이들 기업은 2018년에 세후 168억 달러의 이익을 올렸다. 이자, 감가상각비,
  기업 간접비 등 모든 비용을 차감하고도 이 수치에 도달했다.

- 2번 숲 ┃ 주식

  기말 기준으로 두 번째로 가치가 높은 이 숲의 시장가치는 1,730억 달러였다. 그
  러나 버크셔는 미실현이익 금액에 대한 세금 147억 달러를 납부해야 한다. 이후
  의 순가치는 약 1,580억 달러였다.

- 3번 숲 ┃ 지배력을 미치는 기업

  이 숲에는 버크셔가 다른 당사자들과 지배권을 공유하는 기업들이 들어 있다. 여
  기에는 버크셔의 크래프트 하인즈 지분의 26.7%, 버캐디아 및 일렉트릭 트랜스미
  션 텍사스Electric Transmission Texas**의 지분 50%, 파일럿 플라잉 JPilot Flying J의 지
  분 38.6%가 포함된다. 이 기업들은 2018년에 13억 달러의 이익을 기록했다.

- 4번 숲 ┃ 현금, 미국 국채, 채권

  기말 기준으로 버크셔는 현금 1,120억 달러와 채권 투자액 200억 달러를 보유했
  다. 버핏은 (채권 가치와 동일한) 200억 달러는 언제나 비상금으로 둘 것이라고

** 일렉트릭 트랜스미션 텍사스는 10년 전에 버크셔 해서웨이 에너지와 아메리칸 일렉트릭 파워 컴퍼니가
텍사스의 송전 자산을 소유 및 운영하기 위해 설립한 50 대 50 합작회사였다. 버핏은 2018년 주주 서한
에서 이를 처음 언급했다. 이 회사는 비교적 규모가 작았고, 2018년 말 버크셔 해서웨이 에너지의 장부
에 5억 2,700만 달러의 지분법 투자로 기재되었다.

언급했다.

- 5번 숲 | 보험

  보험 부문은 대차대조표의 부채 항목에 있었지만 가치의 원천이었다. 이 부문에서 창출된 책임준비금(기말 기준 1,230억 달러)을 통해, 버크셔는 이것이 없는 경우에 비해 훨씬 더 많은 자산을 보유할 수 있었다. 버핏은 책임준비금이 앞의 4개 숲에 자금을 지원했지만, 자기자본으로 간주하는 것은 원하지 않았다. 버크셔 보험회사들의 장기적 수익성을 고려할 경우에는, 이 책임준비금이 적어도 자기자본 정도의 가치가 있다고 주장할 수 있었다.*

"버크셔의 내재 가치는 자산이 가득한 4개 작은 숲의 가치를 합산한 다음, 매도가능증권 매각 시 궁극적으로 납부해야 할 적당한 세금 액수를 빼면 대략 계산할 수 있다고 생각합니다." 이 분석은 주당 영업이익을 자본화한 금액에 현금 및 주당 투자 금액을 더하는 기존 방식의 연장선에 있었다. 버핏의 방정식은 두 경우 모두에서 한 가지 중요한 변수를 빠뜨렸다. 주주들은 1번 숲과 3번 숲의 이익을 자본화하는 것에 대해 어떻게 생각해야 할까? 버크셔의 이익은 금리가 장기적으로 어느 쪽으로 가느냐에 따라 더 높아지거나 낮아질 수 있었다. 이것은 버핏이 통제할 수 없는 요소였기 때문에 판단은 주주들에게 맡겼다.

이 밸류에이션 문제는 두 가지 방식으로 접근할 수 있다. 첫 번째는

---

* 553쪽의 1995년 부분에서 다룬 가이코의 책임준비금에 대한 내용을 참고하자. (버핏이 예상한 대로) 책임준비금이 언젠가 감소해 보험 인수 이익이 책임준비금 감소 비율과 맞먹게 되면, 책임준비금의 가치는 자기자본과 비슷해질 것이다. 이 투자는 자금 출처를 고려하지 않은 상태에서 이미 어느 정도 이를 포함해 전부 계산되었다.

금리를 가정해 보는 것이고, 두 번째는 버크셔의 시가총액에 따른 귀속 수익률을 판단하는 것이다(〈표 9-17〉 참고). 버크셔의 이전 밸류에이션과 일관될 수 있도록, 이익을 자본화하기 위한 배수로는 세후 이익의 15배를 적용한다. 이는 35% 세율일 때 세전 이익의 10배를 적용한 것과 같다. 현재까지 금리 하락세는 우리의 분석이 보수적이라는 의미다.** 버크셔처럼 부채 수준이 높지 않고 투하자본이익률이 높은 자회사를 보유한 기업의 경우, 2018년 무렵에는 해당 주식에 상당한 안전마진이 존재했다. 당시 시장은 상당한 현금 자원에 대한 성장 가능성이나 임의의 가능성을 완전히 무시하는 것처럼 보였다.*** 버크셔는 첫 번째 프레임워크 측면에서는 적어도 14%쯤 저평가되었다. 두 번째 방법을 적용할 경우, 9% 이상의 내재 수익률은 시장이 버크셔의 이익을 지나치게 많이 할인했음을 시사한다.

장부가치가 기업 가치를 더 이상 제대로 나타내지 못하자 버크셔 이사회는 버핏과 멍거가 보수적으로 계산한 주가가 내재 가치 아래로 내려갔다고 여겨질 때마다 자사주 매입을 승인했다. 그 이전까지 버크셔는 장부가치의 120%가 되면 자사주를 매입하곤 했다. 가격 대비 가치

** 우리는 금리가 하락하면 이익을 할인하기 위해 동일한 금리를 적용하기 때문이다. 모든 조건이 동일할 때 금리가 내려가면 할인율(높은 배수)도 내려서 적용해야 한다.

*** 버핏은 2018년 연례 주주총회에서 중요한 힌트를 제공했다. 그는 새로운 과세 환경 아래에서 버크셔의 정상적 이익 창출력은 약 200억~210억 달러라고 생각한다며, 미래 이익 창출력의 원천으로 막대한 현금 더미를 지목했다. 2019년 연례 주주총회에서는 자신과 찰리가 버크셔 내재 가치에 대해 서로 다른 답변을 내놓겠지만, 그 답변의 범위는 10% 이내가 될 거라고 말했다. 힌트에 따르면 버크셔의 부채가 매우 적었다는 점도 주목해야 했다. 모회사 단계의 부채는 기말 기준 169억 달러, 철도 및 유틸리티 사업을 제외한 부채 총계는 350억 달러였다. 이 금액은 세후 영업이익으로 2년 이내에 상환될 수 있었다. 또한 이 금액은 BNSF나 버크셔 해서웨이 에너지의 부채를 보증한 것도 아니었다. 이 자회사들의 부채 수준도 사업 모델을 감안해서 보면 크지 않았다. 마지막으로 버크셔의 상당한 현금 포지션은 규제 대상 사업 부문을 포함한 모든 부채를 감소시켰다.

표 9-17 · 버크셔 해서웨이 밸류에이션(2018년)

자료·2018년 버크셔 해서웨이 연례 보고서 및 저자의 계산
단위·10억 달러

직접 계산 방식	2018
1번 숲 : 비보험[1]	252
2번 숲 : 주식[2]	158
3번 숲 : 지배력을 미치는 기업[3]	20
4번 숲 : 현금, 미국 국채, 채권	132
합계	562
내재 수익률 방식	
내재 시장가치[4]	485
2번 및 4번 숲 합계 차감	(290)
1번 및 3번 숲의 내재 가치	195
1번 및 3번 숲의 세후 이익	18
버크셔 귀속 수익률(세후)	9.3%

각주
1. 세후 이익 168억 달러의 15배
2. 1,730억 달러에서 미실현이익에 대한 세금 150억 달러를 차감.
3. 세후 이익 13억 달러의 15배
4. 버크셔의 2018년 자사주 매입 기준

참고
1. 버핏의 수치를 적용했으나, 이는 아마도 정상적 이익에 가까운 수치를 나타냈을 것임.
2. 15배 배수는 이 책 앞부분에서 세전 이익의 10배를 적용하고 신규 세율 21%를 가정한 것과 같음.

는 언제나 자사주 매입 시 핵심 고려 사항이 되었고 버크셔는 늘 보유 사업 부문을 우선적으로 생각했다. 기존 사업을 확장하고 새로운 기업을 인수하는 것을 자사주 매입보다 우선시했다. 모든 자본 배분 판단은 기회비용에 따라 결정되었다.

보험업

보험 부문은 2018년에 수익성을 회복했다. 수입 보험료는 574억 달러로 5% 감소했으며 세전 보험 인수 이익은 20억 달러였다. 이에 따라 최근 16년 중 15년 동안 270억 달러의 이익을 기록했다. 더 좋았던 것은 책임준비금이 기말 기준으로 7.2% 증가한 1,227억 달러로 성장한 점이었다.

신규 인수도 실적을 강화했다. 2018년 10월 1일, 내셔널 인뎀니티는 메디컬 라이어빌러티 뮤추얼 인슈어런스 컴퍼니Medical Liability Mutual Insurance Company(이하 MLMIC)를 25억 달러에 인수했다. 이 회사는 버크셔에 합류하면서 기업명을 MLMIC 인슈어런스 컴퍼니로 변경했다. MLMIC는 뉴욕에 본사를 둔

표 9-18 · 버크셔 해서웨이 보험계약 인수
자료 · 2019년 버크셔 해서웨이 연계 보고서 및 저자의 계산
단위 · 100만 달러

	2018	2017
가이코		
수입 보험료	33,363	29,441
보험계약 인수 손익(세전)	2,449	(310)
버크셔 해서웨이 재보험 부문		
수입 보험료		
손해/상해	8,928	7,552
소급 재보험	517	10,755
생명/건강	5,343	4,808
정기 지급 연금	1,156	898
수입 보험료 합계	15,944	24,013
보험계약 인수 손익(세전)		
손해/상해	(207)	(1,595)
소급 재보험	(778)	(1,330)
생명/건강	216	(52)
정기 지급 연금	(340)	(671)
보험계약 인수 손익(세전) 합계	(1,109)	(3,648)
버크셔 해서웨이 원수보험 부문		
수입 보험료	8,111	7,143
보험계약 인수 손익(세전)	670	719
수입 보험료 총계	57,418	60,597
보험계약 인수 손익(세전) 총계	2,010	(3,239)
평균 책임준비금	118,616	103,039
책임준비금 비용	(1.7%)	3.1%

참고
2017년의 경우, 제너럴 리의 실적은 재보험 부문과 통합됨.

의료 전문 책임 보험회사였다. 상호보험회사에서 주식회사로 전환한 보험회사이기도 했다. 이 인수는 시간이 오래 걸렸다. 내셔널 인뎀니티는 2016년에 인수에 처음 합의했으나 전제 조건이던 (보험계약자가 주주인 상호회사에서 주식회사로 전환하는) 주식회사 전환 과정에서 시간이 다소 소요되었다. MLMIC는 2018년에 4억 달러의 보험료를 인수했으며 54억 달러의 현금과 투자 건을 가져왔다.* 이 회사의 실적은 원수보험 부문과 함께 보고되었다.

버크셔 해서웨이 원수보험 부문

버크셔 해서웨이 원수보험 부문(MLMIC가 속한 부문)은 수입 보험료가 13.6% 늘어난 81억 달러를 기록했다. 인수 보험료는 BH 스페셜티에서 32%, 가드에서 19%, 니코 프라이머리에서 14% 증가했으며 홈 스테이트에서는 물량이 8% 늘었다. 허리케인 플로렌스Florence 및 마이클Michael, 캘리포니아 산불로 인한 재해 손실 1억 9,000만 달러와 이익성 손실 발생액이 감소하면서 수익성이 소폭 하락했다. 원수보험 부문의 합산비율은 2018년 91.8%(2017년 89.9%)를 유지해 이 부문의 강점을 보여주었다.

가이코

버핏은 가이코의 토니 나이슬리에 대해서는 칭찬밖에 할 게 없었다. 나

---

* 2016년 연례 보고서의 각주에는 해당 인수 가격이 유형 장부가치(GAAP 기준)에 1억 달러를 더한 금액이라고 기재되어 있다. 이 회사의 보험계약자들은 회사 매각 대금을 받았다. MLMIC의 미지급 손실 및 손실 조정 비용은 32억 달러였는데, 이 금액은 이 회사의 책임준비금 추정치일 수 있다.

이슬리는 약 60년 동안 이 회사에 재직한 뒤 2018년 CEO 자리에서 물러났다. 버핏은 그가 가이코를 13%의 시장점유율로 미국에서 두 번째로 큰 자동차보험 회사로 이끈 공로를 치하했다. 그는 나이슬리가 1993년부터 2018년까지 가이코를 이끌었던 재임 기간 동안 버크셔의 내재 가치를 500억 달러 증가시킨 것으로 추정했다.** 나이슬리는 가이코에서 오랫동안 재직한 빌 로버츠Bill Roberts에게 CEO 자리를 넘겨주고 회장이 되었다.*** 이번 연도가 가이코의 최고의 해 중 하나가 됨에 따라 그는 이해를 CEO에서 물러나기에 적당한 연도로 선택했다.

가이코는 2018년에 급격히 반등했다. 보험계약자가 3.3% 늘어나고 보험료를 6.4% 인상한 데 힘입어 수입 보험료는 13% 상승한 334억 달러를 기록했다. 가이코는 보험료를 성공적으로 인상해 지난 2년 동안 높은 수준의 손실 이력을 보상할 수 있었다. 손실률은 2017년에 비해 7.8%p 하락했으며(78.8%), 1억 500만 달러의 재해 손실을 반영했음에도 가이코의 이익은 약 25억 달러라는 기록적인 수준으로 급증했다. 합산비율은 92.7%였다. 2억 2,200만 달러의 이익성 손실 발생액도 이익에 한몫했다.

** 버핏에 따르면, 버크셔가 가이코의 전체 지분을 인수하고 책임준비금이 25억 달러에서 221억 달러로 증가한 이후로, 가이코의 세전 보험 인수 이익은 총 155억 달러라고 말했다. 1995년부터 2018년까지 수입 보험료는 약 300억 달러 늘어났다. 이 회사의 사업권이 수입 보험료만큼 가치 있다는 기존 결론을 적용하고 세전 이익 155억 달러를 더하면, 버핏이 언급한 500억 달러라는 수치에 근접한다(다른 방법으로는 정상 상태의 합산비율 4%가 12억 달러의 연간 이익을 창출한다고 가정할 수 있다. 이익을 10배 배수로 자본화한 다음, 이전의 세전 이익에 155억 달러를 더하고 196억 달러의 책임준비금 증가분을 더해 주면 된다).

*** 버크셔의 자회사가 이사회를 유지하고 있다는 점은 지나치기 쉬운 부분이다. 자회사 이사회의 기능은 자문위원회와 더 유사하며, 버크셔가 인재를 버크셔와 연계하는 또 다른 방법이다.

버크셔 해서웨이 재보험 부문

버크셔 해서웨이 재보험은 주요 보험 부문 중 유일하게 손실을 보고했지만, 전년도보다는 손실이 크게 줄었다. 이번 연도에는 세계 최대 규모의 소급 재보험계약(102억 달러 규모의 AIG 거래)이 포함됨에 따라 이 사업부의 수입 보험료는 3분의 1 감소한 159억 달러를 기록했다. 재보험 부문 전체 수입 보험료는 2016년에 비해 13% 늘어났다. 재보험 부문은 2017년 36억 달러 손실에서 11억 달러 세전 인수 손실로 호전되었다. 회계 비용의 상당한 부담과 재해 손실이 평년 수준이었음을 감안하면, 이 정도 실적이 나쁜 건 아니었다.

손해/상해 부문의 수입 보험료는 18% 증가한 89억 달러를 기록했다. 손해/상해 부문은 2018년 허리케인 플로렌스 및 마이클, 태풍 제비, 캘리포니아 산불 등 4개 재해에 직면했다. 이 비용은 모두 13억 달러였고 2억 700만 달러의 손실로 이어졌다.* 실적은 4억 6,900만 달러의 이익성 손실 발생액으로 보완되었다. 재해 손실은 가끔 연달아 발생할 것으로 전망되었다. 버크셔는 재해 발생 시기와 무관하게 적절한 가격 책정에 전념했다. 보험료 금액을 매년 재산정하는 것은 재해보험 인수의 중요한 요소다. 기후변화의 장기적 영향에 대한 가정은 시간이 지남에 따라 가격 책정 시 적용될 수 있었다. 일반적으로 버크셔는 1년 이상의 재해 인수 계약은 맺지 않았다.**

소급 재보험 부문에서는 2017년 102억 달러짜리 기록적인 AIG 계약

---

* 13억 달러의 재해 손실 중 11억 달러가 4분기에 발생했다.
** 버크셔의 대리인에게는 기후변화에 대한 조치를 요구하는 주주 제안이 이따금 제출되었다. 버핏은 기후변화가 보험회사에 미치는 영향에 대해 2015년 주주 서한에서 다루었다.

을 통해 수입 보험료가 108억 달러로 급증한 후, 보험료가 2018년 5억 1,700만 달러로 하락했다. AIG 계약만으로도 이 부문의 7억 7,800만 달러 손실 중 6억 1,100만 달러가 발생했는데, 대부분은 이연비용 상각과 관련되었다. 소급 재보험 부문은 또한 이익성 손실 발생액이 1억 8,500만 달러 있었고, 환율 효과 덕분에 1억 6,900만 달러의 이익도 얻었다.*** 소급 재보험계약으로 인한 총 미지급 손실은 기말 기준 418억 달러였으며 이연비용 자산은 141억 달러였다.

생명/건강 재보험은 재보험 부문에서 이익을 보고한 유일한 사업부였다. 이 사업부는 2017년 5,200만 달러의 손실에서 2018년에는 11% 증가한 53억 달러의 수입 보험료에 2억 1,600만 달러의 이익을 기록했다. 이 이익은 미국 장기 요양 사업의 손실 감소와 (전년 대비 낮아지긴 했으나) 변액 연금 보증계약 이익의 덕을 보았다.

정기 지급 연금 사업부의 수입 보험료는 29% 증가한 12억 달러였다. 버크셔의 모든 보험사업부와 마찬가지로 이 사업부의 물량도 가격 책정에 따라 출렁였다. 이는 3억 4,000만 달러의 세전 인수 손실을 유발했다. 2017년에는 세전 인수 손실이 6억 7,100만 달러였다. 이 손실에는 2018년 9,300만 달러의 이익과 2017년 환율 변동으로 인한 1억 9,000만 달러의 손실이 반영되었다.

*** 관심 있는 독자를 위한 상세 정보는 다음과 같다. 실제 충당금 감소는 3억 4,100만 달러였다. 일부 조정은 이연비용에만 영향이 있고 손익계산서에는 영향을 미치지 않는다.

규제 대상 자본 집약적 사업 부문

BNSF는 미국 경제의 호조 덕택에 전체 운송량이 4.1% 증가하고 평균 가격이 6.2% 인상되어 매출액이 11.5% 증가한 239억 달러를 기록했다. 화물 적재량은 총 1,030만 건으로, 0.8% 감소한 석탄을 제외하면 각 화물 부문에서 증가세를 보였다. 운송량 증가는 공산품(최종 시장의 강세에 힘입어 16% 증가)과 농산물(수출 호조로 9% 증가)에서 비롯되었다. 화물 운송 가용 규모가 빠듯한 시기에는 트럭보다 철도가 유리하기 때문에 소비재 화물 운송 이익이 늘어났으나, 불특정 계약 손실로 전체 소비재 물량 증가는 2.9%에 그쳤다. 세전 이익은 8.5% 증가한 69억 달러였다. 세전 이익 증가 및 연방 세율 인하로 세후 이익은 32% 증가한 52억 달러를 기록했다.*

새로운 세법은 버크셔 해서웨이 에너지에 즉시 영향을 미쳤다. 이 회사의 규제 대상 유틸리티 회사들은 고객에게 관련 절감액을 전달하기 시작했다. 그 형태는 소비자 요금에 간접 영향을 미치는 낮은 전기 요금 및 규제 변경 등으로 다양했다. 가장 큰 사업 부문인 퍼시픽코프는 매출액이 4% 감소했는데, 이는 대부분이 세금 인하 영향에 따른 것이었다. 그러나 세전 이익은 34% 감소한 7억 4,500만 달러를 기록했다. 화력발전 시설의 매출액 감소와 감가상각 가속화의 영향이었다. 감가상각비 증가는 2018년에는 비현금성 비용이었으나(결과적으로 세율 변경으로 물리적 감가상각비는 증가하지 않음), 미래 매출액의 기반이

---

* BNSF의 2018년 기본 세율은 24%였다. 그러나 과세 이연 능력으로 이 회사의 실제 세율은 18%에 불과했다. 전년도에는 23%였다.

될 수 있는 자산 비율을 낮추게 될 것이다.

세금 인하로 NV 에너지도 세전 이익이 마찬가지로 크게 줄어들었다 (26% 감소한 4억 1,700만 달러). 천연가스 파이프라인은 추운 날씨로 이용량이 더 늘어난 데 힘입어 세전 이익이 14% 증가했다. 노던 파워그리드(영국 유틸리티 회사)나 다른 에너지 회사들에서는 큰 변화가 보고되지 않았다. 미드아메리칸 에너지 컴퍼니(아이오와 및 일리노이의 유틸리티 회사)는 과세안의 영향을 받긴 했으나, 세금 인하와 무관한 더 많은 이용량과 가격을 반영해 세전 이익이 9% 늘어났다고 보고했다.

모든 버크셔 해서웨이 에너지의 유틸리티 회사들에 대한 세금 관련 순 효과로 이자·세금 차감 전 이익EBIT은 14% 감소한 29억 달러, 세전 이익은 1% 감소한 25억 달러를 기록했다. 순이익 가운데 버크셔 귀속분은 대부분이 세금 때문에 29% 증가해 26억 달러를 기록했다. 2018년에는 버크셔 해서웨이 에너지의 세율이 마이너스를 기록한 덕분에 세전 이익보다는 세후 이익이 더 높았다. 풍력발전 자산에 대한 세액공제는 세금 부채를 상쇄하고도 남았다. 버크셔 해서웨이는 연방 세금을 연결 기준으로 납부했기 때문에 이러한 세액공제를 즉시 활용할 수 있었다. 반면에 독립형 유틸리티 회사들에게는 이러한 세액공제의 가치가 덜했다. 2018년 말 버크셔 해서웨이 에너지의 태양열, 지열, 바이오매스 등 신재생 에너지에 대한 누적 투자액은 250억 달러였다.

제조, 서비스, 소매 유통업

아마도 버크셔의 많은 사업 부문을 작은 숲으로 분류했던 작업의 결과로 보이는데, 버크셔는 2018년부터 금융 및 금융 상품 부문을 제조, 서비스, 소매 유통 부문에 통합시켰다.* 그 결과는 다음과 같다.

- 마몬의 UTLX(철도 및 이동식 크레인 임대 회사)는 모회사와 함께 산업재 부문으로 복귀
- 클레이턴 홈스는 건축자재 부문의 일부가 됨.
- 엑스트라 및 코트는 서비스 부문으로 보고

제조, 서비스, 소매 유통 부문으로 재분류된 2017년 세전 이익 가운데 약 17억 달러는 이러한 변화에 따른 것이었다. 나머지(약 3억 7,500만 달러)는 다른 부문으로 갔다. 〈표 9-19〉에는 버크셔가 새로운 조직 개편을 반영하기 위해 수정한 2017년의 수정된 설명이 수록되어 있다.

제조, 서비스, 소매 유통 부문은 세율에 따른 명시적 영향을 받지 않았다는 점을 감안하면 세전 이익 13% 증가라는 인상적인 실적을 나타냈다.** 세후 이익은 세전 이익과 세금 인하 효과가 결합하면서 29% 증가한 94억 달러를 기록했다. 인수는 이익 증가로 이어지지 않았다. 버크셔는 2018년에 볼트온 인수에 총 10억 달러를 투입했다(모든 인수가 제조, 서비스, 소매 유통 부문의 수요는 아니었음). 미국 경제 호조는 대부분의 제조, 서비스, 소매 유통 부문에 순풍을 제공했으나 특정 요소들이 저마다 다른 영향을 미쳤다. 미국이 부과한 신규 관세는 어떤 사업부의 수요에는 타격을 입혔지만, 다른 사업부에는 달러 약세로 일

---

* 이는 재무 보고 목적용이었다. 기업들의 경영은 이전과 동일하게 유지되었다.

** 세율 인하로 경제적 여건이 개선되면서 간접적으로 영업 실적 개선으로 이어졌을 가능성이 있다.

표 9-19 · 제조, 서비스, 소매 유통 부문의 세전 이익 | **자료**·2018년 버크셔 해서웨이 연례 보고서 및 저자 의 계산 **단위**·100만 달러

	2018	2017	변동률
산업재	5,822	5,065	15%
건축자재	2,336	2,147	9%
소비재	1,208	1,112	9%
소계-제조	9,366	8,324	13%
서비스	1,836	1,519	21%
소매 유통	860	785	10%
맥클레인	246	299	(18%)
소계-서비스 및 소매 유통	2,942	2,603	13%
세전 이익 총계	12,308	10,927	13%
법인세 및 비규제 이자	(2,944)	(3,645)	(19%)
세후 이익	9,364	7,282	29%

참고
2017년 수치는 2018년 설명을 위해 수정한 것으로, 기존의 금융 및 금융 상품 부문에서 보고된 일부 기업을 포함함.

부 더 높은 이익을 보고하게 해 주었다.

- 산업재(매출액 307억 달러, 7.4% 증가) | 세전 이익은 15% 증가한 58억 달러를 기록했다. 2018년 산업재의 이익 호조가 나타난 일부 요인은 전년도에 프리시전 캐스트파 및 루브리졸의 일회성 요금에 따른 것이었다.***12) 이러한 비용에도 불구하고 항공 우주 부품 및 첨가제에 대한 강력한 수요로 두 사업부 모두 단위 판매

*** 2017년 프리시전 캐스트파츠의 독일 파이프 제조업체 인수는 인수하자마자 실패로 돌아갔다. 그 회사 는 인수 전에 부정한 방법으로 실적을 부풀렸다. 2020년 4월 미국 중재위원회는 프리시전 캐스트파츠에 6억 4,300만 유로(6억 9,600만 달러)를 지급했다. 이는 인수 금액 8억 유로(9억 1,200만 달러)의 일부 를 환불해 준 것이었다. 2017년 루브리졸은 1억 9,000만 달러의 이익에 손해를 입혔던 실적 부진 사업 부를 처분했다. 비교해 보자면 (해당 사업부가 없었을 경우) 루브리졸의 이익은 17% 증가했을 것이다.

량이 증가하고 세전 이익이 늘어났다. IMC는 제품에 대한 수요 증가와 달러 약세에 힘입어 매출액과 이익이 증가했다. 세전 이익이 감소한 사업부는 CTB와 마몬뿐이었다. 마몬은 매출액이 6% 늘어났으나 철도차량 임대 사업, 식품 서비스 기술, 소매 솔루션 부문에서 약세를 보인 것이 실적에 영향을 미쳤으며, 세전 이익의 6% 감소를 초래했다.

- 건축자재(매출액 187억 달러, 10.2% 증가) ㅣ 이 부문의 세전 이익은 9% 증가한 23억 달러로, 대부분 클레이턴 홈스와 쇼 인더스트리스가 호조를 보인 덕분이었다. 클레이턴 홈스는 세전 이익이 19% 증가한 9억 1,100만 달러를 기록하며 건축자재 부문을 주도했다. 클레이턴은 이제 조립식주택 부문 외에도 8개의 현장 건설 회사를 거느렸다. 버크셔의 다른 건축자재 회사들의 이익은 3.1% 증가에 머물렀다. 쇼 및 존스 맨빌은 모두 높은 쪽의 한 자릿수 매출액 성장률을 기록했지만, 존스 맨빌의 경우 비용 압박으로 이익이 줄어들었다. 트럭 운전사의 부족은 BNSF에는 이득이 되었으나 단거리 운송이 필요한 건설자재 회사에는 피해를 입혔다. 이 부문 기업들은 또한 원자재 투입 비용 인상에 직면했으나, 인상된 원자재 비용을 고객에게 즉시 전가할 수 없었다. 위의 요소 중 일부는 애크미 브릭이 2018년에 벽돌, 콘크리트, 석회암 공장 몇 곳을 폐쇄하는 데 일부 역할을 했을 수 있다.* 애크미는 기본 자재와 단거리 운송에 대한 의존도가 높았다.

- 소비재(매출액 125억 달러, 3.2% 증가) ㅣ 세전 이익은 9% 증가한 12억 달러를 기록했으나 이 부문 기업들의 실적은 엇갈렸다. 포레스트 리버의 단위 판매량은 전년 대비로는 비슷했으나 연중으로 보면 상당한 변화가 있었다. 하반기에 판매량

---

* 이러한 폐쇄 이후 애크미는 7개 주의 12개 지점에서 15곳의 점토 벽돌 제조 시설을, 그리고 텍사스에서 3개의 콘크리트 블록 공장을 운영했다.

이 7% 감소했으며 재료비 상승으로 부정적인 영향을 받았다. 4분기 이익은 28%나 감소했다. 이 회사는 다행히 세전 이익 9% 감소 정도로 이번 연도를 넘겼다.**라슨-줄의 이익도 감소했으나 자세한 내용은 나오지 않았다. 이 회사들의 약세는 듀라셀(상세 내용 없음)과 의류 및 제화 부문(6.4% 증가)의 이익 증가분으로 보완된 금액 이상이었다.

- 서비스 부문(매출액 133억 달러, 9.7% 증가) ┃ 전자 부품 유통업체인 TTI는 세전 이익이 21% 증가한 18억 달러를 기록하며 서비스 부문을 주도했다. 이 회사의 실적은 세전 이익 증가의 대부분(84%)을 차지했는데, 이는 인수 및 업계 전반에 걸친 수요 강세, 달러 약세에 따른 유리한 효과에서 비롯되었다. 플로리다주 마이애미의 텔레비전 방송국인 WPLG에서는 정치광고에 힘입어 매출액이 21% 늘어났다. 차터 브로커리지는 상당한 매출액 성장을 보여 주었고 이익도 늘어났지만 수치는 공개되지 않았다. 엑스트라와 넷제트는 이익이 증가했지만 플라이트세이프티는 다시 부진한 이익을 기록했다. 시뮬레이터의 이익률이 하락하고 고정자산(낡은 시뮬레이터로 보임)에 대한 손상 차손으로 이익이 줄어들었다.

- 소매 유통업(매출액 156억 달러, 3.6% 증가) ┃ 세전 이익은 10% 늘어난 8억 6,000만 달러였다. 버크셔 해서웨이 오토모티브는 매출액의 60% 이상을 차지하면서 소매 유통 부문을 이끌었다. 버크셔는 버크셔 해서웨이 오토모티브의 이익을 공개하지 않았으며, 그저 이 회사와 독일 오토바이 액세서리 소매업체인 루이스가 세전 이익 증가의 주요 원인이라고만 전했다. 보석 부문, 시즈 캔디, 데어리 퀸, 팸퍼드 셰프와 같은 기타 소매업체 중 일부도 최소한 이익 증가에 기여한 것으로 추

** 레저용 차량 사업은 항상 단위 물량 및 이익에 큰 변동성이 나타난다. 포레스트 리버의 시장점유율은 2018년에 33%로 추정되었는데, 이는 업계 거물인 토르 인더스트리스Thor Industries의 시장점유율 48%의 다음 순위였다.

정된다(확인되지는 않았음). 가정용 가구 부문은 실적이 확인되었다. 이 부문 매출액은 일부 시장 및 신규 매장의 동일 매장 판매량 증가 덕분에 부분적으로 증가했다. 그러나 이익은 부분적으로 스타 퍼니처의 비용 증가로 2.4% 줄어들었다.

- 맥클레인(매출액 500억 달러, 0.4% 증가) ㅣ 맥클레인의 실적은 경쟁 압박 탓에 계속 부담이 큰 상태였다. 전체 매출액의 3분의 2를 차지하는 식료품 매출액은 1% 늘어났다. 대형 식품 서비스 고객 사업부의 손실은 그 이익을 심하게 까먹었다. 이 사업부의 이익은 18% 감소한 2억 4,600만 달러를 기록했는데, 운영 비용 상승이 미미해진 이익률을 잠식하면서 두 자릿수의 이익률 감소로 이어졌다. 버크셔는 어려운 영업 환경을 보고만 있지 않았다.

투자

버크셔가 아이폰 개발사 애플에 150억 달러를 추가 투자하면서, 애플은 2018년 버크셔 투자 포트폴리오의 한복판에 자리 잡았다. 기말 기준 버크셔의 애플 지분율은 5.4%(2억 5,500만 주)였다. 기말 기준으로 애플에 대한 버크셔의 투자가치는 400억 달러를 넘었다. 이는 버크셔 주식 포트폴리오에서 가장 큰 규모를 차지하며 거의 4분의 1에 이르렀다. 상위 5개 포지션(규모 순: 애플, 뱅크 오브 아메리카, 웰스 파고, 코카콜라 및 아메리칸 익스프레스)이 전체 포트폴리오의 68%를 차지했다. 버크셔의 규모 문제도 있고, 지속적인 강세장에서 매력적인 투자 대상을 찾기 어려운데도 버크셔는 투자 대상에 집중한다는 취향을 버리지 않았다.

2018년에 이루어진 나머지 순투자의 대부분은 은행들이 받았다. 버크셔는 보유하고 있던 은행 몇 곳에 추가 투자하고, 새로운 은행을 사들이기도 했다. 이 밖에도 66억 달러를 뱅크 오브 아메리카에 추가 투자해 기말 지분율은 9.5%를 기록했다. 버크셔는 또한 뱅크 오브 뉴욕 멜론Bank of New York Mellon과 US 뱅크US Bank에도 투자했지만, 기준선인 10%를 벗어나지 않았다.* 10% 선을 넘으면 원치 않는 규제 문제가 일어날 수 있어서였다. 버크셔는 웰스 파고의 자사주 매입 효과에 대응하기 위해 웰스 파고 주식을 매각했으며, 이에 기준선인 10% 미만을 유지했다. 또한 새로운 포지션으로 골드먼 삭스에 17억 달러, JP 모건 체이스에 56억 달러를 투입했다.** 전체적으로 보면 은행이 주식 포트폴리오의 36%를 차지했다. 여기에는 포트폴리오의 8%에 해당하는 금융 서비스 회사 아메리칸 익스프레스가 포함되지 않았다.

버크셔는 크래프트 하인즈가 투자 포트폴리오에서 제외됐다고 보고했다. 높은 지분율 포지션 때문이었다. 그런데 크래프트 하인즈는 계속 주식시장에서 거래되고 있었다. 2018년, 버크셔가 보유한 크래프트 하인즈 주식의 시장가치는 45% 하락한 140억 달러였다. 크래프트 하인즈는 사업권과 무형자산에 대해 159억 달러라는 대규모 감가상각을 시행했다. 자사의 대표적 브랜드들의 약세를 반영한 것이었다. 버크셔와 3G 캐피털이 하인즈와 크래프트의 순유형자산에 엄청난 프리미엄을 지불했다는 것을 떠올려 보자. 2018년 크래프트 하인즈 경영진은 이러한 무형자산의 가치가 그리 높지 않다고 판단해 그와 같이 장부에 기재

---

* 은행지주회사법은 은행 지분율이 10%를 넘어가면 적용된다. 인수 또는 매각이 이루어진 경우에는 지분율이 10%를 넘은 사실을 규제 당국에 빠르게 신고해야 한다. 만일 은행 지분을 10% 이상 보유한 주주가 6개월 이내에 지분을 매도하면 모든 수익을 해당 은행에 송금해야 한다(이를 쇼트 스윙 규정the short-swing rule이라고 함).
** 토드 콤스는 2016년 9월 JP 모건 이사회에 합류했다.

했다.*

버크셔의 재무제표는 크래프트 하인즈의 주가 급락의 영향을 받지 않았다. 이 회사에 대한 투자를 지분법으로 설명했기 때문이다(이에 따라 강한 수익에도 영향을 받지 않았다). 마치 크래프트 하인즈 지분에 대한 시장이 존재하지 않는 것 같았다. 크래프트 하인즈에 대한 버크셔의 지분율이 지분법 회계의 기준선인 20% 미만이었다면 손익계산서를 통해 시장가치 감소분을 유동화하고, 이 감소분의 세후 금액만큼 자기자본을 낮춰야 했을 것이다. 그 대신 이 손상 차손은 손익계산서를 통해 지분율에 비례해 버크셔로 유입되었다. 버크셔 귀속분은 세후 27억 달러였다. 아울러 지분법 회계에 따라 2018년에 받은 배당금 8억 1,400만 달러는 크래프트 하인즈에 대한 버크셔의 투자가치 하락으로 기재되었다. 그러나 이 금액은 이전 2년 동안 받은 비슷한 금액과 마찬가지로 실제 이익이었다. 취득원가가 98억 달러인 투자치고는 나쁜 성적이 아니었다.

크래프트 하인즈가 취한 손상 차손은 버크셔와 3G 캐피털이 당초 가치 있다고 여겼던 것이 실제로는 허약했음을 보여 주었다. 버핏은 그 판단이 실수였음을 인정했다. "제가 크래프트 하인즈에 대해 몇 가지 잘못을 저질렀습니다." 하인즈 인수는 합리적이었지만 크래프트에는 버크셔와 3G 캐피털이 과도한 금액을 지불한 것이었다. 이 회사의 브랜드 인지도가 높아 소비자들의 구매는 이어졌지만, 강력한 PB 브랜드(소매업체들의 자체 브랜드 - 옮긴이)가 등장함에 따라 소매업체와의 협상

---

* 크래프트 하인즈는 세전 사업권 70억 달러, 무형자산 89억 달러라고 기재했다.

력은 다소 떨어진 상태였다. 예를 들어 코스트코Costco의 신생 자체 브랜드 커클랜드Kirkland는 크래프트 하인즈의 브랜드 전체보다 더 많은 매출액을 올렸다. 코스트코 고객이 커클랜드를 선택하는 이유는 단순히 가격이 저렴해서가 아니라 제품의 품질이 우수하고 알아보기 쉬웠기 때문이다. 커클랜드 브랜드는 2018 회계연도에 코스트코 매출액의 약 27.5%를 차지했다.**13) 많은 소매업체의 매장 브랜드가 점점 더 많은 점유율을 차지하고, 브랜드 제품들은 입지를 잃었다.14) 버핏은 이러한 추세와 경쟁력을 인지하고 있었으나 크래프트 하인즈 브랜드가 잘 버틸 거라고 판단했다.

문제의 본질은 이 회사가 아니라 인수 가격이었다. 크래프트 하인즈의 기본 사업은 훌륭했다. 이 회사는 70억 달러 규모의 순유형자산으로 약 60억 달러의 세전 이익을 벌어들였다. 그러나 전체 인수 가격은 약 1,000억 달러가 넘었다. 버크셔는 훌륭한 회사에 정당한 대가를 치른 것이라고 생각했다. 대신, 이 훌륭한 회사로는 주주들이 지불한 값비싼 대가를 정당화할 만한 수익을 올릴 수 없다는 것을 알게 되었다.15)

크래프트 하인즈는 다음과 같은 세 가지 중요한 투자 개념을 상기시켜 주었다.

1. 가격이 너무 비쌀 경우에는 훌륭한 기업도 시원찮은 투자 대상이 될 수 있다.
2. 경쟁 우위는 고정된 게 아니다. 경쟁과 선호도 변화는 가장 강한 기업에도 영향을 미칠 수 있다.

** 찰리 멍거는 코스트코의 이사회 멤버다.

3. 안전 마진은 알 수 없는 것으로부터 투자자를 보호하며, 이것은 품질의 형태로 나타날 수 있다.

크래프트 하인즈는 소비자들이 습관적으로 구매하는 상징적인 브랜드를 다수 보유하고 있었다. 이 회사의 기본 사업은 그런 장점을 잘 보여 주었다. 너무 비싸게 인수한 실수 탓에 당초 예상보다 수익률이 낮긴 했지만, 버크셔는 크래프트 하인즈로 손해를 보지 않았다. 이 투자에서는 꾸준히 보유하면서 현금 배당을 계속 받고자 했던 게 당초 의도였다.

주식 포트폴리오 외에도 버크셔는 세리티지 그로스 프로퍼티스Seritage Growth Properties에 20억 달러 규모의 담보대출을 제공했다. 세리티지는 부동산 투자 신탁회사로, 어려움을 겪고 있는 소매 유통업체 시어스Sears에 재임대한 부동산을 보유하고 있었다. 이 대출은 네브래스카의 버크셔 해서웨이 라이프 인슈어런스 컴퍼니에서 담당했다. 거래 조건은 7%의 이자율로 초기 자금을 16억 달러 제공하고, 4억 달러의 미지급 약정에 대해 연 1%의 수수료를 받는 것이었다.

승계에 대한 간략한 설명

버핏은 수십 년 동안 버크셔의 승계 계획에 대해 수많은 질문을 받았다. 그러나 그가 80대 후반에 가까워지고 찰리 멍거가 이미 90대가 되자 승계에 대한 질문은 점점 더 많이 제기되었다. 버핏은 그 질문의 일부에 답변했다. 버핏의 역할은 비상임 이사회 의장(그의 아들 하워드가 될 가능성이 있음), CEO, 2명 이상의 투자 운용 책임자로 나뉜다. 버크셔에는 이미 토드 콤스와 테드 웨슬러라는 유능한 투자 운용 책임자 2명이 있었고, 하워드의 임명은 거의 확실했다. 남은 것은 CEO 자리였다.

2018년 초 버크셔의 행보로 안개가 일부 걷혔지만 그 질문은 여전히 남아 있었다. 버크셔 이사회는 찰리 멍거와 더불어 그레고리 에이벨(56세)과 아지트 자인(67세)을 부회장으로 선임했다. 에이벨은 버크셔 해서웨이 에너지에서 오랫동안 회장 겸 CEO로 근무한 인물로, 비보험 부문의 부회장이 되었다. 자인은 보험 부문의 부회장이 되었다. 버핏은 이러한 조치가 많이 늦었다고 말했다. "아지트와 그레고리가 우리를 위해 일하는 것은 여러분과 저에게 행운입니다. 두 사람은 수십 년 동안 버크셔와 함께했으며, 그들의 혈관에는 버크셔의 피가 흐릅니다. 각자의 특성은 본인의 재능과 잘 어울립니다. 그거면 다 된 거죠."

버핏과 수많은 버크셔 자회사 경영자들 사이의 경영상 필요한 공간에서 버핏과 멍거는 투자와 자본 배분이라는 중요한 업무를 담당했다. 버핏에게 큰 변화는 없을 것이다. 수많은 자회사 경영자들에게 극도로 자율성을 부여하는 버크셔의 방침은 버핏의 업무를 다른 대형 복합기업의 CEO보다 훨씬 수월하게 해 주었다. 1990년대 초의 살로몬 브러더스 사태는 버크셔가 버핏 없이도 일상적으로 기능할 수 있다는 것을 이미 입증했다.

미국 정부는 사업상 파트너

버핏은 세금에 대한 논의에서 특이한 방식으로 미국 정부의 과세 능력을 설명했다. "좋든 싫든 간에 미국 정부는 의회에서 정한 규모만큼 버크셔 이익에 대한 지분을 '소유'하고 있습니다. 사실상 미국 재무부는 버크셔로부터 거액의 '배당금'(즉 납부한 세금)을 받는 특별 등급의 버크셔 주식(우리는 이걸 AA주라고 부릅니다)을 보유하고 있습니다." 미국 법인세율이 35%에서 21%로 인하된 것은 의회가 그 지분의 40%를 버크셔의 다른 주주들에게 돌려주는 것과 같다. 이런 방식으로 살펴보면 세율 인하는 모든 기업의 내재 가치를 높여 준다는 것을 쉽게 알 수 있다.

관건은 경쟁을 거친 다음에 이익이 얼마나 남을 것이냐였다. 버핏은 예전의 주주 서한에서 이 주제에 대해 언급한 적이 있었다. 버크셔 해서웨이 에너지는 규제를 통해 세금 인하에 따른 모든 이득을 확실히 돌려주곤 했다. 다른 버크셔 기업들은 새로 얻은 이 이익을 경쟁이 갉아먹는다는 것을 알았다. 시즈와 같은 일부 기업은 이런 이득을 전부 누릴 가능성이 있었다. 모든 것이 동일할 경우, 버크셔는 세율 인하로 더 좋아졌다.

2019년

-

버크셔의 실적은 회계와 경제성의 충돌이 일어난 것에 대해 다시 설명이 필요했다. 2018년 주식시장 약세에 이은 2019년의 강세는 수익성 보고치를 크게 변화시켰다. 그런데 터무니없는 일반회계기준GAAP으로 버크셔의 이익이 1,900%나 급증했다. 미실현 손익이 손익계산서를 통해 유입되도록 한 GAAP 요건은 이익을 분석 목적에서는 무용지물로 만들어 버렸다. 2019년 버크셔의 실적은 좋았지만 그냥 좋다고만 할 수도 없었다. 계산된 실제 세후 영업이익은 240억 달러였는데, 이는 전년 대비 3% 줄어든 것이었다.*

버핏은 주주들에게 중요한 것은 장기적 게임이며 실제 성과는 회계 수치보다 좋았다는 점을 주주들에게 다시 한번 상기시켜 주었다. 심지어 실적이 더 나쁜 경우에도 그러했다. "찰리와 저는 여러분이 영업이익(2019년에는 거의 변화가 없었지요)에 집중하고, 분기 및 연간 투자이익은 실현이든 미실현이든 간에 무시할 것을 권고합니다."

2019년 버크셔의 영업 실적 세부 내역은 전년도와 상당히 비슷한 것으로 나타났다. 보험 부문은 전년에 이어 다시 보험계약 인수 이익을 기록했다. 책임준비금 증가 덕분에 투자 가능 자산과 투자 수익은 더욱 늘어났다. 철도 및 유틸리티, 제조, 서비스, 소매 유통업 모두가 더 높은 이익을 보고했다. 버크셔는 대규모 인수 대상을 찾지 못했다. 100억 달러를 투자하는 우선주 거래 협상 기회가 생겨 지속적으로 증가하는 현금 더미의 일부를 흡수했다. 버크셔의 주식 수를 1% 감소시킨 자사주 매입 역시 마찬가지로 현금을 소화했다. 그럼에도 현금성 자산은 기말 기준 1,280억 달러로 급증했다. 미국 역사상 가장 긴 강세장 와중에서 버크셔는 참을성 있게 기회를 기다렸다.

밸류에이션 및 자사주 매입

버크셔는 2019년에 자사주 매입에 50억 달러를 지출했다. 금액이 크긴

---

* 영업이익은 10% 증가한 것으로 나타났다. 그러나 2018년에 일회성 비현금 무형자산 손상 차손(기타에 포함) 30억 달러를 조정하면, 2019년 실적은 더 낮은 것으로 보인다.

했지만 버크셔에서는 적은 금액이었다. 버핏이 제안했던, 그리고 2018년 부분에서 나오는 동일한 밸류에이션 방법론을 적용할 경우, 2019년에 버크셔의 내재 가치는 약 15% 늘어난 것으로 추정할 수 있다. 버핏은 버크셔를 5개의 작은 숲으로 나누었는데, 이 가운데 4개를 가치 계산에 적용했다(5번 숲인 보험은 다른 숲에 자금을 대는 책임준비금을 제공했다). 이 네 가지 숲은 다음과 같다.

- 1번 숲 ┃ 지분율이 80~100%인 비보험 부문
- 2번 숲 ┃ 주식
- 3번 숲 ┃ 제어 그룹 부문
- 4번 숲 ┃ 현금, 미국 국채, 채권

버크셔가 이해에 자사주 매입을 더 하지 않은 이유는 분명치 않다. 이해에는 계산된 가치(〈표 9-20〉 참고)와 버크셔의 자사주 매입 기준 간의 격차가 크게 나타났기 때문이다. 4분기 자사주 매입 시 가장 높게 적용한 주가는 버크셔의 밸류에이션이 약 5,450억 달러임을 뜻했다.* 기말 내재 가치 평균 추정치를 적용해도 버크셔의 주가/가치 관계는 양호한 것으로 나타난다. 그러나 버핏의 발언은 자사주 매입이 대단한 거래가 아니라는 점을 시사했다. "내재 가치 계산 결과는 정확한 게 아닙니다. 따라서 우리 둘 다 1달러로 추정되는 가치를 굳이 실제 95센트에 사들여야 할 정도로 급하다고 느끼지 않습니다."

---

* 2019년 3분기 말 기준 주식 수 적용

표 9-20 · 2018년 및 2019년 버크셔 해서웨이

밸류에이션 | **자료** · 2018~2019년 버크셔 해서웨이 연례 보고서 및 저자의 계산 **단위** · 10억 달러

직접 계산 방식	2019	2018
1번 숲 : 비보험[1]	266	252
2번 숲 : 주식[2]	216	158
3번 숲 : 제어 그룹 부문[3]	15	20
4번 숲 : 현금, 미국 국채, 채권	147	132
합계	644	562
내재 수익률 방식		
내재 시장가치[4]	508	485
2번 및 4번 숲 합계 차감	(363)	(290)
1번 및 3번 숲 내재 가치	145	195
1번 및 3번 숲의 세후 이익	19	18
버크셔 귀속 수익률(세후)	12.9%	9.3%

각주
1. 세후 이익 177억 달러(2019년) 및 168억 달러(2018년)의 15배
2. 미실현이익 320억 달러(2019년) 및 150억 달러(2018년)에 대한 세금 차감
3. 세후 이익 10억 달러(2019년) 및 13억 달러(2018년)의 15배
4. 버크셔의 자사주 매입 기준

참고
1. 버핏의 2018년 수치(정상 이익에 가까운 수치를 나타냄)를 적용했으며 2019년까지 같은 논리를 따랐음.
2. 15배 배수는 이 책 앞부분에서 세전 이익의 10배를 적용하고 신규 세율인 21%를 가정한 것과 같음.

밸류에이션과 자사주 매입 – 버크셔 해서웨이 에너지

2019년에 자사주를 매입한 기업은 버크셔만이 아니었다. 버크셔 해서웨이 에너지BHE의 자사주 매입에 대해서는 언론 보도가 거의 없었다. 버핏이 이따금 버크셔 해서웨이의 유틸리티 기업 주요 지분이 소폭 증가했다고 언급했는데도 그러했다. 버크셔가 1999년 처음 BHE를 인수

했을 때 BHE에 대한 지분율은 76%였다. 2019년 말 기준으로 버크셔의 BHE 지분율은 약 91%로 높아졌다. 어떤 인수 건에 대해 BHE를 지원하기 위해 추가로 지분을 취득하고, BHE 비지배 주주에게서 주식을 인수하기도 했기 때문이다. 더 최근에 이루어진 지분 인수는 BHE의 가치를 조명하고(〈표 9-21〉 참고), BHE가 장부가치에 비해 훨씬 가치가 높다는 버핏의 주장을 뒷받침했다.

표 9-21 · 버크셔 해서웨이 에너지 선별 데이터
자료·2015~2019년 버크셔 해서웨이 에너지 연간 사업보고서 및 저자의 계산

연도	버크셔의 지분율 (%)	매입한 자사주 수	주당 매입 가격 (달러)	BHE의 내재 가치 (100만 달러)
2019	90.9	447,712	654.44	50,097
2018	90.2	177,381	603.22	46,553
2017[1]	90.0	216,891	548.66	42,442
2016	89.9	0	해당 없음	해당 없음
2015	89.9	75,000	480.00	37,148

각주
1. 연이은 거래 두 건: 3만 5,000주를 1,900만 달러에, 18만 1,891주를 1억 달러에 취득함(5% 후순위 무담보 채권)

참고
밸류에이션은 버크셔 해서웨이 에너지만 해당하며, 비야디(2019년 12월 31일 기준 11억 달러 가치) 등에 대한 투자가치도 포함함.

규제 대상 자본 집약적 사업 부문

버크셔 해서웨이 에너지의 내재 가치 상승은 재무적 성과를 보여 주었다. 세전 이익은 6% 증가한 26억 달러를 기록했다.* 세후 이익은 7.5%

---

* 법인세가 순이익에 미치는 영향을 강조하기 위해 세전 이익을 사용한다. 2019년 이자·세금 차감 전 이익 EBIT은 5% 늘어난 45억 달러였다.

증가한 31억 달러를 기록하며 세전 이익을 웃돌았다. 풍력발전에 따른 세액공제가 1년 더 이어진 덕분이었다. 2019년부터 버크셔는 "에너지 부문이 어떻게 운영되고 평가되는지를 반영"해, 연례 보고서의 각주에 유틸리티 부문의 세후 이익을 상세히 설명하는 표를 제공하기 시작했다.** 미드아메리칸 에너지(아이오와 및 일리노이주의 전력 회사)는 상당한 풍력발전 가용량을 보유하고 있어서 날씨 때문에 주택 고객 수요가 줄었음에도 산업 고객의 수요 강세를 경험했다. 이 회사의 세후 이익은 12% 증가한 7억 8,100만 달러였으며 세액공제 혜택도 컸다. NV 에너지는 세후 이익이 15% 증가한 3억 6,500만 달러로 비슷한 증가세를 경험했다. 사용량 증가와 요금 인상에 힘입어 가스 파이프라인의 이익은 4억 2,200만 달러로 9% 증가했다. 노던 파워그리드의 이익은 7% 늘어난 2억 5,600만 달러였다. 퍼시픽코프의 이익은 3% 감소한 7억 7,300만 달러를 기록했다. 부동산 중개 사업부는 세후 이익이 10% 늘어난 1억 6,000만 달러로 집계됐다. 이는 주로 모기지 사업 및 인수에 따른 것이었다. 기존 중개 사무소들의 거래량 및 이익률 감소에 대한 설명은 없었으나 미국 전역에 걸친 주택 부족이 한몫했을 가능성이 있었다.

BNSF의 운송량은 4.5% 감소한 1,020만 건을 기록했다. 평균 가격을 인상했으나 매출액은 1.4% 감소한 235억 달러였다. 홍수를 포함한 악천후의 여파였다. 경쟁이 치열한 화물 운송 및 국제무역 정책도 마찬가지였다. 소비재, 농산물, 석탄 운송량은 5% 하락했다. 공산품 운송량은

** 세제 혜택을 포함해 경제적 실적을 성장시키는 방법을 찾기 위해서는 개별 단위의 경영자들이 평가받는 게 합리적이다.

3% 감소했다. 운영 비용은 비용 통제와 퇴직연금 축소(날씨 관련 비용 증가분을 상쇄하고도 남음)의 덕을 보았다. 운송량이 줄어들면서 비용이 절감된 것도 여기에 더해졌다. 세전 이익은 5.6% 증가한 73억 달러였다. 운영 비용 감소 및 평균 가격 인상이 합쳐진 결과였다.

보험업

보험 부문은 보험계약 인수 이익에서 2년 연속으로 흑자를 냈다. 2019년의 세전 인수 이익 4억 1,700만 달러로, 17년 중 16년 동안 총 275억 달러의 이익을 기록했다. 유일하게 손실이 났던 2017년은 수많은 재해 손실로 인한 것이었다. 책임준비금은 기말 기준으로 5.5% 증가한 1,294억 달러를 기록했다.

표 9-22 · 버크셔 해서웨이 보험계약 인수

자료·2019년 버크셔 해서웨이 연례 보고서 및 저자의 계산
단위·100만 달러

	2019	2018
가이코		
인수 보험료	35,572	33,363
보험계약 인수 손익(세전)	1,506	2,449
버크셔 해서웨이 재보험 부문		
인수 보험료		
손해/상해	9,911	8,928
소급 재보험	684	517
생명/건강	4,883	5,343
정기 지급 연금	863	1,156
수입 보험료 합계	16,341	15,944
보험계약 인수 손익(세전)		
손해/상해	16	(207)
소급 재보험	(1,265)	(778)
생명/건강	326	216
정기 지급 연금	(549)	(340)
보험계약 인수 손익(세전) 합계	(1,472)	(1,109)
버크셔 해서웨이 원수보험 부문		
인수 보험료	9,165	8,111
보험계약 인수 손익(세전)	383	670
인수 보험료 총계	61,078	57,418
보험계약 인수 손익(세전) 총계	417	2,010
평균 책임준비금	126,078	118,616
책임준비금 비용	(0.3%)	(1.7%)

가이코

가이코는 가장 오랫동안 이 쇼의 스타였는데, 2019년 다시 한번 이 쇼의 주인공으로 등장했다. 가이코의 가치 있는 사업은 100만 건 이상의 새로운 현행 자동차보험 계약으로 이어졌으며, 이는 단위 성장 6.4%로 나타났다. 가이코는 13%였던 시장점유율을 13.6%로 높인 상태에서 이해를 마감했다. 현행 보험계약의 강한 성장 효과는 평균 가격 인하로 약간 상쇄되었다. 가이코가 고객에게 비용 절약 효과를 전달하면서도 수익성이 날 수 있도록 가격을 미세 조정한 데 따른 것이었다. 손해 심도가 상승하면서 손해는 2.5%p 늘어났다(수입 보험료의 81.3%). 일반 손해 및 자차 충돌 사고의 심도는 한 자릿수 중반, 신체 상해의 심도는 한 자릿수 후반 수준으로 상승했다. 재무제표의 각주에는 신체 상해 심도가 왜 그렇게 높은 비율로 증가했는지 자세한 설명이 나오지 않는다. 청구 빈도는 한 자릿수 초반대로 늘어났다. 수입 보험료는 6.6% 증가한 356억 달러, 합산비율은 95.8%로, 세전 인수 이익은 15억 달러로 집계됐다.

버크셔 해서웨이 원수보험 부문

버크셔 해서웨이 원수보험 부문은 수입 보험료가 15% 늘어났다고 보고했다. 그러나 세전 보험 인수 이익은 43% 하락한 3억 8,300만 달러를 기록했다(합산비율 95.8%). 손실 증가 및 이익성 손실 발생액 감소(흑자 금액은 유지) 때문이었다. 중요한 것은 보험 수익성이 보험계약 인수와 투자라는 두 가지 요소에서 발생한다는 것을 기억해야 한다는 점이다. 버크셔의 보험회사 경영진은 보험계약 인수에만 집중했으며 투자 요소는 오마하를 중심으로 처리되었다. 보험 인수 이익의 감소는 증가만큼 좋은 것은 아니지만, 책임준비금 비용이 마이너스라는 의미이기 때문에 여전히 만족할 만한 실적이다. 또한 보험료 증가세 강화는 책임준비금 증가로 이어질 가능성이 매우 크다.* 버크셔 보험회사의 가치는 그들이 제공하는 저비용 자본에서 나온다. 이 자본은 책임준비금 및 이익의 형태로 나타날 수 있다.**

2019년에는 원수보험 부문 실적에 영향을 미친 매우 이례적인 사건이 발생했다. 10월에 버크셔는 어플라이드 언더라이터즈의 지분 81%를 매각했다. 이 회사는 동일한 근로자 보상 상품을 파는 버크셔의 다른 보험사업부들과 점점 더 갈등을 겪었다. 버크셔는 보유하던 지분을 이 회사 설립자 중 한 명인 스티브 멘지스Steve Menzies와 투자회사에 다시 매각했다. 9억 2,000만 달러라는 가격표로 보면, 이 회사 가치는 11억 달러로 평가되었으며 이는 연간 보험료 규모와 거의 비슷했다.16) 버크셔는 2006년에 어플라이드 언더라이터즈의 지분 85%를 약 2억 9,000만 달러에 인수했다.***

---

* 버크셔는 각 주요 부문별 책임준비금에 대한 특정 상세 정보 제공을 중단했지만, 재무제표에서 약간의 정보를 파악할 수 있다. 재무제표에는 미지급 손실과 할당 손실 조정 비용ALAE : Allocated Loss Adjustment Expenses이 나누어 기재된다. 이 자료를 활용하면 원수보험 부문의 의료 전문인 책임보험, 노동자 보상, 기타 재해 미지급 손실, 할당 손실 조정 비용ALAE이 회수 가능 재보험의 순 금액 기준으로 9% 증가한 것을 알 수 있다.
** 경제성 관점으로 볼 때 책임준비금과 이익은 동일할 수 있다. 만일 책임준비금이 영구적/주기적인 경우, 즉 적어도 아주 오랜 기간 보유할 수 있는 경우에는 자본과 차이가 없다. 한 해의 이익은 이듬해의 자본이 된다.
*** 기존 주주들에게는 버크셔에게서 어플라이드 언더라이터즈의 지분 4%를 매입할 수 있는 옵션이 있었다.

버크셔 해서웨이 재보험 부문

재보험 부문의 수입 보험료는 2.5% 증가한 163억 달러였다. 세전 보험 인수 손실은 2018년 11억 달러에서 2019년 15억 달러로 확대되었다. 개별 부문 실적은 재보험 부문의 기본 구도가 반영되었다. 소급 재보험 및 정기 지급 연금(2개 상품군이 주기적으로 회계 비용이 발생하지만 만기가 긴 책임준비금과 연계돼 있음)에서는 손실이 확대되었고, 전년도에 비해 손해/상해 및 생명/건강에서는 이익이 늘어났다.

손해/상해 사업부는 수입 보험료가 11% 증가한 99억 달러였고, 2억 700만 달러 손실로 보험 인수 이익은 1,600만 달러를 기록했다. 보험료 물량에는 인슈어런스 오스트레일리아 그룹과 맺은 20% 지분 참여형 계약에 따른 17억 달러가 포함됐다. 이익은 간신히 손익분기점에 도달했지만 재해 사태(태풍 팍사이아Faxia 및 하기비스Hagibis, 캘리포니아 및 호주의 산불)로 인한 10억 달러의 손실을 감안하면 양호한 실적이었다. 이익성 손실 발생에서도 2억 9,500만 달러가 추가되었다.

생명/건강 부문은 보험 인수 이익이 3억 2,600만 달러를 기록하며 전년 대비 51% 증가했다. 공개되지 않은 대형 재보험사와의 계약 변경으로 일회성 세전 이익 1억 6,300만 달러가 발생하면서, 2019년 이익은 증가했으나 보험료 물량은 감소했다. 건강보험 리스크를 보장하는 2억 2,800만 달러 규모의 단일 계약이 이 보험료 물량의 일부를 보완했지만, 여전히 수입 보험료는 9% 감소한 49억 달러를 기록했다.

정기 지급 연금 보험료는 25% 감소한 8억 6,300만 달러였으며, 손실액은 2018년 3억 4,000만 달러에서 2019년 5억 4,900만 달러로 확대됐다. 버크셔는 이 사업부가 거의 전적으로 가격에 좌우된다는 점을 열심히 설명했다. 버크셔는 다른 시장 참여자들이 어떤 이유로든 빠져나가서 가격이 확고해지면 대규모로 보험계약을 인수할 준비가 되어 있었다. 소급 재보험사업과 마찬가지로 정기 지급 연금에서는 미지급 손실 규모가 컸다. 2019년 말 기준으로, 이 부문 책임액의 할인 가치(금리 4.1%)는 135억 달러였다.

소급 재보험의 인수 및 수입 보험료는 이 연도로 기재된 몇 가지 계약의 결과였으며, 5억 1,700만 달러에서 늘어나 6억 8,400만 달러가 되었다. 이러한 적은 물량은 이 부문의 특징으로, 갑작스럽게 발생하곤 했다. 2018년에는 이익성 손실 발생액이 1억 8,500만 달러였던 것과 비교해, 이해 실적은 불이익성 손실 발생액 1억 2,500만 달러(미상각 이연비용에 따른 순 변동액)의 여파를 크게 받았다.* 13억 달러의 손실 보고치는 대부분이 전년도에 기재된 계약과 관련된 이연비용 상각에서 비롯되었다.

소급 재보험과 관련된 미상각 이연비용(계약 개시 시점에 받은 보험료와 최종 추정 손실의 차이로 이루어진 장부상 자산)은 기말 기준 137억 달러로 집계되었다. 이 금액은 궁극적으로 미래의 손실 발생액과 함께 손익계산서에 반영된다. 2017 AIG 계약만 해도 2019년에 6억 4,600만 달러의 이연비용 상각액이 손실로 직접 유입되었다. 버크셔는 2020년에 총 이연비용 상각액이 12억 달러가 될 것으로 추정했는데, 이는 충당금에 변동이 없으면 보험 인수 손실로 이어진다.

---

* 총 가치는 2019년의 경우 충당금 때문에 3억 7,800만 달러가 증가했으며 2018년에는 3억 4,100만 달러가 감소했다.

현금 흐름은 종종 회계보다 경제성을 더욱 잘 드러낸다(〈표 9-23〉참고). 2019년 버크셔의 손익계산서는 소급 재보험으로 13억 달러의 손실을 입은 것으로 나타났다. 그러나 이런 보험계약에 따라 보험금 청구자에게 지급한 금액은 단 9억 900만 달러에 그쳤다. 이 계약은 또한 보험료로부터 6억 2,400만 달러의 현금을 발생시켰다. 이는 순 금액 기준으로 단 2억 2,500만 달러만 지출되었다는 의미로, 평균 책임준비금

표 9-23 · 2019년 버크셔 해서웨이 재보험 부문의 재보험 책임준비금의 경제성
자료·2019년 버크셔 해서웨이 연례 보고서 및 저자의 계산
단위·100만 달러

책임준비금		2019	2018
미지급 손실 총액		42,441	41,834
이연비용		(13,747)	(14,104)
순 책임액(책임준비금 성격의 금액)		28,694	27,730
평균 책임준비금	(A)	28,212	

		2019년 자료	
		경제성	회계
인수 보험료		684	
지급 손실 및 조정액 차감		(909)	
순 현금 흐름	(B)	(225)	
인수 보험료			684
외화 재평가			(76)
추정 책임액 증가분			(378)
이연비용 증가분			253
AIG 이연비용 상각			(646)
기타 이연비용 상각			(1,102)
회계 손실 보고치	(B)		(1,265)
책임준비금 비용(B/A)		(0.8%)	(4.5%)
보험료 없는 것으로 가정 시 책임준비금 비용		(3.2%)	(6.9%)

의 1%도 안 되는 비용이었다. 인수 보험료 및 수입 보험료의 움직임이 없었다고 가정하더라도 그 실적은 여전히 이익을 나타낸다. 버크셔는 궁극적으로 발생한 손실의 전액을 지급해야 하는데, 그 금액은 424억 달러에 이른다(충당금을 적절히 쌓았다고 가정할 경우). 그동안 버크셔는 이익을 올리기 위해 투자할 수 있는 거액의 책임준비금을 보유하고 있다. 최종 경제적 실적은 미래 지급 시기와 지급 금액에 좌우되었다.

제조, 서비스, 소매 유통업

제조, 서비스, 소매 유통 부문의 세전 이익이 0.5% 증가했다는 표제 부분의 실적은 광범위한 개별 사업부의 실적을 가렸다. 6개 주요 하위 부문의 실적은 17% 증가에서부터 8% 감소까지 다양했다.

표 9-24 · 제조, 서비스, 소매 유통 부문 세전 이익 | **자료**·2018~2019년 버크셔 해서웨이 연례 보고서 및 저자의 계산 **단위**·100만 달러

	2019	2018	증감률
산업재	5,635	5,822	(3%)
건축자재	2,636	2,336	13%
소비재	1,251	1,208	4%
소계 - 제조	9,522	9,366	2%
서비스	1,681	1,836	(8%)
소매 유통	874	860	2%
맥클레인	288	246	17%
소계 - 서비스 및 소매 유통	2,843	2,942	(3%)
세전 이익 총계	12,365	12,308	0%
법인세 및 비규제 이자	(2,993)	(2,944)	2%
세후 이익	9,372	9,364	0%

- 산업재(매출액 306억 달러, 전년도 수준) ｜ 세전 이익은 3% 줄어든 56억 달러를 기록했다. 루브리졸과 IMC의 약세 탓에 실적이 크게 밀려났다. 프랑스에 있는 루브리졸의 공장 중 한 곳에서 발생한 화재로 세전 이익이 15% 감소하면서(4분기에만 50% 감소 등) 이 부문에 부정적인 영향을 미쳤다. 루브리졸의 주요 보험회사 중 하나는 버크셔 해서웨이였는데, 역설적이게도 버핏은 주주 서한에서 다음과 같이 언급했다. "마태복음 6장 3절에서 이르기를, '오른손이 하는 일을 왼손이 모르게 하라'고 하셨습니다. 여러분의 회장은 이대로 이행했습니다." 이는 아마도 버크셔의 사업 범위를 보여 주면서, 한 기업 내에서 리스크가 어떻게 결합될 수 있는지를 보여 주는 사례일 것이다.

  IMC의 세전 이익은 환율 효과, 이익률 낮은 제품 판매, 미중 무역 전쟁 영향 등이 복합적으로 작용하면서 13% 줄어들었다. 프리시전 캐스트파츠는 이익이 5% 증가했다. 2019년의 일회성 이익과 2018년의 일회성 손실이 어느 정도 이익이 나는 쪽으로 작용한 결과였다. 중대한 문제가 있는 신형 항공기인 보잉 737 맥스 항공기의 운항 중단이 자사 사업에 크게 영향을 미칠 것이라고 IMC는 예상하지 못했다. 마몬의 실적은 신규 인수 효과를 감안해 보면 전년도와 비슷한 수준이었다. 10월 31일 콜슨 메디컬Colson Medical의 지분 60%를 인수했으며, 나머지 지분은 시간을 두고 인수하기로 합의했다. 콜슨은 마몬 설립자 로버트 프리츠커가 두 번째로 설립한 기업이었다. 프리츠커는 마몬을 떠난 후 정형외과 분야 기업을 인수하기 위해 콜슨을 설립했다.[17]

- 건축자재(매출액 203억 달러, 8.8% 증가) ｜ 건축자재의 세전 이익은 13% 증가한 26억 달러를 기록했다. 클레이턴 홈스는 다시 실적 강세를 주도했다. 조립식주택 및 부지 건설 주택의 판매 증가로 세전 이익은 20% 증가한 11억 달러를 기록했다. 주택 판매 강세는 금융 부문의 12% 이익 증가로 이어졌다. 이 부문의 다른 건

축자재 기업들은 판매 가격 상승과 비용 절감으로 세전 이익이 8% 늘어났다. 만일 시설 폐쇄 비용이 들어가지 않았으면 이익이 더 늘었을 것이다.

- 소비재 부문(매출액 118억 달러, 5.7% 감소) | 세전 이익은 4% 증가한 13억 달러로 집계됐다. 듀라셀은 신규 제품군에서 이득을 보았다. 의류 및 신발 사업은 유통업체 자체 상표 제품들로 역풍을 겪었다. 러닝화 회사 브룩스Brooks*는 물류 센터 문제에도 불구하고 매출액이 3.5% 증가했다. 비용 통제 덕분에 소비재 부문의 세전 이익률은 10.6%로 1%p 개선되었다. 이러한 요인은 포레스트 리버의 지속적인 약세를 상쇄하고도 남았다. 포레스트 리버는 단위 판매량 감소로 매출액이 13% 감소했다. 버크셔는 포레스트 리버의 이익에 대한 정보를 제공하지 않았다.

- 서비스 부문(매출액 135억 달러, 1.2% 증가) | 세전 이익은 8% 감소한 17억 달러를 기록했다. 이 부문의 세전 이익 감소는 TTI와 플라이트세이프티 때문이었다. TTI는 2018년에는 강세를 보였으나 2019년에는 제품에 대한 수요 감소, 이익률 하락, 인수한 기업의 비용 증가로 타격을 입었다. 환율 관련 손실과 관세가 고통을 더욱 심화했다. 플라이트세이프티의 이익은 정부 계약의 상실로 타격을 입었다. 넷제트는 매출액 및 이익률 증가에 힘입어 이익이 늘어났다. 차터 브로커리지는 이번 연도에 이익률이 낮은 사업부를 매각했으나 이익에 미치는 영향은 공개되지 않았다.

- 소매 유통업(매출액 160억 달러, 2.5% 증가) | 2%로 소폭 증가한 세전 이익 8억 7,400만 달러는 이 부문 기업들의 커다란 운명의 차이를 가렸다. 중고차 판매 증가 및 금융 활동에 힘입어 버크셔 해서웨이 오토모티브는 이익이 23% 증가했다. 이것은 이 부문의 유일한 좋은 소식이었다. 매출액이 1.3% 감소하고 비용이 증가하면서, 가정용 가구 회사(이 부문 전체 매출액의 20% 차지)의 세전 이익은 15% 줄

어들었다. 보석 소매업체 및 시즈 캔디 등의 기업을 포함하는 나머지 부문에서는 이익이 8% 하락했다.

- 맥클레인(매출액 505억 달러, 0.9% 증가) | 맥클레인의 이익은 전년도에 떨어졌던 이익률이 어느 정도 회복되면서 급반등했다. 세전 이익은 17% 증가한 2억 8,800만 달러를 기록했다. 이 사업은 끝이 명확히 보이지 않는 매우 치열한 경쟁 상태를 이어 갔다. 맥클레인은 52/53주 회계연도로 운영되었기 때문에 이익 비교 시 추가 일주일치 실적에 따른 이득이 있었다.**

투자

버크셔의 투자 포트폴리오는 전체 주식시장(S&P 500은 31.5% 상승)에서 두 자릿수의 강한 호조를 보이며 증가했다. 버크셔는 140억 달러어치의 주식을 매각하고 186억 달러어치를 매입해 46억 달러의 순 매수를 기록했다. 그러나 비공개로 협상된 100억 달러의 우선주 투자가 주식으로 분류되었다. 우선주 투자를 반영하기 위해 현금 흐름 표에 표시된 수치를 하향 조정한 것은 버크셔가 다른 주식을 54억 달러어치 순 매도했다는 의미였다. 매도 대상은 애플 주식 440만 주, 뱅크 오브 뉴욕 멜론 주식 300만 주, 웰스 파고 주식 1억 400만 주, USG 코퍼레이션의 지분 전량 등이었다. 버크셔는 뱅크 오브 아메리카, JP 모건 체이스, US 뱅코프의 지분을 더 사들였다.

버핏은 1924년에 발간된 그리 유명하지 않은 책을 활용해 이익잉

** 52/53주 보고 방식은 소매 유통업에서 일반적인 것이다. 이 방식에서는 회계연도가 항상 같은 요일에 종료된다. 또한 매년 하루를 쉬지 않으면 52주를 쉽게 나눌 수 없기 때문에 보다 일관된 측정 기간을 위해 이와 같은 이득이 부여된다.

여금의 힘을 설명했다. 《장기 투자로서의 보통주Common Stocks as Long Term Investments》에서 에드거 로런스 스미스Edgar Lawrence Smith는 기업이 이익을 유지하며 성장하는 방법을 설명했다. 버크셔가 보유한 10대 종목의 경우, 이들의 이익잉여금은 배당의 2배가 넘었다. 버핏은 독자들에게 매년 버크셔의 재무제표에는 배당금만 표시되어 있다는 것을 상기시켰다. 그는 또한 버크셔의 일부 투자 대상 기업들이 자사의 이익잉여금을 자사주 매입에 사용했다며 이는 "그 회사의 미래 이익에 대한 버크셔의 지분율을 확대하는 행위"라고 지적했다. 버핏이 제공한 표를 보면, 아메리칸 익스프레스에 대한 버크셔의 지분율이 2018년 17.9%에서 2019년 18.7%로 늘어난 것을 알 수 있다. 버크셔가 한 주도 더 매입하지 않은 상태인데도 그러했다. 더욱 놀라운 것은 애플이었다. 애플에 대한 버크셔의 지분율은 일부 주식을 매각했음에도 2018년 5.4%에서 2019년 5.7%로 증가했다.

그는 또한 잘 알려진 역사적 참고 자료를 이용해 자신의 주장을 설명했다. "카네기, 록펠러, 포드 같은 거물들이 일찍이 엄청난 부를 쌓았다는 것은 잘 알려져 있습니다. 이들은 모두가 성장 자금을 조달하고 더 큰 이익을 얻기 위해 이익의 막대한 부분을 회사에 유보해 두었습니다." 버핏과 마찬가지로 이 거물들은 당시 최고의 성공을 거둔 인물이었다.

USG 코퍼레이션의 주식 매각은 비교적 적은 금액(20억 달러 미만)이었다. 그러나 이것은 회사 이사진이 제안한 사항에 대해 버핏이 동의하지 않고 반대표를 던진 이례적인 경우 중 하나였다. 버크셔는 2006년에 인수한 석고 벽판(시트록) 제조업체인 USG 코퍼레이션의 지분 31%를 보유하고 있었다.[18] 이 회사는 그 후 10년 동안 어려움을 겪었다.

2018년 크나우프Knauf(경쟁사)에서 버크셔가 매력적이라고 생각한 조건으로 USG 인수를 제안했으나 USG의 경영진과 일부 이사회 구성원이 이 거래를 반대했다. 버핏은 이 거래가 주주들에게 좋은 가치가 있다고 봐서, 이사들이 "우리의 이익을 대변하지 않는다"며 공개적으로 비난했다. 이사들의 뜻에 반대하는 표를 던진 후 크나우프와의 해당 거래는 최종적으로 승인되었으며 USG는 2019년 중반에 매각되었다.

8월에 버크셔는 비공개로 협상된 우선주 거래에서 다시 채권자 역할에 나섰다. 이전 거래와 달리 이것은 이용 가능한 신용도 하락 때문이 아니었다. 그 대신 100억 달러 규모의 이 거래는 옥시덴탈 퍼트롤리엄이 경쟁사인 애너다코Anadarko를 인수하는 것을 지원했다. 이 거래에는 거의 즉시 비판이 쏟아졌으나 버크셔가 개입한 것은 아니었다. 그 비판은 옥시덴탈 경영진에게 쏟아졌다. 가격이 비싼 인수 건에 자금을 조달하기 위해 기민한 투자자에게 담합을 제안했다는 점 때문이었다. 이 비판을 주도한 사람은 전설적인 투자자 칼 아이칸Carl Icahn이었다. 버핏은 버크셔의 우선주에 대한 8%의 배당수익률(연간 8억 달러 가치) 등 재빠른 사업 거래로 찬사를 받았다. 버크셔는 또한 주당 62.50달러에 8,000만 주를 매입할 수 있는 신주인수권과 105% 청산 우선권을 받았다. 이 거래에는 옥시덴탈이 우선주 배당금을 주식으로 지급할 수 있다는 조항도 들어 있었다.

상장 기업 및 비상장 기업에 대한 밸류에이션이 하늘을 찌르는 중이다 보니 거액의 자본을 배분할 기회가 부족한 가운데, 버크셔의 현금은 계속 축적되었다. 그러나 유리한 조건이 제시되면 차입금을 빌리는 관행도 이어 갔다. 버크셔는 처음으로 일본 엔화 표시 채권을 발행해 투자 자금 확대용으로 40억 달러를 조달했다.* 2019년 말 기준 1,280억 달러였던 현금 규모는 이 오마하의 현인이 주주들에게 일부를 반환하기 원하는 사람들에게서 비판의 대상이 되었다. 그러나 워런 버핏은 버크셔 해서웨이를 경영한 55년의 경험으로, 머지않아 현명하게 자본을 활용할 기회가 나타날 것이라고 굳게 믿었다. 버크셔는 무엇이든 할 준비가 되어 있었다.

5년 구간 살펴보기

버크셔 해서웨이는 불과 5년 만에 과거 10년 구간 전체보다 더 많은 자본을 창출했다(〈표 9-25〉 참고). 이 가운데 절반 정도는 사업으로 벌어들였다. 사업체의 높은 가격은 인수의 흐름을 가로막는 역풍을 유발했다. 이러한 역풍은 버크셔가 지분을 100% 보유한 운영 자회사들의 기여금 증가세를 무너뜨렸다. 이는 2017년 세법 개정으로 인한 일회성 이익을 제거하더라도 마찬가지였다. 이러한 조정을 거친 뒤에도 사업은 이 기간 동안 순자산 가치 증가분의 61%를 창출했다. 주식시장의 강한 상승세는 버크셔의 포트폴리오에 상당한 실현 및 미실현이익으로 이어졌지만, 상대적으로 버크셔의 주가 성과에 타격을 입혔다. 이는 또한 버크셔의 거대하면서도 계속 늘어나는 현금 더미를 배치할 만한 매력적인 투자처 찾기를 더욱 어렵게 만들었다.

〈그림 9-3〉은 지난 5년 구간의 버크셔 세후 영업이익 출처를 분석한

---

* 이 채권 중에는 만기가 2024~2049년이면서 가중평균 이자율이 0.5%인 여러 트랑슈tranche(채권 모집 시 조건이 다른 두 종류 이상의 채권을 동시에 발행하는 경우 각각의 채권 발행을 뜻함 - 옮긴이)도 있었다.

표 9-25 · 1965~2019년 자기자본 조정 | 자료·버크셔 해서웨이 연례 보고서 및 저자의 계산 **단위**·100만 달러

	1965~1974	1975~1984	1985~1994	1995~2004	2005~2014	2015~2019	1965~2019
기초 자기자본	22	88	1,272	11,875	85,900	240,170	22
순 영업이익	57	366	2,869	19,344	107,301	95,122	225,059
순 실현이익	7	199	1,354	14,096	15,897	20,299	51,853
미실현 투자 평가액	0	486	5,877	15,000	25,720	50,297	97,380
합병/분할	0	133	433	25,085	12,816	328	38,795
배당금/자사주	(3)	0	69	0	(1,763)	(6,362)	(8,059)
B주 발행액	0	0	0	565	0	0	565
2017년 세액 개정 효과	0	0	0	0	0	29,106	29,106
기타/잡이익	4	0	0	(65)	(5,701)	(4,169)	(9,930)
기말 자기자본	88	1,272	11,875	85,900	240,170	424,791	424,791
회기 내 자본 변동	66	1,184	10,602	74,026	154,270	184,621	424,769

참고 반올림으로 계산해 숫자 합산액이 일치하지 않을 수 있음.

표 9-26 · 구간별 자기자본 변동에 대한 기여분 | 자료·버크셔 해서웨이 연례 보고서 및 저자의 계산 **단위**·%

	1965~1974	1975~1984	1985~1994	1995~2004	2005~2014	2015~2019	1965~2019
순 영업이익	86	31	27	26	70	52	53
순 실현이익	11	17	13	19	10	11	12
미실현 투자 평가액	0	41	55	20	17	27	23
합병/분할	0	11	4	34	8	0	9
배당금/자사주	(4)	0	1	0	(1)	(3)	(2)
B주 발행액	0	0	0	1	0	0	0
2017년 세액 개정 효과	0	0	0	0	0	16	7
기타/잡이익	7	0	0	(0)	(4)	(2)	(2)
합계	100	100	100	100	100	100	100

참고 반올림으로 계산해 숫자 합산액이 일치하지 않을 수 있음.

그림 9-3 · 2015~2019년 세후 영업이익의 출처

자료 · 2015~2019년 버크셔 해서웨이 연례 보고서 및 저자의 계산 **주** · 영업이익 합계=951억 달러

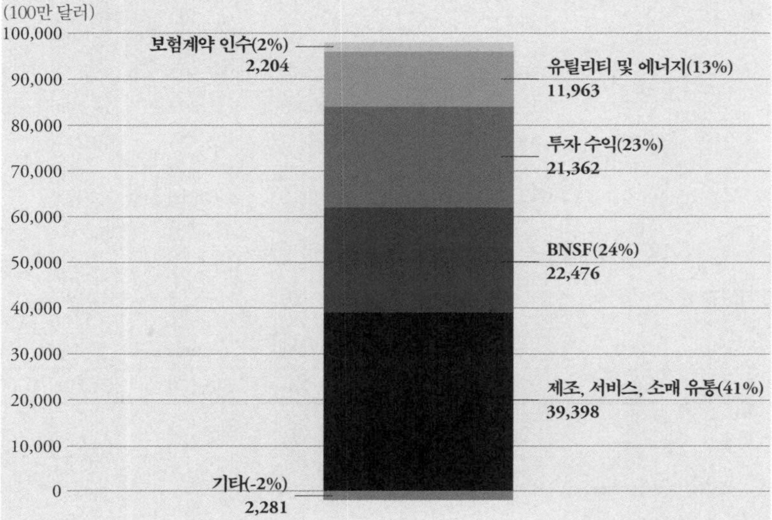

(100만 달러)
100,000
90,000
80,000
70,000
60,000
50,000
40,000
30,000
20,000
10,000
0
보험계약 인수(2%)
2,204
유틸리티 및 에너지(13%)
11,963
투자 수익(23%)
21,362
BNSF(24%)
22,476
제조, 서비스, 소매 유통(41%)
39,398
기타(-2%)
2,281

참고 반올림으로 계산해 숫자 합산액이 일치하지 않을 수 있음.

것이다. BNSF와 유틸리티 부문을 합치면, 이 기간 동안 세후 영업이익의 3분의 1 이상을 창출했다. 버크셔의 14년 연속 보험 인수 이익 기록은 2017년 여섯 번의 재해가 발생한 후 종료됐다. 그러나 2017년 이후 나머지 4년은 모두 이익을 올렸으며, 이는 버크셔의 책임준비금 비용이 마이너스 상태라는 의미였다. 게다가 평균 책임준비금은 810억 달러에서 1,260억 달러로 늘어났다. 책임준비금 증가의 상당 부분은 2017년 AIG와의 소급 재보험계약에서 비롯되었다. 버크셔가 받은 102억 달러의 보험료는 사상 최대 금액이었으며, 버크셔는 전 세계에서 가장 많이 찾는 (가장 많이 찾지 않더라도) 재보험사 중 하나라는 명성을 확고히 다졌다.

버크셔는 이 5년 구간 동안 꼼꼼히 검토해 자본을 배분할 만한 합리적인 기회를 찾아냈다. 자본이 가장 많이 투입된 인수 건은 다음과 같았다.

1. 42억 달러 | 밴튤 오토모티브 그룹은 2015년 버크셔에 합류해 기업명을 버크셔 해서웨이 오토모티브 그룹으로 변경했다. 이러한 기업명 변경은 버크셔 해서웨이 브랜드의 힘과 인지도가 성장했음을 보여 주었다.

2. 330억 달러 | 프리시전 캐스트파츠는 2016년에 현금을 빨아들였던 유일한 초대형 인수 대상이었다.

3. 28억 달러 | 파일럿 플라잉 J는 2017년 버크셔에서 1차로 지분 38.6%를 인수하며 첫발을 들여놓았다. 이 거래의 요건에는 버크셔가 2023년까지 지분을 80%까지 늘린다는 내용이 들어 있었다.

4. 25억 달러 | 의료 배상 책임보험 회사인 MLMIC는 2018년 버크셔에 매각하기 위해 주식회사로 전환했다.

5. 79억 달러 | 버크셔와 그 자회사들은 수많은 볼트온 인수를 완료했다.

듀라셀은 캐시 리치 스플릿 오프 거래로 버크셔 그룹에 합류시켰다. 3G 캐피털과의 파트너십으로 50억 달러의 자본을 투입해 크래프트 푸즈 그룹을 인수할 기회를 찾아내기도 했다. 버크셔는 또한 이 5년 구간 동안 성장용 자본적 지출에 320억 달러를 추가로 투자했다. 이 자본의 대부분은 BNSF와 버크셔 해서웨이 에너지에 투입되었다. 버크셔는 아울러 매도가능증권에도 자본을 배분했다. 2019년 말 무렵까지 애플 주식을 첫 취득 가격의 2배 이상 가치로 350억 달러어치나 매입하며 투자 집중 관행을 이어 갔다. 버크셔는 또한 옥시덴탈 퍼트롤리엄과의 비공개 협상 우선주 거래에 100억 달러를 투자했다.

표 9-27 · 2015~2019년 주요 자본 배분 결정
자료 · 2014~2019년 버크셔 해서웨이 연례 보고서 및 저자의
계산 단위 · 달러

인수	43,971
순 자본적 지출	32,324
순 주식 투자	19,064
지분 인수	6,362
	101,721
현금&채권 투자 순 증가액	115,022

버크셔의 투자 포트폴리오에서 나온 두 가지 통계는 대단히 흥미로워서 그냥 넘어갈 수 없다. 아메리칸 익스프레스와 코카콜라의 2019년 이익 중 버크셔 귀속분은 취득원가 기준에서 이례적으로 큰 비중을 차지했다. 아메리칸 익스프레스의 2019년 이익 중 버크셔 귀속분은 12억 6,000만 달러로, 이는 해당 지분의 취득원가 12억 9,000만 달러와 비슷하다. 코카콜라 이익 중 버크셔 귀속분은 취득원가의 약 3분의 2에 이르렀다.* 이러한 통계는 장기 보유 기간과 투자에 대한 버크셔의 견해를 보여 주었다. 두 종목 모두가 장기 보유의 가치를 드러내는 증거였다. 상당한 미실현이익에 대한 이연 법인세 덕분에, 투자 대상을 매각해 다른 곳에 재투자했을 때(혹은 동일한 기업에 재투자할 때)보다 훨씬 더 많은 배당금을 받을 수 있었다.

---

* 또 하나의 역사적 기록 : 2010년 버핏은 주주 서한에 코카콜라 이익 중 버크셔 귀속분이 2021년쯤에는 취득원가와 같아질 것으로 예상한다고 서술했다. 2019년의 8억 3,400만 달러를 기준으로 볼 경우, 12억 9,900만 달러에 도달하기까지는 몇 년쯤 더 걸릴 것으로 보인다.

표 9-28 · 버크셔 해서웨이 주식 포트폴리오 선별 상세 내역

자료·2014년 및 2019년 버크셔 해서웨이 연례 보고서 및 저자의 계산 단위·100만 달러

	2019		2014		변동액	
	취득원가	시장가치	취득원가	시장가치	취득원가	시장가치
아메리칸 익스프레스	1,287	18,874	1,287	14,106	0	4,768
애플	35,287	73,667			35,287	73,667
뱅크 오브 아메리카	12,560	33,380			12,560	33,380
코카콜라	1,299	22,140	1,299	16,888	0	5,252
JP 모건 체이스	6,556	8,372			6,556	8,372
IBM			13,157	12,349	(13,157)	(12,349)
무디스	248	5,857	248	2,364	0	3,493
US 뱅코프	5,709	8,864	3,033	4,355	2,676	4,509
월마트			3,798	5,815	(3,798)	(5,815)
웰스 파고	7,040	18,598	11,871	26,504	(4,831)	(7,906)
기타 전체	40,354	58,275	20,363	35,089	19,991	23,186
주식 합계	**110,340**	**248,027**	**55,056**	**117,470**	**55,284**	**130,557**

참고
두 기간 중 시장가치가 50억 달러 이상인 투자 대상

그림 9-4 · 2014년 및 2019년 투자 포트폴리오 상위 5개 종목 구성

자료·2014년 및 2019년 버크셔 해서웨이 연례 보고서 및 저자의 계산

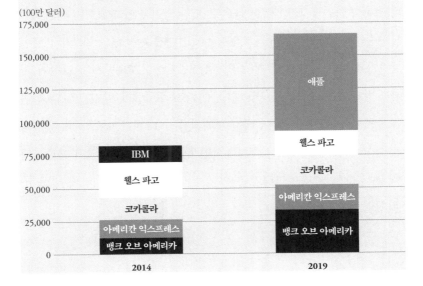

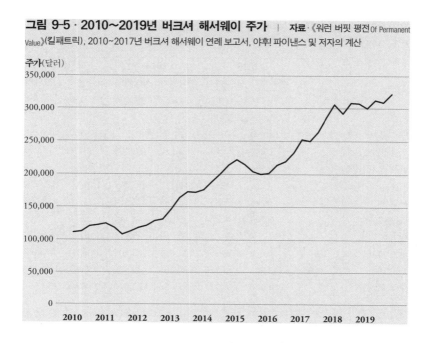

그림 9-5 · 2010~2019년 버크셔 해서웨이 주가 | **자료**·《워런 버핏 평전 Of Permanent Value》(킬패트릭), 2010~2017년 버크셔 해서웨이 연례 보고서, 야후! 파이낸스 및 저자의 계산

버크셔의 주가는 이 회사의 근본적인 발전 과정을 계속 따라가며 움직였다. 주가는 2017년 말 처음으로 30만 달러를 돌파했으며 버크셔의 시가총액은 2019년 말에는 5,500억 달러대를 기록했다. 이 기간 동안 장부가치 대비 주가는 그다지 변동성을 보이지 않으면서 버크셔가 저평가 상태임을 나타냈다. 버크셔는 이를 주주들에게 알리고 보다 합리적인 밸류에이션을 이끌어 내기 위해 최선을 다했다. 이런 노력이 성과로 이어지지 않자 버크셔는 지속적인 주주들의 이익을 위해 저평가된 자사주를 매입했다. 〈그림 9-5〉와 〈그림 9-6〉은 그런 맥락에 대한 10년간의 자료를 나타낸다.

그림 9-6 · 2010~2019년 버크셔 해서웨이 장부가치 대비 주가 비율

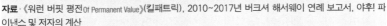

자료·《워런 버핏 평전Of Permanent Value》(킬패트릭), 2010~2017년 버크셔 해서웨이 연례 보고서, 야후! 파이낸스 및 저자의 계산

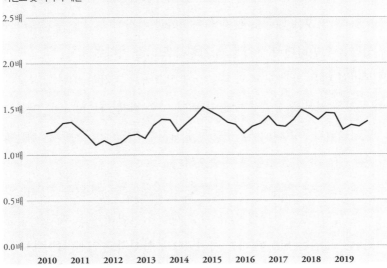

2015~2019년의 교훈

–

1 투자 논지가 틀린 경우에는 이를 인정하는 게 좋다. 잘못된 행동을 바로잡는 행위는 어렵긴 하지만 중요하다. 버핏은 처음에 IBM 주식에 투자했을 때 IBM이 강한 경쟁 우위를 지니고 있다고 생각했다. 몇 년후 그는 자신이 틀렸음을 깨닫자 IBM에 대한 버크셔의 투자 지분을 매각했다. 버핏은 또한 자신의 의견을 공개적으로 발언했을 경우, 그 약속을 지키고자 하는 인간의 성향을 극복했다. 버크셔는 상당한 규모의 애플 지분을 꾸준히 매입했고, 이후 애플 지분의 가치는 2배로 뛰었다.

2 현금을 주머니에서 자꾸 꺼내려고 하지 마라. 버크셔는 성장을 위한 설비투자 및 인수에 수십억 달러를 지출했음에도 현금이 계속 축적되었다. 버핏은 대규모 투자에 부적합한 시장에 현금을 투자하라는 압력을 외면하면서 끈기 있게 기회가 오기를 기다렸다.

3 복리의 힘은 강하다. 불과 5년 만에 버크셔는 과거의 10년 구간보다 더 많은 자본을 창출했는데, 1965년 이후 전체 자본의 40% 이상을 벌어들였다. 이익의 상당 부분을 유보하는 기업에서는 미래 자본 배분을 평가하는 것이 훨씬 더 중요하다.

4 인센티브는 숨은 능력을 끌어낼 수 있지만 의도하지 않은 결과를 일으킬 수도 있다. 부정한 신규 계정 개설과 관련해 웰스 파고를 뒤덮었던 스캔들은 의도한 바는 아니었으나 불행히도 인센티브 체제 구도 때문에 나타났다. 버크셔의 회사들은 매우 분권화된 방식으로 운영되지만 보호 장치가 존재한다. 예를 들면 버크셔는 상담 전화, 직접 및 익명의 글을 써서 본사에 보낼 수 있는 방식을 운영한다. 문제가 발생했을 때는 신속하게 조치를 취하는 것이 가장 좋다. 벌어진 문제는 시간이 흘러도 대개 호전되지 않는다.

5 올바른 변수에 집중하라. 버핏은 버크셔의 2016년 프리시전 캐스트 파츠 인수에 분명히 몇 가지 문제가 있을 거라고 말했다. 그는 이 회사의 장기적인 경제 위상에 생각을 집중했다. 마찬가지로 버핏은 애널리스트들에게 버크셔의 여러 운영 자회사 각각에 대한 통찰을 얻으려 하기보다 몇 가지 사업의 집합체로서의 버크셔를 살펴보는 게 더 낫다고 제안했다.

6 회계는 하나의 언어이자 시작점에 불과하다. 2018년 회계 규정 변경

은 미실현이익이 손익계산서를 통해 흘러가게 해서 버크셔의 순이익을 분석하는 작업을 쓸모없게 만들었다. 투자자들은 작성된 회계 규정을 이해한 다음, 재무제표를 활용해 경제적 실제를 판단해야 한다.

7 생산성은 모든 시민을 위한 부를 창출한다. 문명이 행복을 증진하는 방법은 개인당 재화와 서비스를 더 많이 생산하는 것이다. 기업들은 더 적은 수의 인력으로 동일한 작업을 수행할 수 있는 방법을 찾기 때문에, 이러한 과정에서 단기적으로는 파괴력을 보인다. 그러나 장기적으로는 생산성이 향상되어 모든 시민에게 도움이 된다. 이런 생산성 향상을 어떻게 분배할 것이냐, 그리고 그 영향을 받는 개인들에게 미치는 영향을 완화하는 최선의 방법이 무엇이냐 하는 것은 정치적으로 중요한 문제다.

표 9-29 · 버크셔 해서웨이-모기업 단계의 선별 재무 정보

자료·2019년 버크셔 해서웨이 연례 보고서 **단위**·100만 달러, 주당 수치는 제외임.

	2019	2018	2017	2016	2015
매출액					
수입 보험료	61,078	57,418	60,597	45,881	41,294
판매 및 서비스 매출액	134,989	133,336	130,243	123,053	110,811
임대 매출액	5,856	5,732	2,552	2,553	1,546
철도, 유틸리티 및 에너지 매출액	43,453	43,673	40,005	37,447	39,923
이자, 배당금 및 기타 투자 수익	9,240	7,678	6,536	6,180	6,867
매출액 총계	254,616	247,837	239,933	215,114	200,441
투자 및 파생상품 손익[1]	72,607	(22,455)	2,128	8,304	10,347
이익					
버크셔 해서웨이 귀속 순이익[2]	81,417	4,021	44,940	24,074	24,083
주당 순이익	49,828	2,446	27,326	14,645	14,656
기말 자료					
자산 총계	817,729	707,794	702,095	620,854	552,257
지급어음 및 기타 차입금					
보험 및 기타 비금융 부문	37,590	34,975	40,409	42,559	26,550
철도, 유틸리티 및 에너지 부문	65,778	62,515	62,178	59,085	57,739
자기자본	424,791	348,703	348,296	282,070	254,619
발행 보통주(1,000주, A주 기준)	1,625	1,641	1,645	1,644	1,643
발행주식당 자기자본(A주 기준)	261,417	212,503	211,750	171,542	154,935

각주

1. 세후 투자 수익은 다음과 같음 :　　　　　　57,445　　(17,737)　　1,377　　6,497　　6,725
2. 2018년부터 투자 손익에는 해당 기간의 주식 공정 가치 변동이 반영됨. 2017년 순이익에는 2017년 세법 개정에 따른 291억 달러의 일회성 순이익이 반영됨.

참고

일관성을 유지하기 위해 2019년 연례 보고서에서 가져온 수치임. 보고 연도에 따라 특정 연도에 약간의 차이가 존재함.

표 9-30 · 버크셔 해서웨이 보험계약 인수

자료: 2016년, 2017년, 2019년 버크셔 해서웨이 연례 보고서 및 저자의 계산 단위·100만 달러

	2019	2018	2017	2016	2016	2015	2014
가이코							
수입 보험료	35,572	33,363	29,441	25,483	25,483	22,718	20,496
보험계약 인수 순이익(세전) 합계	1,506	2,449	(310)	462	462	460	1,159
제너럴 리							
수입 보험료	버크셔 해서웨이 재보험 부문에 통합됨				5,637	5,975	6,264
보험계약 인수 순이익(세전) 합계					190	132	277
버크셔 해서웨이 재보험 부문							
손해/상해	9,911	8,928	7,552	7,218			
소급 재보험	684	517	10,755	1,254			
생명/건강	4,883	5,343	4,808	4,587			
장기 지급 연금	863	1,156	898	1,082			
수입 보험료 합계	16,341	15,944	24,013	14,141			
손해/상해	16	(207)	(1,595)	895			
소급 재보험	(1,265)	(778)	(1,330)	(60)			
생명/건강	326	216	(52)	305			
장기 지급 연금	(549)	(340)	(671)	(128)			
보험계약 인수 순이익(세전) 합계	(1,472)	(1,109)	(3,648)	1,012			
버크셔 해서웨이 원수보험 부문							
수입 보험료	9,165	8,111	7,143	6,257	6,257	5,394	4,377
보험계약 인수 순이익(세전) 합계	383	670	719	657	657	824	626
수입 보험료 합계	61,078	57,418	60,597	45,881	45,881	41,294	41,253
보험계약 인수 순이익(세전) 합계	417	2,010	(3,239)	2,131	2,131	1,837	2,668
평균 책임준비금	126,078	118,616	103,039	89,650	89,650	85,822	80,581
책임준비금 비용	(0.3%)	(1.7%)	3.1%	(2.4%)	(2.4%)	(2.1%)	(3.3%)

참고: 2016년은 제너럴 리를 버크셔 해서웨이 재보험 부문으로 통합하기 전과 후의 공시를 나타내기 위해 두 번 기재함.

표 9-31 · 버크셔 해서웨이 보험 부문 책임준비금, 선별 데이터 및 정보 | 자료: 버크셔 해서웨이 연례 보고서 및 저자의 계산

기말 책임준비금(100만 달러)

연도	가이코	제너럴 리	제보험 부문	기타 원수보험	합계	평균준비금	책임준비금 비율
1994						3,057	(4.2%)
1995						3,607	(0.6%)
1996						6,702	(3.3%)
1997	2,917		4,014	455	7,386	7,093	(6.5%)
1998	3,125	14,909	4,305	415	22,754	15,070	(1.8%)
1999	3,444	15,166	6,285	403	25,298	24,026	5.8%
2000	3,943	15,525	7,805	598	27,871	26,585	6.1%
2001	4,251	19,310	11,262	685	35,508	31,690	12.8%
2002	4,678	22,207	13,396	943	41,224	38,366	1.1%
2003	5,287	23,654	13,948	1,331	44,220	42,722	(4.0%)
2004	5,960	23,120	15,278	1,736	46,094	45,157	(3.4%)
2005	6,692	22,920	16,233	3,442	49,287	47,691	(0.1%)
2006	7,171	22,827	16,860	4,029	50,887	50,087	(7.7%)
2007	7,768	23,009	23,692	4,229	58,698	54,793	(6.2%)
2008	8,454	21,074	24,221	4,739	58,488	58,593	(4.8%)
2009	9,613	21,014	26,223	5,061	61,911	60,200	(2.6%)
2010	10,272	20,049	30,370	5,141	65,832	63,872	(3.2%)
2011	11,169	19,714	33,728	5,960	70,571	68,202	(0.4%)
2012	11,578	20,128	34,821	6,598	73,125	71,848	(2.3%)
2013	12,566	20,013	37,231	7,430	77,240	75,183	(4.1%)
2014	13,569	19,280	42,454	8,618	83,921	80,581	(3.3%)
2015	15,148	18,560	44,108	9,906	87,722	85,822	(2.1%)
2016	17,148	17,699	45,081	11,649	91,577	89,650	(2.4%)
2017	상세 정보 미제공				114,500	103,039	3.1%
2018					122,732	118,616	(1.7%)
2019					129,423	126,078	(0.3%)

기말 책임준비금 (증가율 %)

연도	가이코	제너럴 리	제보험 부문	기타 원수보험	합계	평균 책임준비금
1994						16.5
1995						18.0
1996						85.8
1997						5.8
1998	7.1	해당없음	7.2	(8.8)	208.1	112.5
1999	10.2	1.7	46.0	(2.9)	11.2	59.4
2000	14.5	2.4	24.2	48.4	10.2	10.6
2001	7.8	24.4	44.3	14.5	27.4	19.2
2002	10.0	15.0	18.9	37.7	16.1	21.1
2003	13.0	6.5	4.1	41.1	7.3	11.4
2004	12.7	(2.3)	9.5	30.4	4.2	5.7
2005	12.3	(0.9)	6.3	98.3	6.9	5.6
2006	7.2	(0.4)	3.9	17.1	3.2	5.0
2007	8.3	0.8	40.5	5.0	15.3	9.4
2008	8.8	(8.4)	2.2	12.1	(0.4)	6.9
2009	13.7	(0.3)	8.3	6.8	5.9	2.7
2010	6.9	(4.6)	15.8	1.6	6.3	6.1
2011	8.7	(1.7)	11.1	15.9	7.2	6.8
2012	3.7	2.1	3.2	10.7	3.6	5.3
2013	8.5	(0.6)	6.9	12.6	5.6	4.6
2014	8.0	(3.7)	14.0	16.0	8.6	7.2
2015	11.6	(3.7)	3.9	14.9	4.5	6.5
2016	13.2	(4.6)	2.2	17.6	4.4	4.5
2017	상세 정보 미제공				25.0	14.9
2018					7.2	15.1
2019					5.5	6.3

표 9-32 · 제조, 서비스, 소매 유통 부문 세전 이익

자료: 2015~2019년 버크셔 해서웨이 연례 보고서 및 저자의 계산 단위 · 100만 달러

	2019	2018	2017 재작성	2017 원본	2016	2015	2014
산업재	5,635	5,822	5,065	4,367	4,209	2,994	3,159
건축자재	2,636	2,336	2,147	1,382	1,178	1,167	896
소비재	1,251	1,208	1,112	1,112	824	732	756
소계 – 제조업	9,522	9,366	8,324	6,861	6,211	4,893	4,811
서비스	1,681	1,836	1,519	1,298	1,161	1,156	1,202
소매 유통	874	860	785	785	659	564	344
맥클레인	288	246	299	299	431	502	435
소계 – 서비스 및 소매 유통	2,843	2,942	2,603	2,382	2,251	2,222	1,981
세전 이익 합계	12,365	12,308	10,927	9,243	8,462	7,115	6,792
법인세 및 비규제 이자	(2,993)	(2,944)	(3,645)	(3,035)	(2,831)	(2,432)	(2,324)
세후 이익	9,372	9,364	7,282	6,208	5,631	4,683	4,468

참고: 2018년에 금융 및 금융 상품 부문이 제조, 서비스, 소매 유통 부문으로 통합됨.

자산	2004	2005	2006	2007	2008	2009	2010	2011	2012	2013	2014	2015	2016
현금 및 현금성 자산	899	1,004	1,543	2,080	2,497	3,018	2,673	4,241	5,338	6,625	5,765	6,807	8,073
매출채권	3,074	3,287	3,793	4,488	5,047	5,066	5,396	6,584	7,382	7,749	8,264	8,886	11,183
재고	3,842	4,143	5,257	5,793	7,500	6,147	7,101	8,975	9,675	9,945	10,236	11,916	15,727
기타 유동자산	254	342	363	470	752	625	550	631	734	716	1,117	970	1,039
유동자산 총계	8,069	8,776	10,956	12,831	15,796	14,856	15,720	20,431	23,129	25,035	25,382	28,579	36,022
사업권 및 기타 무형자산	8,362	9,260	13,314	14,201	16,515	16,499	16,976	24,755	26,017	25,617	28,107	30,289	71,473
고정자산	6,161	7,148	8,934	9,605	16,338	15,374	15,421	17,866	18,871	19,389	13,806	15,161	18,915
기타 자산	1,044	1,021	1,168	1,685	1,248	2,070	3,029	3,661	3,416	4,274	3,793	4,445	3,183
	23,636	26,205	34,372	38,322	49,897	48,799	51,146	66,713	71,433	74,315	71,088	78,474	129,593
부채 및 자본													
미지급 어음	1,143	1,469	1,468	1,278	2,212	1,842	1,805	1,611	1,454	1,615	965	2,135	2,054
기타 유동부채	4,685	5,371	6,635	7,652	8,087	7,414	8,169	15,124	8,527	8,965	9,734	10,565	12,464
유동부채 총계	5,828	6,840	8,103	8,930	10,299	9,256	9,974	16,735	9,981	10,580	10,699	12,700	14,518
이연 세액	248	338	540	828	2,786	2,834	3,001	4,661	4,907	5,184	3,801	3,649	12,044
만기 있는 부채 및 기타 부채	1,965	2,188	3,014	3,079	6,033	6,240	6,621	6,214	5,826	4,405	4,269	4,767	10,943
비과세 이자								2,410	2,062	456	492	521	579
자기자본	15,595	16,839	22,715	25,485	30,779	30,469	31,550	36,693	48,657	53,690	51,827	56,837	91,509
	23,636	26,205	34,372	38,322	49,897	48,799	51,146	66,713	71,433	74,315	71,088	78,474	129,593

참고

버크셔는 2016년 이후 이 데이터의 보고를 중단함. 2014년부터 마몬의 임대 사업이 금융 및 임대 사업의 금융 및 상품 부문에 포함되기 시작함.

2014년 연례 보고서에서는 비교 목적으로 2012년과 2013년 수치를 재작성함. 이 표에는 원문 발표 수치가 포함되어 있음.

표9-34 · 제조, 서비스, 소매 유통 부문 - 2004~2016년 순익계산서 | 자료: 2004~2016년 버크셔 해서웨이 연례 보고서 및 저자의 계산 단위: 100만 달러

	2016	2015	2014	2013	2012	2011	2010	2009	2008	2007	2006	2005	2004
매출액	120,059	107,825	97,689	95,291	83,255	72,406	66,610	61,665	66,099	59,100	52,660	46,896	44,142
운영비용	111,383	100,607	90,788	88,414	76,978	67,239	62,225	59,509	61,937	55,026	49,002	44,190	41,604
(감가상각 포함)						1,431	1,362	1,422	1,280	955	823	699	676
이자 비용(순)	214	103	109	135	146	130	111	98	139	127	132	83	57
세전 이익	8,462	7,115	6,792	6,742	6,131	5,037	4,274	2,058	4,023	3,947	3,526	2,623	2,481
법인세 및 비(非)지배 이자	2,831	2,432	2,324	2,512	2,432	1,998	1,812	945	1,740	1,594	1,395	977	941
순이익	5,631	4,683	4,468	4,230	3,699	3,039	2,462	1,113	2,283	2,353	2,131	1,646	1,540

주석 1. 구매 회계 조정은 제외함.

표9-35 · 제조, 서비스, 소매 유통 부문 - 2004~2016년 비율 및 주요 수치 | 자료: 2004~2016년 버크셔 해서웨이 연례 보고서 및 저자의 계산

	2016	2015	2014	2013	2012	2011	2010	2009	2008	2007	2006	2005	2004
유형투하자본	33,033	33,450	28,954	34,093	29,920	19,763	23,000	22,052	22,509	15,641	13,883	11,236	10,341
매출액/평균 유형투하자본	3.61	3.46	3.10	2.98	3.35	3.39	2.96	2.77	3.47	4.00	4.19	4.35	4.27
세전 이익률	7.0%	6.6%	7.0%	7.1%	7.4%	7.0%	6.4%	3.3%	6.1%	6.7%	6.7%	5.6%	5.6%
세전 유형투하자본이익률	25.5%	22.8%	21.5%	21.1%	24.7%	23.6%	19.0%	9.2%	21.1%	26.7%	28.1%	24.3%	24.0%
세후 평균 자기자본이익률	7.6%	8.6%	8.5%	8.3%	8.7%	8.9%	7.9%	3.6%	8.1%	9.8%	10.8%	10.1%	9.9%
세후 평균 유형자기자본이익률	24.2%	18.6%	17.3%	16.7%	21.4%	22.9%	17.3%	7.9%	17.9%	22.8%	25.1%	22.2%	21.6%
순 차입금(현금)	4,924	95	(531)	(605)	1,942	3,584	5,753	5,064	5,748	2,277	2,939	2,653	2,209
미지급 어음/자기자본	14.2%	12.1%	10.1%	11.2%	15.0%	21.3%	26.7%	26.5%	26.8%	17.1%	19.7%	21.7%	19.9%
자산-총계/자기자본 총계	1.42	1.38	1.37	1.38	1.47	1.82	1.62	1.60	1.62	1.50	1.51	1.56	1.52

표 9-36 · 규제 대상 자본 집약적 사업 부문

자료 · 2016~2019년 버크셔 해서웨이 연례 보고서 **단위** · 100만 달러

버크셔 해서웨이 에너지 (옛 미드아메리칸 에너지)	2019	2018	2017	2016	2015	2014
영국 유틸리티		304	311	367	460	527
아이오와 유틸리티[1]		407	372	392	292	270
네바다 유틸리티		417	567	559	586	549
퍼시픽코프		745	1,131	1,105	1,026	1,010
가스 파이프라인(노던 내추럴&컨 리버)		507	446	413	401	379
캐나다 송전 유틸리티[2]				147	170	16
재생에너지 프로젝트[2]				157	175	194
홈서비스		204	220	225	191	139
기타(순)[2]		296	296	73	49	54
법인 이자 차감 전 이익		2,880	3,343	3,438	3,350	3,138
이자		408	844	465	499	427
세전 이익	2,618	2,472	2,499	2,973	2,851	2,711
법인세	(526)	(452)	148	431	481	616
순이익	3,144	2,924	2,351	2,542	2,370	2,095
버크셔 귀속 순이익[3]	2,840	2,621	2,033	2,287	2,132	1,882

벌링턴 노던 산타 페(BNSF)	2019	2018	2017	2016	2015	2014
매출액	23,515	23,855	21,387	19,829	21,967	23,239
운영 비용(감가상각비 포함)	15,195	15,951	14,043	13,144	14,264	16,237
이자·세금 차감 전 영업이익	8,320	7,904	7,344	6,685	7,703	7,002
이자(순)	1,070	1,041	1,016	992	928	833
법인세	1,769	1,644	2,369	2,124	2,527	2,300
순이익	5,481	5,219	3,959	3,569	4,248	3,869

각주

1. 2016년 공시에서, 버크셔는 2015년 실적의 2,200만 달러 그리고 2014년 실적의 2,800만 달러를 아이오와 유틸리티에서 기타로 재분류함. 여기에 기재된 수치가 최근의 공시임.
2. 캐나다 송전 유틸리티 및 재생에너지 프로젝트는 2017년부터 기타로 보고함.
3. 버크셔 귀속 이익은 순이익에서 이 부문이 버크셔로부터 차입한 부채에 대한 세후 이자 수익을 합산한 수치임.

참고

1. 버크셔는 2016년 이후 주주 서한에서 이 데이터의 보고를 중단함. 2017~2019년 데이터는 연례 보고서에서 가져온 것임.
2. 2019년에 버크셔는 버크셔 해서웨이 에너지의 공시를 연결 이익 계정에 기재하고 각 부문별 세후 실적만 상세히 전하는 것으로 변경함. 예전 공시에서는 세전 실적을 기재함.

표 9-37 · 자기자본 조정 | **자료** 2014~2019년 버크셔 해서웨이 연례 보고서 및 저자의 계산 **단위** 100만 달러

	2019	2018	2017	2016	2015	2014
전년도 자기자본	348,703	348,296	283,001	255,550	240,170	221,890
당해 연도 순손익1	81,417	4,021	44,940	24,074	24,083	19,872
주식 발행2	21	59	76	119	53	118
자사주3	(5,016)	(1,346)				(400)
비지배 지분 거래4	(70)	(46)	(63)	(58)	(6)	(17)
신규 회계 규정 적용 효과5		(70)	(931)	0		
미실현 증권 가치 변동, 순 셰액	111	(354)	18,975	4,579	(7,022)	1,585
포괄 손익 변동-기타6	(375)	(1,857)	2,298	(1,263)	(1,728)	(2,878)
기말 자기자본	424,791	348,703	348,296	283,001	255,550	240,170
기말 기준 발행주식 수						
A주	701,970	729,316	751,075	776,378	808,422	826,339
B주	1,384,481,533	1,367,420,074	1,340,656,987	1,301,914,165	1,252,456,836	1,224,855,488
A주 기준 주식 수 합계	1,624,958	1,640,929	1,644,846	1,644,321	1,643,393	1,642,909

각주

1. 2017년: 미국 법인세율이 35%에서 21%로 인하되어 일회성 이익이 기재됨.
2018년 : 2018년부터 주식의 미실현 손익이 순이익에 포함됨.
2. 주식 발행은 주로 예전의 인수 건과 관련 있음.
3. 2014년 거래는 그레이엄 홀딩스와의 비과세 주식 교환과 관련된 것으로, 여기에는 A주 2,107주 및 B주 1,278주가 포함됨.
4. 비지배 지분 거래는 관련된 자기자본 감소분으로, 과거 대차대조표에 기록된 장부 금액에 해당함.
5. 2017년: 버크셔가 재보험계약으로 부담한 자기자본 근로손 보상 청구 책임분 합의 판행을 중단한 것과 관련됨. 예전 자기자본은 2014~2016년 재무제표에 재작성됨.
2018년 : 매출에 인식과 관련해 신규 회계기준인 ASC 606이 적용된 것과 연관됨(부분 소유 지분에 영향이 있음).
6. 외화 환산, 연금제도 관련 거래, 비지배 지분 관련 기타 포괄 손익(OCI), 기타, 법인세에 해당하는 금액을 포함함.

표 9-38 · 버크셔 해서웨이 이연 세금 분석 | 자료: 2011년, 2014년, 2016년, 2019년 버크셔 해서웨이 연례 보고서 및 저자의 계산 단위: 100만 달러

	2019	2018	2017	2016	2015	2014	2013	2012	2011	2010	합계
법인세 차감 전 이익	102,696	4,001	23,838	33,667	34,946	28,105	28,796	22,236	15,314	19,051	312,650
현행 세금	5,818	5,176	3,299	6,565	5,426	3,302	5,168	4,711	2,897	3,668	46,030
이연 세금1	15,086	(5,497)	3,386	2,675	5,106	4,633	3,783	2,213	1,671	1,939	34,995
보고된 세금 총액	20,904	(321)	6,685	9,240	10,532	7,935	8,951	6,924	4,568	5,607	81,025
최기 중 납세한 현금	5,415	4,354	3,286	4,719	4,535	4,014	5,401	4,695	2,885	3,547	42,851
현행 세율	5.7%	129.4%	13.8%	19.5%	15.5%	11.7%	17.9%	21.2%	18.9%	19.3%	14.7%
이연 세율	14.7%	(137.4%)	14.2%	7.9%	14.6%	16.5%	13.1%	10.0%	10.9%	10.2%	11.2%
표제 세율	20.4%	(8.0%)	28.0%	27.4%	30.1%	28.2%	31.1%	31.1%	29.8%	29.4%	25.9%
현행 세율 합계	27.8%	(1612.5%)	49.3%	71.0%	51.5%	41.6%	57.7%	68.0%	63.4%	65.4%	56.8%
이연 세율 합계	72.2%	1712.5%	50.7%	29.0%	48.5%	58.4%	42.3%	32.0%	36.6%	34.6%	43.2%
세율 합계	100.0%	100.0%	100.0%	100.0%	100.0%	100.0%	100.0%	100.0%	100.0%	100.0%	100.0%
현금 세율(% EBIT 기준)	5.3%	108.8%	13.8%	14.0%	13.0%	14.3%	18.8%	21.1%	18.8%	18.6%	13.7%

가주
1. 2017년 세법 개정과 관련된 282억 달러의 일회성 이익을 제외(다시 추가)함.

제10장

세계에서 가장 위대한 대기업

지금까지 버크셔 해서웨이에 대해 서술한 수많은 페이지가 이제 결말로 이어진다. 버크셔 해서웨이는 세계에서 가장 위대한 대기업이며 미래의 모든 대기업을 평가하는 기준이 될 것이다.

어쨌든 버크셔 해서웨이는 현대의 성공한 기업들로 이루어진 전당에 버크셔의 자리를 확보했다. 워런 버핏은 대형 복합기업을 경영하는 동안 어떤 면에서는 과거의 이 대형 복합기업 경영자들보다는 산업계 거물들과의 공통점을 더 많이 보여 주었다. 앤드루 카네기, 존 D. 록펠러 시니어, 헨리 포드, 코닐리어스 밴더빌트는 모두 특정 산업 내에서 거대한 기업 제국과 부를 이루어 역사책에서 많이 다뤄지고 상당한 인지도를 얻었다. 이들은 산업혁명에 지대한 영향을 미쳤으며, 개인에 따라 철강 생산, 자동차 대량생산, 철도 확장에 직접적인 영향을 주었다. 반대로 역사학이나 경영학과 학생이 아니면 대다수 사람은 찰스 블루돈Charles Bluhdorn과 로열 리틀Royal Little에 대해 들어 본 적이 없다. 그러나 이 사람들은 기업 구조 면에서 대기업 역사상 없어서는 안 되는 인물이었다.[1] 버핏 또한 누구나 아는 이름이다. 왜일까? 그는 버크셔 해서웨이의 성공으로 이러한 명성을 얻었기 때문이다. 버크셔는 최고의 기업, 투자, 가치 창출의 주도업체로서 긴 시간에 걸쳐 검증을 받았다. 이를 통해 버핏은 인간의 잠재력을 극대화하는 장기간의 지속 가능한 성공 공식을 이룩했다. 자동차 대량생산으로의 전환(포드)과 철강 생산 혁명(카네기)과 마찬가지로 버핏의 혁신적인 기업 운영 방식은 긴 시간의 검증을 받게 된다.

1960년대 대기업 열풍 당시, 텍스트론Textron(로열 리틀이 설립), 리튼 인더스트리스Litton Industries, 링-템코 보트Ling-Temco Vought, 걸프 & 웨스턴Gulf & Western(찰스 블루돈이 설립) 등 대기업들은 급속한 성장을 나타냈다. 그들의 전략은 인위적인 주가 부풀리기, 주식을 발행하고 거액을 빌려서 기업 인수하기 등이었다. 이런 기업들은 성공과 실패에 대한 흔한 사례를 만들고 언론에 대서 특필되기도 했지만 오래 이어지지 못했다. 이러한 전략의 결과물은 부분의 합보다 가치가 낮은 전체(대기업 할인), 그리고 실제 실적보다 회계 처리로 허구를 지어내는 기업인 경우가 많았다. 이는 그런 기업들이 해체, 매각되거나 두 가지를 모두 겪는 경우로 이어졌다.

버크셔는 사업 장악력과 약간의 행운이 결합하면서 세계 최고의 대형 복합기업이라는 지위에 올랐다. 이 행운의 구성 요소는 쉽게 살펴볼 수 있다. 워런 버핏과 찰리 멍거는 본인들과 버크셔의 돛에 순풍을 가득 채우기 좋은 시기에 태어났다. 첫째, 그들에게 행운이었던 것은 시장 비효율이 한층 만연해 있는 시기에 버크셔의 경제적 위상을 확고히 하기 시작했다는 점이다. 그들은 이러한 비효율성을 활용해 상당한 수익을 벌어들였다. 둘째, 오늘날 현대 대기업 강자로서 버크셔 해서웨이의 여명은 1960년대 대기업 열풍의 끝자락에서 시작되었다는 점이다. 버핏과 멍거에게는 무엇이 효과적이고 효과적이지 않은지를 살펴볼 수 있는 운이 따랐다. 그들은 비판적인 시각으로, 그렇게 된 이유를 알아낼 때까지 계속 생각의 끈을 놓지 않았다. 이후 그들은 이렇게 얻은 교훈을 버크셔의 캔버스에 적용해 걸작을 만들어 냈다.

　스러져 가는 방직 회사를 세계에서 가장 존경받는 기업 중 하나로 만드는 데 필요했던 수십 년간의 연구와 적용을 표현하는 데 딱 맞는 용어는 바로 사업 장악력이다. 그러나 이것은 워런 버핏과 찰리 멍거가 수많은 도움을 받고 약간의 실수도 저지르면서 해낸 것이었다. 경영진이 독립적으로 기업을 경영하게 하는 동시에, 사업의 모든 영역을 극도로 강화하는 버크셔의 방식에서 이러한 사업 장악력을 볼 수 있다. 현대 경영자들은 버핏과 멍거의 많은 경영 기법을 모방하고 있다. 그리고 그들이 말했듯이 모방이란 가장 진실한 형태의 칭찬이다.

자본 배분

-

- **버크셔의 철학** ｜ 자회사를 투자 대상으로 여기고 경영의 독립성을 제공한다. 유기적으로 확장할 수 있도록 투자로 얻은 자본 수익과 현금 흐름을 함께 활용한다.
- **초기의 대기업들** ｜ 다양한 기업을 인수해 시너지를 이루거나 인수 후 경영에 직접 관여하는 방식을 취한다.

성공한 기업은 무슨 종류든 간에 시간이 지나서 보면 합리적인 자본 배분의 결과다. 버크셔 해서웨이는 워런 버핏이 사회생활 초반에 벤저민 그레이엄Benjamin Graham에게서 배워 내면화한 철학에서 비롯되었다. 기본 원리는 주식이 기업의 지분율을 나타낸다는 것이었다. 이러한 사고의 틀은 버핏에게 경제 환경을 파악하는 중요한 관점을 제공했다. 버핏이 어떤 기업과 경제성을 이해하기만 했다면 그 기업이나 산업을 전혀 건드리지 않았을 것이다. 버크셔는 당시 자본을 배분해 100% 출자 기업으로 만들거나 주식시장에서 기업의 지분을 일부 매입하곤 했는데, 이 두 가지 방법 중 어느 쪽이 더 매력적인지 살펴보고 결정을 내렸다.

중요한 것은 이 지분율 철학이 분권화의 발판을 마련했다는 점이다. 버핏과 멍거는 초기 몇 년 동안 포트폴리오의 일부로 주식을 사들였다. 버크셔는 포트폴리오 방식을 통해 구축되었다. 여러 사업 활동을 관리 감독하는 하나의 대기업이 아니라 기업들의 집합체가 되었다. 이것은 중요한 차별점이다. 버크셔의 자본 배분 책임자들은 경영자가 아니라 주주로 행동하는 데 익숙했다. 방어적인 주식 투자를 할 때 간섭하지 않는 방식이 효과적이라면, 경영권을 확보한 후라고 해서 왜 이 방식을 크게 바꾸어야 하겠는가? 버크셔는 자회사의 지분을 포트폴리오 내의 주식과 마찬가지라고 여겨 독립적으로 경영하도록 했다. 두 방식의 유일한 차이점은 운영 자회사를 매각할 때는 버크셔가 기준선을 훨씬 더 높게 잡는다는 것이었다.

좋은 기업을 매입하는 경우의 이점은 유기적으로 발생했다. 예를 들어 버크셔는 일리노이 내셔널 뱅크 & 트러스트 오브 록포드가 좋은 기업이었기 때문에 인수했다. 한때 버크셔의 일원이었던 이 은행이 받은 세금계산서는 새로운 자매회사들에서 발생하는 손실 덕분에 금액이 줄어들었다. 절세 때문에 인수한 것은 아니었지만 연결 세금계산서는 이점 중 하나였다. 또 다른 이점은 세금 부담 없이 자회사 간에 자본을 이동할 수 있다는 것이었다. 한 포트폴리오에 들어 있는 두 종목은 한 명의 주주가 동시에 보유할 수 있지만, 이 상태에서는 세금 영향을 함께 받는다. 하지만 일단 대형 복합기업 형태로 보유할 경우에는 이런 장벽이 사라진다.

이 대형 복합기업 구조는 자회사에 중요한 안전판도 제공했다. 버크셔의 자회사는 최적화된 규모로 성장해 잉여 현금 흐름을 본사로 보낼 수 있었다. 일단 자회사 수준에서 이 잉여 현금을 사업 확장에 활용할 수 없는 경우, 버핏과 멍거는 가장 수익률이 좋은 용도로 자본을 배분할 수 있는 최적의 위치에 있었다. 그래서 버크셔는 경쟁력이 뛰어나긴 하지만 성장 잠재력은 별로 없는 기업도 인수했다. 아마도 이와 관련한 가장 좋은 예시가 시즈 캔디일 것이다. 시즈의 자본으로 상당한 수익을 올렸는데, 이 회사가 벌어들인 현금으로도 시즈가 아닌 다른 자회사에서 좋은 수익을 올릴 수 있었다.

회계보다 경제성
–

- **버크셔의 철학** | 회계보다 경제성을 바탕으로 행동하되, 회계보다 경제성이 더 나쁜 실적을 보이더라도 정확한 사업 실적을 제시한다.
- **일부 초기 대기업들** | 금융 공학을 활용해 주당 순이익을 인위적으로 확대한다.

버핏은 버크셔 주주들과 초기에 소통했을 때 회계보다는 경제성에 더 관심을 두고 있다고 강조했다. 버크셔의 1965년 주주 서한은 보고된 이익이 실제로는 더 많다고 역설했다. 그 발언은 일부 다른 기업들(명확하게는 다른 대기업들)이 이익을 더 좋게 보이게 하려고 애쓰던 시기에 나온 것이었다. 금융 공학으로 주당순이익을 늘리려고 했던 1960년대 대기업 리더들의 놀라운 흥망성쇠를 버핏과 멍거는 지켜보았다. 그들의 치명적인 결함은 회계에 의존해 그들이 고평가된 주식으로 인수한 기업들이 전혀 뒷받침하지 못한 회사의 건실함과 성장을 위장했던 것이었다. 한마디로 그들의 전략은 지속될 수 없었다.

사업상 판단을 할 때 다른 사람들은 회계를 기준으로 삼도록 내버려둔 채, 버크셔는 기회비용을 기준으로 판단했다. 주식시장을 통해 이익을 더 크게 낼 수 있는 상황에서 사들일 수 있었을 때(그런 기회는 종종 발생했다), 버크셔는 그런 종목을 매입했다. 중요한 것은 보유 지분율에 따라 발생한 이익의 일부가 버크셔의 재무에 반영되는 것이 아니었다. 그러한 철학은 기업 전체를 인수하는 경우로도 확대되었다. "회계 처리 결과는 우리의 운영 또는 자본 배분 판단에 영향을 미치지 않습니다. 취득원가가 비슷할 경우, 우리는 회계기준에 따라 보고 가능한 이익 1달러짜리를 매입하기보다는 보고할 수 없는 이익 2달러짜리를 매입하기를 훨씬 더 선호합니다." 버크셔가 단기적인 회계 의미보다 보험의 장기적인 경제성에 더 관심을 두었던 것은 버크셔의 재보험 분야 진출에 도움이 되었다. 버크셔는 소급 재보험계약을 대규모로 인수해 이 보험료의 나머지 시간가치도 함께 받아들였다. 이 보험은 인수 즉시 이익에 타격을 주었지만 장기적으로는 경제성 있는 건전한 거래였다.

자산과 부채의 별도 관리

- **버크셔의 철학** | 자본이 필요하지 않은 경우에도 기회를 고려해 차입하고, 성장 자금을 조달하기 위해 저비용의 보험 책임준비금을 이용한다.
- **다른 기업들** | 거액을 차입하고 장기적 이익보다는 단기적 이익에 초점을 둔다.

버크셔는 대차대조표의 두 부분(자산 및 부채)을 각자 다른 쪽과 독립적으로 운영하며 그 가치를 극대화하는 데 중점을 두었다. 어떤 자산(투자 대상)을 매입할 것인지에 대한 판단은 자금 조달의 가능 여부에 좌우되지 않았다. 대체로 충분한 자원이 준비되어 있었기 때문이다. 반대로 자금을 저렴하게 조달할 수 있다고 해서 자산 매입으로 이어지는 것도 아니었다. 100% 인수하는 기업이든 지분 일부만 사들이는 기업이든 간에, 그 자산은 자립이 가능해야 했다. 버크셔는 지분을 100% 인수한다는 마음가짐으로 기업을 사들였다. 버크셔는 일부 차입금을 이용한 인수인 경우에도 자기자본으로 전부 자금을 조달한 인수처럼 여겼다. 관심은 그 기본 사업의 경제성에 있었다. 부채로 자기자본이익률을 높여 올릴 수 있는 재무적 이익이 아니었다. 이것은 좋은 기업들에 적절히 관심을 집중시켰다.

보험 책임준비금은 의심할 것도 없이 버크셔 급성장의 주요 원인이었다. 책임준비금은 버크셔에 대차대조표의 자산 쪽에 저비용으로 자금을 조달하게 해 주었다. 버핏은 책임준비금이 저비용으로 얻을 수 있는 경우에만 가치가 있음을 인식하고, 미국 국채 금리를 기준으로 삼았다. 대부분의 기간 동안 버크셔는 미국 정부보다 저렴한 비용으로 자금을 조달할 수 있었다. 1990년대부터 버크셔는 보험계약 인수로 꾸준한 이익을 보여 주었다.

버크셔는 의도적으로 보험 부채를 구조화해 영구적인 자본으로 만들었다. 원수보험사들(가이코 등)은 비용 및 보험 인수 규율을 유지하는 한, 지속적으로 책임준비금을 창출할 수 있는 단기 보험 상품을 취급하고 있었다. 재보험계약은 수년에 걸쳐 연장되었으며 최대 지급액에는 제한이 설정되어 있었다. 보험 인수 규율은 버크셔의 보험 인수 문화에 스며들어 있었다. 그것은 합리적인 경우에만 보험계약을 인수하는 것이었다. 이러한 방식으로 구조화되다 보니 버크셔는 한 번에 거액의 자본을 보내 달라는 요청에는 응할 수 없었다. 만일 버크셔의 책임준비금이 줄어들기 시작하더라도 이는 매우 점진적으로 일어날 것이며, 보험 인수 이익으로 상쇄될 수 있다. 경제성 관점에서 버크셔는 자기자본과 매우 유사한 방식으로 책임준비금을 구조화했다.

일부 다른 보험회사도 책임준비금의 가치를 인식했지만 그 비용은 제대로 계산하지 않았다. 그런 보험회사들은 보험료를 낮춰 경쟁력을 높이곤 했다. 장기적 이익을 단기적 이익과 교환함으로써 그들의 행동은 전체 보험업에 영향을 미쳤다. 버크셔는 보험업에 유입되는 자본의 변동에도 불구하고 자사의 규율을 유지했으며 이익에 대한 합리적 예상치가 있을 것으로 여겨지는 보험계약만 인수했다. 그러한 보수성 덕분에 나중에 경쟁사들의 대차대조표를 강화하기 위해 더 유리한 가격의 재보험계약을 인수해 약해진 가격 환경에서도 사업을 효과적으로 공략할 수 있었다.

현대의 대기업들도 성장을 위한 연료로 보험을 활용한다. 마켈Markel,

앨러게이니Alleghany, 캐나다에 본사를 둔 페어팩스 파이낸셜Fairfax Financial 같은 기업들은 버크셔와 유사한 구조를 지니고 있다(기업 규모는 버크셔의 일부에 그침). 보험 및 재보험 인수 시의 규율, 이해하기 쉽고 수익성 있는 비보험 사업체와 매도가능증권을 기회가 되면 인수한다는 원칙 등 세 회사 모두 동일한 전략을 채택하고 있다. 이 현대 대기업들의 유일한 단점은 자산 가격이 버크셔의 초기 인수 가격보다 높아진 늦은 시점에 움직이기 시작한다는 것이다. 현 시대에는 심지어 더 작은 규모로 설립된 소형 복합기업도 보험으로 이룬 버크셔의 성공을 모방하고 있다.

버핏의 버크셔 부채 운용에 대한 논의는 종종 보험 책임준비금에만 국한된다. 책임준비금이 버크셔의 성공에 엄청난 영향을 미치긴 했으나 유일한 요인은 아니다. 버크셔는 여러 번에 걸쳐 즉시 사용할 일이 명확하지 않은 상태에서 자금을 차입했다. 자금 조달 최적기와 자산 매입 최적기가 꼭 일치하지 않았기 때문이다. 버크셔는 심지어 2019년 후반 현금이 넘쳐나던 시기에 유로화와 엔화로 저비용 자금을 차입했다.

버크셔의 자회사들은 버크셔의 일원이 된 덕분에 차입 비용 절감이라는 이득을 보았다. 경우에 따라 버크셔는 돈을 직접 차입한 다음, 자본이 필요한 자회사에 빌려주었다. 이와 같은 자금 조달 방식의 중요한 측면은 버크셔의 깨끗한 신용 및 기업 보증 이용에 대해 자회사에 수수료에 해당하는 스프레드를 부과했다는 점이다. 이것은 상당한 보조금 격인 이자율이 자회사에 미칠 수 있는 왜곡 효과를 감소시켰다. 버크셔의 명시적인 보증 없이도 자본이 넉넉했던 BNSF와 버크셔 해서웨이 에너지마저도 자본이 풍부한 모기업을 둔 덕에 어느 정도 이득을 얻었다.

이연 세금 역시 부채로 잘못 알려져 있으나 버크셔에 추가 자본으로 제공된 것이었다. 이것들은 장기 투자(자본이득세 유예) 및 미래 수익 창출을 위한 자본적 지출(법인세 유예)이라는 1차적 목적에서 발생한 것이었는데, 그럼에도 버크셔에 실질적인 경제적 이득을 안겨 주었다.

리스크 관리

-

- **버크셔의 철학** ｜ 장기적인 방식으로 광범위한 가능성과 개연성을 감안해 기업 인수와 투자에 나선다.
- **다른 기업들** ｜ 장기적 리스크를 고려하기보다는 단기적 이익을 우선시하고 전체 리스크와 상관관계를 고려하지 않는다.

버크셔는 기민한 리스크 관리로 이득을 보았다. 보험 책임준비금을 이용한 투자 자금 조달로, 리스크를 덜 감수하면서 더 높은 자기자본이익률을 창출할 수 있었다. 이 회사는 보험 규제 당국이 요구하는 것보다 훨씬 더 많은 자본으로 꾸준히 운영되었다. 이러한 보수성 덕분에 버크셔는 기업 같은 더 좋은 자산에 투자할 수 있었지만, 경쟁사들은 제한적으로 수익률 낮은 채권에만 투자했다. 이는 장기간에 걸친 현금 표시 투자를 하는 대가로, 확실한 자기자본 보유로 얻는 추가적인 인수 보험료를 포기한 것이었다. 그 후 버크셔의 안정적인 현금 창출형 비보험 사업체들은 보험회사를 든든하게 받쳤다. 이것은 그들을 한층 강하게 만들어 주었다. 이 보험회사 대차대조표의 탁월한 자본력 덕분에 다른 보험회사가 감당할 수 없는 수십억 달러 규모의 재보험 거래를 맡을 수 있었다. 이것은 또한 버크셔는 드물긴 하지만 발생 시 규모가 큰 손실을 감수하는 대가로 더 높은 기대수익을 받아들일 수 있게 해 주었다. 각각의 개별 리스크 완화 요소는 그 자체로는 지나치게 보수적인 것으로 보였다. 하지만 그것들은 합해져 버크셔에 귀중한 이득을 안겨 주었다.

버크셔는 다른 방식으로 현명하게 리스크를 관리해 이익을 올렸다. 보험 운영을 할 때는 적절한 보험료인 경우 리스크가 크더라도 기꺼이 받아들였으며, 매도가능증권에 투자할 때는 집중 투자 방식을 구사했다. 그러나 버크셔가 현금을 들고 있을 때는 미국 국채에만 투자했다. 버핏이 특정 금액을 지불하면서 투자하고자 하는 경우는 장기적으로 투자할 때뿐이었다. 단기적으로는 무슨 일이든 일어날 수 있다는 것이었다. 9·11 테러 공격, 시장이 얼어붙었던 2007년 경기 침체는 그가 옳았음을 증명했다. 리스크에 대한 버핏의 인식은 불필요한 비용을 피할 수 있게 해 버크셔의 자금을 절약해 주었다. 대단히 장기적인 관점으로 살펴보았기 때문에 버핏은 헤지 비용이 시간이 흐르면 불필요한 비용을 유발한다는 것을 알았다. BNSF가 대형 사고 시 보장받는 보험에 가입했는지에 대해 질문을 받았을 때, 버핏은 버크셔가 기본적으로 자사 보험 가입을 하고 있다고 설명했다. 자사 보험회사들이 자체적으로 인수할 의향이 있는 동일한 유형의 리스크를 보장받기 위해 버크셔가 다른 보험회사에 비용을 지불할 이유가 있을까?

버크셔가 성공적으로 관리한 또 다른 미묘한 리스크는 신뢰성이었다. 버크셔는 극도의 자율 방침과 관련된 리스크가 존재한다는 것을 알고 있었다. 적당한 감독을 이어 가면서도 간섭하지 않음으로써 인간의 잠재력(및 사업 확장 잠재력)을 극대화하는 것 사이에 미묘한 균형을 유지했다. 버크셔는 순전히 소극적으로 만드는 엄격한 통제를 하기보다는 과도할 정도로 믿어 주면서 대중을 당황시키는 경우가 이례적으로 발생하는 게 낫다는 입장을 취했다. 그것은 버크셔의 명성을 무엇보다 중요시한다는 메시지를 지속적으로 강화했다.

버크셔는 인수한 기업들의 리스크를 성공적으로 관리했지만 실수를 저지르기도 했다. 버크셔는 그런 투자 건에서는 손실을 보았지만 성공한 베팅 건에서는 실패한 경우보다 훨씬 좋은 성적을 올렸다. 버크셔가 겪은 가장 큰 손실은 덱스터 슈였다. 그러나 덱스터와 관련해 발행한 버크셔의 주식은 전체 발행주식의 단 2%에 그쳤다. 버크셔가 다른 기업들과 투자에 투입한 집중도를 감안하면, 이 손실은 상당히 양호한 성적이었다. 버크셔는 보험사업을 하고 있었기 때문에 유리한 자산이 많았을 뿐 아니라, 더욱 안전한 자산을 보유한 것이기도 했다. 그 비결은 수년간에 걸쳐 수익을 올리는 복리화를 방해하거나 파괴할 수 있는 요소가 바로 리스크임을 명심하는 것이었다.* 이러한 버크셔의 리스크 관리 사례는 신중하게 장기적으로 생각하여 얻어 낸 결과라는 것을 보여 준다.

---

* 버크셔의 최악의 실수는 누락이라는 실수였다. 즉 투자해야 했지만 하지 않은 투자였다. 여기에는 월마트를 더 빨리 인수하지 않은 것, 구글을 강력하고 확고한 기업으로 인식하는 것이 해당된다.

지배 구조

—

- **버크셔의 철학** ｜ 경영진이 기업을 독립적으로 운영하게 한다.
- **일부 초기 대기업들** ｜ 자회사 경영에 개입하거나 자회사 간의 시너지를 찾으려고 시도한다.

버크셔 성공의 또 다른 요소는 지배 구조 행태였다. 버크셔는 자율적으로 경영될 수 있는 기업의 인수를 우선시해 "기존 경영자를 유임하여 위임"하는 것이 방침이었다. 자기들이 받을 돈보다는 회사에 대해 더 신경 쓰는 경영자를 알아보는 버핏의 능력은 종종 간과된다. 버크셔는 적당한 인센티브와 더불어 경영자를 신중하게 선택하고 엄청난 신뢰를 보여 주는 것으로, 개별 자회사 지분율만큼의 버크셔 귀속 이익을 올렸다. 경영자들은 버크셔 전체에 대해 고려하는 게 아닌, 각자가 담당한 특정 기업에 기여한 것에 대해 보상을 받았다. 투하자본이익률 등의 요인에 인센티브 보상을 연계한 덕분에 주주인 버크셔는 장기적인 사업 성공을 좌우할 변수에 주의를 집중할 수 있었다.

버크셔는 인수할 때 경영 기술이 그들의 사업을 더욱 향상시킬 거라는 환상을 전혀 떠올리지 않은 채 원래의 기업 상태 그대로 운영했다. 지분을 100% 취득한 기업은 버크셔가 매도가능증권에 투자할 때와 상당히 비슷하게 경영되었다. 사업 부문 간의 시너지 효과를 찾거나 만들어 보려는 시도는 전혀 하지 않았다. 버핏은 교차 판매의 기회가 분명해 보이는 경우에도 거리를 두었다. 자회사들의 업무에 개입하면 궁극적으로 버크셔에 비용이 훨씬 더 많이 들어갈 것임을 알고 있었기 때문이다. 예를 들면 클레이턴 홈스가 쇼 인터스트리스, 존스 맨빌, 벤저민 무어에게서 구매하게끔 하려는 시도를 하지 않았다. 자체 보험회사를 거느린 버크셔에 밴튤이 합류했을 때도, 새로운 주주인 버크셔는 밴튤에 자동차 구매자에게 가이코 보험을 제안하라고 요구하지 않았다. 핵심은 부문 경영자가 독립적으로 각사 상황에 따라 행동할 수 있게 해 주었다. 사업 부문 간의 소통은 불가피하고 소통 자체를 막지 않았다. 다만 이는 강제된 것이 아니었고 유기적이면서도 자발적으로 이루어졌다.

버크셔는 경영자들이 각자 가장 잘하는 일에 집중하도록 내버려 두었다. 버크셔 경영자의 특징은 정년 없는 장기간 재임이다. B 여사를 생각해 보자.

주당 사고방식

-

- **버크셔의 철학** | 사업과 주당 실적을 일치시키기 위해 주식을 발행하는 경우는 흔치 않다.
- **일부 초기 대기업들** | 주식 발행으로 성장했으며 종종 막대한 부채도 함께 발생시켰다.

버크셔 해서웨이는 개별 주주를 뚜렷하게 존중해 다른 초기 대기업들과 차이를 보여 주었다. 버크셔를 맡기 전에 버핏과 멍거가 가까운 가족 및 친구들과 투자 조합을 운영한 것을 생각해 보면 놀라운 일이 아니다. 그들은 버크셔 해서웨이 주주들을 사업 파트너처럼 동일하게 존중하며 대했다. 버핏 관할 아래의 첫 50년 동안 버크셔의 주식 수는 단 44% 증가에 머물렀다. 가장 큰 증가는 1998년 제너럴 리를 인수할 때 발생한 것으로, 버크셔의 발행주식은 22% 늘어났다. 버크셔가 주식 발행을 꺼린 것은 주주들에게 기본 사업의 성과가 거의 같은 실적으로 전환되었다는 의미였다. 주식 발행은 보유 중인 기업들의 일부를 매각하는 것과 맞먹는 경제적 효과를 낼 수 있다는 게 버크셔의 생각이었는데, 보유한 기업들이 매우 우량하기 때문에 쉽게 매각하려고 하지 않았다.

주식을 발행하며 성장했던 1960년대의 대기업들(어떤 경우에는 초기 주식 수의 몇 배에 달했음*)은 고성장 시대가 끝난 후에는 그 여파가 내부로 방향을 전환할 수밖에 없었다.

지난 10년 구간 동안 수많은 대기업이 구축된 자산의 가치를 극대화하려고 했던 경영자들에게 넘어갔다. 최악의 경우, 경영진은 해임되고 파산에 이르기도 했다. 그나마 좀 나은 경우에는 사업을 축소하고 필요한 자금을 조달했다. 어떤 경우에 회사는 성장했지만 경영진이 버크셔만큼 주주들을 배려하거나 존중하지 않았다.**

---

* 최악의 기업 중 두 곳은 링-템코-보트Ling-Temco-Vought와 걸프 & 웨스턴으로, 두 업체는 주식 수를 무려 1,000% 이상 늘렸다.
** 헨리 싱글턴(버핏과 멍거가 호의적으로 언급했던 인물)이 경영한 텔레다인Teledyne은 주가가 저렴해지자 저평가된 자사주를 매입한 유일한 대기업 중 하나였다.

평판/브랜드

−

- **버크셔의 철학** │ 평판 좋고 강력한 브랜드를 인수하고 투자해 높은 투하자본이 익률을 보호한다. 또한 보험업계에서 신뢰할 수 있는 브랜드를 구축한다. 그 무엇보 다도 버크셔의 평판을 보호한다.
- **일부 초기 대기업들** │ 이름은 유명하지만 경제성이 평균 정도인 기업을 선택한다.

버크셔 해서웨이는 평판과 브랜드의 힘을 인식하고 이를 극대화했다. 버핏은 버크셔를 관할하기 전부터 브랜드에 대한 평가를 시작했다. 1960년대 중반 그는 자신의 투자 조합인 버핏 파트너십 리미티드~Buffett Partnership Limited~를 통해 아메리칸 익스프레스의 지분을 매입했다. 이 신용카드 회사는 당시 유명했던 샐러드 오일 스캔들에 휘말려 자칫하면 회사가 무너질 판이었다. 버핏은 아메리칸 익스프레스 브랜드의 힘을 인식하고 버핏 파트너십 자산의 3분의 1을 이 주식에 투자했다. 이 브랜드가 대세가 되자 버핏과 그의 파트너들은 상당한 이익을 실현했다.

찰리 멍거도 브랜드를 높이 평가했으며, 적당한 기업을 헐값에 매수하기보다는 훌륭한 기업을 적당한 가격으로 매입하는 방향으로 버핏을 유도했다. 첫 번째 대상이 시즈 캔디였는데, 이 회사는 미국 서부 연안에서 강력한 브랜드를 지니고 있었다. 버크셔는 보유한 강력한 브랜드 인지도를 가치 있는 경제적 이익으로 전환시킬 수 있는 다른 기업들을 계속해서 인수했다. 코카콜라 같은 상장 기업에 대한 버크셔의 투자는 이러한 전략을 잘 보여 주었다. 이런 기업들 중 다수는 평판과 경영에 힘입어 자사를 보호하는 비즈니스 해자를 지니고 있었다.

버크셔는 자사의 평판을 활용해 보험 부문을 성장시켰다. 버핏에 따르면, 보험이란 그저 약속에 불과한 것이었다. 피보험자가 보험료를 내면 보험회사는 계약한 대로 보장할 것을 약속한다. 재보험은 그런 약속이 무엇보다 중요하다. 재보험 부문을 구축하면서 버크셔의 평판은 점점 더 가치가 높아졌다. 버크셔는 업계의 가장 작은 보험회사(어쩌면 중간급 보험회사)보다도 훨씬 더 큰 자본을 보유하고 있었다. 시간이 갈수록 이것은 매우 적은 수의 경쟁사들만 입찰에 참여할 수 있는 재보험계약을 유치하는 강력한 장점이 되었다. 버크셔는 보험 산업의 최고 교본이 되었는데, 버크셔가 성장할수록 평판과 브랜드 우위도 커진다.

시간이 지남에 따라 버크셔는 사업체를 매각하고자 하는 이들과 빠르고 공정한 거래를 하는 것으로도 좋은 평판을 쌓았다. 여러 세대에 걸쳐 사업을 해 온 일가들은 영구적인 보금자리로 버크셔에 가업을 맡겼다. 일가들은 유동성, 다각화, 부지 계획 등 판매의 모든 이점을 실현할 수 있었는데, 그들이 원할 경우 회사 경영도 계속 완전히 관할할 수 있었다. 이렇게 회사를 관할할 수 있다는 것에 대한 대가로, 매각하는 이들은 회사를 이곳저곳에 매물로 내놓는 상황에 비해 약간 낮은 매각 가격을 받아들였다. 버크셔는 공정한 가격에 본사에서 많은 것을 요구하지 않는 턴키 방식의 사업체를 취득했다. 버크셔 산하에 있는 이런 가족 기업들은 은행가, 애널리스트, 투자자와의 회의를 피할 수 있으며, 가치 있는 프로젝트의 무제한적 자본에 접근할 수도 있다. 전형적인 윈-윈 시나리오인 셈이다. 매우 이례적인 상황이 아닌 한 절대 매각하지 않겠다는 버크셔의 약속, 그리고 기존 회사들을 처리한 방식 덕분에 버크셔는 강력한 평판과 브랜드를 이룰 수 있었다.

세제 혜택

—

- **버크셔의 철학** | 대기업 구조를 이용해 세금 없이 자본을 움직인다.
- **일부 초기 대기업들** | 사업 결정 시 세금에 좌우되거나, 세금이 장기적 실적에 미 치는 영향을 무시한다.

대기업 구조는 의미 있는 세제 혜택을 제공했다. 버크셔는 세금 영향 없이 자회사 간에 자본을 이전할 수 있었다. 자본은 시즈 캔디처럼 투 하자본이익률이 높지만 재투자 기회가 거의 없는 기업에서 조달해, 다 른 사업 기회가 있는 자매회사로 옮기곤 했다. 모기업의 사업 부문이 아니거나 포트폴리오에 들어 있는 지분율이 낮은 기업에는 이런 이점 이 없다. 아울러 대기업 구조 덕분에 버크셔 해서웨이 에너지는 유틸리 티 기업이 받을 수 있는 세제 혜택을 극대화할 수 있었다. 이러한 세액 절감은 실질적인 가치 창출로 이어졌다.

버크셔는 세법을 최대한 활용했지만 사업이 세금에 좌우되게 하지 않았다. 예나 지금이나 일부 사업가들은 세금에 맞춰서 사업상 결정을 내리고, 받게 될 세제 혜택을 바탕으로 인수할 회사를 선택한다. 이것 은 단기적으로는 효과가 있을 수 있지만 손해를 보는 기업은 그럴 만한 이유가 있으며, 종종 장기적인 결과로도 이어진다.

기타 요인

-

지금까지 다룬 요인들은 성공적인 대기업을 만들기 위한 청사진이라고 할 수 있다. 서두에서 논했던 것처럼 버크셔도 어느 정도 행운이 따랐기에 이득을 보았으며 이것은 통제할 수 있는 게 아니다. 도움이 된 요인에는 다른 것도 있었다. 버핏과 멍거는 두 번째 요인일 법한 외부 주주나 이사회에 대해 우려할 필요가 없었다. 버핏은 오랫동안 버크셔의 의결권을 충분히 보유한 상태였기에 최선의 장기적 자본 배분 결정을 내릴 수 있었다. 버크셔는 또한 주주들을 파트너로 대우하면서 비전을 공유하고 이런 전략을 강화해 경영자와 비슷한 사고방식을 지닌 파트너를 양성했다.

버크셔에는 하나의 회사 사무실과 하나의 이사회가 있었다. 여러 이사회, 위임장 및 연례 보고서, 기타 규제 및 규정 준수 비용을 제거해 절감 효과를 뚜렷하게 높였다. 버크셔에서는 재직 기간도 또 다른 중요한 요인이다. 재직 기간이 60년 가까이 될 정도로 버핏, 멍거 및 기타 많은 경영자가 일반적인 기업 은퇴 연령을 훨씬 넘어서까지 사업에 전념하고 있다 보니, 버크셔는 시간이 갈수록 사업 지식도 복리로 불어나는 이득을 얻었다.

버크셔는 심지어 자사의 상장 기업 지위에 대한 비용마저 최소화했다. 기업 수준의 인사, 법무 또는 투자자 대상 홍보Investor Relations, IR도 전혀 존재하지 않았다. 주주들과의 소통은 연례 주주 서한, 연례 주주총회, 3개의 분기 보고서 및 연례 보고서/연간 사업보고서10K로 이루어졌다. 버크셔는 애널리스트를 외면하고 자본 배분 책임자는 사업에 직접 도움이 되는 일을 하는 데 투입하는 시간을 극대화했다. 버크셔의 효율성에 대한 증거가 있다. 버크셔는 분기별 보고서를 사내에서 준비하며 수많은 자회사의 재무제표를 매월 연결하지 않는다.

버크셔 해서웨이가 세계에서 가장 위대한 대기업인 이유

–

위의 요소는 특별하게 만들어 본 것으로, 찰리 멍거의 문구에서 따왔다. 버크셔의 성공은 사업의 모든 측면을 극대화한 것에서 비롯되었다. 버크셔는 오랜 기간에 걸쳐 최적의 재무구조, 영구적으로 조달하는 저비용 자본 활용, 동기부여가 잘 되어 있고 적절하게 인센티브를 받는 경영진, 신중한 리스크 관리 기법, 개별 주주에 대한 배려, 회사의 전략을 지지하는 주주 기반을 찾아냈다.

버크셔 해서웨이의 기록을 아무도 따라잡지 못할 것이라고 단언하는 것은 어리석은 일이다. 그러나 지금까지 다룬 요인을 모두 고려해 보면 그럴 가능성은 매우 낮아 보인다. 버크셔에는 장기 지속 가능성이라는 요소가 추가되어 있는데, 이는 초기 대기업에서는 볼 수 없는 것이었다. 그리고 버크셔의 장점은 이를 최우선시한다는 것이었다. 워런 버핏과 찰리 멍거는 자기들의 희망에 따라 밑그림을 그려서 사업을 성공시켰다. 그들이 단기적 이익이나 빠른 명성을 추구한 초기 대기업들이 채택한 단기 전략에 굴복하지 않은 것은 놀랄 일이 아니다.

버크셔 해서웨이의 기록은 기업사를 넘어 인류 성취의 전당으로 들어섰다. 오늘날 버크셔는 재무적 측면만이 아니라 기업과 인간이 성취할 수 있는 하나의 이상을 대표하면서, 각계각층에서 적극적인 행동 노선을 취할 때의 예시로도 거론된다. 워런 버핏과 찰리 멍거 그리고 그들의 수많은 동료는 우리에게 가능한 한 가장 좋은 방법으로 사업을 수행하는 방법을 보여 주었다. 버크셔는 자사 영역에서 통달했으며 누구나 살펴볼 수 있도록 완전한 기록을 남겼다. 오늘날에도 그들의 작업을 모방하고 실행하는 다수의 소규모 현대 대기업과 수많은 추종자들이 존재한다. 이는 버크셔, 버핏, 멍거가 사업뿐만 아니라 미래 세대에게 지혜를 전달하는 기술까지 통달했다는 충분한 증거다. 버크셔 해서웨이는 훌륭한 교사였다는 점에서 세계에서 가장 위대한 대기업이라고 할 수 있다. 그리고 이것은 아마도 최고의 찬사일 것이다.

제11장

버핏 이후의 버크셔

워런 버핏 이후의 버크셔 해서웨이에 대한 문제점은 그가 버크셔 경영을 맡았던 임기 초반부터 제기되어 왔다. 그것은 버크셔의 많은 부분이 주식으로 이루어져 있었던 초기 몇 년 동안에는 더욱 타당했는데, 이 주식들은 버핏이 운용했기 때문이다. 그 당시 문제는 그의 나이가 아니라 이 유명한 기업이었다. 만일 버크셔 주주들이 어느 날 아침 일어났는데 버핏이 더 이상 회사를 운영할 수 없음을 알게 된다면 어떻게 될 것인가? 만약 워런 버핏이 2000년대 중반 이전에 현장을 떠났다면 버크셔가 상당히 달라졌을 것이라는 데 이견을 보일 사람은 없을 것이다. 이 책이 마무리되는 과정에서 워런 버핏이 열 번째 10년 구간에 접어들게 되는 만큼, 버크셔 해서웨이와 주주들은 다양한 질문에 직면했다. 버핏은 2020년에 90세가 되었다. 생명 활동에 따라 버크셔는 언젠가 세계에서 가장 존경받는 기업 중 하나를 이루는 데 중요한 역할을 했던 이 인물이 없는 시기를 맞이하게 된다. 버핏은 유능한 투자 운용 책임자를 고용하고, 견실한 경제성을 갖춘 기업을 지속적으로 찾아내고, 자신의 사업 원칙을 널리 알려서 버크셔의 밝은 미래를 보장했다. 결국 버핏 자신이 말했던 바대로다. "어떤 기업이 슈퍼스타가 있어야 훌륭한 성과를 올릴 수 있다면, 그 기업 자체가 훌륭하다고 볼 수는 없다."

경영 승계
–

버핏이 버크셔에서 떠나는 시기가 오더라도 즉각적인 큰 변화는 없을 것이다. 개별 사업 부문의 경영진은 변경되지 않고 그대로 유지된다. 누가 버핏의 역할을 맡을지에 대한 문제는 이미 부분적으로는 결정되었다. 버크셔의 회장, CEO 겸 최고투자책임자라는 버핏의 역할은 다음과 같이 세 부분으로 나누어질 것이다.

1. **비상임 회장** | 버핏은 그의 아들인 하워드 버핏에게 이 역할을 맡길 것을 강력하게 제안했다. 그의 유일한 목적은 버크셔의 문화가 온전히 유지되도록 하는 것이다. 차기 CEO가 그 직무에 적합하지 않다는 가능성이 높지 않은 경우, 이 역할에는 일종의 안전판 역할을 하는 것이 포함되어 있다.

2. **1명 이상의 투자 운용 책임자** | 2010년 토드 콤스와 2011년 테드 웨슬러가 합류하면서 이 단계는 거의 마무리되었다.

3. **최고경영자**CEO | 2018년 그레고리 에이벨과 아지트 자인이 각각 비보험 및 보험 부문을 총괄하는 부회장에 오르면서, 두 사람 중 1명이 버핏의 뒤를 이을 것이라는 외부 관측통의 추측이 확실시되고 있다. 배경과 유능함으로 볼 때, 이사회에서는 그레고리 에이벨을 CEO로 선임할 것으로 보인다. 주된 이유는 그에게 폭넓은 자본 배분 경험이 있다는 것이다. 버크셔 해서웨이 에너지를 경영하는 동안, 그

리고 그 이후 비보험 부문을 총괄하는 부회장으로서 에이벨은 수많은 인수 건을 두루 살펴보았다. 그는 또한 세간의 주목을 받더라도 크게 부담스러워하지 않으며, 자인보다 10세쯤 젊기 때문에 더 오랫동안 경영을 맡을 수 있다. 이와 대조적으로 자인은 뛰어난 인재이지만 보험 리스크를 평가하는 데 더 능숙하다는 것이 핸디캡이다(하지만 그 또한 세계 최고경영자 중 1명이며 본인 사업 부문의 인수 건을 살펴보고 있다).

자본 배분

–

아마도 버크셔에 관한 가장 중요한 문제는 이 회사의 미래 자본 배분일 것이다. 결국 버핏은 독립적으로 운영할 수 있도록 그가 신뢰하는 경영진이 있는 기업들을 인수했다. 그리고 가장 중요한 보험 부문에서는 유능한 경영자들을 선임했으며, 이 경영자들은 책임준비금을 증가시켰다. 이 기업들과 리더들이 벌어들인 잉여 자금은 버크셔로 다시 보내 재배분되었다. 버크셔는 이미 세계 최대 기업 중 하나이며 지속적으로 〈포천〉 선정 500대 기업 중 상위 5위권을 유지하고 있다. 대다수 관측통은 버크셔의 규모 탓에 이제는 과거 수준의 실적을 낸다는 것은 불가능하다는 버핏과 멍거의 의견에 동의하고 있다. 그렇다면 버크셔는 어떻게 나아가야 할까?

버크셔의 이익 창출력은 자회사 수준에서도 가치 있는 프로젝트에 투자할 수 있는 충분한 현금이 있으며, 기회가 나타나면 인수에 나설 수 있는 현금도 넉넉하다는 점을 보여 준다. 이것은 현금을 주주에게 돌려줘야 한다는 의미이기도 하다. 여기서 버크셔에는 다음과 같은 주요 옵션 두 가지와 세 번째 혼합 옵션이 있다.

1. **배당금 지급** ｜ 이 옵션은 즉시 안전판을 제공한다는 점에서 가장 논리적이다. 하지만 버크셔가 수년 동안 피했던 것이기도 하다. 그럴 만했던 것이 배당금에 단점이 있기 때문이다. 아마도 가장 큰 단점은 회사의 모든 주주에게 획일적 기준으로 부과한다는 것이다. 어떤 주주들은 은퇴 자금으로 쓰기 위해 보유 지분율만큼 현금으로 받는 것을 선호할 수 있다. 또 다른 주주들은 아직 젊고 저축을 하는 단계에 있을 수 있어서, 버크셔가 불필요한 세금을 내지 않고 이익을 재투자하는 것을 선호할 수도 있다. 그러나 버크셔의 순이익은 계속 증가하며 주주들에게 자본을 돌려줘야 할 수준에까지 도달했다. 자사주 매입을 할 수 없는 경우에는 배당이 유일한 옵션이 될 수 있다.

2. **자사주 매입** ｜ 자사주 매입을 통해 주주들에게 자본을 반환하는 것은 경제성 관점으로는 가장 합리적이다. 이를 통해 버크셔는 잉여 현금을 줄이면서 주당 내재 가치를 높일 수 있다. 자신의 지분율을 유지하거나 늘리고자 하는 주주들은 주식을 그대로 보유할 수 있다. 소득을 원하는 주주들은 원하는 금액의 현금을 마련하기 위해 그냥 일부 지분을 매도할 수도 있다. 이 회사가 시장에서 자사주를 사들이고 있는 경우에는 그 주가가 그렇지 않은 경우보다 (이론적으로는) 더 낫다는 것을 의미한다. 자본을 반환하는 주요 수단으로서 자사주 매입의 유일한 단점은 주가에 좌우된다는 것이다. 버크셔 이사회는 저평가 상태일 때만 자사주 매입을 허용한다. 주식이 제 가치대로 평가받는 상태일 때는 어떻게 될까?

3. **정기 배당 및 특별배당 그리고 자사주 매입의 조합** ｜ 이 중간 형태의 옵션에서는 버크셔가 소규모 정기 배당을 실행해 자동 안전판 성격으로 장부상 잉여 현금

을 배출하는 모습을 볼 수 있을 것이다. 이런 경우 연간 영업이익의 25%에 해당하는 금액이 정기적으로 나가도록 설정할 수 있다. 그런 다음 내부적으로 이익을 제대로 활용하지 못하거나 자사주 매입을 할 수 없는 경우 잉여 현금을 줄이기 위해 부정기적으로 특별배당금을 공시할 수 있다. 만일 대형 인수를 실현할 경우, 버크셔의 경영진은 손쉬운 레버를 당겨서 자사의 현금 포지션을 재구축하는 작업에 나설 것이다.

버크셔는 해체되어야 할까?

—

일부 논평가들은 버핏 이후 시대의 버크셔가 부분적으로 또는 전체적으로 해체되어야 한다고 주장했다. 그 아이디어는 이렇다. 개별 기업의 가치는 하나의 기업의 일부일 때보다는 분할된 상태일 때 더 높을 것이기 때문에, 분할 후에 각 자회사 가치의 합계가 더 커진다는 것이다. 이런 주장의 논리는 주로 시장가치의 배수에 좌우된다. 이런 애널리스트는 버크셔의 여러 회사들을 놓고 시장에서 다른 유사한 기업에게 가치를 부여하는 매출액, 이익 또는 장부가치의 배수를 비교한다. 그런 다음 버크셔의 대기업형 구조 때문에 대기업 할인(자회사들의 개별 합계보다 버크셔 한 덩어리의 가치가 낮다는 것)을 발생시킨다는 결론에 도달한다. 따라서 버크셔를 해체하면 주주들에게 가치를 실현해 줄 수 있다는 것이다.

버크셔 해서웨이를 해체하자는 주장에는 몇 가지 결함이 존재한다. 이 책의 다른 곳에서 다루었던 몇 가지 요점을 요약하자면, 버크셔는 한 지붕 아래에서 사업을 할 때 더 많은 것을 얻는다. 그 이유는 다음과 같다.

1. **과세 효율성** ┃ 사업 부문 간에는 자본이 세금 없이 이동할 수 있다. 그리고 유틸리티 자회사들은 버크셔가 받는 연결 세금계산서 덕분에 세금 인센티브를 최대한 활용할 수 있다.

2. **다각화** ┃ 버크셔는 산하에 많은 기업을 거느리고 있기에 각 사업 부문의 능력을 최대한으로 끌어내 운영할 수 있다. 이것은 또한 전체 기업의 리스크를 낮춰 준다. 보수적으로 자금을 조달한 대차대조표와 결합한 덕분에 현금을 창출하는 여러 회사들은 추가적으로 차입 비용을 낮출 수 있다.

3. **자본 배분** ┃ 다각화는 버크셔가 기회를 만나는 집합체로도 확장된다. 기업 전체를 인수하든, 주식시장에 투자를 하든, 채권을 매수하든, 아니면 인수를 지원하는 상업은행 역할을 할 수 있든, 이런 능력은 상대적 가용성과 밸류에이션에 따라 모두 가치가 있다. 별도 기업이라면 제한적으로 내부에서 재투자를 하거나 주주들에게 현금을 지급할 것이다(주주가 과세 대상이면 그 과정에서 배당금에 대한 세금이 부과됨).

버크셔의 많은 기업과 투자 대상들은 수십 년 동안 버크셔의 일부였다. 버크셔를 해체하면 방금 나열한 이점을 상실하는 것은 물론, 세금 형태의 큰 장애물에도 직면할 것이다. 버크셔는 경쟁에 반한다는 이유로 자회사를 분리 또는 매각하거나 그 외 다른 이유로 자회사를 매각해야 할 수도 있다. 이것은 효율적인 과세 방식으로 이루어질 수 있다. 그러나 버크셔의 여러 자회사를 해체해 버리면 이들은 엄청난 세금계산서에 직면할 것이다.

자회사 분할 정책은 다른 측면에서도 버크셔의 미래에 해를 끼칠 수 있다. 버크셔의 중요한 장점 중 하나는 가족 기업들의 영구적인 보금자리가 되어 준 것이었다. 버크셔가 "회사의 가치 극대화"를 위해 각 부문을 매각하기 시작한다면, 가족 기업들을 매도했던 이들은 이러한 신뢰가 깨질 것이라고 여겨 미래 가치 창출에서 손해를 입을 수도 있다.

버크셔 해서웨이를 온전히 유지하자는 주장 가운데 가장 강력한 이유는 아마도 재투자 문제일 것이다. 만일 각 사업 부문을 매각해 해체할 경우, 버크셔의 주주들은 생산성 있는 자산(기업)을 생산성 없는 자산(현금)과 거래하게 된다. 버크셔의 주주들은 현금이 손에 들어오면 이 새로운 유동자산으로 뭘 해야 할지에 대한 문제에 직면할 것이다. 그들은 유동자산을 현금으로 그냥 두거나, 현재 소비에 사용하거나, (아마도 비싼 가격에) 다른 기업에 재투자할 수 있다. 버핏은 주주 서한에서 이런 상황에 대해 다음과 같이 간결하게 언급했다. "정말 좋은 기업은 찾기가 대단히 어렵습니다. 운 좋게 소유까지 했던 것을 매도하는 것은 전혀 의미가 없습니다." 주주들이 가치가 "잠금 해제된"(즉 밸류에이션이 더 높은), 정확히 동일한 기업을 소유하는 분사 전략은 연결된 대기업 구조가 사라지고 난 후에도 회사나 주주 차원에서 동일한 재투자 문제를 유발할 것이다. 연결된 전체에 비해 부분들의 분할 후 가치가 더 높다고 가정한다 해도 현재 가치는 하락할 가능성이 커 보인다.

이 논쟁의 핵심은 무엇이 가치를 구성하느냐는 것이다. 버크셔는 그 가치에 대한 시장의 평가와 실제 가치는 따로 움직인다는 개념을 바탕으로 구축되었다. 기업의 가치는 모든 미래 현금 흐름의 현재 가치다.

한마디로 버크셔 여러 자회사들의 기본 현금 흐름은 조각으로 분리되어도 변하지 않을 것이라는 이야기다. 사실 별도 기업에서는 이사회, 재무제표 보고 요건, 자금 조달 비용 등의 추가 비용이 발생한다. 다양한 내부 및 투자자 관련 회의에 참석하느라 낭비한 시간 등 매우 현실적이지만 눈에는 별로 보이지 않는 비용에 대해서는 말할 것도 없다. 이러한 추가 비용을 제외하더라도 현금 흐름과 그에 따른 가치는 해체 후 증가하지 않을 것이다. 자회사는 이미 각자 필요에 따라 유기적 투자 및 볼트온 인수 기회를 활용하며, 버크셔는 잉여 현금을 본사로 보낼 수 있도록 하는 것으로 재투자 문제를 해결했다. 기본 사업 자체에서 추가 가치를 발생시킬 수 없다는 것, 이는 버크셔를 해체하자는 주장이 망상이라는 뜻이다.*

물론 버크셔 해서웨이가 점진적으로 가치를 창출하는 능력은 광범위하게 다각화된 버크셔의 자회사 목록들과 비교하면 미미해 보일 것이다. 그것이 어느 정도 가치를 달성할 수 있다면 문제는 없다. 결국 시간이 지나면 아무리 작은 강점이라도 복리로 더해질 것이다. 버크셔의 미래 가치 창출은, 흔치 않고 유의미한 강점이 누적되어 주주에게 지속적으로 이익을 제공하면서 단점은 최소화하는 형태로 나타날 가능성이 크다. 가치는 다음과 같은 방식으로 창출될 수 있다.

---

* 사고실험을 활용하면 우리는 모든 곳에서 모든 사업체를 소유하고 있다고 생각해 볼 수 있다. 매수하거나 매도할 사람이 없기 때문에 우리는 그냥 그 회사들을 보유한다. 이것이 폐쇄적인 시스템, 제로섬게임이다. 버크셔 해서웨이를 해체해 창출되는 모든 가치는 실제로는 버크셔 주주들에게 이익을 주기 위해 다른 투자자들의 주머니 사정을 저하시킨다.

1. **시간 차익 거래** │ 상장 종목이든 비상장 종목이든 기업의 장기적 가치를 적절하게 평가해 취득하도록 유도하는 단기적 사고를 활용한다.[*]

2. **비상장 시장 할인** │ 기업들을 계속 육성하고 보호한다면 기업의 영구적인 보금자리라는 버크셔의 명성은 이어질 것이다. 이러한 영구성을 고려해 기업을 버크셔에 매도한 이들이 포기했던 소량의 가치는 버크셔 주주들에게 귀속될 것이다.

3. **또 다른 자금 제공처** │ 번개처럼 빠르게 자본에 접근해야 하는 기업에게 버크셔는 최후의 대출 제공자 역할을 할 수 있을 것이다. 과거에는 '버핏의 축복'이라고 일컬어지던 것이 '버크셔의 축복'으로 대체될 것이다. 위기가 닥치면 간절히 시장에서 생존하고 싶어 하는 기업들이, 신중하게 검토해 일회성 대출을 해 주는 버크셔를 많이 찾을 것이다.

4. **기회를 놓치지 않는 자사주 매입** │ 시장이 혼란에 빠지거나 버크셔가 시장에서 외면받는 상황이 되면, 버크셔는 주주들에게 계속 이익을 제공하기 위해 저평가된 자사주를 매입할 수 있다.

버크셔의 경영 및 지배 구조는 버핏이 사망하더라도 직후 10년 동안은 큰 변화가 없을 것이다. 이는 버핏의 재산에 의결권 있는 주식이 상당히 많기 때문이다. 이런 주식들은 모두 자선단체에 기부될 예정인데, 그 처리 과정이 아마도 10년 이상 걸릴 것이다. 그 기간 동안 버크셔의 이사회와 경영진은 버크셔의 제2 창립자들이 구축한 시스템이 약화되지 않고 이어질 수 있음을 증명하는 시간을 보낼 것이다. 아울러 버크

---

[*] 기회가 가장 많은 곳은 주식시장이지만 비상장 기업도 기회가 있는 건 마찬가지다. 경기가 부진한 시기에 가동을 멈춘 공장을 애크미 브릭에서 매입한 것은 좋은 예다. 버크셔는 이것이 괜찮은 장기적 사업이라 파악하고 전체 경기순환 관점에서 생각했다.

셔의 규모는 2배로 확대될 수 있을 것이다(복리 이자율이 7%라고 가정하면 버크셔의 자기자본은 약 10년 안에 2배가 된다). 이렇게 되면 월스트리트의 기업 사냥꾼이 버크셔를 해체하려는 시도는 극히 어려워질 것이다.

버크셔 해서웨이의 궁극적인 운명은 주주들에게 달려 있다. 버크셔 자산의 소유자로서 주주들은 버크셔의 미래 지배 구조와 자본 배분의 열쇠를 쥐고 있다. 주주는 버크셔가 자사의 문화와 가치에 충실하도록 보장할 의무가 있다. 이것은 언제나 사실이었지만 버핏, 멍거를 비롯해 버크셔를 키워 낸 1세대가 물러나면 더욱 중요해질 것이다. 이런 상황은 버핏의 초기 파트너들과 버크셔의 오랜 주주들 가운데 일부가 그들의 지분을 다음 세대에 물려주는 지분 전환 기간이 되면 나타날 수 있다. 만일 1세대 주주들이 신중하게 구축하고 유지한 문화를 새로운 세대의 주주들이 잘 관리하고 보호한다면, 버크셔는 향후 100년 동안에도 번창할 수 있을 것이다. 당연히 25년, 50년 또는 100년 후의 버크셔가 예전과 같을 수 없겠지만, 이 회사가 입증된 평판, 시대를 초월한 사업 및 투자의 이상과 명성을 유지한다는 사실을 상상할 수 있게 된다.

워런 버핏 이후 버크셔의 미래는 광범위하게 연구되었다. 버크셔 연구로 이름난 학자 로렌스 A. 커닝햄Lawrence A. Cunningham은 저서《버크셔 해서웨이 : 투자자 워런 버핏은 잊고, 경영자 워런 버핏을 보라Berkshire Beyond Buffett : The Enduring Value of Values》를 통해 버크셔가 이미 누리고 있는 모멘텀에 대해 설명한다. 그 모멘텀은 이 모든 것을 움직였던 인물에게서 이제는 분리될 수 있는 오랜 역사와 영속적인 문화가 함양된 결과다. 버핏은 자신이 떠난 후 버핏 재직기에 시행한 여러 종류의 거래를 버크셔가 어떻게 계속 찾을 것인지에 대해 질문을 받은 적이 있다. "저를 약간 그리워하실 것 같긴 하지만 여러분은 눈치를 못 채실 겁니다." 버핏 이 후의 버크셔를 물어보는 질문에 대한 이 짤막한 대답은 버크셔가 워런 버핏 없이도 번창할 것이라는 이야기다. 이것은 아마도 빈 캔버스를 가 져다가 지금까지 산업계가 본 것 가운데 가장 훌륭하고 가치 있는 예술 작품 중 하나를 그려 넣은 인물에게 줄 수 있는 최고의 찬사일 것이다.

참고 자료

제1장 · 방직 기업
–

1) 조슈아 B. 프리먼,《더 팩토리 : 공장은 어떻게 인류의 역사를 바꿔 왔는가 ｜ 18세기 섬유 공장부터 21세기 폭스콘까지, 역사를 바꾼 세계의 공장들 Behemoth : A History of the Factory and the Making of the Modern World》(뉴욕 : W. W. 노턴 & 컴퍼니, 2018년), 킨들판, 45쪽

2) 앞의 책, 45쪽

3) 앞의 책, 46쪽

4) '1840년 로웰 공장 소녀들과 공장 시스템', 길더 레먼 미국 역사연구소 웹사이트 Gilder Lehrman Institute of American History, https://www.gilderlehrman.org/content/lowell-mill-girls-and-factory-system-1840, 2018년 8월 19일 접속

5) 앞의 사이트

6) '프랜시스 캐벗 로웰과 보스턴 매뉴팩처링 컴퍼니', 찰스강 산업 & 혁신 박물관 웹사이트 Charles River Museum of Industry & Innovation, https://www.charlesrivermuseum.org/francis-cabot-lowell-and-the-boston-manufacturing-company/, 2018년 8월 12일 접속

7) 시모어 루이스 울프바인,《면직물 도시의 쇠퇴 : 뉴베드퍼드 연구 The Decline of a Cotton Textile City : A Study of New Bedford》(뉴욕 : 컬럼비아 대학 출판부, 1944년), 9쪽

8) 프리먼,《더 팩토리 : 공장은 어떻게 인류의 역사를 바꿔 왔는가》, 45쪽

9) 울프바인,《면직물 도시의 쇠퇴 : 뉴베드퍼드 연구》, 64쪽

10) 앞의 책, 67쪽

11) 앞의 책, 60쪽

12) 앞의 책, 60쪽

13) 앞의 책, 73쪽

14) 앞의 책, 74~80쪽

15) 앨리스 슈뢰더 Alice Schroeder,《스노볼 The Snowbal l: Warrant Buffett and Business of Life》(뉴욕 : 밴텀 델, 2008년), 268쪽

16) 울프바인,《면직물 도시의 쇠퇴 : 뉴베드퍼드 연구》, 19쪽

17) '밸리 폴스 밀 빌리지', 내 고향 '운소킷' 웹사이트, http://www.woonsocket.org/valleyfalls.html, 2018년 8월 12일 접속

18) 《미국 방직업 휘보 American Textile Reporter》(1922년), 구글 북스 디지털 제작, 1,177쪽

19) 《미국 방직업 휘보》(1921년), 구글 북스 디지털 제작, 43쪽

20) 슈뢰더,《스노볼》, 267쪽

21) 울프바인,《면직물 도시의 쇠퇴 : 뉴베드퍼드 연구》, 102쪽

22) 앞의 책

23) 데이비드 화이트먼David Whiteman, '영화 〈1934년 총파업〉의 영향 : 생산과 유통의 연계 모델Impact of The Uprising of '34 : a coalition model of production and distribution', 점프 컷 Jump Cut 웹사이트, http://www.ejumpcut.org/archive/jc45.2002/whiteman/, 2018년 9월 17일 접속

24) 울프바인,《면직물 도시의 쇠퇴: 뉴베드퍼드 연구》, 130쪽(I)

25) 앞의 책, 141쪽

26) 시버리 스탠턴,《버크셔 해서웨이 : 용감하게 이루어 낸 이야기Berkshire Hathaway, Inc. : A Saga of Courage》(뉴욕 : 뉴커먼 소사이어티 오브 노스 아메리카, 1962년), 스탠턴은 1961년 11월 29일 보스턴의 뉴커먼 협회에서 이런 연설을 했다.

27) 1956년 〈포천Fortune〉 선정 500대 기업 목록, 〈포천〉, http://archive.fortune.com/ magazines/fortune/fortune500_archive/companies/1956/B.html

28) L. D. 호웰Howell, 〈직물 마케팅 및 제조 이윤Marketing and Manufacturing Margins for Textiles〉, pdf 버전 접속(워싱턴 D.C . : 미국 정부 출판국, 1952년), 73쪽

29) 울프바인,《면직물 도시의 쇠퇴 : 뉴베드퍼드 연구》, 98쪽

30) 벌링턴 인더스트리스, 2002년 연례 보고서

제3장 · 1965~1974년
-

1) 슈뢰더,《스노볼》, 273쪽

2) 슈뢰더,《스노볼》, 299쪽

3) 버크셔 해서웨이, 2017년 연례 보고서

4) 버크셔 해서웨이, 1971년 연간 사업보고서

5) 경영진의 논의 및 분석, 국제공인회계사협회, 2019년 1월 22일 접속, https://www.aicpa. org/Research/Standards/AuditAttest/DownloadableDocuments/AT-00701.pdf

6) 슈뢰더,《스노볼》, 407쪽

7) 무디스 매뉴얼, 1966년 6월

제4장 · 1975~1984년
-

1) 블루칩 스탬프, 1971년 연례 보고서

2) 워런 E. 버핏이 찰스 N. 허긴스에게 1972년 12월 13일에 보낸 서신

3) 웨스코, 1973년 연례 보고서

4) 웨스코, 1978년 연례 보고서

5) 블루칩 스탬프, 1977년 연례 보고서, 7쪽

제5장 · 1985~1994년
–

1) 로버트 B. 라이히Robert B. Reich, "차입 매수 : 미국이 대가를 치르다", 〈뉴욕 타임스〉, 1989년 1월 29일, https://www.nytimes.com/1989/01/29/magazine/leveraged-buyouts-american-pays-the-price.html

2) 로버트 P. 마일스Robert P. Miles, 《CEO 워런 버핏, 버크셔 해서웨이 경영자의 비결The Warren Buffett, CEO, Secrets from the Berkshire Hathaway Managers》(뉴저지 : 존 와일리 & 선즈, 2001), 274쪽

3) 볼프강 색슨Wolfgang Saxon, 리처드 로젠탈Richard Rosenthal의 부고, 〈뉴욕 타임스〉, 1987년 4월 19일, https://www.nytimes.com/1987/04/19/obituaries/richard-rosenthal-arbitrager.html

4) 앨리스 슈뢰더, 《스노볼》 (뉴욕 : 밴텀 델, 2008년)

5) 엘런 울프호스트Ellen Wulfhorst, "포브스 선정 미국 400대 부자," 〈UPI〉, 1989년 10월 10일, https://www.upi.com/Archives/1989/10/10/Forbes-lists-400-richest-Americans/5214623995200/

6) 슈뢰더, 《스노볼》, 캐럴 루미스Carol Loomis, "워런 버핏의 험난한 살로몬 경영Warren Buffett's Wild Ride at Salomon", 1997년 10월 27일, 〈포천〉, http://fortune.com/1997/10/27/warren-buffett-salomon/

7) 알리나 셀리우크, "미국 신발이 사라진 이유와 되돌리기 어려운 이유", 〈NHPR〉, 2019년 6월 19일, https://www.npr.org/2019/06/19/731268823/why-the-american-shoe-disappeared-and-why-its-so-hard-to-bring-it-back; 데이비드 퍼셀, "메인주 신발 산업, 생존을 위해 고군분투. 사업을 지속 결정한 기업들, 수입품과의 경쟁에 워싱턴에 도움 요청", 〈크리스천 사이언스 모니터〉, 1985년 4월 4일, https://www.csmonitor.com/1985/0404/nshoes-q.html; 파멜라 G. 할리, 신발 산업의 분투, 〈뉴욕 타임스〉, 1985년 5월 28일, https://www.nytimes.com/1985/05/28/business/shoe-industry-s-struggle.html

8) 슈뢰더, 《스노볼》, 503쪽

9) 재무 회계 시리즈, 재무회계표준위원회 간행물, 2004년 12월, https://www.fasb.org/jsp/

FASB/Document_C/DocumentPage?cid=1218220124271&acceptedDisclaimer=true

10) 버핏이 말하는 최고의 투자 종목들The definitive collection : Buffett in his own words, CNBC 아카이브, 2018년 7월 5일 접속, https://buffett.cnbc.com

제6장 · 1995~2004년
-

1) 웨스코, 1997년 회장의 주주 서한, 4~5쪽

2) 제너럴 리, 1997년 연례 보고서

3) 1999년 버크셔 해서웨이 연례 주주총회에서 워런 버핏이 언급

4) 앨리스 슈뢰더 및 그레고리 래핀Gregory Lapin, "최고 대기업의 디스카운트The Ultimate Conglomerate Discount", 페인웨버PaineWebber 리서치 보고서, 1999년 1월

5) "아서 레빗 의장의 발언", 미국 증권거래위원회, 1998년 9월 28일, https://www.sec.gov/news/speech/speecharchive/1998/spch220.txt

6) 태드 몬트로스, "전쟁터The Battlefield", 2014년 7월 16일, http://www.genre.com/knowledge/blog/the-battlefield.html

7) 워런 버핏 및 캐럴 루미스Carol Loomis, "주식시장의 버핏Mr. Buffett on the Stock Market", 〈포천〉 아카이브, 1999년 11월 22일, http://archive.fortune.com/magazines/fortune/fortune_archive/1999/11/22/269071/index.htm

8) 버크셔 해서웨이 보도 자료, "버크셔 해서웨이, 월터 스콧과 데이비드 소콜에게서 미드아메리칸 에너지 홀딩스 인수", 1999년 10월 25일, http://www.berkshirehathaway.com/news/oct2599.html

9) 미드아메리칸, 1999년 미국 증권거래위원회에 사업보고서 제출, 2000년 3월 30일, https://www.sec.gov/Archives/edgar/data/1081316/000108131600000009/0001081316-00-000009.txt

10) 앞의 문서

11) "경쟁 입찰사들, 코트 퍼니처를 두고 맞붙다Rival Bidders Face Off Over Cort Furniture", 〈워싱턴 비즈니스 저널〉, 1999년 6월 21일, https://www.bizjournals.com/washington/stories/1999/06/21/story6.html, 2020년 10월 28일 접속

12) "버크셔, USIC 인수Berkshire to Acquire U.S. Investment Corp.", 〈인슈어런스 저널〉, 2000년 4월 20일, https://usli.com/about-us and https://www.insurancejournal.com/news/national/2000/04/28/10967.htm

13) 저스틴 인더스트리스Justin Industries, 1999년 연례 보고서

14) 캐릭 뮬렌캠프Carrick Mollenkamp 및 데번 스퍼전Devon Spurgeon, "쇼 인더스트리스 요청

에. 버크서가 투자자로 참여Shaw Industries Got Berkshire As Investor Simply by Asking", 〈월스트리트 저널〉, 2000년 11월 20일, https://www.wsj.com/articles/SB974678647739635225.

15) 제임스 R. 해거티James R. Hagerty, "쇼 인더스트리스, 4억 7,000만 달러에 퀸 카펫 인수키로", 〈월스트리트 저널〉, 1998년 8월 14일, https://www.wsj.com/articles/SB903043434761383500

16) 앞의 기사

17) 존스 맨빌 보도 자료, "존스 맨빌 회장 겸 CEO 제리 헨리 사임. 후임에는 스티브 호크하우저Johns Manville Chairman & CEO Jerry Henry Retires; Steve Hochhauser to Become Chairman, President & CEO", 2004년 5월 11일, https://news.jm.com/press-release/historical-archive/johns-manville-chairman-ceojerry-henry-retires-steve-hochhauser-be

18) 베타니 맥클레인Bethany McLean, "패니 매의 몰락The Fall of Fannie Mae", 〈포천〉 아카이브, 2005년 1월 24일, http://archive.fortune.com/magazines/fortune/fortune_archive/2005/01/24/8234040/index.htm

19) 미텍 기업사, "미텍 : 전 세계에서 거둔 성공 이야기MiTek: A Global Success Story", 미텍 간행물, 88쪽

20) 버크서 해서웨이, 증권거래위원회 13f 보고서(1억 달러 이상 자산을 운용하는 기관이 미국 증권거래위원회에 분기마다 제출하는 보유 지분 현황 보고서-옮긴이) 제출, 2001년 2월 14일, https://www.sec.gov/Archives/edgar/data/1067983/000109581101001369/a69281e13f-hr.txt

21) 앞의 문서

22) "버핏, 아마존 칭송 후 아마존 채권 인수", 〈시카고 트리뷴〉, 그레그 와일스Greg Wiles, 〈블룸버그 뉴스〉, 2003년 4월 12일, https://www.chicagotribune.com/news/ct-xpm 2003-04-12-0304120174-story.html, 2020년 12월 29일 접속

23) "엔론 개요Enron Fast Facts", 〈CNN〉, 2020년 4월 24일 업데이트, https://www.cnn.com/2013/07/02/us/enron-fast-facts/index.html

24) 몬티 엔비스크Monte Enbysk, "퇴사 후 세이브 더 칠드런에서 마이크로소프트 시절 열정을 되살리다Alumna revives her Microsoft passion at Save the Children", 마이크로소프트 퇴사자 네트워크Microsoft Alumni Network, 2012년 3월 22일, https://www.microsoftalumni.com/s/1769/19/interior.aspx?sid=1769&gid=2&pgid=252&cid=1773&ecid=1773&crid=0&calpgid=466&calcid=1401

25) 수잰 스클래페인Susanne Sclafane, "가이코를 회생시켰던 번Byrne 전 화이트 마운틴스 회장 별세", 〈인슈어런스 저널〉, 2013년 3월 11일, https://www.insurancejournal.com/news/national/2013/03/11/284185.htm

제7장 · 2005~2014년

1) NOAA(미국해양대기청) 보도 자료, "허리케인과 열대 폭풍-2005년Hurricanes and Tropical Storms-Annual 2005", 2006년 6월, https://www.ncdc.noaa.gov/sotc/tropical-cyclones/200513

2) 버크셔 해서웨이 보도 자료, 2005년 5월 20일, http://berkshirehathaway.com/news/may2005.pdf;
2005년 6월 10일, http://berkshirehathaway.com/news/jun1005.pdf;
2005년 6월 6일, http://berkshirehathaway.com/news/jun0605.pdf

3) 버크셔 해서웨이 보도 자료, 2005년 7월 1일, http://berkshirehathaway.com/news/jul0105.pdf

4) 〈RV 비즈니스RV Business〉, 2005년 12월, http://www.berkshirehathaway.com/letters/rvbiz.pdf

5) 위와 동일한 문헌

6) 세인트루이스 연방준비은행, 2020년 10월 25일 접속

7) "버핏, 무위험 이익을 얻다Buffett profit no close shave", 〈CNN 머니〉, 2005년 1월 28일, https://money.cnn.com/2005/01/28/news/newsmakers/buffett/index.htm

8) '2005년 포천 500대 기업Fortune 500 2005', 〈포천〉, http://fortune.com/fortune500/2005/

9) S&P 보고서, 버크셔 해서웨이가 어플라이드 언더라이터즈의 모기업 AU 홀딩 컴퍼니 인수, 2020년 1월 23일 접속, http://www1.snl.com/irweblinkx/mnahistory.aspx?iid=100501&KeyDeal=125872&print=1

10) 캐럴 J. 루미스, "워런 버핏, 기부하다Warren Buffett Gives it Away", 〈포천〉, 2006년 7월 10일, http://berkshirehathaway.com/donate/fortune071006.pdf

11) 빌 카초르Bill Kaczor, "플로리다, 버크셔 해서웨이와 보험 기금 관련 2억 2,400만 달러 규모 거래 합의Florida, Berkshire Hathaway Strike $224 Million Deal on Insurance Fund", 〈보험 저널〉, 2008년 7월 31일, https://www.insurancejournal.com/news/southeast/2008/07/31/92371, 2020년 11월 6일 접속

12) "이스라엘의 이스카, 10억 달러에 일본의 탄화 텅스텐 공구업체 탕가로이 인수Iscar Ltd of Israel acquired Japanese tungsten carbide tool maker Tungaloy for US 1 billion", 〈재패니즈 스트레티지Japanese Strategy〉, 2008년 9월 22일, https://www.japanstrategy.com/2008/09/22/iscar-ltd-of-israel-acquired-japanese-tungsten-carbide-tool-makertungaloy-for-us-1-billion, 2020년 11월 6일 접속

13) 세인트루이스 연방준비은행 데이터

14) 워런 E. 버핏, "미국 주식을 사세요. 저는 이미 사고 있습니다", 〈뉴욕 타임스〉, 2008년 10월 16일, https://www.nytimes.com/2008/10/17/opinion/17buffett.html

15) 2008년 포천 500대 기업 목록, 〈포천〉, 2008년 5월 5일, https://money.cnn.com/magazines/fortune/fortune500/2008/snapshots/980.html

16) 데이비드 졸리David Jolly, "스위스 리, 버크셔 해서웨이에서 26억 달러 받는다Swiss Re Gets $2.6 Billion From Berkshire Hathaway", 2009년 2월 5일, https://www.nytimes.com/2009/02/06/business/worldbusiness/06swiss.html

17) BNSF 인수 후 첫 SEC 보고서에 내셔널 인뎀니티(버크셔 해서웨이의 간접적 100% 자회사)가 BNSF의 모기업이라고 언급됨: 벌링턴 노던 산타 페, SEC, 2010년 2월 11일 연간 사업보고서 A형, https://www.sec.gov/Archives/edgar/data/934612/000095012310042892/c00146e10vkza.htm

18) "버캐디아 커머셜 모기지, 캡마크의 북미 대출 개시 및 서비스 부문 인수 완료Berkadia Commercial Mortgage LLC Completes Acquisition of Capmark's North American Loan Origination and Servicing Business", 〈비즈니스 와이어Business Wire〉, 2009년 12월 11일, https://www.businesswire.com/news/home/20091211005586/en/Berkadia-Commercial-Mortgage-LLC-Completes-Acquisition-Capmark%E2%80%99s

19) 버크셔 해서웨이, SEC에 제출한 14A형 문서, 2010년 3월 12일, https://www.sec.gov/Archives/edgar/data/1067983/000119312510053975/ddef14a.htm

20) 버크셔 해서웨이 보도 자료, 2009년 12월 22일, http://berkshirehathaway.com/news/dec2209.pdf

21) 《투자의 신》, 킬패트릭, 2015년판, 579쪽

22) 《투자의 신》, 킬패트릭, 2015년판, 580쪽

23) 에릭 홀름Erik Holm, "버핏, 벤저민 무어에 손대다Buffett Gets Hands-On at Benjamin Moore", 〈월스트리트 저널〉, 2012년 6월 27일, https://www.wsj.com/articles/SB10001424052702304830704577493153732326984;
제임스 커버트James Covert, "워런 버핏, 버뮤다 항해 후 벤저민 무어 CEO 해고Warren Buffett fired Benjamin Moore CEO after Bermuda cruise", 〈뉴욕 포스트The New York Post〉, 2012년 6월 15일, https://nypost.com/2012/06/15/warren-buffettfired-benjamin-moore-ceo-after-bermuda-cruise/;
시라즈 라자Sheeraz Raza, "워런 버핏의 분노: 벤저민 무어는 어떻게 버핏의 약속을 깰 뻔했나The Wrath of Warren Buffett: How Benjamin Moore Almost Broke his Promise", 〈밸류 워크Value Walk〉, 2014년 9월 27일, https://www.valuewalk.com/2014/09/warren-buffett-benjamin-moore/

24) 매트 위츠Matt Wirz, "버크셔, 오리엔탈 트레이딩 인수Berkshire Buys Oriental Trading", 〈월

스트리트 저널〉, 2012년 11월 5일 업데이트, https://www.wsj.com/articles/SB1000142 4052970203707604578095082919727020

25) 하비에르 E. 데이비드Javier E. David, "전혀 없었던 케첩 전쟁 : 버거 거인, 하인즈와 연결 The Ketchup War that Never Was: Burger Giants' Link to Heinz", 〈CNBC닷컴CNBC.com〉, 2013년 2월 17일 업데이트, https://www.cnbc.com/id/100464841

26) 알렉스 크리펜Alex Crippen 및 로이터, "버크셔 해서웨이, 엑손 모빌 지분 37억 달러에 인수 Berkshire Hathaway takes $3.7 billion stake in Exxon Mobil", 〈CNBC닷컴〉, 2013년 12월 3일 업데이트, https://www.cnbc.com/2013/11/14/warren-buffetts-berkshire-hathaway-takes-40-million-share-stake-in-exxon-mobilsec-filing.html

27) 이슈 브리프, "주 연금 펀드, 추정 수익률 낮춘다State Pension Funds Reduce Assumed Rates of Return", 〈퓨 트러스트Pew Trusts〉, 2019년 12월 19일, https://www.pewtrusts.org/en/research-and-analysis/issue-briefs/2019/12/state-pension-funds-reduce-assumed-rates-of-return

28) 앙투완 개러Antoine Gara, "버크셔, 그레이엄 홀딩스와 스와프로 4억 달러의 세금 고지서 피하나Berkshire May Avoid $400 Million Tax Bill In Graham Holdings Swap", 〈스트리트 The Street〉, 2014년 3월 14일, https://www.thestreet.com/markets/mergers-and-acquisitions/berkshire-may-avoid-400-million-tax-bill-in-grahamholdings-swap-12529683

29) 버크셔 해서웨이 에너지 보도 자료, "버크셔 해서웨이 에너지, 알타링크 인수 및 SNC-라발린과 공동 송전 개발 합의Berkshire Hathaway Energy Announces Acquisition of AltaLink L.P. and Joint Transmission Development Agreement with SNC-Lavalin", 2014년 5월 1일, https://www.brkenergy.com/news/berkshire-hathaway-energy-announces-acquisition-of-altalink-l-p-and-joint-transmission-development-agreement-with-snc-lavalin

30) 러셀 허버드Russell Hubbard, "2014년 서비스 문제로 BNSF가 '할 일 많다' 버핏 발언", 〈오마하 월드 헤럴드Omaha World-Herald〉, 2015년 3월 1일, https://www.omaha.com/money/buffett/service-problems-in-give-bnsf-a-lot-of-workto/article_36d807e8-8644-5c92-a8d0-3e999299571d.html

제8장 · 최초 50년 구간 : 1965~2014년

1) 〈포천〉 아카이브 : 2014년 포천 500대 기업, https://fortune.com/fortune500/2014/; 1965 Fortune 500, https://archive.fortune.com/magazines/fortune/fortune500_archive/full/1965/401.html

1) 로버트 P. 하트윅Robert P. Hartwig, 제임스 린치James Lynch 및 스티븐 와이스바트Steven Weisbart, "사고가 늘수록, 보험금 청구 비용도 증가More Accidents, Larger Claims Drive Costs Higher", 보험정보연구소Insurance Information Institute 백서, 2016년 10월, https://www.iii.org/sites/default/files/docs/ pdf/auto_rates_wp_092716-62.pdf

2) 제이미 라로Jamie Lareau, "40억 달러 거래? 전문가들, '전방위적 승리'$4 billion deal? A win all around, experts say", 〈오토모티브 뉴스Automotive News〉, 2014년 10월 6일, https://www.autonews.com/article/20141006/RETAIL/141009861/4-billion-deal-a-win-all-around-experts-say

3) 세인트루이스 연방준비은행에 따르면.

4) 조너선 스템펠Jonathan Stempel 및 루드비히 베르겔Ludwig Berger, "버크셔, 독일 오토바이 장비 소매업체 인수Berkshire to buy German motorcycle equipment retailer", 〈로이터〉, 2015년 2월 20일, https://www.reuters.com/article/us-detlevlouis-m-a-berkshire/berkshire-to-buy – german-motorcycle-equipment-retailer-idUSKBN0LO1X120150220;

〈블룸버그 뉴스와이어〉 기사, "워런 버핏, 독일 오토바이 의류 회사 인수Warren Buffett buys German motorcycle apparel firm", 〈캔자스 시티 스타The Kansas City Star〉, 2015년 2월 20일, https://www.kansascity.com/news/business/article10739990.html

5) 조너선 스템펠 및 데비카 크리시나 쿠마르Devika Krishna Kumar, "버핏의 버크셔 해서웨이, P&G의 듀라셀 인수Buffett's Berkshire Hathaway buys P&G's Duracell", 〈로이터〉, 2014년 11월 13일, https://www.reuters.com/article/us-duracell-m-a-berkshire-hatha/buffetts-berkshire -hathaway-buys-pgs-duracell-idUSKCN0IX1F020141113

6) 프록터 & 갬블 연례 보고서에 따르면.

7) 직원 이야기, "아이오와 유틸리티 보드는 미드아메리칸 요금 인상에 동의하지만, 최종 주문은 아직 보류Iowa Utilities Board signs off on MidAmerican rate increase, but final order still pending", 2014년 2월 28일, https://www.desmoinesregister.com/story/money/business/2014/02/28/ iowa-utilities-board-signs-off-on-midamericanrate-increase-but-final-order-still-pending/5899817/

8) 니콜 프리드먼Nicole Friedman, "미국 최대 트럭 대기소 주주가 올바른 경로를 유지하는 법 How America's Largest Truck Stop Owner Stays on the Right Path", 〈월스트리트 저널〉, 2019년 10월 19일, https://www.wsj.com/articles/howamericas-largest-truck-stop-owner-stays-on-the-right-path-111571457602

9) "2018년 미국 상위 10대 자동차보험 회사 중 단 3사만 시장점유율 증가Just 3 of the Top 10

Largest Auto Insurers Grew Market Share During 2018 in the U.S.", 〈콜리전위크CollisionWeek〉, 2019년 3월 27일, https://collisionweek.com/2019/03/27/just3-top-10-largest-auto-insurers-grew-market-share-2018-u-s/, 2020년 10월 26일 접속

10) 연방에너지규제위원회Federal Energy Regulatory Commission, 컨 리버에 대한 안건 RP17-248-000, www.ferc.gov

11) 마틴 겔러Martinne Geller 및 파멜라 바바글리아Pamela Barbaglia, "크래프트 하인즈, 글로벌 브랜드 확보 위해 유니레버에 1,430억 달러 입찰Kraft Heinz bids $143 billion for Unilever in global brand grab", 〈로이터〉, 2017년 2월 17일, https://www.reuters.com/article/us-unilever-m-a-kraft/kraft-heinz-bids-143-billion-for-unilever-in-global-brand-grab-idUSKBN15W18Y;

앙투안 개러Antoine Gara, "크래프트 하인즈, 유니레버에 대한 1,430억 달러 입찰 철회Kraft Heinz Withdraws Its $143 Billion Bid For Unilever", 〈포브스〉, 2020년 4월 20일 접속, https://www.forbes.com/sites/antoinegara/2017/02/19/kraft-heinz-withdraws-its-143-billion-bid-for-unilever/#fdf47f440639

12) 조너선 스템펠, "버크셔 해서웨이 사업부, 독일 파이프 제조업체에 대한 인수 사기 보상금으로 6억 4,300만 유로 수령Berkshire Hathaway unit wins 643 million euro award over 'fraudulent' German pipemaker purchase", 〈로이터〉, 2020년 4월 15일, https://www.reuters.com/article/us-berkshire-buffett-arbitration-award/berkshire-hathaway-unit-wins-643-million-euro-award-over-fraudulent-german-pipemaker-purchaseidUSKCN21X29I

13) 에미트 싱Amit Singh, "코스트코의 재고 및 공급망 관리 방법How Costco Manages Its Inventory and Supply Chain", 〈마켓 리얼리스트Market Realist〉, 2019년 12월 31일, https://marketrealist.com/2019/12/analyzing-costcos-inventory-supply-chain-management-strategies/

14) 앨리슨 렉Allison Reck, "무엇이 자체 상표/매장 브랜드의 성장을 주도하나?What is Driving the Growth of Private-Label/Store Brands?", 마텍Martec 백서, 2020년 6월 3일 접속, https://www.martecgroup.com/growing-private-label-store-brand-purchasing/

15) 프레드 임버트Fred Imbert, "버핏, 지난주 주가 급락 후 버크셔 해서웨이가 크래프트를 비싸게 인수했다고 발언Buffett, after last week's stock plunge, says Berkshire Hathaway 'overpaid' for Kraft", 〈CNBC〉, 2019년 2월 25일, https://www.cnbc.com/2019/02/25/buffett-says-berkshire-hathaway-overpaid-for-kraft-following-last-weeksstock-plunge.html

16) 니콜 프리드먼, "버크셔 해서웨이 보험 부문, 인수 검토 중Buyout of Berkshire Hathaway Insurance Unit Under Scrutiny", 〈월스트리트 저널〉, 2019년 10월 21일, https://www.wsj.com/articles/buyout-of-berkshire-hathaway-insurance-unit-under-scrutiny-11571706822;

니콜 프리드먼, "워런 버핏, 기업 매각이라는 이례적 행보 나서Warren Buffett Is Doing Something Rare : Selling a Business", 〈월스트리트 저널〉, 2019년 2월 26일 업데이트, https://www.wsj.com/articles/warren-buffett-is-doing-something-rare-selling-a-business-11551221992?mod=article_inline

17) 마몬 보도 자료, "마몬, MICMC 대다수 지분 인수Marmon Acquires Majority Interest in Colson Medical Companies", 〈비즈니스 와이어〉, 2019년 11월 1일, https://www.businesswire.com/news/home/20191101005396/en/Marmon-Acquires-Majority-Interest-Colson-Medical-Companies;
조너선 스템펠, "버크셔의 마몬 사업부, 프리츠커에게서 의료 장비 공급업체 인수Berkshire's Marmon unit buys medical device provider from Pritzker company", 〈로이터〉, 2019년 11월 1일, https://www.reuters.com/article/colson-ma-berkshire-marmon/berkshires-marmon-unit-buys-medical-device-provider-from-pritzker-company-idUSL2N27H0YG

18) 노린 S. 말릭Naureen S. Malik, "버핏, 주저앉은 미국 경제에서 가치를 보다Buffett Sees Value in Beaten-Down USG", 〈월스트리트 저널〉, 2006년 10월 9일, https://www.wsj.com/articles/SB116040937003386976

제10장 · 세계에서 가장 위대한 대기업
–

1) 에릭 페이스Eric Pace, "대기업을 일군 선구자 로열 리틀, 92세로 사망Royal Little, Pioneer in Forming Of Conglomerates, Is Dead at 92", 〈뉴욕 타임스〉, 1989년 1월 14일, https://www.nytimes.com/1989/01/14/obituaries/royal-little-pioneer-in-forming-of-conglomerates-is-dead-at-92.html;
윌리엄 G. 블레어William G. Blair, "걸프 & 웨스턴의 수장 찰스 G. 블루돈, 56세로 사망Charles G. Bludhorn, The Head of Gulf and Western, Dies at 56", 〈뉴욕 타임스〉, 1983년 2월 20일, https://www.nytimes.com/1983/02/20/obituaries/charles-g-bluhdorn-the-head-of-gulf-and-western-dies-at-56.html

찾아보기

워런 버핏의 버크셔 해서웨이 투자 원칙

초판1쇄 발행   2022년 10월 11일
초판2쇄 발행   2023년 8월 29일

지은이   애덤 J. 미드
옮긴이   이혜경 방영호

발행인   심정섭
발행처   (주)서울문화사
등록일   1988년 12월 16일 | 등록번호 제2-484호
주소   서울시 용산구 한강대로43길 5 (우)04376
문의   02-791-0762
이메일   book@seoulmedia.co.kr

ISBN 979-11-6923-551-8 (03320)